RECHTFERTIGUNG

RECHTFERTIGUNG

FESTSCHRIFT FÜR ERNST KÄSEMANN
ZUM 70. GEBURTSTAG

herausgegeben

von

JOHANNES FRIEDRICH, WOLFGANG PÖHLMANN
und
PETER STUHLMACHER

1 9 7 6

J. C. B. MOHR (PAUL SIEBECK) · TÜBINGEN
VANDENHOECK & RUPRECHT · GÖTTINGEN

CIP-Kurztitelaufnahme der Deutschen Bibliothek

Rechtfertigung: Festschrift für Ernst Käsemann zum 70. Geburtstag /
hrsg. von Johannes Friedrich ... – 1. Aufl. – Tübingen: Mohr;
Göttingen: Vandenhoeck & Ruprecht, 1976.
  ISBN 3-16-138452-0 (Mohr)
  ISBN 3-525-53557-0 (Vandenhoeck und Ruprecht)
NE: Friedrich, Johannes [Hrsg.]; Käsemann, Ernst: Festschrift

Satz und Druck: Gulde-Druck, Tübingen
Einband: Heinrich Koch, Großbuchbinderei, Tübingen

VORWORT

Ernst Käsemann wird am 12. Juli 1976 siebzig Jahre alt. Seine Lebens-
arbeit galt und gilt theologisch dem Thema, das unserer Festschrift den
Namen gegeben hat, der Rechtfertigung. Die von Jesus verkündigte und
von Paulus auf den Begriff gebrachte Rechtfertigung der Gottlosen aus
Gottes schöpferischer Gnade und auf Grund von Glauben allein ist für
Ernst Käsemann die Mitte des Neuen Testaments. Für diese Mitte ist er
als Pfarrer und seit 1946 als Professor für Neues Testament in Mainz,
Göttingen und Tübingen eingetreten, und zwar in einer weit über die
Grenzen der neutestamentlichen Fachdisziplin hinausgreifenden, Kirche
und Ökumene bewegenden Art und Weise. Gerade als Lehrer der hl.
Schrift wollte Käsemann stets anregen und provozieren. Auch ist ihm
das Evangelium von der Rechtfertigung nie eine Sache gewesen, die zum
Quietismus verleitet. Rechtfertigung und Freiheit, Glaube und das Wag-
nis freier Nachfolge im (politischen) Alltag der Welt, sind Ernst Käsemanns Stichworte bis zur Stunde geblieben. Mancher Weggefährte von
einst hat sich unter diesen Umständen stillschweigend oder offen von
Käsemann losgesagt. Dafür hat er andere, vor allem jüngere Freunde in
beträchtlicher Zahl gefunden, und sein wissenschaftliches Hauptwerk,
der große Kommentar zum Römerbrief, hat eben erst zu wirken begonnen. Müßte man diesem Kommentar einen Titel geben, könnte er nur
lauten wie einst bei Adolf Schlatter: Gottes Gerechtigkeit. So konnte es
für die Herausgeber keine Frage sein, daß „Rechtfertigung" der Leit-
gedanke einer Festschrift für Ernst Käsemann sein müsse. Der Jubilar
hat sich eine solche Festgabe nie gewünscht, aber er hat uns, die wir
meinten, ihn in dieser akademischen Form ehren zu sollen, schließlich
gewähren lassen, und so sei ihm der Band nunmehr in Dankbarkeit dargebracht.

Daß der Kreis der Mitarbeiter an der Festschrift nur aus Fachkollegen vom Neuen und Alten Testament besteht, ist ein Notbehelf. Alle an Käsemann theologisch Interessierten im In- und Ausland um ein Echo zu bitten, wäre zwar faszinierend gewesen, hätte aber die Grenzen des heutzutage verlegerisch Möglichen gesprengt. Unser Sammelband kann also nicht mehr bieten als eine erste Antwort auf Käsemanns Arbeit aus dem Bereich der biblischen Exegese. Da Krankheit und andere Belastungen manchen die Mitwirkung an der Festschrift zuletzt doch noch unmöglich gemacht haben, waren wir imstande, den Beitrag von Martin Hengel ungekürzt aufzunehmen, der sonst anderweitig hätte erscheinen müssen. Wir sind den Verlegern Herrn Dr. Hans Georg Siebeck und Herrn Dr. Arndt Ruprecht dankbar, daß sie uns die Freiheit gegeben haben, auf diese Weise die in der Mitarbeiterliste entstandenen Lücken zu schließen.

Die beiden Verlage, in denen Käsemanns wissenschaftliche Werke erschienen sind, haben sich dankenswerterweise gemeinsam zur Drucklegung der Festschrift entschlossen und das Projekt von Anfang bis Ende großzügig gefördert. Eine erfreuliche Anzahl von evangelischen Landeskirchen in der Bundesrepublik hat sich trotz wachsender Etatschwierigkeiten bereit gefunden, die Festschrift mit z. T. namhaften Zuschüssen zu den Druckkosten zu unterstützen. Ihnen sei an dieser Stelle ebenso gedankt wie Frau Erika Bartel und Herrn stud. theol. Stephan Kunkel, die uns bei den Schreib- und Registerarbeiten tatkräftig unterstützt haben.

Tübingen, den 15. März 1976

Johannes Friedrich, Wolfgang Pöhlmann
Peter Stuhlmacher

INHALT

Die Abkürzungen wurden vorgenommen nach den Abkürzungsverzeichnissen von RGG³, Theologisches Wörterbuch zum Neuen Testament und IATG (= *S. Schwertner*, Internationales Abkürzungsverzeichnis für Theologie und Grenzgebiete, 1974).

THE ALLEGORY OF ABRAHAM, SARAH, AND HAGAR IN THE ARGUMENT OF GALATIANS

CHARLES KINGSLEY BARRETT

That the middle chapters of Galatians constitute a *locus classicus* for the doctrine of the *iustificatio impiorum* is a proposition too familiar to require demonstration. How the allegory of Abraham, Sarah, Hagar, and their children fits into Paul's exposition of the theme is by no means so evident. Many commentators have found difficulty in it – not only in the interpretation of its details but over the question why Paul should have used it at all. Luther, whose love for the Epistle to the Galatians is well known, regards it as mere decoration: "Allegories do not strongly persuade in divinity ... as painting is an ornament to set forth and garnish a house already builded, so is an allegory the light of a matter which is already otherwise proved and confirmed"[1]. Calvin writes similarly: "As an argument it is not very strong, but as confirmation of his earlier vigorous reasoning, it is not to be despised"[2]. This is faint praise.

Modern commentators on the whole treat the passage, or neglect it, in the same way. In his discussion of Justification by Faith Alone Barth[3] has a splendid exposition of Galatians, "the writing which has a particular importance in this connexion as a source and a criterion" (p. 637), but 4,21–31 is passed over completely. Does it contribute nothing to the theme that Christ "is both the ontic and the noetic principle, the reality and also the truth of both justification and faith"? We come down

---

[1] *M. Luther*, Saint Paul's Epistle to the Galatians, English Translation, 1860, p. 347.

[2] *J. Calvin*, The Epistles of Paul the Apostle to the Galatians, etc, English Translation, 1965, p. 84.

[3] *K. Barth*, Church Dogmatics IV 1, 637–642; there is a short reference in II 2, 215. C. H. *Dodd*, According to the Scriptures, London 1952, does not deal with the passage, and there is hardly more in B. *Lindars*, New Testament Apologetic, London 1961.

to earth with Burton[4] who in his summary of the epistle (p. lxxiv) describes the paragraph as "a supplementary argument, based on an allegorical use of the story of the two sons of Abraham, and intended to convince the Galatians that they are joining the wrong branch of the family." Compare p. 251, where he writes, "Before leaving the subject of the seed of Abraham it occurs to the apostle, apparently as an afterthought, that he might make his thought clearer and more persuasive by an allegorical interpretation of the story of Abraham and his two sons . . .". Schlier[5], quoting Cornely[6] *(Efficax argumentum addit)* attributes greater weight to the argument of the paragraph: Paul is concerned "die Frage, die zwischen ihm und den galatischen Christen steht, zuletzt noch durch eine ausführlichere Exegese zu klären" (p. 153). But he quotes Burton, and to the same effect Oepke[7] (the argument gives the impression that it is "erst nachträglich eingefallen"), and offers no reason why Paul should attempt to clinch his argument in this way.

Other commentators, whose expositions are slighter than Schlier's, are for the most part as silent as he with regard to the motivation and aim of the passage. J. C. O'Neill[8] divides it into parts. As it stands, the paragraph assumes that Judaism and Christianity are two separate entities, which was not true in Paul's time. It is necessary therefore to omit 4,24b–27.30 as a post-Pauline interpolation. O'Neill is not certain that the remainder can be credited to Paul; if this proves impossible the whole must be regarded as a later comment (pp. 80f; see also pp. 62ff). It is in fact very difficult to make any satisfactory sense out of 4,21 –24a.28.29.31, when the other verses are removed; the paragraph must stand as a whole. But it is unwise to judge it on the strength of preconceived notions of the relation between Paul's partly Gentile church and Judaism (or Jewish Christianity?) and to follow O'Neill in rejecting Pauline authorship. O'Neill's work does however underline the importance of establishing the place of Gal 4,21–31 in Paul's argument and thought.

The most thorough attempt to achieve this goal known to me is that

---

[4] *E. de W. Burton,* The Epistle to the Galatians, ICC 9, Edinburgh 1921.

[5] *H. Schlier,* Der Brief an die Galater, MeyerK VII [10]1949.

[6] *R. Cornely,* Commentarius in S. Pauli Apostoli Epistolas, III 1892. I have not seen this work.

[7] *A. Oepke,* Der Brief des Paulus an die Galater, ThHK IX 1937. I have not seen this work.

[8] *J. C. O'Neill,* The Recovery of Paul's Letter to the Galatians, London 1972.

of J. Bligh[9], who argues that the core of Galatians consists of the speech
Paul delivered when he confronted Peter at Antioch. This has usually
been held to end at 2,14 or at latest at 2,21; Bligh believes that it continues (interrupted here and there by a few interpolations or supplements) as far as 5,13a, and that the allegory of Sarah and Hagar formed
the climax of the speech, in which Paul called for the dismissal of the
Ishmaels, who were trying to dispossess the Isaacs, the rightful heirs. It
is not easy to summarize Bligh's argument because it is scattered over a
large number of pages as connections, and the setting of the several sec-
tions, are discussed in the course of the commentary. What follows is
not a full account, but I hope that, given the necessity of compression, it
may seem fair. The argument turns to a considerable extent on the de-
tection of overlapping literary structures. Thus we cannot stop at the end
of chapter 2 because there is a chiastic structure which extends from
2,11 to 3,4.

A.	2,11–13	A′.	3,1–4
B.	2,14a	B′.	2,19–21
C.	2,14b	C′.	2,18
D.	2,15	D′.	2,17
E.	2,16a	E′.	2,16g
F.	2,16b	F′.	2,16f
G.	2,16c	G′.	2,16e

H. 2,16d – We too put our faith in Jesus Christ.

The material is further knit together by a smaller chiasmus that runs
from the last words of chapter 2 into chapter 3.

A. 2,21 Did Christ suffer death for nothing?	A′. 3,4 Have you suffered so much in vain?
B. 3,1.2a Foolish Galatians . . .	B′. 3,3 Are you so foolish?
C. 3,2b	C′. 3,2d

D. 3,2c . . . that you received the Spirit.

We cannot however stop at 3,4. Paul has described the vigorous ac-
tion that he took to deal with the situation in Antioch. He was prepared
publicly to confront Peter. We must suppose that he went on to give his
reasons for such extreme measures, and these appear as we proceed
through chapters 3 and 4. Bligh writes, "3.4 does not make a fully satisfactory ending to the Discourse. One still expects a direct appeal to the

---

[9] *J. Bligh*, Galatians, Hous Com 1, London 1969.

Jewish brethren to stop compelling the Gentiles to judaize and to be faithful to the pauline gospel. Vv. 5–7 take a step in this direction, but do not arrive at the point of drawing the practical conclusion. Thus the question arises whether the Antioch Discourse does not run on much further. The Scriptural arguments proposed in 3.5–4.10, which assume familiarity not only with the text of the Old Testament but also with the midrashic traditions based on it, would be much more intelligible to Jewish Christians from Jerusalem than to Gentile converts in Galatia; and the first person pronouns 'we' and 'us' in 3.13, 3.24 and 4.4 are more easily intelligible if their meaning is 'we Jews' and 'us Jews'. Probably, then, the Discourse at Antioch runs on at least as far as 4.10" (p. 235). Bligh recognizes, as of course he must, that 4,11–20 cannot be part of the Antioch discourse. It is addressed directly to the Galatians, and references to them cannot be removed[10] as occasional words added when the speech was transformed into a letter. This paragraph is built on allusions to Paul's ministry in Galatia and can never have belonged to any other setting. 4,8–10 however can be understood as addressed to Judaizers in Antioch – they observed days, months, seasons, and years; but v. 10 is too abrupt to have formed the original end of the discourse. The allegory of Sarah and Hagar winds up the Scriptural argument and is needed to establish Paul's point. "Far from being an afterthought, the allegory is the climax of St Paul's discussion of the question, Who are the heirs of Abraham?, and contains, in allegorical language, the practical conclusion towards which the whole Discourse has been driving: 'Send away the slave-woman and her children!' (i. e., Send away the Judaizers)" (p. 235). 4,31–5,13 is a revised version of the end of the speech, 5,10b–13 being part of the revision added as a suitable conclusion when the speech was incorporated in the letter. Bligh suggests that the original ending, which should be attached to 5,10a, is to be found in 6,16–18. Another chiasmus fastens the allegory in the structure of the whole.

A. 4,11.12a	A′. 4,30b
B. 4,12b	B′. 4,30a
C. 4,13.14a	C′. 4,28.29
D. 4,14b.15.16	D′. 4,26.27
E. 4,17.18	E′. 4,21–25
F. 4,19.20	

---

[10] As "O foolish Galatians" can be dropped from 3,1.

But the argument grows unconvincing – so unconvincing as to cast doubt on the whole construction. This last is a clumsy, unbalanced, unconvincing chiasmus; and it involves a paragraph (4,11–20) which, on Bligh's own admission, cannot have been part of the original discourse at Antioch. This of course Bligh has not overlooked. "The second half was composed first, and the first was skilfully added to form with it the symmetrical pattern of 4.11–4.30" (p. 380). Is it really conceivable either that Paul composed these two apparently spontaneous outbursts (that to the Galatians and that at Antioch) with such refined literary polish, or that by a piece of sheer good fortune they happened to fit together into chiastic form?

Bligh's suggestion, though superficially attractive, fails to carry conviction. It turns Paul into a modern politician reading a prepared statement to a press conference; and it is safe to assume that the incident at Antioch did not happen in this way at all. Paul does not say that he made a speech. He said outright to Peter what he had to say, and there is no reason why this should not end at 2,21; in fact it is probable that the direct address of 3,1, O foolish Galatians, marks the resumption of his letter in the strict sense, and that he now addresses his readers in their own situation. The argument that in what follows some passages (e. g. 3,28; 4,30) are suitable to the Antiochene situation loses force when it is remembered that Paul introduces his account of the Antiochene situation because he saw a parallel between it and the situation in Galatia. The great merit of Bligh's interpretation is that it gives to Gal 4,21–31 a concrete setting and a very sharp point. Paul introduced the story of Sarah and Hagar not because he thought his Galatian children (4,19) would appreciate a story[11] or because he chose to decorate his serious argument with rhetorical artifice, but in order to lead up to the climax of his Antioch speech and policy: Cast out the slave-woman and her son; Expel the hypocritical Jewish Christians from the church. This would certainly be an impressive conclusion, but we may note, in addition to the points made above, that it leaves 4,27 (the quotation from Isa 54,1) without any explanation[12]. If Bligh's exegesis is unsatisfactory, can a better be found?

---

[11] *G. G. Findlay*, The Epistle to the Galatians, ExpB, n. d., p. 287.

[12] *J. Bligh* (p. 404) asks the question, "Why does St Paul introduce the quotation from Isaiah?", but his answer shows what Paul makes of Isa 54 rather than why he turned to it.

We may begin from the observation that the story of Abraham and his children, and the quotation of Isa 54,1 which is embedded in it, are by no means the only references to the Old Testament in the central chapters of Galatians. Such references are frequent in chapter 3; they fall away in chapter 4, where Paul turns to a non-biblical analogy (4,1–7) and then uses autobiographical material (4,11–20). When the Old Testament material in chapter 3 is studied an important feature comes to light: in at least three places (and these cover in one way or another nearly all the Old Testament material used) Paul's words can be best explained if we may suppose that he is taking up passages that had been used by his opponents, correcting their exegesis, and showing that their Old Testament prooftexts were on his side rather than on theirs.

Gal 3,6 begins with a quotation of Gen 15,6 (cf. Rom 4,3). It is very awkwardly introduced by the word καθώς, the connection of which is disputed. All that Lietzmann[13] has to offer is: "Der Übergang von dem Appell an die persönliche Erfahrung zur biblischen Beweisführung ist durch nichts vermittelt als durch das verlegene Flickwort καθώς" (p. 18). From the strictly grammatical standpoint it is hardly possible to do better than this; but may καθώς not be explained as taking up a passage that Paul's opponents had quoted? Paul would be saying to the Galatians: I know that the Judaizers quote Gen 15,6 to you, but what I have told you is not contradicted by but is *in accordance with* the true meaning of that verse. That Paul found it necessary to dispute the common understanding of Gen 15,6 we know from Rom 4, where he uses the exegetical device of the $g^e z\bar{e}r\bar{a}$ $\check{s}\bar{a}w\bar{a}$ to prove that the verse refers to a non-imputing of sin which is equivalent to the gratuitous imputation of righteousness, and not to a careful account-keeping of Abraham's good works. In Rom 4 Paul uses Ps 32 to establish his interpretation; in Gal 3 he quotes Gen 12,3; 18,18 to show the interest of the Gentiles in the promise to Abraham. Since these by definition are not circumcised and do not keep the law their participation in the promise is due to faith independently of law, and this both confirms the interpretation of Gen 15,6 and leads to the next step in the argument.

The Old Testament quotation in 3,10 was almost certainly used by Paul's opponents: Cursed is everyone who does not abide in all the things that are written in the book of the law, to do them (Dtn 27,26). It requires no stretch of the imagination to see how naturally the passage

---

[13] *H. Lietzmann,* An die Galater, HNT 10, ³1932.

could be used by Judaizers. "Paul himself fails to observe all the things that are written in the law – he becomes all things to all men, and among Gentiles lives as a Gentile: he is under a curse. He admits, or claims to admit, Gentiles to the people of God without requiring them to be circumcised and to keep the law: instead of enabling them to share in the blessing of Abraham he brings them under a curse. He would do better to leave them alone." They may have added (3,12) the correspond- ing positive passage from Lev 18,5 (cf. Rom 10,5): The man who has done the things prescribed by the law shall live by them. Verbal contact however (ζήσεται – ζήσεται) enables Paul to turn the argument by re- ferring to Hab 2,4[14], which declares that, like righteousness, life is to be had by faith; and faith is different from the doing that the law re- quires. This not only puts Paul and his Gentile Christians in the right; it enables him to turn on his adversaries. Since life could be had by doing yet is in fact, on the witness of Scripture, had only by faith, it will follow that no one, not even the Judaizers, does the things prescribed by the law; accordingly they are not merely without life but (in consequence of Dtn 27,26) under a curse.

Cursing leads to the next quotation: Dtn 21,23 in 3,13 (Cursed is every- one who hangs on a tree); it seems however unlikely that anyone in any sense a Christian would have used this against Paul. Jews who were not Christians – Paul himself before his conversion – may have used it against Christians, but the suggestion that the crucified Jesus was cursed by God[15] was of no particular use to the Judaizers. We must see here not a quotation wrested by Paul from his adversaries but one that he introduces into the argument because it shows how the curse levelled against those who did not observe the law (whether in the legalistic or ceremonial sense, or in the new sense pointed out by Paul in 5,14) was disposed of – it was borne by the innocent Jesus and thus nullified for those who by faith were now in him. It was the cross that put the pro- mise of Gen 18,18 into effect.

Paul is back with his opponents in 3,16, which rests on a number of Old Testament passages – Gen 12,7; 13,15; 17,7; 22,18; 24,7. After the material already surveyed it seems reasonable to suggest that they argued (as is stated in 3,16a): The promises were addressed to Abraham

---

[14] Having discovered the importance of this verse Paul will use it on its own in Rom 1,17.

[15] Or was an affront to God – the genitive, *qilᵃlaṭ ᵃᵉlōhim*, was sometimes taken to be objective.

and his seed. This means that the Gentiles have no share in them, unless they are adopted into the Abrahamic seed by circumcision and legal
observance. Those who are not Abraham's seed cannot hope to receive
what God has explicitly promised elsewhere. To this Paul replies: What
do you mean by seed[16]? You will note that the word stands in the
singular, σπέρματι, *zarᶜªka;* this means that the promises are to be fulfilled in and through a single person. The exposition of this theme occupies the rest of the chapter, for Paul is well aware that σπέρμα and *zēraᶜ*
are collective terms, and he cannot bring his exposition to a close until
he has reestablished a collective seed. It is however a new collectivity,
based no longer on physical descent and therefore exposed to racial,
social, and physical divisions (3,28), but solely upon the one primary
seed, Christ, in whom all are one (3,29). Incorporated in the exposition
is at least one other, not strictly biblical, point that was probably used
by the Judaizers: the law, they said, had the supreme dignity of being
delivered on God's behalf by angels. They used this tradition, as (according to Acts 7,53; cf. Hebr 2,2) Stephen did, to magnify the law. Paul
replies: Yes, indeed, the law was ordained by means of angels; this,
rightly understood, proves its inferiority to the promise which God spoke
directly and in person to Abraham.

It is at this point that Paul turns aside from the main line of argument, remembering that though in any context the biblical basis of his
position remains of fundamental importance, his readers are in the main
Gentiles, and may be expected to be more familiar with other realms
than that of the Old Testament, and giving an example from the ordinary
legal provisions of the Hellenistic world[17]. This illustration occupies
4,1–7; in 4,8–10 he puts together the two realms he has touched upon
– the observance of days, months, seasons, and years is a return to
the στοιχεῖα – and in 4,11–20 he makes a personal appeal based upon
his earlier relations with the Galatians. He now takes up again the biblical thread, linking it to the personal appeal by v. 21, which may be
paraphrased: If you are so keen on the law you had better pay attention
to what it actually says. If you do so, you will find that it is on my side
and not on that of the Judaizers who are persuading you not simply to
listen to the Old Testament (which Paul himself certainly considered a
good thing to do) but to understand it in a legalistic way, which made
membership of the people of God dependent upon legal observance rath-

---

[16] Cf. Rom 9 (pp. 13f).

[17] Evidence is given by *H. Lietzmann* and *H. Schlier,* ad loc.

er than upon God's electing grace. When the matter is put in this way the main proposal of this paper is already implied. It is that Paul's opponents in Galatia followed up their quotation of the passages (see 3,16) on the seed of Abraham by an argument based upon the two women, Sarah and Hagar, by whom Abraham had children. The seed of Abraham, understood physically, issued in legitimate and illegitimate children. The Galatians were urged to legitimize themselves.

There are already two hints in 4,22 that Paul is taking up material his opponents had used. The verse begins with the familiar γέγραπται. As a rule this introduces a quotation[18]. Here it does no more than summarize a quantity of Old Testament material spread over a number of chapters in Genesis: Abraham had two sons. γέγραπται allows the genuine Old Testament foundation of the Judaizers' argument; the question is whether they have rightly interpreted the evidence. Paul continues: Of the two sons, one was "of the slave woman" (ἐκ τῆς παιδίσκης), the other "of the free woman" (ἐκ τῆς ἐλευθέρας). Of which slave, and of which free woman? The wording implies that the story is already before the Galatians; they will know that the slave is Hagar, the free woman Sarah. The articles are anaphoric in this sense. The Judaizers must have continued their exegesis of the Genesis story on the same lines as Jub 16,17f, where it is said to Abraham that "all the seed of his sons should be Gentiles, and be reckoned with the Gentiles; but from the sons of Isaac one should become a holy seed, and should not be reckoned among the Gentiles. For he should become the portion of the Most High, and all his seed had fallen into the possession of God, that it should be unto the Lord a people for (his) possession above all nations and that it should become a kingdom and priests and a holy nation". Both Gentiles and Jews were physically descended from Abraham. Given this distinction the whole story can be readily understood in a way unfavourable to Gentiles. The pregnant Hagar is driven out and allowed to return only on sufferance (Gen 16,6). When Ishmael is born, both mother and child are banished and left to die in the desert (Gen 21,10). This is harsh treatment, and Jewish exegesis was concerned to justify it. According to Josephus, Hagar was sent away because she insulted the barren Sarah (Ant I 188f); later Hagar and Ishmael were removed lest, when the aged Abraham died, the older boy might injure Isaac (I 215). The

---

[18] Rom 1,17; 2,24; 3,4.10; 4,17; 8,36; 9,13.33; 10,15; 11,8.26; 15,3.9.21; 1Cor 1, 19.31; (2,9); 3,19; 9,9; 10,7; 14,21; 15,45; 2Cor 8,15; 9,9; Gal 3,10.13; 4,27.

Targum of Pseudo-Jonathan[19] adds some justification for Sarah by representing Hagar as the daughter of Pharaoh the son of Nimrod, and thus of evil ancestry. But no amount of palliation was able, or intended, to alter the fact that Sarah's descendants were the Jews, and elect by God, and Hagar's descendants were Gentiles and stood outside the promise[20]. The Judaizing argument is clear. The true descendants of Abraham are the Jews, who inhabit Jerusalem. Here are the true people of God; and it will follow that Jerusalem is the authoritative centre of the renewed people of God, now called the church. Those who are not prepared to attach themselves to this community by the approved means (circumcision) must be cast out; they cannot hope to inherit promises made to Abraham and his seed.

Two points are clear. *1.* This is a part of the Old Testament that Paul would have been unlikely to introduce of his own accord; its value from his point of view is anything but obvious, and the method of interpretation is unusual with him (see pp. 13f). It stands in the epistle because his opponents had used it and he could not escape it. *2.* Its plain, surface meaning supports not Paul but the Judaizers: the Jews, who live by the law of Moses, are the heirs of Abraham and it is to Jews that the promise applies. Paul does not contest the statement that Hagar's child was born κατὰ σάρκα – a purely human arrangement for securing if not legitimate at least legitimizable issue was all that was involved[21]; whereas Sarah's was born διὰ τῆς ἐπαγγελίας – a specific divine word had been spoken in consequence of which the birth, impossible κατὰ σάρκα, took place. So far Paul's Judaizing opponents; they have correctly stated the content of the text, but the question remains how the text is to be interpreted. The Judaizers had given it its straightforward, literal[22] meaning. It is over against this that Paul asserts that the matters in question are ἀλληγορούμενα (4,24). Commentators and others[23] point out, correctly, that ἀλληγορεῖν, as a Greek word, may mean either to speak allegorically,

---

[19] Conveniently given in *J. Bowker,* The Targums and Rabbinic Literature, Cambridge 1969, p. 204.

[20] It would be possible here to pursue a number of side-issues interesting and important in themselves but not strictly relevant to our theme, notably the question whether the notion of virginal conception was read into the story of Sarah; see *J. Mc-Hugh,* The Mother of Jesus in the New Testament, London 1975, pp. 313–21.

[21] See *J. Bright,* A History of Israel, Philadelphia 1959, p. 71; *G. von Rad,* Genesis, English Translation, London ²1963, pp. 186ff.

[22] In the language of a somewhat later time, the *pᵉšaṭ* interpretation.

[23] E. g. *F. Büchsel,* in ThW I 260.

or to interpret allegorically, and if we are to think of Galatians simply as a piece of Greek prose we shall no doubt accept, with Lietzmann, Schlier, and others, the former meaning, though there is little difference in effect between 'These things are written in allegorical form', and 'These things are (here and now) being allegorically interpreted'. Paul however was not simply a writer of Greek prose, and he is nowhere closer to his Jewish background than when he is interpreting the Old Testament[24]. We may accordingly see here a piece of exegesis *k°min ḥōmær*[25]. In addition to a number of unnamed *dorše ḥ°mūrōt*, interpretations of this kind are notably ascribed to Rabban Johanan b. Zakkai and to Rabban Gamaliel II, who stand close enough to Paul to make their examples of special interest. Two points may be brought out from examples of exegesis *k°min ḥōmær*. 1. In Sifre Numbers 8, Rabban Gamaliel interprets *k°min ḥōmær* a specific word in Num 5,15: Why must the offering in respect of the suspected adulteress be of barley meal? "As her acts have been bestial, so her offering consists of the food of beasts." 2. In Mekilta 83b (Mišpaṭim 2; in Mechilta D'Rabbi Ismael, ed. H. S. Horovitz and I. A. Rabin, Jerusalem 1960, p. 253, 7f), Rabban Johanan b. Zakkai in interpreting Ex 21,6 answers the question why the ear rather than any other member should be pierced as follows: The ear, which has heard: Thou shalt not steal, and went and stole, that is to be pierced rather than all (the man's) members. We see in these examples the reinterpretation of a significant word and the use of an explanatory text. It is precisely these two methods that Paul uses in order to interpret the story of Abraham and his sons in a way consistent with his view of the law and of justification. First, the name Hagar is given a fresh interpretation. The problem of the text of 4,25a is familiar, and too complicated for full discussion in this paper. The only point that we must note is the omission of the name Hagar in P[46] ℵ C G lat sa Orig Ambst. The name is included in BAD𝔐 sy. The witnesses are fairly equally divided but a decisive consideration in favour of the long

---

[24] At this point it may be said that the very extensive allegories of Abraham, Sarah, and Hagar by Philo contribute little, in form or substance, to this discussion, and are therefore in this paper left out of account; they are interesting but not illuminating. Philo's application is "most like and yet most unlike that of St Paul ... they stand in direct contrast, and their results have nothing in common" (*J. B. Lightfoot*, Saint Paul's Epistle to the Galatians, London 1890, p. 199).

[25] On the terminology see *W. Bacher,* Die exegetische Terminologie der jüdischen Traditionsliteratur, 1899, 1905 (= 1965), I 61ff; *J. Bonsirven,* Exégèse rabbinique et Exégèse paulinienne, Paris 1939, pp. 230.240.249f; Bill. III 388–99.

text is that omission of Hagar leaves a bare piece of geographical information of little interest to the readers or relevance to the context: Sinai
is a mountain in Arabia (or, Mount Sinai is in Arabia). It is much more
to the point that Paul should identify the woman Hagar with the mountain where the law was given. Other interpretations of the name were
current[26]; we need not linger over the etymological arguments with which
Paul might have supported his[27]. The identification itself is the ground
for the statement of 4,24b[28]. Hagar stands for the covenant of Sinai,
that is, the covenant of law; she is a slave, and her children are slaves.
Those therefore who adhere to the law are slaves and do not inherit the
freedom of Abraham and Sarah. This is one main step, though a negative one, in Paul's argument. He agrees that the children of Sarah are
to be distinguished from the children of Hagar; but the Jews (and Judaizers), the children of the legal, Sinaitic, covenant, are the children of
Hagar – and therefore slaves.

The second step remains. Paul introduces a quotation from Isa 54,1,
which, it seems, had never been associated with the story of Abraham,
Sarah, and Hagar. Why does Paul use this passage? The answer probably is that he is making use of a gᵉzēra šāwā. The whole story in
Genesis proceeds from the fact that Sarah was barren, ᶜᵃqārā. This word
provides a link[29] with Isa 54,1 which enables Paul to make his point[30].
Isa 54,1 was interpreted with reference to Jerusalem; so for example the
Targum (Sing praises, O Jerusalem, who wast as a barren woman that
bare not ... more shall be the children of desolate Jerusalem than the
children of inhabited Rome – J. F. Stenning's translation). Since however ἡ νῦν Ἰερουσαλήμ has already been appropriated to the Hagar-
Sinai-law-bondage complex it is necessary to introduce the concept of
the heavenly (ἄνω) Jerusalem; and Paul's interpretation is not only that
"you, brethren, corresponding to Isaac, are children of promise" (v. 28),
but that the future – as promise and inheritance imply – is with the
church of justified sinners rather than with law-keeping Judaism. The
whole argument is confirmed by one further observation. In the story
(τότε, v. 29) Ishmael persecuted Isaac. The foundation for this statement

---

[26] See *J. B. Lightfoot*, op. cit., pp. 193–8; Bill. III 572f.

[27] See the commentaries, especially *J. B. Lightfoot, H. Lietzmann, H. Schlier.*

[28] For this reason we may prefer γάρ to δέ in v. 25a.

[29] There is another link in the fact that the Haftarah to Gen 6,9–11,32 is Isa
54,1–55.5.

[30] Note that as v. 24 rests upon v. 25 (γάρ) so v. 26 rests upon v. 27 (the same con-
junction).

is Gen 21,9, according to which Sarah saw Ishmael *m^esaḥēq*. The meaning of this word is disputed. The LXX render it παίζοντα, which is reasonable enough but is an inadequate basis for the sequel. Jub 17,4 offers an explanation: Sarah saw Ishmael playing and dancing, and Abraham rejoicing, and she became jealous. The Pseudo-Jonathan Targum of Gen 22,1 represents Isaac and Ishmael as disputing, and elsewhere violent attacks are mentioned[31]. Now it could not be maintained that Gentile Christians had persecuted Jews (it might be added, They had not yet had the opportunity), but none knew better than Paul that Jews had persecuted Christians, and that Judaizers were now threatening his life's work (Gal 2,2; for a different kind of threat cf. 2Cor 11,26). It is thus confirmed that the Jewish Christians are, theologically, Ishmaels, the law-free Christians Isaacs, and the next step follows. Cast out the slave and her son; for the son of the slave shall not inherit with the son of the free woman (Gal 4,30; Gen 21,10). This is not (*pace* Bligh) a call to the Gentile Christians in the church of Antioch to rise up and expel their Jewish Christian brethren; it is rather the command of God to his (angelic) agents, and expresses what the fate of each party is to be. It is the fact of persecution that leads Paul to conclude (διό) in v. 31 that 'We are children not of the slave but of the free wife'.

So Paul brings his argument to a close. He has run through the quotations that his adversaries have used and shown that they establish not the Judaizing case but his own. He sums up in 5,1: For freedom did Christ set us free; stand fast therefore, and do not become entangled again in a yoke of bondage. He then begins to write freely, and not as a respondent. Look! *I Paul* tell you ... (5,2). His so-called allegorical treatment of Abraham and the two women was evoked not by a personal love of fantastic exegesis but by a reasoned case which it was necessary that he should answer. In other passages where there is similar exegesis there is probably similar motivation. In Rom 4 Paul finds it necessary to establish his own exegesis of Gen 15,6[32]. In Rom 9,6ff Paul is countering the view[33]: If what you say is right, God's word has broken down.

---

[31] See *R. Le Déaut*, Bibl 42, 1961, 37–43. A variety of interpretations of *m^esaḥēq* is given in Gen R 53,11: immorality, idolatry, bloodshed, shooting arrows and other missiles. There is further evidence in Bill. III 575f.

[32] Cf. Gal 3,6, and p. 6 above. "Pls begegnet dem Gesprächspartner also erneut dort, wo dieser sich am stärksten und unverwundbar fühlt" (*E. Käsemann*, An die Römer, HNT 8a, 1973, p. 98 [³1974, p. 99], on Rom 4).

[33] A different view will be found in *E. Käsemann*, op. cit., p. 249 (³p. 251).

He answers the objection by asking, What do you mean by Israel? What do you mean by seed? The difference between Isaac and Ishmael, Jacob and Esau, proves that Israel and seed are not to be taken as words of merely physical relationship.

Another example of elaborate typological interpretation of the Old Testament is to be found in 1Cor 10. It has been disputed whether in this chapter Paul took up and adapted a Jewish midrash which spoke of a baptism into Moses and of spiritual food and drink, or composed his own midrash[34]. Perhaps the best suggestion might be that Corinthian Christians, who believed the sacraments to have magical prophylactic efficacy, initiated the midrash and that Paul replied by taking the story further: Let us agree that the Israelites had their typological baptism and eucharist; much good did these do them! Finally it may be suggested that behind 2Cor 3 lay an exposition designed to glorify Moses; Paul singles out the detail of the veil Moses was obliged to wear, and uses it to show that, great though the glory of Moses was, it was a fading glory, not to be compared with the glory of the new covenant.

There may be some recollection of Paul's polemical use of Isa 54,1 in a few rabbinic references to it. Thus when the passage was quoted by a *min* to Beruriah (wife of R. Meir) the first part of her answer was perhaps no more pointed than necessary. "Because she did not bear, should she sing?" "Fool, look at the end of the verse, where it is written, For more are the children of the desolate than the children of the married wife, saith the Lord". But she continues with an asperity justified not by the question but the general perverseness of *minim*, "Sing, O congregation of Israel, which art likened to a barren woman who did not bear sons of your kind *(minim)* for hell" (Berakoth 10a; cf. Midrash Song of Songs 1,37, on 1,5). H. J. Schoeps[35] refers to what he regards as an "Ironisierung dieser Allegorie". The passage in Pesikta de Rab Kahana, Piska 22, is translated as follows by A. Wünsche: "R. Berachja im Namen des R. Levi hat gesagt: Du findest, als unsre Mutter Sara den Jizchak gebar, sprachen die Völker der Welt: Gott behüte! nicht Sara hat den Jizchak geboren, sondern Hagar, die Magd der Sara, hat ihn geboren. Was that Gott? Er ließ die Brüste der Weiber der Völker der Welt vertrocknen, und es kamen die Matronen (reading *wᵉhaju maṭrō-nōṯ šællahæm bāʾoṯ*) zu Sara und küßten ihr den Staub von ihren

---

[34] See *H. Lietzmann*, An die Korinther I/II, HNT 9, ⁵1969, ad loc., with the additional notes by *W. G. Kümmel*.

[35] Paulus, 1959, p. 252.

Füßen und sprachen zu ihr: Thue uns etwas Gutes . . . und säuge unsre Kinder! Unser Vater Abraham sprach zu ihr: Sara, es ist nicht der Augenblick, sich zu verbergen, sondern gehe hinaus auf die Straße und säuge ihre Kinder! heilige den Namen Gottes! So heißt es Gen. 21,7: 'Kinder wird Sara säugen.' Es heißt hier nicht *ben*, ein Kind, sondern *banim*, Kinder wird sie säugen. Wenn nun schon ein menschliches Wesen, dem eine Freude geworden, sich freute und alle erfreute, wie erst, wenn Gott kommen wird, um Jerusalem zu erfreuen!"[36]

These passages add no weight to the argument, but are at least not inconsistent with the view that Isa 54,1 played a significant part in Jewish-Christian polemics. This leads to the final question: What light do these observations throw on the opposition to Paul, and on his response to it?

The adversaries did not act out of mere personal spite or jealousy; they held a serious theological position which they supported by detailed biblical arguments. It is no doubt true that they hoped to escape persecution (6,12) and to exercise a visible dominion over the Galatians (6, 13); but this is not the whole truth. At the heart of their theology was the concept of the people of God with its origin in Abraham, and the divine promise that constituted it. They probably took the view (expressly controverted by Paul in 3,17) that the Abrahamic covenant had been redefined by the Sinaitic. The promise was made to Abraham and his seed; and the obligations of the seed were revealed in the law, fulfilment of which was made the necessary condition for receipt of the promised blessing. The scriptural argument on which this position rested reached its climax in the story of Abraham, Sarah, and Hagar. Only the Sarah-Isaac line could count as seed; this was the line that included Moses and therefore the law, and it had its seat in Jerusalem. It had found its fulfilment in Jesus and his disciples, notably James, Cephas, and John, and was still administered in terms of the law from Jerusalem. If Gentiles were to participate in it they must be adopted into the family by circumcision, and recognize the overlordship of Jerusalem.

This is in some respects a not unattractive legalism, and its arguments are not without some weight; it is the more important to observe how Paul rebuts it. He accepts the authority of the Old Testament, the inde-

---

[36] A. Wünsche, Pesikta des Rab Kahana, 1885, p. 207; text in B. Mandelbaum, Pesikta de Rav Kahānā, New York 1962, 1,326. It is interesting to note that Piska 20 is based on Isa 54,1, but beyond noting the seven ᶜªqaroṯ, Sarah, Rebecca, Rachel, Leah, the wife of Manoah, Hannah, and Sion, has nothing relevant to our discussion.

fectibility of the divine promise, and the important role played by the people of God. In Gal 3 (which can receive no detailed discussion in this paper) his main point is that the law, and the Sinai covenant, have only temporary validity. The argument in chapter 4 is more subtle, and sheds some light on Paul's understanding of the *iustificatio impiorum*. Paul uses Isa 54,1 to reverse the family relationships of the descendants of Abraham. It cannot be said that this verse provides an unambiguous interpretation of the story in Genesis. It speaks of two women: the *ʿᵃqārā* and the *bᵉʿūlā*. The one is to have more children than the other. In Genesis Sarah is both barren and married. Moreover, each woman has, in the chapters contemplated, one son, and each son has many descendants (Ishmael, Gen 16,10; 17,20; 21,13; Isaac, 17,16). Paul's use of Isa 54,1 is thus in a sense arbitrary; he takes from it what he brings to it. But what he brings to it is not arbitrarily chosen, for the theme that he (rightly) sees in Isaiah is the theme of privilege, and of God's concern for the unprivileged. God chooses the foolish, the weak, the base, the despised, even the things that are not (1Cor 1,27f); he chooses the barren and the deserted rather than the privileged and favoured woman. Thus the physical descendants of Sarah become the spiritual descendants of Hagar, and the physical descendants of Hagar (generalized into the Gentiles) become the spiritual descendants of Sarah, who inherit the divine promise. The disputed interpretation of the story in Genesis becomes the root of the argument (also worked out in – somewhat different – Old Testament terms) of Rom 9–11, and a profound, though obscure, statement of the paradoxical predestinating grace that determines the ungodly to righteousness and life. Paul's insight is at once moral (in that his sympathy is engaged by the unprivileged) and theological (in that he holds fast the freedom of God in grace). If space permitted this dual insight could be traced back to Jesus, and onward to its more elaborate exposition in Romans.

RECHTFERTIGUNG IN QUMRAN

OTTO BETZ

In den Schriften von Qumran gibt es m. E. kein Nomen, das die Rechtfertigung des Menschen durch Gott zum Ausdruck bringt[1]; auch das
Verbum „gerecht sprechen" *(hiṣdîq)* wird nicht für diesen Akt gebraucht.
In dieser Hinsicht folgte man dem Sprachgebrauch des Alten Testaments[2]. Und wie dort hat man in Qumran die Gerechtigkeit Gottes im
Verein mit Begriffen wie Hilfe, Rettung als causa efficiens des Heils bekannt. Von dem viel verhandelten Begriff der *„Gerechtigkeit Gottes"*[3]
gilt es zunächst auszugehen, wenn man die Eigenart der Rechtfertigung

---

[1] Der Begriff *mišpaṭ,* der in 1QS 11,2.12.14 als „Rechtfertigung" übersetzt wird
(so etwa E. *Lohse,* Die Texte aus Qumran, 1964, 41–43), meint das (prädestinierende)
göttliche Urteil vgl. Anm. 47. Zur Vieldeutigkeit von *mišpaṭ* im AT (Richten, Recht-
schaffen, Rechtsspruch, Rechtsnorm) vgl. ThW II 177.

[2] Das deutsche Wort „Gerechtigkeit" bringt noch am ehesten zum Ausdruck, was
mit *ṣædæq* bzw. *ṣᵉdaqā* im AT und in Qumran gemeint ist (Zur Gerechtigkeit im
AT vgl. H. H. *Schmid,* Gerechtigkeit als Weltordnung, BHTh 40, 1968). Die genaue
Übersetzung wichtiger Begriffe der Qumrantexte ist oft schwierig, da ihre Bedeutung
variiert. Das gilt besonders von einer so abstrakt gehaltenen Schrift wie der Gemeinderegel (1QS) und gerade auch von Wörtern, mit denen Prinzipien der Lehre und des
Lebens der Gemeinde beschrieben werden; vgl. dazu J. *Licht,* Mᵉgillat Hassᵉrakîm,
Jerusalem 1965, 26. Dieser ausführliche, in das Denken der Qumrangemeinde tief ein-
dringende Kommentar ist wegen seiner Abfassung in hebräischer Sprache in der neutestamentlichen Exegese zu wenig bekannt.

[3] Vgl. dazu E. *Käsemann,* An die Römer, HNT 8a, (¹1973) ³1974, 18–29, und P.
Stuhlmacher, Gerechtigkeit Gottes bei Paulus, FRLANT 87, ²1966, besonders die auf
S. 148–166 erscheinende Behandlung der Gerechtigkeit Gottes in Qumran, in der auch
die bisher dazu erschienenen Untersuchungen von A. Dietzel, H. Braun, S. Schulz,
W. Grundmann und J. Becker gut besprochen werden. Die Exegese in K. *Kertelge,*
Rechtfertigung bei Paulus, NTA 3, ²1967 leidet vor allem unter der ungerechtfertigten
Eintragung des Bundesgedankens (Gerechtigkeit Gottes = Bundestreue; Wahrheit =
Treue usw).

in Qumran betrachten und ihre Bedeutung für das Neue Testament beurteilen will.

1. ṣædæq und ṣᵉdaqā

Die „Gerechtigkeit Gottes" wird in den Schriften von Qumran mit zwei traditionellen Nomina des Stammes ṣdq bezeichnet, mit ṣædæq und ṣᵉdaqā. Obwohl schon im Alten Testament der Unterschied zwischen diesen beiden Begriffen gelegentlich verwischt ist – und zwar gerade auch da, wo sie auf Gott bezogen sind[4] –, so sind sie noch in Qumran verschieden nuanciert: ṣædæq bezeichnet Maß und Ordnung des Rechten, Gott Wohlgefälligen[5], während ṣᵉdaqā eher den rechtlichen

---

[4] Vgl. etwa Jes 51,5 mit Jes 46,13; 56,1 oder Ps 35,28 mit Ps 51,16; 71,15f; 145,7.

[5] *rectitudo, fas.* Der Lehrer der Qumrangemeinde ist ein *môrē (haṣ-) ṣædæq* (1QpHab 1,13; 5,10; 7,4; 8,3; 9,9f; CD 1,11; 20,32) und nicht etwa ein Lehrer der ṣᵉdaqā; vgl. auch die *bᵉnê ṣædæq* (1QS 3,20.22), den *mᵉˢîaḥ ṣædæq* (4QPB 3), den *malkî ṣædæq* in 11QMelch, dazu Henoch als den „Schreiber der Gerechtigkeit" (äthHen 12,4; 15,1). Ferner wird die Wahrheit (*ᵃᵉmæt*) überwiegend mit *ṣædæq* und nicht mit ṣᵉdaqā verbunden (CD 20,29; 1QM 14,6; 1QS 4,2.24; 9.17; anders ist es in 1QS 1,5; 8,2, wo es um das Tun von Wahrheit und Gerechtigkeit geht). Während im AT für Gottes Gerechtigkeit vor allem der Begriff ṣᵉdaqā gebraucht wird (vgl. etwa Ps 5,9; 31,2; 36,7.11; 40,11; 51,16; 69,28; 71,2.15f.19.24; 88,13; 89,17; 119,40.142; 143,1.11; 145,7), bezeichnet in Qumran auch *ṣædæq* den Inbegriff des göttlichen Wollens und Wirkens: „Wahrheit bist Du und Gerechtigkeit (*ṣædæq*) sind alle Deine Werke" (1QH 4,40, ähnlich 13,19); „Gerechtigkeit und Wahrheit sind Deine Gerichte über uns" (CD 20,29f); „(Du bist) meine Gerechtigkeit" (1QS 10,11). „Seine Gerechtigkeit" (*ṣidqô*) ist neben „Seiner Majestät" Gegenstand des Lobpreises (1QS 11,15). Wie *ᵃᵉmæt* ist auch *ṣædæq* in den Qumrantexten ein Kennzeichen für die Willensoffenbarung Gottes, die Rechtlichkeit Seiner Zeugnisse und Satzungen (CD 3,15; 20,29f; 1QH 1,30; fr 2,5; vgl. 9,33; fr 7,8). Neu sind Bildungen wie *ṣædæq ʾel* (1QM 4,6), *ʾel ha[ṣṣ]ædæq* (1QM 18,8) oder die Wendung: „Dir gehört die Gerechtigkeit" (1QH 11,18). Im Jubiläenbuch ist das absolute „Gerechtigkeit" meist die Norm des von Gott geforderten sittlichen Tuns (1,17.20.23.25; 5,17; 7,20.26.34.37; 10,10.17; 20,2.9; 21,21; 22,10.15; 23,21.26; 25,15; 30,18f). Aber ähnliche Aussagen werden von der ṣᵉdaqā Gottes gemacht (*ṣidᵉqat ʾel* 1QS 10,25; 11,12); „Dir gehört ṣᵉdaqā" (1QH 16,9; 17,20); „Deine Gerechtigkeit steht fest für immer" 1QH 8,2; vgl. 1QS 11,12; sie wird offenbar werden vor allen Geschöpfen (1QH 14,16). Gott ist eine „Quelle der Gerechtigkeit" (1QS 11,6); diese ist „in Seiner Hand" (1QH 11,7); nicht beim Menschen, sondern beim höchsten Gott sind alle Werke der Gerechtigkeit (1QH 4,30f; 1,26f). Die ṣᵉdaqā Gottes ist heilschaffend und illuminierend (1QS 11,5). Wichtig ist, daß die Gerechtigkeit Gottes von der Schuld der Sünden reinigt (1QS 11,14f; 1QH 4,37; 11,30f); sie stellt den Beter in den Gottesbund (1QH 7,19f). Abweichend vom AT kann die „Gerechtigkeit der Wahrheit" Gottes den Beter auch „richten" (*šapaṭ* 1QS 11,14).

Akt und im Blick auf Gott die befreiende Rechtshilfe meint[6]. Und wie im Alten Testament, so wird auch in Qumran die heilbringende Gerechtigkeit Gottes *(ṣᵉdaqā)* vor allem im Gebet des Einzelnen[7] bekannt[8]. Auch da, wo das Nomen *ṣædæq* nicht ausdrücklich als Gerechtigkeit Gottes bestimmt wird, sondern absolut steht, ist es vielfach auf Gott zu beziehen. Im Alten Testament gilt das zB von den Stellen Hos 10,12; Jo 2,23f, an denen die Gerechtigkeit dem Regen verglichen und so als göttliche Gabe dargestellt wird. In Qumran wurden diese beiden Gottessprüche metaphorisch verstanden: Der „Regen der Gerechtigkeit" *(jôrē ṣædæq)* galt als ein Hinweis auf den „Lehrer der Gerechtigkeit" *(môrē ṣædæq)*, der angesichts des kommenden Strafgerichts das Tun der Gerechtigkeit lehrt (CD 1,11f)[9]. Das Gericht aber führt zum Sieg der Gerechtigkeit in der Welt.

---

[6] Deshalb kann das Nomen *ṣᵉdaqa* auch in den Plural gesetzt werden; auch in Qumran rezitiert man die „Heilstaten Gottes *(ṣidᵉqôt 'el* 1QS 1,21; 10,23; 1QH 17,17; vgl. Ri 5,11; 1Sam 12,7; Mi 6,5; Ez 3,20; 30,13; Ps 71,15f). Bei den Rabbinen hält sich diese Bedeutungsnuance insofern durch, als *ṣᵉdaqā* das Almosengeben bezeichnen kann (b Git 7a; Lev r 34 zu 25,39).

[7] Dagegen fehlt naturgemäß die von Gott (in priesterlichen Heilsorakeln) gegebene Verheißung Seiner heilschaffenden Gerechtigkeit, wie sie bei Deutero- und Tritojesaja zu finden ist (Jes 46,13; 51,5f.8; 56,1).

[8] Ich verzichte auf eine ins einzelne gehende formgeschichtliche Bestimmung der Gebete in Qumran, da diese keine klaren Hinweise auf bestimmte kultische Begebenheiten enthalten. Gattungsbezeichnungen wie „Reflexionen", „Stücke im Lehrstil", „Meditationen" bleiben so lange spekulativ, als ihnen keine hebräischen Begriffe korrespondieren, die in den Gebeten bzw. deren Kontext erscheinen.

[9] Vgl. vor allem den Bezug zu Hos 10,12 in CD 1,11–14. Der Sendung des Lehrers der Gerechtigkeit für die Büßer Israels (CD 1, 10–12) wird die Halsstarrigkeit des Volkes gegenübergestellt und mit Hos 4,16 einer störrischen Jungkuh verglichen (CD 1,13f). In Hos 10,11 ist Ephraim bildlich eine gelehrige und gefügige Jungkuh mit schönem Hals; auf dieses Bild wird in CD 1,19 angespielt. – Die Stelle Hos 10,12 könnte m. E. neben Jes 43,17–20 die Komposition von Mk c. 4 bestimmt haben. Denn von ihr her läßt sich das Problem erklären, daß in die Saatgleichnisse vom Gottesreich die Bildworte vom Leuchter und Maß eingefügt sind. Markus sah wohl im Gleichnis vom Sämann das Wort Hos 10,12a erfüllt: „Sät für euch in Gerechtigkeit, so werdet ihr nach dem Maß der Gnade ernten!" Hos 10,12b „Brecht euch einen Neubruch!" *(nîrû lakaem nîr)* aber verstand der Evangelist ähnlich wie LXX und Targum, indem er das ungebräuchlich gewordene *nîr* = ‚Neubruch' als *ner* = ‚Leuchter' deutete (LXX φωτίσατε ἑαυτοῖς φῶς γνώσεως, T: *qajjᵉmû lᵉkôn 'ulpan 'orajᵉta'*).

2. Die endzeitliche Offenbarung der Gerechtigkeit

Der Triumph von Wahrheit und Gerechtigkeit, der mit der großen endzeitlichen Wende erfolgen wird, ist eines der *durchgängigen Themen* in der Qumranliteratur. In einer Welt, die von Unrecht und Irrtum beherrscht wird, sind Wahrheit und Gerechtigkeit nur einer kleinen Schar von Erwählten bekannt. Eindeutige Evidenz bringt das kommende große Gericht, das der Macht von Irrtum und Unrecht ein Ende setzt und allen Geschöpfen die Wirklichkeit und Gerechtigkeit Gottes gleichsam ad oculos demonstriert (so *Loblieder* 1QH 14,15f). Nach der *Kriegsrolle* (1QM) hat den gleichen Effekt der große Kampf zwischen den Kindern des Lichtes und denen der Finsternis. Das zeigt die Beschriftung der Feldzeichen, für die theologische Zentralbegriffe wie Wahrheit und Gerechtigkeit Gottes *(ṣædæq ʾel)*, Seine Majestät und Sein Gericht gewählt sind (1QM 4,6). Nach der Eliminierung des Bösen werden „Erkenntnis und Gerechtigkeit"[10] alle Enden des Erdkreises durch ein immer stärker werdendes Licht erhellen, bis alle Zeiten der Finsternis beendet sind (1QM 1,8). Mit dem gleichen Bild wird in der *Gemeinderegel* (1QS) vom sieghaften Durchbruch der Wahrheit gesprochen (4,18f)[11].

Eine ähnliche, aber ausführlichere, Beschreibung der Offenbarung der Gerechtigkeit findet sich in einem leider nur fragmentarisch erhaltenen Text aus der Höhle 1, dem sogenannten „*Mysterienbuch*" (1Q 27)[12]. In dieser echt apokalyptischen Schrift wird das Endgericht als ein „Geheimnis der Zukunft" *(raz nihjā* I, 4f) bezeichnet. Es beginnt mit dem Eingesperrtwerden der „Kreaturen des Irrtums", dh der Beseitigung der Dämonen (I,6). Damit wird die Macht des Bösen erledigt: „Die Gottlosigkeit wird sich vor der Gerechtigkeit verziehen *(galā)* wie sich die Finsternis vor dem Licht verzieht, und wie der Rauch verschwindet und nicht mehr da ist, so wird auch die Gottlosigkeit für immer verschwinden. Und die Gerechtigkeit *(ṣædæq)* wird offenbar werden *(jiggalæ)*

---

[10] *Y. Yadin* (Mᵉgillat Milḥaemaet Bᵉnê ʾOr usw, Jerusalem 1957, 258f) ergänzt *daʿat wᵉṣædæq*; so auch *E. Lohse* aaO (Anm. 1), 180.

[11] Zu der von Ihm festgesetzten Zeit der Heimsuchung wird Gott allen Irrtum für immer vernichten: „Und dann wird die Wahrheit auf Erden für immer hervortreten. Denn sie wird befleckt auf den Wegen des Unrechts unter der Herrschaft des Irrtums bis zur Zeit des festgesetzten Gerichts." Mit der Wendung *ᵃᵉmæt tebel* ist nicht die „Wahrheit der Welt" gemeint (gegen *E. Lohse* aaO 15); der Erdkreis ist vielmehr der Ort, auf dem sich die Wahrheit durchsetzen wird.

[12] *Livre des Mystères*, veröffentlicht von *J. T. Milik* in Bd I der Discoveries in the Judean Desert, Oxford 1955, 102ff.

wie die Sonne, die Norm der Welt. Und alle, die an den Geheimnissen der Gottlosigkeit festhalten, werden nicht mehr sein. Vielmehr wird Erkenntnis den Erdkreis erfüllen, und Torheit wird es dort nicht mehr geben" (I,6–8).

Auffallend ist die schlichte, auf dramatische Gerichtsszenen und die Ausmalung ewigen Glücks verzichtende Sprache dieses Abschnitts. Es geht einzig um die *Durchsetzung der Gerechtigkeit* und die dabei erfolgende Eliminierung des Irrtums. Dieser hat unter den Menschen das Unrecht, die Gottlosigkeit, inszeniert; die Gerechtigkeit wurde dadurch unterdrückt, verdeckt. Sie wird nach der Verdrängung des Irrtums allen offenbar; ihr Hervortreten gleicht dem Aufgang der Sonne, die das Dunkel vertreibt und mit ihrem Licht die Welt erfüllt[13]. Dann fallen die Schranken, die der Erkenntnis der Wahrheit gesetzt sind (1Q 27 I,8; vgl. 1QS 4,22f), die Majestät Gottes wird erkannt und gepriesen (1QS 11,15), und die Erwählten werden verherrlicht, ein jeder mit der Glorie, wie sie Adam besaß (1QS 4,23)[14].

Die Gerechtigkeit *(ṣædæq)* erscheint hier als *Weltordnung*. Sie ist der Schöpfung gleichsam eingestiftet, muß aber unter den Menschen offenbart, freigesetzt und in Kraft gesetzt werden; sie ist also keine befreiende Macht, sondern bedarf selbst der Befreiung. Die kosmische Dimension der Gerechtigkeit wird schon durch den Vergleich mit dem Aufgang der Sonne deutlich gemacht. Ihre universale Weite ist im „Mysterienbuch" so beherrschend, daß kein Bezug der Gerechtigkeit zur Tora oder zum Bund mit Israel erwähnt wird, ebensowenig wie die Herkunft von Gott, obwohl sie vorausgesetzt ist. Auch scheint die Offenbarung der Gerechtigkeit unabhängig vom Verhalten der Gerechten, ihrem Eifer oder auch ihrer Not, zu sein. Gerade das „Mysterienbuch", das die lebenswichtige Kenntnis der endzeitlichen Krisensituation den Menschen abspricht[15],

---

[13] Damit wird auch das Böse gleichsam offenbart, seine Scheinwirklichkeit enthüllt: Es verzieht sich wie ein Nebel, weicht wie die Finsternis vor dem Morgenlicht. Die beiden Bedeutungen des Verbums *galā* = ‚weggehen' und ‚offenbaren' werden in schönem Wortspiel für den eschatologischen Abzug und die damit erfolgende Enthüllung des Bösen ausgenützt.

[14] Vgl. dazu Mt 13,43: „Dann werden die Gerechten leuchten wie die Sonne im Reich ihres Vaters" vgl. Ri 5,31; Dan 12,3. Nach TestJud 24,1 wird der Messias aufstehen ὡς ἥλιος δικαιοσύνης, nach TestSeb 9,8 wird der Herr aufgehen als φῶς δικαιοσύνης.

[15] 1Q 27 I,3f: „Sie kennen das Geheimnis des (zukünftigen) Geschehens nicht ... sie wissen nicht, was über sie kommen wird, und retten ihr Leben nicht vor dem Geheimnis des (zukünftigen) Geschehens." Vgl. äthHen 49,2: Gott ist mächtig in allen Geheimnissen der Gerechtigkeit, und Unrecht wird verschwinden wie ein Schatten.

schreibt das *Wissen um die Wahrheit* und damit die Voraussetzung für das Tun der Gerechtigkeit, *allen Völkern* zu. Nur bleibt dieses Wissen nutzlos, weil es durch die Praxis ungerechten Umgangs Lügen gestraft wird; gerade die unsinnige Diskrepanz von Wissen und Tun gilt dem Einsichtigen als ein Zeichen dafür, daß Gottes Gericht und die Offenbarung der Gerechtigkeit unmittelbar bevorstehen:

„Und daran ist es für euch erkennbar, daß sie (dh die Weissagung vom kommenden Gericht) nicht zurückgenommen werden kann: Hassen nicht alle Völker den Irrtum? Und doch wird er durch sie alle in Gang gehalten! Erklingt nicht vom Mund aller Nationen die preisende Kunde von der Wahrheit? Aber gibt es eine Sprache und Zunge, die an ihr festhält? Welches Volk hat Gefallen daran, daß es von jemandem unterdrückt wird, der stärker ist als es? Wem gefällt es, wenn ihm auf ungerechte Weise sein Besitz geraubt wird? Aber welches Volk unterdrückt nicht seinen Nachbarn, und wo ist die Nation, die nicht einer anderen den Besitz raubt?" (1Q 27 I,8–12).

Man hat wohl bei dieser pessimistischen Schilderung der internationalen Lage vor allem an die *Römer* gedacht. Rom galt im Orient als ein Raubstaat, der die Länder und Völker ausplündert[16]; auch der Habakkuk-Kommentar von Qumran schildert die Kittim = Römer auf solche Weise[17]. Es geht im „Mysterienbuch" einmal darum, auf die Schuld auch der Heiden hinzuweisen, die wider ihr besseres Wissen einander Unrecht antun und die Wahrheit mit Füßen treten[18]. Auf der an-

---

[16] Vgl. den Brief des Mithridates VI Eupator an den Partherkönig Arsaces (Sallustius Historiae Fragment IV,17 „neque quicquam a principio nisi raptum habere ... quin socios amicos, procul iuxta sitos, inopes potentisque trahant, excindant ... 20. Romani arma in omnis habent, acerumma in eos, quibus victis spolia maxuma sunt" ... (zitiert von *A. Schalit*, in: Aufstieg und Niedergang der Römischen Welt, Band II 2, 1975, 219). Vgl. dazu die Ausführungen Augustins über die *civitas terrena:* Sie strebt wenigstens nach *iustitia* und *pax*, weil sie diese nicht entbehren kann XIX, 12. Aber die *superbia* und die *inoboedientia* Gott gegenüber führen zu Gewalt und Unterdrückung, Krieg und Zwietracht (vgl. *H. Hermelink*, Die civitas terrena bei Augustin, in: Festgabe für A. v. Harnack, 1921, 306f).

[17] 1QpHab 2,11–3,13: Sie ziehen daher, um die Städte des Landes zu schlagen und zu plündern; 6,1f; sie häufen ihren Besitz mit all ihrer Beute; 6,6f: sie verteilen ihr Joch und ihre Fronlast auf alle Völker Jahr um Jahr. Die rabbinische Polemik, die Rom als *malkût ha-ræša'* bezeichnete (b Ber 61b), erscheint wie eine säkulare Version der Satansherrschaft in der Apokalyptik.

[18] Vgl. dazu Röm 2,12–16, wo Paulus auf den Zwiespalt zwischen Hören und Tun hinweist und auch das ἀνόμως ἁμαρτάνειν der Heiden erwähnt. Im Unterschied

deren Seite wird der rechtliche Charakter des Endzeitgeschehens betont:
Gott hebt als Richter der Welt das Chaos von Irrtum und Unrecht auf.

Die Wahrheit gilt im „Mysterienbuch" als Theorie der Gerechtigkeit[19]
und als eine Art von common sense; sie ist, bis zu einem gewissen Grade,
jedem Volk aus eigener, schmerzlich gewonnener Erfahrung bekannt,
und zwar als Inbegriff dessen, was recht ist und doch nicht befolgt wird.
Sie hat sich im Verhalten zum Mitmenschen und Nachbarvolk zu bewähren. Auf der anderen Seite erscheint in Qumran die Wahrheit als die
Summe der geoffenbarten Tora, als Inbegriff der speziellen Lehre der
Gemeinde und der von Gott gewollten Gerechtigkeit. Die enge Verbindung von *Wahrheit und Gerechtigkeit,* die sich aus der Erfahrung um-
strittener Schriftauslegung erklärt, ist in Qumran neu gegenüber dem
Alten Testament, desgleichen auch die Reflexion auf das Wissen um die
Wahrheit und deren praktische Mißachtung bei den Völkern.

Im Bekenntnis 1QH 14,15f wird von einer *Offenbarung der Gerechtigkeit Gottes* gesprochen und dabei der Begriff ṣ*e*daqā gebraucht:
„Denn Du bist gerecht, und Wahrheit sind alle Deine Erwählten[20]. Aber
allen Irrtum und alles Unrecht wirst Du für immer vernichten, Und
Deine Gerechtigkeit *(ṣidᵉqatᵉka)* wird den Augen Deiner Geschöpfe[21]
geoffenbart *(wᵉniglᵉta)*." Hiernach wird die Wahrheit im engen Kreis
der Erwählten gelebt, und die Offenbarung von Gottes Gerechtigkeit,
der auch hier die Eliminierung von Irrtum und Unrecht voraufgehen,

---

vom Mysterienbuch kann Paulus aber auch ein Beachten der Rechtssätze des Gesetzes
bei den Heiden finden (Röm 2,26 vgl 2,15f).

[19] Vgl. 1QH 11,7: „Und ich habe erkannt, daß Wahrheit Dein Mund ist und in
Deiner Hand Gerechtigkeit (ṣ*e*daqā) und in Deinem Denken alle Erkenntnis." Völ-
lige Reinigung durch die Wahrheit Gottes führt zur Läuterung der Werke (1QS 4,20).
Vgl. TestGad 3,1: „Hört nun auf das Wort der Wahrheit, um Gerechtigkeit zu tun!"
Zur Verbindung von Gottes Wahrheit und Gerechtigkeit vgl. auch Röm 3,4f: Gott ist
wahr, jeder Mensch ein Lügner; Gott wird gerechtfertigt, wenn man mit Ihm rechtet.

[20] Wie sich Gott in Seinem Handeln als gerecht erweist, so bezeugen auch die von
Ihm Erwählten durch den Wandel nach der im Gesetz geoffenbarten Wahrheit die
Gerechtigkeit und rechtfertigen damit ihre Erwählung. Vgl. 1QH 5,15: Gott hat den
armen, an der Schwäche des Fleisches partizipierenden Menschen dazu erwählt, damit er in der Welt die Größe Gottes erweise.

[21] ma*ᶜᵃ*śæka. Dieses Wort kann beides bedeuten „Deine Werke, Taten" oder: „Deine
Geschöpfe, Kreaturen". Diese Doppelbedeutung erklärt den Wechsel ἔργα/τέκνα im
Q-Logion Mt 11,19/Lk 7,35: Das heilsgeschichtlich sinnvolle Wirken der Weisheit Gottes kann durch das unsinnige Urteil der Weltkinder (Mt 11,16–19) nicht widerlegt
werden. Vielmehr wird die Weisheit durch das Verhalten ihrer Kinder gerechtfertigt.
Das m. E. ursprüngliche ma*ᶜᵃ*śim = ‚Geschöpfe' (τέκνα) ist in der Mt-Fassung auf
die Werke der Weisheit bezogen.

kommt in erster Linie *den Gerechten* zugute, führt deren Wahrheit zum Sieg. Das zeigt eine ähnliche Aussage in der *Damaskusschrift:* Es wird ein Buch des Gedächtnisses vor Gott geschrieben werden für diejenigen, welche Ihn fürchten und Seinen Namen achten . . . „bis daß Heil und Gerechtigkeit *(ješa uṣᵉdaqā)* offenbar wird *(jiggalǣ)* für diejenigen, die Gott fürchten". Dann wird man den Unterschied sehen zwischen einem Gerechten und einem Gottlosen, und Gott wird Tausenden Barmherzigkeit erweisen (20,20f). An dieser Stelle ist die *Gerechtigkeit mit dem Heil* verbunden; sie wird nicht befreit, sondern ist selbst die befreiende Macht. Obwohl es nicht ausdrücklich gesagt wird, ist auch hier die Gerechtigkeit Gottes gemeint; das erhellt vom Hintergrund des Alten Testaments.

Denn die Erwartung einer heilschaffenden Offenbarung der Gerechtigkeit Gottes ist traditionell. Sie wird vor allem bei *Deutero- und Tritojesaja* bezeugt[22], wo die gleiche Sprache und ähnliche Bilder gebraucht sind. Das Warten auf das erlösende Licht der Gerechtigkeit wird in der prophetischen Bußliturgie Jes 59 zum Ausdruck gebracht:

> „Darum bleibt fern von uns das Recht
> und erreicht uns die Gerechtigkeit *(ṣᵉdaqā)* nicht.
> Wir warten auf Licht, und siehe: Finsternis,
> auf den hellen Tag, und im Dunkeln wandeln wir,
> wir tappen wie die Blinden an der Wand" (V. 9f).

In der Damaskusschrift werden die Büßer und Vorläufer der Qumrangemeinde Blinden verglichen, die tastend ihren Weg gehen, bis ihnen der Lehrer der Gerechtigkeit gesandt wird; so wird ihr Warten belohnt (CD 1,9–11). Die Verbindung von Gerechtigkeit und Heil (CD 20,19f) findet sich schon in Jes 51,5f.8 und 56,1:

> „Nahe ist Meine Gerechtigkeit *(ṣidqî)*, geht aus Mein Heil *(jišᶜî)*
> . . . die Himmel werden zerfetzt wie Rauch
> und die Erde zerfällt wie ein Gewand . . .
> doch Mein Heil *(jᵉšûᶜatî)* wird ewig sein
> und Meine Gerechtigkeit *(ṣidᵉqatî)* wird nicht aufhören" (Jes 51,5f).
> „Meine Gerechtigkeit *(ṣidᵉqatî)* wird ewig sein,
> Mein Heil *(jᵉšûᶜatî)* von Geschlecht zu Geschlecht" (Jes 51,8).

Besonders wichtig ist das Orakel Jes 56,1:

---

[22] Dazu *J. J. Scullion,* SEDEQ-SEDAQAH in Isaiah cc. 40–66 with special reference to the continuity in meaning between Second and Third Isaiah, in: Ugarit-Forschungen 3, 1971, 335–348. *Ṣᵉdaqā* wird für Gottes heilbringende Tätigkeit verwendet, wobei Tritojesaja den Gebrauch von Deuterojesaja fortsetzt.

„Bewahrt das Recht und tut Gerechtigkeit *('asû ṣ°daqā)*
Denn nahe ist Mein Heil zu kommen *(kî q°robā j°šû atî labo)*
und Meine Gerechtigkeit, daß sie offenbart werde *(w°ṣid°qatî*
l°higgalôt).“

Es hat hier den Anschein, als werde das menschliche Tun der Gerechtigkeit zur Vorbedingung für die Erlösung gemacht. Aber das ist nicht der
Fall; Gottes Offenbarung steht so oder so nahe bevor. In Qumran hat
man diese Aussagen des dort besonders geschätzten Jesajabuches in freier
Verbindung auf die endzeitliche Offenbarung der Gerechtigkeit bezogen,
aber auch die später noch zu behandelnde Rechtfertigung des Erwählten
in ihnen bestätigt gesehen[23]. Im *Neuen Testament* entspricht nach dem
Freerlogion zu Mk 16 die Haltung der Jesusjünger sprachlich und sachlich weitgehend der qumranischen Weltbetrachtung, vor allem des My-
sterienbuches: Die Gegenwart steht im Zeichen der Tyrannei des Teufels
und der Dämonen, die verhindern, daß die Wahrheit Gottes ergriffen
wird; darum soll Christus seine Gerechtigkeit offenbaren (ἀποκάλυψόν
σου τὴν δικαιοσύνην). Der Sühnetod des Messias gilt als eschatologischer
Erweis der Gerechtigkeit Gottes (Röm 3,21.26; Hebr 9,26)[24]; wenn
deren Offenbarung nach Röm 3,21 durch Gesetz und Propheten bezeugt
ist, so bietet die Stelle *Jes 56,1* das am besten zutreffende Prophetenwort.
Wichtig wurde sie für *Matthäus,* der von ihr her das Wesen der Buße
und der Gerechtigkeit Gottes verstand.

---

[23] Nach Jes 45,21 ist Gott ein Gerechter und Helfer *(ṣaddîq umôšî°a).* Vgl. auch
Ps 36,7: „Er (Gott) wird Deine Gerechtigkeit wie das Licht herausgehen lassen und
Dein Recht wie die Mittagssonne.“ Im fragmentarisch erhaltenen Kommentar zu Ps 37
aus der Höhle 4Q ist dieser Vers leider nicht mehr erhalten. Das klassische Beispiel für
Gottes helfende Macht *(j°šû°ā)* ist Israels Rettung am Schilfmeer (Ex 14,13 vgl 1QM
11,9f). Auch in der rabbinischen Literatur kann *ṣ°daqā* für die rettende Hilfe Gottes
verwendet werden. Im Anschluß an Ps 37,6 wird „das Maß der Barmherzigkeit (Gottes)“ = *middat ha-raḥ°mîm* von R. Schimon ben Jochai (2. Jh. nChr) als *ṣ°daqā* bezeichnet, und zwar in der paradox klingenden Aussage, die Gerechtigkeit halte das
Maß des (strafenden) Rechtes *(middat haddîn)* nieder, dh lasse es nicht zur Geltung
kommen (Tanch. B. Noah § 8).

[24] Nach Hebr 9,26 wurde durch den Tod des Hohenpriesters Jesus die endzeitliche
Aufhebung der Sünde offenbar gemacht (πεφανέρωται). Nach Röm 1,17 wird die
Gerechtigkeit Gottes im Evangelium offenbart (ἀποκαλύπτεται); in Röm 3,26 gebraucht Paulus dafür das Wort ἔνδειξις (hebr. *ra°°jā*). Die kosmische Weite der Offenbarung wird Röm 10,18 durch den Hinweis auf das Lob der Gestirne (Ps 19,5) angezeigt. Dazu bemerkt *A. Schlatter,* Gottes Gerechtigkeit, [4]1965, 137: „Die Botschaft von
ihm (dh Christus) durchdringt die Welt so mächtig wie die, welche die Sonne an die
Menschheit ausrichtet.“

3. Das Tun der Gerechtigkeit und die Gerechtigkeit Gottes
nach Matthäus

Matthäus fand im Thema der Verkündigung Jesu: „Die Zeit ist erfüllt[25] und das Reich Gottes nahe herbeigekommen! Tut Buße und glaubt dem Evangelium!" (Mk 1,15) einen Bezug zu Jes 56,1, den er verdeutlicht hat. Denn in seiner Wiedergabe (Mt 4,17) lautet diese Stelle: „Tut Buße! Denn das Himmelreich ist nahe herbeigekommen!"[26] Die Voranstellung des Bußrufs und dessen ausdrückliche Begründung[27] durch das nahe Himmelreich ergibt eine strukturelle Übereinstimmung mit Jes 56,1: „Tut Gerechtigkeit, denn nahe ist Mein Heil zu kommen und Meine Gerechtigkeit, daß sie offenbart werde." Daraus ergibt sich, daß Matthäus den Ruf: „Tut Buße!" mit der Mahnung: „Tut Gerechtigkeit!" (Jes 56,1) gleichsetzen konnte, während das Himmelreich im Heil Gottes sein jesajanisches Gegenstück hat.

Nach *Mt 3,17* hat schon Johannes der Täufer diesen Bußruf mit den gleichen Worten wie Jesus verkündigt. Er war für den ersten Evangelisten ein „Lehrer der Gerechtigkeit": „Johannes kam zu euch auf dem Weg der Gerechtigkeit, aber ihr habt ihm nicht geglaubt!" (Mt 21,32). Auch der „Lehrer der Gerechtigkeit" in Qumran wurde ja von Gott dazu gesandt, um eine Gruppe von Büßern „auf dem Weg nach Gottes Herzen zu leiten" und das Gericht an den Treulosen kundzutun (CD 1, 10–12); auch ihm gegenüber war der Glaube heilsentscheidend[28].

Und wenn sich Jesus nach *Mt 3,15* der Taufe unterzog, weil es ihm geziemte, „alle Gerechtigkeit zu erfüllen", so bekundete er damit nicht nur seine Solidarität mit den Büßern Israels, sondern auch seine Übereinstimmung mit dem Wirken des Täufers (πρέπον ἡμῖν) und mit Gottes heils-

---

[25] Die Einleitung: „Die Zeit ist erfüllt!" hat Matthäus in 4,17 weggelassen, vielleicht deshalb, weil er bereits im Reflexionszitat 4,14 von der Erfüllung gesprochen hatte, oder auch, weil diese Aussage in Jes 56,1 keine Entsprechung hat.

[26] ἤγγικεν entspricht dem jesajanischen *qarᵉbā labo'*, ist also auf die nahe Zukunft zu beziehen.

[27] Das eingefügte γάρ ist durch das *kî* in Jes 56,1 veranlaßt.

[28] Vgl. die Aussage οὐκ ἐπίστευσαν Mt 21,32 mit den Stellen, die vom Unglauben bzw. Glauben gegenüber der Botschaft des ‚Lehrers der Gerechtigkeit' sprechen (1QpHab 2,6–10; 8,1f). – Nach Josephus Ant 18,117 befahl Johannes den Juden τὰ πρὸς ἀλλήλους δικαιοσύνῃ καὶ πρὸς τὸν θεὸν εὐσεβείᾳ χρωμένοις ... und so zur Taufe zu kommen. Die Kardinaltugenden essenischer Frömmigkeit sind bei Josephus in das gleiche Doppelgebot gefaßt Bell 2,139: πρῶτον μὲν εὐσεβήσειν τὸ θεῖον, ἔπειτα τὰ πρὸς ἀνθρώπους δίκαια φυλάξειν.

geschichtlichem Plan. Denn als Verkündiger der Buße und der Gottesherrschaft kam auch er auf dem „Weg der Gerechtigkeit" (Mt 21,32 bis 37); Matthäus hat die Gerechtigkeit zum zentralen Anliegen des Evangeliums Jesu gemacht.

Das tritt vor allem in der von ihm gestalteten *Bergpredigt* hervor. Ihr Thema, die neue Gerechtigkeit, wird analog zur Gerechtigkeit der Schriftgelehrten und Pharisäer dargestellt (vgl. Mt 5,20). Diese letztere bestimmt den Aufbau des Hauptteils dieser Predigt: a) Gebotserfüllung (5,20–48) b) gute Werke (6,1–18) c) volle Konzentration auf den Willen Gottes (6,19–34). Jesus geht dabei von den Hauptgebieten der rabbinisch-jüdischen Lehre über die Gerechtigkeit aus, aber prüft und überbietet sie im Licht der kommenden Gottesherrschaft[29]. Dabei fügt Matthäus in den entscheidenden Vers 6,33 die Gerechtigkeit Gottes ein (καὶ τὴν δικαιοσύνην αὐτοῦ), die neben dem Reich alleiniger Gegenstand des menschlichen Trachtens sein soll. Was hat er mit der ‚*Gerechtigkeit Gottes*‘ gemeint? G. Strecker[30] folgt der bereits von G. Schrenk vertretenen Ansicht[31], es handele sich hier um die Gerechtigkeit, die vor Gott gilt und als ethische Leistung von den Jüngern verlangt wird; das gleiche meine die Gerechtigkeit, nach der man hungert und dürstet (Mt 5,6). Die eindeutigen Stellen Mt 5,20 und 6,1, in denen das Tun der Gerechtigkeit gefordert wird, geben somit den Ausschlag und gelten als Norm, der auch 5,6 und 6,33 unterworfen werden. Aber dieses Verfahren ist

---

[29] Siehe dazu die Darstellung der rabbinischen Gerechtigkeit bei Bill. I,250–252. Die Gerechtigkeit (*zakût* = Verdienst) erwirbt sich der Mensch in erster Linie durch das Tun der Gebote. Deshalb zeigt Jesus in a) Mt 5,21–48 an einzelnen Beispielen, wie die Gebote Gottes wirklich erfüllt werden müssen, damit der vom Gottesreich her geforderten Gerechtigkeit Genüge getan wird. In zweiter Linie wird *zakût* durch fromme Werke, wie Almosen-Geben, Beten und Fasten, erworben; deshalb wird in b) Mt 6,1–18 gesagt, daß nur das ganz auf Gott gerichtete Tun dieser Werke von Gott belohnt werden kann. Der anschließende Abschnitt über das Nicht-Sorgen um irdische Güter (Mt 6,19–34) ist m. E. analog zum Problem des jüdischen Frommen zu verstehen, wie das wichtigste unter den verdienstvollen Werken, nämlich das Studium der Tora, mit der Sorge um das tägliche Brot sich vereinigen lasse, da es doch nach Jos 1,8 Tag und Nacht betrieben werden soll; vgl. dazu Mekh zu Ex 16,4 (ed. *Lauterbach* II,103). Jesus setzt an die Stelle des Forschens (ζητεῖν = *daraš*) in der Tora das Suchen nach der Gottesherrschaft.

[30] Der Weg der Gerechtigkeit ²1966, FRLANT 82, 155–157.

[31] *G. Schrenk*, ThW II 200: „Was den Jünger in Einklang mit dem göttlichen Willen bringt", so auch 5,6, obwohl die Gerechtigkeit dort, entgegen dem jüdischen Verdienstgedanken, Gottes Gabe sein soll. Ferner *A. Oepke*, ThLZ 78, 1953, 257–264; *G. Klein*, RGG³ V 27.

nicht richtig. Weder im Alten Testament noch in Qumran bezeichnet die
Wendung „Gerechtigkeit Gottes" eine vom Menschen zu erbringende
Leistung[32]; sie meint eine Verhaltensweise Gottes (Gen subj); so ist es
auch in Mt 6,33. Matthäus hat nämlich das 6. Kapitel der Bergpredigt
mit Hilfe von Jes 56,1 gerahmt und in das dort gegebene, in Mk 1,15
wieder entdeckte, Verhältnis von menschlichem Tun der Gerechtigkeit
und Gottes heilbringender, erlösender Gerechtigkeit einbezogen. Das ist
zunächst evident beim redaktionellen, als Überschrift gedachten An-
fangsvers 6,1: „Achtet auf eure Gerechtigkeit, daß ihr sie nicht vor den
Menschen tut!" Mit ihm erinnert Matthäus sprachlich und sachlich an
die Forderung Gottes Jes 56,1a: „Achtet *(šimᵉrû)* auf das Recht und tut
Gerechtigkeit!" *(waᶜᵃśû ṣᵉdaqā* = ποιεῖν δικαιοσύνην)[33]. Diese Forderung wird in Jes 56,1 b mit der Nähe des Heils und der Gerechtigkeit
Gottes begründet. Wie der thematische Anfang 6,1 nach Jes 56,1 a gestaltet ist, so hat Matthäus beim klimaktischen Schluß 6,33f den zweiten
Teil dieser Jesajastelle mitgedacht und ihr entsprechend die Gerechtigkeit Gottes eingefügt[34]: „Trachtet zuerst nach dem Reich und nach Seiner (Gottes) Gerechtigkeit!" Damit steht die Basileia an der Stelle des
kommenden Gottesheils[35]; die δικαιοσύνη αὐτοῦ aber muß wie in Jes
56,1 b die *erlösende Gerechtigkeit Gottes* meinen und kann nicht wie in
5,20; 6,1 die Leistung der Jünger sein. Richtig hat dies P. Stuhlmacher
gesehen[36]; ich liefere lediglich den sein Urteil stützenden Schriftbeweis.
Wie in Qumran, so ist auch bei Matthäus das Tun der Gerechtigkeit keineswegs die Bedingung für das Kommen des Gottesreichs, sondern bezeichnet die Art, wie der Mensch Gott begegnen soll. Anders ist das in
der *rabbinischen Ethik.* Hier werden das Tun der Gerechtigkeit und das

---

[32] M. E. auch nicht in Jak 1,20; dagegen steht in TestDan 6,10 das Hangen an der
Gerechtigkeit Gottes in Parallele zum Abtreten von der Ungerechtigkeit.

[33] Auch die Einleitung der Bergpredigt ausschließlich durch Makarismen und vor
allem deren ethische Färbung im Vergleich zu Lk 6,22f könnte durch Jes 56,1f mit-
veranlaßt sein. Denn das Tun der Gerechtigkeit in Jes 56,1 wird in 56,2 durch einen
Makarismus aufgenommen: „Heil dem Menschen, der dieses tut, und dem Menschensohn, der daran festhält!"

[34] Von daher wird das Urteil, Matthäus habe anders als Jesus nicht mehr mit der
Nähe der Parusie gerechnet, zu überprüfen sein (gegen *H. Conzelmann–A. Lindemann,* Arbeitsbuch zum Neuen Testament, UTB 52, 1975, 258; vgl. auch: „Konsequent tritt die Erwartung der Parusie zurück" 259).

[35] Nicht ganz richtig ist die Feststellung: „Dem systematischen Ort der δικαιοσήνη
θεοῦ in der paulinischen Theologie entspricht (bei Matthäus) das Himmelreich"
(*H. Conzelmann–A. Lindemann* aaO 257).

[36] *P. Stuhlmacher,* Gerechtigkeit (Anm. 3), 189.

Heil Gottes kausal verknüpft: Das Achten auf die Gebote führt die messianische Erlösung herbei[37]. Wenn dabei speziell das Halten des Sabbats die Rettung bringt[38], so bietet sich dafür Jes 56,1f als Schriftbeweis an. In Qumran hat dagegen die Gerechtigkeit Gottes stets den Vorrang vor dem menschlichen Tun; das gilt auch von ihrem Wirken in der Gegenwart.

4. Die Rechtfertigung des einzelnen in der Gegenwart

In manchen der Loblieder[39] von Qumran und vor allem im Schlußpsalm der Gemeinderegel (1QS 10,1–11,22)[40] wird die Gerechtigkeit Gottes *(ṣidᵉqat ʼel)*[41] als eine im eigenen Leben erfahrene, helfende Kraft gepriesen. Das geschieht im Stil von Gerichtsdoxologien, in denen der einzelne Beter vor Gott als den Schöpfer und Richter tritt und sich dabei in die Situation des Endgerichts stellt. Dabei betont er zunächst den *absoluten Gegensatz zwischen Gott und Mensch,* den die Gerechtigkeit Gottes überwinden hilft:

9. „Und was mich betrifft, so gilt: Zum Menschen gehört das Unrecht und zum Bereich des Fleisches der Irrtum.
Und was meine Verfehlungen und Frevel, meine Sünde und die Verderbtheit meines Herzens anlangt,
10. so sind sie dem Bereich des Gewürms eigen, denen, die in Finsternis wandeln.
Denn nicht in des Menschen Hand liegt sein Weg,
Und der Mensch lenkt nicht seinen Schritt.
Vielmehr steht bei Gott das Recht,
und von Seiner Hand kommt die Vollkommenheit des Weges

---

[37] b Joma 86b (R. Jose der Galiläer um 110 nChr) Bill. I,599f.

[38] b Schabb 118b (R. Schimon ben Jochai um 150 nChr); vgl. Jes 56,2b: „Heil dem Menschen, ... der sich hütet, daß er den Sabbat nicht entweiht."

[39] ZB 1QH 4,37; 7,19; 11,31.

[40] Dieser Schlußpsalm ist formal und inhaltlich den Lobliedern (1QH) verwandt, jedoch auch in mancher Hinsicht verschieden. In den Lobliedern spricht ein Ich, das in vielen Aussagen eine ausgeprägte Führungsrolle innerhalb der Gemeinde erkennen läßt; davon verrät der Schlußpsalm in 1QS nichts. Verschieden ist ferner, daß der Beter in 1QS von Gott in der 3. Person redet und erst im Schlußteil (11,15–22) zur 2. Person übergeht. Wichtig für die Analyse des Schlußpsalms sind strukturelle Beobachtungen, zB zum Wechsel der Themen (in 1QS 11,2–7 abcde–edcba; vgl. *J. Licht, Megillat Hassᵉrakîm,* 226f).

[41] Oder auch *ṣᵉdaqā* mit Suffix der 2. bzw. 3. Person (= Gott).

11. und auf Grund Seiner Erkenntnis geschieht alles Zukünftige,
und alles, was existiert, hat seinen Bestand auf Grund Seines Planes.
Was aber mich betrifft: Wenn ich wanke,
12. so sind die Gnadentaten meines Gottes meine Hilfe für immer;
und wenn ich strauchle in der Verkehrtheit des Fleisches, so gilt das
Urteil über mich (gefällt) durch die Gerechtigkeit Gottes, die immer
währt"[42] (1QS 11,9–12).

Dieses Bekenntnis des einzelnen, der die Gerechtigkeit Gottes jetzt
schon als eine ihn persönlich bestimmende Macht erfährt, ist *ähnlich gestaltet* wie die oben besprochene Botschaft von der Offenbarung der Gerechtigkeit, die im Weltmaßstab und in der nahen Zukunft erfolgen soll
(1Q 27). Zunächst wird in beiden Fällen das Eingeweihtsein in die endzeitlichen Geheimnisse Gottes betont, das ein sinnvolles Reden von Gottes Gerechtigkeit überhaupt erst ermöglicht (1QS 11,3–6; 1Q 27 I,3f).
Ferner ist hier und dort das Eingreifen der Gerechtigkeit durch das Unrecht erzwungen, das die Menschen versklavt (1Q 27,I,5) und auch das
Mitglied der Heilsgemeinde irritiert und in die Sünde führt (1QS 11,9f).
Schließlich wird der endliche Sieg der Gerechtigkeit verkündet, der das
Ziel der von Gott gelenkten Geschichte bildet, hier des einzelnen, dort
der Menschheit überhaupt (1QS 11,12; 1 Q 27, I,6–8). Diese Gerechtigkeit wird im Gebet ausdrücklich auf Gott bezogen, als Seine Kraft gepriesen und ṣ^{e}daqā genannt. Sie bestimmt das Geschick des Beters, hilft
ihm weiter, wenn er strauchelt, und sorgt so als nie versagende Kraft
dafür, daß er in der endzeitlichen Krisis besteht.

Der Beter braucht diese Kraft, weil er sonst der Macht der Sünde verfällt. Das *Geständnis eigener Schwäche,* das durch ein reiches Sünden-
vokabular gekennzeichnet ist (1QS 11,9), geht dem Preis der Gerechtigkeit Gottes vorauf. Man darf jedoch nicht übersehen, daß der Beter sein
Bekenntnis recht allgemein hält. Er gibt die isolierte Stellung vor Gott,
in die er sich mit der Gerichtsdoxologie begeben hat, für einen Augenblick auf und zieht sich gleichsam in den „Bereich des Fleisches" zurück;
dh er beruft sich auf das Allgemein-Menschliche seiner Natur. Er sün-
digt, weil auch er Mensch und als solcher durch das Fleisch konstituiert
ist. Dieses verfällt dem Irrtum wie es nach dem Tod den Würmern an-
heimfällt; so wird in Leben und Tod das dem allwissenden, ewigen Gott

---

[42] Das Verbum ta'amod *ist auf* ṣ^{e}daqā zu beziehen und nicht etwa auf mišpaṭ
(gegen *J. Maier,* Die Texte vom Toten Meer I, 1960, und *E. Lohse* [s. Anm. 1] 41).

entgegengesetzte Wesen des Fleisches enthüllt[43]. Damit wird die Sünde des Beters zwar mit der Kreatürlichkeit erklärt, aber nicht beschönigt. Wie wir sehen werden, rechtfertigt der Beter keineswegs sich selbst, sondern Gott, der ihn erwählt und zur Freiheit von der Sünde vorherbestimmt hat; Sinn und Ziel menschlicher Existenz ist das Lob der Gottesgerechtigkeit (1QS 11,16).

An der *Schwäche* des Menschen scheitert jeder Versuch der Selbstbestimmung oder auch Mitbestimmung über das eigene Geschick: „Der Weg des Menschen liegt nicht in seiner Hand, er lenkt nicht seinen Schritt" (1QS 11,10; vgl. 1QH 15,13); gemeint ist, daß keiner von sich aus vollkommen wandelt, eigene Gerechtigkeit erlangen kann[44]. Das steht bei Gott allein; er schafft den Gerechten (1QH 15,14f). Diese Gewißheit gründet beim Qumranfrommen in der *Prädestination allen Geschehens*, das nach Gottes im voraus entworfenem Plan abläuft (1QS 11,10)[45]: Jedes Geschöpf ist vorherbestimmt, ehe es geschaffen wird, der Gerechte wie der Gottlose (1QH 15,12–17). Es ist das Wohlgefallen Gottes *(raṣôn)*[46], dem der Beter seine Erwählung und Führung im Leben verdankt: „Denn ohne Dich wird kein Wandel vollkommen und ohne Dein Wohlgefallen geschieht nichts" (1QS 11,17). Aber es wird in gleicher Bedeutung auch die *Gerechtigkeit Gottes* genannt: Sie hat den *mišpaṭ*, das erwählende Urteil[47], über den Menschen veranlaßt (1QS 11, 12). Mit Rücksicht auf die prädestinierende Gerechtigkeit Gottes wird die Sünde des Beters scheinbar relativiert, mit dem Hinweis auf die krea-

---

[43] Auch die „Kinder des Lichtes" werden vom Teufel verführt, in Krankheit und Sünde gestürzt; ohne die Hilfe Gottes und des „Engels Seiner Wahrheit" (Michael) wären sie verloren (1QS 3,24 vgl. 1,18f). Zur Schwäche des Fleisches vgl. 1QH 1,21 bis 23; 4,29f; 3,23f; 12,24–26; 13,14; 17,19; 18,25, dazu *J. Licht, Megillat Ha-Hôdajôt,* Jerusalem 1957, 34f. Wie für Paulus, so ist auch für die Qumranfrommen das Fleisch das Irdische am Menschen vgl. 1QH 10,3f; 12,31; vor allem aber ist der fleischliche Mensch unrein (1QS 11,14f), er wandelt in der Finsternis (1QS 11,10).

[44] „Keiner ist gerecht in Deinem Gericht" (1QH 9,14f; vgl. 7,28); nur durch die Güte Gottes wird der Mensch gerecht (1QH 13,17; vgl. 16,11).

[45] Zur Prädestination vgl. 1QS 3,15–17; CD 2,7 und *G. Stählin,* Das Schicksal im Neuen Testament und bei Josephus, in: Josephus-Studien, O. Michel zum 70. Geburtstag, hg. v. *O. Betz, K. Haacker* und *M. Hengel,* 1974, 319–343.

[46] Die Erwählten sind die *bᵉnê rᵉṣônô* = die Söhne des (göttlichen) Wohlgefallens (1QH 4,32f vgl. 11,9; 1QS 8,6).

[47] *mišpaṭî* ist gen. obj. = „das (prädestinierende) Urteil Gottes über mich" (1QS 11,12.14). Vgl. 1QS 3,16f: „In Deiner Hand liegen die Urteile (nicht ‚Satzungen' E. Lohse aaO [Anm. 1], 11) über jeden" *(mišpᵉtê kôl);* zum Genitiv vgl. 1QS 3,15 „Und bevor sie existieren, hat Er den ganzen Plan über sie *(maḥᵃšabtam)* festgesetzt".

türliche Schwäche erklärt; denn notorische Sündhaftigkeit oder Verstockung stünden im Widerspruch zu Gottes Plan. Die Prädestination ist auf die Präszienz Gottes gegründet (1QS 11,11): „Vom Gott der Erkenntnisse kommt alles Werden und Geschehen, und ehe sie (die Geschöpfe) existieren, hat Er den ganzen Plan über sie festgelegt" (1QS 3, 15). Es gibt keinen Widerspruch zwischen Gerechtigkeit Gottes und Prädestination. Denn die Gerechtigkeit Gottes wirkt nicht nur imputativ, indem sie den Erwählten für gerecht erklärt, sondern auch sanativ, weil sie ihn von der Sünde reinigt und zum gerechten Wandel in der Gemeinde führt. Die Erwählten bilden eine Gruppe von Menschen, die der Gerechtigkeit dienen und diese in ihrem Leben offenbaren[48]; die Gerechtigkeit Gottes aber sorgt dafür, daß sie trotz der Schwäche des Fleisches und der gegenwärtigen Herrschaft des Bösen den Plan erfüllen, den Gott für sie gedacht hat (1QS 3,16):

13. „Durch Sein Erbarmen hat Er mich nahe gebracht und durch Seine Gnadenerweise wird das Urteil über mich verwirklicht
14. Durch die Gerechtigkeit Seiner Wahrheit *(bᵉṣidᵉqat 'amittô)* hat Er mich gerichtet
und durch Seine Gerechtigkeit *(bᵉṣidᵉqatô)* wird Er mich vom Schmutz des Menschen reinigen
15. und von der Sünde, wie sie Menschenkindern eignet, damit ich vor Gott lobe Seine Gerechtigkeit und vor dem Höchsten Seine Majestät" (1QS 11,13–15).

Die Tempora dieser Aussagen schwanken zwischen Qal und Imperfekt; so wird das sich über einen langen Zeitraum hinweg erstreckende Wirken der helfenden Gerechtigkeit Gottes gut zum Ausdruck gebracht. Diese *reinigt von Schmutz und Sünde*, rituellen und ethischen Vergehen (11, 14f). Diese Aussage wird auch an anderen Stellen gemacht[49]; sie bezeichnet das *opus proprium* der gegenwärtig wirkenden göttlichen Gerechtigkeit. Wie geschieht es? Die dabei verwendeten Begriffe: ‚Sühnen, Reinigen, Schmutz, Übertretungen' erscheinen vor allem im Abschnitt 1

---

[48] Sie sind die *bᵉḥîrê ṣædæq* (1QH 2,13) bzw. die *bᵉnê ṣædæq* (1QS 3,20.22). Hier meint *ṣædæq* nicht etwa die göttliche Kraft der Erwählung (sonst wäre wohl *ṣᵉdaqā* gesetzt und das Suffix der 3. pers. sing. angewendet). Vielmehr ist *ṣædæq* die von den Erwählten zu bewährende Gerechtigkeit. Aber die Qumrangemeinde vermeidet den Begriff *ṣaddîqîm* = ‚Gerechte' als Selbstbezeichnung, so wie auch Paulus die Christen nicht mit diesem im Judentum so geläufigen Prädikat ‚Gerechte' benennt.

[49] „Durch Seine Gerechtigkeitserweise *(ṣidᵉqôtâw)* wird mein Frevel getilgt" (1QS 11,3); „Du reinigst mich durch Deine Gerechtigkeit" (1QH 11,31).

QS 3,4–12, der von den Reinigungsriten und dem Leben im Geist der Qumrangemeinde handelt. Dort wird vor der Illusion gewarnt, die Reinigung von Sünden könne allein durch Waschungen und sühnende Akte gewonnen werden. Denn nur durch den heiligen Geist, der in der „Gemeinschaft Seiner Wahrheit" lebendig ist, wird man von allen Übertretungen rein; das vollzieht sich praktisch durch die demütige Beugung unter die Gebote, in denen der Geist gleichsam investiert ist (1QS 3,4–6; vgl. 8,15f). So reinigt auch die Gerechtigkeit, indem Gott die Sünden vergibt. Aber wirksam wird die Vergebung erst für denjenigen, der sein Leben nach dem heiligen Geist, in der Gemeinschaft der Heiligen, führt, in der dieser Geist zu finden ist. Dementsprechend hat man den Akt des „Nahebringens" (*higgiš* 1QS 11,13) konkret als Hineinführung in die Gemeinde zu verstehen, in der es allein Schutz vor dem Ansturm von Tod und Teufel geben kann (1QH 6,22–25) und die Anbetung Gottes im Kreis der Himmlischen eröffnet wird (4QSl 39,18f; 1QH 3,21–23; 1QSb 4,25; 1QS 11,8)[50]. Dem Wirken der Gerechtigkeit Gottes korrespondiert auf der Seite des Erwählten die *Buße;* sie hat im Geschehen der Rechtfertigung die gleiche Bedeutung wie der Glaube bei Paulus[51]. Verwirklicht wird die Buße im Sich-Beugen unter die Gebote, wie sie in der Gemeinde der Wahrheit Gottes gelehrt und gelebt werden. Insofern ist auch die helfende Gerechtigkeit *(ṣᵉdaqā)* mit der Wahrheit Gottes verbunden (1QS 11,14): Nach Seiner Wahrheit lenkt Gott die Schritte des Beters auf die Pfade der Gerechtigkeit (1QH 7,14). Im Verein mit der Wahrheit wird die Gerechtigkeit Gottes auch zum Medium des Gerichts (1QS 11,14): Sie *richtet,* indem sie das Leben nach dem wahr, dh radikal, verstandenen Gebot Gottes ausrichtet, ihn züchtigt, erzieht; auch wird durch das Schuldbekenntnis der Gerichtsdoxologie die Vergebung Gottes ausgelöst (vgl. Lev 26,40–42). So bleibt der Büßer vor der Strafe des Endgerichts bewahrt (1QpHab 8,2f). Freilich ist das Le-

---

[50] Der Aspekt der Einbeziehung in die Gemeinde erhellt auch aus 1QH 14,18: „Und so bin ich herangebracht worden *(huggašti)* in die Gemeinschaft aller Männer meines Kreises" und 1QH 7,19f: „Durch Deine Gerechtigkeit hast Du mich in Deinen Bund gestellt." Der auf neutestamentliche Aussagen wie Röm 5,2; Eph 2,13 oder Hebr 7,19 vorausweisende Sinn von *higgiš* ergibt sich aus 1QS 11,14f (vgl. mit 1QH 3,19–23). Zur Verbindung von Reinigung, Heiligung, Rechtfertigung vgl. 1Kor 6,11. Es ist jedoch nicht richtig, mit *K. Kertelge* das Wirken der Gerechtigkeit Gottes in Qumran unmittelbar auf die Gemeinde zu beziehen (Rechtfertigung aaO [Anm. 3], 30–33); sie gilt vielmehr dem einzelnen Erwählten, der freilich in die Gemeinde geführt wird.

[51] Gott vergibt denen, die sich von der Sünde abwenden *(šabê pæšaʿ* 1QH 14,24) und reinigt sie von ihren Sünden (vgl. 1QH 4,37; 17,15; fr. 2,13).

ben im Geist und in der Wahrheit, und damit auch das Werk der Gerechtigkeit Gottes, jetzt noch unvollständig. Es bleibt ausgerichtet auf
die volle Geistbegabung der Endzeit (1QS 4,20–22); der Erwählte ist
für die „Zeit des Wohlgefallens" bestimmt (1QH 15,15), der Vernichtung des Bösen und der neuen Schöpfung (1QS 4,20.25).

In Qumran hat die *Gerechtigkeit Gottes absolute Priorität vor dem
menschlichen Tun*. Sie führt zwar zum Gehorsam gegen das Gesetz, aber
dieser wird nicht zum Verdienst. Die enge Verbindung der heilschaffenden Gerechtigkeit Gottes mit der *Vorherbestimmung des einzelnen* ist
ein *Novum gegenüber dem Alten Testament*. Das Ungenügen und die
generelle Ungerechtigkeit des Menschen vor Gott werden zwar auch dort
gelegentlich bekannt (Hi 15,14; 25,4); ferner wird von Israel gesagt, es
habe nicht durch seine Gerechtigkeit und die Geradheit seines Herzens
die heidnischen Völker beerbt, sondern durch die Liebe, die Gott den
Vätern entgegenbrachte (Dtn 7,8; 9,5). Die Stelle Dtn 7,8 war für Qumran
sehr wichtig. Sie wird in der Damaskusschrift (CD 8,14–18) mit dem
ausdrücklichen Hinweis darauf wiederholt, daß Gott die gleiche Liebe
auch den späteren Geschlechtern schenke, und zwar den „Büßern in
Israel, die vom Weg des Volkes weichen"; ihnen gehöre der Bund der
Väter. Das bedeutet, daß nur noch eine *Restgemeinde* das Bundesvolk
repräsentiert, und diese ist aus *einzelnen Erwählten* zusammengesetzt.
Anstelle der geschichtlichen Erwählung des Volkes Israel erscheint hier
die vorgeschichtliche Prädestination des einzelnen, der auf diesen Akt
Gottes mit der Buße reagiert. Dennoch gibt die auf den einzelnen gerichtete Gerechtigkeit Gottes keinem frommen Individualismus Raum.
Denn der aus der Volksgemeinde Israel herausführende Weg des Erwählten endet in der eschatologischen Heilsgemeinde. Als Erbin Israels und
des Bundes ist die Heilsgemeinde der Ort, an dem die Gerechtigkeit Gottes unter den Menschen sichtbar wird, wo man auf sie mit dem Tun der
Gerechtigkeit antwortet (1QS 10,25f). Die menschliche Gerechtigkeit
hat sich am Nächsten, und nicht etwa Gott gegenüber, zu bewähren[52];
schon von daher ist eine Gemeinschaft gefordert, die den „Nächsten"
bieten kann[53].

---

[52] 1QS 8,2: „Wahrheit und Gerechtigkeit zu tun und Recht und barmherzige Liebe
und demütig zu wandeln, ein jeder mit seinem Nächsten." Hier wird Mi 6,8 aufgenommen, jedoch der Begriff *ṣᵉdaqā* vor *mišpaṭ* eingefügt und der demütige Wandel
nicht auf Gott, sondern auf den Nächsten bezogen.

[53] Es ist nicht etwa so, daß in Qumran „die Starrheit des Prädestinationsgedankens
dadurch aufgelockert werde, daß man mit der Möglichkeit der Bekehrung rechne" (so

Auch gegenüber der *rabbinischen Lehre von Erwählung und Buße* ergeben sich wichtige Unterschiede. Zwar haben große Lehrer wie Hillél und besonders Aqiba gelegentlich Aussagen gemacht, aus denen sich eine Vorherbestimmung allen Geschehens folgern läßt[54]. Aber es fehlt die dualistische Einbettung und systematische Ausgestaltung der Prädestination; auch wird ihr die Handlungsfreiheit des Menschen unverbunden an die Seite gestellt (Abot 3,15). *Alle Menschen,* nicht nur die Kinder des Lichtes, sind nach dem Bilde Gottes geschaffen und von Ihm geliebt (Abot 3,14); *ganz Israel* ist erwählt und die Erwählung an die Tora gebunden[55]. Wie in Qumran, so wird auch nach rabbinischer Lehre die Buße verlangt, wenn Gott Sünden vergeben soll. Aber die Buße ist nicht von Gott gewirkt, und ein jeder ist dazu ermächtigt, recht zu handeln und die Sünde abzuwehren. Wie die *palästinischen Targume* Jeruschalmi I und Neofiti zeigen, hat man vor allem in Gottes Wort an Kain *Gen 4,7* den Schriftgrund für die *Handlungsfreiheit des Menschen* und seine Herrschaft über die Sünde gesehen: „Wenn du recht handelst, darfst du aufschauen; handelst du aber nicht recht, so lauert die Sünde an der Tür und nach dir steht ihre Begierde; du aber sollst über sie herrschen!" In einer midraschartigen Wiedergabe dieses und des folgenden Verses wird betont, der Mensch habe die Macht *(rašût),* über den bösen Trieb zu herrschen; es liege an ihm, wenn er verdienstvoll handele oder aber sündige. Das rechte Tun führe dazu, daß Gott die Schuld vergibt, während Er sie beim Sünder auf den Tag des großen Gerichts aufbewahrt[56]. In einem frei erdachten Disput zwischen Kain und Abel leugnet der erstere, dessen Opfer abgelehnt wurde, die Existenz eines gerechten, aufgrund der Früchte guter Taten richtenden Gottes, ferner das Endgericht und die kommende Welt, den Lohn für die Gerechten und die Bestrafung der Gottlosen. Abel widerspricht ihm an jedem Punkt; der Streit führt zu einem Ringkampf, in dem Kain den Bruder erschlägt. – In diesem Disput, der die Auseinandersetzung der Rabbinen mit den „Epikuräern" den Freigeistern und Fatalisten, vielleicht auch den sadduzäischen Leh-

---

K. *Kertelge* aaO [Anm. 3], 38); vielmehr sind die Büßer mit den Erwählten identisch, weil Gottes Güte und Gerechtigkeit zur Buße leiten.

[54] Vgl. Aqibas Ausspruch: „Alles ist vorhergesehen, aber die freie Wahl ist gegeben *(hakkol ṣapûi, wᵉharᵉšût nᵉtûnā);* mit Güte wird die Welt gerichtet, aber alles nach der Menge der Tat." (Aboth 3,15); zu Hillel siehe B Ber 60a. Zum Ganzen vgl. E. E. *Urbach, Chaz"al,* Jerusalem ²1971, 229f.   [55] E. E. *Urbach* aaO, 232.

[56] Die Umstandsbestimmung *lappætaḥ* = „an der Tür" hat, als *labætaḥ* = „auf ewig" verstanden, die eschatologische Dimension, das Sündenerlassen und Sündenbehalten im Endgericht, suggeriert.

ren, spiegeln könnte, ist die Gerechtigkeit Gottes als *iustitia distributiva* gedacht; sie ist Gottes Antwort auf das Handeln des Menschen, für das dieser die volle Verantwortung trägt[57]. Von daher ergibt sich, daß die Rabbinen zwischen zwei Handlungsweisen Gottes unterschieden: Der strafenden Gerechtigkeit *(dîn)* und der vergebenden Barmherzigkeit *(raḥamîm)*.

Paulus, der seine Auffassung von der Macht der Sünde m. E. auch in Gen 4,7 begründet sah, kam zu einem anderen Schluß: Die Tat Kains zeigte ihm das Versagen des Menschen, die Herrschaft der in die Welt eingebrochenen Sünde[58]. Er hat, ähnlich wie das in Qumran geschah, die *Rechtfertigung mit der Prädestination des einzelnen* verbunden und die Kette: ,Vorherbestimmung, Berufung, Rechtfertigung und Verherrlichung' gebildet (Röm 8,30; vgl. 9,6–33). Dagegen hat sich die rabbinische Theologie zur Wehr gesetzt. Zwar kennt auch sie den Konflikt zwischen Gottes Gebot und menschlichem Eigenwillen, wie ihn Paulus in Röm 7 schildert[59]. Aber der Ungehorsam ist ein vermeidbares Vergehen, und die Vergebung Gottes setzt das Tun der Buße voraus.

Eine Rechtfertigung des Sünders *contra legem* gibt es in Qumran nicht, aber auch keine eigene Gerechtigkeit durch Gesetzeswerke. Das zeigt schon die Tatsache, daß der Begriff „Verdienst" *(zakût)* völlig fehlt und mit ihm der Lohngedanke *(śakar)*. Statt dessen schenkt Gottes Gerechtigkeit die Gewißheit des Heils, die sich freilich nicht auf ein endgeschichtliches Ereignis wie das Kreuz des Messias berufen kann, sondern aus der Zugehörigkeit zur Heilsgemeinde das Erwähltsein erschließt.

---

[57] Vgl dazu PsSal 9,1–4: Der Mensch vollzieht trotz der Allwissenheit Gottes sein Handeln nach freier Wahl und in eigener Vollmacht; Gott prüft nach Seiner Gerechtigkeit die Menschen. Schon aufgrund dieser Aussage wird es klar, daß die Psalmen Salomos nicht in der Qumrangemeinde entstanden sein können.

[58] Die personale Fassung der Sünde bei Paulus, ihr In-die-Welt-Kommen (εἰσέρχεσθαι) ihr Herrschen (βασιλεύειν), ferner ihr Wirken durch die Begierde (ἐπιθυμία) hat in Gen 4,7 eine gute Basis. Ohne diesen Rückhalt an der Tora, vor allem in Gen 3 und 4,7, hätte Paulus seine Ausführungen in Röm 5,12–21 und 7,7–11 nicht in dieser Schärfe vortragen können.

[59] Interessant ist die spekulative Auslegung der dunklen Worte ṣawlaṣaw, qawlaqaw usw in Jes 28,10.13 im Prophetentargum. Aus ihnen haben die Rabbinen einen Konflikt zwischen dem Gesetz und dem Eigenwillen des Menschen herausgelesen, der zum Ungehorsam führt. Auch als die Propheten verkündigten, Gott werde, falls die Israeliten Buße tun, ihnen vergeben (so auch Tg zu Jes 6,10), nahmen diese die Botschaft nicht an und wandelten nach ihrem eigenen Gutdünken. Deshalb werden sie den Heiden ausgeliefert, die das Gesetz nicht kennen, und in der kommenden Drangsal vergebens Gottes Hilfe erflehen.

ERWÄGUNGEN ZUM SCHRIFTVERSTÄNDNIS DES PAULUS

JOSEF BLANK

Zu den Momenten, welche die „Fremdheit des Paulus"[1] ausmachen, und zwar auf dem Gelände der Exegese selbst, gehört der Schriftgebrauch des Apostels, seine Weise, die Schrift, von ihm erstmals als „Altes Testament" bezeichnet (2Kor 3,14)[2] zu zitieren und auszulegen, sowie das zugrundeliegende neue Schriftverständnis.

1. Das Problem[3]

Die historisch-kritische Methode mußte in einem ersten Schritt notwendig dazu führen, die Fremdheit nicht nur des paulinischen, sondern

---

[1] Vgl. O. *Kuss*, Paulus. Die Rolle des Apostels in der theologischen Entwicklung der Urkirche, Auslegung und Verkündigung III, 1971, 282ff. Unter den von Kuss angeführten Einzelheiten, die diese Fremdheit des Apostels demonstrieren sollen – Paulus als Bekehrter, Apokalyptiker; die Besonderheit seiner Probleme, die nicht mehr die unseren sind, die gänzlich andere Situation des Apostels, seine Gegner, daß er viele Fragen offen läßt, schließlich seine Bedeutung als Offenbarungsträger, Visionär und seine Krankheit – fehlt der Hinweis auf die paulinische Exegese.

[2] Die Wendung 2Kor 3,14b, daß bis heute derselbe Schleier bleibe ἐπὶ τῇ ἀναγνώσει τῆς παλαιᾶς διαθήκης macht deutlich, daß Paulus hier unter der παλαιὰ διαθήκη tatsächlich nicht den „alten Bund" als „Heilsordnung" versteht, sondern das Buch, die Schrift, die vorgelesen wird. Vgl. *H. Windisch*, Der zweite Korintherbrief, MeyerK VI [9]1924: „Zunächst παλαιὰ διαθήκη, unzweifelhaft als geschriebene Urkunde gefaßt, wenn auch ... auf den Pentateuch, den νόμος, zu beschränken. Es ist der früheste Beleg für diesen technischen Gebrauch ... der nächste Zeuge ist erst Meliton von Sardes bei Euseb. hist. eccl. IV 26,14 (hier für den ganzen hebräischen Kanon)" 121.

[3] Dazu vor allem: O. *Michel*, Paulus und seine Bibel, BFChTh. M 18, 1929, Neudruck 1972; – E. E. *Ellis*, Pauls Use of the Old Testament, London 1957; – B. *Lindars*, New Testament Apologetic, London 1961; – S. *Amsler*, L'Ancien Testament dans l'Eglise, Neuchâtel 1960; G. *Schrenk*, Art. γράφω, γραφή ThW I 742–773; – RAC

darüber hinaus des gesamten urchristlich-neutestamentlichen Schriftge-
brauchs und Schriftverständnisses drastisch spürbar zu machen und zu
einem Problem zu erheben, um das bis heute gerungen wird. R. Bultmann hat diese Problematik in seiner Abhandlung „Weissagung und Erfüllung" sehr gut dargelegt. Für das Neue Testament verstehe sich ein
Doppeltes von selbst, erstens, die Zukunft, auf welche die Weissagungen
des Alten Testaments gehen, ist die Endzeit, die messianische Zeit; zweitens, das Alte Testament ist als Ganzes das Buch der Weissagung, dessen
sämtliche Aussagen von der Erfüllung her als Weissagungen kenntlich
werden[4]. Im ersten Fall folge das Neue Testament der alttestamentlichen Tradition, im zweiten der hellenistisch-stoischen Tradition. „Diese
hat die Methode ausgebildet, alte, von autoritativer Geltung bekleidete
Texte nach Wahrheiten zu befragen, die den Verfassern jener Texte
selbst ferngelegen haben, und die in den Texten auch faktisch gar nicht
enthalten sind, sondern durch mehr oder weniger künstliche Deutung
bzw. Umdeutung, durch *Allegorese*, aus ihnen heraus- oder besser: in sie
hineingelesen werden müssen."[5] Für diese Exegese führt Bultmann eine
Reihe von Beispielen an (Mt 1,23 / Jes 7,14; – Mt 2,17f / Jer 31 (38),15
etc; – für Paulus: Röm 10,6–8/Dtn 30,11–14), um daraus das Fazit
zu ziehen: „*Diese Art von Weissagung und Erfüllung zu reden, ist in
einer Zeit, in der das Alte Testament als geschichtliches Dokument verstanden und nach der Methode historischer Wissenschaft interpretiert
wird, unmöglich geworden.*"[6] Vollends sei diese Unmöglichkeit deutlich
„in den zahlreichen Fällen, in denen der alttestamentliche Text nur dadurch als Weissagung brauchbar wird, daß er gegen seinen ursprünglichen Sinn verstanden wird . . ."[7].

Auf der Ebene historischer Kritik, unter dem Vorzeichen des modernen Postulats verifizierbarer Exaktheit und Zuverlässigkeit beim Experi-

---

VI, Art. Exegese, I. (heidnisch, Griechen, Römer) von *H. Schreckenberg*, 1174–1194; –
II. (Judentum) von *G. Mayer*, 1194–1211; – III. (NT und Alte Kirche) von *W. E.
Gerber*, 1211–1229. – C. *Westermann* (Hg.), Probleme alttestamentlicher Hermeneu-
tik, TB 11, 1960; – L. *Goppelt*, Typos. Die typologische Deutung des Alten Testa-
ments im Neuen, BFChTh. M 43, 1939, Neudruck 1966; – *ders.*, Art. τύπος ThW
VIII 246–260; – R. *Bultmann*, Theologie des Neuen Testaments, [1]1953; – *ders.*,
Ursprung und Sinn der Typologie als Hermenetischer Methode, in: Exegetica, 1967,
381–393; – *ders.*, Die Bedeutung des Alten Testaments für den christlichen Glauben,
GuV I 213–336; – *ders.*, Weissagung und Erfüllung, GuV II, 162–186. – H. *Gese*,
Vom Sinai zum Zion. Alttestamentliche Beiträge zur biblischen Theologie, BEvTh 64,
1974.   [4] *Bultmann*, GuV II 162f.   [5] AaO 163.
          [6] AaO 165.   [7] AaO 165.

ment oder beim Zitieren ist gegen Bultmanns Feststellung nichts einzu-
wenden. Das hermeneutische Problem in seiner vielschichtigen Differen-
ziertheit ist darin freilich nicht enthalten. Danach wäre zu fragen, ob es
überhaupt ein chemisch reines Interpretationsverfahren gibt, bei dem
nicht auch *etwas in den Text hineininterpretiert wird*[8]. Auch das Problem der *historischen und soziologischen Plausibilität* ist übergangen, das
heißt das Problem, daß bestimmte Denk- und Verstehensweisen in einem
gegebenen historisch-sozialen Milieu unbefragt gelten, mit selbstver-
ständlicher Überzeugungskraft, während sie dreihundert oder gar zwei-
tausend Jahre später nicht mehr einleuchten, geschweige noch zu überzeugen vermögen. Schon gar nicht fällt in den Blick, daß Zitieren, Text-
Rezeption überhaupt eine produktive Seite haben kann, wobei gerade
das Zitieren in Verbindung mit einem völlig neuen, nicht schon seit
ewigen Zeiten feststehenden Sinngehalt entscheidend ist; das schlagend-
ste Beispiel dafür ist Röm 10,6–8. Es gibt wohl vorwiegend zwei Arten
des Zitierens. Die eine gewöhnliche Art besteht darin, mit dem Zitat der
Anerkennung des Bestehenden sich zu versichern, da geht es vor allem
um Rückversicherung bei den herrschenden Autoritäten; der zweiten Art
ist es darum zu tun, vermittelst der Zitate vom Bestehenden sich frei zu
kämpfen, um neuer Wahrheit zum Sieg zu verhelfen. Um diesen Denk-
prozeß durchsichtig zu machen, ist nachzufragen, aufgrund welcher Voraussetzungen, Regeln und „Prinzipien" die neutestamentlichen Autoren,
hier vor allem Paulus, zu ihren „schriftgemäßen" Aussagen kommen.
Dabei erscheint es wichtig, zwei Probleme zu unterscheiden, die freilich
eng miteinander verquickt sind. Das eine Problem betrifft die *Methoden*
der paulinischen Exegese, die er weithin mit den jüdischen Rabbinen
bzw. der jüdischen Umwelt (Qumran) teilt; das zweite Problem ist der
völlig neue hermeneutische Ansatz, der im Endergebnis zu einem *neuen
Gesamtverständnis des Alten Testaments* führt, zu einer neuen, spezifisch christlich-paulinischen Konzeption vom „Wesen der Schrift".

---

[8] Vgl. *T. W. Adorno,* Noten zur Literatur I, 1963, 12: „Die objektive Fülle von Bedeutungen jedoch, die in jedem geistigen Phänomen verkapselt sind, verlangt vom
Empfangenden, um sich zu enthüllen, eben jene Spontaneität subjektiver Phantasie,
die im Namen objektiver Disziplin geahndet wird. Nichts läßt sich herausinterpretie-
ren, was nicht zugleich hineininterpretiert wäre. Kriterien dafür sind die Vereinbarkeit
der Interpretation mit dem Text und mit sich selber, und ihrer Kraft, die Elemente des
Gegenstandes mitsammen zum Sprechen zu bringen."

2. Die Voraussetzungen

Die wichtigste Voraussetzung ist ohne Zweifel das Vorhandensein der Schrift, ihre faktische Vorgegebenheit als einer autoritativen Größe in vorchristlicher Zeit (ihre *„faktische Kanonizität"*, oder wenn man lieber will, „Verbindlichkeit" im Unterschied zur „ausdrücklich definierten Kanonizität"). Die Entstehung des alttestamentlichen Kanons ist bekanntlich ein langwieriger geschichtlicher Prozeß, bei dem mit fließenden Übergängen gerechnet werden muß. Vor allem ist zwischen der *faktischen Geltung* der heiligen Schriften, die bereits aufgrund ihres Inhalts und ihrer langfristigen Rezeption verbindliche Autorität besitzen und der abschließenden Festsetzung des Kanons durch die zuständige Religionsbehörde ein längerer Zeitraum anzusetzen. Die Kanonisierung ist im Grunde nur eine abschließende Anerkennung dessen, was sich bereits durchgesetzt hat, mit einigen Grenzbereinigungen am Rande und hat deshalb nur eine regulierende, aber keine sachlich-konstitutive Bedeutung. Die bekannte Unterscheidung von „Homologumena und Antilegomena", von auf breiter Front rezipierten Schriften, die allgemein anerkannt sind und solchen, die mehr am Rande liegen und mitunter nur von bestimmten Gruppen rezipiert werden, dürfte einer allgemeinen soziologischen Gesetzmäßigkeit entsprechen. Eine sachlich-historische Grenze in der Schriftwerdung darf man jedoch darin erblicken, daß eine Schrift oder ein Schriften-Corpus *nicht mehr beliebig ergänzt werden kann, und wo die Kommentierung im eigentlichen Sinn beginnt, die Exegese.* Solange ein Text noch fortgeschrieben werden kann, wie dies bei einer ganzen Reihe prophetischer Texte der Fall ist[9], hat er seinen „kanonischen Status" noch nicht erreicht. „Erst als das Bewußtsein, daß man bestimmte, festumrissene und abgeschlossene heilige Bücher besaß, sich bildete, löste sich die Auslegung vom Text."[10] Den ältesten Grundstock des werdenden Kanons bildet die Tora, die wohl im vierten vorchristlichen Jahrhundert als abgeschlossen erscheint, dann die „Propheten", die Nebiim etwa um 200 vChr und schließlich die Hagiographen, die Ketubim, bei denen der Abschluß sicher länger gedauert hat, die aber schon im Prolog zu Jesus Sirach (um 117 vChr) als „die übrigen Schriften" – τὰ λοιπὰ τῶν βιβλίων – (Prolog 25) bezeichnet und offenbar als ein, wenn

---

[9] Vgl. *J. Schreiner*, Interpretation innerhalb der schriftlichen Überlieferung, in: *J. Maier – J. Schreiner* (Hg.), Literatur und Religion des Frühjudentums, 1973, 19–30.
[10] *Schreiner*, aaO 30.

auch noch offenes corpus verstanden werden[11]. Flavius Josephus (Ap I 38–41) zählt insgesamt 22 Bücher: die fünf Bücher Mose, die „die Gesetze" (τοὺς νόμους) enthalten; dann die Propheten mit dreizehn Büchern; die „übrigen Bücher" enthalten den Psalter (ὕμνους εἰς τὸν θεόν) und Maximen für den menschlichen Lebenswandel (καὶ τοῖς ἀνθρώποις ὑποθήκας τοῦ βίου). Josephus verbindet diese Einteilung mit einem chronologischen Schema: Von der Anthropogonie bis zum Tode des Mose; vom Tod des Mose bis zu Artaxerxes, dem Nachfolger des Perserkönigs Xerxes. Was aber seit der Zeit des Artaxerxes (Josephus denkt offenkundig an Artaxerxes I. 465–423 vChr) geschrieben wurde, hat nicht den gleichen Kredit wie die älteren Schriften. Wahrscheinlich bietet Josephus hier die ältere pharisäische Auffassung vom Schriftkanon, die in die Zeit vor 70 nChr zurückreichen dürfte und die sich dann auch später durchgesetzt hat. Das Urchristentum hatte also bereits mit einem relativ festen, wenn auch noch nicht endgültig definierten Bestand autoritativer heiliger Schriften zu tun, der auch bereits als integrale Ganzheit und Einheit betrachtet werden konnte[12].

Demgegenüber meint neuerdings H. Gese: „Die neutestamentliche Traditionsbildung greift also in eine noch lebendige Traditionsbildung ein, d. h. wir haben es eben nur mit *einer,* der biblischen Traditionsbildung zu tun. Entscheidend aber ist, daß dadurch, daß das neutestamentliche Geschehen der gesamten alttestamentlichen Offenbarung entgegentrat, die alttestamentliche Traditionsbildung abgeschlossen wurde ... Wir kommen zu der These: das Alte Testament entsteht durch das Neue Testament; das Neue Testament bildet den Abschluß eines Traditionsprozesses, der wesentlich eine Einheit, ein Kontinuum ist."[13] Diese Auffassung scheint mir weder historisch noch theologisch haltbar zu sein. Sie übersieht, daß die jüdische Definition des Kanons, die man der Synode von Jabne zuzuschreiben pflegt, keineswegs als bloße Reaktion auf die christliche Offenbarung verstanden werden kann, sondern in erster Linie auch den Abschluß eines innerjüdischen Entwicklungsprozesses bildet. Die Reaktion auf das Christentum mag ein Faktor neben anderen gewesen sein, die Reaktion auf die gesamte Apokalyptik und ihre Folgen (Radikalismus) ist sicher genauso bedeutsam. Die *faktische Schriftautorität* war ohnedies schon längst etabliert, so daß der Spielraum der „lebendigen Traditionsbildung" gar nicht mehr sehr groß gewesen sein kann. Von jüdischer Seite her gesehen dürfte die These von H. Gese als unannehmbar erscheinen.

---

[11] Zum Problem der alttestamentlichen Kanonbildung vgl. O. *Eissfeldt,* EinlAT [2]1956 §§ 74–75, 692–706; – *Sellin- Fohrer,* EinlAT [10]1965, 528–537: „Der Abschluß des Kanons ist also zwischen 100 v. Chr. und 100 n. Chr. erfolgt und die sog. Synode in dem etwa 20 km südlich von Jaffa gelegenen Jamnia (Jabne) hat dazu anscheinend einiges beigetragen" (535).

[12] Vgl. *Eissfeldt,* EinlAT, 702ff.

[13] *H. Gese,* Erwägungen zur Einheit der biblischen Theologie, in: *ders.,* Vom Sinai zum Zion (s. Anm. 3), (11–30) 14.

Weiter, das Neue Testament ist *qua heilige Schrift* gerade *kein Kontinuum* zum Alten Testament. Vielmehr setzt es *die Schrift* – nicht ein „Altes Testament", die paulinische Bezeichnung 2Kor 3,14 ist singulär – als vorgegebene Ganzheit mit göttlicher Autorität voraus[13a] und verkündet Jesus Christus als die Erfüllung dieser Schrift. Vom urchristlichen Standort aus war ein Neues Testament als neue Schrift zunächst ja gar nicht vorgesehen. Unter eschatologischem Aspekt (Erfüllung, Parusie-Erwartung etc.) ist ein „Neues Testament" als heilige Schrift ein echtes Problem. Endlich, die Tatsache, daß das „Alte Testament, die Schrift, sowohl vom Judentum wie vom Christentum beansprucht werden kann, und zwar mit diskutablen Gründen, zeigt, daß das behauptete oder postulierte Kontinuum zumindest nicht eindeutig ist, sondern umstritten. Das Kontinuum von Schrift und Judentum ist genausogut vorhanden und auf rein historischer Ebene vielleicht sogar besser zu beweisen als zum Neuen Testament. Insofern ist die Behauptung des Kontinuums ein dogmatisches Urteil vom „Standpunkt des Siegers" aus und enthält viele ungelöste Probleme.

Man wird also radikaler ansetzen müssen. Mit der Entstehung der heiligen Schrift im Judentum ist offenkundig von Anfang an auch ein *besonderes Schriftverständnis verbunden, das der Tora die entscheidende Stelle zuweist,* und zwar der schriftlichen Tora in engster Verbindung mit der mündlichen Tora. Man wird sich davor hüten müssen, die Tora als eine abstrakte Größe aufzufassen. „Es war auch nicht der Buchstabe der Torah, der in der Praxis als königlich anerkanntes Recht galt, sondern die vorherrschende Auslegung und Anwendung, die geschichtlich aktuelle Gestalt der Torah."[14] Nach der bekannten Stelle Abot I,1: „Mose empfing die Tora vom Sinai und überlieferte sie dem Josua, und Josua den Ältesten und die Ältesten den Propheten, und die Propheten überlieferten sie den Männern der großen Synagoge", wird das Theologumenon vom absoluten Vorrang der Tora entwickelt. Ihr gegenüber erscheinen alle dem Mose folgenden Größen nur noch als Tradenten der schriftlichen und mündlichen Tora. Dazu meint ein jüdischer Gelehrter vom Range G. Scholems: „Besonders merkwürdig ist in dieser historischen Konstruktion, wie sie jener oben zitierte Satz aus den *Sprüchen der Väter* gibt, die Metamorphose der Propheten zu Traditionsträgern, ein sehr charakteristischer, wenn auch für unsere heutige Auffassung reichlich paradoxer Vorgang. Ursprünglich waren damit die letzten Propheten Chaggai, Sacharja und Maleachi gemeint, denen in der Anschauung von der ununterbrochenen Traditionskette eine besondere Wichtigkeit zukommt, weil die letzten Propheten zugleich, nicht so ganz

---

[13a] Vgl. *G. Schrenk*, ThW I 754, 4. γραφή zur Hervorhebung der Schrifteinheit: das Ganze der at. Schrift.

[14] *J. Maier*, Geschichte der jüdischen Religion, 1972, 20.

ohne Grund, als die ersten Schriftgelehrten und ‚Männer der großen
Synagoge' betrachtet wurden. Dann aber werden auch die alten Propheten als Mittelglieder der Tradition, die sonst ganz unsichtbar ver-
laufen wäre, eingesetzt."[15] Es handelt sich also um ein *kategorisches
Vorverständnis der gesamten Schrift,* wenn die Tora an die erste Stelle
gerückt wird. Die Propheten und Hagiographen werden ihrerseits zu
Zeugen der Tora oder auch zu Beispielen ihrer richtigen Erfüllung.

Dazu kommt unter hellenistischem Einfluß das „ontologische Tora-
verständnis" (Hengel) oder „die spekulative Theologisierung der Torah
im Verlauf der frühjüdischen Zeit" (Maier)[16], jene Identifizierung der
Tora mit der kosmischen „Weisheit", so daß die Tora zum Inbegriff der
gesamten Ordnung von Kosmos und Menschenleben wurde, was zu ihrer
Verabsolutierung und Totalisierung nicht wenig beitrug.

Schließlich ist noch auf *die heilsgeschichtliche Funktion der Tora* hinzuweisen[17]. Die genannten Untersuchungen haben erbracht, daß in der
frühjüdischen Apokalyptik das lebendige Interesse an „Heilsgeschichte"
und ihrem Verlauf durchaus vorhanden war, ja in gewisser Weise unter
apokalyptischem Einfluß verstärkt wurde, und daß dabei das Problem
der Tora-Erfüllung eine äußerst wichtige Rolle spielte. Die Tora wird
zum „bewegenden Faktor der Heilsgeschichte" (Maier). K. Müller hat
besonders auf „die Interdependenz von Geschichts- und Toraverständ-
nis"[18] in den frühjüdischen Texten hingewiesen; das heißt, daß der theo-

---

[15] G. Scholem, Offenbarung und Tradition als religiöse Kategorien im Judentum,
in: *ders.,* Über einige Grundbegriffe des Judentums, ed. suhrkamp 414, 1970, (90 bis
120) 99.

[16] *M. Hengel,* Judentum und Hellenismus, WUNT 10, ²1973, 311; – *Maier,* Jüd.
Religion 21.

[17] Die „heilsgeschichtliche Funktion" der Tora wurde erstmals herausgestellt von
D. Rössler, Gesetz und Geschichte, WMANT 3, 1960, dessen Fehler war nur die Einseitigkeit, mit der er für das apokalyptische Tora-Verständnis gegenüber dem pharisäischen eine Art „Gesinnungsethik" postulierte unter Verzicht auf die Tora-Erfüllung
(-Praxis). Dieser Punkt wurde inzwischen durch die Forschung korrigiert. – Vgl.
Maier, Jüd. Religion 20–30; – *M. Limbeck,* Die Ordnung des Heils, Untersuchungen zum Gesetzesverständnis des Frühjudentums, 1971; *K. Müller,* Geschichte, Heilsgeschichte und Gesetz, in *J. Maier – J. Schreiner* (Hg.), Frühjudentum 73–105.

[18] *Müller,* Geschichte 100. Dazu der Hinweis auf die *Nachordnung* der Gesetzgebung am Sinai gegenüber dem Erwählungshandeln Gottes an Israel, das sich in der
Erwählung Abrahams und im Exodus realisierte, in Neh 9,7–14. „Das heißt aber, daß
mit dem Erlaß des Gesetzes als der verpflichtenden göttlichen Bundesordnung nicht
nur die Vorstellung eines integralen und unaufgebbaren Faktors im kontingenten *Fortgang* der Vergangenheit Israels verbunden wird, sondern daß das Gesetz zudem als diejenige Ordnung des von Gott in der Geschichte geschlossenen Bundes gilt, mit Hilfe

logische Stellenwert (nicht zu verwechseln mit der Frage, ob die Tora zu tun sei oder nicht – dies steht überhaupt nicht zur Debatte) der Tora in diesen Texten mit dem jeweiligen Verständnis von „Heilsgeschichte" auf das engste zusammenhängt und umgekehrt. Aber kein Zweifel besteht über den Zusammenhang von Tora und Tora-Erfüllung einerseits und dem Gang der Heilsgeschichte andererseits. Der Toragehorsam ist die grundlegende Heils-Bedingung. Insofern bleibt auch die Tora-Erfüllung der entscheidende theologische Faktor im Hinblick auf das Endheil. Was dabei besonders auffällt, ist die Tatsache, daß an diesem Befund auch die Gestalt des eschatologischen Heilbringers innerhalb der jüdischen Konzeptionen nichts ändert! „Die eigentlich erlösende, ‚messianische' Funktion liegt nicht beim endzeitlichen König (‚Messias') oder dergleichen, sondern ist Aufgabe des erwählten Volkes ‚hier und jetzt.'"[19]

Von jüdischer Seite hat G. Scholem in jüngster Zeit einige hochinteressante Beiträge geliefert, die man in dieser Diskussion nicht übergehen kann[20]. Die drei genannten Abhandlungen über „Offenbarung und Tradition", „Zum Verständnis der messianischen Idee" und „Krise der Tradition im jüdischen Messianismus" hängen in ihrer Thematik sehr eng miteinander zusammen; dabei legt Scholem besonders in der letzten Abhandlung eine Reihe von Problemen mit einer radikalen Offenheit auf den Tisch, wie man dies sonst wenig findet, und dies macht ihn auch zum Gesprächspartner im Hinblick auf die paulinische Problematik. Scholem stellt die beiden Erscheinungen von *„Offenbarung und Tradition"*, verkörpert in der schriftlichen und mündlichen Tora auf der einen Seite und des *Messianismus* auf der anderen Seite einander gegenüber. „Das Wort Gottes, in der Offenbarung, das sich in den Forderungen des Gesetzes kristallisiert, bedarf der Tradition, um anwendbar zu werden."[21] „So

---

derer die *vorangehende* göttliche Erwählung Israels auf geschichtlichem Boden bewährt werden muß" aaO.

[19] *Maier*, Jüd. Religion 15. – Zum selben Ergebnis kommt auch die Untersuchung von *W. D. Davies*, Torah in the Messianic Age and/or the Age to come, JBL. MS 7, Philadelphia 1952. Danach bringen die rabbinischen Quellen die feste Überzeugung zum Ausdruck, „that obedience to the Torah would be a dominating mark of the Messianic Age" 83. Die These von einer neuen „messianischen Tora" läßt sich demnach nicht überzeugend behaupten 90.

[20] *G. Scholem*, Offenbarung und Tradition als religiöse Kategorien im Judentum, aaO (s. Anm. 15); – ferner: Zum Verständnis der messianischen Idee im Judentum, in: *ders.*, Judaica (I), 1963, 7–74 (auch: Grundbegriffe 121–167); – Die Krise der Tradition im jüdischen Messianismus, in: *ders.*, Judaica III, 1973, 152–197.

[21] Krise 153.

wird die Tradition im Judentum als ‚die mündliche Tora' verstanden, als die sprechbar gewordene Stimme Gottes, die erst in ihr deutbar, sinnvoll und verständlich wird."[22] Dem steht der „Messianismus in seinen mannigfachen Fazetten" gegenüber, „der das Hereinbrechen einer neuen Dimension der Gegenwart, der Erlösung in die Geschichte darstellt und der zur Tradition in ein schwieriges Verhältnis tritt"[23]. Scholem kommt zu der lapidaren Feststellung: „Der Messianismus steht quer zur Idee der Offenbarung der Tora", und begründet dies damit, daß er „nicht etwa aus einer Fortsetzung, einem Weiterdenken der Idee eines im Leben verpflichtenden Gesetzes oder einer Tradition über dessen Anwendbarkeit, etwa in der Endzeit" entstamme, sondern „einer historischen Vision und der historischen Erfahrung und vor allem aus dem Gegenbild zu dieser Erfahrung in der Imagination der Juden"[24]. Daß diese Spannung traditionsgeschichtlich gesehen, uralte Wurzeln hat, die bis in die Entstehung des Königtums zurückreichen, sei nur am Rande vermerkt.

Nach Scholem „tritt der messianische Gedanke stets in engster Verbindung mit Apokalyptik auf. Die messianische Idee bildet dabei gleicherweise einen Inhalt des religiösen Glaubens überhaupt wie auch eine lebendige, akute Erwartung. Die Apokalyptik erscheint dabei als die notwendig sich bildende Gestalt des akuten Messianismus"[25]. Die Unterscheidung zwischen einem „akuten" oder „aktiven" Messianismus, wofür Scholem als typische Beispiele Jesus von Nazareth und das Urchristentum sowie Sabbatai Zwi[26] und die sabbatianische Bewegung anführt, und einem mehr glaubensmäßigen „abstrakten Messianismus" erscheint dabei als bedeutsam. Zum akuten Messianismus gehört in irgendeiner Form der Bruch mit der Tradition, „die katastrophale und destruktive Form der Erlösung", die eben keine kontinuierliche Weiterentwicklung kennt[27], sowie das Element der „Anarchie"[28], das mit der radikalen

---

[22] Krise 154; vgl. Offenbarung und Tradition 92ff. Die Tradition tritt „immer nachdrücklicher als neuer religiöser Wert und als Kategorie des religiösen Denkens auf. Sie wird das Medium, in dem sich schöpferische Kräfte niederschlagen" (94).

[23] Krise 154.   [24] AaO.   [25] Messianische Idee 14.

[26] Sabbatai Zwi (1626–1676) ist die zentrale Figur der nach ihm benannten messianischen Bewegung. Vgl. dazu vor allem G. *Scholem*, Art. Shabbetai Zevi, Encyclopaedia Judaica XIV 1971, 1219–1254 (Lit.).

[27] Vgl. Messianische Idee 24: „Ich sprach von der Katastrophalität der Erlösung als einem entscheidenden Moment jeder solchen Apokalyptik, an dessen Seite dann die Utopie vom Inhalt der realisierten Erlösung tritt. Das apokalyptische Denken enthält immer das Element des Grauens und des Trostes ineinander verschlungen." Und weiter: „Es ist ja gerade die Übergangslosigkeit zwischen der Historie und der Erlösung,

messianischen Utopie notwendigerweise verbunden erscheint. Solange
der Messianismus rein theoretischer Glaubensinhalt blieb, konnte auch
das Problem eines echten Konfliktes zwischen Messianismus und Tradition sich nicht stellen. Deshalb ist auch „die naheliegende Frage nach
dem Stand der Tora in der messianischen Welt in der alten jüdischen
Literatur, im Talmud und Midrasch und den Apokalypsen rein imagina-
tiv entwickelt worden"[29]. Von daher kann Scholem den Gedanken mit-
vollziehen, „daß der Paulinismus innerhalb des jüdischen Messianismus
eine echte Krise der Tradition darstellt"[30], ähnlich wie später jene des
Sabbatianismus im 17. Jh. nChr.

Damit kommen wir zu Sabbatai Zwi, der Scholem hauptsächlich deshalb zu interessieren scheint, weil hier eine späte, nach-christliche messianische Bewegung innerhalb des Judentums auftritt, die es gewissermaßen erlaubt, das „messianische Phänomen" ohne Trübungen durch ein
christlich eingefärbtes Glas zu studieren. „Die Unterschiede zwischen
dem Paulinismus und dem Sabbatianismus sind groß, aber die Verwandtschaft der Grundstrukturen, des Antinomismus, einer Krisentheologie,
die sich schnell entwickelt, ist weder zu übersehen noch zu verkennen."[31]
Als solche Gemeinsamkeiten wären zu nennen: *Erstens das Bewußtsein
der gegenwärtigen Erlösung:* „... das Erlebnis der Erlösung als eines
historischen Vorganges wird im Erlebnis der Erlösung als Gefühlswirk-
lichkeit vorweggenommen und tritt in breiten Kreisen mit solcher Wucht
auf, daß diese Antizipation sogar den Konflikt zu überstehen vermag."[32]
Zweitens die These vom „Ende des Gesetzes". Der sabbatianisch beein-
flußte Theologe Cardoso sagt: „Die Tora, wie sie jetzt ist (oder: wie sie
jetzt vollzogen wird), wird in der messianischen Zeit nicht mehr statt-
haben."[33] Scholem weiß davon zu berichten, daß sabbatianische Grup-

---

die bei den Propheten und Apokalyptikern stets betont wird. Die Bibel und die Apokalyptiker kennen keinen Fortschritt in der Geschichte zur Erlösung hin."

[28] Krise 163f: „Die Bewahrer des traditionellen Elementes, und das waren im jüdi-
schen Mittelalter eben die Träger der rabbinischen Autorität, spürten in den akuten
messianischen Ausbrüchen das Nicht-Konforme, das die Kontinuität der Überlieferung
Gefährdende. Solche Befürchtungen, daß akuter Messianismus zur Krise führen würde,
Furcht auch vor dem uneingestandenen anarchischen Element der messianischen Uto-
pie spielen zweifellos bei dieser fast einhelligen Opposition der Rabbinen eine große
Rolle." Gründe dafür: Sorge um die Stabilität der Gemeinde, um das Schicksal der
Juden nach einer unausbleiblichen Enttäuschung usw.

[29] Krise 156; vgl. die Zusammenstellung 158ff; – Ferner *Davies,* Torah in the Messianic Age (s. Anm. 19).

[30] Krise 167; zu Sabbatai Zwi 168ff.

[31] Krise 167.   [32] Krise 170.   [33] Krise 178.

pen sich unter Berufung auf einen Segensspruch des Sabbatai Zwi „Gelobt sei der das Verbotene erlaubt", einem Enthusiasmus und Libertinismus hingaben, der zB die Aufhebung der sexuellen Tabus und Inzestverbote forderte und praktizierte: „Die sexuellen Tabus gaben den Ansatzpunkt ab, an dem – wie so oft in der Geschichte der spiritualistischen Sekten – die messianische Freiheit im Libertinismus ihre Bestätigung und einen konkreten Inhalt finden konnte."[34] *Drittens, das neue messianische Schriftverständnis.* „Die Frage, die die Gläubigen bewegt, ist: Wie steht es um die Tora und alles, was mit ihr zusammenhängt, wenn der Messias nun real erschienen ist, wenn unser Herz von dieser Erfahrung erfüllt ist, aus der ja etwas für unser Leben in der nächsten Zukunft und noch mehr nach seiner zu erwartenden Rückkehr aus jenen dunklen Bereichen folgen muß? Und mehr: der neue Blick, mit dem die Gläubigen die alten Bücher lasen, hatte ihnen enthüllt, daß im Grunde überall von jener scheinbaren Apostasie des Messias" (Sabbatai Zwi wurde 1666 vor den Sultan gebracht und dort vor die Wahl gestellt, das Martyrium zu erleiden oder zum Islam überzutreten, er wählte das letztere, vgl. Krise 170f) „die Rede war, die vor ihrem Vollzug niemand dort bemerkt hatte"[35].

Die Probleme und Analogien zum Neuen Testament und vor allem zur paulinischen Problematik sind in der Tat frappierend. Im übrigen markiert Scholem auch einen deutlichen Unterschied: „Unübersehbar ist der Abgrund, der die Figur des am Kreuze für seine Sache gestorbenen Messias von der des die Apostasie auf sich nehmenden, also unter Verkleidung agierenden trennt."[36] Sollte sich auch in diesem Fall wieder einmal das Kreuz als deutliche Scheidemarke bewähren? – Nach den Darlegungen Scholems gäbe es also keinen „akuten Messianismus", keinen Glauben an einen historisch realen Messias, – im Unterschied zur bloßen Messiaserwartung im Rahmen einer theologischen Konzeption –, *der nicht mit Notwendigkeit zu der These führen würde, daß der Messias das Ende der Tora sei!* Üblicherweise hat – und muß wohl auch haben – im Judentum die Tora das eindeutige Übergewicht über den Messiasglauben. „Akuter Messianismus" dagegen wirft ganz neue Probleme auf und tendiert anscheinend dazu, unter dem Vorzeichen der „messianischen Utopie" der „geschehenen und gegenwärtigen Erlösung" das Ende der Tora und den Anbruch des Reiches der Freiheit zu verkünden! Dann wäre Paulus von jüdischer Sicht her gar keine so merk-

---

[34] Krise 192f.
[35] Krise 177.   [36] Krise 172.

würdige Erscheinung. Es dürfte jedenfalls außerordentlich selten geschehen, daß ein jüdischer Denker die dem jüdischen Glaubensverständnis immanente Problematik so bis auf den Grund durchdenkt wie G. Scholem und sie so nahe an die christlich-paulinische Problematik heranrückt.

Nach diesen den hermeneutischen Grundansatz betreffenden Ausführungen sei noch ein Hinweis gestattet auf die „exegetischen Methoden". Schon O. Michel hat dazu mit Recht bemerkt: „Die paulinische Beweisführung ist zu einem großen Teil einfach aus dem Rabbinentum zu erklären."[37] Freilich ergibt sich bei Paulus eine bemerkenswerte Akzentverschiebung: Während in der rabbinischen Schriftauslegung die gesetzlich orientierte Halacha eindeutig den Vorrang vor allen anderen Formen der Schriftauslegung hat und wegen ihrer Verbindung zum Recht auch wesentlich stärker praktiziert wird, tritt diese bei Paulus fast gänzlich zurück zugunsten des eher „haggadischen Midrasch". Dagegen ist Paulus in erster Linie um die eschatologisch-christologische Interpretation der Schrift bemüht, auch der Tora im engeren Sinn. Auch hier, was das Verständnis der Schrift als „Verheißung" oder „Weissagung" auf eine eschatologische Erfüllung hin angeht, steht Paulus, wie wir heute wissen, nicht auf völlig neuem Boden. Qumran ist hierin vorangegangen[38].

3. Die paulinische Neukonzeption

Die Aufgabe, vor die sich Paulus aufgrund der genannten Voraussetzungen gestellt sah, war nicht leicht. Ging es doch nicht nur darum, auf dem Boden des Messias-Jesus-Glaubens die Vereinbarkeit dieses Glaubens mit der überkommenen Tora-Frömmigkeit darzutun, sondern weit darüber hinaus zu einer Umdisposition des herrschenden Schriftverständnisses zu kommen, an die Stelle des Tora-bestimmten Schrift-

---

[37] *Michel*, Paulus und seine Bibel 102.

[38] *H. Braun*, Qumran und das Neue Testament II, 1966, § 18. Schriftgebrauch und Schriftauslegung 301–325. „Das *Fazit* kann kurz sein. Die beiderseitige Benützung des Alten Testaments besitzt typische Analogien. Zu ihnen wird man rechnen müssen die Hochschätzung der alttestamentlichen prophetischen Bücher; das Vorhandensein einer Testimoniensammlung, wie sie für das Neue Testament freilich nur vermutet werden kann, nun in Qumran; und schließlich die aktualisierende Beziehung der Zitate auf eine eschatologisch verstandene Gegenwart, wobei der Ursinn der alttestamentlichen Stellen alteriert und ihr alttestamentlicher Kontextbezug übergangen wird" (323). – Ferner *P. Weimar*, Formen frühjüdischer Literatur – Eine Skizze, in: *J. Maier – J. Schneider* (Hg), Frühjudentum 123–162, bes. 135ff.

verständnisses ein neues Schriftverständnis zu setzen, das eschatologisch-christologisch bestimmt war, bei dem also letzten Endes „das Evangelium" das neue hermeneutische Grund- und Gesamtgerüst hergab. „Schrift" ist so gesehen noch keine in sich selbst klare und eindeutige Größe, auch wenn der materielle Bestand einigermaßen festliegt. Sie wird es auch nicht ohne weiteres durch den Akt einer kirchenamtlichen „Kanonisierung". Vielmehr spielt der hermeneutische Fundamental-Aspekt eine für die jeweilige Bedeutsamkeit der Schrift mitentscheidende Rolle. Dies zeigt sich gerade bei Paulus.

Wir sahen: für das jüdische Schriftverständnis ist die Tora der ausschlaggebende Faktor. Dies zwar in dreifacher Hinsicht: *Erstens – als göttliche Macht aufgrund der Sinai-Offenbarung.* Da Gottes Wille für Israel sich in der Tora erschlossen hat, eignet dieser nicht nur „göttliche Autorität", sondern dieser Umstand bestimmt auch ganz entscheidend das Gottesbild mit. Die Frage nach der Geltung der Tora führt deshalb letztlich immer zur Frage nach Gott, wie im AT schon das Buch Ijob zeigt. – *Zweitens,* die Tora ist für den gesamten jüdischen Bereich damals auch *die gesellschaftliche Macht* schlechthin. Die Frage nach der „Rechtfertigung" bekommt von daher auch eine wichtige soziale Komponente. Und *drittens,* die Tora ist auch *die das Individuum beherrschende Macht.* Zielt doch der Toragehorsam auf die „Verinnerlichung des Gesetzes", und zwar im Sinne einer totalen Beanspruchung des Menschen durch die Tora. An dieser Stelle erscheint es durchaus legitim, Freudsche Kategorien zur Sachinterpretation heranzuziehen, etwa daß die Tora für das Individuum eine Art „Über-Ich" bildet, dem das Individuum sich nur sehr schwer entziehen kann. Oder es wäre zu bedenken, daß der Prozeß der „Verinnerlichung" in der Form der bejahenden, praktischen Aneignung nicht nur die „Gesinnung" angeht, sondern das ganze menschliche Individuum als psychosomatische Einheit ergreift, mit allen emotionalen Gegebenheiten, die damit verbunden sind. Die Einbeziehung der emotionalen und sinnlichen Sphäre läßt sich gut an den Speise-Gesetzen verdeutlichen. Die Bezeichnung „Greuel" (*šæqæs,* βδέλυγμα), die in diesem Zusammenhang auftaucht (vgl. Lev 7,21; 11,10.11. 12.13.20.23.41.42) – die unreinen Tiere „sollen euch ein Greuel sein" – appelliert offenkundig an die emotionale Sphäre des „Ekels". Da hierbei wohl auch noch der Abscheu vor den Fremdgöttern mitschwingt, kommt es zu einer unerhörten emotionalen Verdichtung, zu einem gewohnheitsmäßigen, unterbewußten Gesamtkomplex, der sich nicht leicht durch bloß rationale Erwägungen entwirren und verändern läßt. Hier bedarf

es einer langfristigen Veränderung, die auch einem Paulus nicht leicht-
gefallen sein mag. Soweit ich sehe, wurde dieses Moment bei der Interpretation von Gal 2,11–14 noch kaum erwogen[39]. Die Überlegung soll
verdeutlichen, mit welcher Macht-Sphäre es der Apostel im Hinblick auf
den Nomos zu tun hatte.

Nimmt man noch hinzu, was über die „Interdependenz von Tora und
Heilsgeschichte" gesagt wurde, dann ergibt sich für die paulinische
Situation weiter: Die Neubestimmung der Heilsgeschichte aufgrund des
eschatologischen Heilsereignisses des gekreuzigten und auferweckten
Messias Jesus machte auch die neue Ortsbestimmung der Tora notwendig. Das heißt, der ausschlaggebende Punkt ist auf jeden Fall das Heilsgeschehen, „das Evangelium". Von diesem her wird die neue Ortsbestimmung vorgenommen, nicht von der Tora oder der Schrift her[40]. In diesem Sinne kann man Paulus mit H. J. Schoeps als „Denker der post-
messianischen Situation" bezeichnen[41].

Gewiß war Paulus nicht der erste, der vor dieser Notwendigkeit stand.
Das neue Schriftverständnis ist im Grundansatz bereits im urchristlichen
Kerygma von 1Kor 15,3ff angelegt, da dort sowohl der Tod des Christus sowie seine Auferstehung als κατὰ τὰς γραφάς geschehen bezeichnet
werden. Auf die Diskussion darüber, wie dieses κατὰ τὰς γραφάς genau
gemeint ist, will ich hier nicht weiter eingehen. Jedenfalls erschien der
Urgemeinde die Rückkoppelung des Kerygmas vom Tod und der Auferweckung Jesu Christi an die Schrift und die dort bezeugte Heilsgeschichte notwendig. Man stand im jüdischen Milieu offensichtlich unter
einem „Beweiszwang", um das Kerygma gegenüber der herrschenden
religiösen Tradition plausibel zu machen. Aber auch, um das *scandalum
crucis* innerhalb der eigenen Gruppe des alten und des neuen Jüngerkrei-
ses theologisch zu verarbeiten. Auch die Gottesfrage war damit von Anfang an angesprochen. Die Urgemeinde wird hauptsächlich das eschatologische Erfüllungsmotiv in den Vordergrund gestellt und daraus sicher
noch nicht die Konsequenzen gezogen haben, die Paulus daraus zieht.
Messias-Jesus-Glaube und Torafrömmigkeit stehen wohl noch friedlich

---

[39] Auch *F. Mussner*, Der Galaterbrief, HThK IX, 1974, geht 140ff auf dieses Problem nicht ein.

[40] Anders *Mussner*, Galaterbrief, Exkurs 6: „Heilsgeschichte" oder γραφή? 334 bis
341, der beides gegeneinander ausspielt und zu der merkwürdigen Feststellung kommt:
„So hindert gerade der Faktor ‚Gesetz' den Apostel, ‚heilsgeschichtlich' zu denken.
Er denkt zeitlich und von der γραφή her, aber nicht ,heilsgeschichtlich'" (341).

[41] *H. J. Schoeps*, Paulus, 1959, 95.

nebeneinander. Noch war der Konflikt nicht zu spüren; oder doch? Vermutlich waren es jene Hellenisten von Apg 6[42], die zuerst auf den gesetzeskritischen Charakter der urchristlichen Lehren und Auffassungen aufmerksam wurden, höchstwahrscheinlich nicht ohne die Kenntnis der Überlieferungen vom historischen Jesus. Ich bin der Meinung, daß schon Jesus selbst radikale Tora-Kritik im Sinne einer inhaltlichen Sachkritik geübt hat, und diese Sachkritik kam nach Ostern erst allmählich zur Wirkung, bis sie über das Kerygma der Hellenisten auch Paulus erreichte.

Fragt man nun weiter, was bei einem Mann wie Paulus geschehen mußte, damit er zu einer grundsätzlichen Kritik der Tora und der Torafrömmigkeit vorstoßen konnte, wie sie vor allem im Gal und Röm bezeugt ist, dann wird jener Vorgang, den er selbst als ἀποκάλυψις Ἰησοῦ Χριστοῦ (Gal 1,12) bezeichnet, immer glaubhafter und notwendiger. Paulus war Pharisäer gewesen, und dies bestimmte auch seine ursprüngliche Einstellung zur Tora. Sich selbst bezeichnet er als einen „Eiferer für die Traditionen der Väter", was darauf hinweist, daß er die Tora im Sinne der Einheit von schriftlicher und mündlicher Tora verstand. Daß Paulus das rabbinische Traditionsprinzip gekannt hat, verrät seine eigene Terminologie (1Kor 11,23; 15,1–2). Auch die Auffassung von der fundamentalen Heilsbedeutung der Tora hat er damals geteilt, ebenso war er grundsätzlich von der Erfüllbarkeit der Tora überzeugt (vgl. Gal 1,13f; Phil 2,4–7, besonders die Wendung κατὰ δικαιοσύνην τὴν ἐν νόμῳ γενόμενος ἄμεμπτος, und dies ohne jede selbstkritische Korrektur!). Die Wendung vom „Eiferer" (ζηλωτής Gal 1,14) bzw. dem „Eifer" (ζῆλος Phil 3,6), die Paulus auf seine pharisäische Einstellung und auf seine Tätigkeit als Verfolger der „Gemeinde Gottes" bezieht, weisen nach meiner Meinung darauf hin, daß Paulus dem „linken Flügel" der Pharisäer nahestand, bei denen auch die Grenzen gegenüber den Zeloten fließend waren. Dafür sprechen der apokalyptische Einschlag bei Paulus und ganz besonders sein Verhalten als militanter Verfolger der christlichen Gemeinde. *Paulus hat also zweifellos das jüdisch-pharisäische Offenbarungsverständnis hinsichtlich der Tora geteilt!* Daraus ergibt sich dann aber auch m.E. zwingend, daß dieses Offenbarungsverständnis nur durch eine andere, neue, klar überlegene Offenbarung außer Kurs gesetzt werden konnte und mußte, wenn es zu einer solchen Relativierung der Tora

---

[42] Vgl. *J. Blank*, Paulus und Jesus, StANT 18, 1968, 184–248; – *M. Hengel*, Zwischen Jesus und Paulus, Die „Hellenisten", die „Sieben" und Stephanus (Apg 6,1–15; 7,54–8,3), ZThK 72, 1975, 151–206.

kommen sollte, wie sie bei Paulus vorliegt. Gerade die paulinische Auseinandersetzung mit dem Nomos führt rückwirkend notwendigerweise
zu dem Schluß, *den theologischen Offenbarungscharakter der paulini-*
schen Christus-Begegnung radikal ernst zu nehmen. Ohne auf psycholo-
gische Erwägungen weiter einzugehen, darf doch festgestellt werden,
daß das Schlüssel-Erlebnis der Christus-Begegnung bei Paulus selbst in
eine letzte personale Tiefe eingedrungen ist, daß er sich innerlich gezwungen sah, die tragenden Grundprinzipien seines bisherigen Lebens-
entwurfs einer radikalen Revision zu unterziehen. Gewinn wurde Verlust, Verlust überschwenglicher Gewinn (Phil 3,7f). Dergleichen tut man
nicht leichten Sinnes. Bedeutsam ist weiter, daß Paulus seine eigene Berufung in prophetischen Kategorien beschreiben kann, die den Missions-
auftrag einschließen: Er soll den Sohn Gottes unter den Heiden-Völkern
verkünden (Gal 1,16a), und daß er sich folgerichtig als Völker-Apostel
versteht. Es ist dieser Gesamtkomplex der Christus-Begegnung (Christologie), der Berufung zum Völkerapostel sowie die Bekehrung des Chri-
stenverfolgers vom Gesetz zum Evangelium (die Bekehrung des Paulus
war ja kein „moralisches" Phänomen, auch nicht die Bekehrung eines
Atheisten zum Gottesglauben) und damit auch die „Rechtfertigung allein
aus Glauben", was zusammengenommen die Grundlage für das neue
paulinische Gesamtverständnis der Schrift abgibt.

Die neue Sachlage wird durch die Formel Röm 3,21 sehr gut ausgedrückt. Das Heil der Gottes-Gerechtigkeit wurde geoffenbart χωρὶς
νόμου = außerhalb und ohne Zutun der Tora. Zwischen Tora und
Evangelium liegt in der Tat ein Bruch. Es gibt da keine kontinuierliche
Brücke. Die neue Gottesgerechtigkeit war keine in der Tora als solcher
enthaltene Möglichkeit; auch für Paulus gilt, die messianische Heilsbotschaft, das Evangelium steht „quer zur Tora". Aber nachdem die
Gottesgerechtigkeit sich eben doch χωρὶς νόμου ereignet hat, kann gesagt werden: Sie wird sowohl von der Tora wie von den Propheten *be-*
zeugt. Gesetz und Propheten werden nun doch von Paulus als Bestäti-
gungszeugen für „die Gerechtigkeit Gottes durch den Glauben an Jesus
Christus für alle Glaubenden" beansprucht. — Ähnlich heißt es vom
„Evangelium Gottes" Röm 1,2, daß Gott selbst dieses Evangelium „vor-
ausverkündet hat durch seine Propheten in heiligen Schriften". An dieser
Stelle ist vom Nomos nicht die Rede, mit gutem Grund. Denn das Zeugnis des Nomos im Hinblick auf die neue Gerechtigkeit besteht ja weniger
in der positiven Vorhersage, der „Verheißung", als vielmehr im negativen Zeugnis des menschlichen Versagens unter dem Nomos (vgl. Röm

3,19f). Die Vorausverkündigung des Evangeliums ist die Sache der Propheten. Im Blick auf das Evangelium gewinnt das *„prophetisch-heils-geschichtliche Gesamtverständnis d*er Schrift den Vorrang vor dem Tora-bestimmten Schriftverständnis.

Es ist klar, daß die paulinischen Schriftzitate im einzelnen dazu dienen sollen, die grundlegenden Topoi der paulinischen Theologie und Verkündigung zu belegen und zu untermauern: das Evangelium, die Christologie mit betonter Zuspitzung des gekreuzigten Christus, die Rechtfertigung allein aus Glauben, die Berufung der Heidenvölker, um nur die wichtigsten zu nennen. Paulus hat seine Prämissen; er weiß, was er in der Schrift zu suchen hat und finden will, er zitiert die Schriftstellen gleichsam herbei – offenbar das genaue Gegenteil moderner Exegese (obgleich es da auch mitunter ähnlich zugehen mag). Doch so verfährt jeder, der Neues zu sagen hat, gar das Eschatologisch-Neue! Bewundernswert ist die originale Sicherheit des zitierenden Zugriffs. Die Zitate des Gal und Röm lassen vermuten, daß Paulus darüber lange nachgedacht hat, daß er in eindringlicher Schriftlektüre (kaum durch ein Florilegium) sich die markanten Stellen selbst zusammengesucht hat. Betrachtet man etwa die Interpretation der Abrahams-Gestalt in Gal 3 und Röm 4, so war dies ohne Zweifel ein genialer Einfall, den Vorrang der „Gerechtigkeit aus Glauben" gegenüber der „Gerechtigkeit aus Werken des Gesetzes", oder der Verheißung vor der Gesetzgebung in der Tora (qua Pentateuch) selbst zu entdecken und auf diese Weise gleichsam die Tora durch die Tora selbst aus den Angeln zu heben! Bezeichnend aber auch, daß dies nicht auf dem Boden der Tora-Frömmigkeit geschehen konnte, sondern erst „außerhalb der Tora".

Akzeptiert man die Prämissen des paulinischen Schriftverständnisses, dann wird auch die berühmt-berüchtigte Exegese von Röm 10,6–10 durchsichtig, wie E. Käsemann in seinem Römer-Kommentar mit Recht gezeigt hat[43]. Die höchst gewaltsame Uminterpretation von Dtn 30,11 bis 14, die sich ursprünglich auf das Gesetz bezieht: „Denn dies Gebot, das ich dir heute gebiete, ist dir nicht verborgen und ist nicht fern. Es ist nicht im Himmel, daß du sagest: Wer steigt für uns hinauf in den Himmel und holt es uns, und macht es uns kund, daß wir es tun. Und es ist nicht jenseits des Meeres, daß du sagst: Wer reist für uns jenseits des Meeres hin und holt es uns und macht es uns kund, daß wir es tun. Sondern sehr nahe ist dir das Wort, in deinem Munde und in deinem Herzen

---

[43] *E. Käsemann,* An die Römer, HNT 8a, 1973, 271ff (³1974, 274ff).

es zu tun." – Dagegen Paulus: „Die Glaubensgerechtigkeit spricht aber
so: Sprich nicht in deinem Herzen: Wer wird in den Himmel hinauf-
steigen? nämlich um Christus herunterzuholen; oder: Wer wird in den
Abgrund hinuntersteigen? nämlich um Christus von den Toten heraufzu-
holen. Sondern was sagt sie? Nahe ist dir das Wort, in deinem Munde
und in deinem Herzen; nämlich das Wort des Glaubens, das wir verkündigen."

Dtn 30,11–14 handelt von der „Nähe der Tora". Diese ist dem Volk
Israel gegeben, so daß man keine großen Himmelsreisen oder Fahrten
übers Meer machen muß, um zu ihr zu kommen. Vielmehr ist die Tora
das nahe Wort „in deinem Munde und in deinem Herzen, es zu tun".
Eben darauf kommt es an. Von den rabbinischen Kommentaren zu diesem Text[44] sei nur dieser eine von R. Jizchak (um 300) angeführt:
„Wann ist es dir nahe? Wenn es in deinem Munde und in deinem Herzen
ist, um es zu tun" (Er 54ᵃ): hier verbürgt letztlich das Tun die Nähe
des Wortes, der Tora. Ganz anders bei Paulus. Hier tritt zunächst „Christus" an die Stelle des Gebotes, der Tora, sodann das „Wort des Glaubens" an die Stelle des „um es zu tun". Käsemann sagt dazu: „Gegen
diese Exegese kann ... auf jüdischem Boden nicht protestiert werden.
Das zeigt die der Pescher-Auslegung analoge Interpretation in 6ff. Was
unserm Denken höchst gewaltsam und phantastisch erscheint, ergibt sich
konsequent aus dem Grundsatz, die Schrift müsse von der Eschatologie
her verstanden werden ... und verkündige die christologischen Ereignisse im voraus. Der Grundsatz ist jüdisch, die daraus gezogenen Folgerungen sind es freilich nicht mehr."[45] Das stimmt zweifellos; doch wird
man wohl annehmen dürfen, daß Paulus in diesem Fall auch sachlich
sehr genau gewußt hat, was er tat. Die christologische Interpretation von
Dtn 30,11–14 im Sinne der „Rechtfertigung allein aus Glauben" ist eine
Maßnahme, die drastisch demonstriert, wie radikal Paulus das Tora-
bestimmte Schriftverständnis ablehnt und „umfunktioniert". Man kann
den jüdischen Protest gegen dieses Verfahren[46] durchaus verstehen und
in gewissem Sinne auch den Zorn der judaistischen Gegner des Apostels.
Dieser hatte aber vor radikalen Konsequenzen keine Angst. Es gibt unter
den paulinischen Schriftzitaten wahrscheinlich keine Stelle, wo so deutlich würde wie hier, daß das paulinische Schriftverständnis von einem
hermeneutischen Vorentscheid getragen ist, der sich nicht ohne weiteres

---

[44] Vgl. Bill. III 278ff. Das Zitat 280.

[45] *Käsemann*, An die Römer 273 (³275f).

[46] Vgl. *Schoeps*, Paulus 177ff; 210ff.

mehr selber rechtfertigen kann. Könnte er dies in einer allseits zufriedenstellenden Weise, dann wäre vermutlich auch die *iustificatio impii* hinfällig. Gegenüber dem Tora-bestimmten Schriftverständnis ist das paulinische Schriftverständnis kaum denkbar ohne die Momente der Freiheit und des Geistes, im Sinne von 2Kor 3. Wir stehen hier in der Tat „vor den Anfängen einer theologisch reflektierten christlichen Hermeneutik"[47].

Das neue Schriftverständnis des Apostels hatte Konsequenzen für seine gesamte Theologie. Die Frage nach dem Verhältnis von Evangelium und Gesetz führte nicht nur zu einer neuen Ortsbestimmung der Tora (vgl. Gal 3,15–25; Röm 5,20; 7,1–25), sondern mußte sich auch theologisch zur Gottesfrage vertiefen: Handelt es sich für Juden und Christen noch um denselben Gott? Wird die Verläßlichkeit und Treue Gottes nicht total unzuverlässig, wenn die Gerechtigkeit nicht mehr durch die Tora und ihre Erfüllung, sondern allein durch den Glauben kommt? Hier stand nicht nur die Einheit von Gesetz und Evangelium zur Debatte, die Einheit der Heilsgeschichte, sondern die Einheit Gottes in seiner Offenbarung selbst. Römer 9–11 fragt in der Tat nicht bloß nach der „Stellung Israels im göttlichen Heilsplan", sondern zeigt das Ringen des Paulus um den einen Gott, der doch reich ist für alle, die ihn anrufen. Der Abschnitt endet mit Recht in dem Hymnus Röm 11,33–36.

Noch ein letzter Punkt sei erwähnt. Scholem hat wohl mit Recht auf den „Anarchismus" messianischer Utopien aufmerksam gemacht. Es ist kein Zweifel, daß im Umkreis des paulinischen Evangeliums analoge Erscheinungen anzutreffen sind, der vielberufene pneumatische Enthusiasmus vor allem. Hier ist der Vergleich zwischen Sabbatai Zwi und Paulus gerade auch in der sehr unterschiedlichen Stellungnahme aufschlußreich. Zwei Gesichtspunkte sind es vor allem die Paulus herausstellt und die er miteinander verbindet: Das eine ist die Bindung an den gekreuzigten Christus, die die Christen gegen alle falschen Antizipationen des Endheils, der messianischen Utopie, wappnen soll, und der zweite ist das Gebot der Liebe als „Erfüllung des Gesetzes", das als entscheidendes Kriterium die christliche Freiheit vom libertinistischen Anarchismus trennt. Paulus war sicher der Meinung, darin den zentralen Kern der Tora erfaßt, ausgesprochen und bewahrt zu haben. Es war dies seine Weise, den neuen Gehorsam positiv mit der „messianischen Utopie", wenn man so überhaupt noch sprechen kann, zu verbinden.

---

[47] *Käsemann*, An die Römer 275 ([3]278).

Ein großer Teil der Lebensarbeit E. Käsemanns galt einem ähnlichen Bemühen. Dieser Beitrag sei ein bescheidenes Zeichen des Dankes für das, was ich gerade aus seinen Arbeiten lernen durfte, und dies ist vor allem die Freiheit, die durch die sachliche Arbeit historisch-kritischer Exegese erwächst.

PSALM 50 UND DAS ALTTESTAMENTLICHE GESETZESVERSTÄNDNIS

HARTMUT GESE

Das Verständnis der Rechtfertigung hängt wesentlich von dem des Gesetzes ab, und zwar nicht nur von der inhaltlichen Fassung des Gesetzes, sondern auch von seinem grundsätzlichen Verständnis, das den Bezug zum Rechtfertigungsgeschehen positiv und negativ definiert. Daß das Alte Testament eine überaus reiche und vielfältige Gesetzesentwicklung dokumentiert, bestreitet niemand, aber allzuleicht richtet sich der Blick nur auf die inhaltliche, sachliche Entfaltung des Gesetzes, und der Wandel im Gesetzesverständnis bleibt unberücksichtigt. Und selbst da, wo man deutlich erkennt, welche weitgehenden inneren Unterschiede etwa zwischen dem deuteronomischen und dem priesterschriftlichen Gesetzesverständnis bestehen, wie z. B. die Stellung zum Kult in beiden alttestamentlichen Traditionsschichten grundsätzlich verschieden ausfällt, ja daß man von ontologischen Gegensätzen sprechen müßte, wollte man die Unterschiede in der Tiefe fassen, rückt in einer späteren, von dem dogmatischen Begriff des Gesetzes bestimmten Perspektive leicht alles zu einer unterschiedslosen Einheit zusammen. Doch wenn das Neue Testament so grundverschiedene Ausprägungen des Gesetzesverständnisses zu zeigen scheint, könnte das eine schon im Alten Testament gegebene Vielfalt widerspiegeln, und was in dogmatischer Sicht als unüberbrückbarer Gegensatz erscheint, ist vielleicht nur ein unterschiedlicher traditionsgeschichtlicher Bezug.

Ist das Gesetz nur das Gebot, bestimmte Handlungen im Leben zu tun, bzw. nicht zu tun, ist es nicht auch eine das Heilig-*Sein* des Menschen bestimmende Größe, die der Mensch nach-denkend und übend in sich aufnimmt, eine Größe spiritueller Kommunikation? Ist es die Offenbarung des göttlichen Willens, die ein für allemal gegeben ist, oder ist es nicht auch die auf das Eschaton zulaufende Offenbarung, die erst mit dem neuen Bund vollendet wird, so daß erst dann die Hülle fortfällt, mit der sich bisher der Offenbarungsempfänger verhüllte, wenn er der göttlichen Doxa ansichtig wird (Jes 25,7)? Verleiht der im Gesetz beschriebene Kult schon durch sich selbst „Gerechtigkeit", oder hat er transzendentes Geschehen abbildenden, zeichenhaften Charakter? Gibt es nur heilvolle Gesetzesoffenbarung, gibt es nicht auch solche, die in die Irre, ja zum Tode führte (Ez 20,25f), so daß die Gesetzesoffenbarung in Relation zur heils-(unheils-)geschichtlichen Situation steht?

Die ganze Dynamik des Gesetzesbegriffes wird sichtbar, wenn im Vorspruch vor der neuen Toraoffenbarung Mt 5,21ff, die die neue Gerechtigkeit im Gegensatz zur alten darstellt („Zu den Alten ist gesagt . . ., ich aber sage euch . . ."), in V. 17ff das Mißverständnis einer Toraauflösung, und sei es auch nur eine im geringsten Maße („Jota oder Häkchen"), abgewiesen wird. In diesem Zusammenhang ist Psalm 50 interessant, ein Beispiel aus der Spätzeit des Alten Testaments für eine mit deutlichem Abweis älterer Gesetzesüberlieferung verbundene radikale Vertiefung des Gesetzesverständnisses ohne den geringsten Bruch mit der Gesamttradition der Tora.

[1]Der Gott der Götter[a], JHWH, hat gesprochen,
 die Erde gerufen vom Aufgang bis zum Niedergang der Sonne. 4+4
[2]Vom Zion her, der vollkommenen Schöne, ist JHWH[b] erstrahlt.
 [3]Es komme unser Gott und schweige nicht[c]! 4+4
Feuer frißt vor ihm,
 um ihn her stürmt es sehr. 3+3
[4]Er ruft zu den Himmeln droben
 und zur Erde, sein Volk zu richten. 3+3
[5]„Versammelt mir meine Vertrauten,
 die meinen Bund über dem Mahlopfer geschlossen!" 3+3
[6]Und die Himmel haben seine Gerechtigkeit offenbart;
 denn JHWH[b], er ist der Richter[d]. *[sälä]* 3+3

[7]„Höre, mein Volk, ich will reden,
 Israel, ich will über dich Zeugnis geben! 3+3
JHWH[b], dein Gott, bin ich. 3
[8]Nicht wegen deiner Mahlopfer rüge ich dich,
 und deine Ganzopfer sind immer vor mir. 3+3
[9]Ich brauche nicht den Stier aus deinem Haus zu nehmen,
 aus deinen Hürden die Böcke; 3+3

[10] denn mir gehört alles Wild des Waldes,	
Stücke Vieh sind auf meinen Bergen[e] tausendfach,	3 + 3
[11] ich kenne alle Himmelsvögel[f],	
und das Feldgewürm ist bei mir.	3 + 3
[12] Hungerte mich, brauchte ich es dir nicht zu sagen;	
denn mir gehört die Erde und ihre Fülle.	3 + 3
[13] Esse ich denn das Fleisch von Stieren,	
und trinke ich das Blut von Böcken?	3 + 3
[14] Opfere Gott[g] ein Dankopfer	
und erfülle dem Höchsten deine Gelübde,	3 + 3
[15] ruf mich an am Tag der Not,	
ich errette dich, und du kannst mich ehren!"	3 + 3

[16] Aber zum Frevler hat JHWH[b] gesprochen:	3
„Was fällt dir ein, meine Ordnungen herzuzählen,	
und meine(n) Bund(esgebote) nimmst du in deinen Mund,	3 + 3
[17] wo du doch Zucht hassest	
und meine Worte hinter dich geworfen hast!	3 + 3
[18] Wenn du einen Dieb erkanntest, liefst[h] du mit ihm,	
und an den Ehebrechern hast du Anteil.	3 + 3
[19] Deinen Mund hast du mit Bosheit entsandt,	
und deine Zunge spannt Trug vor[i].	3 + 3
[20] In der Versammlung[k] redest du über deinen Bruder,	
auf den Sohn deiner Mutter legst du Schimpf.	3 + 3
[21] Dies tatest du, und ich habe immer wieder geschwiegen[l],	
du dachtest, ich sei ganz[m] so wie du:	
ich rüge dich und stell es[n] dir vor Augen.	3 + 3 + 3
[22] Seht dies doch ein, die ihr Gott vergeßt,	
damit ich nicht zerreiße, ohne daß einer retten kann!	3 + 3
[23] Wer ein Dankopfer opfert, ehrt mich,	
und wer auf den (Lebens-)Weg achtet[o], ich lasse ihn schauen	
[das Gottesheil[p]."	3 + 4[q]

Anmerkungen zur Übersetzung:

a) Eigentlich „der El der Götter" (gegenüber *ʾᵃlohê haʾᵃlohîm* Dtn 10,17; Ps 136,2), so auch in Jos 22,22 doppelt gebraucht, wo es nicht um bloße Feierlichkeit durch Häufung von Gottesbezeichnungen geht (gegen *M. Noth*, Das Buch Josua, HAT I 7, ²1953, zSt), sondern darum, den Vorwurf des Abfalls von Jahwe beschwörend zurückzuweisen; das geschieht aber gerade durch die Anerkennung der Gottheit Jahwes *gegenüber den Göttern*. Zum Wesen Els als „Gott der Götter" vgl. *H. Gese*, Die Religionen Altsyriens, in: RM X,2, 94ff; aber selbstverständlich wird hier El in diesem Sinn appellativisch verstanden.

b) Man berücksichtige die elohistische Redaktion.

c) Offensichtlich soll an die stereotype Bittformulierung Ps 28,1; 35,22; 39,13; 83,2; 109,1 bewußt angeknüpft werden; auf die „starke Leidenschaftlichkeit des Dichters" (*H. Gunkel,* Die Psalmen, HK II 2, ⁵1968, zSt) braucht darum nicht Bezug genommen zu werden.

d) Vor den Satz *šopeṭ hû̓*, wobei *hû̓* natürlich Wiederaufnahme von *ᵃlohîm,* bzw. *Jhwh* ist, also „Richter ist JHWH/Gott", wird das Subjekt betont vorangestellt: „*JHWH* ist der Richter."

e) Lies *băhᵃrarăj* für *bᵉhărrê;* vgl. *E. König,* Psalmen, 1927, 315 Anm. 4.

f) LXX (P) und sogar T setzen *šamăjim* (oder *marôm?*) voraus; vgl. *hrrj* V. 10.

g) In Anbetracht der gesteigerten Fortführung mit *ᶜäljôn* wohl ursprünglich.

h) LXX (P) und sogar T lesen *wăttarăṣ* gegenüber MT *wăttiräṣ* „du hattest Wohlgefallen". Raschi versucht in seiner Erklärung einen Kompromiß: „du hattest Wohlgefallen, mit ihm *zu laufen*". Ibn Esra möchte unter Hinweis auf *raṣô̓* Ez 1,14 die Möglichkeit offenlassen, auch MT durch eine Nebenform von *rûṣ* „laufen" zu erklären. – Das Laufen mit dem Dieb kann nur meinen, daß man gern einen Anteil an der Beute hätte. Gemeint ist nicht, daß „der Angeredete sofort mit dem Dieb auf Diebstahl ausgehe" (so *B. Duhm,* Die Psalmen, ²1922, zSt), sondern, da der Dieb erst *mit der Beute* „läuft", ebendiese das Interesse hervorruft, dem man nachkommt. Diese anschauliche Formulierung gibt einen guten und konkreten Sinn und paßt zu der Steigerung „Anteil haben". Textgeschichtlich ist eher der Weg zu MT (als zu LXX) zu verstehen, der um der Allgemeingültigkeit willen die Anklage auf das spirituelle Gebiet verschiebt.

i) Die wörtliche Übersetzung von *ṣmd* hat sich gegenüber dem früher von LXX inspirierten „flechten" durchgesetzt. Problematisch ist aber das Subjekt von *taṣmîd* (3.f.sg. oder 2.m.sg.?): ist es die Zunge (so die häufigere Übersetzung) oder das „du" wie in V. 19a (so m. W. seit *I. Tremellius–F. Junius,* Psalmi Davidis, zB *A. Bertholet* in HSAT II, ⁴1923, zSt; *M. Dahood,* Psalms, I, 1965, zSt; *E. Podechard,* Le Psautier I, 1949, zSt)? Im letzteren Fall entspräche sich die Reihenfolge der Satzelemente in den parallelen Stichen V. 19a und b; dann ist aber der Tempuswechsel schwer zu erklären. Anders im Fall des Subjektwechsels: der Mund wurde mit Bosheit beauftragt, ausgesandt – nun spannt die Zunge als „Motor" Trug vor. Auch das Bild paßt besser; denn das Wesentliche der Fortbewegung ist die Zugkraft: Trug wird zum Movens des Redens. Von dem sich für uns gern einmischenden Element des Lenkens ist hier nicht die Rede, sondern nur vom Bewegten und der übermenschlich *starken* bewegenden Kraft.

k) Wörtlich: „du sitzt"; man vgl. dieselbe Konstruktion Ps 119,23 „Saßen auch Mächtige, um sich über mich zu bereden ..." Eine hier zumeist vorgenommene Konjektur ist unnötig.

l) Iteratives pf. cons.

m) Auffällige Verwendung der inf. cs.-Form *hᵃjôt* als inf. abs.; ob die normale Form *hajô* im Text vorausgesetzt werden darf, erscheint fraglich.

n) Vielleicht ist *wᵉᵃᶜärkäha* zu punktieren.

o) *wᵉšam* ist in Parallele zu *zobeᵃḥ* part. und steht für *šam ᶜal libbô*. Diese Ellipse begegnet häufiger; vgl. *W. Gesenius–F. Buhl,* Hebräisches und aramäisches Handwörterbuch, ¹⁷1915, 784b, zu *śîm* q. 4c und die dort aufgeführten Beispiele, besonders

Hi 24,12, oder *L. Koehler–W. Baumgartner*, Lexicon in Veteris Testamenti libros, 1953, s. v. Nr. 12, 920b.

p) Wohl ursprünglich *ᵃlohîm* und nicht *Jhwh*.

q) Das Umwechseln im letzten Stichos zum anfänglichen Viererrhythmus ist auffällig; aber Erweiterungen des Metrums am Ende eines Psalms sind nicht selten. Man sollte deswegen mit der Konjektur *bᵉjišᶜî* für *bᵉješăᶜ ᵃlohîm (B. Duhm* aaO [Anm. h] zSt, *H. Gunkel* aaO [Anm. c] zSt, *H.-J. Kraus*, Psalmen I, BK XV 1, ⁴1972, zSt u. a.) zurückhaltend sein. Der volltönende absolute Begriff des Gottesheils erscheint am Ende des Psalms wohl mit Absicht; denn die Parallelität des Abschlusses von Ps 91, wo im Gegensatz zu Ps 50 die suffigierte Form erscheint und im Vers davor (V. 15) der Kerninhalt von Ps 50 aufgenommen wird, macht einen Traditionsfehler schwer verständlich, der durch den bekannten Bezug zu Ps 91 zumindest bald korrigiert würde.

Der Psalm gliedert sich sehr deutlich in drei Teile. V. 1–6 ist eine Theophaniebeschreibung. Diese führt zur Offenbarungsrede Gottes, deren erster Abschnitt in V. 7–15 vorliegt und das Opfer behandelt, deren zweiter Abschnitt in V. 16–23 vorliegt und den menschlichen Lebenswandel behandelt. V. 7ff wird mit einer Aufforderung zum Hören, dem deuteronomischen *šᵉmăᶜ Jiśraʾel*, in V. 7a eingeleitet und beginnt mit der den Kern der Offenbarung, die Selbstoffenbarung bezeichnenden Selbstvorstellungsformel „Ich bin JHWH, dein Gott", die ja insbesondere als Dekalogeinleitung (Ex 20,2; Dtn 5,6) fungiert[1]. Der erste Teil der Offenbarungsrede schließt mit dem Torasatz V. 14f, dem Gebot des Todaopfers. Der zweite Teil, in V. 16aα mit einer besonderen Einleitung als nur zum Frevler gesprochen gekennzeichnet (was gern für sekundär gehalten wird[2]), geht von der Form der Schelte am Ende mit Numerus-

---

[1] Die geringfügigen Variationen *šimᶜā* statt *šᵉmaᶜ*, die Versetzung von *Jiśraʾel* ins Parallelglied, die Umstellung *Jhwh ᵃlohäka ʾanokî* sind natürlich beabsichtigtes poetisches Stilmittel.

[2] Nach *B. Duhm* aaO (s. Anm. h), ¹1899, zSt, zB *A. Bertholet* aaO (s. Anm. i) zSt; *C. A.* und *E. G. Briggs*, The Book of Psalms I, 1906, 419; *H. Gunkel* aaO (s. Anm. c) 218.220; *R. Kittel*, Die Psalmen, ⁵·⁶1929, zSt; *H.-J. Kraus* aaO (s. Anm. q) 372.379. Das Argument, daß diese Adressatseinschränkung im Widerspruch zu V. 7 stünde, wonach die Gottesrede an das ganze Volk gerichtet sei (vgl. V. 23aα mit V. 14f; hier handelt es sich aber nur um eine Wiederaufnahme), und nur die Rüge abmildern wolle, übersieht einmal den stilistischen Gegensatz zwischen der belehrenden Mahnung in V. 8–15 und der verurteilenden Rüge in V. 16–21 und sodann den inhaltlichen Gegensatz zwischen einer über das Verständnis der bisherigen Opfertora hinausgehenden Offenbarung und der Zurückweisung einer bewußten Verdrehung der Tora. Wenn man allerdings in V. 8–15 die prinzipielle Ablehnung des Opferwesens hineinliest, treten diese Gegensätze nicht mehr deutlich hervor. In V. 22 werden die Angeredeten „Gottvergessene" genannt; daß damit nicht das versammelte Volk in toto gemeint ist, ergibt sich aus der ehrenvollen Bezeichnung *ḥᵃsîdăj* V. 5, und auch *ᶜammî* V. 7 hat anderen Klang (s. u. S. 65). Ob die Einleitung V. 16aα in praxi tatsächlich abmildert, ist ange-

wechsel in die der Mahnung über (V. 22) und endet unter Wiederaufnahme der Tora von V. 14f mit einer zusammenfassenden Tora in V. 23.

Der klare Aufbau widerrät jeder Hypothese einer Aufspaltung in zwei ursprüngliche Psalmen, wie sie etwa von H. Schmidt[3] versucht worden ist. Die Doppelheit der Gottesrede entspricht der inhaltlichen Teilung in Kultus und Ethos oder *„fas et ius"*, entsprechend der Dekalogeinteilung in Gott und den Menschen betreffende Gebote. Formal gilt, daß die Strukturierung in zwei Hälften im biblischen Schrifttum gerade die Ganzheit zum Ausdruck bringt[4]. Schließlich kennzeichnet der Schlußvers 23 ausdrücklich beide Hälften als ein zusammengehöriges Ganzes. Diese Zusammengehörigkeit der menschlichen Beziehung zu Gott und Mitmensch im Gesetzesverständnis von Ps 50 muß gebührend beachtet werden.

Der neueren Forschung waren an Ps 50 vor allem zwei Probleme wichtig, einmal das inhaltliche, ob hier der Opferkult bekämpft, ja grundsätzlich verworfen wird, sodann das formale der Frage nach der Gattung und ihres Sitzes im Leben. Besonders das formale ist bis in jüngste Zeit diskutiert worden. Gunkel hatte den Psalm als „Nachahmung prophetischer Denk- und Redeweise"[5] mit dem langen Zitat einer Gottesrede der Gattung des prophetischen Psalms, der prophetischen Liturgie[6] zugewiesen. Ihm folgend wurden die Analogien zur prophetischen Gerichtsrede, zur anklagenden Rügerede *(rîb)* bis hin zu J. Harveys Untersuchungen[7] stark herausgearbeitet und Ps 50 damit inhaltlich als prophetischer Vollzug des Gerichts an Israel verstanden.

Dieser von Gunkel herkommenden Auslegungsrichtung widersprach

---

sichts des konkreten Inhalts von V. 18–20 doch wohl fraglich; denn wer fühlt sich hier nicht getroffen und damit zum besonderen *raša[c]* erklärt, was gegenüber einer pauschalen Verurteilung eher ein härteres Urteil ist!

[3] Die Psalmen, 1934, 97; vgl. auch *H. Cazelles*, A propos de quelques textes difficiles relatifs à la justice de Dieu dans l'Ancien Testament, RB 58, 1951, (169–188) 184, der in V. 16–21 eine Ergänzung sieht. Zur Auseinandersetzung mit *J. Harvey* (Le Plaidoyer prophétique contre Israël après la rupture de l'Alliance, 1967), der die zwei Redeteile auf zwei verschiedene prophetische Anklagen verteilt, s. *M. Mannati*, Le Psaume 50 est-il un *rîb*? Sem. 23, 1973, (27–50) 33f.

[4] Vgl. dazu *H. Gese*, Der Dekalog als Ganzheit betrachtet, ZThK 64, 1967, 137f (= *ders.*, Vom Sinai zum Zion, BEvTh 64, 1974, 79f).

[5] AaO (s. Anm. o) 214.

[6] *H. Gunkel–J. Begrich*, Einleitung in die Psalmen, 1933, § 9.

[7] AaO (s. Anm. 3) vgl. auch Le „Rîb-Pattern", réquisitoire prophétique sur la rupture de l'Alliance, Bibl 43, 1962, 172–196.

zunächst E. Beaucamp[8] aufgrund des ersten Psalmteils, der Theophanie und ihrer grundsätzlich positiven Bedeutung als Erscheinung Gottes zu Israels *rettendem* Gericht, zumal diese Theophaniedarstellung der prophetischen *Gerichtsrede* völlig fremd ist. Entscheidend hat dann M. Mannati in ihrer Kritik „Le Psaume 50 est-il un *rîb*?"[9] die Deutung von Ps 50 rein aus der Gattung der prophetischen Gerichtsrede als Israel verurteilendes Gericht zurückgewiesen. Es ist unmöglich und unnötig, hier Mannatis gründliche und überzeugende Argumentation im einzelnen wiederzugeben. Man kann sie kurz dahin zusammenfassen, daß die Theophanie zu Israels Heil erfolgt: *ladîn °ammô* (V. 4) heißt nicht „um sein Volk zu verurteilen", sondern im umfassenden Sinn „zu richten", „das Recht zu bringen", das den Bedrückten rettet, den Bedrücker zurückweist; die Versammlung von „Gottes Vertrauten" (V. 5) ist nicht ironische Rede, und das Verkünden des göttlichen *ṣädäq* (V. 6) bedeutet Heil und nicht Unheil. Schließlich wird in der Einleitung zur Gottesrede V. 7aβ *wᵉ°a°îdā bak* mit „ich will *gegen* (statt „über") dich zeugen" viel zu scharf übersetzt, weil nur das mahnende Bezeugen gemeint ist. Und über Mahnung und Warnung geht auch das Wort gegen den Frevler nicht hinaus (vgl. V. 21 und besonders V. 22), während der prophetische *rîb* zur Unheilsankündigung, ja zur Inkraftsetzung des Unheilsgeschehens führt.

Mannati kommt daher zur Bekräftigung der seit S. Mowinckel immer wieder geäußerten These[10], daß Ps 50 seinen Sitz im Bundeserneuerungsfest habe. Die Theophanietradition könnte geradezu ein Hinweis darauf sein, und die Reinigung des Volkes von seiner Sünde, dh die warnende Zurechtweisung seiner Sünder ließe sich inhaltlich voll einordnen. Aber sehen wir besser von der Frage des in seiner Existenz so umstrittenen Bundeserneuerungsfestes ab! Schon die Einbeziehung in den normalen Festkult mit seinem reichen Opferwesen macht, wie immer man V. 8 bis 15 im einzelnen verstehen mag, ob als totalen Abweis des Opferkults oder auch nur als Herausstellung einer bestimmten Opferart, die größten Schwierigkeiten. Hinzu kommt, daß die positive Tora in V. 14f oder V. 23 sich ganz an den Einzelnen wendet, an seinen Lebenswandel, an sein Erleben von Not und Errettung. Hier müßte, wenn es sich um einen

---

[8] La Théophanie du Psaume 50 (49), sa signification pour l'interprétation du psaume, NRTh 81, 1959, 897–915.

[9] Sem. 23, 1973, 27–50.

[10] Man vgl. dazu zB die zurückhaltende Darstellung von *H.-J. Kraus* aaO (s. Anmerkung q) 327–374.

Bundesfestkult handeln sollte, Bund in einem anderen, neuen Sinn verstanden sein, und alle Anknüpfung an den Dekalog in Ps 50 darf nicht
darüber hinwegtäuschen, daß es hier um ein neues Verständnis, nicht um
die bloße Wiederholung und Einschärfung alter Überlieferungsinhalte
geht. Als herkömmliches Kultformular eines üblichen, regelmäßig wiederholten Festes ist Ps 50 mit seinen zumindest hinsichtlich der Opfertora neuen Verkündigungsinhalten schlechterdings nicht begreifbar.

Man sollte auch nicht übersehen[11], daß, so wenig Ps 50 als *rîb* bezeichnet werden darf, Formelemente des *rîb* durchaus vorhanden sind
und ihre Rolle in Ps 50 spielen. Nicht nur die Zurechtweisung des Frev-
lers in V. 16ff, auch die mahnende Einführung des rechten Opferverständnisses in V. 7ff benutzt solche Elemente[12], wenn sie auch nicht
einem verurteilenden, strafenden Gesamttenor, sondern einem mahnen-
den, belehrenden untergeordnet sind. Die Benutzung dieser *rîb*-Ele-
mente macht die Tendenz deutlich, die Gottesrede als Offenbarung im
zurechtweisenden, richtenden Vollzug zu verstehen, das *Heil im Gericht*
zu finden. Das heißt nicht, daß die Gottesrede die heilvollen Inhalte der
alten Bundesüberlieferung der Offenbarung am Sinai nur wiederholend
einschärft und Übertretungen dieses Sinaigesetzes rügt, sondern daß sich
eine Offenbarung vollzieht, indem das falsche Verständnis und ver-
fälschter, trügerischer Gesetzesgehorsam abgewiesen und in diesem Gericht die Wahrheit und das Gottesheil erst voll enthüllt wird. Die großartige, auffällig ausführliche Theophaniebeschreibung[13] im ersten Teil
des Psalms stellt nicht nur mühsam einen Bezug der Gottesrede zur Sinai-
szenerie her, damit man weiß, es handele sich um eine Auslegung des Gesetzes[14] – das kann man auch so wissen, und die prophetische Gottesrede bedarf, nach Ps 81 und 95 zu urteilen, nicht der unmittelbaren

---

[11] Auch *M. Mannati* weist darauf hin aaO (s. Anm. 3) 48f.

[12] Es seien genannt: die Anklageformel *mā leka* V. 16, die inhaltliche Anklage
V. 16–20, die der Anklageformel *mā ʿaśita* entsprechende Feststellung *ʾellä ʿaśita* V. 21,
die Rede vom Rügen *jkḥ* hi. V. 21, wozu auch die Verneinung V. 8 insofern zu zählen ist, als sie stillschweigend die Situation sich jetzt vollziehender Rüge voraussetzt,
die Anrede *šokeḥê ʾᵃlôᵃh* V. 22a, die Unheilsdrohung V. 22b, der ironische Ton V. 13
und V. 21aβ.

[13] Vgl. neben *E. Beaucamp* aaO (s. Anm. 8) *N. H. Ridderbos,* Die Theophanie in
Psalm L 1–6, OTS 15, 1969, 213–226.

[14] Typisch ist das Urteil *B. Duhms* (aaO [s. Anm. h] 205): „Die ganze Strophe…
steht aber in gar keinem Verhältnis zu der nachfolgenden Rede mit ihrem sehr bescheidenen Inhalt … Daß zu einer moralischen Strafrede eine Theophanie mit all ihrem
Apparat in Szene gesetzt wird, charakterisiert das Gedicht von vornherein als das
Werk eines Nachahmers, der mehr will als er kann.“

Theophanie, sondern nur der selbstverständlichen göttlichen Gegenwart im kultischen Festgeschehen[15] –, vielmehr tritt diese Zionstheophanie geradezu in eine Konkurrenz zur Sinaiüberlieferung.

Der erste Teil (V. 1–3a) beginnt mit der für Ps 50 grundlegenden Feststellung der *Rede* des Gottes der Götter, wobei der Parallelstichos diese Rede zu einem die gesamte Erde von Osten bis Westen erfüllenden Ruf steigert (V. 1). Der zweite Vers (V. 2–3a) handelt demgegenüber von der *Doxaerscheinung* Jahwes im Erdmittelpunkt, auf dem Zion; und diesem Sichtbarwerden Jahwes in Israels Mitte entspricht der flehentliche Wunsch der Seinen: „Unser (!) Gott komme" – das berühmte Kommen Gottes zur Königsherrschaft auf dem Zion (Jes 40,10 usw), „er schweige nicht" – die stereotype Bitte der Klagepsalmen um Offenbarung des Heils[16]. Der zweite Teil (V. 3b–4) zeigt die umgekehrte Struktur: Zuerst wird die *Theophanie* gesteigert beschrieben in der Wirkung auf die Umgebung mit den typischen Elementen Feuer und Sturm. Dann wird die Gottes*rede* dargestellt; aus dem erderfüllenden Ruf ist jetzt der kosmoserfüllende geworden. Am Abschluß erscheint wieder der Bezug zu Israel; Ziel ist das Gericht seines Volkes. Im Verhältnis zu V. 3a kann das nur positiv verstanden werden, und die Bezeichnung „mein/sein Volk", also das Bundesvolk, unterstreicht das. Daß wir dies richtig interpretieren, wird in der Gottesrede V. 5 bestätigt. Mit dem Einsatz dieser Rede beginnt der dritte Teil (V. 5f). Gott fordert die Versammlung „seiner Vertrauten", „seiner Frommen", die in der Parallele als Bundesvolk expliziert werden. Die Versammlung ist als kultische Konstituierung des Bundespartners[17] wichtig, an die eschatologische Sammlung aus der Diaspora[18] wird hier wohl nicht gedacht sein. Dem Beginn der Gottesrede in V. 5 entspricht die Aussage von der Verkündigung der göttlichen Gerechtigkeit, des Heils durch die Himmel in V. 6. Verständlich wird diese Formulierung aus der Parallele im Jahwe-Königs-Psalm 97,6. Auch hier handelt es sich um eine Beschreibung der Theophanie auf dem Zion, und auch hier steht diese Formulierung am Ende, gefolgt von der Aussage, daß alle Völker die göttliche Doxa erkennen und die Götzendiener zuschanden werden, während die Götter Gott anbeten; dh der Vollzug des Gerichts selbst wird mit dieser „himmlischen Verkündigung der göttlichen Heilsgerechtigkeit" ausgesagt. Der

---

[15] Vgl. Ps 81,2–4; 95,1f.6.

[16] S. o. Anm. c S. 60.

[17] Vgl. Jos 24,1; 2Kön 23,1; 2Chr 29,30; 34,29 (*M. Mannati* aaO [s. Anm. 3] 45).

[18] *'sp* in diesem Sinne Jes 11,12; Ez 11,17; Mi 2,12; 4,6.

„Himmel" als den Kosmos konstituierende Transzendenzabgrenzung[19] offenbart die Doxa des Schöpfergottes[20] ebenso wie die Heilsgerechtigkeit des Weltenrichters. Schöpfung und Recht stehen im Kosmosbegriff ohnehin in engster Beziehung miteinander. Der Inhalt dieser Heilsoffenbarung im Gericht ist in der nun folgenden doppelten Gottesrede formuliert; der dritte Teil der Theophaniebeschreibung leitet zu ihr über[21].

Diese großartige Theophaniebeschreibung gibt der Gottesrede ein kaum zu überschätzendes Gewicht. Es handelt sich zwar nicht um die eschatologische Offenbarung Gottes auf dem Zion wie in Ps 97, aber doch um die Theophanie, die der ursprünglichen Sinaitheophanie gegenübergestellt werden kann. Auf sie nimmt V. 5 Bezug, wenn jetzt diejenigen versammelt werden, die im Mahlopferritus Ex 24,5.11 den Bundesschluß am Sinai vollzogen haben. Aus dem Sinai ist der Zion geworden, nicht als Ersatz des ursprünglichen heiligen Berges, sondern als offenbarungsgeschichtliches Ziel. Der Zion erhält die ihn als irdisches Zentrum charakterisierende Bezeichnung „Vollendung an Schönheit", „vollkommene Schöne", die schon nach Klgl 2,15 traditionell sein soll, also der vorexilischen Zionstradition entstammt[22]. Die kosmologisch-mythischen Hintergründe dieser Weltbergbezeichnung sind bekannt. Angesichts der theologischen Bedeutung der Zionstradition dürfte kein Zweifel daran aufkommen, daß hier mehr als nur kultgeschichtlichen Gegebenheiten zuliebe an die Stelle des Sinai der Zion getreten ist. Bedenkt man, daß in V. 7ff eine Toraoffenbarung erfolgt, die der Sinaitradition bis hin zu ihren letzten Ausprägungen in der Priesterschrift entgegengesetzt ist, so kommt dieser Theophanie auf dem Zion eine legitimierende Bedeutung zu, dh die Tora von Ps 50 wird über die Sinaiüberlieferung gestellt. Freilich ist die Konkurrenz der Offenbarung von herkömmlicher Sinaitora und dieser Zionstora in Ps 50 nicht vordergründig in der Weise zu verstehen, als solle nun Ps 50 die Sinaiüberlieferung ersetzen oder auch nur in den Hintergrund drängen; vielmehr will Ps 50 die in der Zionsoffenbarung nun sich voll enthüllende Wahrheit auch der alten Sinaiüberlieferung darstellen. Die Anknüpfung an den Dekalog

---

[19] Vgl. Gen 1,6–8.

[20] Ps 19,2; auch hier *ngd* hi.

[21] Eine Umstellung von V. 5 und 6 ist ebensowenig nötig wie die von der Mehrzahl der Kommentatoren vorgezogene *lectio facilior* (LXX) *wᵉjaggîdû*.

[22] In Klgl 2,15 in Parallele zu *maśôś lᵉkål ha'äräṣ* („Wonne der ganzen Erde") stehend, das auch aus dem Zionspsalm 48,3 bekannt ist, wo es ebenfalls einer „Schönheits"-Aussage nachgestellt ist: *jᵉpē nôp* („schön an Erhebung"). In Jes 7,6 könnte ursprünglich ein *mᵉśôś (ha)'äräṣ* gestanden haben.

und andere Redeformen der Sinaioffenbarung sind ja im folgenden deutlich gegeben. Diese Traditionsformen bleiben bestehen wie auch die mit ihnen gesetzten Traditionsinhalte; aber ihr wahres Verständnis tritt erst jetzt voll an den Tag. Dabei versucht Ps 50 die Gegensätze keineswegs zu verschleiern, im Gegenteil, sie werden herausgestellt: der Bundesschlußakt wird der Tradition gemäß als Mahlopferritual angegeben (V. 5), obwohl dann V. 8 die Mahlopfer prinzipiell abwertet. Und doch wird damit der ursprüngliche Bundesschluß in keiner Weise abgewertet. Nichts macht deutlicher, wie man die Offenbarung als eine sich entfaltende versteht, die auf neuer Stufe die alte Wahrheit neu enthüllt.

Man könnte sich fragen, ob die Zionstheophanie in Ps 50 nicht eschatologische Züge trägt; denn seit Deuterojesaja ist das bei der Vorstellung des Erscheinens Jahwes auf dem Zion, verstanden als endgültige Aufrichtung der Königsherrschaft Gottes, der Fall, und in dem als Parallele herangezogenen Text Ps 97 wird das bestätigt[23]. Man könnte auf den die ganze Welt erfüllenden Ruf der Gottesrede verweisen und auf die traditionsgeschichtliche Bedeutung dieses Offenbarungsgerichts am „Tag Jahwes", von der „himmlischen Verkündigung der göttlichen Heilsgerechtigkeit" ganz abgesehen[24]. Aber ebenso deutlich ist, daß diese von der Tradition her notwendig gegebenen eschatologischen Ansätze nicht ausgeführt werden; ja, die Androhung eines endgültigen Unheils der „Gottvergessenen" (V. 22) schließt das eschatologische Verständnis deutlich aus. Zu einer Tora, die Weisung für das irdische Leben, den Lebensweg (V. 23) mit der Erfahrung von Not und Errettung (V. 15) sein will, paßt nicht die Perspektive eschatologischer Vollendung. Auch hier stehen wir wieder vor einer erstaunlichen Beweglichkeit theologischen Denkens: Die neue Tora des Lebens hier und jetzt wird unter die höchste Offenbarungsautorität gestellt, und gewisse eschatologische Akzente der Theophanie können dann, ohne als störend empfunden zu werden, bestehen bleiben.

Die den zweiten und dritten Teil von Ps 50 bildende Gottesrede wird in V. 7a mit der Aufforderung zum Hören eingeleitet. Sie richtet sich, wie in der Theophaniebeschreibung in V. 3a.5 vorbereitet, an den Bun-

---

[23] Vgl. die dort zum Ausdruck gebrachte Begegnung der gesamten Welt mit der Offenbarung (V. 6b.7). Auf die Problematik des eschatologischen Verständnisses der Jahwe-Königs-Psalmen, die die eschatologische Offenbarung im Jetzt des kultischen Vollzuges proleptisch „feiern", braucht hier nicht eingegangen zu werden.

[24] Daß es sich bei letzterem um bloßes Donnerrollen gehandelt habe (E. *König* aaO [s. Anm. e] 312), setzt eine diesem Text unzumutbare Naivität voraus.

despartner Israel, den °*am* Gottes. Die *š*°*mă*°-Aufforderung vor der göttlichen Offenbarung, aus dem deuteronomischen Stil bekannt, darf hier nicht einfach mit der prophetischen Proklamationsformel gleichgesetzt werden[25], wenn natürlich auch letzte Beziehungen zum deuteronomischen *š*°*mă*° bestehen; jedenfalls leitet das *š*°*mă*° die mit der Selbstoffenbarung Gottes gegebene, grundsätzliche Tora ein und nicht das an eine bestimmte Situation gebundene Gotteswort. Das Reden Gottes wird im zweiten Versteil zum Israel betreffenden Bezeugen Gottes gesteigert ähnlich wie in Dtn 32,46. Eine instruktive Parallele bildet die Darstellung der Sinaioffenbarung in Ps 81,9–11[26].

Die Rede selbst beginnt mit der besonders vor dem Dekalog üblichen, jedenfalls als Kern der Sinaioffenbarung geltenden sog. Selbstvorstellungsformel; denn die biblische Gottesoffenbarung ist Selbstoffenbarung Gottes an ein durch diese Selbsterschließung Gottes in ein exklusives Verhältnis, eine unverbrüchliche Beziehung[27] gesetztes Gegenüber: „Ich bin JHWH, dein Gott." Dabei wird hier, poetischem Text ist das möglich, der Jahwe-Name durch Voranstellung noch besonders betont: die Gottesoffenbarung ist Namensoffenbarung. Aber kein Parallelstichos verdeutlicht oder verstärkt diese Formel; die Struktur des sog. Kurzverses gibt ihr besonders starkes Gewicht.

Danach könnte man die einzelnen Dekaloggebote erwarten. Und wenn in V. 16ff die den Menschen betreffenden Dekaloggebote behandelt werden, so steht das Vorhergehende, V. 8–15, offensichtlich für den ersten Teil des Dekalogs, die Gott betreffenden Gebote, also nach der ursprünglichen Einteilung[28] die ersten beiden Gebotspaare der „Bereiche" Gott und das Heilige. Bei der Auslegung der positiven Tora in V. 14f wird man beachten müssen, daß hier das Ganze dieser ersten Dekaloghälfte zusammengefaßt ist. Zunächst aber ist in V. 8–13 von einem Abweis der blutigen Opfer die Rede. Im ersten Verspaar wird der Abweis formuliert (V. 8: die beiden Grundarten des Opfers, Mahl- und sogar Ganzopfer; V. 9: die vornehmsten, männlichen Opfertiere von Groß- und Kleinvieh), im zweiten durch das Recht Gottes an jeglichem Tier auf-

---

[25] So *H. Gunkel* aaO (s. Anm. c) 215.

[26] Zu dem sich daraus ergebenden Abweis der hier falschen Übersetzung „ich will zeugen gegen dich" s. o. S. 63.

[27] Was immer *b*°*rît* dem Wortsinn nach heißt, *inhaltlich* wird die Sinai-*b*°*rît* von dieser Relation bestimmt, weswegen der Gebrauch der herkömmlichen Bezeichnung „Bund" in diesem biblisch geprägten Sinn gerechtfertigt erscheint.

[28] Vgl. *H. Gese* aaO (s. Anm. 4) 121–138 (= Sinai aaO [s. Anm. 4] 63–80).

zählend begründet (V. 10f): Vom Eigentumsrecht an wilden Tieren und
Vieh in V. 10 schreitet der Text in V. 11 zum *inneren* Verhältnis Gottes
zum Tier fort, wobei die Aufzählung der Tierklassen, Vögel und Ge-
würm, weiterläuft, zuletzt den Bereich opferbarer Tiere kraß transzen-
dierend, so wie vorher absichtlich weder auf die Unterscheidung rein
und unrein, noch auf die von Tierzucht und Jagd Bezug genommen wird.
Dieses innere Verhältnis wird als „Kennen" Gottes, ja als „Mit-Gott-
Sein" bezeichnet[29]; es ist das geheimnisvolle Verhältnis des Schöpfers
zum Geschöpf. Ist so das Verständnis des Opfers als Gabe an Gott ad
absurdum geführt, so braucht dann am Ende im dritten Verspaar (V.
12f) das grobe Verständnis des Opfers als Nahrung Gottes nur noch verspottet zu werden.

Gegenüber dieser Negation der blutigen Opfer erscheint endlich als
positive Tora in V. 14 das Gebot – wörtlich übersetzt – „schlachte
(als Opfer) Gott eine Toda". Aber eine Interpretation im metaphorischen Sinn „opfere Gott Dank" hat die Auslegung bis in unsere Zeit bestimmt. Wie ist diese positive Tora von V. 14f zu verstehen, und welche
Stellung nimmt Ps 50 zum Opfer ein? Dies war das inhaltliche Problem
von Ps 50, das die Forschung am meisten beschäftigt hat[30].

Zunächst müssen wir die Frage des Urteils von Ps 50 über die blutigen
Opfer allgemein von der speziellen Frage, wie V. 14a übersetzt und verstanden werden muß, trennen. Hinsichtlich der ersteren hat sich gegenüber der Ansicht pauschaler, völliger Verwerfung blutiger Opfer, die
besonders die protestantische Forschung lange beherrschte, in neuerer
Zeit immer mehr die durchgesetzt, daß lediglich die Formen des üblichen
Opferverständnisses angegriffen werden, und man kann auf die durchaus nicht negative Aufnahme der Tradition vom Bund begründenden
zäbah in V. 5 hinweisen, dann aber auch auf die negative Formulierung
in V. 8 selbst: ein Tadel müßte doch gerade umgekehrt zum Ausdruck
gebracht werden. Zurückgewiesen werden also die Opfer nicht um ihrer
selbst willen, sondern als eine menschliche Gabe, deren Gott bedürfte, als
eine menschliche Leistung, die Gott in irgendeiner Weise zugute käme.

---

[29] Viele Übersetzungen scheinen die Feinheit dieser Formulierung nicht zu sehen,
wenn sie hier wie vorher einfach „gehört mir" übersetzen (zB *H. Gunkel, R. Kittel,
H. Schmidt, H.-J. Kraus,* auch die Luther-„Revision" von 1964, die ökumenische Psal-
menübersetzung und die Nova Vulgata). Es sind Ausdrücke, die in der Frömmigkeits-
sprache des Psalters die größte Bedeutung haben (vgl. allein Ps 139).

[30] Man kann auf die letzte ausführliche Zusammenstellung der Meinungen bei *M.
Mannati* aaO (s. Anm. 3) 32 Anm. 1 verweisen, vgl. auch *N. H. Ridderbos,* De plaats
van het loven en van het bidden in het Oude Testament, 1970, besonders S. 7–14.

Gegen dieses Opferverständnis des Gabe- und Leistungsopfers bis hin
zum grotesken Mißverständnis einer Speisung Gottes wird Stellung bezogen. Von einer pauschalen, allgemeinen Verwerfung jeglichen Opfers
ist dagegen, wenn man streng auf den Wortlaut achtet, keine Rede. Auf
der anderen Seite darf man aber nun nicht so weit gehen, den üblichen
Opferkult, die üblichen Opferkultanschauungen einfach akzeptiert zu
sehen, wofern nur bestimmte ethische Forderungen erfüllt sind[31]. Die
Ablehnung eines Opferverständnisses als menschliche Gabe oder Leistung
setzt auch eine bestimmte Prägung des gesamten Opferwesens voraus.
Um dieses positive Verständnis des Opfers zu verstehen, müssen wir uns
der Tora in V. 14f zuwenden, vor allem der Frage des wörtlichen oder
metaphorischen Sinnes von V. 14a.

Nachdem wir voraussetzen können, daß in Ps 50 nicht *a priori* jedes
Opfer, sondern das übliche Opferverständnis abgewiesen wird, ist es
möglich, V. 14a wörtlich zu verstehen: „schlachte (als Opfer) Gott eine
Toda", wobei Toda das in Lev 7,12ff als Sonderform des Mahlopfers
beschriebene Dankopfer ist, das im Psalter als kultischer Hintergrund
der Danklieder (und „wiederholten" Klagelieder des Einzelnen[32]) und
als Gegenstand der Gelübde der Klagelieder des Einzelnen eine kaum zu
überschätzende Rolle spielt. Doch hält man sich bei dem nächstliegenden
Verständnis von V. 14a meist nicht lange auf, bemüht sich auch weniger
um ein Gegenargument als um ein Argument für ein metaphorisches Verständnis[33]. Man weist gegenüber dem hierfür fast zu konkreten[34] Verbum *zbḥ* „Opfer schlachten" auf den metaphorischen Gebrauch von
„das Herz, nicht die Vorhaut beschneiden", „das Herz, nicht die
Kleider zerreißen"[35]. Die entscheidende Schwierigkeit liegt aber darin,
daß bei solchen Ausdrücken wie „Herz beschneiden, zerreißen" ein
wörtlicher Sinn ausgeschlossen ist, so daß ein metaphorischer *notwendig*
wird. Gerade das ist aber bei der Formulierung „schlachte Gott eine
Toda" nicht der Fall, wo jeder Hebräer unter Toda das so benannte
Opfer verstehen muß und ihn nichts zu einer metaphorischen Interpreta-

---

[31] Vgl. zB *S. Mowinckel*, The Psalms in Israel's Worship, II, 1962, 22.

[32] Vgl. *H. Gese*, Psalm 22 und das Neue Testament, ZThK 65, 1968, (1–22) 11f
(= *ders.*, Sinai aaO [s. Anm. 4] [180–201] 190f).

[33] So empfindet es auch *H.-J. Kraus* aaO (s. Anm. q) 378f.

[34] Viele scheinen die Schwierigkeit zu empfinden, obwohl sie gegenteilig urteilen wie
zB *H. Gunkel*, der aaO (s. Anm. c) 216 schreibt: „Der Psalm sagt es in geistreicher
Wendung, die ebenso kühn ist wie der Gedanke selber: schlachte Jahve ein Danklied ...!"

[35] Vgl. besonders die Argumentation bei *R. Kittel* aaO (s. Anm. 2) 185 Anm. 2.

tion drängt. Dazu paßt auch alles weitere in V. 14f: Das in der Not geleistete Gelübde betrifft ja das Dankopfer[36], und die in der Not zu Gott gerufen haben, bringen ihre Todaopfer nach der Errettung dar[37].

Es ist also bei der Interpretation von V. 14f von der konkreten Bedeutung von *zbḥ* und dem Verständnis von Toda als Dankopfer auszugehen. Die sich im modernen Denken nahelegende Alternative physische oder geistige Opfer ist in Ps 50 nicht gemeint, sondern die eines Opferverständnisses als menschliche Leistung oder als Dank, als Bekenntnis Gottes als des Erretters aus Todesnot. Nur in einer solchen tödlichen Krisis, mag sie durch Krankheit oder Verfolgung hervorgerufen sein[38], wird das Dankopfer gelobt, das dann nach der Errettung Gott dargebracht wird. Das geschah durch eine besondere, hier nicht näher zu erläuternde[39] Form des Mahlopfers: das neugeschenkte Leben wird durch das heilige Mahl, das der Beter im Kreise seiner Mitmenschen, der zum Mahle „Geladenen", vollzieht, kultisch begründet, in dem – und das darf als das entscheidende Charakteristikum des Dankopfers gelten, von dem sich auch der Name Toda herleitet – Gottes rettende Heilstat bekannt und gepriesen wird. Es gibt keine Toda ohne dieses Gotteslob. Mit dem Todaopfer verbindet sich also ein ganz bestimmtes Opferverständnis: 1. Das Opfer ist Antwort auf Errettung, es ist Dank und Bekenntnis der Errettung, niemals eine menschliche Gabe oder Leistung. 2. Das Opfer dient der kultischen Lebensbegründung des Beters nach der Todesüberwindung durch die göttliche Errettung, inauguriert also das aus dem Tode errettete Leben des Menschen; er, nicht Gott bedarf des Opfermahles. 3. Das Todaopfer besteht aus einem Opfer im eigentlichen Sinn und aus der Ehrung Gottes im Gotteslob; Lob und Opfer sind eine untrennbare Einheit. 4. Das Todaopfer steht fest verankert in einem menschlichen Lebensprozeß der klagenden Anrufung Gottes in der Todesnot des Menschen, der Erfahrung der Errettung und der kultischen Neubegründung des Lebens im Gotteslob. Die Überwindung der menschlichen Grundsituation der Todeserfahrung durch das ins Leben rettende Gottesheil wird in der Toda zum Ausdruck gebracht, wird in der Toda zum kultischen Ereignis. Daß allein dies kultische Ehrung Jahwes sein kann und sein soll, meint V. 14f.

---

[36] Vgl. zB Ps 56,13 mit dem Verbum *šlm* pi.; ähnlich Ps 116,17f.

[37] ZB Ps 107,19–22.

[38] Man vgl. die in Ps 107 programmatisch geschilderten vier Kategorien der Lebenskrisis.

[39] Vgl. die Anm. 32 genannte Arbeit.

Man hätte wahrscheinlich in der Exegese stärker auf den Wortsinn von V. 14a geachtet, wenn sich nicht in der Alternative zu V. 8ff eine logische Schwierigkeit zu ergeben scheint. War dort das falsche Opferverständnis abgewiesen, so wird in V. 14a eine bestimmte Opferart geboten; denn wenn auch für die Toda ein bestimmtes Opferverständnis konstitutiv ist, so ist die Toda doch zunächst eine Opferart, und kann gemeint sein, daß diese an die Stelle des üblichen Opferwesens treten soll? Aber diese Schwierigkeit fällt für die nachexilische Zeit nach der Ausrichtung des Opferwesens auf die priesterschriftliche Tora, bzw. auf den durch Zugrundelegung der Priesterschrift entstandenen Pentateuch dahin. Denn dies führte zu einer so starken Trennung des öffentlichen und privaten Kultes, daß der Laie für die Durchführung des öffentlichen Kultes praktisch keinerlei Verantwortung trug, während der private je länger je mehr von der Toda bestimmt wurde. Sie wurde die tragende Größe des im privaten Bereich sich vollziehenden Opferkultes, und diese mit dem Leben des Einzelnen in nicht mehr zu steigernder Weise verbundene Opferinstitution lebte notwendig aus der Form der persönlichen Frömmigkeit, die wir in den individuellen Psalmgattungen der Klagelieder des Einzelnen und der Danklieder fassen können. Wir könnten von der Ausbildung einer Todafrömmigkeit sprechen, in deren Zusammenhang auch Ps 50 steht. Diese Todafrömmigkeit tritt hier in den Gegensatz zu dem Bewußtsein, ja Stolz einer kultischen Leistung Israels und wendet den Blick hin zu dem privaten Bereich des einzelnen menschlichen Lebens und seiner kultischen Verankerung in der Toda. Wenn man auch beachten muß, daß die priesterschriftliche Opferkonzeption vom Sühnegedanken und nicht von dem der Gabe bestimmt ist[40], so ergibt sich doch der *äußere* Eindruck einer großartigen kultischen Leistung aus dem imponierenden Opferbetrieb im Jerusalemer Tempel. Ohne dieses offizielle Opferwesen an sich anzugreifen und also zu verbieten, weist Ps 50 die Ansicht ab, als könne hierin unter dem Gesichtspunkt menschlicher Leistung das Verhältnis des Menschen zu Gott seinen wahren Ausdruck finden. Er weist hin auf das aus dem menschlichen Leben in der Erfahrung der Errettung aus dem Tode erwachsende

---

[40] Dadurch wird die priesterschriftliche Konzeption von dem Abweis in Ps 50,8–13 nicht im strengen Sinn betroffen. Der Sühnecharakter eines jeden blutigen Opfers nach der Priesterschrift ergibt sich aus dem $s^e m\hat{\imath}k\bar{a}$-Ritus und der sühnenden Blutapplikation, die bei allen Opferarten vorzunehmen sind. Den Abweis des Gabeverständnisses läßt am schärfsten Ez 20,25f erkennen, da das Erstgeburtsopfer nach dem älteren Verständnis der Prototyp des Gabeopfers ist.

Dankopfer mit seinem bekennenden Gotteslob, das allein Gott „ehren"
kann. Die Alternative ist deutlich, sie ist tiefer angelegt als die Unterscheidung physischer und geistiger Opfer.

Man kann nun die interessante Beobachtung machen, daß alle anderen
Psalmen, die eine Opferkritik verspüren lassen, in dem Zusammenhang
mit dieser Todafrömmigkeit stehen. Das große individuelle Klagelied
Ps 69 wird in V. 31ff mit einem Danklied abgeschlossen. Hier bringt
V. 32 zum Ausdruck, daß der Gottespreis im Todaritus (vgl. V. 31)
„JHWH mehr gefällt als ein Stier, als ein Jungstier mit (den kultischen
Reinheitsgesetzen voll genügenden) Hörnern und Klauen". Die bei der
Toda im Grunde vereinten Elemente von Opfer und Dank werden un-
terschiedlich bewertet: für die Toda ist der physische Wert des Opfer-
tieres unwichtig im Vergleich zu dem Gotteslob, daß auch (und gerade)
bei einem ärmlichen Mahl voll erklingen kann[41]. In Ps 51, der in vieler
Hinsicht gegenüber den üblichen individuellen Klageliedern eine Sonderstellung einnimmt, erscheint in dem normalerweise eine Toda gelobenden
Gelübdeteil am Ende (V. 15ff[42]) Wunsch und Bitte, Gott zu preisen und
durch dieses Gottesbekenntnis die Sünder zu lehren und zu bekehren. Im
Zusammenhang mit diesem gesteigerten Verkündigungsmotiv der Toda
werden alle Tieropfer als Gott nicht gefallend abgewiesen, da wahres
Opfer als Selbstopfer nur im büßenden, zerbrochenen Geist und Herz
liegen kann. Der besondere spiritualisierende Charakter von Ps 51 liegt
auf der Hand, so daß die hier gegebene pauschale Abwertung des
„äußerlichen" Opfers nicht verallgemeinert werden kann. Es ist aber
interessant zu sehen, daß diese Sonderentwicklung bei dem Todamotiv
des für die Errettung dankenden Gottespreises seinen Ausgang nimmt
vgl. V. 17), nur daß so, wie hier die Errettung zur reinen *iustificatio*
spiritualisiert ist, dieser Gottespreis auf die physische Begründung des
neugeschenkten Lebens im Kultmahl verzichten kann und muß. Schließlich liegt noch in dem Todalied Ps 40,1–12 Opferkritik vor, auf das wir
unten kurz eingehen müssen.

Im Gegensatz zu dem belehrend-mahnenden und „aufklärenden" ersten Teil der Gottesrede in V. 8–15, der die Gottesbeziehung behandelt,
hat der zweite (V. 16ff), der das Verhältnis zum Menschen als Thema
hat, tadelnden, zurechtweisenden Charakter und wird dementsprechend
an den Frevler gerichtet (V. 16aα). Auch hier finden wir wie in den

---

[41] Daß Ps 69 ein wirkliches Mahl voraussetzt, scheint sich aus dem stereotypen Se-
genswunsch V. 33bβ im Vergleich zu Ps 22,27 zu ergeben.

[42] Von V. 20f wird als Ergänzung abzusehen sein.

Komplexen der Theophaniebeschreibung V. 1–6 und des Abweises der
blutigen Opferleistung V. 8–13 drei Abschnitte der Anklage: einen allgemeinen, die grundsätzliche Kennzeichnung des *rašaᶜ* (V. 16aßb.17),
einen spezifischen, aufzählend beschreibenden (V. 18–20) und einen die
Anklage zusammenfassenden Abschnitt (V. 21), während Weisung und
Mahnung (V. 22f) am Ende V. 14f entsprechen.

Die allgemeine Anklage zeigt deutlich, daß unter dem hier angegriffenen Frevler nicht derjenige gemeint ist, der offen die Tora ablehnt und
ihre Gebote rücksichtslos übertritt – ein solcher steht von vornherein
außerhalb des Kreises, an den sich diese Toraoffenbarung richtet –,
sondern der äußerlich sich zu der Tora bekennt, sie innerlich aber nicht
anerkennt, der zwar von den Geboten[43] redet, aber sie nicht lebt. Es erscheint hier der weisheitliche Grundbegriff der Zucht[44], der Disziplin,
und es wird vom „Hassen" oder eher vom „Nicht-Mögen" der Zucht gesprochen (wie in Spr 5,12), dh es ist der Gegenbegriff des „Liebens"
(*ʾhb*) der Zucht (Spr 12,1) vorausgesetzt. Moralische Selbsterziehung im
Sinne des weisheitlichen Ethos wird gefordert, ja die Liebe zu dieser
Selbstzucht, und das nicht als höherer Grad frommen Verhaltens, sondern als Anfang, Prinzip des Gehorsams gegenüber den Geboten. Ein
„Nicht-Mögen" solcher Selbstzucht kann verstärkt das „Hinter-sich-
Werfen" der Gottesoffenbarung selbst sein, ein Ausdruck, der nicht ein
unbesorgtes Sich-nicht-Kümmern meint, sondern krasses Ablehnen im
Sinne verachtender Ignorierung[45]. Ps 50 weist von einem bloß äußer-
lichen, objektiven Gesetzesverständnis weg zu einem solchen innerer, bewußter Annahme in entschiedener Selbstzucht.

Aber wie können die klaren Gebote des Dekalogs in diesem Sinne verstanden werden? Das führt V. 18 für das vierte (Bereich des Menschen
allgemein) und dritte (Bereich der dem Menschen vorgeordneten menschlichen Gemeinschaft von Ehe/Familie) und V. 19f schließlich für das
fünfte Gebotspaar (Bereich des Menschen der sozialen Umwelt, des
„Nächsten")[46] aus. V. 18a greift das Diebstahlverbot auf und zeigt in
treffender Formulierung, daß schon die Wahrnehmung eines geglückten

---

[43] *ḥuqqîm* „Ordnungen", „Satzungen" zu *bᵉrît* „Dekaloggebote" (vgl. Dtn 4,13; aus
einer Formulierung wie *dibrê habbᵉrît* Ex 34,28 entstanden) gesteigert.

[44] Er ist zwar schon bei Jeremia wichtig (2,30; 5,3 [7,28; 17,23; 32,33; 35,13 in
C-Stücken formelhaft]), aber in den ursprünglichen Formulierungen 2,30; 5,3 noch
deutlich im Sinne göttlicher Züchtigung gebraucht (wie in Hos 5,2 und Dtn 11,2).

[45] Vgl. 1Kön 14,9; Ez 23,35 (Steigerung des „Gott-Vergessens", s. Ps 50,22) und besonders Neh 9,26.

[46] S. o. Anm. 28.

Diebstahls zum brennenden Wunsch führt, Anteil an der Beute zu haben
– natürlich ohne selbst ein Dieb zu sein –: man läuft dem Dieb nach.
V. 18b formuliert allgemein und nur andeutend vom „Teil-Haben" an
den Ehebrechern; in welcher Weise, das wird nicht ausgeführt, für diesen
Bereich vermeidet man direkte Aussagen. Deutlich aber ist das Teil-
Haben eine Steigerung des Anteil-Suchens im ersten Stichos und von erb-
(verwandtschafts-)rechtlicher Hintergründigkeit. Auch die Umordnung
in der Abfolge der Dekalogbereiche entspricht der Steigerung im poeti-
schen Parallelismus[47]. Mit besonderem Nachdruck wird der letzte Bereich, der des „Nächsten" exemplifiziert. Das Verbot des falschen Zeug-
nisses wird zu dem der üblen Nachrede radikalisiert. Eine aus der Kunst
des Weisheitsspruchs hervorgegangene Bildformulierung in V. 19 wird in
V. 20 aufgelöst: man redet über den (natürlich abwesenden) „Bruder",
ja auf den Vollbruder bringt man Makel. Das Bild[48] zeigt uns das Wesentliche dieses Vorgangs; der Mensch „entsendet", beauftragt seinen
Mund wie einen Knecht mit Bösem, und der Trug bewegt mit über-
menschlicher Kraft die Rede. In all diesen exemplarischen Auslegungen
der die menschliche Lebenssphäre ordnenden Dekaloggebote zeigt sich
eine kaum zu überschätzende sittliche Bewußtwerdung, die radikal das
Wesentliche hinter allem äußerlichen und vordergründigen Schein auf-
deckt. Das Gesetz vertieft sich zur Liebe der göttlichen Zucht, zur vollen
Annahme des in die innerste Tiefe des Menschen dringenden Gotteswillens. Wer wird in dieser Anklage nicht zum *raša*ᶜ?

V. 21 kommt in einem großen, dreistichischen Vers zum Anklage-
ergebnis, zum Urteil. All dies hast du getan! Und das göttliche Gewäh-
renlassen („Schweigen"), so heißt es weiter, wird vom Menschen als Bestätigung seiner selbst verstanden. Der bittere Sarkasmus, mit dem dieses
Gott vermenschlichende Denken beschrieben wird, übertrifft noch die
Ironie des inhaltlich und formal (Endposition) ähnlichen V. 12f. Darum
drängt Gott zur richtenden Offenbarung.

Aber das Strafgericht bleibt aus. In V. 22, durch Numeruswechsel
deutlich abgesetzt, erscheint vielmehr die warnende Mahnung zur sittlichen Bewußtwerdung – man beachte das weisheitliche *bîn*, das verstehende Erkennen! – des den ganzen Menschen ergreifenden und in
den innersten Kern dringenden Gotteswillens. Der seit Hosea, dem Got-

---

[47] Zur Nebeneinanderstellung von Rauben und Ehebrechen vgl. Röm 2,21, wo κη-
ρύσσειν und λέγειν auf den Dekalog weisen im Gegensatz zu dem zuletzt aufgeführten Tempelraub.

[48] S. o. Anm. i, S. 60 zur Erklärung des Bildes.

teswissen fordernden Propheten, wichtige Gegenbegriff des Gottverges-
sens, das unrettbare Lebenszerstörung[49] zur Folge hat, unterstreicht den
geistigen Charakter der *nova lex*.

V. 23 kann nun die ganze Tora zusammenfassen. Die Summe des
ersten Teils der Gottesrede, V. 14f, wird in V. 23a aufgenommen. Neben
das „Toda-Schlachten", in dem das gesamte menschliche Leben total in
die kultische Sphäre eingebracht ist, tritt das „Auf-den-Weg-Achten", in
dem der Mensch sein Leben total in die Zucht der göttlichen Wahrheit
stellt. Dem Ehren Gottes in der kultischen Sphäre entspricht das Erfahren des Gottesheils in der menschlichen Sphäre, und so ist Gott alles in
allem.

Ps 50 geht damit über ein neues Kultverständnis wesentlich hinaus.
Mag in diesem auch der Gegensatz zu der älteren Überlieferung am
leichtesten zu greifen sein, so läßt sich doch in Ps 50 ein das ganze Gesetz
umfassendes neues Verstehen, ein neuer Geist erkennen. Wir wiesen zur
traditionsgeschichtlichen Lokalisierung im Fall des Kultverständnisses
auf die Todafrömmigkeit hin, die auch in anderen Psalmen zum Ausdruck kommt. Desgleichen kann uns dort ein eigenartiges, neues Gesetzesverständnis begegnen. Das Todalied Ps 40,1–12 stellt in V. 7–9 den
Unterschied des Opferdienstes und des Gesetzesgehorsams dar:

Mahl- und Speiseopfer hast du nicht begehrt –	
doch Ohren hast du mir eingegraben.	[Hören]
Brand- und Sündopfer hast du nicht gefordert –	
doch ich habe gesagt: Siehe ich bin da!	[Gehorsam]
In der Buchrolle (der Tora)[50] ist für mich / was mich	[objektiver
[angeht geschrieben	Aspekt]
deinen Willen, mein Gott, habe ich zu tun begehrt:	[subjektiver
	Aspekt]
deine Tora ist inmitten meines Innern.	[Motiv des
	neuen Bundes]

Darauf folgt dann die Darstellung des Todavorgangs (V. 10–12), deren
Anfang – es ist lehrreich, das gleich in griechischer Version zu hören –
lautet: εὐηγγελισάμην δικαιοσύνην ἐν ἐκκλησίᾳ μεγάλῃ. Das als δικαιοσύνη
erfahrene Heil der Errettung aus dem Tode wird in der Todagemein-
de verkündet von dem, der dem wahren Gesetz begegnet ist. Die Got-

---

[49] Das Bild weist auf die *näpäš*-Zerstörung des animalischen Lebens hin; vgl. Ps 7,3.
[50] Man beachte dabei, welche Rolle der Opferkult in der Tora spielt!

tesgemeinschaft wird in der ins Innerste gedrungenen Tora, in der im wahren Hören, im letzten Gehorsam angenommenen Offenbarung gesehen, wie es in der alttestamentlichen Tradition vom neuen Bund beschrieben wird (Jer 31,33; Ez 36,27).

In der Todafrömmigkeit kommt es also auch zu einem umfassenden neuen Gesetzesverständnis. In Ps 50 tritt uns diese wesentliche Vertiefung als Zionsoffenbarung entgegen, die in vielfacher Hinsicht bewußt über die alte Tradition hinausgreift, aber sich von dieser nicht abtrennen läßt. Sie erscheint als Entfaltung der in der älteren Tradition gegebenen Wahrheit, und formal findet dies seinen Ausdruck in der Anknüpfung an den Dekalog, ja an die ganze Sinaiszene. Hinter der traditionsgeschichtlichen Beziehung tut sich die offenbarungsgeschichtliche auf, und nur im Rahmen dieser Offenbarungsgeschichte wird ein Verständnis des biblischen Textes möglich[51].

Im Matthäusevangelium wird die neue Tora endgültig als Verkündigung „auf dem Berge" beschrieben. Aus der Theophanie ist die Gestalt Jesu geworden, und sein Wort ist das göttliche Offenbarungswort selbst[52]. So sehr hier auch die Unterschiede zur älteren Tradition hervorgekehrt werden müssen, es ist ganz im Sinne biblischen Denkens, wenn trotzdem, ja gerade damit „kein Jota oder Häkchen vom Gesetz vergeht"; denn hier wird das Gesetz nicht aufgelöst, sondern vollendet.

Nach Ablieferung des Manuskripts erschien M. Mannati, Les accusations de Psaume L 8–20, VT 25, 1975, 659–669, mit der ungewöhnlichen Auslegung, V. 18 meine den religiösen Synkretismus, V.19 magische Praktiken, V. 20 den Vorwurf Judas gegenüber dem Nordreich, abgefallen zu sein. Abgesehen von Schwierigkeiten im einzelnen und der unnötigen Annahme versteckter Redeweise im allgemeinen, verläßt die Auslegung die im Psalm vorausgesetzte Grundstruktur des Dekalogs.

---

[51] Für die Datierung von Ps 50 ist einerseits auf die sehr alte redaktionsgeschichtliche Stellung des Psalms hinzuweisen (vgl. *H. Gese,* Die Entstehung der Büchereinteilung des Psalters, Festschr. J. Ziegler, II, 1972, [56–64] 61 [= *ders.,* Sinai aaO [s. Anm. 4], [159–167] 165]), die als *terminus ante quem* die zweite Hälfte des 4. Jh. vChr ergibt, andererseits ist die vollentwickelte nachexilische Kultpraxis, wie wir zeigten, wohl vorauszusetzen. So kann man an die erste Hälfte des 4. Jh. denken.

[52] Vgl. die die Sinaiszene von Ex 24 bis in Einzelheiten wiedergebende Verklärungsgeschichte, in der Jesu Wort als Gottes Offenbarungswort autorisiert wird (Mk 9,7).

RECHTFERTIGUNG IM HEBRÄERBRIEF

ERICH GRÄSSER

I.

Daß die Formel „Pauliner" für den Hebr nicht brauchbar ist, hat sich trotz der bis in unser Jahrhundert hinein nachwirkenden altkirchlichen Tradition und einer entsprechend zählebigen Apologetik als Erkenntnis durchgesetzt. Und zwar gilt als *entscheidende* Trennmarke zwischen Pls und Hebr, daß die Rechtfertigungsbotschaft keinen möglichen Vergleichspunkt darstellt. „Man muß die Alternative vom Heil aus Glauben oder aus Gesetzeswerken bei Pls erst für etwas Nebensächliches, nur gelegentlich sich Einstellendes halten, ehe auf diesem Punkt von Übereinstimmung die Rede sein könnte."[1]

Diese Feststellung wirft dort, wo die von Pls ausgearbeitete *iustificatio impiorum* das Sachkriterium jedweder Theologie darstellt, sofort die Frage der Rechtgläubigkeit des Hebr auf. So ist es nicht verwunderlich, daß die Geschichte der Auslegung des Hebr bis in unsere Gegenwart eine Geschichte des Vergleichs des Hebr mit Pls ist, und zwar keineswegs immer nur, um den Vf. als selbständigen Theologen neben Pls zu qualifizieren[2], sondern gelegentlich auch, um die „langweilige Trockenheit des Melchisedekgelehrten" als heterodox zu disqualifizieren[3].

Nun ist das Vergleichsverfahren insofern berechtigt, als es nach einem *Maßstab* fragt, aufgrund dessen das sachliche Verständnis von Heil im Hebr beurteilt werden kann. Dabei wird man auf historische Kriterien,

---

[1] *H. J. Holtzmann,* Lehrbuch der neutestamentlichen Theologie II, ²1911, 329.

[2] So zB *A. Schlatter,* Die Theologie der Apostel, ²1922, 461–479.

[3] *P. Wernle,* Die Anfänge unserer Religion, ²1904, 477. In unserer Gegenwart urteilt sehr kritisch über den Hebr *H. Braun,* Die Gewinnung der Gewißheit im Hebräerbrief, ThLZ 96, 1971, 321–330. Zur Auseinandersetzung mit ihm vgl. *E. Gräßer,* Zur Christologie des Hebräerbriefes. Eine Auseinandersetzung mit Herbert Braun, in: Neues Testament und christliche Existenz. Festschrift für Herbert Braun, hg. v. *H. D. Betz* und *L. Schottroff,* 1973, 195–206.

also etwa Pls oder die vor- und nachpaulinischen Kerygmata, nicht verzichten können[4]. Das Verfahren ist aber problematisch, wenn der Paulinismus zum ungeschichtlich gehandhabten Kriterium wird und Rechtgläubigkeit sich nur noch danach bemißt, ob und wie paulinische Theo-
logumena expliziert, vertieft und aktualisiert werden. Dieser Monismus
sollte längst einer traditionsgeschichtlichen Betrachtung gewichen sein,
die viel stärker mit verschiedenen, selbständigen, gleich-gültigen Sprach-
traditionen und theologischen Entwürfen bei der Ausbildung der frühchristlichen Kerygmata rechnet. Um bei dem Beispiel der *iustificatio impiorum* zu bleiben: Rechtgläubigkeit und Ketzerei einer nach Pls entstandenen und aus einer anderen Fragestellung heraus gewachsenen
Schrift kann nicht ausschließlich daran festgestellt werden, ob jene Botschaft in der begrifflichen Ausformulierung wie bei Pls vorkommt oder
nicht, sondern nur daran, ob und wie der darin von Pls ausgearbeitete
sachliche Sinn des Heils gewahrt wird oder nicht[5]. Nur in diesem Sinne
kann die Rechtfertigungsbotschaft als qualifizierendes und scheidendes
Kriterium des ganzen urchristlichen Schrifttums geltend gemacht und
die theologische Autorität des Kanons durch sie begrenzt werden[6].

Wie steht es damit beim Hebr?

II.

Die Wortstatistik – eine in der heutigen Exegese gelegentlich über-
strapazierte Methode – ist im Falle des Hebr ein zuverlässiger Indika-
tor: Die bei Pls klar auf den Begriff gebrachte Rechtfertigungsbotschaft
ist im Hebr *terminologisch* nicht anzutreffen, obwohl die Begriffe nicht
ganz fehlen. Das Verb δικαιοῦν kommt allerdings nicht vor. Dreimal
aber, und zwar ausschließlich im Schlußabschnitt, begegnet δίκαιος (10,
38; 11,4; 12,23). Das Substantiv δικαιοσύνη steht sechsmal (1,9 [Zitat
aus ψ 44,8]; 5,13; 7,2; 11,7.33; 12,11). Hinzu kommt noch zweimal das

---

[4] Zum Grundsätzlichen vgl. *R. Bultmann,* Theologie des Neuen Testaments, ⁶1968,
510ff; *H. Conzelmann,* Grundriß der Theologie des Neuen Testaments, ²1968, 317.

[5] Das Problem, was (oder wer) denn die als Kriteriologie aller späteren Auffaltun-
gen des Kerygma anzuwendende „Mitte des NT" sei, sieht scharf *O. Knoch* anläßlich
einer Rezension von H. Balz und W. Schrage, Die „Katholischen" Briefe, NTD 10,
¹¹1973, in: ThLZ 100, 1975, 44.

[6] Vgl. *E. Käsemann* (Hg.), Das Neue Testament als Kanon. Dokumentation und
kritische Analyse zur gegenwärtigen Diskussion, 1970, 369.

Substantiv δικαίωμα (9,1.10). Wir fragen zunächst nach dem Verständnis dieser Begriffe im Hebr.

1. Der Sinn von δίκαιος ist durchgängig dadurch präformiert, daß dieses Adjektiv in 10,38 durch ein von unserm Vf. verändertes LXX-Zitat aus Hab 2,3f eingeführt wird. Als „gerecht" gilt demnach, wer im Blick auf den in Kürze als Richter wiederkommenden Christus mit ungebrochenem Vertrauen an der Verheißung festhält (vgl. 3,6.14; 6,11), wer sich nicht zurückzieht, wer im Leidenskampf ausharrt, wer eine rechte, d. i. eine dem göttlichen Willen entsprechende Verhaltensweise an den Tag legt[7]. Der Hebr kann dieses Verhalten durchweg als πίστις bezeichnen bzw. er kann es in der πίστις begründet sein lassen (vgl. das durchgehende πίστει in c. 11).

Als Beispiel eines solcherart „Gerechten" wird 11,4 ausdrücklich *Abel* genannt: Weil er „aufgrund des Glaubens Gott ein besseres Opfer dargebracht hat, deswegen hat er das Zeugnis erhalten, δίκαιος zu sein, das Gott ihm ausstellte, als er seine Gaben darbrachte". Das ist nicht Zitation, sondern *Interpretation* von Gen 4,4: Gottes Urteil ist die Folge des menschlichen Handelns und Glaubens[8]. Anders gesagt: Abel wird von Gott nicht für gerecht erklärt (wie Abraham in Röm 4,5 und Gen 15,6), sondern Gott „erkennt ihn, weil er es ist, als solchen an"[9]. Dies gilt implizit für *alle* in der langen Kette der Glaubenszeugen genannten Glieder, wie die summarische Notiz in 11,33 bestätigt: „Sie (nämlich die

---

[7] *F. Schröger*, Der Verfasser des Hebr als Schriftausleger, BU 4, 1968, 182ff, hier bes. 185. – Vgl. auch die Interpretation von Hab 2,4 durch die in 1QpHab 8,1–3 enthaltene jüdisch-apokalyptische Tradition: „Seine Deutung geht auf alle Täter des Gesetzes im Hause Juda, welche Gott erretten wird aus dem Haus des Gerichts wegen ihrer Mühsal und (wegen) ihrer Treue zum (oder ihres Glaubens an) den Lehrer der Gerechtigkeit." Zur Interpretation vgl. *K. Elliger*, Studien zum Habakuk-Kommentar vom Toten Meer, BHTh 15, 1953, 191–196; *K. Kertelge*, „Rechtfertigung" bei Paulus. Studien zur Struktur und zum Bedeutungsgehalt des paulinischen Rechtfertigungsbegriffs, NTA NF 3, ²1971, 91–95.

[8] Vgl. O. *Michel*, Der Brief an die Hebräer, MeyerK XIII, ¹²1966, 384. Abel als „Gerechter" ist alttestamentlich nicht bezeugt. Vgl. aber Mt 23,35; 1Joh 3,12; Josephus Ant 1,2,1.

[9] *H. J. Holtzmann*, Theologie, 328. Klar erkannt ist der Sachverhalt auch von *E. K. A. Riehm*, Der Lehrbegriff des Hebräerbriefes, Basel und Ludwigsburg 1867, 730f. – *M. Luther* hat in seiner Hebr-Vorlesung 1517/18 (WA 57 III) hier wie auch sonst die *fides iustificans* mehr oder weniger gewaltsam eisegesiert. Vgl. dazu jetzt *H. Feld*, Martin Luthers und Wendelin Steinbachs Vorlesungen über den Hebräerbrief. Eine Studie zur Geschichte der neutestamentlichen Exegese und Theologie, VIEG 62, 1971, bes. 164ff.

in V. 32 genannten Gideon, Barak, Simson, Jiftach, David, Samuel und die Propheten) haben durch ihren Glauben Königreiche niedergezwungen und Gerechtigkeit erwirkt (ἠργάσαντο δικαιοσύνην)." Nicht *iustitia reputata (per fidem)*, sondern *iustitia operata (fide* bzw. *iuxta fidem)* ist hier überall das Thema[10].

Auch in Hebr 11,7 ist das nicht anders, wo Noah τῆς κατὰ πίστιν δικαιοσύνης ... κληρονόμος genannt wird: Er „bekommt" eine Rechtschaffenheit, wie sie dem Glauben (= Verhalten) gemäß ist. De Wette behält recht: Schon die Präposition κατά *(iuxta)* statt ἐκ schließt es aus, hier an die paulinische Rechtfertigungslehre denken zu lassen[11]. Noah ist der Tradition gemäß *ʾîš ṣaddîq* (ἄνθρωπος δίκαιος, Gen 6,9)[12].

Man muß bei den *exempla fidei* in Hebr 11 im Gedächtnis behalten, daß sie die Funktion haben, mit einer Rückblende in die Heilsgeschichte die eigene These 11,1 zu untermauern und die Gemeinde zu trösten[13]. Dieser Skopus läßt die besondere Thematik der paulinischen Rechtfertigungslehre gar nicht in den Horizont des Vf. geraten – trotz der Rechtfertigungsterminologie. Im Gegenteil: Er setzt sich mit ihr absichtslos in einen glatten Gegensatz zu Röm 4,4! Allen diesen leuchtenden Beispie-

---

[10] Der Ausdruck ἐργάζεσθαι steht auch in Psalm 14,2 LXX, wo es um das „Bürgerrecht" des ins Heiligtum einzulassenden Kultteilnehmers geht. Dieses Bürgerrecht hängt von einer einzigen Bedingung ab: *pōēl ṣædæq*, d. i. das „rechte, untadelige Verhalten gegenüber der von Jahwe gesetzten Ordnung des Bundes" (*H. J. Kraus*, Psalmen, BK 15/1, ⁴1972, 113). Inhaltlich näher bestimmt wird das rechte Verhalten in Ez 18,5–9. – Zum Sprachgebrauch von ἐργάζεσθαι δικαιοσύνην im Neuen Testament ist noch zu vergleichen Apg 10,35; Jak 1,20; ferner Mt 6,1; 1Joh 2,29; 3,7.10; Apk 22,11. Der Sinn ist überall die praktische Rechtschaffenheit bzw. die von Gott gewollte Gerechtigkeit. Martin Luthers Übersetzung von Jak 1,20 hat diesen Sinn getroffen: „Denn des Menschen zorn thut nicht was for Gott recht ist" (*D. M. Luther*, Die gantze Heilige Schrifft deudsch, 1545, Neudruck 1972, 2457). – Zur Diskussion von Jak 1,20; Mt 6,1 usw. s. einerseits *P. Stuhlmacher*, Gerechtigkeit Gottes bei Paulus, FRLANT 87, ²1966, 188ff, andererseits *Kertelge*, „Rechtfertigung" 45–48.

[11] *De Wette*, Kurzgefaßtes exegetisches Handbuch zum NT, 2. Bd/5. Theil, 1844, 230. Anders *J. A. Bengel*, Gnomon, zSt, der auf Röm 1,17 als Parallele verweist! Auch *F. Bleek*, Der Brief an die Hebräer II, 1840, 752 ist überzeugt, daß die Formel im paulinischen Sinne steht wie δικαιοσύνη πίστεως Röm 4,11.13. – Zu κληρονόμος/κληρονομεῖν im Sinne des einfachen „bekommen" vgl. *W. Foerster*, Art. κληρονόμος, ThW III (776–786) 785, 26ff.

[12] Noah ist überhaupt der erste, dem die Schrift ausdrücklich das Zeugnis des Gerechten ausstellt. Philo weist besonders darauf hin: πρῶτος δ' οὗτος δίκαιος ἐν ταῖς ἱεραῖς ἀνερρήθη γραφαῖς (Congr 90). Weiteres Material bei *Bleek*, Hebräer, 751f; ferner *Schröger*, Verfasser, 214f.

[13] Vgl. *D. Lührmann*, Henoch und die Metanonia, ZNW 66, 1975, (103–116) 116.

len aus der Heilsgeschichte werden nämlich ihre Werke nicht aus Gnade „angerechnet", sondern sie erhalten den Lohn, der ihnen zusteht – einschließlich Jesus (12,2)!

Schließlich werden in 12,23 die „*Geister der vollendeten Gerechten*" genannt *(gāmurīm ṣaddiqīm)*, das sind die alttestamentlichen Frommen, die aufgrund ihres irdischen Rechtverhaltens himmlisch vollendet sind (vgl. das himmlische Jerusalem in 12,22)[14]. Als Prototyp dieser „vollendeten Gerechten" wird 11,5 *Henoch* angeführt, auch wenn er nicht durch den Tod, sondern durch die Entrückung zum τετελειωμένος wurde, und zwar – hier liegt der Vergleichspunkt zu den „vollendeten Gerechten" von 12,23 –, weil er das Zeugnis hatte, εὐαρεστηκέναι τῷ θεῷ (= Gen 5,24 LXX)[15]. Im Sinne der alttestamentlich-jüdischen Tradition kann der Hebr also das Gerechtsein mit εὐαρεστεῖν umschreiben, also mit „jemandem zu Gefallen leben"[16].

Ob der Hebr das paulinische Verfahren (Pls verwendet in Gal 3,11 und Röm 1,17 das Habakuk-Zitat 2,3f als Schriftbeweis für die *iustificatio sola fide*) gekannt (und dann ignoriert) hat, ist eine ganz überflüssige Frage. Sein Thema ist nicht die Rechtfertigung der Gottlosen, sondern die Vollendung der Gerechten, die er mit einem in der rabbinisch-palästinischen Tradition vorgegebenen exegetischen Verfahren begründet[17]. Er hat darum auch keine Veranlassung, den Vorrang der Gnade vor dem Werk in der paulinischen Antithetik von ἐργάζεσθαι – πιστεύειν δὲ ἐπὶ τὸν δικαιοῦντα τὸν ἀσεβῆ (Röm 4,5) festzuhalten. Dasselbe erreicht er im Blick auf *seine* theologische Absicht adäquater mit der Vorstellung vom himmlischen Kultmysterium, an dem die Gemeinde schon jetzt partizipiert (10,19ff; 12,18ff).

2. Breiter gestreut als δίκαιος, jedoch ebenfalls mit gleichbleibendem Sinn begegnet dagegen das Substantiv δικαιοσύνη (s. o.). Aber auch dieser Sprachgebrauch läßt keineswegs die für Pls typische Rechtfertigungs-

---

[14] *F. Hahn*, GPM 20, 1965/66, 78f begründet gut die Deutung auf die alttestamentlichen Frommen. Vgl. auch O. *Hofius*, Der Vorhang vor dem Thron Gottes, WUNT 14, 1972, 77, Anm. 159.

[15] Vgl. auch Sir 44,16: Ενωχ εὐηρέστησεν κυρίῳ καὶ μετετέθη ὑπόδειγμα μετανοίας ταῖς γενεαῖς. Zum Henoch-Beispiel vgl. ferner *Schröger*, Verfasser, 213f.

[16] *Bauer*, WB⁵ 630. *Schröger*, Verfasser, 214 zitiert irrtümlich: „Jedermann zu Gefallen leben."

[17] Die Belege und weitere Argumente bei *Michel*, Hebräer, 362ff. Zur Sache vgl. auch meine Auslegung von Hebr 10,38 in „Der Glaube im Hebräerbrief", MThSt 1, 1965, 43f, 102ff.

lehre entstehen. Er markiert im Gegenteil noch einmal die ganz andere Sprachtradition des Hebr.

Ein durchschlagendes *argumentum e silentio* ist sogleich – worauf seinerzeit de Wette aufmerksam machte – das Abraham-Beispiel Hebr 11,8–19: Wie hätte Paulus „den Glauben (!) Abrahams erwähnen und dessen Glaubensgerechtigkeit verschweigen können"[18]? Hier ist jetzt nicht wichtig, wie unser Vf. den ausharrenden Glauben Abrahams in Ausführung seiner These 11,1 dualistisch begründet sein läßt (die irdischen Verhältnisse sind unerheblich, erheblich ist allein die Zukunftsgewißheit einer himmlischen Heimat). Es fällt auf, daß der Hebr wie Jakobus (2,21) und damit in Übereinstimmung mit der Abraham-Tradition des damaligen Judentums (vgl. 1Makk 2,52; 4Makk 15,20ff; Jub 17,15.18; Philo, RerDivHer 90ff) Gen 22 als Höhepunkt der Beispielhaftigkeit des Glaubens Abrahams herausstreicht (V. 17–19). Dadurch nämlich figuriert Abraham deutlich als Typus der Rechtfertigung des Gerechten und gerade nicht als Typus der Rechtfertigung des Gottlosen. Denn Abrahams Gerechtigkeit wird aufgrund seiner πίστις (= Verhaltensweise) von Gott *festgestellt,* aber nicht wie in Röm 4 *hergestellt*[19]. Die πίστις des Abraham, sein Vertrauen in Gott, von dem er auch dort nicht abläßt, wo dieser Gott sich in Widerspruch zu seiner eigenen Verheißung zu setzen scheint, dieser Glaube also erscheint hier in seiner *jüdischen* Funktion als Heilsfaktor, nicht in der paulinischen, wie die nahe Parallele bei Philo, Migr Abr 44 zeigt: „An eine gute Hoffnung sich klammernd und hängend und ohne Schwanken überzeugt, daß das noch nicht Vorhandene vorhanden sei, hat sie (= Abrahams Seele) wegen des unerschütterlichen Glaubens an den, der die Versprechungen gegeben, vollkommen Gutes als Lohn empfangen (ἀγαθὸν τέλειον, ἆθλον εὕρηται)." Von paulinischer Rechtfertigungsbotschaft ist hier keine Spur. Diese Feststellung ist nicht abwertend gemeint, sondern soll nur die ganz andere Sprachtradition markieren, welcher der Hebr im Unterschied zu Pls folgt[20].

---

[18] *De Wette,* Handbuch, 128. Die Frage ist bereits bei dem schon früher vom Hebr herangezogenen Abraham-Beispiel (6,13–20) zu stellen. Vgl. dazu *Gräßer,* Glaube, 31ff,84,115ff; *H. Köster,* Die Auslegung der Abraham-Verheißung in Hebräer 6, in: Studien zur Theologie der alttestamentlichen Überlieferungen. G. v. Rad zum 60. Geburtstag, hg. v. *R. Rendtorff* und *K. Koch,* 1961, 95–109.

[19] Vgl. *Schrage,* Der Jakobusbrief, NTD 10, 34.

[20] Vgl. dazu *D. Lührmann,* Pistis im Judentum, ZNW 64, 1973, 19–38. Ferner: *G. Dautzenberg,* Der Glaube im Hebräerbrief, BZ NF 17, 1973, 161–177. Er schreibt mit Recht: „Der Vergleich zwischen Paulus und dem Hebr ist immer fruchtbar, aber

Auch das übrige Vorkommen des Begriffes δικαιοσύνη im Hebr bestätigt den bisherigen Befund. So klingt das Thema Leidenspädagogik in 12,4–13 aus mit der Paraklese: „Jede Züchtigung scheint zwar für den Augenblick nicht Freude, sondern Schmerz zu bringen; später aber schenkt sie denen, die durch diese Schule gegangen sind, als Frucht den Frieden, die Gerechtigkeit (καρπὸν εἰρηνικὸν ... δικαιοσύνης 12,11)." Der Gen appos (nicht subj: hervorgegangen aus Gerechtigkeit) klärt den Sinn: den in Leiden Geübten entlohnt schließlich die Gewißheit der Rechtschaffenheit vor Gott. Sie ist die von ihm erkämpfte „friedensreiche Frucht"[21].

Auch dieses Beispiel zeigt, daß man die δικαιοσύνη-Begrifflichkeit im Hebr ohne Rücksicht auf den Paulinismus interpretieren muß. Denn überall bezeichnet die δικαιοσύνη die von Gott auf seiten des Menschen erwartete Verhaltensweise, welche dem Verhalten des Messias Jesus entspricht, das in 1,9 programmatisch mit einem Zitat aus ψ 44,8 umschrieben wird: „Du liebst Gerechtigkeit und haßt Frevel. Darum hat dich Gott, dein Gott, mit Öl gesalbt".

Das ist eine charakteristisch *messianische* Eigenschaft, wie die Hermeneutik des Namens Melchisedek in 7,1f zeigt. Sie wird dort noch erweitert um die Eigenschaft des Friedens (vgl. Sach 9,9; Mal 3,20; Jer 23,5f; Dan 9,24; Jes 9,5f; Mi 5,4) und deutlich im priesterlichen Verstehenshorizont interpretiert[22]. Der λόγος παρακλήσεως, den der *Autor*

---

es ist ein Fehler, den Hebr an Paulus zu messen. Beide stellen verschiedene Ausprägungen einer breiten biblischen Tradition über den Glauben dar" (166). Sollte ich in meinem Buch wirklich „gemessen" haben, will ich gerne dazulernen. Wie wenig ich aber den Hebr mit dem Paulinismus schulmeistern wollte, zeigt beispielsweise meine Bemerkung, daß nicht „Opportunitätsgründe" den *Autor ad Hebraeos* die *fides iustificans* haben unterschlagen lassen; sondern ein sehr dezidierter theologischer Entwurf hat sie ihm erübrigt (46, Anm. 197). – Kein Verständnis habe ich freilich für den Vorwurf, den Vergleich zwischen Paulus und Hebr „gar nicht mehr mit dem authentischen Paulus geführt" zu haben, „sondern mit Axiomen der Bultmann-Schule über Paulus" (166). Beneidenswert, wenn jemand den „authentischen Paulus" so sicher gegen den interpretierten ausspielen kann!

[21] *De Wette*, Handbuch, 245. – Daß diese Frucht zum eschatologischen Gnadenstand der Glaubenden gehört, der ihnen als den Söhnen vom Sohn vermittelt ist, zeigt überzeugend G. *Bornkamm*, Sohnschaft und Leiden. Hebräer 12,5–11, in: *ders.*, Geschichte und Glaube II. Ges. Aufs. IV, BEvTh 53, 1971, 214–224, bes. 224.

[22] Vgl. dazu E. *Brandenburger*, Frieden im NT. Grundlinien urchristlichen Friedensverständnisses, 1973, 41ff, bes. 42, Anm. 112; P. *Stuhlmacher*, Der Begriff des Friedens im NT und seine Konsequenzen, in: W. *Huber* (Hg.), Historische Beiträge zur Friedensforschung, 1970, 21–69, bes. 60, Anm. 81.

ad Hebraeos verfaßt (13,22), kann aus eben diesem Grunde auch λόγος δικαιοσύνης heißen (5,13), eine Lehre, „die zur vollkommenen Gerechtigkeit im weitesten Sinne, zum rechten Glauben und Leben führt, eine Lehre also, wie sie die δίκαιοι = τέλειοι fassen und gebrauchen können"[23].

Dennoch verläßt der Hebr damit nicht den durch den sachlichen Sinn der Rechtfertigungsbotschaft theologisch autorisierten und begrenzten Kanon. Das wäre erst dann der Fall, wenn er die δίκαιοι des Alten und des Neuen Bundes als ἐργαζόμενοι im Sinne von Röm 4,4 aufbaute. Davon kann aber gar keine Rede sein! Der Hebr spricht pädagogisch (c. 5!) von der *Bewährung* des Glaubens in der Situation der Ermattung. Daß bewährter Glaube seinen eschatologischen „Lohn" hat, teilt er als Überzeugung wie mit Pls so mit dem ganzen Neuen Testament, ist ihm wie im Blick auf Jesus (Hebr 12,2f) so auch auf die Christen (12,11) eine Selbstverständlichkeit[24]. Das Urteil über Rechtgläubigkeit oder Ketzerei des Hebr fällt daher nicht an der Art und Weise, wie er die *exempla fidei* pädagogisch auswertet, sondern in Übereinstimmung mit dem ganzen Neuen Testament daran, ob und wie er die Ethik *christologisch* begründet. Die Christologie ist der eigentliche Testfall! Und sie rückt in unser Blickfeld, wenn wir nach dem fragen, was den Hebr seinerseits zentral beschäftigt, nämlich nicht das δικαιοῦσθαι, sondern das τελειωθῆναι.

3. Wir können uns zur Präzisierung gleich an den beiden δικαίωμα-Stellen (9,1.10) orientieren.

9,10 heißt es vom Opferdienst des Alten Bundes: „Es handelt sich nur um Speisen und Getränke und allerlei Waschungen, *äußerliche Satzungen,* die bis zu der Zeit einer besseren Ordnung auferlegt wurden." Der Vers schließt einen in 9,1 beginnenden Gedankengang ab, der die Insuffizienz der δικαιώματα λατρείας des Alten Bundes dadurch unterstreicht, daß er sie als δικαιώματα σαρκός qualifiziert, „die das Gewissen des Opfernden nicht zur Vollkommenheit führen können" (9,9)[25]. Zwar kön-

---

[23] *De Wette,* Handbuch 175.

[24] Anders *H. Braun,* Die Gewinnung der Gewißheit im Hebräerbrief, ThLZ 96, 1971, 330.

[25] Gestützt wird das durch das Urteil 10,4 (vgl. auch 9,13f), was freilich im Blick auf das alttestamentlich-jüdische Denken nicht haltbar ist: Der dortige Kultus hat nicht nur äußere, rituelle Reinheit, sondern auch Reinheit vor Gott durch Tilgung der Schuld vermittelt. Vgl. den Abschnitt „Die Opfer" in *G. v. Rad,* Theologie des Alten Testaments I, 1957, 249–271; *C. H. Hunzinger,* Art. ῥαντίζω, ThW VI (976–984) 982.

nen diese δικαιώματα – da sie aus der richtigen Einsicht in die faktische
Lage der Menschen vor Gott (sie leben durch Sünden von ihm getrennt)
auf die Notwendigkeit der Versöhnung Gottes schließen – als Hinweis
auf die eschatologische Christus-Zukunft gewertet werden[26]. Das hebt
jedoch nicht auf, daß die Insuffizienz ihrer Wirkung gleich doppelt unterstrichen wird: a) durch ihre Zuweisung in die Sphäre der σάρξ,
b) durch ihre zeitliche Befristung[27]. Seit jedoch das κεφάλαιον von 8,1
gilt, seit Jesus „mit seinem eigenen Blut ein für allemal in das Heiligtum
hineingegangen ist" (9,12), das πρῶτον aufgehoben (ἀναιρεῖ) hat, steht
das δεύτερον in Kraft (10,9; vgl. 8,13!). Die „Zeit der richtigen Ordnung" (9,10) ist jetzt da (vgl. das eschatologische σήμερον von 3,7.13.
15; 4,7!), und die Unmöglichkeit des Alten Bundes (9,9) ist zur Wirklichkeit des Neuen Bundes geworden, nämlich, daß unsere Gewissen gereinigt werden von den toten Werken, damit wir dem lebendigen Gott
dienen (9,14).

Die Frage, die zu stellen ist, lautet: Ist das – wenn auch nicht terminologisch, so doch sachlich – Botschaft von der Rechtfertigung?

Immerhin sind Grundelemente der Rechtfertigungsbotschaft darin bewahrt, daß jede Operationalisierung des Heils von seiten des Menschen
radikal durchgestrichen wird: Christus allein hat die Macht des Todes

---

[26] Vgl. *E. Käsemann*, Das wandernde Gottesvolk. Eine Untersuchung zum Hebräerbrief, FRLANT 55, 1938 (⁴1961), 155.

[27] Schon *Bengel*, Gnomon zSt, bemerkte zur συνείδησις 9,9 und dem weiteren Vorkommen des Begriffes in 10,2.22: „Antitheton, σαρκὸς, carnis, v. 10.: uti v. 13.14.
(1 Petr. 3,21 ...)." So auch (ohne Bengel zu nennen) *E. Schweizer*, Art. σάρξ, ThW
VII (118–151) 142,19f; 143,10ff. Σάρξ und πνεῦμα sind im Hebr eingezeichnet in
den kosmischen Dualismus. Der alttestamentliche Kultus wird – wie der promiscue
Sprachgebrauch von δικαιώματα λατρείας (9,1) und δ. σαρκός (9,10) zeigt – als Gan-
zer der sarkischen Sphäre zugewiesen. Vgl. dazu *E. Schweizer*, Art. πνεῦμα, ThW VI
(387–453) 444ff; *ders.*, ThW VII 141ff; *Käsemann*, Gottesvolk 32–37; *F. J. Schierse*,
Verheißung und Heilsvollendung. Zur theologischen Grundfrage des Hebräerbriefes,
1955, 26ff. Der Hebr kritisiert *jeden* irdischen Kult, wie 8,13 nahelegt und 9,10 beweist. Vgl. dazu *G. Theißen*, Untersuchungen zum Hebräerbrief, StNT 2, 1969,
69f. Wichtig bei der ganzen Kultkritik ist dem Hebr, einen einzigen Gedanken her-
auszustreichen: die Überlegenheit des himmlischen Kultes. Sie ist die „Hauptsache" an
der Christologie des Hebr (8,1). Am Ende der ganzen Kritik steht als Zitat Jer 31,33f
(LXX 28,33f). Und es ist charakteristisch, was der Hebr daraus abschließend unterstreicht: *die Vergebung der Sünden* (Hebr 10,14–17). „Wo aber diese vergeben sind,
da gibt es kein Sündopfer mehr" (10,18), dh da hören die Opfer auf. Vgl. dazu
Braun, Die Gewinnung der Gewißheit im Hebräerbrief, 326. Zur zentralen Stellung
von Jer 31,31ff im Ganzen des Hebr vgl. *U. Luz*, Der alte und der neue Bund bei
Paulus und im Hebräerbrief, EvTh 27, 1967, 318–336, bes. 328ff.

durchbrochen (2,14f) und die ἀθέτησις der Sünde vollzogen (9,26) –
(ἐφ')ἅπαξ, wie es in eschatologischer Terminologie ausdrücklich heißt
(9,26ff; 9,12; 7,27 vgl. mit Röm 6,10: τῇ ἁμαρτίᾳ ἀπέθανεν ἐφάπαξ).
Was Pls am anthropologischen Dualismus entfaltet, das entfaltet der
Hebr am „Dualismus einer sarkischen und pneumatischen Welt", wie
12,9 beweist[28]. Und „wie Paulus zeigt, daß Christus das Ende des Gesetzes sei, so der Hebr, daß er das Ende des Kultes als Heilsweg ist"[29].
Die sachliche Koinzidenz beider Entwürfe besteht darin, daß sie die umfassende Aufhebung der Unheilsmacht der Sünde darlegen. Die *sola-
gratia*-Struktur des Heils wird hier wie da strictissime gewahrt. Nirgendwo im Hebr zeigt sich das deutlicher als an dem, was für ihn die „Hauptsache" ist: Das perennierende Werk des am himmlischen Heiligtum und
am wahrhaftigen Zelt für uns Dienenden (8,1f). Nachdem der Sünden-
bann gebrochen ist, bleibt Jesus der Mittler und Stellvertreter zwischen
Gott und Mensch, den es zu verherrlichen gilt[30].

Unter der offenbarenden Kraft des „gehörten Wortes" (4,2; vgl. 2,
1–4), stellt sich solches für das wandernde Gottesvolk als Wahrheit
heraus: Indem Christus selber der neue Weg *ist* (10,19f), auf dem lebendiger Gottesdienst geschehen kann, dessen *sola-gratia*-Struktur evident
ist, gilt: Διὸ βασιλείαν ἀσάλευτον παραλαμβάνοντες ἔχωμεν (ἔχομεν P[46]*
ℵ P 33 69) χάριν, δι' ἧς λατρεύωμεν εὐαρέστως τῷ θεῷ, μετὰ εὐλαβείας
καὶ δέους (12,28)[31].

4. Einem möglichen kritischen Einwand ist zuletzt noch Rechnung zu
tragen. Ist der sachliche Sinn der Rechtfertigungsbotschaft festgehalten,
wenn die Wirkung des hohepriesterlichen Handelns Jesu in der Reini-

---

[28] Vgl. *Schweizer,* ThW VI 444,15f.

[29] *H. Conzelmann,* Art. Heidenchristentum, RGG³ III (128–141) 141.

[30] Daß durchgehend im Hebr pluralisch von der Sünde geredet wird (9,26 freilich
nicht!), also von der Vergebung alter Schuld, bildet natürlich einen gewissen Gegensatz
zur paulinischen Freiheit von Sündenmacht (so richtig *E. Käsemann,* Der Ruf der
Freiheit, ⁴1968, 146). Aber dadurch, daß der Hebr den Schwerpunkt nicht auf den
„Opfertod" legt (ihn läßt er vielmehr mitsamt dem Kult, dem er angehört, erloschen
sein, 13,7–17; vgl. dazu *Theißen,* Untersuchungen, 53–87), sondern darauf, daß Jesus
der Mittler ist (8,6; 9,15; 12,24), fällt er grundsätzlich nicht hinter das bei Paulus erreichte Verständnis des Heils zurück, sondern bedenkt es lediglich in anderer Akzentuierung, möglicherweise sogar als „Wiederherstellung des durch die Sünde verdorbe-
nen Kosmos" (*H. Windisch,* Der Hebräerbrief, HNT 12, ²1931, 12; vgl. *E. Lohse,*
Märtyrer und Gottesknecht. Untersuchungen zur urchristlichen Verkündigung vom
Sühntod Jesu Christi, FRLANT 64, ²1963, 168f).

[31] Vgl. zur Stelle *A. Vanhoye,* La structure littéraire de l'Épître aux Hébreux,
SN 1, Paris, 1963, 208–210; *Michel,* Hebräer, 475ff.

gung der *Gewissen* besteht (9,14; 10,22)? Ist er nicht zumindest *einge-schränkt* insofern, als religiös-ethischer Sinn vorliegt: „Das Schuldbe-wußtsein tilgen, ein reines Gewissen schenken"[32]?

Die ältere Exegese hat die Entgegensetzung von δικαιώματα σαρκός bzw. ἔργα νεϱκά (9,14) und λατϱεύειν θεῷ ζῶντι (9,14) bzw. κατὰ συνεί-δησιν τελειῶσαι (9,9) einmütig als den Gegensatz von äußerlicher (= wert-loser) und innerlicher (= wahrhaftiger) Verbindung des Menschen mit Gott interpretiert[33]. Dagegen hat Ernst Käsemann im Zusammenhang der Christologie unseres Briefes grundsätzlicher nach dieser merkwürdi-gen Umschreibung der Soteria gefragt[34]. Nach seiner Auslegung der Stelle ist die συνείδησις der Ort, an dem über beides *Gewißheit* herrscht: Über die Gottesferne und über die Gottesnähe. Um ersteres aufzuheben, „treibt das schlechte Gewissen nun in die Anstrengungen der ἔργα νεκϱά". Es kommt nicht zu einem λατϱεύειν θεῷ, weil der „Weg der Wer-ke" „den Menschen immer stärker an die sarkisch-kosmische Sphäre bindet". Erst Christi Opfertod befreit vom „Zwang zum Vollzug toter Werke" und setzt das Gewissen zu „echtem Gottesdienst" frei[35].

Das ist in der Diktion und in der Intention die klassische paulinische Rechtfertigungslehre – mit dem einzigen Unterschied, daß der Hebr nicht am νόμος, sondern am jüdischen Kultus demonstriert: Er ist „faktisch das Musterbeispiel für die menschlichen Anstrengungen, aus sich heraus und mit toten Werken zum rechten Gottesverhältnis zu gelangen"[36].

In der Tat! Auch wenn der am ἅγιον κοσμικόν (9,1) sein Heil Su-chende, auch wenn der Priester, der „Tag für Tag dasteht, viele Male die gleichen Opfer darbringt, die doch niemals Sünden wegnehmen kön-nen" (10,11), auch wenn also der dieserart kultisch Tätige nicht einfach der ἐϱγαζόμενος von Röm 4,4 ist, so trifft sich jener mit diesem den-

---

[32] *Windisch*, Hebräerbrief 77.

[33] Vgl. *Bleek*, Hebräer II 523; G. *Lünemann*, Kritisch exegetisches Handbuch über den Hebräerbrief, MeyerK XIII, [3]1867, 288; B. *Weiß*, Der Brief an die Hebräer, MeyerK XIII, [6]1897; *Riehm*, Lehrbegriff des Hebräerbriefes, 496f. Aus neue-rer Zeit vgl. auch O. *Kuss*, Der Brief an die Hebräer, RNT 8/1, [2]1966, 116. Charak-teristisch für das in der älteren Exegese obwaltende Religionsverständnis ist E. *Riggen-bach*, Der Brief an die Hebräer, KNT XIV, [2·3]1922, 254: δικαιώματα σαϱκός sind Opfer, die „nur die Verhältnisse des äußeren Lebens ordnen (7,16). Sie verleihen eine rituelle Reinheit (9,13) ... Eine Entlastung des Gewissens und ein innerliches, persön-liches Verhältnis des einzelnen zu Gott vermitteln sie dagegen nicht". – Man sieht, wie stark Luthers Turmerlebnis das Verständnis des wahren Gottesverhältnisses prägt!

[34] *Käsemann*, Gottesvolk 155.

[35] Ebd.   [36] Ebd.

noch darin, daß er das Werk der Gnade nicht passiv erleidet, sondern aktiv an seinem Heil arbeitet und damit das *Dominus est operator, qui operatur omnia in omnibus, et nos nihil operamur*[37] zunichte macht. Auch wenn der Hebr die Erneuerung des ἔσω ἄνθρωπος (2Kor 4,16) terminologisch nicht wie Pls als *opus fidei* beschreibt, so doch die vergleichbare Vollendung der συνείδησις in Übereinstimmung mit jenem als *opus gratiae*. Das läßt sich zeigen.

Einzusetzen ist mit 10,2. Das iterative Opfer entfällt für die ἅπαξ κεκαθαρισμένοι. Diese aber sind die *Getauften*, wie 10,22b beweist (vgl. auch 6,1f!)[38]. Die Getauften als die ἁγιαζόμενοι und μέτοχοι πνεύματος ἁγίου (6,4) haben keine συνείδησις ἁμαρτιῶν mehr (10,2), dh kein Wissen um die Sünde mehr[39], wohl aber ἐπίγνωσις ἀληθείας (10,26). Macht man sich klar, daß das „Herz" dann „gereinigt" ist, wenn die συνείδησις πονηρά (10,22) getilgt ist, daß dieser Vorgang wiederum umschrieben werden kann als Befestigung des Herzens durch die χάρις (13,9), so ist am Tage, daß (nicht anders als in Röm 6,11ff) die eschatologische Erneuerung des gesamten Menschen bzw. das ἀνακαινοῦσθαι des ἔσω ἄνθρωπος von 2Kor 4,16 gemeint ist (vgl. noch Kol 3,10).

Der Gewissenswandel bzw. die Gewissensvollendung im Hebr signalisiert also keine bloß moralische Wende, insistiert auch nicht auf *besseren* irdisch-kultischen Praktiken (ἅπαξ φωτισθέντες; vgl. auch die Abweisung des irdischen Kultus in 13,9–14!), sondern meint den im Gegenüber zu Gott erneuerten ganzen Menschen[40]. Terminologisch ist das nicht *Glaubensgerechtigkeit*[41], nicht *iustificatio impiorum* und nicht δι-

---

[37] *Luther*, WA 57 III 219,21.

[38] Vgl. *A. Oepke*, Art. λούω, ThW IV 306,28ff; *Hunzinger*, ThW VI 983,23ff.

[39] *Chr. Maurer*, Art. συνείδησις, ThW VII 917.

[40] *Maurer*, ThW VII 918: „Man muß sich klarmachen, was hier in einer Schicht des Neuen Testamentes, der so oft Frühkathozismus nachgesagt wird, zutage tritt. [Maurer meint die Pastoralbriefe, den Hebräerbrief und 1. Petrusbrief mit ihrem Gewissensbegriff.] Was im Griechentum der Umwelt überhaupt nicht und im hellenistischen Judentum nur als Ausnahme und Grenzfall erscheint, wird hier zum Normalfall des Lebens proklamiert: Das gute und reine Gewissen als Heilung des in sich zerspaltenen Menschen und damit eine neue Existenz durch die Tat Gottes in Christus" (14–20).

[41] Gerade das Nebeneinander von πληροφορία πίστεως und ῥεραντισμένοι τὰς καρδίας ἀπὸ συνειδήσεως πονηρᾶς (10,22) zeigt das: In der charakteristischen Weise des Hebr ist Glaube nirgendwo als *fides iustificans* entfaltet. Glaube ist vielmehr das Durchhalten auf einem ermüdenden Weg, den das wandernde Gottesvolk zu gehen hat. Glaube ist der Verbleib in der Gemeinschaft dieses wandernden Gottesvolkes. Der Gefahr der Ermüdung begegnet der Hebr durch die Aufforderung, an Jesus Christus, dem Anfänger und Vollender des Glaubens, festzuhalten (10,32ff; 12,1–3). Er inten-

καιοσύνη ϑεοῦ (beide Begriffe kommen im Hebr nicht vor). Das markiert den *eigenen* Weg, den der Hebr in der Entfaltung der Rechtfertigungsbotschaft gegangen ist. Es markiert aber nicht den Weg sachlichen Widerspruchs zur paulinischen Rechtfertigungsbotschaft. Denn beides, die *fides ex auditu* bei Pls und die *conscientia perfecta ex opere Christi* im Hebr (*per hostiam suam,* 9,26) bedeutet im Blick auf die menschlichen Heilsanstrengungen jenes *redigi in nihilum,* welches der Empfang der Gnade voraussetzt und mit sich bringt[42].

III.

Wir kommen also zu folgendem Ergebnis: Sofern τελειοῦν als das beabsichtigte Ziel des Opfers Christi im Hebr die Vergebung, die Reinigung und damit die Öffnung des „lebendigen Weges" ins Allerheiligste (10,19f) beschreibt, Christologie also durchweg als Mittlertätigkeit Christi und Ethik als das von Gott „durch Jesus Christus" gewirkte ἀγαϑόν (13,20f) entfaltet werden, ist von des Menschen „Rechtfertigung" und vom Empfang der Gnade die Rede[43]. Der Unterschied besteht nur darin, daß der Akzent der ganzen Hebr-Theologie im Gegensatz zu Pls nicht auf der Rechtfertigung des einzelnen, sondern auf der eschatologischen „Heiligung" der Gemeinschaft liegt (vgl. die ἡγιασμένοι in 10,10 und 2,11: ὅ τε γὰρ ἁγιάζων καὶ οἱ ἁγιαζόμενοι ἐξ ἑνὸς πάντες). Sie geschieht so, daß die vorlaufende Gnade in dem hohepriesterlichen Werk Jesu fest verankert bleibt.

Diese ganz eigene Argumentationsweise des Hebr, die er mit einer Wortgeschichte betreibt, die sich außerhalb der Paulus-Briefe entwickelt hat[44], ist völlig durch die *Situation* bedingt. Einer ermatteten Gemeinde, der mit dem Glauben auch die Hoffnung zerfällt, wird Stärkung dadurch zuteil, „daß die von Jesus seiner Gemeinde gewährte Gabe zur

---

siviert die Homologie, denn in ihr hat die Gemeinde die Verheißung der künftigen Ruhe. „Der Garant ist Christus, der Hohepriester, der Vollbringer des Einmaligen, endgültigen Opfers" (*Conzelmann,* Grundriß 343). Anders *P. Andriessen,* La communauté des „Hébreux". Était-elle tombée dans le relachement? NRTh 96, 1974, 1054–1066.

[42] Vgl. *Luther,* WA 57 III 18ff zu Hebr 3,7. Luther leitet das *redigi in nihilum* aus Ps 72,22 her: „Ich wurde auf Nichts zurückgeführt und wußte nichts." Zu Luther vgl. *Feld,* Martin Luthers und Wendelin Steinbachs Vorlesungen, 168ff. Zur Sache auch E. *Käsemann,* An die Römer, HNT 8a, 1973, 103ff (³1974, 105f).

[43] Vgl. *Michel,* Hebräer 308.

[44] Vgl. *Schweizer,* ThW VII 143,19ff.

Darstellung kommt"[45]. Akzentverschiebungen bleiben dabei nicht aus[46]. Und eine Hauptdifferenz zwischen Paulus und Hebr wird immer bleiben: die σάρξ beschreibt dualistisch den irdischen Bereich im Gegensatz zur Welt Gottes, ist aber nirgends mit dem Gedanken der Sünde verbunden. Komparativisch ist der irdische (= fleischliche) Bereich im Verhältnis zum himmlischen „der nicht genügende, vorläufige, vom Tode bedrohte, nie aber der rebellische, sich gegen Gott auflehnende"[47]. Gerade die von uns untersuchte Stelle 9,1 und 10 zeigt das sehr deutlich: Bei den „gottesdienstlichen Bestimmungen" des „ersten Bundes" (9,1) handelte es sich „nur (!) um Speisen und Getränke und allerlei Waschungen, δικαιώματα σαρκός, die bis zu der Zeit einer *besseren* Ordnung auferlegt wurden" (9,10). Die alte Ordnung ist demnach weniger gut, sie gilt jetzt als „veraltet" und ist insofern ἐγγὺς ἀφανισμοῦ (8,13). Damit ist das paulinische Verständnis der Sünde als Weltmacht, des Neuen Bundes als eschatologischer Neuschöpfung und der Christologie als Skandalon (im Hebr ist Christus einmalig im Sinne der Überbietung[48]) in seiner Radikalität gewiß abgeschwächt. Preisgegeben ist es nicht! Schon die um den Gesamtentwurf des Hebr gelegte, den Indikativ vor dem Imperativ herausstreichende Klammer 1,1–4 und 13,20 und 21 sichert das dazwischen explizierte Heilsverständnis in seinem sachlichen Sinn als „Evangelium", in dem sich Gottes Heilstun und damit seine „Gerechtigkeit" offenbart insofern, als die Gott und Mensch trennende Sündenschranke διὰ Χριστοῦ fällt, diese entscheidende Äonenwende schon jetzt im *Wort* geschieht (4,2) und damit die Soteriologie wie die Ethik christologisch fundiert bleiben. Denn wenn wir im Werk Jesu Christi,

---

[45] *Schlatter*, Die Theologie der Apostel 464. Auch wenn Schlatter die Haupttendenz des Hebr falsch beurteilt („Abwehr der Rückwendung zum Judentum", 461), so trifft doch die den theologischen Entwurf des Hebr auslösende Situationsbeschreibung der Gemeinde den Nagel auf den Kopf: „Auf den durch Jesus erreichten religiösen Stand richtet die Untersuchung ihre ganze Kraft. Nur dann hat die Christenheit recht, wenn ihr jetzt das vollkommene Gut durch Jesus gegeben ist. Nicht das ist die Frage, ob einst die Vollendung eintrete, sondern ob sie durch Jesus eingetreten sei und die Leser sie haben, ob das ihnen gegebene Verhältnis zu Gott die absoluten messianischen Aussagen rechtfertigt, ob also wirklich ein wesentlicher Unterschied gegenüber der vorchristlichen Zeit erreicht sei. Darum wird der Begriff Vollendung für den Brief zum wichtigsten Begriff: Jesus ist dann der Christus, wenn er selbst vollendet ist und seine Gemeinde vollendet hat."

[46] Vgl. *Käsemanns* Durchblick durch den Hebr in seinem Buch „Der Ruf der Freiheit", [4]135–155.

[47] *Schweizer*, ThW VII 143,14ff.

[48] Vgl. *Käsemann*, Ruf der Freiheit, [4]147.

in ihm allein, das *genügende* Priesterwerk, das *sacra dare* haben; wenn wir dadurch als Menschen Gott gegenüber „verhandlungsfähig" werden, so hat Karl Barth recht: wir haben dann „offenbar dasselbe (!), was wir in der anderen Sprache ausgedrückt, als die durch ihn, den Richter Gerechtfertigten haben: den Frieden mit Gott, den Zugang zu ihm, die Hoffnung auf ihn (vgl. Hebr. 10,19f. mit Röm. 5,1f.)"[49]! Schon Martin Luther hat das ganz richtig erkannt, wenn er seine Glossen zum Hebr mit der Bemerkung eröffnet, man habe in der Epistel darauf zu achten, daß sie „die Gnade rühmt wider allen Hochmut gesetzlicher und menschlicher Gerechtigkeit", indem sie zeigen will, „daß ohne Christus weder Gesetz noch Priestertum noch Prophetie noch endlich auch der Engeldienst zum Heile genugsam war, ja, daß dies alles vielmehr nur auf den zukünftigen Christus hin eingesetzt und geschehen war. *Omnino igitur solum Christum docendum proponit*"[50].

Bei unterschiedlicher Sprachgestalt ist *dies* in der Tat der Pls und Hebr verbindende gemeinsame Sachverhalt. Und so kann tatsächlich der Hebr „ganz besonders ... die Einsicht fördern, daß in unserem N. T. bei unverkennbarer Einheit des Grundtons eine Mannigfaltigkeit religiöser Formen vorhanden ist, die man nicht zur Einförmigkeit zusammenschmelzen darf"[51].

---

[49] *Barth*, KD IV/1, 1960, 304. – *Ph. Vielhauer* nennt die Ausarbeitung des Verständnisses des Sühnetodes Jesu bei Paulus (Rechtfertigungslehre) und im Hebr (Lehre vom Selbstopfer des Hohenpriesters Christus) m. R. „zwei parallele Interpretationen" (Geschichte der urchristl. Literatur. Einleitung in das Neue Testament, die Apokryphen und die Apostolischen Väter, 1975, 250). Wir begegnen hier zwei Theologen, die in der „Grundkonzeption" verwandt sind (ebd.).

[50] *Luther*, WA 57/III 5,10–17 (Übers. nach *E. Vogelsang*, Luthers Hebräerbrief-Vorlesung von 15717/18, AzKG 17, 1930, 1).

[51] *G. Hollmann*, Der Hebr, in: *J. Weiß* (Hg.), Die Schriften des Neuen Testaments II, ²1908 (443–502), 443.

TAUFE UND RECHTFERTIGUNG

Ein Beitrag zur paulinischen Theologie in ihrer Vor- und Nachgeschichte

FERDINAND HAHN

Die Eigenart der paulinischen Rechtfertigungslehre ist zweifellos dann am besten zu erkennen, wenn man die zentralen Aussagen des Apostels selbst untersucht und in ihrer Tragweite bestimmt, wie das Ernst Käsemann nach vielen früheren Studien zuletzt in seinem großartigen und stimulierenden Römerbriefkommentar getan hat[1]. Es lohnt sich aber, daneben auch nach den Voraussetzungen und den Nachwirkungen der paulinischen Rechtfertigungslehre im Neuen Testament zu fragen, weil hierbei erkennbar wird, daß diese Konzeption keineswegs isoliert innerhalb der urchristlichen Tradition steht, wenngleich sie auf diese Weise nur um so deutlicher in ihrer Besonderheit in Erscheinung tritt und sich in ihrer theologischen Ausgestaltung als singulär erweist. Will man die paulinischen Aussagen in ihren traditionsgeschichtlichen Zusammenhängen untersuchen, so ist die Frage nach dem Verhältnis von Taufe und Rechtfertigung heuristisch besonders ergiebig[2]. Es kann im vorliegenden Beitrag nicht um eine vollständige Aufarbeitung aller damit verbundenen exegetischen Fragen, sondern lediglich um eine Problemskizze gehen.

I.

Wirft man einen Blick in die deuteropaulinischen Schriften, so fällt sofort auf, daß von der *iustificatio impiorum* nur noch im Zusammen-

---

[1] *E. Käsemann,* An die Römer, HNT 8a, 1973, [3]1974.

[2] Bei dieser traditionsgeschichtlichen Erörterung geht es ausschließlich um die Zusammenhänge, die sich durch die spezifische Thematik und Terminologie der Rechtfertigungslehre ausweisen lassen, nicht um die Frage, wieweit diese ihrer Intention nach mit anderen thematischen Komplexen der urchristlichen Botschaft sachlich in Beziehung steht. Auf die innerpaulinische Verknüpfung von Rechtfertigungs- und Taufaussagen ist erst im Schlußteil einzugehen.

hang mit der Taufe gesprochen wird. Besonders bezeichnend ist dafür
die bekannte Stelle aus dem *Titusbrief:*

ὅτε δὲ ἡ χρηστότης καὶ ἡ φιλανθρωπία ἐπεφάνη
   τοῦ σωτῆρος ἡμῶν θεοῦ,
οὐκ ἐξ ἔργων τῶν ἐν δικαιοσύνῃ
   ἃ ἐποιήσαμεν ἡμεῖς,
ἀλλὰ κατὰ τὸ αὐτοῦ ἔλεος ἔσωσεν ἡμᾶς
   διὰ λουτροῦ παλιγγενεσίας
   καὶ ἀνακαινώσεως πνεύματος ἁγίου,
      οὗ ἐξέχεεν ἐφ᾽ ἡμᾶς πλουσίως
      διὰ Ἰησοῦ Χριστοῦ τοῦ σωτῆρος ἡμῶν,
ἵνα δικαιωθέντες τῇ ἐκείνου χάριτι
   κληρονόμοι γενηθῶμεν κατ᾽ ἐλπίδα ζωῆς αἰωνίου
                                          (3,4–7).

Hier sind wesentliche Elemente der paulinischen Rechtfertigungslehre
festgehalten: das *sola gratia* des göttlichen Handelns[3], der Gegensatz zu
den Werken und jeder eigenen Gerechtigkeit des Menschen[4], die unab-
lösbare Bindung an das Wirken Christi[5], die in der Gerechtmachung begründete Einsetzung zu „Erben" und die Hoffnung auf die Heilsvollendung[6]. Was allerdings fehlt, und das ist gegenüber den authentischen
Paulusbriefen höchst auffällig, ist die Relation zur πίστις[7]. An deren

---

[3] Im Vordergrund stehen die Begriffe χρηστότης und φιλανθρωπία für Gottes
heilschaffende Offenbarung, die diesem Textabschnitt ihr besonderes Gepräge und
ihren hellenistischen Charakter geben, daneben wird aber auch ganz traditionell ἔλεος
und σῴζειν in V. 5b sowie χάρις in V. 7 gebraucht. Zur Terminologie des Abschnitts
vgl. *M. Dibelius–H. Conzelmann,* Die Pastoralbriefe, HNT 13, ⁴1966, 74ff.108ff.

[4] Nur in Eph 2,8f, dort aber in sehr abgeblaßter Form, wird noch vom Gegensatz
zu den „Werken" gesprochen. Hier in Tit 3,5 wird nicht ausdrücklich das Gesetz erwähnt, aber die Wendung οὐκ ἐξ ἔργων τῶν ἐν δικαιοσύνῃ ἃ ἐποιήσαμεν ἡμεῖς
weist doch noch sehr deutlich in die Richtung der „Gesetzeswerke" bei Paulus. Zur
Beurteilung der paulinischen Elemente vgl. *N. Brox,* Die Pastoralbriefe, RNT 7,2,
1969, 306f.309f.

[5] Abgesehen von der auffälligen Verwendung von ὁ σωτὴρ ἡμῶν sowohl für Gott
wie für Jesus Christus wirkt die christologische Komponente merkwürdig nachgestellt
und bleibt auf die Geistverleihung eingeschränkt; denn in dem Finalsatz V. 7 ist
ἐκείνου wieder auf Gott bezogen.

[6] Die Verbindung von Rechtfertigung und κληρονομία einerseits, von κληρονομία
und Vollendungshoffnung andererseits ist gut paulinisch; vgl. Röm 4,13ff; Gal 3,6 bis
29; 4,6f und Röm 8,17ff. Zumindest bei Gal 3,26ff; 4,1ff liegt ein deutlicher Zusammenhang mit der Taufe vor; vgl. aber auch Röm 8,14ff.

[7] Zwar kommt in Verbindung mit der Bestätigungsformel πιστὸς ὁ λόγος gleich an-

Stelle tritt hier nun die als λουτρὸν παλιγγενεσίας bezeichnete Taufe[8], wobei das Gnadenhandeln Christi speziell mit dem dabei „reichlich" ausgegossenen Geist und der hierdurch bewirkten ἀνακαίνωσις πνεύματος ἁγίου verbunden ist[9].

Dieser Sachverhalt ist um so auffälliger, als, von Apg 13,38f abgesehen[10], die einzige Stelle der gesamten nachpaulinischen Tradition, in der das Verhältnis von Rechtfertigung und Glaube explizit erörtert wird, sich im *Jakobusbrief* befindet, und dort gerade das für Paulus im Rahmen der Rechtfertigungslehre so bezeichnende, ja gerade ausschlaggebende *sola fide* energisch bestritten wird. Mag man mit einem gewissen Recht darauf hinweisen, daß der Verfasser dieses Briefes eine mißbräuchliche Verwendung der paulinischen These kennt und seinerseits das entscheidende Problem der Konfrontation von Glaube und Werken gar nicht (mehr) vor Augen hat[11], es ist in jedem Fall der Tatbestand zu

---

schließend in Tit 3,8 das Verbum πιστεύειν vor, aber in der Form οἱ πεπιστευκότες θεῷ, dh es bezeichnet den Stand des Gläubigseins; stärker christologisch gewandt ist dies in 1Tim 1,16; 2Tim 1,12. Abgesehen von der traditionellen Aussage ἐπιστεύθη ἐν κόσμῳ 1Tim 3,16 kommt πιστευθῆναι sonst nur noch im Sinne von „anvertrauen" vor (1Tim 1,11; Tit 1,3). Vgl. *N. Brox*, Pastoralbriefe 227.

[8] Zu λουτρὸν παλιγγενεσίας vgl. *R. Schnackenburg*, Das Heilsgeschehen bei der Taufe nach dem Apostel Paulus, MThS I/1, 1950, 8ff; *G. Delling*, Die Taufe im Neuen Testament, 1963, 96ff; *M. Dibelius–H. Conzelmann*, Pastoralbriefe 111ff; *N. Brox*, Pastoralbriefe 309f.

[9] ἀνακαίνωσις kommt sonst nur noch in Röm 12,2 zu Beginn der Paränese vor. Da diese über c. 8 auf 6,1–7,6 zurückbezogen ist, besteht auch dort eine Verbindung mit der Taufe. Tit 3,6 erinnert natürlich stärker an Apg 2,33.

[10] Diese Stelle kann unberücksichtigt bleiben. Es sollte zwar nicht bestritten werden, daß der Abschluß der Missionspredigt des Paulus im pisidischen Antiochien trotz des gleichen Grundschemas aller vor Juden gehaltenen Missionsreden auf das spezielle Thema der paulinischen Theologie eingeht, aber nach Apg 15,7ff.13ff ist das Problem der Gesetzesgerechtigkeit so entschärft, daß auch Apg 13,38f nur noch als ein schwacher Nachklang der genuin paulinischen Verkündigung angesehen werden kann. Vgl. *Ph. Vielhauer*, Zum „Paulinismus" der Apostelgeschichte (1950/51), in: *ders.*, Aufsätze zum Neuen Testament, ThB 31, 1965, (9–27) 18f; *H. Conzelmann*, Die Apostelgeschichte, HNT 7, 1963, 77.81ff; *E. Haenchen*, Die Apostelgeschichte, MeyerK III, [14]1965, 354.359.381ff.

[11] Es läßt sich sagen, daß hier ein nachpaulinisches Problem mit einer vorpaulinischen theologischen Konzeption angegangen wird, weswegen die paulinische Problemstellung gar nicht getroffen ist. Das zeigt sich vor allem daran, daß sowohl πίστις wie ἔργα in einem anderen Sinn gebraucht werden, woraus sich natürlich auch eine abweichende Relationsbestimmung ergibt. Vgl. den Exkurs bei *M. Dibelius–H. Greeven*, Der Brief des Jakobus, MeyerK XV, [11]1964, 214ff; *W. Schrage*, Der Jakobusbrief, in: Die Katholischen Briefe, NTD 10, [11]1973, 26ff.

---

konstatieren, daß hier in einer extrem antipaulinischen Weise gesagt werden kann: ἐξ ἔργων δικαιοῦται ἄνθρωπος καὶ οὐκ ἐκ πίστεως μόνον (2,24). Für den Verfasser dieses Briefes heißt das positiv: βλέπεις ὅτι ἡ πίστις συνήργει τοῖς ἔργοις αὐτοῦ (2,22), weswegen er aber die paulinische Interpretation von Gen 15,6 bestreiten muß und statt dessen wiederum zur traditionellen jüdischen Auslegung dieser Stelle in Verbindung mit Gen 22,9ff zurücklenkt[12]. Weil die Frage nach dem Verhältnis von Glaube und Werken zu einem ausschließlich paränetischen Thema depraviert worden ist[13], konnte die paulinische Rechtfertigungslehre nicht mehr in ihrer grundsätzlichen, auch die Ethik umspannenden Relevanz verstanden und festgehalten werden.

Es stellt sich die Frage, ob dieser Sachverhalt vielleicht weit über die von Paulus nur am Rande berührte hellenistisch-judenchristliche Tradition des Jakobusbriefes[14] hinaus eine erhebliche Rolle gespielt hat und auch in der Paulusschule selbst dazu Anlaß gab, auf eine Weiterführung der genuin paulinischen Rechtfertigungslehre zu verzichten, ohne daß man wichtige Elemente derselben einfach vergessen hat. Um eine Klärung zu erreichen, müssen zunächst die beiden anderen deuteropaulinischen Dokumente neben dem Titusbrief herangezogen werden, die uns diesbezüglich Aufschluß geben, der *Kolosser- und Epheserbrief*[15], auch wenn vorläufig offenbleiben muß, warum gerade im Zusammenhang von

---

[12] Hierzu verweise ich auf meinen Aufsatz: Genesis 15,6 im Neuen Testament, in: Probleme biblischer Theologie. G. v. Rad zum 70. Geburtstag, hg. v. *H. W. Wolff*, 1971, (90–107) 92ff.

[13] Wo der Verfasser des Jakobusbriefs von ἔργα spricht, verweist Paulus nicht ohne Grund auf den καρπός des Glaubens (zB Röm 6,22; Gal 5,22) bzw. auf den durch Liebe wirksamen Glauben (Gal 5,6).

[14] Zur historischen und traditionsgeschichtlichen Einordnung des Jakobusbriefes verweise ich nur auf *W. G. Kümmel*, Einleitung in das Neue Testament, [17]1973, 356ff.

[15] Beide Briefe sind hinsichtlich ihrer Entstehungszeit vor dem Titusbrief anzusetzen. Sind die Pastoralbriefe kaum vor der Jahrhundertwende entstanden, so der Epheserbrief vermutlich in den 80er Jahren. Die deuteropaulinische Herkunft dieses Briefs ist trotz der Arbeit von *A. van Roon*, The Authenticity of Ephesians, NT.S 39, Leiden 1974, so gut wie einhellig anerkannt; vgl. *W. G. Kümmel*, Einleitung 308ff. Nach wie vor umstritten ist die Beurteilung des Kolosserbriefs. Vgl. dazu *E. Lohse*, Die Briefe an die Kolosser und an Philemon, MeyerK IX,2, [1]1968, bes. 133ff.249ff, der bei äußerst behutsamem Abwägen der Argumente doch zu dem Ergebnis einer nachpaulinischen Abfassung kommt. Zu verweisen ist jetzt auch auf die wichtige Arbeit von *W. Bujard*, Stilanalytische Untersuchungen zum Kolosserbrief, StUNT 11, 1973. M. E. ist die deuteropaulinische Herkunft auch für den Kolosserbrief in seiner vorliegenden Form nicht zu bestreiten.

Taufaussagen die Rudimente der Rechtfertigungslehre des Paulus aufgegriffen worden sind.

Im Unterschied zum Titusbrief kommen nun allerdings hier die dem
Wortfeld der paulinischen Rechtfertigungslehre entstammenden Termini
nicht so zahlreich und gebündelt vor, vielmehr stoßen wir zunächst einmal schon auf erhebliche Lücken: δικαιοῦν kommt überhaupt nicht,
δικαιοσύνη nur im Epheserbrief vor, dort aber in anderer Bedeutung und
anderem Zusammenhang (4,24; 5,9; 6,14). Lediglich im Epheserbrief
wird ausdrücklich das *sola gratia* und der Gegensatz zu den Werken betont (2,4.5b.8f). Dagegen darf nicht übersehen werden, daß vor allem im
Kolosserbrief die Sündenvergebung, die auch bei Paulus in den Kontext
der Rechtfertigungslehre gehört[16], eine wichtige Rolle spielt (Kol 1,13f;
2,13f; vgl. Eph 1,7; 2,1.5). Die Aussage über die Sündenvergebung kann
zudem verbunden mit dem Motiv der Versöhnung aufgegriffen werden
(Kol 1,22)[17], welches in Röm 5,10f und 2Kor 5,18f mit der Rechtfertigungslehre ebenfalls in unmittelbarem Zusammenhang steht. Am auf-
schlußreichsten erweist sich nun aber in diesen beiden Briefen die Verwendung des Begriffs πίστις, der im Titusbrief innerhalb der Taufaussagen 3,4–7 keinerlei Funktion hatte.

Besonders klar tritt dieser zuletzt erwähnte Sachverhalt im *Kolosserbrief* hervor. Von Sündenvergebung und Versöhnung ist zunächst in
1,13f.21–23, den Rahmenstücken des Christushymnus, die Rede. Dann
taucht die Thematik der Sündenvergebung wieder in 2,9–15 auf. In
beiden Fällen liegen Taufaussagen vor[18], hier wie dort findet sich aber
auch ein aufschlußreicher Zusammenhang mit πίστις. In 1,13f zeigt sich
die Verschiebung gegenüber Paulus in einer zunehmend räumlichen
Denkweise, die hier durch verstärkte Übernahme apokalyptischer Vor-
stellungselemente erreicht wird[19]. Dagegen ist in 2,9–15 wie in 3,1–4
eine von Paulus aus hellenistischer Gemeinde übernommene Konzeption

---

[16] Vgl. zB Röm 3,24ff; 4,6–8; 2Kor 5,19.21; allerdings kommt der Ausdruck ἄφεσις
τῶν ἁμαρτιῶν in echten Paulusbriefen nicht vor.

[17] In Kol 1,22 nimmt νυνὶ δὲ ἀποκατήλλαξεν κτλ. einerseits die Aussage von
1,13f auf, andererseits wird Bezug genommen auf den Gedanken der Versöhnung des
ganzen Kosmos in 1,20. Zum Thema vgl. den Aufsatz von *D. Lührmann*, Rechtfertigung und Versöhnung. Zur Geschichte der paulinischen Tradition, ZThK 67, 1970,
437–452.

[18] Vgl. *E. Käsemann*, Eine urchristliche Taufliturgie (1949), in: *ders.*, EVB I 34–51;
K. Wengst, Christologische Formeln und Lieder des Urchristentums, StNT 7, 1972,
171f.186ff; dazu *E. Lohse*, Kolosser 152ff.

[19] Das wichtigste Vergleichsmaterial bei *E. Lohse*, Kolosser 66ff.

durch die Auffassung des bei der Taufe bereits erfolgenden „Mitauferstehens" erheblich modifiziert worden[20]. Aber wichtiger noch ist die Veränderung in Verständnis und Gebrauch des πίστις- und des damit eng zusammenhängenden ἐλπίς-Begriffs. Bereits das erste Auftauchen im Rahmen der auch bei Paulus begegnenden Trias „Glaube, Liebe, Hoffnung" zeigt eine charakteristische Verschiebung, sofern ἐλπίς den Inhalt der christlichen Botschaft, πίστις aber den gegenwärtigen Heilsstand bezeichnet[21]. Noch deutlicher tritt dieses Verständnis in 1,23 hervor, wo es im Zusammenhang mit der durch die Taufe gewährten Versöhnung um das „Bleiben" in der Taufgnade geht. Ist πίστις jedoch als „Bleiben" in dem durch die Taufe eröffneten Heil verstanden, dann ist begreiflich, daß nach 2,7 das διδαχθῆναι, die Unterweisung im Stand des Christseins, eine besondere Rolle spielt[22]. Die Schlüsselstelle findet sich aber in 2,12: wird im Unterschied zu Paulus in diesem Schreiben wie später auch im Epheserbrief vom „Mitauferstehen" bei der Taufe gesprochen, so ist gerade in Verbindung hiermit nun die πίστις an die ἐνέργεια τοῦ θεοῦ τοῦ ἐγείραντος αὐτὸν ἐκ νεκρῶν erwähnt, was einmündet in die erneute Aussage über die bereits empfangene Vergebung aller Sünden (2, 13–15)[23]. Entsprechend wird ja auch das „Bleiben" in der πίστις nach 1,23 so verstanden, daß die Glaubenden „festgegründet" und „standhaft" sein sollen und sich „nicht wegbewegen lassen" von der „Hoffnung" des Evangeliums. Nach Kol 3,1–4 ist die Hoffnung in besonderer Weise Ausdruck des τὰ ἄνω ζητεῖν, was durch das Auferwecktsein

---

[20] Es ist eine alte Streitfrage, ob dabei eine bereits vorpaulinische, aber von Paulus bewußt uminterpretierte Taufauffassung der frühen hellenistischen Gemeinde vorliegt, oder ob es sich um eine Weiterentwicklung der paulinischen Tauflehre handelt. Zur These einer hier ungebrochen auftauchenden Anschauung, die in die vorpaulinische Zeit zurückgeht, vgl. zB *E. Lohse,* Taufe und Rechtfertigung bei Paulus (1965), in: *ders.,* Die Einheit des Neuen Testaments, 1973, (228–244) 233f.237. M. E. ist die Taufanschauung des Kolosserbriefs nur als hellenisierte Weiterentwicklung paulinischer Theologie zu verstehen; darauf ist zurückzukommen, vgl. Anm. 53 und 58.

[21] Vgl. dazu *G. Bornkamm,* Die Hoffnung im Kolosserbrief (1961), in: *ders.,* Geschichte und Glaube II. Ges. Aufs. IV, BEvTh 53, 1971, 206–213; *E. Lohse,* Kolosser 45ff.

[22] In dem kurzen Kolosserbrief kommt διδάσκειν vergleichsweise häufig vor, vgl. außer 2,7 noch 1,28; 3,16. Bezeichnend ist in 2,7 die sachliche Wiederaufnahme von 1,23a, und zwar in Verbindung mit καθὼς ἐδιδάχθητε.

[23] Die Bedeutung des διὰ πίστεως im Zusammenhang der Aussage über das Mitauferstandensein bei der Taufe darf nicht unterschätzt werden. Bemerkenswert ist jedoch, daß diese πίστις sofort inhaltlich gefüllt und mit einem Bekenntnissatz in Beziehung gesetzt wird; sie wird also eindeutig als *fides quae creditur* verstanden.

mit Christus für die Glaubenden ermöglicht ist[24]. Das alles besagt, daß die das Christsein begründenden und tragenden Sachverhalte hier trotz der Aussage über das Verkündigen und Hören des Evangeliums (1,23b) durchweg mit der Taufe in Zusammenhang gebracht werden. Hier allein stoßen wir daher auf das Thema Sündenvergebung und Versöhnung, und von hier aus ergibt sich auch eine weitreichende Modifikation des Glaubensbegriffs. Zweifellos ist die πίστις für den Kolosserbrief existenzbestimmend, aber entscheidend eben nicht mehr dadurch, daß der Mensch im Glauben seine Rechtfertigung erfährt und stets neu annimmt, sondern daß er die Taufgnade festhält und bewährt.

Dieses von Paulus sich unterscheidende Verständnis wird noch deutlicher im *Epheserbrief*, weil hier der Zusammenhang mit der Rechtfertigungslehre wesentlich auffälliger ist, die entsprechenden Aussagen allerdings wiederum nur in Verbindung mit Taufaussagen auftauchen. Das zeigt sich an den trotz aller sachlichen Verschiebungen unverkennbar von Paulus abhängigen Ausführungen in 2,4–10. Verweisen die Termini συζωοποιεῖν, συνεγείρειν und συγκαθίζειν auf eine gegenüber Röm 6,3ff, aber auch Kol 2,9ff veränderte Taufanschauung[25], hängt V. 7 mit der besonderen weltbildhaften Vorstellung des Verfassers zusammen[26], so lassen doch die Aussagen über das Erbarmen und die Liebe Gottes in V. 4, über den Gnadencharakter der Errettung in V. 5fin und V. 8a und über den totalen Ausschluß jedes eigenen Tuns und aller Werke des

---

[24] Hierzu vgl. *E. Gräßer*, Kolosser 3,1–4 als Beispiel einer Interpretation secundum homines recipientes (1967), in: *ders.*, Text und Situation, 1973, (123–151) 142ff. 149ff.

[25] Der Unterschied zu Röm 6 ist unverkennbar. Nicht genügend beachtet wird meist der Unterschied zwischen Kol 2,11ff und Eph 2,4ff. In Kol 2,11 wird mit dem Hinweis auf die περιτομὴ ἀχειροποίητος ἐν τῇ ἀπεκδύσει τοῦ σώματος τῆς σαρκός der Sache nach das Mitsterben mit Christus bezeichnet, was in V. 12a mit συνταφέντες αὐτῷ ἐν τῷ βαπτίσματι aufgegriffen und weitergeführt wird; dann folgt in V. 12b die Aussage über das „Mitauferstehen". In Kol 2,13 wird dieses Motiv aufgenommen mit der Gegenüberstellung des ehemaligen Totseins in den Sünden und des Mitlebens mit ihm, was Sündenvergebung einschließt (συνεζωοποίησεν ὑμᾶς σὺν αὐτῷ, χαρισάμενος ἡμῖν πάντα τὰ παραπτώματα). In Eph 2,4ff ist vom Mitsterben und Mitbegrabenwerden überhaupt nicht mehr die Rede, es wird in Anlehnung an Kol 2,13 nur auf das εἶναι νεκροὺς τοῖς παραπτώμασιν zurückgeblickt und vom συζωοποιεῖν gesprochen, was dann mit συνεγείρειν und darüber hinaus auch mit συγκαθίζειν expliziert wird. Vgl. *E. Dinkler*, Die Taufaussagen des Neuen Testaments, in: Zu Karl Barths Tauflehre, hg. v. *F. Viering*, 1971, (60–153) 98ff.

[26] Dazu vgl. *H. Schlier*, Der Brief an die Epheser, (1957) [7]1971, 112ff; *J. Gnilka*, Der Epheserbrief, HThK X/2, 1971, 120f.

Menschen in V.8b.9 das genuin paulinische Erbe noch klar erkennen[27].
Der Gedanke, daß wir durch die Taufe zu „seinem Geschöpf" geworden
sind, „geschaffen in Jesus Christus zu guten Werken" V.
10, ist in ur-
christlicher Tradition offensichtlich verbreitet gewesen[28] und auch dem
Apostel Paulus keineswegs fremd geblieben, wenngleich er die καινὴ
κτίσις in 2Kor 5,17 wiederum nicht so unmittelbar mit der Taufe, sondern mit dem fortdauernden Sein in Christus verbindet[29]. Von dem Gedanken einer bei der Taufe sich vollziehenden Neuschöpfung aus gewinnt nun aber der Verfasser des Epheserbriefs in 4,24 auch den Übergang zu dem Gedanken der δικαιοσύνη: ἐνδύσασθαι τὸν καινὸν ἄνθρωπον τὸν κατὰ θεὸν κτισθέντα ἐν δικαιοσύνῃ καὶ ὁσιότητι τῆς ἀληθείας.
Allerdings ist wie in 5,9 und 6,14 der Unterschied zu Paulus nicht zu
übersehen. Der Begriff „Gerechtigkeit" hat trotz seiner Rückbeziehung
zum *sola gratia* der Taufe eine ausschließlich paränetische Funktion und
entspricht nicht der paulinischen Auffassung von der Gerechtigkeit Gottes und seinem rechtfertigenden Handeln (Röm 3,26c)[30]. Was jedoch
wieder am meisten auffällt, ist der veränderte Gebrauch der Begriffe
πιστεύειν und πίστις, jedoch in anderer Weise als im Kolosserbrief. Das
kommt gleich in 1,13f zum Ausdruck, wo es um das „Gläubigwerden"
und um die mit der Taufe sich ereignende „Versiegelung" mit dem Heiligen Geist geht[31]. Dasselbe liegt vor, wenn im Anschluß an Taufaussagen in 2,8 gesagt wird: τῇ γὰρ χάριτί ἐστε σεσῳσμένοι διὰ πίστεως (vgl.
V. 5fin), und dies ausdrücklich jedem eigenen Tun des Menschen (οὐκ
ἐξ ὑμῶν, οὐκ ἐξ ἔργων) entgegengestellt wird[32]. Zwar kann auch Paulus

---

[27] Auffällig ist allerdings der Gebrauch von σεσῳσμένοι (vgl. demgegenüber Röm
8,24).

[28] Vgl. Jak 1,18 in Verbindung mit 2,7. Zudem steht dieses Motiv in Beziehung zu
ἀνακαίνωσις und παλιγγενεσία von Tit 3,5; vgl. auch Joh 3,5.

[29] Das zeigt vor allem V. 17a mit εἴ τις ἐν Χριστῷ. Deutlicher ist der Taufbezug
in V. 17b mit παρῆλθεν, γέγονεν.

[30] Vgl. *J. Gnilka*, Epheserbrief 233: „Die Gerechtigkeit ist hier, wie auch sonst in
unserem Brief, eine ‚Eigenschaft' des Menschen (vgl. 5,9; 6,14), freilich keine selbst-
verdankte, sondern eine geschenkte."

[31] Zu beachten ist die Reihenfolge: ἀκοῦσαι τὸν λόγον τῆς ἀληθείας – πιστεῦσαι –
σφραγισθῆναι τῷ πνεύματι τῆς ἐπαγγελίας τῷ ἁγίῳ. Ähnlich die Apostelgeschichte;
vgl. dazu *U. Wilckens*, Die Missionsreden der Apostelgeschichte, WMANT 5, ³1974,
178ff. Von hier aus ergibt sich im Epheserbrief die Verwendung von πιστεύειν/πίστις
für das Christsein; vgl. Anm. 34.

[32] διὰ πίστεως ist hier zwar nicht wie in Kol 2,12 im Sinne eines bestimmten Glau-
bensinhalts präzisiert, aber korrespondiert eben nicht dem im Evangelium präsenten
gerechtmachenden Handeln Gottes, sondern es ist ebenso wie οὐκ ἐξ ὑμῶν/οὐκ ἐξ

vereinzelt vom Zeitpunkt des Gläubigwerdens sprechen, aber das tut er nur in bestimmten Argumentationszusammenhängen und ist für seinen Glaubensbegriff gerade nicht kennzeichnend[33]; vor allem fehlt bei ihm natürlich eine solche Verkoppelung der Antithese Glaube–Werke mit der Taufe. Besteht für den Epheserbrief zumindest hinsichtlich der Koordination mit der Taufe, wenn auch in gleichsam umgekehrter Reihenfolge, an den bisher genannten Stellen eine Verwandtschaft mit dem Kolosserbrief, so weichen die übrigen Texte stärker von diesem ab. Wohl geht es auch hier um das gegenwärtige Gläubigsein[34], das nach 4,5.13 in dem gemeinsamen Bekenntnis und der anzustrebenden ἑνότης τῆς πίστεως seinen Ausdruck findet. Aber statt des bloßen „Bleibens" im Glauben gewinnt διὰ τῆς πίστεως (αὐτοῦ) in 3,12.17 doch erneut ein größeres Gewicht für das alltägliche Leben der Christen, was ähnlich wie in 2,8 wieder etwas näher an Paulus heranführt[35]. Was aber in jedem Falle fehlt, ist die für Paulus so charakteristische Korrelation zwischen Rechtfertigung und Glaube, während umgekehrt die Verbindung von Glaube und Taufe eine konstitutive Bedeutung erhält, und gerade dadurch trägt auch die Stelle Eph 2,4–10 trotz aller Paulinismen ein so unpaulinisches Gepräge.

Die Untersuchung der Nachgeschichte der paulinischen Rechtfertigungslehre im Neuen Testament erbringt somit ein eindeutiges *Ergebnis:* Abgesehen von dem Nachklang der Botschaft des Apostels in Apg 13, 38f und der Polemik in Jak 2,14–26 ist durchweg festzustellen, daß die für Paulus so entscheidende Korrelation zur πίστις aufgegeben ist. Soweit vom Glauben in diesem Zusammenhang gesprochen wird, zeigt sich zudem ein erheblich verändertes Verständnis. Überraschend ist sodann, daß die Begriffe δικαιοῦν und δικαιοσύνη weitgehend in den Hintergrund treten, während Aussagen über die Sündenvergebung eine verstärkte Bedeutung erhalten. Was vor allem auffällt, ist die konsequente Verbin-

---

ἔργων auf das Taufgeschehen bezogen; vgl. *H. Schlier,* Epheser 115f. Im Unterschied zu Tit 3,4–7 fehlt aber auch noch das Stichwort δικαιοῦν. Es ist in Eph 2,4ff ersetzt durch σῴζειν, das auch in Tit 3,5 im Vordergrund steht (in Verbindung mit dem zweimaligen σωτήρ!); doch bleibt dort der Bezug zum δικαιωθῆναι durch den abschließenden Finalsatz erhalten, während der Gebrauch von δικαιοσύνη im Epheserbrief, wie bereits gezeigt, außerhalb dieses Sachzusammenhangs steht.

[33] Vgl. Röm 10,14a; 13,11; 1 Kor 15,2.11; Gal 2,16.

[34] Vgl. die Verwendung von οἱ πιστεύοντες in Eph 1,19 und von πίστις in 1,15.

[35] *J. Gnilka,* Epheserbrief 184, zu Eph 3,17: „,Durch Glauben' ist eine Formel, die in wichtigen Zusammenhängen fällt und wesentliche Aspekte des Christseins beleuchtet: durch Glauben sind sie gerettet (2,5.8), durch Glauben haben sie Zutritt zu Gott (3,12), durch Glauben ist Christus in ihren Herzen."

dung dieser Aussagen mit der Taufe. Im Blick auf den Taufakt wird das
sola gratia des Handelns Gottes in Christus festgehalten. Unter dieser
Voraussetzung behält das Thema des Heils für den Sünder seine zentrale
Funktion, weswegen mit den übernommenen Elementen der paulinischen
Theologie die *iustificatio impiorum* weiterhin deutlich herausgestellt
wird. Allerdings fehlt die Antithetik zu den Werken des Gesetzes, da
das οὐκ ἐξ ἔργων nur noch das οὐκ ἐξ ὑμῶν umschreibt, und vor allem
handelt es sich eben nicht mehr um eine *iustificatio sola fide,* womit die
paulinische Gesamtkonzeption zerbrochen ist.

II.

Wenden wir uns den Briefen des Apostels Paulus selbst zu, so darf
nicht übersehen werden, daß traditionelles Gut gerade auch im Zusammenhang seiner Ausführungen über die Rechtfertigung aufgegriffen
wird. Es wäre deshalb falsch, wollte man, was sich von dem Verhältnis
von Röm 1,3b.4a zu 1,16f zunächst nahezulegen scheint, die Aussagen
über die im Evangelium offenbar werdende δικαιοσύνη θεοῦ ausschließlich als eine genuin paulinische Interpretation vorgegebener christologischer Bekenntnisformeln ansehen, die deren soteriologische Relevanz un-
terstreichen. Stellen wie 1Kor 6,11; 1Kor 1,30b; Röm 4,25; Röm 6,7;
Röm 3,24–26a und Röm 8,29f zeigen, daß Paulus gerade auch hinsichtlich der Rechtfertigungsthematik auf geprägte ältere Überlieferung zurückgreifen kann[36]. Im besonderen will aber hierbei beachtet sein, daß
in fast allen Fällen eine Anschauung erkennbar wird, wonach die Rechtfertigung des Menschen durch die Taufe geschieht. Ist für Paulus die
iustificatio sola gratia grundsätzlich eine *iustificatio sola fide,* die das
Leben der Menschen nicht primär durch einen einmaligen grundlegenden
Akt bestimmt, sondern von der er stets abhängig bleibt, so unterscheidet
er sich darin von seiner Tradition. Wenn demgegenüber die deuteropaulinischen Schriften die *iustificatio* wieder mit der Taufe verbinden, dann
greifen sie hiermit, ganz gleich welches Taufverständnis sie dabei vertreten, auf eine vorpaulinische Konzeption zurück. Die nach dem Tode des
Paulus weitergehende Auseinandersetzung um seine Rechtfertigungs-

---

[36] Auf den strittigen Charakter von δικαιοσύνη θεοῦ als einer „vorgegebenen Formel" – hierzu zuletzt *E. Käsemann,* Römer 26f (³27) – gehe ich im vorliegenden Zusammenhang nicht ein. Ich verzichte auch auf eine Erörterung des Gesamtproblems des
δικαιοσύνη-Begriffs und seiner Vorgeschichte, beschränke mich vielmehr auf den
Aspekt der Rechtfertigung; doch vgl. Anm. 107.

lehre, wie sie sich im Jakobusbrief spiegelt und sicher nicht darauf beschränkt war, hat die Schüler des Apostels offensichtlich wieder in die Ausgangsposition des Paulus zurückgedrängt. Damit waren sie allerdings auch nicht mehr in der Lage, die charakteristische Zuspitzung dieser „Kampflehre", die sie zu einer umfassenden Deutung der Evangeliumsbotschaft machte[37], festzuhalten, vielmehr wurde sie erneut wie in vorpaulinischer Zeit zu einem einzelnen Theologumenon, dessen hohe Bedeutung mit dieser Feststellung allerdings nicht geschmälert werden soll.

Unter den vorpaulinischen Traditionsstücken zeigt *1Kor 6,9–11* am deutlichsten den Zusammenhang mit der Taufe. Obwohl die Begriffe βαπτίζειν oder βάπτισμα hier nicht vorkommen, weswegen ein Bezug zur Taufe bisweilen bestritten worden ist[38], zeigt schon V. 9f mit dem Schema von Einst und Jetzt[39] und dem Gedanken einer erlangten Anwartschaft auf das κληρονομεῖν des endzeitlichen Heils[40] den Sachzusammenhang mit dem Taufgeschehen an. Die Verwendung von βασιλεία τοῦ θεοῦ für die Heilsvollendung deutet überdies darauf hin, daß der Apostel hier abhängig ist von Tradition[41]. Auch der Lasterkatalog ist aus der postbaptismalen Paränese übernommen, wenngleich Paulus ihm in V. 11a eine Anwendung auf die konkrete Situation gegeben hat[42]. Erst recht

---

[37] Die Kennzeichnung der Rechtfertigungslehre als „Kampflehre" diente bisher meist dazu, ihren ausschließlich situationsbedingten und letztlich peripheren Charakter herauszustellen; so vor allem *W. Wrede*, Paulus (1904), in: Das Paulusbild in der neueren deutschen Forschung, hg. v. *U. Luck–K. H. Rengstorf*, WdF 24, 1964, 1–97, bes. 67ff; *A. Schweitzer*, Die Mystik des Apostels Paulus, 1930 (= ²1954), bes. 201ff.220. Demgegenüber hat *E. Käsemann*, Rechtfertigung und Heilsgeschehen im Römerbrief, in: *ders.*, Paulinische Perspektiven, ²1972, 108–139, bes. 125ff, *ders.*, Römer 94ff (³95ff), mit Recht die These vertreten, daß sie gerade als Interpretation der Christusbotschaft, sofern es dabei um die Wahrheit des Evangeliums geht, als eine Kampflehre angesprochen zu werden verdient.

[38] Vgl. zB *M. Barth*, Die Taufe – ein Sakrament? Zürich 1951, 186f.454.

[39] Hierzu vgl. die Arbeit von *P. Tachau*, ,Einst' und ,Jetzt' im Neuen Testament, FRLANT 105, 1972, bes. 79ff.96ff.

[40] Verwiesen sei vor allem auf Gal 3,26–29; 4,6f; Tit 3,7. Vgl. auch die Verwendung von κλῆρος in Kol 1,12 und von περιποίησις in 1Thess 5,9f (dazu vgl. Röm 6,8); Eph 1,13f.

[41] Der Gebrauch bei Paulus ist uneinheitlich. Die futurischen Stellen 1Kor 6,9f; 15,50; Gal 5,21 (eng verwandt mit 1Kor 6,9f!) sind alle nicht typisch paulinisch; vgl. *H. Conzelmann*, Der erste Brief an die Korinther, MeyerK V, ¹1969, 128. Eher kann man bei den präsentischen Wendungen in 1Kor 4,20; Röm 14,17 fragen, ob ein selbständiger Gebrauch des bei Paulus seltenen Begriffs βασιλεία τοῦ θεοῦ vorliegt.

[42] Zu den Lasterkatalogen verweise ich hier nur auf *E. Käsemann*, Römer 44ff (³45ff).

verweist dann aber V. 11b auf die Taufe, wo, formal in einer Klimax, ἀπολούσασθαι mit ἁγιασθῆναι und δικαιωθῆναι in Beziehung gesetzt ist. Schließlich wird in V. 11c auf die Nennung des Namens des Herrn Jesus Christus und auf das Wirken des Heiligen Geistes Bezug genommen, was wiederum typische Elemente der Tauftradition erkennen läßt[43]. Am unverkennbarsten ist der Taufbezug durch die Verwendung des Begriffs ἀπολούεσθαι hervorgehoben[44]. In gewissem Sinne kann man sagen, daß dieser Terminus in der vorliegenden Überlieferung der Kristallisationskern gewesen sein muß. Denn hieran schließen sich die übrigen Aussagen über das Taufgeschehen an, wie umgekehrt das paränetische Schema von Einst und Jetzt samt Lasterkatalog der konkreten Applikation des Rückverweises auf die Taufe dient. Entscheidend ist, daß in aoristischen Wendungen das Abgewaschenwerden, was die Reinigung von den Sünden der vorchristlichen Zeit impliziert, zunächst mit dem Geheiligtwerden interpretiert wird, weswegen die Getauften im Urchristentum als ἅγιοι oder ἡγιασμένοι ἐν Χριστῷ ᾽Ιησοῦ bezeichnet werden konnten[45]. Das Geheiligtsein ist aber darüber hinaus noch durch δικαιωθῆναι näher bestimmt, was einerseits besagt, daß das Gerechtfertigtsein eben im Taufgeschehen beruht, wobei das Passiv auf das Handeln Gottes, die doppelte Präpositionalkonstruktion von V. 11c auf die Mittlerfunktion Christi und das Wirksamwerden des Heiligen Geistes abhebt[46]. Anderer-

---

[43] Ausführlich zu den exegetischen Problemen dieses Textes: E. *Dinkler,* Zum Problem der Ethik bei Paulus – Rechtsnahme und Rechtsverzicht (1Kor 6,1–11) (1952), in: *ders.,* Signum Crucis, 1967, (204–240) 210f.226ff; G. *Beasley-Murray,* Die christliche Taufe, 1968, 215ff (engl. 1962); K. *Kertelge,* „Rechtfertigung" bei Paulus, NTA NF 3, (1967) ²1971, 242ff.

[44] Überraschend ist das Medium im Unterschied zu den beiden folgenden Passiva, aber ἀπολούεσθαι ist hier nicht im Sinne einer Selbsttaufe gemeint, sondern hat kausative Bedeutung: „Ihr habt euch abwaschen lassen." So auch K. *Kertelge,* Rechtfertigung 243, u. a.

[45] ἡγιασμένοι ἐν Χριστῷ ᾽Ιησοῦ 1Kor 1,2 und das häufige, für alle Gemeindeglieder gebrauchte ἅγιοι erhält von 1Kor 6,11 seinen „Sitz im Leben": es geht um diejenigen, die in Gemeindepredigt und -unterweisung auf ihr Getauftsein angesprochen werden können. Dazu R. *Asting,* Die Heiligkeit im Urchristentum, FRLANT NF 29, 1930, 213ff, der im Zusammenhang des Begriffs ἅγιοι vor allem noch die Funktion des Heiligen Geistes betont. Zum apokalyptischen Hintergrund der Vorstellung vgl. Apg 20,32; Kol 1,12; Eph 1,18. Die Verbindung von ἁγιάζειν mit dem καθαρίζειν τῷ λουτρῷ τοῦ ὕδατος ἐν ῥήματι findet sich in Eph 5,26, dort allerdings auf die ἐκκλησία bezogen; vgl. dazu J. *Gnilka,* Epheserbrief 280ff.

[46] Bei der Wendung ἐν τῷ ὀνόματι τοῦ κυρίου ᾽Ιησοῦ Χριστοῦ wird man an das Aussprechen des Namens Jesu Christi bei der Taufe zu denken haben (vgl. dazu Anm. 54) wie umgekehrt bei ἐν τῷ πνεύματι τοῦ θεοῦ ἡμῶν an den bei der Taufe

seits ist dieses δικαιωθῆναι als ein in der Vergangenheit des Einzelnen liegender Akt ein die Heilsgegenwart erschließendes Geschehen, ist also ein
die Existenz des Menschen fundamental veränderndes Widerfahrnis, das
ihm neues Handeln ermöglicht, ohne daß dies im Sinne einer Heilssicherheit gemeint war, jedoch in dieser Hinsicht, wie gerade die Zustände in
Korinth zeigen, leicht mißverstanden werden konnte. Jedenfalls sollte
hiermit ebenso die Radikalität der Wende wie die von Gott gewährte
Befreiung von allem Unglauben und aller Ungerechtigkeit eindeutig zum
Ausdruck gebracht werden[47].

Taufaussagen dieser Art stehen in Verbindung mit einer ganz bestimmten Christologie. Der Zusammenhang von 1Kor 6,11 mit *1Kor
1,30* ist schon immer aufgefallen. Sicher ist der Argumentationsgang in
1Kor 1,18–31 voll und ganz paulinisch. Die Wendung V. 30a ἐξ αὐτοῦ
δὲ ὑμεῖς ἐστε ἐν Χριστῷ Ἰησοῦ, ὃς ἐγενήθη σοφία ἡμῖν ἀπὸ θεοῦ ist allein aus dem Kontext zu begreifen. Daß Paulus allerdings hinzufügt:
δικαιοσύνη τε καὶ ἁγιασμὸς καὶ ἀπολύτρωσις, überrascht hinsichtlich des
ersten Gliedes nicht, weil er tatsächlich in 1Kor 1,18ff mit Hilfe der
Aussagen über die göttliche und menschliche Weisheit das Grundthema
seiner Rechtfertigungslehre gegenüber einer mit jüdischen Denkvoraus-
setzungen nicht vertrauten Gemeinde zur Geltung bringen will[48], aber
die Zusammenstellung der drei Begriffe, die in umgekehrter Reihenfolge
so auffällig den Taufaussagen in 1Kor 6,11b entsprechen, dürfte doch
auf einer vorgegebenen christologischen Wendung beruhen, zumal ἀπολύτρωσις, wenn man auch noch den abweichenden Gebrauch in Röm
8,23 beachtet, kein paulinischer Terminus ist, wohl aber nach Kol 1,14;

---

verliehenen Geist. ἐν hat dabei in beiden Fällen eine instrumentale Funktion: Herr-
schaftsergreifung Jesu Christi und Gabe des Geistes bewirken das Abgewaschen-, Ge-
heiligt- und Gerechtgemachtwerden. Vgl. hierzu *J. D. G. Dunn*, Baptism in the Holy
Spirit, SBT II,15, London 1970, 120ff.

[47] δικαιωθῆναι steht hier ebenso wie die beiden anderen Begriffe in enger Beziehung zur Sündenvergebung, die ein konstitutives Element urchristlicher Tauftradition
ist. Zu diesem Thema vgl. *H. Thyen*, Studien zur Sündenvergebung, FRLANT 96,
1970, bes. 145ff.

[48] Insofern ist die häufig vertretene These problematisch, die Rechtfertigungslehre
komme ja „nur" in einigen wenigen Paulusbriefen vor. Eher kann man fragen, ob sie
erst seit den Auseinandersetzungen mit den Galatern im Zentrum seiner Theologie
steht, was das Fehlen im Ersten Thessalonicherbrief erklären würde; so *K. Kertelge*,
Rechtfertigung (s. Anm. 43) 226. Dagegen spricht aber Gal 2,1ff.11ff; denn selbst
wenn hier im Rückblick formuliert wird, ist der grundsätzliche Charakter jener Auseinandersetzungen nur verständlich, wenn es im Zusammenhang der Gesetzesfrage auch
um die Glaubensgerechtigkeit ging.

Eph 1,7.14 genau den Sachverhalt des ἀπολούσασθαι in 1Kor 6,11 trifft[49]. 1Kor 1,30b hat somit die Funktion einer christologischen Korrespondenzformel zu der Tauftradition, die in 1Kor 6,11 zitiert wird[50].

Herangezogen werden darf von hier aus auch *Röm 4,25*, denn die ebenso strenge Parallelität der beiden Satzglieder wie die merkwürdige Verteilung der Aussagen über die Vergebung unserer Übertretungen und über unsere Gerechtmachung auf Tod und Auferweckung Christi erklären sich m. E. immer noch am besten daraus, daß an dieser Stelle in Analogie zum Abtun der Sünden und zur Eröffnung des Gerechtfertigtseins bei der Taufe die christologische Begründung gegeben werden soll[51], wenngleich Paulus am Ende von Röm 4 hierauf nicht mehr Bezug nimmt. Auch der Begriff δικαίωσις, der auf den konkreten Akt unserer Gerechtmachung auf Grund der Auferweckung Christi zielt, weist in diese Richtung[52].

---

[49] Zu ἀπολύτρωσις vgl. *F. Büchsel,* Art. ἀπολύτρωσις, ThW IV 354–359; *K. Kertelge,* Rechtfertigung (s. Anm. 43) 52.53ff; vor allem *P. von der Osten-Sacken,* „Christologie, Taufe, Homologie" – Ein Beitrag zu ApcJoh 1,5f, ZNW 58, 1967, (255 bis 266) 259ff, der auch den traditionsgeschichtlichen Zusammenhang mit λυτροῦσθαι (Tit 2,14; 1Petr 1,18) und λύειν ἐκ τῶν ἁμαρτιῶν (Apk 1,5) berücksichtigt. Daß auch zwischen λύειν und (ἀπο-)λούειν eine sachliche Verwandtschaft empfunden wurde, zeigt die Textgeschichte von Apk 1,5. Die feste Zusammengehörigkeit von ἀπολύτρωσις und ἄφεσις τῶν ἁμαρτιῶν/παραπτωμάτων bestätigt Kol 1,14; Eph 1,7.

[50] Dabei darf der Begriff der „Formel" nicht zu eng gefaßt werden; es handelt sich nur um eine Reihe von Prädikationen, die durchaus variabel gewesen sein mag, sich aber interessanterweise dem Apostel, der später 1Kor 6,9–11 zitiert, in dieser Form hier aufgedrängt hat. Vgl. Anm. 83.

[51] Der vorpaulinische Charakter ist auf Grund des Kontextes, der nach V. 24b nur auf die Auferweckung Jesu zielt, sowie auf Grund der Stilisierung (Relativsatz), der Form (genaue Entsprechung der Worte in V. 25a und V. 25b) und der Ausdrucksweise (vor allem Gebrauch von διά mit Akkusativ) gesichert. Vgl. *W. Popkes,* Christus traditus, AThANT 49, Zürich 1967, 193ff (problematisch dagegen die 258ff vertretene These einer Abhängigkeit von Mk 9,31); *K. Wengst,* Christologische Formeln (s. Anmerkung 18) 101ff; *E. Käsemann,* Römer 120f (³121f). Die Verbindung der Auferweckungsaussage mit δικαίωσις läßt sich zwar auch von da aus verständlich machen, daß in 1Tim 3,16 die Auferweckung Jesu selbst als δικαιωθῆναι bezeichnet wird. Aber in Röm 4,25 geht es einerseits um die δικαίωσις ἡμῶν, andererseits um deren Parallelisierung mit dem παραδοθῆναι διὰ τὰ παραπτώματα ἡμῶν. Hierfür gibt es Parallelen jedoch nur in der Tradition über die urchristliche Taufe. Insofern muß auch hier in Röm 4,25 die unlösbare Zusammengehörigkeit von Sündenvergebung und Gerechtmachung und damit von Sterben und Auferstehen Jesu festgehalten werden.

[52] Im Unterschied zu δικαίωμα als Rechtsforderung (Röm 1,32; 2,26; 8,4) bzw. als Rechtstat, die diese Rechtsforderung erfüllt (Röm 5,18), bezeichnet δικαίωσις den grundlegenden Rechtsakt, durch den Rechtfertigung erfolgt, sei es in der Gegenwart

Wichtiger aber sind die weiteren Texte neben 1Kor 6,11, die Rechtfertigung und Taufe unmittelbar miteinander verknüpfen. Zunächst ist auf *Röm 6* einzugehen. Daß Paulus von V. 3 an Überlieferungsgut verwertet, ist nicht umstritten[53]. Schwieriger ist allerdings die Frage zu beantworten, was der Tradition und was der paulinischen Argumentation zuzuschreiben ist. Schon das ἤ ἀγνοεῖτε in V. 3 kann als Anrede der dem Apostel unbekannten Gemeinde von Rom gar nicht anders verstanden werden, als daß hier eine auch andernorts bekannte Taufauffassung vorausgesetzt wird. Aber keineswegs eindeutig ist, ob die in vieler Hinsicht so typisch paulinische Argumentation in V. 3f ein geprägtes Überlieferungsstück ganz oder teilweise berücksichtigt, wie vielfach angenommen wird, oder ob Paulus hier in freier Formulierung das wiedergibt, was er grundsätzlich als bekannt voraussetzen darf. Natürlich greift er dabei einzelne Wendungen auf, die nicht erst von ihm geprägt sind, wie βαπτισθῆναι εἰς Χριστόν[54], vielleicht auch εἰς τὸν θάνατον αὐτοῦ βαπτισθῆναι[55], aber insgesamt ist V. 3f wie V. 5 wohl kaum als Traditionsstück anzusprechen. Sehr viel eher wird man annehmen können, daß Paulus in V. 8 mit Hilfe einer geprägten Formel das vorher Gesagte kurz zusammenfaßt[56], um den neuen Argumentationsgang in V. 8–11 einzuleiten; denn neben dem Vordersatz mit dem zu V. 3 parallelen ἀποθνῄσκειν σὺν Χρι-

---

(Röm 4,25b) oder in der Zukunft (Röm 5,18, vgl. V. 19; ähnlich wegen rhetorischer Anpassung auch δικαίωμα in Röm 5,16). Vgl. *G. Schrenk*, Art. δίκη, δίκαιος etc., ThW II (176–229) 225ff; *E. Käsemann*, Römer 46.145.147 (³47.146.148).

[53] Aus der Fülle der Literatur seien dazu nur an neueren Werken genannt: *N. Gäumann*, Taufe und Ethik. Studien zu Römer 6, BEvTh 47, 1967, bes. 46ff.61ff.68ff; *R. C. Tannehill*, Dying and Rising with Christ, BZNW 32, 1967, bes. 7ff; *E. Dinkler*, Taufaussagen (s. Anm. 25) 71ff; einen guten Überblick über die Diskussion hinsichtlich des verarbeiteten Traditionsmaterials bietet *P. Siber*, Mit Christus leben, AThANT 61, Zürich 1971, 191ff.

[54] Es handelt sich um eine Kurzfassung der Taufformel βαπτίζειν ἐν τῷ ὀνόματι bzw. εἰς τὸ ὄνομα (᾽Ιησοῦ) Χριστοῦ. Trotz der Bedenken von *H. Frh. von Campenhausen*, Taufen auf den Namen Jesu? VigChr 25, 1971, 1–16, halte ich daran fest, daß es eine Taufe „im" oder „auf den Namen Jesu (Christi)" im Urchristentum gegeben haben muß, ohne dies hier im einzelnen begründen zu können. Vgl. *E. Dinkler*, Taufaussagen (s. Anm. 25) 116f; *G. Kretschmar*, Die Geschichte des Taufgottesdienstes in der alten Kirche, in: Leiturgia V, 1970, (1–348) 32ff; neuerdings *L. Hartman*, ‚Into the Name of Jesus‘, NTS 20, 1973/74, 432–440.

[55] *E. Käsemann*, Römer 156 (³157): „3a ist die paulinisch formulierte Prämisse für die traditionelle Aussage in 3b." Zum Sachproblem vgl. *O. Kuss*, Zur Frage einer vorpaulinischen Todestaufe, in: *ders.*, Auslegung und Verkündigung I, 1963, 162–186.

[56] Der traditionelle Charakter von Röm 6,8 läßt sich auch noch durch den Vergleich mit 2Tim 2,11(-13) gut erkennen, wo zweifellos geprägtes Gut vorliegt; doch

στῷ ist im Hauptsatz das Verbum πιστεύειν keineswegs in einem charakteristisch paulinischen Sinne gebraucht, sondern bezeichnet hier das Hoffen auf zukünftige Vollendung[57], wie dann auch das ὅτι καὶ συζήσομεν αὐτῷ der in 1Thess 4,17; 5,10 erhaltenen eschatologischen Tradition der vorpaulinischen Zeit entspricht[58]. Ausschlaggebend für unsere Fragestellung ist jedoch, daß Paulus auch den Unterabschnitt V. 5–7 in eine traditionelle Aussage einmünden läßt[59], in den Rechtssatz V. 7: ὁ γὰρ ἀποθανὼν δεδικαίωται ἀπὸ τῆς ἁμαρτίας. Daß diese sentenzartige Wendung eine jüdische Vorgeschichte hat, ist seit langem bekannt[60]. Man sollte allerdings nicht nur auf die gängige These zurückgreifen, wonach der Gestorbene frei geworden ist von der Gesetzeserfüllung[61]. Vielmehr gibt es eine breite rabbinische Überlieferung, die für die Zeit des 1. Jahrhunderts nChr den Rückschluß erlaubt, daß die Auffassung im jüdischen Bereich allgemein verbreitet war, wonach der Sterbende durch seinen

---

sollte man nicht von „hymnischer Überlieferung" sprechen, wie das *N. Brox*, Pastoralbriefe 244, tut.

[57] So mit Recht *R. Bultmann*, Art. πιστεύω etc., ThW VI 217; *O. Kuss*, Der Römerbrief, 1. Lieferung, 1957, 305f; *E. Käsemann*, Römer 161 ([3]162); gegen *O. Michel*, Der Brief an die Römer, MeyerK IV, [13]1966, 155, der V. 8 zwar als „feste Glaubensaussage der Gemeinde" ansieht, aber πιστεύειν im Sinne von ὁμολογεῖν verstehen will.

[58] An diesen beiden Stellen wird deutlich, daß die σὺν Χριστῷ-Aussagen ihren ursprünglichen Sitz in der eschatologischen Tradition der Urgemeinde hatten, aber noch in vorpaulinischer Zeit im Sinne von Röm 6,8 auf das Mitsterben in der Taufe bezogen worden sind. Vgl. dazu auch *E. Schweizer*, Die „Mystik" des Sterbens und Auferstehens mit Christus bei Paulus (1966), in: *ders.*, Beiträge zur Theologie des Neuen Testaments, Zürich 1970, 183–203; ferner *P. Siber*, Mit Christus leben (s. Anm. 53) 206ff, der aber m. E. die traditionelle Bedeutung der Aussagen über das Sterben mit Christus unterschätzt und Röm 6,8 in diesem Zusammenhang leider gar nicht berücksichtigt; sehr gut dagegen S. 13ff die Beurteilung der eschatologischen σὺν Χριστῷ-Aussagen. – Damit ergeben sich Konsequenzen für die Beurteilung des Verhältnisses von Röm 6 zu Kol 2 und Eph 2; man wird die Vorstellung vom Mitauferstehen nicht als vorpaulinisch ansehen dürfen; Röm 6,11 sowie ὡσεὶ ἐκ νεκρῶν ζῶντες in 6,13 sind Anwendungen von V. 4. Aussagen über das durch die Taufe bereits verwirklichte Heil betreffen das Gerechtfertigt- und Geheiligtsein, nicht dagegen das Auferwecktsein, auch nicht in Röm 8,29f (zu diesem Text vgl. unten S. 115f).

[59] Zur Gliederung und Gedankenführung des Kapitels vgl. *G. Bornkamm*, Taufe und neues Leben bei Paulus (1939), in: *ders.*, Das Ende des Gesetzes. Ges. Aufs. I, BEvTh 16, [5]1966, 34–50, bes. 37ff.

[60] Grundlegend ist die Materialsammlung von *K. G. Kuhn*, Rm 6,7, ZNW 30, 1931, 305–310.

[61] So z. B. *E. Käsemann*, Römer 160 ([3]162), unter Bezugnahme auf einen Lehrsatz des R. Jochanan (sic) in Schab 151b Bar (auch in Nidda 61b, ferner in dem Midrasch Pesiqta 200b). Hierzu vgl. Röm 7,3b.

Tod Sühne erlangt; war im einzelnen umstritten, unter welchen Voraussetzungen und Bedingungen dies galt, die Gültigkeit des Grundsatzes selbst stand fest[62]. Wenn Paulus im Zusammenhang der Taufaussagen von Röm 6 darauf zurückgreift, tut er es kaum auf Grund seiner eigenen Theologie, da die Auffassung vom Gerechtfertigtsein durch das (Mit-) Sterben bei der Taufe nur indirekt mit seiner 1,17f und 3,21ff entfalteten Anschauung von der Rechtfertigung aus Glauben in Verbindung steht. Darüber hinaus darf nicht übersehen werden, daß er diese Rechtfertigung von der Sünde V. 7 mit Hilfe von V. 6 bereits im Sinne des Befreitwerdens von der Macht der Sünde interpretiert hat[63]. In der von der urchristlichen Tradition übernommenen These zeigt sich somit eine Taufauffassung, die ebenso wie 1Kor 6,11 mit dem Akt der Taufe die Reinigung von Sünde und damit die Gerechtmachung des Menschen vollzogen sieht. So stellt sich aber nochmals die Frage nach der präzisen Bedeutung dieses aus dem Judentum übernommenen Grundsatzes. Nicht zufällig ist behauptet worden, er könne, falls es um Sühne durch den Tod geht, doch zunächst nur auf Christus und allenfalls indirekt auf den Getauften angewandt werden[64]. Das ist aber hier und offenkundig bereits in der von Paulus vorausgesetzten Tauftradition nicht der Fall. Im Unterschied zu den jüdischen Parallelen wird auch gar nicht der Begriff „sühnen" (*kpr* pi) gebraucht, sondern δικαιοῦσθαι. Nach Röm 6,3ff ist dieses „Gerechtfertigtwerden von der Sünde" auf Grund des Mitsterbens mit Christus abhängig von der Sühne und der δικαίωσις des gestorbenen und auferstandenen Herrn, auf dessen Namen die Taufe vollzogen wird (βαπτισθῆναι εἰς Χριστόν V. 3a). Denn ὁ ἀποθανὼν κτλ. kann hier nicht für sich stehen, sondern setzt bereits das ἀποθνῄσκειν σὺν Χριστῷ (V. 8) bzw. das εἰς τὸν θάνατον αὐτοῦ βαπτισθῆναι (V. 3b) voraus, was nicht nur den traditionellen Charakter gerade dieser Elemente von Röm 6, sondern auch ihre Zusammengehörigkeit in vorpaulinischer Überlieferung beweist. Ebenso wie 1Kor 6,11 begründet hiernach die Taufe den

---

[62] Außer den Texten bei Kuhn vgl. *E. Lohse*, Märtyrer und Gottesknecht, FRLANT 64, ²1964, 23ff.38ff.64ff, zu Röm 6,7 160f.

[63] Aus diesem Grunde ist zu fragen, ob der Singular τῆς ἁμαρτίας auf Paulus zurückgeht, der damit den Wortgebrauch von V. 6a.b weiterführen würde. In einer traditionellen Aussage erwartet man eher ἀπὸ τῶν ἁμαρτιῶν bzw. τῶν παραπτωμάτων.

[64] So *R. Scroggs*, Romans vi. 7 Ο ΓΑΡ ΑΠΟΘΑΝΩΝ ΔΕΔΙΚΑΙΩΤΑΙ ΑΠΟ ΤΗΣ ΑΜΑΡΤΙΑΣ, NTS 10, 1963/64, 104–108, bes. 107f. Zur Auslegungsgeschichte vgl. *C. Kearns*, The Interpretation of Romans 6,7, in: Studiorum Paulinorum Congressus Internationalis Catholicus 1961 vol. I, AnBibl 17–18, Rom 1963, 301–307, der seinerseits eine ähnliche Lösung vertritt.

Stand des Gerechtfertigtseins, nur ist dieses Motiv jetzt mit der Vorstellung der Todestaufe, dem Getauftwerden εἰς τὸν θάνατον αὐτοῦ, verbunden.

Der aufschlußreichste Text, der im Zusammenhang unseres Themas herangezogen werden kann, ist nun aber *Röm 3,24–26a*, weil gerade hier vorpaulinische Tauftradition und die Entfaltung der Rechtfertigungslehre des Apostels zusammentreffen. Es brauchen jetzt nicht die Gründe für die Aussonderung dieses Textabschnittes wiederholt zu werden[65], auch wenn neuerdings m. E. zu Unrecht die Zugehörigkeit von V. 24 zur vorpaulinischen Tradition bestritten worden ist[66]. Dagegen wird die Verwurzelung dieses Überlieferungsstückes in der Tauftradition überraschenderweise meist nicht beachtet bzw. zugunsten einer Zuordnung zum Abendmahl in Zweifel gezogen[67]. Doch läßt sich schwerlich bestreiten, daß die Aussage über die πάρεσις τῶν προγεγονότων ἁμαρτημάτων ἐν τῇ ἀνοχῇ τοῦ θεοῦ, vorläufig einmal abgesehen von deren Interpretationsproblemen, anderswo ihren Platz gehabt haben könnte als in der urchristlichen Überlieferung von der Taufe[68]. Hinzu kommt, daß der bereits in früher besprochenen Texten vorkommende terminus tech-

---

[65] Es sei nur verwiesen auf *J. Reumann*, The Gospel of the Righteousness of God. Pauline Reinterpretation in Romans 3:21–31, Interp 20, 1966, 432–452; *W. Schrage*, Römer 3,21–26 und die Bedeutung des Todes Jesu Christi bei Paulus, in: Das Kreuz Jesu, hg. v. *P. Rieger*, Forum 12, 1969, (65–88) bes 77ff; *E. Käsemann*, Römer 88ff (³89ff).

[66] So *E. Lohse*, Märtyrer (s. Anm. 62) 149(f) Anm. 4; *K. Wengst*, Christologische Formeln (s. Anm. 18) 87ff; *P. Stuhlmacher*, Zur neueren Exegese von Röm 3,24–26, in: Jesus und Paulus. Festschrift für W. G. Kümmel, hg. v. *E. E. Ellis* u. *E. Gräßer*, 1975, (315–333) 315ff.

[67] Von den meisten Exegeten wird seit *E. Käsemann*, Zum Verständnis von Röm 3,24–26 (1950/51), in: *ders.*, EVB I (96–100) 99f, ein Zusammenhang mit der Abendmahlstradition angenommen. Auf die Taufe verweisen, allerdings ohne nähere Begründung: *E. Schweizer*, „Mystik" (s. Anm. 58) 200; *H. Conzelmann*, Die Rechtfertigungslehre des Paulus: Theologie oder Anthropologie? In: *ders.*, Theologie als Schriftauslegung. Aufsätze zum NT, BEvTh 65, 1974, (191–206) 198; ausführlicher nur, vor allem unter Bezugnahme auf den Gebrauch von ἀπολύτρωσις *P. von der Osten-Sacken*, „Christologie, Taufe, Homologie" (s. Anm. 49) 259; im Anschluß an ihn auch *D. Lührmann*, Rechtfertigung und Versöhnung (s. Anm. 17) 438.

[68] *E. Käsemann*, Römer 93 (³94), verweist für „Thematik und Einzelmotive" erneut auf die Abendmahlsliturgie; immerhin stellt er aber S. 106 (³107) zu Röm 4,7f fest, es bleibe auffällig, „daß Pls nie von Vergebung außer in dem übernommenen πάρεσις in 3,25 und nur hier im Zitat von vergeben spricht ..., obgleich dieses Stichwort ... die älteste Taufbotschaft (!) charakterisiert und bei Mt selbst in die Abendmahlstradition eingedrungen (!) ist".

nicus ἀπολύτρωσις neben seiner Anwendung auf die endzeitliche Erlösung nur noch im Zusammenhang von Taufaussagen auftaucht. Das bedeutet dann aber, daß sich die Gerechtmachung διὰ τῆς ἀπολυτρώσεως
τῆς ἐν Χριστῷ Ἰησοῦ (V. 24) ursprünglich auf das Taufgeschehen bezogen haben muß[69]. Dies wird in V. 25.26a einerseits begründet mit dem
Hinweis auf das von Gott aufgerichtete ἱλαστήριον ἐν τῷ αὐτοῦ αἵματι,
also den Kreuzestod Jesu, und andererseits wird entfaltet, was sich daraus an Konsequenzen ergibt: εἰς ἔνδειξιν τῆς δικαιοσύνης αὐτοῦ διὰ τὴν
πάρεσιν τῶν προγεγονότων ἁμαρτημάτων ἐν τῇ ἀνοχῇ τοῦ θεοῦ. Hierbei ist
vorausgesetzt, worüber kein ernsthafter Streit mehr besteht, daß die Par-
allelaussage zu V. 25b.26a in V.26b.c auf den Apostel zurückgeht[70]. Er
nimmt mit πρὸς τὴν ἔνδειξιν τῆς δικαιοσύνης αὐτοῦ den ursprünglichen
Schluß wieder auf, fügt nun aber die Wendung ἐν τῷ νῦν καιρῷ und den
abschließenden Finalsatz εἰς τὸ εἶναι αὐτὸν δίκαιον καὶ δικαιοῦντα τὸν
ἐκ πίστεως Ἰησοῦ hinzu. Weniger einheitlich wird die Frage der Ein-
schübe innerhalb des Traditionsstückes beantwortet. Zwar muß das geradezu störende διὰ πίστεως in V. 25 von Paulus eingeschoben worden
sein, weil ihm eben an der Relation von Gottes Gnadenhandeln und
Glaube lag[71]. Schwieriger ist der paulinische Anteil an V. 24 zu beurteilen. Vielfach werden die vier Worte δωρεὰν τῇ αὐτοῦ χάριτι als Zusatz
angesehen[72]. Da V. 23 paulinisch ist und die zusammenfassende Aussage
von 3,9 wieder aufnimmt, ist ein betonter Gegensatz zwischen der allge-

---

[69] Zwischen ἀπολύτρωσις in Lk 21,28; Röm 8,23 einerseits und dem Gebrauch in
Röm 3,24; Kol 1,14 andererseits ist zu unterscheiden (dieselbe Spannung besteht zwi-
schen Eph 1,14; 4,30 und Eph 1,7). Zur Beziehung von 1Kor 1,30b zu 6,11 s. o. Die
Zusammengehörigkeit im Sprachgebrauch mit Kol 1,14 zeigt aber, daß διὰ τῆς ἀπολυ-
τρώσεως τῆς ἐν Χριστῷ Ἰησοῦ auf den Taufakt zu beziehen ist, nicht auf den Tod
Jesu (also mit V. 25b.26a, nicht mit V. 25a zu parallelisieren ist). Vgl. auch Anm. 49.

[70] Nicht überzeugend *D. Zeller*, Sühne und Langmut. Zur Traditionsgeschichte von
Röm 3,24–26, ThPh 43, 1968, (51–75) 73ff, der neben der „Themazeile" V. 24 zwei
gleich anlautende „Trikola" in V. 25a.b.26a und V. 26bα.β.cα dem „hymnischen Fragment" zuweist und nur διὰ πίστεως in V. 25a und τὸν ἐκ πίστεως Ἰησοῦ in V. 26cβ
als paulinisch ansieht.

[71] Anders *A. Pluta*, Gottes Bundestreue. Ein Schlüsselbegriff in Röm 3,25a, SBS 34,
1969; sieht man von seinen problematischen rhythmischen Untersuchungen (42ff und
von seiner Interpretation des paulinischen Kontextes (104ff) ab, so bleibt die Grundthese, διὰ πίστεως im Sinne der Bundestreue Gottes zu verstehen und damit als ursprünglichen Bestandteil des Traditionsstücks zu erweisen (56ff). So sehr das Thema
der Bundestreue im Hintergrund der Formel stehen mag (vgl. Röm 3,3), Stellung und
Präpositionalform zeigen doch, daß es sich hier eindeutig um einen paulinischen Einschub handelt.

[72] So schon *R. Bultmann*, Theologie des Neuen Testaments, [6]1968, 47f.

8 Rechtfertigung

meinen Sündenverfallenheit und der in Gottes Gnade beruhenden, „umsonst" gewährten Rechtfertigung zweifellos beabsichtigt. Dennoch bleibt zu überlegen, ob eine Aussage über den Geschenkcharakter der den Menschen zuteil werdenden Gerechtigkeit in der Vorlage tatsächlich gefehlt hat. δωρεάν ist nicht so spezifisch paulinisch, daß es unbedingt als Zusatz angesehen werden müßte. Dagegen dürfte die Wendung τῇ αὐτοῦ χάριτι dem Apostel zuzuschreiben sein[73]. – Sieht man V. 24–26a ohne die Zusätze τῇ αὐτοῦ χάριτι in V. 24 und διὰ πίστεως in V. 25 als vorpaulinisch an, dann haben wir hier eine Rechtfertigungsaussage vor uns, in der das *sola gratia* der durch Christus gewährten ἀπολύτρωσις zurückbezogen ist auf das einmalige geschichtliche Handeln, mit dem Gott Vergebung der Sünden gewährt hat durch das am Kreuz vergossene Blut Christi. Die neuerdings wieder entbrannte Auseinandersetzung über das Verständnis von ἱλαστήριον[74] ändert an dieser grundsätzlichen Feststellung nichts, denn unter allen Umständen ist dabei die stellvertretende Sühne bezeichnet, die Grund und Voraussetzung einer jeden konkreten ἀπολύτρωσις ist. Daß der Kreuzestod Jesu auf den immer neuen „Erweis" (ἔνδειξις)[75] seiner heilschaffenden Gerechtigkeit zielt, ist der entscheidende Inhalt der abschließenden Aussage V. 25b.26a, ganz gleich, ob man ἐν τῇ ἀνοχῇ τοῦ θεοῦ auf die Periode der göttlichen Geduld bezieht, in der die προγεγονότα ἁμαρτήματα begangen wurden[76], oder ob diese Wendung, was wahrscheinlicher ist, den Begriff πάρεσις interpretiert, so daß die Vergebung ihrerseits Ausdruck der unverbrüchlichen Bundestreue Gottes ist, die auf Grund des Todes Jesu den Menschen Gerechtigkeit und Heil widerfahren läßt[77]. Dieser Schluß des Traditionsstücks nimmt nun aber den Anfang nur explizierend auf, und in Verbindung mit dem Begriff ἀπολύτρωσις und der Aussage über die Vergebung

---

[73] Vgl. den Gebrauch von χάρις in Röm 4,4.16; 5,2.15.17.20f und an vielen anderen Stellen. δωρεάν kommt bei Paulus nur noch Gal 2,21 und 2Kor 11,7 vor.

[74] Dazu *P. Stuhlmacher*, Röm 3,24–26, (s. Anm. 66) 318ff.

[75] Diese Bedeutung von ἔνδειξις ist für die vorliegende Stelle definitiv nachgewiesen von *W. G. Kümmel*, Πάρεσις und ἔνδειξις. Ein Beitrag zum Verständnis der paulinischen Rechtfertigungslehre (1952), in: *ders.*, Heilsgeschehen und Geschichte. Ges. Aufs., MThSt 3, 1965, 260–270.

[76] So *W. G. Kümmel*, aaO 266f.

[77] Diese Auslegung im einzelnen begründet bei *D. Zeller*, Sühne (s. Anm. 70) 59ff, bes. 70ff; vgl. aber bereits *E. Käsemann*, Zum Verständnis (s. Anm. 67) 95. Allerdings geht es dann nicht um die Treue Gottes, die sich durch sein Eingreifen im Akt des Todes Jesu bekundet – so *E. Käsemann*, Römer 93 ([3]94) –, sondern um den Gerechtigkeitserweis, der dem Menschen im Taufgeschehen widerfährt.

der προγεγονότα ἁμαρτήματα kann das einleitende δικαιούμενοι kaum anders interpretiert werden als in den beiden Texten 1Kor 6,11 und Röm 6,7, die das Gerechtfertigtsein unter der Voraussetzung der empfangenen Taufe verstehen[78].

Als letzte Stelle muß noch *Röm 8,29f* herangezogen werden, ein Text, der schon immer wegen seiner aoristischen Formulierungen aufgefallen ist und neuerdings mehrfach als vorpaulinisches Traditionsstück angesehen wurde[79]. Aber hier sollte man vorsichtiger sein. Denn trotz des Wechsels von der 1. Pers Plur in die 3. Pers Sing und des Fehlens von ὁ θεός, trotz relativer Selbständigkeit und Geschlossenheit liegt zunächst einmal ein enger Begründungszusammenhang mit V. 28b vor. Wird dann auch noch die ursprüngliche Zugehörigkeit der „Gleichgestaltungsformel" συμμόρφους τῆς εἰκόνος τοῦ υἱοῦ αὐτοῦ, εἰς τὸ εἶναι αὐτὸν πρωτότοκον ἐν πολλοῖς ἀδελφοῖς (V. 29aβ.b) fraglich[80], bleibt nichts anderes übrig als ein konsequent durchgeführter Kettenschluß, der ein rhetorisches Element, aber kaum schon eine ausreichende Form für ein Überlieferungsstück darstellt. Zudem fällt bei V. 29f sehr viel weniger die Begrifflichkeit als die Aoristform der Verben auf[81]. Damit soll umgekehrt keineswegs bestritten werden, daß Paulus sich hier traditioneller Elemente bedient. Das gilt für die Vorherbestimmung und Erwählung, für die mit Phil 3,21 verwandte Vorstellung von der Gleichgestaltung mit dem auferstandenen Gottessohn und gilt für den Zusammenhang von Berufung, Rechtfertigung und Verherrlichung. Im Hintergrund dürfte in der Tat auch, wie durchweg vermutet, Tauftradition stehen, aber

---

[78] Hier in Röm 3,24 wird allerdings präsentisch, nicht präterital formuliert, was nicht erst durch den paulinischen Kontext veranlaßt zu sein braucht; denn das gegenwärtige Gerechtfertigtsein wird auf die zuvor empfangene ἀπολύτρωσις zurückgeführt. Nach wie vor wird man daher diesen Vers sowohl wegen der Satzverbindung mit V. 23 wie auch wegen Terminologie und Inhalt dem vorpaulinischen Überlieferungsstück zusprechen müssen; so auch *E. Käsemann*, Römer 88f (³89f).

[79] So mit ausführlicher Begründung *J. Jervell*, Imago Dei, FRLANT 76, 1960, 180ff.271ff; *U. Luz*, Das Geschichtsverständnis des Paulus, BEvTh 49, 1968, 250ff; *H. Paulsen*, Überlieferung und Auslegung in Römer 8, WMANT 43, 1974, 136.156ff; *P. von der Osten-Sacken*, Römer 8 als Beispiel paulinischer Soteriologie, FRLANT 112, 1975, 67ff; vgl. auch *P. Stuhlmacher*, Gerechtigkeit Gottes bei Paulus, FRLANT 87, ²1966, 186f.220f; *Käsemann*, Römer 233f (³235f).

[80] *P. von der Osten-Sacken*, Römer 8, 67ff.75ff, will neben der „Goldenen Kette" die „Gleichgestaltungsformel" als einen eigenen, erst von Paulus hier aufgenommenen „Traditionssplitter" ansehen. Vorsichtiger *H. Paulsen*, Überlieferung 159f.

[81] Zur Begrifflichkeit vgl. *U. Luz*, Geschichtsverständnis (s. Anm. 79) 251, doch trägt dies für den vorpaulinischen Charakter nicht viel aus.

8*

schwerlich im Sinne eines festgeprägten, unter Umständen sogar hymnischen Überlieferungsstückes, sondern ähnlich wie in Röm 6,3–5 als eine sich an Tradition anlehnende, jedoch freie Formulierung des Paulus. Daß τούτους καὶ ἐδικαίωσεν mit den bisher besprochenen Stellen 1Kor 6,11; Röm 6,7 und Röm 3,24–26a zusammengehört, ist nicht zu bezweifeln; und τούτους καὶ ἐδόξασεν wird man von Röm 3,23 und 2Kor 3,18 her, was beides ebenfalls paulinische Formulierungen sind, verstehen müssen, nämlich im Sinne der durch Christus als εἰκὼν τοῦ θεοῦ wiedererlangten Gottebenbildlichkeit, die wir allerdings so haben, daß wir nach 2Kor 3,18, seine δόξα schauend, in dieselbe hineinverwandelt sind und werden ἀπὸ δόξης εἰς δόξαν. Oder mit 2Kor 4,6 formuliert: wir gelangen durch den Akt der Neuschöpfung zum φωτισμὸς τῆς γνώσεως τῆς δόξης τοῦ θεοῦ ἐν προσώπῳ Χριστοῦ[82]. Gerade von hier aus dürfte sogar verständlich werden, warum Paulus in Röm 8,30 seinerseits das aoristische ἐδικαίωσεν der Tauftradition aufnehmen konnte, zumal durch προώρισεν συμμόρφους τῆς εἰκόνος τοῦ υἱοῦ αὐτοῦ κτλ. auch die für Röm 8 wesentliche eschatologische Komponente unmißverständlich erhalten blieb.

Die Analysen dieser Texte[83] führen uns zu dem *Ergebnis*, daß in allen Fällen das δικαιωθῆναι als ein einmaliges, die Existenz des Menschen fundamental veränderndes Widerfahrnis verstanden worden ist, bei dem gerade die Radikalität der Wende als Befreiung von Unglaube und Sündhaftigkeit im Vordergrund steht. Das hebt den eschatologischen Vorbehalt nicht auf, wie die Aussagen über das Mitsterben mit Christus und das erhoffte Mitleben zeigen (Röm 6,8; Phil 3,21)[84]. Zugleich trat

---

[82] Vgl. die ausführliche Exegese dieser beiden Stellen bei *J. Jervell*, Imago Dei (s. Anm. 79) 180ff.194ff.214ff.

[83] Nur in 1Kor 6,9–11; Röm 4,25; Röm 3,24–26a kann man von einem festgeprägten und regelrecht zitierten Traditionsstück sprechen; in 1Kor 1,30b; Röm 6,(3a. 3b)7.8 und Röm 8,29f verwendet Paulus einzelne Traditionselemente in eigenem Argumentationszusammenhang.

[84] Phil 3,20f wird als ein vorgegebenes Traditionsstück angesehen von *E. Güttgemanns*, Der leidende Apostel und sein Herr, FRLANT 90, 1966, 240ff; *J. Becker*, Erwägungen zu Phil 3,20–21, ThZ 27, 1971, 16–29. Kritisch dazu *K. Wengst*, Christologische Formeln 150 Anm. 26; zurückhaltend *J. Gnilka*, Der Philipperbrief, HThK X/3, 1968, 208ff. Es ist sicher nicht zu bestreiten, daß hier wieder Besonderheiten vorliegen und Paulus eine für ihn nicht durchweg typische Vorstellungs- und Ausdrucksweise verwendet; fraglich ist nur, ob man daraus an dieser Stelle folgern darf, es handle sich um ein festgeprägtes hymnisches Fragment oder sogar ein vollständiges Lied. Vielmehr dürfte Paulus zum Abschluß des Gedankengangs ähnlich wie in Röm 8,29 stärker auf vorgeprägtes Material zurückgegriffen haben.

in 1Kor 6,9–11 der Zusammenhang mit der Ermahnung für einen rechten Wandel klar in Erscheinung. Geht es um die Wende zum Heil im Leben des Menschen, dann zugleich um die mit der Taufe gewährte Rechtfertigung als Teilhabe am Heil. Die Gerechtmachung ist dabei „effektiv" verstanden, aber das gilt in dem Sinne, daß durch die Taufe die eschatologische Sündenvergebung, also das „forensische" Urteil des Jüngsten Gerichtes[85], vorweggenommen ist[86], was den Getauften in eine neue Wirklichkeit, ebenso aber auch in die Bewährung stellt.

III.

Paulus hat, wie wir sahen, in mehreren Fällen auf Überlieferungsstücke zurückgegriffen, in denen die Rechtfertigung des Sünders von der Taufe her verstanden wurde. Das bedeutet nicht nur, daß er den ihm vorgegebenen Zusammenhang von Taufe und Rechtfertigung berücksichtigt hat, vielmehr kann gesagt werden, daß er mit seiner eigenen Rechtfertigungslehre daran anknüpft. Am deutlichsten wird dies in Röm 3, wo er an entscheidender Stelle in seiner Argumentation Tauftradition aufgreift, diese aber gemäß seiner Röm 1,17f weiterführenden Grundthese von 3,22.28 erheblich modifiziert. Er braucht und will den Bezug auf die Taufe dabei nicht preisgeben, wie vor allem aus διὰ τῆς ἀπολυτρώσεως τῆς ἐν Χριστῷ Ἰησοῦ V. 24 hervorgeht; denn auch im Blick auf dieses Geschehen, das im Kreuzestod Christi seinen Realgrund hat, ist für ihn der Glaube, wie das eingeschobene διὰ πίστεως in V. 25 zeigt, konstitutiv. Was er korrigieren will, ist jedoch die vorrangige Verbindung der Rechtfertigung mit dem Taufgeschehen und insofern mit dem Gläubigwerden. Ihm liegt, wie insbesondere der neue Abschluß des Überlieferungsstückes in V. 26b.c zeigt, alles daran, das rechtfertigende Handeln Gottes als tragende und fortdauernde Wirklichkeit für die Existenz des Glaubenden schlechthin zu verstehen[87]. Damit verändert

---

[85] Damit soll nur angedeutet werden, wie wenig diese Begriffe sich gegeneinander ausspielen lassen.

[86] Für Johannes den Täufer war die mit der Taufe verheißene Sündenvergebung sicher zukünftig im Zusammenhang mit einer Versiegelung (Ez 9,4) auf das Endgericht hin verstanden. Jesus hat eschatologische Vergebung der Sünden den Menschen gegenwärtig zugesprochen. Bei Übernahme der Johannestaufe durch die Urgemeinde ist diese im Namen Jesu vollzogen und wohl von Anfang an mit dem Zuspruch gegenwärtiger Sündenvergebung verbunden worden.

[87] Die paulinische Überarbeitung des Traditionsstückes in Röm 3,24ff zielt auf καὶ

sich für ihn aber auch das Verhältnis von Rechtfertigungs- und Taufaussagen[88]. Einerseits ist festzustellen, daß er grundsätzlich zuerst von der Rechtfertigung, dann erst von der Taufe spricht, wie das für 1Kor 1,18ff; 6,11, für Gal 2,16ff.20f; Gal 3,6ff.27ff und für Röm 3,21ff; 6,3ff gilt[89]; denn die Rechtfertigungsbotschaft ist für ihn sachlich primär und hat eine die Taufe übergreifende Funktion[90]. Andererseits muß jedoch beachtet werden, daß die Taufe bei Paulus eben „nur" jenes das Christsein eröffnende und bereits in der Vergangenheit liegende Geschehen ist, während der Erweis der Gerechtigkeit Gottes für den noch nicht Glaubenden wie für den Glaubenden ἐν τῷ νῦν καιρῷ erfolgt und auf den unverbrüchlichen Glaubensgehorsam des Menschen zielt[91].

Von hier aus muß nun die Frage nach dem Spezificum der paulinischen Rechtfertigungslehre im Unterschied zu dem ihm vorgegebenen Verständnis der Taufe als Gerechtmachung des Menschen präzise gestellt und beantwortet werden. In der Betonung, daß es sich um eine im Christusgeschehen begründete Rechtfertigung *sola gratia* handelt, wodurch die Menschen von ihren Sünden befreit werden, kann der Unterschied nicht liegen; denn wie die aus der Tauftradition stammenden antithetischen Aussagereihen über das Einst und das Jetzt zeigen, ist das Verfallensein an die Sünde und die Verlorenheit des Menschen hierbei prägnant hervorgehoben worden[92]. Insofern ist auch schon in vorpau-

---

δικαιοῦντα τὸν ἐκ πίστεως ᾽Ιησοῦ (vgl. V. 22.27f.30 sowie c. 4), ohne daß damit das εἰς τὸ εἶναι αὐτὸν δίκαιον sein Gewicht verliert.

[88] Zum paulinischen Verhältnis von Rechtfertigung und Taufaussagen vgl. bes. *E. Lohse,* Taufe und Rechtfertigung (s. Anm. 20) 240ff; *K. Kertelge,* Rechtfertigung (s. Anm. 43) 228ff; *O. Merk,* Handeln aus Glauben, MThSt 5, 1968, 19ff.

[89] Die gelegentlich vertretene These, daß Paulus nicht auf die Taufe Bezug nehme, wenn er von der Rechtfertigung redet und umgekehrt, ist nur vordergründig richtig, entspricht jedoch nicht den größeren Sachzusammenhängen.

[90] Insofern wird man nicht nur nach der zweifellos vorhandenen Parallelität von Einzelaussagen über Taufe und Rechtfertigung fragen dürfen; so *E. Lohse,* Taufe und Rechtfertigung (s. Anm. 20) 241f. *K. Kertelge,* Rechtfertigung (s. Anm. 43) 246f, betont stärker das sachliche „Ineinander", ohne allerdings eine „vollkommene Synthese der Tauf- und Glaubensaussagen des Apostels konstruieren zu wollen", was seiner Meinung nach nicht möglich ist. *O. Merk,* Handeln (s. Anm. 88) 26f, berücksichtigt vor allem die Geistesgabe und deren Interpretation durch die δικαιοσύνη als sachliche Klammer zur Taufe.

[91] An diesem Punkte stoßen wir auf einen ersten wesentlichen Unterschied gegenüber der Vorlage. Zu ὑπακοὴ πίστεως vgl. *E Käsemann,* Römer 12 (³12).

[92] Abgesehen davon, daß das *sola gratia* in der vorpaulinischen Tauftradition klar zum Ausdruck kommt, ist daran zu erinnern, daß das *sola gratia* als solches keineswegs spezifisch christlich ist, sondern vor allem in der Theologie der Gemeinschaft

linischer Tradition der Gedanke der *iustificatio impiorum* deutlich zu erkennen[93]. Die Art und Weise allerdings, mit der Paulus die ausweglose Sündhaftigkeit und die totale Unentschuldbarkeit der vorchristlichen Menschen hervorhebt und nach Röm 4,5 sogar Abraham, der das maßgebende Beispiel alttestamentlicher Frömmigkeit und Gerechtigkeit war, als einen ἀσεβής bezeichnet, ist höchst auffällig. Erst durch diese Ausnahmslosigkeit des Sündigseins der Menschen gewinnt die Rechtfertigungslehre die bei ihm vorliegende und für ihn bezeichnende Zuspitzung[94]. Erst hiermit ist eine Rechtfertigung auf Grund der „Werke des Gesetzes" a limine ausgeschlossen[95]. Erst in dieser letzten Konsequenz wird die Rechtfertigungsbotschaft Ausdruck der uneingeschränkten Gnade Gottes und seiner rückhaltlosen Zuwendung zu den gottlosen Menschen[96].

---

von Qumran eine besondere Rolle gespielt hat; dazu sei lediglich verwiesen auf *E. Lohse*, Die Gerechtigkeit Gottes in der paulinischen Theologie, in: *ders.*, Die Einheit des Neuen Testaments, 1973, 209–227, bes. 213ff.

[93] Aussagen über die *iustificatio impiorum* haben zwar ebenfalls gewisse Parallelen in den Qumran-Schriften, sind aber wegen der Verbindung mit einem radikalisierten Gesetzesgehorsam doch nur sehr bedingt vergleichbar. Urchristliche Paränese hat hier sehr früh, offensichtlich noch unabhängig von der Auseinandersetzung um die Gültigkeit des Gesetzes, eine neue Form für die Lebensordnung der Getauften gesucht, wobei das Liebesgebot eine entscheidende Funktion erhielt.

[94] Röm 4,5 kann in seiner Stoßkraft gegenüber jeder jüdischen Auffassung von menschlicher Gerechtigkeit und göttlicher Rechtfertigung kaum überschätzt werden. In dieser Radikalität ist die *iustificatio impii* in vorpaulinisch-christlicher Tradition nicht erfaßt worden. Insofern kann sie als der „unentbehrliche Schlüssel der paulinischen Rechtfertigungslehre" bezeichnet werden; so *E. Käsemann*, Der Glaube Abrahams in Römer 4, in: *ders.*, Paulinische Perspektiven, ²1972, (140–177) 149. Das gilt aber nur wegen ihrer für den Apostel bezeichnenden Verbindung mit seinem Gesetzes- und Glaubensverständnis.

[95] Der Gegensatz zu jeder Form einer δικαιοσύνη ἐκ νόμου, die immer nur eine ἰδία δικαιοσύνη sein könnte (Phil 3,9; Röm 10,3), ist für paulinisches Denken ebenso konstitutiv wie die These vom Ende des Gesetzes als Heilsweg (Röm 10,4), was immer sonst noch über die Bedeutung des νόμος als Ausdruck des Willens Gottes und über seine Erfüllung gesagt werden muß. Die Auseinandersetzung über die Tragweite des Ausschlusses von Gesetz und Gesetzeswerken bei der Rechtfertigung ist vor allem durch *U. Wilckens*, Was heißt bei Paulus: „Aus Werken des Gesetzes wird kein Mensch gerecht"? (1969), in: *ders.*, Rechtfertigung als Freiheit, 1974, 77–109, neu entfacht, aber bisher wenig weitergeführt worden. Vgl. Anm. 107.

[96] Daß für Paulus das *sola gratia* als Signum der *iustitia salutifera* mit der bleibenden Freiheit vom νόμος zusammenhängt, ist unübersehbar und unterscheidet ihn von allen jüdischen und judaisierenden Auffassungen von der heilschaffenden Gerechtigkeit Gottes. Vgl. *P. Stuhlmacher*, „Das Ende des Gesetzes". Über Ursprung und An-

Doch damit ist zunächst einmal konsequent weitergeführt, was im urchristlichen Taufverständnis bereits angelegt war. Hier ist der wesentliche Unterschied noch nicht zu fassen, lediglich in seinen Auswirkungen zu erkennen. In einer anderen Hinsicht bemüht sich Paulus aber um eine Modifikation von höchster Tragweite. Die Traditionsstücke handeln von Taufe und Rechtfertigung, ohne dabei auf den Glauben Bezug zu nehmen[97]; und sofern der Glaube dabei implizit mit im Blickfeld steht, geht es um das Gläubigwerden, das mit dem Getauftsein uninteressant geworden ist, daher keiner besonderen Erwähnung mehr bedarf. Für Paulus ist irgendein Rückbezug auf die Bekehrung hinsichtlich Rechtfertigung und Taufe nicht mehr konstitutiv[98]. So bewußt er die Rechtfertigungsbotschaft den Taufaussagen voranstellt, es geht ihm dabei nicht um das Gläubigwerden oder einen bestimmten Glaubensakt als Voraussetzung für die Taufe[99]. Die Voranstellung hat vielmehr den Sinn, daß christliche Existenz als solche grundsätzlich nur mit πιστεύειν sachgerecht beschrieben werden kann[100]. Glaube ist für ihn überhaupt nur denkbar als die stete vertrauende Antwort auf das verkündigte Wort und den darin eingeschlossenen Zuspruch der Rechtfertigung Gottes[101]. εὐαγγέλιον und πίστις sind dabei so aufeinander bezogen, daß es um die Gegenwart des gekreuzigten und auferstandenen Herrn und die unverbrüchliche Bindung des Menschen an diesen Herrn geht[102]. In diesem Sinne aber kenn-

satz der paulinischen Theologie, ZThK 67, 1970, 14–39, bes. 25ff, der hierbei die Antithese von Gesetz und Evangelium betont.

[97] Röm 6,8 ist, wie wir gesehen haben, ein Sonderfall.

[98] Das gilt trotz Phil 3,2–11, denn die Argumentation steht ja unter dem Vorzeichen von V. 4b: εἴ τις δοκεῖ ἄλλος πεποιθέναι ἐν σαρκί, ἐγὼ μᾶλλον. Wo Paulus auf seine Berufung Bezug nimmt, geht es um sein Apostelamt und seinen speziellen Auftrag. Anders *P. Stuhlmacher*, Ende des Gesetzes (s. Anm. 96) 19ff.

[99] Von daher ist zu verstehen, daß er gemäß der übernommenen Tradition auf die Erwähnung des Glaubens in Tauftexten verzichten kann. Eine Aussage wie Eph 1,13 oder ähnliche Aussagen in der Apostelgeschichte (vgl. Anm. 31) sind für ihn gerade untypisch.

[100] Wie die traditionellen Elemente, die der Apostel aufgegriffen hat, zeigen, ist diese Korrelation nirgendwo präformiert. Bei der Verbindung von Rechtfertigung und Glaube stoßen wir somit auf das entscheidende Spezificum der paulinischen Rechtfertigungslehre.

[101] Vgl. *E. Käsemann*, Römer 100 (³101): „Der Glaube läßt sich auf keine Weise ... dem Wort gegenüber verselbständigen. Er ist seinem Wesen nach Relation der Annahme und Bewahrung der Heilsbotschaft"; S. 87 (³88): „Glaube ist grundlegend, wie aktiv er sich im Gehorsam äußert, menschliche Rezeptivität."

[102] Zu εὐαγγέλιον verweise ich jetzt nur auf *G. Bornkamm*, Paulus, UB 119, ²1970, 165ff; *E. Käsemann*, Römer 4ff (³4ff).

zeichnet das πιστεύειν als πιστεύειν εἰς Χριστόν das Sein des geretteten Menschen schlechthin. Allein ἐκ πίστεως ist und bleibt er daher gerechtfertigt[103]. Die Taufe ist demgegenüber als einmaliger Akt die Incorporation in den „Leib Christi", was zugleich eine lebendige Gemeinschaft der Glaubenden bewirkt (1Kor 12,13.14–27). Während deshalb von der Taufe aoristisch gesprochen wird, ist es für Paulus kennzeichnend, daß er von wenigen, durch den jeweiligen Kontext bedingten Ausnahmen abgesehen, πιστεύειν im Präsens verwendet[104]. Denn nur als Glaubender ist der Mensch der Rechtfertigung teilhaftig, das heißt im nicht aufhörenden Angewiesensein auf die gegenwärtige Heilszuwendung und die rechtfertigende Macht Gottes. Daß er glaubend Gerechtigkeit vor Gott empfängt, heißt eben, daß er auf alles eigene religiöse Streben und damit auf die eigenen Werke und die eigene Gerechtigkeit verzichtet und daß er unablässig seinen Glauben erneuern muß[105]. In der Auffassung von der dem Menschen zuteil werdenden Gerechtigkeit Gottes als Glaubensgerechtigkeit liegt somit der entscheidende Unterschied zu aller älteren urchristlichen Tradition[106]. Von hier aus gewinnt die paulinische Rechtfertigungslehre ihre umfassende Bedeutung, wobei sie als Interpretation des εὐαγγέλιον Ἰησοῦ Χριστοῦ sowohl die Christologie in ihrer Einheit mit der Verkündigung von dem *sola gratia* handelnden Gott, der die Toten auferweckt und das Nichtseiende ins Sein ruft (Röm 4,17), verstehen lehrt, als auch zugleich die *iustificatio impiorum* in ihrer die gesamte Anthropologie bestimmenden Konsequenz aufzeigt, weil sie das *sola fide* im Gegensatz zu allem Streben und Gesetzeswerk ernst nimmt und zum Angelpunkt der Evangeliumsbotschaft macht[107].

---

[103] Entscheidend ist dabei, daß bei Paulus dieses Sein nur als Sein in der ungebrochenen Relation zu der Person Jesu Christi verstanden werden kann. Vgl. *G. Bornkamm*, Paulus 149ff.154f.

[104] Zu dem aoristischen Gebrauch vgl. Anm. 33. Der präsentische Gebrauch dagegen zielt darauf, daß das Sein der Geretteten in der jeweiligen Gegenwart nicht nur bewährt, sondern von Grund auf verantwortet sein will.

[105] Das bedeutet, daß der Gegensatz zu dem νόμος und den ἔργα νόμου eine konstitutive Bedeutung für das Verständnis der Rechtfertigung hat. Zugleich gilt, was Paulus 2Kor 4,16 über die glaubende Existenz des Menschen (hier mit ἔσω ἄνθρωπος bezeichnet) sagt: ὁ ἔσω ἡμῶν (sc. ἄνθρωπος) ἀνακαινοῦται ἡμέρᾳ καὶ ἡμέρᾳ.

[106] Das *sola fide* gibt es weder in irgendeiner jüdischen noch in der vorpaulinisch-christlichen Tradition. Deshalb formuliert *E. Lohse*, Gerechtigkeit Gottes (s. Anm. 92) 227, mit Recht: „Der Begriff der Gottesgerechtigkeit bei Paulus wird darum nur dann richtig erfaßt, wenn er als ‚Glaubensgerechtigkeit' begriffen wird" (vgl. S. 222).

[107] Im Blick auf das Verständnis der Rechtfertigung besteht heute Einigkeit darin, daß sie nur als ein von der Christologie her zu erfassendes theologisches Thema ver-

Gleichwohl hat die Berücksichtigung der traditionellen Aussagen über die Taufe und über die mit der Taufe gewährte Rechtfertigung für Paulus eine sachliche Funktion, die nicht übersehen werden darf[108]. Bereits die ihm vorgegebene Überlieferung hat in der Taufparänese jede Heilssicherheit zurückgewiesen und zu rechter Verantwortung in der Welt aufgerufen. Nachdrücklich hat dann der Apostel selbst vor eschatologischer Schwärmerei wie vor unverantwortlichem Handeln gewarnt. Der

standen werden kann; vgl. *E. Käsemann*, Gottesgerechtigkeit bei Paulus, in: *ders.*, EVB II (181–193) 189; *P. Stuhlmacher*, Ende des Gesetzes (s. Anm. 96) 32; *G. Klein*, Gottes Gerechtigkeit als Thema der neuesten Paulusforschung (1967), in: *ders.*, Rekonstruktion und Interpretation. Ges. Aufs., BEvTh 50, 1969, (225–236) 235. Ebenso besteht Einmütigkeit darüber, daß bei der Rechtfertigungslehre die Einheit von Christologie und Soteriologie eine entscheidende Rolle spielt; vgl. *H. Conzelmann*, Rechtfertigungslehre (s. Anm. 67) 196: die anthropologische Beziehung ist nicht „Anwendung" des Credo, sondern Ausdruck des Offenbarungsbezugs; *E. Käsemann*, Perspektiven 136: die Rechtfertigungslehre ist nicht „Konsequenz", sondern spezifisch paulinische „Interpretation" der Christologie. – Die Auseinandersetzung konzentriert sich hauptsächlich auf folgende Punkte: a) Wie ist das Verhältnis von Geber und Gabe bzw. heilschaffender und empfangener Gerechtigkeit genauer zu bestimmen? Von hier aus ergibt sich auch der Streit um den „Machtcharakter" der Gabe (*E. Käsemann*, Perspektiven 137f) bzw. um die unumgängliche „Individualisierung" dieser Gabe (*H. Conzelmann*, Rechtfertigungslehre 203). b) Wieweit ist von einer „Kontinuität" des göttlichen Handelns als Ausdruck seiner Treue zu sprechen? Vgl. bes. die Kontroverse zwischen U. Wilckens und G. Klein; dazu *E. Käsemann*, Perspektiven 110ff. c) Welche Bedeutung hat der Ausschluß des Gesetzes und der Gesetzeswerke für die Rechtfertigung? Wenn es zutrifft, daß die „Radikalität der paulinischen Theologie entscheidend in ihrer Gesetzeslehre ruht" (*E. Käsemann*, Römer 83), werden sich erhebliche Anfragen an Wilckens (vgl. Anm. 95) ergeben; *P. Stuhlmacher*, Ende des Gesetzes 36 Anm. 46, bemüht sich zutreffend um ein Aufzeigen der mit dem Gesetz verbundenen Dialektik, ohne der Antithese ihre Schärfe zu nehmen. d) Wie ist die Funktion des Glaubens im Zusammenhang des Rechtfertigungsgeschehens sachgerecht zu erfassen? Hier geht es keineswegs nur darum, auf die Zusammengehörigkeit zu verweisen (vgl. *ders.*, Ende des Gesetzes 27 Anm. 28), sondern um das Verständnis der πίστις selbst; nach *P. Stuhlmacher*, Gerechtigkeit Gottes (s. Anm. 79) 81ff, ist der Glaube „allein Gottes Werk und Gabe", so daß also Gott selbst den Glauben wirkt, „welcher der Grund der Rechtfertigung ist" (S. 82), womit jedoch der durch das Evangelium geweckte, aber für die menschliche Existenz entscheidende Charakter der Annahme und Antwort des Menschen zu kurz kommt.

[108] Dieses Problem wird meist nur in dem Sinne berücksichtigt, daß darauf hingewiesen wird, das Sakrament sichere bei Paulus das rechte Verständnis der Wortverkündigung und bewahre vor einer Spiritualisierung, umgekehrt schütze die Predigt das Sakrament vor einem schwärmerischen Mißverständnis und einer magischen Auffassung. So zB *E. Lohse*, Taufe und Rechtfertigung (s. Anm. 20) 244. Aber man sollte hier noch sehr viel spezieller nach dem Verhältnis von Taufe und Rechtfertigung fragen.

Gerettete sehe vielmehr zu, daß er nicht falle (1Kor 10,12). Denn allein im lebendigen Glauben bleibt der Getaufte des Heiles teilhaftig. Aber so sehr dieser ständig in der Gefahr des Unglaubens und des Heilsverlustes steht, Paulus vertritt kein einseitig aktualistisches Verständnis der Rechtfertigung[109]. Als Glaubender ist der Mensch durch die Taufe hineingenommen in das σῶμα Χριστοῦ und darf an den Gaben des Geistes nicht nur partizipieren, sondern er wird durch den Geist auch getragen und gehalten, weswegen er zwar seinen Glauben bewähren muß, aber auch in seiner Anfechtung von Gott selbst bewahrt wird (1Kor 10,13). So sieht sich der Glaubende auf das rechtfertigende Handeln Gottes unablässig angewiesen, dennoch ist die Situation vor und nach seiner Taufe nicht einfach dieselbe[110]. Sie bleibt darin allerdings gleich, daß nur der Glaube, mit dem der Mensch sich Christus unter Verzicht auf alles Eigene anheimgibt, ausschlaggebend ist für das Heil. Jedoch vor der Taufe ist er ein zur Gnade Gottes Gerufener, nach der Taufe ist er ein unter dem Zuspruch der Rechtfertigung bereits Lebender[111], der als Glaubender an der weltumspannenden Wirklichkeit der καινὴ κτίσις Anteil erhalten hat und in der Kraft des Heiligen Geistes leben darf[112]. Wer

---

[109] Diese Gefahr zeigt sich bei einer existentialtheologischen Interpretation, nicht zuletzt bei *R. Bultmann*, Theologie § 34. Deswegen besteht für ihn auch der einzige Unterschied zwischen Wortverkündigung und Taufe darin, daß diese das Heilsgeschehen ebenfalls vergegenwärtigt, „nur jetzt gerade auf ihn, den Täufling, speziell bezogen". Entscheidend sei in beiden Fällen für den Menschen nur, daß er sein Selbstverständnis und seine Lebensführung vom κύριος bestimmt sein läßt (S. 313).

[110] Vgl. Röm 6,12ff; Gal 3,26ff; dazu O. *Merk*, Handeln (s. Anm. 88) 25ff, der besonders die Bedeutung des ἐν Χριστῷ hervorhebt.

[111] Damit schließe ich mich nicht den Thesen von *H. Schlier*, Der Brief an die Galater, MeyerK VII, [14]1971, 90.94, an, wonach ein sakramentales Gerechtmachen und ein dadurch erst ermöglichtes „aus Glauben Gerechtfertigtwerden" als dessen Ziel unterschieden werden; dazu kritisch auch *K. Kertelge*, Rechtfertigung (s. Anm. 43) 241f. Vielmehr geht es darum, daß das Gerechtfertigtwerden aus Glauben das schlechthin Grundlegende ist, zugleich aber die Taufe im Dasein des Menschen eine Wende markiert, die für sein Leben im Glauben Konsequenzen insofern hat, als er seither auf empfangene Teilhabe am Heil zurückblicken und der Zugehörigkeit zum σῶμα Χριστοῦ gewiß sein darf.

[112] P. *Stuhlmacher*, Erwägungen zum ontologischen Charakter der καινὴ κτίσις bei Paulus, EvTh 27, 1967, 1–35, versteht das neue Sein als ein „aus dem apokalyptischen Schöpferwort heraus entlassenes und auf den Schöpfer wieder zulaufendes Welt-Zeit-Sein" (S. 29). Er will damit den Gegensatz von „naturhaft – geschichtlich" überwinden (S. 24) und kommt trotz der Überlegung, ob die spezifisch paulinischen Aussageformen noch ontologisch umschreibbar sind, zu dem Ergebnis, daß die „Neuschöpfung" als ein „ontologischer Begriff" bezeichnet werden müsse. Daran ist m. E. richtig,

im Geist lebt, darf und soll auch im Geist wandeln (Gal 5,25). Gerade in seiner eigenen Schwachheit erfährt der Glaubende jedoch die göttliche Kraft (2Kor 12,9). Deshalb gilt: „Er zweifelte nicht im Unglauben an der Verheißung Gottes, sondern wurde stark im Glauben und lobte Gott, fest überzeugt, daß Gott die Macht hat zu tun, was er verheißen hat" (Röm 4,20).

---

daß die καινὴ κτίσις eine von Gott her sich bereits realisierende Wirklichkeit ist, doch habe ich Bedenken, den Begriff „ontologisch" zu gebrauchen, weil dieser in vieler Hinsicht belastete und durch seine geschichtlichen Wandlungen auch nicht eindeutige Terminus mißverständlich bleibt und hinsichtlich der biblischen Vorstellungswelt erst noch weiterer Klärung und Präzisierung bedarf; dazu verweise ich auf meine diesbezüglichen Bemerkungen in dem Aufsatz „Exegese und Fundamentaltheologie", ThQ 155, 1975, (262–280) 272f. 276f.

MORS TURPISSIMA CRUCIS[1]

Die Kreuzigung in der antiken Welt und die „Torheit" des „Wortes vom Kreuz"

MARTIN HENGEL

1. Der gekreuzigte Gottessohn als „Torheit"

Wenn Paulus 1Kor 1,18 sagt, das „Wort vom Kreuz" sei in den Augen derer, „die verloren gehen", eine „*Torheit*", und wenn er dies durch die

---

[1] Orig Comm in Mt zu 27,22ff (p. 259 Klostermann, GCS 38): *non solum homicidam postulantes ad vitam, sed etiam iustum ad mortem et ad mortem turpissimam crucis. J. Schneider,* ThW VII 573 Anm. 15 gibt die als Überschrift zitierten Worte als Tacitus-Zitat aus; er hat offenbar bei *P. Winter,* On the Trial of Jesus, SJ 1, 1961, 185 Anm. 21, wo Tacitus und Origenes nebeneinander angeführt werden, den trennenden Strichpunkt übersehen. Die Aufklärung dieses komplizierten Sachverhaltes verdanke ich meinem Assistenten *Helmut Kienle,* der mich bei der Überprüfung der Belege, beim Sammeln des zerstreuten Materials und beim Lesen der Korrekturen unermüdlich unterstützt hat. Weiter danke ich Herrn *Gottfried Schimanowski* für seine Mithilfe, besonders für das Schreiben des Manuskripts. Herrn Kollegen *Rengstorf,* Münster, bin ich für die Mitteilung der Josephus-Belege zu προσηλοῦν, σταυρός, σταυροῦν und dem *Thesaurus linguae latinae,* München, für die Stellennachweise zu *patibulum* zu großem Dank verpflichtet. Zu den Begriffen *crux, crucifigo* etc bietet der Thesaurus in Bd IV, Sp. 1220ff reichstes Material, während die Angaben bei *Stephanus,* Thesaurus graecae linguae zu ἀναρτάω, ἀνασκολοπίζω, ἀνασταυρόω, κρεμάννυμι, προσηλόω, σανίς, σταυρός und σταυρόω doch recht zufällig sind und der Ergänzung durch die Indices zu den einzelnen griechischen Schriftstellern bedürfen. Es wurde versucht, für diesen Aufsatz alles erreichbare Material zu erfassen, doch bei der Kürze der zur Verfügung stehenden Zeit dürften viele Belege meiner Aufmerksamkeit entgangen sein, zumal es für viele Schriftsteller keine ausreichenden Indices gibt. Die wesentlichen Arbeiten zur Sache sind in der Bibliographie unten S. 183f aufgeführt (die Bemerkung „s. Bibl." verweist im folgenden auf diese Literaturliste); hervorgehoben seien vor allem *Zestermann, Stockbauer, Fulda,* Κεραμόπουλλος, *Blinzler, Dinkler* und *Peddinghaus* sowie die Studie von *H.-W. Kuhn,* weiter die leider allzu knappen PW-Artikel von *Hitzig* und *Latte.* Der wichtigste rechtsgeschichtliche Beitrag findet sich immer noch in *Th. Mommsens* klassischem „Römischen Strafrecht". Die neueren rechtsgeschichtlichen Untersuchungen enttäuschen zumeist. *L. Wenger* in seinem monu-

Aussage bekräftigt, daß der gekreuzigte Christus für die Juden zum
„Ärgernis" und für die Heiden zur „Torheit" geworden sei, so meint er
mit dem Begriff μωρία weder ein bloßes intellektuelles Defizit noch
einen Mangel an transzendenter Weisheit. Es geht um mehr. Auf die
richtige Spur führt uns Justin, wenn er den Anstoß, den die christliche
Botschaft der antiken Welt gab, mit dem Wort *Verrücktheit* (μανία)
umschreibt und diesen Vorwurf auf den Glauben der Christen an die
Heilsbedeutung und göttliche Würde des Gekreuzigten zurückführt:

> „Denn darin, erklären sie, bestehe unsere *Verrücktheit,* daß wir den
> zweiten Rang nach dem unwandelbaren und ewigen Gott, dem Welt-
> schöpfer, einem *gekreuzigten Menschen* zusprechen" (Apol I, 13,4).

Später räumt Justin ein, daß Wunderkräfte und Himmelfahrten durch
die Verführung der Dämonen auch den „Söhnen des Zeus" nachgesagt
werden, aber „bei keinem ... bildeten sie die Kreuzigung nach" (55,1)[1a].
Sie ist es, die die neue Botschaft von aller Mythologie der Völker trennt.

Man könnte zur Illustration des Vorwurfs der μωρία und μανία das
früheste heidnische Urteil über die Christen heranziehen. Der jüngere
Plinius, der von christlichen Apostaten erfahren hatte, daß die Christen
ihrem Herrn *quasi deo* Hymnen singen, verhörte auch zwei christliche
Sklavinnen auf der Folter. Das Ergebnis war freilich enttäuschend:

> „Ich fand nichts als einen wüsten, maßlosen Aberglauben" (nihil aliud
> inveni quam *superstitionem pravam immodicam,* Ep 10,96,4).

Besonders anstößig muß für ihn, den Statthalter Roms, gewesen sein,
daß der „wie ein Gott" *(quasi deo carmen dicere)* Verehrte von der
römischen Behörde als Staatsverbrecher ans Kreuz geschlagen worden
war[2]. Sein Freund Tacitus spricht, nicht weniger hart, von einer *exitiabi-
lis superstitio,* er kennt auch das schändliche Schicksal des Stifters: *auc-*

---

mentalen Werk „Die Quellen des Römischen Rechts", Wien 1953, führt die Stichworte „Kreuz", „Kreuzigung" in seinem umfangreichen Index nicht auf; ähnliches gilt
von den jüngeren Arbeiten zum römischen Strafrecht, zB W. *Kunkel,* Kleine Schriften.
Zum römischen Strafverfahren und zur römischen Verfassungsgeschichte, 1974. Einige
wenige Hinweise bringt P. *Garnsey* (s. Bibl.), 126ff. Für den Hinweis auf diese Arbeit
danke ich Herrn *Dr. W. Pöhlmann,* der mich auf mehrere rechtsgeschichtliche Untersuchungen aufmerksam gemacht hat. Eine umfassende Studie über die Kreuzigung in
der Antike einschließlich des Judentums bleibt nach wie vor ein dringendes Desiderat.

[1a] Zu Just Apol I, 22,3f s. Nachtrag S. 181.

[2] Zu Plinius und den Christen s. vor allem *R. Freudenberger,* Das Verhalten der
römischen Behörden gegen die Christen im 2. Jahrhundert, MBPF 52, [2]1969, dort
189ff zum Begriff *superstitio.* Horaz, Serm 2,3,79f zählt den Aberglauben zu den geistigen Krankheiten:

quisquis luxuria tristive superstitione / aut alio mentis morbo calet ...

*tor nominis eius Christus Tiberio imperitante per procuratorem Pontium
Pilatum supplicio adfectus erat;* das von ihm ausgehende „Übel" *(malum)* gelangte allzu rasch nach Rom, *quo cuncta undique atrocia aut
pudenda confluunt celebranturque* (Ann 15,44,3). Das präzise Wissen
wie die Verachtung des Tacitus wird auf von ihm durchgeführte Christenprozesse während seiner Statthalterschaft in der Provinz Asia zurückgehen[3].

Augustin (CivD 19,23 [p. 690 CC]) hat uns ein von Porphyrios berichtetes Orakel des Apollo erhalten, das dieser einem Manne auf die
Frage gab, was er tun könne, um seine Frau vom christlichen Glauben
abzubringen. Der Gott machte ihm wenig Hoffnung:

> Pergat quo modo uult inanibus fallaciis perseuerans et *lamentari fallaciis mortuum Deum cantans* (man vergleiche die Formulierung bei
> Plinius), *quem iudicibus recta sentientibus perditum pessima in speciosis ferro uincta mors interfecit.*

Dieses ursprünglich griechische Orakel bestätigt auf treffliche Weise das
Urteil eines Plinius oder Tacitus. Der angebliche Gott der Christen ist
– ein Widerspruch in sich selbst – ein *„toter Gott"*, der – damit nicht
genug – durch das gerechte Urteil seiner Richter, dh als Verbrecher, in
den besten Jahren, dh unzeitig, die schlimmste Todesart, festgeheftet
durch eiserne Nägel, dh den Kreuzestod, erdulden mußte.

Diese ausgesprochen verächtlichen Charakterisierungen, denen man
noch als vierte das Urteil Suetons von der *superstitio nova et malefica*
(Nero 16,3) hinzufügen könnte, sind kein Zufall. *Der Kern der christlichen Botschaft, den Paulus als* λόγος τοῦ σταυροῦ *charakterisiert, widersprach nicht nur der römischen Staatsräson, sondern überhaupt gemeinantiker Religiosität und hier wieder besonders dem Gottesbild aller Gebildeten*[4].

---

[3] Zum Christenbericht des Tacitus s. *H. Fuchs*, Der Bericht über die Christen in den
Annalen des Tacitus, in: Tacitus, hg. v. *V. Pöschl*, WdF 97, 1969, 558–604; *Freudenberger*, aaO 180ff; *R. Syme*, Tacitus, II, Oxford 1958, 468f.532f. S. auch den Kommentar von *E. Koestermann*, Cornelius Tacitus Annalen, IV, 1968, 253ff, dessen These,
daß Nero nicht die Christen, sondern „jüdische Anhänger des von Suet. Claud. 25,4
namhaft gemachten Agitators Chrestus, von Tacitus fälschlich mit den Christen gleichgesetzt" (253), verfolgt habe, völlig unhaltbar ist. Bei dem *supplicio adfectus* klingt
m. E. das *servile supplicium* an, vgl. Valerius Maximus 8,4,1; Script Hist Aug 15,12,2;
Hadrian: *ut homicidam servum supplicium cum iure iubete adfici,* nach *E. Levy,* Gesammelte Schriften, II, 1969, 476.

[4] Vgl. die Polemik des Celsus, Orig Cels 3,55, gegen die „Wollarbeiter, Schuster und
Tuchwalker, ganz ungebildete und bäurische Menschen" und, 6,34, gegen Jesus selbst.

Die hellenistische Welt kannte zwar den Tod und die Apotheose überwiegend barbarischer Halbgötter und Heroen der Urzeit: Attis und
Adonis starben durch einen Eber, Osiris wurde von Typhon-Seth, Dio-
nysos-Zagreus[5] durch die Titanen zerstückelt, allein der „Grieche" Herakles verbrannte sich selbst auf dem Berge Oite[6]; doch nicht nur war
dies alles in fernster Vergangenheit geschehen, sondern es handelte sich
überhaupt um fragwürdige Mythen, die entweder euhemeristisch oder aber
allegorisch gedeutet werden mußten[7]. Daß dagegen der *eine* präexistente
Sohn des *einen* wahren Gottes, der Schöpfungsmittler und Welterlöser,
in jüngster Zeit im hinterwäldlerischen Galiläa[8] und als Glied des obsku-
ren Judenvolkes[9] geboren worden, ja noch schlimmer, daß er den Tod
des gemeinen Verbrechers am Kreuz gestorben war, das war ein Glaube,

---

[5] *A. Henrichs,* Die Phoinikika des Lollianos, PTA 14, 1972, 56–79 möchte aus der
Menschenopferszene in dem von ihm veröffentlichten Romanfragment Spuren eines
Dionysos-Zagreus-Mysteriums herauslesen. Wesentlich scheint mir dabei jedoch zu
sein, daß für den Autor und seine Leser das Opfer eines Kindes, das Essen seines Her-
zens und das Trinken seines Blutes, verbunden mit dem Eid und anschließenden Aus-
schweifungen, schlechterdings barbarische Bräuche darstellen. Ähnlich mögen sich naive
Gemüter die christlichen Gottesdienste vorgestellt haben!
[6] Vgl. *M. Hengel,* Der Sohn Gottes, 1975, 42ff und zu seinem Tod Seneca, Herc
Oet 1725f:
    vocat ecce iam me genitor et pandit polos; / venio, pater. ...
Im Sterben ohne Zeichen von Schmerz offenbart er seine *maiestas* (1745f):
    stupet omne vulgus, vix habent flammae fidem,
    tam placida frons est, tanta maiestas viro.
Die himmlische Stimme des Erhöhten zu Alkmene (1966ff):
    ... quidquid in nobis tui
    mortale fuerat, ignis evictus tulit:
    paterna caelo, pars data est flammis tua.
Es mögen bei dieser Schilderung der Apotheose des Zeussohnes gewisse Analogien
zur Johannespassion bestehen, vom Markusbericht (15,21.34–36) ist sie weit geschieden. Die Tat des Herakles wurde von Peregrinus Proteus nachgeahmt, der sich bei den
olympischen Spielen 165 nChr selbst verbrannte. S. Lukian, De morte Per 20–45;
bes. 39: „Ich verließ die Erde und steige auf zum Olymp". S. Nachtrag S. 181.
[7] Dazu etwa Plut Is et Os 22–78; vgl. *Th. Hopfner,* Plutarch, Über Isis und Osiris II 1941 (Nachdr. 1967), 101ff. Gemäß c. 79 (382f) ist Osiris unbefleckt und rein
von allem, was mit Vergänglichkeit und Tod zusammenhängt.
[8] Zur abwertenden Bezeichnung „Galiläer" für Zeloten und Christen bis hin zu
Julian s. *M. Hengel,* Die Zeloten, AGSU 1, Leiden-Köln ²1976, 57ff; *H. Karpp,* Art.
Christennamen, RAC II (1114–1138) 1131.
[9] Celsus bei Orig Cels 4,36: „die Juden, die in einer Ecke Palästinas zusammen-
hocken"; vgl. 6,78: „Und du, glaubst du nicht, daß der zu den Juden geschickte Sohn
Gottes das allerlächerlichste Machwerk ist?"

den man eigentlich nur Verrückten zumuten konnte. Die echten Götter
Griechenlands und Roms unterschieden sich eben dadurch von den sterb-
lichen Menschen, daß sie *unsterblich* waren – mit dem σταυρὸς αἰσχύ-
νης (Hebr 12,2)[10], dem *infamis stipes*[11], dem *infelix lignum*[12], der *maxuma mala crux* der Sklaven bei Plautus[13] und dh zugleich mit „dem aufs
ehrloseste Gebundenen" und „in schändlichster Weise Hingerichteten",
wie Celsus den Gekreuzigten verspottet, haben sie schlechterdings nichts
gemein[14]. Diese Formulierung, die Celsus als Parodie der christlichen
Glaubensforderung den Christen selbst in den Mund legt, kommt dem
rhetorisch auskalkulierten Überschwang Ciceros in seiner – nie gehaltenen – dokumentationsartigen „Rede" gegen Verres nahe, wo Cicero den
Vorwurf erhebt, der ehemalige Statthalter Siziliens habe gegen einen
römischen Bürger in höchster Eile und ohne nähere Untersuchung das
crudelissimum taeterrimumque supplicium[15] verhängt und sofort vollziehen lassen.

---

[10] Die Meinung, daß Hebr 12,2 nicht von der allgemeinantiken negativen Haltung
gegenüber der Kreuzesstrafe, sondern primär vom „biblische(n) Psalter" beeinflußt sei,
kann ich gegen *H.-W. Kuhn* (s. Bibl.), 10f in keiner Weise teilen. Der Einfluß des
Psalters und das antike Urteil bedingen sich gegenseitig. Zu Hebr 12,2 vgl. jetzt
O. *Hofius*, Sklave und Herr, WUNT 17, 1976, 15ff.

[11] Anth Lat 415,23f:
Noxius infami districtus stipite membra / Sperat et a fixa posse redire cruce.
Vgl. dazu Laktanz, Inst 4,26,29: Die Frage, warum Gott für den Tod Jesu nicht
ein *honestum ... mortis genus* ausgedacht habe, *cur infami genere supplicii, quod
etiam homine libero quamuis nocente uideatur indignum.* Ähnlich Arnobius, Adv
Nat 1,36.

[12] Sen Ep mor 101,14. Dahinter steht wohl die altrömische Vorstellung von der den
Unterweltsgöttern geweihten *arbor infelix* als Hinrichtungsmittel, s. u. S. 149.

[13] S. die zahlreichen Belege im ThLL IV 1259: Capt 469; Cas 611; Men 66.849
(abscedat in malam magnam crucem); Poen 347 *(i dierecte in maxumam malam crucem)*; Persa 352; Rud 518; Trin 598. Noch häufiger ist das einfache *mala crux*. So vor
allem bei Plautus, s. aber auch Ennius, Ann 11 fr. 4 (p. 114 Argenio, Z. 349f): *malo
(sic) cruce, fatur, uti des, Iuppiter.* Noch drastischer bei C. Sempronius Gracchus:
Eo exemplo instituto dignus fuit, qui malo cruce periret (zitiert bei Sext. Pompeius
Festus, De Verb Sign p. 150 Mueller; p. 136 Lindsay).

[14] Orig Cels 6,10: πίστευσον ὃν εἰσηγοῦμαί σοι τοῦτον εἶναι υἱὸν θεοῦ, κἂν
ᾖ δεδεμένος ἀτιμότατα ἢ κεκολασμένος αἴσχιστα, vgl. 2,9.68. Achilles Tatius 2,37,3
nennt den vom Adler geraubten Ganymed, der einem Gekreuzigten gleiche (καὶ ἔοι-
κεν ἐσταυρωμένῳ [conj. Jacobs]), ein θέαμα ... αἴσχιστον, μειράκιον ἐξ ὀνύ-
χων κρεμάμενον. S. Nachtrag S. 181f.

[15] II,5,165: *apud te nomen civitatis ne tantum quidem valuisse ut dubitationem aliquam (crucis), ut crudelissimi taeterrimique supplici aliquam parvam moram saltem
posset adferre.*

Daß es sich bei dieser und ähnlichen Äußerungen des großen Staatsmannes und Gerichtsredners nicht nur um ein einsames „ästhetische(s) Urteil"[16] fern von der Meinung des einfachen Volkes und der übrigen antiken Welt handelt, mögen einige weitere griechische und lateinische Zeugnisse zeigen: Josephus etwa, der als jüdischer Ratgeber des Titus bei der Belagerung Jerusalems genügend Anschauungsunterricht erfahren hatte, nennt den Tod am Kreuz knapp und präzise θανάτων τὸν οἴκτιστον. Er berichtet in diesem Zusammenhang, daß die Drohung der römischen Belagerer, einen jüdischen Gefangenen zu kreuzigen, die Besatzung von Machärus zur Übergabe gegen freien Abzug veranlaßt habe[17]. Nach Lukian erhielt der Buchstabe T seine „üble Bedeutung" durch jenes „üble Werkzeug", das die Tyrannen nach einem „Tau" geformt errichteten, um daran „Menschen aufzuhängen"; das „Tau" gehöre darum selbst gekreuzigt[18]. Im Traumbuch Artemidors hat der Traum, man fliege zusammen mit Vögeln, nur für Verbrecher eine schlechte Vorbedeutung, „denn den Verbrechern bringt er die Todesstrafe, sehr häufig aber durch das Kreuz"[19]. Manetho zählt in seinem astrologischen Lehrgedicht eben diese Verbrecher auf, die mit dem gerechten Kreuzestode rechnen müssen, und nennt Mörder, Räuber, Unheilstifter (ἐμπεδολώβας) und Betrüger:

> „Mit (Glieder-)Verrenkung bestraft, sehen sie als ihr Schicksal den Pfahl, unter bittersten Qualen festgeheftet (und) angenagelt, übler Fraß für Raubvögel, schlimme Beute der Hunde"
> (στρεβλὰ κολαζόμενοι σκολοπηίδα μοῖραν ὁρῶσιν
> πικροτάτοις κέντροισι προσαρτηθέντες ἐν ἥλοις,
> οἰωνῶν κακὰ δεῖπνα, κυνῶν δ' ἑλκύσματα δεινά)[20].

---

[16] So *H.-W. Kuhn* (s. Bibl.), 8.

[17] Bell 7,202ff; Zit. 203; vgl. Lukian, Prom 4, er nennt den gekreuzigten Prometheus (s. u. S. 131f) ein οἴκτιστον θέαμα πᾶσι Σκύθαις.

[18] Iud voc 12: τῷ γὰρ τούτου (sc. des „Tau") σώματί φασι τοὺς τυράννους ἀκολουθήσαντας καὶ μιμησαμένους αὐτοῦ τὸ πλάσμα ἔπειτα σχήματι τοιούτῳ ξύλα τεκτήναντας ἀνθρώπους ἀνασκολοπίζειν ἐπ' αὐτά· ἀπὸ δὲ τούτου καὶ τῷ τεχνήματι τῷ πονηρῷ τὴν πονηρὰν ἐπωνυμίαν συνελθεῖν.

[19] Oneirocr 2,68 (p. 192 Pack): πανούργοις δὲ πονηρόν· τοὺς γὰρ ἀλιτηρίους κολάζει, πολλάκις δὲ καὶ διὰ σταυροῦ; vgl. 2,56 (p. 185): κακούργῳ μὲν ἰδόντι σταυρὸν βαστάσαι σημαίνει, ähnlich 1,76 (p. 82); Plut Mor 554 A/B (s. u. S. 172); Anth Graec 9,378 (III, p. 234 Beckby) und 9,230 (III, p. 658).

[20] Apotel 4,198ff (p. 69 Koechly), s. Nachtrag S. 182; vgl. 1,148f (p. 90): ἄλλον δ' ἀκλειῶς μετέωρον ἀνεσταυρώσας, οὗ τέτατ' ἀνδροφόνοις περὶ δούρασιν ἡλοπαγὴς χείρ, ähnlich 5, 219ff (p. 108). S. dazu *F. Cumont*, L'Égypte des astrologues, Brüssel 1937, 197 Anm. 1.

Dieses Zeugnis aus dem 3. Jh. nChr deutet die Ausweitung des Gebrauches der Todes- und Kreuzesstrafe in der späten Prinzipatszeit an; an der negativen Einstellung zur Kreuzigung selbst hatte sich dabei nichts geändert. Seit Plautus, dh seit dem 3. Jh. vChr, läßt sich *crux* als vulgäres Schimpfwort der unteren Schichten im Munde von Sklaven und Dirnen nachweisen[21], vergleichbar mit *furcifer, cruciarius* oder auch *patibulatus*[22]; es wäre hier im Deutschen etwa mit „Galgenvogel" oder „Galgenstrick" wiederzugeben. Die Aufforderung *i in malam maximam crucem* hatte etwa die Bedeutung „Geh zum Henker!"[23] Der durch Augustin erhaltene Satz Varros, des Zeitgenossen Ciceros, *lene est auribus cum dicimus „voluptas", asperum cum dicimus „crux"*[24] galt für die Peregrini und Stadtsklaven in Rom, die die Qualen der *crux* sehr konkret vor Augen hatten, nicht weniger als für die Glieder der römischen Nobilität.

Aber auch die griechischen Hörer des Paulus konnten sich mit dem λόγος τοῦ σταυροῦ kaum befreunden und noch weniger der Jude in dem von römischen Kreuzen heimgesuchten Palästina, zumal er stets das Fluchwort über den ans Holz Gehängten (Dtn 21,23) vor Augen hatte. *Ein gekreuzigter Messias, Gottessohn oder Gott mußte für sie alle einen Widerspruch in sich selbst, Anstoß und Torheit bedeuten.*

2. Prometheus, der „gekreuzigte Gott", in der Götterparodie Lukians

Wenn am Rande der antiken Götterszene doch einmal so etwas wie ein *„gekreuzigter Gott"* auftauchte, dann war dies nur als eine bösartige *Götterparodie* möglich, die damit die Willkür und Ungerechtigkeit des obsolet gewordenen Göttervaters vom Olymp verspotten wollte. So etwa in dem Dialog Prometheus aus der Feder Lukians, des Voltaire der Antike, der die Anschmiedung seines Helden an zwei Felsen im Kaukasus mit allen dazugehörigen termini technici als Kreuzigung darstellt; Prometheus soll, für jedermann sichtbar, an zwei Felsen über einer Schlucht angenagelt werden, und zwar so, daß sich „ein recht brauchbares Kreuz"

---

[21] S. ThLL IV 1259: Plaut Aul 522; Bacch 584; Cas 416 (conj. Camerarius); Persa 795; Terenz Eun 383; Petron Sat 126,9; vgl. 58,2: *crucis offla* (=*offula*)*, corvorum cibaria,* „Galgenvogel, Rabenaas".

[22] *Cruciarius:* ThLL IV 1218: Seneca dÄ Contr 7,6,2f.6; Apul Met 10,7,5 u. ö.; vgl. Isidorus Hisp, Etymol 10,48f: *Cruciarius eo quod sit cruce dignus. Patibulatus:* Plaut Most 53; vgl. Apul Met 4,10,4.

[23] ThLL IV 1258f: Plaut Asin 940; Bacch 902; Cas 93.641.977; Curc 611.693; Men 915.1017; Most 1133; Poen 271.495.511.789.1309 u. ö.; vgl. oben Anm. 13.

[24] De ling lat quae supersunt, ed. Goetz/Schoell p. 239. S. Nachtrag S. 182.

ergibt (ἐπικαιρότατος ... ὁ σταυρός)[25]. Hermes und Hephaistos tun die
grausame Arbeit wie zwei Sklaven, die von ihrem strengen Herrn die
gleiche Strafe befürchten müssen, falls sie sich erweichen lassen. Das
Ganze gipfelt in der Anklage, die Prometheus, der Titan, gegen Zeus erhebt, er schäme sich für diesen über dessen Kleinlichkeit und Rachsucht,
daß er ihn, *„einen so alten Gott, zur Kreuzigung schicke"* (ἀνασκολο-
πισθησόμενον πέμπειν παλαιὸν οὕτω θεόν, c. 7). Die Erschaffung der
Menschen nach dem Bilde der Götter sei notwendig gewesen, „denn ich
glaubte, das Göttliche sei ohne Gegenüber unvollkommen und erst ein
Vergleich würde es als das glücklichere Wesen zeigen" (c. 12). Auch
habe erst die Gabe des Feuers Götterverehrung und Opfer möglich gemacht: „Den Urheber der euch dargebrachten Ehren und Opfer habt ihr
gekreuzigt!" (c. 17). Gegen diese Argumente des γενναῖος σοφιστής kann
selbst der wortgewandte Hermes nichts mehr einwenden, er spricht Prometheus nur auf seine Seherkunst an. Damit wird das Ende versöhnlich;
als μάντις sagt Prometheus seine eigene Befreiung durch Herakles und
die volle Rehabilitierung voraus – ein gekreuzigter Gott kann bestenfalls auf Zeit gequält werden, aber niemals sterben[26]. Es ist m. E. kein
Zufall, daß der Autor dieser bissigen Parodie in seinem Peregrinus Proteus die Christen als „arme Teufel" (κακοδαίμονες) verspottet, „die *die
griechischen Götter verleugnen, dafür aber jenen gekreuzigten Sophisten
verehren* und nach seinen Gesetzen leben"[27].

---

[25] Prom 1: προσηλῶσθαι, ... καὶ οὗτος ἅπασι περιφανὴς εἴη κρεμάμενος, ...
οὔτε γὰρ ταπεινὸν καὶ πρόσγειον ἐσταυρῶσθαι χρή ..., ... ὑπὲρ τῆς φάραγ-
γος ἀνεσταυρώσθω ἐκπετασθεὶς τὼ χεῖρε..., 2: ...ἀντὶ σοῦ ἀνασκολοπισθῆναι
αὐτίκα. Zum Vorbild s. Hes Theog 521f u. Aesch Prom 52ff, s. Nachtrag S. 182.

[26] Zum Motiv des gekreuzigten Prometheus im Zusammenhang mit der Götterparodie s. noch Lukian, Iup conf 8 und De sacr 6: Prometheus war über alle Maßen
φιλάνθρωπος, καὶ τοῦτον εἰς τὴν Σκυθίαν (das Barbarenland schlechthin) ἀγα-
γὼν ὁ Ζεὺς ἀνεσταύρωσεν...; Dial deor 5(1),1. Anspielungen auf die Kreuzigung
des Prometheus finden sich noch bei Mart Spect 7,1ff; Ausonius, Technopaegnion (de
hist) 10,9ff (p. 163 Peiper). Zum Vergleich heranziehen könnte man auch Andromeda,
die von Perseus befreit wird, s. Manilius, Astr 5,551ff (p. 71 Housman) und Aristoph
Thesm 1011, dazu Eur Andr fr. 122–128 (p. 397ff Nauck); s. auch unten S. 167f. Nach
Philostr Her 19,17 (II, p. 214 Kayser) kreuzigt Herakles den Centauren Asbolos und
verfaßt ihm ein „Grabepigramm": „Asbolos, der ich weder die Strafe der Menschen
noch der Götter fürchte, an der spitzwipfligen, harzreichen Fichte aufgehängt, gewähre
ich ein großes Mahl den langlebenden Raben".

[27] De morte Per 13: τὸν δὲ ἀνεσκολοπισμένον ἐκεῖνον σοφιστὴν αὐτὸν προσ-
κυνῶσιν καὶ κατὰ τοὺς ἐκείνου νόμους βιῶσιν. Vgl. 11: ... ὃν ἔτι σέβουσι, τὸν
ἄνθρωπον τὸν ἐν τῇ Παλαιστίνῃ ἀνασκολοπισθέντα, ὅτι καινὴν ταύτην τελε-
τὴν εἰσῆγεν ἐς (sic) τὸν βίον.

3. Die Aufhebung der „Torheit" des Kreuzes durch den Doketismus

Die urchristliche Botschaft durchbrach mit ihrem paradoxen Gegensatz zwischen dem göttlichen Wesen des präexistenten Gottessohnes und seinem schändlichen Tod am Kreuz *alles, was die polytheistische oder auch monotheistisch-philosophische Umwelt an Analogien und Parallelen zur Christologie bereitstellen konnte.* Im Bereich der Erhöhungs-, Himmelfahrts-, ja selbst der Auferstehungsvorstellungen besitzen wir eher Vergleichspunkte. Das Leiden eines Gottes dagegen mußte sich rasch als *Schein* entlarven, die Strafe für den menschlichen Frevler folgte auf dem Fuße; ein schönes Beispiel bietet die Erzählung von Dionysos unter den Seeräubern[28] oder die Darstellung seiner Gefangennahme durch Pentheus in den Bakchen[29]. Jenes ἴδεσθέ μ' οἷα πρὸς θεῶν πάσχω θεός des Prometheus bei Aischylos (93) bestätigt als Ausnahme die Regel. Das im Philipperhymnus umschriebene Grundthema der Christologie wurde darum auch durch die Berufung auf einen vorchristlichen Erlösermythos nicht erhellt, sondern eher verdunkelt[30]. Gerade der gnostische „*Doketismus*", der das Ärgernis des Kreuzestodes Jesu im Interesse der Leidensunfähigkeit des Gottes der Philosophen beiseite räumte, erweist die gnostischen Systeme als sekundäre Versuche einer „akuten Hellenisierung" des christlichen Credos. Der Gedanke, daß man anstößige Ereignisse nicht den verehrten göttlichen oder halbgöttlichen Personen selbst, sondern nur ihren *„Abbildern"* zuschreiben dürfe, begegnet uns in der griechisch-römischen Welt mehrfach. So umarmt Ixion, von Liebe zu Hera entbrannt, der Gattin des Zeus, nicht diese selbst, sondern ein ihr gleichgestaltetes Wolkengebilde – zur Strafe

---

[28] Homerische Hymnen 7,12ff (Übers. v. A. Weiher):
„wollten ihn binden mit schmerzenden Fesseln, doch hemmten die Fesseln nicht seine Freiheit. Die weidenen Ruten fielen ins Weite, kaum daß sie Hände und Füße berührten ...".
Der Hymnus stammt erst aus hellenistischer Zeit.
[29] Eur Bakch 515ff: Der Gott muß nicht leiden, doch Pentheus wird für seine Hybris, den Gott fesseln zu wollen, büßen müssen. Vgl. 614ff (Übers. v. J. J. Donner/R. Kannicht):
(Dionysos) „Selber war ich mein Erretter mühelos und ohne Leid".
(Chorführerin) „Hatte Pentheus nicht in Schlingen fesselnd dir die Hand gelegt?"
(Dionysos) „Eben hier erfuhr er meinen Hohn: zu fesseln wähnt er mich Und berührt und griff mich niemals: eitle Hoffnung nährte er".
[30] *M. Hengel,* Der Sohn Gottes, 1975, 53ff; vgl. zu Phil 2,6ff jetzt *O. Hofius,* Sklave und Herr, WUNT 17, 1976.

für seinen Frevel wird er auf das Sonnenrad gebunden[31]. Helena, die Tochter des Zeus und der Leda, wurde in Wirklichkeit von Hermes nach Ägypten entrückt, während Paris nur ihr εἴδωλον, durch Hera, die Helena dem Paris mißgönnte, „aus himmlischem Äther gewirkt" (ὁμοιώσασ' ἐμοὶ εἴδωλον ἔμπνουν οὐρανοῦ ξυνθεῖσ' ἄπο), in „leerem Wahn" besaß (δοκεῖ μ' ἔχειν κενὴν δόκησιν, οὐκ ἔχων) und zur ehebrecherischen Gemeinschaft nach Troja entführte[32]. Nach Ovids Fasti (3,701f) entrückte die Göttin Vesta ihren Priester Caesar unmittelbar vor seiner Ermordung in die himmlischen Hallen Jupiters, der Stahl der Mörder traf nur sein Schattenbild[33]:

ipsa virum rapui *simulacraque nuda reliqui;*
quae cecidit ferro *Caesaris umbra* fuit.
ille quidem caelo positus Iovis atria vidit
et tenet in magno templa dicata foro.

Für Celsus, bzw. seinen jüdischen Gewährsmann, hätte Jesus seine Göttlichkeit dadurch beweisen müssen, daß er bei seiner Gefangennahme oder dann vom Kreuz weg entrückt worden wäre[34].

Wenn darum – nicht zuletzt angeregt durch die theologische Arbeit des Jubilars – in der Christologie das exegetische Interesse heute die einseitige Orientierung an den gnostischen Untiefen hinter sich läßt und sich in besonderer Weise der paulinischen Kreuzestheologie zuwendet, so hat dies sein gutes Recht, denn hier stehen wir vor dem unverwechselbaren Proprium der Verkündigung des Paulus, ja vor der theologischen Mitte des Neuen Testaments überhaupt, die sich auf den stellvertretenden Tod des Messias Jesus gründet, der sich weder in einen antiken noch in einen modernen Doketismus auflösen läßt. Freilich sollte man dabei die prägnanten Konturen der paulinischen Aussagen über das Kreuz Christi nicht vorschnell dadurch verwischen, daß man sie in einen fragwürdigen Gesamtzusammenhang einer allgemeineren frühchristlichen „Kreuzestheologie" bis hin zu Justin, den Gnostikern des 2. Jh. nChr

---

[31] S. *Weizsäcker*, Roscher II 1, 766ff; *Waser*, PW X 2, 1373ff.

[32] Eur Hel 31ff; vgl. El 1283f; dazu *Bethe*, PW VII 2, 2833ff. Die Entrückung eines Menschen durch einen Gott und seine Ersetzung durch ein εἴδωλον finden sich schon in Homers Ilias 5,311ff; 344ff; 445ff; 449ff, wo Aeneas durch seine Mutter Aphrodite und Apollo gerettet wird. Zu Herakles s. Odyss 11,601ff.

[33] Dazu *E. Bickerman*, Consecratio, in: Le culte des souverains dans l'Empire romain, Entretiens sur l'antiquité classique 19, Vandœuvres-Genève 1973, (1–25) 15f. Die Entrückung Caesars scheint in der seines Stammvaters Aeneas ihr Vorbild zu haben.

[34] Orig Cels 2,68: εἰ δ' οὖν τό γε τοσοῦτον ὤφειλεν εἰς ἐπίδειξιν θεότητος, ἀπὸ τοῦ σκόλοπος γοῦν εὐθὺς ἀφανὴς γενέσθαι. Vgl. oben Anm. 14.

und den apokryphen Apostelakten einordnet[35]. Denn die spätere, etwa seit Ignatius sichtbar werdende symbolisch-allegorische und kosmische Deutung hat mit dem paulinischen λόγος τοῦ σταυροῦ nur noch wenig gemein. Als Paulus seine missionarische Wirksamkeit begann, war das Urchristentum – anders als später zur Zeit des jüngeren Plinius oder des Märtyrers Justin – noch eine völlig unbekannte jüdische Sekte in Palästina und dem angrenzenden syrischen Gebiet. Der Tod des Gründers lag nur ganz wenige Jahre zurück, die Ereignisse davor und danach waren in der Gemeinde durch lebendige persönliche Erinnerung noch gegenwärtig. Daß auch Paulus – trotz seiner „Distanz" zur Jesustradition[36] – nicht völlig unwissend war, zeigen 1Kor 11,23ff und 1Kor 15,3ff und hier besonders V. 6. Wer Paulus die Verbindung zum *irdischen* Gekreuzigten ganz absprechen will, macht ihn zum doketischen Theologen.

Das bedeutet aber zugleich, daß das Kreuz Jesu für Paulus und seine Zeitgenossen noch keine erbauliche, symbolische oder spekulative, sondern eine sehr konkrete und höchst anstößige Größe darstellte, die die urchristliche Missionsverkündigung belastete. Kein Wunder, daß die junge Gemeinde in Korinth sich der Bindung an den *gekreuzigten* Chri-

---

[35] Diese Gefahr besteht in der Darstellung von *H.-W. Kuhn* (s. Bibl.), der, nach einer m. E. fragwürdigen Behandlung der Kreuzigung in der Antike (3–11), sofort mit der Rolle des Kreuzes in der christlichen Gnosis fortfährt (11ff) und erst zum Schluß (27ff) zu Paulus kommt. Die vielfältige gnostisch-spekulative Deutung des Kreuzes steht in schroffstem Gegensatz zum paulinischen Ansatz wie auch zu den Berichten der Synoptiker, ja selbst zu Johannes. Man sollte sie bei der Frage, was das Kreuz für das Urchristentum bedeutete, bestenfalls als Kontrast heranziehen; im übrigen hat wohl niemand behauptet, daß es eine irgendwie geartete *einheitliche* „frühchristliche Kreuzestheologie" während des 1. und 2. Jh. nChr gegeben habe. Die späteren Umdeutungen hatten ausgesprochen *apologetische* Bedeutung, sie sind zeitbedingt-fragwürdige Antworten auf den Vorwurf der „Torheit" des Kreuzes, s. Justin, Apol I, 55,8, wo διὰ λόγου im Sinne rationaler Demonstration zu verstehen ist. Zu diesen vielfältigen apologetischen Möglichkeiten s. *H. Rahner*, Griechische Mythen in christlicher Deutung, ²1966, 55ff und den Index 392 s. v. Kreuz, weiter *G. Q. Reijners* (s. Bibl.).

[36] Die nicht so total und radikal war, wie heute gerne behauptet wird. Man konnte als Missionar – *gerade wegen des Anstoßes des Kreuzes* – in der Antike einen gekreuzigten Messias und Gottessohn nicht verkündigen, ohne etwas über das Wirken und Sterben dieses Menschen zu sagen. Außerdem ist Informationsbedürfnis eine grundlegende menschliche Eigenschaft, vor allem, wenn es sich um eine neue, umstürzende Botschaft handelt. Paulus hat wissensdurstigen Menschen und nicht Steinen gepredigt! Wesentliches hat zur Sache schon längst *P. O. Moe*, Paulus und die evangelische Geschichte, 1912, gesagt. Freilich, andere, etwa Petrus und sein Missionskreis, hatten sehr viel mehr über Jesus zu berichten als Paulus; damit könnten gewisse Schwierigkeiten des Paulus bei seiner Mission zusammenhängen.

stus entzog und in das enthusiastische Geisterlebnis, in den Genuß himmlischer Offenbarungen und in eine mysterienhaft-sakramentale Heilssicherheit flüchtete[37]. Wenn demgegenüber Paulus der von ihm gegründeten Gemeinde vor Augen stellt, daß seine Predigt vom gekreuzigten Messias für die Juden einen religiösen „Anstoß" und für seine griechischen Hörer eine „Verrücktheit" bedeute, so steht hinter diesem Bekenntnis nicht zuletzt *die zwanzigjährige Erfahrung des größten christlichen Missionars,* der mit seiner Botschaft von dem Kyrios Jesus, der den Tod des Verbrechers am Schandpfahl starb, häufig nur höhnischen Spott und erbitterte Ablehnung geerntet hatte. Diese negative Erfahrung, die die paulinische Kreuzestheologie provozierte, setzte sich in der antichristlichen Polemik der antiken Welt fort. Walter Bauer hat völlig recht, wenn er zur Darstellung der Sicht des Leidens Jesu bei den jüdischen und heidnischen Gegnern des Christentums abschließend sagt: „Mit großem Nachdruck und hämischer Freude haben die Feinde stets auf die Schimpflichkeit des Todes Jesu hingewiesen. Ein Gott oder Gottessohn am Schandholz sterbend! Das war genug, um mit der neuen Religion fertig zu sein."[38] Eine vortreffliche Illustration hierzu bietet die bekannte Karikatur eines Gekreuzigten mit Eselskopf vom Palatin samt der dazugehörenden Unterschrift Ἀλεξάμενος σέβετε (= σέβεται) θεόν. Daß es sich hier um ein antichristliches Spottkruzifix handelt, sollte man nicht mehr bezweifeln. Der Eselskopf weist nicht auf eine gnostische Seth-Verehrung, sondern auf die jüdische Herkunft des christlichen Glaubens hin. Es gehörte zu den festen Topoi der antijüdischen Polemik der Antike, daß die Juden im Tempel einen Esel verehrten[39].

---

[37] Von einer „Gnosis in Korinth" sollte nicht mehr geredet werden. Die Vorgänge in der Gemeinde erfordern nicht die völlig irreführende Voraussetzung einer gnostischen Konkurrenzmission, die es – außer in der Einbildung einiger Exegeten – nie gegeben hat; sie lassen sich leicht aus dem hellenistischen (und jüdischen) Milieu dieser griechischen Metropole und Hafenstadt erklären.

[38] Das Leben Jesu im Zeitalter der neutestamentlichen Apokryphen, 1909 (Nachdr. 1967), 477. Vgl. 476: „Wie hätten sie sich auch sein *Leiden und Sterben* ... entgehen lassen sollen? Wenn irgendwo, so konnte hier die vernichtendste Kritik einsetzen. Jesus ist verfolgt und getötet worden, doch nicht als ein Gerechter, ein neuer Sokrates. Vielmehr ward er als Verbrecher belangt, überführt, strafwürdig befunden und dem Tode überantwortet".

[39] *E. Dinkler,* Signum Crucis (s. Bibl.), 150ff; *I. Opelt,* Art. Esel, RAC VI 592ff; dazu *E. Bickermann,* Ritualmord und Eselskult, MGWJ 71, 1927, 171–187; 255–264. Der Vorwurf des Eselskultes wurde schon durch Mnaseas von Patara um 200 vChr erhoben. S. jetzt *M. Stern,* Greek and Latin Authors on Jews and Judaism I, 1974, 97ff.

Das paulinische „Wort vom Kreuz" würde zur unverbindlichen und unverständlichen Spekulation, wollte man es vom konkreten Sterben Jesu am Kreuz trennen. Zumindest im Blick auf Paulus muß man der in der neuesten Untersuchung zur Sache vorgetragenen Behauptung widersprechen, „daß vom historischen Kreuz kein direkter Weg zur theologischen Rede vom ‚Kreuz' führte"[40]. Das Wort ist bei ihm noch keineswegs zur bloßen „theologischen Chiffre" verblaßt. Eine derartige Behauptung deckt nur den mangelnden Wirklichkeitsbezug und die geschichtsferne Blässe unseres heutigen exegetischen Betriebs auf. M. a. W.: *in der paulinischen Verkündigung ist das „Werkzeug der Hinrichtung Jesu" noch in seiner ganzen Anstößigkeit gegenwärtig.*

4. Die Kreuzigung als „barbarische" Todesstrafe von höchster Grausamkeit

Schon die bisherigen Beispiele versuchten zu zeigen, daß das Kreuz für die antiken Menschen, Griechen, Römer und Juden, keine gleichgültige, beliebige, sondern eine durchaus anstößige, ja im ursprünglichen Sinne des Wortes „obszöne" Sache bedeutete. Im folgenden soll versucht werden, die Haltung der antiken Welt gegenüber der Kreuzesstrafe noch ausführlicher zu beleuchten.

In der Regel findet sich in der Literatur der Hinweis, daß die Kreuzesstrafe bei den *Persern* aufgekommen sei. Dies ist insofern richtig, als wir bereits bei Herodot zahlreiche Hinweise auf die Kreuzigung als Hinrichtungsmittel bei den Persern finden, die durch spätere Zeugnisse des Ktesias ergänzt werden können[41]. Sie galt jedoch in der Antike als eine Exekutionsweise *barbarischer Völker* überhaupt, so auch der Inder[42],

---

[40] *H.-W. Kuhn* (s. Bibl.), 29.

[41] Herodot 1,128,2; 3,125,3; 3,132,2; 3,159,1: Darius läßt 3000 Einwohner von Babylon kreuzigen; 4,43,2.7; 6,30,1; 7,194,1f; Thuc 1,110,1, dazu Ktesias (nach Photios) FGH 688 F 14,39: die Pfählung des ägyptischen Usurpators Inaros auf drei Kreuzen (vermutlich die Pfählung seines Leichnams): καὶ ἀνεσταύρισεν μὲν ἐπὶ τρισὶ σταυροῖς; F 14,15: Amastris läßt den Kaunier Alkides kreuzigen; zur Behandlung des Leichnams des jüngeren Kyros s. Xenoph An 3,1,17 und Plut Artax 17,5; dafür läßt Parysatis, die Königsmutter, den Offizier, der auf Befehl Artaxerxes' II. den Leichnam des Kyros geschändet hatte, schinden und kreuzigen, Ktesias F 16,66. Vgl. Esr 6,11 und das Kreuz Hamans Est 5,14; 7,9f, s. u. S. 176f.

[42] S. den Drohbrief des indischen Königs Stabrobates an Semiramis: Diodor, Bibl 2,18,1.

Assyrer[43], Skythen[44] und Taurer[45], ja selbst der Kelten, die nach Poseidonios ihre Delinquenten auf diese Weise *den Göttern als Opfer darbrachten*[46], später dann der Germanen[47] und Britannier[48], die sie wohl von den Römern übernommen und mit eigenen Strafformen verbunden hatten, und schließlich der Punier, die vielleicht die Lehrmeister der Römer wurden[49]. Eine typisch griechische Strafe war die Kreuzigung ursprünglich nicht; die Griechen besaßen jedoch verwandte Strafformen und übernahmen die Kreuzigung teilweise (s. u. S. 166ff). Sowohl die griechische wie die römische Geschichtsschreibung liebte es, die Kreuzigungen durch *Barbaren* hervorzuheben, die eigene Anwendung dagegen eher zurücktreten zu lassen. Als abschreckende Beispiele in hellenistischer Zeit werden u. a. der Römerfeind Mithridates[50] und zwei Thrakerkönige, der grausame Diëgylis sowie sein noch schlimmerer Sohn Ziselmios, genannt[51].

Ein besonderes Problem ist, *daß die Form der Kreuzigung stark variierte.* Vor allem zwischen der Kreuzigung des noch lebenden Opfers und der Aufhängung des Leichnams eines auf andere Weise Hingerichteten wird nicht immer eindeutig unterschieden. In beiden Fällen handelte es sich um eine äußerste *Schändung* des Betroffenen. Herodot gebraucht für das Aufhängen Lebender in der Regel das Verb ἀνασκολοπίζειν und für das Pfählen des Leichnams ἀνασταυροῦν. Ktesias verwendet dagegen nur ἀνασταυρίζειν. Entscheidend bei allen diesen Verben ist, daß das

---

[43] Der assyrische König Ninos läßt den medischen König Pharnos kreuzigen: Diod 2,1,10. Lukian, Iup conf 16: Sardanapal wird König und läßt den ἀνὴρ ἐνάρετος Goches ans Kreuz schlagen. Diese Nachrichten haben natürlich keinerlei historischen Wert. Zur Pfählung bei den Assyrern s. ANEP 362.368 und das Flachrelief von der Erstürmung von Lachisch 373.

[44] Kyros wird von den Skythen gekreuzigt: Diod 2,44,2; vgl. Just Epit 2,5,6; Tertullian, Marc 1,1,3: *crucibus Caucasorum.*

[45] Eur Iph Taur 1429f: König Thaos will die Fremdlinge vom Felsen stürzen oder an einem Pfahl befestigen (bzw. aufspießen) lassen. Zu den Thrakern s. u. Anm. 51.

[46] Diod 5,32,6: ... καὶ περὶ τὰς θυσίας ἐκτόπως ἀσεβοῦσι· τοὺς γὰρ κακούργους ... ἀνασκολοπίζουσι τοῖς θεοῖς ...

[47] Tac Ann 1,61,4; 4,72,3, vgl. dagegen Germ 12,1: *proditores et transfugas arboribus suspendunt.* S. auch Dio Cass 54,20,4; Florus, Epit 2,30 = 4,12,24.

[48] Tac Ann 14,33,2: *sed caedes patibula, ignes cruces, tamquam redditori supplicium, at praerepta interim ultione, festinabant.* Vgl. Dio Cass 62,7,2 und 11,4.

[49] Polyb 1,11,5; 24,6; 79,4f; 86,4; Diod 25,5,2; 10,2; 26,23,1; Liv 22,13,9; 38,48,13; Val Max 2,7 ext. 1; Just Epit 18,7,15; Sil Ital Pun 1,181.

[50] Appian, Mithr 97; vgl. Val Max 9,2 ext. 3.

[51] Diod 33,15,1; 34/35,12,1; vom Vater werden Pfählungen, vom Sohn Kreuzigungen berichtet.

Opfer an einen Pfahl, σκόλοψ oder σταυρός, festgenagelt bzw. angebunden wurde. Ob dabei Querbalken verwendet wurden, ist aus den Texten in der Regel nicht ersichtlich. So wurde Polykrates von Samos, das berühmteste Beispiel in der Antike, nicht im strengen Sinne gekreuzigt, sondern, von dem Satrapen Oroites in den persischen Machtbereich gelockt, „auf unsagbare (grausame) Weise" getötet und dann als Leichnam an einen Pfahl gehängt: ἀποκτείνας δέ μιν οὐκ ἀξίως ἀπηγήσιος Ὀροίτης ἀνεσταύρωσε (Herodot, Hist 3,125,3). Die spätere Tradition sah dennoch in ihm den Prototyp des Gekreuzigten, dessen Schicksal den plötzlichen Wechsel von höchstem Glück zu tiefstem Unglück abbildete[52]. Nach Herodot wurden die Worte ἀνασκολοπίζειν und ἀνασταυροῦν Synonyma. Josephus zB gebraucht nur (ἀνα)σταυροῦν, Philo auf der anderen Seite nur ἀνασκολοπίζειν für dieselbe Sache. Keines der beiden Verben erscheint dagegen in der einzigen ausführlichen Schilderung, die Herodot von einer Kreuzigung gibt. Ihr zufolge ließ der athenische Feldherr Xanthippos den Satrapen Artayktes wegen Religionsfrevels am selben Ort, wo einst Xerxes die Brücke über den Hellespont geschlagen hatte, hinrichten: „Sie nagelten ihn an Bretter und hängten ihn auf (⟨πρὸς⟩ σανίδας προσπασσαλεύσαντες ἀνεκρέμασαν). Den Sohn steinigten sie vor den Augen des Artayktes."[53] Noch eingehendere Darstellungen haben wir nur wenige und erst aus römischer Zeit; am ausführlichsten überhaupt sind die der Passionsberichte der Evangelien. Kein Schriftsteller der Antike wollte sich bei diesem grausamen Vorgang zu lange aufhalten.

Selbst im römischen Machtbereich, wo der Ablauf der Exekution in gewisser Weise als „genormt" erscheinen konnte – er schloß die vorausgehende Geißelung und häufig auch das Tragen des Balkens zur Richtstätte ein, wo der Delinquent emporgehoben und mit ausgestreckten Händen angenagelt wurde –, blieb die Form der Hinrichtung recht variabel: *Die Kreuzigung war eine Strafe, bei der sich die Willkür und der Sadismus der Henker austoben konnten.* Für sich selbst spricht das Zeugnis des Seneca:

---

[52] Cic Fin 5,92; Val Max 6,9 ext. 5; Fronto, Ep de bello Parth (I p. 208f van den Hout); Lukian, Charo 14. Vgl. auch die Ausdeutung bei Philo in De prov fr. 2,24f, nach Eus Praep Ev 8,14,24f (p. 468f Mras, GCS 43,1) und der armenischen Fassung 2,25, deutsche Übers. v. *L. Früchtel,* in: Philo von Alexandria VII 1964, 335f: „womit er ein grausames Schicksal erfüllte". Seine Kreuzigung ist für Philo die letzte Strafe für sein frevelhaftes Leben.

[53] Herodot 9,120, vgl. 7,33: ζῶντα πρὸς σανίδα διεπασσάλευσαν. *I. Barkan* (s. Bibl.), 69f, vermutet hier den Vollzug des „Apotympanismos", s. u. S. 167ff.

Video istic cruces, non unius quidem generis, sed aliter ab aliis fabrica-
tas: capite quidam conuersos in terram suspendere, alii per obscena
stipitem egerunt, alii brachia patibulo explicuerunt[54].

Von Josephus haben wir einen Augenzeugenbericht über das Schicksal
jüdischer Flüchtlinge, die versuchten, aus dem eingeschlossenen Jerusalem zu entweichen:

„Wenn sie (von den Römern) gefaßt wurden, leisteten sie aus Notwehr
Widerstand, und nach einem Kampf schien es zu spät zu sein, Scho-
nung zu erbitten. Nachdem sie gegeißelt und mit jeder denkbaren Art
von Folter vor dem Tode gequält worden waren, wurden sie gegenüber der Mauer gekreuzigt (μαστιγούμενοι δὴ καὶ προβασανιζόμενοι
τοῦ θανάτου πᾶσαν αἰκίαν ἀνεσταυροῦντο τοῦ τείχους ἀντικρύ)“. Titus
habe zwar Mitleid mit ihnen empfunden; da ihre Zahl jedoch – angeblich bis zu 500 täglich – zu groß gewesen sei, um das Risiko der
Freilassung oder Bewachung auf sich zu nehmen, habe er seine Soldaten gewähren lassen, zumal er hoffte, durch den grauenhaften Anblick
der zahllosen Kreuze die Belagerten eher zur Übergabe zu bewegen:
„Die Soldaten nagelten darum aus Zorn und Haß jeden der Gefangenen zur Verhöhnung in einer anderen Stellung ans Kreuz (προσήλουν
... ἄλλον ἄλλῳ σχήματι πρὸς χλεύην), und wegen der großen Menge
fehlte es an Raum für die Kreuze und an Kreuzen für die Körper."[55]
Wahrscheinlich geschah ähnliches auf unmittelbare kaiserliche Anweisung hin bei der ersten Christenverfolgung durch Nero in Rom. Die berühmte und umstrittene Stelle Tacitus, Ann 15,44,4 ist wohl dementsprechend zu deuten:

---

[54] Dial 6 (de cons ad Marc), 20,3; vgl. Mart Petri et Pauli 60 (I p. 170 Lipsius).
Y. Yadin, Epigraphy (s. Bibl.) glaubt, bei dem bei Jerusalem entdeckten Gekreuzigten
sei auf Grund epigraphischer und anatomischer Evidenz anzunehmen, daß er umgekehrt angeheftet wurde. Zur „Aufspießung" des Opfers als Variation s. u. Anm. 123.
Eine andere Art der Folter beschreibt Apul Met 8,22,4f.

[55] Bell 5,449–451. Zu Massenkreuzigungen in Judäa s. noch Bell 2,75 (Ant 17,295):
Varus vor Jerusalem 4 vChr; vgl. auch 2,241: Kreuzigung aller von Cumanus gemachten jüdischen Gefangenen, nach Ant 20,129 werden die samaritanischen und jüdischen Hauptschuldigen gekreuzigt. Vgl. Bell 2,253: Felix läßt eine große Zahl von
„Räubern" kreuzigen; 2,306.308: Kreuzigungen durch Florus in Jerusalem. Ein jüdischer Gefangener bei Jotapata 3,321: πρὸς πᾶσαν αἰκίαν βασάνων ἀντέσχεν καὶ
μηδὲν διὰ πυρὸς ἐξερευνῶσι τοῖς πολεμίοις περὶ τῶν ἔνδον εἰπὼν ἀνεσταυρώθη
τοῦ θανάτου καταμειδιῶν. 5,289: Titus läßt einen bei einem Ausfall gefangenen Juden vor der Mauer kreuzigen, εἴ τι πρὸς τὴν ὄψιν ἐνδοῖεν οἱ λοιποὶ καταπλαγέντες.
Vgl. u. S. 177 Anm. 162.

et pereuntibus addita ludibria, ut ferarum tergis contecti laniatu canum interirent aut crucibus adfixi atque flammati, ubi defecisset dies, in usu⟨m⟩ nocturni luminis urerentur.

Dh das *aut crucibus adfixi atque flammati* ist nicht als Glosse auszuscheiden, vielmehr war die Kreuzigung die Grundstrafe, zu der die *addita ludibria* hinzukamen[56]. Dio Cassius bestätigt – freilich ohne die Christen zu nennen, die er in seinem ganzen Werk totschweigt – die Grausamkeit Neros gegenüber Gekreuzigten (63,13,2).

Daß der Kreuzigung eines Verbrechers häufig verschiedene Arten von Folter vorausgingen, bezeugt bereits Plato im Gorgias. Dort sucht Polos den Sokrates durch ein besonders abschreckendes – aber doch wohl der politischen Wirklichkeit jener Zeit entnommenes – Beispiel zu widerlegen:

„Wenn ein Verbrecher dabei ergriffen wird, daß er die tyrannische Despotie anstrebt, und dann gefoltert und verstümmelt wird, ihm die Augen ausgebrannt und ihm sonst noch große und vielfache Qualen angetan werden, wenn er sieht, daß Weib und Kinder ebenso behandelt werden und er zuletzt ans Kreuz geschlagen (τὸ ἔσχατον ἀνασταυρωθῇ)[57] oder mit Pech verbrannt wird, soll der glückseliger sein, als wenn er entrinnt, sich als Tyrann erhebt und als Herrscher der Polis weiterlebt, wobei er tut, was er will, beneidenswert und glückselig gepriesen von den Bürgern und den anderen Fremden?" Sokrates weist die Alternative als falsch zurück, denn „von zwei Elenden kann keiner glücklicher sein", freilich sei der, der zur tyrannischen Macht kommt, noch übler dran als der unter Folter Getötete – eine Antwort, die den Gegner zu höhnischem Gelächter reizt (473b–e).

In dem berühmten Beispiel vom leidenden Gerechten (Politeia 361e bis 362a) nimmt Plato das Motiv wieder auf, wendet es jetzt allerdings in umgekehrter Weise an, wobei seine Argumentation prophetische Eindringlichkeit gewinnt. Glaukon stellt den vollkommenen Ungerechten dem vollkommenen Gerechten gegenüber (360e). Der Ungerechte wird durch seine Klugheit und Bedenkenlosigkeit Macht und Reichtum und dazu den Anschein höchster Gerechtigkeit erlangen, der vollkommene

---

[56] S. dazu *Koestermann*, aaO (Anm. 3), 257 im Anschluß in Capocci, der ähnliche Vorgänge vermutet wie von Jos Bell 5,451 oder Philo Flacc 72.85 geschildert. Zum reichen Arsenal derartiger Grausamkeiten s. noch Sen Dial 5 (= de ira 3), 3,6.

[57] Philo Flacc 72: Nach allen vorausgegangenen Foltern ἡ τελευταία καὶ ἔφεδρος τιμωρία σταυρὸς ἦν. Vgl. Eus Hist Eccl 3,32,6: καὶ ἐπὶ πολλαῖς ἡμέραις αἰκιζόμενος ... καὶ ἐκελεύσθη σταυρωθῆναι.

Gerechte wird dagegen als Ungerechter angesehen und behandelt und schließlich – Glaukon entschuldigt sich für die drastisch-realistische Sprache – zu Tode gefoltert werden:

> „gegeißelt, gefoltert, gefesselt, an beiden Augen geblendet, und zuletzt wird er, nachdem er alle Leiden erduldet, *am Pfahl aufgehängt* (τελευτῶν πάντα κακὰ παθῶν ἀνασχινδυλευθήσεται) und erkennen, daß man nicht gerecht sein muß, sondern nur den Willen haben muß, den Anschein dazu zu geben".

Plato hatte gewiß bei dem vollkommenen Gerechten, der sich nicht um das Urteil seiner Mitbürger kümmert, das Beispiel des Sokrates vor Augen. Um so mehr fällt auf, daß er hier – im Gegensatz zu der „humanen" Hinrichtung des Sokrates – den Gerechten auf eine für athenische Bürger ungewöhnliche, höchst barbarische Weise vom Leben zum Tode kommen läßt[58]. Da später auch Demosthenes, bei der Abwehr einer falschen Mordanklage gegen ihn, das „Angenageltwerden" als schlimmste Form der Todesstrafe bezeichnet (Or 21,105), muß man annehmen, daß die Kreuzigung bzw. ähnliche Hinrichtungsformen auch den Griechen nicht völlig fremd waren (s. u. S. 166ff).

Die *Verbindung von Kreuzigung und vorhergehender Folter* war auch bei den Puniern und in dem *relativ „genormten" Ablauf bei den Römern* das Übliche; zumindest hat man vor der Exekution die *Geißelung* vollzogen[59]. Wahrscheinlich wurden allerdings durch die vorausgehende

---

[58] Plato denkt wohl an eine besonders grausame Form des „Apotympanismos" (s. u. S. 167ff). Es fällt auf, daß das Motiv des „gekreuzigten Gerechten" bei Plato in der nichtchristlichen Antike nicht aufgenommen wird, außer vielleicht einmal bei Lukian, s. u. S. 176. Zur christlichen Deutung seit den Acta Apollonii 39f und Cl Al Strom 5,108,2f und 4,52,1f s. *E. Benz* (s. Bibl.), 31ff. Für den leidenden Gerechten *ohne* die offenbar anstößige Kreuzigung gibt es dagegen Belege, s. zB Maximus von Tyrus, Phil 12,10 (p. 156f Hobein); Cic Rep 3,27 im Anschluß an Carneades; vgl. Sen Dial 2 (de const sap) 15,1. Ergänzend und korrigierend zu Benz: *H. Hommel,* Die Satorformel und ihr Ursprung, ThViat 1952, (108–180) 124–133, der auf die makedonischen Parallelen verweist, s. u. S. 169 Anm. 133. Bezeichnenderweise erscheint das seltene Wort ἀνασκινδα(υ)λεύειν erst wieder bei den Kirchenvätern unter ausdrücklicher Berufung auf Plato, s. Eus Praep Ev 12,10,4; Theodoret, Affect 8 (MPG 83,1012).

[59] Dazu *J. Blinzler* (s. Bibl.), 321ff, der auf Dig 48,19,8,3 verweist, wonach viele bereits während der Folter starben. Vgl. Dion Hal, Ant Rom 5,51,3: μάστιξι καὶ βασάνοις αἰκισθέντες ἀνεσκολοπίσθησαν ἅπαντες und 7,69, 1f; Diod 18,16,3 s. Nachtrag S. 182 zu Anm. 136. Die Geißelung als Todesstrafe *more maiorum* wurde Nero angedroht (Suet Nero 49,2): *nudi hominis cervicem inseri furcae, corpus virgis ad necem caedi.* Nach der Sage wurde sie schon von dem König Tarquinius Superbus öffentlich vollzogen: Dio Cass 2, fr. 11,6; die Opfer wurden dabei vor den Augen ihrer Mitbürger nackt an Pfähle gebunden und zu Tode gegeißelt: ἐν τοῖς τοῦ δήμου ὄμμασι

Marter die eigentlichen Qualen des Gekreuzigten verkürzt, die vor allem in der Dauer des Leidens bestanden. Ein später Text betont ausdrücklich, daß die seit Konstantin allmählich an die Stelle der Kreuzigung tretende Aufhängung am Galgen *(furca)* die wesentlich humanere Strafe sei:

> sed patibuli (= furca) minor poena quam crucis. Nam patibulum ad-poenos statim exanimat, *crux autem subfixos diu cruciat*[60].

Valerius Maximus (2,7,12) spricht darum im Anschluß an Livius (30, 43,13) davon, daß der ältere Scipio die römischen Deserteure am Ende des 2. Punischen Krieges härter *(grauius)* bestraft habe als die latinischen Bundesgenossen:

> hos enim tamquam patriae fugitiuos *crucibus adfixit,* illos tamquam perfidos socios securi percussit.

In seinem 101. Brief an Lucilius verteidigt Seneca in scharfer Form die Möglichkeit des Selbstmords als des letzten Weges zur Freiheit in ausweglosem Leiden gegen Maecenas, der in Versform die Krankheiten und Schmerzen seines Alters mit der Qual der Gekreuzigten vergleicht, aber doch das Leben um jeden Preis festhalten will:

> Debilem facito manu, debilem pede coxo,
> Tuber adstrue gibberum, lubricos quate dentes;
> Vita dum superest, benest; hanc mihi, vel *acuta*
> *Si sedeam cruce,* sustine.

Für Seneca ist dagegen ein Leben, das sich mit dem qualvollen Hängen am Kreuz vergleichen läßt, wo allein der einschneidende Sitzpflock den Körper stützt, ein Leben, in dem der einzige Trost im Ende der Hinrichtung – dem Tod – besteht, nicht mehr lebenswert:

> Est tanti vulnus suum premere et *patibulo pendere districtum,* dum differat id, quod est in malis optimum, supplicii finem?

σταυροῖς τε γυμνοὺς προσέδησεν καὶ ῥάβδοις αἰκισάμενος ἀπέκτεινεν (I p. 27 Boissevain). Scipio Africanus maior verfuhr so zur Aufrechterhaltung militärischer Disziplin in Spanien (Dio Cass 16 nach Zonaras 9,10,8 [I p. 251]), C. F. Fimbrias wendete die Strafe im mithridateischen Krieg in Makedonien an (Dio Cass 30–35, fr. 104,6 [I p. 348]); auch der letzte hasmonäische König Antigonos wurde 38 vChr auf diese Weise geschändet und mit dem Beil hingerichtet, „was kein anderer König von den Römern erlitten hatte" (Dio Cass 49,22,6). Vgl. *M. Fuhrmann,* aaO (s. Anm. 87), 1590ff.

[60] Isidorus Hisp, Etymol 5,27,34 (Lindsay); in die Nähe einer Kreuzigung kommt Apul Met 8,22,5, wo ein Sklave an einen Baum gebunden mit ausgesuchter Grausamkeit langsam *(per longi temporis cruciatum)* zu Tode gemartert wird. S. dazu *Fulda* (s. Bibl.), 115f.

Ein langsames Dahinsterben verdient den Namen „Leben" nicht mehr. Es folgt eine in der antiken Literatur einzigartige Schilderung des allmählichen Verendens des Gekreuzigten:

> Invenitur aliquis, qui velit inter supplicia tabescere et perire membratim et totiens per stilicidia emittere animam quam semel exhalare? Invenitur, qui velit adactus ad illud infelix lignum, iam debilis, iam pravus et in foedum scapularum ac pectoris tuber elisus, cui multae moriendi causae etiam citra crucem fuerant, trahere animam tot tormenta tracturam?[61]

Es ist im Blick auf die antiken Zeugnisse unverständlich, daß in jüngster Zeit mehrfach die Meinung geäußert werden konnte, die Kreuzigung sei „ihrem Wesen nach eine unblutige Todesart" gewesen[62]. Hinter einer derartigen, aller historischen Evidenz widersprechenden Äußerung steht die fragwürdige Tendenz, die angeblich obsolet gewordenen neutestamentlichen Aussagen über den blutigen Opfertod Jesu von der immer noch hochgeschätzten theologia crucis zu trennen. Neben der Tatsache, daß die Annagelung an Händen und Füßen in römischer Zeit die Regel war[63], muß die ebenfalls stereotype römische Begleitstrafe der Geißelung

---

[61] Vgl. Dial 3 (de ira 1),2,2: *alium in cruces membra diffindere* (als Klimax am Ende einer Aufzählung von grausamen Todesarten); Dial 5 (de ira 3), 3,6: *eculei et fidiculae et ergastula et cruces et circumdati defossis corporibus ignes ... uaria poenarum, lacerationes membrorum;* s. auch Val Max 6,9 ext. 5 die makabre Darstellung des gekreuzigten Polykrates; Cic in Pis 42: *An ego, si te et Gabinium cruci suffixos viderem, maiore adficere laetitia es corporis vestris laceratione quam ex famae?* Apul Met 6,32,1: *et patibuli cruciatum, cum canes et vultures intima protrahent viscera.*

[62] E. *Brandenburger* (s. Bibl.), 18; vgl. *ders.,* Art. Kreuz, TBLNT II 1, 1969, 826f: „die Kreuzigung ist ja auch ... ihrem Wesen nach (!) eine unblutige Angelegenheit". Zur Antwort verweise ich nur auf Jos Ant 19,94. Vgl. auch *J. Jeremias,* Die Abendmahlsworte Jesu, ⁴1967, 214, der dieselbe Ansicht wie Brandenburger vertritt, freilich mit einer ganz anderen Tendenz.

[63] *J. Blinzler* (s. Bibl.), 361f.377ff; *J. W. Hewitt,* The Use of Nails in Crucifixion, HThR 25, 1932, 29–45; vgl. u. a. Philo, Poster Caini 61; Somn 2,213; Achill Tat 2,37,3; Plut Mor 499D; Plin dÄ, Hist Nat 28,41; Manetho, Apotel 4,199; 1,149; Sen Dial 7 (de vita beata), 19,3; Apul Met 3,17,4; Galen, De usu part 12,11 (IV p. 45 Kühn); Artemid Oneirocr 2,56; Lukian, Prom 1.2; Dial deor 5(1),1 (s. o. S. 132 Anm. 25). In Xenophon von Ephesus, Eph 4,23 wird die Anbindung aus erzählerischen Gründen als angeblich ägyptische Sitte und dh als Ausnahme erwähnt; vgl. dagegen Chariton 4,3,6: der Held soll bei der Kreuzigung nicht verletzt werden. Die Nägel von Gekreuzigten gehören zur festen Ausstattung antiker Magier. S. jetzt auch den Skelettfund bei Jerusalem, wo der Nagel noch im Fersenbein eines Gekreuzigten steckt: *N. Haas,* Anthropological Observations on the Skeletal Remains from Giv'at ha-Mivtar, IEJ 20, 1970, (38–59) 49ff dazu *F. Ducrey,* Note (s. Bibl.).

mitberücksichtigt werden. Hier floß das Blut in Strömen. Vermutlich war Jesus durch den Blutverlust so geschwächt, daß er den Kreuzbalken nicht zur Richtstätte tragen konnte; auch sein relativ rascher Tod erklärt sich am besten auf diese Weise. Das „ekelhafte Geschwür auf Schultern und Brust" in der makabren Schilderung Senecas weist wohl auf die Folgen der Geißelung hin.

Weiter zeigt das Beispiel Senecas zusammen mit anderen, daß auch dort, wo die Kreuzigung nur zum Vergleich oder als Metapher verwendet wurde, ihre grauenhafte Wirklichkeit dem Schreiber sehr wohl vor Augen stehen konnte. Dies gilt im Grunde auch weithin für das christliche Reden vom Kreuz bis zum Duldungsedikt 311 nChr, da nicht nur überall im Reich Kreuze aufgerichtet waren, sondern auch immer wieder Christen selbst am Kreuz hingerichtet wurden bzw. mit der Kreuzigung oder ähnlichen Strafen rechnen mußten[64].

5. Die Kreuzigung als römisches summum supplicium

Damit wird auch verständlich, daß schon Cicero in seiner Rede gegen Verres die Kreuzesstrafe als *summum supplicium* bezeichnen konnte[65]. Die hier sichtbar werdende kontinuierliche Rechtstradition bringt dann der Jurist Julius Paulus um 200 nChr zum Abschluß. In den gegen 300 nChr aus seinen Werken zusammengestellten *sententiae* wird die *crux* an die Spitze der drei *summa supplicia* gestellt. Ihr folgen – abgestuft – die *crematio* und die *decollatio*. Statt der Enthauptung erscheint in den Strafkatalogen der Quellen häufig als verschärfte Strafe die *damnatio ad bestias*. Dies zeigt, daß die *decollatio* nicht immer zu den *summa supplicia* gerechnet wurde. Im griechischen Osten finden wir entspre-

---

[64] Vgl. Just Dial 110,4; Tertullian Apol 12,3: *Crucibus et stipitibus imponitis Christianos;* 50,12; Nat 1,3,8; 1,6,6; 1,18,1; De Anima 1,6; 56,8 u. ö. Eus Hist Eccl 2,25,5; 3,32,6: Simeon Sohn des Klopas von Jerusalem unter Trajan nach Hegesipp; 8,8,10. Weitere Belege bei *P. Garnsey* (s. Bibl.), 127f, Anm. 10.

[65] In Verr II,5,168: *Adservasses hominem* (P. Gavius) *custodiis Mamertinorum tuorum, vinctum clausum habuisses, dum Panhormo Raecius veniret* (um die römische Bürgerschaft des Angeklagten nachzuweisen); *cognosceret hominem, aliquid de summo supplicio remitteres.* 169: Das Verbrechen des Verres richtet sich weniger gegen Gavius als gegen Rom und Italien: *Italia autem alumnum suum servitutis extremo summoque supplicio adfixum videret.* Vgl. Philo Flacc 72 (s. o. Anm. 57); Flor Epit 1,18 = 2,2, 25: *nec ultimo sive carceris seu crucis supplicio* und die rhetorischen Fragen Ciceros in Pis 44.

chend die Androhung der ἀνωτάτω τιμωρία oder κόλασις[66]. Gleichzeitig werden in den *sententiae* Kataloge von Verbrechen aufgeführt, die
mit der Kreuzesstrafe geahndet wurden, so Desertion zum Feind, Ge-
heimnisverrat, Anstiftung zu Aufruhr, Mord, Weissagung *de salute dominorum, sacra impia nocturna, ars magica,* schwere Testamentsfäl-
schung u. a.[67]. Hier zeigt sich die Weiterentwicklung des Kapitalstrafrechts in der hohen Prinzipatszeit. Freilich wurde die Kreuzigung wegen
ihrer Härte fast nur gegen die *humiliores* angewandt, die *honestiores*
konnten mit einer „humaneren" Bestrafung rechnen. Diese Trennung der
Klassen erhielt vor allem nach der Einführung des allgemeinen römischen Bürgerrechts durch Caracalla entscheidende Bedeutung; sie war
jedoch, besonders bei den Peregrini, schon vorher wirksam gewesen[68].
Wesentlich ist dabei die Tatsache, daß *crux, bestiae, ignis* als verschärfte
Strafen und nicht als bloße variable Hinrichtungsformen verstanden
wurden[69]. Was ihre Schwere anbetrifft, so kann die Kreuzesstrafe nur
noch mit der *„Volksfesthinrichtung"* des *bestiis obici* verglichen werden;
diese wurde jedoch unter den *summa supplicia* als „den regelmässigen
Executionsformen . . . nicht aufgeführt, weil ihre Ausführung von dem
zufälligen Umstand ab(hing), dass ein derartiges Volksfest veranstaltet
(wurde)"[70]. Die Kreuzigung war ihr gegenüber die sehr viel häufigere
Strafe; sie konnte man im Grunde fast überall vollziehen, während das
bestiis obici eine städtische Arena und die entsprechenden Veranstaltun-
gen erforderte. Freilich konnte auch die Kreuzesstrafe der „Volksbelusti-
gung" dienen, so nach Philo (Flacc 72.84f) bei der Folterung und an-

---

[66] Paul Sent 5,17,2 (p. 126 Krüger, Coll. libr. iuris anteiustiniani II). Zur Aufzählung dieser höchsten Strafen s. auch Sallust Bell Iug 14,15; Sen dÄ Contr exc 8,4;
Lukan Phars 10,365; Apul Met 6,31,1; 32,1; Xenoph Eph 4,62f; Just Dial 110,4. Zu
den *summa supplicia* als „aggravated forms of death penalty" s. *P. Garnsey* (s. Bibl.),
124. Zur ἀνωτάτω τιμωρία bzw. κόλασις s. Nachtrag S. 182.
[67] Paul Sent 5,19,2; 21,4; 23,2.16; 25,1; 30b,1. Dazu *U. Brasiello,* La repressione
penale in diritto romano, Napoli 1937, 248ff; *P. Garnsey,* aaO 122–131.
[68] Zur Verschärfung des Kapitalstrafrechts s. *E. Levy,* Die römische Kapitalstrafe,
in: Gesammelte Schriften, II, 1963, 325–378, bes. 353ff; vgl. *ders.,* Gesetz und Richter im kaiserlichen Strafrecht. Erster Teil, ebd (433–508) 487ff. Vgl. auch *G. Cardascia,* L'apparition dans le droit des classes d'„honestiores" et d'„humiliores", RHDF
58, 1950, 305–337.461–485; zum Strafrecht s. 319ff.
[69] So *U. Brasiello,* aaO 246ff.260ff; zustimmend *G. Cardascia,* aaO 321, Anm. 7.
Brasiello (257) definiert das *summum supplicium* als „massima tortura" bzw. „pene
con cui si tormenta nel modo più doloroso il condannato", dagegen *P. Garnsey*
(s. Bibl.), 122f.
[70] *Th. Mommsen* (s. Bibl.), 927.

schließenden Kreuzigung von Juden in Alexandrien durch den Präfekten Flaccus oder auch im Mimus etwa bei der Darstellung der Hinrichtung des Räuberhauptmanns Laureolus, bei der viel künstliches Blut floß; beides geschah unter Caligula (37–41 nChr)[71]. Juvenal wünschte den Schauspieler Lentulus in diesem abscheulichen Stück an ein echtes Kreuz; daß sich der Schauspieler als Glied der Oberschicht durch ein derartiges Schauspiel entwürdigt, ist dem Satiriker ein Greuel (8,187f). Unter Domitian scheint dann ein wirklicher Verbrecher den Räuberhauptmann gespielt zu haben; er wurde am Kreuz hängend von einem schottischen Bären zerrissen (Martial, Spect 7):

> nuda Caledonio sic viscera praebuit urso
> non falsa pendens in cruce Laureolus
> vivebant laceri membris stillantibus artus
> inque omni nusquam corpore corpus erat.

Eine ähnlich grauenvolle Hinrichtung war der Sklavin Blandina bei der Christenverfolgung in Lyon zugedacht[72]. Nero wurde nachgesagt, er habe sich ein Tierfell umgehängt und die an Kreuzen hängenden Opfer gequält (Dio Cass 63,13,2). Während Martial mit Genugtuung die möglichen Verbrechen ausmalt, die der am Kreuz Hängende begangen haben könnte, hatte schon längst Varro die Barbarei eines derartigen „Strafvollzugs" angeprangert[73]:

> nos barbari quod innocentes in gabalum (= Kreuz) suffigimus homines; uos non barbari quod noxios obicitis bestiis?

Der besonderen *Grausamkeit* dieser Strafe war man sich nur zu wohl bewußt[74] – Cicero nennt sie einmal (in Verrem II,5,162) lapidar *istam*

---

[71] Jos Ant 19,94; vgl. Suet Cal 57,4; Tertullian Val 14,4, dazu *J. G. Griffith,* Mnemosyne 15, 1962, 256ff. Zu Folter, Kreuzigung und Verbrennung in der Arena s. auch Sen Ep mor 14,5; vgl. oben S. 141 Anm. 56.

[72] Eus Hist Eccl 5,1,41: ἐπὶ ξύλου κρεμασθεῖσα προύκειτο βορὰ τῶν ... θηρίων· ἢ καὶ διὰ τοῦ βλέπεσθαι σταυροῦ σχήματι κρεμαμένη ...

[73] Men fr. 24 (p. 96 *J.-P. Cèbe,* Varron, Satires Ménippées, Rom 1972). *Gabalus* ist ähnlich wie *crux* (s. o. Anm. 21) auch Schimpfwort: Anth Lat 801,2 M. = Script Hist Aug 15 (Iul. Cap. Macrinus), 11,6.

[74] Apul Met 1,15,4: *sed saevitia cruci me reservasse;* vgl. Sen Ep mor 14,5: *et quicquid aliud praeter haec commenta saeuitia est.* Script Hist Aug 6 (Vulc. Gall. Avidius Cassius), 4,1f: *multa extant crudelitatis potius quam severitatis eius indicia. nam primum milites ... in illis ipsis locis, in quibus peccaverant, in crucem sustulit.* Vgl. Script Hist Aug 12 (Iul. Cap. Clodius Albinus), 11,6; 19 (Iul. Cap. Maximini) 8,5ff: *tam crudelis fuit ... alios in crucem sublatos;* Cic Phil 13,21: *hostis taeterrimus omnibus bonis cruces ac tormenta minitatur.* Just Epit 22,7,8: Die Kreuzigung Bomilkars beweist die

pestem –, dennoch findet sich praktisch kaum ein grundsätzlicher Protest gegen ihre Anwendung. Daß Cicero zweimal, als Ankläger wie als Verteidiger, *gegen die Kreuzigung römischer Bürger protestierte*, war durch ganz konkrete Einzelfälle begründet. Dem Verres, dem er u. a. die Kreuzigung des römischen Bürgers P. Gavius vorwarf, kreidete er zugleich an, daß er eine größere Anzahl von Sklaven, die der aufrührerischen Verschwörung verdächtig waren, *nicht* kreuzigen ließ, sondern sie ihren Herren zurückgab[75]. Der Stoiker Seneca schreibt zwar die Greuel der Kreuzigung und anderer Folterqualen der schlimmsten aller Leidenschaften, dem Zorn, zu, daß Verbrecher auf diese Weise hingerichtet werden müssen, findet er dennoch selbstverständlich[76].

Darüber, daß es sich um eine abscheuliche, degoutante Sache handelte, war sich die römische Welt gewiß weitgehend einig. Zur Erwähnung in Inschriften eignete sich dieses Ereignis darum kaum; als einziges lateinisches epigraphisches Zeugnis kann ich den – vermutlich aus plautinischem Milieu stammenden – frommen Wunsch nennen: *in cruce figarus* (= *figaris*)[77]. Wenn wir etwa – soweit ich mich informieren konnte – die Worte *crux* oder *patibulum* bei Caesar vergeblich suchen, so nicht deshalb, weil dieser auf die Anwendung der Kreuzesstrafe verzichtete – in Spanien zB ließ er ohne weiteres drei Sklaven, die als Spione ausgesandt waren, ans Kreuz schlagen (Bell Hisp 20,5; vgl. Bell Gall 7,4!) –, sondern weil er über derartige Dinge nicht schreiben wollte. Ähnliches mag von Lukrez, Vergil, Statius, dem jüngeren Plinius, der als Statthalter in Bithynien sicher auch Delinquenten zum Kreuzestode verurteilte, oder von Aulus Gellius gelten. Horaz spricht über die Kreuzigung nur in seinen Satiren und Epistulae; auch Tacitus berichtet, zumindest in den Annalen, zurückhaltend über Kreuzigungen, dh meist nur dann, wenn sie als Greuel von Germanen oder Britanniern an Römern geschehen waren. Andere, wie Valerius Maximus, der ältere und der jüngere Seneca und erst recht die Romanciers wie Petronius und Apuleius, hatten

---

crudelitas der Karthager; Diod 26,23,1: Die Kreuzigung von Angehörigen eines numidischen Stammes durch die Karthager wird als ὠμότης bezeichnet.

[75] In Verrem II,5,9–13: *hos ad supplicium iam more maiorum traditos ex media morte eripere ac liberare ausus es, ut, quam damnatis crucem servis fixeras, hanc indemnatis videlicet civibus Romanis reservares?* (zit. 12).

[76] Sen Dial 5 (de ira 3), 3,6; vgl. dagegen Clem 1,23: *pessimo loco pietas* (hier Elternliebe) *fuit, postquam saepius culleos* (die altertümliche Strafe für Elternmord) *quam cruces.* Auch wenn der Staat zu preisen ist, *in qua ... raro homines puniuntur:* ganz kann man auf grausame Strafen doch nicht verzichten. S. auch unten S. 162.

[77] CIL IV, 2082 aus Pompeji (strada di Olconio).

hier weniger Hemmungen. Bei den griechischen Literaten ist die Situation ganz ähnlich (s. u. S. 172ff).

6. *Kreuzigung und römische Bürger*

Gemeinhin nimmt man an, daß die Hinrichtung am Kreuz für *römische Bürger* nicht in Frage kam, sondern auf Sklaven und Peregrini beschränkt war. Dies ist nur bedingt richtig. Es gab eine archaische altrömische Strafe, die Aufhängung an der *arbor infelix*, mit der schwerer Frevel und Hochverrat *(perduellio)* auch bei Römern geahndet werden konnten. Wahrscheinlich wurde der Verbrecher ursprünglich auf solche Weise den Göttern der Unterwelt geopfert. Nach einem altrömischen Gesetz „des Romulus" starb der Verräter „als Opfer für den Zeus der Unterwelt" (ὡς ϑῦμα τοῦ καταχϑονίου Διός, Dionysios von Halikarnass Ant Rom 2,10,3). Offenbar hat man nun diese Strafe seit dem 3. oder 2. Jh. vChr als Kreuzigung interpretiert[78]. Bis auf ganz wenige Ausnahmen kam sie jedoch nicht mehr in Anwendung. Wenn der ältere Scipio am Ende des 2. Punischen Krieges die von den Puniern ausgelieferten Überläufer, die römische Bürger waren, kreuzigen ließ, so geschah dies, weil sie durch den Akt des Hochverrats den Rechtsschutz des Bürgerrechts verwirkt hatten[79]. Den schon erwähnten P. Gavius ließ Verres in Messina mit dem Blick hinüber zum Mutterland auf Grund der Beschuldigung kreuzigen, er sei ein Spion der in Italien kämpfenden aufständischen Sklaven des Spartacus[80]. Diese Rechtspraxis hat sich bis in die späte Kaiserzeit erhalten. Der Jurist Julius Paulus nennt als Strafe

---

[78] Vgl. schon *Th. Mommsen* (s. Bibl.), 919, der freilich die ursprünglich verschiedenen Formen der Exekution zu wenig trennt. *K. Latte* (s. Bibl.), 1614 erklärt bei seiner Deutung die Interpretation der *arbor infelix*-Prozedur als Kreuzigung durch Cicero nicht. Auch Ovid Am 1,12 und Sen Ep mor 101 *(infelix lignum = crux)* ist auf die *arbor infelix* angespielt. Zur Sache s. weiter *C. D. Peddinghaus* (s. Bibl.), 21 und Anm. 139 sowie *C. Brecht*, Art. perduellio, PW XIX 1, 624f. Servius, Schol in Georg 1,501 (III, p. 215 Thilo/Hagen) spricht davon, daß der Verrat des geheimen Namens der Gottheit Roms mit dem Kreuzestod bestraft worden sei. Wahrscheinlich hängt auch das im Zwölftafelgesetz angedrohte „Aufhängen für Ceres" *(suspensumque Cereri necari iubebant:* Plin dÄ Hist Nat 18,3,12) mit dem *arbori infelici suspendere* zusammen; *Th. Mommsen*, aaO 631f, Anm. 8 sieht darin die Kreuzigung, ebenso *P. Garnsey* (s. Bibl.), 128, Anm. 10 und *L. Gernet* (s. Bibl.), 292; anders *K. Latte*, aaO 1614.

[79] Liv 30,43,13; vgl. Val Max 2,7,12 (s. o. S. 143).

[80] Cic in Verr II,5,158ff.161: *eum speculandi causa in Siciliam a ducibus fugitivorum esse missum.*

für Überläufer *(transfugae ad hostes)* und Verräter von Geheimnissen
die Kreuzesstrafe *(furca,* dh vorkonstantinisch *crux)* oder die Verbrennung (Dig 48,19,38,1), der wenig spätere Modestinus (49,16,3,10) Folter
und *bestiae* oder das Kreuz[81]. Wenn der römische Prokurator Gessius
Florus in den kritischen Wochen unmittelbar vor Ausbruch des Jüdischen Krieges 66 nChr in Jerusalem Juden, die römische Ritter waren
(ἄνδρας ἱππικοῦ τάγματος), geißeln und kreuzigen ließ, so wird er – ähnlich wie Verres – damit ein Vergehen des Hochverrats bestraft haben
(Jos Bell 2,308). Galba, der juristische Studien getrieben hatte, verurteilte als Statthalter in Spanien einen Vormund, der seinen Mündel um
des Erbes willen durch Gift getötet hatte, zur Kreuzigung; auf den Protest des Verurteilten hin, er sei römischer Bürger, ließ er ihn an einem
besonders hohen und weiß gemalten Kreuz anschlagen (Suet Galba
9,2)[82]. Sueton schließt freilich daraus, Galba sei *in coercendis delictis . . .
immodicus* gewesen. Nach der historisch sehr unzuverlässigen historia
Augusta verwendeten verschiedene Kaiser die Kreuzigung zur Aufrechterhaltung der militärischen Disziplin im Heer, wobei die Anwendung
des *servile supplicium* (s. u. S. 156ff) jedoch als besondere Grausamkeit ge-
rügt wird. Celsus, ein angeblicher Usurpator unter Gallienus, der nur sieben Tage regiert haben soll, sei nach seinem Tode unter dem Jubel des
Volkes *in imagine* gekreuzigt worden, während sein Leichnam von Hun-
den gefressen wurde[83].
    Klassisch ist ein Rechtsfall, in dem unter Berufung auf den alten
Brauch der Aufhängung des Hochverräters an der *arbor infelix* die Todesstrafe sogar bei einem Mitglied der römischen Nobilität und Senator
gefordert wurde: der von Caesar in die Wege geleitete *Prozeß gegen C.*

---

[81] Vgl. *A. Müller,* Neue Jahrbücher für das klassische Altertum 17, 1906, 554f.

[82] Zur *Höhe* des Kreuzes als Ausdruck der Verhöhnung s. Est 5,14; Artemid Oneirocr s. u. Anm. 144; Manetho, Apotel 1,148; 5,219; Anth Graec 11,192 (III p. 640
Beckby) von Lukillios; Just Epit 18,7,15: Malchus seinen Sohn Kathalus in Karthago:
eum cum ornatu suo in altissimam crucem in conspectu urbis suffigi iussit; 22,7,9: Bo-
milkar *de summa cruce;* Sallust Hist fr. 3,9 (II p. 113 Maurenbrecher): (bei den Seeräubern) *In quis notissimus quisque aut malo dependens verberabatur aut immutilato corpore improbe patibulo eminens affigebatur.* Man verzichtete auf die übliche Verstüm-
melung, das Opfer sollte lange leiden. Die Handschriften haben *improbi,* Kritzius
(Sall. opera III p. 344f, 1853) liest mit Corte *improbo* und verweist auf Plut Pomp 24.

[83] Script Hist Aug 24 (Treb. Poll. Tyranni triginta), 29,4: *imago in crucem sublata
persultante vulgo, quasi patibulo ipse Celsus videretur adfixus.* Die Schauergeschichte
ist wohl eine Erfindung, geht jedoch auf historische Beispiele zurück, s. *Hohl,* PW
2. R. VII 1, 130. Script Hist Aug 19 (Iul. Cap. Maximini), 16,6 akklamiert der Senat:
inimicus senatus in crucem tollatur . . . inimici senatus vivi exurantur.

Rabirius 63 vChr. Die Anklage erhob der Tribun T. Labienus, ein enger Parteigänger Caesars, die Verteidigung führte in meisterhafter Weise Cicero. Dem Angeklagten wurde die 37 Jahre zuvor erfolgte Ermordung eines Volkstribuns zur Last gelegt. Als Cicero sein Plädoyer vor der Volksversammlung hielt, war die Gefahr der Kreuzigung bereits abgewendet, es galt nur noch die Verbannung und den Vermögenseinzug abzuwehren. Dennoch behandelte Cicero mit einem rhetorischen Kunstgriff im ersten Hauptteil (pro Rabirio 9–17) noch einmal ausführlich die Kreuzesstrafe, die Rabirius gedroht hatte. Er will durch den Hinweis auf sie beweisen, daß der Ankläger durchaus kein „Volksfreund" *(popularis)*, sondern das Gegenteil davon sei, wolle er doch die barbarischen Bräuche und die Tyrannei der Königszeit wiedereinführen. Da H.-W. Kuhn in der jüngsten Untersuchung zur Kreuzestheologie den entscheidenden, vielzitierten Satz dieser Rede falsch gedeutet und irreführende Schlüsse daraus gezogen hat, muß ich näher darauf eingehen[84]. Ich zitiere im folgenden den ganzen Abschnitt im Zusammenhang:

Misera est ignominia iudiciorum publicorum, misera multatio bonorum, miserum exsilium; sed tamen in omni calamitate retinetur aliquod vestigium libertatis. Mors denique si proponitur, in libertate moriamur, *carnifex vero et obductio capitis et nomen ipsum crucis absit non modo a corpore civium Romanorum sed etiam a cogitatione, oculis, auribus.* Harum enim omnium rerum non solum eventus atque perpessio sed etiam condicio, exspectatio, mentio ipsa denique indigna cive Romano atque homine libero est (c. 16).

Ähnlich wie in der 2. Rede gegen Verres die Kreuzigung eines römischen Bürgers als rhetorische Klimax ans Ende gestellt ist, erreicht mit diesen Sätzen der erste Hauptteil der Verteidigungsrede ihren Höhepunkt[85]. Schon der öffentliche Strafprozeß gegen C. Rabirius sei ein Übel, erst

---

[84] *H.-W. Kuhn* (s. Bibl.), 8: „Dieses bei den Theologen – wenn auch in Verkürzung – beliebte Wort Ciceros ist nun schwerlich dazu geeignet, als charakteristischer zeitgeschichtlicher Beleg für das damals übliche Verständnis der Kreuzigung zu dienen". Kuhn hat den Cicero-Text selbst sehr „verkürzt", um nicht zu sagen falsch exegesiert, und sein Urteil auch nicht aus den antiken Quellen verifiziert.

[85] Zur Rede Ciceros und zum Prozeß s. die Einleitung zur deutschen Übersetzung von *M. Fuhrmann*, Marcus Tullius Cicero, Sämtliche Reden II 1970, 197ff; *J. van Ooteghem*, Pour une lecture candide du Pro C. Rabirio, Études classiques 32, 1964, 234–246; *C. Brecht*, aaO (Anm. 78) 634f; *K. Büchner*, Art. M. Tullius Cicero, PW 2. R. VII 1, 870ff. Der Prozeß fand kurz vor dem Kampf Ciceros mit Catilina um das Konsulat und der catilinarischen Verschwörung statt. Die Situation war in Rom sehr gespannt.

recht die drohende Enteignung und Verbannung. Aber es bleibe hier, ja
selbst beim Todesurteil gegen einen römischen Bürger, wenn er die Todesart selbst wählen könne, ein Rest an Freiheit erhalten. Ganz anders
sei es beim Vollzug der archaisch-barbarischen Strafe des *arbori infelici
suspendere*, die eines *Tarquini, superbissimi atque crudelissimi regis*[86]
würdig gewesen sei. Er habe *ista … cruciatus carmina* erfunden, die
Labienus, der „Volksfreund", wiederausgraben lasse (c. 13). Cicero
meint damit die altertümliche Hinrichtungsformel, die er selbst in ihrem
wichtigsten Teil zitiert:

I, lictor, conliga manus, caput obnubito, arbori infelici suspendito[87].

Mit den drei in der Klimax der Rede zitierten Begriffen werden nicht,
wie Kuhn meint, drei beliebige verpönte Mittel des Strafvollzugs, dabei
„unter anderem" auch das Kreuz, „aber ebenso auch der Henker … und
die würdelose Verhüllung des Kopfes"[88] aufgezählt, sondern es wird dadurch der abscheuliche Vollzug des *arbori infelici suspendere* umschrieben, dh nach der Rechtsauffassung der Zeit die Kreuzigung: der Henker
bindet dem Delinquenten die Hände, verhüllt sein Haupt und hängt ihn
ans Kreuz. Dabei macht Cicero allerdings noch einen deutlichen Unterschied zwischen *carnifex, obductio capitis* und der eigentlichen Strafe,
der *crux;* nur bei ihr *ist bereits das „nomen ipsum" für den römischen
Bürger unerträglich,* die von Kuhn gewählte Übersetzung „und schon
das bloße Wort Kreuz"[89] gibt diese Steigerung deutlich wieder. Die
Meinung von Kuhn, es handle sich hier nur um „das ästhetische Urteil
eines Mannes, der dem Stand der Ritter angehörte, die von der breiten

---

[86] Plin dÄ Hist Nat 36,107: Tarquinius Superbus (nicht Priscus) ließ alle Selbstmör-
der an Kreuzen aufhängen: *omnium ita defunctorum corpora figeret cruci spectanda
civibus simul et feris volucribusque laceranda.* Die Schändlichkeit der Kreuzigung –
auch wenn sie nur den Leichnam betrifft – wird hier besonders deutlich. Vgl. auch
Liv 1,49; Lydus, De mens 29 (p. 87 Wünsch).

[87] Ausführlicher in der Darstellung des Horatierprozesses bei Liv 1,26,6f; vgl. 11.
Die alte Formel lautete nach ihm: *duumviri perduellionem iudicent; si a duumviris
provocarit, provocatione certato; si vincent, caput obnubito; infelici arbori reste suspendito; verberato vel intra pomerium vel extra pomerium.* Das Verfahren wurde
durch den Befehl eines der Duumvirn eingeleitet: *Publi Horati, tibi perduellionem
iudico … i, lictor, colliga manus.* Livius spricht nicht von *crux:* (10) *eum sub furca
vinctum inter verbera et cruciatus videre potestis?,* weiß aber von der Abscheulichkeit
der Strafe: (11) *a tanta foeditate supplicii:* dh das Opfer wird hier zu Tode gegeißelt;
s. *M. Fuhrmann,* Art. verbera, PW Suppl. IX, (1589–1597)1591.

[88] *H.-W. Kuhn,* aaO.

[89] AaO, vgl. die ganz ähnliche Übersetzung von *M. Fuhrmann,* aaO (Anm. 85) 209:
„und die bloße Bezeichnung ‚Kreuz'".

Masse des Volkes, auch von den römischen Bürgern, streng geschieden waren . . .", geht an der historischen Wirklichkeit völlig vorbei. Cicero sprach nicht vor dem Senatsgericht, sondern vor dem *consilium plebis*[90], und *seine Verteidigungsrede war ganz auf die Wirkung aufs Volk hin konzipiert.* Er hatte damit auch Erfolg, C. Rabirius wurde freigesprochen. Daß Cicero mit der Rede auf die Befürchtungen des gemeinen Mannes geschickt eingeht, zeigt der unmittelbar folgende Passus, daß selbst die römischen Sklaven bei der *manumissio* durch die Berührung mit dem Stab des Prätors „von Furcht vor all diesen Martern" befreit würden. Es folgt ein Schluß a minori ad maius: „sollten da weder die Taten (der Geschichte), noch das Alter, noch eure (Bürger)ehren vor der Geißelung, vor dem Haken des Henkers und schließlich vor dem Schrekken des Kreuzes *(a crucis denique terrore)* bewahren?"[91] Die Rede Ciceros pro Rabirio muß somit – ähnlich wie die Dokumentation in Verrem II – sehr wohl *als ein wichtiges antikes Zeugnis für die Abscheulichkeit und Verächtlichkeit der Kreuzesstrafe betrachtet werden.* Die viel mißhandelte Stelle 1Kor 1,26 kann man dagegen keinesfalls ins Feld führen.

7. Die Kreuzigung als Strafe für aufrührerische Peregrini, Gewaltverbrecher und Räuber

Schon bei den Persern, teilweise auch in Griechenland und vor allem bei den Puniern war die Kreuzigung ebenfalls die Strafe für *schwere Staats- und Hochverratsverbrechen,* dh eine ausgesprochen *religiös-politische Strafe,* wobei der Schwerpunkt auf der politischen Seite lag; beide Bereiche lassen sich jedoch in der Antike noch nicht trennen. Die Römer verwunderten sich u. a. darüber, daß die Punier – anders als sie selbst – vor allem ihre besiegten oder auch zu eigenwilligen Feldherren und Flottenführer kreuzigen ließen[92]. Weiter war sie Mittel der *Kriegsführung und Friedenssicherung,* um aufrührerische, belagerte Städte zu zermürben, eroberte zu demütigen[93], meuternde Truppen oder unruhige

---

[90] K. Büchner, aaO (Anm. 85) 871; dies ergibt sich schon aus der Anrede *Quirites.*

[91] Pro Rabirio 16.

[92] Polyb 1,11,5; 1,24,6; 1,74,9 u. ö.; Liv 38,48,12; *ubi in crucem tolli imperatores dicuntur;* vgl. Val Max 2,7 ext. 1; Just Epit 18,7,15; Liv 28,37,2.

[93] Kreuzigungen bei Eroberungen und Belagerungen: s. S. 137 Anm. 41: Babylon; S. 166f: Barka in der Kyrenaika; S. 169f: Tyrus (durch Alexander); S. 140 mit Anm. 55: Jerusalem (durch Titus und Varus). Die Festung Machärus wurde durch die dro-

Provinzen zur Räson zu bringen. Bei den Römern war dies nicht anders, auch wenn sie – im Gegensatz zu den Karthagern – die eigene Nobilität und Bürgerschaft in der Regel damit verschonten. Man muß sich fragen, ob auf den Höhepunkten des Bürgerkrieges nicht auch die Drohung der Kreuzigung zuweilen real gewesen ist[94]. Dafür, daß sie in exzessiver Weise zur „Befriedung" aufsässiger Provinzialen verwendet wurde, gibt uns Josephus zahlreiche Beispiele aus Judäa (s. o. S. 140 Anm. 55), in anderen unruhigen Provinzen mag es ähnlich zugegangen sein, auch wenn die antiken Historiker über derartige „Bagatellfälle" gerne schweigend hinweggingen[95]. Von den wilden, freiheitsliebenden Kantabrern in Nordspanien berichtet Strabo (3,4,18 = C 165), daß sie selbst ans Kreuz genagelt noch ihre Siegeslieder gesungen hätten[96]. Aufrührerische Untertanen waren nach römischer Rechtsauffassung nicht *hostes,* sondern gemeine *latrones* oder – wie Josephus die jüdischen Aufständischen seit der Eroberung Jerusalems zu nennen pflegt – λῃσταί. Für sie wird die Kreuzigung neben dem *bestiis obici* zur typischen Todesstrafe[97]. Zeug-

---

hende Kreuzigung eines Gefangenen zur Übergabe gegen freien Abzug gezwungen, S. 130.

[94] S. Cic Phil 13,21 gegen Marcus Antonius: *hostis taeterrimus omnibus bonis cruces ac tormenta minitatur;* Lukan Phars 7,303f, Rede Caesars vor Pharsalus:
   Aut merces hodie bellorum aut poena parata.
   Caesareas spectate *cruces,* spectate catenas
   Et caput hoc positum rostris effusaque membra.
Vgl. auch Dio Cass 30–35, fr. 109,4; Val Max 9,2,3 und App Bell Civ 4,20 zur Pfählung toter Gegner im Bürgerkrieg. Vgl. *A. W. Lintott* (s. Bibl.), 35ff.

[95] Sen Dial 4 (de ira 2), 5,5 berichtet als Beispiel, der Prokonsul Volesus habe in der Provinz Asia (11/12 nChr) 300 Menschen an einem Tag durchs Beil hinrichten lassen und im Vollgefühl seines Imperiums (in griechischer Sprache) ausgerufen: O *rem regiam.* Wir wissen von ihm nur noch, daß ihm später wegen Grausamkeit im Senat der Prozeß gemacht wurde, von der Tat hören wir zufälligerweise allein durch Seneca. Was wüßten wir von Kreuzigungen in Palästina ohne Josephus? Tac Hist 5,8–13 sagt darüber kein Wort. Über die eigenen Greuel pflegte man damals ebenso zu schweigen, wie in der „parteilichen" Historiographie moderner Diktaturen.

[96] Vgl. Jos Bell 3,321 über einen jüdischen Gekreuzigten vor Jotapata, der den ihm von seinen Folterern zugedachten Tod am Kreuz verlachte, dazu 2,153 (die Essener) und 7,418 (die Sikarier in Ägypten); Sen Dial 7 (de vita beata), 19,3: ... *nisi quidam ex patibulo suos spectatores conspuerent;* Sil Ital Pun 1,179ff: Schilderung eines spanischen Sklaven, der nach seinem Herrn von Hasdrubal gekreuzigt wird:
   superat ridetque dolores
   spectanti similis, fessosque labore ministros
   increpitat dominique crucem clamore reposcit.

[97] *M. Hengel,* aaO (Anm. 8) 31ff; vgl. auch *R. MacMullen,* Enemies of the Roman Order, Cambridge, Mass. 1966, 192ff.255ff.350ff. Nach Dio Cass 62,11,3f sprach Pau-

nisse dafür finden wir nicht so sehr bei den Historikern und Rhetoren als im *Roman* – der damals wie heute von „crime, sex and religion" lebte –, in der volkstümlichen Fabel und in den spätrömischen Rechtsquellen. Die in das Satyricon des Petronius eingefügte Novelle über die Matrone von Ephesus macht die Kreuzigung einer Gruppe von Räubern, die von einem Soldaten bewacht werden, damit die Verwandten nicht die Leichname stehlen, zu einem wesentlichen Stück seiner Handlung:

> cum interim imperator provinciae *latrones iussit crucibus affigi* (111,5; vgl. Phaedrus, Fab Aes App. Perott. 15 [p. 101ff Guaglianone]).

Auch die Metamorphosen des Apuleius und in gleicher Weise der griechische Roman traktieren das dankbare Thema „Räuber und Kreuzigung" recht ausführlich[98]. Nach Meinung verschiedener römischer Juristen sollten berüchtigte Räuber *(famosi latrones)* möglichst am Ort ihrer Untaten gekreuzigt werden (Dig 48,19,28,15)[99]. Die Verhängung der Kreuzesstrafe gegen Räuber und Aufrührer in den Provinzen stand in freier Verfügungsgewalt der jeweiligen Statthalter, begründet durch ihr *imperium* und das Recht der *coercitio* zur Aufrechterhaltung von Ruhe und Ordnung[100]. Eine Trennung von militärisch-polizeilicher und richterlicher Gewalt kannte die römische Provinzverwaltung gerade nicht. In den kaiserlichen Provinzen waren die Statthalter zugleich Truppenkommandeure; der Strafvollzug gegen Aufrührer und Gewalttäter hatte

---

linus vor der Schlacht gegen die britannische Fürstin Boudicca davon, daß die Römer nicht mit gleichwertigen Feinden, sondern *mit ihren Sklaven* kämpften. In ähnlicher Weise betrachteten die Römer auch Syrer und Juden, s. *M. Hengel*, Juden, Griechen und Barbaren, SBS 76, 1976, 78f.

[98] Das Räubermotiv durchzieht den ganzen Roman des Apuleius. Die Kreuzigung erscheint 1,14,2; 1,15,4; 3,17,4; 4,10,4 übertragen: „mit der tödlichen Fesselung am Marterholz" (Übers. v. R. Helm); 6,31,2; 6,32,1; 10,12,3; vgl. auch 8,22,4f. Typisch etwa 3,9,1f: *Nec mora, cum ritu Graeciensi ignis et rota, cum omne flagrorum genus inferuntur. Augetur oppido, immo duplicatur mihi maestitia, quod integro saltim mori non licuerit. Sed anus illa ...: ,Prius', inquit, ,optimi cives, quam latronem istum, miserorum pignorum meorum peremptorem cruci adfigatis ...'.*

[99] Vgl. auch Coll. leg. Mos. et Rom. 1,6 (p. 138 *Th. Mommsen*, Coll. libr. iuris anteiustin. III) und *M. Hengel*, aaO (Anm. 8) 33f.

[100] Zur Kreuzigung von „Wegelagerern" und „Räubern" s. zB noch Chariton 3,4,18; Aesop, Fab 157 Z. 6f (I, p. 184 Hausrath); Phaedrus, Fab Aes 3,5,10; Seeräuber, s. Anm. 146; Hyginus, Fab 194. Die meisten Belege liefert Josephus, s. o. S. 177 und Ant 20,102. Nach dem Ende des 3. Jh. nChr entstandenen Alexanderroman droht Darius dem Alexander in einem Brief, ihn wie einen gemeinen Räuberhauptmann bzw. als „Abtrünnigen" kreuzigen zu lassen: Vita Alex cod. L 1,36,5 (p. 54 van Thiel).

ausgesprochen militärischen Charakter. Die „Räuber" oder „Piraten" revanchierten sich freilich, indem auch sie teilweise die Kreuzigung an ihren Opfern vollzogen[101]. In der Regel war die Landbevölkerung dankbar für ein hartes Vorgehen der Statthalter gegen die verbreitete Räuberplage, unter der sie besonders litt, und, da die Kreuzesstrafe im 1.Jh. nChr, in einer Zeit des Friedens, relativer Rechtssicherheit und einer gut funktionierenden Verwaltung[102], vorwiegend bei gemeingefährlichen Schwer- und Gewaltverbrechern zum Schutze der Bevölkerung in Anwendung kam, war sie auch in ihren Augen entsprechend verachtet. Nachdem sich die Räuber häufig aus entlaufenen Sklaven rekrutierten, verband sich hier der Abscheu vor der Verbrecher- mit dem Widerwillen gegen die Sklavenstrafe. Eine Ausnahme machten halbbarbarische und wenig befriedete Gebiete, auch das widerspenstige und unruhige Judäa war ein Sonderfall. In den Augen des römischen Durchschnittsuntertanen, auch des Diasporajuden, standen die κίνδυνοι λῃστῶν 2Kor 11,26 und die notwendige Schwertgewalt der Magistrate Röm 13,4 in einem positiven Zusammenhang. Das Schauspiel gekreuzigter Räuber diente zur Abschreckung und erregte zugleich Genugtuung für die Opfer:

> ut et conspectu deterreantur alii ab isdem facinoribus et solacio sit cognatis et adfinibus interemptorum eodem loco poena reddita, in quo latrones homicidia fecissent (Dig 48,19,28,15).

Quintilian konnte daher die Kreuzigung von Verbrechern als gutes Werk preisen: die Kreuze sollten nach ihm an den verkehrsreichsten Straßen stehen[103].

8. Das servile supplicium

In den meisten römischen Zeugnissen erscheint die Kreuzigung als die typische *Sklavenstrafe*. Fast möchte man sagen, daß dies das römische Proprium war, im Unterschied zu dem, was wir über die Kreuzigung bei Persern, Puniern und anderen Völkern wissen. In der 2. Rede gegen Ver-

---

[101] Sall Hist fr. 3,9 (s. o. Anm. 82); Ps.-Quint Decl 5,16 (p. 103 Lehnert); Sen dÄ Contr 7,4,5; Apul Met 6,31f; Xenoph Eph 4,6,2.

[102] Die bekannte Huldigung alexandrinischer Seeleute an Augustus, Suet Aug 98,2, hat einen realen Hintergrund: *per illum se vivere, per illum navigare, libertate atque fortunis per illum frui.* Das Mittelmeer war jetzt frei von Seeräubern. In ähnlicher Weise säuberte Augustus Italien von Straßenräubern: App Bell Civ 5,132.

[103] Decl 274 (p. 124 Ritter): *quotiens noxios crucifigimus celeberrimae eliguntur viae, ubi plurimi intueri, plurimi commoveri hoc metu possint. omnis enim poena non tam ad (vin)dictam pertinet, quam ad exemplum.* Zur Kreuzigung am Ort der Schandtat s. auch Chariton 3,4,18; Just Epit 22,7,8.

res spricht Cicero in rhetorischem Überschwang vom *servitutis extremum summumque supplicium* (5,169, vgl. oben Anm. 65). Die Formulierung *servile supplicium* erscheint bei Valerius Maximus, einem Zeitgenossen des Tiberius, bei Tacitus und bei zwei Verfassern der Historia Augusta[104]. Die Sache selbst ist jedoch – in der massivsten Weise – bereits bei dem Dichter vorhanden, der die Kreuzigung nach unserer Kenntnis für Rom überhaupt als erster erwähnt, bei *Plautus* (ca. 250 bis 184 vChr). Zugleich wird sie bei ihm, dem unnachahmlichen Schilderer des römischen Sklavenmilieus, drastischer und ausführlicher dargestellt als bei jedem anderen lateinischen Schriftsteller[105]. Das Alter der Institution ergibt sich aus dem vielzitierten Bekenntnis des Sceledrus im miles gloriosus, entstanden wohl um 205 vChr:

... scio crucem futuram mihi sepulcrum;
ibi mei maiores sunt siti, pater, auos, proauos, abauos
(372f).

Für Plautus werden Sklaven „seit Menschengedenken" ans Kreuz gehenkt. Der Sklave muß immer mit dieser grausamen Todesart rechnen, und er begegnet dieser Drohung zum Teil mit grimmigem „Galgenhumor"[106]. Wenn Terenz das Kreuzesmotiv wesentlich zurückhaltender verwendete, so mag das damit zusammenhängen, daß er selbst Sklave

---

[104] Val Max 2,7,12 über die Kreuzigung der römischen Überläufer durch Scipio Africanus maior in Afrika: *non prosequar hoc factum ulterius, et quia Scipionis est et quia Romano sanguini quamuis merito perpesso seruile supplicium insultare non adtinet.* Tac Hist 4,11 (s. u. S. 162f); vgl. 2,72 *sumptum de eo supplicium in servilem modum;* Script Hist Aug 15 (Iul. Cap. Macrinus), 12,2: *nam et in crucem milites tulit et servilibus suppliciis semper adfecit;* Script Hist Aug 6 (Vulc. Gall. Avidius Cassius), 4,6: ... *rapi eos iussit et in crucem tolli servilique supplicio adfici, quod exemplum non extabat.*

[105] S. G. E. *Duckworth*, The Nature of Roman Comedy, Princeton 1952, 288ff: „Master and Slave". Zur Datierung der Schriften des Plautus s. *Sonnenburg*, Art. T. Maccius Plautus, PW XIV 95ff.

[106] Die Sklavenlist und die Sklavenstrafen bei Plautus bedürften einer eigenen monographischen Darstellung. Ich kann hier nur einige Hinweise geben; s. auch oben S. 129 Anm. 13. Vgl. Asin 548ff (Sieg der List über alle Strafen); Mil glor 539f; Most 1133; Persa 855f; Most 359ff: der Sklave Tranio:

Ego dabo ei talentum primus qui in crucem excucurrit;
sed ea lege ut offigantur bis pedes, bis bracchia
ubi id erit factum, a me argentum petito praesentarium.

Stich 625ff: Epignomus über den Parasiten Gelasimus: *di inmortales! hicquidem pol summam in crucem cena aut prandio perduci potest;* dieser antwortet: *ita ingenium meumst: quicumuis depugno multo facilius quam cum fame.* Vgl. Terenz Andr 621: Pamphilus: *quid meritu's?* Davos: *crucem.*

gewesen war und darin keine so „lächerliche" Sache sehen konnte. Da
Plautus die Kreuzigung bereits als selbstverständliche, öffentlich und
privat seit jeher geübte Strafe voraussetzt, kann sie nicht erst in der
Folge des 1. Punischen Krieges (264–241 vChr) nach Rom gelangt sein.
Cicero spricht (in Verrem II,5,12) davon, daß des Aufruhrs verdächtige
Sklaven *more maiorum* dem Kreuzestod überantwortet würden. Wieweit
in ältere Zeit weisende Nachrichten des Dionysios von Halikarnass über
die Kreuzigung aufrührerischer Sklaven historisch sind, bleibt fraglich;
der Historiker hat sie jedenfalls ganz nach dem Verfahren seiner Zeit
ausgestaltet[107]. Gemäß Livius (22,33,2) bildeten im Jahre 217 vChr,
dem Jahr der Niederlage am Trasimenischen See, 25 Sklaven eine Verschwörung auf dem Marsfeld; sie wurden gekreuzigt, der Denunziant erhielt die Freiheit und 20 000 Sesterzen. 196 vChr zerschlug der Praetor
Peregrinus M. Acilius Glabrio mit Hilfe einer Legion eine Sklavenerhe-
bung in Etrurien; die *principes coniurationis* wurden gekreuzigt, die
übrigen ihren Herren zur Bestrafung zurückgegeben (Liv 33,36,3). Diese
Nachrichten lassen vermuten, daß die Kreuzigung von staatlicher Seite
vor allem *zur Abschreckung vor Sklavenunruhen* gefördert wurde und
nicht zuletzt dort in Erscheinung trat, wo die Strafgewalt des einzelnen
Hausherrn, die *dominica potestas,* nicht mehr ausreichte[108]. Nach Tacitus gab es in Rom einen *locus servilibus poenis sepositus* (Ann 15,60,1),
an dem vermutlich zahlreiche Kreuze aufgerichtet waren. Gemäß Ann 2,
32,2 lag dieser „Schindanger" auf dem Campus Esquilinus, das Gegenstück zum Golgotha-Hügel in Jerusalem.

---

[107] Ant Rom 5,51,3; 7,69,1f, dazu *C. D. Peddinghaus* (s. Bibl.), 24f. S. auch oben
Anm. 86 zu Tarquinius Superbus. Peddinghaus hat völlig recht, wenn er betont, daß
karthagische Vermittlung der Kreuzesstrafe „nicht exakt (zu) beweisen" ist (25). Ihre
Bedeutung als Sklavenstrafe muß – da Plautus schon zur Zeit des 2. Punischen Krieges lebte und wirkte – älter sein als die Punischen Kriege, die Peddinghaus als terminus a quo nennt. Freilich datieren legendäre Beziehungen zwischen Rom und Karthago schon aus dem 6. Jh. vChr. Im Jahr 509 (Polyb 3,23) soll der erste Handelsver-
trag zwischen den beiden Stadtstaaten abgeschlossen worden sein. Auf der anderen
Seite war die Kreuzigung bei den Puniern nicht so ausgeprägt fast ausschließlich Sklavenstrafe wie in Rom, sondern sie diente häufig zur Bestrafung von Hochverrat bei
Bürgern.

[108] In Rom hatten die *tresviri capitales* als Hilfsorgane des Praetors für Ordnung
und Sicherheit zu sorgen. Als solche überwachten sie auch die Hinrichtungen. Sie erscheinen schon bei Plautus, Amph 155ff; Aul 415ff und Asin 131; von den Sklaven
waren sie gefürchtet. Zu ihnen und zum Zurücktreten der Privatjustiz des Hausvaters
s. *W. Kunkel*, Untersuchungen zur Entwicklung des römischen Kriminalverfahrens in
vorsullanischer Zeit, AAMz NF 56, 1962, 71ff.119ff und *A. W. Lintott* (s. Bibl.), 102ff.

Die großen *Sklavenaufstände* des 2. Jh. vChr in Italien gaben Gelegenheit zum exzessiven Gebrauch der Sklavenstrafe; die Angst vor der drohenden Sklavengefahr weckte Haß und Grausamkeit[109]. Die Nachrichten von Kreuzigungen sind freilich völlig zufällig, denn es ließ sich leichter über die Greuel der aufständischen Sklaven schreiben als über das Leiden der besiegten. Während des ersten sizilischen Sklavenkrieges (139–132 vChr) kam es auch zu Unruhen in Italien; dabei wurden nach einer späteren Notiz des Orosius 450 Sklaven *in crucem acti* (Hist 5,9,4). Florus berichtet, nach der Niederschlagung des sizilischen Aufstandes habe man *reliquias latronum compedibus, catenis, crucibusque* bestraft (Ep 2,7 = 3,19,8). Ein Schlaglicht auf die unerhörte Grausamkeit, mit der die kleinen und großen Sklavenerhebungen unterdrückt wurden, wirft die Nachricht Appians, nach der endgültigen Niederlage des Spartacus habe der Sieger Crassus 6000 Gefangene an der Via Appia zwischen Capua und Rom ans Kreuz schlagen lassen (Bell Civ 1,120). Vor der Schlacht habe der Sklavenführer einen römischen Gefangenen zwischen den Heeren gekreuzigt, um seine Anhänger vor ihrem Schicksal nach einer Niederlage zu warnen (1, 119)[110]. Als Octavius, der spätere Augustus, 36 vChr Sizilien dem ehemaligen Triumvir Lepidus abnahm, löste er die Truppen des Sextus Pompeius auf. Gegen den mit Sextus abgeschlossenen Vertrag gab er die dort eingereihten Sklaven zur Bestrafung ihren Herren zurück, die herrenlosen ließ er kreuzigen (Dio Cass 49,12,4, vgl. Appian, Bell Civ 5,131)[111]. In seinem Rechenschafts-

---

[109] S. *W. L. Westermann*, Art. Sklaverei, PW Suppl. VI (894–1068) 980f unter Verweis auf Sen Ep mor 47,5: *totidem hostes esse quot servos* und 976f mit Hinweis auf Liv 21,41,10: *non eo solum animo quo adversus alios hostes soletis pugnare velim, sed cum indignatione quadam atque ira, velut si servos videatis vestros arma repente contra vos ferentes.* Vgl. auch *E. M. Štaerman*, Die Blütezeit der Sklavenwirtschaft in der römischen Republik, übers. v. M. Bräuer-Pospelova, 1969, 238ff.257ff.

[110] Kreuzigungen im Zusammenhang der Sklavenunruhen des 2. und 1. Jh. vChr erwähnen noch Cic in Verr II,5,3, ähnlich Val Max 6,3,5 und Quint Inst or 4,2,17: Der Praetor L. Domitius läßt in Sizilien einen Hirten kreuzigen, der mit einem Speer einen Eber getötet hat, da Sklaven das Waffentragen verboten ist. Val Max 2,7,9: L. Calpurnius Piso bestraft in Sizilien einen *praefectus equitum,* der den Sklaven die Waffen ausgeliefert hat: *ut qui cupiditate uitae adducti cruce dignissimis fugitiuis tropaea de se statuere concesserant* ... Vgl. weiter C. Clodius Licinus, Rer Rom rel 21 (II p. 78 Peter). Dion Hal Ant Rom 5,51,3 und 7,69,2 setzt ebenfalls die Verhältnisse während der Sklavenkriege voraus und überträgt sie auf die römische Frühzeit. Selbst Cic pro Deiot 26 verschmäht diesen Sprachgebrauch nicht: *Quae crux huic fugitiuo potest satis supplici adferre?* Vgl. *J. Vogt,* Sklaverei (s. Bibl.), 49f.60.

[111] Dio Cass 49,12,4; vgl. App Bell Civ 5,131 und Orosius, Hist 6,18,33: *sex milia, quorum domini non extabant, in crucem egit.*

bericht des Monumentum Ancyranum (c. 25) spricht er freilich nur davon, daß er 30 000 Sklaven ihren Herren zurückgegeben habe *ad supplicium sumendum*. Die rigorose Anwendung des *servile supplicium* war eine Folge der panischen Furcht vor Sklavenerhebungen gerade in Italien, die durch die Anhäufung großer Sklavenmengen in den Latifundien Italiens während der Epoche des römischen „Imperialismus" seit dem 2. Punischen Krieg immer neue Nahrung erhielt. Daß diese Furcht dann teilweise in Haß umschlug, ist nur zu verständlich.

Der *Bürgerkrieg* mit seinen Proskriptionen brachte die Sklaven in einen Konflikt zwischen der Loyalität gegenüber ihren Herren und gegenüber den politischen Machthabern, die ihnen für die Tötung eines proskribierten Herrn 10 000 Drachmen, die Freiheit und das römische Bürgerrecht versprachen (Appian, Bell Civ 4,11). Wenigstens in einem Fall zwang jedoch der Unwille des Volkes die Triumvirn, einen Sklaven, der seinen Herrn den Mördern ausgeliefert hatte, kreuzigen zu lassen (Appian, Bell Civ 4,29)[112]. Augustus duldete, daß der Sklave, der die Verschwörung des Fannius Caepio verriet, vom Vater des Verschwörers öffentlich ans Kreuz geschlagen wurde, nachdem er zuvor auf einer Tafel τὴν αἰτίαν τῆς θανατώσεως über das Forum getragen hatte (Dio Cass 54,3,7). Als Macrinus 217 nChr nach der Ermordung Caracallas Kaiser wurde, ließ er alle Sklaven, die unter seinem grausamen Vorgänger ihre Herren denunziert hatten, kreuzigen (Herodian 5,2,2). Der Konflikt zwischen dem Gebot des Herrn und dem des Staates, die beide den Sklaven mit der Kreuzesstrafe bedrohten, oder auch zwischen der Güte des Herrn und der Klassenschranke, für die die Kreuzesstrafe ein Symbol war, wurde ein beliebtes Thema rhetorischer Deklamationen[113].

---

[112] Ein ähnliches Ereignis soll schon unter Tarquinius Superbus (s. o. Anm. 86) geschehen sein: Schol in Juvenal, Sat 8,266ff (p. 152f Wessner): *Vindicius servus, qui indicaverit filios Bruti Tarquinio portas velle reserare. quos pater securi feriit, servum autem ut conservatorem patriae manu misit et ut delatorem dominorum cruci adfigit.* Zur Rolle der Sklaven bei den Proskriptionen s. *J.* Vogt, Sklaverei (s. Bibl.), 86ff.

[113] Vgl. zB Sen dÄ Contr exc 3,9: *crux servi venenum negatis* und Ps.-Quint Decl 380: *crux scripta servo non danti venenum.* Von beiden wird das vielverhandelte rhetorische Thema von dem Sklaven traktiert, der seinem schwerkranken Herrn das erlösende Gift verweigert, um sich nicht nach der *lex Cornelia de sicariis et veneficis* des Giftmordes schuldig zu machen, und deshalb im Testament nicht freigelassen, sondern der Kreuzigung überantwortet wird; der Sklave appelliert an den Tribunen, dh an das kaiserliche Gericht. Eine andere Schauermär, die die verpönte Mischehe zwischen freigelassenen Sklaven und Freigeborenen der Oberschicht behandelt, erzählt Sen dÄ Contr 7,6: Ein Herr läßt seinen Sklaven zum Lohn für dessen Treue frei und verheiratet ihn mit seiner Tochter, während die anderen Sklaven der Stadt gekreuzigt wer-

Relativ schutzlos waren die Sklaven der *Willkür ihrer Herren* und damit dem ungerechten Vollzug des *servile supplicium* ausgeliefert. Mehr als viele Beispiele sagt hier der Dialog zwischen einer römischen Matrone und ihrem Gatten, den Juvenal wiedergibt (6,219ff):

> *‚Pone crucem servo!'* – ‚Meruit quo crimine servus
> supplicium? quis testis adest? quis detulit? audi;
> nulla umquam de morte hominis cunctatio longa est.'
> ‚O demens, *ita servus homo est?* nil fecerit esto:
> Hoc volo, sic iubeo, sit pro ratione voluntas!'[114]

Cicero erhebt in seiner Verteidigung des A. Cluentius die Beschuldigung, die Mutter des Angeklagten habe einen Sklaven kreuzigen und ihm gleichzeitig die Zunge ausschneiden lassen, damit er nicht als Zeuge aussagen könne (pro Cluentio 187). In der Rede pro Milone geißelt er die Erzwingung unwahrer Zeugenaussagen bei Sklaven (c. 60). Belastete der Sklave Clodius gegen Milo, erwartete ihn *certa crux,* entlastete er ihn: *sperata libertas.* Die *maiores* hätten Zeugenaussagen von Sklaven über ihre Herren grundsätzlich abgelehnt.

Gegen derartige Auswüchse erhob sich freilich auch Kritik. Für Horaz gilt ein Herr, der seinen Sklaven, weil dieser beim Auftragen von der Fischbrühe naschte, ans Kreuz heften läßt, „unter vernünftigen Leuten als völlig verrückt"[115]. Es entspricht dies der Tendenz des Augustus, die

---

den. Man macht ihm den Vorwurf, er degradiere seine Tochter zur Verwandten von *cruciarii: Si voles invenire generi tui propinquos, ad crucem eundum est* (vgl. Plaut Mil glor 372f, s. o. S. 131). Servius, Comm in Verg Aen 3,551 (I, p. 436 Thilo/Hagen) berichtet, die Spartaner hätten nach dem Krieg gegen die Messener die illegalen Verhältnisse zwischen spartanischen Frauen und Sklaven sowie deren Nachwuchs radikal beseitigt: *servos patibulis suffixerunt, filios strangulavere ...* Hier wird der Abscheu vor derartigen Vorkommnissen in die griechische Geschichte eingetragen.

[114] Sen dÄ Contr 10,5 behandelt den Fall eines athenischen Malers, der einen älteren Kriegsgefangenen von Olynth als Sklaven kaufte und als Modell einer Prometheusdarstellung zu Tode folterte (s. o. S. 131f). Während die griechischen Rhetoren den Maler durchweg verurteilen, wird er von den lateinischen teilweise verteidigt. Ein mittelalterliches Beispiel für eine Kreuzigung als „Maler-Modell" bringt *Fulda* (siehe Bibl.), 56.

[115] Serm 1,3,82; Lukian, Prom 10 (gegen Zeus gerichtet): Keiner kreuzigt seinen Koch, wenn dieser von den Speisen nascht. Horaz Serm 2,7,47 sagt ein Sklave, der seinem Herrn Vorhaltungen macht: *peccat uter nostrum cruce dignius?* Ep 1,16,46–48 referiert Horaz ein Zwiegespräch mit seinem Sklaven:
‚nec furtum feci nec fugi' si mihi dicit
servus, ‚habes pretium, loris non ureris,' aio.
‚non hominem occidi.' ‚non pasces in cruce corvos.'

Willkür der Herren zugunsten der Staatsmacht einzuschränken. Seneca ging sogar so weit, mit einer gewissen Befriedigung festzustellen, „daß die Grausamkeit privater Sklavenbesitzer selbst von Sklavenhänden, die unter der sicheren Drohung der Kreuzesstrafe standen *(sub certo crucis periculo)* gerächt wurde" (Clem 1,26,1).

Auf der anderen Seite *blieb die staatliche Justiz gegen Sklaven weiterhin hart,* ja in der Kaiserzeit wurden dann auch Freigelassene und Peregrini ähnlich wie Sklaven mehr und mehr mit der Kreuzigung bestraft. Valerius Maximus berichtet, daß – noch während der Republik – ein Sklave trotz sechsfacher Folter den Mord an einem Ritter geleugnet, schließlich aber doch gestanden habe und gekreuzigt worden sei; ein anderer sei, obwohl er bei achtmaliger Folterung geschwiegen habe, dennoch verurteilt worden (8,4,2f). Die „alte Sitte", bei der Ermordung eines Herrn sämtliche Sklaven im Hause hinzurichten – dh häufig zu kreuzigen –, wurde zur Zeit Neros durch Senatsbeschluß erneuert (Tac Ann 13,32,1) und wenige Jahre später nach der Ermordung eines Stadtpräfekten trotz des drohenden Aufruhrs im Volke tatsächlich angewandt (14,42–45). Das Hauptargument war, man könne den Sklavenmischmasch in Rom *non sine metu* in Schranken halten (14,44,3). In den *acta urbis,* die Trimalchio während des berühmten Gastmahls plötzlich von seinem *actuarius* vorlesen läßt, erscheint zwischen Gutsnachrichten, Rinder- und Getreidekäufen die Notiz: „Der Sklave Mithridates wurde gekreuzigt, weil er den Genius unseres Gaius (= Caligula) geschmäht hatte" (Petron Sat 53,3)[116]. Vor allem kaiserliche Sklaven und Freigelassene, die an sich bis in den Ritterstand aufsteigen konnten, waren von der Grausamkeit einzelner Herrscher bedroht. Willkürliche Kreuzigungen kaiserlicher Sklaven bzw. Freigelassener wurden Caligula (Suet Cal 12,2) und Domitian (Dom 11,1) nachgesagt. Vitellius ließ einen betrügerischen Freigelassenen *in servilem modum* hinrichten (Tac Hist 2,72,2), sein Gegner Vespasian tat dasselbe mit zwei ehemaligen Sklaven, die Vitellius für ihre militärischen „Verdienste" freigelassen und mit dem Ritterring geehrt hatte. Tacitus erzählt mit Genugtuung die Hinrichtung des einen, der Tarracina verraten hatte: im Schmuck seines Ritterrings sei der Gekreuzigte ein allgemeines *solacium* gewesen (4,3,2). Vom anderen, Asiaticus, berichtet er lakonisch: *malam potentiam servili supplicio*

---

[116] *C. D. Peddinghaus* (s. Bibl.), 30 deutet die Stelle völlig unsinnig auf eine Pfählung durch König Mithridates. Zum *genius* des Gaius s. Suet Cal 27,3. Zur Sache vgl. Petron Sat 137,2: *si magistratus hoc scierint, ibis in crucem.*

expiavit (4,11,3). Die Freigelassene einer römischen Matrone, die im Bunde mit den Priestern eines Isistempels in Rom geholfen hatte, ihre Herrin zu betrügen und zu verführen, wurde unter Tiberius zusammen mit den Priestern der ägyptischen Göttin ans Kreuz geschlagen, der Tempel wurde niedergerissen und das Isisbild im Tiber versenkt. Der Verführer selbst, ein römischer Ritter, kam, da er im Liebeswahn gehandelt habe, mit der Verbannung davon (Jos Ant 18,79f). Dh die Standesschranke wurde auch hier streng aufrechterhalten[117]. Nicht weniger streng bestrafte ein sonst unbekannter Prokonsul von Africa die Priester des „Saturn", dh des punischen Gottes Baal-Hammon, die immer noch den alten phönizischen Brauch des Kinderopfers vollzogen. Er ließ sie „an denselben Bäumen ihres Tempels, in deren Schatten sie ihre Verbrechen begangen hatten, wie an geweihten Kreuzen öffentlich aufhängen" *(votivis crucibus exposuit).* Tertullian, der dies überliefert, beruft sich dabei auf die Augenzeugenberichte jener Soldaten, die die Exekution im Namen des Prokonsuls vollzogen (Apol 9,2).

Man könnte nun freilich fragen, *ob auch für Sklaven und Peregrini, die eher mit der Kreuzesstrafe rechnen mußten, das Kreuz ein solch abstoßendes „horrendum" war,* so daß es die Botschaft vom gekreuzigten Erlöser belasten konnte. Hierauf wäre zu antworten, daß gerade für sie das *horrendum* noch realer, der persönlichen Existenz näher war als für die Glieder der Oberschicht. Darum hofften die fähigeren Sklaven auf die Freilassung, die ihre soziale und rechtliche Situation wenigstens teilweise verbesserte und ihnen die Möglichkeit des weiteren sozialen Aufstiegs gab; in der antiken Bourgeoisie der aus der Hefe des Volkes aufsteigenden Selfmademen spielten die „Libertini", wie das Beispiel eines Trimalchio und die zahlreichen mächtigen kaiserlichen Freigelassenen zeigen, eine wichtige Rolle. Ein angeblicher Gottessohn, der sich in höchster Todesnot selbst nicht helfen konnte (Mk 15,31), der vielmehr die Nachfolge im Kreuztragen verlangte, war für die unteren Schichten schwerlich eine Attraktion. Das *patibulum ferat per urbem, deinde offigitur cruci* (Plautus, Carb fr. 2) kannte man zur Genüge und fürchtete es; davon wollte man gerade loskommen. Im übrigen war das frühe Christentum durchaus keine ausgesprochene Sklavenreligion, sondern es

---

[117] Vgl. Apul Met 10,12,3: Wegen des Versuchs, ihren Stiefsohn zu ermorden, wird eine Matrone samt ihrem Helfershelfer, einem Sklaven, verurteilt: *novercae quidem perpetuum indicitur exilium, servus vero patibulo suffigitur.* Zur Trennung zwischen *honestiores* und *humiliores* vgl. auch Anth Lat 794,35:
Crimen opes redimunt, reus est crucis omnis egenus.

umfaßte im Grunde schon bei Paulus und erst recht bei Plinius oder Tertullian Menschen *omnis ordinis*, jeden Standes[117a].

9. Der gekreuzigte nationale Märtyrer und der metaphorische und philosophische Sprachgebrauch

Es bleibt noch die Frage: Gibt es im antiken – römischen – Bereich Beispiele für eine nichtchristliche *positive Deutung* des Kreuzestodes, etwa als Todesart des *philosophischen oder nationalen Märtyrers*, der ja der alten Welt wohl vertraut war? Ein wirkliches historisches Beispiel – wenn man von der zweideutigen Gestalt des Polykrates (s. o. S. 139) absieht – konnte ich nicht entdecken; wohl aber wurde die Gestalt des Nationalhelden M. Atilius Regulus im Laufe der Überlieferung mit der *crux* verbunden. Regulus war als Feldherr während des 1. Punischen Krieges in punische Gefangenschaft geraten und von den Puniern zum Austausch der Gefangenen bzw. zur Erlangung eines Friedensvertrages nach Rom geschickt worden. Dort habe er allerdings dem Senat geraten, hart zu bleiben. Getreu seinem eidlichen Versprechen sei er dennoch nach Karthago zurückgekehrt und dort zur Rache von den Puniern zu Tode gequält worden. Über die Form seines Todes gehen die Überlieferungen weit auseinander; genannt werden langsam wirkendes Gift, Schlafentzug, Einsperrung in eine Dunkelkammer, Zerstörung der Augenlider, Aussetzung an grelles Licht und schließlich auch die Kreuzigung, letztere vermutlich, weil sie als punische Nationalstrafe und als *summum supplicium* überhaupt galt, das alle denkbaren Martern zusammenfaßte. Seneca sieht in Regulus einen Sieger über die von den Menschen gefürchteten *terribilia: Singula vicere iam multi: ignem Mucius, crucem Regulus, venenum Socrates . . .* (Ep mor 98,12). Als *documentum fidei (et) patientiae* stellt er ihn dem verweichlichten Maecenas (s. o. S. 143) gegenüber: *tam vigilabis in pluma quam ille in cruce* (Dial 1 [de prov], 3,9f). Florus betont, daß Regulus weder durch seine freiwillige Rückkehr nach Karthago noch durch das äußerste Leiden, sei es im Kerker oder am Kreuz, seine Würde verletzt habe *(nec ultimo sive carceris seu crucis supplicio deformata maiestas)*, vielmehr sei er, dadurch noch bewundernswerter, ein Sieger über seine Besieger geworden, ja er habe das Schicksal *(for-*

[117a] Plin dJ Ep 10,96; Tert Apol 1,7; Nat 1,1,2; vgl. *M. Hengel,* Eigentum und Reichtum in der frühen Kirche, 1973, 44ff.69ff.

tuna) selbst besiegt (Ep 1,18 = 2,2,25)[118]. Dem nationalen Märtyrer wird auch am Kreuz die höchste Ehre, welche die antike aufgeklärte Welt vergeben konnte, zugesprochen: Überwinder seines eigenen Schicksals zu sein. Für Tertullian wurde Regulus der Prototyp des heidnischen Märtyrers, da – im Gegensatz zu den anderen – *crucis vero novitatem numerosae, abstrusae, Regulus vester libenter dedicauit* (Nat 1,18,3).

Kurz müssen wir noch auf den *metaphorischen* Sprachgebrauch eingehen, der schon teilweise in der Reguluslegende vorliegen könnte. *Crux* konnte ja auch als Ausdruck für höchste Qual bis hin zum Liebesschmerz verwendet werden, und es ist zuweilen schwer zu entscheiden, ob noch ein echter Bezug auf das Hinrichtungsinstrument bzw. die Todesstrafe vorliegt oder ob nur in bildhafter Weise geredet wird. Die Auffassung der Kreuzigung als *summum supplicium* steht sicher hinter dem bedenkenswerten Satz Columellas *summum ius antiqui summam putabant crucem* (De re rust 1,7,2). Cicero bezeichnete den bloßen Wunsch, sich mit der Tyrannei Caesars zu arrangieren, als *miserium ... quam in crucem tolli* (Att 7,11,2), was ihn nicht daran hinderte, dies später selbst zu tun[119].

Interessanter sind die wenigen Belege, wo in der *philosophischen Diskussion* – im Zusammenhang mit der drastischen kynisch-stoischen Diatribe – das *summum et servile supplicium* auftaucht. Epiktet meint, man solle im Rechtsstreit den Gegner nicht provozieren, denn „wenn du gekreuzigt werden willst, warte, und das Kreuz wird kommen" (wenn es kommen soll); entscheidend sei, daß man in allem dem Logos gehorche (Diss 2,2,20)[120]. Seneca vergleicht die *cupiditates* mit *cruces, in quos unusquisque uestrum clauos suos ipse adigit*, alle hängen als *ad supplicium acti* an ihren eigenen Pfählen *(stipitibus singulis pendent);* das Ganze klingt in folgendem Satz aus, der in eine kynische Predigt passen könnte: *quot cupiditatibus tot crucibus distrahuntur* (Dial 7 [de vita

---

[118] S. P. v. Rohden, Art. Atilius 51, PW II, 2086–2092. Die schönste Würdigung – ohne das Kreuzesmotiv – gibt Horaz in seinen Carmina (3,6). Hier heißt es nur: *... quae sibi barbarus / Tortor pararet* (Z. 49f). Daß Regulus – gegen die historische Realität – gerade das Martyrium am Kreuz nachgesagt wurde, erklärt sich aus Formulierungen wie etwa denen des Cicero Nat Deor 3,80: *Cur Poenorum crudelitati Reguli corpus est praebitum.* Das Kreuz war Ausdruck dieser *crudelitas* schlechthin.

[119] Vgl. auch Ad Quint fr 1,29 über den Ritter Catienus: *illum crucem sibi ipsum constituere, ex qua tu eum ante detraxisse.* Liebeskummer: Catull Carm 99,4: *suffixum in summa me memini esse cruce.*

[120] In negativem Sinn 3,26,22 gegen die, die sich in den Bädern unter den Händen der Masseure „wie die Gekreuzigten" ausstrecken.

beata], 19,3). Cicero wendet sich gegen die stoische Grundthese, daß der Schmerz kein wirkliches Übel sei und der Weise *semper beatus* sein müsse. Sein lapidares Gegenargument lautet: *in crucem qui agitur, beatus esse non potest* (Fin 5,84); als Beispiel für seine These führt er Polykrates an (5,92). Ähnlich wie Seneca gebraucht Philo das Bild der Kreuzigung mehrfach zur Darstellung der Versklavung des Menschen unter seinen von den Begierden beherrschten Körper: Die Seelen „hängen an der unbeseelten Materie so wie die Gekreuzigten bis zu ihrem Tode an vergänglichem Holz angenagelt sind"[121]. Der gemeinsame Ausgangspunkt ist Platos Aussage im Phaidon (83c/d), daß jede Seele durch die Lust wie durch einen Nagel an dem Leib befestigt sei[122]. Zu einer positiven Deutung – abgesehen von der gemeinantiken Mahnung, daß jeder sein Schicksal ertragen müsse – gab das Bild von der Kreuzigung keinen Raum, es blieb auch hier eine Metapher des Grauens. Es fällt dabei auf, daß der metaphorische Sprachgebrauch auf den lateinischen Bereich beschränkt bleibt, während in der griechischen Welt das Kreuz, soweit ich sehe, nicht in übertragener Weise verwendet wird. Vermutlich war dieses Wort zu abstoßend, als daß es sich für die Verwendung als Metapher geeignet hätte.

10. Die Kreuzigung in der griechisch sprechenden Welt

Wir haben bisher bewußt die *griechisch sprechende Welt, Griechenland, Kleinasien, Ägypten und Syrien*, nur am Rande behandelt. Die Quellen für die in der Kaiserzeit ausgesprochen als *römische* Strafe erscheinende Kreuzigung fließen im lateinischen Sprachbereich reichlicher als im griechischen. Jedoch wäre es falsch, hier eine grundsätzliche Kluft zwischen dem lateinischen „Westen" und dem griechischen „Osten" oder auch zwischen dem persischen „Orient" und dem griechischen „Okzident" zu postulieren[123]. Pheretime, die Mutter des ermordeten Arkesilaos,

---

[121] Poster Caini 61: ἀψύχων ἐκκρέμανται καὶ καθάπερ οἱ ἀνασκολοπισθέντες ἄχρι θανάτου φθαρταῖς ὕλαις προσήλωνται; vgl. Somn 2,213 als Auslegung von Gen 40,19; Prov 25 unter Verweis auf Polykrates (s. o. Anm. 52).

[122] Vgl. Plut Mor 718D; Jamblich bei Stobaios, Anth 3,5,45 (III, p. 270 Wachsmuth/Hense).

[123] Die Entgegensetzung von „Orient" und „Okzident" vollzieht in unzulässiger Weise *C. D. Peddinghaus* (s. Bibl.), 9.11ff; ihm folgt *E. Brandenburger* (s. Bibl.), 21. Auch daß die „Zurschaustellung eines Leichnams an einem Pfahl" „offenbar nur im Orient" nachzuweisen sei, wie *H.-W. Kuhn* (s. Bibl.), 10 Anm. 33 im Anschluß an

des Tyrannen von Barka in der Kyrenaika, die die Hauptschuldigen am Tode ihres Sohnes rund um die Stadtmauer kreuzigen ließ (Herodot 4,202,1), war ebenso Griechin wie ihre Opfer. Weiter zeigt Herodot, daß auch die Athener einen verhaßten Gegner kreuzigen konnten (s. o. S. 139); die nur hier erscheinende Sprachform „auf Bretter nageln" läßt vermuten, daß sie dabei kein wirkliches Kreuz verwendeten, sondern das ihnen aus dem eigenen Strafrecht vertraute „Tympanon", eine Platte aus Brettern (σανίδες), auf das die Delinquenten zum Zweck der öffentlichen Zurschaustellung, der Folter oder der Tötung festgebunden wurden. Die 17 Opfer aus dem berühmten Grabfund von Phaleron aus dem 7. Jh. vChr wurden mit einem Ring um den Hals und mit Haken um Hände und Füße festgehalten; man könnte darin eine verschärfte Sonderform des ἀποτυμπανισμός sehen, die der Kreuzigung dann sehr nahekam, wenn man die Opfer annagelte, statt sie nur festzubinden oder mit gekrümmten Nägeln anzupflocken. Mythologische Analogien sind Ixion, Prometheus (s. o. S. 131ff) und Andromache[124]. In den Thesmophoriazusai des Aristophanes wird der als Frau verkleidete Mnesilochos wegen Religionsfrevels „auf das Brett gebunden" (930f. 940); er selbst rechnet damit, sterben zu müssen und den Raben zum Spott und Fraß zu dienen (938.942.1029). Er ist mit Nägeln (1003: ἧλος) befestigt, die man freilich lockern oder weiter hineintreiben kann; so „hängt" er am Brett (1027.1053.1110), wie Andromeda, „unter gurgelabschneidenden, rasenden Schmerzen, auf finsterem Pfad zu den Toten" (1054f), von einem skythischen Bogenschützen bewacht und beschimpft, der ihn schließlich

Peddinghaus meint, ist falsch, s. o. Anm. 94 und Diod 16,61,2; Eur El 896ff. Neben die Kreuzigung, die meist durch ἀνασκολοπίζειν ausgedrückt wird, tritt die Pfählung = Spießung", die Kuhn vermißt, finden sich Eur Iph Taur 1430; Rhes 513ff; Diod 33,15,1f; Dio Cass 62,7,2; Sen Ep mor 14,5; Dial 6 (de cons ad Marc), 20,3; *Fulda* (s. Bibl.), 113–116. Die von Kuhn angeführte Plutarchstelle Mor 499D: ἀλλ᾽ εἰς σταυρὸν καθηλώσεις ἢ σκόλοπι πήξεις nennt Kreuzigung und „Aufspießung" als die grausamsten Todesstrafen, die Plutarch sehr wohl bekannt waren, s. u. S. 172. Er führt sie an, um die nachfolgende Anekdote von der Unerschrockenheit des Kyrenaikers Theodoros Atheos zu illustrieren. Der „Orient" war nicht grausamer als der „Okzident".

[124] S. ᾽Α. Δ. Κεραμόπουλλος (s. Bibl.). Kritisch *K. Latte* (s. Bibl.), 1606f, der nicht allen Argumenten von Κεραμόπουλλος gerecht wird. Sehr ausgewogen ist das Urteil von *I. Barkan* (s. Bibl.), 63–72, der der Wirklichkeit wohl am nächsten kommt. Vgl. auch *J. Vergote* (s. Bibl.), 143 und *C. E. Owen*, JThSt 30, 1929, 259–266. Mit τύμπανον konnte die Folterbank überhaupt bezeichnet werden: 2Makk 6,19.28 sowie der Ort der Geißelung (s. *Vergote*, aaO 153f), die ja auch am σταυρός durchgeführt wurde. Die Erfindungskunst der Folterknechte war größer als das Wortbildungsvermögen. Den Bezug zur Kreuzigung betont auch *L. Gernet* (s. Bibl.), 290ff.

zu töten droht. Mag die ganze Szene nur einen Pranger darstellen, der Weg zur Kreuzigung ist nicht mehr weit[125]. Die Nachricht des Historikers und Herrschers von Samos, Duris, Perikles habe nach der Eroberung der Stadt die zehn Führer der Samier auf dem Marktplatz von Milet „an Bretter binden" lassen (σανίσι προσδήσας) und, nachdem sie zehn Tage gelitten hatten, den Befehl gegeben, ihnen mit Knüppeln die Schädel einzuschlagen, ist nicht ganz so unwahrscheinlich wie es der athenerfreundliche Plutarch (Perikles 28,3) darstellt. Es handelt sich nur um eine ausgedehnte Form des „Apotympanismos", wobei bestenfalls die Dauer von zehn Tagen unwahrscheinlich ist[126]. In der Antigone des Sophokles droht Kreon, die Mitwisser am Begräbnis des Polyneikes nicht bloß zu töten, sondern „lebendig aufzuhängen" (ζῶντες κρεμαστοί, 308), falls sie nichts verraten. Nach einem Fragment des Komikers Kratinos wurden offenbar Sklaven oftmals „auf die Bretter gebunden"[127]. Menander[128], Alkiphron[129] und Longos[130] sprechen dagegen vom „Aufhängen". In den Tarantinoi des Alexis würde der Held den Parasiten Theodotos am liebsten „an das Holz heften" bzw. „aufspießen" (ἀναπήξαιμ' ἐπὶ τοῦ ξύλου: Athen 4, p. 134a). Die ptolemäischen Papyri kennen das „Aufhängen"[131] und das ἀποτυ(μ)πανίζειν; ob letzteres nur zur Auspeitschung oder tatsächlich zur Tötung geschah, muß offen bleiben[132]. Nach

---

[125] Dazu Κεραμόπουλλος, aaO 27ff; *Barkan*, aaO 66ff; *Gernet*, aaO 304f.

[126] Vgl. Κεραμόπουλλος, aaO 26f.31; *Barkan*, aaO 64f; *P. Ducrey* (s. Bibl.), 212.

[127] Schol in Aristoph Thesm 940 = fr. 341 (I. p. 112f Kock, Com. Att. Fragm.).

[128] Perikeir 79 (I p. 49 Koerte) = 149 (p. 214 Allinson LCL). Dieses Aufhängen des Sklaven als Strafe ist zu unterscheiden von dem In-den-Block-Binden, s. Aristoph Equ 1048; Eupolis Demoi, s. *C. Austin*, Comicorum Graecorum fragmenta in papyris reperta p. 86 (fr. 1,32); Marikas s. p. 100 (fr. 1,153).

[129] Ep 2,18,3 (p. 39f Schepers).

[130] 4,8,4; 4,9,1 (I p. 309 Hercher, Erot. script. Gr.).

[131] SB 6739 = PCZ 59202 (II, p. 61f Edgar), Z. 7ff, Brief des Dioiketen Apollonios an Zenon 254 vChr: ... ὁ Ἀμμενεὺς εἰρηκὼς ἃ ἔγραψας πρὸς ἡμᾶς περιαχθεὶς κρεμήσεται („Wenn ... Ammeneus gesagt hat, was du geschrieben hast, soll er, nachdem er zu uns gebracht wurde, aufgehängt werden"). κρεμαννύναι im Sinne von „kreuzigen" erscheint zB mehrfach bei Appian; vgl. auch Jos Bell 7,202; Achill Tat 2,37,3.

[132] *U. Wilcken*, Urkunden der Ptolemäerzeit, I 1927, Nr. 119, Z. 37. Wilcken übersetzt das Wort mit „kreuzigen", s. den Kommentar 562 im Anschluß an Κεραμόπουλλος unter Verweis auf PCZ 59202 (s. o. Anm. 131). Es kann hier jedoch einfach „töten" bedeuten: „eine Verschärfung gegenüber dem (vorausgehenden) ἀποκτενεῖν ... oder nur eine Ausmalung". Ähnliches gilt von *O. Guéraud*, ΕΝΤΕΥΞΕΙΣ, 1931, Nr. 86, Z. 6.8; hier wird es am ehesten „totschlagen" bedeuten. Die Schwierigkeiten des Begriffs spiegeln sich in *H. G. Liddell/R. Scott*, A Greek-English Lexicon wider. Die 9. Aufl. ab 1940, 225 hat „crucify on a plank", was sicher zu einseitig ist. Das

dem Epitomator Justin wurde Pausanias, der Mörder Philipps von Makedonien, bald nach der Tat verhaftet und gekreuzigt; Olympias, die Anstifterin des Mordes, habe in der Nacht das Haupt des am Kreuz Hängenden mit einem goldenen Kranz geschmückt (Epit 9,7,10). Die anonyme Alexandergeschichte POxy 1798 (fr. 1) weiß zu berichten, daß man ihn der makedonischen Heeresversammlung übergeben habe: ... τοῖς Μ[ακεδόσι π]αρέδωκε[ν(?). οὗτοι δ'] ἀπετυπάν[ισαν αὐτό]ν. Hieraus wird deutlich, daß die römischen Historiker das ἀποτυ(μ)πανίζειν im Sinne des Kreuzigens verstanden haben[133]. Wir brauchen uns bei der Streitfrage um die richtige Deutung des nicht einheitlichen Begriffs „Apotympanismos" nicht weiter aufzuhalten, da es genügend andere eindeutige Beispiele für die Kreuzigung durch und an Griechen gibt. Daß Plato und wohl auch Demosthenes diese Hinrichtungsart kannten, ist schon gesagt (s. o. S. 141f). Weniger bekannt ist, daß der athenische Admiral Konon im Dienste des Satrapen Pharnabazos 397 vChr den griechischen Führer der zyprischen Meuterer kreuzigte. Dionysios I. von Syrakus ließ zur selben Zeit die gefangenen griechischen Söldner der Karthager ans Kreuz schlagen. Philipp II. von Makedonien hängte den Leichnam des in der Schlacht gefallenen Onomarchos, des Plünderers von Delphi, an den Schandpfahl[134]. *Alexander d. Gr.* hat die Kreuzesstrafe mehrfach vollzogen. Es mag uns hier das Schicksal der überlebenden wehrfähigen Verteidiger von Tyrus genügen[135]:

Supplement, hg. v. *E. A. Barber*, 1968, 21 korrigiert „cudgel to death". Weitere Bedeutungen sind „behead" und „kill unmercifully, destroy". Das Wort kann sehr verschieden gedeutet werden, da die auf das „Tympanon" Gebundenen auf verschiedene Weise getötet wurden. Interessant ist 3Makk 3,27, aus dem Erlaß Ptolemaios' IV. gegen die Juden: Wer jemand von den Juden verbirgt, αἰσχίσταις βασάνοις ἀποτυμπανισθήσεται πανοικίᾳ. Hier könnte eine der Kreuzigung ähnliche Hinrichtungsart angedroht sein. Zur Vielfalt der Verwendung von (ἀπο)τυμπανίζειν vgl. *J. Vergote* (s. Bibl.), 153f. Es wird später häufig neben der Kreuzigung genannt und von ihr unterschieden. S. auch *Gernet*, aaO 291ff.302ff; *P. Ducrey*, aaO 210ff.

[133] Dazu *U. Wilcken*, Alexander der Große und die indischen Gymnosophisten, SAB phil.-hist. Kl. 1923, (150–183) 151ff. Wilcken wertet die Nachricht Justins von der Kreuzigung des Mörders gegenüber der Notiz Diod 16,94,4 auf, die diesen schon bei der Flucht getötet werden läßt, und schließt sich der Deutung durch Κεραμόπουλλος an: „Es ist danach klar, daß mit ’ΑΠΕΤΥΠΑΝΙΣΑΝ dieselbe Strafe gemeint ist, die Justin IX 7,10 mit *in cruce pendentis Pausaniae* bezeichnet" (152).

[134] Konon: POxy 842 = FGH 66,XV,5. Dionysios I.: Diod 14,53,4. Onomarchos: Diod 16,61,2: κατακοπεὶς ἐσταυρώθη; 16,35,6: ἐκρέμασε. Anders Pausanias 10,2,5 und Philo Prov 2,33 = Eus Praep Ev 8,14,33.

[135] Vgl. Just Epit 18,3,18; Diod 17,16,4. Dazu *M. Hengel*, Juden, Griechen und Barbaren, SBS 76, 1976, 13. Weitere Alexander nachgesagte Kreuzigungen: Curt Ruf

Triste deinde spectaculum victoribus ira praebuit regis; II milia, in quibus occidendis defecerat rabies, crucibus affixi per ingens litoris spatium pependerunt (Curtius Rufus, Hist Alex 4,4,17).

Im Alexanderroman sind es freilich die Tyrer, die die Gesandten Alexanders kreuzigen ließen (Vita Alex 1,35,6).

Mit den Diadochenkämpfen kam die Massenkreuzigung auch nach Griechenland. 314 vChr schlug die Schwiegertochter des letzten „Reichsverwesers" Polyperchon, die den vielsagenden Beinamen „Kratesipolis" trug, einen Aufstand der Stadt Sikyon bei Korinth nieder und ließ etwa 30 Einwohner kreuzigen (Diod 19,67,2). Elf Jahre später erstürmte Demetrios Poliorketes Orchomenos in Arkadien und ließ den Befehlshaber Strombichos mit etwa 80 Verteidigern, die ihm „feindlich gesinnt" waren, auf dieselbe grausame Weise töten; von den anderen Söldnern nahm er dagegen 2000 in sein Heer auf (Diod 20,103,6). Aus der Anwendung der Kreuzesstrafe bei den Makedonen und in der Alexander- und Diadochenzeit kann man schließen, daß sie auch in den hellenistischen Monarchien nicht gefehlt hat, auch wenn die Nachrichten spärlich sind. Von Antiochos III. wissen wir, daß er den Leichnam des Usurpators Molon, der sich in der Schlacht selbst getötet hatte, „auf dem hervorragendsten Platz Mediens" pfählen ließ (ἀνασταυρῶσαι, Polyb 5,54,7); ein ähnliches Schicksal widerfuhr dem Onkel und Schwager des Königs, Achaios, der in Kleinasien eine eigene Monarchie errichtet hatte. Durch Verrat in die Hände des Antiochos gelangt, wurde er zu Tode gefoltert, und sein Leib wurde in eine Eselshaut genäht und aufgehängt (Polyb 18, 21,3). Den nach Ägypten geflüchteten Spartanerkönig Kleomenes, der sich nach einem gescheiterten Putschversuch gegen die Ptolemäer das Leben nahm, schändete man auf Befehl des 4. Ptolemäers auf gleiche Weise (Plutarch, Kleom 38f). Ob freilich, wie Justin erzählt, bei dem Volksaufstand nach dem Tode des unfähigen Ptolemaios IV. einige weibliche Mitglieder der herrschenden Hofkamarilla ans Kreuz geschlagen wurden (Epit 30,2,7), ist fraglich, da Polybios 15,33,7ff davon nichts berichtet[136]. Mehr Vertrauen verdient der Hinweis des Josephus,

---

Hist Alex 6,3,14; vgl. 7,5,40; 7,11,28; 9,8,16 = Arrian An 6,17,2; Plut Alex 72,3 = Arrian An 7,14,4. Aus dem Alexanderroman s. noch die Kreuzigung der Dariusmörder durch Alexander 2,23,4 (p. 104 van Thiel) und die Drohung an die Boten des Darius 1,37,3 (p. 54); das Bild Alexanders ist hier deutlich idealisiert, seine Grausamkeit abgeschwächt. Vgl. *Ducrey,* aaO 213 und Index 242 s. v.

[136] K. *Latte* (s. Bibl.) 1606 spricht fälschlicherweise von einer „syrischen Revolution". Zum Tod des Achaios, Polyb 5,54,7, vgl. *B. A. van Proosdij,* Hermes 69, 1934, 347–350; *P. Ducrey,* aaO 213. Zu Perdikkas s. Nachtrag S. 182.

daß es in Judäa bei der Verfolgung der Gesetzestreuen während der Reform unter Antiochos IV. 167 vChr auch zu Kreuzigungen gekommen sei. Hier könnte eine hellenistische Quelle vorliegen (Ant 12,256)[137]. Nach einer beliebten antiken Anekdote soll der Diadochenkönig Lysimachos dem Kyrenaiker Theodoros Atheos mit der Kreuzigung gedroht haben. Dieser antwortete nach Ciceros Darstellung (Tusc 1, 102):

Istis, quaeso, ista horribilia minitare purpuratis tuis.

Theodori quidem nihil interest, humine an sublime putescat[138].

In eine ähnliche Richtung geht die Erzählung Strabos, daß der Grammatiker Daphitas wegen eines Spottepigramms auf die attalidischen (?) Könige bei Magnesia gekreuzigt worden sei; eine Paralleltradition bei Cicero u. a. will freilich wissen, er sei von einem Felsen gestürzt worden[139]. Das Grabepigramm eines von seinem Sklaven ermordeten Herrn aus Amyzon in Karien, das noch ins 2. oder 1. Jh. vChr gehört, berichtet schließlich, daß die Bürger der Stadt – nicht etwa die römische Obrigkeit – den Mörder „für die wilden Tiere und Raubvögel lebendig aufhängten"[140]. Hier mag freilich schon *römischer Einfluß* vorliegen, da Attalos III. sein Reich 133 vChr den Römern vermacht hatte.

---

[137] S. dazu *E. Stauffer*, Jerusalem und Rom, 1957, 123ff, der einen – freilich kritisch zu prüfenden – Bericht über die Kreuzigung in Palästina seit der Perserzeit gibt, und die abgewogenen Ausführungen von *C. D. Peddinghaus* (s. Bibl.), 38f. Vgl. auch AssMos 8,1: *qui confitentes circumcisionem in cruce suspendit.*

[138] Die verschiedenen Varianten der Anekdote finden sich bei *E. Mannebach*, Aristippi et Cyrenaicorum Fragmenta, Leiden-Köln 1961, 59f. Die Todesart ist nicht immer dieselbe. Plut Mor 499D bringt die verkürzte Anekdote unmittelbar nach der Erwähnung von Kreuzigung und „Aufspießung" (s. o. Anm. 123); Mor 606B wird Theodoros der Tod in einem eisernen Käfig angedroht. Cicero, der früheste Zeuge, könnte die Drohung mit der Kreuzigung ad hoc formuliert haben. Im Gnomologium Vaticanum 64 droht Alexander dem Märtyrerphilosophen Anaxarchos auf ähnliche Weise. Im Hintergrund der Anekdote steht die kynische Verachtung jeglicher Pietät gegenüber den Toten und gegenüber den in der Antike so überaus wichtigen Grabriten; s. schon Teles p. 31 Hense und die hier aufgeführten Belege. Typisch ist etwa Sen dÄ Contr exc 8,4: *Omnibus natura sepulturam dedit; naufragos fluctus, qui expulit, sepelit; suffixorum corpora a crucibus in sepulturam defluunt; eos qui vivi uruntur, poena funerat.*

[139] Strabo, Geogr 14,1,39. Lateinische Parallelüberlieferung: Cic Fat 5; Val Max 1,8 ext. 8, vgl. auch Suidas, Lex. s. v. Daphitas. Die Spaltung der Tradition könnte auf einer Verwechslung von κρημνέναι „hängen", „kreuzigen" (Appian Mithr 97) und κρημνίζειν „hinunterstürzen" beruhen. Zum Ganzen s. *Crusius*, PW IV 2134f.

[140] The Collection of Ancient Greek Inscriptions in the British Museum, IV,2, ed. *F. H. Marshall*, 1916, Nr. 1036: ἀλλὰ πολῖται ἐμοὶ τὸν ἐμὲ ῥέξαντα τοιαῦτα θηροί καὶ οἰωνοῖς ζωὸν ἀνεκρέμασαν. Vgl. dazu *K. Latte* (s. Bibl.), 1606; zum „Aufhängen" von Sklaven s. o. S. 168. Weiteres im Nachtrag S. 182f.

Waren bis jetzt Kreuzigung und Pfählung – beides hängt eng zusammen – bei Majestäts- und Staatsverbrechen bzw. als Kriegshandlungen aufgetaucht, so erscheint diese Hinrichtungsart *in römischer Zeit* häufiger als *Strafe für Sklaven und Gewaltverbrecher aus der Provinzbevölkerung*. Wenn H.-W. Kuhn aus den relativ wenigen Nachrichten über die Kreuzigung in Griechenland und Kleinasien während der ersten 150 Jahre nChr den Schluß zieht, „daß die Kreuzesstrafe in diesem wichtigen Verbreitungsgebiet des frühen Christentums vielleicht doch nicht so häufig war, wie allgemein vorausgesetzt wird"[141], so ist das irreführend. Einmal besitzen wir relativ wenige Quellen aus jener Zeit. Für Rhetoren wie Dio Chrysostomus, Aristides oder Maximus von Tyrus und Bildungsliteraten wie Plutarch war die Kreuzigung von Sklaven und Räubern ein zu unappetitliches Thema; immerhin wußte Plutarch genau Bescheid:

„jeder der zum Tode verurteilten Verbrecher trägt sein Kreuz auf seinem Rücken" (καὶ τῷ μὲν σώματι τῶν κολαζομένων ἕκαστος κακούργων ἐκφέρει τὸν αὐτοῦ σταυρόν)[142].

Auch Ehren- und Grabinschriften hatten anderes zu berichten als grausame Hinrichtungen. Was uns an „völlig sicheren Beleg(en)"[143] fehlt, wird reichlich ersetzt durch den griechischen Roman, die Satiren des Syrers Lukian, das Traumbuch Artemidors von Ephesus und nicht zuletzt durch die astrologische Literatur[144]. Hier hatte man weniger ästhetische Hemmungen, die Dinge beim Namen zu nennen, hier war man der Wirklichkeit des Alltagslebens und damit zugleich dem Denken und Fühlen des Volkes am nächsten. Weiter wäre zu fragen, welchen „völlig sicheren Beleg" wir für die Kreuzigung in jenem Zeitraum aus dem römischen Gallien, aus Spanien – außer der einen Nachricht über Galba (s. o. S. 150) –, Nordafrika und den Donauprovinzen besitzen. Sollte sie dort ebenfalls nur ein ganz seltenes Exekutionsmittel gewesen sein? Schließlich und endlich waren gerade die Orte, von denen uns eine Wirksamkeit des Paulus bezeugt ist, Zentren römischer Machtentfaltung: Korinth, Philippi, Troas, Antiochien in Pisidien, Lystra und Ikonium (die-

---

[141] *H.-W. Kuhn* (s. Bibl.), 10.

[142] Mor 554A/B; vgl. 554D: στρεβλοῦν ἢ κρεμαννύναι τὸν πονηρόν. S. auch oben Anm. 123 zu 499D.

[143] *H.-W. Kuhn* aaO. Hier müßte man den Begriff „völlig sicherer Beleg" für den Bereich der alten Geschichte definieren. Es gibt ja nur abgestufte Grade der Wahrscheinlichkeit.

[144] Artemid Oneirocr 1,76; 2,53; 2,68; 4,33; 4,49. Zur astrologischen Literatur s. *F. Cumont*, aaO (Anm. 20) 196ff mit zahlreichen Zeugnissen. Besonders aufschlußreich ist Manetho, Apotel 1,148f; 4,197ff; 5,219, s. o. S. 130 Anm. 20 und Nachtrag S. 183.

ses wenigstens seit Hadrian) waren römische Kolonien, und im syrischen
Antiochien, in Ephesus, Thessalonich und Korinth residierten römische
Provinzstatthalter, die zumindest bei Kapitalsachen dem römischen
Recht folgten. Auch Paulus selbst war als römischer Bürger über den
römischen Strafvollzug und über seine Bürgerrechte wohl orientiert. Aus
den Zeugnissen, die wir für die Kreuzigung aus den Ostprovinzen besitzen, kann man zudem erschließen, daß auch im griechischsprachigen
Bereich des Imperiums jedem Sklaven und Landarbeiter die Kreuzesstrafe sehr wohl bekannt war. Die Einstellung zu ihr mag unterschiedlich
gewesen sein. Der palästinische Bauer, der mit der Freiheitsbewegung
sympathisierte, sah darin das gefürchtete und verhaßte Unterdrückungs-
instrument der römischen Zwingherren, die Mehrheit der Bevölkerung
der griechischen Städte dagegen eher ein zwar verabscheuenswertes, aber
nichtsdestoweniger notwendiges Mittel zur Aufrechterhaltung von
Sicherheit und Ordnung gegen Räuber, Gewalttäter und aufrührerische
Sklaven. Gerade für den Osten hatten das Ende des Bürgerkriegs und
der Beginn des Prinzipats große Erleichterung, erhöhte Sicherheit und
wirtschaftlichen Aufschwung gebracht.

Im ganzen sind außerdem die Zeugnisse für die Kreuzigung in diesem
Raum gar nicht so spärlich. Q. Mucius Scaevola ließ 97 vChr als Prokonsul von Asia einen Sklaven und Hauptagenten der Steuerpächter unmittelbar vor dessen Freilassung am Kreuz hinrichten (Diod 37,5,3)[145].
Q. Bruttius Sura kreuzigte im 1. Mithridateischen Krieg 88 vChr nach
der Eroberung der Insel Skiathos Sklaven, die im Dienste des Mithridates standen (Appian, Mithr 29). Bekannt ist die Hinrichtung von Seeräubern durch den jungen Caesar in Pergamon um 75 vChr[146]. Sueton
(Iul 74,1) hat die interessante, aber doch wohl sekundäre Version, Caesar habe in seiner sprichwörtlichen *clementia* die Seeräuber vor der
Kreuzigung erdrosseln lassen, um ihnen das Leiden zu ersparen *(iugulari
prius iussit, deinde suffigi)*. Im Jahr 44 nChr schränkte Claudius die
Freiheit des Inselstaates Rhodos ein, weil die Rhodier „einige Römer gekreuzigt hatten" (ὅτι Ῥωμαίους τινὰς ἀνεσκολόπισαν, Dio Cass 60,24,4).
Rhodos besaß als *civitas foederata atque libera*, die fast 250 Jahre ein
treuer Verbündeter Roms gewesen war, eine selbständige Kapitalge-
richtsbarkeit. Den Hintergrund dieses Ereignisses können wir freilich

---

[145] Die Freilassung hätte das *servile supplicium* unmöglich gemacht, s. o. S. 153. Zu
den Kreuzigungen Mithridates' VI. von Pontus s. o. S. 138 Anm. 50.
[146] Plut Caes 2,2–4; Val Max 6,9,15.

nicht mehr erhellen[147]. Nach Sueton ließ Domitian den tarsischen Schriftsteller Hermogenes wegen mißliebiger Illustrationen in einem seiner Bücher hinrichten, die unglücklichen Schreibsklaven wurden kurzerhand
gekreuzigt (Dom 10,1)[148]. Als Beleg für *Ägypten* konnte ich einen Pro-
zeßbericht aus dem 1. Jh. nChr entdecken; der Text ist leider sehr bruchstückhaft. Er enthält ein Verhör von vier Angeklagten vor einem hohen
römischen Beamten, vermutlich in Alexandrien. Einer der Angeklagten
soll gegeißelt werden, gegen Ende ist von einer Kreuzigung die Rede
(σταυροποίαν [π]είσεται)[149]. Der Herausgeber bringt den Text mit den
griechisch-jüdischen Unruhen in Verbindung, bei denen, wie Josephus
bezeugt, zahlreiche Hinrichtungen stattfanden, die freilich die Unruhen
nur noch verstärkten (Bell 2,489). Für die Zeit Caligulas berichtet Philo
von Folterungen und Kreuzigungen von Juden im Amphitheater der
ägyptischen Hauptstadt (Flacc 72.84f). In dem wohl aus dem 2. Jh.
nChr stammenden Roman des Xenophon von Ephesus läßt der Präfekt
von Ägypten den unglücklichen Helden auf eine falsche Anklage hin ans
Kreuz schlagen; der Gekreuzigte wird jedoch auf wunderbare Weise
durch den göttlichen Nil gerettet, dafür muß später die Denunziantin,
eine Gattenmörderin, die gebührende Strafe erleiden[150].

Kurz wäre noch ein Wort zu den *griechischen Romanen* überhaupt zu
sagen. Die Kreuzigung des Helden oder gar der Heldin gehört hier zum

---

[147] Dio Cass 60,24,4. *M. P. Charlesworth,* in: CAH X ²1952, 682 vermutet „a riot,
in which some Roman citizens were crucified", ähnlich *D. Magie,* Roman Rule in Asia
Minor, I, Princeton 1950, 548. II, 1406 vermutet Magie eine Identität mit der *seditio,*
die Tac Ann 12,58,2 für 53 nChr berichtet: *redditur Rhodiis libertas, adempta saepe
aut firmata, prout bellis externis meruerant aut domi seditione deliquerant.* Möglicherweise bestand diese *seditio* nur darin, daß die Rhodier als *civitas libera* ihre eigene
Jurisdiktionsgewalt erweisen wollten.

[148] Unklar bleibt, ob dies in Rom oder irgendwo im Osten geschah.

[149] POxy 2339; offenbar handelt es sich um ein echtes Protokoll. Daß dagegen in
den literarischen Acta Alexandrinorum *keine* Kreuzigung erscheint, hängt m. E. damit
zusammen, daß diese verachtete Hinrichtungsart unter der Würde der darin verherr-
lichten angesehenen alexandrinischen Bürger war. Von der Ptolemäerzeit her gab es in
Alexandrien zwei Formen der Prügelstrafe, die schlimmere Art, die Geißelung, wurde
nur an Verbrechern der unteren Schichten vollzogen, Flaccus bestrafte damit die 38
Mitglieder der jüdischen Gerusie (Philo Flacc 75). In dem Prozeßprotokoll protestiert
ein Angeklagter mit ägyptischem Namen gegen die Geißelung: sie sei gegen das Gesetz
und bedrohe den Erfolg im Krieg. Die angebliche Kreuzigung, die *R. Taubenschlag,*
The Law of Greco-Roman Egypt in the Light of the Papyri, Warszawa ²1955, 434
Anm. 25 nennt (BGU 1024, 8–11), ist in Wirklichkeit eine Hinrichtung durchs Schwert.
Wir besitzen freilich nur ganz wenige Protokolle von Kapitalfällen aus Ägypten.

[150] Eph 4,2,1ff; 4,4,2 (I p. 374f.377 Hercher, Erot. script. Gr.).

festen Inventar, und nur eine höhere Gattung dieser Unterhaltungsliteratur, vertreten etwa durch die Aithiopiaka Heliodors, verschmäht derartige Grausamkeiten. In den Babyloniaka des Syrers Jamblich wird der Held gleich zweimal von dieser gefürchteten Strafe ereilt, jedoch beidemale wieder vom Kreuz abgelöst und befreit[151]. Habrokomes, die Hauptfigur im schon erwähnten Roman des Xenophon von Ephesus, wird ein erstes Mal fast zu Tode gefoltert und später gekreuzigt. Selbst seine Geliebte Anthea ist einmal in der Gefahr des Gekreuzigtwerdens, da sie in Notwehr einen Räuber getötet hat[152]. Jedoch dürfen die Helden keinesfalls den schmach- und schmerzvollen Kreuzestod erleiden – er gebührt allein den Bösewichtern[153]. Chariton aus Aphrodisias, der vielleicht noch im 1. Jh. nChr schrieb, schildert anschaulich die Kreuzigung als Sklavenstrafe: 16 Sklaven von der Domäne des Satrapen Mithridates waren aus ihrer Unterkunft geflohen, wurden jedoch wieder eingefangen und, an Füßen und Hals aneinandergekettet, zum Richtplatz geführt, wobei jeder seinen Kreuzbalken trug. „Die Henker ergänzten die notwendige Todesstrafe noch durch das nach außen wirksame elendigliche Beispiel für die übrigen (Sklaven)", dh die ganze Veranstaltung diente vor allem der Abschreckung. Die Rettung des Romanhelden erfolgt im letzten Augenblick, gerade vor der Annagelung[154].

Auch die Tatsache, daß *Lukian*, etwa bei seiner Schilderung der An-

---

[151] Cap. 2 und 21 (I p. 221.229 Hercher), nach Photios, Bibl.

[152] 2,6; 4,2,1ff; 4,6,2 (I, p. 351f.374f.378 Hercher).

[153] Xenoph Eph 4,4,2 (I p. 377 Hercher): die Gattenmörderin Kyno; Chariton 3, 4,18 (II p. 57 Hercher): der Räuber Theron am Grab der von ihm an Sklavenhändler verkauften Kallirrhoë; vgl. die Kreuzigung der Mörder des Darius auf dem Grab des toten Herrschers im Alexanderroman, s. o. Anm. 135.

[154] Chariton 4,2,6ff; 4,3,3ff; vgl. 5,10,6 (II, p. 72f.75.103 Hercher). *K. Kerényi*, Die griechisch-orientalische Romanliteratur in religionsgeschichtlicher Beleuchtung, ²1962, geht ausführlich auf das Kreuzigungs- und Leidensmotiv im griechischen Roman ein (109ff; 123ff: Rettung vom Kreuze und Verklärung). Seine Vermutung, daß hinter dem Kreuzesmotiv der altägyptische Ded-Pfeiler stehe (110ff) und seine Heranziehung des gnostischen Schrifttums sind jedoch irreführend. Die antiken Romanschreiber wollten ihre Erzählungen mit „crime, sex and religion" spannend gestalten, aber keine Mysterien verschlüsseln. Zurückhaltender urteilt *R. Merkelbach*, Roman und Mysterium in der Antike, 1962, 180, der in der Kreuzigung „eine Initiationsprobe" sehen will, vgl. 191. Auch das ist unwahrscheinlich. Die Kreuzigung stellt nur die höchste Bedrohung des Helden dar, durch die die Spannung auf die Spitze getrieben wird. S. die Kritik an Kerényi bei *A. D. Nock*, Essays on Religion and the Ancient World, ed. by *Z. Stewart*, I, Oxford 1972, 170, der mit Recht darauf hinweist, daß in den Mysterien die Kreuzigung keine Rolle spielt: Osiris wurde nicht gekreuzigt.

kunft der Toten in der Unterwelt[155], oder ein pseudepigraphischer Diogenesbrief[156] die relativ häufige Anwendung dieser Todesstrafe voraussetzen, weist darauf hin, daß ihre Bedeutung in der griechisch sprechenden Welt nicht so ganz gering war. In Lukians Dialog Piscator (c. 2) beraten die Philosophen, von Sokrates aufgefordert, wie sie den freimütigen Parrhesiades töten sollen. Der erste der versammelten Ideologen schlägt vor: „Mir scheint, man muß ihn kreuzigen"; der nächste stimmt zu: „Gewiß, beim Zeus, doch zuvor muß er gegeißelt werden"; dann folgen das Augen-Ausstechen und das Zunge-Abschneiden. Hier könnte eine ferne Anspielung auf den gekreuzigten Gerechten Platos vorliegen. Auf jeden Fall erscheint der Kreuzestod als das selbstverständliche *summum supplicium*. Auf Grund der angeführten Belege, die man gewiß noch vermehren könnte, wird man schließen dürfen, daß die Kreuzigung im griechischsprachigen Osten nicht weniger bekannt, gefürchtet und verabscheut wurde als im lateinischen Westen – gerade auch in den unteren Schichten[157].

11. Zur Kreuzigung bei den Juden

Die Geschichte der Kreuzesstrafe *in Judäa und in der jüdischen Tradition* würde eine eigene Untersuchung erfordern; ich habe darum auch die μωρία des Kreuzes bei den „Heiden" (1Kor 1,23) bewußt in den Vordergrund gestellt. H.-W. Kuhn hat völlig recht, wenn er den in Dtn 21,23 begründeten religiösen Charakter des σκάνδαλον τοῦ σταυροῦ bei den Juden nach 1Kor 1,23 und Gal 5,11 betont[158]. Durch die Tempelrolle von Qumran hat Y. Yadin erwiesen, daß in hellenistisch-hasmonäischer Zeit – wahrscheinlich gerade aus diesem Grund – für das Verbrechen des Hochverrats die Kreuzigung als Todesstrafe praktiziert wurde, übernommen aus der nichtjüdischen Umwelt; eine gewisse Analogie ist das

---

[155] Catapl 6: Τοὺς ἐκ δικαστηρίου ... παράγαγε, λέγω δὲ τοὺς ἐκ τυμπάνου καὶ τοὺς ἀνεσκολοπισμένους; vgl. auch De morte Per 45.

[156] Diogenes, Ep 28,3 (p. 242 Hercher): οὔκουν πολλοὶ μὲν ἐπὶ τῶν σταυρῶν κρέμανται, πολλοὶ δὲ ὑπὸ τοῦ δημίου ἀπεσφαγμένοι... Vgl. die ihm zugeschriebene Anekdote Diogenes Laertius, Vit Phil 6,45.

[157] Bewußt habe ich die Belege beiseite gelassen, wo in ältere griechische Traditionen die Kreuzigung sekundär hineingetragen wurde, so etwa in zwei Fabeln des Hyginus, Fab 194 über den Zitherspieler Arion und die Seeräuber und Fab 257 über Phalaris von Selinunt und die beiden pythagoreischen Freunde, die Schiller zur Ballade von der Bürgschaft umgedichtet hat.

[158] *H.-W. Kuhn* (s. Bibl.), 36f.

arbori infelici suspendere im Falle schwerer *perduellio* in Rom[159]. Wer
das eigene Volk an den fremden Feind verraten hatte, sollte in äußerster
Weise geschändet werden. Dies erklärt die Kreuzigung von 800 Pharisäern durch Alexander Jannai[160] wie auch die sonderbare, schon in der
Mischna überlieferte Nachricht, Schimʿon b. Schetach habe in Askalon
70 oder 80 „Zauberinnen" „aufhängen" lassen; m. E. handelt es sich hier
um eine polemische Verschlüsselung der pharisäischen Gegenreaktion
gegen das Synhedrium nach dem Tode Jannais unter der Königin Sa-
lome[161]. Umso mehr fällt auf, daß Herodes mit dieser Hinrichtungs-
tradition gebrochen hat. Es ist wohl kaum ein Zufall, daß aus seiner Zeit
von Josephus keine einzige Kreuzigung berichtet wird. Wollte der König
sich von dem hasmonäischen Brauch distanzieren? Humane Erwägungen
waren bei diesem Massenmörder sicher nicht im Spiele. Der exzessive
Gebrauch, den die Römer zur „Befriedung" Judäas von der Kreuzesstrafe machten, bewirkte, daß die Kreuzigung seit Beginn der unmittelbaren Römerherrschaft als jüdische Todesstrafe verpönt war. Diese Umkehr läßt sich noch aus der rabbinischen Auslegung von Dtn 21,23 erschließen. Bereits Varus hatte ja um Jerusalem 2000 Gefangene kreuzigen lassen[162], und das Schreckensjahr 70 nChr brachte auch hier einen
traurigen Höhepunkt. Dennoch wurde das Kreuz nie zum Symbol des
jüdischen Leidens; der Einfluß von Dtn 21,23 machte dies unmöglich.
Auch ein gekreuzigter Messias konnte darum nicht akzeptiert werden.

---

[159] *Y. Yadin*, Pesher Nahum (s. Bibl.). Die Einwände von *J. M. Baumgarten* (siehe
Bibl.) können in keiner Weise überzeugen.

[160] Jos Bell 1,97f; Ant 13,380–383, vgl. Bell 1,113; Ant 13,410f; dazu *J. M. Allegro*,
Qumrân Cave 4, I, DJDJ V, 1968, 37–42, Nr. 169 4QpNah 3–4 col. I,4–9, s. auch
J. Strugnell, Notes en marge du volume V des „Discoveries in the Judaean Desert of
Jordan", RdQ 7, 1969/71 (163–276) 207. Zum Gelage Jannais angesichts der Ge-
kreuzigten vgl. Jamblich, Bab 21 (I p. 229 Hercher): König Garmos, bekränzt und
tanzend, feiert ein Festmahl mit Flötenspielerinnen vor dem Kreuz des Helden. Zur
Ermordung von Frauen und Kindern unter den Augen der Gekreuzigten vgl. Herodot
4,202,1 und 9,120,4.

[161] Mischna Sanh 6,5, vgl. j Sanh 23c. Diese der ganzen späteren rabbinischen
Rechtsauffassung ins Gesicht schlagende Tradition kann keine reine Erfindung sein.
Ich sehe darin eine im Sinne der polemischen Verkehrung verschlüsselte Überlieferung.
Der Eingeweihte wußte, worum es sich handelte. Daß die Pharisäer blutige Rache
nahmen, zeigt Jos Bell 1,113 und vor allem Ant 13,410f. Es liegt nahe, daß sie ihrer-
seits an den sadduzäischen Ratgebern des Jannai, die ihn zu seinem harten Vorgehen
ermuntert hatten, die Kreuzigung vollzogen haben. Zum „Aufhängen" als Strafe für
„Hochverrat" s. auch Tg J II zu Num 25,4; *M. Hengel*, Nachfolge und Charisma,
BZNW 34, 1968, 64 Anm. 77.

[162] S. o. S. 140 Anm. 55. Vgl. AssMos 6,9: *aliquos crucifigit circa coloniam eorum.*

Hier lag der besondere Anstoß der urchristlichen Verkündigung im Mutterland selbst. Auf dieselbe Weise erklärt sich, daß in der jüdischen Märtyrerlegende der gekreuzigte Fromme keine Rolle spielt – das Kreuz war inzwischen zu sehr das Zeichen der Passion Jesu und seiner Nachfolger geworden –, obwohl wir in der talmudischen Literatur eine ganze Reihe von Hinweisen auf den Vollzug der Kreuzesstrafe an Juden in der späteren Kaiserzeit besitzen.

12. Zusammenfassung

Wir haben versucht, einen Überblick über die Anwendung der Kreuzesstrafe in der römisch-griechischen Welt zu geben, um von dort her die paulinische Aussage von der μωρία des λόγος τοῦ σταυροῦ besser verstehen zu können. Abschließend wäre folgendes zu sagen:

1. Die Kreuzesstrafe hatte *eine erstaunliche Verbreitung* in der Antike. Sie begegnet in wechselnden Formen bei zahlreichen Völkern der alten Welt, auch bei den Griechen. Man wollte und konnte offenbar nie auf sie verzichten, gerade auch dort nicht, wo man sich ihrer Grausamkeit voll bewußt war. Sie widerspricht damit schroff dem idealisierenden Bild von der Antike im Sinne der „edlen Einfalt und stillen Größe". In einer Gegenwart, die sich der Humanität und des Fortschritts rühmt, in der aber die Anwendung der Todesstrafe, die Folter und der Terror eher zu- als abnehmen, hat man freilich kein Recht, diesen antiken Widerspruch als überwunden zu betrachten.

2. Die Kreuzigung war und blieb eine *politische und militärische* Strafe. Traf sie bei den Persern und Puniern in erster Linie den hohen Beamten und Befehlshaber oder auch Aufrührer, so bei den Römern vor allem die unteren Schichten, dh die Sklaven, die Gewaltverbrecher und die unruhigen Elemente in rebellischen Provinzen, nicht zuletzt in Judäa.

3. Der Hauptgrund für ihre Anwendung war die – angeblich – unüberbietbar *abschreckende Wirkung* ihres öffentlichen Vollzugs. Der Gekreuzigte galt in der Regel als ein Übeltäter, der seine gerechte, notwendige Strafe empfangen hatte. Man fürchtete wohl, daß ein Verzicht auf dieses Hinrichtungsmittel die Autorität des Staates und die bestehende Ordnung untergraben könnte.

4. Zugleich kam die Kreuzigung dem *primitiven Racheverlangen* und der *sadistischen Grausamkeit* der einzelnen Herrscher wie der Massen entgegen. Meistens war sie ja mit anderen Arten der Folter, zumindest

der Geißelung, verbunden. Mit relativ geringem Aufwand und großer
öffentlicher Wirkung konnten die Delinquenten in unsagbarer Weise
tagelang zu Tode gefoltert werden. Die Kreuzesstrafe ist damit konkreter Ausdruck der im Menschen schlummernden Unmenschlichkeit, die
sich heute etwa im Ruf nach der Todesstrafe, nach Volksjustiz und nach
härterem Strafvollzug im Sinne der Vergeltung äußert. Sie ist eine Manifestation des transsubjektiven Bösen, eine Hinrichtungsform, welche die
Dämonie menschlicher Grausamkeit und Bestialität offenbart.

5. Weiter bedeutete die Kreuzigung durch die *öffentliche Zurschaustellung* des nackten Gequälten an einem hervorgehobenen Ort – auf
einem öffentlichen Platz, im Theater, auf einer Anhöhe, an der Stätte
seines Verbrechens – *eine äußerste Schändung des Opfers, die numinose
Dimensionen besaß* und der sich gerade der Jude auf Grund von Dtn
21,23 besonders bewußt war. Mehr als bei anderen Hinrichtungsarten lag
bei dieser Strafe die Assoziation an den in der Antike nie völlig über-
wundenen Gedanken des Menschenopfers nahe. Die in unserem Jahrhundert den nationalen Götzen und der „richtigen" politischen Weltan-
schauung geopferten Menschenmassen zeigen, daß die irrationale Forderung nach dem „Menschenopfer" auch heute noch wirksam ist.

6. Eine letzte Verschärfung erhielt die Kreuzesstrafe durch die häufig
vorgenommene Verbindung mit der *Grabverweigerung*. Daß der Gekreuzigte den wilden Tieren und Raubvögeln zum Fraß diente, war ein
feststehendes Bild. Die Schändung des Delinquenten wurde dadurch eine
vollkommene. Die Bedeutung der gerade mit der Grabverweigerung verbundenen Entehrung eines Menschen in der Antike kann der moderne
Mensch kaum ermessen.

7. Dadurch, daß in römischer Zeit die Kreuzigung vor allem bei *gemeingefährlichen Schwerverbrechern und Angehörigen der untersten
Schichten* ausgeübt wurde, daß sie in erster Linie den „asozialen" Out-
law und den weithin rechtlosen Sklaven traf, dh Gruppen, deren Auf-
begehren um der staatlichen Ordnung willen mit allen Mitteln unterdrückt werden mußte, während die breiten Schichten der Bevölkerung
die Rechtssicherheit und den weltweiten Frieden der Kaiserzeit freudig
begrüßten, ergab sich von selbst eine *soziale und ethische Diffamierung*
des Gekreuzigten im allgemeinen Volksbewußtsein, die sich durch die
religiöse Komponente dieser Strafe noch verstärkte.

8. *Ansätze zur Kritik oder auch zur philosophischen Verarbeitung* des
maßlosen Leidens der zahlreichen Gekreuzigten sind relativ selten. Am
ehesten finden wir sie in der stoischen Predigt der „Apatheia" des Wei-

sen, wo die Qual des am Kreuz Verendenden u. U. als Metapher verwendet werden konnte. Die Kreuzigung wurde dabei zum Gleichnis für jenes Leiden, von dem sich der Weise nur noch durch den Tod befreien kann, der die Seele von dem Körper löst, an den sie geheftet war. Im Roman ging es dagegen um spannende Unterhaltung und Sensation. Hier wurde das Leiden gerade nicht ernst genommen. Die Darstellung der Kreuzigung des Helden diente dem Nervenkitzel des Lesers, die Spannung wurde dann durch die Befreiung des Gekreuzigten und das obligate „happy end" gelöst.

9. Die *urchristliche Botschaft vom gekreuzigten Messias* wies nicht zuletzt auf die „Solidarität" der Liebe Gottes mit dem aus den antiken Quellen sichtbar werdenden unsäglichen Leiden der Gefolterten und Getöteten hin, das in einer „Passions-Geschichte", die wir nicht ermessen können, durch die Jahrhunderte bis heute weitergeht. In Jesus von Nazareth wurde Gott wirklich mit dem äußersten menschlichen Elend identisch (Phil 2,8). Diese „Kenosis" Gottes war das revolutionär Neue, Anstößige, aber zugleich auch Sieghafte in der Predigt des Evangeliums. Daß Ernst Käsemann gezeigt hat, daß sich unsere Verkündigung in Wort und Tat heute gerade an diesem Punkt bewähren muß, ist sein besonderes Verdienst.

10. Wenn Paulus von der *„Torheit" der Botschaft vom Gekreuzigten* spricht, so redet er nicht verschlüsselt oder mit einer abstrakten Chiffre, sondern bringt die harte Erfahrung seiner anstößigen Missionsverkündigung zum Ausdruck, und zwar gerade auch seiner Verkündigung bei den Nichtjuden, zu denen er sich als Apostel in erster Linie gesandt wußte. Daß er in den Briefen die Rede vom Kreuz vor allem in polemischem Kontext verwendet, ist darin begründet, daß er seine Gegner, die den Anstoß des Kreuzes zu entschärfen versuchen, bewußt provozieren will. Das „Wort vom Kreuz" ist so in gewisser Weise die verletzende Speerspitze seiner Botschaft. Weil aber das Kreuz bei Paulus noch als das reale, grausame Hinrichtungsinstrument, als das Werkzeug der blutigen Exekution Jesu verstanden wurde, kann man auch nicht die Redeform vom Sühnetod Jesu oder Blut Jesu von dem „Wort vom Kreuz" abtrennen – das hieße dem Speer die Spitze abbrechen. Der Komplex des Sterbens Jesu bildete vielmehr für den Apostel ein geschlossenes Ganzes, bei dem die Tatsache immer gegenwärtig blieb, daß Jesus nicht den milden Tod durch den Schierlingsbecher wie Sokrates und erst recht nicht „alt und lebenssatt" wie die Väter des Alten Testaments gestorben, sondern wie ein Sklave oder gemeiner Verbrecher qualvoll am Schandpfahl

verendet war. Der Jesus des Paulus starb gerade nicht einen „beliebigen"
Tod, sondern er wurde am Kreuz in grausamer und verächtlicher Weise
„für uns alle dahingegeben".

Das theologische Räsonnement unserer Zeit zeigt sehr deutlich, daß
der konkrete Tod des Menschen und Messias Jesus ein Ärgernis darstellt,
das man auf alle mögliche Weise entschärfen, auflösen und domestizieren
will. Die Wahrheit unseres theologischen Denkens wird sich an diesem
Punkte zu bewähren haben. Das Nachdenken über die harte Realität des
Kreuzestodes in der Antike könnte mithelfen, den akuten Realitätsver-
lust in der heutigen theologischen Reflexion zu überwinden.

Nachtrag

Das Manuskript war eben in den Satz gegangen, als ich von Herrn Kollegen *H.
Cancik,* der es freundlicherweise durchgesehen hatte, einige wertvolle Verbesserungs-
vorschläge und Ergänzungen erhielt. Auch Herr Prof. *Louis Robert,* Paris, gab mir
wichtige Hinweise (brieflich). Da es z. T. nicht mehr möglich war, dieselben vollständig in die Korrektur einzubringen, möchte ich in diesem Nachtrag darauf eingehen
und gleichzeitig noch einige eigene Beobachtungen anfügen.

S. 126 Anm. 1ᵃ: Nur scheinbar widerspricht dem die Versicherung 22,3f: „Wenn
aber jemand den Einwand erheben sollte (εἰ δὲ αἰτιάσαιτό τις), daß er gekreuzigt
worden sei, so stimmt auch dies mit den zuvor aufgezählten Söhnen des Zeus bei euch
überein, die gelitten haben; denn von jenen werden nicht gleiche, sondern verschiedene
Arten des Todesleidens erzählt, so daß dieser im Blick auf die ihm eigentümliche Todesart nicht geringeren Ranges ist, vielmehr werden wir, wie versprochen, im Fortgang
der Darlegung beweisen, daß er höher steht als sie . . .". Auch aus diesen ausgesprochen
apologetischen Ausführungen wird deutlich, daß die Kreuzigung Jesu als ehrlose Todesart ein Haupteinwand gegen seine Gottessohnschaft war. Justin versucht dem ent-
gegenzuhalten, daß auch bei verschiedenen Zeussöhnen unterschiedliche Todesarten
berichtet werden und Jesus darum wegen seines Todes nicht geringer eingeschätzt werden darf, entscheidend sind zudem nicht sein Tod, sondern seine Taten: ὁ γὰρ κρείττων
ἐκ τῶν πράξεων φαίνεται. Vgl. auch Just Dial 8,3; 10,3; 90,1; 137,1ff u. *M. Hengel,*
Der Sohn Gottes, 1975, 140f.

S. 128 Anm. 6: Herr Kollege *Cancik* macht mich darauf aufmerksam, daß die Tragödie seit ihren Anfängen und bis in die römische Zeit das Motiv der πάθη ἡρώων
kennt; vgl. Herodot 5,67 und *H. Cancik,* Seneca und die römische Tragödie, in:
Neues Handbuch der Literaturwissenschaft, III, hg. v. *M. Fuhrmann,* 1974, 251–260.
Die Heroen der griechischen Sage sind freilich gerade nicht von Natur unsterbliche
Götter, sondern Menschen, die durch ihre Taten göttliche Verehrung und Würde
erlangt hatten.

S. 129 Anm. 14: Celsus bei Orig. Cels 6,34 (vgl. 36 Ende) verbindet in verächtlicher
Weise die Annagelung Jesu am Kreuz mit seinem niedrigen Beruf als Zimmermann
und verspottet die christliche Rede vom „Holz des Lebens" und von der „Auferstehung des Fleisches durch das Holz (des Kreuzes)": „Welches betrunkene alte Weib,

das, um ein Kleinkind einzuschläfern, Märchen erzählt, würde sich nicht schämen, solche ungereimten Dinge zu murmeln?"

S. 130 Anm. 20: Herr *Cancik* schlägt statt des schwierigen ἐν ἥλοις die Konjektur ἔνηλοι vor. Das Adjektiv ἔνηλος wird durch die alten Glossare in der Bedeutung „angenagelt" bezeugt, s. *Liddell-Scott* s. v.

S. 131 Anm. 24: Varro verwendet crux in diesem Zusammenhang als Paradigma für ein hartes, häßliches Lautgebilde. Es soll, der antiken Sprachtheorie entsprechend, die Qualen des Kreuzestodes nachahmen: *ipsius verbi asperitas cum doloris quem crux efficit asperitate concordet* (Hinweis von *H. Cancik*).

S. 132 Anm. 25: Möglicherweise wurde schon durch Hesiod und Aischylos die Fesselung des Prometheus in der Weise des „Apotympanismos" dargestellt, s. o. S. 167 Anm. 124. Hesiod (Theog 521) spricht von einem Pfosten oder einer Säule, an die der Gott geheftet wird: δεσμοῖς ἀργαλέοισι μέσον διὰ κίον' ἐλάσσας; *W. Marg*, Hesiod, Sämtliche Gedichte, Zürich–Stuttgart 1970,227f, vermutet „einen Schandpfahl . . ., der vielleicht ursprünglich eine Himmelssäule war". Vgl. auch *P. Ducrey*, (s. Bibl.), 210 Anm. 1 und die Vasenbilder Pl. I und II. Apollodor 1,7,1 spricht von einer Annagelung des Prometheus.

S. 146 Anm. 66: Prof. *Louis Robert* macht mich auf eine jüngst in verbesserter Lesung veröffentlichte Inschrift aufmerksam, die von Myra in Lykien und aus der Zeit des Claudius stammt. Ihr zufolge ließ der kaiserliche Legat von senatorischem Rang, der mit der Einrichtung der neuen Provinz beauftragt war, einen städtischen Sklaven, der im Stadtarchiv trotz Warnung nicht einwandfreie Urkunden angenommen hatte, auspeitschen und drohte ihm bei Rückfall die schärfste Bestrafung an: „und mit einem solchen Beweis (dh der Geißelung) habe ich ihm klargemacht, daß ich bei erneutem Verstoß gegen die Anordnung . . . nicht nur mit Schlägen, sondern durch die höchste Strafe gegen ihn, (οὐ πληγαῖς μόνον, / ἀλλὰ καὶ τῆι ἀ[νω]τάτωι κολάσει αὐτοῦ) die übrigen städtischen Sklaven zwingen werde, ihre frühere Nachlässigkeit zu vergessen": *M. Wörrle*, Zwei neue griechische Inschriften aus Myra zur Verwaltung Lykiens in der Kaiserzeit, in: Myra, Istanbuler Forschungen 30, 1975, (254–300) 256 Z. 14–19. Zur ἀνωτάτω τιμωρία s. aaO 281 Anm. 681: Philo Flacc 126; *L. Mitteis/U. Wilcken*, Grundzüge und Chrestomathie der Papyruskunde, I,2, Nr. 439 = *E. M. Smallwood*, Documents Illustrating the Principates of Gaius, Claudius and Nero, 1967, Nr. 381: Edikt des Präfekten von Ägypten vom 29. 4. 42 nChr gegen Soldaten, die die Landbevölkerung unterdrückten: κατὰ τούτου τῇ ἀνωτάτω χρήσομαι τειμωρίᾳ. In der Inschrift von Myra ist die zitierte Lesung einer älteren, die hier einen Hinweis auf die Kreuzigung vermutet, auf jeden Fall vorzuziehen.

S. 170 Anm. 136: Der Reichsverweser nach dem Tode Alexanders, Perdikkas, ließ 322 vChr den kappadozischen König Ariarathes und alle seine Verwandten foltern und kreuzigen (τοῦτον . . . καὶ τοὺς συγγενεῖς αὐτοῦ πάντας αἰκισάμενος ἀνεσταύρωσε Diod 18,16,3); nach einer anderen Nachricht soll dieser jedoch im Kampf gefallen sein (ebd 31,19,4).

S. 171 Anm. 140: Der Text der Inschrift findet sich auch bei *L. Robert*, Études Anatoliennes, Paris 1937, 389 Anm. 0. *M. Rostovtzeff*, Gesellschafts- und Wirtschaftsgeschichte der hellenistischen Welt, III, 1956, 1294 Anm. 76 erwägt, ob diese Hinrichtung im Zusammenhang des Sklavenaufstandes des Aristonikos geschah. Es handelt sich hier jedoch um eine Einzeltat: Der Sklave hatte seinen bei einem Gelage betrunkenen Herrn Demetrios erschlagen und das Haus angezündet.

S. 172 Anm. 144: Selbst in dem späten Traumbuch des Achmes, Oneirocr 90 (p. 54f Drexl), erscheint das Motiv der Kreuzigung als Hinrichtungsart in verschiedenen Variationen.

Bibliographie

I. Barkan, Capital Punishment in Ancient Athens, Chicago 1936

J. M. Baumgarten, Does *tlh* in the Temple Scroll Refer to Crucifixion? JBL 91, 1972, 472–481

E. Benz, Der gekreuzigte Gerechte bei Plato, im Neuen Testament und in der alten Kirche, AAMz 1950, Nr. 12

J. Blinzler, Der Prozeß Jesu, ⁴1969

E. Brandenburger, Σταυρός, Kreuzigung Jesu und Kreuzestheologie, WuD NF 10, 1969, 17–43

E. Dinkler, Jesu Wort vom Kreuztragen, in: Signum Crucis. Aufsätze zum Neuen Testament und zur Christlichen Archäologie, 1967, 77–98

ders., Das Kreuz als Siegeszeichen, ebd 55–76

ders., Kreuzzeichen und Kreuz. Tav, Chi und Stauros, ebd 26–54

ders., Zur Geschichte des Kreuzsymbols, ebd 1–25

P. Ducrey, Le traitement des prisonniers de guerre dans la Grèce antique, des origines à la conquête romaine, Paris 1968

ders., Note sur la crucifixion, MusHelv 28, 1971, 183–185

H. Fulda, Das Kreuz und Die Kreuzigung. Eine antiquarische Untersuchung . . ., 1878

P. Garnsey, Social Status and Legal Privilege in the Roman Empire, Oxford 1970

L. Gernet, Anthropologie de la Grèce antique, Paris 1968

E. Gräßer, „Der politisch gekreuzigte Christus". Kritische Anmerkungen zu einer politischen Hermeneutik des Evangeliums, in: Text und Situation. Gesammelte Aufsätze zum Neuen Testament, 1973, 302–330

M. Hengel, Der Sohn Gottes. Die Entstehung der Christologie und die jüdisch-hellenistische Religionsgeschichte, 1975

H. F. Hitzig, Art. Crux, PW IV, 1901, 1728–1731

M. Kähler, Das Kreuz. Grund und Maß der Christologie, in: Schriften zur Christologie und Mission. Gesamtausgabe der Schriften zur Mission, hg. v. *H. Frohnes,* ThB 42, 1971, 292–350

E. Käsemann, Die Gegenwart des Gekreuzigten, in: Deutscher Evangelischer Kirchentag Hannover 1967. Dokumente, 1967, 424–437, vgl. 438–462

ders., Die Heilsbedeutung des Todes Jesu bei Paulus, in: Paulinische Perspektiven, ²1972, 61–107

’Α. Δ. Κεραμόπουλλος, Ὁ ἀποτυμπανισμός. Συμβολὴ ἀρχαιολογικὴ εἰς τὴν ἱστορίαν τοῦ ποινικοῦ δικαίου καὶ τὴν λαογραφίαν, Βιβλιοθήκη τῆς ἐν Ἀθήναις Ἀρχαιολογικῆς Ἑταιρείας 22, Athen 1923

G. Klein, Das Ärgernis des Kreuzes, in: Ärgernisse. Konfrontationen mit dem Neuen Testament, 1970, 115–131

H.-W. Kuhn, Jesus als Gekreuzigter in der frühchristlichen Verkündigung bis zur Mitte des 2. Jahrhunderts, ZThK 72, 1975, 1–46

K. Latte, Art. Todesstrafe, PW Suppl. VII, 1940, 1599–1619

H.-G. Link, Gegenwärtige Probleme einer Kreuzestheologie. Ein Bericht, EvTh 33, 1973, 337–345

A. W. Lintott, Violence in Ancient Rome, Oxford 1968

W. Marxsen, Erwägungen zum Problem des verkündigten Kreuzes, NTS 8, 1961/62, 204–214

J. Moltmann, Der gekreuzigte Gott. Das Kreuz Christi als Grund und Kritik christlicher Theologie, 1972

Th. Mommsen, Römisches Strafrecht, 1899, Nachdr. 1955

F.-J. Ortkemper, Das Kreuz in der Verkündigung des Apostels Paulus. Dargestellt an den Texten der paulinischen Hauptbriefe, SBS 24, ²1968

C. D. Peddinghaus, Die Entstehung der Leidensgeschichte. Eine traditionsgeschichtliche und historische Untersuchung des Werdens und Wachsens der erzählenden Passionstradition bis zum Entwurf des Markus, Diss. Heidelberg 1965 (masch.)

G. Q. Reijners, The Terminology of the Holy Cross in Early Christian Literature as based upon Old Testament Typology, Diss. Nijmegen 1965

L. Ruppert, Jesus als der leidende Gerechte? Der Weg Jesu im Lichte eines alt- und zwischentestamentlichen Motivs, SBS 59, 1972

J. Schneider, Art. σταυρός κτλ, ThW VII, o. J. (1964), 572–584

W. Schrage, Leid, Kreuz und Eschaton. Die Peristasenkataloge als Merkmale paulinischer theologia crucis und Eschatologie, EvTh 34, 1974, 141–175

J. Stockbauer, Kunstgeschichte des Kreuzes. Die bildliche Darstellung des Erlösungstodes Christi im Monogramm, Kreuz & Crucifix, Schaffhausen 1870

A. Strobel, Kerygma und Apokalyptik. Ein religionsgeschichtlicher und theologischer Beitrag zur Christusfrage, 1967

V. Tzaferis, Jewish Tombs at and near Giv'at ha-Mivtar, Jerusalem, IEJ 20, 1970, 18–32

J. Vergote, Les principaux modes de supplice chez les Anciens et dans les Textes chrétiens, Bulletin de l'Institut Historique Belge de Rome 20, 1939, 141–163

J. Vogt, Crucifixus etiam pro nobis, Internat. kath. Zeitschrift 2, 1973, 186–191

ders., Sklaverei und Humanität, Historia Einzelschriften 8, ²1972

P. Winter, On the Trial of Jesus, SJ 1, ²1974 (rev. and ed. by *T. A. Burkill/G. Vermes*)

Y. Yadin, Epigraphy and Crucifixion, IEJ 23, 1973, 18–22

ders., Pesher Nahum (4Q pNahum) Reconsidered, IEJ 21, 1971, 1–12

A. Zestermann, Die Kreuzigung bei den Alten, Brüssel 1868

DER SCHWACHE CHARISMATIKER

JACOB JERVELL

In seinem 1973 erschienenen Römerbriefkommentar[1] ruft der Jubilar noch einmal eindringlich zur theologischen Arbeit auf: In der Paulusexegese muß Theologie getrieben werden!

Bewußt betriebene theologische Paulusauslegung muß nicht heißen, daß die religionsgeschichtliche Arbeit oder gar historische Exegese vernachlässigt werden. Eben dies beweist Ernst Käsemanns Arbeit am Römerbrief.

I.

Trotzdem scheint es nicht unberechtigt zu fragen, ob nicht über dem für die letzten Jahrzehnte kennzeichnenden Willen zur theologischen Interpretation, Einsichten aus der religionsgeschichtlichen Forschung verdrängt worden sind und somit der historische Paulus etwas verzeichnet wird. Tatsächlich scheint es ein Unbehagen in der Paulusforschung zu geben. Es meldet sich zB an, wenn es um Paulus als Charismatiker und Wundertäter geht. Die Exegeten scheinen sich nicht sehr wohl zu fühlen, wenn sie 2Kor 10–13 interpretieren sollen. Trotz aller exegetischen Mühe, die auf diese Kapitel verwandt worden ist, tauchen unbequeme Fragen immer wieder auf. Wie kann sich Paulus auf seine Wundertaten berufen? Wie paßt das zum paulinischen Verstänis vom Leiden und zur Kreuzestheologie des Heidenapostels? Der leidende und schwache Apostel kann doch unmöglich auch Wundertäter und Charismatiker im üblichen Sinne des Wortes gewesen sein! – Aber vielleicht ist die Frage von Hans Windisch immer noch relevant, ob wir vergessen haben, „daß P(aulus) ein antiker Mensch und Orientale war"[2]?

---

[1] *Ernst Käsemann*, An die Römer, HNT 8a, 1973 (³1974).

[2] Der zweite Korintherbrief, MeyerK VI ⁹1924, 397.

Es ist zumindest nicht zuviel gesagt, wenn man feststellt, daß den charismatisch-pneumatischen Zügen in der Person und dem Leben des Paulus nicht immer Gerechtigkeit widerfahren ist. Oft werden diese Phänomene übersehen, nicht gebührend akzentuiert oder umgangen. In neuen Gesamtdarstellungen der paulinischen Theologie tendieren sie zu verschwinden[3]. Zu den zentralen und wichtigen Tatbeständen gehören sie für die Paulusexegeten jedenfalls nicht.

Auf zwei verschiedene Weisen entledigt man sich öfters dieser Aussageelemente:

Erstens beruft man sich auf die gegen Paulus von seiten seiner Gegner, vor allem derjenigen im 2Kor, erhobene Kritik, Paulus sei kein Pneumatiker. Es fehle ihm an Pneuma und Dynamis und Doxa, er sei der Schwachheit verhaftet[4], und deshalb könne er auch kein richtiger Apostel sein. Er vermöchte nicht zu demonstrieren, daß Christus in ihm redet[5], und tue entweder gar keine Wunder, oder weniger und kleinere Wunder als die Großapostel[6]. Er rede ja auch nicht prophetisch und ekstatisch[7]. Weil ihm das Charismatische fehle, könne er sich nicht als Sendbote Christi legitimieren. – Diese meistens aus dem 2Kor rekonstruierte Kritik der Paulusgegner trifft nach der Meinung vieler Exegeten insoweit etwas Richtiges, als Paulus nicht im üblichen Sinne des Wortes als Charismatiker erscheint oder gar erscheinen will.

Zweitens versucht man, dem charismatischen Paulus durch Rückschlüsse aus paulinischen Aussagen und Tatberichten zu entgehen. Es

---

[3] ZB G. _Eichholz,_ Die Theologie des Paulus im Umriß, 1972.

[4] D. _Georgi,_ Die Gegner des Paulus im 2. Korintherbrief, WMANT 11, 1964, 229, Anm. 7; E. _Güttgemanns,_ Der leidende Apostel und sein Herr, FRLANT 90, 1966, 154ff; E. _Käsemann,_ Die Legitimität des Apostels, ZNW 41, 1942, 34f; W. _Lütgert,_ Freiheitspredigt und Schwarmgeister in Korinth, BFChTh 12,3, 1908, 69.86; W. _Schmithals,_ Die Gnosis in Korinth, FRLANT 66, 1956, 174f; _ders.,_ Das kirchliche Apostelamt, FRLANT 81, 1961, 27f; U. _Wilckens,_ Weisheit und Torheit, BHTh 26, 1959, 218.

[5] D. _Georgi_ aaO 228.

[6] H. D. _Betz,_ Der Apostel Paulus und die sokratische Tradition, BHTh 45, 1972, 72; Ph. _Bachmann,_ Der zweite Brief des Paulus an die Korinther, KNT VIII ³1918, 413; G. _Bornkamm,_ Paulus ²1969, 92; J. J. _Gunther,_ St. Paul's Opponents and their Background, NT.S 35, Leiden 1973, 301; D. _Georgi,_ aaO 231; E. _Käsemann,_ Legitimität 62; G. _Theissen,_ Legitimation und Lebensunterhalt: Ein Beitrag zur Soziologie urchristlicher Missionare, NTS 21, 1974/75, 215.

[7] E. _Güttgemanns_ aaO 96.154, 156; G. _Friedrich,_ Die Gegner des Paulus im 2. Korintherbrief, in: Abraham unser Vater. Festschrift für O. Michel, hg. v. O. _Betz, M. Hengel, P. Schmidt,_ AGSU 5, Leiden, 1963, 183f.

soll zweifelhaft sein, daß es im Leben und Wirken des Paulus überhaupt so etwas wie Wunder gegeben habe[8]. Paulus selbst rede nicht davon, und die sogenannten Apostelzeichen, 2Kor 12,12[9] hätten nichts mit regulären Wundertaten zu tun. Worin diese Zeichen für Paulus bestanden hätten, könnten wir nicht mehr wissen[10]. Oder: Es gehe bei den Apostelzeichen um die Arbeit des Paulus für die Gemeinde allgemein: Die Verkündigung, die Wunderwirkung des Wortes oder den Erfolg seiner Predigt[11]. Denn die Ausbreitung des Evangeliums sei für Paulus das Wunder schlechthin[12]. – Man drückt sich auch vorsichtiger aus: Paulus rede zwar von Wundertaten, die sonst regelmäßig zum apostolischen Wirken gehören, aber er relativiere sie, oder sie hätten für ihn nur nebengeordnete Bedeutung[13]. Natürlich wolle er seinen Apostolat nicht durch Wunder und Zeichen aufweisen oder beweisen[14]. Nur von seinen Gegnern gezwungen habe Paulus von seinen Wundertaten geredet[15]. – Endlich hat man die besonders schwierigen und unangenehmen Passagen aus 2Kor 11 und 12 rein literarisch erklärt und aus dem literari-

---

[8] *H. D. Betz,* Sokratische Tradition 71: „Ein klares Zeugnis dafür, daß Paulus Wunder getan hat, liegt daher nicht vor." *W. Schmithals,* Apostelamt 27.

[9] Zu den „Zeichen des Apostels" als einer stereotypen und verbreiteten Formel: *H. D. Betz,* Sokratische Tradition 70f; *E. Käsemann,* Legitimität 35; *K. H. Rengstorf* in ThW VII 259; *W. Schmithals,* Apostelamt 26; *H. Windisch,* 2Kor 396; es wird im allgemeinen auf Röm 15,19; Apg 2,22; 2Thess 2,9 und Hebr 2,4 hingewiesen.

[10] *W. Schmithals,* Apostelamt 26f.

[11] *G. Bornkamm* aaO 92: Die wahren „Zeichen des Apostels" seien für Paulus die durch seine Verkündigung erweckte Gemeinde, die Mühsal seiner Arbeit, die Kette der Leiden und Verfolgungen; siehe auch *D. Georgi,* aaO 231; *W. Schmithals,* Apostelamt 27. – Das mag alles richtig sein, aber die Frage bleibt, ob die paulinische Gemeinde als Apostelzeichen ohne die charismatischen Gaben und Ereignisse, ohne Wunder und Visionen überhaupt denkbar ist; und wenn die Gemeinde Apostelzeichen ist, 2Kor 3,1ff, dann darf man die Gemeinde nicht gegen die von Paulus erwähnten Wunder als Apostelzeichen ausspielen.

[12] *H. D. Betz,* Sokratische Tradition 71.

[13] *E. Käsemann,* Legitimität 63; *ders.,* An die Römer 376, ([3]380); *W. G. Kümmel,* in: *H. Lietzmann,* An die Korinther I/II, HNT 9, [4]1949, 213; s. anders *H. Lietzmann,* An die Korinther I/II 157f, wo er richtig auf den Zusammenhang zwischen 2Kor 12,12 und 2Kor 3,2; 1Kor 9,2 hinweist. Vgl. auch *K. H. Rengstorf* in ThW VII 259, Anm. 400; *K. Prümm,* Diakonia Pneumatos, Theologische Auslegung des zweiten Korintherbriefes, Rom 1967, I 681.

[14] Die Meinung vieler Exegeten bei: *K. H. Rengstorf* in: ThW VII 258. Anders *H. v. Campenhausen,* Kirchliches Amt und geistliche Vollmacht in den ersten drei Jahrhunderten, BHTh 14, 1953, 111; *H. Windisch,* 2Kor 397; siehe auch die Kritik an *Rengstorf* bei *H. D. Betz,* Sokratische Tradition 70.

[15] Anstatt vieler: *H. D. Betz,* Sokratische Tradition 72.

schen Verständnis wieder historische Konklusionen gezogen. 2Kor 11,
22f und 12,2ff sollen Beispiele literarischer Parodien sein, aus denen
nicht auf wirkliche Ereignisse im Leben des Paulus geschlossen werden
darf[16].

II.

Wenden wir uns dem Apostel selber zu, so sehen wir, daß sich Paulus
leidenschaftlich gegen die Kritik zur Wehr setzt, das Pneumatische oder
Charismatische – ganz im üblichen Sinne verstanden – erscheine nicht
wirklich durch ihn. Einmal ruft er seine sogenannten privaten Erlebnisse
auf den Plan, Visionen, Offenbarungen, 2Kor 12,2ff. Sodann weist er
auf seine öffentliche Wirksamkeit hin, auf das, was die Korinther genau
wissen: Die „Zeichen des Apostels" sind durch ihn geschehen, nämlich
Zeichen, Wunder, Machttaten, mit anderen Worten: Wundertaten, 2Kor
12,12. Paulus liefert in diesem Zusammenhang in der Tat eine Apologie.
Diese lautet aber nicht so: ‚Ich, Paulus, *kann,* falls es notwendig ist,
auch als Charismatiker auftreten'; sondern: ‚Was die Gemeinde unter
‚charismatisch' versteht und mit einem ‚Apostel' verbindet, ist durch
mich öffentlich geschehen'! Wegen eines vermeintlichen Mangels an
„Zeichen des Apostels" ist es für die Korinther unmöglich, seinen Apostolat zu bestreiten – so Paulus[17].

Immer wieder wird behauptet, Paulus selbst wolle nicht, aber die
Gegner zwängen ihn, von seinen Wundertaten zu reden[18]. Doch so einfach liegen die Dinge nicht.

Erstens ist es nicht so, daß die charismatischen Ereignisse an sich, als
Phänomene, in 2Kor 10–12 Gegenstand der Auseinandersetzung wären. Die von Paulus erwähnte Torheit besteht nicht darin, daß er von
Wundertaten redet, sondern die Gegner zwingen ihn (2Kor 12,11!), sich
selbst zu *empfehlen* und sich seiner Taten und Visionen zu *rühmen,*
2Kor 10,12.17.18; 11,12.16.17.21ff; 12,1ff.11.

---

[16] *H. D. Betz,* Sokratische Tradition 78ff, 84 und 89ff zu 2Kor 12,2–4; S. 97 zu
2Kor 11,22ff: „Natürlich mißt Paulus diesen ‚Errungenschaften' keinerlei Wert bei.
Nur als ‚Narr' kann er sich überhaupt auf dieses Preisen einlassen." Das Närrische in
2Kor 11 und 12 besteht aber nicht darin, daß Paulus sich auf zweifelhafte „Errungenschaften" einläßt, sondern daß er sich durch diese an sich gar nicht zweifelhaften
Errungenschaften *empfiehlt* und sich ihrer *rühmt* (s. u.).

[17] *A. Schlatter,* Paulus der Bote Jesu. Eine Deutung seiner Briefe an die Korinther,
1934, 670; *H. Lietzmann,* An die Korinther I/II 157f.

[18] Symptomatisch: *K. H. Rengstorf* in: ThW VII 258, Anm. 388: „Nur in der Notwehr" komme Paulus auf die Apostelzeichen zu sprechen.

Zweitens ist es entscheidend zu sehen, daß Paulus nicht nur in diesem einen Zusammenhang, wenn man so will: notgedrungen, auf charismatische Phänomene in seinem Wirken hinweist. Er kommt vielmehr öfters und ganz unprovoziert darauf zurück.

Das schönste Beispiel dafür ist Röm 15,19. Hier schreibt er zusammenfassend von seiner bisherigen missionarischen Wirksamkeit „von Jerusalem bis nach Illyrien", 15,15–21. – Zu dieser Wirksamkeit zählen ganz selbstverständlich auch Zeichen und Wunder sowie die Kraft des Geistes. Aus dem, was zur Vollstreckung des Evangeliums gehört, sind sie nicht wegzudenken[19]. Die „Zeichen des Apostels" sind im Wirken des Paulus immer da gewesen. Daß 2Kor 12,12 nicht als eine notgedrungene Bemerkung des Apostels abgetan werden darf, zeigt Röm 15, 19 ganz klar. – Gal 3,1ff bestätigt, was wir eben schon in Röm 15,19 gesehen haben, obwohl wir im Gal nicht die Wirksamkeit des Paulus insgesamt vor Augen geführt bekommen. Paulus erinnert die Galater an seine anfängliche Verkündigung unter ihnen. Durch diese wurde auch der Geist, der Wunder wirkt, der Gemeinde geschenkt, Gal 3,2.5[20]. Auch die Rahmung von 3,6–29[21] durch die von Geist und Charisma handelnden Aussagen in 3,1–5 und 4,6f zeigt, daß eine Verkündigung der Rechtfertigung des Gottlosen ohne charismatische Folgeerscheinungen für Paulus undenkbar ist[22]. – Die Korinther werden in 1Kor 2,4 an die Anfänge der Pauluspredigt in Korinth erinnert, die ebenfalls eine Demonstration von Gottes Geist und Wunderkraft einschlossen[23]; das-

---

[19] Es handelt sich um „die von Wundern begleitete Predigt", *E. Käsemann*, An die Römer 376 ([3]379). Anders *H. D. Betz*, Sokratische Tradition 71: Paulus ziele nicht auf Wundertaten, sondern auf „das Wunder der Evangeliumsverkündigung ab". Was aber heißen σημεῖα und τέρατα, wenn nicht Wundertaten? Warum ist Röm 15,19f anders zu verstehen als 2Kor 12,12? Kann sich Paulus eine Evangeliumsverkündigung vorstellen, die nicht mit Wundern und anderen charismatischen Ereignissen verknüpft ist? Wie sind dann zB die Charismenkataloge zu verstehen? Das Evangelium besteht ja für Paulus in λόγος und ἔργον, dh doch wohl sicher auch in Charismata?

[20] *W. Grundmann*, Der Begriff der Kraft in der neutestamentlichen Gedankenwelt, BWANT F.4, H.8, 1932, 98; *H. Windisch*, Paulus und Christus, UNT 24, 1934, 182. Anders *H. D. Betz*, Sokratische Tradition 71: Es handele sich nicht um von Paulus bewirkte, sondern „um gegenwärtig bei den Galatern geschehende Wunder". Redet denn aber Paulus hier nicht von dem Anfang der Galater in der Glaubensgerechtigkeit?

[21] Vgl. *H. D. Betz*, Geist, Freiheit und Gesetz. Die Botschaft des Paulus an die Gemeinden in Galatien, ZThK 71, 1974, 78–93.

[22] *J. Jervell*, Das Volk des Geistes, in: God's Christ and his People, Festschrift für *N. A. Dahl*, erscheint Oslo 1976.

[23] *W. Grundmann* aaO 99 bestreitet, daß es sich hier um Wunderkraft dreht,

selbe belegen auch 1Thess 1,5–6[24]. – 2Kor 3,1ff[25] schreibt Paulus, er habe es nicht nötig, von den Gemeinden Empfehlungsbriefe ausgestellt zu bekommen[26], weil die Gemeinde selbst, als eine pneumatische Gemeinde, sein Empfehlungsbrief sei. Selbstverständlich redet Paulus, wenn er die Gemeinde als Apostelzeichen ansieht, auch von den charismatischen Gaben, die der Gemeinde geschenkt sind. Eine Gemeinde ohne die „Zeichen des Apostels", so wie diese 2Kor 12,12 aufgezählt werden, wäre keine richtige, apostolische Gemeinde.

Die erwähnten Stellen zeigen, wie Paulus unprovoziert den Alltag seines Wirkens so darstellt, daß Wundertaten und sonstige charismatische Handlungen organisch zur Evangeliumsverkündigung gehören[27].

Es erübrigt sich hier, näher auf die vielen anderen Stellen einzugehen, wo Paulus enthüllt, daß er Charismatiker ist, daß er von Offenbarungen geleitet wird, daß er Visionen hat, Zungenredner ist, als Prophet auftritt[28] etc., 1Kor 9,1; 14,18; 15,7f; 2Kor 5,13; 12,2ff; Gal 1,12.16; 2,2 etc.

III.

Paulus hat sich an seinem Selbstverständnis als Charismatiker und Pneumatiker von seinen Gegnern nicht irremachen lassen und hat darauf bestanden, daß er in gar nichts hinter den anderen Aposteln zurückstehe, 2Kor 11,22ff; 12,11. Trotzdem wird er von ihnen nach 2Kor 10, 1.10 heftig angegriffen, weil er „schwach" ist, was wohl bedeuten soll, daß ihm die charismatische Legitimität fehlt.

Nun könnte man folgendermaßen argumentieren: Paulus verstand Pneuma, Charisma, Dynamis etc. „diametral anders" als seine Gegner[29].

---

weil er Wunderkraft und die Kraft der Verkündigung künstlich trennt. Anders _W. Bauer_, WB[5], 177 zu ἀπόδειξις.

[24] So auch _W. Grundmann_ aaO 98.

[25] _H. Lietzmann_, An die Korinther I/II, 157f: 2Kor 3,2 und 12,12 besagen dasselbe, aber in verschiedenen Formulierungen.

[26] Die Gegner des Paulus kommen demnach anscheinend nicht ohne Empfehlungsbriefe aus. Ob die Demonstrationen ihrer charismatischen Leistungen nicht genügen?

[27] Daß die Legitimation des Paulus als Apostel „der Erfolg seiner Predigt ist", _Schmithals_, Apostelamt 199, ist selbstverständlich. Aber darf man das gegen charismatische Ereignisse im üblichen Sinn ausspielen?

[28] Paulus als Ekstatiker: _H. Windisch_, Paulus und Christus 180; _ders._, 2Kor 368f.

[29] _G. Bornkamm_ aaO 92: Paulus verstand den Beweis des Geistes und der Kraft „diametral anders" als seine Gegner. _W. Schmithals_, Apostelamt 200, Anm. 485: Die allgemeine Begrifflichkeit (_in casu_ πνευματικός) habe er seinem theologischen Denken

Er redet nicht von denselben Phänomenen wie sie. Z. B. könnten Charisma und Leiden bzw. Schwäche für Paulus identische Größen sein[30]. Oder so: Die charismatisch-göttliche Kraft ist niemals auszuweisen oder zu konstatieren, sondern nur verborgen anwesend, als Leiden getarnt[31] – und so also nur für den Glauben zu „sehen".

Doch läßt sich diese Auffassung m. E. nicht halten: Eine verborgene Gnadengabe, Charisma, ist schon dann nicht leicht vorstellbar, wenn wir an die Charismentabellen von Röm 12 und 1Kor 12 denken. Paulus spricht ja auch nicht davon, daß man das sonst Unvereinbare, Charisma und Leiden, theologisch-paradoxal zusammenzudenken habe. Es kann zwar keinen Zweifel daran geben, daß Paulus den Begriff des Charisma bzw. Pneuma sowohl christologisch neu fundiert als auch anthropologisch-ethisch befreiend erweitert hat, so daß die Charismata vom Gedanken des Dienens her gesehen werden. Eben dies ist von dem Jubilar unvergeßlich aufgezeigt worden[32]. Trotzdem bleibt es dabei, daß die charismatischen Phänomene, als Phänomene betrachtet, für Paulus und seine Widersacher dieselben sind. Wie könnte man sonst die Himmelsreise und die Wundertaten aus 2Kor 12 verstehen? Dennoch wird der Apostel attackiert[33]. Warum?

Die Antwort hängt davon ab, was Paulus eigentlich unter seiner „Schwäche", ἀσθένεια, 2Kor 10,10; 11,29–30; 12,5.9.10, versteht. M. E. ist die Antwort sehr einfach, denn sie lautet genau dem entsprechend, was der Begriff ἀσθένεια schon lexikalisch konkret enthält: Krankheit. Es geht für Paulus in erster Linie um Krankheit. Paulus ist ein kranker

---

dienstbar gemacht. Zu 2Kor 12,12 aaO 27: „Die Formel (‚Zeichen des Apostels') selbst denkt ursprünglich wohl an pneumatisch-ekstatische Wunderzeichen, aber dazu paßt der offenbar paulinische Zusatz ἐν πάσῃ ὑπομονῇ noch schlechter als zu Mirakelzeichen"; Paulus selbst aber meine die Wunderwirkung des Wortes. – Wo steht das im Zusammenhang zu lesen?

[30] *E. Güttgemanns* aaO 303 – siehe auch 150ff.170 –: „Die wahre pneumatische Demonstration besteht also in den apostolischen Leiden." Argumentiert man so, dann muß auch die Schwäche, ἀσθένεια, als „Zeichen des Apostels" verstanden werden. Auf den Begriff ὑπομονή in 2Kor 12,12 läßt sich aber m. E. solche Exegese nicht gründen (s. u. Anm. 64).

[31] *W. Grundmann* aaO 104.

[32] *E. Käsemann*, Amt und Gemeinde im Neuen Testament, in: *ders.*, EVB I 109 bis 134.

[33] *H. Windisch*, Paulus und Christus 276f, der die charismatischen Züge bei Paulus klar erkennt, betont den schreienden Kontrast zwischen Paulus als Pneumatiker und den intensiven Widerständen, die Paulus fast überall fand. – Die Frage ist aber, warum er so intensiv abgelehnt wurde.

Wundertäter, Charismatiker und Pneumatiker. Eben diese Doppelheit, krank *und* wundertätig, ist für die Gemeinde anstößig und für die Gegner der geeignete Angriffspunkt, Paulus die wahre Apostelwürde abzusprechen[34].

Daß Paulus während seines Wirkens ständig krank gewesen ist, daß der „Pfahl im Fleisch" eine Krankheit angibt[35], daß die ἀσθένεια, so wie sie sich besonders und individuell im Fall des Paulus auswirkt, nicht zuletzt Krankheit heißt, wird kaum bestritten. Darum brauchen wir nicht viele Worte daran zu verschwenden. Das Eigentümliche im Falle des Paulus ist ja auch nicht einfach, daß er krank war, sondern daß er als charismatischer Wundertäter hervortrat und zu gleicher Zeit sichtbar und auffallend krank war. Als Paulus in Galatien missionierte, war er von einer anstoß- und ekelerregenden Krankheit geplagt, Gal 4,13–14. Zur selben Zeit aber geschahen durch ihn Wunder, Gal 3,2–5.

Der Pneumatiker und Gottesmann war im ersten christlichen Jahrhundert keine unbekannte Figur. Ein kranker Charismatiker und Wundertäter aber ist auffallend. Nun müssen wir zwar mit dem Begriff des Pneumatikers oder des θεῖος ἀνήρ vorsichtig umgehen[36]. Sicher aber sah das übliche Bild des göttlichen Menschen oder des Gottgesandten keineswegs so aus, wie man sich Paulus vorstellen muß. Der θεῖος ἀνήρ verbindet in sich göttliche und menschliche Natur[37]. Nur in einem herrlichen Leibe kann der göttliche Geist erscheinen[38]. Ein wundertätiger Gottesmann muß immer dazu imstande sein, sich selbst zu heilen[39] und die eigenen Schwierigkeiten zu meistern. Er ist weltüberlegen[40] in seiner fehlerlosen Erscheinung[41] und selbstverständlich nicht krank[42], weil er

---

[34] Daß die Korinther die ἀσθένεια als dämonische Macht sahen, so *E. Güttgemanns* aaO 150ff, läßt sich vermuten, aber nicht beweisen, auch nicht mit Hilfe von gnostischem Sprachgebrauch. Ist der Satansengel auch eine Polemik der Paulusgegner? Vgl. auch *H. D. Betz*, Sokratische Tradition 53.

[35] Siehe zuletzt *E. Güttgemanns* aaO 164f und die ausführliche Auseinandersetzung mit dem Problem bei *K. Prümm* aaO I 660ff. Anders *I. de la Potterie-S. Lyonnet*, The Christian lives by the Spirit, Staten Island, N.Y., 1971, 248.

[36] Siehe dazu den wichtigen Aufsatz von *M. Smith*, Prolegomena to a Discussion of Aretalogies, Divine Men, the Gospels and Jesus, JBL 90, 1971, 174–199.

[37] *E. Goodenough*, By Light, Light, New Haven, 1935, 110, 228f.

[38] *L. Bieler*, ΘΕΙΟΣ ΑΝΗΡ I–II, 1935–36, hier II 37.

[39] *L. Bieler* aaO I 102f. Hier gilt ohne Ausnahme: *Medice, cura te ipsum!*

[40] *L. Bieler* aaO I 102f; *H. Windisch*, Paulus und Christus 44.155.

[41] *H. D. Betz*, Sokratische Tradition 53; *ders.*, Lukian von Samosata und das Neue Testament, TU 76, 1961, 131ff; *L. Bieler* aaO I 49ff; *D. Georgi* aaO 217.

[42] *H. D. Betz*, Lukian von Samosata 136.

auch selbst heilen kann[43]. In der jüdischen und jüdisch-hellenistischen Literatur weiß man bekanntlich auch von den Leiden des Gottesmannes; der biblische θεῖος ἀνήρ ist oft Märtyrer[44]. Das ändert aber nichts daran, daß auch im jüdischen Bild des göttlichen Menschen[45] die religiöse Überlegenheit und die innere, seelische Stärke etc. die entscheidenden Wesenszüge sind[46]. Der göttliche Mensch ist also mit seinen Leiden, Schwächen etc. nicht identisch, denn was man an ihm zu sehen erwartet, ist gerade die manifeste Gotteskraft.

Selbst wenn Paulus als Charismatiker und Wundertäter hervortrat, hinderte seine Krankheit daran, in ihm einen θεῖος ἀνήρ zu sehen. Doch bleibt unsicher, inwieweit wir hier religionsgeschichtlich deduzieren dürfen. Wichtiger ist für uns, wie die paulinischen Gemeinden die „doppelte" Erscheinung des Apostels erlebten, und dies läßt sich einigermaßen erschließen.

Zuerst ist festzustellen, daß die Schwäche oder Krankheit des Paulus offenbar für jedermann konstatierbar gewesen ist. Es geht in der ἀσθένεια um etwas der Person des Apostels Eigentümliches, um einen Sachverhalt, der mit der παρουσία τοῦ σώματος (αὐτοῦ) zusammenhängt, 2Kor 10,10. Seine Schwäche spürt man nicht, wenn Paulus abwesend ist, und seine Briefe sind kraftvoll, 2Kor 10,1.10. Das „Ich", das 2Kor 11,16ff redet, ist Paulus persönlich. Auch 2Kor 12,7ff ist so zu verstehen, vgl. ferner 2Kor 2,3ff und 4,10. Das heißt zwar nicht, daß der Apostel allein schwach wäre; dagegen sprechen 1Kor 1,27; 15,43; 2Kor 11,29; Röm 5,6; 6,19; 8,26[47]. Die ἀσθένεια aber hat ihre jeweilige konkrete Erscheinungsform. Zu beachten ist auch, daß es in der ἀσθένεια nicht um einen Mangel geht, so daß es Paulus also an etwas fehlen würde, zB an Visionen, Wundern oder Ekstase. Es geht vielmehr um etwas persönlich Negatives, das äußerlich aufweisbar ist, Gal 4,13; 2Kor 10,10; 12,5. Es reicht also nicht hin, allgemein von der Ohnmacht der menschlichen Natur zu reden.

So ist es auch schwer für die Gemeinde, die Lage des Paulus zu verstehen. In den Gemeinden waren allerlei Charismata als Zeichen des

[43] *L. Bieler* aaO I 82f.102f.
[44] *D. Georgi* aaO 150; *H. Windisch,* Paulus und Christus 96.
[45] Zu den jüdischen Texten zum Begriff des θεῖος ἀνήρ: *L. Bieler* aaO I 16f.18. 32; II 1ff bes. 24; *H. Windisch,* Paulus und Christus 24ff.89ff und 101ff.
[46] *D. Georgi* aaO 73.78ff.150.157; *E. Goodenough* aaO 228f.
[47] Dazu *L. Fatum,* Die menschliche Schwäche im Römerbrief, StTh 28, 1975, 31–52.

Heils und der Heilszeit im Schwange, darunter auch die Gabe zu heilen, 1Kor 12,9.28.30[48]. Diese Gaben wurden als Manifestationen des Geistes verstanden, aber der Apostel, durch den die Gemeinde den Gottesgeist empfing, war krank! Während Paulus ein offenbar schwächliches persönliches Auftreten hatte, weil er körperlich leidend war, konnten seine Gegner von einem Vergleich mit dem eigenen Kraftbesitz profitieren, dh sie waren nicht krank[49]. Daß Krankheiten in der Gemeinde sich nicht als etwas Normales, sondern Anormales darstellen, weiß Paulus genau. 1Kor 11,30 betont er, daß Krankheiten eine Folge des Vergehens gegen das Sakrament seien[50], verknüpft also selbst Krankheit und göttliche Strafe. Wie ist es dann möglich, daß der Apostel, der Bote Jesu selbst, ein offenkundig kranker Mann ist[51]? Das Gebet des Apostels bewirkt nicht viel, denn er fleht um Heilung, wird aber nicht geheilt, 2Kor 12,8.

Wie schwer begreiflich für die Gemeinde die Lage des Paulus gewesen sein muß, läßt sich vielleicht am besten an der lukanischen Apostelgeschichte zeigen. Lukas kennt die verschiedenen Traditionen und Erzählungen über Paulus gut[52], und er stellt Paulus korrekt als Wundertäter, als Heiler, vor. Über eine Schwäche oder Krankheit des Paulus sagt er indessen nichts. Sie ist auch mit der Darstellung Apg 19,1ff kaum in Einklang zu bringen. Denn es wäre nicht begreiflich, wie ein Gottesmann, der mit heilender, göttlicher Kraft so erfüllt ist, daß sogar seine Kleider und sein Schatten Heilungskraft tragen und transmittieren, selbst krank sein kann. Angesichts von Apg 19,11f; 5,15f (vgl. mit Mk 6,56) scheint ein kranker Wundertäter und Heiler eine *contradictio in adjecto* zu sein.

---

[48] *H. Windisch*, Paulus und Christus 177f, meint, Paulus selbst verfüge über alle Charismata.

[49] *G. Bornkamm* aaO 24; *W. Grundmann*, ThW II 317; *H. Lietzmann*, An die Korinther I/II 157; *K. Prümm* aaO II 2, 144, 252; *H. Windisch*, Paulus und Christus 235.

[50] Somit ein „Zeichen göttlicher Ungnade"; *J. Weiss*, Der erste Korintherbrief, MeyerK ⁹1910, 291; *H. Conzelmann*, Der erste Brief an die Korinther, MeyerK ¹1969, 239.

[51] *E. Güttgemanns* aaO 164f meint, die Korinther hätten die Krankheit des Paulus auf den Satansengel zurückgeführt. Wenn aber Paulus selbst in dieser Weise vom Satansengel redet, zeigt das wohl an, daß er seine Krankheit nicht unmittelbar als Christusleiden versteht. Vgl. *G. Bornkamm* aaO 24: Paulus scheint seine Krankheit auf dämonische Mächte zurückzuführen.

[52] *J. Jervell*, Luke and the people of God, Minneapolis 1972, 19ff. 153ff.

IV.

Eben diese *contradictio* aber ist für Paulus unentbehrlich, denn so kommt die Rechtfertigung des Heillosen paradigmatisch zum Ausdruck. Paulus charakterisiert seine Lage in 2Kor 12,9: Die Kraft kommt in der Schwachheit zur Vollendung. Er spricht damit von etwas, was allen offenkundig war. Die Gotteskraft erschien u. a. in den aus dem Evangelium hervorquellenden Charismen, die Schwachheit aber war in der Krankheit des Paulus offenbar. Nach Paulus mußte es jetzt für jeden klar sein, daß nicht *er* die Apostelzeichen bewirkt hatte. Es handelt sich bei der in der Schwachheit vollendeten Kraft von 2Kor 12,9 nicht um eine paradoxe Identität von Dynamis und Schwachheit, so daß nur die Schwachheit zu sehen oder nur das Leiden zu erfahren ist, während man die Kraft nur zu denken oder verborgen bzw rein geistig zu fassen hat. Für die paulinische Gemeinde wäre das eine kaum vorstellbare Spekulation gewesen.

Man muß vielmehr sehen, daß nach Paulus Göttliches und Menschliches im Wirken des Apostels ohne Schwierigkeit zu unterscheiden waren. Normalerweise ist für Menschen nicht auszumachen, ob die pneumatische Kraft von Gott oder von dem Pneumatiker stammt. Im Falle des Paulus stand es anders, weil man unmittelbar sah, daß er krank war[53]. Für die Gegner des Paulus in Korinth war es offenbar wesentlich, ob und wie der Missionar in seinem Auftreten das Göttliche zur Erscheinung zu bringen vermochte[54]. Im θεῖος ἀνήρ – das gilt auch für das hellenistische Judentum – wird die göttliche Natur durch Gottes Kraft verstärkt; Gott und Mensch wirken gemeinsam, und es ist daher schwer zu sagen, ob das Mirakulöse von der Gottheit oder vom Menschen bewirkt wird[55]. Anders beim Apostel! Es ist keineswegs unsinnig, wenn Paulus in 1Kor 15,10 und 2Kor 11,22ff behauptet, er habe viel mehr als alle anderen geleistet, sondern es ist die Wahrheit. Es ist aber unsinnig zu behaupten, daß *er*, Paulus, all diese Taten selbst vollbracht habe! Denn ohne die göttliche Wunderkraft bleiben die Taten des Paulus unerklärlich! Der Apostel selbst ist nichts, vollbringt nichts und schafft nichts, 2Kor 11,11; 1Kor 15,10[56]. Die Krankheit des Paulus bringt dies

---

[53] Am deutlichsten ist das aus Gal 4,13–14 zu erkennen.

[54] Siehe *D. Georgi* aaO 192 zur heidnischen Mission im Hellenismus.

[55] *D. Georgi* aaO 164.199; etwas anders: *H. Windisch,* Paulus und Christus 34.

[56] Danach ist auch 2Kor 12,3–5 zu verstehen, wo Paulus von sich in dritter Person redet: Paulus selbst, V. 5b, ist nur der Schwache, während der Pneumatiker, der die

ans Licht. Er selbst tritt nach 1Kor 2,3–4 als Verkündiger in Schwachheit, mit Furcht und Zittern auf[57]. Nicht etwa, um der Kreuzespredigt
konform zu sein. Davon ist hier nicht die Rede[58]. Sondern deshalb, weil
nur durch diesen Zustand des Apostels Gottes Geist und Wunderkraft
zu der Gemeinde kommt. Weil der Apostel der schwache und kranke
Charismatiker ist, beruht der Glaube der Gemeinde nicht auf ihm oder
etwas Menschlichem, sondern auf der Kraft Gottes, 1Kor 4,5. Dasselbe
drückt Paulus aus mit der Rede von Aposteln als „zerbrechlichen Ton-
krügen", 2Kor 4,7[59]. Die Worte des Paulus sind deshalb auch nicht
Menschenworte, sondern Gottes Wort, das am Werke ist, 1Thess 2,13[60];
1,5–6. Die Heilsbotschaft kommt gemäß 1Thess 1,5 als Wort und Wunderkraft zum Ausdruck, wenn die Wunderkraft sich mit der Schwäche
des Apostels verbindet, 2Kor 12,9f; 4,7ff. Es ist der todgeweihte Ge-
sandte, der das Leben vermittelt, 2Kor 4,12.

Was Paulus an seinen Gegnern in Korinth kritisiert, ist nicht, daß sie
von Wundertaten, Visionen, Ekstasen oder was es sonst an charismatischen Phänomenen gibt, reden. Davon redet auch Paulus selbst, weil sie
selbstverständlich zu seinem Wirken gehören. Falsch ist, daß die Gegner
sich dieser Dinge rühmen, daß sie ihre καύχησις darauf bauen. Falsch
ist ihr Unverständnis dafür, daß die Krankheit und Schwäche des Paulus
nur offenbaren, wie es mit jedem Menschen im Verhältnis zu Gott bestellt ist, und daß das Leben des Charismatikers nur aus Gottes Gnade
gegenüber den Gottlosen zu verstehen ist. Die Phänomene an sich sind
nicht entscheidend, sondern die καύχησις. Die Gegner nehmen an sich
selbst Maß, 2Kor 10,12, und rühmen sich nicht des Herrn, 2Kor 10,17.

Das Bild des Charismatikers oder Pneumatikers ist bei Paulus von
dem zeitgenössischen und dem seiner Gegner leicht zu unterscheiden.
Der Apostel ist und bleibt als Pneumatiker genau was er als Mensch

---

Himmelsreise erlebt, wie ein Fremder ist. Siehe *H. Windisch*, 2Kor 380f; *K. Prümm*
aaO I 651. Zu der religionsgeschichtlichen und literarischen Erklärung: *E. Käsemann*,
Legitimität 63; *A. Stolz*, Theologie der Mystik, 1936, 83.89; *H. Windisch*, 2Kor 369.

[57] „Furcht und Zittern" ist in 1Kor 2,3 nicht die alttestamentliche Formel für das
rechte, fromme Verhalten Gott gegenüber, weil es hier mit „Schwachheit" verbunden
ist.

[58] Gegen *H. Conzelmann*, 1Kor 71.

[59] *K. Prümm* aaO I 666 betont, daß die göttliche Dynamis in dem Apostel sichtbar
ist. Siehe auch *W. Schrage*, Leid, Kreuz und Eschaton, EvTh 34, 1974, 168f.

[60] ἐνέργεια ist bei Paulus die göttliche Schöpfungs- und Auferstehungskraft, die
auch charismatische Handlungen bewirkt, s. 1Kor 12,6.10.11; Gal 3,5; Eph 1,19; 3,7;
4,16; Kol 1,29; 2,12.

immer gewesen ist, nämlich der Schwache, und wenn man so will: der Heillose, 2Kor 10,10; 12,5. Es ist nicht so, daß das göttliche Pneuma seine Natur, seine Schwachheit, durchdringt und ändert. Durch die Gabe des Pneumas ändert sich die Person des Apostels keineswegs. Paulus ist mit seiner Schwäche identisch. So ist auch die ἀσθένεια das Kriterium des Paulus als Apostel.

Die Schwäche ist Kriterium, nicht Ideal, und sie ist Kriterium nur, weil Paulus mehr von seinem Leben zu sagen hat, als daß er schwach ist[61]. Die Schwäche gilt als Kriterium nur, weil die göttliche Gnade sich dadurch als göttliche Gnade und nicht als menschliche oder übermenschliche Leistung erweist. Eben dies zeigt sich daran, daß sich die Person des Charismatikers bis zur Auferstehung der Toten nicht ändert. Die Kraft, die durch den Charismatiker und in dem Apostel am Werke ist, läßt sich unter solchen Bedingungen nur als eine fremde, von der Person des Charismatikers leicht trennbare Kraft verstehen[62]. Die göttliche Kraft ist keineswegs paradoxal mit dem Leiden und der Schwachheit identisch[63]. Das Paradoxon besteht darin, daß die Gotteskraft durch die Ohnmacht, die Krankheit und die Schwäche arbeitet, wodurch Gott „das Nichtseiende ins Sein ruft"[64].

Paulus stellt den schwachen, kranken Charismatiker so dar, daß dieser zu einem lebendigen Zeichen der alleinwirkenden göttlichen Gnade wird. Der wahre Charismatiker ist nur der schwache, heil- und gottlose, der keine eigene Lebensmöglichkeit besitzt und dessen Wirken nur von

---

[61] *A. Schlatter,* Paulus der Bote Jesu 668; *H. Windisch,* 2Kor 380.

[62] *H. Windisch,* Paulus und Christus 188.

[63] M. E. wird das paulinische Anliegen verkannt, wenn man mit *E. Güttgemanns* aaO 168f die Schwachheit des Apostels als „δύναμις des gekreuzigten Kyrios", oder als „Epiphanie der göttlichen Kraft des Gekreuzigten" bezeichnet. Die ἀσθένεια ist für Paulus nicht identisch mit Dynamis, sondern „Ort" der Kraftoffenbarung. Es wird nicht gesagt, die Kraft offenbare sich *als* Schwachheit, sondern *in* der Schwachheit. Wenn sich die Schwachheit zur Epiphanie und Dynamis des Christus verändert, wäre der Charismatiker nicht mehr von Gott zu unterscheiden.

[64] So ist es auch ganz selbstverständlich, daß bei Paulus Peristasenkatalog und Charismenkatalog sich durchdringen können, wie das am schönsten 2Kor 6,4ff zu sehen ist; dazu *W. Schrage* aaO 155. – Aus 2Kor 6,4ff kann man auch sehen, daß es gar nicht merkwürdig ist, ὑπομονή und Wunder in 2Kor 12,12, zusammengestellt zu finden. Ὑπομονή bezeichnet sonst eine schwierige Situation, durch Leiden, Krankheit etc. bestimmt, 2Kor 1,6; 6,4; Röm 5,3.4. Wenn man die persönliche Lage des Paulus im Blick hat, ist es einleuchtend, daß die Wundertaten unter schwierigen Verhältnissen geschehen sind; siehe *H. Lietzmann,* An die Korinther I/II 158. Anders *E. Güttgemanns* aaO 303; *W. Schmithals,* Apostelamt 27.

fremder Kraft getrieben werden kann. Er bleibt auf die Schöpfermacht Gottes angewiesen. Er weiß nicht einmal zu beten, betet aber trotzdem, weil der Geist für ihn und in ihm betet, Röm 8,26. So ist er auch durch den Geist Gottes gerecht geworden. Die *iustitia aliena,* die von der *vis aliena* nicht zu trennen ist, bestimmt sein Leben.

JUSTIFICATION OF THE UNGODLY AND ETHICS

LEANDER E. KECK

Paul was, and remains, a disturber of the peace. The reason is not obscure: apart from John, no other NT theologian understood the offense of the gospel as profoundly as he. The offense emerges at many points, such as the claims made about Jesus or the reinterpretation of the OT. In Paul, it emerges in the claim that the ultimate reality to which we are to entrust ourselves is the God "who justifies the ungodly" (Rom 4,5). This is even more offensive than claims about Jesus or justification by faith (whenever it is not clear whose faith we are speaking of), for it offends the most elemental moral perception and seems to annihilate ethics altogether. To speak of the justification of the ungodly and ethics therefore appears to be an impossibility. This essay therefore attempts to rethink the matter in such a way as to discern first the inherent logic of Paul's position, then to show phenomenologically that ethics is the central issue in justification, and finally to see how Paul reestablishes ethics. Within so short an essay, only bold outlines can be drawn, and one must forego almost totally discussion with others.

The significance of our topic is suggested in a negative way by Jack Sanders, who by generally overlooking our topic, was able to conclude that unless we do what Paul glimpsed but did not pursue – see transcendance as love instead of distance or time – one should "throw out the New Testament as an aid to ethics once and for all"[1]. One may be grateful for such a clear challenge on so broad a front, even with regard to Paul. Much depends, of course, on what one expects from "ethics". Although he never defines it, Sanders appears to regard it as a prescription of what one is to do and the reasons for doing it. This common-

---

[1] *J. T. Sanders,* Ethics in the New Testament, Philadelphia 1975, 129.

place view is understandable, for the focal question which runs through the history of ethics in the West is, What ought I to do?, together with, How can I know the answer[2]? Paul, of course, is not a Western philosopher but a Jewish Christian theologian, whose thinking is shaped by the OT and his Jewish heritage as these were affected by the gospel. Paul's significance for ethics does not lie in his answer to the question, What am I to do? but rather in the way he transforms the situation of the doer. Once this is seen, it will be understandable why some might want to throw him out once and for all (scarcely a new experience for Paul); it might also be clear what the consequence of doing so would be.

I.

The key to Paul's theology is the critical meaning of Jesus' cross/ resurrection. In Gal 3,13 he interprets Dtn 21,23: "Everyone who hangs on a tree is cursed", namely by God. Paul's reasoning is rigorous: (a) the law says *everyone* hung from a tree is cursed; (b) Jesus was crucified – hung from a tree; (c) therefore Jesus was cursed. However, the resurrection of the cursed Jesus throws this syllogism into disarray. To grasp this, one has but to recall two things which Paul assumes. First, resurrection is an eschatological event, not a "miracle" which is an exception. Resurrection, like last judgment, occurs in the transition to the new age. Second, for Paul the resurrector is always God. But then, believing that God had resurrected Jesus creates a theological crisis: if God resurrected the cursed Jesus, then either God reversed himself (and cancelled the curse and the law) or revealed himself, so that the law must be reinterpreted. Since the former is unthinkable for Paul, he had to reassess the nature and purpose of the law. Had resurrection been something other than an eschatological event, the resurrection of Jesus could have been incorporated into the structure of law without difficulty. One might say that it was a miscarriage of justice, an exception which proves the rule. By resurrecting an exception, God would vindicate the system. Or, one could say that the law is regularly unjust, and regard Jesus' fate as another instance of what happens when evil law encounters a good man. The resurrection of Jesus would then vindicate this indictment of the law and show that God too is against the law. Despite the apparently indestructible popularity of such views, they would have been disavowed

---

[2] See *V. J. Bourke*, History of Ethics, Garden City, New York 1968, 8.

by Paul, for whom "the law is holy, and the commandment is holy and just and good" (Rom 7,12) because it is, and remains, *God's* law. When Paul rethinks the nature and place of law in the history of salvation, he no longer understands Jesus in terms of the law; now he understands law in light of Jesus' execution and resurrection.

Paul views the law from the standpoint of the new age which was inaugurated by Jesus' resurrection. That this view of the law does not represent the Jewish understanding of the law is to be expected – indeed, to be preserved by exegesis. Paul begins[3] with the crisis for the law which emerged from the collision of the two non-negotiable convictions: the same God whose law cursed Jesus actually vindicated him by resurrection; yet it is God's law. If God does not contradict himself by reversing himself, then it is not the relation of the law to God that is problematic but the relation of the law to man. Apart from the new situation created by God, one could not redefine the place of the law without risk of rebelling against it. Only the law-giver can redefine the place of the law validly.

The situation of Jesus vis-a-vis the law is that of all persons; they too are under a curse. According to Gal 3,10, "Whoever lives by the works of the law is under a curse." Why? In Rom 1–3, Paul argues for the universality of sin in a rather complex way, but in Gal 3,10ff he quotes several scriptures: "Cursed is everyone who does not abide in all things written in the book of the law in order to do them" (Dtn 27,26); "the righteous shall live by faith" (Hab 2, 4); "he who does them [the commandments] shall live by them" (Lev 18,5). Paul's reasoning is elliptical, but discernable. (a) He who does the law shall live. (b) He who does not do the law is cursed. (c) Actually, no one finds life this way because scripture says that the one who lives is righteous on the basis of faith, not on the basis of law. (Paul construes ὁ δίκαιος ἐκ πίστεως ζήσεται as ὁ ἐκ πίστεως δίκαιος ζήσεται). Paul goes on to say that the law is unable to give life (Gal 3,21). Why, if scripture says that whoever does the law shall find life thereby? Paul does not explain this to the Galatians but he does to the Romans.

The problem is not inherent in the law but in the human situation vis-a-vis the law. According to Rom 8,3, the law is "weakened" through the flesh, the perverted self; flesh incapacitates the law (τὸ γὰρ ἀδύνα-

---

[3] "Begins" is, of course, not to be taken literally, since we do not know the sequence of Paul's thinking.

τον τοῦ νόμου). The law promises life, yet brings death (Rom 7,10) because sin is a tyrant who uses the experience of hearing the law to
thwart doing it. The utter perversity of sin is manifest precisely in its
ability to work death by means of the good and life-promising law. Even
if one wants to do the good, he cannot achieve it because sin resides in
the self and is the actual doer. There is no place in the self where the
good resides in order to do the law[4]; the only self that responds to the
law is a sin-dominated self. Man is indeed slave of sin (Rom 6,17). If
sin were transgression, one could deal with it by desisting from transgression. But for Paul, sinning involves the self in a bondage, from
which one cannot extricate himself by doing the law because sin now
perverts all doing. According to Rom 5,12, this situation was inaugurated by Adam and ratified ever afterwards because in fact all sinned. Once
this is seen, then there is no distinction between Jew and gentile, for
each in his own way is "under the power of sin" (Rom 3,9). For the
Jew who has the law, the law brings knowledge of sin (Rom 3,20).
Moreover, the law was the Jew's warden (παιδαγωγός), keeping him
under restraint until the new age when "faith came" (Gal 3,23). The
same is not said of the gentile, whom God "gave up" to the unrestrained
consequences of sin (Rom 1,23.26.28). Nonetheless, given the nature of
sin, the Jew under the law is not really better off than a slave, just as
the gentile is slave to the στοιχεῖα (Gal 4,3.9). By believing that God resurrected Jesus, both Jew and gentile are redeemed from this relation
to the law (but not from the law itself!) because the right relation which
God requires of both is granted to both on precisely the same terms –
being "in Christ", and being so on the basis of faith. Those in Christ
have the Spirit of Christ, and insofar as they live by it fulfill the right
obligation of the law (τὸ δικαίωμα τοῦ νόμου, Rom 8,4), namely, love
(Rom 13,8.10; Gal 5,14). Paul does not say that the Christian loves
spontaneously, inevitably, but rather that he does so only as he is "led"
by the Spirit; that is, insofar as he lives under its power. The Spirit is
not an aid to doing good. It is rather a realm of power from the new
age which creates love if one allows it to.

---

[4] Despite the apparently long history of translating Rom 7,18 as "nothing good
dwells in me", this is not what Paul says. He is not answering the question, How much
good dwells within me? but, Does the good dwell in me at all?

II.

Is Houlden right in contending that "Paul's attitude toward the Law (whether jewish [sic] Law or law in a more general sense) is less relevant to the question of his ethics than would appear at first sight"? Does the law belong "less in the sphere of ethics than in that of man's whole status in relationship to God"? Is it really the case that for Paul, "ethics came up for consideration not in relation to this need [of acceptance by God], but later, when it has been fulfilled (by faith in Christ)"? That something is amiss here is suggested by Houlden's own concluding sentence: "Only if a man ceases to be a slave to morality and becomes the slave of Christ ... can the spirit enable him to live in freedom and love"[5]. If the human dilemma is one of being "slave to morality" then the question of ethics cannot be consigned to a matter of paraenesis for the justified but belongs inherently to justification itself.

In fact, phenomenologically[6], the question of the law largely coincides with the question of ethics. The central question of ethics – What am I to do? – is precisely what the law answers. From Paul's perspective, the differentiation between deontological, axiological, or teleological ethics is of secondary importance, if relevant at all, for the law articulates God's will and places man under obligation, the need to do. Law means that it is the doer who shall find life. Moreover, since the lawgiver is the creator, sustainer, judge and redeemer, law is simultaneously deontological, axiological and teleological – although one can accent one or the other of these aspects. In assigning the law a newly-discerned role, Paul restructures the ethical question, What am I to do? Now it becomes, What does it mean to undertake doing when one knows what is to be done? Thereby the focus shifts from what is to be done (the *agendum*) to the doer, the agent.

Just as the law promises life to the doer, so ethics tacitly or openly also makes promises to whomever lives by its norms or reasons rightly about choices. One does not ask the ethical question out of curiosity,

---

[5] *J. L. Houlden,* Ethics and the New Testament, Hammondsworth 1973, 32–34.

[6] I am aware that an adequate phenomenological analysis of ethics entails a far more ample discussion, that the analysis offered here might not apply to Hindu ethics for example, and that this delineation is already influenced by Paul's interpretation of the law. In fact, it is an attempt to understand Paul by casting his thinking into another idiom in which one can discern the cogency of Paul's thinking in a fresh way. It would be instructive to do an analogous analysis in terms of ideology, especially political ideology and its tacit theological base.

but so that one may undertake rightly to do the right, and thereby gain an alternative to the present. The ethical question arises when it is no longer self-evident what must be done or how; even in the pre-ethical situation it is assumed that there are certain things to be done and not to be done, and that one's well-being, and that of the community, depends on actualizing the difference. Like the law, ethics assumes that disregarding what is to be done (or not reasoning rightly about choices) has serious consequences. For both, there is a moral parity between deed and consequence, even if it is not manifest in the present. Doing would be seriously undermined if one could not rely on predictable consequences – even though the context of a given act makes the prediction precarious. Still, it is the calculability of consequences that makes the ethical question significant. It is hard to imagine an ethic from which this principle of commensurate, and hence partly predictable, consequences is absent. The question, What is to be done? (as well as why and how it is to be done) is answerable only if there is a moral order on which one can rely. That is what, in Paul's terms, the righteousness of God is all about when seen in terms of law.

The God of the doer is the ground of those deeds and values which are valid ultimately, whatever ambiguity must be endured in the meanwhile. The more convinced one is that he knows what God validates, what despite all appearances is valid before him, the tighter becomes the link between achievement and expectation, for God is the one who validates one's right doing. Indeed, by validating the deed which is congruent with the known obligation (and in judging that which is not congruent), God vindicates both the obligation and himself as its ground. A God who would not or could not vindicate the good and the right of which he is the ground is immoral or incompetent. Moreover, since God is the guarantor of the good and the right, the achiever obligates God to validate the achievement – to justify the godly. One then relies on God to validate the known good, which becomes the basis for understanding God and relating to him[7]. Divine mercy becomes God's forebearance

---

[7] I am keenly aware of the compressed, and perhaps elliptical, character of the terminology of this paragraph, which moves back and forth between "validation" and "vindication". Behind this terminology stands, in part, the work of the honoree and of the editor on the righteousness of God, and in part the understanding of righteousness (in the biblical sense) as vindicatable rectitude – righteousness (conformity with a norm, as in sᵉdāqā) presently known but to be confirmed by God eschatologically because in the present no rectitude can be shown to be such ultimately. That is what is symbolized by "the last judgment" when what is truly right will be disclosed defin-

and patience in the face of failure to achieve; it moderates the human situation with respect to obligation but does not change its structure.

How does the doer regard himself, especially in relation to others? If one knows what is to be done and what God validates, he is tempted to compare himself favorably with those who do not know (the Jew as Paul describes him in Rom 2,17–24). Since the doer knows what God validates, he can pass judgment on his fellows as being ignorant, perverse, slothful, or incompetent. In this way, knowledge of the good and of its ground becomes the basis for alienation from one's fellows. The more one achieves, the "better" he seems to be, and the closer to the ground of the good he regards himself to be. Conversely, the less he achieves, the more of a striver or doer he may become. Or, he might be overcome by his lack of doing and cease to strive altogether, and simply judge himself to *be* a failure since he has nothing to validate. He regards himself as alienated from the ground of the good.

Having reflected on the situation of the doer who knows the good and is committed to doing it (whom Paul calls the Jew vis-a-vis the law), we turn briefly to the "gentile" – he who is still asking the ethical question, still seeking to discern the answer. It does not matter whether he is seeking an irreducible obligation, an indisputably valid ideal, or a demonstrably proper set of principles for reasoning rightly about choices, for the obligation to do and achieve what is discerned is implied throughout. The main point, however, is that both the "Jew" and the "gentile" construe the ground of the good to be commensurate with what they are trying to do. The particular content of a given ethic makes no real difference in the relation to the obligatory good, for each implies an "ought", makes man a doer, and tempts him to be the judge of others. Whatever the ethic, one is accountable to its ground for one's doing, and assumes that if obligation and deed correspond, the relation to the ground is fundamentally right. To paraphrase Paul, "Now we know that whatever ethics says it says to those who are under an 'ought' so that ... everyone may be held accountable to its ground" (Rom 3,19).

---

itively. In order to bring out the nuance of the difference between the situation of Jesus, who was accused and executed, and that of other persons whose righteousness is not necessarily under attack, I have generally used "validation" for the latter and "vindication" for the former. The distinction should not be pressed. Both point to the definitive verdict of God which will manifest who or what is rightly related to the right, whose norm he himself is. God's own rectitude is the norm of the right. Furthermore, to speak of the validation of the truster is to speak of his justification, of God's verdict that he is in right relation to himself.

For Paul the problem is the doer and not what is to be done, the inability of the doer to do the good and the right because he is not as free an agent as he thinks himself to be. The problem is not with the inherent structure of obligation-achievement-consequence, but rather with the doer himself, whose good motives and intentions, dispositions and goals are thwarted by unintended results or are inhibited by factors beyond his control or ken, or whose goals themselves may be skewed even though he believes them to be straight. Why do his good intentions not produce good results? Why do we give good reasons for bad deeds, and shoddy reasons for good ones? Why is it necessary to keep asking the ethical question at all, or to insist that there is a more proper way to make decisions? Why is there no consistent correlation between knowing the good and doing it? What is it that appears to victimize the doer? Why do we repeatedly know ourselves wrongly related to the right, or related rightly to the wrong good?

At this point, one becomes aware of another question – Just how seriously does the doer take himself? If one is really a doer, then he cannot regard himself as a non-doer, as a victim, only at the point of failure. On the other hand, if he were consistently a doer, knowing what is to be done should, apart from negligence, yield the desired result. Hence the doer is not simply a doer. We must reckon with a countervening factor which is both external and internal, so to speak – a factor which is internalized and appropriated so that it is no longer possible to separate neatly the external constraint from internal complicity. The person is both doer and one done unto, and is so throughout. That ethics does not finally take the doer as seriously as it claims is manifest in the fact that it has no category or term to account for this dual phenomenon. Instead it minimizes the seriousness of the doer at the point of failure by accounting for it in ways which make him a victim; but when speaking of his achievements, it regards him as a heroic doer. Thus one can blame failure on fate (social or psychic history) or on finitude (e. g., error, fear of death). But each of these bypasses the heart of the matter – the relation of the doer to the obligatory good and its ground, a relationship for which as doer he is responsible. Ethics qua ethics apparently can no more account for the problem with this relationship in order to correct it by doing than can the law.

We may bring these reflections to a head. Like law, ethics is concerned with what is to be done. He who knows this can gauge the extent to which it is being done and who is doing it; he assumes that the ground of the obligatory good, God, upholds the judgment of the doer on himself and on his fellows. This assumption implies that the doer is rightly related to the ground and guarantor of the good; even if he himself does not do what he knows to be done, his knowledge provides the validatable criterion for determining who is and who is not right, and the extent to which this is the case. For the non-doer who knows, man as knower is sundered from man as doer. Still, his knowledge of good and evil becomes the obverse of his understanding of God, the ground and guarantor of the distinction. This is the God to whom he entrusts his life. Whatever ambiguity may surround his existence now, ultimately he knows he will be vindicated to the extent to which he aligns his doing with his knowing. Within this syndrome one accounts for persistent failure by appealing to negligence or victimization for which one is not responsible. The breach between man the knower and man the doer (not doer) is healable only by improved doing; this alone will yield integrity, true rectitude which is validatable by the known ground of the good. Nor is there any way of discovering, within this syndrome, whether and how doing/not doing has affected the knowing of the good and its ground, for the correlation between the good as known and its ground is constant. This phenomenon is the righteousness of God according to ethics. That there is another righteousness of God apart from ethics altogether is inconceivable.

III.

That there is a righteousness of God apart from the law altogether, however, became inescapable for Paul when he came to believe that God vindicated the condemned Jesus. If God vindicated Jesus whose cross signals his condemnation by the law, then the good as actually known is no longer a reliable guide to the question of who is validatable. Consequently, in relating to God on the basis of the good actually known, one does not necessarily relate rightly to God at all; the correlation on which it depends breaks down. Unless Jesus is an exception, one can no longer entrust himself to the guarantor and validator of the obligatory good as actually known. One can no longer count on God to validate one's judgments, choices, deeds based on doing the known good because the God who vindicates the condemned Jesus justifies the *un-*godly.

Since the vindication of Jesus is not yet publicly manifest before the parousia, in the present the claim that God has resurrected him can only be believed. Yet in believing this, one entrusts himself to God the resurrector, and discovers that precisely this trust is the right relation to God, before the parousia validates it. Thereby the believer is redeemed from the curse of the law but not from law itself. Furthermore, now sin is redefined as well, and its radical character emerges for the first time: "Whatever does not proceed from faith is sin" (Rom 14,23), because trust is the only way to be rightly related to the God who justifies the ungodly. Consequently, anyone, be he Jew or gentile, is rightly related to God by this trust (Rom 3,30), whose lineaments are discernable in Abraham's relying solely on God's capacity to keep his word despite the evidence (Rom 4,20–21). When Abraham in his situation counted on the God who "gives life to the dead and calls into existence the things that do not exist", he had the same sort of trust which is exercised by him who "trusts him who justifies the ungodly" (Rom 4, 17.5). In neither case could God's act be inferred from one's achievement.

It remains for us to note briefly the impact of God's freedom to justify the ungodly on the relation of the doer to the known obligatory good. First of all, the obligation to do the good is not derived from the trusting relationship but from the obligatory nature of the good itself and from its ground. God remains the lawgiver, the ground of the good. In other words, the imperative is not grounded in the indicative of justification of the ungodly; that would imply a demand to do evil so that good may come (Rom 3,8), for one would infer that he must become ungodly in order to qualify for justification. Rather, the justification of the ungodly is the context within which the good is to be done – without calculation of the effect on the doer himself. For him who is rightly related to the ground of the good, the goal of asking the ethical question, and of doing it, is already attained. In this sense, Christ is the end of the law. Now doing what is to be done neither gains nor supplements what one already has. Now doing confirms or ratifies the relationship. Just as formerly the slave of sin ratified his bondage in each deed, so now the deed done in the context of trust in the God who justifies the ungodly ratifies this trust by the freedom from self-regard in which it is done. In the second place, he who trusts the God who justifies the ungodly undertakes his doing without the compulsion to be right, let alone to show that he is right, for nothing is ultimately at stake for him in his choices and deeds. Though fire consume one's house, what one builds with his doing, the believer himself is saved (1Cor 3,10–15). Likewise Paul is relatively indifferent to the verdicts of others or even of his own conscience, for he is rightly related to the judge (1Cor 4,2–5). He who by trust is rightly related to the guarantor of the good does not fear that a wrong choice will alienate him from the guarantor. In the third place, if it is the ungodly whom God justifies, and if all persons are shown to be such, then knowledge of the good and its ground no longer becomes the basis of superiority, for it is no longer the criterion for judging one's fellows. Now one is free to rejoice with the rejoicing and to weep with the weeping without jeopardy. In short, the freedom of God to manifest his integrity apart from the nexus of deed and consequence grounds the freedom of the believer to return good for evil, to accept his suffering, and to regard no one from a "fleshly" point of view, for he knows that manifest situations in this age are not the criterion for the verdict of the God who justifies the ungodly.

By no means have we exposed the full scope of the matter; nor have important coordinates been brought to bear, such as the role of the Spirit or the category "for the sake of Christ". We have deliberately restricted ourselves to the nexus of the justification of the ungodly and ethics in order to show that for Paul ethics is not a matter of paraenesis for the justified but rather the justification of the ungodly transforms the ethical situation of the doer with respect to the obligatory good and its ground, and with respect to the doer himself and his fellows. That this transformation of the ethical situation occurs precisely in this context is the offense of the gospel; here the point at which Paul's ethics becomes significant is identified. That this was revolutionary was perceived already by Paul; that it remains so is understood also by Ernst Käsemann.

EINE LUKANISCHE FASSUNG DES SOLA GRATIA

Beobachtungen zu Lk 1,5–56

WALTER KLAIBER

Die deutschsprachige protestantische Exegese scheint sich mit der Vorgeschichte des Lukas schwerzutun. Blickt man auf die Fülle katholischer und angelsächsischer Literatur zu diesem Thema, so sieht unser Anteil kärglich aus[1]. Woran liegt das? Hält man die exegetischen Probleme im wesentlichen für gelöst? Ist man „befremdet, weil hier die himmlische Offenbarung zu bruchlos in die irdischen Verhältnisse eintritt"[2]? Sieht man darin ein Zeugnis lukanischer *theologia gloriae,* die paulinischer und reformatorischer *theologia crucis* widerstreitet? Dabei hat Luther entscheidende Partien der lukanischen Vorgeschichte als Zeugnis für die Rechtfertigung aus Gnaden ausgelegt[3]. War seine Exegese falsch?

Interessanterweise war es ein Alttestamentler, H. Gese, der in seinem Artikel ‚*Natus ex Virgine*' wieder in Luthers Richtung gewiesen hat[4]. Seiner Meinung nach kennzeichnet das Motiv der Jungfrauengeburt „keine Überhöhung dieser Welt . . ., sondern die Überwindung der Got-

---

[1] Seit den großen Arbeiten der dreißiger Jahre (*M. Dibelius,* Jungfrauensohn und Krippenkind, SAH 1932, jetzt in: *ders.,* Botschaft und Geschichte I, 1953, 1–78; *G. Erdmann,* Die Vorgeschichten des Lukas- und Matthäus-Evangeliums und Vergils vierte Ekloge, FRLANT 30, 1932) sind erschienen: *E. Krafft,* Die Vorgeschichte des Lukas. In: Zeit und Geschichte, Dankesgabe an R. Bultmann, hg. v. *E. Dinkler,* 1964, 217–223; *W. Dignath,* Die lukanische Vorgeschichte. Handbücherei für den Religionsunterricht 8, 1971; *Ch. Berger,* Die literarische Eigenart von Lk 1,5–38, Diss. Jena 1972 (vgl. ThLZ 98, 1973, 153–156).

[2] *Krafft,* Vorgeschichte 221.

[3] Vgl. seine Auslegung des Magnifikat (WA 7, 544–604) und die Texte bei *E. Mülhaupt,* D. Martin Luthers Evangelienauslegung, 1. Teil, ³1957.

[4] In: Probleme biblischer Theologie. G. v. Rad zum 70. Geburtstag, hg. v. *H. W. Wolff,* 1971, 73–89, jetzt in: *H. Gese,* Vom Sinai zum Zion, BEvTh 64, 1974, 130 bis 146.

14*

tesferne durch die Hingabe an die Welt und ... in den Tod"[5]. Es geht um „ein Offenbarwerden *sub contrario*, die Epiphanie Gottes in tiefer menschlicher Armut und Erbärmlichkeit, die Erscheinung des ganz Anderen". Und Gese fährt fort: „Dieser Transzendenzcharakter der Jungfrauengeburt könnte nicht stärker mißverstanden werden als im Sinne doketischer Entleiblichung und Sublimation. Nicht Heraushebung Jesu aus dem Menschlichen ist Sinn dieser Überlieferung, sondern das Gegenteil, Hineinsenkung des Heiligen in diese Welt."

Dieses Ergebnis ist erstaunlich. Erstaunlich deswegen, weil gerade das *natus ex virgine* in der protestantischen Dogmatik teilweise als gefährliche Einfallspforte des Doketismus angesehen wird[6]. Und da Gese sein Ergebnis auf dem Weg subtiler traditionsgeschichtlicher Untersuchung gewonnen hat, kann man fragen, ob diese Perspektive im Zusammenhang der Endgestalt der Evangelien noch präsent ist oder von einer Theologie des Wunders überwuchert wurde. Das ist ja eines der Probleme historischer Exegese, daß zwar in archäologischer Kleinarbeit die tieferen Schichten der Vergangenheit eines Textes herauspräpariert werden, aber offenbleibt, wieweit diese Dimensionen dem Autor oder gar dem Leser bewußt waren. Wir fragen darum nicht nach der Vorgeschichte des *natus ex virgine*, sondern am Beispiel von Lk 1,5–56 nach der Auslegung dieser Aussage durch ihre motivische und literarische Einbettung in den engeren und weiteren Kontext des Lukasevangeliums[7].

Lk 1,5–56 ist im Rahmen der lukanischen Vorgeschichte eine relativ klar abgegrenzte und durchstrukturierte Einheit. Die Ankündigung der Geburt des Johannes und der Geburt Jesu sind parallel gestaltet, wobei die Parallelität der Erzählung dazu dient, die sachliche Überlegenheit Jesu herauszustellen[8]. Die Begegnung der Frauen verknüpft die Erzähl-

---

[5] AaO 146. Hier auch die weiteren Zitate.

[6] Vgl. besonders *P. Tillich*, Systematische Theologie II [3]1964, 173 und *E. Brunner*, Dogmatik II [3]1972, 377.

[7] Unsere Methode ist also nicht redaktionsgeschichtlich im engeren Sinne, zumal eine Scheidung zwischen Redaktion und Tradition in der lukanischen Vorgeschichte bei der derzeitigen Forschungslage fast aussichtslos erscheint (vgl. das Referat von *R.McL. Wilson*, Some Recent Studies in the Lucan Infancy Narratives, StEv I, TU 73, 1959, 235–253). Wir streben eine ganzheitliche Erfassung der jetzigen, aus Tradition und Redaktion entstandenen Textgestalt an (vgl. dazu die methodischen Bemerkungen bei *Krafft*, *Dignath* und *Berger* aaO [Anm. 1], der das Anliegen der textlinguistischen Auslegung aufnimmt).

[8] Die Diskussion um den Zusammenhang zwischen Vorgeschichte und Evangelium hat sich bisher im wesentlichen auf die Frage beschränkt, ob diese Art der Darstellung

stränge, und der Lobgesang der Maria soll das Geschehen durch eine erste theologische Interpretation abrunden[9].

Die Szene mit der Ankündigung der Geburt des Johannes zeigt uns alttestamentlich-jüdische Frömmigkeit par excellence. Zacharias und Elisabeth sind beide aus priesterlichem Geschlecht, gerecht vor Gott und untadelig in allen Geboten. Und doch[10] wird an ihrem Geschick wie in einem Brennpunkt das alttestamentliche Motiv demonstriert, daß gerade der Träger der Verheißung nicht als natürliche Frucht der Ehe frommer Eltern entspringt, sondern erst auf Grund der besonderen Zusage und Hilfe Gottes geboren wird[11]. Die Ankündigung der Geburt erfolgt auf dem Höhepunkt eines Priesterlebens, bei der Darbringung des Rauchopfers im Innern des Tempels, und kennzeichnet das verheißene Kind als Nasiräer und endzeitlichen Propheten, der, von Mutterleib an mit Geist und Kraft erfüllt, als neuer Elia Israel auf das Kommen des Herrn zubereitet. Auf eine Überbietung durch eine größere, messianische Gestalt deutet zunächst nichts hin. Doch zeigt die negative Bewertung der Frage des Zacharias in V. 18, daß hier gegenüber alttestamentlichen Vorbildern (Gen 15,8; Ri 6,36ff) neue Maßstäbe gelten. Dem Wort der Verheißung ist nicht die Frage nach dem Zeichen, sondern allein der Glaube adäquat.

Auf den ersten Blick scheint die folgende Szene von der Verkündigung der Geburt Jesu keineswegs die vorangegangene zu überbieten. Sie geschieht weder an heiligerem Ort noch gegenüber frömmeren Leuten. Die Exposition führt den Leser in das galiläische Städtchen Nazareth, wo der Engel Gabriel bei einem Mädchen eintrat, das mit einem Davididen verlobt ist. Alles, was darüber hinaus von und zu Maria gesagt wird, bezieht sich nicht auf menschliche Eigenschaften oder Voraussetzungen,

---

für oder gegen die These *H. Conzelmanns* (Die Mitte der Zeit, BHTh 17, [5]1964, 161) spricht, daß bei Lukas der Täufer und Jesus zwei verschiedenen heilsgeschichtlichen Epochen angehören (vgl. *H. H. Oliver*, The Lucan Birth Stories and the Purpose of Luke-Acts, NTS 10, 1963/4, 202–226; *P. S. Minear*, Luke's Use of the Birth Stories, in: Studies in Luke-Acts, ed. *L. E. Keck – J. L. Martyn*, London 1966, 111–130, und die Diskussion bei *U. Wilckens*, Die Missionsreden der Apostelgeschichte, WMANT 5, [3]1974, 229).

[9] Vgl. die eingehenden Analysen des Aufbaus bei *St. Lyonnet*, Der Verkündigungsbericht und die Gottesmutterschaft Marias, Oberrheinisches Pastoralblatt 65, 1964, 132f, und *R. Laurentin*, Struktur und Theologie der lukanischen Kindheitsgeschichte, 1967, 27ff.

[10] Das adversative καί in V. 7 (vgl. *H. Schürmann*, Das Lukasevangelium, HThK III, 1, 1969, zSt) schafft den Spannungsbogen; vgl. *Berger*, aaO (Anm. 1) 24f.

[11] Die Motive stammen vor allem aus Gen 17; 18; Ri 13 und 1Sam 1; 2.

sondern allein auf das Handeln Gottes an ihr[12]. Die wundersame Anrede „Begnadete" wird mit der Zusicherung der Gegenwart des Herrn begründet und auf das innere Staunen Marias hin durch das alttestamentliche Erwählungs- und Huldwort interpretiert: „Du hast Gnade bei Gott gefunden"[13]. Die Klimax zeigt, daß hier nicht nur altertümliche Höflichkeitsfloskeln verwendet werden, sondern Gottes Handeln an Maria als sein voraussetzungsloses Erwählen gekennzeichnet wird[14]. Inhalt und Größe der Erwählung der Maria wird durch das ‚Sohnesverheißungsorakel' beschrieben, das von seinem alttestamentlichen Hintergrund her die Ankündigung des Sohnes für die Unfruchtbare und die Immanuelsweissagung in Jes 7,14 zusammenfaßt[15]. Die Bestimmung des angekündigten Sohnes zum „Sohn des Höchsten" und ewigen Herrscher über Israel kennzeichnen die V. 32f unter Aufnahme und charakteristischer Abwandlung der Davidstradition[16]. Damit hat die Erzählung einen ersten Gipfel erreicht.

Doch die Frage der Maria in V. 34 treibt das Geschehen weiter und macht den Leser auf ein Problem aufmerksam, das er möglicherweise

---

[12] Eine Identifikation Marias mit der Tochter Zion, die vor allem durch *Lyonnet* und *Laurentin* (s. Anm. 9) vertreten wird und in der katholischen Auslegung weite Verbreitung gefunden hat, wird durch den Text nicht nahegelegt (vgl. *A. Strobel*, Der Gruß an Maria [Lk 1,28], ZNW 53, 1962, 86–110; *Schürmann*, aaO [Anm. 10] 43f; *H. Räisänen*, Die Mutter Jesu im Neuen Testament, Helsinki 1969, 86–92).

[13] Vgl. *M. Cambe*, La ΧΑΡΙΣ chez saint Luc. Remarques sur quelques textes notamment le ΚΕΧΑΡΙΤΩΜΕΝΗ, RB 70, 1963, 193–207. Dagegen hält *E. R. Cole*, What did St. Luke mean by κεχαριτωμένη, AEcR 139, 1958, 228–239, am *gratia plena* der Vulgata mit allen mariologischen Implikationen fest.
Zur at. Wendung ‚Gnade finden' vgl. *W. Zimmerli*, ThW IX 370, 31ff.

[14] Vgl. *Räisänen*, Mutter Jesu, 92ff. Im Unterschied zu Mk und Mt gewinnt bei Lukas das Stichwort χάρις Bedeutung (vgl. 2,40.52; 4,22 und in der Apg 11,23; 13,43; 14,3.26; 15,11; 18,27). Allerdings wird nicht wie bei Paulus Gnade und Verdienst gegeneinandergestellt. Χάρις ist die göttliche Huld, wie sie sich in der christlichen Botschaft mitteilt (vgl. *H. Conzelmann*, ThW IX 382f). Doch kann damit der Gedanke des freien, voraussetzungslosen Schenkens Gottes verbunden sein (vgl. 4,22 mit 4,25–27 und formelhaft Apg 15,11; 18,27).

[15] Siehe Gen 16,11; Ri 13,3.5; Jes 7,14 und dazu *Gese*, aaO (Anm. 4), 131f.

[16] Zum traditionsgeschichtlichen Hintergrund *Gese*, aaO (Anm. 4), 132. Wie unpublizierte Fragmente aus Qumran zeigen (vgl. *J. A. Fitzmyer*, Qumran Aramaic and New Testament, NTS 20, 1974, 391–394 zu 4QpsDanA^a = 4Q 243), ist υἱὸς ὑψίστου keine (lukanische) Analogiebildung zu προφήτης ὑψίστου in 1,76, sondern traditionelle Herrschertitulatur (gegen *Ch. Burger*, Jesus als Davidssohn, FRLANT 98, 1970, 134f). Zur Bedeutung der Davidssohnschaft innerhalb der lukanischen Theologie vgl. *Burger*, aaO 107–152, und *Wilckens*, Missionsreden, 236f.

bisher übersehen hat[17]. Der angekündigte Sohn soll nicht der künftigen Ehe Marias mit Joseph entstammen; die Ankündigung gilt ihrem jetzigen Stand als Jungfrau. Wie ist das zu verstehen, und wie soll das geschehen? Darauf gibt V. 35 Antwort. Er stellt aber gleichzeitig den aufmerksamen Leser vor ein schwieriges Problem. V. 35a paßt als Antwort zu V. 34b: Die angekündigte Empfängnis wird durch das schöpferische Nahekommen des Heiligen Geistes bewirkt werden[18]. V. 35b gehört als Folgerung zu 35a: Dieses Wirken des Geistes begründet die Heiligkeit und Gottessohnschaft des Kindes[19]. Aber V. 35b bringt nicht die Steigerung zu V. 32a, die in der Frage V. 34b angelegt zu sein scheint. Man erwartet, daß das Fehlen eines menschlichen Vaters und die Zeugung durch den Geist zur Folgerung einer neuen, physischen Auffassung der Gottessohnschaft führt – und hat eine solche Aussage auch immer wieder aus V. 35b herausgelesen[20]. Aber sie ist offensichtlich nicht intendiert, wie Lukas auch sonst an einer solchen physischen Auffassung der Gottessohnschaft nicht interessiert ist[21]. Christologisch scheint ihm nur die einzigartige Bestimmtheit Jesu durch den Geist wichtig zu sein, die sich bei der Taufe für alle sichtbar erweisen wird und ihn von Johannes und der geistbegabten Gemeinde trennt[22]. Welche Bedeutung hat aber dann die

---

[17] *J. Gewiess*, Die Marienfrage Lk 1,34, BZ 5, 1961, 221–254, hat diese literarische Funktion der Frage eingehend begründet.

[18] Zu allen Einzelheiten der Auslegung von V. 35a *Schürmann*, aaO (Anm. 10) zSt und *Gese*, aaO (Anm. 4), 132f.

[19] Wegen der Satzstellung muß ἅγιον als Prädikatsnomen und υἱὸς θεοῦ als Apposition aufgefaßt werden. So *Schürmann* aaO (Anm. 10) 54; *W. Grundmann*, Das Evangelium nach Lukas, ThHK 3, ⁶1971, 58; *G. Schneider*, Lk 1,34.35 als redaktionelle Einheit, BZ 15, 1971, (255–259) 257; *S. Muñoz Iglesias*, Lucas 1,35b, EstB 27, 1968, 275–299, bes. 290f und *H. Räisänen*, Mutter Jesu 143. Anders *Dibelius*, Jungfrauensohn 16, und *F. Hahn*, Christologische Hoheitstitel, FRLANT 83, ³1966, 307.

[20] So wieder *Dignath*, Vorgeschichte 20; dagegen schon *Dibelius*, Jungfrauensohn 17; *Hahn*, aaO (Anm. 19) 306f; *Muñoz Iglesias*, aaO (Anm. 19) 294f; *E. Schweizer* ThW VIII 384 und *G. Schneider*, Jesu geistgewirkte Empfängnis (Lk 1,34f), ThPQ 119, 1971, 105–116, bes. 115.

[21] Bei Lukas ist gegenüber der ihm vorliegenden Tradition kein gesteigertes Interesse an der Gottessohnschaft Jesu festzustellen, eher eine gewisse Zurückhaltung (vgl. *E. Schweizer*, ThW VIII 382ff). 1,32.35 sind die einzigen lukanischen „Sonderaussagen".

[22] Vgl. im einzelnen *E. Schweizer*, ThW VI 402,10ff und *W. Barnes Tatum*, The Epoch of Israel: Luke I–II and the Theological Plan of Luke-Acts, NTS 13, 1966/7, 184–195. Durch 1,35 wird zweifellos auch festgestellt, daß Jesus vom Beginn seines Lebens an Gottes Sohn war (vgl. *Wilckens*, Missionsreden 177, und *Räisänen*, Mutter Jesu 148). Doch betont dies Lukas weniger als man erwarten möchte. Vor allem wird

Ankündigung der vaterlosen Entstehung des Kindes? Jedenfalls wird sie
von Lukas biographisch ernst genommen (vgl. 3,23) und ist ein konstitutives Element der Perikope[23]. Geben die V. 36ff einen Hinweis?

Maria, die kein Zeichen erbittet, wird ein Zeichen gewährt: der Hinweis auf die Schwangerschaft ihrer Verwandten Elisabeth, die man die
,Unfruchtbare' nennt. V. 37 begründet diesen wunderbaren Sachverhalt
durch ein alttestamentliches Zitat (Gen 18,14 LXX) und verklammert
gleichzeitig das Zeichen und die Ankündigung der wunderbaren Empfängnis Marias. Es wird der Gesichtspunkt genannt, der Johannes- und
Jesusgeburt zusammenbindet. Das Wunderhandeln Gottes, der um seiner
Verheißung willen das Unmögliche möglich macht, findet in der wunderbaren Erzeugung Jesu in der Jungfrau Maria seinen Höhepunkt[24].
Der Erzähler erwartet offenbar, daß seinem Leser gewisse alttestamentliche Informationen und Assoziationen zum Motiv Unfruchtbarkeit be-
reitstehen. Unfruchtbarkeit einer Frau bedeutet im AT einerseits
Schande und Verzweiflung; andrerseits aber ist die Unfruchtbare die
von ihrem Mann Geliebte, und gerade sie wird von Gott als Trägerin der
Verheißung erwählt. Daß die Unfruchtbare gebiert, ist immer Zeichen
dafür, daß Gott am Werk ist[25].

Diese Tradition von der gnädigen und erbarmenden Hilfe Gottes, der
seinem Volk den Mann der Verheißung dort schenkt, wo menschliches
Ermessen nichts mehr erwarten kann, wird in Lk 1,5–38 mit dem aus
davidischer Sohn-Gottes-Verheißung und Jes 7,14 (LXX) abgeleiteten
Motiv des *natus ex virgine* verbunden. Das ,*tertium comparationis*' bei-

---

das Verhältnis zu den parallelen Aussagen in 3,22, Apg 10,38 und 13,33 nicht geklärt
(vgl. dazu *Räisänen*, aaO 147f).

[23] Nach *Dibelius*, Jungfrauensohn 16f, gilt das schon von der Vorlage des Lukas.
Wenn man annimmt, daß der ganze Abschnitt (so *Burger*, Davidssohn 135), V. 34f (so
Schneider, aaO [Anm. 19] 255–259) oder V. 35 (so *L. Legrand*, L'arrière-plan néo-
testamentaire de Lc 1,35, RB 70, 1963, 161–192) von Lukas redaktionell geformt ist,
stellt sich die Frage nach seiner Intention noch schärfer.

[24] Zu dieser erzählerischen Klimax vgl. *Berger*, aaO (Anm. 1) 29ff. Wir möchten
aber nicht wie *Erdmann*, Vorgeschichten 40, annehmen, daß das Theologumenon der
Jungfrauengeburt vom Redaktor zur Überbietung der Johanneslegende geschaffen
wurde. Es ist sicher älter als die jetzige Komposition.

[25] Gen 11,30; 25,11; 29,31; Ri 13,2; 1Sam 1,2.5; 2,5; weiter Ps 113,9 und vor
allem Jes 54,1, wo innerhalb des AT das Motiv theologisch weitergebildet wird. Dazu
M. Allard, L'annonce à Marie et les annonces de naissances miraculeuses de l'Ancien
Testament, NRTh 78, 1956, 730–733, der seine richtigen Beobachtungen durch die bei
katholischen Auslegern beliebte Annahme einer freiwilligen Unfruchtbarkeit der Maria
verdirbt und daraus eine „collaboration effective à l'oeuvre de Dieu" (733) ableitet!

der Vorstellungen ist jedem aufmerksamen Leser klar: Gott verwirklicht seine Verheißung gerade dort, wo menschlich gesehen keine Voraussetzung dafür da ist. Von einer Hochschätzung der Virginität als für den Verkehr mit Gott besonders geeigneten Stand läßt also unsere Erzählung nichts spüren[26]. Sachlich am nächsten steht dem *natus ex virgine* in diesem Zusammenhang vielmehr die Vorstellung der *creatio ex nihilo*, die im hellenistischen Judentum als Konsequenz des biblischen Schöpfungsgedankens ausgebildet wurde[27]. Der Gott, der der Unfruchtbaren Kinder schenkt und der seinen Sohn aus der Jungfrau geboren werden läßt, ist derselbe wie der, der die Toten lebendig macht und das Nichtseiende ins Sein ruft; es ist der Gott, der Heil und Leben unabhängig von allen menschlichen Voraussetzungen schenkt[28].

Dem entspricht das Verhalten der Maria. Denn soviel Licht auf ihre Gestalt auch in dieser Erzählung fällt, so klar ist die Absicht, die der Verfasser damit verbindet: die rechte Antwort auf Gottes Verheißung kann nur sein, sich seinem Werk zur Verfügung zu stellen und es an sich geschehen zu lassen. Ein ‚Mitwirken‘ des Menschen ist ausgeschlossen[29].

Ziehen wir ein erstes Fazit: Welche christologischen Implikationen das *natus ex virgine* auf Grund seiner Traditionsgeschichte auch immer in sich birgt, dem Erzähler der Vorgeschichte (und das ist vermutlich der Evangelist selbst) geht es primär nicht darum, ein neues Kapitel der Christologie zu schreiben. Er möchte mit diesem Motiv erzählend die Weise des Handelns Gottes veranschaulichen, die in Jesus von Nazareth Gestalt gewinnt[30]. In der neueren Diskussion hat dies Ratzinger am pointiertesten ausgesprochen: „Die Jungfrauengeburt bedeutet weder ein Kapitel Askese noch gehört sie unmittelbar der Lehre von der Gottes-

---

[26] Anders Philo Cher 50.

[27] Vgl. *Räisänen*, Mutter Jesu, 102. Zur *creatio ex nihilo* E. *Käsemann*, An die Römer, HNT 8a, 1973 (³1974) zu Röm 4,17.

[28] Die Verbindungslinie von Luk 1,35ff zu Röm 4,17ff und Gal 4,27f (Jes 54,1) ist nicht zu übersehen (vgl. *Schürmann*, aaO [Anm. 10] 53). Sie sollte aber theologisch und nicht, wie oft, nur apologetisch ausgewertet werden.

[29] V. 38 widerspricht der traditionellen katholischen Exegese des *fiat* völlig (als krasses Beispiel vgl. *J. P. Murphy*, Mary's Fiat, AEcR 138, 158, 242–245). Sehr viel zurückhaltender und treffender die neuere Exegese, zB *Schürmann*, aaO (Anm. 10) 58. Doch geht auch das *cooperare* im marianischen Abschnitt des Vaticanum II (De Eccl. VII, 56) über das im Text Intendierte hinaus.

[30] Zur Technik des „Veranschaulichens" vgl. *Berger*, aaO (Anm. 1) 45ff. Daß die Texte weniger christologische Reflexion als vielmehr erzählende Veranschaulichung des Handelns Gottes bieten, entspricht der Tendenz des Lukas (dagegen aber *Schürmann*, aaO [Anm. 10] 63).

sohnschaft Jesu zu; sie ist zuerst und zuletzt Gnadentheologie, Botschaft davon, wie *uns* das Heil zukommt: in der Einfalt des Empfangens, als unerzwingbares Geschenk der Liebe, die die Welt erlöst"[31].

Das wird durch die Begegnung der Frauen und das Magnifikat als Abschluß unseres Abschnitts unterstrichen und präzisiert. Der erste Teil der Begegnung der beiden Frauen (V. 39–44), in dessen Zentrum der Lobpreis Elisabeths über Maria als Messiasmutter und ihr Kind steht, zielt ganz auf die Feststellung der prophetischen Anerkennung Jesu als des Kyrios durch Johannes (vgl. 1,15 mit 1,41ff). Eigentümlich nachklappend folgt darauf noch in V. 45 die Seligpreisung des Glaubens der Maria. Auch das ist bewußte Hervorhebung gegenüber dem Unglauben des Zacharias; aber gleichzeitig scheint der Evangelist ähnlich wie in 11, 27.28 dem Ausdruck traditioneller Marienverehrung noch eine ergänzende, vertiefende Interpretation beigeben zu wollen[32].

Neuerdings ist auch in der katholischen Exegese die Bedeutung dieses Sätzchens erkannt und für die Mariologie ausgewertet worden, und F. Mußner hat aus dem Vergleich von Lk 1,37f.45 mit Röm 4 die Folgerung gezogen, durch Maria habe „das sola-fide- und sola-gratia-Prinzip seine exemplarische Verwirklichung" erfahren[33]. Allerdings gewinnt Mußner aus der Zusammenschau beider Stellen einen so einseitig an der *fides quae creditur* orientierten Glaubensbegriff, daß die von ihm angebotene kontroverstheologische Verständigung schon im Ansatz gefährdet ist.

Doch was ist exegetisch zu dieser Zusammenschau zu sagen? Unbestreitbar liegen zwischen Lk 1,26–55 und Röm 4 gewisse Beziehungen vor. Der gemeinsame Rückbezug auf Gen 18 ist nicht zu übersehen[34]. Daß Gott gerade dort handelt, wo menschlich nichts zu hoffen und zu erwarten ist, kennzeichnet – wie wir sahen – den Skopus beider Stellen. Das Vertrauen darauf wird beide Male exemplarisch unter das Stichwort

---

[31] *J. Ratzinger,* Einführung in das Christentum, 1968, 228. Ich möchte den Satz jedoch nur für die lukanische Einbettung des Theologumenon gelten lassen; an seinem Ursprung stand zweifellos christologisches Interesse.

[32] Vgl. *Erdmann,* Vorgeschichten 48; *Krafft,* Vorgeschichte 219, und besonders *Räisänen,* Mutter Jesu 109f. Dagegen *J. McHugh,* The Mother of Jesus in the NT, London 1975, 69.

[33] *F. Mußner,* Der Glaube Mariens im Lichte des Römerbriefs, Cath(M) 18, 1964, 258–268; jetzt in: *ders.,* Praesentia Salutis, 1967, 284–292. Mußner bezieht sich auf *H. Volk,* Maria, Mater credentium, TThZ 73, 1964, 1–21.

[34] Vgl. das Motiv des ‚Gnade Findens' (Gen 18,3) in Lk 1,30 und Röm 4,1ff (dazu

„Glauben" gestellt. Richtig ist auch, daß in beiden Fällen Glaube auf ein
Verheißungswort (und das heißt auf einen „konkreten Glaubensinhalt")
bezogen und nicht nur als existentielle Haltung beschrieben wird[35]. Hier
aber beginnt die Verzeichnung in der Exegese Mußners – zumindest
was Röm 4 anlangt. Indem Glaube nur als „gehorsame Annahme einer
unglaublich erscheinenden Botschaft" gekennzeichnet wird, wird recht-
fertigender Glaube zur Forderung des *sacrificium intellectus*[36]. Damit
läßt sich aber der Grundsatz des Paulus διὰ τοῦτο ἐκ πίστεως, ἵνα κατὰ
χάριν (Röm 4,16) nicht mehr einsichtig machen, auch wenn er noch so
fleißig zitiert wird. Denn ein so strukturierter Glaubensbegriff würde
viel eher die Auslegung der Rabbinen oder des Jakobus zu Gen 15,6
stützen, nach der der Glaube Abrahams ihm als Werk und Verdienst zur
Gerechtigkeit gerechnet wird. Paulus aber vermag den Zusammenhang
von Glaube und Gnade klarzustellen, indem er den Glauben Abrahams
nicht nur als Glauben an den beschreibt, der aus dem Nichts schafft und
Tote erweckt, sondern auch als Glauben an den, der den Gottlosen rechtfertigt. Damit ist der Inhalt des Glaubens zugleich soteriologisch erfaßt,
und das Verhältnis des Glaubenden zu Gott eindeutig bestimmt, so daß
Anerkennung der Souveränität Gottes in seinen Wundern und Eintritt
ins rechte Verhältnis zu Gott in eins fallen[37].

Doch wie steht es mit dem Glauben Marias bei Lukas? Leider ist das
wichtige ὅτι in V. 45 nicht eindeutig festzulegen. Leitet es einen Objekt-
satz zu πιστεύειν ein[38] oder begründet es den Makarismus[39]? Der Zusammenhang spricht für das erste (vgl. 1,20), wodurch der „konkrete Glaubensinhalt" hervorgehoben wird. Dieser Akzent wird aber von Lukas im
weiteren Verlauf seines Werkes nicht unterstrichen. So sehr er es liebt,
vom rettenden Glauben zu sprechen, so wenig müht er sich, den Inhalt
des Glaubens als klar umrissene Heilstatsachen darzustellen[40]. Am näch-

O. *Kuß*, Der Römerbrief ²1963 zSt), den Hinweis auf Gen 18,14 in Luk 1,37 und Röm
4,20f und auf die Verheißung an Abraham und seinen Samen in Lk 1,55 und Röm 4,13.

[35] *Mußner*, aaO (Anm. 33) 292.

[36] Ebd.

[37] Vgl. E. *Käsemann*, Der Glaube Abrahams in Röm 4, in: *ders.*, Paulinische Perspektiven, ²1969, 140–177, und *ders.*, Kommentar zu Röm 4,17ff.

[38] So zB *Schürmann*, aaO (Anm. 10) zSt und *Räisänen*, Mutter Jesu, 110 mit Verweis auf die einzige Parallele bei Lukas, Apg 27,25.

[39] So zB *Grundmann*, Lukasevangelium zSt.

[40] Lukas liebt die Formel „dein Glaube hat dich gerettet", die er außer an den der
Markustradition entstammenden Stellen (8,48; 18,42) auch 7,50 und 17,19 zitiert und
sinngemäß Apg 14,9 verwendet. Luk 8,12f und Apg 16,31 sprechen allgemein vom ret-

sten kommen der Aussage vom Glauben Marias die Stellen, die nach dem Glauben an die Verheißung der Propheten fragen (24,25; Apg 24,14; 26,27). Man könnte darum die Verkündigung an Zacharias und an Maria als aktualisierte prophetische Verheißung bezeichnen. In welchem Verhältnis aber stehen Inhalt der Verheißung und Glaube zueinander? Bedeutet die Ankündigung der Jungfrauengeburt die formale Steigerung des Wunders zum „höchsten Mirakel"[41], demgegenüber es dann auf seiten des Menschen der höchsten und „eilenden Anstrengung des Glaubens"[42] bedarf? Oder umfängt die Verheißung und ihr Inhalt den Menschen soteriologisch, so daß in der Verheißung des Wunders auch die Ermöglichung des Glaubens liegt[43]?

Nun wird man im Lukasevangelium keine begriffliche Explikation dieser Problematik erwarten. Man wird aber fragen müssen, ob seine Weise des Erzählens eine Antwort auf diese Fragestellung impliziert. Das ist in der Tat der Fall und zwar in der Anfügung und Gestaltung des Magnifikats.

Wir greifen zunächst die zentrale Begründung des Lobpreises heraus: „Denn er hat die Niedrigkeit seiner Sklavin angesehen" (V. 48a). Ursprünglich zum Motivkreis der Erhörung der Unfruchtbaren gehörend[44], kennzeichnet der Satz im jetzigen Zusammenhang den Stand der Maria vor Gott. Sie gehört zu den Niedrigen[45], die vor Menschen nichts gelten und Gott nichts zu bringen haben und denen doch sein Erbarmen und Erhöhen gilt. Maria ist herausgehobenes Beispiel für das eschatologische Handeln Gottes, wie es dann in V. 52 in seiner Gültigkeit für alle be-

---

tenden Glauben. Wo πιστεύειν nicht absolut gebraucht wird, steht es meist in Verbindung mit der Person, an die geglaubt wird, konstruiert mit ἐπί (Apg 9,42; 11,17; 16,31; 22,19), εἰς (Apg 10,43; 14,23) oder Dativ (Apg 5,14; 18,8; 27,25).

[41] So formuliert *Gese*, aaO (Anm. 4) 133 das Problem.

[42] *H. Schlier* mit ähnlicher Tendenz wie Mußner in: Das Hauptanliegen des ersten Korintherbriefes, in: *ders.*, Die Zeit der Kirche ⁴1966, 154.

[43] Ich verweise auf die entsprechende Verwendung von Gen 18,14 in Mk 9,23f und 10,24; vgl. den Beitrag von *Friedrich Gustav Lang*, „Sola gratia im Markusevangelium" in dieser Festschrift.

[44] 1Sam 1,11. Da Μαριάμ in V. 46 sicher den ursprünglichen lukanischen Text darstellt (vgl. *Schürmann*, aaO [Anm. 10] zSt), können im Rahmen dieser Untersuchung alle Überlegungen unberücksichtigt bleiben, ob der Hymnus auf einer traditionsgeschichtlich früheren Stufe der Elisabeth zugehörte.

[45] Daß ταπείνωσις nicht ‚Demut' sondern ‚Niedrigkeit' bedeutet, wird durch den lexikalischen Befund (vgl. *R. Leivestad*, ΤΑΠΕΙΝΟΣ – ΤΑΠΕΙΝΟΦΡΩΝ NovTest 8,1966, 36–47, bes. 39f) und den Kontext klargestellt (*Räisänen*, Mutter Jesu 114). So schon die Auslegung *Luther*s (WA 7,559f).

schrieben und im Evangelium durch Jesus am Beispiel des Zöllners im Tempel (18,9–14) veranschaulicht wird[46].

Wie bei Paulus in Röm 4 dem Glauben an die Auferweckung Jesu der Glaube an die Rechtfertigung des Gottlosen korrespondiert, so entspricht in Lk 1 dem Glauben an das schöpferische Wirken des Geistes der Lobpreis dessen, der sich der Niedrigen erbarmt. So bleibt die Ankündigung der wunderbaren Erzeugung des Gottessohnes Botschaft des Heils und der Gnade, und die Betonung der Souveränität Gottes gegenüber allen menschlichen Voraussetzungen wird nicht unter der Hand zur erhöhten Anforderung an die Anstrengung menschlichen Glaubens verkehrt.

Dem entspricht das Bild der Maria bei Lukas. Denn so groß der Jubel über die einzigartige Begnadung Marias, Mutter des Messias zu sein, in Lk 1 auch ist, der Evangelist läßt im Laufe seiner Erzählung keinen Zweifel daran, worin die Bedeutung ihrer Gestalt für den Christen liegt: Sie ist Beispiel des Gehorsams, des Glaubens und des Hörens und Bewahrens des Wortes Gottes[47]. Der Glaube Marias hat aber bei Lukas nicht die Funktion eines heilsgeschichtlichen Durchbruchsgeschehens. Zugespitzt formuliert: Nicht weil Maria glaubt, kann der Messias geboren werden und die Heilszeit hereinbrechen, sondern weil Gott seinen Sohn auf wunderbare Weise schenken wird, ist Glaube und Gehorsam wie der Marias möglich[48]. Das *sola gratia* und *sola fide* ist eben kein ,Prinzip', bei dem das *sola gratia* für die Freiheit Gottes und das *sola fide* für die Freiheit des Menschen steht[49], sondern Charakteristik für Wesen und

---

[46] Lukas akzentuiert diese Geschichte durch die Verbindung mit 18,15ff (vgl. *Grundmann*, Lukasevangelium zSt).

[47] Das ist das überzeugende Ergebnis der Untersuchung *Räisänens* zum Bild Marias in den lukanischen Schriften (Mutter Jesu 77–159). Die Zusammenschau von Lk 2,19.51 mit 8,19–21 (vgl. 8,12–15) und 11,27f zeigt, daß Lukas die verwandtenkritischen Worte nicht mehr polemisch versteht, sondern interpretierend: Sie stellen die wahre, exemplarische Bedeutung der Mutter Jesu heraus (*Räisänen*, aaO 137–141 gegen *Conzelmann*, Mitte 41f).

[48] *Grundmann* (Lukasevangelium 62 u. 65) setzt die Akzente falsch, wie das Gegenbeispiel, der Unglaube des Zacharias, zeigt: er hindert nicht die Erfüllung der Verheißung, sondern ist Zeichen der alten Zeit. Maria ist für Lukas „keine neue Eva, sondern bestenfalls eine neue Sara oder neue Hanna" (*Räisänen*, Mutter Jesu 149).

[49] Das scheint mir das zentrale Mißverständnis *Mußners* zu sein (aaO [Anm. 33] 291), der darum hoffen kann, *sola gratia* und *sola fide* mit dem „,katholischen' et" verbinden zu können (vgl. auch die Formulierung im Vaticanum II, De Eccl. VII,56: „Merito igitur SS. Patres Mariam non mere passive a Deo adhibitam, sed *libera fide* et oboedientia humanae saluti *cooperantem* censent" [Hervorhebung von mir]). Der Dissensus zur paulinischen Rechtfertigungslehre bleibt – unbeschadet aller begrüßenswer-

Wirken des Heilshandelns Gottes, das den Menschen allererst zur Antwort befreit. Lukas hat dies – abgesehen von einigen schlagwortartigen Zitaten in Apg 13,38f – nicht mehr in der paulinischen Terminologie begriffen. Er hat aber in seinem Evangelium ein Wissen um diese Eigenart des Heilsgeschehens bewahrt und erzählerisch dargestellt. Das wird sogleich die weitere Analyse des Magnifikat zeigen.

Wenn es richtig ist, daß mit dem Lobpreis der Maria das „Diptychon der Verkündigungen"[50] seinen Abschluß findet, dann sollte man erwarten, daß in diesem Lied die theologische Bedeutung, die das Geschehen in den Augen des Verfassers hat, klar und zusammenfassend ausgesprochen wird. Wir wollen darum unter diesem Gesichtspunkt Form und Inhalt analysieren.

Im ersten Teil (V. 46–50) folgt das Lied der Form des „berichtenden Lobpsalmes"[51]. Dieser Teil lebt von dem spannungsvollen Nebeneinander der beiden Begründungen in V. 48a: „denn er hat die Niedrigkeit seiner Sklavin angesehen" und in V. 49a: „denn große Dinge hat der Mächtige an mir getan". Er schließt mit einer verallgemeinernden Wendung, die ihre Parallele am Ende der zweiten Strophe findet (vgl. 49b.50 und 54f) und das Thema des Liedes nennt: das gnädige Erbarmen Gottes mit seinem Volk[52].

Der zweite Teil geht in die Form des „beschreibenden Lobes" über und führt in knappen Sätzen das Thema aus, das Westermann als charakteristisch für diese Gattung herausgestellt hat: „Gott erhöht und erniedrigt"[53]. Dabei schildern die V. 51f die Umkehrung der Machtverhältnisse und V. 53 die Umkehrung der Besitzverhältnisse. Die Aoriste sind eschatologisch zu verstehen: das Lied schildert die endzeitlichen Taten Gottes vom Standpunkt ihrer Erfüllung aus[54].

---

ten Entwicklungen – auf dem Gebiet der Mariologie am deutlichsten. Er besteht aber nicht nur zu Paulus, sondern auch zur Auffassung des Lukas von Gnade und Glaube.

[50] So die Formulierung von *Lyonnet*, aaO (Anm. 9) 132.

[51] C. *Westermann*, Das Loben Gottes in den Psalmen, [3]1963, 86.

[52] In Anlehnung an die Strukturanalyse von *R. C. Tannehill*, The Magnificat as Poem, JBL 93, 1974, 263–275. Die neueste traditions- und formgeschichtliche Untersuchung findet sich bei *D. R. Jones*, The Background and Character of the Lukan Psalms, JThS 19, 1968, 19–50. Wir gehen davon aus, daß das Lied Lukas im wesentlichen geschlossen vorlag (evtl. ohne V. 48), von ihm aber bewußt in den jetzigen Zusammenhang gestellt wurde.

[53] *Westermann*, aaO (Anm. 51) 93; vgl. 1Sam 2,6f und Ps 113,7–9, wo Hilfe für Arme und Unfruchtbare nebeneinanderstehen; Ps 107,33ff; 147,6.

[54] So seit *H. Gunkel* (Die Lieder in der Kindheitsgeschichte Jesu bei Lukas, Festgabe für A. v. Harnack, 1921, 43–60, bes. 53ff) die meisten Ausleger.

Was beide Teile verklammert, liegt auf der Hand: Was Maria an sich erfuhr und preisend rühmt, daß Gott ein geringes, armseliges Mädchen erwählt hat, das entspricht der Hoffnung Israels, daß Gott sich der Geringen, Armen und Entrechteten annimmt. Dennoch fragt man sich, warum das Lied gerade diese Zuspitzung erfährt. Warum fehlt das messianische Element, das im Benediktus so deutlich zum Ausdruck kommt? Will das Lied nicht mehr, als Maria als eine Vertreterin der sog. Armenfrömmigkeit zu kennzeichnen[55]? Oder findet hier die christologische Aussage von V. 31–35 ihre soteriologische Interpretation? In der Tat scheint dies die einzig mögliche Auskunft zu sein. Die Souveränität des eschatologischen Heilshandelns Gottes, die christologisch durch das *natus ex virgine* markiert wird, kennzeichnet auch soteriologisch sein Werk. Die ‚große Tat‘ des δυνατός an Maria, die Schaffung des Heiligen und Gottessohnes in dieser Welt ohne und gegen alle menschlichen Voraussetzungen, ist für sein Volk der Anbruch des verheißenen Heils. Gottes Heil aber orientiert sich nicht an menschlichen Wertmaßstäben und Machtpositionen, sondern zerstört sie in ihren pervertierten Strukturen, um den Geringen und Darbenden Hilfe zu bringen[56]. Die hier ausgesprochene ‚Umwertung aller Werte‘ ist nicht wie in den vielen religionsgeschichtlichen Parallelen Ausdruck souveräner göttlicher Willkür, sondern bezeugt auf dem Hintergrund alttestamentlicher Tradition die Heiligkeit Gottes, seinen Rechtswillen und seine unverbrüchliche Heilstreue[57].

Daß für Lukas darin die entscheidenden soteriologischen Konsequenzen des Kommens des Messias liegen, zeigt ein Blick in sein Evangelium und die darin verarbeiteten Traditionen. In seiner ersten Predigt (4,18ff) kennzeichnet sich Jesus durch Jes 61,1f als eschatologischen Träger des Gottesgeistes und Gesalbten, der den Armen die frohe Botschaft zu verkündigen hat (vgl. auch 7,22). Die lukanische Fassung der Seligpreisungen (6,20b.21) erstaunt durch die bedingungslose Annahme der Armen

---

[55] Vgl. R. *Schnackenburg*, Das Magnificat, seine Spiritualität und Theologie, in: *ders.*, Schriften zum NT, 1971, (201–219) 205. Nach *Laurentin*, Struktur und Theologie 98, ist Maria Personifikation für die Armen „als bevorzugter Teil des auserwählten Volkes".

[56] Bezeichnend ist, daß das Motiv von der Erwählung der Armen und Verachteten durch Paulus in 1Kor 1,26ff mit dem Kreuz verbunden wird, während es bei Lukas in Verbindung mit der wunderbaren Geburt des Messias tritt. Aus dieser Verbindung wäre der Gerichtsaspekt des *natus ex virgine*, den K. *Barth* in seiner KD I,2 (§ 15,3) so nachdrücklich herausstellt, exegetisch zu erheben.

[57] Dazu A. *Gelin*, Les pauvres de Yahvé, Paris 1953, 129f, und W. *Zimmerli*, Ezechiel, BK XIII/1, 1969, 389.

und Hungernden, die noch unterstrichen wird durch die kompromißlose
Ablehnung der Reichen und Satten in den Weherufen (6,24f). Das gleiche gilt für die eigentümliche Umkehrung der Verhältnisse im Gleichnis
vom reichen Mann und armen Lazarus (16,19ff). Christliche Auslegung
hat sich immer schwer damit getan, daß dabei nicht von der Frömmigkeit oder dem Glauben dieser Armen geredet wird. Aber Lukas kommt
es gerade auf die voraussetzungs- und bedingungslose Annahme der Leidenden an[58].

Für Lukas sind soziale und religiöse Deklassierung keine getrennten
Problemfelder. Sonst wäre nicht zu erklären, daß zur frohen Botschaft
für die Armen auch die bedingungslose Annahme der Sünder und insbesondere der Zöllner gehört, die in einem sozial-revolutionär ausgerichteten Entwurf nun wirklich nichts zu suchen hätten. Lukas aber übernimmt nicht nur entsprechende Zöllnergeschichten aus seiner Tradition[59],
sondern richtet auch in c. 15 drei Gleichnisse Jesu ganz auf dieses Thema
aus.

Es kann kein Zweifel sein: Was im Magnifikat in knappen alttestamentlichen Formeln als eschatologisches Heilshandeln Gottes beschrieben wird, findet nach Lukas im Reden und Handeln Jesu seine Erfüllung[60]. Durch das vorangestellte *natus ex virgine* wird dies Geschehen
als das von menschlichen Möglichkeiten unableitbare, gnädige Werk des
Heiligen Geistes durch den Messias Gottes prädiziert[61]. W. Dignath, der
den Zusammenhang zwischen Jungfrauengeburt und Magnifikat sieht,
unterscheidet darum wohl zu „sauber zwischen Gesagtem und Gemein-
tem", wenn nach ihm „das Wunder des Ursprungs Jesu" nur „zeitbe-
dingter, umweltentlehnter rühmender Ausdruck der Erfahrung der ‚in

---

[58] Die πτωχοί sind für Lukas *nicht* die Frommen. „Der Armutsbegriff ist real genommen und nicht irgendwie spiritualisiert" (*Schürmann,* aaO [Anm. 10] 329).

[59] Aus dem Markusstoff: 5,27f; aus Q: 7,34; aus dem Sondergut: 7,36ff: 18,9ff;
19,1ff (vgl. 3,12 und 7,29f). Methodisch gehen wir davon aus, daß für eine Darstellung der „lukanischen" Theologie das Gewicht des Sondergutes nicht vernachlässigt
werden darf. Zwar ist es schwierig, die redaktionelle Bearbeitung zu erkennen (vgl.
aber 15,1f und 18,9). Doch prägt das Material selbst Gestalt (und Wirkung) des Evangeliums so sehr, daß es nicht übergangen werden darf, wenn es darum geht, das spezifisch lukanische Profil zu zeichnen.

[60] *A. Schlatter* (Das Evangelium des Lukas, 1931, 168f) hat diese Linie besonders
herausgehoben.

[61] Zu dieser Schlüsselfunktion der lukanischen Vorgeschichte s. die kurzen treffen-
den Bemerkungen von *M. D. Hooker,* The Johannine Prologue and the Messianic
Secret, NTS 21, 1974/5, (40–58) 51f.

Christus angestiftete(n) Revolutionierung aller Verhältnisse' ist"[62]. Will man die Aussage des Evangelisten nicht zur Unkenntlichkeit reduzieren, wird man festhalten müssen, daß nach seiner Meinung diese Anstiftung allein *Gottes* Werk ist. Ob auch darin nur spätantike Umschreibung für den mit Jesus in Gang gekommenen Prozeß menschlichen Handelns zu sehen ist[63], oder ob dies bis heute Grundlage *und* Grenze unseres Tuns bleibt, entscheidet sich nicht im Bereich der Exegese. Verräterisch und exegetisch anfechtbar aber ist, daß Dignath unter Berufung auf die Texte der Vorgeschichte ausgerechnet die pantheistische Zeusinterpretation K. Kerényis „als Basis für eine nichtreligiöse Interpretation" wählt[64]. Ist doch das *natus ex virgine* mit der schärfste Ausdruck der neutestamentlichen Aussage, daß Gott nicht „durch alles und in allem" aufleuchtet, sondern allein im Sohn der Maria. Dem „Aufleuchten ohne Unterschied" steht unvereinbar die Erschaffung und Erwählung Jesu zum Heiligen und Gottessohn gegenüber, in dem sich das *extra nos* des Heiles verleiblicht[65].

Wenn unsere Analyse richtig ist, sah Lukas die Verbindung zwischen der christologischen Aussage des *natus ex virgine* und der soteriologischen des Magnifikat vor allem im Motiv der heilschaffenden Souveränität Gottes[66]. Das schließt nicht aus, daß unterschwellig Motive des Messianismus diese Verbindung mitgeknüpft haben, Motive, die Jes 9 und 11 entstammen könnten und deren Existenz durch die messianische Interpretation von Jes 61,1f in Lk 4,18f bezeugt wird. Aber solche christologischen Implikationen werden nicht ausgeführt. Vielmehr erweist gerade der theozentrische Akzent des lukanischen Textes die Richtigkeit des eingangs zitierten Satzes von Gese: „Nicht Heraushebung Jesu aus dem Menschlichen ist der Sinn dieser Überlieferung, sondern das Gegenteil, Hineinsenkung des Heiligen in diese Welt". Der Satz gilt nicht nur in der traditionsgeschichtlichen Perspektive, sondern auch für die Einbettung des Motivs in den lukanischen Kontext. Daß es Lukas und seiner

---

[62] *Dignath*, Vorgeschichte 84, unter Benützung eines Zitates von *D. Sölle*, Phantasie und Gehorsam, ³1968, 35.   [63] *Dignath*, aaO 83.

[64] *Dignath*, aaO 11 mit einem langen, freilich eigentümlich verkürzten Zitat aus *K. Kerényi*, Antworten der Griechen, in: *H. J. Schultz*, Wer ist das eigentlich – Gott? 1969, (123–133) 130f.

[65] Es wäre überaus lohnend, am Beispiel der lukanischen Vorgeschichte den Unterschied zwischen dem „zeugenden Vater" Kerényis und dem „Vater Jesu Christi" herauszuarbeiten.

[66] Das entspricht dem „theozentrischen Aspekt der Wirksamkeit Jesu", den *Räisänen* (Mutter Jesu 146ff) und *Wilckens* (Missionsreden 163) herausgestellt haben.

Tradition in der Tat um „ein Offenbarwerden *sub contrario*", um „die Epiphanie Gottes in tiefer menschlicher Armut und Erbärmlichkeit" geht, zeigt ja die Geburtsgeschichte. Hier wird in 2,12 nicht wie in 1,36 ein Wunder als Zeichen genannt, sondern Windeln und Krippe, – die biblischen Symbole also, die dem Zeichen des Kreuzes am nächsten kommen. So ist es nur folgerichtig, daß schon dem Kind im Tempel prophezeit wird, es sei bestimmt „zum Zeichen, dem widersprochen wird" (2, 34). Die Funktion, die bei Paulus die Verkündigung des Kreuzes zu Gericht und Gnade einnimmt, wird bei Lukas schon in der Vorgeschichte dem Bericht vom Wirken Jesu und vom Widerstand gegen sein Wort und Werk zugedacht[67].

Ich möchte nicht behaupten, Lukas habe in unserm Text bewußt das paulinische *sola gratia* variiert, obwohl die Beziehungen zu Röm 4 Beachtung verdienen und in der Gestalt der Maria das *sola fide* aufscheint. Was wir bei Lukas an Gnadentheologie finden, entstammt nicht der Meditation des Kreuzes, sondern ist Konsequenz der Jesusüberlieferung, wie sie vor allem sein Sondergut bot. Aber indem er das *natus ex virgine* und das Magnifikat unter dem Gesichtspunkt der souveränen, gnädigen und alle menschlichen Möglichkeiten und Maßstäbe transzendierenden Heilshilfe Gottes zusammenfaßt und damit den Ausblick auf die frohe Botschaft Jesu an Arme und Sünder eröffnet, setzt er als *Erzähler* einen Akzent für die Interpretation des kommenden Geschehens, dem man *begrifflich* nur mit dem *sola gratia* gerecht wird. Die sachliche Nähe zur paulinischen Rechtfertigungslehre, die die Reformatoren erspürt haben, ist auch für die heutige Exegese nicht zu übersehen.

Eine der Verbindungslinien zum lukanischen Kontext haben wir allerdings bisher übergangen. Durch sein Vorwort (1,1–4) und die chronologischen Angaben in 1,5 und 2,1ff möchte Lukas auch die Ereignisse der Vorgeschichte in den Rang historischer Tatsachen heben, die die Gewißheit der christlichen Lehre verbürgen[68]. Dabei sah er richtig, daß *grundsätzlich* ein Evangelienbericht weder zeitloser Mythos noch Dichtung des Glaubens sein kann, sondern auf geschehene Geschichte verweist. Er erliegt

---

[67] Vgl. G. *Lattke*, Lukas 1 und die Jungfrauengeburt, in: Zum Thema Jungfrauengeburt, 1970, (61–89) 87, und die Thesen von R. *Tannehill* zu diesem Problemkreis in: The Mission of Jesus according to Luke IV,16–30, in: Jesus in Nazareth, BZNW 40, 1972, (61–75) 74f.

[68] Zur Einbeziehung der Vorgeschichte in den Prolog vgl. G. *Klein*, Lukas 1,1–4 als theologisches Programm, in: *ders.*, Rekonstruktion und Interpretation, BEvTh 50, 1969, (237–261) 251ff.

aber an manchen Stellen (zB 24,39) der Versuchung, das Bekenntnis des Glaubens historisch objektivieren zu wollen. Dazu boten freilich die Traditionen der Vorgeschichte keinen Anlaß, und so haben erst apokryphe Evangelien entsprechende Konsequenzen gezogen. Aber mit Lk 1,5ff beginnt eben doch jene Darstellung der urchristlichen Geschichte als Geschichte des Wunders, die uns historisch wie theologisch Schwierigkeiten bereitet. Ch. Berger beschreibt treffend das literarische Verfahren: „Der Autor . . . stellt also Bekenntnisinhalte in der Form selbständiger Gegebenheiten dar. Er beschreibt Glaubensinhalte als Seinstatsachen. Sie erscheinen aus dem Text als vorhandene und wie andere Tatsachen gegebene Sachverhalte mit eigener unabhängiger Existenz. Statt Glauben zu fordern, läßt der Autor den Leser schauen. Die zwischen beiden liegende Kluft scheint nicht vorhanden zu sein"[69]. Und Berger rühmt an dieser Art, ein *dubium* als ein *certum* darzustellen, daß dadurch der Text „viel unmittelbarer und direkter zugänglich" werde. „Er ist ‚einsichtig' gemacht und nicht nur für den reflektierenden Nachvollzug erreichbar, sondern direkt der Anschauung greifbar und der Betrachtung zugänglich."[70]

Diese Analyse erklärt viel von der Wirkung unseres Textes, übergeht aber seine Einfügung in eine Geschichtsdarstellung und die damit verbundene Problematik. Unter dieser Voraussetzung ist zumindest der moderne Leser in Gefahr, das bruchlose Nebeneinander von himmlischer Offenbarung und irdischer Realität als eine Art Sondergeschichte zu empfinden, als jene Idylle, gegen die wir alle Weihnachten erfolglos anpredigen. Oder er hört aus dem Text nun doch die Forderung, gewisse Fakten für wahr zu halten, und aus der Botschaft der Gnade wird Gesetz.

Die Lösung des Problems liegt in der Konsequenz des lukanischen Ansatzes. Sofern die Erzählungen der Vorgeschichte unter den Anspruch von Lk 1,1–4 gestellt werden, unterliegen sie der historischen Kritik[71]. Die historische Analyse aber ergibt, daß für den Historiker das erste Problem unseres Textes nicht darin liegt, ob er die berichteten Ereignisse für möglich halten will oder nicht, sondern darin, daß die Berichte auf

---

[69] *Berger,* aaO (Anm. 1) 43.   [70] AaO 45f.

[71] Wenn *Berger,* aaO 58 Anm. 3 sagt, die Frage nach einem historischen Faktum sei „ebenso unbegründet, wie wenn angesichts der Worte ‚Schwarze Milch der Frühe' in P. Celans ‚Todesfuge' . . . die Frage gestellt würde, unter welchen Umständen Milch schwarz sein kann oder einem Betrachter so erscheinen konnte", vernachlässigt er nicht nur die lukanische Auffassung nach 1,1–4, sondern auch die historisierenden Elemente in seinem Untersuchungstext (vgl. 1,5). Er teilt diese Einseitigkeit mit vielen linguistischen Arbeiten.

15*

dem Hintergrund der sonstigen Jesusüberlieferung sinnvoll nur aus der nachösterlichen Situation heraus verstanden werden können[72]. Dieser Hiatus läßt sich nicht durch dogmatische Postulate überbrücken[73]. Erst wenn dies erkannt ist, kann der Charakter der von Lukas benutzten Traditionen ernst genommen werden, die primär nicht historische Information, sondern erzählende Entfaltung des Christusbekenntnisses bieten wollen. Zielpunkt und Kriterium der Auslegung bildet dann nicht mehr der Bezug auf ein einzelnes historisches Faktum, sondern die Frage, inwiefern der Text das Christusereignis als Ganzes sachgemäß auslegt. Die kritische Unterscheidung zwischen Glaubenszeugnis und Geschichtsbericht entnimmt die lukanische Darstellung dem Eindruck einer idyllischen Sondergeschichte und läßt den Text sein eigentliches Anliegen entfalten, daß uns in Jesus von Nazareth Gottes Gnade in einzigartiger Weise begegnet.

Ernst Käsemann hat am Beispiel der Wunderberichte gezeigt, wie uns die historische Kritik zur Erkenntnis zwingt, „daß wir es in ihnen tatsächlich primär mit der Predigt der Urchristenheit zu tun haben –, mit jener Predigt, daß in Jesus die göttliche Liebe auf den Plan getreten und sich als heilende und Leben schenkende Macht erwiesen habe. Nun werden wir gefragt, ob wir nicht die Durchbrechung eines Naturgesetzes, sondern die Kontingenz der Offenbarung Gottes annehmen und uns aus der dadurch gesetzten Kommunikation göttlicher Liebe und himmlischen Lebens bestimmen lassen wollen"[74]. Mutatis mutandis könnte man das auch vom *natus ex virgine* sagen. Darum sei dieser Versuch einer Auslegung seiner Aussage im lukanischen Kontext dem Lehrer gewidmet, der uns zeigte, daß historische Kritik nicht vom Anspruch des Wortes emanzipiert, sondern frei macht, auf seine Botschaft zu hören.

---

[72] Das hat katholischerseits *A. Vögtle* noch einmal mit aller Deutlichkeit gezeigt (Offene Fragen zur lukanischen Geburts- und Kindheitsgeschichte, in: *ders.,* Das Evangelium und die Evangelien, 1971, 43–53; er setzt sich mit der Interpretation in Schürmanns Kommentar auseinander). Alle Versuche, diesen überlieferungsgeschichtlichen Graben zu überbrücken, führen zu Künsteleien, wie der neueste Versuch von *McHugh*, The Mother of Jesus, 145ff beweist.

[73] Das gilt auch für das Verdikt *Ratzingers* (Einführung 228), die Aussagen von der Jungfrauengeburt als Gnadentheologie hätten nur Bedeutung „unter der Voraussetzung, daß das Geschehnis sich wirklich zugetragen hat". Übrigens: Welches Geschehnis ist gemeint? Das biologische Mirakel oder die einzigartige Bestimmtheit Jesu durch Gottes Geist? Ein Verweis auf die Auferstehung unter Berufung auf 1Kor 15 geht fehl, weil dort die historische Problematik ganz anders liegt (vgl. *W. Pannenberg,* Grundzüge der Christologie, [4]1972, 148f).

[74] Zum Thema der Nichtobjektivierbarkeit, EVB I, (224–236) 228f.

PRÄLIMINARIEN ZUM THEMA „PAULUS UND DIE JUDEN"

GÜNTER KLEIN

I.

„Die Lust eines deutschen Theologen ist die Teilhabe am Streit der Geister", – mit diesem Satz Ernst Käsemanns[1] ist nicht nur viel über den Exegeten gesagt, dem hier Respekt und Dankbarkeit bekundet werden sollen, sondern wird zugleich das von ihm vertretene Fach unvergeßlich an eine ihm wie jeder Wissenschaft unabdingbare Kommunikationsbedingung gemahnt. Im Sinne der damit berufenen und von Käsemann stets vorgelebten dialogischen „Gemeinschaft", die „nicht notwendig Übereinstimmung" bedeutet[2] und unter Umständen sogar dahin bringt, daß gerade um ihrer Bewährung willen „auch scharf geschossen werden muß"[3], sei im folgenden ein Thema bedacht, das unter uns vermutlich nie zur Ruhe kommen wird, weil mit ihm – offen oder verdeckt – Grundfragen paulinischer Theologie zur Entscheidung stehen.

Nun hat, wer heute die Judenfrage als zentrales Problem des Paulusverständnisses exegetisch ernst zu nehmen versucht, freilich auf ein abschnittsweise ungewöhnlich repressives Gesprächsklima gefaßt zu sein, dessen Kennzeichen nicht die offene und notfalls harte Sachdiskussion, sondern im Gegenteil die Tendenz ist, die Problematik des Themas schon für den Apostel zu minimalisieren, erst recht den gegenwärtig darum entbrannten Streit zu ersticken und die eigene Auffassung als die allein gültige und sogar moralisch einzig zulässige erscheinen zu lassen. Welche wissenschaftlich auch unkonventionellen Mittel dabei recht sind, stellte unlängst Helmut Gollwitzer zusammen mit zweien seiner Schüler in seltener Deutlichkeit unter Beweis[4]. Können die meisten davon, da sie

---

[1] Paulinische Perspektiven, [2]1972, 108. [2] Vgl. ebd.

[3] Vgl. *E. Käsemann*, Konsequente Traditionsgeschichte? ZThK 62, 1965, (137–152) 152.

[4] *H. Gollwitzer – M. Palmer – V. Schliski*, Der Jude Paulus und die deutsche

zwar für eine Entwicklungsgeschichte der polemischen Sitten in den
Wissenschaften erheblich, in bezug auf das uns beschäftigende Thema
aber erkenntnisirrelevant sind, hier auf sich beruhen[5], so verlangt doch
eines wegen seiner Einkleidung in eine ambitiöse hermeneutische These
nicht nur im Vorübergehen unsere Aufmerksamkeit.

Dieser These zufolge „kann keiner davon absehen, daß wir darüber
(sc. über das Verhältnis des Paulus zum Judentum) ‚nach Auschwitz‘
sprechen und also nicht mehr so tun können, als wäre nichts geschehen“,
vielmehr einer „Mitverantwortung“ unterliegen, „deren Erkenntnis unser Denken und Reden über Juden und Judentum grundlegend verändern muß“[6]. – Die Suggestivität solcher Formulierung überdeckt eine
folgenschwere gedankliche Unschärfe: im Zusammenhang der Paulus-
debatte steht ja nicht unmittelbar *unser* „Denken und Reden über Juden
und Judentum“ in Frage, sondern die Interpretation eines fremden, nämlich des paulinischen Denkens und Redens. Die Mißachtung dieser Differenz hat Folgen, die bereits mit dem Postulat virulent werden, jeden
exegetischen und systematischen Satz christlicher Theologie über das
Judentum „unter dem Schatten christlicher Mitverantwortung für
Auschwitz scharf zu überdenken“[7]. Gewiß ist ein Appell zur Reflexion
auf die „gesellschaftlich(e) Wirkung“[8] von Wissenschaft stets am
Platze[9], wenn auch der Optimismus, der sich bereits von einer Konfron-

---

neutestamentliche Wissenschaft. Zu Günter Kleins Rezension der Schrift von F. W.
Marquardt „Die Juden im Römerbrief“, EvTh 34, 1974, 276–304; im folgenden zitiert
als: *Gollwitzer*. Der Aufsatz, der mit seiner Kombination von Ober- und Untertitel
eine ziemlich originelle Einschätzung der Frontlage verrät, ist auch formgeschichtlich
bemerkenswert: es handelt sich um so etwas wie ein Sekundantenplädoyer zugunsten
eines Autors, der auf diese Weise von der Rechenschaft für die eigenen Aufstellungen
dispensiert zu werden scheint.

[5] Die eigenartige Zitationsstrategie sowie die nichtautorisierte Verbreitung einer un-
publizierten Manuskriptfassung sind belegt bei *G. Klein*, Christusglaube und Weltverantwortung als Interpretationsproblem neutestamentlicher Theologie, VF 18, 1973/2
(1974), 45–76, hier 58 Anm. 39. Aus dem gleichen Arsenal stammen u. a. die kaum
verhüllte Forderung nach einer Vorzensur für abweichlerische Meinungen (vgl. *Gollwitzer* aaO 281) sowie die motivanalytischen Hypothesen hinsichtlich angeblich wis-
senschaftsfremder, näherhin hochschulpolitischer Dunkelziele ungenehmer Kritik (vgl.
aaO 280f).

[6] AaO 276.   [7] AaO 277.   [8] Ebd.

[9] Also nicht nur in bezug auf die Judenthematik, sondern zum aktuellen Beispiel,
„im Schatten christlicher Mitverantwortung“ etwa für kommunistischen Massenmord
an den Kulaken, auch in bezug auf die theologische Behandlung des Problems von
Besitz und Besitzlosigkeit. Christliche Mitverantwortung für die säkularen Greuel endet selbstverständlich nicht vor den Pforten des Marxismus, so gewiß „der kommuni-

tation mit der Geschichte und ihren Katastrophen eine grundstürzende Umwandlung des Vorverständnisses erwartet, theologisch einige Skepsis auf sich ziehen mag. Unabdingbar aber ist die Erkundigung, *woraufhin* die verlangte Überprüfung insbesondere aller exegetischen Sätze zur Judenthematik denn eigentlich erfolgen soll. Daraufhin, ob den Texten ihr Wort gelassen wurde und wie dieses uns unsere geschichtlichen Erfahrungen verarbeiten ließ? Solches allerdings höchst angebrachte Postulat muß nicht zufällig dort fehlen, wo man den Einspruch gegen ein argumentatives Auftrumpfen mit dem Genozid, das „mit Berufung auf das schauerliche Resultat des christlichen Antijudaismus bestimmte historisch-exegetische Feststellungen und theologische Positionen verbietet und andere fordert", für wirkungsgeschichtlichen Ignorantismus ausgibt[10]. Hingegen soll „christlich von den Juden nur noch so gesprochen werden" dürfen, „daß damit nicht wiederum der Weg nach Auschwitz gebahnt wird"[11].

Nur beiläufig sei die Frage gestellt, wer eigentlich über solche Anbahnung befinden und dann gegebenenfalls die Alarmkompetenz innehaben soll. Methodische Klarheit und Nachprüfbarkeit der Exegese aber wären verspielt und Willkür behielte das Feld, wenn sich das Bewußtsein dafür verlöre, daß die Gegenstände der Historie nicht das Produkt unserer Bedürfnisse sind. Zugespitzt auf den imaginären Extremfall: Sollte einer gewissenhaften Interpretation feststehen, daß ihr Text in jene von Gollwitzer mit so viel Recht tabuierte Richtung weise, so wäre mit der offenen Kundgabe des Ergebnisses die schonungslose Sachkritik daran fällig[12]. Doch nur Unernst und Wahrheitsscheu ließen es zu, mit Rücksicht auf wie immer greuelvolle zeitgeschichtliche Daten die Richtung der Auslegung zu steuern, ihre Ergebnisse vorwegzunehmen und unerwünschte historische Befunde zu ächten. Auch Auschwitz präjudiziert nicht den Aussagewillen unserer Texte.

Oder soll es um diesen gar nicht in erster Linie und entscheidend mehr gehen? Gollwitzer findet es äußerst bedenklich, „wenn neutestamentliche Aussagen, also zumeist Aussagen jüdischer Autoren, über Juden aus der

---

stische Glaube eine Pseudomorphose des jüdisch-christlichen Messianismus ist" (*K. Löwith*, Weltgeschichte und Heilsgeschehen. Die theologischen Voraussetzungen der Geschichtsphilosophie, 1953, 49).

[10] Vgl. aaO 276.   [11] AaO 277.

[12] Solche Auffassung von zeitgenössischer Verantwortung der historisch-kritischen Forschung wäre als „Versuch, um wissenschaftlicher Reinheit willen von dem Kontext, über dem das Wort Auschwitz steht, zu abstrahieren" (vgl. ebd), vielleicht doch etwas zu oberflächlich charakterisiert.

Situation innerjüdischer Polemik herausgenommen werden dadurch, daß
die heidenchristliche Kirche sie als ihre Aussagen ‚über' die Juden übernahm"; empfohlen wird statt dessen (beileibe nicht etwa nur danach und
dazuhin) ein dialogisches Denken mit den Juden, das die Bilder zerbrechen läßt, „die jeder Partner sich vom anderen macht" und so zur
„Selbstkorrektur" führe[13]. Dies läuft, beim Worte genommen, auf nichts
Geringeres als auf ein umfassendes Rezeptionsverbot in bezug auf die
einschlägigen Aussagen des Neuen Testaments und auf die Erhebung
„der Juden als lebendige(r) Menschen"[14] zur maßgebenden Quelle für
die Einstellung des Glaubens zur Judenthematik hinaus. Nun kann man
niemandem verwehren, sich seinen Kanon nach Belieben, und sei es aus
„lebendigen Menschen", zu konstituieren. Auch sei es dahingestellt, was
im Dialog mit einem derart zum Text gewordenen Partner überhaupt
noch zu sagen bliebe. Auf keinen Fall aber kann die historische Begründung durchgehen, mit der die Entscheidung, sich das Bild vom Juden
nicht mehr vom Neuen Testament, sondern von den Juden selbst dar-
reichen zu lassen, allgemein verbindlich gemacht werden soll. Die Ableitung der meisten neutestamentlichen Aussagen „aus der Situation innerjüdischer Polemik" scheitert wie an den meisten nachpaulinischen
Dokumenten[15] so am Corpus Paulinum. Die echten Gemeindebriefe des
Apostels sind sämtlich entweder an überwiegend oder an rein heidenchristliche Gemeinden gerichtet[16], die darin enthaltenen Aussagen zur

---

[13] Vgl. aaO 277f.   [14] AaO 277.

[15] Mk „schreibt für Heidenchristen mit scharfer Polemik gegen die ungläubigen Juden" (*W. G. Kümmel*, Einleitung in das Neue Testament, = *Feine-Behm* [17]1973, 69).
Lk ist Heidenchrist, schreibt für Heidenchristen (aaO 118f) und distanziert die Christen von den Juden (aaO 131), wenn nicht sogar gilt, „daß Lukas eine endgültige Verwerfung Israels und seine Ersetzung durch die Heiden darstellen will" (*E. Haenchen*,
Judentum und Christentum in der Apostelgeschichte, in: *ders.*, Die Bibel und wir.
Ges. Aufs. II, 1968, [338–374] 372). Joh schreibt für vermutlich syrische Christen,
um sie u. a. „für die Auseinandersetzung mit dem Judentum" zu rüsten (*E. Lohse*, Die
Entstehung des Neuen Testaments, 1972, 114); dabei läßt er „in der Feindschaft der
an ihrer Religion festhaltenden Juden gegen die Christen die Feindschaft des κόσμος
gegen Jesus und die Seinen" sich konkretisieren (*Kümmel* 197). Im an Heidenchristen
gerichteten Hebr wird das Heil „in Gegenüberstellung zum alten Bund beschrieben",
und es wird gezeigt, daß Christus seinen kultischen Gegebenheiten „ungleich überlegen
ist" (*Lohse* 123f). Der gleichfalls für Heidenchristen bestimmte (*Kümmel* 368) 1Petr
enthält mit 2,4–10 einen Text, der „auch in Antithese, in impliziter und expliziter
Polemik gegen das Judentum geschrieben ist" (*P. Vielhauer*, Oikodome. Das Bild vom
Bau in der christlichen Literatur vom Neuen Testament bis Clemens Alexandrinus,
1939, 148).

[16] Vgl. die Einleitungen ins NT.

Judenthematik durchweg Aussagen „über" die Juden, und ist es freilich unstrittig, daß der Römerbrief auf weite Strecken hin als ein umfassender *Dialogus cum Judaeis* gestaltet ist, in dem viel von unmittelbar durchgestandener Auseinandersetzung nachzittert[17], so steht doch fest, daß der Dialog nunmehr der römischen Christenheit[18] zu eben dem bei Gollwitzer perhorreszierten Zweck übereignet wird, daß sie ihn als ihre Aussage zur Sache sich zu eigen mache. Die von Gollwitzer vermeldete spezielle Rezeptionsbarriere des einschlägigen Textmaterials ist eine Fiktion.

Es besteht demnach weder hermeneutisch, noch theologisch, noch historisch ein Grund, die Arbeit an unserm Thema in die trübselige Tautologie münden zu lassen: „Das ‚Wesen' des Judentums sind die *Juden* selber."[19] Wer sich weigert, „Hermeneutik" und „theologische Haltung" von ihr her sich normieren zu lassen[20], muß freilich damit rechnen, auf „‚theologischen Antijudaismus'" verklagt und wegen seines Festhaltens an der Alternative von Glaube und Gesetz in die Tradition der „Scheiterhaufen" eingereiht zu werden[21]. Ein Grund mehr, die Arbeit unbefangen fortzusetzen! Wo der Massenmord berufen wird, um einschüchternd die eigene exegetische Position festzuschreiben und abweichende Auffassungen zu kriminalisieren, dort gerät das Genozid in einen Verwertungszusammenhang, der es als immer noch wirkungskräftig erweist. Was totalitärer Wahrheitsanspruch hervorbringt, bezeugen die Scheiterhaufen. Wem vor ihrer Wiederkehr graut, wird sich ihrer Aufnahme ins wissenschaftliche Argumentationspotential nicht beugen.

Wenn im folgenden versucht wird, die Einstellung des Paulus zu den Juden wenigstens umrißhaft nachzuzeichnen, so soll dies so geschehen, daß darauf geachtet wird, worauf sie sich gründet. Denn nur bei klarer Einsicht in ihre Regulationsbedingungen darf man hoffen, auch ihrer sachlichen Tragweite gewahr zu werden.

---

[17] Die Bestreitung dieses Tatbestandes unterstellt mir *Gollwitzer,* 287 Anm. 19 ganz unberechtigt. Ich mußte dagegen protestieren, den Diatribenstil als ein Mittel zur Kommunikation mit den darin vorkommenden fiktiven Gesprächspartnern zu werten, eben *weil* er gerade umgekehrt ein Mittel zur Ablösung des *Dialogus cum Judaeis* von seinem ursprünglichen Sitz im Leben und zu seiner Literarisierung ist.

[18] Daß sie sich zur Zeit des Paulus überwiegend aus Heidenchristen rekrutiert, ist weithin anerkannt; vgl. zB *Lohse* aaO (s. Anm. 15) 47. Nach *W. Schmithals,* Der Römerbrief als historisches Problem, StNT 9, 1975, 83, handelt es sich um Heidenchristen besonderer Provenienz, nämlich um ehemalige Sebomenoi, die Paulus als Gemeinde „außerhalb der Synagoge zu organisieren" trachtet (174f Anm. 81).

[19] *Gollwitzer* aaO 286.   [20] Vgl. aaO 277.   [21] AaO 302.

II.

1. Grundlegend ist zunächst festzustellen, daß eine Versenkung in die Vergangenheit Israels und deren erinnernde Vergegenwärtigung *nicht* zu den Faktoren gehören, die das paulinische Israel-Bild konstituieren. Das zeigt sich schon daran, wie selten des Apostels Blick überhaupt auf Israels Vergangenheit ruht.

Dies gilt jedenfalls unter der Voraussetzung, daß zu den einschlägigen Belegen die Aussagen über die Patriarchen *nicht* gehören, was für die meisten Texte von vornherein gar keine Frage sein kann. Wird in Röm 4,11f Abraham exklusiv als Vater der Heiden- und Judenchristen bestimmt, verliert weiterhin und jüdischem Selbstverständnis provokant zuwider seine Beschneidung den Charakter des Bundeszeichens und wird sie statt dessen der im Status der Unbeschnittenheit empfangenen Glaubensgerechtigkeit zugeordnet[22], so ist es noch zu ungenau zu sagen, Abraham gehöre „in den Alten Bund", markiere jedoch „den Ort, von dem aus der Alte Bund über sich hinaus auf den Neuen weist"[23], zumal nach 2Kor 3,6ff der Alte Bund mit dem Neuen nicht in einem Verweisungszusammenhang, sondern in einem Konkurrenzverhältnis steht; präzis ist vielmehr festzustellen, daß faktisch „dem Judentum sowohl Abraham wie die Beschneidung entrissen" werden[24]. Folgerichtig wird Abraham unter dem Gesichtspunkt seiner nicht wegzuleugnenden physischen Vaterschaft προπάτωρ κατὰ σάρκα genannt, was zwar „nicht abwertend" gemeint ist[25], aber den Sachverhalt deutlich in die Dimension des bloß Genealogischen rückt, die gemäß V. 11f wahre Abrahamskindschaft nicht konstituiert. Somit tritt das vorchristliche Israel in Röm 4 als theologisches Thema explizit nicht in Erscheinung[26].

Grundsätzlich nichts anderes gilt von den auf den Patriarchen bezüglichen Aussagen in Gal 3f[27]. Bündig erklärt 3,7–9 οἱ ἐκ πίστεως zu

---

[22] Zur Einzelanalyse vgl. die einschlägigen Arbeiten in meinem Aufsatzband „Rekonstruktion und Interpretation", BEvTh 50, 1969, sowie deren Zusammenfassung in dem Aufsatz: Bibel und Heilsgeschichte. Die Fragwürdigkeit einer Idee, ZNW 62, 1971, (1–47), 29f.

[23] *E. Käsemann*, Paulinische Perspektiven 143.

[24] *E. Käsemann*, An die Römer, HNT 8a, 1973, 108 ([3]1974, 109).

[25] Mit *Käsemann* aaO 99 ([3]100).

[26] *U. Luz*, Das Geschichtsverständnis des Paulus, BEvTh 49, 1968, 177: „Thema von R. 4 ist … nicht die Vergangenheit, sondern die Gegenwart". Im Blick auf V. 16 wäre hinzuzufügen: und die Zukunft.

[27] Zum einzelnen vgl. die in Anm. 22 genannte Arbeit mit der Zusammenfassung ZNW 62, 1971, (1–47) 30f.

Abrahams einzigen Kindern, begründet 3,16 solche Exklusivität daraus, daß das Abraham verheißene σπέρμα der Christus sei und fügt 3,29 beide Aspekte so zusammen, daß Abrahamsnachkommenschaft als Folge der Christus-Zugehörigkeit erscheint. Dementsprechend wird in 4,21–31 die genealogische Abfolge Abraham-Isaak „allegorisch" für das obere Jerusalem in Anspruch genommen, das erst in eschatologischer Zeit wunderbarerweise Kinder gewinnt, indem es sich geschichtlich als die Gemeinde Christi realisiert. Wird antithetisch dazu die Genealogie Abraham-Ismael auf den Alten Bund bezogen, so ist darunter zwar das vorchristliche Israel notwendig subsumiert, doch zeigt die Identifikation des Alten Bundes mit dem „jetzigen Jerusalem", daß der Vergangenheitsaspekt keine selbständige Bedeutung hat[28].

Einzig in Röm 9,6–13 ist der Befund nicht auf Anhieb deutlich. Verbreitete Interpretation sieht hier „Gottes Handeln als Gottes Israel zugewandtes unverrechenbares Erbarmen" beschrieben[29], ja die „Urgeschichte der Berufung Israels" vorgeführt[30]. Das scheitert bereits an der einfachen, regelmäßig zu wenig bedachten Feststellung, daß solches Argumentationsgefälle die Leitthese V. 6b (οὐ γὰρ πάντες οἱ ἐξ Ἰσραήλ, οὗτοι Ἰσραήλ) nicht begründen, sondern aus den Angeln heben würde. Denn da die dort durchgeführte Begriffsaufspaltung zwei Verbände sichtbar werden läßt, die sich als empirisches und soteriologisches Israel in ihrem Personalbestand jedenfalls *auch* quantitativ unterscheiden, so kann die zum Existenznachweis des soteriologischen Israel nachgelieferte Argumentation nicht auf Gottes Handeln am empirischen Israel gehen. Berücksichtigt man ferner, daß der Argumentationszusammenhang insgesamt dazu dient, einen angesichts der *gegenwärtigen* Befindlichkeit Israels zu erwartenden blasphemischen Irrtum hinsichtlich der Hinfälligkeit des λόγος τοῦ θεοῦ zurückzuweisen, so wird es – die Diskussion des

---

[28] *P. Vielhauer*, Paulus und das Alte Testament, in: Studien zur Geschichte und Theologie der Reformation. Festschrift für Ernst Bizer, (33–62) 45: „Das geschichtliche Nacheinander spielt überhaupt keine Rolle." Umgekehrt trifft es m. E. nicht zu, daß dieser Text „auch in der Vergangenheit Heil und Unheil" am Werke wisse (*Luz* aaO [s. Anm. 26] 284). Daß Paulus für seine Allegorie den Nomos in Anspruch nimmt (V. 21), ist dafür doch keine Begründung. – Die Behauptung von *P. Richardson*, Israel in the Apostolic Church, MSSNTS 10, Cambridge 1969, 100, der Neue Bund sei „latent" im Alten enthalten, ist ganz textwidrig.

[29] *G. Eichholz*, Die Theologie des Paulus im Umriß, 1972, 293. Ähnlich *Richardson* aaO 131 Anm. 6.

[30] *D. Zeller*, Juden und Heiden in der Mission des Paulus. Studien zum Römerbrief, 1973, 115.

Details hier dahingestellt – unausweichlich, das zur Widerlegung solchen Wahns aufgebotene soteriologische Israel als gegenwärtige[31], das aber heißt: als ekklesiologische Größe zu verstehen, – gleichgültig, ob mit E. Dinkler[32] an die Judenchristenheit oder mit E. Güttgemanns[33] an die Gesamtkirche zu denken ist. Für den anschließenden Rekurs auf die Vätertradition folgt daraus: Seine literarische Valenz unterscheidet ihn von den Bezugnahmen auf Abraham in Röm 4 und Gal 3; sie verbindet ihn mit der Allegorie Gal 4,21ff. Wie dort so werden hier die angezogenen alttestamentlichen Sachverhalte nicht in ihrer Kontingenz, sondern als Interpretamente der Gegenwart geltend gemacht.

Ergibt sich somit, daß in keinem thematisch auf die Patriarchen bezüglichen Text diese als Repräsentanten jüdischer Existenz figurieren (zu Röm 9,5 s. u.), so bleiben nur ganz wenige Belege für eine perspektivisch der Vergangenheit der Juden zugewandte Betrachtungsweise. Es handelt sich im wesentlichen um Röm 11,2b–4 und 1Kor 10,1ff. Der erste Text beruft sich auf eine Minorität von Gehorsamen in Israel zZ des Elia, der zweite Text auf eine Majorität von Ungehorsamen in der Wüstengeneration. Beiden Texten geht es nicht um die Rekonstruktion eines vergangenen Geschehens, erst recht nicht um exemplarische Dokumentation des Wesens der Juden. Deutlich wird in 1Kor 10 „von der gegenwärtigen Gegebenheit“, den Sakramenten, „ins Alte Testament zurückgedacht“[34]; daher darf diese Typologie „nicht weltanschaulich oder hermeneutisch vergrundsätzlicht werden, sie hat ihre Funktion hier zur Verschärfung der paränetischen Anrede“[35]. Röm 11,2b–4 hat zwar keine paränetische Funktion, dient aber gleichfalls der Verarbeitung der Gegenwart, indem die Terminologie des Restes typologisch legitimiert wird[36].

---

[31] *F. Hahn*, Das Verständnis der Mission im Neuen Testament, WMANT 13, ²1965, 91 Anm. 1: „Der Satz οὐ πάντες οἱ ἐξ Ἰσραήλ, οὗτοι Ἰσραήλ... gilt nicht nur für die Gegenwart, sondern ebenso für die Zukunft.“ Und nicht für die Vergangenheit!

[32] Prädestination bei Paulus in: *ders.,* Signum crucis. Aufsätze zum Neuen Testament und zur Christlichen Archäologie, 1967, (241–269) 267.

[33] Heilsgeschichte bei Paulus oder Dynamik des Evangeliums? Zur strukturellen Relevanz von Röm 9–11 für die Theologie des Römerbriefs, in: *ders.,* studia linguistica neotestamentica. Ges. Aufs. zur linguistischen Grundlage einer Neutestamentlichen Theologie, BEvTh 60, 1971, (34–58) 53 (zurückhaltender 43f).

[34] Vgl. *H. Conzelmann*, Der erste Brief an die Korinther, MeyerK V ¹1969, 195.

[35] *Luz* aaO (s. Anm. 26) 122.

[36] Vgl. *Güttgemanns* aaO (s. Anm. 33) 47. Eine Spezialbeziehung auf die Situation des Apostels, wie sie *Käsemann*, Römer 288 (³291) empfiehlt, scheint wegen der Auswertung V. 5 nicht vorzuliegen.

Die auffallende Dürftigkeit des Materials zeigt auf jeden Fall, daß der Apostel an einer thematisch selbständigen Erörterung des jüdischen Daseins in der Vergangenheit nicht interessiert ist und geschichtliche Memoria für ihn keinen Zugang zu seines Volkes Schicksal und Wesen bahnt. Das zwingt zu äußerster Reserve gegenüber der gewiß faszinierenden Konstruktion einer paradoxen Heilsgeschichte als einer schon des vorchristlichen Israels Weg prägenden „Geschichte des Glauben findenden und Aberglauben verursachenden göttlichen Wortes"[37]. Die sich ihr angeblich verdankende „Erfahrung", daß es neben dem „Skandal der sich Ärgernden" auch und sogar „stets eine Schar der Hörenden gegeben hat"[38], wird vom Apostel zumindest nirgends exponiert. Inwiefern das kein Zufallsbefund ist, ergibt sich aus den nunmehr zu behandelnden Belegen.

2. Denn so wenig Memoria an Israels Einst das Denken des Apostels reguliert, so wenig kümmert ihn – und sei es kritisch – die vom Einst ins Jetzt von Israel durchmessene Bahn. Das zeigen gerade jene Stellen, die Israels Vergangenheit im ganzen mit Israels Gegenwart konfrontieren. In fast formelhafter Prägnanz geschieht das, wenn Israels Gesamtweg als ein einziges erfüllungslos ins Leere laufendes ἐπιζητεῖν begriffen wird (Röm 11,7), dh nach 9,31: als ein Engagement für das Gesetz, das dessen göttlich eingestiftete Segenswirkung auf der ganzen Linie verfehlte. Hier schrumpft im Vergleich von Weg und Ziel der Weg zu einem stabilen Konstitutionsmerkmal, für das der Verlaufscharakter bedeutungslos geworden ist. Erst recht beredt in dieser Hinsicht wird der Apostel, wo er Vergangenheit und Gegenwart im Zeichen von göttlicher Treue und menschlicher Resistenz gegeneinandersetzt.

Das geschieht in den beiden sachlich eng verbundenen Passagen 3,1ff und 9,1ff. Hier wie dort wird Israels Gesamtweg mit äußersten Prädikationen qualifiziert, die alle darauf hinauslaufen, daß er im Horizont der *Praesentia dei* stand. Hier wie dort aber wird zugleich deutlich gemacht, daß solche Vergangenheit keine Macht über die Gegenwart hat. Das geschieht 3,1ff so, daß die Widersetzlichkeit ominöser τινές[39] gegen Gottes Treue zur notwendigen Voraussetzung wird für die Gottes Wahrheitstriumph besiegelnde Entlarvung der Verlogenheit „eines jeden Men-

---

[37] *Käsemann*, Paulinische Perspektiven 155.

[38] *Käsemann*, Römer 244 (³246).

[39] *Käsemann* aaO 74.288 (³75.291): Die Ausdrucksweise betont nicht die Minderzahl, sondern tritt – in eschatologischer Umkehr der Werte – häufig angesichts überwältigender Übermacht ein. Davon weiß *Gollwitzer* aaO 293 Anm. 29 nichts.

schen" (V. 4), also unterschiedslos aller, und dieser Tatbestand unaufhaltsam zur aufreizend lakonischen Verneinung jeglichen jüdischen Vorrangs drängt (V. 9a). Richardsons[40] Unterscheidung eines großen von einem absoluten Vorrang wird dem nicht gerecht, und Käsemanns[41] Satz, kraft des in der Tat entscheidenden V. 4 falle „das heilsgeschichtliche ‚Plus' des Juden nicht hin", ist angesichts dieses Gefälles und seiner eigenen Einsicht, daß damit „Israel in die Gemeinschaft der Gottlosen gezogen wird", dahingehend umzukehren, daß solches Dahinfallen vom Text in actu vergegenwärtigt wird. Während hier das entscheidende, die einleitend in V. 2a gegebene Antwort a posteriori umstoßende Fazit dramatisches Dialogereignis ist, zu dessen Eroberung der „‚Widerstand' des 3,1 erhobenen Einwandes und seine Erledigung durchlaufen" werden mußte[42], ergibt in 9,1ff die Kombination von apostolischer Selbstverfluchung mit dem Katalog der gottgegebenen Gaben dasselbe Resultat. Daß sich hier Klage „unter der Hand" in Lobpreis wandele[43], verharmlost die rhetorisch kalkulierte Härte des Nebeneinanders, die vielmehr besagt, daß allen Gottesgaben zum Trotz die Verfassung seines Volkes dem Apostel nur den verzweifelten Wunsch zur stellvertretenden Übernahme des auf Israel lastenden eschatologischen Fluches abzupressen vermag. „Dialektisch"[44] sollte solch Verständnis Israels besser nicht genannt werden, welches zwischen göttlicher Zuwendung und dem Stand derer, denen sie galt, einen derartigen Abgrund klaffen sieht. Wohl aber ist es angebracht, von menschlich zu verantwortender Abschirmung der irdischen Realität gegen Gottes Treueerweise zu sprechen, die diese zu geschichtlicher Folgenlosigkeit niederhielt[45].

---

[40] AaO 139. Ähnlich sogar *H. Conzelmann*, Grundriß der Theologie des Neuen Testaments, 1967, 274.

[41] Römer 79 ([3]80).

[42] *G. Bornkamm*, Theologie als Teufelskunst. Römer 3,1–9, in: *ders.*, Geschichte und glaube II. Ges. Aufs. IV, 1971, (140–148) 141.

[43] *Käsemann* Römer 246 ([3]249).   [44] Ebd.

[45] Eine Sonderstellung in der Aufreihung der göttlichen Gaben eignet dem Hinweis auf die Herkunft des Christus aus Israel. Einerseits zeigt der Wechsel der Relationsbezeichnung (statt ὧν hier ἐξ ὧν), daß diese Beziehung sich in einem genealogischen Datum erschöpft, andererseits wird die sachliche Tragweite des betont nachgestellten τὸ κατὰ σάρκα durch 2Kor 5,16 sowie durch den Befund hinlänglich kommentiert, daß Paulus, wo er die soteriologische Bedeutung der Erscheinung Christi betont, universalistisch von der Sendung des Weibgeborenen (Gal 4,4) in der Gleichgestalt der σάρξ ἁμαρτίας (Röm 8,3) und mit der Tradition von seiner Menschengestalt (Phil 2,7) spricht.

Denn daß der Apostel, wenn er Israels Gesamtweg mit seiner gegenwärtigen Befindlichkeit konfrontiert, sich dabei keinerlei Erkenntnisgewinn vom Aufspüren einer Verfallsbewegung in seines Volkes Geschichte verspricht und nichts weiß von allmählichem Niederbruch heilvollen Beginns, leidet keinen Zweifel. Solche Spekulation auf einen degenerativen Verlauf der von Israel durchmessenen Bahn wird etwa durch die Sara-Hagar-Allegorie Gal 4,21ff eindeutig abgeblockt, die den Gedanken einer Entwicklungsgeschichte des „Jetzigen Jerusalem" zwingend ausschließt. Erst recht scheitert jegliche Verfallshypothese an 2Kor 3,7–18. „Alter und neuer Bund sind sich ausschließende Gegensätze, der neue bedeutet nicht die Wiederherstellung des obsolet *gewordenen* alten – denn dieser ist von Anfang an ein Dienst des Todes und der Verdammnis –, sondern seine Abschaffung und Ersetzung durch die Heilsordnung des Evangeliums von Christus"[46]. Verständlich wird von daher übrigens, was häufig nicht gebührend gewürdigt, wenn nicht verkannt wird[47]: daß Paulus sich hütet, die Schrift als Israels Signum gelten zu lassen. Die äußerste ihm in dieser Hinsicht erschwingliche Formulierung besagt, daß Israel τὰ λόγια τοῦ θεοῦ anvertraut worden seien (Röm 3,2)[48]. Der im Blick auf den gesamten paulinischen und deuteropaulinischen Sprachgebrauch auffallende Plural, noch keineswegs befriedigend gedeutet, ist jedenfalls nicht ohne die Feststellung von 2Kor 3,14f zu begreifen, daß Heilige Schrift in Israel geschichtlich stets ausschließlich in pervertierter „Lesung" zum Zuge kam und kommt.

3. Weder das Einst Israels noch sein Weg vom Einst ins Jetzt also sind es, die dem Apostel die Augen öffnen für seines Volkes Wirklichkeit. Was ihm den entscheidenden Aufschluß gibt, läßt der für diese Frage besonders wichtige Zusammenhang Röm 9,30ff erkennen. Ihm zufolge hat Israel den eingestifteten Gotteszweck des Gesetzes deshalb verfehlt (εἰς νόμον οὐκ ἔφθασεν), weil es statt aus Glauben aus Werken sein Seinsvertrauen schöpfte. Bezeichnenderweise bleibt Paulus nun aber bei dieser Begründung nicht stehen, sondern hängt daran eine Feststellung, die schon durch ihr formales Gespräge – nämlich durch die Verwertung von in christlicher Tradition bereits christologisch aufbereiteten alttesta-

---

[46] *Vielhauer* aaO (s. Anm. 28) 47; vgl. auch *Richardson* aaO (s. Anm. 28) 120.

[47] So will *Gollwitzer* aaO 289 die γραφή umstandslos als Indiz „für eine Besonderheit Israels" gewertet wissen.

[48] Zumindest das Tempus legt Reserve nahe gegenüber der zuversichtlichen Paraphrase: „Immer noch hat Gott den Juden seine Worte anvertraut" (*Eichholz* aaO [s. Anm. 29] 286).

mentlichen „Stein"-Worten teils für die Hauptaussage, teils für den abschließenden Schriftbeweis – ihre Bedeutsamkeit zu erkennen gibt. Dieser gesamte christologische Komplex tritt asyndetisch neben die Aussage über die jüdische Werkzuversicht, wodurch beide Feststellungen unlöslich koordiniert werden. Das bedeutet, daß Paulus die Option Israels für die Werke gegen den Glauben nicht anders denn christologisch, nämlich daran zu verifizieren vermag, daß den Juden Christus zum Ärgernis gereicht.

Ch. E. B. Cranfield hat soeben in einem interessanten Aufsatz die These vertreten, hier werde „the inward meaning" des jüdischen Vertrauens auf die Werke vom Apostel ans Licht gezogen[49]. Dem muß man zustimmen, solange es besagen soll, daß die Realität jüdischen Werkvertrauens abseits des Christus-Evangeliums auf ewig verdeckt bleibt. Es führt aber in die Irre, wenn zwischen der Tatsache der Gesetzeserfüllung und ihrer Art und Weise so unterschieden wird, als beschäftige den Apostel die Möglichkeit, „that, had Israel pursued the law ἐκ πίστεως, it would indeed truly have come to grips with it"[50], geschweige daß Israels Gesetzeserfüllung als „blindness to the law's witness to Christ" beschrieben werden könnte[51]. Tatsächlich weiß Paulus nichts davon, daß das Gesetz als heiliger Gotteswille (Röm 7,12) abseits des Evangeliums eine geschichtliche Möglichkeit markiert; sein radikales Verständnis der Sünde als des A priori jedweder Begegnung mit dem Gesetz (Röm 7,7–14) läßt das nicht zu[52]. Deswegen kann er Israels Seinsverfehlung nicht aus vorgegebener Zugänglichkeit der göttlichen Intention des Gesetzes ableiten und dann etwa im Horizont der polaren Spannung von Virtualität und Faktizität abhandeln. Weil von vornherein die Sünde Israels Umgang mit dem Gesetz auch in der hingegebensten Gesetzesobservanz stigmatisierte, darum wird solche Seinsverfehlung in der Entscheidung gegen das sündenbrechende und Glauben gewährende Christus-Evangelium allererst sowohl enthüllt wie besiegelt und bleibt das „mögliche Zusam-

---

[49] Some Notes on Romans 9,30–33, in: Jesus und Paulus. Festschrift für W. G. Kümmel, ed. *E. E. Ellis – E. Gräßer*, 1975, (35–43) 41.

[50] Ebd 40. [51] Ebd 42.

[52] *Käsemanns* Auskunft zu unserer Stelle, „der zur Gerechtigkeit rufende Wille Gottes" sei „im Gesetz unzugänglich geworden, als dieses mißverstanden und zum Leistungsruf gemacht wurde" (Römer 265 [³268]), könnte zumindest das Mißverständnis befördern, Paulus wisse von einer Verfallsgeschichte des Gesetzes. Doch schließt die nicht nur durch Röm 7,7ff, sondern auch durch 5,13f.20 dokumentierte universale Priorität der Sünde vor dem Gesetz aus, daß dieses je anders zum Zuge kam denn als ἀφορμή der ἁμαρτία (7,11).

menklingen von Gesetz und Glaube"[53] eschatologische Gabe des Christus.

Daraus ergibt sich, daß die vom Apostel vermeldete Entscheidung Israels für die eigene wider die Glaubensgerechtigkeit (Röm 10,3ff) von phänomenologischer Betrachtung jüdischer Gesetzesobservanz weder zu bewahrheiten noch relativierend in Zweifel zu ziehen ist. Versucht man, paulinische Kritik der Leistungsfömmigkeit an „der Toraverschärfung in Rabbinat, Pharisäismus und der Qumrangemeinde und im Blick auf Philos Ethik" einleuchten zu lassen[54], begibt man sich ins Feld der Geistesgeschichte, wo die Phänomene vieldeutig sind und womöglich auch die Gegenthese erlauben, „Paulus denke als Jude und reflektiere jüdische Erfahrung, mit der Israel stets schon gerungen hat, nur freilich durch das Christusgeschehen ihm erst ganz aufgedeckt"[55]. Aber Paulus entwickelt „im wesentlichen nicht empirische Analysen jüdischen Verhaltens"[56], sondern bringt zur Sprache, wie Christus enthüllt, was ohne ihn undurchdringlich bleibt. Wer auch nur momentweise vergißt, daß „,vorchristliche' Existenz" vom „Evangelium her geradezu erst gesetz(t)" wird[57], ist prinzipiell wehrlos sogar gegen die Behauptung, die Erwähnung der Werkgerechtigkeit sei eine „Denunzierung"[58]. Die Schelte schlösse freilich einen Apostel ein, der in der πίστις Ἰησοῦ Χριστοῦ jüdisches Dasein horribile dictu „pauschal"[59] aufs δικαιοῦσθαι ἐξ ἔργων νόμου festgebannt erblickt (Gal 2,16).

Da Paulus allein dank des Christus-Evangeliums seines Volkes inne wird, kann er dessen Realität nur noch im Kontext der Menschheit bedenken. Im Wort vom Kreuz dringt Gott ja auf „diesen Äon" im ganzen an (1Kor 1,20)[60]. Wenn Paulus bei der Beschreibung dieses Zusammenpralls das ihn aktuell bedrängende Ringen mit hellenistischem Enthusias-

---

[53] *Gollwitzer* aaO 300.

[54] *Käsemann* aaO 274 (³277) in Inkonsequenz gegenüber seiner Einsicht, daß „Sünde in ihrem eigentlichen Wesen als Begier nach Selbstbehauptung ... auch beim Frommen überhaupt nicht erfahrbar ist, sondern vom Evangelium her aufgedeckt wird" (186 [³188]).

[55] *Gollwitzer* aaO 293.

[56] *L. Goppelt,* Israel und die Kirche, heute und bei Paulus, in: *ders.,* Christologie und Ethik. Aufsätze zum Neuen Testament, 1968, (165–189) 173.

[57] *L. Goppelt,* Christentum und Judentum im ersten und zweiten Jahrhundert, BFChTh. M 55 1954, 109.

[58] So *Gollwitzer* aaO 303.   [59] Zu *Gollwitzer* aaO.

[60] Vgl. *P. Stuhlmacher,* Glauben und Verstehen bei Paulus, EvTh 26, 1966, 337–348, bes. 343–345.

16 Rechtfertigung

mus gleichsam übersteigt und ohne den mindesten konkreten Anlaß der Kampfansage an die weisheitsgierigen Griechen diejenige an die zeichen-heischenden Juden nicht nur beigesellt, sondern sogar vorordnet[61], so ist dies ein eindringlicher Beleg dafür, welch anthropologisch aufschlie-ßende Kraft die christologisch entschlüsselte Realität Israels birgt. Ernst Käsemanns Einsicht, daß Israel für Paulus „exemplarische Bedeutung hat“, sofern an ihm deutlich wird, daß „immer nur Gottlose gerechtfer-tigt werden“[62], beweist auch hier ihr tiefes sachliches Recht. Zugleich zeigt sich, daß das Evangelium Sensibilität für die geschichtlichen Auf-fächerungen des Menschseins zwar unerhört anfacht, dies jedoch so tut, daß die Besonderungen als Variationen eines Identischen durchschaut werden. Nicht zufällig ruft Paulus daher, nachdem er gerade erst die partikularen Erscheinungsweisen des Widerstandes gegen den Gekreuzig-ten gestellt hat, Gottes Torheit und Schwäche als Sieger über die *Men-schen* aus (V. 25), die Denkbewegung des Römerbriefes damit in nuce vorwegnehmend[63].

Weil Paulus aufgrund dieser Zusammenhänge im Stand des *impius* unter der Tora den Stand des Menschen unter dem Zwang der Selbst-legitimierung sich aufgipfeln sieht, kann und muß er – in der Tat *ohne* „sorgsam zu reflektierende Vermittlungsinstanzen“[64] ins Spiel zu brin-gen – den Geltungsbereich des Gesetzes ausweiten ins Universale. Blieb nach Röm 2,14 für die Heiden das Gesetz nicht unhörbar, so zählen sie nach dem unauflöslichen Gedankenzusammenhang von Gal 3,22ff als den στοιχεῖα τοῦ κόσμου Entrissene (4,3.9) zu jenem τὰ πάντα, das unter dem Gesetz verschlossen war (3,22f) Selbst die in diese Aussagen unbe-streitbar eingeflossene Rücksicht auf die verschiedene Gestalt, in der das Gesetz jeweils geschichtlich widerfährt, fällt noch dahin, wenn, wie in dem für unser Thema regelmäßig zu wenig bedachten Satz 1Kor 15,56 (τὸ δὲ κέντρον τοῦ θανάτου ἡ ἁμαρτία, ἡ δὲ δύναμις τῆς ἁμαρτίας ὁ νόμος) beim Namen zu nennen ist, worin die Nichtigkeit menschlichen Daseins zutiefst gründet. Weil dem Gesetz diese fundamentalanthropo-logische Bedeutung eignet, darum kann es für Paulus nicht zum Mark-stein einer letzten *differentia specifica* Israels werden.

---

[61] Zum Einzelnen vgl. meine Meditation über 1Kor 1,18–25, GPM 26, 1972, 101 bis 109.

[62] Paulus und Israel, in: *ders.*, EVB II, (194–197) 196.

[63] Zur Rolle von ἄνθρωπος und des diesem entsprechenden πᾶς im Röm vgl. die wichtigen Beobachtungen bei *Schmithals* aaO (s. Anm. 18) 13–21.

[64] Wie sie *Gollwitzer* aaO 292 postuliert.

Doch habe ich meine begrenzte Fragestellung nach dem Erkenntnisgrund der paulinischen Verarbeitung der Judenthematik inzwischen überschritten. Ganz ließ sich das bei einem Apostel nicht vermeiden, dessen entscheidende Themen sich stets in der engsten Verbindung von Erkenntnisgrund und Erkenntnisinhalt entwickeln. Jede weitere Entfaltung seines Israel-Bildes wird sich mit den von Ernst Käsemann gesetzten Richtpunkten auseinanderzusetzen haben, deren einer eine Indifferenz von Heiden und Juden, auch als theologische Kategorie, radikal negiert[65], deren anderer die Christus zu verdankende „Menschwerdung" vermeldet, in welcher es „den Juden und Heiden allein noch in der Erinnerung an die Vergangenheit gibt"[66]. Schon an der Frage, ob das sachgemäße Dialektik oder ein Stachel zu weiterem Nachdenken ist, werden sich die Geister scheiden.

---

[65] Paulinische Perspektiven 152.
[66] Römer 48 ([3]48).

16*

DIE DREI GERECHTIGKEITEN

Die Umformung einer hebräischen Idee im aramäischen Denken nach dem Jesajatargum

KLAUS KOCH

Ohne Altes Testament wäre ein Neues Testament nicht denkbar. Wie sehr urchristliche Traditionsbildungen in israelitischen Überlieferungen gründen, beginnt vielen Exegeten seit einigen Jahren neu bewußt zu werden. Dabei herrscht gegenüber früheren naiven Profeten-Anschluß-Theorien für Jesus und die Urgemeinde[1] heute die Einsicht vor, daß jenes Israel, welches das Alte Testament hervorgebracht hat, seine wechselvolle Geschichte bis in urchristliche Zeit hinein gehabt hat. Der Platz der verschiedenen urchristlichen Traditionszentren ist deshalb mit den geistlichen Bewegungen des späten Israelitentums in Beziehung zu setzen, vor allem mit ihrer Weise, profetisches oder gesetzliches Erbe zu interpretieren und weiterzubilden. Dank Ernst Käsemanns provozierender These von der Apokalyptik als „Mutter aller christlichen Theologie"[2] hat besonders diese Strömung Aufmerksamkeit unter Alt- und Neutestamentlern gefunden. Wie hoch oder niedrig der Beitrag der Apokalyptik auch eingeschätzt werden mag, wie sehr man andererseits auf einen pharisäisch-präarabbinischen Einfluß auch pocht, unbestreitbar bleibt in jedem Fall, daß das späte Israelitentum durch eine aramäische Phase hindurchgegangen ist – gerade auch in der Apokalyptik – und also das bis dahin ausgebildete alttestamentliche Schrifttum aramäisch „begriffen" haben wird[3]. Sichtbarer Ausdruck jenes Umbruchs ist noch heute das „Umschreiben" der althebräischen heiligen Texte in die aramäische Quadratschrift.

Zwar mögen einige hebräische Sprachinseln sich in Palästina gehalten

---

[1] Vgl. *Kl. Koch*, Ratlos vor der Apokalyptik, 1970, 35f.

[2] ZThK 57, 1960, 180 = EVB II 100.

[3] Vgl. mein Programm einer Sprachgeschichte in Was ist Formgeschichte? [3]1974, 336–342.

haben[4], vielleicht in der Küstenebene, wo das verwandte Phönikisch die Handelssprache bestimmte; die Entstehung des mischnischen Hebräisch ist unter diesen Voraussetzungen am ehesten begreiflich. Doch für das Urchristentum, soweit es aus der synoptischen Tradition und dem johanneischen Schrifttum erkennbar ist, wird aramäische Umgangssprache vorauszusetzen sein. Das ergibt sich nicht nur aus Orts- und Personenbenennungen in den Evangelien, sondern auch aus einem Begriff wie „Menschensohn", dessen aramäische Herkunft auf der Hand liegt und der hebräisch auffälligerweise nie zum eschatologischen Terminus geworden ist. Die mutmaßliche aramäische Zwischenschicht zwischen Altem und Neuem Testament wird kaum je zum Gegenstand der Forschung, es sei denn bei so spektakulären Problemen wie dem Ausdruck Menschensohn. Das erklärt sich aus dem weitgehenden Verlust einer aramäischen Literatur; sie ist im jüdischen Bereich einer aufkommenden hebraisierenden Tendenz und sonst in der Welt des Altertums dem sich ausbreitenden Griechisch zum Opfer gefallen. Erhalten sind aber zu fast allen alttestamentlichen Büchern die aramäischen Übersetzungen, die Targume. Auf sie pflegen allerdings die Exegeten mit Geringschätzung herabzuschauen. Sie gelten einerseits als späte Dokumente, die für die neutestamentliche Zeit nichts Zuverlässiges abwerfen, zum andern als minderwertige Paraphrasen und nicht als honorige Übersetzungen. In den letzten Jahrzehnten zeigt sich hier und da eine Wendung. Die Funde eines Leviticus- und eines Hiob-Targums in Qumran beweisen das vorchristliche Alter schriftlicher aramäischer Übersetzungen. Die Untersuchung des Profetentargums zB förderte Indizien zutage, die für den maßgeblichen Sprachbestand auf Entstehung nicht später als im 1. Jahrhundert nChr schließen lassen[5]. Eine Erhebung über die Übersetzungsmethoden des letztgenannten Targums in Jesaja 53 ergibt, daß selbst dort, wo eine hebräische Vokabel mit mehreren aramäischen wiedergegeben wird, von beliebiger Paraphrase keine Rede sein kann, sondern fest umrissene Grundsätze einer *claritas scripturae* zugrunde liegen, die

---

[4] Zur Diskussion *J. Barr*, Which Language did Jesus Speak? BJRL 53, 1, 1970, 9–29.

[5] *A. Tal (Rosenthal)*, The Language of the Targum of the Former Prophets and its Position within the Aramaic Dialects, phil. Thesis Jerusalem 1971; s. schon *P. Churgin*, Targum Jonathan to the Prophets, Yale Oriental Series Researches XIV, 1907 (1927?). – Die durch P. Kahle und die Auffindung des Codex Neofiti berühmt gewordenen sogenannten palästinischen Pentateuchtargume bleiben außer Betracht. Abgesehen von der umstrittenen Altersfrage stellen sie eine andere Gattung von Übersetzung dar, nämlich eine sehr viel freiere Paraphrase, als Onkelos oder Jonathan zu den Profeten.

den Ersatz eines hebräischen mit nur einem aramäischen Wort geradezu verbieten[6]. Über solche Erörterungen der Entstehungszeit und der Übersetzungsgrundsätze hinaus ist nach der Theologie der Targume höchstens bei Pentateuch-Targumen hie und da gefragt worden. Aufs ganze gesehen liegt die Gedankenwelt der Targume unerschlossen vor uns wie Innerafrika um die Mitte des 19. Jahrhunderts.

Für reformatorische Theologie ist die göttliche Rechtfertigung des ungerechten Menschen zentrales Thema der Heiligen Schrift. Sie beruft sich auf die Rolle des Begriffs δικαιοσύνη für Anthropologie und Christologie im Neuen Testament, insbesondere im Römerbrief. Diese δικαιοσύνη weist wiederum auf das alttestamentliche hebräische Begriffspaar *ṣädäq/ ṣᵉdaqā* zurück. Die in Christus offenbar gewordene δικαιοσύνη ist nach Meinung des Apostels nichts anderes als die Erfüllung der profetischen Verheißung eines vom Herrn heraufgeführten eschatologischen *ṣädäq*. „Der religionsgeschichtliche Ort des paulinischen Theologoumenons ist durch AT und Judentum gegeben", um es mit Käsemann zu formulieren[7].

Das Alte Testament steht unverkennbar Pate. Wie aber verhält es sich mit dem (zwischentestamentlichen) „Judentum"? Maßgebliche Gewährsmänner melden Fehlanzeige. „Bei alledem bleibt die Grundlage der jüdischen Frömmigkeit die Überzeugung von der unbeteiligten Gerechtigkeit des allmächtigen Gottes, die jeden Einzelnen nach seinen Taten beurteilt." So haben Bousset-Greßmann[8] wirkungsvoll die dunkle „spätjüdische" Folie der Wahrheit des Evangeliums konfrontiert, nicht ohne den tiefen Bruch besagter jüdischer Anschauung zum originalen Alten Testament hervorzuheben. Und sie stehen nicht allein. „Die Synagoge kennt den Gebrauch von ‚Gerechtigkeit Gottes' im Sinne von R 3,21 nicht" lautet es markant bei Schrenk im Theologischen Wörterbuch zum Neuen Testament unter Aufnahme einer ähnlichen Äußerung Billerbecks[9]. Anregungen Käsemanns aufnehmend, ist es Stuhlmachers Verdienst, der herrschenden Meinung den Nachweis entgegengesetzt zu haben, daß im apokalyptischen Schrifttum (einschließlich Qumrans) durchaus eine Gerechtigkeit Gottes als „Macht des schaffenden Gotteswortes" vorausge-

---

[6] *Kl. Koch,* Messias und Sündenvergebung in Jesaja 53 – Targum, JSJ 3, 1972, 117–148.

[7] *E. Käsemann,* An die Römer, HNT 8a, 1973, 21 (³1974, 22).

[8] Die Religion des Judentums im späthellenistischen Zeitalter, HNT 21, ³1926 = ⁴1966, 386.

[9] ThW II 198, Bill. III 163A1.

setzt wird[10]. Stehen die Apokalyptiker in dieser Hinsicht allein? Was ergeben die Targume als erhaltene aramäische Quellen?

Nun wird gerade die Wiedergabe von Deuteronomium 33,21 in Targum (und Midrasch) für die Abwesenheit einer paulinischen „Gottesgerechtigkeit" bei den Rabbinen und im Judentum von einem Fachmann wie Billerbeck ausgewertet, und auch für Schrenk bleibt gerade dies die einzige und ausschlaggebende Belegstelle[11]. Es sei dahingestellt, ob sich von der einen Stelle aus auch nur die Meinung der Pentateuch-Targume erschöpfend erfassen läßt. Weiter bleibt zu bedenken, daß die aramäische Wiedergabe der Tora in besonderer Weise das Interesse späterer Rabbinen erregen mußte und also von ihnen bearbeitet sein wird. Welches Bild ergeben Targume zu anderen alttestamentlichen Büchern? Hier ist vor allem das Targum Jonathan zu den Profeten interessant, zumal es eines der umfangreichsten Targume überhaupt darstellt.

In ihm zeigt sich wenig von rabbinischer Tendenz. Zu Halacha finden sich kaum je Bemerkungen, agadische Zusätze sind, wo sie auftauchen, später eingedrungen[12]. Im Mittelpunkt dessen, was modernen Betrachtern als Ausschmückung erscheint, stehen Kapitel wie Jesaja 53[13] und Probleme der Eschatologie, der Unterschied zwischen diesem und jenem Alam, Auferstehung, Gehinna u. ä. Der Targumist steht den Apokalyptikern näher als dem, was wir von pharisäischen Kreisen jener Zeit wissen, ohne daß damit schon eine zureichende historische Einordnung vorgeschlagen werden soll. Denn Unterschiede zur Apokalyptik finden sich ebenso. Der Menschensohnbegriff fehlt, die Messiaserwartung ist ausgeprägt national; sie bezieht sich nicht auf eine Einzelgestalt, sondern auf eine neue Dynastie. Abweichend ist auch der seltsame targumische Gebrauch von Memra für alle anthropomorfen Aussagen und für viele andere göttliche Aktivitäten, was auf ein konsequentes Programm von „Entmythologisierung" schließen läßt, für das es sonst im Altertum kaum Parallelen gibt[14].

---

[10] Gerechtigkeit Gottes bei Paulus, FRLANT 87, [2]1966. Zitat S. 175.

[11] Bill. und ThW aaO (s. Anm. 9), *Stuhlmacher* aaO 182f.

[12] S. den Anhang bei *J. F. Stenning*, The Targum of Isaiah, edited with a Translation 1949 = 1953 oder zB den Apparat zu Jes 10,32 bei *A. Sperber*, The Bible in Aramaic III, 1962.   [13] Vgl. Anm. 6.

[14] Entgegen verbreitetem Mißverständnis sei darauf hingewiesen, daß Memra keineswegs Wiedergabe des hebräischen *dabar* darstellt, für das vielmehr *pitgamā* steht. Memra entspricht eher umfassenden Pneumaaussagen mancher neutestamentlicher Schriften (steht gelegentlich für *ru*[a]*h*). Vgl. *V. Hamp*, Der Begriff ‚Wort' in den aramäischen Bibelübersetzungen, 1938.

I.

Ausgewählt wird das *Jesaja-Targum,* weil der hebräische Jesajatext nicht nur verhältnismäßig viele, nämlich 79 Belege für die Wurzel *ṣdq* enthält[15], sondern auch das Verhältnis von göttlicher und menschlicher „Gerechtigkeit" so eingehend verhandelt wird wie in keinem anderen alttestamentlichen Buch. Wie haben hier aramäisch sprechende Zeit- und Volksgenossen der neutestamentlichen Gemeinde sich die alttestamentlichen Gerechtigkeitsaussagen zurechtgelegt?

Überblickt man die Übersetzung von hebräischem *ṣdq* mit seinen Ableitungen, so ergibt sich eine überraschende Vielfalt[16]. Dabei ist der Vorbehalt vorauszuschicken, daß Handschriften und Druckausgaben an einer Reihe von Stellen variieren, also eingehende textkritische Untersuchung nötig wäre. Ich greife die Lesarten heraus, die mir auf Anhieb als alt erscheinen, ohne dies näher zu diskutieren.

Hebräisch		*Aramäisch*
ṣdq verb (V)	6mal >	*zkj/'* V 5mal, *zakûtā* nomen (N) 1mal
ṣăddîq adjectiv (A)	14mal >	*ṣaddîqajjā* A 6mal, *zăkkajā* oder *zak(k)a'jā* A[17] 7mal, *qᵉšôṭ* N 1mal
ṣᵉdaqā N fem	37mal >	*ṣᵉdăqtā* N fem 3mal, *zakûtā* N 32mal, umschrieben 2mal
ṣädäq N masc	25mal >	*ṣidqā biqšôṭ* 1mal, *qušṭā/qᵉšôṭ* 17mal, *zakûtā* N 3mal, *zaka'ûtā* N 1mal, *ṣăddîqajjā* A 1mal, *nᵉhôr* N 1mal, *ṭûbā* N 1mal

---

[15] Zahlenmäßig übertroffen wird Jesaja nur noch vom Psalter mit 139 und Proverbien mit 94 Belegen.

[16] Zugrunde liegt die Ausgabe von *Sperber* (s. Anm. 12). Nach seinem Schema werden Handschriften und Druckausgaben angegeben. Doch ist die Ausgabe von *Stenning* (s. Anm. 12) fortlaufend verglichen wie auch die Rabbinerbibel Miqra'ôt gᵉdolôt in der Ausgabe Pardes, 1955.

[17] Beim Adjektiv wechseln in der Konsonantenschreibung durchgängig zwei Formen, eine Kurzform *zkj* (Intensivbildung *zakkai?*) und eine mit Alef erweiterte Form *zk'j* (*zaka'ai?*). Beide Formen werden indeterminiert von der Punktation gleichförmig als *zak(k)ai* wiedergegeben. Da aber in den Handschriften der Wechsel in der Regel übereinstimmend geschieht und sich auch beim Nomen eine mit Aläf erweiterte Form findet, handelt es sich vielleicht von Haus aus um zwei verschiedene Formen. Auch das Akkadische besitzt zwei Adjektive von der Wurzel, *zaku* und *zukku* (Chicago Assyrian Dictionary s. v.), ebenso das Mandäische ein *zakia* neben *zakaia* (*Drower-Macuch,* A Mandaic Dictionary 1963, 158f).

Von den hebräischen Grundstellen aus betrachtet, scheint die Übersetzung durch die Wurzel *zkj/zk'*[18] vorzuherrschen und diejenigen durch
aramäisches *ṣdq* nur am Rande zu erscheinen. Doch ist zur Ergänzung
ein Blick vom aramäischen Textbestand her auf die sonstige Verwendung
von *ṣdq*-Ableitungen nötig. Zur Überraschung des Betrachters ergibt
sich, daß aramäisches *ṣdq* erheblich häufiger ohne als mit hebräischer
ṣdq-Vorlage auftaucht!

Nomen fem *jᵉšuʿā*	> *ṣidqā* N masc 1mal
Verschiedene hbr Vorlagen	> *ṣaddîqăjjā* A 6mal
(„Armer", bildliche Ausdrücke)	
Ohne hbr Vorlage (Ergänzungen	> *ṣaddîqăjjā* A 57mal
fehlender Subjekte u. ä.)	

Insgesamt taucht also aramäisches *ṣdq* 74mal in Jesaja auf, was etwa
der Zahl der hebräischen *ṣdq*-Belege gleichkommt. Doch erscheint die
aramäische Vokabel mehrheitlich an anderen Textstellen und also auch
in anderen Bedeutungszusammenhängen als die hebräische. Nur bei 11
Stellen, also einem geringen Prozentsatz, besteht Gleichheit im Wortgebrauch. Die Nichtübereinstimmung fordert Erklärung. Offenkundig
meint aramäisches *ṣdq* ein anderes Gerecht-Sein als das hebräische.

In 58 von 79 Fällen finden sich Derivate des aramäischen *zkj/zkʾ*
für hebräisches *ṣdq*. Auch hier ist ein Blick auf die weitere Verwendung
der Wörter in Jesaja aufschlußreich.

Andere hbr Vorlage *(ʾšr pi)*	*zkj/ʾ* V 1mal
ohne hbr Vorlage (Attribut Noahs)	*zak(k)aʾj* A 1mal
ohne hbr Vorlage (bei „gewaltsam vergossenem Blut")	*zak(k)aʾj* A 7mal
ohne hbr Vorlage	*zakûtā* N 3mal

Sieht man von einem Beleg (1,17) ab, ist die Wurzel *zkj* strikt auf die
Wiedergabe von hebräischem *ṣdq* beschränkt, sofern sie überhaupt eine
Vokabel im Urtext voraussetzt. Interpretierend ist sie an einigen weiteren Stellen, gewiß im gleichen Sinne, eingefügt. *zkj* und Ableitungen sind
also zuerst zu untersuchen, wenn es um das aramäische Verständnis hebräischer Gerechtigkeit geht.

Die Beobachtung der exklusiven Gleichung aramäisches *zkj* = hebräisches *ṣdq* (die sich freilich nicht umkehren läßt!) erhält ihre Zuspitzung

---

[18] Zugrunde liegt wahrscheinlich eine Wurzel tertiae-w, *Bauer-Leander,* Grammatik
des Biblisch-Aramäischen 1927 = 1962, 197g.

durch die Beobachtung, daß im Jesajatext einmal auch eine hebräische Wurzel *zkj* auftaucht, der Targumist aber dafür gerade nicht das aramäische Äquivalent setzt, sondern eine (verwandte) Wurzel *dkj* (1,16), die nochmals an anderer Stelle eingesetzt wird (65,5)[19]. Die seltsame Verschiebung gleichlautender Wurzeln in andersartige Wortübersetzungen hinein, sowohl bei *ṣdq* wie *zkj*, zeigt zur Genüge, mit welcher Sorgfalt und welcher Mühe um exakte Sinnwiedergabe die Targumisten vorgegangen sind, wenigstens bei einem für sie so brennenden Problem wie der religiösen Gerechtigkeit!

Völlig aus der Reihe fallen die Entsprechungen für das maskuline Nomen *ṣädäq*. Sie lauten überwiegend *quštā*, ein Nomen, das für keine andere Ableitung von *ṣdq* auftaucht (außer 41,26, wo Targum wohl auf einer anderen Vorlage beruht) und normalerweise mit „Wahrheit" übersetzt wird. An den 4 Stellen, wo für das maskuline Nomen targumisches *zakûtā* oder *ṣaddîqăjjā* benutzt werden[20], mag die hebräische Vorlage das feminine Nomen oder das Adjektiv aufgewiesen haben. Wo *nᵉhôrā* „Licht" (62,1) oder *ṭûbā* „Güte, Gnade" (45,8) als Äquivalent auftauchen, werden Wörter eingesetzt, die dem Wortfeld von *quštā* nahestehen. (Wenn 41,26 *qᵉšôṭ* für das hbr *ṣaddîq* gebraucht wird, wird wiederum ein Nomen als Vorlage anzunehmen sein.) Für den Übersetzer berührt sich zwar das aramäische Nomen *ṣidqā* mit dem parallelen hebräischen Nomen; deshalb wird es einmal herangezogen, doch muß zur genauen Wiedergabe dann *biqšôṭ* hinzutreten (41,2).

ṣädäq wird also vom Übersetzer bedeutungsmäßig aus der Wortfamilie *ṣdq* gleichsam herausgelöst. Nur ein einziges Mal taucht ein Nomen der Wurzel *zkj* als Äquivalent für hebräisches *ṣädäq* auf, bezeichnenderweise an der einzigen Stelle, wo in Jesaja das Nomen mit der Tora verbunden wird (42,21), dann aber wird die seltene Langform *zaka'ûtā* benutzt, die für andere hebräische *ṣdq*-Bildungen nicht belegt ist. Andererseits wird freilich *quštā* im Targum für Wiedergabe des hebräischen *ᵃmät* durchweg ebenso herangezogen[21]. Wahrheit und Gerechtigkeit berühren sich also in ihrer zentralen Stellung für das religiöse Denken.

Die Ausdeutung der zentralen Begriffe des hebräischen Jesaja im Targum geschieht also überaus souverän und läßt von einem Bestreben,

---

[19] Lautgesetzlich entsprechen sich allerdings aramäisch *d* und hebräisch *z*, also *dkj* und *zkh*. Aramäisch *zkj*, *zk'* ist trotz des Gleichklangs nicht dasselbe Wort wie das hebräische, sondern Lehnwort aus dem akkadischen *zaku*, KBL 1071.

[20] 51,5; 58,8; 62,2—11,5.

[21] Ausnahme 38,18, wo T wohl wie G als Urtext *ḥäsäd* voraussetzt.

möglichst Wort- für Wort-Entsprechungen zugrunde zu legen und
durchgängig anzuwenden, wie es dann bekanntlich in der Übersetzung
des Aquila, aber auch schon bei einigen Stellen in der Septuaginta vor-
herrscht, nichts erkennen. Die Untersuchung im einzelnen würde noch
weitere Differenzierungen erkennen lassen, die vom wirklichen oder vermeintlichen Vorstellungsgehalt des Textes ausgehen, nach einer präzisen
aramäischen Sinnerfassung suchen und auf wörtliche Entsprechung keine
Rücksicht nehmen. Das Targum zeigt sich also als Niederschlag einer
überaus reflektierten, von intensivem „theologischen" Bemühen gekennzeichneten Geistigkeit. Mit einer schnell hingeworfenen Wald- und Wie-
senübersetzung hat es nichts gemein. Schauen wir am Beispiel Gerechtigkeit genauer hin.

II.

1. Nach der Statistik liefert die Wurzel *zkj* die übliche aramäische
Entsprechung zum hebräischen *ṣdq*. Insbesondere steht für den be-
langreichen *ṣᵉdaqā*-Begriff das Nomen *zakû(tā)*[22]. Genau das aber wird
in der Form *zakût* bei den Rabbinen und dem Talmud zum terminus
technicus für „Verdienst", insbesondere Verdienst des Menschen vor
Gott. Zitieren wir Billerbeck (IV 10): „Das ‚Verdienst' heißt im Rabbinischen *zakût*; ursprünglich bedeutet dieses Wort ‚Gerechtigkeit' und
entspricht dem alttestamentl. *ṣᵉdaqā*. Jede Gebotserfüllung verleiht dem
Menschen zunächst eine *zakût* ‚Gerechtigkeit' vor Gott, läßt ihn vor
Gott als gerecht *zăkkăʾj, zăkkăî* erscheinen in bezug auf das gerade vorliegende Gebot. Da aber nach Gottes Willen mit jeder Gebotserfüllung
auch eine Lohngabe verbunden ist, so gewinnt *zakût* meist die Bedeutung
‚Verdienst', kraft dessen eben der Mensch jenes Lohnes würdig *zăkăʾj*
wird." Zeichnet sich an der Targumübersetzung der Übergang in der Ge-
rechtigkeitsvorstellung von alttestamentlicher „Gemeinschaftstreue" zu
jüdischem „Verdienstgedanken" ab, wird dieser durch die Targumisten
auf weite Strecken in die Heilige Schrift eingetragen? Unzweifelhaft ist
der rabbinische Begriff aus dem aramäischen *zakû* geflossen, nicht aus

---

[22] *Sperber* (s. Anm. 12) punktiert abs.sg. זְכוֹ, det, (emph) זְכוּתָא, mit suff. teils
זְכוּתִי (51,3; 56,1) teils זְכוּתִי (46,13; 50,8). Für die Ausgangsform schließt er
sich der bibelaramäischen und syrischen Aussprache an, s. Dan 6,23. Die Rabbinerbibel setzt eine dialektische Variante זְכוּתָא/זְכוּ voraus. Was ursprünglich ist,
vermag ich nicht zu entscheiden. Ist mit zwei Nomen analog den Adjektiven zu
rechnen, mit *zᵉkû* und einer Intensivbildung *zakkû*? Bei der Umschrift schließe ich
mich einfachheitshalber Sperber an.

dem bibelhebräischen *zkh,* das auf kultische Reinheit eingeschränkt war. Insofern ist die aramäische Zwischenschicht nicht nur für den Übergang von Altem zu Neuem Testament, sondern auch für denjenigen vom Israelitentum zum Judentum von Belang. Stenning gibt denn auch in seiner Übersetzung des Jesajatargums *zakû(tā)* beim ersten Vorkommen mit „merit(s)" wieder[23].

Dennoch ist Vorsicht geboten. Die gleiche Vokabel braucht im aramäischen Sprachsystem nicht dasselbe zu bedeuten wie im hebräischen, selbst wenn der hebräische Gebrauch aus dem Aramäischen entlehnt ist. Fremdwörter bleiben semantisch nicht unbedingt das, was sie in der Herkunftssprache waren. So ist es wohl nicht von ungefähr, daß die im jesajanischen Urtext allenfalls als „Verdienst" zu übersetzenden Substantive *pᵉ῾ullā* und *śakar*[24] nicht mit Ableitungen von *zkj* übersetzt werden. Was bedeutet demnach *zakû?* Zeigen sich Beziehungen zur Handelssprache, zu Rechnung und Waage wie bei rabbinischem Gebrauch[25]?

An einigen Stellen haben Verb *zkj* und Adjektiv *zak(k)a᾽(ă)j* juridisch-forensische Bedeutung (5,23; 29,21; 43,9.26). In diesen Fällen hat die hebräische Vorlage mit *ṣadăq/ṣaddîq* wohl zu analoger Wiedergabe gezwungen. Darüber hinaus ist bei targumischem *zkj* kein Interesse an einer Anwendung für menschliche Prozeßverfahren erkennbar.

2. Im religiösen Gebrauch steht das Nomen *zakû(tā)* im Vordergrund. Es wird überaus abgewogen verwendet. Während das hebräische *ṣᵉdaqā* meist in der indeterminierten Grundform benutzt wird, nur zweimal mit Artikel, dreimal im Plural und siebenmal im Singular mit Suffix oder als constructus erscheint, fächert sich *zakû* viel stärker auf: sg.: 12x indeterminiert, 8x im constructus/mit Suffix, 5x determiniert; pl.: 4x indeterminiert, 4x mit Suffix, 1x determiniert.

Die grammatische Sonderung ist deshalb belangreich, weil sie im gedanklichen Vorstellungssystem eine Rolle spielt. Die determinierten Formen setzen Gott oder den Messias als Träger voraus, auch dann wohl, wenn einmal gesagt wird, daß Menschen *zakûtā* tun (59,14), sie vollbringen dann die ihnen von Gott vorgegebene Möglichkeit. Menschen

---

[23] „merits" 1,6, wo aber in Klammern hinzugesetzt wird „or righteous acts". In der Folge bevorzugt *Stenning* (s. Anm. 12) dann „righteousness".

[24] 40,10; 49,4; 61,8; 62,11; 65,7; dazu s. jedoch Um das Prinzip der Vergeltung in Religion und Recht des AT, hg. v. *Kl. Koch,* WdF 125, 1972, s. v., insbes. S. 441 Anm. 15.

[25] Darf man das den Belegen bei *J. Levy,* Wörterbuch über die Talmudim und Midraschim ²1924 = 1963 I 535 entnehmen?

kann also *eine,* aber nicht *die* Gerechtigkeit zu eigen sein. Bei suffigier-
tem Singular „meine/seine Gerechtigkeit" ist Gott der Träger (46,13;
51,5.6.8; 56,1; vielleicht 61,11). Einmal ist es vermutlich der Messias[26].
Wo von Gerechtigkeit der Menschen oder Jerusalems die Rede ist, steht
nach den mutmaßlich einschlägigen Lesarten suffigierter Plural[27]. Auch
das ist ein bemerkenswertes Ergebnis. Denn Neutestamentler neigen bisweilen der Meinung zu, daß „Gerechtigkeit Gottes" im Alten Testament
unbekannt sei. Das stimmt zwar dem Ausdruck, kaum aber der Vorstellung nach. In der Tat ist *ṣädäq (ṣidqat) ᵃlohîm* nicht zu belegen. Doch
die Verbindung mit dem göttlichen Urheber, Besitzer, Träger wird durch
ein Personalpronomen mindestens ebenso klar. Im Targum wird der Bezug noch deutlicher als im masoretischen Text, weil *zakûtā* als eine und
ganze allein Gott zukommt. Menschen mögen Gerechtigkeiten, Gerech-
tigkeitspartikel aufweisen, Gott allein eignet volle Gerechtigkeit.

Wie äußert sich Gottes Gerechtigkeit, wo begegnet sie dem Menschen?
Unverkennbar kommt ihr nach dem Targum *eschatologisch-theofaner*
Charakter zu. Synonym wird häufig *purqanā* verwendet, die eschatolo-
gische Erlösung: 46,13; 51,5f.8; 56,1; 59,17; 61,10 vgl. 45,21; 63,1. Zum
Worthof gehört weiter das Verb *gᵉle itpᵉ*: „Offenbart wird dereinst
zakûtā" 45,8; 56,1; (59,17); 61,11[28], verbunden mit einer weltweiten
Erscheinung von Licht und Herrlichkeit 58,8; 62,2. Solche Offenbarung
steht nahe bevor, und ewig wird *zakûtā* dann bleiben 51,5–8; 56,1.

Trotz des eschatologisch wunderhaften Einbruchs erscheint *zakûtā*
nicht unvermittelt. Gott offenbart sich dann nämlich als Herr, der bereits seit langem in *zakû* gesprochen hat 63,1. Die Verbindung mit dem
ergangenen (profetischen) Wort und dem (pneumaartigen?) Memra wird
mehrfach hervorgehoben (46,12; 48,1.18; 59,17), am sichtbarsten 45,23
bis 25:

> In meinem Memra habe ich geschworen. Hervorgegangen ist von vor
> mir in *zakû* ein Wort *(pitgam)* und nicht fällt es dahin, daß vor mir
> sich beugen wird jedes Knie und mir jede Zunge zuschwört.
> „Nur im Memra Jahwäs über mir" hat er (der Profet?) gesprochen,
> um herbeizuführen Gerechtigkeitserweise *(zăkwan)* und Stärke.
> In seinem Memra werden loben und sich ihrer Götzen schämen alle
> Völker, die Proselyten geworden sind in seinem Volk.

---

[26] 50,8; f liest allerdings pl.
[27] 54,17 nach bgc; 58,8; 62,2 nach f; 64,5.
[28] Der hebräische Text hat nur 56,1 das entsprechende *glh* nif.

Im Memra Jahwäs wird gerecht werden *(jizkûn)* und gepriesen werden aller Same Israels.

So reizvoll es wäre, die Umsetzung des hebräischen Textes an dieser Stelle in den aramäischen zu verfolgen, auf die Öffnung gegenüber den Völkern (im Unterschied zum Urtext) einzugehen – es genüge hier der Hinweis auf die sichtbare enge Verbindung zukünftiger Offenbarung mit vergangener Verheißung.

Wie aber wirkt *zakûtā* sich eschatologisch aus? Als Gerechtigkeit des suum cuique, also Gerechte belohnend, Frevler vernichtend? Von einer Strafgerechtigkeit vermag ich im Targum ebensowenig wie beim hebräischen *ṣädäq/ṣᵉdaqā* zu entdecken[29]. Gott vollbringt *zakwān*, eschatologische Gerechtigkeitserweise vornehmlich an seinem Volk 59, 17. Vor allem Zion wird dann von *zakû* erfüllt 33,5.15, durch *zakûtā*, befestigt. Die „Gerechtigkeit" ihrer Bewohner besteht hinfort „von vor mir" *(min qᵉdamăj* 54,14.17). Vor dem Hause Jakobs gehen dessen *zăkwatā* einher und führen in eine bessere Zukunft 58,8. Gerechtigkeit gründet also auch hier in „Gemeinschaftstreue" zwischen Gott und seinem erwählten Volk. Vielleicht wird sie stärker als beim hebräischen Äquivalent rechtlich-institutionell gedacht und dem Bereich der natürlich gewachsenen Gemeinschaften entnommen. Doch das wäre an anderen Büchern als bei Jesaja zu untersuchen.

Dem *Messias* kommt eine wichtige Vermittlerrolle zu. Mit ihm beginnt eine neue davididische Dynastie, deren Angehörige allesamt Träger der Oraita sind und deshalb durch *zakûtā* ihren Thron erbauen. Das aber vollbringen sie letzten Endes nicht aus eigener Kraft, sondern durch den göttlichen Memra, der in ihnen wirkt 9,6 vgl. 60,17. Nachdem er ihnen die Sünde durch seine Fürbitte abgenommen hat, wird der Messias viele ihm untertänige *zăk(k)aʾîn* rechtfertigen (oder: „zu *zăk(k)aʾîn* rechtfertigen"? paˁel), damit sie der Oraita künftig untertänig werden 53,11[30].

3. Wie aber steht es um Gerechtigkeit als Eigenschaft und Leistung der *Menschen*? Ist *zakû* bereits an ihnen vorhanden, trifft Gottes eschatologische *zakûtā* denjenigen, der bereits *zăk(k)a (ă)i* ist? Worauf der Wille Gottes am Menschen zielt, ist seit langem bekannt. *zakû* zu tun, hatte er Israel befohlen 5,7. Dies ist gleichbedeutend mit Tun des Rechts *(dînā* 5,7; 58,2; 59,14) und der Glaubenstreue *(hēmanûtā* 59,14). In den glei-

---

[29] Vgl. meinen in THAT erscheinenden Artikel *ṣdq* und *Kl. Koch*, Wesen und Ursprung der ‚Gemeinschaftstreue' im Israel der Königszeit, ZEE 5, 1961, 72–90.

[30] Dazu JSJ 3 (s. Anm. 6), 144.

chen Bereich gehört auch Tun des Gesetzes (*'orăitā* 1,27 vgl. 26,2), ohne daß dieser Punkt besonders in den Vordergrund tritt. Daß solches Verhalten menschenmöglich ist, beweisen Noah, ein *zăkkăj* unter dem Geschlecht der Sintflut 65,8, und ebenso die Erzväter 64,4. Auch sind Gerechtigkeitstaten *(zăkwan)* an sich für jeden nötig, denn sie geben dem Menschen, der sie getan hat, Schutz für sein Leben 1,6 vgl. 59,9. Der althebräische Gedanke einer schicksalwirkenden Tatsfäre, eines Tun-Ergehens-Zusammenhangs um den tätigen Menschen[31], schlägt auch im Aramäischen durch, natürlich nicht abgesehen vom göttlichen Wirken. Doch der Gedanke hat an Aktualität verloren, weil die Einschätzung menschlicher Verfassung und menschlicher Möglichkeiten pessimistisch geworden ist. Gott hatte „gute Taten" mitgeteilt, „welche Dir zu ‚Gerechtigkeitssfären' *(zăkwan)* hätten werden können – Du aber hast Dir statt dessen viel gemacht böse Taten, die Dir nichts nützen" (57,12).

Für die Gegenwart ist somit überwiegend eine Abwesenheit von *zakû*-Gerechtigkeit zu konstatieren. Nicht *zăkwan,* sondern das Antonym „Sünden *(hobîn)*" prägt die Gesellschaft und verunreinigt sie 1,6; 5,7. „Wie ein verschmutztes Kleid sind unsere *zăkwatā* . . ., in unseren Sünden *(hobîn)* werden wir fortgetragen wie der Wind" (64,5). Mehrfach wird hervorgehoben, daß „unschuldiges Blut" (oder „Blut des Gerechten", *dam zăkkaj*) in Israel vergossen wurde, was den Gipfel der Sünde und Verunreinigung heraufgeführt hat (1,15; 4,4; 26,21; 33,15; 59,3.7). Fazit: Jetzt ist die Zeit, in der *zakûtā* dem Volk fern ist 59,9.14. Deshalb muß Gottes *zakûtā* kommen für diejenigen, welche ihr fern sind 46,12f. Das heißt allerdings nicht, daß Gott beim Eintritt des Eschaton keine *zăk(k)a'în* mehr vorfindet (59,14; 26,2). Aber sie sind es anscheinend in einem eingeschränkten Sinn, bedürfen deshalb der Erlösung, darüber hinaus der Fürbitte und Belehrung durch den Messias 53,11.

Kann *zakû* in diesem Targum „Verdienst" bedeuten, wie die rabbinische Verwendung des Begriffs nahelegt[32]? Wenn, dann höchstens als Verdienst Gottes selbst! Von menschlichem Verdienst ist im Umkreis der

---

[31] S. meinen Aufsatz „Gibt es ein Vergeltungsdogma im AT?" ZThK 52, 1955, 1–42 = Um das Prinzip der Vergeltung . . . (s. Anm. 24), 130–180.

[32] Nicht verschwiegen werden soll, daß Reste eines anderen Profetentargums (Jeruschalmi) im Kodex Reuchlinianus angeführt werden (*Sperber:* f 6), in denen *zakûtā* eine andere – spätere – Bedeutung einnimmt. Wegen der „Gerechtigkeitstaten" *(zakwat)* der Väter wohnt demnach Jahwäs Herrlichkeit am Tempel 66,1, ja wegen Abrahams *zakûtā* würde die Weltzeit angenehm gemacht 33,7, wo wohl schon die Übersetzung „Verdienst" angemessen ist. Wieder zeigt sich, daß Targum und Targum nicht dasselbe sind.

Wurzel *zkj* im Jesajatargum weit und breit nichts zu entdecken. *zakûtā* ist Gottes zurechtbringende eschatologische Machttat, die auf Erden unter seinem Volk – der zu ihm durch Bund gehörenden Gemeinschaft – durchsetzt, was Jahwäs Wort schon längst verheißen und was in Gottes Umgebung seit jeher wirksam war!

III.

Neben den *zkj*-Gerechten erwähnt das Targum häufig *ṣdq*-Gerechte. Die Hauptmasse der Belege wird so sehr durch das Adjektiv *ṣaddîqā* gestellt, daß die wenigen Substantiv-Stellen dagegen verschwinden. Von 7 Stellen abgesehen, wird das Adjektiv ohne hebräische Vorlage eingebracht. Es erscheint unveränderlich im determinierten Plural *ṣăddîqăjjā*. Unsicher bleibt, ob man an drei oder vier Stellen den Lesarten folgen darf, die einen ebenso unveränderlichen determinierten Singular *ṣăddîqā* auf den Messias als den Gerechten im ausgezeichneten Sinn beziehen[33].

Mehr als die Hälfte der pluralischen Belege setzt dem Ausdruck das Antonym *răšši̇̌ăjjā* entgegen. Übersetzen wir der Einfachheit halber mit Gerechte und Gottlose, so stellen für den Targumisten beide zusammengehörige Kollektive dar, in welche die Menschheit sich spaltet[34]. Die Gottlosen sind die Machthaber der Gegenwart, die *ṣăddîqăjjā* dagegen die Armen, Unterdrückten 26,6, die auf zukünftige Erlösung hoffen 49,23; 64,3. An einigen Stellen will es scheinen, als ob es dazwischen eine unentschiedene Masse gibt, aber eindeutig wird das Bild im Targum nicht. Für menschliches Urteil bereitet die Scheidung zwischen beiden Schwierigkeiten, denn manche *răšši̇̌ajjā* werden fälschlich von der Öffentlichkeit *ṣăddîqăjjā* genannt 32,5. Wer zu den *ṣăddîqăjjā* in Wirklichkeit gehört oder zu ihrem düsteren Gegenbild, gehört jedenfalls ganz und auf Dauer dazu. Solche entschiedene Eingliederung verblüfft angesichts dessen, was über die *zăk(k)a'în*-Gerechten zu lesen war, die kaum je als geschlossene „Fraktion" erscheinen und deren Nähe oder Ferne zur *zakû*-Gerechtigkeit während ihres Lebens wechseln konnte. Wie erklärt sich die Diskrepanz? Doch wohl nur so, wenn „Gerechtigkeit" auf

---

[33] Sg. 3,10 bg; 28,16c; 32,5 bg; 53,2 og f c. Zur letzten Stelle JSJ 3 (s. Anm. 6), 128. Bei 32,1 scheint mir darüber hinaus der sg. ursprünglich zu sein.

[34] *saddîqăjjā* wie *răšši̇̌ajjā* sind wahrscheinlich hebräische Lehnwörter, deren Verbreitung in der Entwicklung der Targumüberlieferung zunimmt. Das erste Wort ist 6,13; 43,7; 49,24 nachträglich eingedrungen (s. Apparat bei *Sperber* [s. Anm. 12]).

zwei verschiedenen Ebenen aramäisch gedacht wird. *zakû* ist alltägliche aufweisbare, in der Regel mangelhafte Rechtschaffenheit des einen oder anderen. Die fehlsamen einzelnen aber, gehören sie zur Gruppe der *ṣǎddîqǎjjā*, werden als Gesamtheit unter einem anderen Aspekt nach ihrem kollektiven Verhalten betrachtet. Darf man sagen: nicht mehr nach Einzeltaten, sondern nach ihrer Gesinnung? Sie schmachten nach religiöser Belehrung und deshalb nach den Worten des Gesetzes 32,6 und bewahren sie 26,2; 33,13, richten sie auf 37,32. Darum bleiben sie „Gerechte", auch wenn sie matt gegenüber den *pitgamê 'orǎitā* sich erweisen; Gott spendet ihnen dann Kraft und Weisheit 40,29; 50,4.

Zwei Stellen überraschen, an denen die Bedeutung der *ṣǎddîqǎjjā* relativiert wird. Diese Gerechten werden hier als die ihrem Gott fernen bezeichnet. Die Nahen dagegen sind „die Sünder, die umkehren" – während der letzten voreschatologischen Gnadenzeit? – 33,13; 57,19, eine Aussage, die an manche neutestamentliche Stelle erinnert[35].

Die *ṣǎddîqǎjjā*-Gemeinschaft nimmt in der Heilsgeschichte eine zentrale Stellung ein. Zu ihr gehörten die Väter, deren „gute Taten" noch lebendig sind 62,6; 64,4 (während Noah als einzelner nur ein *zǎkkǎj* sein konnte 65,8), ebenso die Profeten 44,26. Ihnen hat Gott in seinem Memra sich zugeschworen, 63,17. Deshalb gelten den *ṣǎddîqǎjjā* die Frohbotschaften (*bᵉsûrǎn* 62,10).

Doch der Gruppe drohen schlechtere Zeiten. Drangsalierungen werden sie treffen von der verselbständigten Bosheit, „die zu kommen im Begriff ist". Doch Gott wird sie bewahren, notfalls sogar verbergen 5,30; 32,2; 57,1. Der Glaube an „diese Dinge" (die gnadenreiche Ausrüstung des künftigen Messias?) hält sie aufrecht 28,16. Deshalb bleiben sie trotz aller Anfechtungen übrig als eschatologischer Rest Israels 7,22; 17,6; 24,13; 37,32.

Die eschatologische Wende bringt der Gemeinschaft endlich ein volles Heil. Im Vorblick ergehen schon jetzt Seligpreisungen 3,10; 32,20. Dann aber kommt auf sie die große Lichterscheinung *(nᵉhôrā)*, die sie verherrlichen wird 5,20; 24,15. Bei der Vernichtung der Gottlosen wirken sie mit 26,5f, nehmen deren Schätze in Besitz 5,17. Doch letzten Endes scheinen sie selbst den Gottlosen gegenüber sich als barmherzig zu erweisen. Jedenfalls schmachten die *rǎššî'ǎjjā* (so lange) in der Gehinna, bis die Gerechten „genug" sagen – eine Milderung im Targum gegenüber dem düsteren Ausklang des hebräischen Jesaja 66,24.

---

[35] Ähnlich deuten Rabbinen 57,19 nach Bill. I 167, vgl. aber III 585f.

Was aber ist mit denen, die in diesem ungerechten ᶜAlam gelebt hatten und schon verstorben sind? Sie werden, wenn der eschatologische Bund aufgerichtet wird, auferweckt werden (durch den Messias? 49,8). Denn *ṣăddîqăjjā* sterben nicht zum (ewigen) Verderben 51,14, vielmehr im Frieden, um vor der bevorstehenden Bosheit verschont zu werden 57,1f.

Beim eschatologischen Umschwung nehmen die „Werke" oder besser Taten *(ᶜobadîn)* der *ṣdq*-Gerechten einen gewichtigen Platz ein. Der Ertrag *(ᵓagrā)* ihrer Taten wird zugleich mit der Verurteilung *(purᶜanûtā)* der Gottlosen offenbart 21,12; 24,16, was in sich schließt, daß das eine Wohlsein und Heil, das andere Untergang und Verderben zeitigt. Die *ṣăddîqăjjā* haben nämlich vorher ihre guten Taten für sich und ihre Nachkommen ausgesät, dereinst werden sie die Frucht ernten 3,10; 32, 20; 62,6; 64,4. Da den Wegen der Gerechten Verläßlichkeit *(kēwanan)* eignete, werden eben diese Wege von Gott eschatologisch in Kraft gesetzt *(tqn 26,7)*. Bei solchen Aussagen pflegen in christlichen Theologen unangenehme Gefühle aufzusteigen. Sie wittern Werkerei, Selbstgerechtigkeit, Gesetzesreligion und alles das, was Paulus als Eigenruhm disqualifiziert. Doch ist Vorsicht geboten. Im Targum dürfte hier die gleiche spätisraelitische Anthropologie im Hintergrund stehen, nach der ein Mensch für seine Tat so verantwortlich ist, daß er nur durch solche Tat, sofern sie richtig gemeinschaftstreu und dauerhaft ist, sich selbst finden und verwirklichen kann (schicksalwirkende Tatsfäre). Der Tun-Ergehen-Zusammenhang ist allerdings nicht mehr so unmittelbar „immanent" gedacht wie in altisraelitischer Zeit, sondern so, daß Guttat jeweils zum Himmel steigt, dort in den „Schatz" des kommenden Aions eingeht und mit dessen Realisierung endgültig am Täter sich mit heilvollen Folgen verwirklicht[36].

Die nachfolgende Heilsepoche wird zurückhaltend, doch nicht ohne materielle Ausblicke geschildert. Die Gerechten erhalten Ruhe des Geistes 25,5, wohnen im neuen Zion 33,14f, und ihre landwirtschaftliche Produktion floriert 30,23; 65,9–15. Doch weilen sie anscheinend nicht allein auf Erden. Andere Menschen warten darauf, ihre Belehrung entgegenzunehmen 32,2 und ihr Preislied zu singen 24,16.

So viel zum Gebrauch des Adjektivs. Über das Nomen läßt sich Sicheres kaum sagen, da es selten benutzt wird. An den zwei Stellen, wo das maskuline *ṣidqā* erscheint, umreißt es den Ursprung menschlicher Er-

---

[36] Den gedanklichen Hintergrund habe ich anderwärts zu umreißen versucht: Der Schatz im Himmel, in: Leben angesichts des Todes, Festschrift H. Thielicke, 1968, 47–60.

wählung *(bḥr)*, einerseits bei Abraham 41,2, andererseits bei den (eschatologischen) Lehrern 12,3; der Ausdruck bezeichnet also eine göttliche Wirkungsgröße der Heilsgeschichte, welche menschlicher Verfügung entzogen ist. Anders das – ebenfalls stets determinierte – Femininum[37]. Es wird mit dem Tun des Menschen in der Gegenwart 56,1f wie nach der eschatologischen Geistmitteilung 32,16f verbunden, ohne genauer greifbar zu sein.

Wie ist *ṣdq*-Gerechtigkeit mit der *zkj*-Gerechtigkeit zu vereinen? Beides steht nicht beziehungslos nebeneinander. *ṣǎddîqǎjjā* wandeln und handeln *bᵉzakû* 33,15; 64,4. Umgekehrt kann jedoch nicht gesagt werden, daß *zǎk(k)aʾîn biṣdaqtā* handeln! Der gleitende Gegensatz zwischen *zǎk(k)aʾîn* und Sündern *(ḥǎjjabîn)* entspringt vordergründiger Erfahrung. Werden dagegen *ṣǎddîqǎjjā* als geschlossene, durch die Heilsgeschichte bleibende Gruppe den *rǎššîᶜǎjjā* gegenübergestellt, tritt ein hintergründiger, die Weltzeit durchziehender Gegensatz zutage. Er betrifft die Menschen in ihrem die Immanenz transzendierenden Bezug zum Grund alles Wirklichen, nicht mehr allein in ihrem Verhalten zum Mitmenschen. Diese Prädikate entsprechen dem Urteil Gottes. Die *ṣdq*-Gerechtigkeit bleibt gleichsam im Himmel, von ihr kann nicht gesagt werden, daß sie offenbar wird. Niemals wird sie so dem Menschen zu eigen, daß er auf sie einen Anspruch erheben, sie besitzen kann. *ṣdq*-Gerechtigkeit läßt sich nicht wie *zkj*-Gerechtigkeit „internalisieren", aus göttlicher Gabe zu eigener Lebenssfäre umbilden, die eschatologisch auf den Täter zurückkommen und ihm ein Leben in Ewigkeit gewährleisten wird.

IV.

Nicht nur, daß der Targumist die einheitlichen hebräischen *ṣdq*-Vorstellungen auf zwei Wortstämme und Bedeutungsbereiche aufsplittert, er benutzt eine weitere Vokabel zur Wiedergabe. *qušṭā*, die dritte Gerechtigkeit neben *zakûtā* und *ṣᵉdǎqtā*, wirft Rätsel auf. Abgesehen von der Wiedergabe sowohl für das Nomen *ṣädäq*, das damit aus dem Bedeutungsfeld seiner Wortfamilie ausgeklammert wird, als auch für *ᶜᵃmät* erscheint sie überdies an sieben weiteren Stellen[38]. Der moderne Exeget er-

---

[37] Die Rabbinerbibel punktiert 32,16.17 *ṣᵉdaqtā*, 57,1 *ṣidqatā*. Setzt sie zwei verschiedene Substantive voraus? *Sperber* (s. Anm. 12) bringt durchweg die erste Form, wo er das Nomen voraussetzt.

[38] 28,6 bis; 37,18; 38,11; 45,14.15; 46,5.

wartete viel eher, daß hebräisches *ṣädäq* mit dem bedeutungsverwandten *mišpaṭ* bei einer Übersetzung zusammengespannt würde. Stammt die aramäische Verbindung zu einer „Wahrheits-Gerechtigkeit" aus einer Weiterbildung hebräisch-alttestamentlicher Ansätze oder womöglich aus anderem Einfluß? Auch *qušṭā* wird wieder differenziert gebraucht, und die grammatischen Unterschiede scheinen um der Bedeutung willen eingebracht. 20x erscheint das Nomen indeterminiert *qᵉšôṭ*, 15x determiniert. Mit Suffix bezieht es sich als Singular auf Jahwä (41,10[38a]), als Plural mit Suffix auf menschlichen *qušṭā*-Erweis (32,8). Wie bei *zakûtā* ist also die Grundgröße göttlicher Art, nie dem Menschen voll verfügbar.

Die im Aramäischen verbreitete[39] nominale Bildung *qušṭā* bedeutet ebenso wie hebräisches *ᵃmät*[40] nicht bloß Wahrheit im Sinne einer Übereinstimmung von sprachlicher Aussage und äußerem Sachverhalt. Die Wörterbücher verweisen auf Konnotationen wie „Geradheit, Gerechtigkeit"[41]. Biblisch-aramäisch rühmt (in Dan 4,34) Nebukadnezar die Macht des israelitischen Gottes

> Alle seine Taten sind *qᵉšôṭ* / seine Wege verlaufen
> nach dem Recht *(dîn)*.

Im Kontext bezieht sich das nicht nur auf Daniels Voraussage im Namen seines Gottes, sondern auch auf die – oft jäh sich ereignende – Beseitigung oder Aufrichtung menschlicher Herrschaft, die einer weitherkommenden göttlichen ordnenden Funktion entspringt und alle menschlichen Rechtsinstanzen – wie den souveränen Großkönig – von einer überlegenen Geschichtsplanung her relativieren. Aus diesem Doppelaspekt von autoritativ verläßlichem Sprechen und verläßlichem Tun wird sich erklären, daß *qušṭā* für den Übersetzer sowohl die Bedeutung von *ᵃmät* wie *ṣädäq* abdeckt.

Die im Danielzitat sichtbar werdende Koppelung von Recht und Gericht *(dîn)* mit *qušṭā* ist auch für das Targum selbstverständlich. Sie erscheint freilich nicht im Blick auf die übliche menschliche Rechtspraxis, sondern vor allem auf die zentralen Institutionen der Heilsgeschichte, auf Jerusalem einst und in Zukunft 1,21.26; 33,5; 38,11 vgl. 58,2 sowie auf den Messias 11,4; 16,5. Dabei erscheint einerseits das Tun von *dîn*

[38a] Lies 42,3 ohne Suffix (Rabbinerbibel, anders Sperber).

[39] Hebräisch Prov 22,21.

[40] *Kl. Koch*, Der hebräische Wahrheitsbegriff im griechischen Sprachraum, in: Was ist Wahrheit? *hg. v. H. R. Müller-Schwefe*, 1965, 47–65.

[41] Vgl. JSJ 3 (s. Anm. 6), 122 Nr. 3, 123 Nr. 4.

als Quelle für das Eintreten eines *qušṭā*-Zustandes 1,21.26f. Wo Gott sein Recht durchsetzt, lernen Menschen *qušṭā* 26,9f. Andererseits müssen Menschen schon vorgängig „in *qᵉšôṭ*" sein, um Recht zu vollbringen 11,4. Doch *qušṭā* ist nie Produkt menschlichen Verhaltens. Wo *ṣädäq* in diesem Sinn verstanden werden könnte, wird die aramäische Vokabel als Wiedergabe vermieden 42,21; 58,8. Die menschlichen Täter fügen sich vielmehr einer Wirkungsgröße ein, die dem auf sie zustrebenden personifizierten Gottesspruch, dem Memra, entspringt, der seinerseits in *qᵉšôṭ* Dauer hat 48,1 vgl. 45,19. Memra gläubig aufnehmen heißt deshalb *qušṭā* nachjagen 51,1–7. Auch Gesetz und Belehrung entspringen der *qušṭā* 51,1.7 vgl. 26,9. Die Wahr-Gerechtigkeit ist also selbst dem Gesetz übergeordnet.

qušṭā ist Hintergrund und bewegende Kraft der gesamten göttlichen Heilsökonomie. Der Abraham erwählende *ṣidqā* war der Wirkungsgröße *qušṭā* zugeordnet 41,2. Die rechte Hand der *qušṭā* hat einst Israel ergriffen und ihm seine Sonderstellung verliehen 41,10. Von da an hatte Memra das Volk fortlaufend unterstützt 48,1. So erscheint es nur folgerichtig, daß auch die eschatologischen Ereignisse in derselben Sfäre ablaufen 10,22; 61,8. Gegensatz ist nicht bloß die zugrunde richtende Lüge (*šqr* 61,8; 26,10), sondern das Nichtsein schlechthin 59,4.

Gern wird *qušṭā* mit dem Messias verknüpft, und an dieser Stelle zeigt sich zugleich eine Beziehung zur *ṣăddîqăjjā*-Gruppe. Solche Jesajastellen werden besonders eingehend durch den Übersetzer interpretiert. So wird Kapitel 11 zunächst bei der Aussage „er wird aufrichten die Armen in *ṣädäq*" aramäisch *qušṭā* für das hebräische Wort eingesetzt V. 4. Das hebräische Nomen erscheint in der Fortsetzung noch einmal, in einer bildlichen Aussage „und *ṣädäq* wird sein der Gurt seiner Hüften/und Treue der Gürtel seiner Lenden". Gemäß dem targumischen Grundsatz, Bilder in die Sache selbst umzusetzen und Wiederholungen in fortlaufende Aussagen aufzulösen[42], wird aramäisch daraus: „Es werden *ṣăddîqăjjā* rings um ihn sein, und die Treue vollbringen werden sich ihm nahen." In der Wirkungssfäre göttlicher *qušṭā* führt messianische Regierung dazu, daß Menschen zu Gerechten werden und damit zu Glaubenden.

---

[42] *Levy* (s. Anm. 25), IV 396; *M. Jastrow*, Dictionary of the Targumim etc. Neudruck 1950 II 1429; *G. Dalman*, Aramäisch-Neuhebräisches Handwörterbuch 1938 = 1967, 393f; KBL 1121; *C. F. Jean–J. Hoftijzer*, Dictionnaire des Inscriptions Sémitiques de l'Ouest 1965; 267f; *E. Vogt*, Lexicon Linguae Aramaicae V. T. 1971, 152.

Die Stufen einer Heilsvermittlung werden 16,5 aufgezählt:
Dann der Messias Israels. Erstellt wird in Güte *(ṭûb)* sein Thron.
Und thronen wird er darauf in *qᵉšôṭ* (= *ᵃmät*)
in der Stadt Davids als Richter.
Und Recht *(dîn)* wird er suchen und *qᵉšôṭ* (hb. *ṣädäq*) tun.

Was hebräisch als *ᵃmät* und *ṣädäq* getrennt ist, wird aramäisch in einem Begriff zusammengefaßt. Der (göttliche) *qᵉšôṭ*, der den Messias zum Regieren befähigt, wird danach Inhalt seiner Tätigkeit nach außen. Übergeordnet ist solchem Wirken die Güte (vgl. Joh 1,14 χάρις καὶ ἀλήθεια?).

Daß die Bestallung des Messias in *qᵉšôṭ* erfolgt, belegt auch 42,6f. Dort folgt daraus, daß dem Blinden Israels die Augen für die Oraita geöffnet werden. Gemäß *quštā* ergreift er die Herrschaft und schart die *ṣaddîqăjjā* um sich, die, dem Gesetz verbunden, andere belehren 32, 1–8[43].

quštā nennt also zugleich Richtschnur und Mittel des göttlichen positiven Wirkens durch die Zeiten hindurch[44]. Wo davon geredet wird, treten die *ṣaddîqăjjā* häufig als vornehmster Gegenstand solcher Tätigkeit heraus. Die *qšṭ*-Gerechtigkeit steht also der *ṣdq*-Gerechtigkeit durchaus nahe (vgl. 41,2). Von *zkj*-Gerechtigkeit ist jedoch im Umkreis selten die Rede, sie liegt als alltägliche Rechtschaffenheit weiter ab (vgl. 48,1 und 1,26 mit 1,27)[45].

---

[43] 32,8 wird *quštā*, jedoch im indeterminierten pl., ein einziges Mal durch suff. mit Menschen verknüpft.

[44] *quštā* ist als „Wahrheit" nicht Gottes Werk an sich, sondern in seiner dem Menschen erkennbaren Form, ähnlich wie bei Paulus ἀλήθεια „die sich erschließende Wirklichkeit Gottes, nicht dessen Eigenschaft oder sein ,wahres Wesen'" bedeutet (*Käsemann*, An die Römer [s. Anm. 7], 43 [³44] zu 1,25). Die paulinischen ἀλήθεια-Aussagen können hier auf Parallelität nicht weiter untersucht werden.

[45] Ein Seitenblick auf das qumranische Hiob-Targum (*J. P. M. v. d. Ploeg – A. S. v. d. Woude*, Le Targum de Job de la Grotte XI de Qumran, 1971)! Es stimmt bei der Verwendung der Wurzeln *zkj*, *ṣdq*, *qšṭ* und der Behandlung der hebräischen Vorlagen mit dem Jesaja-Targum überein. Für hebräisches *ṣdq* wird aramäisches *zkj* verwandt 32,16; 35,7; 40,8; nur einmal das fem. Nomen *ṣdqt* 35,8. Hebräisches *zkj* wird dagegen aramäisch zu *ṣdq* 25,4! Leider ist das Nomen *ṣädäq* nirgends Vorlage, weshalb *quštā* nicht belegt ist. Um so aufschlußreicher ist, daß ohne lexikalischen Zwang die Wurzel *qšṭ* an zwei Stellen eingefügt wird: 27,17; 34,13. Der letzte Beleg ist besonders aufschlußreich: „(Gott) hat das Kulturland *qšṭ*", was nur heißen kann „a établi", wie die Herausgeber übersetzen (S. 59). Hier zeigt *qšṭ* auch eine kosmologische Funktion.

Das in der Rabbinerbibel überlieferte jüngere Hiob-Targum meidet *qšṭ* und benutzt auch an den anderen Stellen häufiger *ṣdq*-Bildungen.

V.

Die Abstufung verschiedener Gerechtigkeiten im Targum hat eine *religionsgeschichtliche* Seite, die wenigstens angedeutet werden soll. Längst ist bekannt, daß Kuschta (mit Wechsel von ק zu כ) in der mandäischen Religion einen zentralen Platz einnimmt. Was Rudolph über den mandäischen Begriff schreibt, läßt sich ohne Abstrich auf die targumische Entsprechung übertragen: „... einmal in ethischer Hinsicht als ‚Wahrhaftigkeit, Rechtschaffenheit', zum andern in eschatologisch-soteriologischer Beziehung als Gnade und personifizierter Heils- und Erlösermacht, die im Glauben zugänglich bzw. durch ‚Wissen' erkennbar ist und als ‚Heilswahl' ergriffen werden kann"[46]. Bleibt hinzuzufügen, daß ebenso die Mandäer eine *zdq*-Gerechtigkeit von einer *zkj*-Gerechtigkeit unterscheiden[47]. Die Identität der Betrachtungsweisen scheint vollkommen. Noch läßt sich ähnliches in der Peschitto beobachten. Dort ist *qušṭā* (für hbr *ṣädäq*) einer zweiten Größe *zadîqûtā* (ebenfalls für hbr *ṣädäq*) übergeordnet in bezug auf den Messias, Jes 11,4f. Juridische Gerechtigkeit dagegen wird mit *zakûtā* wiedergegeben Jes 5,23[48]. Schließlich sind wohl auch neutestamentliche Schriften heranzuziehen, wo ἀλήθεια als grundlegende Gottesmacht erscheint und ὁσιότης oder δικαιοσύνη ihr untergeordnet werden (Eph 4,24 zB)[49].

Sollte das alles aus mandäischen Einflüssen herrühren? Viel eher ist eine allgemeinaramäische Sprach- und Denkweise vorauszusetzen. Sie ist vermutlich durch iranische Einflüsse initiiert, wo bekanntlich Wahrheit und Trug den alles bestimmenden metaphysischen Gegensatz gebildet hatten[50].

In spätisraelitisch-hebräischer Literatur finden sich *ᵃmät*-Aussagen, die über den althebräischen Wortsinn hinausgehen und vermutlich vom *qusṭā*-Gedanken beeinflußt sind, so Dan 8,12; 1QS I 5; III 13ff; V 4; VIII 2; IX 17 vgl. 3Esr 3f, Jub 22,15. – S. *R. Bultmann*, ZNW 27, 1927, 118f = *ders.*, Exegetica, 1967, 129; *F. Nötscher*, ‚Wahrheit' als theologischer Terminus in den Qumrantexten, in: Vom Alten Testament zum Neuen Testament. Ges. Aufsätze, 1962, 112–125; *H. Wildberger*, THAT I 208.

[46] *K. Rudolph*, Die Mandäer II, FRLANT 75, 1961, 140; vgl. *W. Sundberg*, Kushta, 1953.

[47] *Drower-Macuch* (s. Anm. 17) s. v.

[48] Die Streuung der drei Wortstämme ist allerdings in der Peschitto etwas anders als im Targum.

[49] Eph 6,14 wird der messianische *ṣädäq* aus Jes 11,4 ebenso mit „Wahrheit" wiedergegeben wie in Targum und Peschitto.

[50] Die Tendenz von Targum (und Peschitto) ist also derjenigen der Septuaginta ge-

Eine erste Behandlung einer so verwickelten Thematik wie Gerechtigkeit in einem Targum trägt notgedrungen vorläufigen Charakter. Die gebotene Kürze eines Festschriftartikels erfordert zudem, nicht nur textkritische Abweichungen summarisch abzutun und über andersartige Übersetzungen bei Stenning hinwegzusehen, sondern auch auf Untersuchungen zu verzichten, warum der Urtext an der einzelnen Stelle in einen so beschaffenen aramäischen Zweittext überführt wurde. Aus der vielschichtigen Problematik wurde einzig der Aspekt religiöser Gerechtigkeitsaussagen herausgegriffen, im Jesajatargum ein gewiß nicht nebensächliches, doch auch nicht allein dominierendes Anliegen.

Ergebnis ist, daß eine einheitliche hebräische Vorstellung, die mit dem Wortstamm *ṣdq* ausgedrückt war, mit drei verschiedenen Wortstämmen *zkj, ṣdq* und *qšṭ* wiedergegeben wird, die zwar in sich bedeutungsmäßig zusammenhängen, dennoch drei Aspekte zum Ausdruck bringen. Nun begreift die hebräische Auffassung schon dreierlei Momente in sich: 1. göttliche Übereignung – kultisch oder eschatologisch – einer sittlichen Potenz an die Israeliten, die 2. der Mensch in seinem eigenen gemeinschaftstreuen Verhalten gegen Jahwä und die Mitmenschen zu realisieren hat, damit ihm 3. daraus kraft schicksalwirkender Tat Heil und Leben mit erneuerter göttlicher Unterstützung entspringen. Die aramäische Wiedergabe verfolgt jedoch nicht die hier angelegte Stufenfolge weiter, sondern führt andere Züge in die Betrachtung ein. Die Menschen streben faktisch oder sollten doch streben nach einer *zakûtā*, die dem Willen Gottes im Alltag entspricht und dem Nächsten nützlich ist. Wo sie erreicht wird, schafft sie um die Täter eine Sfäre des Heils, doch reicht menschliches Wollen in der Regel nicht zu, so daß *zakûtā* als eschatologisches Ereignis und Geschenk, als Macht und Gabe in einem nötig wird. Dieser Begriff scheint fast den Bedeutungsumfang der hebräischen Vorlage abzudecken (nur daß die Auffassung einer kultischen Übermittlung entfällt). Doch bleibt offenbar für die Kreise, aus denen das Targum stammt, eine gedankliche Schwierigkeit. Was veranlaßt Gott, den Menschen, dessen *zakûtā* unzureichend ist, dennoch in das eschatologische Heil einzuweisen? Dies erklärt man von einer zweiten hintergründigen, nicht am Einzelverhalten meßbaren Gerechtigkeit her, die mit dem Wortstamm *ṣdq* zur Sprache gebracht wird. Durch sie

---

nau entgegengesetzt; δικαιοσύνη gibt hier nicht nur *ṣädäq* und *ṣᵉdaqā* ununterschieden wieder, sondern begreift auch bedeutungsverwandte Wörter ein, z. T. auch *ᵃmät* (ThW II 197). In der griechischen Version wird also die alttestamentliche Vorstellung noch stärker verallgemeinert, in der aramäischen dagegen wird sie differenziert.

zeichnet sich in der Menschheitsgeschichte ein zusammenhängender Kreis von Menschen aus, die *ṣăddîqăjjā*, welche an Glaubenstreue, Bekenntnis zum Gottesgesetz und dem Streben nach *zakûtā* festhalten und deshalb mit den Gewaltigen dieser Weltzeit in unaufhebbaren Konflikt geraten. Ihre innere und äußere Situation wird sich in der zukünftigen Heilszeit unter der Regierung des Messias grundlegend ändern. Dann erst werden ihre Taten die notwendigen Folgen zeitigen. Solche *ṣdq*-Gerechtigkeit ist gegenwärtig empirisch nicht aufweisbar. Modern ausgedrückt, gründet sie allein im Urteil Gottes, wenn man dies nicht als beliebig, sondern als einsichtig für jeden voraussetzt, der die Hintergründigkeit von Welt- und Zeitlauf begreift.

Doch mit der oft verborgenen, dennoch überdauernden Schar der *ṣăddîqăjjā* ist der alttestamentliche Sinngehalt für die Übersetzer noch nicht erschöpft. Die beiden Gerechtigkeiten, die empirische wie die auf die Gottesgemeinschaft bezogene, gründen in *qušṭā*, der dynamisch sich durchsetzenden, Verkündigungsgeschichte wie Heilsgeschichte vorwärts treibenden und beides aufeinander abstimmenden wahren Gerechtigkeit. Sie ist allen nichtigen Lügenkräften *(šqr)* feind und wird sich im Eschaton endgültig durchsetzen. Da das hebräische Alte Testament eine entsprechende Größe nicht kennt und der aramäische Ausdruck semantisch noch kaum erschlossen ist, sind Aussagen für diesen Punkt nur mit Vorbehalt möglich. Ist *qušṭā* die personifizierte Absicht Gottes mit seiner Schöpfung, insbesondere mit der Menschheit und vornehmlich mit Israel? Eine Absicht, die einen weiträumigen, Aionen durchlaufenden Plan in sich schließt? Religionsgeschichtliche Einflüsse, kaum mandäische, womöglich iranische, sind wahrscheinlich in Rechnung zu stellen. Doch sind sie in die Fortbildung alttestamentlicher Religion so sehr integriert, daß ihnen nichts Fremdes mehr anhaftet.

Es liegt auf der Hand, daß ein so differenziertes Denkgebäude nicht bloß durch die Notwendigkeit entstanden ist, hebräische Texte zu übersetzen. Die Targumisten sind nicht die Urheber solcher Konzeptionen. Jedenfalls nicht als Übersetzer. Offen bleibt bislang, wer die Urheber solcher Anschauungen in Israel waren und wo ihr Sitz im Leben zu suchen ist.

Der Raum reicht nicht, um Schlüsse auf das Neue Testament oder gar auf unsere gegenwärtige Lage zu ziehen, obwohl sie in mancher Hinsicht sich aufdrängen. Auch die Menschen von heute treibt von neuem die Sorge um Gerechtigkeit, nicht nur als bürgerliche Tugend, nicht nur als individuelle Gerechtigkeit, sondern auch als Gerechtigkeit von Institutionen, einschließlich der kirchlichen, ja schließlich um die Gerechtigkeit der Gesellschaft, jener ominösen Größe, die sich für alles verantwortlich machen läßt und die doch nirgends eindeutig faßbar wird. Da wird es nützlich sein, Texte zu bedenken, für welche Wirklichkeit mehr ist als bloß der Bereich von Gesellschaft, nämlich Schöpfung und universale Geschichte und umfassende Regsamkeit Gottes. Hierauf will Gerechtigkeit ausgerichtet sein, soll sie Bestand haben und dem Menschen letztlich zugute kommen. Protestantische Theologie hat sich seit Jahrhunderten um die Definition einer Gerechtigkeit gemüht, die vor Gott gilt. Manchmal scheint es, als ob dabei die *iustificatio impii* allzu eilfertig von der *iustificatio civilis* unter den Völkern abgelöst wurde. Obwohl zwei Jahrtausende älter, scheint der Jesajatargumist an dieser Stelle einen Schritt weiter zu sein[51].

---

[51] Für Stellennachweise und Korrekturhilfe danke ich meinem Doktoranden Gustav Wendt.

ALBERT SCHWEITZER ALS PAULUSFORSCHER[*]

WERNER GEORG KÜMMEL

Wer Albert Schweitzer als Theologen und nicht nur als Arzt und Menschenfreund, oder auch als Bachforscher und Orgelspieler kennt, weiß wohl in der Regel, daß er eine „Geschichte der Leben-Jesu-Forschung" geschrieben hat, und dieses Werk ist auch in 6 Auflagen und neuestens sogar als Taschenbuch erschienen. Daß Schweitzers neutestamentliche Forschung ebensosehr, wenn nicht noch eindringlicher, dem Denken des Apostels Paulus gewidmet war, ist nur Fachleuten geläufig, die beiden Bücher Schweitzers über Paulus haben auch nur einen wesentlich geringeren buchhändlerischen Erfolg gehabt[1]. Daß Schweitzer seiner Beschäftigung mit Paulus entscheidende Bedeutung beimaß, ergibt sich aber schon daraus, daß er diese Bücher, im Unterschied zu seinen Jesusarbeiten, den Belastungen seiner Hinwendung zum Medizinstudium und zur ärztlichen Tätigkeit in Afrika hat abringen müssen.

Schweitzer hatte, nachdem er mit einer Arbeit über Kants Religionsphilosophie 1899 den philosophischen Doktorgrad erworben und 1900 das zweite theologische Examen abgelegt hatte, im gleichen Jahr auf Grund der forschungsgeschichtlichen Arbeit über „Das Abendmahlsproblem auf Grund der wissenschaftlichen Forschung des 19. Jahrhunderts

---

[*] Vortrag beim Colloque Albert Schweitzer am 5. Mai 1975 in Straßburg. Eine französische Übersetzung dieses Beitrags erscheint in der RHPhR.

[1] Während, abgesehen von der „Geschichte der Leben-Jesu-Forschung", auch Schweitzers Habilitationsschrift über „Das Messianitäts- und Leidensgeheimnis" drei Auflagen erlebte, sind die „Geschichte der paulinischen Forschung" und die „Mystik des Apostels Paulus" nur je einmal nachgedruckt worden, und die paulinische Forschungsgeschichte fand auch keine Aufnahme in die 1971 bzw. 1974 erschienene fünfbändige Ausgabe der Gesammelten Werke Schweitzers. Ähnlich verhält es sich mit den Übersetzungen, vgl. dazu die Angaben bei *F. W. Kantzenbach*, Albert Schweitzer. Wirklichkeit und Legende, Persönlichkeit und Geschichte 50, 1969, 111ff.

und der historischen Berichte" den Grad eines Licentiaten der Theologie erhalten und sich zwei Jahre später mit der Schrift über „Das Messianitäts- und Leidensgeheimnis. Eine Skizze des Lebens Jesu" in der Evangelisch-theologischen Fakultät der Universität Straßburg habilitiert. Er hatte geplant, diesen beiden Arbeiten einen dritten Band mit Studien über die Entwicklung von Taufe und Abendmahl im Urchristentum und frühen Christentum folgen zu lassen[2] und dementsprechend im Wintersemester 1903/4 eine Vorlesung über „Taufe und Abendmahl im Neuen Testament und dem 1.–4. Jahrhundert" gehalten, ist aber zur Ausarbeitung dieses Manuskripts für den Druck nicht gekommen, weil sich ihm inzwischen der Plan aufgedrängt hatte, als Vorbereitung für eine ausführlichere Darstellung des „Lebens Jesu" eine Geschichte der Leben-Jesu-Forschung zu schreiben. Infolgedessen hielt er im Sommersemester 1905 eine Vorlesung über „Die wissenschaftliche Forschung über das Leben Jesu seit D. F. Strauss" und veröffentlichte 1906 sein berühmt gewordenes Werk „Von Reimarus zu Wrede". Seine sonstigen Vorlesungen dieser Jahre behandelten die Katholischen Briefe, die Pastoralbriefe und die Apokalypse, daneben begann seine wissenschaftliche Beschäftigung mit J. S. Bach, und nichts in alledem weist irgendwie darauf hin, daß er sich der Erforschung des paulinischen Denkens zuwenden wolle. Im Jahre 1905 aber entschloß er sich dann an seinem 30. Geburtstag, wie jedermann weiß, Medizin zu studieren, um als Arzt nach Afrika zu gehen, und nahm im Oktober dieses Jahres das Medizinstudium auf, behielt aber die theologische Lehrtätigkeit und das Predigtamt bei und arbeitete überdies weiterhin an seinen Werken über J. S. Bach und den deutschen und französischen Orgelbau, wirkte auch bei den verschiedensten Gelegenheiten als Organist mit. Man sollte meinen, mit dem allen sei seine Arbeitskraft restlos ausgelastet gewesen.

Aber das war offenbar nicht der Fall. Im Sommersemester 1906 hielt Schweitzer zum ersten Mal eine Vorlesung über den Galaterbrief, und er hat später ausdrücklich berichtet, daß ihm zu Beginn seines Medizinstudiums seine Vorlesungen viel Arbeit machten, „besonders da ich in ihnen die Probleme der Lehre Pauli zu behandeln anfing"[3]. Aber nicht genug damit: nach Ablegung des Physikums im Jahre 1908, also wäh-

---

[2] Ich entnehme die biographischen Angaben hier und im folgenden Schweitzers autobiographischen Schriften (Selbstdarstellung, Sonderdruck aus „Die Philosophie der Gegenwart in Selbstdarstellungen" VII, 1929, und: Aus meinem Leben und Denken, 1931) und den Vorlesungsverzeichnissen der Universität Straßburg von 1893–1912.

[3] Selbstdarstellung 19; Aus meinem Leben und Denken 83.

rend der klinischen Semester und der Zeit als Volontär in den Kliniken, fand er nach seiner eigenen Angabe „durch starke Inanspruchnahme der Nächte die Zeit, ein Werk über die Geschichte der wissenschaftlichen Erforschung der Gedankenwelt Pauli fertig zu stellen"[4], das dann 1911 unter dem Titel „Geschichte der Paulinischen Forschung von der Reformation bis zur Gegenwart" erschien. Diese Forschungsgeschichte war ursprünglich als einleitendes Kapitel einer Darstellung der Gedankenwelt des Paulus gedacht, wurde aber so umfangreich, daß Schweitzer sie als selbständiges Buch veröffentlichte; wie er später berichtet, hatte er aber zu jener Zeit auch seine Darstellung der paulinischen Gedankenwelt schon so weit ausgearbeitet, daß er sie in wenigen Wochen hätte druckreif machen können, doch das medizinische Staatsexamen, die medizinische Promotion, die Ausarbeitung der 2. Auflage der Leben-Jesu-Forschung und die Vorbereitung einer praktischen Ausgabe der Bachschen Orgelwerke nahmen ihn so sehr in Anspruch, daß er das geplante Paulusbuch vor seiner Ausreise nach Afrika nicht mehr fertigstellen konnte. Es ist bekannt, daß Schweitzer dann durch seine Tätigkeit in Afrika, durch Internierung und Krankheit, durch die Abfassung seiner Kulturphilosophie, dann auch durch die Notwendigkeit der Geldbeschaffung durch Vorträge und Konzerte auf Jahre hinaus voll ausgelastet war, und wieder sollte man erwarten, daß er infolgedessen den Plan aufgegeben habe, seine Paulusforschung noch zu einem Ende zu bringen. Aber wieder trifft diese Erwartung nicht zu. 1921 hielt Schweitzer in der Religionswissenschaftlichen Gesellschaft in London Vorlesungen über das paulinische Problem, und als er 1924 wieder nach Afrika ausreiste, war erneut „das aus dem Jahre 1911 stammende Manuskript der Mystik des Apostels Paulus"[5] in seinem Gepäck. Er kam aber auch während dieser zweiten afrikanischen Zeit nicht dazu, dieses Manuskript zu überarbeiten; als er jedoch 1927 erneut nach Europa zurückkehrte, verwandte er, wie er sagt, „alle freie Zeit auf die Fertigstellung der ‚Mystik des Apostels Paulus'"[6] und schrieb das letzte Kapitel 1929 auf dem Schiff, das ihn zum dritten Mal nach Afrika brachte, und so ist das Buch 1930 erschienen[7].

---

[4] Aus meinem Leben und Denken 101.   [5] Ebd 178.

[6] Ebd 184. – Im August 1928 schreibt er: „Glückselig sitze ich an dem Manuskript der ‚Mystik des Paulus'" (Selbstdarstellung 42).

[7] Der Plan, eine zweite Auflage der „Geschichte der paulinischen Forschung" abzufassen (so in der Vorrede zur „Mystik des Apostels Paulus" S. VII), kam dagegen nicht zur Ausführung, die 1933 erschienene 2. Auflage war ein photomechanischer Nachdruck.

Aus diesen biographischen Tatbeständen ergeben sich zwei nicht voneinander zu trennende Fragen: 1. Wie ist Schweitzers Paulusauffassung entstanden, wie hat sie sich entwickelt und was hat ihn dazu veranlaßt, trotz aller Hemmnisse die wissenschaftliche Beschäftigung mit Paulus aufzugreifen und mit zäher Ausdauer zu Ende zu führen? und 2. Welches sind die kennzeichnenden Punkte seines Paulusverständnisses und welche Wirkung hat seine Paulusdeutung auf die Paulusforschung unseres Jahrhunderts ausgeübt?

Über die Motive, auf Grund derer sich A. Schweitzer nach dem vorläufigen Abschluß seiner Jesusforschung und trotz seiner sonstigen Belastungen dem Denken des Paulus forschend zuwandte, läßt sich aus seinen gedruckten Äußerungen nur wenig erkennen. Während er in seinen späteren autobiographischen Äußerungen erzählt hat, wie ihm als jungem Soldaten im Manöver des Jahres 1894 bei der Lektüre des Matthäusevangeliums die grundlegenden Erkenntnisse vom eschatologischen Charakter der Verkündigung Jesu aufleuchteten, die er dann in seinen beiden ersten theologischen Schriften vertrat, hat er im Hinblick auf seine Paulusdeutung später nur die *eine* Bemerkung gemacht, daß er schon 1906 „die Grundgedanken der eschatologischen Erklärung der so merkwürdigen paulinischen Lehre vom Sein in Christo und vom Gestorben- und Auferstandensein mit ihm im Kolleg vortragen konnte"[8]. Die Grundgedanken seiner 1911 im Zusammenhang seiner Geschichte der Paulusforschung vorgetragenen Paulusdeutung standen ihm nach dieser Angabe also schon fest, als er 1906 seine erste Vorlesung über den Galaterbrief hielt, doch läßt sich feststellen, daß Schweitzer diese Grundgedanken schon einige Jahre früher gewonnen hatte. Während seine Licentiatenschrift keinen Hinweis auf Paulus enthält, zitiert er in seiner Habilitationsschrift über das Messianitäts- und Leidensgeheimnis als Parallele zu der von ihm angenommenen Voraussage der bevorstehenden allgemeinen messianischen Auferstehung durch Jesus als die Anschauung des Paulus: „Dieselbe Verbindung der urchristlich eschatologischen Erwartung mit der Totenauferstehung findet sich in klassischer Weise bei Paulus (1Kor 15,50–54). Es handelt sich hier gar nicht um genuin paulinische Gedanken, sondern um eine urchristliche Anschauung, welche schon Jesus ausgesprochen hat . . . So ist für Paulus Jesus Christus durch die Totenauferstehung als Messias erwiesen, ‚der Erstling der Entschlafenen' (1Kor 15,20). Auf diesem Gedanken beruht überhaupt die ganze

---

[8] Aus meinem Leben und Denken 101.

paulinische Theologie und Ethik. Weil man sich in dieser Zeit befindet, sind die Gläubigen eigentlich mit Christo begraben und mit ihm auferstanden durch die Taufe ... Erst von diesem Grundgedanken aus erfaßt man die Einheit in der für uns sonst so mannigfach zusammengesetzten Gedankenwelt Pauli."⁹ Diese wenigen Sätze zeigen wie mit einem Schlaglicht, daß sich Schweitzer bereits zu Beginn seiner Forschertätigkeit auch mit Paulus befaßt und zwei Einsichten gewonnen hatte, die für sein späteres Paulusbild grundlegend blieben: auch die Verkündigung des Paulus ist von der Naherwartung beherrscht, und die so strukturierte Verkündigung des Paulus kann und muß als Einheit verstanden werden. Schweitzer macht freilich, zumal er in diesem ganzen Heft auch sonst fast keine Literatur zitiert, keine Angaben darüber, wie er zu diesen Einsichten über die Verkündigung des Paulus gekommen ist, und so sind nur Rückschlüsse möglich.

Da ist einerseits zu sagen, daß zwar die beiden Bände über das Abendmahl keine direkten Ausführungen über das Urchristentum enthalten, daß aber der Obertitel für beide Bände: „Das Abendmahl im Zusammenhang mit dem Leben Jesu und der Geschichte des Urchristentums" darauf deutet, daß Schweitzer seine neuen Erkenntnisse über das Abendmahl im Zusammenhang des neu verstandenen Lebens Jesu in die Geschichte des Urchristentums fortführen wollte; er hat überdies ausdrücklich im Vorwort zum ersten der beiden gleichzeitig erschienen Hefte angekündigt, daß ein drittes Heft „in thunlichster Bälde" folgen solle, das „das Abendmahl in der urchristlichen und in der altchristlichen Epoche" behandeln sollte, und schon aus dieser Forschungsplanung ergibt sich, daß sich Schweitzer schon zur Zeit der Abfassung der beiden ersten Hefte Gedanken über die Konsequenzen seiner neuen Auffassung der Verkündigung Jesu für das Verständnis des Urchristentums und damit vor allem für das Verständnis des Paulus gemacht haben muß, und seine kurzen Bemerkungen über das richtige Paulusverständnis, das wir in seiner Habilitationsschrift fanden, bestätigt ja diesen Schluß. Weiter ist daran zu erinnern, daß Schweitzer als Student auch bei Friedrich Spitta Vorlesungen gehört hat. Er erwähnt einerseits in seiner paulinischen Forschungsgeschichte sehr anerkennend[10], daß Spitta in seinen ungedruck-

---

⁹ *A. Schweitzer*, Das Abendmahl im Zusammenhang mit dem Leben Jesu und der Geschichte der Urchristenheit. 2. Heft: Das Messianitäts- und Leidensgeheimnis. Eine Skizze des Lebens Jesu, 1901, 75–78.

¹⁰ *A. Schweitzer*, Geschichte der Paulinischen Forschung von der Reformation bis

ten exegetischen Vorlesungen die Abhängigkeit des Paulus von der spätjüdischen Literatur vertreten und damit auch R. Kabisch beeinflußt habe, der sein Buch über die Eschatologie des Paulus in der Tat F. Spitta „in größter Verehrung und Dankbarkeit" gewidmet hat; Schweitzer erwähnt andererseits bereits in seiner Dissertation, daß Spitta das letzte Mahl Jesu in einer schon 1893 erschienenen Arbeit „durch Zuhülfenahme eschatologischer Gedankengänge" erklärt hat[11]. Die Vermutung liegt daher nahe, daß Schweitzer durch Spittas Vorlesungen auf die Bedeutung der Eschatologie für das Verständnis des Urchristentums und auf die Beeinflussung des Paulus durch spätjüdische apokalyptische Vorstellungen aufmerksam geworden ist, aber das bleibt ebenso eine Vermutung wie die keineswegs fernliegende Annahme, daß Schweitzer schon zur Zeit der Abfassung seiner Habilitationsschrift das 1893 erschienene Buch von Kabisch über die paulinische Eschatologie gekannt hat, das Spitta in seiner Schrift über das Abendmahl zitiert und das Schweitzer 10 Jahre später als eines der wichtigsten Paulusbücher bezeichnet hat. Ferner ist daran zu erinnern, daß Schweitzer bei Theobald Ziegler Geschichte der Philosophie gehört hatte und von Ziegler, seinem philosophischen Doktorvater, im Rigorosum geprüft worden ist. Die Vermutung liegt daher nahe, daß er aus Zieglers Vorlesungen oder auch aus Zieglers 1886 erschienener „Geschichte der christlichen Ethik" wußte, daß Ziegler angesichts der paulinischen Anschauungen über Ehe und Sklaverei eindeutig auf den Glauben des Paulus an die nahe Wiederkunft Christi hingewiesen hat[12]. Und wenn Schweitzer schließlich in seinen Bemerkungen über das Verständnis des Paulus in der Habilitationsschrift auch betont, daß hinter der mannigfach zusammengesetzten Gedankenwelt des Paulus eine Einheit zu erkennen sei, liegt die Vermutung nahe, daß er sich bereits damals, wie dann später in seiner paulinischen Forschungs-

---

auf die Gegenwart, 1911, 41 Anm. 1. Spitta las 1894/5–1896 über alle großen Paulusbriefe, außer Galater.

[11] Das Abendmahl im Zusammenhang mit dem Leben Jesu und der Geschichte des Urchristentums. 1. Heft: Das Abendmahlsproblem auf Grund der wissenschaftlichen Forschung des 19. Jahrhunderts und der historischen Berichte, 1901,15.17. Spitta weist in der von Schweitzer zitierten Abhandlung ausdrücklich darauf hin, daß bei Paulus in seinen Ausführungen über das Abendmahl „die eschatologische Stimmung noch vernehmlich nachklingt" (*F. Spitta*, Zur Geschichte und Literatur des Urchristentums I, 1893, 277).

[12] *Th. Ziegler*, Geschichte der Ethik II: Geschichte der christlichen Ethik, 1886, 85f. Ziegler las 1893, 1895 und 1897 „Geschichte der antiken und mittelalterlichen Philosophie".

geschichte, mit dem Paulusverständnis seines Lehrers H. J. Holtzmann innerlich auseinandersetzte, dessen „Neutestamentliche Theologie" kurz vorher (1897) erschienen war. Das ist um so wahrscheinlicher, als er die beiden Bände über das Abendmahlsproblem trotz seiner starken Opposition zu Holtzmanns Jesusbild seinem Lehrer „in aufrichtiger Verehrung und treuer Anhänglichkeit" als der „dankbare Schüler" gewidmet hat. Es spricht allerdings für die Sachlichkeit und menschliche Größe dieses Lehrers, daß Holtzmann trotz seiner Ablehnung der Anschauungen Schweitzers diesem die Habilitation gegen den Widerstand zweier Fakultätskollegen ermöglicht hat[13].

Müssen alle diese Vermutungen über die Entstehung der ältesten Äußerung Schweitzers über Paulus vom Jahre 1901 naturgemäß unsicher bleiben und soll mit diesen Vermutungen der persönliche Anteil Schweitzers an seiner Paulusdeutung keineswegs verkleinert werden, so werden weitere wesentliche Züge des Paulusverständnisses Schweitzers zu der Zeit sichtbar, als er nach seiner eigenen Angabe seinen Hörern zuerst sein eschatologisches Paulusverständnis vortrug, nämlich in der 1906 erschienenen ersten Auflage seiner Geschichte der Leben-Jesu-Forschung, freilich auch hier immer noch gelegentlich und fragmentarisch. Da wird zunächst einmal auf das Problem hingewiesen, das für die Geschichtsforschung durch die eschatologische Jesusdeutung von J. Weiss und Schweitzer selbst unausweichlich entstanden ist: „Ist nämlich Jesu Gedankenwelt rein und ausschließlich eschatologisch, so kann, wie schon Reimarus konstatiert hat, auch nur ein exklusiv eschatologisches Urchristentum daraus entstanden sein. Wie aber aus einem solchen die uneschatologische griechische Theologie hervorgehen konnte, hat noch keine Kirchengeschichte und keine Dogmengeschichte nachgewiesen. Vielmehr haben sie alle ... neben dem Hauptgeleise der zeitgeschichtlich bedingten Anschauung ein Nebengeleise für die zeitgeschichtlich unbedingten Gedanken angelegt, auf welches sie dann beim historischen Zurücktreten der urchristlichen Eschatologie den Zug überführen, nachdem sie zuvor die Wagen, die nicht über diese Station mitgehen sollen, abgehängt haben. Dieses Verfahren ist ihnen nun durch Weiss unmöglich gemacht worden."[14] Mit diesem für Schweitzer charakteristischen Bild ist das für seine Paulusdeutung entscheidende Problem der Hellenisierung der „eschatologischen Sekte" gestellt, ohne daß in diesem Zusammen-

---

[13] W. *Bauer,* Heinrich Julius Holtzmann. Ein Lebensbild, AWR. B 9, 1932, 46.
[14] A. *Schweitzer,* Von Reimarus zu Wrede. Eine Geschichte der Leben-Jesu-Forschung, 1906, 249f.

hang schon auf Paulus im besonderen hingewiesen wäre, und Schweitzer
fügt an anderer Stelle ausdrücklich hinzu, daß „die ganze Geschichte des
‚Christentums'... auf der Parusieverzögerung beruht"[15]. Neben diesen
Hinweis auf das durch die konsequent eschatologische Jesusdeutung gegebene Problem der Hellenisierung und Enteschatologisierung des Christentums tritt aber auch schon die Feststellung, daß „geschichtlich betrachtet der Täufer, Jesus und Paulus nur Erscheinungen der jüdischen
Apokalyptik sind"[16], und damit ist gesagt, daß die zu erklärende Hellenisierung des Christentums nicht mit Paulus beginnt, daß Paulus vielmehr aus der jüdischen Apokalyptik zu erklären ist.

Wie Schweitzer diese Erklärung vorzunehmen beabsichtigt, läßt sich
auch schon an zwei Beispielen erkennen. Da wird einmal darauf hingewiesen, daß für Paulus „Verwandlung, Auferstehung und Entrückung"
bei der Parusie „ein und dasselbe Geschehen" sind, ohne daß hier schon
die später für Schweitzer kennzeichnende Unterscheidung zwischen einer
ersten und zweiten Auferstehung bei Paulus erwähnt wäre; und dann
nennt Schweitzer die paulinischen Vorstellungen vom „Gezeichnetwer-
den" in der Taufe „zur Errettung auf das Kommende" und von Taufe
und Abendmahl als eschatologischen Sakramenten, wobei Paulus nach
Schweitzer die Taufe dadurch endgültig verchristlicht, daß er sie „als ein
mystisches Miterleben des Todes und der Auferstehung Jesu erfaßte"[17].
Dh Schweitzer interpretiert die eschatologischen Erwartungen des Paulus aufgrund jüdischer apokalyptischer Vorstellungen und verknüpft mit
der paulinischen Deutung der Taufe als eines eschatologischen und realistischen Geschehens die Interpretation des Sterbens und Auferstehens in
der Taufe als „mystischen" Vorgang, was beides charakteristische Bestandteile seiner späteren Paulusinterpretation sind. Aus diesen wenigen
Äußerungen über Paulus in der 1. Auflage der Geschichte der Leben-
Jesu-Forschung läßt sich also deutlich erkennen, daß Schweitzer zur Beschäftigung mit Paulus in unmittelbarem Anschluß an den vorläufigen
Abschluß seiner Jesusforschung durch das brennende Interesse getrieben
wird, sich die Richtigkeit der konsequent eschatologischen Jesusdeutung
durch den Weitergang ins Urchristentum bestätigen zu lassen und nachzuweisen, daß auch erst von der eschatologisch interpretierten Gedankenwelt des Paulus aus sich die weitere Geschichte des Christentums, vor
allem seine Hellenisierung, erklären lasse. Daß Schweitzer bei der zähen
Verfolgung dieses wissenschaftlichen Ziels auch ein „wissenschaftliches
Soll" erfüllen wollte, „das sich der Student auferlegt hat", wie W. Picht,

---

[15] Ebd 356.   [16] Ebd 364.   [17] Ebd 363.374.377f.

wahrscheinlich aus persönlicher Nähe zu Schweitzer, feststellt[18], ist möglich, läßt sich aber aus den gedruckten Äußerungen Schweitzers nicht bestätigen. Doch muß in diesem Zusammenhang noch auf einen Tatbestand hingewiesen werden: Schweitzer hat in einer 1906 gehaltenen Predigt[19] Paulus als „Vorkämpfer der Freiheit des Christentums" bezeichnet, der „das Christentum befreit hat von den Fesseln eines äußeren Gesetzes", und er hat damit zu erkennen gegeben, daß ihn das später von ihm vertretene Verständnis der paulinischen Botschaft von der Gesetzesfreiheit auch schon damals beherrschte und daß ein entscheidender Antrieb zur Hinwendung zu Paulus für ihn gewesen ist, daß er schon damals Paulus als „den ersten christlichen Denker" verehrte, der „sich gegen die Autorität der Kirche auflehnt", wie er später formuliert hat[20].

Lassen sich so aus den erwähnten Büchern Schweitzers aus den Jahren 1901–1906 schon einige wesentliche Züge des späteren Paulusbildes Schweitzers erkennen, so begegnet uns dieses Paulusverständnis zum ersten Mal in allen wesentlichen Zügen in seiner 1911 erschienenen „Geschichte der paulinischen Forschung von der Reformation bis auf die Gegenwart". Es kann sich hier nicht darum handeln, den Inhalt dieses Buches zu referieren, zumal das in den Abschnitten, die ihrerseits Referate über frühere Arbeiten sind, überhaupt nicht möglich ist[21]; meine Aufgabe kann nur die doppelte sein, die Art dieser *Geschichte* der Forschung kritisch zu charakterisieren und zu zeigen, welche weiteren Züge des Schweitzerschen Paulusverständnisses daneben in dieser als Einleitung zu einer Paulusdarstellung konzipierten Forschungsgeschichte sichtbar werden.

Schweitzer hatte seine Forschungen über das Abendmahl und über das Leben Jesu mit einer Darstellung der jeweiligen Geschichte des Problems eingeleitet; daß er sich nun auch bei der Paulusforschung unter erschwerten Umständen diese zusätzliche Arbeit auflud, hat er später rückblickend als „Schuld des Aristoteles" bezeichnet. „Wie oft habe ich die Stunde verwünscht, in der ich erstmals den Abschnitt seiner Metaphysik las, in dem er das Problem der Philosophie aus der Kritik des vorherigen Philosophierens entwickelt ... Fort und fort habe ich seither den Drang

[18] *W. Picht*, Albert Schweitzer. Wesen und Bedeutung, 1960, 81.

[19] Abgedruckt bei *W. Picht* (s. Anm. 18) 293ff.

[20] *A. Schweitzer*, Die Mystik des Apostels Paulus, 1930, 200.

[21] Schweitzer selber hat eine Inhaltsangabe dieses Buches gegeben in „Aus meinem Leben und Denken" (s. Anm. 2) 103–107; die Unmöglichkeit eines Resümees betont auch *W. Picht* (s. Anm. 18) 84.

in mir erlebt, das Wesen eines Problems nicht nur an sich, sondern auch aus der Art seiner Selbstentfaltung in der Geschichte begreifen zu wollen"[22]. Freilich ist es recht fraglich, ob die Feststellung des Aristoteles, daß der Blick auf die vor ihm Philosophierenden nützlich (προύργου) sein werde für seine eigene Untersuchung[23], für Schweitzer in Wirklichkeit mehr bedeutet hat, als daß er durch die Bemerkung des Aristoteles sich des Dranges bewußt wurde, von dem er ja selber redet, nämlich „das Wesen eines Problems . . . auch aus der Art seiner Selbstentfaltung in der Geschichte begreifen zu wollen"[24]. Weil dieses Interesse Schweitzer treibt, wird die paulinische Forschungsgeschichte aber auch nicht um ihrer selbst willen und schon gar nicht *sine ira et studio*, sondern von vorneherein mit einer ganz bestimmten Fragestellung ins Auge gefaßt, die sich aus der Vorrede des Buches erkennen läßt. Schweitzer ist danach an zwei Fragen interessiert: „Wie konnte auf Grund der Wirksamkeit des Herrn und des Glaubens der Urgemeinde das Lehrsystem Pauli entstehen?" und: „Wie ist aus diesem das altgriechische Dogma hervorgegangen?" Die bisherige Forschung soll dementsprechend einerseits danach befragt werden, wie sich „der ausschließlich jüdisch-eschatologische Anfangspunkt des Evangeliums" „zum Griechischen entwickelt hat", und weil die Forschung diesen allein richtigen Anfangspunkt bisher nicht gesehen hat, muß andererseits gezeigt werden, daß die Forschung „eine befriedigende Antwort auf die Frage nach dem Wann und Wie der Hellenisierung des Evangeliums nicht zu geben vermocht" hat[25]. So führt denn auch der Titel des Buches „von der Reformation bis auf die Gegenwart" irre: von der Reformation wird nur in acht Zeilen gesagt, ihre Exegese habe ihre Ideen in Paulus hineingelegt, den Anfang unabhängiger Paulusbetrachtung sieht Schweitzer erst bei H. Grotius, ohne jedoch zu berichten, daß Grotius als erster auf die Erwartung des nahen Endes durch Paulus hingewiesen hat; J. Lockes auch in Deutschland viel gelesene Paraphrasen der Paulusbriefe mit ihrer Forderung, die Paulusbriefe im Sinne ihres Verfassers zu interpretieren, fehlen dagegen völlig[26]. Auf den Beginn der literarischen Fragestellung gegenüber den Paulusbriefen bei J. S. Semler und J. G. Eichhorn wird richtig hingewiesen,

---

[22] Aus meinem Leben und Denken (s. Anm. 2) 102.

[23] *Aristoteles*, Metaphysik 3, 983b 1–6.

[24] Ähnliche Zweifel äußert auch *H. Groos*, Albert Schweitzer. Größe und Grenzen. Eine kritische Würdigung des Forschers und Denkers, 1974, 56f.

[25] *A. Schweitzer*, (s. Anm. 10) V. VIII. VII.

[26] Auf diese Lücke verweist *L. Zscharnack*, ThJber 31, I, 1911, 850.

dagegen erhält die wichtige erste Darstellung der „Entwicklung des paulinischen Lehrbegriffs" durch L. Usteri von 1824 nur wenige Zeilen, obwohl Usteri als erster den Gegensatz des Menschen ohne Christus und des Glaubenden bei Paulus und die Annahme eines allmählichen Abrückens des Paulus von der Naherwartung vertreten hat. Auch der folgende Abschnitt über „F. C. Baur und seine zeitgenössischen Kritiker" ist nicht mehr als eine Skizze; Baur erscheint im wesentlichen nur als Literarkritiker, weder für sein Paulusbuch noch für seine „Vorlesungen über Neutestamentliche Theologie" werden dem Leser die entscheidenden Züge der Interpretation Baurs deutlich gemacht, er erfährt zB nicht, daß Baur bereits ähnlich wie Schweitzer selber den Beginn der Dogmengeschichte zwischen Jesus und dem Urchristentum und damit auch Paulus ansetzt. Und in den wenigen Worten über Baurs Schüler A. Schwegler fehlt merkwürdigerweise der Hinweis darauf, daß dieser Forscher schon die zentrale Rolle der Naherwartung im gesamten Urchristentum betont hat[27]. Erst in dem nun folgenden umfangreichen Abschnitt über die Paulusforschung „von Baur zu Holtzmann" zeigt sich ein wirkliches Interesse des Geschichtsschreibers Schweitzer. Zwar ist nach Schweitzer „das wirkliche Resultat der nachbaurschen Forschung durchaus negativ", und die Forscher dieser Epoche werden beschuldigt es unterlassen zu haben, „Nachweise und Beweise an Stelle der Behauptungen zu setzen ... Der wissenschaftliche Selbsterhaltungstrieb verwehrte es ihnen". Und wenn die Kritik lautet, daß die meisten Forscher „die paulinischen Gedanken immer nur von außen angeschaut, aber nie in das Wesen des Systems Einblick genommen" haben, so beruht dieses Urteil darauf, daß die Forscher nicht, wie Schweitzer es für nötig hält, energisch nach dem Zusammenhang des Paulus mit der spätjüdischen Gedankenwelt, nach seinen eschatologischen Vorstellungen und nach dem zwischen Paulus und seinen Gegnern gemeinsamen Lehrbestand gefragt haben, vor allem aber darauf, daß das Problem des Griechischen und Hellenistischen im Paulinismus „in der Forschung von Baur bis zu Holtzmann nirgends eingehend erörtert wird". Im Grunde sind es nur zwei Forscher, die von dieser allgemeinen Verurteilung ausgenommen werden, H. Lüdemann und R. Kabisch. Lüdemanns „glänzende Arbeit" über die Anthropologie des Paulus (1872) erhält darum Lob, weil Lüdemann eine jüdische und eine hellenistische Erlösungslehre bei Paulus unterscheidet und auf zwei verschiedene Anthropologien zurückführt, wobei die wirkliche Ansicht

---

[27] *A. Schwegler,* Das nachapostolische Zeitalter in den Hauptmomenten seiner Entwicklung I, 1846,109f.

des Paulus in der realistischen ethisch-physischen und damit der hellenistischen Erlösungslehre gesehen wird. Daß Schweitzer Lüdemann darum so hoch einschätzt (trotz seiner Bevorzugung der hellenistischen Seite bei Paulus), weil nach Lüdemann „die Erlösungslehre Pauli physisch naturhaft gedacht" ist, kommt freilich nur ganz gelegentlich zur Sprache, während R. Kabischs Arbeit über „Die Eschatologie des Paulus" (1893) darum und mit Recht Lob erhält, weil „die großen Paradoxien, in denen der Paulinismus hängt, hier zum ersten Mal klar aufgedeckt und ihrem wirklichen, dh eschatologischen Wesen nach beschrieben" und aus jüdischen Prämissen abgeleitet sind[28]. Ein halbes Jahrhundert der Forschung wird so in diesem Kapitel Schweitzers im ganzen recht summarisch abgehandelt, wobei sich auch merkwürdige Lücken zeigen: nur im Vorbeigehen wird der Straßburger E. Reuss erwähnt, der in seiner bedeutenden „Histoire de la théologie chrétienne au siècle apostolique" (1852) die Stellung des paulinischen Denkens im Zusammenhang der urchristlichen Gegensätze schon weitgehend richtig interpretiert hatte[29], und völlig übersehen ist, daß F. Overbeck schon 1873 den Glauben an die baldige Wiederkehr Christi als das entscheidende Kennzeichen der ältesten Christen und darum die Parusieverzögerung als das treibende Motiv der urchristlichen Geschichte bezeichnet hatte[30].

Ganz anders wird die innere Beteiligung Schweitzers aber, wenn er sich nun der 1897 erschienenen „Neutestamentlichen Theologie" seines Lehrers H. J. Holtzmann zuwendet; dieses Kapitel in der Mitte des Buches ist zweifellos der Höhepunkt von Schweitzers Darstellung. Nicht darum, weil Schweitzer Holtzmanns Paulusinterpretation für richtig oder wegweisend hielte, das Gegenteil ist vielmehr der Fall, denn das Schlußurteil lautet: „Damit bricht seine Konstruktion innerlich zusammen, mag er sie mit Worten äußerlich, auf einige Zeit, auch noch aufrecht erhalten." Schweitzer wirft Holtzmann vor, „aus dem Objektiven, das Paulus ausspricht, um es deuten zu können, immer erst ein Subjektives" zu machen, und tadelt seine „Tendenz, für die Erklärung des Lehrbegriffs auf die Eschatologie so viel wie möglich zu verzichten". Aber nicht diese und andere, oftmals berechtigte Aussetzungen an Holtzmanns

---

[28] *A. Schweitzer* (s. Anm. 10) 78.29.52.185.47.

[29] Vgl. zu E. Reuss *W. G. Kümmel*, Das Neue Testament. Geschichte der Erforschung seiner Probleme, OA III, 3, ²1970, 191ff und O. *Merk*, Biblische Theologie des Neuen Testaments in ihrer Anfangszeit, MThSt 9, 1972, 237f.

[30] *F. Overbeck*, Über die Christlichkeit unserer heutigen Theologie, ²1903, 85.87 (entspricht dem Text von 1873).

Ausführungen sind das Großartige an dieser Darstellung Schweitzers, sondern einerseits der Nachweis, daß Holtzmanns Gliederung des „Paulinismus" nach den Gesichtspunkten der traditionellen Dogmatik darum unnatürlich ist, weil sie „die im System gegebenen Zusammenhänge außer acht läßt", vor allem aber die Beobachtung, daß das von Holtzmann angenommene „Nebeneinander und Gegeneinander jüdischer und griechischer Ideen" laufend zu Widersprüchen führt, die (nach Schweitzer) Holtzmann „locken, statt ihn zu erschrecken", Widersprüche, die „in Wirklichkeit aber . . . ein Verzichten auf die Erklärung der Lehre des Urapostels" bedeuten.

Nach dieser mit innerer Beteiligung geführten Auseinandersetzung mit dem Lehrer, von dessen Darstellung des Paulus im Kolleg sich Schweitzer gepackt gefühlt hatte[31], sind die beiden folgenden Kapitel mit den Überschriften „Unechtheits- und Überarbeitungshypothesen" und „Am Anfang des zwanzigsten Jahrhunderts" zwar instruktiv, aber sonst wenig bedeutsam, von dem Hymnus auf Wredes Paulusbüchlein abgesehen, und erst das vorletzte Kapitel über „Die religionsgeschichtliche Erklärung" und die abschließende „Zusammenfassung und Problemstellung" lassen wieder Schweitzers leidenschaftliche Beteiligung an seinem Gegenstand verspüren. In diesen beiden Kapiteln findet sich einerseits die radikale Ablehnung des Paulusbildes der zu Beginn unseres Jahrhunderts aufgekommenen „Religionsgeschichtlichen Schule", vor allem in der Person des Straßburger Altphilologen R. Reitzenstein, andererseits eine Skizze des Verständnisses der paulinischen Theologie. Diese wollte Schweitzer in dem schon damals weitgehend vorbereiteten Buch über „Die Mystik des Apostels Paulus" vortragen, und so wird es zweckmäßig sein, die in dem ganzen Buch zerstreuten Äußerungen Schweitzers über das richtige Paulusverständnis mit den Ausführungen des letzten Kapitels zusammenzufassen, um so die für Schweitzers Paulusbild kennzeichnenden Züge zu erkennen, soweit sie bereits im Rahmen der „Geschichte der paulinischen Forschung" sichtbar werden.

Da fällt zunächst vor allem die im vorletzten Kapitel verfochtene Anschauung ins Auge, daß das paulinische Denken aus der spätjüdischen, vor allem aus der apokalyptischen Gedankenwelt zu begreifen sei, während Einflüsse aus der hellenistischen, auch aus der hellenistisch-jüdischen Gedankenwelt *restlos* abgelehnt werden (S. 68.72f.77.186)[32]. Da

---

[31] *A. Schweitzer* (s. Anm. 10) 91.84.85.81.88.89.90.

[32] Die Zahlen im Text hier und im folgenden beziehen sich auf die „Geschichte der paulinischen Forschung".

Schweitzer aber nicht leugnen kann, daß sich Paulus sprachlich mit der
hellenistischen Religiosität an vielen Punkten berührt, stellt er fest: „Als
wäre es in einer religionsgeschichtlich prästabilierten Harmonie so bestimmt gewesen, traf es sich, daß die aus der Eschatologie sich entwik-
kelnde Mystik in der Sprache der Mysterienreligionen eine vollendete
Darstellung finden konnte", der Paulinismus kann(!) nichts anderes sein
„als eine eschatologische Mystik, die sich mit Hilfe der griechischen religiösen Sprache darstellt" (S. 177.188). Man muß vielmehr die Einseitigkeit wagen, „die Lehre des Heidenapostels ausschließlich aus dem Jü-
disch-Urchristlichen begreifen zu wollen". Da das Urchristentum aber
konsequent-eschatologisch verstanden werden muß, gibt es „keinen andern Weg zur Erklärung (der paulinischen Theologie) als den, der von
der Peripherie seiner Zukunftserwartung zum zentralen Gedanken seiner
‚Theologie' führt" (S. 187.189). Diese Zukunftserwartung aber muß
rekonstruierbar sein, es *kann* keine Unklarheiten in den Zukunftserwar-
tungen des Paulus geben (S. 187), und Schweitzer deutet auch schon an,
daß nach seiner Meinung Paulus, ähnlich wie die jüdischen Apokalypsen,
eine doppelte Auferstehung vertritt (S. 42.134). Der Abhängigkeit des
paulinischen Denkens von der jüdischen Apokalyptik entsprechend versteht Paulus die Erlösung als „ein kosmisches Geschehen . . . welches den
Zustand der Schöpfung ändert und eine neue Weltzeit heraufführt . . .
Der Apostel konstatiert ein Ineinander des noch natürlichen und des
schon übernatürlichen Weltzustandes" (S. 82.190). Die so apokalyptisch-
eschatologisch interpretierte paulinische Theologie bezeichnet nun
Schweitzer aber seltsamerweise als „eschatologische Mystik", weil sich
in der Apokalyptik „das Sinnliche und das Übersinnliche auf einander
zu" bewegen, es aber die Grundvoraussetzung jeglicher Mystik sei, das
Irdische „im Überirdischen aufzuheben" (S. 49. 188). Dieser Mystiker
Paulus ist aber seinem eigentlichen Wesen nach ein *Denker,* der durch
systematische Schlüsse zur Theorie von der Gesetzesfreiheit geführt
wurde und der die von ihm übernommenen Sakramente aufgrund eines
logischen Schlusses als Sterben und Auferstehen mit Christus versteht
(S. 66.186.192). Und obwohl Schweitzer ausdrücklich erklärt, „daß die
Mystik des Heidenapostels sich auf historisch-eschatologische Tatsachen
gründet" und darum nicht geschichtslos ist, versteht er die Erlösung als
„naturhaftes" Geschehen und kann sagen, daß beim Christen „im Momente, wo er die Taufe empfängt, der Prozeß des Sterbens und Auferstehens Christi ohne sein Zutun, ohne jedes Wollen, ohne jede Überlegung an ihm abläuft wie eine Maschinerie, die durch den Druck auf

eine Feder in Gang gesetzt wird" (S. 137.176). Während die Lehre des Paulus auf diese Weise trotz der Verwendung des Begriffs „Mystik" als rational konstruierte eschatologische Heilslehre verstanden wird und darin mit der Verkündigung Jesu in einer durch Tod und Auferstehung Jesu abgewandelten Kontinuität steht, begegnen wir in der johanneischen Theologie der „vollendetsten griechischen Mysterienreligion" und damit der „altgriechischen Theologie" (S. 159.157).

Freilich wird die zuletzt genannte These wie so manche andere in der „Geschichte der paulinischen Forschung" nur im Vorbeigehen angetönt, weil ja das Buch über „Die Mystik des Apostels Paulus" unmittelbar folgen sollte. Das ist sicher *einer* der Gründe dafür, daß das Echo, das die „Geschichte der paulinischen Forschung" fand, zunächst sehr stark, bald aber erstaunlich gering war. Von den zahlreichen Äußerungen kurz nach Erscheinen des Buches waren nur vereinzelte im ganzen anerkennend[33], wenige stimmten der eigenen Auffassung Schweitzers zu, kritisierten aber seine forschungsgeschichtlichen Ausführungen[34], die meisten übten scharfe Kritik[35]. Soweit diese Kritik die geringe Berücksichtigung konservativer Forschung und das völlige Übergehen katholischer Forschung bemängelt (Kögel, Koch), trifft sie zu, doch gilt dieser Mangel für viele Arbeiten jener Zeit (daß englischsprachige Arbeiten überhaupt nicht berücksichtigt wurden, begründet Schweitzer selber mit mangelhafter Sprachkenntnis). Auch daß die Ableitung des paulinischen Denkens aus dem Spätjudentum in Wirklichkeit *auch* eine religionsgeschichtliche Erklärung darstellt und die Angriffe auf die Religionsgeschichtler ungerecht sind (Knopf, Reitzenstein, Windisch), ist richtig. Und daß die ständige Betonung der Eschatologie eine Übertreibung darstellt (Knopf, Kropatschek, Wernle), ist nicht zu bestreiten. Wesentlicher ist, daß auf das völlige Fehlen des Problems von Sünde und Gerechtigkeit verwiesen und die Vorstellung von der mechanisch wirkenden Rettung in der Taufe als

---

[33] *F. C. Burkitt*, JThSt 13, 1912, 608ff; *Ch. Guignebert*, RH 110, 1912, 351; *K. Lake*, ThT 46, 1912, 263ff; *W. Montgomery*, ET 27, 1911/2, 209ff; *C. Clemen*, Der Einfluß der Mysterienreligionen auf das älteste Christentum, RVV 13, 1, 1913, passim; *W. Koch*, ThQ 95, 1913, 144f.

[34] *J. Kögel*, TLB 1912, 225ff; *H. Windisch*, ZWTh 55, 1914, 173f.

[35] *L. Zscharnack*, ThJBer 31, I, 1911, 850; *O. Holtzmann*, DLZ 33, 1912, 974ff; *F. Kropatschek*, ZKG 33, 1912, 587f; *H. A. A. Kennedy*, St. Paul and the Mystery-Religions, 1913, 183.294ff; *R. Reitzenstein*, Religionsgeschichte und Eschatologie ZNW 13, 1912, 1ff; *E. Vischer*, ThR 16, 1913, 247ff; *P. Wernle*, ThLZ 39, 1914, 516ff; *R. Knopf*, Paul and Hellenism, AJT 18, 1914, 517f.

falsch abgelehnt wird (O. Holtzmann, Kennedy)[36]. Und R. Reitzenstein hat in seiner vornehmen Auseinandersetzung mit seinem Straßburger Kollegen auf den wichtigen Tatbestand aufmerksam gemacht, daß die Paulusdeutung Schweitzers Paulus vom weiteren frühen Christentum loslöst und statt des Paulus nun die johanneische Theologie der verderblichen Wirkung der Religionsgeschichte preisgibt. Noch bedeutsamer sind aber einige allgemeine Urteile über Schweitzers Buch: Schweitzer ist „kein Historiker", stellt H. Windisch fest; „es tut niemals gut, fast alle, die vor einem auf dem gleichen Gebiet gearbeitet haben, mehr oder weniger als Schafsköpfe hinzustellen", erklärt J. Kögel. Vor allem aber hat der Basler P. Wernle, wie schon früher angesichts der ersten Auflage der „Leben-Jesu-Forschung"[37], Schweitzer aufs schärfste angegriffen: kein Leser kann auch nur ein annähernd richtiges Bild von der Paulusforschung des 19. Jahrhunderts gewinnen, „diese Hinrichtung den Lesern als Einführung in die wirkliche Forschungsgeschichte zu geben, erforderte eine Naivität, die wir unter ernsten deutschen Forschern nicht für möglich gehalten hätten"; überdies ist nach Wernle die Erklärung des Paulinismus ausschließlich aus der eschatologischen Wurzel dieselbe Ungeheuerlichkeit wie bei Jesus, „das Durchführen erfordert dieselbe gewalttätige Mißhandelung der Texte, die wir aus früheren Schriften Schweitzers kennen, und dieselbe Verliebtheit in die eigene fixe Idee, aus der diese beiden Bücher letztlich stammen".

War das Echo auf die „Geschichte der Paulinischen Forschung" also im wesentlichen negativ, so ist noch auffälliger, daß die gesamte Paulusliteratur bis 1929, dh bis zum Erscheinen der „Mystik des Apostels Paulus", sich nur vereinzelt auf Schweitzers Buch bezieht und daß dieses

---

[36] O. *Holtzmann*, DLZ 33, 1912, 977 hat bereits angesichts der „Geschichte der paulinischen Forschung" mit Recht erklärt: „Die Probleme von Sünde und Gerechtigkeit spielen bei Paulus die erste Rolle: davon ist in dieser modernen Darstellung Schweitzers nirgends die Rede." Der Grund für dieses entscheidende Unverständnis Schweitzers liegt sicher einerseits in seiner liberal-rationalistischen Deutung des Paulus als Befreier von den Fesseln eines äußerlichen Gesetzes (s. die in Anm. 19 zitierte Predigt von 1906), vor allem aber in dem totalen Mißverständnis des paulinischen Glaubensbegriffs aufgrund eines „starken Vorurteils des Ethikers Schweitzer" (so H. *Groos* [s. Anm. 24] 352, der mit Recht von Schweitzers „Abneigung gegen die Rechtfertigungslehre" spricht).

[37] P. *Wernle*, ThLZ 31, 1906, 501ff; Exzerpte bei W. G. *Kümmel*, Die „konsequente Eschatologie" Albert Schweitzers im Urteil der Zeitgenossen, ursprünglich RHPhR 37, 1957,(58–70) 65, deutsch in: W. G. *Kümmel*, Heilsgeschehen und Geschichte. Ges. Aufs., MThSt 3, 1965, (328–339) 334f.

Buch in vielen hergehörigen Arbeiten überhaupt nicht erwähnt wird[38]. In den ganz seltenen etwas ausführlicheren Auseinandersetzungen mit Schweitzers Buch[39] findet sich auch nicht mehr als der Hinweis auf das von Schweitzer übersehene gegenwärtige Heil in der Rechtfertigung oder auch die Behauptung, die eschatologische Spannung finde sich bei Paulus im Gegensatz zu Schweitzers Meinung nur in bestimmten Zusammenhängen (so E. v. Dobschütz). Die Feststellung, daß Schweitzers „Geschichte der paulinischen Forschung" im ganzen ohne Widerhall geblieben ist (P. Feine)[40], trifft daher uneingeschränkt zu, doch ist es schwierig, die Gründe dafür ausfindig zu machen. Man spürt dem Buch zweifellos an, daß Schweitzer bei seiner Abfassung nicht mehr über die Zeit und Konzentration verfügte, die ihm bei der Ausarbeitung der „Geschichte der Leben-Jesu-Forschung" zur Verfügung standen, wenn man dieses Buch darum auch noch nicht als „Schweitzers schwächste Leistung" zu bezeichnen braucht[41]. Und es ist auch nicht zu bezweifeln, daß der weitgehend polemische Charakter des Buches und die Tatsache, daß Schweitzers eigene Anschauung nur bruchstückhaft vorgetragen wird, die Beschäftigung mit diesem Buch wenig attraktiv machten. Doch scheinen mir zwei weitere Momente für das Verständnis der geringen Wirkung der paulinischen Forschungsgeschichte wesentlich zu sein. Da ist einmal daran zu erinnern, daß Schweitzer ja zu der Zeit, als diese Forschungsgeschichte erschien, zwar in Fachkreisen durch seine „Geschichte der Leben-Jesu-Forschung" als einseitig urteilender Gelehrter

---

[38] Mehr oder weniger polemisch wird die Forschungsgeschichte zB nur eben gerade erwähnt bei *H. Weinel*, Biblische Theologie des Neuen Testaments, ³1921, 433; *A. Deissner*, Paulus und die Mystik seiner Zeit, ²1921, 11; *K. L. Schmidt*, Eschatologie und Mystik im Urchristentum, ZNW 21, 1922, 277ff; *W. Mundle*, Das religiöse Leben des Apostels Paulus, 1923, 68 Anm. 1; *O. Schmitz*, Die Christusgemeinschaft des Paulus im Lichte seines Genetivgebrauchs, NTF I, 2, 1924, 245 Anm. 1; *E. Wissmann*, Das Verhältnis von ΠΙΣΤΙΣ und Christusfrömmigkeit bei Paulus, FRLANT NF 23, 1926, 103 Anm. 2. 111 Anm. 4; *J. Schneider*, Die Passionsmystik des Paulus, UNT 15, 1929, 69; *R. Bultmann*, Zur Geschichte der Paulusforschung, ThR NF 1, 1929, 29. 43. Trotz des Themas fehlt jede Erwähnung zB bei *H. E. Weber*, Die Formel „in Christo Jesu" und die paulinische Christusmystik, NKZ 31, 1920, 213ff; *A. Deissmann*, Paulus, ²1925; *Th. Wilson*, St. Paul and Paganism, 1927; *K. Mittring*, Heilswirklichkeit bei Paulus, NTF I, 5, 1929.

[39] Etwas ausführlichere Auseinandersetzungen habe ich nur gefunden in folgenden Büchern: *W. Weber*, Christusmystik, UNT I, 10, 1924, 22ff; *P. Feine*, Der Apostel Paulus, BFChTh.M 12, 1927, 7f.149ff; *E. von Dobschütz*, Der Apostel Paulus I, 1926, 40ff.

[40] *P. Feine* (s. Anm. 39) 7.   [41] So *W. F. Kantzenbach* (s. Anm. 1) 63.

bekannt, im übrigen aber persönlich unbekannt war (Aufsätze oder Re-
zensionen hatte er nicht geschrieben), so daß vom Persönlichen her keinerlei Anreiz dazu ausging, sich mit weiteren Arbeiten von ihm intensiv
zu beschäftigen. Dazu kommt, daß nicht so sehr die Überbetonung der
Eschatologie und die radikale Ablehnung der religionsgeschichtlichen
Forschung gegen Schweitzers Paulusbuch a priori einnahmen, sondern
die völlige Beiseiteschiebung der nun doch zweifellos in den Paulusbriefen nicht unbetonten paulinischen Gedanken über Sünde und Rechtfertigung und die fast überall spürbare Freude daran, „nichts Anderes als
einen durchaus zeitlich bedingten Paulinismus in der Hand [zu] behalten, mit dem die moderne Anschauung nichts anzufangen weiß, und
ein System[zu] entwickeln, das für unsere Religion tot ist" (S. 130),
zumal auch am Schluß des Buches nichts davon verlautet, was man denn
mit diesem so verstandenen Paulus nun anfangen soll.

Als dann aber Schweitzer 1930 sein umfangreiches Buch über „Die
Mystik des Apostels Paulus" erscheinen ließ, wandelte sich die wissenschaftliche Szene völlig. Hier war nun das Paulusbild Schweitzers im
Zusammenhang geschildert, freilich erschienen die auffälligsten Züge
dieses Bildes auch verstärkt[42]: Paulus ist ein logischer Denker (S. 140),
der aus logischer Nötigung die mystische Lehre vom Gestorben- und
Auferstandensein mit Christus aufstellt (S. 98), seine ungriechische eschatologische Mystik hat das Christentum hellenisierbar gemacht (S. IX);
die Lehre von der Gerechtigkeit aus Glauben ist dagegen „ein Nebenkrater, der sich im Hauptkrater der Erlösungslehre der Mystik des Seins
in Christo bildet" (S. 220), die Verbundenheit der Erwählten mit Christus ist naturhafter Art (S. 129) und tritt durch die Taufe automatisch in
Erscheinung (S. 118); das Christentum ist erst später durch Ignatius und
die johanneische Theologie hellenisiert worden (S. 333). Schweitzer hat
dann aber auch, über die Forschungsgeschichte hinausgehend, in dem abschließenden Kapitel über „Das Unvergängliche der Mystik Pauli" Paulus nicht nur als den „Schutzheilige[n] des Denkens im Christentum"
gefeiert, der „das Recht des Denkens im Christentum sicher gestellt" hat
(S. 365f), sondern auch als den Mann, der den urchristlichen Glauben
„in seiner Christusmystik auf seinen vollendeten Ausdruck gebracht" hat
(S. 373); „in den Herzen, in denen Pauli Mystik der Gemeinschaft mit
Christo lebendig wird, ist nimmer ersterbende Sehnsucht nach dem Rei-

---

[42] Die Seitenzahlen im Text beziehen sich im folgenden auf dieses Buch. Vgl. zu den
Thesen dieses Buchs auch *W. G. Kümmel*, Die Bedeutung der Enderwartung für die
Lehre des Paulus, Heilsgeschehen (s. Anm. 37) 37ff.

che Gottes und zugleich Trost, daß wir seine Vollendung nicht schauen
... Paulus führt uns auf den sachlichen Weg der Erlösung, er liefert uns
Christo aus" (S. 385). Das alles wird ausgeführt, ohne daß Schweitzer
auf die seit 1911 geführte Diskussion um das Verständnis des Paulus
mehr als ganz sporadisch Bezug nimmt: nur mit A. Deissmann und H.
Lietzmann findet ein Dialog statt; die für Schweitzers Themen grundlegenden Arbeiten von J. Weiss (1917), W. Bousset und K. Deissner
(1921), O. Schmitz (1922), W. Mundle (1923), R. Bultmann, W. Schauf
und W. Weber (1924), P. Feine (1927), um nur die allerwichtigsten zu
nennen[43], begegnen überhaupt nicht. Aber in dem rasch einsetzenden
Echo auf Schweitzers Buch von evangelischer, katholischer und jüdischer
Seite[44] nimmt daran niemand mehr Anstoß, der immer wieder geäußerte
Respekt vor den Leistungen des Menschen Schweitzer verbietet den Kri-
tikern die an sich zweifellos berechtigte Kritik an diesem Manko. Jetzt
lauten die Urteile: „genialer Entwurf" (E. Weber), „hervorragende För-
derung der Wissenschaft" (E. Jacob), „wirklich große Konzeption" (R.
Bultmann), „il y a longtemps qu'il n'a pas paru un livre aussi important
que le sien, tant pour les études pauliniennes que pour l'histoire géné-
rale de la genèse du christianisme" (M. Goguel), „diesen objektiven und
radikalen Charakter des Heilsvollzugs erfaßt und dargestellt zu haben,
ist das größte Verdienst des Buches von Schweitzer. Er hat es getan mit
dem Ernst des konsequenten Denkers, aber auch mit dem noch tieferen
Ernst des Menschen, der selbst im eigenen Wirken radikale Folgerungen
aus dem christlichen Evangelium gezogen hat" (M. Dibelius). Selbstverständlich hat man auch diesem Buch gegenüber mit Recht entscheidende
kritische Einwände erhoben: Paulus hat seine Theologie nicht als logischer Denker konstruiert, seine Theologie ist nicht *ausschließlich* von der
jüdischen Eschatologie bestimmt, Schweitzers These von der doppelten
Auferstehung, ja überhaupt seine Konstruktion einer einheitlichen End-
zeitchronologie bei Paulus sind ebenso unhaltbar wie die Annahme einer
automatisch und naturhaft wirkenden Erlösung. Vor allem aber hat man
zwei grundsätzliche Einwände gegen Schweitzers Bild von der paulini-

---

[43] Siehe die Titel bei W. *G. Kümmel,* Römer 7 und die Bekehrung des Paulus, UNT 17,
1929, VIIff (= in: *ders.,* Römer 7 und das Bild des Menschen im Neuen Testament,
ThB 53, 1974, XIff).
[44] W. *Weber,* ThLBl 51, 1930, 403ff; E. *Jacob,* MGWJ 75, 1931, 329ff; A. *Charue,*
RHE 27, 1931, 353ff; *J. Lebreton,* RSR 21, 1931, 591ff; M. *Goguel,* RHPhR 11, 1931,
185ff; R. *Bultmann,* DLZ III, 2, 1931, 1194ff; M. *Dibelius,* NJWJ 7, 1931, 683ff
(= in: *ders.,* Botschaft und Geschichte II, 1956, 94ff); R. *Winkler,* ZThK NF 12, 1931,
148ff; *J.-M. Lagrange,* RB 42, 1933, 114ff.

schen Theologie erhoben: er kann die Gedanken über die Rechtfertigung nicht einordnen, so daß für ihn ein ganz wesentlicher Bestandteil des paulinischen Denkens unverstanden bleibt, und man kann das paulinische Verständnis des Christentums nur *per nefas* „Mystik" nennen[45]. Doch kann es in diesem Rahmen nicht meine Aufgabe sein, mich mit der endgültigen Form der Paulusdeutung Schweitzers im einzelnen auseinanderzusetzen oder auch die Gründe im einzelnen darzulegen, die zu der Wandlung in der Stellungnahme der Forschung zu Schweitzers Paulusbild geführt haben[46]. Keine ernst zu nehmende Untersuchung über Paulus seit 1930 konnte an Schweitzers „Mystik des Apostels Paulus" vorbeigehen, und O. Cullmann urteilt mit Recht, daß Schweitzers „Gesamtansicht der paulinischen Theologie alle weitere Paulusforschung beeinflußt hat und beeinflussen wird"[47]. Nur ein Doppeltes soll hier noch gesagt werden: So wenig Schweitzers Konstruktion der eschatologischen Vorstellungen des Paulus im einzelnen haltbar ist, so wenig kann ein geschichtlich haltbares Paulusverständnis noch hinter die durch Schweitzer überzeugend vorgetragene Einsicht zurückgehen, daß die Verkündigung des Paulus grundlegend von dem Verständnis seiner Gegenwart als des Miteinanders von Erwartung der nahen Endzeit und von erfahrenem Endzeitheil bestimmt ist. Aber ebenso gilt: bei aller Bewunderung für

---

[45] *W. Weber* und *R. Bultmann* (s. Anm. 44, 406 bzw. 1154) meinen darum, das Buch hätte „Die Gnosis des Apostels Paulus" genannt werden sollen. Vgl. zur Kritik des Begriffs „Mystik" bei Schweitzer auch *H. Groos* (s. Anm. 24) 342ff (anders *U. Neuenschwander*, Denker des Glaubens I, Gütersloher Taschenbücher 81, [2]1975, 65f). Seltsamerweise ist noch niemand, soweit ich sehe, der Frage genauer nachgegangen, wie Schweitzer zu seinem Begriff der „eschatologischen Mystik" kommt; es sei hier nur darauf verwiesen, daß Schweitzers Lehrer *Th. Ziegler* von einer „mystischen Lebensgemeinschaft mit Christo" bei Paulus redet (Geschichte [s. Anm. 12] 79f) und daß Schweitzers Landsmann W. Baldensperger (auf den sich Schweitzer in seinen Paulusbüchern nicht mehr bezieht) von Anknüpfungspunkten für die „Mystik des Paulus" weit zurück im Judentum und von Spuren einer doppelten Auferstehung bei Paulus redet (*W. Baldensperger,* Das spätere Judentum als Vorstufe des Christentums, 1900, 23f; *ders.,* Die messianisch-apokalyptischen Hoffnungen des Judenthums [Das Selbstbewußtsein Jesu im Lichte der messianischen Hoffnungen seiner Zeit. 1. Hälfte], [3]1903, 108.190).

[46] Ich darf neben meinen in Anm. 37 und 42 genannten Aufsätzen noch verweisen auf *W. G. Kümmel* und *C. H. Ratschow,* A. Schweitzer als Theologe, 1966, ferner auf die wenigen nicht bloß referierenden Erörterungen der Schweitzerschen Paulusforschung im Zusammenhang der Forschungsgeschichte bei W. *Picht* (s. Anm. 18) 79ff; *F. W. Kantzenbach* (s. Anm. 1) 63ff; und vor allem *H. Groos* (s. Anm. 24) 313ff.

[47] *O. Cullmann,* Albert Schweitzers Auffassung der urchristlichen Reichgotteshoffnung im Lichte der heutigen neutestamentlichen Forschung, EvTh 20, 1965, 647.

den Theologen und Menschen Albert Schweitzer kann seine Paulusdeutung keine kanonische Geltung beanspruchen, weil auch ihm gegenüber der Grundsatz gilt, den er selber im Vorwort zur „Mystik des Apostels Paulus" als seine Devise genannt hat: „Die Erforschung der geschichtlichen Wahrheit als solcher gilt mir als ein Ideal, dem die wissenschaftliche Theologie nachzustreben hat ... Ein Christentum, das die historische Wahrheit nicht in den Dienst der geistigen zu stellen wagt, ist innerlich nicht gesund, auch wenn es sich stark vorkommt"[48]. Die neutestamentliche Wissenschaft der Gegenwart hat allen Grund, diese Mahnung Albert Schweitzers nicht in den Wind zu schlagen!

---

[48] *A. Schweitzer* (s. Anm. 20) IXf.

ZU RÖMER 9,5

OTTO KUSS

Die Kapitel 9–11 des Römerbriefes bilden einen in sich geschlossenen Zusammenhang, der sich von dem ersten – Röm 1–8 – und dem
letzten – Röm 12–16 – Teil des Briefes deutlich abhebt. Die Frage, ob
und wie eine Verbindung zwischen den Gedankengruppen existiert, ist
verschieden beantwortet worden, kein Zweifel kann jedoch bestehen,
daß die Thematik von Röm 9–11 nicht weit vom Zentrum der theologischen Reflexion des Paulus angesiedelt ist; die schockierende Tatsache,
daß sich gerade das jüdische Volk, welches der heilschaffende Gott –
Paulus übernimmt dieses Selbstverständnis Israels – zum eigentlichen
Werkzeug seiner Heilspläne durch die Jahrhunderte hindurch vor allen
anderen Völkern „ausgewählt" und vorbereitet hat, im entscheidenden
Augenblick der Heilsvollendung durch Jesus Christus verweigert, stellt
für ein solches wurzelhaft jüdisches Geschichtsverständnis eine enorme
theologische Aporie dar, deren Sinn bedacht und verstanden werden
muß. Zu Beginn seiner Argumentation sucht Paulus die – auch seiner
Überzeugung nach – extreme Sonderstellung des jüdischen Volkes mit
neun Begriffen zu umschreiben[1], deren letzter – Röm 9,5b oder Röm
9,5b.c.d – nach Umfang und Bedeutung eine lange Kontroverse hervorgerufen hat, die auch heute noch andauert[2].

---

[1] Röm 9,4f: Ἰσραηλῖται, ἡ υἱοθεσία, ἡ δόξα, αἱ διαθῆκαι, ἡ νομοθεσία, ἡ λατρεία,
αἱ ἐπαγγελίαι, οἱ πατέρες, ὁ Χριστὸς τὸ κατὰ σάρκα.

[2] Röm 9,5: [a]ὧν οἱ πατέρες,

      [b]καὶ ἐξ ὧν ὁ Χριστὸς τὸ κατὰ σάρκα

      [c]ὁ ὢν ἐπὶ πάντων θεὸς

      [d]εὐλογητὸς εἰς τοὺς αἰῶνας, ἀμήν.

Die Frage ist, ob 5b.c.d eine Sinneinheit ergeben, so daß nur von dem Christus gesprochen wird, oder ob in V. 5b der Christus, in V. 5c.d aber Gott–Jahwe gemeint

I.

Bis in die Reformationsepoche ging die herrschende Deutung von Röm 9,5c.d auf Jesus Christus. Aus der *Väterzeit*[3] seien erwähnt von den Griechen etwa Irenäus (Haer 3,16,3), Hippolyt (contra Noët. 6), Athanasius (contra Arianos 1,10; 4,1; ep ad Epictetum 10), Epiphanius (Haer 57), Basilius (adv. Eunom. 4), Gregor von Nyssa (adv. Eunom. 11), Chrysostomus (Hom ad Rom 16,3), Theodoret (comm. ad Rom zSt), Cyrill von Alexandrien (adv. libros athei Juliani 10); von den Lateinern Tertullian (adv. Praxean 13,9), Novatian (de trinitate 13), Cyprian (testimon. 2,6), Hilarius (de trinitate 8,37), Ambrosius (de fide 4,6; de spiritu sancto 1,3,46), Hieronymus (ep 121,2), Augustinus (de trinitate 2,13). Chrysostomus schreibt zu dem Text Röm 9,5: „Der Apostel erwähnt jene Wohltaten Gottes als ebensoviele Beweise seiner Gnade, nicht aber um die Juden zu erheben. Denn die Gotteskindschaft ist eine Gnade, ebenso die Herrlichkeit und die Verheißungen und das Gesetz. Bei Betrachtung alles dessen und bei dem Gedanken, welche Mühe sich Gott im Verein mit seinem Sohne gegeben hat, um sie zu retten, ruft der Apostel laut aus: ‚Der da hochgelobt sei in Ewigkeit, Amen‘. Damit spricht er dem eingeborenen Sohne für alles den Juden erwiesene Gute seinen Dank aus."[4] Wenn auch die überwiegende Mehrzahl der einschlägigen Vätertexte der Stelle Röm 9,5c.d unzweifelhaft einen „christologischen" Sinn abgewinnt, gibt es doch einige Zeugnisse, welche sie

---

ist; es werden noch Varianten erwogen, die jedoch gegenüber der Entscheidung, ob es sich in V. 5b.c.d um ein oder zwei Subjekte handelt, von geringerer Bedeutung sind; s. u. die von Erasmus diskutierten Möglichkeiten.

[3] Zu den Texten der patristischen Zeit s. u. a. *Bardenhewer* 1926, 138f; *Cornely* 1927, 477–479; *Sanday-Headlam* 1952, 234; K. H. *Schelkle*, Paulus Lehrer der Väter. Die altkirchliche Auslegung von Römer 1–11, 1956, 331–334. Erwähnt sei in diesem Zusammenhang auch: A. *Durand*, La divinité de Jésus-Christ dans S. Paul, Rom IX,5, RB 12, 1903, 550–570, wo die einschlägigen patristischen Texte gesichtet und besprochen werden; am Ende schließt sich Durand dem Urteil von Sanday-Headlam an, der Röm 9,5c.d von Christus sprechen läßt, wenn auch „mit einem leichten, freilich nur leichten Zögern"; vor der traditionellen Auslegung der Kirche verschwindet für Durand aber auch das.

Hier und im folgenden werden Römerbrief-Kommentare mit dem Namen des Autors und der Jahreszahl der benutzten Auflage zitiert. Für die genauen Angaben wird auf die Kommentare von E. *Käsemann*, An die Römer, HNT 8a, 1973 ([3]1974) VII und O. *Michel*, Der Brief an die Römer, MeyerK IV [13]1966, IXff verwiesen.

[4] BKV[2] 42, 1923, 27; der griechische Text MPG 60, 552.

als einen Lobpreis Gottes verstehen wollen[5]; es ist klar, daß an einer solchen Exegese Arianer und arianisierende Theologen interessiert waren[6].

Bei *Thomas von Aquin* findet sich eine Exegese, welche eine lange „orthodoxe" Tradition zusammenfaßt. Anspruch und Anrecht Israels werden Röm 9,4.5 auf verschiedene Weise hervorgehoben; zuletzt zeigt Paulus die Würde der Juden „an der Nachkommenschaft, wenn er sagt: ‚und von denen Christus dem Fleische nach stammt', wie Christus selbst sagt: ‚Das Heil kommt von den Juden' (Joh 4,22). Und damit dies nicht als etwas Geringfügiges erscheint, erwähnt der Apostel die Würde Christi mit den Worten: ‚der da Gott über alles ist, hochgelobt in Ewigkeit, Amen'. ‚Dies ist der wahre Gott und das ewige Leben' (1 Joh 5,20). Mit diesen Worten werden vier Häresien vernichtet: erstens die Häresie der Manichäer, die behaupten, Christus habe keinen wahren, sondern einen Scheinleib gehabt. Dies weist der Apostel dadurch zurück, wenn er sagt: ‚dem Fleische nach', denn Christus besitzt wahres Fleisch …". – „Zweitens die Häresie Valentins, der behauptete, Christus habe seinen Leib nicht von der Masse des Menschengeschlechtes genommen, sondern vom Himmel. Dies schließt der Apostel dadurch aus, wenn er sagt: ‚Christus stammt dem Fleische nach von den Juden' …". – „Drittens die Häresie des Nestorius, der behauptete, der Sohn des Menschen sei ein anderer als der Sohn Gottes. Gegen ihn behauptet der Apostel hier, daß Christus ‚von den Vätern dem Fleische nach stammt, der da Gott über alles ist'. Viertens wird die Häresie des Arius zurückgewiesen, der behauptete, Christus sei geringer als der Vater und aus dem Nichts erschaffen. Gegen das erste sagt der Apostel, daß er ‚über alles ist'; gegen das zweite, daß er ‚ist hochgelobt in Ewigkeit', denn dies ist allein von Gott zu sagen, dessen Güte in Ewigkeit dauert."[7] Diese Erschließung des Textes durch Thomas bietet wie wohl alle seine Schrifterläuterungen ein Beispiel „kirchlicher" Exegese: auf Grund der Voraussetzung, daß die rechte Meinung der „Schrift" als „göttlicher Offenbarung" in dem geltenden Symbol der jeweils akzeptierten „Kirche" den exakten Ausdruck findet, werden die Texte im ganzen und im einzelnen zu dieser „Dogmatik" in Beziehung gesetzt und auch – und gerade – bei etwaigen In-

---

[5] Dazu u. a. *Zahn* 1925, 433f.433, Anm. 77; *K. H. Schelkle* (s. Anm. 3), 333f. S. auch *A. Durand* (s. Anm. 3), 561f.

[6] Zu Eusebius von Cäsarea und Kaiser Julian s. *Zahn* und *Schelkle* aaO.

[7] Übersetzung nach *H. Fahsel*, Des Hl. Thomas von Aquin Kommentar zum Römerbrief, 1927, 300f; der lateinische Text zB: S. Thomae Aquinatis super Epistolas S. Pauli Lectura ed. *Raph. Cai*, ed. VIII rev., Taurini, Romae 1953, 135.

adäquatheiten notfalls gewaltsam dem System eingepaßt. Die „Schrift"
wird – und das ist völlig systemkonform – zu einem Kommentar der
„Dogmatik", das kirchliche Symbolum ist letztgültiger Maßstab der
Schriftauslegung.

Einen eindeutig christologisch-dogmatischen Sinn entnimmt dem Text
auch *Calvin:* „Die ganze Ausdrucksweise macht unsere Stelle sehr wichtig für die Erkenntnis der zwei getrennten und doch zur Einheit der Person verbundenen Naturen in Christus. Wenn es heißt, Christus komme
aus den Juden her, so deutet dieser Ausdruck auf seine wahre Menschheit, heißt es aber weiter ,nach dem Fleisch', so erinnert dies daran,
daß Christus noch etwas Höheres besitzt als das Fleisch. Wir haben hier
also einen deutlichen Unterschied zwischen der Menschheit und der
Gottheit Christi. Und doch werden beide wieder zur Einheit zusammengefaßt, wenn Paulus sagt: ,Der da ist Gott über alles, gelobt in Ewigkeit'. Es versteht sich von selbst, daß solcher Lobpreis nur dem einen
ewigen Gott zukommt. Denn an einer anderen Stelle (1 Tim 1,17) sagt
Paulus, daß allein Gott es ist, dem Ehre und Preis gebührt. Denn diejenigen Ausleger, die dies letzte Satzglied abreißen und einen neuen Satz
daraus machen (,Gott, der über allem waltet, sei gelobt in Ewigkeit'),
beseitigen dieses deutliche Zeugnis der Gottheit Christi und wollen am
hellen Tage das Licht nicht sehen. Es begreift sich sehr gut, daß Paulus
im Kampf der Anfechtung seine Gedanken absichtlich zur ewigen Herrlichkeit Christi erhebt, nicht nur um sich selbst zu stärken, sondern um
durch sein Beispiel anderen Mut zum Glauben zu machen."[8] Die grundsätzliche Einstellung zu der exegetischen Verwertung der Schrift ist auch
hier die aller Kirchentheologen, welche sich an ein überkommenes Dogma gebunden wissen.

Eine fühlbare Zäsur in der Geschichte der Auslegung von Röm 9,5
bedeutet die Stellungnahme des *Erasmus von Rotterdam* in den Anmerkungen zu seiner Ausgabe des griechischen Neuen Testamentes[9]. Erasmus rechnet mit vier Möglichkeiten des Textzusammenhangs: 1. „Aus
denen Christus ist in bezug auf das nach dem Fleisch, welcher ist über
allem – Gott (Vater) gepriesen in Ewigkeit, Amen"; 2. „Aus denen Christus ist in bezug auf das nach dem Fleisch, welcher, da er Gott ist über

---

[8] Johannes Calvins Auslegung des Römerbriefes und der beiden Korintherbriefe, hg.
von O. *Weber,* 1960, 185.

[9] Seit 1516; Desiderii Erasmi Roterodami opera omnia, tomus sextus, complectens
Novum Testamentum, cui, in hac editione, subjectae sunt singulis paginis Adnotationes,
Lugduni Batavorum 1705, 610–612.

alles, gepriesen ist (oder: sei) in Ewigkeit, Amen"; 3. „Aus denen Christus ist in bezug auf das nach dem Fleisch – Gott (Vater), der über allem ist, sei gepriesen in Ewigkeit, Amen"; 4. Das Satzglied „der ist Gott über alles" stellt eine Parenthese dar (veluti subito raptu mentis, tanquam ab admirante divini consilii profunditatem, cui sic placuit genus humanum redimere); aber diese Lösung scheint dem Erasmus nicht annehmbar: er charakterisiert sie mit der Vokabel „frivolum", d. i. bedeutungslos. Man gewinnt den Eindruck, als sympathisiere Erasmus besonders mit der unter 3. genannten Möglichkeit; er macht dabei darauf aufmerksam, daß „Gott" wohl „die ganze heilige Trias" bedeuten kann, daß die Stelle aber nichtsdestoweniger nicht geeignet sei, die Arianer zurückzuweisen, weil nichts verbietet, sie allein auf die Person des Vaters zu beziehen. In den für einen weiteren Leserkreis bestimmten „Paraphrasen" zum Neuen Testament[10] wird der Text Röm 9,5 eindeutig und ohne jede Einschränkung – wohl aus naheliegenden Gründen – auf Jesus bezogen, dessen „Wesensgleichheit" mit dem Vater hervorgehoben wird.

Von den späteren und *neueren Stellungnahmen* zu dem erwähnten Problem, soweit sie *in Römerbriefkommentaren* geäußert werden, beziehen – mit verschiedenen Graden von Sicherheit – Röm 9,5c.d als eine „Gottheitsaussage" auf „Christus" (ὁ Χριστός) in V. 5b u. a.: Althaus 1966, 100; Asmussen 1952, 201; Bardenhewer 1926, 138f; Bisping 1870, 279f; Bruce 1963, 186f; Brunner 1956, 77; Cornely 1927, 477–479; Gutjahr 1927, 290; Huby-Lyonnet 1957, 326–329; Jacono 1951, 180f; Kühl 1913, 315f; Lagrange 1931, 227; Leenhardt 1957, 140f; Lyonnet 1954, 101; Michel 1966, 228f; Nygren 1965, 258; Prümm 1960, 140f; Reithmayr 1845, 480f; Ridderbos 1959, 208f; Sanday-Headlam 1952 (= 1902) 233–238; Schlatter 1952, 295f; Schmidt 1962, 157f; Sickenberger 1932, 249; Tholuck 1842, 493; B. Weiß 1899, 396–398; Zahn 1925, 433–436; als einen Lobpreis Gott-Jahwes verstehen Röm 9,5c.d u. a.: Dodd 1949, 152f; Gaugler 1952, II 19; Jülicher 1917, 292; Käsemann 1973, 247f (³1974, 249f); Lietzmann 1933, 90; Lipsius 1892, 158f; Taylor 1955, 61f; unentschieden bleiben: Barrett 1957, 178f; Haering 1926, 88f.

II.

Die wesentlichen Argumente, die von der einen und von der anderen Seite jeweils ins Treffen geführt werden und die sich häufig wiederholen,

---

[10] Desiderii Erasmi Roterodami opera omnia, tomus septimus, complectens Paraphrases in Novum Testamentum, Lugduni Batavorum 1706, 806.

sollen am Ende dieses Beitrags knapp zusammengefaßt werden; hier sind noch einige Bemerkungen zu bestimmten Elementen der Beweisführung einzufügen.

Von den Gegnern der Auffassung, welche Röm 9,5c.d auf Christus beziehen will, ist immer wieder darauf aufmerksam gemacht worden, daß Paulus in den von ihm selber zu verantwortenden Briefen Jesus Christus niemals schlicht „Gott" (θεός) genannt hat; Texte, die in diesem Zusammenhang erwähnt und diskutiert werden, sind und bleiben grammatisch und syntaktisch vielmehr ebenso problematisch wie Röm 9,5, selbst wenn man einmal die Frage nach ihrem Verhältnis zu Paulus beiseite stellen wollte; es handelt sich um 2Thess 1,12[11] und Tit 2,13[12].

Unbestreitbar bleibt, daß Jesus für Paulus auf eine völlig singuläre Weise in den Bereich Gottes hineingehört, er vermag das auf mannigfache Weise zu formulieren, doch immer so, daß eine Distanz gewahrt bleibt, die man getrost als „Subordinatianismus" bezeichnen kann[13]. Mit Recht ist Wilhelm Bousset der Meinung, daß man im Sinne des Paulus von einer Gottheit Christi „noch nicht eigentlich" werde reden dürfen: Paulus vermeide es sichtlich, den Begriff „Gott" (θεός) auf Jesus anzuwenden, und mit einem ausdrücklichen Hinweis auf den umstrittenen Text Röm 9,5 findet Bousset, es sollte allgemein zugestanden werden, daß Paulus eine Doxologie auf Christus als den „über allem seienden Gott" nicht zuzutrauen sei; auch wenn man nicht übersehen könne:

---

[11] Daß in der Schlußformel κατὰ τὴν χάριν τοῦ θεοῦ ἡμῶν καὶ κυρίου 'Ιησοῦ Χριστοῦ Jesus als „Gott" und „Herr" bezeichnet wird, hält *Wohlenberg* zSt für „sehr wohl möglich oder gar wahrscheinlich"; anders etwa *Bornemann* (daß Jesus „hier zugleich Gott und Herr genannt" wird, ist „nach dem sonstigen paulinischen Sprachgebrauch unwahrscheinlich"); s. ferner in ähnlichem Sinne: *M. Dibelius, Gutjahr, Masson, Milligan, Neil, Rigaux, Staab* u. a. Bemerkenswert ist die Stellungnahme von *E. v. Dobschütz*, der den 2. Thessalonicherbrief wohl für unmittelbar paulinisch hält, die Bezeichnung Jesu als „unser Gott und Herr" aber für „unpaulinisch im höchsten Grade" ansieht und deshalb die Rettung bei der Annahme einer Interpolation sucht (ein Leser habe die Worte καὶ κυρίου 'I. Χρ. ergänzt, entweder in Verkennung des paulinischen Gedankenganges oder der veränderten Stimmung des 2. Jahrhunderts entsprechend das τοῦ θεοῦ ἡμῶν auf den Herrn Jesus Christus anwendend).

[12] προσδεχόμενοι τὴν μακαρίαν ἐλπίδα καὶ ἐπιφάνειαν τῆς δόξης τοῦ μεγάλου θεοῦ καὶ σωτῆρος ἡμῶν Χριστοῦ 'Ιησοῦ. *N. Brox* (Die Pastoralbriefe, RNT 7/2, ⁴1969, 300) charakterisiert die Argumente, welche den Text allein auf Jesus beziehen wollen, als „schwerwiegend, aber doch nicht zwingend"; für Paulus selber ist der Text nicht unmittelbar von Bedeutung ebensowenig wie natürlich 2Petr 1,1.11; 3,18; Hebr 1,8; Joh 20,28.

[13] S. etwa 1Kor 15,28.

„Das Dogma von der Gottheit Christi" ist in der Gemeindefrömmigkeit „auf dem Marsch", so sind die subordinatianischen Elemente in der „Christologie" des Paulus doch zu deutlich, als daß man hier im Sinne des späteren Dogmas generalisieren dürfte[14].

Es kann kaum ein Zweifel sein, daß die Wendung „der Christus nach dem Fleische" (ὁ Χριστὸς κατὰ σάρκα) eine Einschränkung wiedergeben will. Aber daraus folgt keineswegs, daß der anschließende Satzteil V. 5c.d notwendig dazu erfordert und bestimmt ist, eben diese Einschränkung zu korrigieren. Auch wenn in V. 3 von „meinen Brüdern, meinen Verwandten nach dem Fleische" (ὑπὲρ τῶν ἀδελφῶν μου τῶν συγγενῶν μου κατὰ σάρκα) die Rede ist, steckt schließlich eine Einschränkung darin, ohne daß ausdrücklich und sogleich eine Korrektur oder Ergänzung angefügt wird. In V. 5b ist das Ganze der Überzeugung des jesusgläubigen Paulus im Gegensatz zu dem von ihm bekämpften und ihn bekämpfenden Judentum aber mit dem „der Christus" (ὁ Χριστός) genügend deutlich ausgesagt; weitergehende und höhergreifende Prädikationen waren natürlich auch in diesem Zusammenhang möglich, jedoch keineswegs notwendig. Im Gegenteil: mit Nachdruck muß hervorgehoben werden, daß es sehr wahrscheinlich ist, Paulus wolle sich hier, wo er mit dem Instrumentarium jüdischen Selbstbewußtseins zumindest mittelbar auf Juden hin spricht, und zwar werbend und jedenfalls nicht Konfrontation suchend, durchaus im Bereich eines schließlich auch dem Juden zugänglichen Begriffspanoramas halten: das „der Messias in bezug auf das nach dem Fleische" fügt sich da ebenso vortrefflich ein wie ein jüdischfrommem Gebrauch entsprechender Lobpreis für Gott-Jahwe[15], der sein Volk mit so vielen Vorzügen ausgestattet hat, welche die national-religiöse Ideologie zu preisen niemals müde wird.

Verständlich ist, daß Vertretern einer „unitarischen" Theologie daran gelegen sein konnte, eine Anwendung von Röm 9,5c.d auf Christus gründlich unmöglich zu machen; das schien durch eine Konjektur zu gelingen, welche das einhellige ὁ ὤν der Handschriften in V. 5c durch ein ὤν ὁ ersetzte, damit den anstößigen Satz V. 5c.d den vorangehenden mit ὤν (VV. 4.5) oder ἐξ ὤν (V. 5) beginnenden anglich und auf solche Weise „unschädlich" machte; denn jetzt war „lediglich" gesagt, daß zu den unvergleichlichen Vorzügen oder Bevorzugungen des jüdischen Volkes – gewissermaßen als Krönung – auch der Besitz des Universalgottes gehörte. Vielfach wird die Konjektur auf den Sozinianer Jonas Schlichting

---

[14] W. *Bousset:* Kyrios Christos ⁶1967 (= ²1921) 154.
[15] Bill. III 64. II 310.

(† 1661) zurückgeführt[16]; doch ist etwa bei Tholuck[17] zu lesen, schon vorher habe Johann Crell († 1631) diesen Vorschlag gemacht, und zwar in seinem Kommentar zum Anfang des Johannesevangeliums.

Ohne Vorgänger zu erwähnen, hat später zB auch C. Strömann[18] – ausgehend von der Beobachtung, daß in der patristischen Zeit die Anwendung des Textes auf Christus nicht völlig einhellig gewesen zu sein scheint – die erwähnte Emendation (ὧν ὁ) vorgeschlagen und drei Gründe für die „Heilung" dieser nach seiner Meinung „ohne Zweifel" sehr alten Textverderbnis angeführt: 1. Der Lobspruch (θεὸς εὐλογητὸς εἰς τοὺς αἰῶνας) ist „ein im AT von Gott häufig gebrauchter Ausdruck"; 2. Die gleichen Worte „kommen im selben Briefe auch Röm 1,25 vor, wo sie sich auf Gott beziehen", aber „dieselben Worte können schwerlich in demselben Briefe an einer Stelle Gott, an einer anderen Christus bedeuten" _(sic)_; 3. Die Parallelstellen im NT (εὐλογητός ...), nämlich Mk 14, 61; Lk 1,68; 2Kor 1,3; 11,31; Eph 1,3; 1Petr 1,3 beziehen sich alle auf Gott. Man braucht der Textänderung gar nicht zuzustimmen, wenn man den drei angeführten Erwägungen doch ein hohes Maß von Überzeugungskraft zubilligt.

Wer Karl Barth als Zeugen in Textfragen bemüht, muß zumindest mit Skepsis rechnen. Immerhin ist bemerkenswert, daß sich Barth ungewöhnlich ausführlich über Röm 9,5 äußert[19]. Er übersetzt den Zusammenhang so: „[4] welche sind Israeliten, welche die Sohnschaft haben und die Herrlichkeit und die Bündnisse und die Gesetzgebung und den Gottesdienst und die Verheißungen, [5] welche die Väter haben, und aus deren Mitte der Christus stammt nach dem Fleische, welche den über Allem herrschenden Gott haben (ὧν ὁ ἐπὶ πάντων θεός) – hochgelobt in Ewigkeit, Amen!" Barth übernimmt also die bekannte Konjektur und ist der Meinung, daß gerade sie die „seltsame Lücke" füllt, die sich doch ergeben würde, wenn in der Aufzählung der Prärogativen Israels ausgerechnet das Entscheidende und Zusammenfassende fehlte, nämlich: „der Besitz des höchsten Gottes"[20]. Eine selbständige asyndetische Doxologie

---

[16] S. zB den Apparat bei Nestle. S. auch _J. J. Wettstein_, Novum Testamentum Graecum II, Amstelaedami 1752, 64f.   [17] ZSt; 1842, 483f.

[18] _C. Strömann_, Röm 9,5, ZNW 8, 1907, 319f.

[19] _K. Barth_, Der Römerbrief, Zürich 1967 (= ²1922) 314f.

[20] Den Einspruch von Jülicher und Lietzmann, die sich – nach Barth – auf Röm 3,29: „Oder (ist) Gott der Juden (Gott) allein? Nicht auch der Heiden? Ja, auch der Heiden" berufen, weist Barth mit der Bemerkung zurück, daß man hier und in ähnlichen Fällen nicht das richtige Verständnis gewinne, wenn man „diese Begriffe nicht in ihrem eigentümlichen Gleiten, in ihrer dialektischen Bewegung" verstehe.

auf Gott scheint Barth bei Paulus „befremdlich" sowie in diesem Zusammenhang inhaltlich „unmotiviert". Und obwohl nach seiner Meinung die Beziehung des Satzes „der über Allem Seiende" usw. (ὁ ὢν ἐπὶ πάντων ...) als eines ergänzenden Relativsatzes auf das Subjekt des Vordersatzes (ὁ Χριστός) formell in der Analogie von Röm 1,25; 2Kor 11,31 eine starke Stütze hat, vermag er diese Lösung nicht anzunehmen[21]. Die Argumente, welche Barth zur Annahme der Konjektur führen, entbehren auch dann – wenigstens zum Teil – einer beachtlichen Stringenz nicht, wenn man seine Entscheidung ablehnen muß: soviel sagen sie immerhin, daß für den Gedankengang die Beziehung auf Gott-Jahwe – und nicht auf Christus – viel für sich hat; die Bemerkung, eine selbständige asyndetische Doxologie auf Gott sei bei Paulus „befremdlich", oder gar, sie sei in diesem Zusammenhang inhaltlich „unmotiviert", wird für sich allein eine so massive Textänderung ohne den auch nur geringsten handschriftlichen Hinweis kaum rechtfertigen, und selbst wenn die Beziehung auf Gott syntaktisch Schwierigkeiten machte, kann jedenfalls nicht davon die Rede sein, daß es nicht gerade in dem Augenblick, da – im Sinne des religiös-politischen Selbstverständnisses der Juden – die beispiellose Zuneigung Gott-Jahwes zu seinem Volke in einer ungewöhnlich dichten Aussage hervorgehoben wurde, mehr als einen Grund gibt, eben dieses Gottes – gutem jüdischem Brauche folgend – dankbar zu gedenken.

Die verblüffend einfache und dennoch gänzlich unglaubwürdige Konjektur hat vor nicht allzulanger Zeit wieder einen entschlossenen Verteidiger gefunden[22]. Indem an den „unvoreingenommenen Leser" – aber wer ist das? – und seine Satzzeichensetzung appelliert wird und die vergleichbaren Paulustexte Röm 1,25; 11,36; 2Kor 11,31; Gal 1,5; Phil 4,20

---

[21] „Ich kann mich aber zu der Annahme einer ‚ganz vereinsamten Anwendung von θεός auf den erhöhten Herrn' (Zahn) nicht entschließen, weil ich in 2Thess 1,12; Tit 2,13 diese Aussage nicht finde, weil ich mich auch durch Röm 10,11–14 zur Annahme dieser Aussage nicht genötigt sehe, weil sie nach meinem Empfinden eine Unfeinheit bedeuten würde, der sich ein so differenzierter Denker und Schriftsteller wie Paulus nicht schuldig gemacht haben kann, weil die Stelle in den christologischen Verhandlungen der ersten Jahrhunderte (nach den Angaben von Wettstein, B. Weiß und Zahn) nicht die Rolle gespielt hat, die sie, in diesem Sinn verstanden, offenbar hätte spielen müssen und weil mir, abgesehen von dem ἐπὶ πάντων θεός, das in den Psalmen so oft auftretende εὐλογητός deutlich auf den Gott Israels hinzuweisen scheint": aaO.

[22] *H.-W. Bartsch*, Röm 9,5 und 1Clem 32,4/ Eine notwendige Konjektur im Römerbrief, ThZ 21, 1965, 401–409; als Vorgänger werden genannt: J. Schlichting, J. J. Wettstein, K. Barth, G. Harder, J. Schniewind. Eine Variante dieser immerhin 300 Jahre alten Konjektur: *W. L. Lorimer*, Romans IX, 3–5, NTS 13, 1966–67, 385f.

mit verschiedener Begründung als für eine nichtrelativische Auffassung
von Röm 9,5c.d nicht beweiskräftig abgelehnt werden[23], ist der Boden
zunächst einmal grammatisch und syntaktisch für die Rechtfertigung der
Konjektur vorbereitet. Der Kern der Argumentation ist jedoch theologischer Natur. Da der bestehende Text Röm 9,5c.d nur als eine auf Christus bezogene Doxologie verstanden werden kann[24], so darf man sich
nicht damit begnügen festzustellen, Paulus habe irgendwann und irgendwo einmal so reden können; es muß vielmehr nachgewiesen werden, daß
eine solche Aussage gerade in dem Zusammenhang sinnvoll ist, in dem
sie erscheint, und eben das wird von Bartsch bestritten[25]. Besonders wichtig und durchaus einleuchtend ist, wenn darauf aufmerksam gemacht
wird, daß die häufige Berufung auf Röm 1,3.4: das Evangelium Gottes
„von seinem Sohn, geworden aus dem Samen Davids nach dem Fleische, [4] eingesetzt als Sohn Gottes in Macht nach dem Geiste der Heiligkeit seit der Auferstehung der Toten, Jesus Christus, unserem Herrn"
für die Beurteilung von Röm 9,5 keine − bestimmt aber keine ausschlaggebende − Bedeutung haben kann: bei Röm 1,3.4 handelt es sich mit
Gewißheit um einen zentralen Glaubenssatz jesusgläubiger Gemeinden,
bei Röm 9,4.5 jedoch um eine konzentrierte Kurzcharakteristik des jüdischen Selbstbewußtseins[26]. Dem ist uneingeschränkt zuzustimmen.
Wenn nun − denn hier muß ja jetzt weitergedacht werden − eine spätere Zeit auch Röm 9,5c.d auf Jesus bezieht, so ist das aus einer veränderten theologischen Situation zu erklären: nach der endgültigen Trennung der christlichen Gemeinde vom Judentum wird die Problematik
von Röm 9−11 „unverständlich" − aber kann man das wirklich so un-

---

[23] Also weder V. 5a.b und dann unverbunden und selbständig die Doxologie V. 5c.d
(Lietzmann, für den sie ein Lobpreis Gottes, nicht des Christus ist) noch V. 5a.b.c und
dann V. 5d (Th. Zahn), „um nur den Abschluß als selbständigen Lobpreis Gottes zu
behalten": _Bartsch_ aaO 402; aber _Zahn_ meint, daß es sich gar nicht um eine „Doxologie" handelt, sondern um eine „appositionelle Näherbestimmung" zu V. 5c, um „eine
in allen ihren Teilen der Aussage über Christus V. 5b gegensätzlich entsprechende neue
Aussage über Christus" und übersetzt: „(Christus,) der über alles (oder ‚alle') ist (d. h.
Herr ist) als (oder ‚ein') in Ewigkeit zu preisender Gott": 1925, 436.
[24] Wie von _Bartsch_ (s. Anm. 22) mit Michel, Schmidt, Nygren, Althaus behauptet
wird.
[25] Es ist „unsinnig", eine auf Christus bezogene Doxologie in Röm 9,5c.d anzunehmen; der bestehende Text ist für den Gedankengang „unmöglich": aaO 404.
[26] „Paulus beginnt seinen Brief mit einem _christlichen_ Bekenntnissatz, bei dem von
dem Gottessohn, dem Kyrios die Rede ist. In 9,5 übernimmt Paulus jedenfalls _jüdische_
Formulierungen und sucht innerhalb dessen zu bleiben, was für ihn als christlichen
Juden der unaufgebbare Vorzug der Juden ist": aaO 405.

eingeschränkt behaupten? –, und bei Röm 9,5 ist eine ursprünglich jüdisch bestimmte und formulierte Charakterisierung Jesu, die – so könnte man Bartsch interpretieren – auch Juden gegenüber immer noch einen bestimmten „Werbegehalt" besaß, zu einer kirchlich-dogmatischen Aussage geworden, welche von der Synagoge nur abgelehnt werden kann. Auch hier operiert Bartsch keineswegs ungeschickt; die Hypothese freilich, daß jemand aus den angedeuteten Motiven in den Text eingegriffen und also aus ὧν ὁ: ὁ ὤν gemacht habe, bleibt unbeweisbar und ist – als Ganzes genommen – doch erheblich unwahrscheinlicher als die Annahme einer durch keine Parallele gedeckten Variante der variierenden paulinischen Gotteslobpreisformeln. Der „vorbereitenden" Argumentation von Bartsch kann also weitgehend zugestimmt werden, seinen textkritischen Schlußfolgerungen jedoch nicht.

III.

Überblickt man die lange Geschichte einer Deutung des seltsam „labilen" Zusammenhangs Röm 9,5, so wird etwa folgendes als eine mögliche, plausible, wahrscheinliche, ja als die mit Abstand wahrscheinlichste These angesehen werden können:
Der Text Röm 9,5 ist zuverlässig, so wie er in den geltenden neueren Textausgaben (etwa Nestle, Merk, Aland) wiedergegeben wird:

ᵃ ὧν οἱ πατέρες,

ᵇ καὶ ἐξ ὧν ὁ Χριστὸς τὸ κατὰ σάρκα

ᶜ ὁ ὢν ἐπὶ πάντων θεὸς

ᵈ εὐλογητὸς εἰς τοὺς αἰῶνας, ἀμήν.

Eine seit dem 17. Jahrhundert diskutierte Konjektur (anstatt ὁ ὤν in V. 5c: ὧν ὁ), welche syntaktisch die Beziehung des Lobpreises Röm 9,5c.d eindeutig auf Gott-Jahwe festlegt und damit den bei der jetzigen Textform unvermeidlichen Streit, ob Gott oder Christus gemeint sei, radikal beseitigt, ist abzulehnen: sie macht – wie das häufig bei Konjekturen der Fall ist – allzu deutlich und allzu gewaltsam den Wunsch zum Vater des Textes. Ohne Zweifel aber liegt ihr ein richtiges Gefühl dafür zugrunde, was in dem gegebenen Zusammenhang eher zu erwarten und nicht zu erwarten sein dürfte. Der überlieferte Text läßt für Röm 9,5c.d freilich die Beziehung auf Christus, von dem unmittelbar zuvor – Röm 9,5b – die Rede ist, oder auf Gott-Jahwe, den Urheber der Röm 9,4.5a.b aufgezählten Auszeichnungen der Juden, nach dem Urteil der

meisten Experten sprachlich wie inhaltlich gleichermaßen möglich erscheinen; eine Entscheidung wird also nicht schlechthin auf unbestreit-
bare Sicherheit ausgehen können, sondern sich mit dem Versuch des
Nachweises einer größeren Wahrscheinlichkeit begnügen müssen. Die
Beziehung auf Christus, dem dann eine – im Bereich des genuinen Paulus singulär formulierte – göttliche Qualität (ὁ ὢν ἐπὶ πάντων θεός) zugesprochen wäre, ist die Standardinterpretation der patristischen Zeit
und der späteren verschiedenen kirchlich-orthodoxen Richtungen; ihr
liegen auch – hier und da mehr oder minder deutlich geäußerte – dogmatische Interessen zugrunde: die „Christologie" erhält ein – bei dem
empfindlichen Mangel an einschlägig verwertbaren Schriftstellen äußerst
willkommenes – direktes Testimonium für die „Gottheit" des Christus.

Für die *Beziehung von Röm 9,5c.d auf Christus* (ὁ Χριστός) V. 5b werden hauptsächlich folgende Gründe angeführt:

a) eine ungewohnte asyndetische Position der Eulogie V. 5c.d wird
vermieden;

b) die geradezu wie eine absichtliche Limitierung wirkende Formel
„der Christus in bezug auf das nach dem Fleische" (ὁ Χριστὸς τὸ κατὰ
σάρκα) verlangt eine Ergänzung, die in 9,5c.d vorliegt;

c) die im Gegensatz zu fast allen anderen Eulogien singuläre Plazie-
rung der Eulogieformel (εὐλογητός) an zweiter Stelle widerspricht der
Auffassung, daß es sich bei V. 5c.d um einen in sich geschlossenen asyn-
detischen Lobpreis Gott-Jahwes handeln könnte;

d) Paulus hat in einem Zusammenhang, der auf Schmerz und Trauer
gestimmt ist, keine Veranlassung, ausgerechnet hier einen Gotteslobpreis
einzufügen.

Andererseits wird *die These, daß in Röm 9,5c.d ein Gotteslobpreis
vorliegt,* der keine unmittelbare Verbindung mit dem voranstehenden
„der Christus" (ὁ Χριστός) V. 5b hat, durch schwerwiegende Argumente
empfohlen:

a) die Beweisführung in Röm 9–11 steht auf jüdischem Grund, zumindest mittelbar spricht Paulus auf Juden hin;

b) Juden – und für die Anfangssituation auch Judenchristen – wird
im Zuge eines neuen Verständnisses der jüdischen Heilshoffnungen das
Entscheidende mit dem Bekenntnis abgefordert, daß Jesus „der Christus" ist; Röm 10,9 findet sich vergleichsweise eine Formel, welche ebenfalls „milieugerecht" scheint: „wenn du mit deinem Munde bekennst:
‚der Herr ist Jesus' und in deinem Herzen glaubst, daß Gott ihn erweckte aus Toten, wirst du gerettet werden";

c) die unkonditionierte Parallelisierung von Röm 9,5b.c.d und Röm 1,3.4 ist unzulässig; Röm 9,5b.c.d spricht im Zusammenhang Röm 9,1–5 und Röm 9–11 (als Ganzes genommen) über das neue Heilsereignis und seine Folgen von jüdischen Denkmöglichkeiten her, bei Röm 1,3.4 aber handelt es sich bei der brieflichen Kontaktaufnahme mit der jesusgläubigen Gemeinde zu Rom klar um eine Art Gemeindebekenntnis, das im übrigen deutlich subordinatianische Züge trägt;

d) die Formel: „gepriesen sei . . ." (εὐλογητός . . .) wird – nicht nur von Paulus – sonst immer nur in bezug auf Gott-Jahwe gesetzt, eine ähnliche, auf Gott zu beziehende Formel im Zusammenhang Röm 9–11 auch Röm 11,36: „ihm die Herrlichkeit in Ewigkeit, Amen" (αὐτῷ ἡ δόξα εἰς τοὺς αἰῶνας · ἀμήν);

e) eine „Ergänzung" zu Röm 9,5b: „der Christus in bezug auf das nach dem Fleische" (ὁ Χριστὸς τὸ κατὰ σάρκα) ist nicht notwendig; der Begriff „Christus", „Messias", auf Jesus angewandt, enthält genug Provokation, bleibt aber immerhin im Rahmen des einem Juden Denkmöglichen;

f) nachdem Paulus die außerordentliche Auszeichnung des jüdischen Volkes durch Gott-Jahwe mit einer Reihe von eindrucksvollen Begriffen charakterisiert hat, liegt nichts näher als eine Danksagung an den spendenden Gott, die zudem verbreitetem jüdischem Brauch entspricht; der häufig begegnende Einwand, in den von Trauer gekennzeichneten Gedankengang füge sich ein Lobpreis Gott-Jahwes nicht ein, ist schlechthin unverständlich;

g) die Stellung von „gepriesen" (εὐλογητός) nicht zu Beginn der Lobpreisformel ist, wie scheint, nicht völlig ohne Analogien, doch bleibt sie auffallend; man muß sich jedoch vor Augen halten, daß die analogen Formeln bei Paulus[27] immerhin gewisse Variationen aufweisen und daß der Text Röm 9,5c.d als Gotteslobpreisformel verstanden zumindest grammatisch unanstößig ist.

---

[27] Röm 1,25; 11,36; Gal 1,5; 2Kor 11,36. Dazu auch *R. Deichgräber*, Gotteshymnus und Christushymnus in der frühen Christenheit, StUNT 5, 1967, 25–43; er unterscheidet Doxologien (Röm 11,36; Gal 1,5; Phil 4,20) und Eulogien (Röm 1,25; 9,5; 2Kor 11,31), je nach dem für den Lobpreis verwendeten Begriff (δόξα oder εὐλογητός); was Röm 9,5 angeht, so findet er, daß „sachliche Bedenken" gegen die Beziehung von θεός auf Christus bleiben und daß auch die Stellung der Eulogie nach der Erwähnung Gottes gegen sie spreche: aaO 42, Anm. 3.

GESETZ UND BUND BEI PAULUS

FRIEDRICH LANG

Der Ruf nach einer biblischen Theologie des Alten und Neuen Testaments ist in den letzten Jahren mehrfach erhoben worden. Es wurden auch verschiedenartige Versuche unternommen, den theologischen Zusammenhang der beiden Testamente aufzuzeigen. Die Diskussion über das Problem der Heilsgeschichte bei Paulus ist noch voll im Gang, ohne daß eine Einigkeit zwischen den Vertretern der „heilsgeschichtlichen Kontinuität" und denen des „Bruches" durch den eschatologischen Neueinsatz in Christus erreicht ist.

Nun liegt es auf der Hand, daß die Frage nach der Einheit und Mitte der Bibel aufs engste mit dem Verhältnis von Gesetz und Evangelium zusammenhängt. In der Paulusforschung hat sich ziemlich allgemein die Erkenntnis durchgesetzt, daß die Rechtfertigungslehre des Apostels und sein Verständnis des Gesetzes sachgemäß nur von der Christologie aus erfaßt werden können. Aber die Verankerung der Gesetzeslehre in der Christologie läßt noch verschiedene Möglichkeiten für die Bestimmung des Verhältnisses von Gesetz und Evangelium offen. Die Differenzen werden vor allem an der Funktion des Gesetzes im neuen Leben der Christen sichtbar, dogmatisch ausgedrückt, an der Frage des *tertius usus legis*. Dieser Aufsatz versucht das Verhältnis von Mosetora und neuem Bund bzw. dem „Gesetz Christi" bei Paulus zu klären. Dabei ist vorweg zu bemerken, daß mit den deutschen Vokabeln Gesetz und Bund die Problematik der Wiedergabe von νόμος bzw. *tōrā* durch Gesetz und von διαθήκη bzw. *bᵉrīt* durch Bund nicht verwischt oder in einer bestimmten Richtung festgelegt werden soll. Schon ein kurzer Blick auf das relativ seltene Vorkommen des Begriffes διαθήκη im Neuen Testament (33 Belege, davon 7 in at. Zitaten) läßt erkennen, daß der Bundesgedanke im Neuen Testament, anders als im Alten Testament (ca. 300

Belege) und im Judentum, nicht zu den zentralen Leitmotiven der theologischen Reflexion gehört. Einen selbständigen Gebrauch vom Bundesgedanken machen nur Paulus (7 Belege ohne Eph 2,12) und am stärksten der Verfasser des Hebräerbriefes (17 Belege). Die Pastoralbriefe, die Katholischen Briefe (außer Hebr) und Johannes gebrauchen den Bundesbegriff überhaupt nicht. Auffällig ist, daß διαθήκη bei den Synoptikern, abgesehen von Lk 1,72, nur im Kelchwort der Abendmahlstradition vorkommt. Dieser Befund stützt die Auffassung, daß die judenchristliche Gemeinde schon in einem sehr frühen Stadium den Tod und die Auferweckung Jesu Christi mit Hilfe des Bundesgedankens interpretiert hat, was nur in der liturgischen Tradition erhalten blieb, daß aber das Motiv des Bundes in der weiteren Entwicklung der Kirche nur von einzelnen Schrifttheologen für ihre Verkündigung fruchtbar gemacht worden ist.

1. Der neue Bund in der vorpaulinischen Kirche

Die Abendmahlstradition zeigt, daß der Begriff διαθήκη schon vor Paulus auf die neue, durch das Christusgeschehen bewirkte Heilsordnung angewendet wurde. Bekanntlich liegt die Abendmahlstradition in zwei Strängen vor, wobei Markus und Matthäus im Kelchwort die Wendung „mein Bundesblut" (τὸ αἷμά μου τῆς διαθήκης) überliefern, während Paulus und Lukas den Begriff „der neue Bund" (ἡ καινὴ διαθήκη) verwenden, der kraft des Blutes Jesu gestiftet ist. Die Frage, welchem Überlieferungsstrang die Priorität zukommt, ist in der Forschung immer noch umstritten. Es ist zwar die Möglichkeit nicht auszuschließen, daß der Tod Jesu zuerst mit Bezug auf den Sinaibund gedeutet wurde, zumal in Ex 24,8 der Ausdruck „Bundesblut" (τὸ αἷμα τῆς διαθήκης) vorliegt. Dann hätte Markus die ältere Form bewahrt, und die Bezeichnung „neuer Bund" wäre als spätere Interpretation zu betrachten. Als Bezugsstelle für diese Interpretation kommt nur Jer 31,31 in Betracht, weil der Begriff „neuer Bund" (διαθήκη καινή LXX Jer 38,31) im Alten Testament nur an dieser Stelle begegnet. Weiter ist strittig, ob die Interpretation auf den neuen Bund mit Hilfe des Jeremiazitats schon durch die vorpaulinische Gemeinde oder erst durch den Apostel vollzogen wurde. Die verschiedenen Gründe für die m. E. zutreffende Priorität des Paulus-Lukas-Stranges können hier nicht entfaltet werden. Gegen die Annahme, daß erst Paulus die Wendung „der neue Bund" auf Grund von Jer 31,31 eingefügt habe, sprechen vor allem zwei Argumente. Zum einen betont Paulus selbst mit der Terminologie der rabbinischen Überlieferung, daß er die mitgeteilte Paradosis empfangen, dh aus der Tradition übernommen habe (1Kor 11,23). Zum anderen ist die Beobachtung wichtig, daß Paulus im Galaterbrief und in 2Kor 3 zwar den Begriff διαθήκη aufnimmt und zur Kontrastierung des alten und des neuen Bundes benützt, daß er aber nicht, wie der Verfasser des Hebräerbriefes (Hebr 8,8ff; 10,16f), die Stelle Jer 31,31ff direkt als Schriftbeleg zitiert. Ginge die Interpretation des Kelchworts mit Jer 31 auf Paulus selbst zurück, dann wäre bei der Art, wie der Apostel seine theologischen Thesen mit at. Schriftzitaten zu begründen pflegt, zu erwarten, daß er auch diese Stelle irgendwo in seinen Briefen direkt zitiert. Außerdem ist zu bedenken, daß im Raum der gesamten jüdischen Tradition der Bund so fest mit dem Gesetz verschmolzen war, daß der eschatologische Charakter der neuen, durch Christus bewirkten Heilsordnung auch terminologisch zum Ausdruck gebracht werden mußte. In der Markusfassung ist die sachliche Unterscheidung vom Sinaibund und damit der Hinweis auf den neuen Bund in dem Personalpronomen „mein Blut des Bundes" enthalten. Auf alle Fälle, wie auch die Prioritätsfrage beurteilt wird, sagen beide Stränge der Abendmahlsüberlieferung aus, daß Gott durch das Vergießen des Blutes Jesu am Kreuz die Sünden des alten Bundes getilgt und eine neue Gemeinschaft zwischen Gott und den Menschen gestiftet hat. Gott hat durch den stellvertretenden Sühnetod Jesu den von Jeremia verheißenen neuen eschatologischen Bund verwirklicht. Die Glieder der frühen Kirche haben bei ihrer Taufe den heiligen Geist empfangen (Apg 2,38). Sie sahen die prophetischen Verheißungen der Verleihung des Geistes in der Endzeit (Ez 11,19; 36,26f; 37,14; Jo 3,1–5) als erfüllt an und verstanden sich nicht nur als messianische Sekte des Judentums, sondern als das endzeitliche Gottesvolk. Die Geistgabe, die die christliche Taufe von der des Johannes unterscheidet, macht deutlich, daß der neue Bund als Anbruch der eschatologischen Heilszeit aufgefaßt wurde (vgl. den eschatologischen Ausblick Mk 14,25). Die Auferweckung Jesu und seine Erhöhung in die Würde des Messias, Gottessohnes, Kyrios und Menschensohnes, der bald zum Weltgericht erscheinen wird, wurde als Auftakt zu der in nächster Zukunft erwarteten Weltvollendung geglaubt.

Das Verhältnis des neuen Bundes zu Israel und zu den Heiden läßt sich auf Grund der spärlichen Texte nicht eindeutig bestimmen. Von Haus aus ist der Bundesgedanke mit dem von Jahwe auserwählten Volk Israel verbunden. Aber schon im Alten Testament begegnen Interpretationen des Bundesmotivs, die auch die Weltvölker in das eschatologische Heil einbeziehen. Bei Deuterojesaja ist der Knecht Gottes ein Licht für die Heiden (Jes 42,6; 49,8), und in dem späten apokalyptischen Abschnitt Jes 25 wird neben der Überwindung des Todes auch die Vernichtung der Hülle, die über den Heidenvölkern liegt, durch Jahwe verheißen (Jes 25,6–8; Ps 22,28; vgl. dagegen 2Kor 3,14). Im Kelchwort des Markus erscheint die Wendung, daß das Blut Jesu für die Vielen (= alle) vergossen wird. Das ist eine deutliche Anspielung auf Jes 53,11 und belegt, daß dem Sühnetod Jesu schon in der vorpaulinischen Tradition eine universale Heilsbedeutung für alle Menschen zugemessen wurde. Dieser Glaube läßt die Art und Weise der Einbeziehung der Heiden, ob mit oder ohne Integrierung in den Israelverband, zunächst noch offen.

Welche Rolle spielt nun das jüdische Gesetz in dem neuen Bund der vorpaulinischen Kirche? Die Frage der Beschneidung wurde so lange nicht akut, als sich die Verkündiger noch an Juden wandten, die ja von Jugend an beschnitten waren. Die aramäisch sprechenden Judenchristen in Jerusalem haben offenbar trotz ihres Glaubens an die eschatologische Wende durch Christus das Gesetz weiterhin befolgt und die Geistgabe als Kraft zum Gehorsam gegen Gottes in der Tora offenbarten Willen verstanden. Sie konnten sich dabei auf die prophetischen Verheißungen vom neuen Bund berufen. In Jer 31,33 spricht Jahwe: „Ich werde mein Gesetz in ihr Inneres legen und es ihnen ins Herz schreiben; ich werde ihr Gott sein, und sie werden mein Volk sein." In diesem Wort liegt der Akzent nicht auf dem Ende des Gesetzes, sondern auf der ohne Lehrer vermittelten Erkenntnis und Erfüllung des Gesetzes. Die Geistgabe ist in Ez 36,26f ausdrücklich mit dem Wandel nach den Geboten und Satzungen Gottes verbunden. Wir wissen aber von Stephanus und seinen Anhängern im Kreis der sog. „Hellenisten", der griechisch sprechenden Judenchristen, daß sie Kritik am Gesetz Moses und am Tempel geübt haben. Sie wurden nach ihrer Vertreibung aus Jerusalem die Träger der Mission in Damaskus und Antiochien. Wenn der Gesetzeseiferer Paulus vor seiner Berufung die Christen im Raum Damaskus verfolgt hat, so war der hauptsächliche Anlaß für dieses Vorgehen die freiere Stellung der hellenistischen Judenchristen zum Gesetz, die vorwiegend im Bereich des Ritualgesetzes offenbar wurde. Es ist wahrscheinlich, daß sich die Hellenisten für ihre größere Freiheit gegenüber dem Gesetz auf die Worte Jesu berufen haben[1]. Offenbar haben sie in Antiochien schon vor

---

[1] Vgl. *M. Hengel*, Zwischen Jesus und Paulus, ZThK 72, 1975, 199.

Paulus Heiden ohne Verpflichtung auf das ganze jüdische Gesetz in die christliche Gemeinde aufgenommen. Damit haben sie die paulinische Antithese von Gesetz und neuem Bund allenfalls durch ihre Praxis vorbereitet; sie war aber noch nicht theoretisch geklärt, prinzipiell durchgeführt und von der Schrift her begründet[2].

Aus diesen von Jerusalem getrennten, judenchristlich-hellenistischen Kreisen dürfte auch die Glaubenstradition stammen, die Paulus in Röm 3,25 zustimmend aufgreift und im Sinn seiner Rechtfertigungslehre auslegt. Diese Tradition bezeugt, daß Gott Jesus Christus durch das Vergießen seines Blutes am Kreuz öffentlich als ἱλαστήριον hingestellt hat zum Erweis seiner Gerechtigkeit, dh seiner Bundestreue. Der umstrittene Begriff ἱλαστήριον nimmt doch wohl Bezug auf die *kappōræt* von Lev 16, wie P. Stuhlmacher neuerdings mit überzeugenden Argumenten gezeigt hat[3]. Gott hat die Sünden der Zeit des alten Bundes (τῶν προγεγονότων ἁμαρτημάτων) durch den Sühnetod Jesu getilgt, den neuen eschatologischen Bund konstituiert und so die Sühneriten des großen Versöhnungstages überholt. Der Hebräerbrief hat diese Vorstellung später theologisch expliziert[4]. Die Kreise, die so das jüdische Kultgesetz durch das Christusgeschehen außer Kraft gesetzt glaubten, haben schwerlich noch am Tempelkult in Jerusalem teilgenommen.

2. Gesetz und neuer Bund im Judentum

Die theologische Fassung des Begriffs *bᵉrīt* hat im Laufe der Geschichte Israels mancherlei Wandlungen erfahren. Wie sich die Momente des gegenseitigen Vertrages oder Bundes und der göttlichen Bestimmung oder Heilsanordnung beim Gottesbund am Sinai zueinander verhalten, wird lebhaft diskutiert. Seit dem Deuteronomium ist der Bund eng mit der Tora verbunden, wobei das Gesetz als Folge und Bewahrungsordnung des Bundes verstanden wird. Die Propheten der Exilszeit gingen davon aus, daß das Volk Israel den Sinaibund gebrochen hat. Aber Jahwe steht nach wie vor zu seiner Verheißung. Darauf beruht bei Jeremia, Ezechiel und Deuterojesaja die Ankündigung eines neuen, eschatologischen Bundes, bei dem der Begriff *bᵉrīt* deutlich den Sinn

---

[2] Vgl. *H. Conzelmann*, Geschichte des Urchristentums, NTD ErgBd 5,1969, 52.

[3] Zur neueren Exegese von Röm 3,24–26, in: Jesus und Paulus, Festschrift für W. G. Kümmel, 1975, 315ff.

[4] Vgl. *U. Luz*, Der alte und der neue Bund bei Paulus und im Hebräerbrief, EvTh 27, 1967, 328ff.

der göttlichen Heilssetzung hat. Im nachexilischen Judentum wird der neue Bund nur selten erwähnt. Die Verbindung von Bund und Gesetz hat sich als bestimmende Grundlage des Judentums durchgesetzt. Gegen die Gefahren des rechtlichen Vertragsdenkens faßte die Priesterschrift _berīt_ einseitig als göttliche Gabe[5]. Empfänger einer _berīt_ sind hier vornehmlich Noah (Gen 9) und Abraham (Gen 17). Wenn dabei das Hauptgewicht auf den Väterbund fällt, so steht dies nicht im Gegensatz zur Sinaitora; der Mosebund wird vielmehr als Erfüllung und Vollendung des Väterbundes verstanden. In den vorchristlichen Jahrhunderten wirkte der Pentateuch bereits als Einheit auf die Schriftauslegung ein, so daß der Bund in zunehmendem Maß vom Gesetz bestimmt und aufgesogen wurde[6].

Die Übersetzung von _berīt_ mit διαθήκη, nicht συνθήκη in der Septuaginta hat das Moment der göttlichen Verfügung beim Bundesgedanken im hellenistischen Judentum noch stärker betont. Die Gnadenzusage Jahwes bei den Erzvätern, bei Mose und bei David wurden zusammengeschaut und als die διαθήκη πατέρων bezeichnet (1Makk 2,20; Sir 44f). Der im Pentateuch geoffenbarte Wille Gottes ist ein heiliger (1Makk 1,15.63), ewiger Bund (Sir 45,15), damit aber auch verpflichtende Lebensnorm (Sir 39,8). Dabei machte die Identifizierung von Weisheit und Tora einen Bezug des Gesetzes auch zur Schöpfung möglich[7]. Gesetz und Bund bilden eine völlige Einheit, so daß διαθήκη als „Inbegriff der jüdischen Religion"[8] verwendet werden kann. Die Hoffnung auf eine kommende neue Gottesordnung blieb zwar lebendig, aber die Berufung auf Jer 31,31 war äußerst selten. Selbst an Stellen, die darauf anspielen wie Bar 2,35, wird statt vom neuen vom ewigen Bund (διαθήκην αἰώνιον) geredet, weil der in der Tora offenbarte Wille Gottes unabänderlich ist und deshalb der neue Bund nur eine Restitution des Sinaibundes sein kann. Bei Josephus fehlt der Begriff διαθήκη für den Bund zwischen Gott und Volk völlig. Philo kennt zwar den Sinn von διαθήκη als „Formel für Gottes in der Geschichte kundgewordenen Gnadenwillen"[9], aber er argumentiert nur mit der griechischen Wort-

---

[5] _E. Kutsch,_ „Ich will euer Gott sein". _berît_ in der Priesterschrift, ZThK 71, 1974, 387.

[6] _W. C. van Unnik,_ La conception paulinienne de la Nouvelle Alliance, in: Littérature et théologie pauliniennes, RechBib V, Bruges 1960, 113.

[7] _M. Limbeck,_ Die Ordnung des Heils, Untersuchungen zum Gesetzesverständnis des Frühjudentums, 1971, 191.

[8] _J. Behm,_ ThW II 130.   [9] _J. Behm,_ ThW II 131.

bedeutung „Testament". Vom neuen Bund reden beide nicht. Bezeichnenderweise wurde in der jüdischen Apokalyptik der neue Äon nicht mit der Vorstellung vom neuen Bund interpretiert. Das einzige Vorkommen des Begriffes „Bund" in der Henochapokalypse (äthHen 60,6) gehört in den Zusammenhang des Noahbundes[10].

Das rabbinische Judentum betonte das gesetzliche Moment im Bundesgedanken, wie der Grundsatz zeigt: „Es gibt keine *b⁽e⁾rīt* außer dem Gesetz" (MEx 12,6). Von Gen 17,10 aus wurde *b⁽e⁾rīt* oft prägnant für die Beschneidung verwendet. In den wenigen Stellen, die über den neuen Bund reflektieren, wird ausgeführt, daß die Tora in der zukünftigen Welt nicht vergessen wird, weil sie ins Herz der Menschen gegeben ist[11]. Nirgends findet sich ein Beleg, daß die Verbindlichkeit der Tora in der messianischen Zeit aufhören wird. Die gelegentlich für diese These herangezogenen Stellen reden höchstens von kleinen Änderungen an einzelnen Geboten der Tora. Die neueste Untersuchung der Frage kommt zu dem Ergebnis, „daß weder die Vorstellung einer neuen Torah noch die Erwartung einer völligen Aufhebung der Torah für das rabbinische Judentum charakteristisch ist"[12].

Das Motiv des neuen Bundes ist im offiziellen Judentum nicht wirksam geworden, wohl aber in einer Randgruppe, in der Gemeinde von Qumran. Der Begriff „neuer Bund" wird mehrfach in der Damaskusschrift (CD VI,19; VIII,21; XIX,33; XX,12) und im Habakukkommentar (1QpHab II,3) gebraucht. Die Gemeinde des neuen Bundes im Lande Damaskus sah die Verheißung von Jer 31 bei sich erfüllt. Die Gruppe ist herausgewachsen aus der Umkehrbewegung der Chassidim und verstand sich als den „Rest" des Volkes, der sich wieder dem Gesetz Moses zugewandt und dadurch den Sinaibund erneuert hat. Im Unterschied zum alten Bund tritt man in diese Gemeinschaft durch eigenen Entschluß ein. Beim Eintritt in den „Bund der Barmherzigkeit" (1QS I,8) verpflichtet sich der Freiwillige zu strengem Gehorsam gegen das Gesetz nach der Auslegung des Lehrers der Gerechtigkeit (1QS I,2.3). „Jeder, der in den Rat der Gemeinschaft kommt, soll in den Bund Gottes[13] eintreten in Gegenwart aller, die sich willig erwiesen haben. Und er soll sich durch einen bindenden Eid verpflichten, umzukehren zum Gesetz Moses gemäß allem, was er befohlen hat, von ganzem Herzen und gan-

---

[10] *A. Jaubert*, La notion d'alliance dans le judaïsme aux abords de l'ère chrétienne, PatSor 6, Paris 1963, 162.   [11] Bill. III 501.704.

[12] *P. Schäfer*, Die Torah der messianischen Zeit, ZNW 65, 1974, 42.

[13] CD V,12; VII,5; XIV,2; XX,17; 1QpHab II,4.

zer Seele, zu allem, was von ihm offenbart ist den Söhnen Zadoqs, den
Priestern, die den Bund wahren und seinen Willen erforschen" (1QS V,
7–10). Wer absichtlich oder aus Nachlässigkeit ein Wort aus dem Gesetz Moses übertritt, wird ausgeschlossen (1QS VIII,22). In der Damaskusschrift wird die Bindung ans Gesetz noch stärker unterstrichen (CD
VI,2–5; XV,8–10; XVI,1–5)[14]. Der neue Bund von Qumran ist in
Wirklichkeit der vom Lehrer der Gerechtigkeit richtig ausgelegte und
vollständig befolgte alte Bund. Die Mitglieder der Gemeinde wissen sich
vom Geist des Lichtes und der Wahrheit beherrscht, wenn sie auch noch
der Anfechtung durch den Geist der Finsternis ausgesetzt sind (1QS III,
18–25). Darum gilt es, „in heiliger Vollkommenheit nach Geheiß aller
Weisungen des Bundes" zu wandeln, „daß keiner verunreinige seinen
heiligen Geist, wie Gott die Unterscheidung für sie getroffen hat" (CD
VII,4f). Trotz dieser vorläufigen Erfüllung von Ez 36 wird die völlige
Reinigung des Menschen durch den Geist Gottes erst nach der Vernichtung der Macht des Frevels im Eschaton erwartet (1QS IV,20–23)[15].
Im Gegensatz zu Paulus führt der Geist in diesem Orden gerade zur
verschärften Einhaltung des Gesetzes[16]. Zwischen den Qumranfrommen
und den Jerusalemer Judenchristen besteht insofern eine gewisse Struk-
turverwandtschaft, als beide die Verheißung des neuen Bundes erfüllt
sehen und sich im Besitz des Geistes wissen. Aber auch hier liegt der entscheidende Unterschied in der Christologie: Für die Jerusalemer Judenchristen ist der Messias bereits erschienen, in der Qumrangemeinde werden die beiden Gesalbten noch in der Zukunft erwartet. Der neue Bund
weist in Qumran nicht die eschatologische Neuheit auf, wie sie die durch
Christus begründete Heilswirklichkeit kennzeichnet.

Die paulinische Antithese von Gesetz und neuem Bund hat im Judentum keine Parallele, auch nicht in der Qumrangemeinde.

3. Die radikale Antithese von Gesetz und neuem Bund bei Paulus

Ernst Käsemann hat in seinen Paulusbeiträgen und im Römerbriefkommentar die Rechtfertigungsbotschaft als das entscheidende Kriterium für das Verhältnis von altem und neuem Bund und von Buchstabe

---

[14] *A. S. Kapelrud*, Der Bund in den Qumran-Schriften, in: Bibel und Qumran,
(Festschrift) H. Bardtke zum 22. 9. 1966, 1968, 143.

[15] *M. Hengel*, Judentum und Hellenismus, WUNT 10, ²1973, 404.

[16] Vgl. auch Jub 1,23f.

und Geist bei Paulus eindrucksvoll herausgestellt¹⁷. Wo die Aussagen des Apostels nicht abgemildert werden, ergibt sich deutlich, daß Paulus den Bundesbegriff nicht als überbrückende Klammer und Exponenten der heilsgeschichtlichen Kontinuität benützt. Sinaibund und neuer Bund stehen sich bei ihm in dem kontradiktorischen Gegensatz von Gesetzes- und Glaubensgerechtigkeit gegenüber.

In Gal 3 ordnet Paulus gegen die jüdische Auffassung von der ewigen Dauer des Gesetzes die Mosetora dem alten Äon zu. Gesetzeswerke und Glaubenspredigt entsprechen der Antithese von Fleisch und Geist (Gal 3,1–5). Aus Gesetzeswerken leben, dh die Tora zur Selbstrechtfertigung benützen, bedeutet, dem Fluch des Gesetzes ausgeliefert sein; aus dem Glauben an Christus leben bedeutet, Anteil am Segen Abrahams erhalten (V. 6–12). V. 12 definiert den Wesensunterschied zwischen Gesetz und Glaube: zum Gesetz gehört nicht der Glaube, sondern das Tun. Also schließen sich Gesetzesleistung und Glaube aus (Röm 4,2–6; Gal 2,21; 5,4). Der Glaube ist einerseits der Verheißung Gottes an Abraham, andrerseits der Heilstat in Christus zugeordnet; die Gesetzesleistung ist mit der Mosetora verknüpft. In V. 15–17 greift Paulus ein Beispiel aus dem Erbrecht auf, um die zeitliche und sachliche Priorität der Verheißung gegenüber dem Gesetz zu untermauern. In diesem Zusammenhang bedeutet Diatheke „Testament". Dies zeigt, daß Paulus wie Philo den geläufigen griechischen Sinn des Begriffs für seine Argumentation fruchtbar machen kann. Das hebt jedoch nicht auf, daß Diatheke in der Regel bei Paulus wie in der Septuaginta durch die jüdische Bundesvorstellung bestimmt ist (vgl. Röm 9,4; Gal 4,21ff). Das Testamentsbeispiel soll nur sicherstellen, daß das Gesetz Moses die Abrahamsverheißung nicht außer Kraft setzen kann. Welche Funktion kommt dann dem Gesetz im Heilsplan Gottes zu? Gott wollte von Anfang an, daß der Mensch durch Glauben gerechtfertigt werde, und diesem Ziel ist die Tora eingeordnet. Das Gesetz entlarvt den Sünder als Übertreter des göttlichen Gebots und stellt ihn unter Anklage; es hat jedoch nicht die Kraft, zum Leben zu führen (Gal 3,21). Gott hat es so gefügt, daß die Menschen so lange unter dem Gesetz festgehalten wurden, bis Christus als Befreier vom Fluch des Gesetzes und Vermittler des Abrahamssegens kam (Gal 3,13f). Die Parallelität der Bilder vom Gefängnis, vom Aufseher und von der Unmündigkeit des erbberechtigten Sohnes legt die umstrittene Wendung παιδαγωγὸς εἰς Χριστόν eindeutig im negativen Sinne fest. Εἰς Χριστόν ist temporal aufzulösen, παιδαγωγός bezeichnet

¹⁷ Geist und Buchstabe, in: *ders.,* Paulinische Perspektiven, ²1972, 261f.

den Zuchtmeister[18]. So sehr Paulus νόμος und Mosetora identifiziert, so betrifft die Schuldverfallenheit vor Christus doch alle Menschen. Auch die Generationen von Adam bis Mose und die Heiden, die die Tora nicht haben, machen hier keine Ausnahmen. Erst Christus, der Erfüller der Abrahamsverheißung, hat die Äonenwende gebracht und die Zeit der Freiheit, der Sohnschaft und des Geistes eröffnet (Gal 4, 4–6). Im Glauben an ihn stehen wir nicht mehr unter dem Gesetz, sondern unter der Gnade (Röm 6,14; Gal 5,18). Christus ist das Ende des Gesetzes zur Gerechtigkeit für jeden, der glaubt (Röm 10,4). Knechtschaft unter dem Gesetzesfluch im alten Äon und Freiheit in der Macht des Geistes im neuen Äon schließen sich gegenseitig aus. Trotzdem hält Paulus auch in Gal 3 die Herkunft des Gesetzes von Gott mit aller Entschiedenheit fest. Er führt in Gal 3,19 die Tora nicht in gnostischer Weise auf widergöttliche Mächte zurück, sondern bringt ihre Inferiorität im Blick auf den Modus der Übergabe an die Menschen zur Geltung. Die Verheißung wurde Abraham direkt durch Gottes Zusage gegeben; das Gesetz wurde Mose durch Engel ausgehändigt, der es als Mittler dem Volk weitergab[19].

In Gal 4,21–31 redet Paulus in einer Mischung von Typologie und Allegorese von zwei Bünden, die beide im Pentateuch bezeugt werden. Die Verschiedenheit der beiden Söhne Abrahams, Isaak und Ismael, betrifft einmal den Stand der Mütter: Sara ist die Freie, Hagar ist die Sklavin, zum andern die Art der Geburt: Isaak ist auf Grund der Verheißung geboren, Ismael nicht, was in V. 29 mit den Formeln κατὰ πνεῦμα und κατὰ σάρκα erläutert wird. Paulus sagt ausdrücklich, daß Hagar den Sinaibund repräsentiert, der zur Knechtschaft gebiert. Aus der sachlichen Entsprechung ist zu schließen, daß Paulus bei Sara den Verheißungsbund mit Abraham im Auge hat, der durch Geist und Freiheit gekennzeichnet ist. Beide Bünde haben in der Gegenwart ihre Verkörperungen, der Sinaibund im jetzigen Jerusalem, dh in der unter dem Gesetz lebenden Judenschaft, der Verheißungsbund in den Glaubenden, deren Mutter das obere Jerusalem ist. Die beiden Bünde werden hier deutlich im Gegensatz von Fleisch und Geist, Gesetz und Verheißung, Knechtschaft und Freiheit interpretiert.

Dies wird durch die Nennung der Begriffe alter und neuer Bund in 2Kor 3 voll bestätigt[20]. Paulus steht in Auseinandersetzung mit juden-

---

[18] F. *Mußner*, Der Galaterbrief, HThK IX 1974, 257.

[19] Auf die zweiten Tafeln schrieb Mose den Dekalog im Auftrag Gottes (Ex 34,28).

[20] Vgl. M. *Rissi*, Studien zum 2. Korintherbrief, AThANT 56, 1969, 22–25.

christlichen Missionaren, die ihr Ansehen durch Empfehlungsbriefe steigern[21]. Der Apostel, der solchen Selbstruhm als fleischliches Verhalten beurteilt, bezeichnet die Gemeinde in Korinth als den Brief, den Christus geschrieben und er durch seine Verkündigung besorgt hat. Deshalb ist dieser Brief nicht mit Tinte geschrieben, sondern durch den Geist Gottes. Mit den Wendungen „steinerne Tafeln" und „fleischerne Herzen" führt Paulus eine doppelte Bezugnahme durch, einerseits auf den Sinaibund, andererseits auf den neuen Bund mit der Wandlung der Herzen und dem Geistempfang. Da in V. 6 das Stichwort „neuer Bund" auftaucht, schaut er hier offenbar Ez 36,26f und Jer 31,31 zusammen. In dem dreifachen Argumentationsgang, der die überlegene δόξα des neuen Bundes zum Ziel hat, wird der Dienst Moses als Dienst des Todes (V. 7), der Verurteilung (V. 9) und als vergänglich (V. 11) charakterisiert, die apostolische Verkündigung als Dienst des Geistes (V. 8), der Gerechtigkeit (V. 9) und als bleibend (V. 11). Im folgenden geht der Blick von der Hülle auf dem Gesicht Moses über zu den Gliedern der Synagoge. Dabei verwendet Paulus zum erstenmal im Neuen Testament den Begriff ἡ παλαιὰ διαθήκη (V. 14) für das Alte Testament als Urkunde des Mosebundes. Die Hülle über der Verlesung des AT wird nur weggenommen in der Zuwendung zum Herrn (Ex 34,34), dh zum erhöhten Christus, der im Geist in seiner Gemeinde gegenwärtig ist. Nur von Christus aus erschließt sich der Sinn des Alten Testaments, und nur im Geist kommt es zur Erfüllung der Verheißung vom neuen Bund. In Röm 7,4–6 zieht Paulus den Gegensatz von Fleisch und Geist heran, um dem Leben unter dem Gesetz als „Fruchttragen für den Tod" die Zugehörigkeit zu Christus als „Fruchttragen für Gott" zu kontrastieren. Dabei heben die nur bei Paulus belegten Substantive παλαιότης und καινότης das Wesenhafte des alten und des neuen Äons heraus. Deshalb muß das prophetische Motiv der Herzensbeschneidung in Verbindung mit ἐν πνεύματι, οὐ γράμματι (Röm 2,29) auf die Christen bezogen werden[22], während Paulus die Verantwortlichkeit der Heiden (Röm 2,14–16; 2,26) weder mit dem ins Herz geschriebenen Gesetz von Jer 31,33 noch mit der griechischen Lehre vom ungeschriebenen Gesetz[23] aufweist. Die Heiden erfüllen, ohne die Tora zu haben, konkrete Einzelforderungen des

---

[21] Vgl. *D. Georgi*, Die Gegner des Paulus im 2. Korintherbrief, WMANT 11, 1964, 274–282.

[22] *E. Käsemann*, An die Römer, HNT 8a, 1973, 70f (³1974, 71f).

[23] Anders als Paulus hat Philo dieses Motiv benützt, um die Kenntnis der Tora bei den Patriarchen nachzuweisen.

Gesetzes und erweisen sich durch ihr Gewissen als verantwortlich für ihr Handeln.

Γράμμα (im Gegensatz zu πνεῦμα) bezeichnet bei Paulus durchweg die zur Leistungsgerechtigkeit pervertierte Mosetora. Anders verhält es sich mit νόμος, das eine mehrschichtige Bedeutung hat[24]. Paulus kann mit νόμος das Gesetz vom Sinai, den Pentateuch und das ganze Alte Testament bezeichnen. Der Begriff, der in der Regel die Mosetora meint, kann also den Bedeutungsgehalt von Schrift (γραφή) annehmen. Außerdem ist dem Apostel wie bei διαθήκη auch der griechiche Sinn von νόμος = Gesetzmäßigkeit, Ordnung (Röm 7,21) geläufig.

Nun spricht Paulus in Röm 7 sehr positiv vom Gesetz. Das Gesetz ist keineswegs Sünde, vielmehr hat die Sünde den Menschen mit Hilfe des Gesetzes getäuscht und getötet. Das Gebot ist „zum Leben" gegeben (V. 10). „Somit ist das Gesetz heilig, und das Gebot ist heilig und gerecht und gut" (V. 12). Diese Sätze belegen, daß für den Juden Paulus der göttliche Ursprung des Gesetzes nie fraglich geworden ist. Auch die Aussage, „daß das Gesetz geistlich ist" (V. 14), meint nicht, daß es die Kraft hat, Geist und Leben zu schenken, sondern markiert die Herkunft des Gesetzes von Gott[25]. Die Form des Gesetzes ist schriftliche Fixierung; sein Inhalt fordert Liebe und Gehorsam; die Schwäche des Gesetzes besteht darin, daß es nur befehlen, aber das Tun nicht schenken kann. Die Intention des Gesetzes, zum Leben zu führen, wird nicht erreicht, weil der Mensch das Gesetz zum Selbstruhm mißbraucht. Der Effekt des pervertierten Gesetzes ist der Tod. So hat das Gesetz im Heilsplan Gottes die Funktion, die Sünde zu mehren, damit die Gnade um so mächtiger werde.

Die Äonenwende ist bei Paulus zentral in Tod und Auferweckung Jesu Christi verankert (Röm 3,21–26; 2Kor 5,14–21). Christus hat uns vom Fluch des Gesetzes befreit, indem er, gemäß Dtn 21,23, für uns zum Fluch geworden ist (Gal 3,13). Der Herrschaftswechsel aus der Macht des Gesetzes zum Auferstandenen ist durch die Hingabe des Leibes Christi am Kreuz erfolgt (Röm 7,4). In Röm 8,3 ergibt sich der beste Sinn, „wenn περὶ ἁμαρτίας, wie in Lev 16; Hebr 10,6.8; 13,11, technisch gebraucht, das Sühnopfer bezeichnet"[26]. Jesus Christus, „der die Sünde nicht kannte" (2Kor 5,21) ist, die neue Menschheit repräsentierend, für uns zum Sühnopfer geworden, damit der Rechtsanspruch des Gesetzes

[24] W. *Gutbrod*, ThW IV 1061ff.
[25] E. *Schweizer*, ThW VI 436.
[26] E. *Käsemann*, An die Römer 206 (³208).

bei uns erfüllt werde (Röm 8,4). Der Gehorsam Christi (vgl. Phil 2,8) bewirkt im Rahmen der Adam-Christus-Typologie die entscheidende Wende, die aus der heillosen Folge des Ungehorsams Adams herausführt (Röm 5,12–21). Durch das Mitsterben mit Christus in der Taufe sind die Glaubenden „legitim" (vgl. Röm 7,1–3) aus dem Machtbereich der Sünde und des Gesetzes befreit (Röm 6,1–14). Die Verankerung der Wende im stellvertretenden Sühnetod Jesu erweist das Kreuz als Basis der paulinischen Rechtfertigungslehre. Dieser Zusammenhang zeigt zugleich, wie stark Paulus die Hauptbegriffe der Abendmahlstradition für den Kirchenbegriff ausgewertet und damit die Ekklesiologie aus der Christologie entwickelt hat. In 1Kor 10,16f wendet Paulus den traditionellen Ausdruck σῶμα τοῦ Χριστοῦ auf die Kirche als den Leib Christi an. Dies hat eine gewisse Entsprechung beim Begriff αἷμα τοῦ Χριστοῦ im Rahmen der Bundesvorstellung. Paulus hat die Kirche als Gemeinschaft des durch das Blut Christi gestifteten neuen Bundes interpretiert. Dabei hat ihn sein Verständnis von Gesetz und Evangelium veranlaßt, Bund parallel zu Soma in kosmischer Weite zu fassen.

Die Äonenwende hat ihre Konsequenzen für die Bedeutung des Gesetzes im Leben der Christen. Zweifellos heißt Befreiung vom Gesetz für Paulus nicht Willkür, sondern neue Bindung an Christus. Christus ist aber ein lebendiger Herr, kein Gesetzeskodex. Er regiert durch seinen Geist im Herzen der Glaubenden. Er herrscht, indem er bittet, und bewirkt so den Gehorsam der freien Söhne. Die Begriffe δοῦλος und δουλεύειν umschreiben die Totalität und Intensität der ὑπακοὴ πίστεως. Der Geist ist sowohl die Kraft als auch die Norm des neuen Lebens (Röm 8,1–11; Gal 5,25). Er holt den Menschen aus seinem selbstsüchtigen Streben heraus und befähigt ihn zur Offenheit für Gott und den Nächsten in der Liebe. Was das Gesetz fordert, kommt in der Kraft des Geistes zur Verwirklichung. So ist die Liebe des Gesetzes Erfüllung (Röm 13,8–10; Gal 5,14). Darin ist Paulus ein treuer Schüler Jesu. In der Gabe des Geistes sieht der Apostel die prophetische Verheißung für die Endzeit erfüllt. Auf die Wandlung der Herzen und die Verleihung des Geistes (Ez 36,26f) spielt er ausdrücklich an (2Kor 3,3; 1Thess 4,8). Daß er Jer 31 nicht direkt zitiert, hängt m. E. mit seinem Gesetzesverständnis zusammen. Gerade weil Paulus die jüdische Einheit von Bund und Tora respektierte, konnte er den neuen Bund nicht mit dem Gesetz verbinden[27].

---

[27] Vgl. auch *F. Mußner*, Der Galaterbrief, 200.

Aber hat nicht der Apostel selbst den Begriff νόμος in Ausdrücke aufgenommen, die das neue Leben beschreiben (Röm 3,27: Gesetz des Glaubens; Röm 8,3: das Gesetz des Geistes des Lebens; Gal 6,2: das Gesetz Christi)? Bei diesen Wendungen liegt die Sachaussage in den Begriffen, die im Genitiv stehen und sich gegenseitig interpretieren. Das Gesetz Christi ist durch Glauben, Geist und Leben bestimmt. Gesetz und Glaube sind wesensmäßig geschieden wie Buchstabe und Geist. Νόμος kann also in dieser Verbindung nicht die Tora meinen[28], sondern muß übertragen die neue Orientierung des Lebens an Christus umschreiben (vgl. ἔννομος Χριστοῦ 1Kor 9,21). Der Geist wirkt nicht Auflösung und Chaos, sondern ist das Band der Liebe und des Friedens. So kommt in Christus der Wille Gottes zum Ziel. Das Gesetz Christi ist nicht das Gesetz Moses auf höherer Ebene in ethischer oder spiritualisierter Form, sondern die eschatologische Entsprechung zum Gesetz des alten Bundes. Die paulinische Paränese, die den Imperativ auf das Heilsgeschehen gründet, mahnt nicht zur Erwerbung des Heils durch Gesetzeserfüllung, sondern zu einem Wandel gemäß dem Evangelium Christi (Phil 1,27); darum ist sie ihrem Wesen nach nicht Gebrauch des Gesetzes *(usus legis),* sondern Konsequenz des Evangeliums.

Die Antithese von Gesetz und neuem Bund ist die spezifische Signatur der paulinischen Theologie. Fragen wir nach ihren Gründen im Denken des Apostels, so werden wir mindestens drei wesentliche Faktoren berücksichtigen müssen. Der erste ist religionsgeschichtlicher Art. Paulus hat die apokalyptische Zweiäonenlehre in modifizierter Gestalt zur Interpretation des Christusgeschehens herangezogen. Da der neue Äon in Tod und Auferweckung Christi angebrochen ist, der Glaubende aber noch in der vergehenden Welt lebt, bis Christus ihre Mächte in der Parusie endgültig vernichten wird, kann der Christ auf der Freiheit des Glaubens wieder in die Knechtschaft des Gesetzes zurückfallen[29]. Der noch in der vergehenden Welt lebt, bis Christus ihre Mächte in der Parusie endgültig vernichten wird, kann der Christ aus der Freiheit des christlichen Gemeinde und zum Rebellen gegen Gott werden lassen. Die Offenbarung Jesu als des Sohnes Gottes bei Damaskus schloß für Paulus die Sendung zu den Heiden in sich; denn Gott selbst hatte durch das Kreuz Christi die Trennwand des Gesetzes beseitigt. Aber bei dem

---

[28] Gegen *M. Barth,* Die Stellung des Paulus zu Gesetz und Ordnung, EvTh 33, 1973, 516.

[29] Vgl. *G. Bornkamm,* Das Ende des Gesetzes. Paulusstudien. Ges. Aufs. I, BEvTh 16, 1952, 68f.

Schrifttheologen Paulus kommt auch dem dritten Faktor eine große Bedeutung zu, nämlich der Anerkennung des Alten Testaments als Offenbarung des göttlichen Willens. Paulus war sich bewußt, daß ein visionäres Widerfahrnis allein ohne Anhalt in der Schrift bei den Juden keine Lehre begründen kann. Darum mußte er aufzeigen, daß Gott schon im Alten Testament den Heilsweg des Glaubens verkündet hat.

4. Das Alte Testament als Zeugnis der Glaubensgerechtigkeit

Als häufigste Formel für das Alte Testament begegnet im hellenistischen Judentum τὰ ἱερὰ γράμματα und im rabbinischen Judentum „die heiligen Schriften"[30]. Paulus verwendet in der Regel den Singular von γράμμα und γραφή für die Schrift als Ganzes. Während er aber mit γράμμα das schriftlich fixierte Gesetz hinsichtlich seiner Schwäche angesichts des Fleisches charakterisiert, gebraucht er γραφή, um die bleibende Bedeutung des Alten Testaments als Offenbarung des Willens Gottes zu betonen. Damit kommt der Gegensatz von γράμμα und γραφή dem von Buchstabe und Geist bzw. von Gesetz und Evangelium nahe. Das Alte Testament ist für die Christen keineswegs abgetan; es gilt als Schrift auch den Christen, ja, es ist gerade für die Glaubenden der Endzeit geschrieben (1Kor 10,11), zur Warnung und zur Stärkung des Glaubens. Nach der Meinung des Apostels hat Gott im Christusereignis abschließend enthüllt, was schon immer der wahre Sinn des Alten Testaments gewesen ist: das Heil des Menschen allein durch die Gnade Gottes. Das ist auch der Weg zum Heil für Israel (Röm 11,27). In 2Kor 1,20 formuliert Paulus sein Grundverständnis vom Zusammenhang des Alten und des Neuen Testaments: Jesus Christus ist „das Ja zu allem, was Gott verheißen hat". Das handelnde Subjekt in beiden Testamenten ist Gott. Den Verheißungen Gottes im Alten Testament entspricht die Heilstat Gottes in Jesus Christus, in dem der Abrahamssegen für die Völker zur Erfüllung kommt (Gal 3,14). Gegen die jüdische Auffassung kann Paulus die Abrahamsverheißung und die Mosetora nicht mehr in einer Linie sehen. Das Gesetz ist in dem Zusammenhang von ἐπαγγελία und εὐαγγέλιον, den Paulus nicht als geschichtliche Entwicklung darstellt, eine „zwischeneingekommene" Größe (Röm 5,20; Gal 3,17ff). Die Kontinuität zwischen Verheißung und Erfüllung beruht allein auf der Treue Gottes, der sein Wort wahr macht. So findet der Apostel die Christus-

---

[30] *G. Schrenk,* ThW I 750f.763.

erkenntnis, die ihm bei seiner Berufung offenbart wurde, bereits durch das Zeugnis des Alten Testaments bestätigt. Methodisch kann er in Ausnützung aller Möglichkeiten eines jüdisch-hellenistischen Gelehrten vom Wortlaut der Schrift ausgehen oder typologisch bzw. allegorisch verfahren, als entscheidendes sachliches Kriterium seiner Hermeneutik erweist sich die Rechtfertigungsbotschaft. Nicht von ungefähr sind Gen 15,6 und Hab 2,4 seine wichtigsten Schriftbelege. Mit dem personifizierten Gebrauch von γραφή (Röm 4,3; Gal 3,8.22.30 u. ö.) will Paulus Gott selbst als Redenden und Verkünder der Glaubensgerechtigkeit hervorheben. Das instruktivste Beispiel für dieses Schriftverständnis bietet der Abschnitt Röm 10,4–13. Es ist immer wieder aufgefallen, daß Paulus dasselbe Buch des Pentateuchs (Dtn) sowohl für die Gesetzes- als auch für die Glaubensgerechtigkeit als Beleg heranzieht. Was Paulus hierzu legitimiert, deutet er mit der Unterscheidung: Mose schreibt, die Glaubensgerechtigkeit spricht, selber an, nämlich den Unterschied von Mosegesetz als γράμμα und der Heilsbotschaft als Wort des Glaubens (ῥῆμα τῆς πίστεως). Das nahe Wort von Dtn 30,14 ist ihm identisch mit der Heilsbotschaft des Deuterojesaja (Jes 52,7; 53,1; Röm 10,14–17) und mit dem Evangelium von Jesus Christus. Die Christusbotschaft liegt ja für Paulus noch nicht geschrieben vor, sondern ergeht als Predigt (ἀκοή), als Wort vom Kreuz (1Kor 1,18) und von der Versöhnung (2Kor 5,19). Diese Exegese entspricht nicht unserer historischen Methode, hat aber ihr sachlich-theologisches Recht in der allem christlichen Glauben inhärierenden These, daß Gott das Heil der Welt in Christus geschenkt hat.

Der grundlegende Abschnitt für die paulinische Rechtfertigungslehre (Röm 3,21–31) enthält gleich im ersten Vers eine präzise Formulierung des Apostels für das Verhältnis von Gesetz und Altem Testament. Die Gerechtigkeit Gottes ist in Christus *ohne* das Gesetz offenbart worden. Damit ist die radikale Antithese von Gesetz (als γράμμα) und Glauben klar bezeichnet. Aber dies ist nur die eine Seite des Sachverhalts; die andere Seite, die auf die Kontinuität hinweist, gehört für Paulus ebenso notwendig hinzu: die Gottesgerechtigkeit ist *bezeugt* vom Gesetz und den Propheten. Diese nur hier bei Paulus gebrauchte Wendung macht klar, daß νόμος in V. 21b die Schrift des Alten Testamentes meint. Das Alte Testament als Offenbarung des Willens Gottes ist Zeugnis für das Heilshandeln Gottes in Jesus Christus, für den neuen Bund, der allen Menschen gilt.

SOLA GRATIA IM MARKUSEVANGELIUM

Die Soteriologie des Markus nach 9,14–29 und 10,17–31

FRIEDRICH GUSTAV LANG

Markus kennt keine Rechtfertigungsterminologie. Aber daß das Thema seines Evangeliums die Christologie ist, schließt nicht aus, vielmehr ein, daß darin auch die Soteriologie zur Sprache kommt. Im folgenden sollen zwei explizit soteriologische Texte auf ihre kompositorische Konsistenz und theologische Konsequenz hin befragt werden. Es wird sich zeigen, daß sie nicht zufällig ausgewählt wurden[1].

---

[1] Häufiger zitierte Literatur. Kommentare: *W. Grundmann*, Das Evangelium nach Markus, ThHK 2, [6]1972; *E. Haenchen*, Der Weg Jesu, [2]1968; *E. Klostermann*, Das Markusevangelium, HNT 3, [5]1971; *E. Lohmeyer*, Das Evangelium des Markus, MeyerK I/2, [17]1967; *J. Schniewind*, Das Evangelium nach Markus, NTD 1, [9]1960; *E. Schweizer*, Das Evangelium nach Markus, NTD 1, [13]1973.

Außerdem: *A. M. Ambrozic*, The Hidden Kingdom, CBQ Mon.Ser. 2, Washington 1972; *K. Berger*, Die Gesetzesauslegung Jesu I, WMANT 40, 1972; *G. Bornkamm*, Πνεῦμα ἄλαλον, in: *ders.*, Geschichte und Glaube II. Ges. Aufs. IV, BEvTh 53, 1971, 21–36; *R. Bultmann*, Die Geschichte der synoptischen Tradition, FRLANT 29, [5]1961; *M. Dibelius*, Die Formgeschichte des Evangeliums, [6]1971; *W. Harnisch*, Die Berufung des Reichen. Zur Analyse von Markus 10, 17–27, in: Festschr. für Ernst Fuchs, hg. v. *G. Ebeling, E. Jüngel, G. Schunack*, 1973, 161–176; *K. Kertelge*, Die Wunder Jesu im Markusevangelium, StANT 23, 1970; *P. S. Minear*, The Needle's Eye, JBL 61, 1942, 157–169; *K.-G. Reploh*, Markus – Lehrer der Gemeinde, SBM 9, 1969; *J. M. Robinson*, Das Geschichtsverständnis des Markus-Evangeliums, AThANT 30, 1956; *J. Roloff*, Das Kerygma und der irdische Jesus, [2]1973; *J. Schreiber*, Theologie des Vertrauens, 1967; *N. Walter*, Zur Analyse von Mc 10,17–31, ZNW 53, 1962, 206–218; *W. Zimmerli*, Die Frage des Reichen nach dem ewigen Leben, EvTh 19, 1959, 90–97.

1. Markus 9,14–29: Die Heilung des Knaben

Problemstellung. Orientiert man sich an den Personen, die jeweils neben Jesus im Vordergrund stehen, so läßt sich die Geschichte in fünf Szenen unterteilen:

V. 14–18   Jünger und Schriftgelehrte, Volk und Vater
V. 19–20   Knabe und Leute, die ihn bringen
V. 21–24   Vater
V. 25–27   Knabe, herandrängendes Volk
V. 28–29   Jünger (allein im Haus)

Dabei ist eine schöne Ringkomposition erkennbar: Die Jünger tauchen nur im Rahmen auf, beidemal geht es auch inhaltlich um ihr Unvermögen dem bösen Geist gegenüber (V. 18 und 28); ebenso entsprechen sich in der eigentlichen Heilungsgeschichte achsensymmetrisch der Anfall des Knaben (V. 20) und der Exorzismus (V. 25ff). Der sachlich zentrale Dialog zwischen Jesus und dem Vater (V. 21–24) steht also auch formal im Zentrum der Geschichte.

Allerdings scheint die Komposition wegen einiger Unebenheiten doch nicht ganz durchsichtig: Die Schriftgelehrten sind funktionslos (V. 14); zweimal läuft das Volk herbei (V. 15 und 25), ebenso sind die Jünger zwischendurch wie abwesend; zweimal wird der Knabe gebracht und seine Krankheit geschildert (V. 17f.20–22); und der Klageruf V. 19 wirkt wie ein Fremdkörper. Aufgrund solcher Beobachtungen kommt Bultmann zur These, es seien hier schon vormarkinisch „zwei Wundergeschichten verbunden"; die eine habe „zur Pointe die Gegenüberstellung des Meisters und der Zauberlehrlinge" (etwa V. 14–20), die andere beschreibe „die Paradoxie des ungläubigen Glaubens" (etwa V. 21–27); eine reinliche Scheidung sei freilich nicht mehr möglich[2]. Andere halten nur V. 20–27 für vormarkinische Tradition und führen die Verdoppelung der Motive auf die Redaktion des Markus zurück[3].

Das entscheidende Sachproblem ist durch solche traditionsgeschichtliche Analysen aber nicht gelöst. Es besteht in der These πάντα δυνατὰ τῷ πιστεύοντι (V. 23). Der Glaubende, der alles vermag, ist nach V. 24 der hilfesuchende Vater, also der Empfänger des Wunders, während im Rahmen der Geschichte das Vermögen der Jünger zur Debatte steht, von

---

[2] *Bultmann* 225f; vgl. *Bornkamm* 24; *Schweizer* 106 (Verknüpfung erst durch Mk).
[3] Etwa *Kertelge* 175; umgekehrt *Roloff* 148.

denen Hilfe erbeten wurde, also das Vermögen der Wundertäter[4]. Dieselbe Spannung enthält schon V. 23 allein, wo einerseits δύνῃ auf Jesus als Wundertäter und andrerseits δυνατά auf den Glaubenden als Wunderempfänger bezogen ist[5].

Die herkömmliche Exegese ist von V. 18 und 28 her auf die Frage nach dem Wunderwirkenkönnen fixiert. Die Kommentatoren sehen sich dann genötigt, zu V. 23 auf den Glauben Jesu zu rekurrieren. Entweder heißt es, „eigentlich" erwarte man die Aussage: „dem rechten Wundertäter (Jesus) ist alles möglich, weil er den nötigen Glauben hat."[6] Die Spannung zur tatsächlichen Aussage wird gelöst, indem man „die Kraft des Heilandes" zum Objekt des wunderwirkenden Glaubens erklärt oder Gott „letztlich" zum „Subjekt solchen Glaubens"[7]. Oder es heißt direkt: „Jesus (ist) hier als der einzig und rein Glaubende auch der einzig mächtige Helfer."[8]

Derlei Formulierungen sind Kennzeichen von Verlegenheitslösungen und markieren jedenfalls scharf das Problem. Die Lösung, die im folgenden vorgelegt wird, bezieht demgegenüber den Glauben in V. 23f strikt auf den Wunderempfänger und versucht, diese Beziehung in der ganzen Perikope durchzuführen. Recht und Konsequenz dieses Verständnisses ergeben sich aus einer Analyse des Wortfelds Glaube/Gebet und der Darstellung von Krankheit und Heilung des Knaben.

Glaube und Gebet. Auszugehen ist von der Wortgruppe πίστις κτλ im MkEv. Von den 18 Belegen beziehen sich nicht weniger als 12 auf den Glauben als Voraussetzung des Wunders[9]. In Wunderheilungen außerhalb c.9 ist dabei eindeutig der Wunderempfänger im Blick (5,34; 10,52: „Dein Glaube hat dir geholfen") oder wenigstens dessen Nächste (2,5; 5,36). Dem entspricht, wenn Jesus durch den Unglauben in seiner Vaterstadt am Wundertun gehindert ist (6,6). Schwieriger ist das Logion vom

---

[4] *Roloff* gründet auf diese Spannung seine traditionsgeschichtliche Analyse (149 bis 152).

[5] Die Schwierigkeiten von V. 23 haben die alten Abschreiber durch allerlei Varianten zu lösen versucht; meist wird durch eingefügtes πιστεῦσαι der Vater schon zum Subjekt von δύνῃ: „Wenn du glauben kannst." – Mt und Lk lassen den Dialog Jesus/Vater gleich ganz aus.

[6] *Klostermann* 91; vgl. *Haenchen* 320; *Schweizer* 106.

[7] *Haenchen* 320 (ähnlich *Klostermann* 91) bzw. *Schweizer* 107.

[8] *Lohmeyer* 189; vgl. *Schniewind* 92; *Grundmann* 190; *Schreiber* 240f.

[9] Die restlichen 6 Belege sind mehr oder weniger christologisch orientiert: bezogen auf das Evangelium 1,15; auch 9,42; auf Jesu Messianität als Folge des Wunders 4,40; auch 15,32; auf Johannes den Täufer 11,31 und Pseudochristusse 13,21.

bergeversetzenden Glauben 11,23: „Wer zu diesem Berg sagt: Hebe dich und wirf dich ins Meer! und in seinem Herzen nicht zweifelt, sondern glaubt, daß geschieht, was er sagt, dem wird's zuteil." Muß der „Gottesglaube" (πίστις θεοῦ), den Jesus hier von seinen Jüngern verlangt (11,22), nicht als wunderwirkender Glaube verstanden werden? Überraschend gibt Mk dem aus der Logientradition stammenden Spruch in 11,24 eine andere Zuspitzung: „Von allem, was ihr betet (προσεύχεσθε) und bittet, glaubt, daß ihr's empfangen habt (ἐλάβετε), und es wird euch zuteil." Ausdrücklich ist hier der Glaubende als Wunder-„Empfänger" bezeichnet! Dh alle einschlägigen Belege außerhalb c.9 sind bei Mk in diesem Sinn zu verstehen. Läßt sich dieses Verständnis auch in 9,14ff durchführen?

Die Jüngerbelehrung V. 28f scheint ein schlagender Beweis dagegen, jedenfalls wenn man sie von der Mt-Parallele her liest. Nach Mt 17,20 ist der „Kleinglaube" der Jünger schuld an ihrem Unvermögen; zur Begründung dient die Q-Version des Logions vom bergeversetzenden Glauben: Wenn ihr solchen Glauben habt, „wird euch nichts unmöglich sein". Kein Zweifel, bei Mt ist vom Glauben der Wundertäter die Rede[10]. Bei Mk dagegen findet sich zur Erklärung des Jüngerunvermögens nur der Satz: „Diese Art kann durch nichts ausfahren außer durch Gebet" (V. 29). Die Exegeten, die ausnahmslos an das Gebet des Wundertäters denken, haben hier viel herumgerätselt. Als eine Art „Wunderrezept" für urchristliche Exorzisten scheint bloßes Gebet zu alltäglich, zumal angesichts des besonders bösartigen Geists des Knaben[11]. Auch hätte sich der Wundertäter Jesus in V. 23ff gerade nicht an seine Heilungsregel von V. 29 gehalten[12]. Das Rätsel löst sich, wenn in V. 29 vom Gebet des Hilfesuchenden, des Wunderempfängers, die Rede ist. Dafür spricht erstens die präzise Formulierung in V. 29, wo anstelle des transitiven „Austreibenkönnens" (V. 28) das intransitive „Ausfahrenkönnen" getreten ist und die Jünger nicht mehr erwähnt sind. Zweitens weist das Stichwort προσευχή auf die zitierte Parallele 11,24, wo Beter und Wunderempfänger identisch sind. Schließlich ist für die vorangegangene Heilung des Knaben entscheidend der Schrei des Vaters V. 24: „Ich glaube,

---

[10] In Mt 21,21 (der Parallele zu Mk 11,22f) ist den Jüngern ausdrücklich das „Tun" (ποιήσετε) von Wundern verheißen.

[11] *Klostermann* 89.92; vgl. *Lohmeyer* 190 („orakelhafte Antwort"); *Kertelge* 177. – Das Fasten, das bald zur Verstärkung des Gebets in den Text eingedrungen ist, macht die Sache kaum besser.

[12] *Reploh* 213.218; vgl. *Roloff* 152; auch *Schweizer* 107.

hilf meinem Unglauben", der formal nichts anderes als ein Gebetsschrei ist. So verstanden ist V.29 eine präzise Zusammenfassung dessen, was die Jünger aus der ganzen Geschichte lernen können.

Entsprechend liegt der Fall in V. 19. Zwar läßt sich Jesu Klage über das „ungläubige Geschlecht" auch auf die Jünger beziehen; wie in Mt 17,20 wäre dann ihr Unglaube für ihr Unvermögen verantwortlich gemacht[13]. Jedoch – obwohl der markinische Jesus die Jünger öfters wegen mangelnder Erkenntnis tadelt (4,40; 8,17f), ist der Ausdruck γενεά sonst auf die explizite Gegnerschaft gegen Jesus gemünzt, in 8,38 mit dem harten Etikett „ehebrecherisch und sündig" (vgl. auch 8,12), so daß er in 9,19 eher auf die Umstehenden „allgemein" zu beziehen ist[14], womöglich unter Ausschluß der Jünger, die dann geradezu entschuldigt wären. Jedenfalls ist es nach der bisherigen Erörterung konsequent, das Unvermögen der Jünger im Unglauben des Vaters, der ja V. 24 eingestanden ist, begründet zu sehen. Und dafür kann man die Jünger ebensowenig verantwortlich machen wie Jesus für den Unglauben in seiner Vaterstadt (6,6). Dann schon eher die Schriftgelehrten, die Mk in V. 14 mit den Jüngern konfrontiert und die, wenn je, dann als Repräsentanten von Jesu Gegnerschaft eine Funktion haben[15].

Auch die schwierige Fortsetzung von V. 19 läßt sich im Sinn der eschatologischen Konfrontation lösen: „Wie lange soll ich bei euch sein? Wie lange soll ich euch ertragen?" Dieses Ich-Wort stellt im Kontext einen Fremdkörper dar; außerdem ist es christologisch problematisch, weil von Jesus die Erlösungsbedürftigkeit ausgesagt scheint. Seit Dibelius sieht man in dem Vers die mythische Vorstellung belegt, daß sich im Heilungswunder die Epiphanie des Gottes ereignet, der sich dem ungläubigen Geschlecht „kämpfend und helfend zuwendet"[16]. Dazu ist aber eine doppelte Präzisierung nötig: V. 19 spricht (1) eher von Jesu Abscheiden als von seinem „Erscheinen" und ist (2) formgeschichtlich der alttestamentlichen „Gerichtsklage und -anklage Jahwes" zuzuordnen[17], also eher drohend als „helfend". Das heißt: V. 19 ist Ausdruck der eschatologischen Scheidung zwischen Jesus und dem „ungläubigen

---

[13] *Kertelge* 178; vorsichtiger *Grundmann* 189f; *Schweizer* 106.

[14] *Lohmeyer* 186; vgl. *Klostermann* 91; *Haenchen* 320.

[15] Die Schriftgelehrten, Jesu Hauptgegner bei Mk, sind auch 1,22; 2,6; 3,22 im Zusammenhang mit Jesu Wundervollmacht genannt.

[16] So *Bornkamm* 27; vgl. *Dibelius* 92.278.

[17] *Bornkamm* 27. – Ein direktes AT-Vorbild für V. 19 fehlt. Doch vgl. Dtn 32,20; Ps 78,8 (Israel als Geschlecht ohne πίστις); Num 14,11 („Wie lange wollen sie mir nicht glauben trotz all der Zeichen, die ich unter ihnen getan habe?").

Geschlecht". Der Ruf, womit Jesus die Scheidung vollzieht, ist implizit schon Antwort[18] auf das Problem des Vaters von V. 18, wie V. 23f expliziert. Der Vater vollzieht nämlich in V. 24 an sich selber dieselbe Scheidung: Indem er seinen Glauben bekennt, distanziert er sich von seinem eigenen Unglauben. Daß dies in der Form der Bitte geschieht, deutet die Bewegung vom Unglauben zum Glauben an; an ein statisches Zugleich von Glaube und Unglaube ist also nicht zu denken[19]. Außerdem kommt zum Ausdruck, daß der Bittende seinen Glauben nicht sich selbst, sondern Jesus verdankt. Nur unter diesem Vorbehalt ergibt V. 23 einen Sinn: Der Glaubende, der alles vermag, „vermag alles durch den, der ihn mächtig macht" – wie Paulus denselben Gedanken Phil 4,13 ausdrückt.

Krankheit und Heilung. Die Geschichte gehört in die Linie der exorzistischen Heilungen, die das MkEv seit Jesu erstem öffentlichen Auftreten durchziehen[20] und in 3,22ff – ebenfalls mit den Schriftgelehrten – zu einem Disput über Jesu Vollmacht Anlaß geben. Die Charakterisierung des Dämons in V. 18 und 20 entspricht zweifellos dem Phänotyp eines Epileptikers[21]. Doch hat Bornkamm darauf aufmerksam gemacht, daß der Knabe außerdem als Taubstummer eingeführt wird, genauer als besessen von einem „stummen (und tauben) Geist" (V. 17.25)[22]. Das erinnert an die Taubstummenheilung 7,32–37 sowie an die Blindenheilungen 8,22–26 und 10,46–52 – Wundergeschichten, die bei Mk symbolisch auf das Verstehen der Offenbarung zu deuten sind[23]. Nimmt man hinzu, daß der „Geist" nachdrücklich als todbringend (V. 22 und 26) und schließlich mit dem Gattungsbegriff „unreiner Geist" bezeichnet ist (V. 25), so muß man schließen, daß wir es bei dem Knaben mit dem Prototyp des Bösen schlechthin zu tun haben. Die Heilung betrifft also nicht nur den Einzelfall einer besonders hartnäckigen Krankheit, vielmehr geht es um den Sieg in der kosmischen Konfrontation zwischen den „unreinen Geistern" und dem „Heiligen Geist", den Jesus als der „Heilige

---

[18] Der Vers gehört deshalb zu V. 19–27, nicht mehr zur Exposition.

[19] Gegen *Klostermann* 92; *Lohmeyer* 188f.

[20] 1,23ff; 5,1ff; 7,24ff; summarisch 1,34.39; 3,11; vgl. 3,15; 6,7.13; (9,38).

[21] Die Epilepsie nimmt für die Alten unter den verschiedenen Arten von Dämonenbesessenheit eine herausragende Stellung ein. Vgl. *E. Lesky:* Art. Epilepsie A, RAC V 1962, 819–830: Bezeichnung „heilige Krankheit", auch παίδειον πάθος wegen häufigen Vorkommens im frühen Kindesalter (819f); magische Therapie durch Entzug bestimmter Speisen (821.827f); „im allgemeinen ... nicht lebensgefährlich" (826).

[22] *Bornkamm* 24.29.

[23] *Schweizer* 87; *Kertelge* 166. – Man vgl. den Chorschluß 7,37 mit dem Jüngertadel 8,18.

Gottes" vertritt (1,10.24). Diese Konfrontation bestimmt nach Mk die ganze Geschichte und damit jeden Menschen, nicht nur den medizinisch Kranken[24]. Deshalb hat die Heilung des Knaben exemplarische Bedeutung: Die ganze Teufelsgattung (τοῦτο τὸ γένος) fährt auf dieselbe Weise aus – durch Gebet!

Wenn die Konklusion in V. 29 solch allgemeine Bedeutung hat, dann kann man dasselbe auch für die Exposition vermuten. Die Exegeten rätseln darüber, was denn in V. 14 der Streitpunkt zwischen Jüngern und Schriftgelehrten gewesen sei[25]. Nun, Jesus fragt ausdrücklich danach (V. 16) und erhält als „Antwort" einen Fall vorgetragen (V. 17f): ein Knabe mit einem πνεῦμα ἄλαλον, das die Jünger nicht austreiben konnten. In die nachösterliche Gemeinde übertragen und zum soteriologischen Problem verallgemeinert heißt das: Wie[26] werden wir der bösen Geister Herr? Wie gibt es Heil angesichts der Bedrohung durch unheilvolle Mächte?

Daß in Mk 9,14–29 wirklich solch grundsätzliche theologische Reflexion am Werk ist, kann aus einem Einzelzug der Erzählung erhellen. In der Darstellung des Anfalls (V. 17 und 20) ist konsequent zwischen dem Subjekt des „Geistes" und dem Subjekt des Knaben unterschieden: Der Geist reißt – der Knabe fällt und schäumt. Das allein müßte nicht weiter auffallen, denn ein Besessener ist gewiß nicht Herr seiner selbst. Auffallend ist aber die Darstellung der Heilung (V. 26f), weil sich dort der Subjektwechsel doppelt vollzieht: Der Geist reißt und fährt aus – der Knabe wird wie tot; und dann: Jesus erweckt ihn – der Knabe steht auf. Weil hier ein Exorzismus auf ungewöhnliche Weise als Totenerweckung gezeichnet ist (vgl. 5,35.41f), haben wir mit sehr bewußter Gestaltung zu rechnen. Es ist sicher nicht zufällig, wenn jeweils das letzte Wort in V. 26 und 27 zusammen das christologische Schema ἀπέθανεν/ἀνέστη ergibt[27], das hier auf einen Heilungsprozeß, also soteriologisch appliziert ist. Das scheint in den Bereich urchristlicher Taufsprache zu weisen (vgl.

---

[24] Vgl. *Robinson* 43.103; bzw. *Bornkamm* 29: „Menschliche Not und Ohnmacht (werden) göttlicher Vollmacht in stärkstem Kontrast gegenübergestellt."

[25] Entweder man hält die Schriftgelehrten für störende redaktionelle Zutat (*Bultmann* 225) und den Streitpunkt für unerheblich (*Klostermann* 90; *Schweizer* 106; *Kertelge* 176), oder man läßt den Streit unausgesprochen um Jesu Person gehen (*Lohmeyer* 185; *Grundmann* 189).

[26] In V. 28 fragen die Jünger bei Mk (im Unterschied zu Mt) nicht nach dem „Warum" ihres Unvermögens, sondern sie geben mit der Feststellung ihres Unvermögens einen Impuls, auf den Jesus im Sinn einer „Wie"-Frage antwortet.

[27] Vgl. *Robinson* 50; *Schreiber* 196.

Kol 2,12), und so wird man auch den Subjektwechsel als erzählerischen Ausdruck der theologischen Erkenntnis werten dürfen, daß Heil im Sinn von Kol 1,13 Herrschaftswechsel ist.

Ergebnis. Mk 9,14–29 läßt sich nicht nur formal, sondern auch inhaltlich als eine einheitliche Komposition verstehen unter der Voraussetzung, daß hier von Glaube und Gebet des Wunderempfängers, nicht des Wundertäters die Rede ist. Das Problem, das in der Exposition gestellt ist (V. 14–18), heißt dann nicht: Wie können die Jünger Wunder vollbringen? sondern: Wie kann die Gemeinde die bösen Geister aller Art loswerden? Am Beispiel eines besonders schlimm betroffenen Knaben wird dieses Problem illustriert und diskutiert; zunächst durch die Konfrontation Jesu mit dem bösen Geist (V. 19f), sodann durch die Belehrung des Vaters über die Macht des Glaubens (V. 21–24) und schließlich, aufgrund der Glaubensbitte des Vaters, durch die zur Totenerweckung vergrößerte Heilung (V. 25–27). Entscheidend sind die parallellaufenden Antithesen: Jesus scheidet zwischen sich und dem ungläubigen Geschlecht (V. 19), der Vater wendet sich vom Unglauben zum Glauben (V. 24) und sein Sohn kommt aus der Macht des Teufels an die Hand Jesu und damit vom Tod zum Leben (V. 26f). Die abschließende Jüngerbelehrung (V. 28f) zieht aus diesem Beispiel das allgemeingültige Fazit: Die bösen Geister aller Art wird man auf keine andre Weise los als durch Gebet. Diese Konklusion ist exklusiv formuliert (ἐν οὐδενὶ . . . εἰ μή): Heil als Befreiung von der Macht des Bösen gibt es für Mk allein durch Gebet – oder, weil Gebet nach V. 24 Ausdruck des Glaubens ist: *sola fide*[28].

---

[28] Vgl. *Schreiber* (240) mit Berufung auf 5,36: μόνον πίστευε – sprachlich ein nicht ebenso eindeutiger Beleg. Doch die Nähe zu 5,21–43 ist unleugbar (Totenerweckung mit bittendem Vater und Glaubensforderung). Von solchen Motivparallelen her läßt sich die traditionsgeschichtliche Frage angehen. Es scheint, daß der reflektierende Theologe Mk, der hier eine soteriologische Grundfrage um des didaktischen Zwecks willen in Form einer Erzählung erörtert, einzelne Motive selbständig zur Gesamtkomposition verarbeitet hat. Das Krankheitsbild des Epileptikers etwa könnte aus Erfahrung oder aus medizinischer Literatur stammen. Zum Ausdruck „stummer (und tauber) Geist" vgl. die Q-Parallele zu Mk 3,22ff: Mt 12,22 (δαιμονιζόμενος τυφλὸς καὶ κωφός) par Lk 11,14 (δαιμόνιον κωφόν); auch Mk 3,22 fragen die Schriftgelehrten nach dem Vermögen zu Dämonenaustreibung – Zufall oder gemeinsamer Traditionshintergrund?

2. Markus 10,17–31: Die Frage des Reichen

Problemstellung. Die Perikope zerfällt deutlich in drei Szenen mit je verschiedenen Dialogpartnern:

V. 17–22 Der Reiche und Jesus
V. 23–27 Jesus und die Jünger
V. 28–31 Petrus und Jesus

Die erste und dritte Szene enthalten am Anfang und am Ende in chiastischer Entsprechung dieselben Schlüsselwörter „ewiges Leben" (V. 17 und 30) und „nachfolgen" (V. 21 und 28), was eigentlich auf eine sorgfältige Komposition hindeutet.

Die traditionsgeschichtliche Analyse scheint dem zu widersprechen. Formgeschichtlich besteht die Schwierigkeit darin, daß der Reiche die Nachfolge verweigert, seine Geschichte also gerade nicht „paradigmatisch" ist. Das Ende der ursprünglichen Überlieferung wird deshalb verschieden angesetzt[29]. Dazu kommt in V. 23–27 der Wechsel von Aussagen, die speziell auf den Reichtum gemünzt (V. 23 und 25), und solchen, die generell formuliert sind (V. 24 und 26f). Je nachdem welches Thema man für ursprünglicher hält und wie viele vormarkinische Stücke und Stufen man annimmt, ergibt sich eine Vielzahl von Rekonstruktionen, die am Sinn einer als Versspalterei betriebenen Traditionsgeschichte zweifeln lassen[30].

Immerhin ist damit das exegetische Hauptproblem anvisiert: Ist das Thema der ganzen Perikope der Reichtum im besonderen oder das Heil im allgemeinen? Liegt in der Einstiegsfrage V. 17 der Akzent auf dem „Tun" oder auf dem „ewigen Leben"? Intendiert Mk eine ethische oder eine soteriologische Aussage? An dieser Alternative scheiden sich die Ausleger.

---

[29] Nach V. 21a: *Berger* 397; nach V. 21: *Harnisch* 168; nach V. 22a: *Walter* 213; *Ambrozic* 164; nach V. 22: *Bultmann* 20f; *Schweizer* 119; *Reploh* 191; nach V. 23: *Minear* 160; nach V. 24a: *Walter* 209 (2. Traditionsstufe); nach V. 25: *Dibelius* 48.

[30] Zwei Grundmöglichkeiten zeichnen sich ab: 1. Ein ursprünglich selbständiges Stück mit Thema Reichtum (*Bultmann:* V. 23.25; *Schweizer:* V. 23b.25.27bc), schon vor Mk mit V. 17–22 verbunden, von Mk verallgemeinert. 2. Ein Stück mit allgemeinem Tenor, nämlich ohne πλούσιον in V. 25 (*Walter* 209f: V. 24b–27; *Berger* 403f: V. 24c–27; *Harnisch* 167: V. 24c.25.27b) oder überhaupt ohne V. 25 (*Ambrozic* 164: V. 24bc.26f), dem erst von Mk das Thema Reichtum aufgesetzt wurde, in V. 25 und durch V. 22–24a.

Für die einen ist der Text Beleg für ein „asketisches Judenchristentum"[31]. Durch Verkauf aller Güter gewinnt man einen „Schatz im Himmel" (V. 21), der Reiche wird vom Gottesreich ausgeschlossen (V. 25), und denen, die alles verlassen haben, ist ewiges Leben zugesagt (V. 28ff). Demnach sei der Besitzverzicht Heilsbedingung und „die unbeschränkte, freiwillige Armut ... ein besonders verdienstliches Werk" – Schulz kritisiert solchen „Rigorismus des Markus" ausdrücklich mit Berufung auf die Rechtfertigung der Gottlosen[32].

Für die anderen Ausleger ist V. 26f der Schlüssel zum Verständnis. Die Frage der Jünger: „Wer kann dann gerettet werden?" betreffe alle, nicht nur die Reichen. Jesu Antwort verweise auf das „Wunder der Gottesgnade", die gegen alle menschliche Möglichkeit das Heil ermögliche – Schweizer konstatiert deshalb ausdrücklich die Übereinstimmung mit der paulinischen Rechtfertigungslehre von Röm 3,23f[33].

Wer hat recht? Diese Frage wird sich daran entscheiden, von welchem Ansatz her es leichter ist, die Belege der jeweils anderen Position sinnvoll einzubeziehen. Den Vertretern der ethisch-asketischen Auslegung ist das bisher nicht gelungen[34]. Darum wird im folgenden versucht, die soteriologische Auslegung konsequent durchzuführen. Sie muß ihr Recht besonders an V. 21, V. 25 und V. 28–30 erweisen.

Gebotserfüllung und Besitzverzicht (V. 17–22). Die fünfteilige Szene beginnt damit, daß einer, der sehr allgemein als εἷς eingeführt ist, die sehr grundsätzliche[35] Frage stellt: „Was soll ich tun, um ewiges Leben zu ererben?" (V. 17). Jesu erste Antwort, der Verweis auf die „bekannten" Gebote (V. 18f), genügt dem Frager nicht (V. 20); Jesu zweite Antwort, die ihm den Verkauf seiner Güter zumutet (V. 21), behagt ihm nicht (V. 22). Unklar ist einmal, warum sich Jesus in V. 18 an der Anrede

---

[31] *Haenchen* 355; vgl. *Lohmeyer* 212. Reichtum als Thema auch bei *Reploh* 191ff; *H. Braun* Jesus, ThTh 1, 1969, 106–109.

[32] S. *Schulz* Die Stunde der Botschaft, ²1970, 148.

[33] *Schweizer* 122; vgl. *Klostermann* 103f; *Schniewind* 104f.

[34] *Schulz* aaO (Anm. 32), ignoriert das Problem. *Reploh* bezieht die Frage V. 26 „ausschließlich" auf die „Rettung der Reichen" (194; vgl. *Haenchen* 354), aber kann dann das Entsetzen der Jünger nicht recht erklären und muß die Bedeutung von V. 27 herunterspielen: die Antwort Jesu „fällt ... ab" (196). Nach *Lohmeyer* bleibt in V. 27 noch offen, ob der allmächtige Gott am letzten Tag das Heil „schenkt oder versagt" (215), so daß selbst der Weg der Askese noch „ungesichert" ist (218); aber damit ist die Möglichkeit der Verdammung akzentuiert, wo eigentlich (V. 26) nach der Rettungsmöglichkeit gefragt war.

[35] Zum Schulmäßigen der Frage in der jüdischen Tradition vgl. *Zimmerli* 91.93ff. Vgl. auch Lk 10,25; 1Kor 6,9f; Gal 5,21.

„guter Meister" aufhält; der Hinweis auf Gott den einzig Guten scheint im Kontext keine erkennbare Funktion zu haben. Das Hauptproblem ergibt sich jedoch aus dem Nebeneinander der beiden Antworten: In welchem Verhältnis stehen sie zueinander[36]?

Die Aufreihung der Gebote in V. 19 folgt zunächst der 2. Tafel des Dekalogs (6.–9. Gebot der ursprünglichen Zählung)[37]. An die Stelle des 10. Gebots[38] tritt μὴ ἀποστερήσῃς, eine Mahnung, die sich in der LXX an den sozial Höhergestellten richtet: er soll dem Taglöhner nicht den Lohn und dem Armen nicht das Almosen vorenthalten[39]; während das eigentliche 10. Gebot eher auf den Neid der Besitzlosen abzielt, ist also die Versuchung speziell des Begüterten bezeichnet. Auffallend plaziert ist das Gebot der Elternliebe. Das mag mit seiner traditionellen Zwischenstellung zwischen den Geboten der 1. und der 2. Tafel zusammenhängen[40]. Möglicherweise liegt der Grund aber in der Lebensverheißung, die dieses Gebot im Dekalog hat[41]. Jedenfalls ist es auch Mk 7,10 zitiert, und dort explizit zusammen mit der zugehörigen Todesdrohung Ex 21, 17. So könnte es hier betont am Ende stehen als exakte, wenngleich implizite Antwort auf die Frage von V. 17 – eine Antwort, die sich der Frager aufgrund seiner Gebots-„Kenntnis" auch selber hätte geben können.

Jesu zweite Antwort (V. 21) hat eine gewisse Parallele in Q: Mt 6,20/ Lk 12,33. Zwar beschränkt sich die wörtliche Übereinstimmung mit der – ursprünglicheren[42] – Mt-Parallele auf ϑησαυρ(ὸν) ἐν οὐρανῷ. Inhaltlich bildet sie aber den Schlüssel zum Verständnis. Denn fragt man, wo-

---

[36] Die beiden genannten Schwierigkeiten sind auch von Mt gesehen; an V. 18 hat er herumgebessert und V. 21 versteht er im Verhältnis zu V. 19 als höhere Stufe der Vollkommenheit.

[37] Die alexandrinische Textform (= Nestle) hat die Reihenfolge von MT und LXX-Lesart Cod AFM (vgl. LXX ed. *Brooke-McLean*), der Koine-Text die von Dtn 5,17 bis 20 LXX. Die grammatische Form (Konj Aor mit μή) ist gegenüber LXX (Ind Fut mit οὐ) gräzisiert (vgl. *Berger* 419f). – Zur Aufteilung der Tafeln vgl. Bill. III 507 Anm. o.

[38] Vgl. *Schniewind* 103; *Berger* 419. – Mt, Lk und viele Abschreiber haben diese Beziehung nicht verstanden und das Gebot getilgt.

[39] Belege für Lohn: fast wörtlich Dtn 24,14 (Cod AFMN); vgl. Lev 19,13 (Cod M); Sir 34,22; Mal 3,5; für Almosen: wörtlich Sir 4,1; vgl. 34,21; außerdem: Ex 21,10; Sir 29,6f. Vgl. *Berger* 382–385 (präzisiert hinsichtlich Textkritik und Almosen).

[40] Vgl. *Berger* 418f.   [41] Vgl. Eph 6,3; Bill. III 614f; *Berger* 289f.

[42] S. *Schulz* Q. Die Spruchquelle der Evangelisten, Zürich 1972, 142. – Lk 12,33a ist wohl Mk 10,21 nachgebildet (*H.-J. Degenhardt*, Lk – Evangelist der Armen, 1965, 87).

durch die Forderung des Besitzverzichts motiviert ist, so genügt noch
nicht der Verweis auf die jüdische Anschauung, wonach sich Almosen-
geben himmlisch auszahlt[43]. Die Totalität der Forderung Jesu ist jüdisch
nicht ableitbar; sie wird begründet durch Mt 6,21: „Denn wo dein
Schatz, da ist auch dein Herz", und 6,24: „... ihr könnt nicht Gott dienen und dem Mammon." Die Forderung von V. 21 konkretisiert also in
aller Schärfe das 1. Gebot und interpretiert insofern den Ruf zur Nachfolge[44].

Damit liegt das Verhältnis der beiden Antworten zutage. Die Gebote,
die der Frager von Jugend an erfüllt hat, betreffen den mitmenschlichen
Bereich; das Gebot, an dem er scheitert, ist die Konkretion des ersten.
Bestätigt wird diese Auslegung durch Mk 12,31, wo − anders als Mt
22,39 − das Gebot der Nächstenliebe als „zweites" dem ersten der Got-
tesliebe nicht ausdrücklich „gleich"-gesetzt ist. Auch die unvermittelte
Betonung der Einzigkeit Gottes in V. 18 scheint dieses Verständnis schon
vorzubereiten.

Bleibt die Frage, warum der Reiche scheitert. Er ist äußerst „liebens"-
würdig gezeichnet (V. 17.21a); es wird ihm kein Vorwurf gemacht, er
„betrauert" vielmehr selber sein Versagen (V. 22). Offenbar soll er überführt werden, das Vertrauen auf sein „Tun" (V. 17), das sich an den
sozialen Geboten bewährt hat, soll am 1. Gebot zerbrechen: „Keiner ist
gut" (V. 18)[45]. So ist die Forderung des Besitzverzichtes theologisch gesprochen „Gesetz" im Sinn von Röm 3,20, im Sinn des *usus elenchticus.*

Kamel und Nadelöhr (V. 23–27). Auch die 2. Szene ist fünfteilig:
Drei Jesusworte, jeweils eingeführt durch präsentisches λέγει (V. 23/
24bf/27); dazwischen zweimal die Jünger. Die Aussage V. 23 (Wie
schwer für die Besitzenden) wird in V. 24b wiederholt (πάλιν) und zugleich verallgemeinert: Wie schwer überhaupt! Entsprechend steigert
sich die Betroffenheit der Jünger vom „Staunen" (V. 24a) zum „Entsetzen": „Wer kann dann gerettet werden?" (V. 26). Nach solcher Zuspitzung des Problems bringt V. 27 die Lösung[46].

---

[43] Vgl. die Belege Bill. I 429–431.

[44] *Schniewind* 103f; vgl. auch *Grundmann* 212; *R. Bultmann* Jesus, 1961, 85f. −
Umgekehrt interpretieren (und relativieren) den Besitzverzicht V. 21a durch die Nachfolge V. 21b: *Zimmerli* 97; *Schweizer* 120f; *Reploh* 200; *Harnisch* 172–174.

[45] Trotz V. 18a ist V. 18b keine christologische, sondern zunächst eine anthropologische Aussage − vgl. ψ 52,4: οὐκ ἔστιν ποιῶν ἀγαθόν, οὐκ ἔστιν ἕως ἑνός (vgl.
Röm 3,12 = ψ 13,3). Die Diskussion um die Sündlosigkeit Jesu erübrigt sich von daher.

[46] Die Idee dieses Aufbaus wurde schon von den Alten meist zerstört: durch Kür-

In der Mitte steht das Logion V. 25, das in Form (paradoxer Vergleich) wie Inhalt (Reicher und Gottesreich) alle Anzeichen des Authentischen trägt[47]. Alles übrige läßt sich als Auslegung davon ableiten[48]. Denn V. 23b sagt dasselbe, nur ohne Bild, und zieht so das Fazit aus V. 17–22[49]. Und die Generalisierung V. 24b ergibt sich aus einem wörtlichen Verständnis des Bildes vom Kamel und Nadelöhr: Auch wesentlich kleinere Tiere dürften schwerlich hindurchkommen! Die erschrokkene Frage V. 26 und das Urteil, es sei unmöglich (V. 27a), folgen mit innerer Konsequenz aus V. 25. So deduziert Mk aus dem vorgegebenen Logion in soteriologischer Grundsätzlichkeit (σωθῆναι!), was er schon am Reichen (V. 17–22) exemplifiziert hat: Niemand erlangt von sich aus das Heil.

Entsprechend V. 27b: der Verweis auf Gott, bei dem das menschlich Unmögliche doch nicht unmöglich ist. Wie kommt Mk zu dieser Aussage? Einmal durch die scharfe Unterscheidung zwischen Gott und Mensch, die ja schon in V. 18 plakativ vorangestellt war. Sodann durch Berufung auf die Schrift: „Denn alles ist möglich bei Gott." Auch wenn kein wörtliches Zitat vorliegt, erhellt aus den drei Stellen, die mehr oder weniger deutlich anklingen, daß nicht an eine *potentia Dei absoluta* zu denken ist[50], sondern an die Allmacht, die zum Heil wirksam wird, also an die Macht der Gnade[51].

Lohn der Nachfolge (V. 28–31). Die dritte Szene ist nur zweiteilig. In V. 28 verweist Petrus auf die Tatsache, daß die Jünger alles verlassen haben und nachgefolgt sind. Bei Mt ist das ausdrücklich als Frage nach dem himmlischen Lohn verstanden, der den Zwölfen denn auch exklusiv zugesagt wird (vgl. Mt 19,27f). Solches Verständnis der Nachfolge als erfüllbarer Bedingung für den Heilsempfang würde die bisherige Aus-

---

zungen bei Mt und Lk, durch Umstellung von V. 25 und/oder Erweiterung von V. 24b im westlichen bzw. im Koine-Text. Stets rückte so das Thema Reichtum in den Vordergrund.

[47] Vgl. *Bultmann* 110.180.

[48] So auch *Minear* 167.

[49] Die Wendung οἱ τὰ χρήματα ἔχοντες (V. 23) für πλούσιος (V. 25) ist Anlehnung an ἔχων κτήματα πολλά (V. 22), und zwar schon mit generalisierender Tendenz: κτήματα meint eher Grund-, χρήματα eher Geldbesitz (vgl. *Bauer* WB[5]), und πολλά fehlt.

[50] Gegen *Lohmeyer* 215: „verborgene ‚Möglichkeit‘ Gottes". – *Klostermann* 104; *Reploh* 196: Allmacht „allgemein".

[51] Vgl. Gen 18,14 (Sohnesverheißung an Abraham – vgl. Lk 1,37; Röm 4,21); Hi 42,2 (Hiobs Reue); Sach 8,6 (eschatologische Verheißung für Jerusalem).

legung des Mk-Textes gefährden. Aber bei Mk liegt der Fall nicht so eindeutig.

Jesu Antwort in V. 29f besteht in einem unförmigen Satzgebilde, das sich in mehrfacher Hinsicht gegen ein gesetzliches Verständnis der Nachfolge sperrt: (1) Die syntaktische Struktur „Niemand ist, der verläßt . . ., außer er empfängt . . .": die doppelte Verneinung versichert zwar jeden Nachfolger des Lohns, spricht ihn aber niemand im Sinn eines „Wer nicht verläßt, der nicht empfängt" ausdrücklich ab. (2) Die Aufzählung dessen, was verlassen wird, mit „oder-oder": offenbar gibt hier anders als V. 21.28 nicht jeder alles[52] auf, sondern der eine dies, der andre jenes. (3) Die Zweckbestimmung „um meinet- und um des Evangeliums willen": nicht Askese um ihrer selbst oder um des himmlischen Heils willen ist gemeint, sondern mögliche Konsequenz des Bekenntnisses zu Jesus und des missionarischen Dienstes. (4) Die ausführliche Aufzählung dessen, was als innerkirchliche Kompensation „hundertfältig jetzt in dieser Zeit" zu erwarten ist[53]: als ob gar nicht nach himmlischem Lohn gefragt wäre! (5) Das alles „unter Verfolgungen": statt der Krone (vgl. Mt 19, 28) also paradoxerweise das Kreuz! Wenn nach diesem Anlauf schließlich doch noch „in der künftigen Welt ewiges Leben" verheißen wird, dann gewiß nicht als etwas, das man sich durch Askese verdient, sondern – analog zur unter Verfolgungen erfahrenen Gemeinschaft der *familia Dei* – als ein unverfügbares Geschenk, das man „empfängt"[54].

Mit dem Stichwort „ewiges Leben" ist auf die Einstiegsfrage V. 17 zurückgelenkt, die Geschichte also abgerundet. Deshalb gilt V. 31 meist

---

[52] Gegen W. H. *Kelber* The Kingdom in Mark, Philadelphia 1974, 89.

[53] Die Anordnung der Verlust- und Gewinnobjekte scheint „wahllos" (*Reploh* 203). Doch dürften „Häuser" und „Äcker" die Randpositionen einnehmen, weil sie die Brücke zum Thema Reichtum bilden; die Verwandtschaftsgrade dazwischen sind möglicherweise von V. 30, also von der Gemeindestruktur her aufgereiht: zuerst „Brüder und Schwestern" als die allgemeine, dann „Mütter und Kinder" als die besondere innerkirchliche Relation. „Vater" muß in V. 30 gemäß Mt 23,8–11 (vgl. Mk 10,43) fehlen und ist in V. 29 entsprechend nachgestellt (anders *Reploh* 204).

[54] Traditionsgeschichtlich gilt V. 29f bis „hundertfältig" seit *Bultmann* (115f) meist als vormarkinisch. Aber der Witz des Spruchs besteht in der Entsprechung von Verlust und Gewinn (vgl. die nächste Parallele Mk 8,35b), auch ist nach unsrer Auslegung der Anteil des Mk an der Formulierung höher zu veranschlagen. Nun ist Mk 8,34f parallel Mt 10,38f (Q), und aus Mk 10,29f findet sich ebenfalls in Mt 10 das Motiv der Entsprechung (V. 39), des Familienkonflikts (V. 34–37) um Jesu willen (V. 37) und des Kreuzes (V. 38). Möglicherweise hat Mk dieselbe Logientradition in 8,34f zitiert und in 10,29f frei adaptiert.

als angehängtes „Wanderwort" ohne rechten Zusammenhang[55]. Immerhin dürfte die Verheißung, daß „die Letzten Erste sein werden", auf die Jünger von V. 28–30 zielen[56]. Dann aber hindert nichts, die „vielen Ersten", die „Letzte" werden sollen, entsprechend im Reichen von V. 17 bis 22 repräsentiert zu sehen. So wäre in V. 31 die ganze Perikope mit negativem und positivem Beispiel zusammengefaßt und zugleich durch das einschränkende „viele" angedeutet, daß selbst „Erste" unter dem Gnadenvorbehalt von V. 27 stehen.

Ergebnis. Mk 10,17–31 läßt sich in der Tat bis in alle Einzelzüge hinein von V. 26f her verstehen, als eine formal wie inhaltlich einheitliche Komposition. Die allgemein soteriologische Frage nach der Möglichkeit des σωθῆναι (V. 26), die die Katechismusfrage von V. 17 präzisiert, erhält in V. 27 die grundsätzlich gemeinte Doppelantwort: „Bei Menschen ist's unmöglich, aber nicht bei Gott"; deren erster Teil wird am Reichen (V. 17–22), der zweite an den Jüngern entfaltet (V. 28–31). In ihrer theologischen Schärfe ist diese Aussage nur aus paulinischer Tradition zu erklären. Gestaltet ist sie aber äußerst selbständig mit Hilfe von Schriftzitaten (V. 19.27b) und gekonnt applizierten Jesuslogien (V. 21.25.29f). Eine letzte Bestätigung für dieses Verständnis liegt in V. 18: „Keiner ist gut außer einem, Gott." Der scheinbar funktionslose Satz enthält tatsächlich die ganze Antwort des Mk. Denn „gut" ist alttestamentliches Gottesprädikat im Sinn von „Güte"[57]. Und davon ist exklusiv die Rede (οὐδεὶς . . . εἰ μὴ εἷς): Heil als ewiges Leben erlangt der Mensch nicht durch eigenes „Tun", sondern allein durch Gottes „Güte" – oder expressis verbis: *sola gratia*[58].

3. Beide Texte im Zusammenhang

Nach vorstehender Analyse gehören die beiden Texte in Thema und These eng zusammen. Dasselbe gilt für die Form. Beidemal steht die grundsätzliche Erörterung des soteriologischen Problems im Zentrum der Geschichte, und zwar mit fast gleichlautender Lösung: πάντα δυνατὰ τῷ

---

[55] *Haenchen* 360; vgl. *Bultmann* 20; u. a.

[56] *Reploh* 209.

[57] Vgl. ψ 117,1–4.29: fünfmal ἀγαθός im *parallelismus membrorum* mit ἔλεος. Mit dem Begriff wird V. 17f gespielt: als Aussage über den Menschen meint „gut" die sittliche Qualifikation.

[58] Zum selben Ergebnis kommt *Harnisch* (176) schon für die postulierte vormarkinische Tradition, aber ohne Berufung auf V. 18.

πιστεύοντι (9,21–24) bzw. πάντα δυνατὰ παρὰ τῷ θεῷ (10,23–27). Beimal bildet ein zugehöriges Beispiel den Rahmen, erst negativ, dann positiv: Krankheit bzw. Heilung des Knaben einerseits (9,19f.25–27), verweigerte bzw. vollzogene Nachfolge andrerseits (10,17–22.28–31). Beidemal ist die mit gleicher Ausschließlichkeit formulierte These pointiert plaziert: am Ende (9,29) oder am Anfang (10,18)[59].

Derartige Entsprechungen in solcher Häufung können nicht Zufall sein, sondern verraten die gestaltende Hand des Evangelisten, der beide Perikopen mit Fleiß einander zuordnen wollte. Dies ergibt sich auch aus einem Blick auf die Gesamtkomposition des Evangeliums, in der 8,27 bis 10,45 die zentrale Sektion bildet, eingeschaltet zwischen die Wirksamkeit in Galiläa (1,14–8,21) und das Ende in Jerusalem (11,1–16,8) und eingerahmt von zwei Blindenheilungen (8,22–26; 10,46–52). Aufgrund der geographischen und chronologischen Angaben lassen sich fünf Unterabschnitte erkennen[60]:

1. 8,27–9,1 Cäsarea Philippi
2. 9,2–29 Sechs Tage später
3. 9,30–50 Galiläa mit Kapernaum
4. 10,1–31 Judäa und jenseits des Jordan
5. 10,32–45 Weg nach Jerusalem

Inhaltlich ist diese Sektion gewichtig, weil sie vor den Jüngern Identität (8,29; 9,7) und Geschick Jesu offenbart, letzteres in dreimaliger Ankündigung, die den 1., 3. und 5. Unterabschnitt einleitet (8,31; 9,31; 10,33f) und der sich jeweils eine ekklesiologische Belehrung über die Nachfolge anschließt. Auch der 2. und der 4. Unterabschnitt entsprechen sich, schon darin, daß die Gegner auftauchen: die Schriftgelehrten (9,14), wo es – wie 3,22ff – um Jesu Wundervollmacht, die Pharisäer (10,2), wo es – wie 7,1ff – um seine Gesetzesauslegung geht. Im einen Fall ist Jesus als Gottessohn neben „Elia mit Mose" gestellt (9,2–13), im anderen kritiert er das Gesetz des Mose vom ursprünglichen Gotteswillen her (10,1–12). In solch kunstvollem Aufbau, der hier nur anzudeuten ist, folgt jeweils ein explizit soteriologischer Abschnitt (9,14–29; 10,17 bis 31).

---

[59] Vgl. außerdem 9,19 und 10,18: beide Sätze sind zunächst rätselhaft und christologisch mißverständlich (Jesus scheint erlösungsbedürftig und nicht sündlos), enthalten aber in nuce die Lösung; vgl. auch ἐκ παιδιόθεν (9,21) und ἐκ νεότητός μου (10,20).

[60] Vgl. *N. Perrin*, Towards an Interpretation of the Gospel of Mark, in: Christology and a Modern Pilgrimage, ed. *H. D. Betz*, Claremont, Cal. 1971 (1–70) 11f.

Bultmann hat seinerzeit gemeint, Mk sei „noch nicht in dem Maße Herr über den Stoff geworden, daß er eine Gliederung wagen könnte."[61] Das wird heute nicht mehr behauptet. Wenn unsre Auslegung stimmt, dann erweist sich der Schriftsteller Mk durchaus als Meister seines Materials und, weil die literarische Komposition von der theologischen Konzeption geleitet ist, zugleich als scharfsinniger Theologe. Was seine theologische Eigenart betrifft, so mag es manche befremden, daß sich bei der Exegese beider Texte paulinische Parallelen und lutherische *sola*-Formeln aufgedrängt haben[62]. Aber das ist so überraschend eigentlich nicht. Denn Mk beantwortet die beiden soteriologischen Grundfragen nach der Befreiung vom Bösen und nach der Verwirklichung wahren Lebens beidemal dadurch, daß er eine Unterscheidung proklamiert: die Unterscheidung zwischen Glaube und Unglaube (9,24) und zwischen Gottes- und Menschenvermögen (10,27a). Und damit bringt er – wie immer die traditionsgeschichtliche Frage zu beurteilen ist – prägnant zum Ausdruck, was eine notwendige Aussage und geradezu Kriterium jeder rechten Theologie ist. Luther hat ebendies im Auge, wenn er das *subjectum Theologiae* definiert als *homo reus et perditus et deus iustificans vel salvator*[63].

Inwiefern solche Unterscheidung in der Christologie verankert ist, müßte noch ausgeführt werden. Hier sei wenigstens daran erinnert, daß sie sich bei Mk gerade dort findet, wo es um die Übernahme des Kreuzes durch Jesus geht: in der Zurechtweisung des Petrus 8,33 (Gottes- gegen Menschengedanken) und ähnlich in der Gethsemane-Szene 14,38 (Geist gegen Fleisch). In letzterem Zusammenhang klingt auch wörtlich 9,23 und 10,27 an, wenn Jesus im Gebet an Gottes Allmacht appelliert: ἀββὰ ὁ πατήρ, πάντα δυνατά σοι; und im gleichen Atemzug unterscheidet er seinen eigenen Gebetswunsch vom Willen des Vaters, dem er sein Geschick anheimstellt: „nicht was ich, sondern was du willst" (14,36). Schon diese Andeutungen erlauben den Schluß, daß Mk in 9,14ff und 10,17ff die soteriologische Konsequenz zieht aus seiner *theologia crucis*.

---

[61] *Bultmann* 375.

[62] Vgl. zB *G. Schille*, Offen für alle Menschen, AVTRW 61, 1973 (= AzTh I 55, 1974): Mk übe „ökumenische Zurückhaltung im eigenen theologischen Urteil" (39) und sei „kein Pauliner" gewesen (91); oder *E. Hirsch*, Frühgeschichte des Evangeliums I, 1941, 101: Der „Tiefsinn", den das „lutherische Christentum" in 9,24 hineingelegt habe, sei „im Munde eines einfachen Mannes aus dem Volke" undenkbar.

[63] WA 40 II 328,1f – vgl. dazu *G. Ebeling*, Wort und Glaube III, 1975, 174–179.

„DAS AMT, DAS DIE VERSÖHNUNG PREDIGT"[1]

EDUARD LOHSE

Inhalt und Auftrag der christlichen Predigt beschreibt der Apostel
Paulus mit den Worten, daß Gott in Christus die Welt mit sich ver-
söhnte, indem er ihnen ihre Übertretungen nicht anrechnete und unter
uns das Wort von der Versöhnung aufrichtete (2Kor 5,19). Die Kunde
von Gottes Tat, die er in Christi Sterben und Auferstehen vollzogen hat,
muß allerorten ausgerufen werden. In der Verkündigung des Evangeliums, die Gott seinen Boten aufgetragen hat, wird aller Welt das Angebot gemacht, die bereits geschehene Versöhnung zu empfangen und als
den Grund des neuen Lebens zu begreifen[2]. Denn nicht anders als durch
die glaubende Antwort kann die Predigt verstanden und angenommen
werden. Sie ruft die Heiden auf, sich versöhnen zu lassen, und mahnt
die Christen, aus der Versöhnung heraus zu leben. Daher faßt nach dem
Verständnis des Apostels Paulus das Wort von der Versöhnung die Botschaft von der Rechtfertigung der Glaubenden in knapper Formulierung zusammen. „Denn für Paulus ist die Rechtfertigungslehre die Mitte
der christlichen Botschaft, von der aus alle Variationen und entsprechend auch alle Interpretationen ihr Recht und ihre Grenzen empfangen."[3]

Zur Ausrichtung dieser Verkündigung hat Gott – so hebt der Apostel hervor – uns die διακονία τῆς καταλλαγῆς gegeben (2Kor 5,18). Es
wird nicht auf einer zufälligen Wortwahl beruhen, daß Paulus an dieser
Stelle den Begriff διακονία verwendet und sich nicht eines anderen Aus-

---

[1] Referat für die Arbeitstagung des evangelisch-katholischen Arbeitskreises über die
Lehre von der Ordination, 1.–4. April 1974 in Friedewald.

[2] Vgl. *E. Käsemann*, Erwägungen zum Stichwort „Versöhnungslehre im Neuen Testament", in: Zeit und Geschichte. Dankesgabe an Rudolf Bultmann zum 80. Geburtstag, hg. von *E. Dinkler*, 1964, 47–60.   [3] *Käsemann*, aaO 58.

drucks bedient, wie ihn einer der alten Welt bereits vertrauten Amts-
begriffe hätte anbieten können. Weder wird von λειτουργία noch von
τιμή oder ἀρχή gesprochen, weil nicht von einer besonderen Leistung
und erst recht nicht von einem Verhältnis von Herrschaft und Unterordnung die Rede ist[4]. In der Gemeinde Jesu Christi kann und darf es
nach übereinstimmender Überzeugung der ersten Christenheit nicht eine
Ordnung geben, in der einer über den anderen erhoben ist. Sondern es
kann allein als Dienst beschrieben werden, was einer für den anderen zu
tun und was der Prediger für die Gemeinde auszurichten hat. Dieses
Verständnis des Auftrags, wie er den Boten der Versöhnungspredigt erteilt wurde, mindert freilich in keiner Weise den besonderen, unverwechselbaren Rang dieser Boten. Denn sie sind nichts Geringeres als
Stellvertreter Christi, die auf sein Geheiß und an seiner Stelle die mahnende Bitte und bittende Ermahnung Gottes aussprechen und für Christus dazu einladen: Laßt euch versöhnen mit Gott (2Kor 5,20). Wurden
das Verbum πρεσβεύειν und das Substantiv πρεσβευτής im griechischen
Osten des Römischen Reiches von kaiserlichen Legaten gebraucht, die in
allerhöchstem Auftrag redeten und handelten[5], so weiß sich Paulus durch
Gott und Christus selbst mit der διακονία τῆς καταλλαγῆς beauftragt, die
der διακονία τοῦ πνεύματος bzw. διακονία τῆς δικαιοσύνης an die Seite zu
rücken und der διακονία τοῦ θανάτου bzw. διακονία τῆς κατακρίσεως ge-
genüberzustellen ist (2Kor 3,7–9). Wie nach dem in der Antike überall anerkannten Recht ein Bote so viel gilt und so hoch zu achten ist wie
sein Auftraggeber, so begreift Paulus den Auftrag zur Versöhnungspredigt als Gottes und Christi Sache, die durch die Predigt ihrer Boten
selbst das Wort nehmen und es in aller Welt ausrufen lassen.

Diesen Auftrag, der ihm bei seiner Berufung erteilt wurde, nennt Paulus die ihm widerfahrene Gnade Gottes (Röm 1,5; 1Kor 15,10; Gal 2,9
u. ö.)[6]. Niemals jedoch spricht er von seinem Apostelamt mit dem Wort
χάρισμα, das er sonst zur Beschreibung der verschiedenen Gaben und
Dienste verwendet, die der eine Geist in der Fülle seiner Vielfalt in der
Gemeinde wirkt. Vielmehr begreift er die ihm widerfahrene χάρις als
diejenige, die seinen apostolischen Dienst begründet und bestimmt[7]. Zwar

---

[4] Vgl. *E. Käsemann*, Amt und Gemeinde im Neuen Testament, in: *ders.*, EVB I
(109–134) 109.

[5] Vgl. *A. Deißmann*, Licht vom Osten, ⁴1923, 320; *H. Windisch*, Der zweite Korintherbrief, MeyerK VI ⁹1924 = Nachdruck 1970, 195.

[6] Vgl. *H. Conzelmann*, ThW IX 386.

[7] Vgl. *A. Satake*, Apostolat und Gnade bei Paulus, NTS 15, 1968/69, (96–107) 101.

sind die Begriffe χάρις und χάρισμα in engem sachlichem Zusammenhang zu sehen, aber es wird doch ein Unterschied gemacht, indem nur der apostolische Auftrag des Paulus als die Gnade Gottes bezeichnet wird, durch die er berufen und mit der Verkündigungsaufgabe betraut wurde[8].

Die beiden Begriffe χάρις und διακονία, die Paulus zur Beschreibung seines Auftrags dienen, werden auch in den Deuteropaulinen verwendet, um auf der einen Seite die besondere Stellung des Apostels, auf der anderen Seite aber den Auftrag zu benennen, den seine Schüler weiterführen. Durch Gottes Erbarmen ist Paulus zum Apostel berufen worden – so heißt es 1Tim 1,14 in Übereinstimmung mit den Protopaulinen –, und die χάρις unseres Herrn Jesus Christus ist ihm reichlich zuteil geworden. Auf der anderen Seite wird Timotheus dazu angehalten, stark zu werden in der Gnade in Christus Jesus (2Tim 2,1). Damit ist jene „Amtsgnade" gemeint, die dem Apostelschüler durch die Übertragung seines Amtes gegeben ist. Wird demnach der Auftrag des Apostelschülers wie der des Apostels durch das Wort χάρις charakterisiert, so wird doch im Unterschied zum paulinischen Verständnis des Apostolats, auf das niemals der Begriff χάρισμα angewendet wurde, davon gesprochen, daß dem Apostelschüler durch die Einsetzung in sein Amt das χάρισμα für die Ausführung seines kirchenleitenden Auftrags zuteil geworden sei (1Tim 4,14; 2Tim 1,6). Dadurch ist er sowohl in die Reihe der verschiedenen vom Geist getragenen Dienste eingegliedert, die sich in der Gemeinde entfalten, als auch ihnen gegenübergestellt, weil ihm als dem mit Geist und Gnade ausgestatteten Apostelschüler Verantwortung und Aufsicht über das Leben der ganzen Gemeinde auferlegt und anvertraut worden ist.

Wie in den Protopaulinen wird auch in den Deuteropaulinen der apostolische Auftrag als διακονία beschrieben. Paulus wird im Kolosserbrief διάκονος des Evangeliums genannt, das überall in der Welt ausgerufen wird (Kol 1,23). Der Inhalt des Evangeliums aber wird in lehrhaften bzw. hymnisch formulierten Sätzen ausgesagt, die die Gemeinde als gemeinchristliches Bekenntnis übernommen und sich zu eigen gemacht hat (Kol 1,15–20 u.a.). Daher ist der Apostel nicht nur Diener des Evangeliums, sondern auch – wie die folgende Wendung sagt – Diener der weltweiten ἐκκλησία nach der göttlichen οἰκονομία, die ihm übertragen ist (Kol 1,25). Hatte Paulus im Eingang des Römerbriefes sich der ihm per-

---

[8] *Satake,* aaO 106.

sönlich unbekannten Gemeinde als Apostel vorgestellt, der zur Verkündigung des Evangeliums von Gott ausgesondert ist, und den Inhalt des Evangeliums dann mit Worten eines alten judenchristlichen Bekenntnisses angegeben (Röm 1,1–5), so wird hier gleichfalls der apostolische Dienst mit der Predigt des Evangeliums verknüpft[9]. Doch während es zu Beginn des Römerbriefs darum geht, die Bedeutung des Apostelamtes durch den Hinweis auf den Auftrag der Evangeliumspredigt hervorzuheben, wird nun betont, daß dem Evangelium durch seinen apostolischen Charakter verbindliche Gültigkeit zukommt. Weder der Ausdruck διάκονος τοῦ εὐαγγελίου noch die Bezeichnung διάκονος τῆς ἐκκλησίας findet sich in den authentischen Paulusbriefen. Indem der Kolosserbrief beide Wendungen unmittelbar aufeinander folgen läßt, zeigt er an, daß sie sich gegenseitig interpretieren, um den apostolischen Dienst in seiner grundlegenden Bedeutung für die Kirche zu kennzeichnen. Sie lebt vom apostolischen Wort und bleibt darum an das apostolische Amt gebunden[10].

Der Epheserbrief knüpft an dieses Verständnis des paulinischen Apostolats an, indem er sowohl genuin paulinische Begriffe als auch Wendungen des Kolosserbriefes zu der vollklingenden Aussage verbindet, Paulus sei Diener des Evangeliums geworden nach der Gabe der Gnade Gottes, die ihm nach dem Wirken seiner Macht gegeben sei (Eph 3,7). Dabei ist der Hinweis auf die Berufung des Paulus durch Aufnahme liturgischer Wendungen zu einer inhaltlich überladenen Beschreibung des apostolischen Amtes geworden, die seine unvergleichliche Größe aufweisen soll[11]. Gottes wirkende Kraft schafft Leben und Einheit der Kirche durch das apostolische Amt, das die heilspendende Botschaft der Evangeliumspredigt ausrichtet. Gott, der ihn bevollmächtigt hat – so lassen dann die Pastoralbriefe Paulus sagen –, hat ihn mit seinem Vertrauen beschenkt und zum Dienst bestimmt, den er kraft göttlicher Gnade für die ganze Kirche versieht (1Tim 1,12).

---

[9] Vgl. *E. Lohse,* Die Briefe an die Kolosser und an Philemon, MeyerK IX, 2, [1]1968, 110f.

[10] Vgl. *E. Käsemann,* Eine urchristliche Taufliturgie, in: *ders.,* EVB I 49: „Die Gemeinde wird nicht nur an ihr Bekenntnis, sondern zugleich an das apostolische Amt als Hüterin der Wahrheit gebunden. Das Apostelamt entfaltet die evangelische Wahrheit, wie das Bekenntnis sie fixiert. Daß Paulus in solcher Weise Bekenntnis und Apostolat einander zuordnet, daß das Apostolat faktisch zur Explikation des Bekenntnisses wird, mag billig bezweifelt werden. Hier spricht das nachapostolische Zeitalter.“

[11] Vgl. *J. Gnilka,* Der Epheserbrief, HThK X, 2, 1971, 169f.

Dieser Dienst des Apostels wird weitergeführt durch seine Mitarbeiter und Nachfolger, die an seiner Stelle nunmehr in der Kirche die rechte Predigt und Lehre ausrichten. So wird im Kolosserbrief Epaphras Mitknecht des Apostels genannt, der „an unserer Statt ein treuer Diener Christi ist" (Kol 1,7). Wie er wird auch Tychikus als πιστὸς διάκονος καὶ σύνδουλος ἐν κυρίῳ vor der Gemeinde beglaubigt (Kol 4,7; vgl. Eph 6,21) und wird Archippus dazu angehalten, auf die διακονία zu achten, die er in dem Herrn übernommen hat (Kol 4,17). Und die Pastoralbriefe führen aus, Timotheus solle sich als ein rechter Diener Christi Jesu erweisen (1Tim 4,6) und seine διακονία erfüllen (2Tim 4,5), indem er anstelle des Apostels die Leitung der Gemeinden in Bindung an die heilsame Lehre ausübt.

Die erste Christenheit kannte noch keine feste Ordnung bestimmter Ämter. Während man in den judenchristlichen Gemeinden nach dem Vorbild jüdischer Gemeinschaften Ältesten die Leitung übertrug, gab es in den heidenchristlichen Gemeinden zunächst nur ein Mindestmaß an äußerer Ordnung. Vorsteher und solche, die sich bestimmter Aufgaben annahmen, erfüllten die Funktionen, die zum Gedeihen des Gemeindelebens notwendig waren (1Thess 5,12; 1Kor 16,16 u.ö.). Dabei wird sich zunächst meist durch selbstverständliche Anerkennung vorhandener Fähigkeiten und Einsatzbereitschaft, vor allem aber vom Geist gewirkter Gaben herausgestellt haben, wer als Vorsteher und Diener in der Gemeinde tätig war. Daß es auch zu Spannungen und Schwierigkeiten kommen konnte, geht jedoch aus dem Beispiel der korinthischen Gemeinde auf das deutlichste hervor. Paulus nennt aber den Korinthern das Kriterium, an dem alle Charismen zu messen sind und dem gegenüber sie sich zu bewähren haben: die Auferbauung der Gemeinde (1Kor 14,26). Nur die Charismen, die die οἰκοδομή des Leibes Christi fördern, erweisen sich damit als die Wirkungen des Geistes, die der ganzen Gemeinde dienen.

Für die Übertragung bestimmter Aufgaben verwendeten die Gemeinden der ersten Christenheit verschiedene Formen[12]. Die erwählende Kraft des Geistes konnte durch Prophetenstimmen laut werden, so daß man ihnen folgte und die von ihnen bezeichneten Männer beauftragte (zB Apg 13,1–3). Die versammelte Gemeinde konnte aber auch kraft eigenen Entscheides eine Auswahl vornehmen und bestimmen, wen man

---

[12] Vgl. *M. Vidal*, Ministère et Ordination, in: *J. Delorme* (ed.), Le Ministère et les Ministères selon le Nouveau Testament, Paris 1974, 484–486.

als Bevollmächtigten schicken wollte (zB Phil 2,25; 2Kor 8,18f). Gelegentlich hat man sich offenbar auch des Losentscheides bedient, um
festzustellen, wer mit einer bestimmten Funktion betraut werden sollte
(Apg 1,15–26). Oder man übertrug den älteren Männern der Gemeinde,
denen ohnehin auf Grund ihrer Lebenserfahrung besondere Achtung zu
bezeigen ist, die Leitung der Gemeinde.

Daß eine Beauftragung oder Einsetzung in ein Amt durch Handauflegung vollzogen wurde, berichten die Apostelgeschichte und die Pastoralbriefe. Die Apostelgeschichte erzählt, die Gemeinde von Antiochia habe
urchristliche Missionare unter Handauflegung ausgesandt (Apg 13,1–3)
und dem Kreis der Sieben seien durch die Zwölf in Jerusalem die Hände
aufgelegt worden (Apg 6,1–6). Beide Berichte beziehen sich also auf
Vorgänge in der ersten Christenheit. Sie sind jedoch durch die lukanische Redaktion gestaltet worden, so daß ihnen zunächst nur zu entnehmen ist, welches Bild sich der Verfasser der Apostelgeschichte von den
Anfängen der Kirche machte. Ihm kommt es darauf an darzulegen, daß
die sieben Hellenisten, denen die Apostel unter Gebet die Hände auflegen, rechtmäßig in ihr Amt eingesetzt und durch die höchste kirchliche
Autorität bestätigt worden sind. Und er will zeigen, daß Barnabas und
Saulus als legitimierte Boten der Gemeinde von Antiochia auszogen.
Doch obwohl die historischen Vorgänge selbst nicht mehr sicher aufgehellt werden können, darf doch mit hoher Wahrscheinlichkeit angenommen werden, daß zuerst im palästinischen Judenchristentum der Brauch
aufgekommen ist, eine Ordination durch Handauflegung vorzunehmen[13]. Denn man knüpfte dabei an einen Ritus an, den die jüdischen
Schriftgelehrten zur Bevollmächtigung eines Rabbi ausgebildet hatten
und ausschließlich auf dem Boden Palästinas, nicht aber im Bereich der
Diaspora vollzogen.

Als sich im 2. und 1. Jahrhundert vChr im Judentum ein fester Stand
von Schriftgelehrten herausbildete, wurde es üblich, durch einen öffentlichen Akt die Bevollmächtigung eines Kandidaten zur Wahrnehmung
der Rechte und Pflichten eines selbständig lehrenden und urteilenden
Schriftgelehrten vorzunehmen. Hatte sich der Student in jahrelangem
Studium die notwendigen Kenntnisse in der Schriftauslegung und dem
Verständnis der Tradition erworben, so wurde er von seinem Lehrer

---

[13] Vgl. *E. Lohse*, ThW IX 422 sowie hierzu und zum folgenden *ders.*, Die Ordination im Spätjudentum und im Neuen Testament, 1951; *ders.*, Art. Ordination I. II,
RGG³ IV 1671–1673.

unter Mitwirkung von zwei Assistenten durch Handauflegung ordiniert. Durch das Aufstützen der Hände, das in Gegenwart von Zeugen erfolgte, wurde sichtbar angezeigt, daß die bis auf Mose zurückgeführte Kette der Tradition um ein weiteres Glied vermehrt werden sollte, indem dem nunmehr autorisierten Gelehrten von seinem Lehrer die Gabe der Weisheit übereignet wurde. Auf Grund dieser einmaligen, unwiederholbaren Bevollmächtigung durfte der Ordinierte fortan Lehr- und Rechtsentscheidungen treffen, den Titel Rabbi führen und die ihm gebührende Ehre und Achtung entgegennehmen.

Zwar wird in den Evangelien verschiedentlich berichtet, Jesus sei von seinen Jüngern und von Außenstehenden als ῥαββί angeredet worden, aber niemals ist davon die Rede, daß Jesus seine Jünger wie ein Schriftgelehrter zum Erlernen von Traditionsstoff angehalten und schließlich durch Handauflegung autorisiert hätte[14]. Jesu Auftreten entsprach zwar in manchen Zügen durchaus dem der Rabbinen. Denn er trug seine Lehre im Anschluß an Stellen aus der Schrift vor, und seine Jünger standen ihm als ihrem Meister gegenüber. Jesu Verhältnis zu seinen Jüngern unterschied sich aber von dem der jüdischen Schriftgelehrten zu ihren Schülern von Anfang an dadurch, daß nicht die Jünger um Aufnahme in den Schülerkreis nachgesucht hatten, sondern Jesus sie in seine Nachfolge berufen hatte. Seine Lehre enthielt nicht Erklärung und Weiterführung überkommenen Traditionsstoffes, sondern er stellte dem Gesetz und der Tradition sein ἐγὼ δὲ λέγω ὑμῖν gegenüber (Mt 5,21–48). Daher wird in den Evangelien mehrfach das Erstaunen der Menge darüber vermerkt, daß Jesus nicht wie die γραμματεῖς, sondern in ἐξουσία lehrte (Mk 1,22 Par; Mt 7,29 u.ö.). Weil er in prophetischer Vollmacht verkündet, darum absolvieren seine Jünger auch kein Studium, das sie in der herkömmlichen Weise einmal dazu befähigen könnte, selbst Rabbi zu werden, sondern die Jünger bleiben μαθηταί und Jesus ihr διδάσκαλος (Mt 23,8).

Die judenchristlichen Gemeinden, die festere Formen der Gemeindeordnung auszubilden begannen, konnten nicht an Weisungen Jesu, wohl aber an jüdische Vorbilder anknüpfen. Schon bald wird es im Judenchristentum auch christliche Schriftgelehrte gegeben haben, die „Jünger für das Himmelreich" waren und „einem Hausherrn glichen, der aus seinem Schatz Neues und Altes hervorholt" (Mt 13,52). Zum Alten war die rabbinische Schulung und Methode der Schriftauslegung zu zählen,

---

[14] Hierzu und zum folgenden vgl. *E. Lohse,* ThW VI 965f.

zum Neuen die christliche Lehre, die sie zu entfalten begannen. Wie man in der Synagoge einem anwesenden Rabbi gern das Wort erteilte, so fanden auch in den christlichen Gemeinden die in Auslegung der Schrift und Darlegung der Lehre geschulten christlichen Rabbinen Gehör und Achtung. Von ihnen wird der im Rabbinat entwickelte Brauch, durch Handauflegung eine Ordination zu vollziehen, übernommen und weitergeführt worden sein. Da er nun nicht auf die Tradition des Gesetzes, sondern die Weitergabe christlicher Lehre bezogen wurde, erfuhr er eine nicht unwesentliche Veränderung. Denn nun konnte es nicht mehr darum gehen, die bis auf den Sinai zurückreichende Kette der Überlieferung fortzusetzen, sondern durch die Handauflegung wurde die Bevollmächtigung zur Unterweisung der Gemeinden erteilt. Dabei ist die christliche Ordination offenbar von der rabbinischen Handlung von Anfang an dadurch unterschieden, daß sie unter fürbittendem Gebet vollzogen wird, weil Gott allein seine Diener ausrüsten und tüchtig machen kann (Apg 6,6).

Ein deutliches Bild von der Ordination, die von den judenchristlichen Gemeinden Palästinas aus auch in den von Paulus gegründeten Gemeinden Eingang gefunden hat, zeichnen die Pastoralbriefe[15]. Dabei ist judenchristliche Überlieferung, die in dem Amt der Ältesten und dem Brauch der Ordination sichtbar wird, mit heidenchristlicher Gemeindeordnung verbunden, die sich an den Ämtern des ἐπίσκοπος und der διάκονοι zeigt. Durch die Ausbildung einer geordneten Verfassung soll die Kirche der nachpaulinischen Zeit vor den Einflüssen der Welt und falscher Lehre geschützt werden. Als Gottes Haus und *familia dei* ist sie den Angriffen gefährlicher Kräfte ausgesetzt und bedarf eines sie umgebenden Walles, der die Grenzen angibt, die Kirche und Welt voneinander scheiden[16]. Das freie Walten des Geistes wird daher einer Ordnung unterworfen, die das χάρισμα an das Amt bindet und damit sicherstellt, daß man nicht in enthusiastischer Begeisterung unversehens gnostischen Einflüssen verfällt und den Irrlehrern zur Beute wird.

---

[15] Vgl. C. *Spicq*, Les Epîtres Pastorales II, EtB Paris ⁴1969, 722–730: Excursus IX: Imposition des mains et Ordination de Timothée; A. *Lemaire*, Les Epîtres Pastorales. Les Ministères dans l'Église, in: J. *Delorme* (ed.), Le Ministère (s. Anm. 12) 102–117, bes. 104f.

[16] Vgl. E. *Käsemann*, Amt (s. Anm. 4) 127. Vgl. 130: „Das offensichtlich durch das aus Palästina geflüchtete Judenchristentum vermittelte Erbe des Judentums ist der Schutzwall, hinter welchem sich die von Paulus begründete Kirche vor dem Enthusiasmus behauptet hat."

Der Vertreter der rechten Lehre, die allein in der apostolischen Überlieferung gegeben ist, ist durch die Ordination bevollmächtigt worden.
Nachdem Prophetenstimmen auf Timotheus als den auszuwählenden
Amtsträger hingewiesen hatten (1Tim 1,18; 4,14), ist ihm durch Handauflegung das von Gott gewährte Charisma, dessen er zur Führung seines Amtes bedarf, verliehen worden. Die Handauflegung ist also nicht
nur äußeres Zeichen der Autorisation, sondern sie dient zur Übermittlung der Gabe, mit der Gott den Amtsträger ausstattet. Wird dabei
2Tim 1,6 an das χάρισμα erinnert, ὅ ἐστιν ἐν σοὶ διὰ τῆς ἐπιθέσεως
τῶν χειρῶν μου, so wird 1Tim 4,14 auf das χάρισμα hingewiesen, ὃ
ἐδόθη σοι διὰ προφητείας μετὰ ἐπιθέσεως τῶν χειρῶν τοῦ πρεσβυτερίου.
Wenn einerseits der Apostel, andererseits das Presbyterium als Ordina-
toren genannt werden, so wird daraus zu schließen sein, daß ähnlich wie
bei der rabbinischen Ordination auch bei der christlichen Amtsübertra-
gung der Ordinator zusammen mit Assistenten die Hände auflegte[17].
Der persönlich gehaltene zweite Timotheusbrief, der gleichsam das Testament des Paulus und Vermächtnis an seinen Nachfolger enthält, erinnert allein an die Handauflegung des Apostels, während der erste Timotheusbrief, der mehr den Charakter einer Gemeinderegel trägt, ausdrücklich auf die ἐπίθεσις τῶν χειρῶν durch das πρεσβυτέριον Bezug nimmt.

Von einer auf bestimmte Personen beschränkten Weihegewalt ist nicht
die Rede, sondern Gottes berufender und sendender Wille bestimmt den
Gehalt der Ordination, durch die der Amtsträger öffentlich vor der Gemeinde legitimiert, mit dem Amtscharisma ausgestattet und in das Amt
der Wortverkündigung eingesetzt wird. Ihm obliegt es, die Gemeinde zu
leiten. Darum wird er in einer ausführlichen Ordinationsparänese auf
die Pflichten hingewiesen, die er zu erfüllen hat: den guten Kampf des
Glaubens auszufechten und das ewige Leben zu ergreifen, zu dem er
berufen ist und ein gutes Bekenntnis vor vielen Zeugen abgelegt hat.
Dieses Gebot hat er unverrückt und ungebrochen zu bezeugen bis zur
Offenbarung des Herrn Jesus Christus (1Tim 6,11–16). In diesen Sätzen
sind Wendungen der Taufbelehrung aufgenommen worden, um anzuzei-

---

[17] Anders erklären *D. Daube*, Evangelisten und Rabbinen, ZNW 48, 1957, 124f und
J. Jeremias, ΠΡΕΣΒΥΤΕΡΙΟΝ außerchristlich bezeugt„ ZNW 48, 1957, 127–132; *ders*,.
Zur Datierung der Pastoralbriefe, in: *ders.*, Abba. Studien zur neutestamentlichen Theologie und Zeitgeschichte, 1966, 314–316: „Handauflegung, die die Presbyterwürde
verleiht." Dagegen vgl. *G. Bornkamm*, ThW VI 666 Anm. 92; *E. Schweizer*, Gemeinde
und Gemeindeordnung im NT, AThANT 35 Zürich ²1962, 190 Anm. 812; *E. Lohse*,
ThW IX 423 Anm. 57.

gen, daß die dem Amtsträger übertragene Aufgabe die Verantwortung spezialisiert, die grundsätzlich jedem Christen von der Taufe an gestellt ist[18]. Ihm ist mit der Leitung der Gemeinde die Sorge für die unverfälschte Bewahrung der apostolischen Lehre aufgegeben, damit die Gemeinde ihrer Bestimmung gemäß leben und der Gefährdung durch falsche Lehre und Versuchungen der Welt widerstehen kann.

Die Ordination ist mit keinem der in den Pastoralbriefen genannten Ämter verknüpft – weder dem des ἐπίσκοπος noch dem des πρεσβύτερος oder διάκονος. Sie ist vielmehr bezogen auf den Auftrag der Predigt, der rechten Lehre und der Leitung der Gemeinde. Deshalb wird Timotheus auch vor Augen gehalten, besonders darauf zu achten, daß er niemandem voreilig die Hände auflegt (1Tim 5,22). Dabei ist vermutlich nicht an die Aufnahme reuiger Sünder, sondern an die Beauftragung von Amtsträgern gedacht, die nur nach sorgfältiger Prüfung mit der Leitung einer Gemeinde und der Ausrichtung der rechten Lehre betraut werden dürfen[19]. Als Träger des Geistes hat der durch Handauflegung zum Dienst Ordinierte mit besonderer Umsicht darauf zu sehen, daß die Übermittlung des Geistes würdig und angemessen vorgenommen wird.

Das apostolische Erbe, von dem die Pastoralbriefe sprechen, besteht in der lehrhaften Fortentwicklung paulinischer Theologie, die als die παραθήκη des Apostels bezeichnet wird. Von einer Lehre aller Apostel ist dabei jedoch nicht die Rede. Auch der Kolosserbrief denkt allein an Paulus, wenn er ihn Apostel, Diener des Evangeliums und der Kirche nennt. Zwar erwähnt der Epheserbrief den Grund der Apostel und Propheten, auf den die Kirche gebaut ist (Eph 2,20), führt er Apostel, Propheten, Evangelisten, Hirten und Lehrer als Ämter der Kirche auf (Eph 4,11) und sagt, das göttliche Geheimnis sei den heiligen Aposteln und Propheten im Geist offenbart worden (Eph 3,5). Aber nur von Paulus, der Apostel Christi Jesu durch Gottes Willen ist (Eph 1,1), heißt es, daß er Diener des Evangeliums sei nach der Gabe der Gnade Gottes und dem Wirken seiner Kraft (Eph 3,7). Die Deuteropaulinen setzen daher übereinstimmend voraus, daß die paulinische Schultradition als apostolische Überlieferung unverfälscht zu bewahren ist. Die durch die Ordination vollzogene Beauftragung bindet an und verpflichtet auf dieses Erbe.

Die Pastoralbriefe beschreiben eine geordnete Verfassung der Ge-

---

[18] Vgl. *E. Käsemann*, Das Formular einer neutestamentlichen Ordinationsparänese, in: *ders.*, EVB I (101–108) 107.

[19] Vgl. *E. Lohse*, ThW IX 423; *A. Lemaire*, aaO (s. Anm. 15) 111f.

meinde, doch weder sind die Ämter in eine feste hierarchische Ordnung gebracht noch wird der Gedanke einer vom Apostel ausgehenden Sukzession ausgesprochen. Je stärker in der Folgezeit die Gefährdung durch die Gnosis wurde, die sich ihrerseits auf unmittelbare Sukzession von den Aposteln, ja von Christus selbst berief, um so mehr war man genötigt, gegen sie eine trennende Mauer aufzuführen, hinter der die rechtgläubige Kirche unangefochten leben konnte. Dabei wurde nun ein dogmatisch gefaßter Apostelbegriff ausgebildet, nach dem die rechte Lehre von den Zwölf und von Paulus einhellig und einheitlich vertreten und in lückenloser Folge den rechtmäßig bestellten Amtsträgern weitergegeben worden sei. Daher wurde nun die Anschauung entwickelt, daß die Apostel in alle Welt ausgezogen seien, überall die Heilsbotschaft ausgebreitet und Amtsträger bestellt hätten (vgl. schon 1Clem 42–44).

Die erste Christenheit kannte weder eine einheitliche Lehre vom kirchlichen Amt noch ein allgemein geübtes Verfahren, durch das die Beauftragung zum Dienst in der Gemeinde vorzunehmen ist. Als jedoch in der zweiten christlichen Generation das Charisma fest mit dem Amt verbunden wurde und der aus dem Judentum übernommene Brauch, unter Gebet und Handauflegung die Ordination der leitenden Amtsträger zu vollziehen, in Übung kam, traten die unterschiedlichen Formen, in denen man die Beauftragung zu charismatischen Diensten vorgenommen hatte, zurück und verschwanden nach einiger Zeit. Auf diese Weise gewann man ein geordnetes Verfahren, um die Bevollmächtigung zur öffentlichen Wortverkündigung und zur Leitung der Gemeinde zu erteilen. Die Pastoralbriefe, die von der Verfassung der Gemeinde und der Ordination handeln, die Amt und Charisma zusammenschließt, weisen dabei jedoch zugleich auf die Norm hin, an der aller Dienst in der Kirche zu messen ist. Denn sie beziehen sich auf die von Paulus herkommende Lehre und geben damit zu erkennen, woran die Verfassung der Gemeinde kritisch zu prüfen ist: ob sie der Auferbauung des Leibes Christi dient, bzw. ob das Wort von der Versöhnung gepredigt, bezeugt und gelehrt wird. Weder eine noch so wohl geregelte Ordnung von Ämtern und Zuständigkeiten noch eine dogmatisch verfestigte Lehre, sondern allein dieses Kriterium zeigt der Gemeinde Jesu Christi an, wo sie die beauftragten Boten Christi hört, die an seiner Stelle und in seinem Auftrag darum bitten, daß die aller Welt zugerufene Einladung angenommen werden möchte: καταλλάγητε τῷ θεῷ.

CHRISTOLOGIE UND RECHTFERTIGUNG

DIETER LÜHRMANN

Daß die Aussagen über die Rechtfertigung die eigentliche Christologie des Paulus seien, ist ein Satz, der sich in verschiedenen sonst divergierenden Interpretationen der paulinischen Theologie findet. Ja, er scheint so etwas wie ein Maßstab geworden zu sein, an dem andere Paulusauslegungen überprüft werden. Daher ist er jedenfalls nicht eindeutig, sondern für verschiedene Deutungen offen. Es lohnt sich in solchem Falle zumeist, zunächst nach dem Ursprungsort einer Formulierung zurückzufragen, um ihren ursprünglichen polemischen Sinn aufzuhellen, bevor sie zu einer Art „Dogma" wurde.

Erstmals zu verifizieren ist der Satz m.W. in R. Bultmanns 1933 veröffentlichtem Aufsatz „Die Christologie des Neuen Testaments": „Die Rechtfertigungslehre des Paulus ist, so könnte man sagen, seine eigentliche Christologie."[1] Bultmann beruft sich dafür auf den Satz aus Melanchthons Loci: *hoc est Christum cognoscere, beneficia eius cognoscere*, und fährt dann fort: „In der Rechtfertigungslehre kommt zum deutlichen Ausdruck, daß die Christologie nicht in Wesensspekulationen, sondern in der Verkündigung des Christusereignisses besteht, und daß die verstehende Betrachtung dieses Ereignisses nicht Spekulation, sondern Selbstbesinnung, Durchdenkung der eigenen neuen Existenz ist."[2]

Das ist zunächst noch die alte Frage der Dogmatik nach dem Verhältnis zwischen Christologie und Erlösungslehre, aktuell jedoch ist dieser Satz gewonnen gegenüber der religionsgeschichtlichen Schule, aus der Bultmann selbst stammt, und hier speziell gegenüber W. Boussets Dar-

---

[1] GuV I ³1958, 262. Das schließt den Verweis auf A. Schlatter bei *P. Stuhlmacher* („Das Ende des Gesetzes", ZThK 67, 1970, [14–39] 17f) gerade nicht aus, korrigiert aber partiell die dort gegebene theologiegeschichtliche Analyse.

[2] Ebd.

stellung der paulinischen Christologie in seinem „Kyrios Christos" – ein
Buch, das Bultmann nach eigenem Zeugnis immer für ein fundamentales
Werk gehalten hat[3]. Für Bousset und die religionsgeschichtliche Schule
lag das Zentrum der paulinischen Theologie in der Christusfrömmigkeit,
dem Korrelat zu dem von Bousset in all seiner Fremdheit beschriebenen
Christuskult der heidenchristlichen Gemeinde vor Paulus.

An die Stelle des „intensive(n) Gefühl(s) der persönlichen Zugehörigkeit und der geistigen Verbundenheit mit dem erhöhten Herrn"[4] tritt
nun bei Bultmann die „Rechtfertigungslehre" als existentiale Interpretation der Christologie. Bultmann konnte dafür in gewissem Grade zurückgreifen auf W. Wredes Paulusdarstellung, der mit Nachdruck betont
hatte, daß – so wunderlich das dem modernen Menschen erscheinen
mochte – die „Theologie" des Paulus von ihm selbst als „Religion" verstanden wurde[5]. Für Wrede aber war die Rechtfertigungslehre nur eine
„Kampfeslehre"[6], offenbar weil er in ihr nicht „Religion" erkennen
konnte, während Bultmann sie wieder ins Zentrum der paulinischen
Theologie rückte.

Die Deutungskategorien für Bultmanns Bestimmung des Verhältnisses
zwischen Rechtfertigung und Christologie sind die Paare Verkündigung/
Spekulation, *fides qua/fides quae*[7], schließlich vor allem jener von früh
an wichtige Satz, daß die Theologie des Paulus Anthropologie sei, die
Rechtfertigungslehre die anthropologische Fassung der Christologie[8]. Zusammengefaßt erscheint die ganze Thematik im § 33 der „Theologie des
Neuen Testaments", wo Bultmann zunächst die einzelnen inhaltlichen
Elemente der paulinischen Christologie zusammenstellt und dann in Aufnahme des traditionellen Schemas von *fides quae* (1.) und *fides qua* (2.)

---

[3] W. *Bousset,* Kyrios Christos, [6]1967, 104–154; vgl. Bultmanns „Geleitwort". Zu
Bousset: A. F. *Verheule,* Wilhelm Bousset. Leben und Werk, 1973, zu diesem Kapitel
192–215. Doch wird man das Verhältnis zwischen Bousset und Bultmann positiver
beschreiben können als es Verheule (215, Anm. 1) tut. Überhaupt wäre das Verhältnis
Bultmanns zur religionsgeschichtlichen Schule ein lohnendes Thema.

[4] Dies sieht W. *Bousset* (aaO 104) als den Schritt vom Kyrioskult der heidenchristlichen Gemeinde zu Paulus.

[5] Paulus, 1904, jetzt in: Das Paulusbild in der neueren deutschen Forschung, hg. v.
K. H. *Rengstorf* und U. *Luck,* WdF 24, 1964, (1–97) 42.60.

[6] AaO 67–83.

[7] Vgl. den Aufsatz von 1927: Zur Frage der Christologie, in: *ders.,* GuV I [3]1958,
85–113, in Auseinandersetzung mit E. Hirsch.

[8] Vgl. Art. „Paulus", RGG[2] IV (1019–1045) 1031, oder *ders.,* Theologie des Neuen
Testaments, [3]1958, 192, mit ähnlichen Formulierungen zur Christologie wie den bei
Anm. 2 zitierten.

zu dem Schluß kommt: „Wenn man einfach nachzeichnend die Aussagen des Paulus reproduziert, so stellt sich also heraus, daß man eigentlich zwei Akte des Glaubens und damit auch zwei Begriffe des Glaubens unterscheiden muß: 1. einen Glauben, der in der Willigkeit besteht, die berichteten Tatsachen von der Menschwerdung und Kreuzigung des präexistenten Gottessohnes und seine Auferstehung von den Toten für wahr zu halten und in ihnen einen Erweis der Gnade Gottes zu sehen; 2. einen Glauben, der als Hingabe an die Gnade Gottes eine radikale Umkehr des bisherigen Selbstverständnisses des Menschen bedeutet, die radikale Preisgabe der καύχησις."[9] Was unter 2. formuliert ist, ist die Bultmannsche Interpretation der Rechtfertigung.

Dieser § 33 gibt über weite Strecken den roten Faden für E. Käsemanns Aufsatz über „Die Heilsbedeutung des Todes Jesu bei Paulus" ab[10]. Wie Bultmann zählt er die verschiedenen christologischen Aussagen bei Paulus auf: Opfertod, stellvertretendes Strafleiden, Versöhnung, Erlösung; es fehlen – wohl auf Grund fortgeschrittener religionsgeschichtlicher Skrupel – die Mysterienvorstellungen und der gnostische Mythos. Die Leitthese ist vor dieser Aufzählung im Anschluß an eine Erörterung traditioneller christologischer Elemente formuliert: „Paulus hat die vor ihm umlaufende Tradition über Jesu Kreuz im Sinne seiner Rechtfertigungslehre vom Kreuze aus gewonnen, und sie ist umgekehrt seine Interpretation des Todes Jesu"[11], oder allgemeiner in ähnlichem Zusammenhang: „Die Rechtfertigungsbotschaft des Paulus ... ist letztlich seine Interpretation der Christologie."[12] Diese Interpretation faßt Käsemann als *iustificatio impii;* Paulus ist es, der mit diesem Thema die vorgegebene christologische Tradition radikalisiert hat.

An der zuletzt zitierten Stelle beruft sich Käsemann auf G. Bornkamm[13], der aus dem Zusammenhang zwischen christologischem Bekenntnis und Theologie der Rechtfertigung in Röm 1,3f.9.16f schließt, „daß Paulus die Christusbotschaft als Botschaft von der Rechtfertigung allein aus Glauben auslegt und entfaltet", oder noch zugespitzter: „Die

---

[9] Theologie 300.

[10] Paulinische Perspektiven, [2]1972, 61–107, hier besonders ab 78.

[11] AaO 77.

[12] In dem Aufsatz: Rechtfertigung und Heilsgeschichte im Römerbrief, in: *ders.,* Paulinische Perspektiven (108–139) 130; vgl. *ders.,* An die Römer, HNT 8a, 1973, 21.88f ([3]21.89f).

[13] Paulus, UB 119, 1969, 126–129.249–251 (die beiden folgenden Zitate 126 und 128f). Auch hier ist für den größeren Zusammenhang 121–131 auf den § 33 von Bultmanns Theologie zu verweisen.

Zusammengehörigkeit der christologischen und soteriologischen Aussagen, genauer gesagt: die Entfaltung der Christusbotschaft *als* Rechtfertigungsbotschaft und umgekehrt, ist ... ein entscheidendes Anliegen seiner ganzen Theologie."

H. Conzelmann schließlich versteht die paulinische Theologie als Verarbeitung von Tradition, darunter auch christologischer: „Die Pointe der Verarbeitung ist jeweils der aktuelle Heilssinn für den betroffenen Einzelnen. So kann man seine Theologie als dialektische Anthropologie charakterisieren. Diese versteht Paulus als die Auslegung des Credo."[14] In seinem polemischen Aufsatz: „Die Rechtfertigungslehre des Paulus: Theologie oder Anthropologie?"[15] sieht er den Zusammenhang der Fragestellung mit der theologiegeschichtlichen Entwicklung der letzten Generationen und verteidigt Bultmanns These der anthropologischen Fassung der Rechtfertigungsaussagen bei Paulus mit Reflexionen auf das Verhältnis von Tradition und Interpretation bei Paulus. Dem stellt Käsemann noch einmal den Satz entgegen, „die paulinische Rechtfertigungslehre sei mehr als Konsequenz, nämlich die spezifisch paulinische Interpretation der Christologie im Blick auf Mensch und Welt"[16].

So scheint es, daß jener Satz über das Verhältnis von Rechtfertigung und Christologie einen Konsensus nur sehr formal angeben kann. Immerhin zeigt er eine gewisse Verständigung über Grundlagen der paulinischen Theologie, die sich in zwei Punkten benennen läßt:

1. Paulus fußt mit seinen christologischen Aussagen auf der Tradition der Gemeinde vor ihm und ist nicht selbst der erste – das meinte ja zB noch H. J. Holtzmann[17] –, der eine Christologie entwickelt. Hier haben sich die Thesen der religionsgeschichtlichen Schule so weitgehend durchgesetzt, daß die Christologie des Paulus in den letzten Jahrzehnten kaum mehr eigens thematisiert, dafür aber mit etlichem Erfolg diese frühchristliche christologische Tradition aus seinen Briefen herausgearbeitet wurde.

2. Nicht mehr umstritten ist, daß die Rechtfertigungsbotschaft das Herzstück der paulinischen Theologie ausmacht[18], sosehr nun der Streit

---

[14] Paulus und die Weisheit (1965), jetzt in: *ders.*, Theologie als Schriftauslegung, BEvTh 65, 1974, (177–190) 190.

[15] 1968, jetzt: in: *ders.*, Theologie als Schriftauslegung 191–206.

[16] Paulinische Perspektiven 136.

[17] Lehrbuch der neutestamentlichen Theologie II, ²1911, 73: „P(au)l(u)s ist der Schöpfer der Christologie."

[18] Wenn *E. Käsemann* Wredes Charakterisierung der Rechtfertigungsbotschaft als „Kampfeslehre" zustimmend aufnimmt (Paulinische Perspektiven 125), hat das polemischen Sinn. Anders freilich *U. Wilckens*, Was heißt bei Paulus: „Aus Werken des

anhebt über die rechte Interpretation dieser Rechtfertigungsbotschaft. Bei Bultmann und Conzelmann ist die wesentliche Leistung des Paulus die anthropologische Auslegung vorgegebener Christologie in den Aussagen über die Rechtfertigung, bei Bornkamm die Auslegung auf die Rechtfertigung aus Glauben hin und bei Käsemann die Radikalisierung zur *theologia crucis* und damit zur *iustificatio impii*.

Stellt man sich auf den Boden des in diesen beiden Punkten angezeigten Konsensus, dann werden die anfangs genannten Bedingungen für die ursprüngliche Formulierung bei Bultmann wichtig. Es scheint nämlich, daß zwar zu Recht die Thesen der religionsgeschichtlichen Schule über die Bedeutung der Gemeinde zwischen Jesus und Paulus aufgenommen und weitergeführt worden sind[19], damit aber zugleich auch bestimmte Prämissen und Vorurteile, die der Darstellung dieser Christologie in der religionsgeschichtlichen Schule zugrunde liegen. Der einflußreiche § 33 in Bultmanns Theologie ist ja dadurch gekennzeichnet, daß die christologischen Vorstellungen des Paulus als äußerst disparat in bezug auf sowohl ihren religionsgeschichtlichen Hintergrund als auch ihren Inhalt dargestellt werden: Hier kommen jüdische und hellenistische, alttestamentliche und gnostische Vorstellungen zusammen; das Heil liegt entweder in der Inkarnation oder im Tod. Das einzige, was alles verbindet, ist im Grunde nur die interpretierende Aufnahme durch Paulus selbst im Sinne des oben zitierten zweiten Glaubensbegriffs.

Aber ist es denn wirklich so, daß hier sozusagen eine „objektive" Christologie vorläge, die erst Paulus soteriologisch interpretierte? Das wird man schwerlich behaupten können, denn immerhin ist doch das Motiv „für uns" oder „für unsere Sünden" konstitutiv schon für einen Großteil dieser Tradition, auch wenn Paulus die *beneficia eius* dann noch einmal anders faßt. Aber diese Frage läßt sich noch weiter zuspitzen: Ist nicht das Thema der Rechtfertigung schon das Grundmotiv eines großen Bereichs dieser vorgegebenen Christologie, so daß die Auslegung im Zusammenhang der Rechtfertigung durch Paulus durchaus im Gefälle der Tradition läge? Dieser Zuspitzung soll im folgenden nachgegangen werden.

Gesetzes wird kein Mensch gerecht"? EKK.V 1, 1969, (51–95) 58 Anm. 17 (= in: *ders.*, Rechtfertigung als Freiheit 1974 [77–109] 85 Anm. 17).

[19] Dieses „zu Recht" ist freilich durch Modifikationen des vorausgesetzten Entwicklungsbildes frühchristlicher Überlieferungen einzuschränken und gilt zunächst nur gegenüber einem direkten Vergleich zwischen Jesus und Paulus.

Evident ist dieser Sachverhalt bei der Formel, die Paulus in den Begründungszusammenhang von Röm 3,21ff einfügt[20]. Hier wird der Ertrag des Heilsgeschehens als Erneuerung des Bundes im Blut Christi und damit als Erweis von Gottes Gerechtigkeit beschrieben. Das wesentliche Motiv dieser Formulierung ist nicht der ja unblutige Tod am Kreuz, sondern ein Komplex jüdischer Überlieferung, der um die Stichworte Bund, Gerechtigkeit, Vergebung der Sünden usw kreist.

Dies ist jedoch kein Sonderfall, sondern Ähnliches läßt sich auch in anderen christologischen Zusammenhängen nachweisen. Von den drei Titeln, die Paulus verwendet, begegnen im engeren Kontext von Rechtfertigungsaussagen χριστός und „Sohn Gottes", während der dritte, κύριος, anderen Themen zugeordnet ist. W. Kramer, der die vorpaulinische und paulinische Verwendung dieser drei Titel untersucht hat, kommt für den Gebrauch des Titels „Gottessohn" bei Paulus nur zu folgendem Ergebnis: „Der paulinische Gebrauch des Gottessohntitels hängt in erster Linie von formalen Gegebenheiten ab. Es lässt sich kein fest umrissener, von andern christologischen Bezeichnungen charakteristisch unterschiedener Bedeutungsinhalt mehr erheben. Das einzig deutlich werdende Motiv ist die Zusammengehörigkeit des Gottessohnes mit Gott. So ist υἱὸς αὐτοῦ (sc. τοῦ θεοῦ) im paulinischen Gebrauch die Bezeichnung des Heilsträgers unter dem Aspekt seiner Zugehörigkeit zu Gott."[21] M. Hengel formuliert fast ebenso wie Kramer, zieht aber unter Verweis auf Bousset anders als Kramer gerade den Schluß, daß dieser Titel, wenn auch selten von Paulus verwendet, erhebliche Bedeutung gehabt habe[22].

Kann man sich aber begnügen mit der Auskunft, daß dieser Titel dann begegne, „wenn (Paulus) von der engen Verbindung Jesu Christi mit Gott spricht und das heißt zugleich von seiner Funktion als ‚Heils-Mittler' zwischen Gott und Menschen"[23]? Auffällig ist ja, daß Paulus diesen Titel fast ausschließlich im Röm und Gal verwendet, also in den Briefen, in denen er expressis verbis seine Rechtfertigungsverkündigung darstellt und verteidigt, und hier an so exponierten Stellen wie dem Beginn des Röm oder der Erwähnung seiner Berufung Gal 1,15f.

Die Diskussion um den religionsgeschichtlichen Zusammenhang dieses Titels ist von den verschiedenen Autoren des ThW-Artikels und jüngst

---

[20] An ihr hatte *E. Käsemann* vor 25 Jahren in einem kurzen Aufsatz (Zum Verständnis von Römer 3,24–26, jetzt in: *ders.*, EVB I 96–100) so etwas wie eine Methodik zur Herausarbeitung vorpaulinischer Tradition entwickelt.

[21] Christos Kyrios Gottessohn, AThANT 44, 1963, 185.

[22] Der Sohn Gottes, 1975, 23.   [23] Ebd.

von M. Hengel noch einmal in aller Ausführlichkeit aufgearbeitet worden[24]. Zuzustimmen ist Hengels Bedenken gegenüber den im wesentlichen phänomenologisch orientierten Thesen der religionsgeschichtlichen Schule[25]; man wird in der Tat die Frage auf den jüdischen Überlieferungsbereich konzentrieren müssen. Das ist für die von Paulus übernommene Formel Röm 1,3f ohnehin naheliegend. Hier wurde von der vorpaulinischen Gemeinde Jesus als der bei seiner Auferstehung zum Sohn Gottes eingesetzte Messias aus dem Geschlecht Davids bekannt. Aufgenommen ist also die Tradition der Gottessohnschaft des davidischen Königs (vgl. Ps 2,7), jedoch auf die Auferstehung terminiert.

Die Aussagen über die Sendung des präexistenten Gottessohnes (Gal 4,4; Röm 8,3) erinnern an ähnliche Aussagen über die Sendung der σοφία[26]. Nun ist eines der wesentlichen Motive in der Ausbildung der jüdischen Weisheitstheologie die Frage nach der Ordnung, und dh der Gerechtigkeit Gottes, des Menschen und der Welt[27]. Die komplizierten Zusammenhänge zwischen dieser σοφία, dem philonischen λόγος, dem λόγος des Johannesprologs, dem Christushymnus Phil 2,6–11 u.a. verbieten eine allzu kurzgeschlossene These. Immerhin begegnet aber im Umkreis solcher Stellen auch das Reden vom Sohn Gottes oder den Söhnen Gottes: Bei Philo ist der λόγος Sohn Gottes[28], während die Gerechten in der Weisheit Salomos wie bei Sirach Söhne Gottes genannt werden können[29].

Hier liegt also religionsgeschichtlich ein Zusammenhang vor, in dem sich sowohl das Reden von „Sohn Gottes" als auch die sprachlichen Elemente der paulinischen Rechtfertigungsaussagen wie Gerechtigkeit, Gesetz usw wiederfinden. Paulus arbeitet diesen Zusammenhang nun neu auf. Einmal spricht er exklusiv von *dem* Sohn Gottes, der freilich dann die Sohnschaft der Glaubenden ermöglicht. Offenbar ist Jesus hier als *der* exemplarische Gerechte verstanden, in dessen Auferstehung sich Gottes Gerechtigkeit durchsetzt. Zum andern ist die Sendung des Sohnes die Ablösung des Gesetzes, während in der Weisheitstradition die σοφία

---

[24] *P. Wülfing von Martitz, G. Fohrer, E. Schweizer, E. Lohse,* ThW VIII 334–363; *M. Hengel,* Sohn Gottes 35–89.

[25] AaO 32–34.   [26] Vgl. Weish 9,10.17.

[27] Vgl. die Bemerkungen bei *H. Gese,* Natus ex virgine, in: Probleme biblischer Theologie. G. von Rad zum 70. Geburtstag, hg. v. *H. W. Wolff,* 1971, (73–89) 87 (= in: *ders.,* Vom Sinai zum Zion, BEvTh 64, 1974, [130–146] 144) zur Sendungsaussage.

[28] Vgl. Conf Ling 145–147, auch hier der Zusammenhang von Sohn und Söhnen.

[29] Weish 2,18; Sir 4,10.

mehr und mehr mit der Tora gleichgesetzt wird[30]. Schließlich bezieht Paulus die Sohnesaussagen in den Aussagen über die „Dahingabe" auf den Tod Jesu (Röm 8,32; Gal 2,20)[31].

Verankert man den Gottessohntitel in diesem Traditionszusammenhang und verzichtet auf die ja merkwürdigerweise erfolglose Suche nach einem exklusiven „messianischen" Gebrauch des Titels[32], dann hängt die Frage der Rechtfertigung schon am Bekenntnis zu Jesus als dem Sohn Gottes. Ähnliches läßt sich nun auch für den zweiten Titel, χριστός, zeigen. Dieser ist ja nur aus der jüdischen Tradition heraus verständlich, da das griechische Wort lediglich als Übersetzung von Messias einen Sinn gibt. Bei Paulus ist χριστός im Zusammenhang der Aussagen über Tod und Auferweckung Jesu verhaftet[33], und man kann ihn, wo er für sich begegnet, geradezu als Kurzform für diesen größeren Zusammenhang verstehen; Ἰησοῦς χριστός heißt: Jesus ist gestorben und auferweckt worden. Hierin liegt offenbar eine urchristliche Neubildung vor, denn die Suche nach etwaigen Vorbildern für solches Reden von einem leidenden, sterbenden und auferstehenden Messias ist ja erfolglos geblieben.

Für die Messiastradition liegen die religionsgeschichtlichen Zusammenhänge etwas einfacher als für „Sohn Gottes", wenn auch immer noch kompliziert genug[34]. Ausgangspunkt ist die Verheißung bleibenden Bestands des judäischen Königshauses, die jedenfalls in bestimmten Kreisen auch in exilischer und nachexilischer Zeit durchgehalten und erneuert wird. Der König nun gilt nach israelitischer wie gemeinorientalischer Auffassung als Garant der Gerechtigkeit[35]. Das Ende des Königtums zwingt

---

[30] Vgl. Sir 24,23.

[31] Die „Dahingabe" ist nicht mit der „Sendung" identisch (= Inkarnation), sondern bezieht sich auf den Tod Jesu; mit *K. Wengst,* Christologische Formeln und Lieder des Urchristentums, StNT 7, ²1973, 58–60, gegen *W. Kramer* aaO (Anm. 21) 112–120.

[32] Vgl. *E. Huntress,* „Son of God" in Jewish Writings Prior to the Christian Era, JBL 54, 1935, 117–123. 4Qflor 1,10–12 erscheint „Sohn" nur im Zitat von 2Sam 7,14, nicht in der Auslegung (soweit erhalten). Auch der bisher nur bei *J. A. Fitzmyer* (The Contribution of Qumran Aramaic to the Study of the New Testament, NTS 20, 1973/74, 382–407) zugängliche Text 4Q243 zeigt, wie immer er zu verstehen ist, keinen solchen messianischen Gebrauch: „These titles are not applied to anyone who is called a messiah or anointed one" (*Fitzmyer* 393, vgl. 391, Anm. 2 gegen A. D. Nock).

[33] Vgl. *H. Conzelmann,* Was glaubte die frühe Christenheit? (1955), jetzt in *ders.,* Theologie als Schriftauslegung 106–119; *W. Kramer* aaO (Anm. 21) 15–40.

[34] Vgl. *F. Hesse, M. de Jonge, A. S. van der Woude,* ThW IX 485–518.

[35] Vgl. *H. H. Schmid,* Gerechtigkeit als Weltordnung, BHTh 40, 1968, 23.83–89; *U. Luck,* Gerechtigkeit in der Welt – Gerechtigkeit Gottes, WuD NF 12, 1973, (71 bis 89) 75f.

Israel zu einer Neubesinnung darauf, wie sich die Gerechtigkeit Gottes durchsetzen kann, und eine der hier ausgearbeiteten Möglichkeiten liegt in der Messiaserwartung.

Sowohl bei „Sohn Gottes" als auch bei χριστός läßt sich also bereits in der Traditionsgeschichte die Verknüpfung mit dem Thema der Gerechtigkeit Gottes aufweisen. Von anderen nicht an Titel gebundenen christologischen Aussagen bei Paulus war Röm 3,24–26 bereits genannt worden; für diesen Zusammenhang ließen sich auch Opfer- und Stellvertretungsstellen reklamieren. Wenn Paulus in seiner Christologie so stark an die Tradition frühchristlicher Gemeinden gebunden ist, dann übernimmt er von ihnen also nicht nur, wie es im Gefolge der religionsgeschichtlichen Schule scheinen muß, eine hellenistische „Christusfrömmigkeit" oder mehr oder weniger disparate Vorstellungen, sondern die Frage nach der Gerechtigkeit als Horizont der Christologie. *Das Motiv der Christologie ist schon vor Paulus die Frage nach der Gerechtigkeit Gottes, des Menschen und der Welt.*

Neu ist dann bei Paulus nicht die Verbindung der beiden Themen Christologie und Rechtfertigung, sondern die Ausarbeitung dieser Christologie auf die Alternative von Gesetz und Glaube hin[36]. Merkwürdigerweise wird ja in der vorpaulinischen Tradition etwa in Röm 3,24–26 nicht auf das Gesetz reflektiert, aus dessen Überlieferungshorizont doch hier die christologische Aussage gewonnen ist. Offen bleibt auch die Bestimmung κατὰ τὰς γραφάς in der übernommenen Formel 1Kor15,3b–5.

Nun gehört aber auch das Wort „Glaube" in der jüdischen Tradition in denselben Umkreis des Themas von Gerechtigkeit, Gesetz usw. Das zeigen schon die beiden von Paulus mit Bedacht gewählten alttestamentlichen Stellen Hab 2,4: „Der Gerechte wird auf Grund seines Glaubens leben", und Gen 15,6: „Abraham glaubte Gott, und das rechnete er ihm als Gerechtigkeit an." Beide Stellen, die Paulus für seine These der Gerechtigkeit allein aus Glauben, ohne das Gesetz reklamiert, wurden in der jüdischen Tradition so interpretiert, daß das Gesetz als Orientierungspunkt des Glaubens genannt wurde. Das zeigt für Hab 2,4 die Auslegung durch die Qumransekte in 1QpHab 8,1–3[37], für Gen 15,6 eigentlich die ganze jüdische Abrahamauslegung[38], sofern sie sich nicht nach außen wendet, um dem Heidentum die eigene Überlieferung vorzustel-

---

[36] Die folgenden Thesen sind breiter ausgeführt in meinem Buch: Glaube im frühen Christentum, 1976.

[37] Vgl. G. *Jeremias*, Der Lehrer der Gerechtigkeit, StUNT 2, 1963, 142–145.

[38] Etwa Sir 44,19–21, ApkBar(syr) 57,2 u. a.

len. Dort nämlich war es im höchsten Grade mißverständlich, sich auf eine Position „Glaube" festzulegen, da im Gefolge der antiken philosophischen Tradition πίστις als eine der Erkenntnis unterlegene, zudem nur auf die sichtbare Welt bezogene Weise der Annäherung an die Wahrheit erscheinen mußte.

Im innerjüdischen Bereich hingegen hing viel daran, die Abrahamgestalt und insbesondere die Zusagen von Gen 15 als Grundlage der eigenen Theologie ausweisen zu können, war doch Abraham der Vater Israels. In den innerjüdischen Bereich gehört aber auch das Stichwort des „Glaubens" selbst, und auch an dieser Stelle ist noch einmal einer These der religionsgeschichtlichen Schule zu widersprechen, die „Glauben" als ein Schlagwort Propaganda treibender hellenistischer Religionen nachweisen wollte[39]. Diese These, die erstaunlich breite Nachwirkungen gehabt hat, beruht auf einer Verallgemeinerung christlicher Phänomene und Sprache und wird gerade dem Sprachgebrauch von πίστις/πιστεύειν nicht gerecht.

Im internen jüdischen Sprachgebrauch hingegen bezeichnet „Glaube" das dem Gesetz entsprechende Verhalten, und das Wort allein reicht hier, den ganzen Zusammenhang von Gerechtigkeit, Gesetz usw zu assoziieren[40]. Daher ist klar, daß die eigentliche Alternative bei Paulus nicht lauten kann: Gesetz – Glaube, sondern daß die jeweilige Orientierung des Glaubens die Differenz ausmacht: gegenüber einem vom Gesetz bestimmten Glauben ein Glaube, der seinen neuen Bezugspunkt in dem mit χριστός bezeichneten Geschehen hat. Χριστός steht dabei, wie wir sahen, als Kurzform für das ganze Geschehen von Tod und Auferweckung Jesu, und dieser Titel gehört bei Paulus eng zu πίστις und πιστεύειν[41].

Damit tritt nun aber nicht ein neues zweites Objekt zum Glauben, gegenüber jüdischem Glauben an Gott ein christlicher Glaube an Gott *und* Jesus[42], sondern das logische Glaubensobjekt ist im Passiv der Auferweckungsaussage verborgen: Glaube an den, der unseren Herrn Jesus von den Toten auferweckt hat (Röm 4,24). Durch diese neue Orientierung des Glaubens an der Christologie ist der Glaube frei geworden vom Gesetz.

---

[39] Vgl. *D. Lührmann*, Pistis im Judentum, ZNW 64, 1973, 19–38, hier 21–23.

[40] Vgl. etwa Sir 35,24–36,3 LXX.

[41] Vgl. *W. Kramer* aaO (Anm. 21) 41–44.

[42] So *W. Bousset* aaO (Anm. 3) 149: „Das Glaubensobjekt hat sich also dem Apostel in einer eigentümlichen Weise verdoppelt."

Was aber heißt „Glaube"? H. Wildberger, der in verschiedenen Arbeiten den alttestamentlichen Sprachgebrauch, und der ist ja über die Septuaginta Voraussetzung des neutestamentlichen, untersucht hat, sieht als Haftpunkt des Redens vom Glauben das Heilsorakel, auf das er eine große Zahl von Stellen, insbesondere so wichtige wie Jes 7,9, Gen 15,6 und Hab 2,4 zurückführen will. Glauben bedeute hier: „Zuversicht gewinnen, Vertrauen bewahren o.ä., und zwar angesichts einer höchst bedrohlichen Situation, die scheinbar nur Raum zum Verzagen frei läßt."[43]

Man kann nun Wildbergers Thesen durch zwei Überlegungen weiterführen. Einmal ist diese Form des Heilsorakels zwar religionsgeschichtlich im alten Orient breit zu belegen, doch auffälligerweise ohne daß in verwandten Sprachen ein dem hebräischen Stamm 'mn entsprechendes Wort begegnet. Das besagt für sich freilich noch nicht viel, da auch im Alten Testament hier andere Stämme begegnen. Zum andern ist aber der Tatbestand zu berücksichtigen, daß das Reden vom Glauben erst sehr spät einsetzt – die ersten relativ sicher anzusetzenden Belege finden sich bei Jesaja[44] – und sich ein kultischer „Sitz im Leben" gerade nicht mit Sicherheit ausmachen läßt, sondern nur die Verwendung einer ehemals kultischen Form, des Heilsorakels[45].

Es war die Funktion des Heilsorakels, im Kultus die Vermittlung zu schaffen zwischen dem, was das Bekenntnis über Gott als den Schöpfer Himmels und der Erden sagte, und einer Erfahrung, die diesem Bekenntnis zu widersprechen schien. Wenn nun der Kultus als Vermittlungsinstanz ausschied, nachdem der Tempel zerstört war, mußte diese Frage der Diskrepanz zwischen Bekenntnis und Erfahrung um so dringender werden, je negativer die Erfahrungen waren. Hier liegt ein treibendes Motiv der theologischen Arbeit in der exilischen und nachexilischen Zeit, und dies ist auch *die Frage, die unter dem Stichwort „Glaube" mehr und mehr in der jüdischen Tradition verhandelt wird: wie läßt sich das Bekenntnis zu Gott als dem Schöpfer dieser Welt zusammenbringen mit der Erfahrung dieser Welt, die diesem Bekenntnis zu widersprechen scheint?* Das Stichwort „Schöpfung" bezieht sich dabei

---

[43] „Glauben" im Alten Testament, ZThK 65, 1968, (129–159) 157; *ders.*, Art. 'mn, THAT 1, 1971, 177–209.

[44] Daher will *R. Smend*, Zur Geschichte von *h'mjn*, in: Hebräische Wortforschung. Festschr. W. Baumgartner, VT.S 16, Leiden 1967, 284–290, diesen Sprachgebrauch auf Jesaja selbst zurückführen.

[45] Vgl. dazu *J. Begrich*, Das priesterliche Heilsorakel, 1934, jetzt in: *ders.*, Gesammelte Studien zum Alten Testament, ThB 21, 1964, 217–231.

nicht nur auf jenen Komplex, der im 19. Jh in der Auseinandersetzung
mit der Naturwissenschaft verhandelt worden ist, sondern greift darüber
hinaus auf die Fragen nach der Gerechtigkeit Gottes, des Menschen und
der Welt.

Als Vermittlungsinstanz zwischen Bekenntnis und Erfahrung trat
mehr und mehr das Gesetz in den Vordergrund. Die Tora des Mose war
ja nicht allein Sittengesetz, das ethische Normen für Israel enthielt, sondern zugleich auch, beginnend mit der Schöpfung in Gen 1f, Dokument
der Ordnung der Welt, verläßliche Auskunft über die Zusammenhänge
dieser Welt[46]. Gerade deshalb konnte das Judentum mit diesem Gesetz
in der Mission anziehend wirken für solche, die Sicherung ihrer Erfahrungen suchten. Man wird deshalb die paulinische Ablehnung des Gesetzes als Heilsweg noch radikaler deuten müssen, als es mit den üblichen
Begriffen wie „Leistungsdenken" usw möglich ist. Hinter der Berufung
auf das Gesetz steht mehr, als eine Interpretation des νόμος durch καύχησις sichtbar machen kann, vor allem daß ein hohes Maß gerade von
Anfechtung durch die Diskrepanz zwischen Bekenntnis und Erfahrung
verarbeitet ist. Es geht hier auch nicht um eine bloß theoretische Frage,
die den theologischen Intellekt zur Bewältigung herausfordert, sondern
um eine Frage, die die ganze Existenz betrifft, weshalb Glaube auch die
Bedeutung des Durchhaltens des Bekenntnisses angesichts von Bedrohungen hat[47].

In den verschiedenen jüdischen Überlieferungszweigen wird nun versucht, in unterschiedlicher Weise diese Frage des Glaubens vom Gesetz
her zu beantworten. Paulus dagegen bestreitet, daß das Gesetz überhaupt
die Vermittlungsfunktion übernehmen könne, und legt die Vermittlung
allein in den neuen Orientierungspunkt für den Glauben: die Neufor-
mulierung des Bekenntnisses von der Christologie her. In diesem Sinne
ist nun in der Tat seine Fassung der Rechtfertigung Interpretation der
Christologie. Wie aber kommt er dazu, aus dieser Christologie diese Fassung abzuleiten? In anderen Schichten frühchristlicher Theologie werden
ja aus derselben Traditionsgrundlage oder jedenfalls aus denselben Daten, auf die sich diese Tradition bezieht, andere Folgerungen gezogen.

Paulus behauptet einerseits, daß das Gesetz die Sünde und den Tod als
die Extremerfahrungen jener Diskrepanz, in der der Glaube angesiedelt
ist, erst selbst hervorruft und sie nicht in das Bekenntnis hinein vermit-

---

[46] Vgl. *M. Limbeck*, Die Ordnung des Heils. Untersuchungen zum Gesetzesverständnis des Frühjudentums, 1971.

[47] Vgl. 4Makk 16,21–23.

teln kann[48]. Auf der anderen Seite radikalisiert er die Christologie auf das Kreuz hin als eine Extremerfahrung des Leidens, die nicht vom Gesetz legitimiert, sondern gerade unter den Fluch gestellt ist (Dtn 21,23 in Gal 3,13)[49]. Woran ihm liegt, ist die Aufhebung der Extremerfahrungen nicht nur des Leidens, sondern auch der Sünde und des Todes in das Bekenntnis hinein; sie werden nicht mehr überspielt, wie es seiner Meinung nach im Gesetz der Fall ist. Hier hängen Anthropologie und Christologie auf das engste zusammen.

Die Rechtfertigungsbotschaft des Paulus ist also in der Tat Interpretation und Konsequenz seiner Christologie. Dieser Satz ist freilich zu präzisieren einmal dahin, daß die Frage der Rechtfertigung ein wesentliches Motiv schon der von Paulus aufgenommenen Christologie ist, zum anderen dahin, daß Paulus mit seiner These der Rechtfertigung allein aus Glauben den Glauben von seiner Orientierung am Gesetz löst und die Christologie zum Schlüssel für das Bekenntnis wie die Erfahrung macht.

---

[48] Vgl. Röm 5–7.
[49] Vgl. dazu *H.-W. Kuhn*, Jesus als Gekreuzigter in der frühchristlichen Verkündigung bis zur Mitte des 2. Jahrhunderts, ZThK 72, 1975, (1–46) 33–36.

RECHTFERTIGUNG BEI DEN PAULUSSCHÜLERN[1]

ULRICH LUZ

I.

Im Hintergrund dieses Aufsatzes steht die Frage nach der Bedeutung der Wirkungsgeschichte für das Verstehen und die Bewertung biblischer Texte[2]. Zu Unrecht wurde diese Frage bis heute weithin aus der Exegese ausgeklammert. Man gab und gibt sich der Illusion hin, als könne unsere Begegnung mit neutestamentlichen Texten unabhängig von der Tatsache, daß diese Texte während Jahrhunderten unsere Geschichte geprägt haben, erfolgen. Daß die Kirche unentwegt nach dem Sinn ihrer grundlegenden Texte und nur wenig nach ihren Wirkungen gefragt hat, ist eine Feststellung, die man heute etwa von marxistischer Seite als Vorwurf oft hört und der die Kirche mit der Berufung auf den spezifischen Inhalt ihrer Texte nur teilweise begegnen kann.

Die Wirkungsgeschichte der paulinischen Rechtfertigungslehre ist im ganzen dadurch zu kennzeichnen, daß immer nur in Krisensituationen der Kirche die Rechtfertigung zu dem geworden ist, was sie wohl bei Paulus war: wichtigster Ausdruck der Kreuzestheologie und damit kritische Mitte der Theologie überhaupt. Im Normalfall blieb sie entweder fleißig repetiertes, aber letztlich nicht bestimmendes Grundrequisit

---

[1] Neben einem herzlichen Dank an den Jubilar für alles, was ich aus seinen Veröffentlichungen gelernt habe, gilt ein solcher auch meinen Göttinger Studenten in drei Rechtfertigungsseminaren, die unentwegt und auch in Durststrecken unverdrossen bei der Sache blieben.

[2] Es sei mir erlaubt, hier einige programmatische und von der Exegese noch nicht eingelöste Sätze D. *Sölles* zu zitieren, um die Richtung anzudeuten, in der gedacht werden muß: „Die Hermeneutik des Wesens bleibt so lange ungeschichtlich . . ., wie sie nicht eine Hermeneutik der Folgen . . . einschließt und die Wirkungsgeschichte theologisch reflektiert. Es genügt nicht, zu fragen, was Gehorsam ‚eigentlich‘ sei; wir müssen wissen, was aus Gehorsam geworden ist, um zu erkennen, was aus ihm werden kann“ (Phantasie und Gehorsam, 1968, 15f, vgl. *dies.*, Politische Theologie, 1971, 23ff).

kirchlichen Repertoires, oder sie wurde überhaupt verdrängt. Was bedeutet dieser Befund für die Wahrheit der Rechtfertigungslehre? Ist sie eine extrem situationsgebundene Theologie einer Krise, die nur in analogen Situationen erneut Bedeutung gewinnen kann? Ist sie für eine kirchliche Normalsituation bedeutungslos, auch wenn sie gepflegt wird? Oder ist sie sogar gefährlich, insofern sie eben jener kirchlichen Tendenz, unter Berufung auf das Wort Gottes von seinen Wirkungen abzusehen, Vorschub leistet? Schon der Jakobusbrief hat entsprechende Gefahren im Gefolge des Paulus gesehen und auf seine Weise angeprangert.

Der Neutestamentler stellt fest, daß die „normale" Wirkungsgeschichte der Rechtfertigungslehre unmittelbar nach Paulus schon beginnt[3]. In zahlreichen der von Paulus mitgeprägten nachapostolischen Schriften taucht sie überhaupt nicht auf. Hier sind zu nennen: der Kolosserbrief, der zweite Thessalonicherbrief, vermutlich auch der erste Petrusbrief, Papias und Justin[4]. In der Hinterlassenschaft paulinischer Gnostiker spielt, soweit ich sehen kann, die Rechtfertigungslehre des „Apostels der Auferstehung"[5] überhaupt keine Rolle, ganz anders als bei Marcion. Einige paulinisierende Schriften zeigen Kenntnis der Rechtfertigungslehre, aber in verhältnismäßig peripherer Weise. Hierzu gehören der Epheserbrief und die Pastoralen; hierzu gehört vor allem Lukas, für den offenbar die Rechtfertigungslehre das wichtigste Kennzeichen paulinischer Theologie war, so daß er mit ihr seine antiochenische Paulusrede schmückte (Apg 13,38f)[6]. Hierzu gehört aber auch der 1. Clemensbrief:

---

[3] Allgemeine Literatur zur Wirkungsgeschichte des Pls in nachpln Zeit: *E. Aleith*, Das Paulusverständnis in der alten Kirche, BZNW 18, 1937; *C. K. Barrett*, Pauline Controversies in the Post Pauline Period, NTS 20, 1973/74, 229ff; *W. Bauer*, Rechtgläubigkeit und Ketzerei im ältesten Christentum, BHTh 10, ²1964, 215ff; *H. v. Campenhausen*, Die Entstehung der christlichen Bibel, BHTh 39, 1968, 207ff; *W. Schneemelcher*, Paulus in der griechischen Kirche des zweiten Jahrhunderts, ZKG 75, 1964, 1ff; *J. Wagenmann*, Die Stellung des Apostels Paulus neben den Zwölf in den ersten zwei Jahrhunderten, BZNW 3, 1926; *H. F. Weiss*, Paulus und die Häretiker. Zum Paulusverständnis in der Gnosis, in: Christentum und Gnosis, hg. v. *W. Eltester*, BZNW 37, 1969, 116ff.

[4] Papias und Justin kennen Pls (*Campenhausen*, Bibel 208). Justin wurde überdies in Ephesus Christ!

[5] Cl Al, Exc Theod 23,2.

[6] Bei Lk vertritt eigentlich Jesus mehr als Pls eine Rechtfertigungstheologie: Lk 10, 29; 16,15; 18,9.14; 20,20. An fast allen Stellen, wo kein Jesuswort vorliegt, muß mit lk Redaktion gerechnet werden. Will Lk mit Hilfe der Rechtfertigungsterminologie die Kontinuität zwischen Jesus und der Verkündigung der pln Kirche betonen?

der Römerbrief ist hier bekannt; so wundert es nicht, daß auch die Antithese zwischen Glauben und Werken vorkommt (32,3f). Daneben ist aber der Glaube selbstverständlich eine Tugend (10,1ff, bes. 7), und kaum eine Seite vor unserm Abschnitt über die Rechtfertigung steht zu lesen, daß wir durch Werke und nicht durch Worte gerechtfertigt werden (30,3). Ein ähnliches Bild bietet Polykarp: Eine deutliche Reminiszenz an Eph 2,8f (= 1,3) hindert ihn nicht daran, die Gerechtigkeit als eine Tugend zu verstehen (3,1ff). Das Gesamtbild ist also eindrücklich genug: Bis hin zu Marcion hat die paulinische Rechtfertigungslehre in keinem paulinischen Traditionsstrom eine wesentliche Rolle gespielt. Die Feststellung, daß sie ausgerechnet bei Lukas das relativ größte Eigengewicht behält, ist signifikant genug.

Betrachten wir zunächst einmal die theoretisch möglichen Gründe für das Zurücktreten der paulinischen Rechtfertigungslehre. Wir beginnen dabei mit denjenigen Gründen, die in der paulinischen Rechtfertigungslehre selbst liegen und gehen dann zu denen über, die in der veränderten Situation der Rezipienten liegen.

1. Die Rechtfertigungslehre ist nicht sehr wirkungsvoll gewesen, weil sie von vornherein nicht die Mitte, sondern eine polemische Zuspitzung der paulinischen Theologie bedeutete. Diese alte, neuerdings von U. Wilckens wieder modifiziert erneuerte These der religionsgeschichtlichen Schule[7] eignet sich allerdings m. E. wenig, um das Zurücktreten der Rechtfertigungslehre in nachpaulinischer Zeit zu erklären[8]. Sie wird im vorliegenden Versuch nicht weiter verfolgt.

2. Die Rechtfertigungslehre ist zu kompliziert und stellt zu hohe intellektuelle Anforderungen, um wirklich sich durchsetzen zu können. Daß die Paulusbriefe auch für führende Kirchenmänner nur schwer verständlich waren, ist verschiedentlich bezeugt[9].

3. Die Rechtfertigungslehre des Paulus ist insofern situationsbedingt, als ihr Grundelement, nämlich die Antithese zwischen Gesetzeswerken und Glauben, eng mit der Biographie des Paulus, seinem Kampf gegen die hellenistischen Christengemeinden im Namen des Gesetzes und seiner Wende vor Damaskus zusammenhängt. Sie kann so von der Person des Paulus nicht gelöst werden. Diese These gerät aber in Konflikt mit

---

[7] *U. Wilckens*, Was heißt bei Paulus: ,Aus Werken des Gesetzes wird kein Mensch gerecht'? in: *ders.*, Rechtfertigung als Freiheit, 1974, 85f; *ders.*, Über Abfassungszweck und Aufbau des Römerbriefs, ebd bes. 143ff.

[8] Lk hielt offenbar die pln Rechtfertigungslehre für so charakteristisch, daß er gerade sie für das pln Kolorit in Apg 13 brauchte. Die Pastoralbriefe mögen Exempel dafür sein, wie *alle* Themen pln Theologie, abgesehen von der Paränese, gleichmäßig zurücktreten. Endlich wäre mindestens dort, wo die Paulusbriefe bekannt sind, zu erwarten, daß die in den Briefen dominierende Rechtfertigungslehre in den Vordergrund tritt, also etwa bei 1Clem und Polyk.

[9] 2Petr 3,16; Polyk 3,2. Auch für die Pastoralen gilt wohl das Urteil, daß pln Theologie nicht ganz verstanden wurde.

Paulus selbst, der für die ihm allein widerfahrene Damaskuserfahrung und ihre theologischen Konsequenzen den Anspruch höchster Verbindlichkeit stellt.

4. Die Rechtfertigungslehre hat als antijüdische Zuspitzung paulinischer Theologie ihre spezifische Aktualität nur dort, wo ein jüdischer Partner vorhanden ist. Diese These – auf ähnlichen Voraussetzungen wie die erste beruhend – vernachlässigt die paulinischen Ansätze zur Vergrundsätzlichung des mit den Stichworten νόμος, ἔργον, ἰδία δικαιοσύνη, καύχησις etc. Gemeinten über die jüdische Religiosität hinaus.

5. Die Rechtfertigungslehre ist weltanschaulich an jüdische, insbesondere apokalyptische Voraussetzungen gebunden. Ihr Schicksal in nachpaulinischer Zeit zeigt, daß die Möglichkeit ihrer Übersetzung in neue, weltanschaulich anders geprägte Terminologie nicht ohne weiteres gegeben ist[10].

6. Mit dieser These eng verbunden ist die andere, daß die Wahrheit der paulinischen Rechtfertigungslehre mit der Botschaft von der Nähe, ja vom geschehenden Anbruch des Eschatons, dessen Wirkung und Vorwegnahme die Rechtfertigung der Menschen und ihr neues Leben ist, so untrennbar verbunden ist, daß sie sich nicht über mehrere Dezennien, geschweige denn über zwei Jahrtausende weiterverkünden läßt[11].

7. Schließlich ist zu fragen, ob die paulinische Rechtfertigungslehre ganz einfach den Bedürfnissen einer spätern Generation nicht mehr entsprach. Dabei entsteht allerdings eine Schwierigkeit: das einzige heute noch mögliche Kriterium, die Bedürfnisse einer vergangenen Zeitepoche festzustellen, scheint die Untersuchung des Erfolgs oder Mißerfolgs einer religiösen Verkündigung zu sein. Damit ist der Befund, der selbst erklärt werden soll, fast der einzige Beleg zu seiner Erklärung. Und: Hat eigentlich Paulus selbst wegen oder trotz seiner Rechtfertigungslehre Erfolg gehabt?

Im folgenden sollen zwei ausgewählte Kapitel aus der nachpaulinischen Wirkungsgeschichte der Rechtfertigungslehre, nämlich ihre Rolle im Epheser- und in den Pastoralbriefen näher dargestellt werden. Das Ziel bleibt dabei, einige Argumente zu den oben skizzierten Spielthesen und für eine Hermeneutik der Wirkungsgeschichte überhaupt zu sammeln.

---

[10] *G. Klein*, Gottes Gerechtigkeit als Thema der Paulus-Forschung, in: *ders.*, Rekonstruktion und Interpretation. Ges. Aufs., BEvTh 50, 1969, 234 fragt angesichts der vor allem im Gefolge E. Käsemanns betonten Bindung der pln Rechtfertigungslehre an apokalyptische Kategorien, ob damit „Gottes Offenbarung zur Funktion der Geistesgeschichte absinke...".

[11] Damit ist m. E. das entscheidende Problem markiert, das uns die den Aspekt der Macht Gottes mit einschließende Interpretation der pln Rechtfertigungslehre durch den Jubilar stellt. In einer anthropologisch ausgerichteten Interpretation ist ihr dieser Stachel von vornherein genommen, was wiederum zur Frage führt, wieweit eine solche Interpretation das eschatologische Problem durch ihre systematischen Prämissen beseitigt.

II.

Im Epheserbrief konzentriert sich der Einfluß der paulinischen Rechtfertigungslehre auf eine einzige Stelle, nämlich 2,5.8–10. Die Belege von Wörtern des Stammes δικαιο- zeigen ein rein ethisches Verständnis (5,9; 6,1.14). An dieser einzigen Belegstelle wirken die Rechtfertigungsaussagen überdies merkwürdig eingesprengt in eine ausführliche Gegenüberstellung der Existenz der Christen einst und jetzt[12]. Diese Gegenüberstellung führt der Verfasser in einem komplizierten, syntaktisch und inhaltlich an Kol 2,13 angelehnten Satz durch, der die Grundstruktur von Eph 2,1–7 prägt. Da die These, daß der Verfasser an unserer Stelle von Kol 2,13 entscheidend geprägt ist, und die andere, daß er in unserm Text, mindestens aber in V. 4–7 ein christliches Lied oder ein liturgisches Stück zitiert, sich, wie G. Schille zu Recht gesehen hat, ausschließen[13], wird auf die zuletzt genannte These hier verzichtet[14]. Für die Formulierung des Abschnittes 2,1–10 ist also der Verfasser des Eph im ganzen selbst verantwortlich; er bedient sich dabei in freier Weise liturgischer Sprache. Zu fragen ist, woher die Kol 2,13 weit überbietenden, ausladenden Erweiterungen in Eph 2,1–10 stammen und wodurch sie motiviert sind.

Zunächst ist hier wieder auf den Einfluß des Kol zu verweisen: Kol 3,7 wirkt auf 2,2; Kol 2,12f auf V. 5f; V. 10 lenkt wiederum zu V. 2 und damit zu Kol 3,6 zurück. An zweiter Stelle ist auf Eph 1,20f hinzuweisen: 2,6f ist eine offenbar bewußt konstruierte Applikation des Kerygmas von 1,20f auf die Gläubigen[15]. Für die Interpretationsschwierigkeiten der Stelle, insbesondere für das schwierige ἐν τοῖς αἰῶσιν τοῖς

---

[12] Von einem direkten Einfluß eines Formschemas Einst–Jetzt kann an unserer Stelle nicht gesprochen werden; die Konstruktion ist durch Kol 2,13 bestimmt (eine Stelle, die unter das Schema nicht subsumiert werden darf, gegen *P. Tachau*, ‚Einst‘ und ‚Jetzt‘ im Neuen Testament, FRLANT 105, 1972, 84f); das Motivwort ποτε stammt mit seinem Kontext aus Kol 3,6. Unser Abschnitt ist also eine rein literarische Abwandlung eines alten Formschemas.

[13] *G. Schille*, Frühchristliche Hymnen, 1962, 55f. Schille selbst nimmt 53ff ein Initiationslied an.

[14] Die Gegenargumente hat überzeugend *A. Lindemann*, Die Aufhebung der Zeit, SNT 12, 1975, 116f zusammengestellt. Zuzufügen ist der Hinweis, daß V. 4–7 von Vorzugsvokabular des Eph durchsetzt ist: ἀγάπη, ἀγαπάω (von Gott oder Christus 3,19; 5,2.25), παράπτωμα, χάρις, ἐν τοῖς ἐπουρανίοις, ἐν Χριστῷ (᾽Ιησοῦ), πλοῦτος ὑπερβάλλων.

[15] Vgl. *J. T. Sanders*, Hymnic Elements in Eph 1–3, ZNW 56, 1965, 219 und *J. Gnilka*, Der Epheserbrief, HThK X/2, 1971, 112.

ἐπερχομένοις in 2,7 verdient dieser Hinweis Beachtung und ergibt ein eindeutiges Indiz für die zeitliche und gegen die personale Deutung des Ausdrucks[16].

Ist dies in der bisherigen Forschung häufig vermerkt, so fehlt ein Hinweis auf die enge Verwandtschaft unseres Textes im ganzen mit dem Tauftext Tit 3,3–7 fast völlig[17]. Dabei zeichnen sich beide Texte durch eine überraschend große Zahl von gemeinsamen Vokabeln aus. Sie werden hier in der Reihenfolge des Eph aufgelistet:

V. 2 υἱοὶ τῆς ἀπειθείας	– Tit 3,3 ἀπειθεῖς
V. 3 καὶ ἡμεῖς … ποτε	– Tit 3,3 ποτε καὶ ἡμεῖς
V. 3 ἐν ταῖς ἐπιθυμίαις	– Tit 3,3 δουλεύοντες ἐπιθυμίαις
V. 4 πλούσιος	– Tit 3,6 πλουσίως
V. 4 ἐν ἐλέει	– Tit 3,5 κατὰ … ἔλεος
V. 5 χάριτι (cf. V. 8)	– Tit 3,7 χάριτι
V. 5 σεσῳσμένοι (cf. V. 8)	– Tit 3,5 ἔσωσεν
V. 7 ἐν χρηστότητι	– Tit 3,4 χρηστότης
V. 8 οὐκ ἐξ ἔργων	– Tit 3,5 οὐκ ἐξ ἔργων

Dazu kommen motivliche Verwandtschaften: der Anklang an das Schema Einst – Jetzt in beiden Texten, der in Tit 3,3–7 explizit ausgesprochene, in Eph 2,1–10 im Hintergrund stehende Bezug auf die Taufe. Auffällig ist auch, daß sich Berührungen gerade zu den Textabschnitten von Eph 2,1–10, die vom Kol bzw. von Eph 1,20f bestimmt sind, nicht finden. Die Berührungen sind einerseits so locker und die einzelnen Vokabeln stehen so oft in anderer Reihenfolge in den Texten, daß die These, daß der Autor des Eph für die Formulierung des Abschnittes selbst verantwortlich ist, nicht in Frage gestellt werden kann. Andererseits sind sie so zahlreich, daß eine beide Verfasser beeinflussende liturgische (Tauf-)Tradition angenommen werden muß.

Diese läßt sich in ähnlicher Form auch an andern Stellen nachweisen. Am ergiebigsten ist der allerdings in seiner Entstehungsgeschichte komplizierte und in seiner heutigen Textgestalt das NT voraussetzende gnostische Text der Exegese der Seele (NHC II/6)[18]. Hier finden sich S. 134f folgende Berührungen mit unsern Texten: πνεῦμα (134,1 vgl. Tit 3,5); lebendigmachen (134,1 vgl. Eph 2,5); Wiedergeburt (134,7.29 vgl. Tit 3,5); Auferstehung (134,12 vgl. Eph 2,6); Himmelfahrt (134,14 vgl. Eph 2,6); retten (134,27f vgl. Eph 2,8f; Tit 3,5); Antithese Werke-Gnade (134,30ff vgl. Eph 2,8f; Tit 3,5); Geschenk Gottes (134,33 vgl. Eph 2,8); Heiland (134,35 vgl. Tit 3,6).

---

[16] Vgl. 1,21fin. Die seit *R. Reitzenstein*, Das iranische Erlösungsmysterium, 1921, 236 oft übernommene Deutung des Ausdrucks auf die herankommenden und den kosmischen Bau der Kirche bestaunenden Äonen ist auch philologisch unwahrscheinlich: Ενδείκνυμαι ἐν kann nicht heißen „jemandem bekanntgeben" (dann wäre mit bloßem Dativ ohne ἐν formuliert), sondern nur „eine Sache an jemandem erweisen", bzw. „eine Sache an jemandem wirksam werden lassen". Die Gnade wird aber nach V. 7 nicht an den Äonenmächten wirksam, sondern ἐφ' ἡμᾶς. Diese Gnade kann wohl in künftigen Zeiträumen bekannt gemacht werden, aber erwiesen hat sie sich schon als Gnade über uns.

[17] Vgl. nur *A. T. Hanson*, Studies in the Pastoral Epistles, London 1968, 85.

[18] Gnostische und hermetische Schriften aus Codex II und Codex VI, ADAI Kopt. Reihe 2, hg. v. *M. Krause* und *P. Labib*, 1971, 68ff. Zur Traditionsgeschichte gibt es noch keine ausführlichen Untersuchungen. Ich würde damit rechnen, daß ein von Anfang an christlich-gnostischer Entwurf durch Zitate erweitert wurde.

Die Berührungen verraten keinen direkten Einfluß unserer Stellen; natürlich können indirekte Einflüsse nicht ausgeschlossen werden. Vermutlich liegt eine gnostische Weiterentwicklung der unsern Texten zugrunde liegenden Tauftradition vor.

Darüber hinaus ist noch auf weitere Stellen zu verweisen: 2Clem 1,6–8 tauchen aus Eph 2 die Stichworte διάνοια, aoristisches σώζω, Tod, Erbarmen auf. Verwandte Aussagen finden sich auch 1Petr 1,3f. In Verbindung mit dem Stichwort χάρις tauchen Rechtfertigungsaussagen in der vorpln Tradition Röm 3,24ff auf. Die wohl in Anlehnung an traditionelle Taufsprache formulierte Stelle 1Kor 6,9–11 spricht von Rechtfertigung, Erbschaft (vgl. Tit 3,7), Geist und stellt gegenwärtige und vergangene Existenz des Christen, u. a. mit Hilfe eines Lasterkatalogs, einander gegenüber. Alles das spricht dafür, daß das Material, aus dem Eph 2,1–10 im ganzen gestaltet worden ist, aus traditioneller Taufsprache stammt.

Die Bedeutung dieser Beobachtungen für die Wirkungsgeschichte der paulinischen Rechtfertigungslehre in Eph 2,1ff ist erheblich: Das Thema Rechtfertigung ist nicht eine paulinische Glosse in einem anders von der Taufe handelnden Kontext, sondern es ist dem Verfasser von seinen Tauftraditionen her mit vorgegeben. Im Zusammenhang mit der Taufe war ja in den christlichen Gemeinden – bereits vor Paulus, von Rechtfertigung die Rede[19]. Der Verfasser nimmt das Thema zunächst im Horizont der Taufinterpretation seiner Gemeinde auf: Rechtfertigung ist ein Interpretament der Taufe.

Die Frage nach dem Verhältnis des Eph und seiner Rechtfertigungstheologie zu Paulus muß in doppelter Weise beantwortet werden:

1. Subjektiv war sich der Verfasser kaum einer Differenz zu Paulus bewußt. In V. 8f war das Thema Rechtfertigung durch die Tauftraditionen gestellt; paulinische Elemente sind mit eingeflossen: die Abwehr eigenen Rühmens und wohl auch die Antithese gegen die Werkgerechtigkeit. Daß der Verfasser in V. 8f nicht auf Paulus zurückgreift, etwa, um mit der Rechtfertigungstheologie gegen eine gnostisierende Tauftheologie zu polemisieren[20], ergibt sich aus einer Reihe von Beobachtun-

---

[19] Für eine vorpln Rechtfertigungslehre als Interpretation der Taufe sprechen: Röm 8,28–30; (vgl. *E. Käsemann*, An die Römer, HNT 8a, 1973, [³1974] 233f, [³235ff]); 1Kor 6,9–11 (vgl. *P. Stuhlmacher*, Gerechtigkeit Gottes bei Paulus, FRLANT 87, 1965, 186; *E. Lohse*, Taufe und Rechtfertigung bei Paulus. in: *ders.*, Die Einheit des Neuen Testaments, 1973, 241f). Der Sitz im Leben von Röm 3,24ff ist nach allgemeinem Konsens eher das Abendmahl (vgl. *E. Käsemann*, Zum Verständnis von Röm 3,24–26, in: *ders.*, EVB I 99f), obwohl vor allem im Blick auf die πάρεσις τῶν προγεγονότων ἁμαρτημάτων der Gedanke an die Taufe zu erwägen wäre.

[20] Vgl. *H. Conzelmann*, Der Brief an die Epheser, in: Die kleineren Briefe des Apostels Paulus, NTD 8, ⁹1962, 66. Vgl. dazu die kritischen Bemerkungen von *Lindemann*, aaO (s. Anm. 14) 136. Auch der abrupte Wechsel der Person – Anrede in V. 5c.8f –

gen: Es fehlen die entscheidenden paulinischen Stichworte διϰαιόω und διϰαιοσύνη θεοῦ, unpaulinisch sind die Stichworte σῴζω[21] und ἔργα ἀγαθά. Nicht zu vergessen ist auch, daß der Verfasser (nur!) den Kolosserbrief benützt und dies m. E. wohl kaum so exklusiv hätte tun können, wenn er ihn nicht selbstverständlich für einen echten Paulusbrief gehalten hätte. Er brauchte also keine paulinischen Korrekturen, denn er ging ja von Paulus aus. Gemeindeüberlieferung, Theologie des Kolosserbriefs und paulinische Schultradition flossen für ihn zusammen.

2. Blickt man nicht auf die Intention des Verfassers, sondern auf das Resultat, so wird das Urteil differenziert ausfallen müssen. Eine Reihe von Unterschieden fällt auf: An die Stelle der paulinischen Grundvokabeln διϰαιόω und διϰαιοσύνη θεοῦ treten σῴζω und χάρις[22]. Diese Umschichtung wird zunächst damit zu tun haben, daß im heidenchristlichen Raum, in dem der Eph zu Hause ist, die paulinischen Vokabeln fremd waren. Aber ist im neuen sprachlichen Gewand die paulinische Sache festgehalten? Perfektisches σῴζω und der Horizont der Taufinterpretation weisen darauf, daß sich der Akzent auf das geschehene, vergangene Heilsgeschehen verlagert hat. Dem entspricht, daß die ganze apokalyptische Zukunftserwartung im Eph weithin zurücktritt[23]. Zwar rechnet der Eph im allgemeinen nicht mit einer Aufhebung, sondern mit einer Erstreckung der Zeit[24]. Aber sie dient im wesentlichen nur dazu, die Bedeutung des vergangenen Heilsgeschehens in seiner ganzen Größe sichtbar zu machen. An die Stelle des Anbruchs der endzeitlichen Herrschaft Gottes, die den Menschen jetzt schon unter ihre Herrschaft stellt, tritt der immer weiter wachsende Heilsraum des Christus, der Kirche. So werden die Rechtfertigungsaussagen des Eph zum innerneutesta-

---

spricht nicht dafür, daß hier „eine Art ‚Zitat'" (*Lindemann*, aaO [s. Anm. 14] 133) eingeschoben wird; die direkte Anrede entspricht vielmehr V. 1 und 11ff.

[21] Rettung als in der Vergangenheit oder Gegenwart liegende Heilserfahrung: 1Petr 3,21 (Taufe); 2Tim 1,9 (Rechtfertigung!); Tit 3,5 (Rechtfertigung, Taufe); 2Clem 1,4.7 und pass.; Herm vis 3,3,5 (Taufe).

[22] Χάρις ist im Eph ein zentraler Begriff, anders als im Kol. In seiner Struktur entspricht er weithin dem pln διϰαιοσύνη θεοῦ. Χάρις ist Gottes eigene χάρις, deren Herrlichkeit gepriesen werden kann (1,6f, vgl. 2,7) und wahrt so den theozentrischen Aspekt von Gottes Liebe. Zugleich ist χάρις Gabe an den Menschen (δωρεά 3,7f; 4,7.29). Dem im Eph fehlenden Verb διϰαιόω entspricht χαριτόω (1,6).

[23] In der Paränese bleibt die Gerichtsvorstellung wichtig, wo apokalyptische Farben mindestens anklingen, vgl. bes. 4,30; 5,6; 6,13. Eine gewisse Diskrepanz in den eschatologischen Vorstellungen von Kap. 1–3 und Kap. 4–6 bleibt auffällig.

[24] Vgl. die Gegenthese in der Arbeit von *Lindemann*, aaO (s. Anm. 14) und oben Anm. 16.

mentlichen Testfall dafür, ob es gelingt, Rechtfertigungstheologie vom apokalyptischen Weltbild im allgemeinen und von der paulinischen Gestalt der Zukunfterwartung im besondern zu lösen.

Zunächst wird man dem Epheserbrief das Zeugnis eines guten theologischen Gespürs ausstellen müssen:

a) Die apokalyptische Dimension der paulinischen Rechtfertigungslehre hält fest, daß das Heil keineswegs ein privates, individuelles ist, sondern der ganzen Welt gilt. Der Eph dagegen denkt bei der Rettung durch göttliche Gnade ebenso wie bei der Auferstehung mit Christus an ein vergangenes Geschehen am Einzelnen, dessen Wirkung präsent bleibt und das sich in die Zukunft hinein zur vollen Manifestation des Reichtums der Gnade Gottes ausweitet. Die Rechtfertigungsaussagen dienen gerade nicht der Korrektur dieser präsentischen Eschatologie, sondern sie sind durch die auffällige und unpaulinische Formulierung ἐστε σεσῳσμένοι in sie voll integriert. Dennoch mißversteht der Eph das Heil nicht einfach individualistisch. Das entscheidende Korrektiv, das ihn zugleich von gnostisch-paulinischen Entwürfen, wie etwa dem des Rheginusbriefes, unterscheidet, ist seine Ekklesiologie: die „ekklesiologischen Dimensionen der Rechtfertigungslehre"[25] verhindern eine Reduktion der Gnadenlehre zu privatem Pneumatismus. Die Ekklesiologie hat also hier eine von Paulus her gesehen durchaus positiv zu bewertende Funktion, auch wenn der kosmologisch-geschichtliche und der ekklesiologische Universalismus bei Paulus bzw. bei seinem Schüler nicht miteinander zu verwechseln sind. Daß sie nicht einfach gefahrlos anstelle der apokalyptischen Dimension tritt und von der Rechtfertigungslehre einen entscheidenden Tribut fordert, wird uns noch deutlich werden.

b) Die apokalyptische Dimension der paulinischen Rechtfertigungslehre hält fest, daß das dem Menschen geschenkte Heil unüberbietbares Heil ist. In der Gabe der Glaubensgerechtigkeit ereignet sich die Macht der Gerechtigkeit Gottes für den Menschen. Im Eph tritt mit dem Zurücktreten der apokalyptischen Dimension eine neue in den Vordergrund, die demselben Anliegen dient: die prädestinatianische des vorzeitigen Handelns Gottes. Die Frage nach der weltanschaulichen Herkunft der Prädestinationsvorstellung, die uns wohl wiederum vor das Problem der Apokalyptik führen würde, soll hier nicht diskutiert werden. Wichtig ist für uns allein die Feststellung, daß anstelle der eschato-

---

[25] *F. Mußner,* Epheser 2 als ökumenisches Modell, in: Neues Testament und Kirche, Festschr. R. Schnackenburg, hg. v. *J. Gnilka,* 1974, 331. Zu Recht sieht er das ganze Kapitel Eph 2 als Einheit.

logischen Dimension des göttlichen Gnadenhandelns bei Paulus im Eph weithin die protologische tritt[26]: Gottes Handeln geht jedem menschlichen Handeln zuvor. So vermag der Epheserbrief das *sola* und zugleich das *tota gratia* zu wahren. In unserm Abschnitt ist der oft getadelte[27] Vers 10 dafür ein Indiz: Sein Skopus liegt darin, daß Gottes gnädiges Handeln allem zuvor ist, der menschlichen Existenz und den menschlichen Taten.

c) Die apokalyptische Dimension der paulinischen Rechtfertigungslehre in ihrer Spannung zwischen Vorausgabe der Gerechtigkeit Gottes und ihrer eschatologischen Manifestation öffnet den Raum für menschliches Handeln. Im Epheserbrief ist deutlich, daß die in Kap. 4–6 entfaltete Ethik nicht ein Appendix, sondern die Krönung der nach oben blickenden Gebetstheologie der Anfangskapitel sein will. In unserm Text macht V. 10, auf die ethisch orientierten Verse 1ff bewußt zurücklenkend, klar, daß die Ethik ein integraler Bestandteil der Existenz der in der Taufe Auferstandenen sein will. Ob die Verbindung zwischen Heilsereignis und Ethik dem Eph nicht nur intentionell, sondern auch theologisch-konzeptuell gelungen ist, mag man sich allerdings fragen. Mir scheint jedenfalls eine gewisse Spannung zwischen indikativischem und paränetischem Teil, die sich zB in je verschieden akzentuierten eschatologischen Vorstellungen hier und dort äußert[28], zu bleiben. Die Frage, ob es theologisch gelingt, die Paränese in eine Interpretation des Eph wirklich zu integrieren, ist m. E. das Grundproblem einer Interpretation dieses Briefes. An ihr entscheidet sich, ob das Zurücktreten der Eschatologie im Epheserbrief nicht *eo ipso* die Verankerung des Imperativs im Indikativ gefährdet.

Die eigentlichen Bedenken gegen die Rechtfertigungstheologie des Epheserbriefs tauchen aber m. E. an einem Punkt auf, der mit dem Zurücktreten des apokalyptischen Horizontes zunächst nichts direkt zu tun hat, wohl aber damit, daß Rechtfertigung zu einem Ausdruck der Begründung des christlichen Heilsstandes in der Taufe reduziert wird. Schon oft wurde das Zurücktreten des Gesetzes im Eph beobachtet. Zunächst spricht sich hier aus, daß der Brief an Heidenchristen gerichtet ist, denen das konkrete Gegenüber jüdischer Religion fehlt und deren

---

[26] Der Titel des Buches von *F. J. Steinmetz*, Protologische Heils-Zuversicht, FTS 2, 1969 trifft einen für Eph grundlegenden Sachverhalt.

[27] Vgl. *Stuhlmacher*, Gerechtigkeit, aaO (s. Anm. 19), 217; *K. M. Fischer*, Tendenz und Absicht des Epheserbriefs, FRLANT 111, 1973, 130.

[28] Vgl. o. Anm. 23.

Werke eben keine des Gesetzes waren[29]. Bei Paulus aber hat der Hinweis auf das Gesetz ja nicht nur religionsgeschichtliche Bedeutung, sondern markiert an einem entscheidenden Punkt exemplarisch die polemische Funktion der Rechtfertigungsbotschaft in der Auseinandersetzung um die rechte Bewertung des Menschen vor Gott. Im Epheserbrief ist zwar das *sola gratia* aufrechterhalten, aber seine polemische Funktion als Krisis aller menschlicher Selbstansprüche ist verkürzt und in den Antithesen der Verse 8f nur noch rudimentär sichtbar. Dem entspricht wiederum, daß die Taufe nicht mehr, wie auch noch im Kol, als ein Sterben und Begrabenwerden mit Christus interpretiert wird; der Gedanke in Eph 2,1ff ist allein der, daß man aus dem Tod ins Leben schreitet. Die polemische Funktion der Rechtfertigungslehre, die kritisch gegen jede Form menschlicher Selbstverabsolutierung sich wendet, tritt zurück. Das ist um so gravierender, als sich im Zentrum des Epheserbriefes der Gedanke der Kirche, die Irdisches und Himmlisches zu einem kosmischen Menschen vereint und damit die irdische Kirche eher ins Licht des Vollendeten als das des Gekreuzigten stellt, entfaltet. Gerade dieser Kirchengedanke hätte einer kritischen Infragestellung durch die Rechtfertigungsbotschaft wohl bedurft[30]. Wenn der Verfasser aber die paulinische Rechtfertigungsbotschaft primär als Taufrechtfertigung und nicht im Lichte der paulinischen Kreuzestheologie versteht, kann er wohl klarmachen, daß die Versetzung des Menschen in den Leib Christi ein unverdienter Akt göttlicher Gnade ist, aber er kann nicht mehr dieses menschlich-göttliche σῶμα Χριστοῦ einer theologischen Kritik unterziehen. Folgerichtig hat die Rechtfertigungslehre im Epheserbrief keine dominierende Stellung mehr; sie wird zum Teilaspekt der dominierenden Christus-Ekklesiologie[31].

---

[29] Darum sagt V. 8 nur: οὐκ ἐξ ἔργων.

[30] Es genügt also nicht, mit *Mußner*, aaO (s. Anm. 25), 325ff den „evangelischen" Aspekt der Gnade und den „katholischen" Aspekt der Ekklesiologie nebeneinander zu stellen und Eph 2 so als eine Einladung zur Ökumene zu verstehen. Ökumene in Ehren – aber es kommt darauf an, woher sie bestimmt ist! Und hier zeigt wohl die Wirkungsgeschichte des Eph, daß die von ihm gebotene Möglichkeit einer Identifikation der menschlichen Kirche mit dem kosmischen Christus der von der Rechtfertigungsbotschaft her ermöglichten unendlichen Unterscheidung von menschlichem und göttlichem Werk nicht ohne weiteres beigesellt werden kann.

[31] *E. Käsemann*, Paulus und der Frühkatholizismus, in: *ders.*, EVB II 242 formuliert treffend, daß die Rechtfertigungs- und Kreuzestheologie des Paulus im Eph „durch den Lobpreis der von der Erde in den Himmel wachsenden Kirche ... paralysiert" werde.

III.

Blicken wir vom Epheserbrief hinüber auf die Pastoralen, so frappiert uns zunächst die bei allen theologischen Unterschieden große Übereinstimmung des Befundes für die Rechtfertigungslehre. Hier wie dort ist sie aus dem Zentrum der Theologie verschwunden. In den Pastoralbriefen sind es im wesentlichen nur zwei Stellen, wo man von einem Versuch der Aufnahme paulinischer Rechtfertigungslehre sprechen kann: Tit 3,3–7 und 2Tim 1,9–11. An den meisten andern Stellen ist von δίκαιος und δικαιοσύνη in rein ethischem Sinn die Rede[32]. Von den guten Werken kann der Verfasser ohne jede Hemmung sprechen. Der Stamm καυχα- fehlt vollständig. Vom Gesetz wird nur 1Tim 1,8f gesprochen; ein größeres Mißverständnis der paulinischen These von Röm 7,12.16 ist kaum denkbar. Die Frage drängt sich auf: Wie kann es geschehen, daß in Briefen, deren erklärtes Ziel es ist, das anvertraute Gut (παραθήκη) des paulinischen Evangeliums bis zum jüngsten Tag zu bewahren, vom Zentrum dieses Evangeliums so wenig die Rede ist? Wie kommt es, daß für die Lösung aller derjenigen konkreten Fragen christlicher Lebensgestaltung und kirchlicher Praxis, die den Verfasser beschäftigen, auf die Rechtfertigungslehre kaum Bezug genommen werden muß?

Zur Klärung dieser Fragen wenden wir uns den beiden genannten Rechtfertigungsstellen zu. Beide Male entdecken wir wie im Epheserbrief, daß der Horizont traditioneller Taufverkündigung die entscheidende Rolle spielt.

Wir beginnen mit einigen Bemerkungen zu Tit 3,3–7, da wir für diesen Text den Nachweis schon geführt haben. Πιστὸς ὁ λόγος (V. 8) weist auf traditionelle kerygmatische Formulierung. Aber ebensowenig wie in Eph 2 ist es möglich, ein geschlossenes traditionelles Stück zu rekonstruieren; der Verfasser formuliert die traditionelle Gegenüberstellung alter und neuer Existenz und die traditionellen Rechtfertigungs- und Taufaussagen selber[33]. Wiederum gehört die Rechtfertigung in den Horizont der Taufüberlieferungen und darf nicht als spezifisch paulinisches Element vom Rest des Textes isoliert werden. Sie steht unter dem Oberbegriff des göttlichen Rettens, der wie im Eph das Ganze der von Gott geschenkten Taufgnade umschreibt. Das Partizip δικαιω-

---

[32] Δικαιόω fehlt, abgesehen von Tit 3,7 und der christologischen Formel 1Tim 3,16, völlig.

[33] Sprachliche Diktion des Verfassers: ἀνόητος, ἀπειθής, πλανάομαι, ἐπιθυμίαι ... ποικίλαι, διάγω, ἐπιφαίνω, σωτήρ, ἔλεος, πνεῦμα ἅγιον, χάρις, ἐλπὶς ζωῆς αἰωνίου. Die Formulierung ist prosaisch und nicht rhythmisch gegliedert; daß nur die paulinisierenden „Interpretamente" prosaisch seien (*M. Dibelius – H. Conzelmann*, Die Pastoralbriefe, HNT 13, ³1955, 111), ist mir nicht einsichtig.

θέντες (V. 7) faßt zusammen, was in der Taufe geschehen ist: Wiedergeburt und Geistausgießung. Zu Paulus sind einige Unterschiede feststellbar: Die Antithese οὐκ ἐξ ἔργων τῶν ἐν διακαιοσύνῃ ἃ ἐποιήσαμεν (V. 4) scheint sich nicht auf einen Heilsweg zu beziehen, der eigenes menschliches Gelten anstelle göttlicher Gnade setzt. Δικαιοσύνη kann im Kontext des Briefes nicht auf die paulinische ἰδία δικαιοσύνη bezogen werden, sondern nur meinen, daß eigene *gerechte* Taten vor Gott nicht zählen[34]. Wenn diese Antithese neben dem Lasterkatalog von V. 3 überhaupt einen Sinn haben soll, dann wohl den, daß die von uns vollbrachten gerechten Taten gegenüber der Masse der Laster nicht aufkommen. Deshalb fehlt auch die Erwähnung des Glaubens: Glaube und Werke sind für den Verfasser keine Gegensätze. Die Antithese dient also nicht der Destruktion menschlicher Selbstverabsolutierung, sondern der Verstärkung des *sola gratia*. V. 7 deutet darauf hin, daß die Rechtfertigung zunächst als in der Vergangenheit liegender Rettungsakt Gottes betrachtet wird, dessen eschatologische Relevanz durch die Formulierung κληρονόμοι ... κατ᾽ ἐλπίδα ζωῆς leider keine Präzisierung erfährt. Zukunftshoffnung und der Gedanke, daß vom Heil etwas aussteht, sind in den Pastoralen, anders als im Eph, betont. Vom Ganzen der Briefe her fällt es aber schwer, in der Rechtfertigung einen Gottes letztes Gericht schon jetzt aussprechenden eschatologischen Vorgang zu sehen. Von Tit 2,11ff her, einer der wenigen originellen Formulierungen der Briefe, müßte man sagen: Auf der Basis der Sündenvergebung erzieht die Gnade in dieser Welt zu guten Werken. Also: Dem „geretteten" Christen ist die Gnade der διδασκαλία, der Lehre vom rechten Leben, geschenkt. Damit beschäftigen sich die Briefe ja ausgiebig, während die Rechtfertigung als grundlegende Basis zurückliegt. In der Terminologie späterer Dogmatik: Rechtfertigung und Heiligung fallen zeitlich auseinander, sind nicht mehr Vorder- und Kehrseite ein und desselben Geschehens[35], sondern Ausgangspunkt und Fortsetzung. In der Phase der Fortsetzung lebt die Gemeinde; sie gewinnt darum ein eigenes, entscheidendes Gewicht. Alles das ist nun gewiß nicht einfach Exegese von Tit 3,7, vielmehr ein Versuch, das, was dort (charakteristisch?) in der Schwebe bleibt, vom Ganzen der Briefe her zu präzisieren. Gemeint wäre dann: Rechtfertigung bedeutet die Basis der Ewigkeitshoffnung, die es von nun an im Leben zu bewähren gilt. So würde das Ganze der Pastoralbriefe verständlich: das Insistieren auf der Rechtfertigung als Basis und die verhältnismäßig geringe Bedeutung dieser Basis; die Selbständigkeit und Beziehungslosigkeit der ethischen und kirchenrechtlichen Passagen zur zurückliegenden „Rettung".

Waren schon in der Gestalt der Rechtfertigungsaussagen unseres Textes Differenzen zu Paulus festzustellen, so verstärkt sich dieser Eindruck, wenn man nach der Funktion der Rechtfertigungsaussagen im Kontext fragt. Warum spricht der Verfasser hier von Rechtfertigung und Taufgnade? Man kann diese Frage kaum beantworten[36]. Der Anschluß von

---

[34] Vgl. *E. Käsemann*, Titus 3,4–7, in: *ders.*, EVB I 299f.

[35] Vgl. *Käsemann*, An die Römer, 166, (³167f) zur paulinischen Position.

[36] Den ansprechendsten Versuch legt *N. Brox*, Die Pastoralbriefe, RNT 7/2, 1969, 304 vor: Im Sinne des pln Schemas von Indikativ und Imperativ werde hier die Freundlichkeit gegenüber den Menschen durch Gottes Philanthropie begründet. Aber warum verzichtet der Vf darauf, diesen schönen Gedanken zB durch wörtliche Über-

V. 3 an V. 2 ist rein assoziativ; V. 8 liest sich, als ob der paulinische Hintergrund von V. 3–7 überhaupt nicht vorhanden wäre. V. 9–11 machen vollends klar, daß V. 3–7 offenbar einfach die Basis der Kirche darstellen, auf der man steht und die man gegenüber den Häretikern nicht mehr zur Diskussion stellt.

Der zweite für uns wichtige Text, 2Tim 1,9–11, bietet ein ähnliches Bild. Er steht im Kontext der Danksagung des Briefs. Wie Tit 3,3–7 macht er den Eindruck eines dogmatischen Exkurses. Dieser Exkurs ist gerahmt vom Grundgedanken: Leiden um des Evangeliums, der rein zu bewahrenden παραθήκη willen, nach dem Vorbild des gefangenen Paulus (V. 8.12). Der Verfasser hält sich in diesem Exkurs an traditionelle Gemeindetheologie, ohne eine ihm vorgegebene Tradition wörtlich zu zitieren[37]. Traditionsgeschichtlich ist das, was in unsern Versen zusammenkommt, einigermaßen heterogen, aber alle Traditionen stammen aus dem paulinischen Raum; der Verfasser kann sie ohne Schwierigkeiten addieren und zu einem kompakten Extrakt der Heilslehre paulinischer Gemeinden zusammenstellen. Man kann nicht sagen, daß mit unserm Text paulinische Theologie verfälscht wird, auch wenn die Formulierungen im einzelnen nicht nur paulinisch sind[38].

Auch hier werden die Probleme deutlicher, wenn nicht nach der Gestalt, sondern nach der Funktion der Rechtfertigungsaussagen gefragt wird. Warum bringt der Verfasser diesen dogmatischen Exkurs? Ganz äußerlich könnte man daran erinnern, daß der Verfasser beim Schreiben von 2Tim 1,3ff das erste Kapitel des Römerbriefs vor sich gehabt hat[39] und dessen Eucharistie paränetisch moduliert. In V. 8 ist er bei Röm

---

einstimmungen zwischen V. 2 (Paränese) und V. 4 (Verhalten Gottes) klarzumachen? Die mit der Mahnung zum Gehorsam gegenüber der Obrigkeit eingeleitete Paränese V. 1f ist zu buntscheckig und ihr Auslaufen in die Forderung der Sanftmut und Friedfertigkeit zu allgemein, als daß man den Gedanken von Brox für eine bewußte Überlegung des Verfassers der Past halten könnte.

[37] *J. Jeremias,* Die Briefe an Timotheus und Titus, NTD 9, ⁶1953, 42f will einen liturgischen Text rekonstruieren, der aus drei parallelen Doppelsätzen besteht; nach dem ersten Doppelsatz füge der Verfasser (Jeremias: Paulus) Grundgedanken der Rechtfertigungslehre dazu. Aber dieser Zusatz in V. 9b läßt sich nicht herauslösen; das Revelationsschema von V. 9c–10a hängt am Stichwort χάρις des Zusatzes. Außerdem wird die Tätigkeit des Verfassers der Past an folgenden Punkten sichtbar: ἐπιφάνεια τοῦ σωτῆρος; Variation des Revelationsschemas wie Tit 1,2f (an beiden Stellen ist im ersten Glied nicht mehr von der einstigen Verborgenheit, sondern vom Gegeben- bzw. Verheißensein der Offenbarung die Rede). Der ursprüngliche Sitz im Leben des Schemas in der Missionspredigt ist verschwunden.

[38] In den Rechtfertigungsaussagen von V. 9b fällt πρόθεσις auf; vgl. Eph 1,11; 3,11. Pls hätte nicht κατά, sondern ἐξ mit den Werken verbunden und diese dem Glauben gegenübergestellt.

[39] Vgl. V. 3f mit Röm 1,8ff, V. 8.12 mit Röm 1,16 evtl. auch V. 7 mit Röm 8,15 und V. 14 mit Röm 8,11 und *Dibelius-Conzelmann,* aaO (s. Anm. 33), 72f. Der Befund ist innerhalb der Past m. E. einmalig (nur für 2Tim könnte man in 2,20; 4,14.18 noch weitere literarische Berührungen mit Röm 9,21; 2,6; 16,27 vorsichtig erwägen).

1,16 angelangt. V. 9–11 stehen also an der Stelle der paulinischen Summe des Evangeliums Röm 1,17. Von V. 12ff her wird das Problem noch etwas klarer: Das Evangelium, hier identisch mit der von den Nachfolgern des Paulus bis ans Ende der Welt zu bewahrenden παραθήκη, ist die Basis der Kirche, auf der und für die sie existiert und leidet. Diese Basis muß im Brief einfach einmal inhaltlich genannt werden. Auffällig ist aber auch hier eine Beziehungslosigkeit zwischen Evangelium und Leben und Leiden der Kirche: Motivation für das Leiden ist abgesehen von der Autorität des anvertrauten Evangeliums der Lohn, der dem sich mühenden Landmann winkt (2Tim 2,6). Das Leiden der Christen dient der reinen Bewahrung des Glaubens; ihm ist der Kranz der Gerechtigkeit am jüngsten Tage verheißen (2Tim 4,7f). Am Ende des guten Kampfs steht hier unvermittelt die Rechtfertigung im Gericht. Der paulinische Gedanke, daß das Leiden des Verkündigers das Evangelium vom Gekreuzigten inhaltlich ausdrückt, fehlt dagegen in den Pastoralen[40].

Damit ist das für unser Thema relevante Material der Pastoralbriefe erschöpft. Daß die Soteriologie in ihnen die Mitte sei, wird man mit bestem Willen nicht behaupten können[41]. Der anfängliche Eindruck, daß die Rechtfertigungs- und Rettungsaussagen beziehungslos neben den ethischen und kirchenrechtlichen Passagen unserer Briefe stehen, hat sich bestätigt. Mit andern Worten: Die von Paulus her der Kirche überlieferte, rein zu bewahrende Tradition, das Evangelium, um dessentwillen „Paulus" leidet, hat in den Briefen selbst – sehr gegen ihre Intention – mehr dekorative als konstitutive Funktion. Es ist Gegenstand des Rückblicks, Basis der Werke und Objekt der Treue. Woran liegt das? Zwei Erwägungen können weiterhelfen.

Einmal stellten wir fest, daß es in den Pastoralbriefen offenbar nicht mehr gelingt, den Imperativ im Indikativ zu begründen[42]. Das Leben des Christen scheint sich eher als ein Weg darzustellen, der mit der rechtfertigenden Taufgnade seinen Anfang nimmt, unter der Assistenz des

---

Hat er etwas damit zu tun, daß 2Tim von Rom aus geschrieben sein will? Ist er Hinweis auf raffinierte Fälschungstechnik oder auf den wirklichen Absendeort des 2Tim?

[40] Indiz ist das Verbum συγκακοπαθέω 1,8; 2,3 (sonst nie mehr im NT), eine paulinisch klingende συν-Verbindung, die aber im 2Tim das Mitleiden mit Pls meint.

[41] Gegen C. *Spicq,* Saint Paul. Les Épîtres Pastorales I, EtB, Paris [4]1969, 257.

[42] Unser Urteil differiert von demjenigen R. *Bultmanns,* Theologie des Neuen Testaments, [3]1958, 536, der in den Past pln Ansätze immerhin wirksam sieht, weil die Gnade als eine das Leben umgestaltende Kraft verstanden bleibe. „Es ist doch bei aller Einseitigkeit und Schwunglosigkeit eine legitime Fortsetzung des paulinischen Denkens, wenn die Gnade als eine das alltäglich-bürgerliche Leben formende Kraft verstanden wird" (ebd). Frage: Hängt dieser Unterschied (nicht so sehr der Interpretation, als der Bewertung der Past) mit der individualisierenden Tendenz in Bultmanns Interpretation der pln Rechtfertigungslehre zusammen, die ihn den Bruch als weniger groß empfinden läßt und ihn zu einer positiveren Würdigung der „bürgerlichen" Pastoralbriefe führt?

göttlichen Geistes (2Tim 1,7.14; Tit 3,5) und der erziehenden Wirkung
der Gnade (Tit 2,11f) stetig fortschreitet[43] bis zum Ziel, wo ihm Gottes
Kranz der Gerechtigkeit verheißen ist (2Tim 4,8, vgl. Tit 2,13). Die
Rechtfertigungsaussagen sind dabei der Vergangenheit zuzuordnen
(Taufe!), während sich die Eschatologie von der Soteriologie (und umgekehrt!) gelöst hat und zum zukünftigen Horizont des gegenwärtigen
christlichen Lebens geworden ist. Damit hat die Rechtfertigungsbotschaft
ihre umfassende, eschatologische Dimension verloren und ist zur Heilsbotschaft an den einzelnen, dem sie die Grundlage eines neuen Lebens
legt, geworden. In den Pastoralbriefen wird deutlich, viel deutlicher als
im Epheserbrief, erkennbar, wie die Trennung von Eschatologie und Soteriologie zur Relativierung der Soteriologie führt.

Der andere wesentliche Punkt betraf die polemische Funktion der
Rechtfertigungslehre. Tit 3,3ff diente die Antithese gegenüber den Werken der Unterstreichung des *sola gratia*. 2Tim 1,9–11 war nicht einmal
festzustellen, wozu sie diente. Sie gehörte dort einfach zur Tradition des
Evangeliums. Deutlich ist, daß wie im Epheserbrief die Rechtfertigungslehre in den Pastoralen nicht mehr der kritischen Unterscheidung von
Gott und sich selbst an Gottes Stelle setzendem Menschen dient. Bei
Paulus wie in den Pastoralbriefen begründet die Rechtfertigungslehre
die Kirche. Bei Paulus wird die Kirche aber durch sie zugleich kritisch
hinterfragt, in den Pastoralen fast nur noch bestätigt und stabilisiert.
Der Unterschied zwischen Paulus und den Pastoralbriefen liegt also
nicht so sehr in der Gestalt, als in der Funktion, die die Rechtfertigungslehre hat. Zwischen Pastoralen und Epheserbrief liegt der wichtigste
Unterschied darin, daß im Epheserbrief die Kirche selbst, insofern sie
Christus ist, absolute Größe ist (die einer Stabilisierung nicht mehr bedarf), während in den Pastoralen wie bei Paulus das Evangelium, also
die Rechtfertigungsbotschaft, absolute Größe bleibt, die aber faktisch
die Kirche bestätigt und der Kritik entzieht. Die Auswirkungen dieser
Struktur sind deutlich: Nach innen entspricht ihnen, daß die Kirche zugleich mit der Lehrkirche eine Amtskirche wird. Nach außen kann
die Kirche, die die *iustificatio impii* zu *ihrer* Basis gemacht hat, den
Häretikern gerade die *iustificatio impii* verweigern und sich die Diskussion mit ihnen ersparen.

Wie kommt es zu dieser weitreichenden Umschichtung? Ein Rückblick auf die eingangs genannten sieben Spielthesen zeigt, daß den letz-

---

[43] Vgl. 1Tim 4,15 (προκοπή).

ten beiden besondere Wichtigkeit zukommt[44]. Die Lösung der Soteriologie aus ihrem eschatologischen Kontext ist sicher nicht ohne die Erfahrung der Erstreckung der Zeit, der Parusieverzögerung und der bedrängenden Notwendigkeit, in dieser Welt als Kirche überleben zu müssen (auch [!] um des zu bewahrenden Evangeliums willen!), denkbar. In gewissem Sinn war damit die Entwicklung der paulinischen Rechtfertigungslehre durch die Erstreckung der Zeit vorgezeichnet. Die Frage, ob damit eine Reduktion der Rechtfertigungsbotschaft zur individuellen Heilsbegründung der einzelnen Kirchenglieder schon zwangsläufig gegeben ist, ist dabei allerdings noch offen. Sie stellt uns heute vor grundlegende systematische Fragen.

Bei der Frage nach den Bedürfnissen der Kirchen der zweiten und dritten Generation ergaben die Pastoralbriefe deutliche Fingerzeige. Dieser Generation war die Aufgabe gestellt, in einer Situation, wo sich mehr und mehr eine länger dauernde Existenz der Kirche abzeichnete, ethische und kirchenrechtliche Lösungen zu finden. Es ist deutlich, daß die paulinische Rechtfertigungslehre solche gerade nicht zur Verfügung stellte. Den Bedürfnissen dieser Generation entsprach zugleich eine gefestigte soteriologische und lehrmäßige Basis, auf der die Kirche als eigene Größe ruhen und mit der sie sich der Anfechtung durch Häresie und Welt entziehen konnte. Eine solche Chance bot die paulinische Rechtfertigungslehre, wenn man sie zur nicht in Frage gestellten und nicht in Frage stellenden Lehrautorität machte. Daß damit ein in der Rechtfertigungslehre steckendes kritisches Potential, das sich den Bedürfnissen einer sich domestizierenden Kirche nach praktikablem Ethos, organisatorischer Dauerhaftigkeit und ideologischer Absicherung gerade widersetzen mußte, unterdrückt wurde, ist deutlich. Insofern tragen die Pastoralen vielleicht Modellcharakter, nicht für das, was die Kirche sein soll, sondern für das, was sie geworden ist[45].

Eine letzte Frage soll wenigstens noch angedeutet werden: Wie weit ist diese Umfunktionierung, die die paulinische Rechtfertigungslehre zu einem geeigneten Grundartikel für eine Kirche macht, die mit ihm ste-

---

[44] Zu Thesen 4 und 5: In den Past fehlt zwar das jüdische Gegenüber; die jüdischen Traditionen sind aber stärker vertreten als anderswo und auch der Rahmen apokalyptischen Geschichtsdenkens ist trotz der Parusieverzögerung vorhanden, im Unterschied zum Eph und ähnlich wie bei Lk.

[45] Es sei ausdrücklich betont, daß ich unter dem Gesichtspunkt kirchlicher *Wirklichkeit* die Pastoralen für einen Theologen, der in einer (mindestens lehrmäßig) primär paulinisch geprägten Kirche lebt, für wichtiger halte als manch eine andere Schrift des Kanons. Man darf nur nicht immer die Past nach ihrer Lehre allein befragen!

hen, aber nicht an ihm zu Fall kommen kann, durch sie selbst mitbedingt? Der Jubilar ist den Linien, die von Paulus her in den Frühkatholizismus hineinführen, in dankenswerter Weise nachgegangen[46]. Für die Rechtfertigungslehre ist ein dort nicht erwähnter Aspekt zu bedenken: Wenn in den Pastoralen das paulinische Evangelium zur absolut gesetzten παραθήκη wird, mit deren Hilfe die Kirche sich selbst legitimiert, so weist das auf Paulus zurück. Paulus selbst hat die galatische Gemeinde bei Strafe des Anathema davor gewarnt, die durch die Tradition (παρ' ὃ παρελάβετε) seines Evangeliums gesetzten Grenzen zu überschreiten (Gal 1,9). Das paulinische Evangelium ist nichts anderes, als was Paulus vor Damaskus geoffenbart wurde: Gottes Zuwendung in Christus zu den Heiden, ohne Gesetz, also wohl nichts anderes als das, was Paulus später als Rechtfertigungsbotschaft expliziert hat. Der Grund der paulinischen Warnung ist verständlich: Über die Tatsachen, die Gott selbst durch seine Offenbarung geschaffen hat, darf sich niemand hinwegsetzen. Die Gefahr dieser Warnung ist aber ebenso verständlich, denn das paulinische Evangelium ist niemals anders als in Gestalt menschlicher, nämlich paulinischer Theologie zu haben, die als menschliche Weisheit von der Rechtfertigungstheologie her gerade kritikbedürftig bleibt. Insofern stellt Paulus in Gal 1,6–9 die Weichen zur Entwicklung des frühkatholischen Traditionsgedankens. Die Gefahr, daß gerade diejenige Botschaft, die zu permanenter Unterscheidung zwischen Gott und Mensch kritisch Anstoß geben will, zum Mittel menschlicher, kirchlicher Selbstbestätigung wird, ist ihr also inhärent mitgegeben. Ob sie sich dagegen schützen kann?

IV.

Wir stehen am Schluß und formulieren einige Punkte als Ergebnis unserer Skizze. Sie betreffen:

1. Die paulinische Rechtfertigungslehre

a) Die Wirkungsgeschichte der paulinischen Rechtfertigungslehre im Epheserbrief läßt mindestens die Möglichkeit einer Übersetzung der paulinischen Botschaft aus apokalyptischen in andere Kategorien offen. Zwar wird man den Versuch des Epheserbriefs nicht einfach als gelungen bezeichnen können; er bleibt aber als Versuch interessant und gibt zu Hoffnung Anlaß.

---

[46] Paulus und der Frühkatholizismus (s. Anm. 31) 239ff.

b) Die Wirkungsgeschichte der paulinischen Rechtfertigungslehre macht deutlich, daß diese offenbar zwei Dimensionen nicht entbehren kann, um bei sich selbst zu bleiben. Die erste Dimension ist die des Eschatologischen und damit die Verklammerung von Rechtfertigung des einzelnen Menschen mit einem die Welt und ihre Geschichte transzendierenden, neuschaffenden Handeln Gottes. Die zweite ist die polemische: Nur dann, wenn eine Rechtfertigungstheologie zu ständiger, kritischer Unterscheidung zwischen Gott und menschlichem Denken, menschlichem Handeln und menschlicher Institution anleitet, kann sie diese in sich selbst gegenüber kritischer Bewegung halten und so davor bewahrt bleiben, gerade zum ideologischen Vorspann dessen zu werden, was sie destruieren will.

2. Die Wirkungsgeschichte als hermeneutische Aufgabe

a) Es zeigte sich, daß die Rechtfertigungslehre des Paulus, die mehr sein will als bloße Doktrin, nämlich kritische Mitte, von der aus sich Denken und Handeln entfaltet, nicht nur durch richtige Auslegung im verbalen Sinn tradiert und kontrolliert werden kann. Unser Fragen nach der Funktion, nicht nur der Gestalt nachpaulinischer Rechtfertigungslehre entsprach paulinischem Anspruch. Von da her ist nicht die Aufgabe einer Auslegungsgeschichte der Rechtfertigungslehre, die sich mit ihren verbalen Aufnahmen und Interpretationen auseinandersetzt, sondern die umfassendere Aufgabe einer Wirkungsgeschichte der Rechtfertigungslehre, die sich auch mit ihrer Funktion in jeweiliger Theologie, Kirche und Gesellschaft befaßt, ihr selbst adäquat.

b) Es zeigte sich, daß im Falle der Rechtfertigungslehre aus der Wirkung kein direktes Wahrheitskriterium zu entnehmen ist. Dennoch hat die Frage nach ihrer Wirkung etwas mit der Frage nach ihrer Wahrheit zu tun. Kommt die Rechtfertigungslehre in der Geschichte zu Erfolg, so ist mindestens die kritische Frage nötig, ob sie dazu durch Anpassung an von ihr her gerade kritisch zu betrachtende Bedürfnisse von Menschen oder Kirchen gekommen ist. Bleibt sie dagegen völlig wirkungslos oder kommt sie in der Geschichte ausschließlich in korrumpierter Gestalt zur Wirkung, so erhebt sich die Frage, ob sie entweder völlig situationsgebunden und damit nicht übertragbar, oder völlig utopisch und damit nicht realisierbar sei. In dieser Weise kann die Wirkungsgeschichte kritisch flankierende Fragen an die Wahrheit der Rechtfertigungsbotschaft stellen. In direkter Weise aber kann sie ihre Wahrheit nicht erweisen; die Wahrheit des Evangeliums verbürgt Gott allein.

DAS HERRENMAHL

KARL HERMANN SCHELKLE

Ernst Käsemann hat bedeutsame Veröffentlichungen zur Geschichte
und Theologie des Abendmahls vorgelegt. Die nachfolgenden Überlegungen, die den Vorarbeiten zum abschließenden Band meiner Theologie des
Neuen Testaments entstammen, mögen im Anschluß daran verstanden
werden. Ich freue mich, mit ihnen an der Festschrift des verehrten und
befreundeten Kollegen beteiligt zu sein. Auch wenn ich, anders als Käsemann, das Abendmahl im Kern als Stiftung Jesu betrachte und meine,
daß die Kirche als Leib Christi aus der Sühne und dem Opfertod Jesu,
wie sie im Herrenmahl begangen werden, erwächst, weiß ich mich, wie
der Leser bemerken wird, in wichtigen Einzelzügen der Abendmahls-
interpretation und vor allem auch in der Grundüberzeugung mit Ernst
Käsemann einig, daß in und mit dem Herrenmahl das den Sündern zuvorkommende Heilshandeln Gottes verkündigt wird, und zwar des Gottes, der als der Gott Israels auch der Gott des Neuen Bundes ist, und der
auf Grund des Todes und der Auferweckung Jesu als der Gott der leben-
spendenden, den Menschen neuschaffend umfangenden Gnade geglaubt
werden darf (Röm 4,17)[1].

---

[1] *Literatur: J. Betz*, Die Eucharistie in der Zeit der griechischen Väter, I,1; II,1,
1955, ²1964; *A. Bittlinger*, Das Abendmahl im Neuen Testament und in der frühen
Kirche, Wetzhausen 1969; *H. Feld*, Das Verständnis des Abendmahls, 1976; *R. Feneberg*, Christliche Passafeier und Abendmahl, StANT 27, 1971; *A. Gerken*, Theologie
der Eucharistie, 1973; *F. Hahn*, Die alttestamentlichen Motive in der urchristlichen
Abendmahlsüberlieferung, EvTh 27, 1967, 337–374; *J. Jeremias*, Die Abendmahlsworte Jesu, ⁴1967; *E. Käsemann*, Das Abendmahl im Neuen Testament, in: Abendmahlsgemeinschaft? BhEvTh 3, ²1938, 60–93; *W. Marxsen*, Das Abendmahl als christologisches Problem, 1963; *H. Patsch*, Abendmahl und historischer Jesus, CThM 1,
1972; *ders.*, Abendmahlsterminologie außerhalb der Einsetzungsberichte, ZNW 62,
1971, 210–231; *B. Sandvik*, Das Kommen des Herrn beim Abendmahl im Neuen Te-

I. Kultische Mähler

Der ursprüngliche Mensch empfindet, daß nichts so Menschen einigt wie ein gemeinsames Mahl. Die am Mahl gemeinsam teilnehmen, empfangen alle Kraft und Leben aus einer gemeinsamen Speise. Das Mahl hat von Anfang an religiöse Gestalt. Denn die Speisen werden empfangen als Gabe Gottes mit Dank gegen Gott als den Geber das Mahles. Die Gottheit wird auch beim Mahl als Gast anwesend geglaubt. Sind die Elemente des Mahles von göttlichen Kräften und Mächten in Besitz genommen, kann der Mensch sie mit der Speise sich einverleiben.

1. Unter den Papyri haben sich Einladungen zu Mahlzeiten mit der Gottheit gefunden (Die Papyri gehören wohl dem 2. Jh. nChr an). So Papyrus Oxyrhynchus 1,110: „Chairemon bittet dich zum Mahl an die Tafel (den Divan) des Herrn Sarapis morgen im Serapeum, dh am 15., von 9 Uhr an"; ähnlich Papyrus Oxyrhynchus 3,523: „Antonios, Sohn des Ptolemaios, lädt dich zum Mahl als sein Gast an der Tafel (am Divan) des Herrn Sarapis in den Räumen des Klaudios Serapion am 23. von 9 Uhr an". Der Rhetor Aelius Aristides (8. Rede) sagt in einer Rede auf Sarapis, daß die Menschen „die Gemeinschaft des Opfers mit diesem Gott begehren, indem sie ihn zum Mahl rufen, sich unter seinen Schutz stellen als des Tischgenossen und Gastgebers". Eine Weihinschrift lautet: „Dem Sarapis und der Isis einen Tisch." In heiligen Mählern des Mithraskultes wurden Fleisch und Blut des geopferten Stieres, aber wohl auch Brot und Wein genossen. Auch die römische Religion beging kultische Mahlfeiern. Eines der vornehmsten römischen Feste war das *Epulum Iovis* auf dem Kapitol, wobei Jupiter und Juno repräsentiert waren durch ihre festlich geschmückten Bilder[2].

Auch das Neue Testament weiß von diesen Mählern mit den Göttern. Paulus warnt: „Ich will nicht, daß ihr in Gemeinschaft mit den Dämonen kommt. Ihr könnt nicht den Kelch des Herrn trinken und den Kelch der Dämonen; ihr könnt nicht am Tisch des Herrn Anteil haben und am Tisch der Dämonen" (1Kor 10,20f). Paulus spricht von heidnischen Kultmählern, die man in Gemeinschaft mit der Gottheit feierte. Die

---

stament, AThANT 58, Zürich 1970; H. *Schürmann*, Das Mahl des Herrn, in: *ders.*, Ursprung und Gestalt. Erörterungen und Besinnungen zum NT, 1970, 77–196; E. *Schweizer*, Das Herrenmahl im Neuen Testament, in: *ders.*, Neotestamentica, Zürich 1963, 344–370; *J. Wanke*, Beobachtungen zum Eucharistieverständnis des Lukas, EThS 8, 1973.

[2] F. *Bammel*, Das heilige Mahl im Glauben der Völker, 1950; F. *Cumont*, Die Mysterien des Mithra, [3]1923.

heidnischen Götter sind freilich für Paulus, wie für das späte Judentum, Dämonen (Dtn 32,17; Ps 96,5; 106,37; Jub 1,11; 22,17).

2. Dem Alten Testament sind kultische Mähler etwas Selbstverständliches. Das Opfermahl wird so beschrieben: „Vor Gott dem Herrn essen und sich freuen" (Dtn 12,7–12; 16,10–17). Mahlgemeinschaften verbinden mit Gott und vor Gott. Mose, Aaron und die Ältesten Israels halten das Opfermahl vor Jahwe (Ex 18,12). Nach dem Bundesschluß am Sinai steigen Moses und die Ältesten Israels auf den Berg. „Sie schauten Gott, aßen und tranken" (Ex 24,11). Ein Mahl besiegelt Verträge (Gen 26,30; 31,46; Ex 18,12). Die Einsetzung des Saul als König wird mit einem Mahl gefeiert (1Sam 11,15). Die Priester halten im Tempel tägliche Opfermahle (Lev 2,2f; 3; 6,14–29; 7,9f.29–36; 10,12–15). Ein festliches Mahl ist jährlich das Passamahl, das Israel seit seiner nomadischen Zeit feiert. Dieses Mahl ist nicht nur Erinnerung, sondern durch den Ritus tritt der Teilnehmer des Mahles in die Gemeinschaft des Heiles, das Gott an den Vätern in Ägypten wirkte, und das er immer gibt.

Die eschatologisch-messianische Vollendung wird als Mahl Gottes mit den Erlösten vorgestellt (Jes 25,6; Zeph 1,7; äthHen 62,14; slHen 42,5).

In Qumran[3] wird die tägliche Hauptmahlzeit als kultisches Mahl gefeiert. Die Teilnehmer nehmen zuvor ein Tauchbad. Sie kleiden sich in weißes Leinen. Ein Priester führt den Vorsitz und spricht den Segen über Brot und Wein. Neueintretende dürfen erst nach zweijährigem Noviziat daran teilnehmen (1QS 6,2–5.20f; Jos Bell 2,8,5.7 § 129–133.139). Auch die künftige Endzeit wird als Mahl beschrieben. Dieses findet statt unter dem Vorsitz des priesterlichen und des königlichen Messias. Das kultische Mahl ist als Vorausbild des eschatologischen Mahles in der Königsherrschaft Gottes zu verstehen (1QSa 2,17–22). Vermittelt oder verbürgt die Teilnahme am jetzigen Mahl die Teilnahme am endzeitlichen Mahl? Hat das jetzige Mahl also sakramentale Kraft? Wir werden erinnert an den eschatologischen Ausblick beim letzten Mahl Jesu mit seinen Jüngern (Mk 14,25; 1Kor 11,26). Das eucharistische Mahl ist Sinnbild des eschatologischen Mahles. Die genauen Vorschriften für die Ordnung des Mahles in Qumran erinnern an die Vorschriften des Paulus (1Kor 11,17–34). Es kann nicht angenommen werden, daß die Mähler von Qumran einen unmittelbaren Einfluß auf die neutestamentlichen Mahl-

---

[3] *H. Braun*, Qumran und das Neue Testament, II 1966, 29–54; *J. Gnilka*, Das Gemeinschaftsmahl der Essener, BZ NF 5, 1961, 39–55; *K. G. Kuhn*, Über den ursprünglichen Sinn des Abendmahls und sein Verhältnis zu den Gemeinschaftsmahlen der Sektenschrift, EvTh 10, 1950, 508–527.

feiern genommen haben. Der Unterschied liegt zutage: Das neutestamentliche Mahl des Herrn ist Gedächtnis des Todes des Herrn, darauf durch die Deuteworte bezogen. Doch die Mahlfeiern von Qumran bekunden die große Bedeutung des Mahles für die Begründung und das Leben einer Gemeinschaft.

II. Neutestamentliche Berichte über das Herrenmahl

1. Das Neue Testament enthält vier Berichte über das letzte Mahl Jesu mit seinen Jüngern: Mk 14,22–25; Mt 26,26–29; Lk 22,15–20; 1Kor 11,23–25. Diese Berichte sind nicht einfachhin Erzählungen aus dem Leben Jesu. Die nächste Quelle aller Berichte ist die Feier des Herrenmahles in der Gemeinde, bei der die Berichte rezitiert wurden. Die Perikopen wurden daher auch außerhalb der Leidensgeschichte gesondert überliefert. Dies ist offenkundig für 1Kor 11,23–25. Es ist noch erkennbar auch Mk 14,22 und Mt 26,26, da beide Evangelien, wiewohl sie schon seit Mk 14,17 und Mt 26,20 das stattfindende Mahl schildern, nun neu einsetzen mit der Bemerkung: „Da sie aßen . . .“ Alle Berichte lassen feierliche und immer feierlicher werdende liturgische Stilisierung erkennen.

Nach der heute üblichen Datierung der neutestamentlichen Schriften ist der am frühesten niedergeschriebene Bericht jener des Paulus im 1. Korintherbrief, der um 55 verfaßt sein wird. Paulus sagt aber, daß er den Abendmahlsbericht den Korinthern bei seinem dortigen Aufenthalt übergeben habe. Er wird 49 in Korinth gewesen sein. Er übergab den Korinthern, was er schon selbst aus der Überlieferung empfangen hatte (1Kor 11,23). Die Überlieferung war also schon in den Jahren 40–50 ausgeformt[4]. Paulus ist überzeugt, daß die Überlieferung bis in die Geschichte Jesu zurückreicht. Er hat sie „vom Herrn her empfangen“ (1Kor 11,23). Der Bericht des Markus mag demgegenüber um 70 niedergeschrieben sein, noch später die Berichte des Matthäus und Lukas. Der Bericht des Paulus trägt in der Tat noch Züge des Alters, wenn in mancher Beziehung auch die jüngeren Berichte der Evangelien älteres bewahrt haben. Noch ursprünglich ist, wenn 1Kor 11,25 das Essen des

---

[4] Die Texte haben Semitismen bewahrt, die hohes Alter und Ursprung in der judenchristlichen Gemeinde vermuten lassen; *J. Jeremias,* Die Abendmahlsworte Jesu, 165 bis 179; *K. G. Kuhn,* aaO 513; *H. Schürmann,* Die Semitismen im Einsetzungsbericht bei Markus und Lukas (Mk 14,22–24/Lk 22,19–20), ZKTh 73, 1951, 72–77.

Brotes und das Trinken des Weines noch durch das Mahl getrennt sind: Jesus nahm „den Kelch nach dem Mahle". In den Evangelien ist die Einheit des mit Brot und Wein gefeierten Mahles erkannt und zusammengefügt. Sodann sind die Worte über Brot und Wein bei Paulus noch ungleich stilisiert, da sie lauten: „Dies ist mein Leib für euch" – „Dieser Kelch ist der Neue Bund in meinem Blute" (1Kor 11,24f). In den Evangelien ist die Gleichheit hergestellt: „Dies ist mein Leib" – „Dies ist mein Blut".

Anderseits ist spätere Entwicklung bei Paulus zu erkennen, wenn dem Wort Mk 14,22: „Dies ist mein Leib" in 1Kor 11,24 beigefügt ist: „Dies ist mein Leib für euch." Hier ist die theologische Deutung fortgeschritten. Die Formel der Hingabe lautet Mk 14,24/Mt26,28: „für viele" (= für die vielen; für alle); 1Kor 14,24 aber: „für euch". Jenes ist ein ursprünglicher, dem Griechentum unverständlicher Semitismus, dies eine allgemeinverständliche, spätere Formulierung. Ebenso ist Zeichen fortschreitender Reflexion, wenn der Bund 1Kor 11,25 als „der neue Bund" bezeichnet wird. Hier sind alter und neuer Bund schon unterschieden. Gegenüber Markus und Matthäus bringt Lk 22,19 einmal, 1Kor 11,24f zweimal den Stiftungsbefehl. Er macht explizit, was bei Markus und Matthäus vorausgesetzt ist, wenn ihre Berichte aus der Liturgie stammen. Die liturgische Feier setzt ja voraus und ist überzeugt, daß Jesus die Wiederholung geboten hat. Der Auftrag gilt der Kirche, nicht nur den zwölf Aposteln. Die ganze priesterliche Kirche hat die Vollmacht, das Mahl zu feiern, nicht etwa nur ein engerer Kreis von Priestern.

Zwischen Markus und Matthäus ist ein Fortschritt in der parallelen Stilisierung zu bemerken. Mk 14,22f heißt es: „Und er gab ihnen und sagte: Nehmet! Das ist mein Leib. Und er gab ihnen den Kelch ... Und sie tranken alle daraus." Mt 26,26f schreibt gleichmäßig: „Nehmet und esset ... Trinket ihn alle." Mt 26,28 ist der Zusatz: „zur Vergebung der Sünden" sachlich durchaus richtige, doch fortgeschrittene theologische Ausdeutung.

Lukas berichtet 22,15–20 von zweimaliger Darreichung eines Kelches. Den ersten Kelch reicht Jesus zu Beginn des Mahles (22,17; dies ist vielleicht der dritte Becher des Passamahles, getrunken zwischen Mahl und Umtrunk). Der zweite Kelch wird gereicht als der Kelch des Blutes (22,20; dies ist dann wohl der vierte Becher des Passamahles). Ein Kurztext 22,15–19a nennt nur einen Kelch. Der Kurztext galt lange als ursprüngliche, wertvolle Überlieferung, die später aus 1Kor 11 aufgefüllt worden wäre, da Lk 22,19b.20 und 1Kor 11,25 fast genau übereinstimmen. Doch gilt heute fast allgemein die Auffassung, der ganze Text Lk 22,15–20 sei ursprünglich. Ins Gewicht fallen wird, daß Papyrus 75 als weitaus ältester Text (aus dem 2.–3.Jh.) den Langtext bietet. Der Kurztext steht in der westlichen Textüberlieferung (D), die nicht wenige sekundäre Kürzungen enthält. Der längere Text wurde wohl gekürzt, weil man die zweimalige Nennung eines Kelches vermeiden wollte.

2. Die Exegese bemüht sich um die Frage, ob das letzte Mahl Jesu ein Passamahl war[5]. Zur Zeit des Neuen Testamentes fand das Passamahl am Abend des 14. Nisan, dem Rüsttag auf das Passafest statt, das am 15. Nisan begangen wurde. Nach den synoptischen Evangelien war das letzte Mahl Jesu ein Passamahl (Mk 14,12–16; Mt 26,17ff; Lk 22,7–15). Danach feierte Jesus das letzte Mahl mit den Jüngern am Abend des 14. Nisan, während er am 15. Nisan starb. Nach dem Johannesevangelium wurde Jesus am Tag vor dem Rüsttag (am 13. Nisan) gefangengenommen, am folgenden 14. Nisan, an dem die Juden abends das Passamahl hielten, von Pilatus verurteilt (Joh 18,28), und am Rüsttag selber gekreuzigt (Joh 19,14). Da die Synoptiker im allgemeinen gegenüber dem Johannesevangelium als historisch zuverlässiger gelten, mag man auch hier geneigt sein, ihren Zeitangaben zu folgen. Die Synoptiker erwähnen bei der Schilderung des letzten Mahles Jesu nichts von den besonderen Zeremonien des Passamahles. Der Segen über Brot und Wein gehört zur Sitte jedes jüdischen Mahles. In den über Brot und Wein gesprochenen Deuteworten könnte man immerhin einen Bezug auf die beim Passamahl gegebene Deutung des Passalammes und anderer Zeremonien finden. Doch erwähnen die Synoptiker nicht das Essen des Passalammes. Man erklärt dies so, daß die Einzelheiten des Passamahles für das in der kirchlichen Liturgie gefeierte Herrenmahl ohne Bedeutung waren. Dieses rein Historische trat daher zurück und wurde endlich abgestreift. Nach der Chronologie des Johannesevangeliums stirbt Jesus zu der Stunde am Kreuz, da die Passalämmer im Vorhof des Tempels geschlachtet wurden. Diese Symbolik bestimmt, so nimmt man oft an, die johanneische Datierung. Auch Paulus kennt diese Symbolik, und sie scheint ihm schon überliefert zu sein, wie man aus der kurzen Formel schließen mag: „Unser Passa ist geopfert, Christus" (1Kor 5,7).

---

[5] Daß das letzte Mahl Jesu ein Passamahl war, vertritt nachdrücklich *J. Jeremias*, Art. πάσχα, ThW V 895–903; *ders.*, Die Abendmahlsworte Jesu, 35–82. Anderen ist dies fraglich; so *R. Feneberg*, aaO (Anm. 1) und *H. Patsch*, Abendmahl und historischer Jesus, 33–36. Wenigstens fand Jesus letztes Mahl „in der Atmosphäre des Passamahles statt", dessen Gegebenheiten Jesus benutzte.

Man hat versucht, die verschiedenen Datierungen auszugleichen. Man sagte etwa, Jesus habe kraft göttlicher Vollmacht das Passamahl um einen Tag vorverlegt und es am 13. Nisan gehalten, wie Johannes berichtet. Neuerdings wurde die Annahme vertreten[6], es habe damals bei den Juden hinsichtlich des Passafestes zwei Kalender gegeben. Nach dem (auch in Qumran üblichen) Sonnenkalender sei dieses Fest zwei Tage vor dem Passa gemäß dem offiziellen, in Jerusalem gültigen Mondkalender begangen worden. Jener Berechnung folgend habe Jesus das Passamahl mit seinen Jüngern schon am „Dienstag abend" gehalten. Nach dem offiziellen Kalender sei Jesus am „Freitag", dem 14. Nisan gestorben. So wären beide Datierungen der Synopse wie des Johannesevangeliums möglich. – Die Fragen werden hier auf sich beruhen können.

III. Wörter und Begriffe

1. Die Erklärung mag ausgehen von den wesentlichen Wörtern Leib und Blut. In Sprache und Menschenbild der Bibel lebt und west der eine Mensch als Fleisch und Blut (Mt 16,17; 1Kor 15,50); nicht sind Fleisch und Blut zwei voneinander trennbare Teile des Menschen. Leib (σῶμα) übernimmt die Bedeutung von *bāśār*, was sonst durch Fleisch (σάρξ) wiedergegeben wird. *bāśār* bedeutet den ganzen Menschen in seinem Leben vor Gott; so Lk 3,6: „Alles Fleisch wird das Heil Gottes schauen"; Gal 2,16: „Aus Werken des Gesetzes wird kein Fleisch gerechtfertigt werden." Leib (σῶμα) kann dabei den Menschen bezeichnen, insofern er das Sterben erleidet. So wird das Wort akzentuiert sein Mk 14,8; 15,43; Joh 2,21. Ausdrücklich ist so gesagt Hebr 10,10: „Wir sind ein für allemal geheiligt durch die Opfergabe des Leibes Jesu Christi; und 1Petr 2,24: „Er hat unsere Sünden an seinem Leibe auf das Holz hinaufgetragen." Die Abendmahlstexte verwenden deshalb vielleicht statt des sonst üblichen Wortpaares Fleisch und Blut (σάρξ und αἷμα) das Wort Leib (σῶμα), weil damit schon an das im Tode hingegebene Leben gedacht ist. In den Abendmahlstexten soll das Wort Leib die Person, das Ich Jesu als im Opfer hingegeben beschreiben. Auch Blut (αἷμα) bedeutet nach he-

---

[6] So *A. Jaubert*, La date de la Cène. Calendrier biblique et liturgie chrétienne, Paris 1957; *dies.*, Jésus et le calendrier de Qumran, NTS 7, 1960/61, 1–30.

Nachdem die Hypothese zunächst manche Zustimmung gefunden hatte, gilt sie neuerdings doch als fraglich; vgl. *H. Braun*, Qumran und das Neue Testament II, 1966, 43–54.

bräisch-aramäischem Sprachgebrauch das Leben, da das Blut als Sitz des Lebens gilt (Lev 17,11.14). „Das Blut ist das Leben" (Dtn 12,23). In der Opfersprache ist Blut das hingegebene Leben (Ex 29,16.21). Das Opferblut hat sühnende (Lev 16,6–17), reinigende (Lev 14,14) und heiligende Kraft (Ex 29,20f). Die beiden Wörter Leib und Blut bezeichnen im Abendmahl den sich dahingebenden und hingegebenen Herrn. Diese beiden wesentlichen Wörter stellen das Geschehnis der Hingabe Jesu als Sühne und Heiligung für die Menschen dar. Dieser Sinngehalt wird weiter verdeutlicht durch die Beifügungen: „Dies ist mein Leib für euch" (1Kor 11,24; Lk 22,19); „Dies ist mein Blut des Bundes, das für die vielen vergossen wird" (Mk 14,24); das „vergossen wird zur Vergebung der Sünden" (Mt 26,28); „das für euch vergossen wird" (Lk 22,20); „Dieser Kelch ist der Neue Bund in meinem Blute" (1 Kor 11,25).

Diese Deuteworte erhalten ihre Tiefe aus der alttestamentlichen Opfersprache. Bei der Einweihung des Sinaibundes sprengte Mose das Opferblut hälftig an den Altar, hälftig über das Volk mit den Worten: „Siehe das Blut des Bundes, den Gott mit euch schloß" (Ex 24,8). Einen neuen, den messianischen Bund, verheißt Jer 31,31–33: „Es kommen Tage, da schließe ich mit dem Hause Israel und dem Hause Juda einen neuen Bund." Vom Knecht Gottes sagt der Prophet: „Er gab sein Leben in den Tod dahin . . ., da er die Sünde der vielen trug und für die Schuldigen eintrat" (Jes 53,12). Durch diese alttestamentlichen Bezüge wird die Todeshingabe Jesu als Stellvertretung, Sühne und Opfer ausgelegt. Solcher Sinn der Abendmahlsworte konnte Israel in neutestamentlicher Zeit verständlich sein, da es, zumal seit den Martyrien der Makkabäerzeit (4Makk 6,29; 7,8; 17,22), den Tod der Heiligen zu begreifen suchen mußte, wie auch die Frommen von Qumran sich als „Sühne für das Land" verstanden (1QS 8,6–10; 9,4).

2. Der zeichenhafte Sinn von Brot und Wein, Leib und Blut kann durch die begleitende Handlung als verdeutlicht verstanden werden[7]. Das in Fladen gebackene Brot wird nicht geschnitten, sondern gebrochen. Soll damit beim letzten Abendmahl das Zerbrochenwerden des Leibes und Lebens Jesu angedeutet werden? Wenn, allerdings spätere, Lesarten

---

[7] Zeichenhaftigkeit der Gabe von Brot und Wein wird immer wieder angenommen; s. den Bericht von *H. Lessig*, Die Abendmahlsprobleme im Lichte der neutestamentlichen Forschung seit 1900. Masch. Diss. Bonn 1953. Zeichenhaften Sinn erkennen zB *H. Schürmann*, Das Mahl des Herrn (s. Anm. 1), 93–99; *J. Moltmann*, Kirche in der Kraft des Geistes, 1975, 276; eher ablehnend *H. Patsch*, Abendmahl und historischer Jesus (s. Anm. 1), 40–50.

zu 1Kor 11,24 hinzufügen: (der Leib) „für euch gebrochen", so wird damit jener Sinn erhoben sein. Der Wein aber verströmt im Kelch. So verströmt das Blut Jesu am Kreuze. Alle Texte betonen dies mit dem Wort: „ausgegossen". War Jesu letztes Mahl ein Passamahl, wäre die Symbolik noch verstärkt, da für das Passamahl roter Wein vorgeschrieben war. „Kelch" aber ist überlieferter Ausdruck für Geschick des Leidens (Mk 10,38; 14,36; Apk 14,10; 16,19).

So ist es sinnvoll, wenn die Abendmahlshandlung Jesu als Gleichnishandlung bezeichnet wird, wie die Propheten ihr Wort in Handlungen darstellten. Jeremia soll einen Krug zerschlagen. So zerschmettert Jahwe Volk und Stadt Israel (Jer 19). Ezechiel soll Haupthaar und Bart scheren lassen. So wird Jahwe Jerusalem verunstaltet darstellen (Ez 5). Bedeutet der Kessel Jerusalem, so der Rost daran Jerusalems Schuld, das Feuer unter dem Kessel die Leiden der Belagerung (Ez 24).

Die Abendmahlstexte betonen die Darreichung: „Er gab ihnen" Brot und Kelch (Mk 14,22f). Diese Darreichung beinhaltet die Gabe des Heiles. Die Aufforderung zu nehmen, zu trinken (Mk 14,22f; Mt 26,26f) ist die Aufforderung, das Heil zu ergreifen. Die Aneignung geschieht in der Form des kultischen Mahles.

3. Der irdische Jesus hat oft Mahl mit den Seinen gehalten. Da er mit den Jüngern wanderte, nahm er mit ihnen auch die Speise. Er hielt auch Mahl mit angesehenen Pharisäern (Lk 7,36; 11,37) wie mit den Sündern (Mk 2,16; Mt 9,10f; Lk 19,7). Er hielt mit den Jüngern das Mahl am Abend vor dem Tode, dann wieder als der Auferstandene zusammen mit ihnen (Lk 24,13–43; Joh 21,12f; Mk 16,14). Die Erinnerung an alle diese Gemeinschaft geht mit ein in die liturgische Feier des Herrenmahles. Es ist neue Gemeinschaft mit dem nun hingegebenen und erhöhten Herrn.

Erheblich nachgewirkt hat die von H. Lietzmann[8] aufgestellte, von E. Lohmeyer wie R. Bultmann[9] aufgenommene und weiter entwickelte These, in der Zeit der Apostel habe es zwei Typen des eucharistischen Mahles gegeben: Die Urgemeinde in Jerusalem habe in ihrem Mahl, das als „Brotbrechen", allenfalls ohne Wein, begangen wurde, die Tischgemeinschaft mit dem irdischen Jesus fortgesetzt (Apg 2,42), wie auch die „Eucharistie" der Didache (9,1–10,6) Fleisch und Blut, Hingabe und

---

[8] *H. Lietzmann*, Messe und Herrenmahl, AKG 8, ¹1926 (³1955).

[9] *E. Lohmeyer*, Vom urchristlichen Abendmahl, ThR NF 9, 1937, 168–227. 273 bis 312; 10, 1938, 81–99; *R. Bultmann*, Theologie des Neuen Testaments, ⁶1968, 61f. 146–153.

Tod Jesu nicht erwähne. Did 10,6 deute allenfalls den Übergang zur Eucharistie des Todesmahles an. Die hellenistische Gemeinde und Paulus haben – unter Einfluß der Kultmahle hellenistischer Mysterienreligionen – das Gedächtnis des letzten Mahles Jesu mit Brot und Wein als Sinnbildern des Leibes und Blutes Christi und als Vergegenwärtigung seines Todes begangen. Jedoch weisen die Abendmahlstexte sprachlich und inhaltlich in die palästinensische Gemeinde zurück (s. Anm. 3), während das Mahl der Mysterien historisch nicht hinreichend auszumachen ist, wie überhaupt die scharfe Trennung zwischen palästinensischer und hellenistischer Gemeinde neuerdings als unbewiesen und fraglich erscheint. Mit F. Hahn[10] mag man als Ergebnis der Diskussion zusammenfassen: Man kann mehrere, deutlich drei Wurzeln des Herrenmahles unterscheiden: die Mahlgemeinschaften des irdischen Jesus mit Sündern und Jüngern, die Feier des letzten Abendmahles, die Mahle mit dem Auferstandenen. Dazu wirken ein die Überlieferung vom Speisewunder wie die Gleichnisse vom eschatologischen Mahl. Das Herrenmahl ist Gabe und Vermächtnis der ganzen Geschichte Jesu. Liturgie und Theologie des Herrenmahles werden nicht von Anfang an überall gleich akzentuiert und gleich intensiv gewesen sein, sondern sich entwickelt und endlich vereinheitlicht haben.

Bei Paulus[11] (1Kor 11,26) ist das Gedächtnis des Todes herausgestellt in der Erinnerung: „Ihr verkündiget (καταγγέλλετε) den Tod des Herrn." Dieses Verkündigen hat Anteil an der Kraft des Wortes und der Verkündigung in der gesamten biblischen Wertung. Im Wort ereignet sich, was angesagt ist. „Verkündigen" ist im antik-liturgischen Sprachgebrauch nicht nur Bekanntgabe eines zuvor geschehenen Ereignisses, sondern feierliche Ansage und Ausrufung von etwas, was eben in der Proklamation wirklich wird. Καταγγέλλειν kann im Kaiserkult für εὐαγγελίζειν stehen. Die Verkündigung des „Evangeliums" macht das Heil geschehen. Das Verkündigen ist zugleich schon Bekenntnis des in seiner Epiphanie gegenwärtigen erhöhten Herrn.

4. Alle Berichte über das letzte Mahl Jesu betonen die eschatologische

---

[10] *F. Hahn*, Die alttestamentlichen Motive in der urchristlichen Abendmahlsüberlieferung, EvTh 27, 1967, 337–374.

[11] *G. Bornkamm*, Herrenmahl und Kirche bei Paulus, in: *ders.*, Studien zu Antike und Christentum, Ges. Aufs. II, ²1963, 138–176; *H. Conzelmann*, Der erste Brief an die Korinther, MeyerK V ¹1969, 200–206.226–240; *E. Käsemann*, Anliegen und Eigenart der paulinischen Abendmahlslehre, in: *ders.*, EVB I 11–34; *P. Neuenzeit*, Das Herrenmahl, Studien zur paulinischen Eucharistieauffassung, StANT 1, 1960.

Erwartung. In Gleichnisreden hatte Jesus, rabbinische Redeweise aufnehmend, die Vollendung unter dem Bild des Mahles geschildert (Mt 8,11; 22,2–14; Lk 14,15–24). Beim letzten Mahl schaut Jesus auf jenes Mahl voraus: „Ich werde nicht mehr vom Gewächs des Weinstocks trinken bis zu jenem Tag, da ich es aufs neue (mit euch) trinke in der Königsherrschaft Gottes" (Mk 14,25 = Mt 26,29). Im Lukasevangelium erscheint der eschatologische Ausblick zweimal (Lk 22,16.18). Das Verheißungswort steht bei Matthäus und Markus am Ende des Mahles, bei Lukas zwischen dem von ihm berichteten Passamahl und dem eucharistischen Mahl. Lk 22,15–18 ist schwerlich alte Überlieferung, sondern Schöpfung des Lukas, der 22,14–20 historisierend das Passamahl und das neue Herrenmahl scheidet. Er setzt die eschatologische Verheißung je zu beiden Handlungen des Passa, da er vom Passa sagen kann, Jesus werde es erst wieder bei seiner Vollendung im Reiche Gottes feiern. Lukas vermeidet es, diese Verheißung dem Herrenmahl anzufügen, da es ja immerzu aufs neue in der Kirche gefeiert wird.

Wenn die Verheißung bei Matthäus und Markus am Ende des Mahles erscheint, so wird dies in jedem Fall der Feier des Mahles in der Gemeinde entsprechen. Paulus zeichnet das Wort nicht auf, wohl aber läßt er erkennen, daß die Liturgie des Herrenmahles von der eschatologischen Erwartung erfüllt war, wenn er 1Kor 11,26 sagt: „So oft ihr dieses Brot esset und diesen Kelch trinket, verkündiget ihr den Tod des Herrn, bis er wiederkommt." Der Schluß des 1. Korintherbriefes wird nach der Verlesung des Paulusbriefes zum Mahl überleiten. Die eschatologische Spannung bricht hier in den Ruf aus: Maranatha (1Kor 16,27). Drängend ist die Erwartung im Mahlgebet Did 9,4: „Wie das Brot zerstreut war auf den Bergen und zusammengebracht eins wurde, so laß auch deine Kirche von den Enden der Erde in dein Reich gebracht werden"; wieder Did 10,5f. Das Wort der nahen Erwartung der Königsherrschaft Gottes wird zum wesentlichen und alten Bestand des letzten Mahles Jesu gehören. Die Erwartung des neuen Mahles in der nahen Vollendung durch die Königsherrschaft Gottes steht mit der immer neuen Wiederholung des Mahles in einer sich erstreckenden Geschichte der Kirche in Spannung. Das eine scheint das andere auszuschließen. Sind zwei verschiedene Auffassungen und Überlieferungen zu erkennen? Das Neue Testament jedenfalls hat die Spannung durchgehalten. Der kirchlichen Liturgie freilich ging die eschatologische Grundhaltung verloren.

5. Das Herrenmahl fand zunächst im Rahmen eines wirklichen Sättigungsmahles statt. Das Judentum pflegte die Sitte profaner und sakra-

ler Mahlzeiten in kleineren und größeren Gemeinschaften. In der griechisch-römischen Antike feierten Kultgenossenschaften ihre Mähler. Auch die Christen hielten so gemeinsame Mähler. Sie werden Apg 2,42 bis 46 erwähnt: „Sie brachen das Brot in Hausgemeinschaften und nahmen die Speise in Frohlocken und Einfalt des Herzens." Unter dem Brotbrechen als der Eingangszeremonie wird das ganze Mahl begriffen sein. In Korinth wurde das Herrenmahl im Verlauf eines wirklichen Mahles gefeiert, wobei dieses sogar wichtiger scheinen konnte als jenes, sodaß Paulus die Ordnung wiederherstellen mußte (1Kor 11,20f). Der Judasbrief (12) tadelt heftig Irrlehrer. „Sie sind es, die bei euren Liebesmahlen als Schandflecke mitschmausen, ohne Scheu sich selbst weiden." Hier tragen die Gemeinschaftsmähler, die ebenso Sakrament wie Speisung sind, den Namen „Liebesmahle" (Agapen), welchen Namen auch Ignatius (Sm 8,2) kennt. Im 2. Jahrhundert wurden Herrenmahl und Sättigungsmahl getrennt, wofür erster Zeuge Justin (Apol I 67) ist.

6. Im 1. Korintherbrief handelt Paulus zweimal vom Herrenmahl, 1Kor 10,1–5 und 11,17–34. 1Kor 10,1–5 findet er Vorbilder der Taufe und des Mahles in der Geschichte Israels. Vom Mahl sagt Paulus: „Alle aßen dieselbe geistliche Speise und tranken denselben geistlichen Trank. Sie tranken nämlich aus dem geistlichen Felsen, der ihnen folgte. Der Fels aber war Christus." Paulus findet die beiden Teile des Herrenmahles, Essen und Trinken, schon in der wunderbaren Speise des Manna (Ex 16,4–36) wie in der Tränkung Israels in der Wüste. Sowohl Ex 17,6 wie Num 20,2–11 wird berichtet, daß Israel in der Wüste durch Wasser aus dem Felsen getränkt wurde. Unsere Exegese wird hier literarische Dubletten annehmen. Die rabbinische Theologie meinte, der Fels sei mit dem Volk gewandert: „Der Brunnen, der mit Israel in der Wüste war, ging mit ihnen hinauf auf die Berge und stieg mit ihnen hinunter in die Täler" (Bill. III 406–408). Jener Brunnen aber war gemäß jüdischer Theologie vorzeitlich erschaffen. Nach Philo (Leg All 2,86) ist „der hochzackige Fels die Weisheit Gottes". Paulus verbindet rabbinische Exegese mit der Theologie des vorzeitlichen ewigen Seins des Christus (1Kor 8,6; Phil 2,6–11). Wenn aber Paulus von geistlicher Speise und geistlichem Trank für Israel spricht, dann wird er vom Herrenmahl ausgehen. Dieses zuerst ist für ihn geistliche Speise und geistlicher Trank. Von der Taufe sagt Paulus 1Kor 12,13, daß sie „im Geiste" geschehe. Eine schon verbreitete Auffassung wird deutlich, wenn die Didache 10,3 die Eucharistie „geistliche Speise und geistlicher Trank" nennt. Auch Joh 6,63 spricht vom notwendigen geistlichen Verständnis der Euchari-

stie. „Der Geist und das Wasser und das Blut legen Zeugnis ab" (1 Joh 5,8). Dies geschieht im Leben Jesu wie in den Sakramenten der Taufe und des Mahles. – „Der Herr ist der Geist" (2 Kor 3,17). Der Erhöhte ist in Weise und Kraft des Geistes in der Kirche anwesend und wirksam. In späterer Sprache möchte man sagen: Die Realpräsenz ist Präsenz in und durch den Geist.

Die Väter haben die Kraft des Geistes in der Eucharistie weiterhin erkannt. Nach Vätern wie Ephraem, Gregor von Nyssa, Cyrill von Alexandrien, Johannes Chrysostomus, Theodor von Mopsuestia verbindet sich der Logos durch das Pneuma mit den dargebrachten Gaben Brot und Wein, so daß diese ihre natürliche Eigenständigkeit verlieren und in Leib und Blut Christi verwandelt werden. In griechischer Liturgie heiligt und verwandelt der auf die Opfergaben herabgerufene Geist die Gaben. Dieser „Epiklese" wird von den Vätern große Bedeutung beigemessen. Nach Augustinus (Serm 57,7) werden die Gläubigen durch die Eucharistie der Lebensgemeinschaft mit dem Geist Christi immer aufs neue teilhaftig.

Paulus muß in Korinth Mißbräuche beim Herrenmahl abstellen und Ordnung schaffen (1 Kor 11,17–34). Die Korinther haben das Mahl profaniert. Paulus wendet sich nun nicht etwa an einen einzelnen Amtsträger, indem er ihn auffordert, für Ordnung Sorge zu tragen, sondern er spricht die ganze Gemeinde an. Daraus wird man folgern, daß es solche Amtsträger, die das Mahl als „Priester" vollzogen hätten, noch nicht gab. Propheten – Männer oder Frauen – sprachen Verkündigung und Liturgie (1 Kor 11,4f). Noch in Did 10,7 feiern die Propheten die Eucharistie als die „Hohenpriester" (13,3). Das Wir der Kirche begeht das Mahl. „Wir segnen den Kelch ... Wir brechen das Brot" (1 Kor 10,16). Damit wird der Stiftungswille Christi vollzogen, der die Feier des Mahles der ganzen Kirche aufgetragen hat (1 Kor 11,24f; 14,24). Die ganze Gemeinde feiert geistigen Opferdienst (Röm 12,1f)[12] im gemeinsamen Priestertum (1 Petr 2,5.9; Apk 1,6). Zwar sagen Apostelgeschichte (14,23) wie Pastoralbriefe (2 Tim 1,6), Paulus habe durch Handauflegung Priester und Bischöfe eingesetzt. Doch dürften mit solchen Angaben spätere Ordnungen in die Zeit des Paulus übertragen sein. Endlich aber wird zu bedenken sein, daß in jedem Fall, auch wenn der ordinierte Priester die Eucharistie mitfeiert, nicht er aus seinem, ja doch menschlichen Vermögen das Herrenmahl darstellt, sondern immer der erhöhte, im

---

[12] *E. Käsemann*, Gottesdienst im Alltag der Welt, in: *ders.*, EVB II 198–204.

Geist wirkende Christus das Mahl begeht und erfüllt. So ist er der Hohepriester, der sein Selbstopfer vollzog (Hebr 7,2f; 9,14) und nun im himmlischen Heiligtum Priester in Ewigkeit ist (Hebr 7,3.24), um als Mittler für die Kirche einzutreten (Hebr 7,25; 9,24; 12,24). Väter sagen immer wieder, daß Christus selbst im Mahl waltet und speist.

Paulus warnt vor dem unwürdigen Genuß des Mahles, der schwere Strafe zur Folge hat: „Wer unwürdig ißt und trinkt, ißt und trinkt sich das Gericht, da er den Leib nicht unterscheidet. Darum gibt es bei euch viele Kranke und Schwache, und manche sind entschlafen" (1Kor 11, 29f). Trotz der harten Sprache darf man Paulus nicht massiv-magisches Denken unterstellen, als ob die Gabe des Mahles sich in Gift verwandelte, an dem man krank wird und stirbt. Der unwürdige Genuß ruft das Gericht Gottes herbei. Er also ist es, der straft. Man mag vergleichen Apk 2,22f: „Ich werde sie aufs Krankenlager werfen und die mit ihr buhlen, in große Trübsal, wenn sie nicht umkehrt von ihren Werken. Und ihre Kinder will ich des Todes sterben lassen." Die Strafe ist hier wie dort sehr realistisch als Krankheit und Tod beschrieben. Gott, der Schöpfer, ist der Spender allen Lebens. Zerstörung des Lebens in Krankheit und Tod kann nicht Gottes Wille und Werk sein. Sie können nur als von ihm zugelassene Strafe verstanden werden.

So sagt das Evangelium (Lk 13,16), daß durch die Heilung der Satan in der Krankheit überwunden wird. Nicht Sünde überhaupt macht des Mahles unwürdig, so daß also nur Sündlose das Mahl nehmen dürften. Vielmehr soll das Mahl ja eben die Sünde tilgen (Mt 26,28). Die Schuld ist Versündigung am Leib Christi. Es wird aber nicht gesagt, welcher Leib nicht unterschieden und also verkannt wird. Gemeint ist wohl entweder der eucharistische Leib oder der Leib der Kirche. Die Korinther unterscheiden den eucharistischen Leib nicht mehr von gewöhnlicher Speise; oder aber sie versündigen sich am Leib, der die Kirche ist. Unwürdig ist der Genuß, wenn der Sinn des Mahles durch Selbstsucht beim Mahl aufgehoben und verkehrt wird. Dann wird das Mahl, das Gemeinschaft mit dem und in dem Leib Christi ist, zerstört. – Die Warnung des Paulus vor den schweren Folgen des unwürdigen Genusses lassen seine Überzeugung von der wirklichen Gegenwart des Herrn im Mahle erkennen. Wiewohl Paulus nicht von vorheriger Sünde, die der Teilnahme am Mahl unwürdig machen würde, spricht, wird doch hier ein Ansatz für die Forderung der Buße vor dem Mahle liegen. So verlangt schon Did 14,1: „Am Herrentage sollt ihr zusammenkommen, Brot brechen und danken, nachdem ihr zuvor eure Sünden bekannt habt, damit euer Opfer rein sei." Die Reinheit des Opfers verlangt die Reinheit des Teilnehmers.

Paulus lehrt die Bedeutung des Herrenmahles für die Kirche. Die Gemeinschaft mit dem Herrn des Mahles ist nicht nur ein persönliches Ereignis der Einkehr des Herrn in der Seele, wenn auch diese Erfahrung des Mahles eine hohe Mystik erzeugt hat, die man gewiß nicht leichthin abtun darf. Der Bezug des Herrenmahles auf die Kirche ist in den Abendmahlsworten in der Betonung der Hingabe „für die vielen" wie in der Stiftung des Bundes (Mk 14,24) angegeben. Paulus begründet die Bedeutung des Mahles für die Gemeinschaft der Kirche (1Kor 10,15ff; 11,23–30). Das Mahl ist in dreifachem Sinn Darstellung des Leibes Christi. Im Mahl wird der Leib des geschichtlichen Christus in den Tod gegeben: „Dies ist mein Leib für euch" (1Kor 11,24). Im Mahl sind Brot und Wein der Leib und das Blut Christi: „Der Kelch, den wir segnen, ist er nicht die Gemeinschaft des Blutes Christi? Das Brot, das wir brechen, ist es nicht die Gemeinschaft des Leibes Christi?" (1Kor 10,16). Das eine Brot bewirkt die Einheit des Leibes Christi, der die Kirche ist. „Weil ein Brot, sind wir, die vielen, ein Leib" (1Kor 10,17). Die Gemeinschaft mit Christus erfährt der Glaube (1Kor 1,9). Sie ist Gemeinschaft der Leiden mit Christus (Phil 3,10). Sie besteht als „Gemeinschaft des Heiligen Geistes" (2Kor 13,13). Die Gemeinschaft des Blutes und Leibes Christi ist eine neue, sakramental vermittelte Wirklichkeit (1Kor 10,16). Paulus erläutert und begründet mit der Erinnerung an religiöse Umwelt. Israel feiert das Mahlopfer und Opfermahl um den Altar des Tempels. Dadurch wird das Volk zu einer großen Gemeinschaft um den Altar als Mitte (1Kor 10,18). Auch das Heidentum ist eine Gemeinschaft um seine Opferaltäre. Zwar ist die Mitte nicht der wirkliche Gott; denn es ist nur *ein* Gott (1Kor 8,4–6). Hinter dem Opferdienst agieren die Dämonen. Dadurch ist das Heidentum eine furchtbare Wirklichkeit. Von ihr ist die Gemeinschaft durch das Sakrament Christi radikal geschieden. Der in den Tod gegebene Leib Christi bildet und schafft die Kirche. Denn die Selbsthingabe Jesu wirkt Erlösung, Rechtfertigung, Heiligung, Heil, worin eben die Kirche besteht. Darum kann das Mahl nicht gefeiert werden, wenn die Gemeinschaft verletzt oder zerstört wird. Paulus rügt eben im Hinweis auf das Mahl, daß in der Gemeinde Spaltungen bestehen (1Kor 1,10–12). Er tadelt, daß in Korinth jeder „sein eigenes Mahl vorwegnimmt". Dieses ist eine Verachtung der Gemeinde (1Kor 11,21f). – Von den Vätern hat zumal Augustinus die ekklesiologische Bedeutung der Eucharistie betont. Sie ist Zeichen und Mitte der Einheit zwischen Christus und der Kirche und damit der Kirche selbst. Der sakramentale Leib Christi hat geistliche Bedeutung, wie Paulus sagt: „Ihr seid der Leib Christi und seine Glieder. Wenn also ihr der Leib Christi seid und seine Glieder, so seid ihr selbst als Geheimnis auf dem Tisch des Herrn; ihr empfanget euch selbst im Geheimnis. Das eine Brot, der eine Leib sind wir, die vielen" (Serm 227, MPL 38,1246–1248).

7. Im Johannesevangelium[13] wird im Bericht über das letzte Mahl Jesu mit den Jüngern die Einsetzung des Herrenmahles nicht erwähnt. Doch klingen in den Abschiedsreden Bezüge darauf an (Joh 13,34f; 15,1–8.12; 17,17–19). Joh 6 aber ist geschrieben auf dem Hintergrund der Feier der Eucharistie in der Kirche. Das Evangelium berichtet zunächst von der wunderbaren Speisung der Tausende durch Christus, die als Vorwegnahme der Eucharistie geschildert ist (Joh 6,5–13). Das Mannawunder ist Vorausbild für die Speise der Eucharistie, wie für jene, die Christus selber ist (6,31–35.49–51.58). Christus ist das wahre Brot vom Himmel, das man im Glauben empfangen muß (6,31–63). Er gibt das bleibende Brot des Lebens, das sein „Fleisch für das Leben der Welt" ist. Das Essen des Fleisches und das Trinken des Blutes des Menschensohnes verheißt die Auferweckung am Jüngsten Tage und gibt ewiges Leben (6,50–58). Die sakramentalen Gaben werden vom Erhöhten gespendet (6,62). In letzter Wahrheit wirkt in allen der göttliche Geist (6,63; 7, 38f). Das sichtbare Sakrament wird mit höchst realistischen Worten beschrieben als „Kauen" und „Trinken" der Elemente (6,56). Tieferhin aber wird die Eucharistie der Kirche dargestellt in den Zusammenhängen mit der Christologie, insbesondere dem Heilstod Jesu, der Lehre vom Geist und der Eschatologie. Wort, Sakrament und Geist werden eine Einheit.

Wie andere Reden des Johannesevangeliums hat auch die Eucharistierede von Joh 6 ihren Ort in der theologischen Auseinandersetzung zu Ende des 1. Jahrhunderts. Die Spiritualität des Sakraments wird gegen ein grob materialistisches Mißverständnis verteidigt (6,63). Anderseits

---

[13] *P. Borgen,* Bread from Heaven, NT.S 10, Leiden 1965; *H. Klos,* Die Sakramente im Johannesevangelium, 1970; *J. Nearon,* My Flesh for the Life of the World. Diss. Rom 1959.

Die Rede Joh 6,28–59 ist oben als Einheit erklärt; *R. Bultmann,* Das Evangelium des Johannes, MeyerK III [10]1968, 174–177, beurteilt Joh 6,51b–58 jedoch als spätere Einfügung gemäß der Sakramentstheologie der Kirche; ihm stimmt zu: *E. Lohse,* Wort und Sakrament im Johannesevangelium, in: *ders.,* Die Einheit des Neuen Testaments, 1973, 193–208.

wird aber auch eine doketische Bestreitung der wahren Menschheit und Geschichtlichkeit Christi wie des Sakraments widerlegt (6,53)[14].

IV. Dogmatische Auslegung[15]

Die dogmatische Theologie des hohen Mittelalters verwandte zur Erklärung der wirklichen Gegenwart Christi in der Eucharistie die aristotelisch-scholastische Begrifflichkeit von der Substanz als dem nicht materialen, nicht erfahrbaren Wesen der Dinge, und der Species als der Summe der Akzidentien, welche die sichtbaren und wahrnehmbaren Eigenschaften der Dinge sind. Die Dogmatik bildete das Kunstwort „Transsubstantiation". Das Wort wird zum erstenmal vom 4. Laterankonzil 1215 kirchenamtlich gebraucht, dann vom Konzil von Trient 1551 wiederholt: „Die Katholische Kirche nennt die Wandlung sehr zutreffend Transsubstantiation." Kraft der Konsekration von Brot und Wein wird die Substanz von Brot und Wein verwandelt in die Substanz von Leib und Blut Christi. Die Akzidentien bleiben. Wenn aber die Substanz keine erfahrbare, sondern eine geistige Präsenz ist, dann wäre der Sinn vielleicht vergleichbar mit Aussagen wie 1Kor 10,4 und Joh 6,63, wonach die Gegenwart Christi in der Eucharistie eine geistig-geistliche ist.

Duns Scotus (und wohl die Dogmatik weithin) lehrt, die Transsubstantiation sei aus der Schrift nicht beweisbar, vielmehr nur aus der Tradition der Kirche. Es ist eine Entlastung für die Exegese, wenn sie nicht den Schriftbeweis für die Lehre von der Transsubstantiation erbringen muß. Ist diese nur aus der Tradition erweisbar, so besagt das wohl, daß die Transsubstantiation eine zeit- und kulturgeschichtlich bedingte, wenn auch dogmengeschichtlich sehr bedeutsame Erklärung der Realpräsenz ist. Wenn das Tridentinum sagt, der Begriff der Transsubstantiation sei „sehr zutreffend", so ist er wohl nicht unbedingt notwendig und nicht einzig möglich.

---

[14] *H. Leroy*, Rätsel und Mißverständnis, BBB 30, 1969, 100.124.191ff.

[15] *K. Rahner*, Die Gegenwart Christi im Sakrament des Herrenmahles, in: *ders.*, Schriften zur Theologie 4, Einsiedeln 1960, 357–385; *J. Powers*, Eucharistie in neuer Sicht, 1968; *E. Schillebeeckx*, Die eucharistische Gegenwart, ²1968; *T. Schneider*, Gewandeltes Eucharistieverständnis? Einsiedeln ²1970; *W. Beinert*, Die Enzyklika „Mysterium fidei" und die neueren Auffassungen über die Eucharistie, ThQ 147, 1967, 159 bis 176.

Die Problematik ist offenbar nicht zum wenigsten hermeneutischer Art, ob man biblische Worte, Begriffe und Daten unmittelbar in Begriffe griechischer Metaphysik überleiten und damit fassen kann. Die Problematik wird für uns dadurch vermehrt, daß wir Brot und Wein heute nicht mehr als Substanz bezeichnen. Nach heutiger Auffassung sind sie eine Menge von Substanzen als Menge von Elementarteilchen.

Heutige Dogmatik versucht darum teilweise neue Formulierung. Sie erwägt für die Eucharistie das Wort „Transsignifikation". Brot und Wein werden Zeichen, signa, einer anderen tieferen Wirklichkeit. Sie sind Zeichen der Wirklichkeit der Hingabe Christi in den Tod, aber auch in das Mahl der Gemeinschaft mit den Menschen. Oder Dogmatik benutzt den Begriff „Transfinalisation". Brot und Wein erhalten neuen Zweck und neues Ziel, neuen *finis*. Sie erhalten den Sinn, die Hingabe Christi darzustellen und das geistige Mahl zu gewähren. (Als Vergleich wird gesagt, daß ein rotes Tuch als rote Fahne einen wesentlich anderen, neuen Sinn hat.) Zeichen und Gestalt von Brot und Wein gehen über allen natürlichen Inhalt und Wert hinaus, transzendieren die Täglichkeit, indem sie eschatologisch endgültiges Heil darstellen und verheißen.

RECHTFERTIGUNG ALS SCHÖPFUNGSGESCHEHEN

Notizen zur alttestamentlichen Vorgeschichte
eines neutestamentlichen Themas

HANS HEINRICH SCHMID

Gleichzeitig als Weiterführung und Kritik der Paulus-Interpretation R. Bultmanns hat E. Käsemann in verschiedenen Ansätzen und Zusammenhängen die Rechtfertigung als Schöpfungsgeschehen beschrieben. *Iustificatio impii, creatio ex nihilo* und *resurrectio mortuorum* sind für ihn nahezu synonym verwendbare Umschreibungen ein und desselben Vorganges: des christologisch-soteriologisch konkretisierten, machtvollen Zugriffs des Schöpfers auf seine Welt[1].

Gegen Bultmann und andere weist Käsemann damit mit allem Nachdruck darauf hin, daß das Zentralthema paulinischer Theologie nicht primär am Individuum orientiert sei und nicht nur die Gabe eines neuen Selbstverständnisses meine (und damit „nicht das Ziel unserer Bewegung, sondern deren Voraussetzung"[2] wäre), sondern von der Aufrichtung der (Königs-)Herrschaft Gottes – über die ganze Welt – spreche.

Ziel der nachstehenden Zeilen ist nicht das eines unmittelbaren Eingriffs in die neutestamentliche Fachdiskussion und der Erörterung ein-

---

[1] Die Belege dafür sind in den Schriften *E. Käsemanns* so zahlreich, daß auf einzelne Nachweise verzichtet werden kann. Sie finden sich – von der verhandelten Sache her gegeben – vor allem in seinen Aufsätzen zur paulinischen Theologie, besonders in: Gottesgerechtigkeit bei Paulus, ZThK 58, 1961, 367–378 = *ders.,* in: EVB II 181–193; Paulinische Perspektiven, 1972[2] und in seinem Kommentar An die Römer, HNT 8a, 1973 ([3]1974).

[2] *H. Conzelmann,* Grundriß der Theologie des Neuen Testamentes, [2]1967, 243; dagegen *E. Käsemann,* Perspektiven 137. Vgl. die Auseinandersetzungen *Käsemanns* ebd 136–139 mit *H. Conzelmann,* Die Rechtfertigungslehre des Paulus. Theologie oder Anthropologie? EvTh 28, 1968, 389–404 (= in: *ders.,* Theologie als Schriftauslegung. Aufsätze zum Neuen Testament, BEvTh 65, 1974, 191–206). Zur Diskussion vgl. *G. Klein,* Gottes Gerechtigkeit als Thema der neuesten Paulusforschung, VF 12, 1967/II, 1–11 (= in: *ders.,* Rekonstruktion und Interpretation. Ges. Aufs., BEvTh 50, 1969, 225–236).

zelner paulinischer Textzusammenhänge. Vielmehr soll die Frage gestellt werden, ob es nicht – gerade von der Paulus-Interpretation Käsemanns her – angezeigt wäre, daß die neutestamentliche Wissenschaft die alttestamentliche Vorgeschichte des neutestamentlichen Gerechtigkeitsbegriffes noch eingehender (und vor allem: grundsätzlicher) in ihre Überlegungen einbeziehen würde. Daß Paulus in der Bezeichnung des Heilsgeschehens mit dem Begriff der Gerechtigkeit in alttestamentlich-jüdischer Tradition steht, ist unbestritten[3]. Um so auffälliger ist, wie wenig die Diskussion in der neutestamentlichen Wissenschaft (über die pauschale Abweisung der spätjüdischen „Gerechtigkeit aus Werken" hinaus) davon erkennen läßt.

Mit einigen mehr oder weniger ausführlichen Bemerkungen „Zur Begriffsgeschichte"[4] ist es dabei sicher nicht getan. Das neuerdings gelegentlich erhobene Postulat einer „ontologischen Exegese"[5] wäre es gerade in diesem Kontext wert, ernst genommen zu werden. Es ist eine Grunderkenntnis der Hermeneutik, daß Denk- und Sprachformen nicht frei wählbar sind, und gerade wenn ein Neues von einem Alten so pointiert abgehoben wird, wie dies bei Paulus geschieht, kann das Neue nicht

---

[3] S. etwa *G. Schrenk*, Art. δίκη usw, ThW II 180–229, bes. 190–193.206.208 u. ö.; *A. Oepke*, ΔΙΚΑΙΟΣΥΝΗ ΘΕΟΥ bei Paulus in neuer Beleuchtung, ThLZ 78, 1953, (260–264) 261f; *R. Bultmann*, Theologie des Neuen Testamentes, ³1958, 273f; *E. Schweizer*, Art. Gerechtigkeit Gottes, III. Im NT, RGG³ II 1406f; *E. Käsemann*, Gottesgerechtigkeit 370f.374. *H. Conzelmann*, Grundriß 239f. *P. Stuhlmacher*, Gerechtigkeit Gottes bei Paulus, FRLANT 87, ²1966, 113–145. Stuhlmacher fügt allerdings eine wesentliche Einschränkung an: „Daß das Alte Testament in die Vorgeschichte des paulinischen Begriffs (sc. Gerechtigkeit Gottes) konstitutiv hineingehört, ist offensichtlich. Ursprung des paulinischen Denkens von der δικαιοσύνη θεοῦ ist es dagegen nicht" (aaO 144). Daß die Beziehung doch ursprünglicher ist, als Stuhlmacher annimmt, soll im folgenden gezeigt werden – was allerdings nicht voraussetzt, daß Paulus zur Entwicklung seiner Rechtfertigungslehre selbständig auf das Alte Testament zurückgegriffen habe (vgl. ebd Anm. 5). Auf das zufällige (nur einmalige) Vorkommen von *ṣidqat JHWH* in Dtn 33,21 sollte dabei kein besonderer Wert gelegt werden.

[4] So ausdrücklich *H. Conzelmann*, Grundriß 239, der Sache nach aber fast alle der in Anm. 3 genannten Autoren. Auch das relativ ausführliche Kapitel „Gerechtigkeit Gottes im Alten Testament" bei *P. Stuhlmacher*, Gerechtigkeit 113–145 greift hier m. E. noch viel zu wenig tief.

[5] *P. Stuhlmacher*, Erwägungen zum ontologischen Charakter der καινὴ κτίσις bei Paulus, EvTh 27, 1967, 1–35; vgl. *ders.*, Gerechtigkeit 16.70–73; in ähnlicher Richtung schon *K. Koch*, SDQ im Alten Testament, theol. Diss. Heidelberg 1953 (Masch.), VI; *H. Gese*, Erwägungen zur Einheit der biblischen Theologie, ZThK 27, 1970, 417 bis 436 = (in: *ders.*, Vom Sinai zum Zion, BEvTh 64, 1974, 11–30) und meine Bemerkungen in: Gerechtigkeit als Weltordnung, BHTh 40, 1968, 4–7.

zureichend verstanden werden ohne die ebenso eingehende Kenntnis des Alten. Auch Diskontinuität ist – wie schon der Begriff sagt – eine Spielart von Kontinuität. Die Begrenztheit des Raumes bringt mit sich, daß die folgenden Überlegungen in verschiedener Hinsicht nur sehr fragmentarisch sein können, insbesondere darin, daß sie sich auf das Alte Testament und dessen Voraussetzungen begrenzen und von sämtlichen Weiterentwicklungen in der zwischentestamentlichen Zeit absehen müssen[6]. Doch könnte schon dieser Ausschnitt für die Erhebung der neutestamentlichen Sachverhalte ertragreich sein.

Als erstes ist zu fragen, ob im Alten Testament die Themen Gerechtigkeit und Schöpfung in gegenseitiger Verbindung stehen. Dies ist tatsächlich der Fall. Zwar kommt die Wortgruppe *ṣædæq/ṣᵉdaqā* in den klassischen Schöpfungstexten nicht vor. Die Beziehung zwischen Gerechtigkeit und Schöpfung liegt nicht auf begriffsgeschichtlicher Ebene, sondern tiefer: eben auf der der Ontologie.

Das altorientalische Denken – einschließlich des alttestamentlichen – geht davon aus, daß die Welt ein in sich zusammenhängendes Ganzes sei bzw. sein sollte. Die Ordnungen im Bereich der Natur, im Bereich des Sozialen und des Rechts, der Weisheit, des Politischen und des Kultes, ja sogar der Geschichte, sind alles Aspekte ein und desselben umfassenden Zusammenhanges, für den sich in der Religionswissenschaft der Begriff der Weltordnung eingebürgert hat. Zu ihm gehört auch die Vorstellung von der Zusammengehörigkeit von Tat und Ergehen, an welchem die gegenseitige Interdependenz der einzelnen Bereiche besonders deutlich wird: Noch die vorexilische Prophetie geht ganz selbstverständlich davon aus, daß die Verfehlungen des Volkes im ethischen oder kultischen Bereich ihre Konsequenzen auch im Bereich der Natur (Dürre, Erdbeben) oder im Bereich des Politischen (Krieg, Deportation) zeitigen können. Ähnlich steht über der Einhaltung des Rechts der Segen, der sich in der Stadt, auf dem Felde und bis in den Backtrog hinein auswirkt (Dtn 28; Lev 26), und wer im Bereich der Weisheit Recht und Gerechtigkeit tut, wirkt Leben in ebenso umfassendem Sinne.

In alledem geht es um nichts anderes als die Schöpfungsordnung, die es immer wieder neu zu konstituieren gilt. Eine besondere Funktion

---

[6] Vgl. dazu etwa die Kapitel „Gerechtigkeit Gottes in der Apokalyptik" und „Gerechtigkeit Gottes in der Synagoge" bei *P. Stuhlmacher*, Gerechtigkeit 145–184; manches auch bei *U. Luck*, Gerechtigkeit in der Welt – Gerechtigkeit Gottes, WuD 12, 1973, 71–89, der die Frage nach Gerechtigkeit als das Altes Testament, Judentum und Neues Testament durchlaufende Grundthema menschlicher Existenz erweist.

kommt dabei dem altorientalischen (und nach Ausweis der Psalmen auch weitgehend dem Jerusalemer) König zu: Er hat diese Ordnung in allen ihren Bereichen zu garantieren; nicht zufällig ist er daher als Sohn des Schöpfer- und Ordnungsgottes, des göttlichen Königs, dessen irdischer Statthalter[7].

In diesem Kontext hat die Relation von Gerechtigkeit und Schöpfung ihren Ort. Die Inthronisation des Pharaos, welche die Wiedereinsetzung von Recht und Gerechtigkeit bedeutet, ist Nachvollzug des Schöpfungsgeschehens: „(Tutanchamun) hat die Unordnung (*isf.t*) aus den beiden Ländern vertrieben, und die Maat ist fest auf ihrem Platze; er hat veranlaßt, daß Lüge (*grg*) ein Abscheu ist, und das Land ist wie beim ersten Male" – dh wie bei der Schöpfung. Und entsprechend: „(Amenemhet II.) vertreibt die Unordnung (*isf.t*), indem er erschienen ist als Atum selbst" – dh als Inkarnation des Ur- und Schöpfergottes: Die Aufrichtung von Recht und Gerechtigkeit ist nicht weniger als Schöpfungsgeschehen[8]. In Entsprechung dazu datiert die Übermittlung des Codex Hammurabi vom Ordnungsgott Šamaš an den König aus der Zeit der Schöpfung[9]: Es sind Elemente der Schöpfungsordnung, die hier juristisch kodifiziert sind. Ähnlich ist die Weisheit, in der das Thema Recht und Gerechtigkeit eine zentrale Stellung einnimmt, noch in Israel der Erstling der Schöpfung (Spr 8,22; vgl. Hi 28, bes. V. 20ff). Begrifflich auf einen Nenner gebracht hat die enge Zusammengehörigkeit von Gerechtigkeit und Schöpfung das alte Ägypten. Hier bezeichnet der Begriff *mꜣꜥ.t* „Recht, Gerechtigkeit"[10] gleichzeitig die Schöpfungsordnung[11]. In dieser Doppelfunktion ist er Zentralbegriff sowohl der ägyptischen Rechts-[12] als auch Weisheitsliteratur[13], wird die Hauptfunktion des Kö-

---

[7] Vgl. Ps 2; 72; 110. Für alle Einzelnachweise und die nähere Interpretation des Weltordnungsdenkens darf ich auf mein an den Aufsatz Schöpfung, Gerechtigkeit und Heil. „Schöpfungstheologie" als Gesamthorizont biblischer Theologie, ZThK 70, 1973, 1–19, anschließendes Büchlein Altorientalische Welt in der alttestamentlichen Theologie, 1974, verweisen.

[8] Vgl. *S. Morenz*, Ägyptische Religion, 1960, 121f.175ff; *E. Hornung*, Geschichte als Fest, 1966, 27.

[9] Prolog, I 1–49, AOT 380f; ANET 164.

[10] *A. Erman – H. Grapow*, Wörterbuch der ägyptischen Sprache II, 18ff.

[11] *S. Morenz*, Religion 121ff; *W. Westendorf*, Ursprung und Wesen der Maat, der altägyptischen Göttin, des Rechts, der Gerechtigkeit und der Weltordnung, in: Festschr. für W. Will, 1974, 201–225.

[12] *E. Otto*, Prolegomena zur Frage der Gesetzgebung und Rechtssprechung in Ägypten, MDAIK 14, 1956, (150–159) 150f.

nigs als Aufrichtung der Maat beschrieben[14], und dementsprechend spielt die Maat – besonders in der häufigen, stereotypen Darstellung der „Darbringung der Maat"[15] – eine gewichtige Rolle auch im Kult. Die Grundlagen dieses Denkens teilt auch das alte Israel: *'aśā ṣᵉdaqā umišpaṭ* heißt wie das ägyptische *irj* oder *ś.ḥpr mꜣ°.t* so viel wie Vollzug von Schöpfung. Die *ṣᵉdaqā*, die dem zuteil wird, der Gerechtigkeit tut, ist nichts anderes als die heilvolle Auswirkung ebendieser Schöpfungsordnung, und die *ṣᵉdaqā* bzw. der *ṣædæq* Jahwes ist die Kraft – von E. Käsemann her ist man versucht zu sagen: die Macht – Gottes, die diesen schöpfungsmäßigen Gerechtigkeitszusammenhang vollzieht. Besonders deutlich wird dies letzte im alttestamentlichen Klagepsalm, der angesichts einer durch Krankheit, Dürre, Feindeinwirkung o.ä. ausgelösten Störung der Rechtsordnung der Welt das rettende Eingreifen Jahwes erwartet. Angerufen wird der *ṣædæq* bzw. die *ṣᵉdaqā* Jahwes[16], und wo die Bitte zusätzlicher Begründung bedarf, wird in erster Linie auf seine Schöpfermacht rekurriert[17].

So läßt sich ganz allgemein für das Alte Testament – wie ähnlich für den Alten Orient insgesamt – sagen, daß da, wo sich Gerechtigkeit vollzieht und wo sich „Rechtfertigung" ereignet, ein Schöpfungsgeschehen im Gange ist. Verschiedene Alternativen, die in der neutestamentlichen Wissenschaft aufgestellt wurden, erweisen sich von hier aus jedenfalls für den alttestamentlichen Bereich als unsachgemäß: So läßt sich etwa, wenn in diesem Zusammenhang von der Gerechtigkeit Gottes gesprochen werden soll, der Genetiv in dieser Formel nicht von einem Entweder-Oder von *genetivus subjectivus*, *genetivus objectivus* oder *genetivus auctoris* her auflösen. Alle drei Aspekte liegen eng ineinander: Weil Gott in seiner Funktion als Wahrer der Weltordnung Gerechtigkeit zuzusprechen ist, ist es seine Gerechtigkeit, die er dem übereignet, der seinerseits Gerechtigkeit tut. Ebensowenig läßt sich eine Alternative zwischen anthropologischer und theologischer bzw. individueller oder kosmologischer Redeweise aufweisen. Individuelle „Rechtfertigung" vollzieht sich als

---

[13] *H. Brunner*, Die Weisheitsliteratur, HO I/2, 1952, (90–110) 93; *H. Gese*, Lehre und Wirklichkeit in der alten Weisheit, 1958, 7ff.

[14] *E. Hornung*, Geschichte 26f; *S. Morenz*, Religion 127f.

[15] *S. Morenz*, aaO; *O. Keel*, Die Weisheit spielt vor Gott, 1974, Abb. 32–34, 61f.

[16] Vgl. etwa Ps 31,2; 35,24; 71,2; 143,11; entsprechend wird die vollzogene Rettung als Tat der „Gerechtigkeit" Jahwes gepriesen Ps 7,18; 22,32; 35,28; 51,16; 71,15f. 19.24.

[17] Vgl. etwa Ps 90,2; 102,26; vgl. 94,9; 139,13.15, mit Rückbezug auf den uranfänglichen Chaoskampf in Ps 74,13f; 89,10; im Danklied Ps 18,16; 65,8.

kosmisch begründetes Geschehen, im anthropologischen Bereich vollzieht sich die theologische Frage nach Gott. Könnte nicht sein, daß dieser alttestamentliche Befund, sachgerecht in die neutestamentliche Debatte eingebracht, auch zu Klärungen im neutestamentlichen Bereich zu führen vermöchte?

Doch der alttestamentliche Beitrag zum neutestamentlichen Thema „Rechtfertigung als Schöpfungsgeschehen" reicht noch weiter als nur bis zum phänomenologischen Aufweis der Zusammengehörigkeit von Gerechtigkeit und Schöpfung. Nicht nur das bloße Daß einer solchen Zusammengehörigkeit ist von Interesse, sondern in besonderem Maße die Frage, wie sie gelebt und gedacht wurde, zu welchen Konkretionen und in welche Probleme sie geführt hat. Verschiedene Textbereiche und Stadien sind hier zu unterscheiden.

Ein erster Typus der Problemkonkretion liegt in weiten Teilen der Weisheitsliteratur, besonders im Proverbienbuch vor. Hier erwartet den, der sich den Erfordernissen der Weisheit und damit den Grundforderungen der Weltordnung entsprechend verhält, recht unvermittelt gutes Ergehen, „Gerechtigkeit" und Leben. Hier könnte man von einer „Rechtfertigung aus Werken" sprechen, wenn es sich dabei nicht um einen religions-, geistes- und theologiegeschichtlichen Anachronismus handeln würde. Ein vergleichbares Denkmuster steht auch hinter den schon genannten Klagepsalmen, insbesondere, solange die Klage dessen, der sich auf seine Unschuld und seine unwandelbare Treue zu Jahwe beruft, mit einem (zu erschließenden) Heilsorakel beantwortet wird, so daß der Psalm mit dem dankenden Lob über die vollzogene Rettung ausklingen kann. Auf etwas anderer Ebene gehören in diesen Kontext eine Reihe alter (vor allem Sagen-)Überlieferungen wie etwa die von der Rettung des allein gerechten Noah (Gen 7,1; 6,9) oder Lot (Gen 19,1–29). Auch hier zahlt sich gerechtes Verhalten recht unmittelbar aus. In nochmals veränderter Konkretion wäre darüber hinaus der Kanon der vorexilischen Propheten zu nennen. Hier steht – bei den Propheten selber – negativ fest, daß über die Schuld des Volkes die (gerechte) Strafe kommen muß, und – bei den literarisch meist sekundären Heilsworten – positiv, daß nach vollzogener Strafe der Weg für das Heil nun frei sei[18]. Daß sich auch darin im letzten ein Schöpfungsgeschehen abspielt, zeigt sich besonders deutlich in den Hymnen des Amosbuches (4,13; 5,8; 9,5f),

---

[18] Vgl. auch Jes 40,1. Nicht nur, aber in besonderem Maße bei Deuterojesaja findet zur Bezeichnung des nun anbrechenden Heiles gerade der Begriff der *ṣᵉdaqā* Verwendung (46,12f; 51,5f.8; 54,17; vgl. 45,8; 54,14).

mit welchen Israel in der Form der Gerichtsdoxologie[19] die Abfolge von
Schuld und Strafe als (gerechtes) Walten des Schöpfergottes anerkennt
und übernimmt. Gerechtigkeit Gottes und Gerechtigkeit der Welt liegen
in diesen Beispielen noch recht eng ineinander, sind weitgehend sogar
miteinander identifiziert.

So hilfreich diese Konzeption von Gerechtigkeit war und so viele
fundamental gültige Erkenntnisse sie in sich schließt, so hat doch
schon das alte Israel erfahren müssen, daß sie in sich nicht unproble-
matisch ist und nicht alle Aspekte Gottes und der Welt zureichend zu
erfassen vermag.

So wurde erkannt, daß die direkte Basierung des (kosmischen) Ge-
rechtigkeitszusammenhanges auf dem Verhalten des Menschen nicht aus-
reicht. Die bekannteste Form der Problemanzeige dafür ist das Hiob-
Thema: Es gibt das Problem des leidenden Gerechten. Gegen den (in den
Freundesreden des Hiobbuches artikulierten) Versuch, auch für dieses
Leiden das Verhalten Hiobs haftbar zu machen, setzt sich die Hiob-
dichtung nachdrücklich zur Wehr. Ihre Lösung ist eigentlich keine Lösung, sondern die Relativierung des Problems, aber darin eine Form der
Ermutigung, es durchzuhalten: Die Gotteserscheinung und Gottesrede
von Hi 38f versichert, daß eine Ordnung der Gesamtwirklichkeit besteht
und Gott sie garantiert. Ähnlich hält auch Kohelet an der grundsätzlichen Geordnetheit der Welt fest, auch wenn er deren Prinzipien nicht
(mehr) zu verifizieren vermag[20]. Ps 73, der von der gleichen Problematik
ausgeht, schlägt vor, den Vollzug der Gerechtigkeit, die „Rechtfertigung", nicht kurzfristig nachweisen zu wollen, sondern auf das Ende des
Frommen, auf die Summe seines Lebens (und auf die Art seines Todes)
zu blicken (V. 19). Doch auch dies reicht nicht aus. Kohelet (8,10) hat
gesehen, daß Gottlose ein ehrenvolles Begräbnis erfuhren, während Gerechte verscharrt wurden. Ist von da der Schritt nicht im Grunde folgerichtig, auf einen Ausgleich von Tat und Ergehen, auf eine Rechtfertigung jenseits der Todesgrenze zu hoffen, wo dann einmal zwischen dem
Gerechten und dem Gottlosen letztgültig unterschieden wird[21]? Daß
auch diese, in das apokalyptische Denken weisende Form der „Recht-

---

[19] *F. Horst,* Die Doxologien im Amosbuch, ZAW 47, 1929, 45–54 (= in: *ders.,*
Gottes Recht, ThB 12, 1961, 155–166).
[20] Paradigmatisch etwa 3,16ff; 8,9ff. Wer 8,12b.13 als Glosse ausscheiden will (so
etwa *K. Galling* in HAT I/18, ²1969, 111f), bricht dem Zusammenhang bei Kohelet
die Spitze heraus.
[21] So etwa Mal 3,18. Vgl. auch Hab 2,4.

fertigung" als Schöpfungsgeschehen zu verstehen ist, zeigt sich an all jenen (vor allem nachalttestamentlichen) Stellen, wo die endgültige Unterscheidung zwischen Frevler und Gerechten mit dem Hereinbrechen eines neuen Himmels und einer neuen Erde verbunden ist.

Etwas anders konkretisiert sich das Problem in einem zweiten Strang der Problembewältigung. Es wird erkannt, daß im Grunde kein Mensch vor Gott gerecht ist (Ps 143,2), in der Anschauungswelt des Jahwisten ausgedrückt, daß die Schuld mit der Menschheitsgeschichte urgeschichtlich verknüpft ist. Nicht das Verhalten des Menschen vermag Wirklichkeit und Leben zu begründen, sondern allein die Setzungen Gottes (Schöpfung, Rettung aus der Flut, Berufung Abrahams und Offenbarung am Sinai). Zwar ist auch in diesem Kontext – in der Sinaiperikope – von der Forderung des Rechtsverhaltens die Rede, aber sie ist nun bezeichnenderweise der Verheißung und dem Exodus nachgeordnet. In ähnlicher Weise ist die Rechtsforderung des Deuteronomiums nicht mehr (wie in vergleichbaren altorientalischen Rechtsbüchern) auf der Schöpfung basiert, sondern auf dem Jahwe in besonderer Weise offenbarenden Auszug aus Ägypten: Die Schöpfung hat ihre Eindeutigkeit verloren. Die Jahweoffenbarung in der Geschichte ist jetzt der Grund, auf dem der Jahweglaube gründet[21a]. Von ganz anderen Traditionen herkommend, formuliert das priesterliche Kultgesetz ähnliche theologische Einsichten: Die Priesterschrift uniformiert die ursprünglich sehr verschiedenartigen Opferarten des alten Israel im Grunde auf einen einzigen Typus: auf den des Sühnopfers[22]. Was spricht sich darin aus? Die Erkenntnis, daß der Mensch Heil und Gerechtigkeit durch sein Verhalten nicht zu schaffen vermag, „Rechtfertigung" ist nur so möglich, daß Gott selbst (durch das Opferinstitut) dem Menschen die Möglichkeit der Sühne, der Versöhnung an die Hand gibt. Scheinbar paradox steht so gerade jenes alttestamentliche Gesetz, das im allgemeinen als für den Christen abgeschafft betrachtet wird, sehr unmittelbar vor jener Form der Rechtfertigung, von der dann das Neue Testament spricht.

Was die beiden Stränge, zwischen denen mancherlei Verbindungslinien bestehen, eint, ist die Einsicht, daß die unmittelbare Identifikation der schöpfungsmäßig zu postulierenden Rechtszusammenhänge mit der faktischen Wirklichkeit, die Identifikation der Gerechtigkeit Gottes mit der

---

[21a] Vgl. *H. H. Schmid*, Das alttestamentliche Verständnis von Geschichte in seinem Verhältnis zum gemeinorientalischen Denken, WuD NF 13, 1975, 9–21.

[22] *W. Eichrodt*, Theologie des Alten Testamentes I, ⁶1959; *K. Koch*, Die Eigenart der priesterschriftlichen Sinaigesetzgebung, ZThK 55, 1958, 36–51.

Gerechtigkeit der Welt im letzten nicht durchzuhalten ist, daß zwischen „Schöpfung" im Vollsinn des Wortes und den vorfindlichen Weltzusammenhängen zu unterscheiden ist. Im Pentateuch schlägt sich dies etwa in der Zwischenschaltung von Sündenfall und Sintflut zwischen die Schöpfung und die Geschichte nieder.

Entsprechend vermag das Deuteronomium, wie angedeutet, die Forderung der Gerechtigkeit nicht mehr unmittelbar aus der Schöpfung zu begründen, sondern aus den Heilstaten Jahwes in der Geschichte, was allerdings nicht bedeutet, daß der ontologische Zusammenhang der Gerechtigkeitsforderung mit dem Schöpfungsthema aufgegeben wäre. Die letzte „Gerechtigkeit" sowohl des Menschen, als auch der Welt – und damit auch Gottes – weist gegenüber dem allgemeinen Erfahrungsbereich ein nie einzuholendes Prae auf. Dieses Prae angesichts der oft genug anderslautenden Einzelerfahrungen in der Geschichte durchzuhalten und die Geschichte von diesem Prae her zu sehen und zu bestehen, macht das aus, was vom Alten Testament her als „Glauben" zu beschreiben wäre[23]. Wieder in gewissem Anachronismus könnte mag sagen, daß so schon das Alte Testament so etwas wie einen „eschatologischen Vorbehalt" kennt.

Diese Linie setzt sich fort in den eschatologischen Partien des Alten Testaments. Bei aller Variabilität im einzelnen herrscht bei ihnen die Überzeugung, daß kein anderer als Gott selber die endgültige Gerechtigkeit zu verwirklichen vermag, sei es, daß er einen neuen König auf dem Throne Davids erstehen läßt, der Recht und Gerechtigkeit bringt[24], sei es, daß er den Menschen strukturell verändert[25], sei es, daß er in einem Endkrieg die Gottlosen vernichtet und die Gerechten ihrer Gerechtigkeit entgegenführt[26], sei es, daß die Völker von sich aus kommen und sich der Gerechtigkeit Jahwes unterwerfen[27] und ähnliches mehr. Je konsequenter man in der Folge zwischen dem gegenwärtigen und dem zukünftigen Äon zu unterscheiden begann, um so mehr sind es die Armen, die Leidenden und die Verfolgten, denen die endgültige Rechtfertigung verheißen wird[28]. Daß sich diese grundlegende Umwälzung als Ereignis der Geschichte vollziehen werde, wurde je länger desto fraglicher. Erstmals

---

[23] *hæ'æmîn bᵉJHWH* könnte von daher wörtlich als „Festhalten an Jahwe (trotz der seinem Rechtswillen zuwiderlaufenden Erfahrungen)" übersetzt werden.

[24] Jes 9,6; 11,2; Jer 23,5; 33,15; vgl. Ez 34,23; 37,24.

[25] Jer 31,33; Ez 36,26f.

[26] Jo 4; vgl. Jes 24–27.   [27] Jes 2,2–5; Mi 4,1–4.

[28] Ps 9,19; 35,10; 140,13; Jes 11,4; 14,30 u. ö.

in Jes 65,17ff, mit Regelmäßigkeit dann in der nachalttestamentlichen Apokalyptik wird sie daher explizit mit der Erwartung einer Neuschöpfung des Himmels und der Erde verbunden.

In den gleichen, wenn auch nicht in jedem Fall traditions- so doch problemgeschichtlichen Zusammenhang gehört das Wachsen der Hoffnung auf die Auferstehung der Toten[29]. Diese beruht nicht auf iranischen Einflüssen[30], sondern ist Konsequenz der inneralttestamentlich-jüdischen Problemgeschichte der Frage nach der Gerechtigkeit[31]. Wird die Gerechtigkeit Gottes in ihrer Fülle erst in der Zukunft offenbar, so heißt es zunächst folgerichtig: „O selig, wer in jenen Tagen leben darf" (PsSal 17,50); gleichzeitig aber erhebt sich die Frage, was dann mit den bereits Verstorbenen geschehen soll. Die Antwort lautet: Sie werden auferstehen und der Gerechtigkeit entgegengeführt. Damit ist unter nochmals veränderten Voraussetzungen die alte Einheit der Wirklichkeit, die Einheit von Gerechtigkeit und Schöpfung festgehalten.

Auf die notwendige Differenzierung der Einzelheiten muß im Rahmen dieses kurzen Abrisses verzichtet werden. Ebenso wäre ein direktes Ausziehen dieser Linien auf die neutestamentliche Christologie ohne eingehende Berücksichtigung der nachalttestamentlichen Weiterentwicklungen zu voreilig. Dennoch könnten m.E. die im Vorstehenden gegebenen kurzen Hinweise der neutestamentlichen Fragestellung Anregungen vermitteln.

Die von Käsemann zusammengesehenen Vorgänge von *iustificatio, creatio* und *resurrectio* haben sich vom Alten Testament her als vorgegeben und zusammengehörig erwiesen. Im besonderen sind die Themen Gerechtigkeit und Schöpfung nicht erst in spätjüdischer Zeit zusammengewachsen, vielmehr ist da die dem Gerechtigkeitsdenken immer schon anhaftende universale Dimension in neuer Weise nur unterstrichen worden. Zweifellos ist das neutestamentliche, christologisch begründete Ereignis der *iustificatio impii* gegenüber dem Alten Testament neu. Die apodiktische Gerechtsprechung dessen, der die Zwiespältigkeit der Welt

---

[29] Jes 26,19; Dan 12,2.

[30] So noch *E. Lohse*, Art. Auferstehung IV. Im Judentum, RGG[3] I 694f; *H. Conzelmann*, Der erste Brief an die Korinther, MeyerK V, [11]1969, 308.

[31] Vgl. *U. Luck*, Gerechtigkeit 83; *ders.*, Tod, Gericht und ewiges Leben, in: Bethel. Beiträge aus der Arbeit der v. Bodelschwinghschen Anstalten in Bethel bei Bielefeld, Heft 9, hg. v. *G. Ruhbach*, 1973, 21–40; *P. Stuhlmacher*, Das Bekenntnis zur Auferweckung Jesu von den Toten und die Biblische Theologie, ZThK 70, 1973, 365–403, bes. 383–389 (= in: *ders.*, Schriftauslegung auf dem Wege zur biblischen Theologie, 1975, 128–166, bes. 146–152).

übernimmt und sein Kreuz trägt, ist vor Jesus nie ergangen. Die mit der Auferstehung Jesu gegebene Überholung jedes naiven Gerechtigkeitsdenkens, aber auch jeder apokalyptischen Zweiteilung der Welt, hat die Wirklichkeit in einer Weise erschlossen, die bislang unbekannt war. Aber dennoch – oder gerade deshalb – handelt es sich beim Christusgeschehen nicht um ein von der bisherigen Erfahrungs- und Glaubenswirklichkeit losgelöstes Kerygma. Die im Christusgeschehen sich vollziehende Gottesoffenbarung – oder mit Käsemann gesprochen: der sich im Christusgeschehen vollziehende Zugriff Gottes – ist die (inhaltlich unüberbietbare) Lösung der Problematik, welche die Menschen schon ante Christum natum umgetrieben und zu einer Reihe vorgängiger Lösungen geführt hatte. Daß kein Leben, kein Heil sein kann, wo keine Gerechtigkeit ist, und daß keine Gerechtigkeit sein kann, wo Unrecht und Schuld ist, war den Menschen aller Zeiten klar. Ebenso war bekannt, daß die Frage nach der Gerechtigkeit nicht isoliert als die Frage nach der Gerechtigkeit des Menschen gestellt werden kann, sondern daß darin auf dem Spiele steht, ob Gott Gott und die Welt Gottes Schöpfung sei. Sogar daß der Mensch im Grunde gottlos ist und gerade als solcher der Rechtfertigung bedarf, haben einzelne Stränge des Alten Testamentes vorformuliert.

Diese Implikationen scheinen mir bei der Interpretation der neutestamentlichen Rechtfertigungsbotschaft nicht außer acht gelassen werden zu dürfen[32]. Gleichzeitig scheint mir am Neuen Testament keinerlei Abbruch zu geschehen, wenn festgestellt wird, daß manche Linien im Alten Testament Schritte in die Richtung tun, die dann im Neuen Testament (wenn auch weiter modifiziert) entschlossen aufgenommen werden. Damit wird die Größe der neutestamentlichen Offenbarung nicht verkleinert; vielmehr gewinnt sie so in entscheidendem Maße an Verwurzelung im Lebens- und Erfahrungsbereich derer, denen sie gilt[33].

---

[32] Vgl. zum Ganzen dieses Zusammenhanges auch *H. Graf Reventlow,* Rechtfertigung im Horizont des Alten Testaments, BEvTh 58, 1971.

[33] Von hier aus scheint mir allerdings die so nachdrückliche Betonung der Neuschöpfung als *creatio ex nihilo* bei Käsemann differenziert werden zu müssen. Die Vorstellung der *creatio ex nihilo* hat im Raum der biblischen Tradition ihren Ursprung in der Apokalyptik (vgl. etwa *E. Käsemann,* Perspektiven 159ff). Hier hat sie auch ihren Ort: Wenn die alte Welt grundsätzlich abzuschreiben ist, kann das Neue nur etwas völlig Neues sein. Doch eben diese Zweiteilung der Welt hebt das Neue Testament auf. Es ist gerade das Alte, das neu geworden ist (2Kor 5,17). Das heißt jedoch nicht, daß der Unterschied zwischen dem Alten und dem Neuen kleiner sei als der zwischen Chaos und Kosmos in der alten Schöpfungsmythologie.

Hier scheint mir denn auch der theologische Ertrag des religionsgeschichtlichen Rückgriffs der Überlegungen zum Thema auf das Alte
Testament und über das Alte Testament hinaus auf gemeinorientalische,
ja allgemein-menschliche Grundfragestellungen nach Gott, Welt und
Mensch zu liegen: Es wird deutlich, daß in der biblischen Tradition am
Thema der Gerechtigkeit Gottes vom Problem der Gerechtigkeit der
Welt gesprochen wird; von jenem Problem, das den Menschen aller Zeiten aufgegeben war und aufgegeben bleibt. Methodisch bedeutet das, daß
sich eine „ontologische Exegese" des Alten und Neuen Testamentes nicht
auf eine Spezialontologie alt- und neutestamentlicher Traditionslinien
zurückziehen kann, sondern – wenn auch entschlossen modifizierend,
so doch im Ansatz – an den ontologischen Voraussetzungen der allgemeinen Welterfahrung partizipieren muß. Und theologisch besagt dies,
daß das im Alten und im Neuen Testament bezeugte Geschehen nicht ein
irgendwo zwischen Himmel und Erde schwebender, ideeller Vorgang ist,
der dann irgendwie mit der faktischen Wirklichkeit der Welt zu vermitteln wäre, sondern daß es sich dabei um einen unmittelbaren, konkreten
Zugriff Gottes in die konkrete Wirklichkeit der Welt handelt.

DIE FRAGE NACH DER MITTE
UND DEM KANON IM KANON DES NEUEN TESTAMENTS
IN DER NEUEREN DISKUSSION[*]

WOLFGANG SCHRAGE

Die Frage nach der Mitte und dem Sachkriterium des Neuen Testamentes hat sich im Laufe der letzten Zeit immer stärker in den Vordergrund des theologischen Interesses geschoben, und zwar nicht nur als historisches Problem, sondern zugleich als Frage nach dem heute Gültigen und Verpflichtenden. Ernst Käsemann, der mich schon als Student und Assistent unausweichlich mit dieser Frage konfrontierte, hat an dieser neueren Diskussion maßgeblichen Anteil, ja er hat m. E. den entscheidenden Beitrag dazu geleistet[1]. Die Frage ist nicht allein durch die schon im Neuen Testament betonte kritische „Prüfung der Geister", und zwar auch der prophetischen und apostolischen (vgl. 1Kor 12,10; 12,29; 1Joh 4,1 und 1Kor 10,15; 2Kor 11,13; Apk 2,2), angesprochen oder durch die „Knechtsgestalt" des Wortes Gottes gestellt, das der Irrtumsfähigkeit und dem Unverständnis der Menschen ausgeliefert bleibt; sie ist uns auch nicht bloß durch die immer mehr zunehmende Differenzierung und Spezialisierung der Exegese aufgegeben, sie ist vielmehr vor allem dadurch provoziert, daß von einer Einheit des Neuen Testaments

---

[*] Überarbeitete Fassung eines Vortrags, der auf mehreren Pfarrkonventen des Rheinlandes sowie im Studienseminar Pullach und auf der Rasteder Konferenz in Oldenburg gehalten wurde.

Andere sprechen statt vom Kanon im Kanon, von innerem Kanon, Einheit in der Vielheit, Koinzidenzpunkt, Grundintention, Generalskopus, Hauptschlüssel, dem eigentlich Gemeinten und Autoritativen u. a., wobei die Frage nach dem eigentlich Kanonischen im Kanon freilich nur zT diskutiert wird. Aus der umfangreichen Literatur sei vor allem auf den von *Ernst Käsemann* herausgegebenen Sammelband, Das Neue Testament als Kanon, 1970, hingewiesen (in Zukunft = NT als Kanon).

[1] Zur Standortbestimmung E. Käsemanns in dieser Frage und zum Unterschied seiner „Sachkritik" von derjenigen R. Bultmanns vgl. *A. Stock:* Einheit des Neuen Testaments, 1969, 62ff.

je länger je weniger gesprochen werden kann. Das Neue Testament hat
sich immer stärker als eine höchst komplexe Größe erwiesen, zum Teil
als *complexio oppositorum,* in der ein Teil den anderen desavouiert, ja
geradezu entkanonisiert. Natürlich ist das nicht im Blick auf situations-
oder sachbedingte Paradoxien gesagt, sondern im Blick auf theologische
Divergenzen bis in zentrale Punkte der Christologie, Eschatologie, Anthropologie u. a. hinein. Die viel zitierte, auch von R. Bultmann aufgegriffene These E. Käsemanns, der neutestamentliche Kanon begründe in
seiner dem Historiker zugänglichen Vorfindlichkeit nicht die Einheit der
Kirche, sondern die Vielfalt der Konfessionen[2], ist sicher zugespitzt[3],
insofern im NT noch nicht gut von Konfessionen im eigentlichen Sinn
gesprochen werden kann und sich auch zweifellos nicht jede Konfession
mit gleichem Recht auf den Kanon, oder genauer: auf seine Mitte berufen kann, grundsätzlich aber ist diese Konfessionspluralität ganz unbestreitbar[4]. Man wird zwar im einzelnen nie ausschließen können, daß
beim Konstatieren von Diskrepanzen und Dissonanzen auch Vorurteile
oder Voreingenommenheit gegenüber dem Wort im Spiele sind, im ganzen aber vermag solche Erklärung nicht zu befriedigen. Es gibt eben im
NT auch Gesetzlichkeit und Synergismus, Amtsdenken und Traditiona-
lismus, Magie und massiven Mirakelglauben und noch manche anderen
Seiten- und Abwege, und zwar nicht nur als Ergebnis eines Deprava-
tionsprozesses an der Peripherie des Kanons[5], sondern mitten darin. Die

---

[2] *E. Käsemann,* Begründet der neutestamentliche Kanon die Einheit der Kirche? In:
NT als Kanon (124–133) 131. Neuerdings hat Käsemann diese These noch verschärft
durch die Aussage, der Kanon legitimiere als solcher auch mehr oder weniger alle Sekten und Irrlehren (NT als Kanon 402).

[3] Kritisch dazu *G. Ebeling,* Das Neue Testament und die Vielzahl der Konfessionen,
in: *ders.,* Wort Gottes und Tradition, ²1966, 144ff; *ders.:* „Sola scriptura" und das
Problem der Tradition, in: NT als Kanon 282–335, bes. 331f. Richtig ist, daß das
Recht zur Berufung der Konfessionen auf das NT dann nicht verwehrt werden kann,
wenn man eine unterschiedslose und isolierte Verbindlichkeit aller Texte voraussetzt
(146f), doch genügt es demgegenüber nicht, auf die tieferreichende „hermeneutische
Differenz" bzw. „letzte Verschiedenheiten der Verstehensvoraussetzungen" zu verweisen (147f); entscheidend ist vielmehr, ob das NT selbst erkennen läßt, was es „um das
für den christlichen Glauben Konstitutive" bzw. „das Eine, das als variabel begegnet",
(153f) ist. Vgl. dazu *E. Käsemann,* NT als Kanon 356ff. – Weitere Reaktionen auf die
These E. Käsemanns bei *A. Stock* (s. Anm. 1) 81 Anm. 119.

[4] Schon *P. Althaus* sagte darum mit Recht, daß zB Kritik am Katholizismus nicht
ohne Kritik innerhalb der Schrift vom Evangelium her möglich sei, Die christliche
Wahrheit, ³1952, 179; vgl. weiter *E. Käsemann,* NT als Kanon 130f.

[5] Vgl. *W. Bauer,* Rechtgläubigkeit und Ketzerei im ältesten Urchristentum, BHTh

Konsequenz aus der theologischen Disparatheit kann, soll nicht über aller Differenzierung der sachliche *nervus rerum* verlorengehen, nur die entschlossene Suche nach einem Zentrum und eine darauf basierende Sachkritik sein[6].

Sinn und Bedeutung einer solchen Suche werden freilich auch, zT leidenschaftlich, bestritten, und zwar vor allem von drei Positionen her.

1. Der erste Einwand kommt auch heute meist noch von seiten katholischer Autoren, für die hier stellvertretend H. Schlier und H. Küng genannt seien. Die protestantische Kirche und Theologie, so heißt es bei H. Schlier[7], verdanke zwar ihr Dasein dem Grundsatz, daß allein die Heilige Schrift Quelle und Norm christlicher Lehre sei, und sie habe sich, solange sie am Kanon der *ganzen* Schrift festgehalten habe, mit ihr auch das Mittel bewahrt, über sich selbst hinauszublicken und hinauszukommen. Gerade darum aber kann Schlier in Versuchen, Schriftgemäßheit etwa mit einem normativen Paulinismus oder dem historischen Jesus zu identifizieren, nur „ein Symptom der versteiften Selbstbehauptung des Protestantismus" sehen. „Will man die Glaubensposition Luthers und der Reformation retten, muß man den Kanon der Schrift auflösen. Denn die Schrift ist eben die Schrift und nicht ein prinzipieller oder abstrakter Paulinismus, der, als die Glaubensnorm verstanden, schließlich fast alle Inhalte der Heiligen Schrift für unverbindlich erklären muß."

10, 1934, 2. Aufl., hg. v. *G. Strecker* 1964; vgl. dazu aber auch *H. D. Betz*, Orthodoxy and Heresy in Primitive Christianity, Interp 19, 1965, 299–311.

[6] Daß sich beides, also Mitte und Kriterium, nicht trennen läßt, erweist ungewollt *F. Mußner* (Die Mitte des Evangelium in neutestamentlicher Sicht, CathM 15, 1961, 271–292), der einerseits als „Mitte des Evangeliums" den Anbruch der eschatologischen Heilszeit in Jesus Christus herausarbeitet, sich andererseits aber weigert, daraus einen Kanon im Kanon zu machen (290f). Das aber ist nur möglich, weil bei allem Gewicht, das hier Christus als eschatologischem Heilsbringer zukommt, das doch letztlich zu allgemein bleibt (vgl. S. 438) und Mußner bei dieser Bestimmung der Mitte nur die nicht geleugneten „verschiedenen Konturen", nicht aber die Diskrepanzen beachtet. Mit Recht nennt W. G. Kümmel das Argument *Mußners,* das NT kenne selbst nicht so etwas wie eine Mitte („Evangelium" und „Mitte des Evangeliums" in: Gott in Welt, Festschr. f. K. Rahner I, 1964, 492–514, bes. 511) irreführend, weil das NT von diesem Problem nichts wissen *kann,* weil dort „einzelne Verfasser sprechen, die nicht damit rechnen, daß andere Schriften neben ihnen sprechen, und die darum Übereinstimmung oder Abweichung im Verhältnis zu anderen Schriften gar nicht in Betracht ziehen können" (*W. G. Kümmel:* Das Problem der „Mitte des NT", in: L'Evangile, hier et aujourd'hui, Mélanges offerts au F. J. Leenhardt, 1968, 71–85, bes. 81). Vgl. zu F. Mußner auch Anm. 49.

[7] *H. Schlier,* Nachwort zur Aufsatzsammlung „Die Zeit der Kirche", ²1958, 311.

Dieser traditionelle Vorwurf[8], der freilich Mitte mit partieller Wahl und Bevorzugung verwechselt, wird auch von H. Küng aufgegriffen, der in ausdrücklicher Auseinandersetzung mit der evangelischen Theologie zuerst und zuletzt den „grundsätzlichen Verzicht auf ein umfassendes Verständnis und Ernstnehmen des *ganzen* Neuen Testamentes zugunsten einer konzentrierenden *Auswahl*" moniert, die *alles* im Kanon akzeptierende Katholizität vermißt und in der Option für eine *pars scripturae* Hairesis sieht[9]. Auch hier wird also erklärt, aus den *sola scriptura* sei ein *sola pars scripturae* geworden (S. 199), und auch hier wird das Ja zum ganzen Kanon gefordert.

Man wird diese Äußerungen zunächst einmal als berechtigten Protest dagegen ernst zu nehmen haben, die Suche nach Zentrum und Kriterium des Neuen Testaments mit der Verabsolutierung von Einzelaspekten und theologischer Lieblingsgedanken zu verwechseln. Man wird es auch eine unaufgebbare Chance und Verpflichtung nennen dürfen, „daß für jede neue Generation die Bibel in ihrer unbehauenen Gestalt, besser in ihrer Ganzheit ... da ist"[10]. Entscheidend ist freilich, ob dieses undifferenzierte und vorbehaltlose Ja zum Kanon in allen seinen Teilen nicht das Ja zur Nivellierung und das Ja zu einem – pointiert formuliert – synkretistischen *mixtum compositum* ist, aber das Nein zur Mitte des Neuen Testaments. Das Nein zu einem Ja ohne alle Abstriche ist eben nicht einfach „subjektivistische Willkür", sondern die Einsicht, daß die

---

[8] Vgl. *I. Lönning*, „Kanon im Kanon". Zum dogmatischen Grundlagenproblem des neutestamentlichen Kanons, 1972, 160ff, bes. 162.185.

[9] *H. Küng*, Der Frühkatholizismus im Neuen Testament als kontroverstheologisches Problem, in: NT als Kanon (175–204) 188f; *ders.*, Strukturen der Kirche, QD 17, 1962, 151ff, vgl. auch *K. H. Schelkle*, Die Petrusbriefe. Der Judasbrief, HThK 13,2, 1961, 245: „In seiner Ganzheit ist das Neue Testament Zeugnis der umfassenden, d. h. katholischen Wahrheit in der Fülle. Nur einen Teil gelten zu lassen, ist Wahl, d. h. Häresie." Selbst *O. Cullmann* kann sich offenbar die Frage nach einem Kanon im Kanon nur als subjektive willkürliche Auswahl vorstellen (Heil als Geschichte, 1965, 273f; immerhin wird, wenn schon, dann die Heilsgeschichte als Einheitsband empfohlen, 274; vgl. dazu *E. Käsemann*, NT als Kanon 348ff). Ähnliches gilt erst recht für biblizistische Urteile verschiedener anderer Autoren. Vgl. die Rezension des Sammelbands durch *G. Maier* (Kanon im Kanon – oder die ganze Schrift? Theol. Beiträge 3, 1972, 21–31) oder auch *H. Burkhardt*, Grenzen des Kanons – Motive und Maßstäbe, Theol. Beiträge 1, 1970, 153–160. Auf die Alternative von „selective approach" oder „comprehensive approach" (*A. Lancashire*, The Authority of Scripture, CQR 167, 1966, 425–431) wird man sich jedenfalls nicht einlassen dürfen.

[10] *R. Hermann*, Bibel und Hermeneutik, Gesammelte und nachgelassene Werke, hg. v. *G. Krause*, 1971, 35.

nach allen Seiten hin offene Haltung, die angeblich keine neutestamentliche Linie ausschließt, weder die eine noch die andere Linie ernst nehmen kann, das „institutionalisierte Endstadium" autorisiert[11] und der
Mitte die Spitze abbrechen muß. Und Häresie gibt es nicht nur als Wahl,
sondern auch in Kombination und als Kompromiß, also als *Nicht*wahl
(vgl. die galatische „Synthese"). E. Käsemann hat wohl doch recht, wenn
er erklärt, daß das großartige Programm der Katholizität angesichts von
Kirchengeschichte und römischer Dogmenbildung reichlich utopisch
wirkt und „das faktische Vorhandensein eines Selektionsprinzips und
dessen dogmatische Untermauerung" dem Historiker geradezu in die
Augen springt (S. 374f). Zudem beziehen auch katholische Exegeten
heute zT eine andere Position und räumen ein, daß Exegese nicht ohne
eine gewisse Selektion[12], ja nicht ohne innere Kanonskritik auskommt
und darum zB die Frage, ob man in der Rechtfertigungslehre Paulus oder
Jakobus folgt, „letztlich sachkritisch entschieden werden" muß[13]. Ent-

---

[11] Vgl. *I. Lönning* (s. Anm. 8), 227 mit Hinweis auf entsprechende Fragen bei
H. Küng, Strukturen (s. Anm. 9), 152; vgl. auch *W. G. Kümmel* in Mélanges (s. Anmerkung 6), 82f und außerdem *U. Luz*, Erwägungen zur Entstehung des Frühkatholizismus, ZNW 65, 1974, 88–111, bes. 107f und Anm. 42f, wo mit Recht festgestellt
wird, daß die Hinwendung zum „Apostolischen" das Zentrum des Frühkatholizismus
ist, der darum nicht einfach als Abfall abgewertet werden sollte, andererseits aber die
Universalität eine Selbsttäuschung ist, weil „das apostolische Zeugnis dann, wenn es in
seiner ganzen Fülle bewahrt werden will, zugleich auch verändert und nivelliert wird".

[12] *O. Kuss*, Die Schrift und die Einheit der Christen, MThZ 18, 1967, 292–307: Es
gebe nicht einfach „die Schrift", sondern „verschiedene Arten von Schrift", die dadurch entstehen, daß der Inhalt „sehr verschieden akzentuiert – gewertet oder abgewertet – wird" (294; vgl. auch 302: Ein Auswahlprozeß sei „unumgänglich"; im
Aufsatz „Exegese als theologische Aufgabe", in: *ders.*, Auslegung und Verkündigung,
1963, 1–24, konstatiert *O. Kuss* mit Recht ein „Gültigkeitsgefälle" auch bei konser-
vativen Autoren, S. 9). Die Frage ist nur, ob dann, wenn nicht die Schrift in ihrem
„Gesamtinhalt" Einheit zu schaffen vermag, ja sich als „eine Art ‚Sprengsatz'" erweist (302), die „Hinwendung zur ‚Tradition' und" bzw. die „Hinwendung zu einer
immer schon gedeuteten Schrift" (307) die verheißungsvollere Alternative ist.

[13] *W. Trilling*, ‚Sola scriptura' und ‚Selbstauslegung der Schrift' im Lichte der Ex-
egese, in: Sapienter ordinare, Festgabe für E. Kleineidam, 1969, 49–72, bes. 61; auf
S. 62ff wird betont, daß auch in der Frage des „Antijudaismus im NT" und in der
Ketzerpolemik des NT nicht ohne Sachkritik auszukommen ist. Vgl. auch *K. H. Ohlig*,
Zur Theologie des Kanons der Heiligen Schrift, TGA 16, 1973, 74–83, bes. 76f und
83: „Weil Evangelium und Schrift nicht identisch sind, bedarf die Schrift der Interpretation auf ihre Mitte, das Evangelium, hin. Das Sprechen von einem ‚Kanon im
Kanon' ist somit legitim und sogar, soll nicht die Geschichte vergötzt werden, unumgänglich." Auch *U. Horst* (Die Divergenzen im ntl. Kanon als theologisches Problem, Communio 1, 1968, 161–184) spricht zwar vom „Kanon im Kanon" als „not-

scheidend kann darum nicht sein, ob hier oder da stärker selektiert wird, sondern allein, ob hier oder da die Mitte besser erfaßt wird. Die Frage des katholischen Gesprächspartners, mit welchem Recht ein Text, der für den Historiker auch nicht mehr ist als ein anderer, zum absoluten deklariert und ob dabei nicht leicht „ein gerade herrschendes Verständnis vom Wesen des christlichen Glaubens als kritischer Kanon im Kanon in das NT rückprojiziert" werde[14], ist eben nur so zu beantworten, daß nicht *ein* Text u. a. und nicht eine „wechselnde, dogmatische Vorentscheidung", sondern die Mitte zum Sachkriterium werden und allein von daher Angemessenheit und Gültigkeit neutestamentlicher Aussagen beurteilt werden sollte[15]. Das ist gewiß nicht einfach das Resultat eines sozusagen statistischen oder gar die dicta probantia abzählenden und logisch evident zu machenden wissenschaftlichen Nachweises – die katholischen Kollegen sind ja nicht einfach die Befangeneren –, sondern impliziert neben dem Hören auf die Schrift zugleich ein Moment des Sich-Entscheidens und -Bekennens, ja hängt an der Überführung durch das Pneuma[16]. Gleichwohl bleibt gerade angesichts größer werdender Übereinstimmung in exegetischen Einzelfragen die Frage nach der Mitte, selbst wenn man sie nicht zugleich als eine solche nach einem Sachkriterium begreift[17], als geschichtliche und theologische Aufgabe auch der Exegese aufgegeben.

---

wendigem Korrektiv" gegenüber Einseitigkeiten (181) und von „nachgeordnetem Stellenwert" der „Randphänomene", will aber vor allem einer Auflösung der „Dialektik zwischen Zentrum und Rand" wehren (163) und die „Variabilität des Kerygmas", sogar im „Kernbestand" des Kanons, als „ein Element fruchtbarer Bewegung" verstehen (180).

[14] *A. Stock* (s. Anm. 1), 70 und 108f Anm. 44; vgl. auch 69.

[15] Insofern kann es auch nicht darum gehen, einen „Frühprotestantismus" (der Begriff bei *E. Haible*, Der Kanon des Neuen Testaments als Modellfall einer kirchlichen Wiedervereinigung, TThZ 75, 1966, 11–27, bes. 13f) gegen einen „Frühkatholizismus" auszuspielen und zu verabsolutieren.

[16] Vgl. *E. Käsemann*, NT als Kanon 133 u. *ders.*, EVB I 187.232; *G. Ebeling*, NT als Kanon 297.315f.

[17] Da auch *H. Küng* nicht will, daß das Periphere zur Mitte wird, sondern eine Interpretation von der Mitte her fordert (Die Kirche, ÖF I 1, 1967, 31f.352), kann man immerhin fragen, inwiefern dann die Forderung nach einem Kanon im Kanon noch solchen Anstoß erregt (vgl. *E. Käsemann*, NT als Kanon 374f und *I. Lönning* [s. Anm. 8], 227ff.332ff). Hat das Neue Testament selbst eine Mitte, impliziert ein Kanon im Kanon gerade nicht, „neutestamentlicher als das Neue Testament" zu sein (Strukturen 154f), sondern schlicht: nicht weniger neutestamentlich zu sein als das Neue Testament.

2. Der zweite Einspruch kommt aus dem Raum evangelischer Theologie und ist zB von H. Diem vorgebracht worden[18]. H. Diem übernimmt zunächst die These K. Barths[19], daß sich der Kanon selbst der Kirche imponiert habe und daß das, was sich selbst als kanonisch durchgesetzt habe, und zwar als Predigttext in der „Verkündigungsgeschichte", von der Kirche *a posteriori* als kanonisch deklariert worden sei. Deshalb müsse der Kanon „auch weiterhin den Beweis für seine Kanonizität selber führen, einfach indem er sich weiterhin predigen läßt" (S. 167). Nach H. Diem entscheidet sich die Kanonizität demnach allein in der Predigt, nur *in actu* und *in usu*. Was sich predigen läßt, das ist kanonisch, *extra usum* aber wird die Schrift in ihrem Wesen als Stimme des einen Christus, der sich selbst verkündigt, verkannt. H. Diem konzediert ausdrücklich, daß das NT keine einheitliche Lehre bietet, aber im entschiedenen Widerspruch zu E. Käsemann u. a. verwahrt er sich gegen einen Kanon im Kanon. „Indem die Kirche uns den Kanon gab, steht sie dafür ein, daß die *ganze* Schrift sich predigen läßt."[20] In etwas anderer Form haben auch andere wie E. Schweizer betont, daß Schrift immer nur „Schrift in Funktion" ist und sich gegen einen Kanon im Kanon ausgesprochen[21]. Da man nie im voraus wissen könne, was einem das Zeugnis der Schrift sagen werde, könne man auch nicht im voraus definieren, was die Mitte ihres Redens sei (S. 355).

Zur These vom sich selbst durchsetzenden, selbst evidenten Kanon ist zunächst zu sagen, daß die Kirche als *creatura verbi* in der Tat nicht einfach willkürlich gehandelt hat und die meisten neutestamentlichen Schriften zZ der endgültigen Kanonsabgrenzung in gottesdienstlichem Gebrauch der Kirche waren und eine *experientia spiritualis* bewirkt hatten[22]. Man mag darin sogar einen Reflex der Priorität und Vorgegeben-

---

[18] *H. Diem*, Das Problem des Schriftkanons, in: NT als Kanon 159–174, bes. 167 und 169.

[19] *K. Barth*, Kirchliche Dogmatik I 2, ⁵1960, 524.526.549.595f.667 u. ö.

[20] *H. Diem*, Die Einheit der Schrift, EvTh 13, 1953, 385–405, bes. 391; vgl. auch Dogmatik, ihr Weg zwischen Historismus und Existentialismus, ²1957, 204.

[21] *E. Schweizer*, Kanon? EvTh 31, 1971, 339–357, bes. 354f (vgl. aber *ders.* „The need of a canon within the canon", in: *ders.*, Neotestamentica, 1963, 208f). Vgl. auch *F. Mildenberger*, Sola scriptura – tota scriptura, in: Auf dem Wege zu schriftgemäßer Verkündigung, H. Diem z. 65. Geburtstag, BEvTh 39, 1965, 7–22, bes. 21f; *G. Ebeling*, NT als Kanon 299f u. ö.

[22] Das betonen auch *C. H. Ratschow*, Zur Frage der Begründung des neutestamentlichen Kanons aus der Sicht des systematischen Theologen, in: NT als Kanon 247–257, bes. 256; *W. Joest*, Erwägungen zur kanonischen Bedeutung des Neuen Testaments, in:

heit des *verbum externum* sehen, das nie einfach von der Kirche zu vereinnahmen ist, sondern ein ihr gegenüberstehendes Kriterium bleibt. Gleichwohl ist nicht zu übersehen, daß mindestens die Kanons*abgrenzung* auch ein autoritativer kirchlicher Akt war, die Kirche also nicht nur *fest*gestellt, sondern *her*gestellt hat, ganz abgesehen davon, daß sich – wie so oft – ja auch hier Falsches oder einfach das Gewohnte, Erbauliche und Beliebte hätte feststellen lassen und die *quaestio facti* die *quaestio iuris* noch nicht beantwortet[23]. Die Theologie des Gamaliel (Apg 5,38f) hilft auch hier nicht weiter. Gewiß ist die Auswahl und Abgrenzung im ganzen gerade im Vergleich mit den Apokryphen als überzeugend anzusprechen, so daß die Erwartung, daß beim Hören auf die Schrift „Gottes eigenes Wort Ereignis werden könnte" durchaus begründet ist[24], freilich nie pauschal und in toto. Das Vertrauen in die *efficacia* und Autopistie des Wortes Gottes ist nicht eo ipso auch das Vertrauen in die Selbstevidenz und innere Eigenautorität des Kanons, weshalb sinnvollerweise auch nie alle Teile des Kanons zum Predigttext gemacht worden sind[25]. Wenn H. Diem die Bevorzugung bestimmter neutestament-

---

NT als Kanon 258–281, bes. 261ff; *W. Schneemelcher* in *E. Hennecke/W. Schneemelcher,* Neutestamentliche Apokryphen, [3]1959, 14.

[23] Ein Hinweis auf die kanonsgeschichtliche Ambivalenz ist schon die Tatsache, daß Schriften, die heute im Kanon stehen, bis ins 4. Jh. in ihrer kanonischen Geltung bestritten waren (Jak, Jud, 2 und 3Joh, Hebr, Apk) und Schriften, die heute nicht im Kanon stehen, lange Zeit als kanonisch galten und also wieder entkanonisiert wurden (Barnabas und Hirte des Hermas finden sich bekanntlich im Sinaiticus, also einer Bibelhandschrift). Schon J. S. Semler wies darauf hin, daß die Kanonsentscheidung der Kirche auch darum zu überprüfen ist, weil „viel tausend Bischöfe im Orient und Occident haben alle jene Bücher (sc. die atl. Apokryphen) als göttlich eingegebene angenommen, welche Luther und nach ihm die Protestanten so leicht haben faren lassen", zitiert bei *N. Appel,* Kanon und Kirche, 1962, 107. Vgl. weiter *W. G. Kümmel,* Notwendigkeit und Grenze des neutestamentlichen Kanons, in: NT als Kanon 62–97, bes. 78 und *E. Käsemann,* NT als Kanon 362f. *A. Sand* macht außerdem mit Recht auch auf die zeitgeschichtlichen, kirchlichen und politischen Verhältnisse („teil-kirchliche Machtkämpfe, politische Einflußnahme des Kaisers auf Bischofsernennungen, Synodenentscheidungen" u. a.) als Hintergrund der Kanonsentwicklung aufmerksam: Die Diskrepanz zwischen historischer Zufälligkeit und normativem Charakter des neutestamentlichen Kanons als hermeneutisches Problem, MThZ 24, 1973, 146–160, bes. 153.

[24] *E. Schweizer* (s. Anm. 21), 355.

[25] „Wo man dennoch die ganze Bibel von A bis Z durchpredigen wollte, würde das an gewissen Punkten gar nicht abgehen ohne gewaltsame Um- und Eindeutungen" (*W. Joest* [s. Anm. 22], 269). Das berechtigte Insistieren auf der Mündlichkeit des Wortes darf nicht dazu führen, die Mündlichkeit geradezu zum „Materialprinzip" zu machen (so freilich *E. Fuchs,* Kanon und Kerygma, ZThK 63, 1966, 410–433, bes.

licher Zeugnisse und das Zurücktreten anderer nur für bestimmte konkrete Verkündigungssituationen zugeben will, aber seiner Meinung nach alles darauf ankommt, daß jene situationsbedingte Wertung nicht zu einer prinzipiellen werde, werden damit zum einen die Divergenzen zu „Akzentverschiebungen" verharmlost[26], – eine auch sonst beliebte Entschärfung des Problems[27] –, zum anderen ist dabei aber die Konsequenz impliziert, daß es Situationen geben kann, in denen man zB Moralismus und Gesetzlichkeit zu predigen hat[28]. Das aber ist bei aller Anerkennung der Verschiedenheiten von Verkündigungssituationen eine fatale Konsequenz. Auch daß die Akzente in der Verkündigung von einem Teil der Bibel zum anderen wechseln können[29], hebt nicht auf, daß sich alle Verkündigung, wenn sie glaubhaft bleiben will, im Umkreis und Ausstrah-

---

413, vgl. auch *G. Ebeling*, NT als Kanon 293f) oder mit der Funktionsbestimmung des NT als Predigttext die theologischen Gegensätze zu relativieren; vgl. dagegen *E. Käsemann*, Konsequente Traditionsgeschichte? ZThK 62, 1965, 137–152, bes. 147f; *A. Stock* (s. Anm. 1) 107.110ff.

[26] H. Diem setzt denn auch voraus, daß es einen Frühkatholizismus im NT nicht gibt, was ihm von *H. Küng* mit Recht den Vorwurf einträgt, vielen Stellen die Spitze abzubrechen, in: NT als Kanon 193; vgl. auch *I. Lönning* (s. Anm. 8), 265 Anm. 113; *N. Appel* (s. Anm. 23), 316.

[27] In etwas anderer Weise wird das Widereinander bei *J. Wirsching* (Was ist schriftgemäß? Studien zur Theologie des äußeren Bibelwortes, 1971) idealisiert, wenn er die biblischen Zeugen „mit gleichem Recht und in gleicher Vollmacht" widereinander zum „Wahrheitskampf" (218) antreten läßt. Sie sollen sich nach Wirsching „ungestört in Rede und Widerrede gegeneinander durchsetzen dürfen" (208), denn gerade so „berichtigen sie sich auch und zeigen, daß sie nicht das Letzte und Höchste sind" (209), sondern sich „immer wieder gegenseitig relativieren" (210). Nun ist gewiß das Evangelium eine „unabgeschlossene Streitsache", aber doch nicht durch seine inhaltliche Disparatheit; durch paradoxe Formulierungen („In Wahrheit aber ist das Evangelium gerade darin absolut, daß es ständig relativ wird", S. 214) kann das nicht überspielt werden.

[28] H. Braun (Hebt die heutige neutestamentlich-exegetische Forschung den Kanon auf? In: NT als Kanon 219–232) sagt darum zu Recht: „Völlig ratlos stehe ich vor Diems Erklärung, die Inbetrachtziehung der jeweiligen Verkündigungs-Situation gewinne dem Neuen Testament die auf dem Felde der Lehre fehlende Einheit zurück. Meint Diem denn im Ernst, der Moralismus, zu dem ich von Paulus kommend Nein sage, könne von mir bejaht werden, wenn ich etwa bestimmte Texte der Acta höre und weitersage?" (228).

[29] Das betont zB *C. Westermann:* Umstrittene Bibel, 1960, 142: Es gehöre zum Weg Gottes mit seiner Kirche, daß die Bibel in ständiger Bewegung sei, und ein Teil der Bibel, der eine Zeitlang stumm war, ganz neu entdeckt werde, und wieder zum Reden komme, und umgekehrt Teile, die lange Zeit ganz selbstverständlich als das Wichtigste galten, wieder einmal zurücktreten.

lungsbereich des unverrückbaren Zentrums zu bewegen hat. Wo man sich dieser Einsicht verweigert, gleichzeitig aber die verschiedene Auswahl, Wertung und Schwerpunktbildung geradezu als Stein der Weisen ausgibt und mit der Auskunft legitimiert, jede der 27 neutestamentlichen Schriften habe „etwas" über Jesus von Nazareth und seine Kirche auszusagen[30], da ist die Chance, „den ‚Christus totus' nicht einseitig und verkürzt" zur Sprache zu bringen, weniger gegeben als da, wo nicht dieses oder jenes Wahrheitsmoment auch noch mitbedacht wird, sondern das, worauf es ankommt. Auch das „Mithören der *ganzen* Schrift bei der Auslegung der *einzelnen* Bücher und Zeugnisse"[31] geschieht gerade so am besten, wenn nicht *etwas*, sondern die Mitte mitgehört wird[32].

3. Damit ist bereits der dritte Einwand angesprochen, als dessen Exponent W. Marxsen genannt sei, der sich mehrfach zur Sache geäußert hat[33]. W. Marxsen knüpft an die grundlegende Erkenntnis von F. Ch. Baur an, daß jede einzelne Schrift „in einen bestimmten geschichtlichen Zusammenhang einzuordnen ist", wobei freilich „viel wichtiger als die Verfasserfrage... die *Empfängerfrage*" sei[34], weil eben die Situation der Adressaten die Sachaussage entscheidend mitbestimme. Er warnt von daher davor, Sätze des Neuen Testamentes als „freischwebende Aussagen von dauernder Richtigkeit" zu verstehen, die auch losgelöst von der konkreten Situation, in die sie zielen, Gültigkeit hätten, und er konstatiert Widersprüche offenbar nur dann, wenn die Geschichtlichkeit

---

[30] *A. Sand* (s. Anm. 23), 157 und 159. Ein ähnlich summatives Verständnis auch bei *O. Cullmann*, Die Tradition als exegetisches, historisches und theologisches Problem, 1954, 24f.

[31] *H. Diem*, NT als Kanon 174. Vgl. auch *K. Barth*, KD I 2, 529 u. 534f; „Wo bei der Auslegung der Schrift auch nur etwas übersehen wird, was eben auch geschrieben steht, wo man genötigt ist, zur Durchführung seiner Auslegung auch nur etwas, was geschrieben steht, abzuschwächen oder gar fallenzulassen, da droht die Möglichkeit, daß die Auslegung das Eine, von dem die Schrift in ihrer Ganzheit zeugt ... verfehlt" (537).

[32] Das scheint *H. Diem* an anderer Stelle selbst zu intendieren, wenn er dem theologischen gegenüber dem philosophischen „Vorverständnis" Vorrang einräumt und dem Exegeten das kirchliche Bekenntnis bzw. eine *regula fidei* als „dogmatisches Vorverständnis" verschreibt, weil es „aus einem Hören auf die Schrift entstanden ist" (Grundfragen der biblischen Hermeneutik, 1950, 26).

[33] Vgl. *W. Marxsen*, Das Problem des neutestamentlichen Kanons aus der Sicht des Exegeten, in: NT als Kanon 233–246; *ders.*, Kontingenz der Offenbarung oder (und?) Kontingenz des Kanons? In: *ders.*, Der Exeget als Theologe, 1968, 129–138; *ders.*, Der „Frühkatholizismus" im NT, BSt 21, 1958.

[34] *W. Marxsen*, Einleitung in das NT, 1963, 14.19.

solcher Aussagen negiert wird[35]. Die zeit- und situationsbedingten „Interpretamente" und „Verschlüsselungen" der „Sache Jesu" aber stehen nach W. Marxsen „völlig gleichrangig nebeneinander", dürfen jedoch nur verkündigt, nicht aber lehrhaft „verobjektiviert" werden[36]. Innerkanonische Kritik oder die Frage nach einer Mitte der Schrift lehnt W. Marxsen von daher ab, weil sie angeblich vom heimlichen Wunsch nach einem System oder einer Harmonisierung geleitet ist, dabei aber „eine Aussage der Schrift . . . anderen vorgeordnet" wird[37].

Nun sind Dialogcharakter und Situationsbezogenheit der neutestamentlichen „Gelegenheitsschriften" ebenso unbestritten wie die Tatsache, daß auch die schon im NT beginnende Auslegung (etwa die von Q und Markus durch Matthäus und Lukas) an der Situation ihrer jeweiligen Zeit mitorientiert ist. Es bleibt auch wahr, daß Aussagen in einer anderen Situation beinahe das Gegenteil von dem sagen können, was sie ursprünglich einmal bedeuteten, und daß Aussagen in derselben Situation beinahe gegensätzlich formuliert werden können, ohne daß eine Inkonsequenz vorliegt[38].

Es ist aber zu einfach, wenn erklärt wird, die Wahrheit eines Satzes erschließe und entscheide sich am Gegenüber, wenn dabei vom Inhalt des Satzes ganz abstrahiert wird. Man wird W. Marxsens These als Warnung akzeptieren, die neutestamentlichen Schriften ungeschichtlich zu verstehen und insbesondere die theologischen Spannungen als bloß theoretische Divergenzen im luftleeren Raum abzutun, die ohne einen „Sitz im Leben" als Basis entstanden wären. Man wird sich auch sagen lassen, daß Variation bis zur Widersprüchlichkeit gehen und bloßes Rezitieren

---

[35] „Frühkatholizismus" (s. Anm. 33), 62.67.

[36] Vgl. Die Auferstehung Jesu als historisches und als theologisches Problem, in: Die Bedeutung der Auferstehungsbotschaft für den Glauben an Jesus Christus, ⁷1968, 38; „Frühkatholizismus" (s. Anm. 33), 67.

[37] Vgl. Der Exeget als Theologe (s. Anm. 33), 111; Frühkatholizismus (s. Anm. 33), 59; anders Einleitung (s. Anm. 34).

[38] *W. Marxsen* selbst führt ein Beispiel dafür an, daß nicht jedem Empfänger eines Briefes dasselbe gesagt werden darf: Ein Vater schreibt an zwei Söhne, von denen er den einen zur intensiven Arbeit, den anderen zu mehr Ruhe ermahnt, was sich nicht widerspreche, wenn der erste ein Luftikus, der zweite ein Arbeitstier sei („Frühkatholizismus" [s. Anm. 33], 62; ein ähnliches Beispiel in: Der Exeget als Theologe [s. Anmerkung 33], 63). Die Konsequenz daraus lautet, daß die Richtigkeit einer Aussage nicht in der Aussage selbst liege, sondern sich an der Situation entscheide. Aber W. Marxsen macht eine unausgesprochene Voraussetzung, daß nämlich der Vater von derselben Grundposition aus schreibt, konkret: daß Arbeit und Ruhe in einem ausgewogenen Verhältnis zueinander stehen sollten.

die Sache gerade verfehlen und verfälschen kann[39]. Aber man wird darauf beharren müssen, daß es bei aller Variabilität der konkreten Artikulation und Chiffrierung um dieselbe Sache gehen muß und es insofern nicht nur eine Grenze dieser durch die Situation herausgeforderten Variabilität gibt, sondern auch die berechtigte Frage danach, was diese Sache in ihrem Kern ausmacht[40]. Wir haben allen Grund, vor einer Dogmatisierung der Situation auf der Hut zu sein, als ob die bloße Situation schon irgend etwas erklären würde oder gar die jeweilige „Tagesordnung der Welt", die wechselnden Bedürfnisse der Zeit oder die aktuellen Probleme der Kirche die eigentlichen Orientierungspunkte seien. Notwendige Alterierung legitimiert nicht alles und jedes[41]. Zwar ist auch ein Kanon im Kanon nicht „die Sache selbst", sondern ihre Vermittlung, dh im „Herkunfts-Bezug zu der zu vermittelnden Sache und in dem Ziel-Bezug zu dem, dem diese Sache vermittelt werden soll"[42], aber bei dem daraus resultierenden „Vermittlungspluralismus" darf nicht einfach offen bleiben, wie der vermittelte Kanon im Kanon gegenüber der „verbalen Pluriformität" überhaupt noch kritische Bedeutung gewinnen kann[43].

---

[39] Vgl. auch *H. Köster*, Häretiker im Urchristentum als theologisches Problem, in: Zeit und Geschichte. Dankesgabe an R. Bultmann, hg v. *E. Dinkler*, 1964, 61–76, wo „Häresie als die unkritische Fortsetzung einer vorgegebenen Sprache ...", also die Flucht in die Tradition" bestimmt wird (76).

[40] Vgl. *W. Marxsen* selbst in: Der Exeget als Theologe (s. Anm. 33), 183.189.193, aber auch in NT als Kanon 245f, wo von sachgemäßer Korrespondenz zur „nicht-reduzierbaren Erstverkündigung" gesprochen wird (vgl. unten Anm. 52). Das bleibt freilich ziemlich konturenlos und inhaltsleer; vgl. *E. Käsemann*, NT als Kanon 388ff.

[41] Vgl. *E. Käsemann*, Einheit und Vielfalt in der neutestamentlichen Lehre von der Kirche, EVB II 262 ff, bes. 265; vgl. auch NT als Kanon 344. Auch wer wie *J. M. Robinson* (A Critical Inquiry into the Scriptural Basis of Confessional Hermeneutics, JES 3, 1966, 36–56) das NT als „hermeneutischen Prozeß" versteht („one long series of translations, interpretations, reformulations, shifts, in terms of ever-changing situations" 41), entrinnt dieser Frage nach der Selbigkeit der Sache nicht, denn er hat nicht nur zu bedenken, daß ein unveränderter Standpunkt in einem neuen Kontext häretisch werden kann (45; vgl. oben Anm. 39), sondern eben auch, daß das Interpretandum sein Recht gegenüber den Interpreten und Interpretamenten behalten muß, also Jesus gegenüber Q und den Evangelien und Paulus gegenüber den Deuteropaulinen (vgl. 49f; vgl. auch *U. Luz* [s. Anm. 11], 108ff).

[42] *K. Haendler*, Schriftprinzip und theologischer Pluralismus, EvTh 28, 1968, 404 bis 429, bes. 416 und 419.

[43] Vgl. *U. Kühn*, Die Pluralität der Theologie und die Einheit des Glaubens, TGA 16, 1973, 129–139, bes. 135; vgl. auch *L. Goppelt*, Die Pluralität der Theologien im NT und die Einheit des Evangeliums als ökumenisches Problem, in: Evangelium und Einheit, 1971, 103–125, bes. 113ff.

Dabei ist durchaus nicht immer „Ausgewogenheit" erforderlich. Nach
W. Joest muß sich das gepredigte Wort an den Ort des Menschen begeben und dort u. U. so einseitig gesagt werden, wie es dem Menschen an
diesem Ort nötig ist, ohne daß ihm das Komplementäre sofort hinzugefügt werden kann, und das sei auch in der Bibel so: „Dem Menschen, der
in der inneren Lage steht, die Gnade zum Prinzip zu machen, muß das
Gericht verkündigt werden. Dem Menschen, der unter diesem Gericht
verzagt, darf der Weg der Gnade gezeigt werden, die das Gericht auf-
hebt."[44] Aber W. Joest hat selbst überzeugend gezeigt, daß gerade dieses
Beispiel zu den Fällen zu zählen ist, wo zwar auf der Ebene logischer Betrachtung ein Widerspruch vorliegt, beides aber in der Sache notwendig
zusammengehört[45], dh hier liegt eine sachbedingte Paradoxie vor, deren
Pole je nach der Situation der Hörer verschieden zu akzentuieren sind,
nicht aber ein fauler Kompromiß oder eine sinnwidrige Harmonisierung.
Man kann zwar – verkürzt gesagt – heute Glauben predigen und morgen
die Werke betonen. Man kann aber niemals und in keiner Situation
Glauben und Werke synergistisch verklammern, wenn nicht die Predigt
vom Glauben *und* von den Werken pervertiert werden soll. Wenn der
Jakobusbrief im Zeitalter eines libertinistisch verfälschten Paulus gegen
einen solchen verwilderten Paulinismus polemisieren und dabei dann
stärker als Paulus die Werke betonen würde, wäre das durchaus legitim.
Aber Jakobus geht darüber hinaus und trifft nicht nur einen falsch verstandenen Paulus sondern Paulus selbst, weil er die ἔργα in das δικαιοῦσθαι einbezieht und damit nomistisch korrumpiert[46]. Das aber ist durch

---

[44] *W. Joest,* Die Frage des Kanons in der heutigen evangelischen Theologie, in: Was
heißt Auslegung der Heiligen Schrift? 1966, 173–210, bes. 204.

[45] „Im Fliehen zur Gnade, zu Christus, ist die Anerkennung des Ernstes und des
Rechtes Gottes, uns nach unseren Werken zu richten, unabtrennbar enthalten" (202).

[46] Die Kritik des katholischen Kollegen O. *Knoch* an meiner Auslegung der Katholischen Briefe im NTD (ThLZ 100, 1975, 41–44) zeigt, wie sich trotz der in Anm. 13
genannten Autoren hier nach wie vor die Geister scheiden können, wenn von der
Mitte her kritisch gemessen wird. Die Notwendigkeit einer „Entfaltung und Akzentuierung der urchristlichen Glaubensüberlieferung in die Situation der nachapostolischen Kirche hinein" wird von mir ebensowenig bestritten wie das „Fortwirken Christi
in der nachapostolischen Kirche", doch die Frage, „wer darüber zu urteilen hat, was
Entfaltung des apostolischen Überlieferungsgutes und was Verkürzung oder Verfälschung derselben ist" (44), ist m. E. eben *so* zu beantworten: Die Schrift selbst von
ihrer Mitte her (keineswegs nur von Paulus her!). Damit wird, wie O. *Knoch* und
auch *K. H. Schelkle* (ThRv 1974, 213f.) anerkennen, keineswegs die Frage übergangen,
„ob nicht auch die ‚frühkatholischen' Schriften der Kirche einen notwendigen und
hilfreichen Dienst tun" (ebd.; vgl. auch *E. Käsemann,* NT als Kanon 374), doch von

keine Situationsveränderung und keinen Situationsindex mehr zu legitimieren.

II

Aus all dem ist zu schließen, daß ein Auslegungskriterium durchaus zu
bejahen und der Kanon auf seine Adäquatheit zu prüfen ist. Doch woran? Die Hoffnung, daß eine Betrachtung der Kanonswerdung die Gesetze aufzeige, nach denen er entstanden ist, und „diese uns wieder Maßstäbe für seine Beurteilung geben"[47], dürfte kaum in Erfüllung gehen.
Weder das Kriterium der Apostolizität noch das des Alters, noch andere
formale Kriterien vermögen hier heute noch einen Weg zu weisen[48]. Gilt
das *sola scriptura* zu Recht, darf Mitte und Maß andererseits nicht von
außen herangetragen, sondern nur der Schrift selbst entnommen werden,
muß die Schrift also nicht nur ihr eigener Interpret, sondern auch ihr
eigener Kritiker[49] und damit Subjekt und Objekt der Kritik in einem

der Unvereinbarkeit von Paulus und Jakobus 2,24 ist eben nicht wegzukommen, auch
nicht durch Hinweis auf die verschiedene Begrifflichkeit und Frontstellung (vgl. zu
solchen Versuchen zB *W. G. Kümmel* in: Mélanges [s. Anm. 6], 76f). Hier kann man
sich nach wie vor Luthers Doktorhut verdienen: „Wer die zusamen reymen kan, dem
wil ich mein pirreth auffsetzen" (WA Tischr. 3 Nr. 3929a); vgl. auch das Urteil
W. Trillings oben S. 419). Das eigentliche Verdienst des Frühkatholizismus ist in der
Tat darin zu sehen, daß er durch die Treue zum Apostolischen die Voraussetzung dafür geschaffen hat, „daß immer wieder in der Geschichte des Christentums der in der
Tradition bewahrte, aber auch begrabene Geist sich befreien und dann im Unterschied
zur Tradition sich Gehör verschaffen konnte" (*U. Luz* [s. Anm. 11], 109).

[47] *K. Aland*, Das Problem des neutestamentlichen Kanons, in: NT als Kanon 134
bis 158, bes. 135; vgl. auch *E. Flesseman–van Leer*, Prinzipien der Sammlung und
Ausscheidung bei der Bildung des Kanons, ZThK 61, 1964, 404–420, bes. 419.

[48] Vgl. *W. G. Kümmel*, NT als Kanon 89, der mit Recht feststellt, daß die Frage
nach Grenze und Kriterium des neutestamentlichen Kanons „nicht mehr unter Weiterführung der Diskussionen des 3. und 4. und des 16. Jahrhunderts gestellt werden
kann". Vgl. auch *K. Aland* selbst aaO 144. Freilich soll nach *W. G. Kümmel* die Frage
nach der Mitte „nur durch eine Besinnung auf das Werden und Wesen des neutestamentlichen Kanons richtig beantwortet werden" können (Die Theologie des NTs,
NTD-Ergänzungsreihe 3, 1969, 287).

[49] Vgl. *P. Althaus* (s. Anm. 4), 164: *Scriptura sacra sui ipsius critica;* vgl. auch
W. Trilling (s. Anm. 13), 64: „Das ‚sui ipsius interpres' muß bis zu der äußersten
Konsequenz einer an Christus orientierten Sachkritik am einzelnen Schriftwort durchgehalten werden." Allerdings bestreitet W. Trilling die Möglichkeit, „die Grenzen einer
inneren Kanonskritik nur mit Kriterien zu bestimmen, die der Schrift allein entnommen sind, ohne Gefahr zu laufen, an ‚apostolischer Paradosis' und damit an der
‚Sache des Evangeliums' zu verlieren" (68). Aber wie anders als von der Mitte her
gibt es begründete Aussicht, von den einzelnen Konfessionen bevorzugte Schriften und

sein. Dieser Zirkel ist unausweichlich. Daß das innerkanonische Sachkriterium im Kanon selbst zu finden ist, läßt mutatis mutandis auch das NT selbst erkennen. Wenn Jesus nach Markus 12,28ff das doppelte Liebesgebot zum obersten Gebot erklärt, über dem es kein μεῖζον und περισσότερον gibt[50], und Paulus bei der Behandlung des Alten Testaments mit der *iustificatio impii* einen Kanon im Kanon gebraucht[51], so ist beide Male vorausgesetzt, daß nicht alles in der „Schrift" auf eine Ebene aufgetragen werden darf, der Schlüssel zur „Schrift" aber im AT selbst vorhanden ist.

Daß an der Frage nach einem Sachkriterium nicht vorbeizukommen und dieses den Texten selbst zu entnehmen ist, zeigen nun auf ihre Weise auch die drei im folgenden skizzierten Antworten, die zwar letztlich unzureichend bleiben, aber doch wichtige Gesichtspunkte beisteuern.

1. Als Repräsentant der ersten Antwort ist J. Jeremias zu nennen, der sich freilich bei aller Eigenheit mit vielen anderen trifft. Hier ist der irdische Jesus das Maß aller Dinge und damit auch des Kanons. Ursprung des Christentums sei nicht das apostolische Kerygma, sondern das Auftreten Jesu. Welche Aussagen des Kerygmas auch ins Auge gefaßt würden, stets lägen die Anfänge in der Verkündigung Jesu, die mit dem Kerygma der Apostel keineswegs auf ein und derselben Stufe stünden, sondern sich zu ihr verhielten wie der Ruf zur Antwort, und das Entscheidende sei der Ruf und nicht die Antwort. Der Verkündigung Jesu als dem entscheidenden Sachkriterium kommt darum nach J. Jeremias nicht nur ein zeitliches, sondern auch ein sachliches Prä zu. Entsprechend heißt es programmatisch: „Das vielfältige Glaubenszeugnis der Urgemeinde, des Paulus, des Johannes, des Hebräerbriefes ist zu messen an der Verkündigung Jesu."[52]

Texte (vgl. deren Auflistung bei *W. Trilling* aaO 64 ff; zum faktisch überall vorliegenden inneren Kanon vgl. auch *K. Aland* aaO 156f und *I. Lönning* [s. Anm. 8], 269f) zu relativieren? Noch zurückhaltender gegenüber innerkanonischer Kritik ist das von F. Mußner geprägte *sui ipsius correctura*, das ähnlich wie die in Anm. 29 und 30 zitierten Autoren auf ein summatives, ergänzendes und so sich korrigierendes Hören der differenten Aussagen zielt (*F. Mußner*, ,Frühkatholizismus', Gedanken zu W. Marxsen, Der ,Frühkatholizismus' im NT, TThZ 68, 1959, 237–245, bes. 244.

[50] Vgl. *K. Berger*, Die Gesetzesauslegung Jesu, WMANT 40, 1972, 56ff.

[51] Vgl. *Ph. Vielhauer*, Paulus und das Alte Testament, in: Studien zur Geschichte und Theologie der Reformation. Festschr. f. E. Bizer, 1969, 33–62, bes. 54.

[52] *J. Jeremias*, Der gegenwärtige Stand der Debatte um das Problem des historischen Jesus, in: Der historische Jesus und der kerygmatische Christus, hg. v. *H. Ristow* und *K. Matthiae*, 1960, 12–25, bes. 24f. Nach *I. Lönning* (s. Anm. 8), 67f bildet schon für Karlstadt der historische Jesus so etwas wie einen Kanon im Kanon, und zwar in einer

Noch massiver als bei J. Jeremias gilt der irdische Jesus bei E. Stauffer als die entscheidende kanonskritische Instanz. Der Kanon, nach E.
Stauffer ohnehin ein synagogales Erbstück, das mehr Verwirrung als
Klarheit gestiftet hat, sei daraufhin zu befragen, ob er eine Bezeugung
oder Verfälschung Jesu von Nazareth sei, und Stauffer tendiert zum
Urteil „Verfälschung". Die paulinische Rechtfertigungslehre zB soll
„etwas ganz anderes als die Urbotschaft Jesu" sein, wie denn überhaupt
Paulus der Vorwurf trifft, sich zwischen Jesus und die Christenheit gestellt zu haben[53].

Zunächst ist zu dieser These gerade im Gegenüber zur Vergleichgülti-
gung des irdischen Jesus in der Theologie R. Bultmanns, die sich mit dem
puren Daß seines Dagewesenseins als Voraussetzung christlichen Kerygmas begnügte, positiv zu bemerken, daß Jesus von Nazareth mit seinen
Worten, seinen Taten und seinem Geschick in der Tat ein zentrales Kriterium des neutestamentlichen Kerygmas ist und es keinen legitimen
Kanon im Kanon geben kann, der in offensichtlichem Widerspruch zu
Jesus bestimmt werden müßte und keinen „Anhalt" (G. Ebeling) an ihm
hätte. Nicht von ungefähr werden denn ja auch hier implizit bestimmte
Schwerpunkte des späteren Kerygmas schon vorabgebildet[54]. Wer von
Jesus herkommt, der wird weder dem Nomismus noch der Spekulation,
weder der Mystik noch der Spiritualisierung, weder dem Enthusiasmus
noch der Relativierung des ethischen Engagements anheimfallen, sondern sie, auch wo sie im NT auftreten, als unvereinbar mit der „Sache
Jesu" halten. Er wird aber vor allem die Frage nach dem irdischen Jesus
selbst als eine für die christliche Identität unüberholbare Kardinalfrage

---

Weise, die fast an das Programm des 19. Jahrhunderts erinnert. Aus neuerer Zeit vgl.
vor allem noch W. *Marxsen,* nach dem wir kritisch hinter die Traditionen zurückfra-
gen müssen, „um durch sie hindurch zu Jesus – und eben damit zum Kanon zu gelangen", Der Exeget als Theologe (s. Anm. 33), 194; vgl. auch den Aufsatz „Jesus – oder
das NT" ib. 246ff. W. *Marxsen* läßt im übrigen erkennen, daß dort, wo „die Sache
Jesu" zur entscheidenden Norm wird, oft auch eine Affinität zu einer rein überlieferungsgeschichtlichen Lösung des Kanonsproblems vorliegt, die dem Früheren gegenüber dem Späteren Prävalenz einräumt. So sieht er in der apostolischen „nicht mehr
reduzierbaren Erstverkündigung" den „eigentlichen Kanon", „weil an dieser Erstverkündigung die Sachkontrolle aller weiteren Verkündigung zu erfolgen hat", Kontingenz der Offenbarung oder (und?) Kontingenz des Kanons, ZSTh 2, 1960, 355–364,
bes. 355 (vgl. oben Anm. 40 und F. *Mildenberger* [s. Anm. 21], 18 Anm. 39).

[53] *E. Stauffer,* Jesus, Paulus und wir, 1961.

[54] Vgl. als Beispiel das Kerygma vom Heilsereignis des Todes Jesu und dazu W.
Schrage, Das Verständnis des Todes Jesu Christi im NT, in: Das Kreuz Jesu Christi
als Grund des Heils, ³1969, 49ff, bes. 53f.

ansehen und insofern mit E. Käsemann das Verdienst von J. Jeremias vor allem darin erblicken, mit unüberbietbarer Schärfe die Christologie als Sinn des *sola scriptura* herausgestellt zu haben[55].

Andererseits ist nun aber, sieht man einmal von dem methodischen Optimismus bei der Rekonstruktion der *ipsissima vox* durch J. Jeremias ab, eindeutig klar, daß die These am NT vorbei zielt, denn anders als bei J. Jeremias, der Evangelium für die Botschaft Jesu reserviert, bezeichnet εὐαγγέλιον im NT einerseits die Heilsbotschaft, die Jesus bringt, andererseits aber die Botschaft vom Gekreuzigten und Auferstandenen, in der der Erhöhte präsent ist[56]. Selbst die Evangelien sind bei ihrem theologisch zweifellos höchst bedeutsamen Rückgriff auf die Traditionen über den irdischen Jesus nicht der Meinung, der irdische Jesus sei das einzige Kriterium ihrer Botschaft. Sonst würden sie nicht so unbefangen die Stimme des irdischen und des erhöhten Herrn ohne jede Differenzierung nebeneinander erklingen lassen. Daß „jeder Vers der Evangelien" den Ursprung in Jesus bezeuge[57], ist eine maßlose Übertreibung und auf keines der Evangelien oder seiner Quellen anwendbar. Auch für die Evangelisten ist der hermeneutische Schlüssel für die Worte und Taten Jesu Kreuz und Auferweckung. „Für jeden von ihnen stand paradox ausgedrückt der erhöhte und geglaubte Kyrios vor dem incarnatus auf dem Plan und bestimmte den Aspekt, unter dem sie je auf ihre Weise den incarnatus sahen."[58] Das Festhalten am irdischen Jesus auch nach Ostern bekundet gewiß die unaufgebbare Einsicht, daß der im Kerygma verkündigte Herr kein Namen- und Gestaltloser ist, kein unbekanntes X, kein spekulativer Mythos, kein auswechselbarer Initiator oder Exponent einer bestimmten Daseinshaltung, sondern eben Jesus von Nazareth. Sie bezeugen damit zugleich die Vorgegebenheit und Externität von Gottes Heilshandeln in der Geschichte und reagieren vielleicht schon auf einen urchristlichen Enthusiasmus, der ohne den irdischen Jesus auskommen zu können glaubte[59]. Ihr Rückgriff auf den irdischen Jesus meint aber

---

[55] *E. Käsemann*, Sackgassen im Streit um den historischen Jesus, EVB II 31ff, bes. 39.

[56] Vgl. *F. Mußner*, „Evangelium" und „Mitte des Evangeliums", in: Gott in Welt, Festgabe f. K. Rahner I, 1964, 492–514.

[57] So *J. Jeremias* (s. Anm. 52), 13.

[58] *E. Käsemann*, NT als Kanon 124.

[59] *E. Käsemann* EVB II 47.67; *P. Stuhlmacher*, Kritische Marginalien zum gegenwärtigen Stand der Frage nach Jesus, in: Fides et communicatio, Festschr. f. M. Doerne, 1970, 341–361, bes. 341; *E. Schweizer*, Die theologische Leistung des Markus, EvTh 24, 1964, 337–355, bes. 338.

nicht, daß christliches Kerygma auf eine Wiederholung oder Prolongation des historischen Jesus zu reduzieren wäre. Erst recht aber bietet die neutestamentliche Briefliteratur zu wenig von dem, was als Reflex der Worte und der Lebenspraxis Jesu zu verstehen wäre, und so hat denn auch der neutestamentliche Kanon bei aller sonstigen Divergenz immer wesentlich zwei Teile umfaßt, die man „der Herr" und „die Apostel" nannte.

2. Als weiterer Versuch einer Antwort sei nochmals H. Schlier angeführt, der trotz seiner Aversion gegen einen Kanon im Kanon doch innerhalb der Pluralität mit einer Verdichtung des neutestamentlichen Gesamtkerygmas rechnet und meint, die apostolische Paradosis sei die eigentliche Norm[60]. Nach H. Schlier ist das Kerygma als Dogma in verbindlichen „Praesymbola" fixiert, den urchristlichen Glaubensformeln und Bekenntnistraditionen. Diese normative apostolische Paradosis sei das „Urwort", der „Wesens-Kern des Evangeliums", ja „eigentlich *das* Evangelium" (S. 216), „Inbegriff und Summe der christlichen Verkündigung". Sie gehe zeitlich und zuletzt auch sachlich dem Evangelium voraus (S. 216) und sei bis in die sprachliche Struktur hinein nicht beliebig oder zufällig, sondern „die öffentliche, sich in eine Formel zuspitzende Kundgabe Jesu Christi als des Kyrios" (S. 214). Diese auf ihn selbst zurückgehenden authentischen Formeln sind als objektive *regula fidei* dem Kerygma nicht nur mitgegeben, sondern vorgegeben, und können als sein Regulativ im Kerygma nur expliziert werden. Beispiel solcher Explikation ist etwa das auf die Paradosis von 1Kor 15,3ff folgende Kapitel.

Ähnlich ist die Position von H. Lubsczyk[61]. Auch er behauptet, daß „das Urbekenntnis, das Evangelium vom Tod und von der Auferstehung Christi", nicht nur „das Formprinzip der Evangelien" darstellt (S. 79), sondern „grundlegende Funktion" im ganzen NT habe (S. 102), die „Substanz" (S. 82) und „der Maßstab für das Leben des Gottesvolkes in allen seinen Bereichen" sei (S. 97), Maßstab auch für alle Entfaltungen und „Totalisierungen" in der Überlieferungsgeschichte. Gegenüber dem im Urbekenntnis einheitlich und konstant strukturierten Glaubensbe-

---

[60] *H. Schlier*, Kerygma und Dogma. Zur neutestamentlichen Grundlegung des Dogmas, in: *ders.*, Die Zeit der Kirche, ²1958, 206–232; vgl. auch *ders.*, Besinnung auf das NT, 1964, 15f und Das Ende der Zeit, 1971, 302ff.

[61] *H. Lubsczyk*, Die Einheit der Schrift. Zur hermeneutischen Relevanz des Urbekenntnisses im Alten und Neuen Testament, in: Sapienter ordinare, Festgabe f. E. Kleineidam, 1969, 73–104. Vgl. auch *R. J. Dillon*, The Unity of the Gospel in the Variety of the Canon, Catholic Theological Society of America Proceedings 27, 1972, 85–115.

wußtsein gilt die Frage nach einer Mitte im Kanon freilich auch hier als überflüssig oder als bloß subjektive Überzeugung. Anders und weniger zugespitzt wird auch von H. Conzelmann auf „die verbindlichen Formulierungen" der urchristlichen Bekenntnisse verwiesen, und zwar gerade bei der methodischen Suche nach dem Zentrum des Neuen Testaments[62]. Zwar gehe es dabei nicht um einen „quasi zeitlosen Kernbestand an Glaubenswahrheit", aber wer herausfinden wolle, was das NT selbst als verbindlich definiere, habe sich an den formulierten Bekenntnistraditionen zu orientieren (S. 2)[63].

Nun ist gerade angesichts einer theologischen Lage, in der Originalitätssucht und Traditionsvergessenheit Triumphe feiern und gleichzeitig weithin Formalisierung dominiert, zunächst uneingeschränkt zuzugeben, daß die neutestamentlichen Schriften der urchristlichen Tradition ebenso stark verpflichtet sind wie der in ihnen mitgegebenen Didache[64]. Auch im Urchristentum glaubt und bekennt man normalerweise nicht ab ovo, sondern räumt dem gemeinsam Bekannten Vorrang ein, relativiert aber nicht die *fides quae* auf Kosten der *fides qua*. Selbst Paulus kann die Paradosis ἐν πρώτοις nennen (1Kor 15,3), wie er denn ja auch mehrfach lehr- und tradierbare Überlieferungen erwähnt (1Kor 4,17; 11,23ff u. ö.). Doch Tradition ist nicht gleich Bekenntnis, und gerade Paulus zeigt, daß die These H. Schliers nicht zu halten ist, denn der Apostel versteht die „Praesymbola" gerade nicht als Ur-Sache, Kanon und Fundament seines Kerygmas. Sie sind nicht sakrosankte Formeln, die als verbindliche Texte nur zu rezitieren und zu explizieren wären, sondern bei der Interpretation der ihm überkommenen Formeln mißt er ihnen nur insoweit Gültigkeit zu, als sie sich seiner eigenen Intention einfügen lassen. Gewiß ist das im Sinne des Paulus nicht als Alternative oder Gegensatz zu verstehen, aber gerade 1Kor 15 zeigt doch, daß auch das Credo nie ohne

---

[62] *H. Conzelmann*, Zur Analyse der Bekenntnisformel 1. Kor. 15,3–5, EvTh 25, 1965, 1–11. Vgl. auch *L. Goppelt*, Tradition nach Paulus, KuD 4, 1958, 213–233, bes. 218: „normative Konstante und Quelle der Predigt".

[63] Vgl. aber auch vom selben Verfasser: Die Frage der Einheit der neutestamentlichen Schriften, in: Moderne Exegese und historische Wissenschaft, 1972, 67–76, wo nicht nur betont wird, daß nach Paulus das Credo „als Kriterium zu aktivieren" ist (75), sondern bei der stets neu zu gewinnenden „Definition" der Einheit des Kanons auch die Sache der Rechtfertigungslehre als „Prinzipienlehre" herausgestellt wird (76).

[64] Vgl. zuletzt *G. Ebeling*, „Sola scriptura" und das Problem der Tradition, in: NT als Kanon 282–335; *I. Lönning* (s. Anm. 8), 243ff; *F. Hahn*, Das Problem „Schrift und Tradition" im Urchristentum, EvTh 30, 1970, 449–468; *G. Lindeskog*, Autorität und Tradition im Neuen Testament. Einige Bemerkungen, ASTI 9, 1973, 42–63.

dessen Interpretation und Konsequenzen Norm und Wahrheitskriterium
der paulinischen Botschaft ist. W. Fürst sagt geradezu, daß Paulus die
Bekenntnisformel „gerade nur" zitiere, „während aller Ton und alle
Leidenschaft bei der aus keiner Tradition genommenen Behauptung"
liege, daß „die Toten auferstehen": „sonst wäre auch Christus nicht
auferstanden, obwohl und wie sehr das Symbol das sagt"[65]. Ähnlich hat
E. Käsemann auch H. Conzelmann vorgehalten, daß in 1Kor 15 ohne
V. 20–28, wo Paulus selber sagt wie er die Auferstehung versteht und
verstanden wissen will, nämlich als Beginn der allgemeinen Totenauferstehung, der Hinweis auf das Bekenntnisstück nicht verfängt[66]. Er hat
weiter moniert, daß H. Schlier wie H. Conzelmann sich einseitig auf die
weder von Paulus noch sonst je wiederholte Paradosis von 1Kor 15 stützen und demgegenüber die eher beiläufige Rezeption anderer Traditionsstücke bei Paulus herausgestellt[67]; wenn er freilich erklärt, daß die
Rechtfertigung des Gottlosen und der damit verbundene Kampf gegen
das mißverstandene Gesetz nur selten Bestandteile jener Gemeindetheologie seien, welcher urchristliche Bekenntnisformeln im allgemeinen entstammen, muß man allerdings hinzufügen, daß Paulus nicht zu Unrecht
an bestimmten Bekenntnisformeln anknüpfen und zumal die *pro-nobis*-
Formeln im Sinn der *iustificatio impii* interpretieren konnte (vgl. zB
Gal 2,20f; Röm 5,6; vgl auch die in seinem Sinn verstandenen Traditionen in Röm 3,25f; 1Kor 8,1ff u.ö.). Jedenfalls machen erst die Pastoralbriefe und bestimmte katholische Briefe aus der apostolischen Hinterlassenschaft ein unantastbares Depositum und reduzieren Theologie auf
Auslegung von traditionellen Formeln und Sätzen[68]. Wie wenig das bei
Paulus der Fall ist, zeigt sich schon daran, daß im Grunde nur in 1Kor

---

[65] W. *Fürst*, Kirche oder Gnosis? TEH 94, 1961, 25. Vgl. auch U. *Wilckens*, Kreuz
und Weisheit, KuD 3, 1957, 77–108, bes. 103; G. *Ebeling*, Theologie und Verkündigung, HUTh 1, 1962, 116f; K. *Wegenast*, Das Verständnis der Tradition bei Paulus
und in den Deuteropaulinen, WMANT 8, 1962, 44.50; K. *Lehmann*, Auferweckt am
dritten Tag nach der Schrift, QD 38, 1968, 33f.

[66] E. *Käsemann*, Konsequente Traditionsgeschichte? ZThK 62, 1965, 137–152.

[67] Phil 2,6ff unterstreiche nur einen einzigen paränetischen Gedanken, bei Röm 1,3f
und 3,24f könne man fragen, wie weit hier lediglich „Anknüpfungsversuche", und bei
Röm 4,25 und 8,32ff, wie weit lediglich „rhetorische Abrundung" vorliegen. Kritisch
dazu: H. F. *Weiß*, Bekenntnis und Überlieferung im NT, ThLZ 99, 1974, 321–330.

[68] Noch problematischer wird es natürlich, wenn nicht die neutestamentlichen Cre-
doformeln, sondern wie im 2. Jahrhundert das Apostolicum als Auslegungsregel verstanden wird; vgl. O. *Cullmann*, Die Tradition und die Festlegung des Kanons durch
die Kirche des 2. Jahrhunderts, in: NT als Kanon 98ff, bes. 105; K. *Aland* (s. Anm.
47), 145.

15 und 1Thess 4 die Tradition den Ausgangspunkt gewichtiger theologischer Reflexionen bildet[69]. Die These vom zeitlichen und sachlichen Voraussein der fixierten Glaubensformeln vermag endlich auch dem traditionsgeschichtlichen Verhältnis von Credo und Evangelienüberlieferung nicht gerecht zu werden[70] – 1Kor 15 zB wird nirgendwo in den Auferstehungsberichten der Evangelien expliziert, sondern stößt sich damit zum Teil kräftig – und das berechtigte Anliegen der ersten Antwort nicht einzubeziehen, sondern muß die Freiheit und Kritik Jesu gegenüber der Tradition desavouieren. Hinzukommt endlich, daß die Vielfalt und Widersprüchlichkeit der neutestamentlichen Theologien sich auch in den neutestamentlichen Bekenntnisstücken reflektieren und sie insofern als ganze keine Mitte abgeben können.

3. Eine weitere Antwort auf die Frage nach einem Kanon im Kanon hat H. Braun gegeben[71]. H. Braun betont von den bisher genannten Autoren am stärksten die Notwendigkeit, angesichts der Disparatheit des Kanons nach der „höheren Einheit" und dem in der Vielfalt gemeinten „Grundphänomen" zu suchen, was dann als Kriterium der Kanonizität zu gelten hätte. Seine Antwort: „Bei den drei großen Blöcken, in der Jesusverkündigung, bei Paulus und im vierten Evangelium . . . liegt die Einheit beschlossen in der Art und Weise, wie der Mensch in seiner Lage vor Gott gesehen ist" (S. 228), konkret: der „radikal geforderte und in Frage gestellte Mensch" ist der „im Jesusgeschehen radikal gehaltene Mensch", und zwar „nicht im Sinne einer Idee oder Lehre, sondern als Ereignis" (S. 229). Ähnlich ist das Ergebnis im Aufsatz über „Die Problematik einer Theologie des Neuen Testaments"[72], doch wird der „Koinzidenzpunkt" jetzt unter Einbeziehung des Mitmenschen bestimmt und die Reihenfolge von Forderung und Gehaltensein offenbar bewußt umgedreht: „Jesus geschieht je in meinem ‚Ich darf' und ‚Ich soll'; und zwar im Rahmen der Mitmenschlichkeit" (S. 335). Dieses Selbstver-

---

[69] *K. Wengst,* Der Apostel und die Tradition, ZThK 69, 1972, 145–162, bes. 149 u. 153, wo auch mit Recht betont wird, daß das neutestamentliche Formelgut keine einheitliche Theologie erkennen läßt (161f).

[70] Vgl. außer *K. Wengst* aaO 162 auch *H. Köster,* Grundtypen und Kriterien frühchristlicher Glaubensbekenntnisse, in: *H. Köster/J. M. Robinson,* Entwicklungslinien durch die Welt des frühen Christentums, 1971, 191ff.

[71] *H. Braun,* Hebt die heutige neutestamentlich-exegetische Forschung den Kanon auf? In: NT als Kanon 219–232. Vgl. *R. Bultmann,* Das Verhältnis der urchristl. Christusbotschaft zum historischen Jesus, in: *ders.,* Exegetica, 1967, 445ff, bes. 463.

[72] Gesammelte Studien zum Neuen Testament und seiner Umwelt, 1962, 325–341, bes 331 und 341.

ständnis, diese Anthropologie, ist nach H. Braun die Konstante und das Kriterium, das zB gegenüber Konzeptionen, die moralisierend und das Institutionelle in den Vordergrund schiebend, dies Phänomen erweichen" (S. 229), sachkritisch auszuspielen ist.

Auch hier ist zunächst positiv festzuhalten, daß das radikale Gehaltensein und die radikale Infragestellung des Menschen ein ebenso zentraler Gedanke des Neuen Testamentes ist wie die Mitmenschlichkeit, und zwar – das ist gegenüber den beiden anderen Entwürfen hervorzuheben – sowohl in den Evangelien wie in der Briefliteratur. Gleichwohl ist diese Behauptung, das Neue Testament habe seine Einheit und Konstanz im glaubenden Selbstverständnis, nur als verfehlt und verkürzend anzusehen. Es erscheint in der Tat „unbegreiflich, inwiefern das Selbstverständnis einer apokalyptisch bestimmten Christenheit gleich sein soll mit dem des vierten Evangeliums, des Jakobusbriefes, des Lukas oder der hellenistischen Enthusiasten", weil faktisch nichts so variabel ist wie eben dieses Selbstverständnis[73]. Weiter stellt sich gerade von Jesus und Paulus her die Frage, ob die präsentische Existenzdialektik dem Gewicht der apokalyptischen Dimension gerecht wird[74] und ob nicht doch eine Selektion statthat[75]. Entscheidend ist freilich, wie es bei dieser Position um das Verhältnis von Christologie und Anthropologie steht, dh ob wirklich die Christologie für das Neue Testament nicht mehr ist als „variable Verschlüsselung für das extra nos" (S. 230) und ob bei H. Braun Gnade und Forderung noch zentral und konstitutiv von der Christologie her begründet werden. Man kann auch so fragen, ob dem hier vorausgesetzten Glauben noch wesensmäßig Intentionalität eignet, er also als *fides qua* unlöslich auf die *fides quae* bezogen ist, und ob zum Selbstverständnis des Glaubenden noch grundlegend dies gehört, daß er an Jesus Christus hängt[76]. Da man diese Fragen kaum bejahen kann, wird es freilich nur um so unverständlicher, warum H. Braun „das ‚Konstanteste' in der urchristlichen Anthropologie der Glaubenden, nämlich das Moment der Christuszugehörigkeit" überhaupt nicht erwähnt[77], und

---

[73] *E. Käsemann*, EVB II 44f. Zu erinnern ist hier auch an die Fragen *E. Käsemanns* an R. Bultmann in seinem Aufsatz: Vom theologischen Recht historisch-kritischer Exegese, ZThK 64, 1967, 259–281, bes. 277.

[74] Vgl. *A. Stock* (s. Anm. 1), 90f.   [75] Vgl. *E. Käsemann*, NT als Kanon 382f.384.

[76] Vgl. *G. Ebeling*, Theologie und Verkündigung (s. Anm. 65), 44f; vgl. auch *H. Conzelmann*, Einheit (s. Anm. 63), 72 Anm. 13; *E. Gräßer*, Kol 3,1–4 als Beispiel einer Interpretation secundum homines recipientes, in: *ders.*, Text und Situation, 1973, 123ff bes. 127f.150; *A. Stock* (s. Anm. 1), 91f.

[77] *E. Käsemann*, EVB II 44, vgl. auch 64f.

das um so mehr, als H. Braun in seiner Kritik an R. Bultmann einst selbst die berechtigte Frage stellte, ob das genuin Christliche nicht doch der Name Jesu sei, auf den das Kerygma als auf das Heil hinweise, und ob im anthropologischen Schema R. Bultmanns das Prae der Gnade Gottes voll zum Ausdruck komme[78]. Bleibt die Beziehung auf das „Jesusgeschehen", wie H. Braun es auch jetzt noch ausdrücken kann, nicht letztlich doch unklar und locker und wird aus Jesus nun nicht der bloße Initiator und im letzten Grund auch austauschbare Typus eines bestimmten Selbstverständnisses, wobei die bleibende Vorordnung der Christologie in H. Brauns anthropologischem Paradox verlorengeht? Die paulinische Rechtfertigungslehre, auf die H. Braun sich beruft, basiert jedenfalls auf der Christologie, ist also letztlich ein christologisches Interpretament bzw. Entfaltung und Auslegung der Christusbotschaft, nicht aber ist umgekehrt die Christologie Interpretament und Ausdrucksform der Rechtfertigungslehre[79]. Und auch die Botschaft Jesu vom verlorenen und wieder aufgenommenen Sohn ist ohne die Botschaft von der Güte des Vaters nur die halbe Wahrheit[80].

4. Damit aber sind wir nun bei derjenigen Antwort, die schon diejenige Luthers war, wenn er als Kriterium des Kanons das vielzitierte „Christum treiben" nennt[81]. Das besagt sicher auch, daß Jesus Christus nicht nur Mitte und Grund, sondern auch Maß und Grenze der Autorität des Kanons ist, Christus also u. U. auch *contra scripturam* ausgelegt werden kann[82], so wie schon die Freiheit Jesu von vornherein eine mit ihm selbst gegebene kritische Komponente auch gegenüber der Schrift implizierte[83]. Es besagt aber vor allem, daß er als diese Mitte noch genauer zu

---

[78] *H. Braun,* Die Überwindung des Liberalismus auf der Ebene des Kritizismus, VF 1949/50, 1951, 49ff. Zur jetzigen Verschärfung der Position R. Bultmanns durch H. Braun vgl. *E. Lohse,* Die Einheit des Neuen Testaments als theologisches Problem, EvTh 35, 1975, 139–154, bes. 152: „Nun wird nicht mehr wie bei Bultmann Theologie als Anthropologie dargestellt, sondern tatsächlich Theologie in Anthropologie aufgelöst." Vgl. auch *U. Wilckens,* ThLZ 89, 1964, 663ff, bes. 667f; *W. G. Kümmel,* in: Mélanges (s. Anm. 6), 77f und *G. Maier* (s. Anm. 9), 27: „Anstelle des ‚was Christum treibet', tritt das ‚was mich treibet'".

[79] *G. Bornkamm:* Paulus, UB 119, 1969, 128f; *U. Wilckens,* aaO 668; *G. Eichholz,* Die Theologie des Paulus im Umriß, 1972, 215ff; *E. Lohse,* aaO 153.

[80] Vgl. *J. Jeremias,* der Lk 15,11ff das „Gleichnis von der Liebe des Vaters" nennt (Die Gleichnisse Jesu, ⁶1962, 128ff).

[81] *M. Luther,* WA Deutsche Bibel 7, 384.

[82] *M. Luther,* WA 31 I, 47; vgl. *G. Gloege,* RGG³ I 1144.

[83] Vgl. *W. G. Kümmel,* RGG³ I 1131.

charakterisieren ist. Wer etwa sagt – und das sagen viele[84] –, Jesus Christus sei die Mitte des Kanons, macht einen Schritt zu früh halt. Gewiß ist die Mitte des Neuen Testamentes eher eine Person als ein Satz. Gewiß wird Jesus Christus verkündigt und nicht ein Prinzip oder Theologumenon[85]. Und doch reicht es nicht aus, von Jesus Christus als Mitte und Kriterium des Kanons zu sprechen. Es wird dabei nämlich zu wenig bedacht, daß Christus im NT eben auf vielfältige Weise verkündigt wird, und zwar nicht nur hinsichtlich der Pluriformität der Redeweisen, der verschiedenen Konkretisierung und Adaption oder auch der verschiedenen Motivationen der Prediger – hier kann man überall nur der souveränen Freiheit des Paulus in Phil 1,18 oder 1Kor 9,19ff zustimmen[86]–, sondern eben auch hinsichtlich der inhaltlichen Spannungen und Diver-

---

[84] Zitiert seien hier vor allem katholische Exegeten: vgl. *K. H. Ohlig* (s. Anm. 13), 80: „Kanonisch im strengen Sinn ist nicht die Schrift, sondern der sich durch sie und in ihr als Herr erweisende Jesus"; *A. Vögtle* (Kirche und Schriftprinzip nach dem NT, BiLe 12, 1971, 153–162 u. 260–281, bes. 157): „Der Kanon schlechthin, deshalb auch die absolute Norm für das Verständnis ‚der Schrift', war für das Christentum von Anfang an Jesus Christus selbst"; *H. U. v. Balthasar* (Einigung in Christus. Gedanken über die Vielheit der biblischen Theologien und den Geist der Einheit in der Kirche, FZPhTh 15, 1968, 171–189, bes. 187). *H. Schlier*, Besinnung (s. Anm. 60), 69. Vgl. weiter auch *C. Westermann* (s. Anm. 29), 140, *W. Marxsen*, NT als Kanon 242 und *ders.*, „Frühkatholizismus" (s. Anm. 33), 67, *B. Reicke*, Einheitlichkeit oder verschiedene „Lehrbegriffe" in der neutestamentlichen Theologie? ThZ 9, 1953, 401–415, bes. 405 u. a.

[85] Vgl. *G. Ebeling*, NT als Kanon 333; *H. Strathmann*, Die Krisis des Kanons der Kirche, in: NT als Kanon 41–61, bes. 61; gegen eine falsche Alternative „personhaft – lehrhaft" *E. Käsemann*, NT als Kanon 340 und 399.

[86] *H. Graß* (Das Christus-Zeugnis der Schrift und die Einheit der Kirche, EK 1, 1968, 375–381, bes. 380) hat nicht unrecht, wenn er aus Phil 1,18 schließt: „Das gemeinsame Wirken für Christus hat offenbar den Vorrang vor dem gemeinsamen Denken über Christus." Man wird auch die Vermutung aufnehmen können, ob nicht das gemeinsame Glauben, Bekennen und Bezeugen „vor aller durchgebildeten Christologie" im Urchristentum darum „stärker fühlbar (war), weil man stärker angefochten war von den Feinden des Glaubens", „weil man missionierende Kirche war, die weniger auf Sicherung des Bestehenden und des Besitzstandes als auf Ausbreitung und auf Gewinnung neuer Menschen und Menschengruppen ausgerichtet war" (vgl. auch *P. E. Davies*, Unity and Variety in the NT, Interp. 5, 1951, 174–185, bes. 183f). Es gibt freilich auf die Dauer kein gemeinsames Handeln ohne gemeinsame theologische Reflexion; die Aufnahme der Heidenmission zB ging einher mit einer Neukonzeption der Christologie und war ohne sie nicht möglich (vgl. *E. Käsemann*, EVB II 122f; *P. Stuhlmacher*, Das paulinische Evangelium, FRLANT 95, 1968, 251). Daß ein Kanon im Kanon die „Tendenz zur Ersetzung der Agape durch eine Gnosis als Höchstwert" sei (s. *H. U. v. Balthasar* [s. Anm. 84], 187), wird man darum kaum sagen dürfen.

genzen. Auf Christus haben sich mehr oder weniger alle berufen, auch die Irrlehrer, die einen „anderen" Jesus verkündigten (2Kor 11,4). Unter dem Namen des Christus können nach dem NT auch Pseudochristusse auftreten (Mt 24,5.23), ja auch der Antichrist ist nach Apk 13 in mancher Beziehung eine teuflische Karikatur des Christus. Christus haben aber natürlich vor allem auch die verschiedenen neutestamentlichen Christologien in Anspruch genommen, ob sie ihn als irdischen Wundermann feierten oder eine pneumatische Erhöhungschristologie vertraten, ob sie ihn als kommenden Weltenrichter ankündigten oder als Gekreuzigten proklamierten[87]. Christus ist also zunächst nur ein Name, ja eine Chiffre, und alles kommt darauf an, welcher Inhalt sich damit verbindet. Geht man jedoch von der Sachmitte des Neuen Testaments aus, kann Christus recht nur als der *Christus iustificans* oder als der *Christus pro nobis,* nicht aber als nomistischer Gesetzeslehrer, als „kosmischer Christus" oder als *Christus sacramentale* verkündigt werden. Solche Bestimmung der Mitte wird zwar nicht durch den *ganzen* Kanon gedeckt, andererseits aber mit gutem Grund von vielen Neutestamentlern als Kern- und Brennpunkt des Neuen Testaments vertreten[88]. Auch wenn im einzelnen die Akzente verschieden gesetzt werden, entscheidend ist die unlösliche Verklammerung von Christologie und Rechtfertigung[89], wie vor allem E. Käsemann betont hat: „Jede Christologie, welche nicht an der Rechtfertigung des Gottlosen orientiert ist, abstrahiert vom Nazarener und seinem Kreuz. Jede Rechtfertigungsverkündigung, welche nicht christologisch verankert bleibt und dauernd sich auf die Herrschaft Jesu Christi zurückbezieht, mündet in einer Anthropologie oder Ekklesiologie, etwa in einer Glaubenslehre, die auch anders begründet werden kann."[90] Es ist m. E. das besondere Verdienst des Jubilars, so konsequent und nachdrücklich wie kein anderer die Botschaft von der durch die *theologia crucis* begründeten *iustificatio impii* als unerläßliches Kriterium

---

[87] Vgl. *E. Käsemann,* NT als Kanon 355; *H. Köster,* Entwicklungslinien (s. Anmerkung 70), 191ff.

[88] Vgl. *H. Strathmann* (s. Anm. 85), 60; *W. G. Kümmel,* NT als Kanon, 92; *E. Lohse* (s. Anm. 78), 153f; *E. Jüngel,* EvTh 29, 1969, 425f; *E. Gräßer,* EvTh 30, 1970, 246f.

[89] Vgl. *W. Joest,* NT als Kanon 276; die Rechtfertigung dürfe „nicht von der Bindung an Jesus als den Personträger der Gnadengegenwart des rechtfertigenden Gottes abgelöst" werden, Jesus also „nicht nur als der erste Prediger der Rechtfertigung" verstanden werden.

[90] *E. Käsemann,* NT als Kanon 405; vgl. *ders.,* Paulinische Perspektiven, ²1972, 130.135ff.

für die Scheidung der Geister im NT herausgestellt zu haben. Sie kann dies nach E. Käsemann sein, sofern „das Merkmal Jesu im Unterschied von seiner gesamten religiösen Umwelt die Gemeinschaft mit den Sündern im Namen Gottes war, seine Kreuzigung entscheidend mit seiner Durchbrechung des Gesetzes zusammenhing . . . und schließlich die urchristliche Verkündigung im allgemeinen mehr oder weniger zentral von da aus bestimmt ist"[91]. Daß das stimmt, erweisen zumindest Jesus und Paulus. Man denke an Jesu zentrale Botschaft von der heilvollen Nähe der Gottesherrschaft für die Armen, Behinderten und Schuldiggewordenen (Mt 5,3; 12,28; 21,31 u. ö.) oder an die Gleichnisse vom Verlorenen oder von den Arbeiten im Weinberg, (Lk 15,3ff; Mt 20,1ff), die Gottes souveräne zuvorkommende Güte bezeugen, die Jesus selbst an Gottes Stelle den religiös und gesellschaftlich Disqualifizierten zuzusprechen und als Freund und Tischgenosse der Zöllner, Dirnen und Sünder (Mt 11,19) in seinem von aller Gesetzlichkeit freien Verhalten zu manifestieren wagte (vgl. Mk 2,15f; Lk 15,1f u. ö.); man denke aber auch an die Gleichnisse vom Schalksknecht oder von den beiden Schuldnern (Mt 18,23ff; Lk 7, 41ff) oder an die Mahnungen, um der Gottesherrschaft willen alles dranzugeben (Mt 6,33; 13,44ff) und in Entsprechung zum Verhalten Gottes den Nächsten und die Feinde zu lieben (Mt 5,44f), weil daran deutlich wird, daß Gottes Herrschaft und Güte zugleich Heil und Gehorsam bewirkt und inmitten dieser Welt nach dem Menschen als ganzem greift[92].

Mit dem allen ist dieselbe Radikalität der befreienden Liebe Gottes zu den Sündern und Gottlosen angesprochen wie mit der Exklusivität und Suffizienz, die Paulus dem Heilswerk Christi zuschreibt. Daß die *iustificatio impii* (Röm 4,5) Mitte und Leitthema der paulinischen Verkündigung und Theologie bildet, wird denn heute auch von katholischen Autoren deutlich gesagt[93]. Gewiß ist das vor allem im Römerbrief und Galaterbrief deutlich, aber es läßt sich zeigen, daß zB 1Kor 1–2 sachlich weitgehend der Erörterung über die Rechtfertigung im Römer- und Galaterbrief entspricht[94] (vgl. auch 1Kor 6,11; 2Kor 5,17ff; Phil 3,12ff

---

[91] *E. Käsemann*, NT als Kanon 368f.

[92] Vgl. *P. Stuhlmacher*, Gerechtigkeit Gottes bei Paulus, FRLANT 87, [2]1966, 240ff, der mit Recht die „sachliche Parallelität" betont, „mit welcher Paulus und Jesus vom freien Recht der göttlichen Vergebung sprechen" (246).

[93] *K. Kertelge*, „Rechtfertigung" bei Paulus, Studien zur Struktur und zum Bedeutungsgehalt des paulinischen Rechtfertigungsbegriffs, NTA 3, [2]1967, 295ff. Vgl. weiter *P. Stuhlmacher*, aaO 203ff. 217ff.

[94] *U. Wilckens*, Weisheit und Torheit. Eine exegetisch-religionsgeschichtliche Untersuchung zu 1Kor 1 und 2, BHTh 26, 1959, 21ff; *E. Jüngel*, Paulus und Jesus, HUTh 2,

u. a.), zB darin, daß durch Christi Tod und den Kreuzeslogos „Ruhm"
und *theologia gloriae* erledigt werden. Ist Jesus Christus als der Gekreuzigte und Auferstandene die Manifestation der Gottesgerechtigkeit (Röm
3,21ff; 1Kor 1,30), in der Gott in Gericht und Gnade eschatologisch
handelt, den Gottlosen in Analogie zur *resurrectio mortuorum* und zur
creatio ex nihilo neu macht (Röm 4,17; 5,9; 1Kor 1,28) und inmitten der
eschatologischen Differenz zwischen ἀπαρχή und τέλειον zugleich zu
einer neuen Lebenspraxis unter der Herrschaft Christi und im Zeichen
seines Kreuzes befreit (Röm 14,6ff; 2Kor 5,14f)[95], dann läßt sich in der
Tat sagen, daß es in der paulinischen Rechtfertigungslehre im Grunde
um nichts anderes geht als um die von Jesus verkündigte Gottesherrschaft, Gottes Herrschaft also „der Inhalt der paulinischen Rechtfertigungslehre" ist[96].

Mit dieser *iustificatio impii*, die auch in anderen Teilen des Neuen
Testaments ihren Widerhall findet (vgl. die Deuteropaulinen, 1Petr,
1Joh, Apk[97]), ist weder ein Reduktions- oder Selektionsprinzip gemeint
noch erst recht ein exegetisches Verfahren empfohlen, bei der die ganze
Schrift durch die paulinische Brille gelesen wird. Wohl aber wird be-

---

[2]1964, 29ff; *R. Baumann,* Mitte und Norm des Christlichen. Eine Auslegung von 1Kor
1,1 bis 3,4, NTA 5, 1968, 286ff „,Das Wort vom Kreuz' als das entscheidende Wort des
Apostels, die Mitte seiner Theologie". R. Baumann fragt sogar, ob die theologia crucis
nicht die Mitte der Schrift sein kann, die – wie im Anschluß an *F. Mußner* (s. Anm. 6),
291 formuliert wird – nicht als Sprengstoff im neutestamentlichen Kanon wirke, sondern viel eher als seine verbindende Klammer (304).

[95] Zur ethischen Bedeutung der Rechtfertigungslehre vgl. *E. Käsemann,* EVB II
186ff; *K. Kertelge* (s. Anm. 93), 250ff; *U. Wilckens,* Rechtfertigung als Freiheit, Paulusstudien, 1974, 9.104ff. Da es auch in der neutestamentlichen Ethik eine Pluralität
gibt, gilt es auch hier, den entscheidenden Orientierungspunkt zu treffen, an dem bestimmte Irr- und Seitenwege neutestamentlicher Ethik zu messen sind; vgl. die beiden
Referate von *E. Schweizer* und von mir über dieses Thema in: EvTh 35, 1975, Heft 5).
In gewisser Weise wiederholt sich auf dem Felde der Ethik die Problematik dieses
Aufsatzes, dh man wird auch dort zB nicht mit *H. D. Wendland* alle neutestamentliche
Ethik an der „Bergpredigt – Ethik" als der „ersten und letzten, kritischen Instanz"
messen (Ethik des Neuen Testaments, NTD – Ergänzungsreihe 4, 1970, 124), sondern Mitte und Kriterium neutestamentlicher Ethik eher darin zu suchen haben, daß
des Menschen Tun dem Heilshandeln Gottes in Jesus Christus entspricht.

[96] *E. Käsemann,* Perspektiven (s. Anm. 90), 133; *E. Jüngel* (s. Anm. 94), 266;
G. Klein, Gottes Gerechtigkeit als Thema der neuesten Paulus-Forschung, in: *ders.,*
Rekonstruktion und Interpretation, BEvTh 50, 1969, 225ff, bes. 235.

[97] Vgl. dazu zB. *E. Käsemann,* Der Ruf der Freiheit, [1]1968, 146f: „Das Thema der
Offenbarung ist das des Römerbriefes, wonach Gottes Gerechtigkeit und der Menschen Heil zusammenfallen."

hauptet, „daß die ganze Schrift uns nicht im mindesten nützt, sofern sie nicht überall und in größter Variationsbreite... auf die Rechtfertigung der Gottlosen... bezogen wird"[98]. Das Ziel ist nicht theologische Uniformierung oder theologischer Purismus, der nur langweilig und steril wäre. Aber Langweiligkeit und Sterilität entrinnt man nicht durch Beliebigkeit und durch Bagatellisierung der Frage nach den Kriterien des *„pure docetur"*. Der vielstimmige Chor der neutestamentlichen Zeugen soll nicht gewaltsam auf unisono gestimmt, ja nicht einmal seiner schrillen Dissonanzen und Nebengeräusche beraubt werden, wohl aber soll der cantus firmus unüberhörbar bleiben[99]. Es geht auch nicht darum, die Mitte auf eine zeitlos gültige eindeutige Formel zu bringen oder gar die Stimme Christi dingfest zu machen und sich ihrer zu bemächtigen[100]. Es geht vielmehr um den entscheidenden Bezugs- und Orientierungspunkt, der in Exegese und Verkündigung als solcher stets neu zu erproben und der Bewährung auszusetzen ist. Vor allem in der *viva vox evangelii*, die nicht durch eine abstrakte Idee abgelöst werden darf, ist die Rechtfertigung immer wieder neu als Leben schaffender Freispruch und Anspruch auszurichten und inmitten der geistigen und der gesellschaftlich-sozialen Verflochtenheiten und Verpflichtungen dieser Welt konkret zu variieren, denn nur in seinem schöpferischen Wort ist der Gekreuzigte und Auferstandene präsent, aber eben: als der, durch den die *iustificatio impii* geschieht.

---

[98] *E. Käsemann*, NT als Kanon 377f, vgl. auch 369, wo deutlich gesagt wird, daß dort, wo die Rechtfertigung nicht klar und zentral zu Wort kommt, die Autorität des Kanons endet, umgekehrt aber das AT „in weitem Umfang als promissio" einbezogen werden kann. Was diese Einbeziehung des AT betrifft, bedürfte es größerer Ausführlichkeit, doch wäre das ein eigenes Thema.

[99] Nur bei solcher feststehenden Grundmelodie könnte auf die kontrapunktische Begleitung der anderen Stimmen möglicherweise der neutestamentliche Charismabegriff angewendet werden, ob man nun mit *O. Cullmann* (Ökumenismus im Lichte des biblischen Charismabegriffs, ThLZ 97, 1972, 809–818) dem Protestantismus empfiehlt, am „Charisma der Konzentration" festzuhalten, dem Katholizismus aber, am „Charisma des Universalismus", oder ob man eher *H. Küngs* Mahnung aufnimmt (auch er spricht von „katholischer Weite und evangelischer Konzentration", Kirche (s. Anm. 17), 31 und NT als Kanon 204), voneinander zu lernen. Charisma meint zwar gewiß nicht Gleichschaltung und Einebnung des Spezifischen, wohl aber Integration in den einen Leib Christi und Bezug auf ein Gemeinsames.

[100] Vgl. *W. G. Kümmel* RGG³ I 1138 und NT als Kanon, 97; *E. Käsemann*, NT als Kanon 369.

DIE CHARISMENLEHRE DES PAULUS

Bilanz der Probleme und Ergebnisse

SIEGFRIED SCHULZ

Die Originalität des Paulus besteht – soweit wir bei der immer mehr anschwellenden Literaturflut die Forschungsergebnisse noch zu überblikken vermögen – in drei Dingen:

1. Paulus war ein prophetisch-charismatischer Apokalyptiker[1], der sich als „Elia der Endzeit" verstand und damit seiner Sendung einen unüberhörbar heilsgeschichtlichen Charakter zuerkannt hat (Röm 11,1–6), der sich weiter zugleich als Vollstrecker eschatologischer Verheißungen betrachtete (Röm 10,18–21) und nach Röm 11,11–14 nicht davor zurückschreckte, die Verheißung von Dtn 32,21 auf sein apostolisches Werk zu beziehen: Gott wird in Kürze Israel bekehren, indem er es auf die Heidenchristen eifersüchtig macht. Denn nach Röm 11,25–32 erwartete Paulus mit der Annahme der „Vollzahl der Heiden" die Rettung ganz Israels. Sein gesamtes Missionswerk ist nichts anderes als die heilsnotwendige Vorbereitung für die Parusie, und die nicht mehr verwirklichten Spanienpläne sind der sichtbare Beweis für das definitive Ende seiner apokalyptischen Mission bis an die äußersten Enden der Erde, mit Rom als Ausgangspunkt und wohl auch Operationsbasis (Röm 15,22 bis 29).

Erst wenn diese Texte wirklich reflektierend ausgewertet sind, kann in diesem Zusammenhang auf die bekannten Belegstellen seiner apokalyptischen Naherwartung hingewiesen werden, wie zB 1Thess 4,13–18; 1Kor 7,29–31; 10,11; 15,50–52; Phil 4,5 und Röm 13,11[2]. Sein ausge-

---

[1] Zu den im folgenden angeführten Stellen aus dem Römerbrief vgl. *E. Käsemann*, An die Römer, HNT 8a, 1973, (³1974), zSt.

[2] Anders *G. Klein*, Apokalyptische Naherwartung bei Paulus, in: Neues Testament und christliche Existenz. Festschr. für H. Braun, hg. v. *H. D. Betz* und *L. Schottroff* 1973, 241–262, der von den genannten Stellen aus dem Römerbrief keine Notiz

sprochen apokalyptisches Selbstverständnis, sein maßloses apokalyptisches Sendungsbewußtsein wie die apokalyptische Perspektive seines Missionierens mit der „Transversale" (Harnack) von Palästina über Rom bis nach Spanien lassen keinen Zweifel daran, daß Paulus sich als das von Gott auserwählte Instrument der in Kürze zu Ende gehenden Heilsgeschichte gesehen hat.

2. Seine gesamte Theologie und sein Evangelium für die Heidenwelt sind in dem einen konzentriert: Gott rechtfertigt nur den Gottlosen aus Glauben, nicht aber den Frommen aufgrund eigener Werke und befreit immer nur das nichtige und schuldige Geschöpf von der Übermacht der Sünde und übereignet es an die Herrschaft Christi, krönt aber niemals das sich selbst rechtfertigende Geschöpf aufgrund der eigenen Leistung. Diese Rechtfertigung ist *creatio ex nihilo* bzw. *resurrectio mortuorum* in einem. Weder ist die paulinische Rechtfertigungsbotschaft am Individuum mit seiner Sündennot orientiert, noch kann sie durch eine Heilsgeschichte ersetzt oder gar als zeitbedingte antijudaistische Kampflehre liquidiert werden. Indem Paulus sie sogar auf Israel als Volk anwendet, erscheint in ihr der Gott, der seine rebellische Kreatur nicht verabschiedet, sondern in Christus seine Herrschaft über alle Welt aufrichtet, damit seine Schöpfertreue unverbrüchlich bekundet und sein Heil für seine Geschöpfe offenbart. Zweifellos ist diese Verkündigung von der Gottesgerechtigkeit als der Rechtfertigung der Gottlosen das alles zentrierende Zentrum seiner Theologie und Mission.

3. Schließlich ist seine Charismenlehre als eigenständiger und theologisch wohldurchdachter Entwurf original paulinisch zu nennen, wenn sie auch durch die korinthischen Enthusiasten angeregt und provoziert worden ist. Paulus hat sämtliche amtlichen, enthusiastischen und diakonischen Funktionen wie Betätigungen, die er bereits in seinen Gemeinden vorfand, aufgegriffen, konsequent unter den Leitbegriff Charisma gestellt und so zu einer unverwechselbaren Einheit verbunden. Alle Ämter, Stände, Pneumatika und Dienste sind für Paulus jetzt Charismen, dh ausschließlich Wirkungen des grundlegenden Heilshandelns Gottes in Jesus Christus und damit Zeichen der geschehenen Rechtfertigung. Denn alles, was der gerechtfertigte Gottlose als neue Schöpfung ist, hat und tut, kann von jetzt an nur noch charismatisch verstanden werden.

---

nimmt, so daß er zu der bekannten, aber völlig grundlosen Abschwächung der akuten Apokalyptik des Paulus seine Zuflucht nimmt (ebd 262).

I. Die Charismenlehre – der im Neuen Testament einmalige Entwurf des Apostels

1. Die philologischen, religions-, traditions- und theologiegeschichtlichen Forschungsergebnisse hinsichtlich des Wortes χάρισμα sind gesichert, so daß wir in aller Kürze darauf zurückgreifen können[3]. Das Verbalsubstantiv meint von Haus aus Gabe, Geschenk, Wohltat oder Hulderweisung. Auffallend ist, daß urchristliches Belegmaterial fehlt; die alttestamentlichen (Ps 30,22 Θ; Sir 7,33 Cod S; 38,30 Cod B) und spätjüdischen Belege (Philo Leg All III 78; der Begriff fehlt ganz bei Josephus) sind textkritisch als späte Varianten einzustufen, und hebräische Äquivalente sind nicht zu verzeichnen. Auch im griechischen Sprachbereich steht es nicht besser: der Rhetor und Sophist Alciphron aus dem 2. Jh. nChr bietet den ersten sicheren Beleg (Ep III 17,4), von den Papyri aus dem 4.Jh. nChr ganz abgesehen. Es dürfte also Paulus gewesen sein, der das in der hellenistischen Umgangssprache nicht gerade häufige Wort in die christliche Theologie eingeführt hat (siebenmal im 1. Korinther-, einmal im 2. Korinther- und sechsmal im Römerbrief).

Da der neutestamentliche Kanon das älteste Buch der Konfessionen ist, heißt das: Das Wort χάρισμα bzw. die Sache der paulinischen Charismenlehre findet sich also weder im judenchristlichen Nomismus (Q-, Markus- und Sondergutstoffe und vorpaulinische Gemeindetradition) noch im gnostischen Enthusiasmus (bei den Enthusiasten bzw. in den enthusiastischen Traditionen der Paulusbriefe: 1. und 2. Korinther-, Galater-, Römer- und Philipperbrief; im unredigierten gnostischen Johannesevangelium und bei den späteren Gnostikern, soweit sie aufgrund der Polemik des Frühkatholizismus inner- und außerhalb des Neuen Testaments faßbar sind) und eigentlich auch nicht im heidenchristlichen Frühkatholizismus[4], da hier (in den Pastoralbriefen, im 1. Petrusbrief, in der Didache und im 1. Clemensbrief sowie bei Justin und Irenäus) aus dem paulinischen Charisma das Amts-Charisma des Klerikers geworden ist, sondern nur im Frühprotestantismus der sieben echten Paulusbriefe.

2. Allerdings ist der Sprachgebrauch bei Paulus nicht einheitlich, auch wenn das in der Forschung oft genug behauptet worden ist. Eine erste Orientierungs- und Auslegungshilfe bietet die Unterscheidung zwischen

---

[3] Vgl. vor allem *U. Brockhaus*, Charisma und Amt, 1972, 128ff; *H. Conzelmann*, Art. χάρισμα, ThW IX 1973, 393–397; *E. Käsemann*, Römer 317ff (³320ff).

[4] Dazu vgl. mein demnächst erscheinendes Buch: Die Mitte der Schrift. Der Frühkatholizismus im Neuen Testament als Herausforderung an den Protestantismus.

einem allgemeinen, unterminologischen (1Kor 1,7; 7,7; 2Kor 1,11; Röm 1,11; 5,15f; 6,23; 11,29) und einem speziellen bzw. spezifischen Sprachgebrauch (die Charismenlisten in 1Kor 12,4–11.28–30; Röm 12,6–8)[5]. Außerdem liebt es Paulus, den Charismabegriff zu umschreiben, so 1Kor 12,4: „die Zuteilung der Charismen"; 1Kor 12,11: „der Geist teilt einem jeden zu, wie er will"; 1Kor 7,17: „wie der Herr einem jeden zugeteilt hat, wie Gott einen jeden berufen hat, so soll er wandeln"; Röm 12,3: „ein jeder so, wie ihm Gott das Maß des Glaubens zugeteilt hat"; Röm 12,6: „Wir haben aber verschiedene Gnadengaben gemäß der uns gegebenen Gnade", oder die Äquivalente „Berufung" (1Kor 7,17.20; Röm 11,29) und „Diakonia" (1Kor 12,5) zu gebrauchen.

Aber Paulus hat nicht nur den Charisma-Begriff zum ersten Mal in die christliche Verkündigung übernommen, auch die Existenz und Zusammenstellung der drei Charismenlisten in 1Kor 12,4–11.28–30 und Röm 12,6–8 sind sein Werk. Diese Listen folgen keiner systematischen Ordnung: weder vermeidet Paulus Überschneidungen noch scheut er sich, ohne weiteres von Personen- zu Sachbezeichnungen hinüberzuwechseln. Weil mit diesen Beispielen die Fülle und Unterschiedlichkeit der Charismen zum Ausdruck gebracht werden soll, sind alle Versuche, in diesen Listen eine in den paulinischen Gemeinden vorhandene wirkliche Gemeindeordnung wiederfinden zu wollen[6], zum Scheitern verurteilt. Vielmehr sind die Charismenlisten der apostolische Wille und Wunsch – so sollte es nach Paulus eigentlich in den Gemeinden zugehen –, keineswegs aber spiegeln sie die tatsächlich vorhandene charismatische Verfassung der von ihm gegründeten Gemeinden wider.

Die hervorgehobenen bzw. außerordentlichen Charismen lassen sich – vor allem aufgrund der drei Charismenlisten – übersichtshalber wie folgt gliedern[7]:

a) Zu den kerygmatischen Charismen bzw. den Charismen der Verkündigung gehören die Funktionen der Apostel, Propheten, Lehrer und Seelsorger,

b) zu den diakonischen Charismen bzw. den Charismen der Dienst- und Hilfeleistung die Diakone und Diakonissen,

---

[5] *U. Brockhaus*, Charisma 141f.

[6] So *R. Bultmann*, Theologie des Neuen Testaments, [4]1961, 156f (für 1Kor 12,4–11); O. *Scheel*, Die Kirche im Urchristentum, RV IV/20, 1912, 33f; W. *Michaelis*, Das Ältestenamt der christlichen Gemeinde im Lichte der Heiligen Schrift, 1953, 62.

[7] Dazu vgl. *E. Käsemann*, Amt und Gemeinde im Neuen Testament, in: *ders.*, EVB I (109–134) 114f; *H. Küng*, Die Kirche, ÖF. E 1, 1967, 220f.

c) zu den pneumatisch-ekstatischen Charismen die Glossolalie, die wunderbaren Heilungen, Exorzismus und überhaupt demonstrative Wirkungen göttlicher Kräfte und

d) zu den kybernetischen Charismen bzw. den Charismen der Leitung und Verwaltung schließlich die Bischöfe, Vorsteher und Erstlinge.

Schon jetzt wird eines ganz deutlich: Paulus kennt nur die charismatische Gemeinde[8], und „die Charismen sind nicht eine primär außerordentliche, sondern eine alltägliche, sind nicht eine einförmige, sondern eine vielförmige, sind nicht eine auf einen bestimmten Personenkreis beschränkte, sondern in der Kirche ganz und gar allgemeine Erscheinung. Und dies alles heißt zugleich: sie sind nicht nur eine damalige (in der Urkirche mögliche und wirkliche), sondern eine höchst gegenwärtige und aktuelle, sind nicht nur eine periphere, sondern eine höchst zentrale und wesenhafte Erscheinung in der Kirche."[9] Alles, was der Gemeinde, die als Leib aus vielen Gliedern besteht (1Kor 12,12–27; Röm 12,4–6), nützt (1Kor 12,7), ihrem Aufbau dient (1Kor 14) und in der Agape geschieht (1Kor 13), ist Charisma. Denn Charisma ist nach Paulus zunächst Gabe, Geschenk und Zuteilung, dann Manifestation, Konkretion und Individuation ein und desselben Geistes, die Wirkung der Gnade als Gnadenmacht und schließlich Berufung zum Dienst am Nächsten unter Einschluß des Feindes, auf keinen Fall aber ein pneumatisches Statusprinzip, weder ein amtliches Privileg eines statischen Herrschaftsverhältnisses noch gar Anlaß zum Ruhm aufgrund frommer Leistung. Wenn aber die paulinische Charismenlehre „die konkrete Darstellung der Lehre vom neuen Gehorsam" und dh „von der justificatio impii" und somit letztlich „nichts anderes als die Projektion der Rechtfertigungslehre in die Ekklesiologie hinein" ist[10], dann ist die Konsequenz unausweichlich: Nicht nur der Charismabegriff ist von Paulus in die urchristliche Theologie eingeführt und theologisch gewichtet worden, sondern auch die Charismenlisten in ihrer exemplarischen Zusammensetzung gehen auf ihn zurück, so daß seine Charismenlehre als sein persönlicher, theologisch sorgfältig durchreflektierter und im Neuen Testament einmalig gebliebener Entwurf anzusehen ist.

---

[8] Vgl. *G. Eichholz*, Was heißt charismatische Gemeinde? ThEx NF 77, 1960.

[9] *H. Küng*, Kirche 226.

[10] *E. Käsemann*, Amt und Gemeinde im NT (s. Anm. 7), 119.

II. Charisma und Amt

1. Das Problem ist bekanntlich so alt wie das Neue Testament: die Charismenlehre des Paulus wird nicht mehr verstanden bzw. im Frühkatholizismus inner- und außerhalb des Neuen Testaments gründlich im Sinne des exklusiven Amts-Charismas mißverstanden (1Tim 4,14; 2Tim 1,6; 1Petr 4,10; Did 1,5; 1Clem 38,1). In der altkatholischen Kirche endlich wurde das Charisma entweder völlig verdrängt oder konsequent in das bekannte Klerus-Laien-Schema eingesargt. Erst mit der Reformation und der in ihrem Gefolge praktizierten radikalen historischen Kritik wurde es wieder entdeckt und lebhaft diskutiert. Als Ergebnis dieser Diskussion können heute im wesentlichen die folgenden drei Positionen umrissen werden:

a) Zwischen dem paulinischen Charisma und dem Amt (Recht/Ordnung) besteht keine sachliche Übereinstimmung, sondern ein unüberbrückbarer Gegensatz, so daß die Entscheidung alternativ gegen das verrechtlichte und institutionalisierte Amt und für die paulinische Charismenlehre getroffen wird[11]. Die eigentliche Weichenstellung in diesem Sinne vollzog R. Sohm mit seiner radikalen und provozierenden These, die frühe Christenheit habe kein Vereins-, Verwaltungs- und Disziplinarrecht besessen: „Das Kirchenrecht steht mit dem Wesen der Kirche in Widerspruch."[12] Aus dieser an sich richtigen Einsicht zog Sohm allerdings die verhängnisvolle Konsequenz, daß die frühe Christenheit überhaupt kein Recht besessen habe und „charismatische Organisation" der rechtlichen alternativ entgegengesetzt sei. Den eigentlichen Sündenfall der Kirche – die endgültige Beseitigung der charismatischen Ordnung durch die rechtliche Ordnung des Katholizismus – lokalisiert er zu Unrecht erst im 1. Clemensbrief.

A. von Harnack[13] vertritt demgegenüber die These von einer doppelten Gemeindeorganisation und unterscheidet fälschlicherweise zwischen zwei verschiedenen, dadurch nebeneinanderstehenden Amtsreihen: der pneumatischen mit gesamtkirchlicher Stellung einerseits und der administrativ-kultischen (so auch H. Lietzmann[14]) mit lokalkirchlicher Stellung andererseits.

---

[11] Aus Raumgründen werden im folgenden nur die wichtigsten Repräsentanten erwähnt; vgl. im übrigen *U. Brockhaus*, Charisma 7–46.

[12] Kirchenrecht I (Systematisches Handbuch der deutschen Rechtswissenschaft VIII/1), 1892, 1; ähnlich *O. Scheel*, Kirche 36ff.

[13] Lehrbuch der Dogmengeschichte I, ⁴1909, 236 u. ö.

[14] Zur altchristlichen Verfassungsgeschichte, in: *ders.*, Kleine Schriften I, TU 67, 1958, (141–185) 142f.150.152ff u. ö.

H. von Campenhausen rechnet mit zwei entgegengesetzten Formen der Gemeindeorganisation, der judenchristlich-rechtlichen Presbyterialverfassung in den paulinischen Gemeinden und der charismatischen Ordnung, wie sie von Paulus vertreten wurde[15]. Paulus selber „duldet kein Bewußtsein amtlicher Autorität", was „die schroffe Ablehnung aller ‚menschlichen' Ordnungen und Autoritäten" zur Folge hat[16]. Mit der schließlichen Verdrängung der charismatischen Ordnung des Paulus durch den Frühkatholizismus tritt eine „verhängnisvolle Verschiebung im geistlichen Gesamtverständnis der Kirche" ein[17].

Nach E. Käsemann hat Paulus bewußt seine Charismenlehre „der Anschauung des institutionell ausgewiesenen Amtes" entgegengesetzt[18]; denn alle Gemeindeordnung beruht „nicht statisch auf Ämtern, Institutionen, Ständen und Würden". Paulus hat „Autorität allein dem konkret geschehenden Dienst zuerkannt"[19]. Diese charismatische Ordnung gilt gerade „nicht kraft eines Systems vorgegebener und objektiver Werte"[20], weil allein der Geist „charismatisches Recht"[21] setzt. Paulus hat – gegen Sohm – keineswegs Recht, Ordnung und Amt überhaupt abgelehnt, im Gegenteil! Aber wo das alles verrechtlicht und institutionalisiert wird, wo Autorität und Recht nicht mehr im aktuellen und konkret sich ereignenden Dienst geschehen, da beginnt der Abfall vom Geist zum Recht, vom Charisma zum Amt und damit der Weg zum Frühkatholizismus.

b) Genau umgekehrt die Position des römischen Katholizismus: Auch hier besteht keine sachliche Übereinstimmung, sondern der Gegensatz von Charisma und Amt, nur wird jetzt das Charisma entweder völlig verabschiedet oder der kirchlichen Ämterhierarchie einverleibt[22]. Nach J. Wobbe wird schon im Frühkatholizismus des Neuen Testaments das paulinische Charisma zur „Amtsgnade"[23], während A. Wikenhauser[24] und Th. Soiron[25] die paulinischen Charismenlisten konsequent im Sinne

---

[15] Kirchliches Amt und geistliche Vollmacht in den ersten drei Jahrhunderten, BHTh 14, 1953, 327.

[16] Ebd 326f.   [17] Ebd 328.

[18] Amt und Gemeinde im NT (s. Anm. 7), 126.

[19] Ebd 125.

[20] Sätze heiligen Rechtes im Neuen Testament, in: *ders.*, EVB II (69–82), 76.

[21] Ebd 74.   [22] Vgl. *U. Brockhaus*, Charisma 71ff.

[23] Der Charisma-Gedanke bei Paulus, 1932, 65.

[24] Die Kirche als der mystische Leib Christi nach dem Apostel Paulus, ²1940, 77ff u. ö.

[25] Die Kirche als der Leib Christi nach der Lehre des hl. Paulus, 1951, 77.

der frühkatholischen Hierarchie auswerten. J. Brosch spricht es am deutlichsten aus: Charismen waren „eine Art Luxus" der Kirche, nicht ohne
Gefahr für die etablierte frühkatholische Hierarchie[26]. H. Schlier kann
groteskerweise das Charisma nur deshalb auf die Seite der korinthischen
Enthusiasten stellen, weil er die paulinischen Charismen mit deren enthusiastischen Pneumatika verwechselt, denen die „objektive Ordnungs-
kraft" des paulinischen Amtes entgegensteht[27]. Geschickter geht J. Gnilka vor: er sieht unter den bisher genannten Exegeten am klarsten, daß
die Charismen von 1Kor 12–14 die typisch römisch-katholische Klerus-
laien-Konzeption nicht fassen. Aber diese seine an sich richtige Beobachtung wird sofort durch die falsche Konsequenz aufgehoben, daß die
Charismenlehre von 1Kor 12 und noch weniger von Röm 12,6ff, wo
Paulus einfach die korinthischen Zustände kopiert habe, nicht als charismatische Gemeindeverfassung, sondern lediglich als paränetische Konzeption angesehen werden dürfe[28]. Statt dessen setzt Gnilka verständ-
licherweise bei den nach seiner Meinung institutionalisierten amtlichen
Funktionen in 1Thess 5,12; Gal 6,6 und Phil 1,1 ein, die dann nach seiner unbegründeten Meinung ohne weiteres eine Brücke zu der frühkatholischen Ämterlehre der Deuteropaulinen bilden. Interessant zu sehen ist
allerdings, daß nicht die römisch-katholischen Exegeten, wohl aber ihre
systematischen Kollegen der paulinischen Charismenlehre unbefangener
gegenüberstehen. H. Küng kritisiert mit erfrischender Offenheit die römisch-katholische Theologie, weil sie die paulinische Charismenlehre und
Ekklesiologie zugunsten der späteren Ämterhierarchie im Sinne der Pa-
storal- und katholischen Briefe sowie der Apostelgeschichte vergessen
und verabschiedet hat. Ohne Umschweife spricht er daher von einer
„Wiederentdeckung" der paulinischen Charismenlehre[29]. Das paulinische Charisma „kann nicht unter das kirchliche Amt subsumiert werden,
aber die kirchlichen Ämter können unter das Charisma subsumiert werden"[30]. Der „Hierarchie" kommt nur eine „diakonische Struktur" zu,
die außerdem von der „charismatischen Struktur" der Kirche umgriffen
wird[31]. Ähnlich argumentiert G. Hasenhüttl, wenn er die „charismatische Grundstruktur" bei Paulus von der „Hilfsstruktur" der Presbyter-

---

[26] Charismen und Ämter in der Urkirche, 1951, 43ff.

[27] Über das Hauptanliegen des 1.Briefes an die Korinther, in: *ders.*, Die Zeit der
Kirche, ²1958, (147–159) 154.

[28] Geistliches Amt und Gemeinde bei Paulus, Kairos NF 11 1969, (95–104) 95f.
97ff.

[29] Kirche (s. Anm. 7) 217.   [30] Ebd 225.   [31] Ebd 226; 465ff u. ö.

und Bischofsordnung in den Pastoralen, der Apostelgeschichte und bei den Apostolischen Vätern unterscheidet[32]. Diese „Hilfsstruktur" oder „Hilfsorganisation" gehört aber historisch-kritisch eindeutig in den Frühkatholizismus des Neuen Testaments, und es ist keineswegs selbstverständlich, daß Hasenhüttl diese frühkatholische Gemeindeordnung bewußt der paulinischen unterordnet, die sich sachlich aus der befreienden Vollmacht Jesu ableiten lasse[33]. Trotz mancher Einwände im einzelnen immerhin ein erstaunliches Ergebnis!

c) Die Vermittlungs- bzw. Harmonisierungsversuche finden sich sowohl im lutherischen und reformierten als auch im anglikanischen Lager[34]. Weil man hier – trotz eklatanter Unterschiede und andersartiger Zielsetzungen – weder unter dem Banne der Sohmschen Antithese noch den Konsequenzen radikaler historischer Kritik zu stehen wähnt, versucht man, das Charisma mit dem Amt zu versöhnen (so u.a. O. Michel[35], F. Grau[36], J. Schniewind[37], G. Friedrich[38], H. Greeven[39], L. Goppelt[40]), indem mehr oder weniger alle Charismatiker zu Amtsträgern gestempelt werden oder umgekehrt alle Amtsträger zu Charismatikern. Stärker abgewertet werden die Charismen zugunsten des Ältestenamts bei den reformierten Exegeten (Ph. H. Menoud[41], W. Michaelis[42], H. Ridderbos[43]), während bei den Anglikanern (B. H. Streeter[44], A. M. Farrer[45], G. Dix[46]) das Bischofsamt eindeutig favorisiert wird.

---

[32] Charisma – Ordnungsprinzip der Kirche, ÖF. E 5, 1969, 71ff.

[33] Ebd 226ff.231ff u. ö.

[34] Vgl. dazu *U. Brockhaus*, Charisma 47ff.62ff.

[35] Gnadengabe und Amt, DTh 10–12, 1942, 133–139.

[36] Der neutestamentliche Begriff χάρισμα, seine Geschichte und seine Theologie, Diss. (masch.) Tübingen 1946.

[37] Aufbau und Ordnung der Ekklesia nach dem Neuen Testament, in: Festschrift R. Bultmann, zum 65. Geburtstag, 1949, 203–207.

[38] Geist und Amt, in: WuD NF 3, 1952, (61–85) 82ff.

[39] Propheten, Lehrer, Vorsteher bei Paulus, ZNW 44, 1952/53, (1–43) 8ff.

[40] Die apostolische und nachapostolische Zeit, KIG 1A, ²1966, 128ff.

[41] L'Église et les ministères selon le Nouveau Testament, CThAP 22, Neuchâtel, 1949, 41ff.

[42] Ältestenamt (s. o. Anm. 6) 48ff.

[43] Paulus. Ein Entwurf seiner Theologie, 1970, 320ff.

[44] The Primitive Church, 1930, 77ff.

[45] The Ministry in the New Testament, in: The Apostolic Ministry, ed. K. E. Kirk, London ²1957, (113–182) 144ff.

[46] The Ministry in the Early Church, in: The Apostolic Ministry, aaO (183–303) 239ff.

2. Die beiden zuletzt genannten Positionen sind historisch-kritisch wie theologisch-sachkritisch unhaltbar, weil einerseits die paulinische Charismenlehre auf gar keinen Fall in die frühkatholische Ämterhierarchie integriert noch andererseits eine Synthese von verrechtlicht-institutionalisiertem Amt und paulinischem Charisma behauptet werden kann. Der Intention der paulinischen Charismenlehre entspricht allein die zuerst besprochene Position, die es im folgenden anhand des Textmaterials[47] genauer zu umreißen gilt:

a) Paulus hat die vorgefundenen Ansätze zu kirchlichen Ämtern in seinen Gemeinden mit festen Funktionsträgern und zT bereits fixierten Amtsbezeichnungen gekannt, anerkannt und in jeder Weise unterstützt, wenn Dauer, Autorität und Titel als konstitutive Elemente des Amtes angesehen werden[48]. Nach 1Thess 5,12f fordert Paulus die Gemeinde auf, „diejenigen, die unter euch arbeiten und euch im Herrn vorstehen und euch zurechtweisen" anzuerkennen und besonders hochzuachten. Dabei wird es sich um einen festen Personenkreis mit dauernden und führenden Funktionen gehandelt haben, für den Paulus Anerkennung und „ganz besondere" Hochachtung verlangt. In 1Kor 16,15f anerkennt Paulus die Sonderstellung des Stephanas und seines Hauses, und er fordert von den Korinthern sogar die Unterordnung. Apostel (Gal 1,19; Röm 16,7 u.a.), Propheten (1Kor 14,1–25) und Lehrer (1Kor 14,26; Gal 1,12 [hier allerdings nicht das Substantiv]) waren schon vor Paulus dauernde Funktionen mit festen Titeln für ihre Träger. Dasselbe gilt für die Unterrichtenden von Gal 6,6, wo Paulus sogar deren Recht auf Lebensunterhalt herausstreicht, und die kurze Notiz in Phil 1,1 über die Bischöfe und Diakone beweist ebenfalls, daß in der Gemeinde von Philippi Funktionsträger mit festen Amtsbezeichnungen am Werk waren, also eine dauernde Sonderstellung beanspruchen konnten.

b) Paulus hat diese Gemeindefunktionen mit festen Funktionsträgern und sogar mit fixierten Amtstiteln in seine Charismenlisten aufgenommen, also in seine Charismenlehre integriert: die Apostel, Propheten und Lehrer in 1Kor 12,28; Röm 12,6f (hier fehlen allerdings die Apostel); die Hilfs- und Verwaltungsleistungen in 1Kor 12,28, die Diakonia in Röm 12,7 und schließlich die Seelsorger in Röm 12,8. Alle diese amtlichen Funktionen sind nach Paulus Charismen, die von den übrigen Charismen weder positiv noch negativ abgegrenzt werden und deshalb auch auf gar keinen Fall im Gegensatz zu ihnen stehen können.

---

[47] Zum folgenden vgl. *U. Brockhaus*, Charisma 95ff.
[48] Vgl. ebd 24.106.123.

c) Besonders wichtig ist, daß Paulus nirgends gegen diese Kirchenämter polemisiert; denn sie gehören für ihn wie alle anderen Funktionen, Tätigkeiten und Begabungen zu den Charismen. Nirgendwo wird der Geist antithetisch gegen das Recht ausgespielt – Paulus praktiziert selber ein charismatisches Recht –, nirgendwo wird gegen eine Gemeindeverfassung an sich votiert, wenn sie nur vom Geist gewirkt ist und zur bleibenden Funktion des Geistes wird, dh sich als charismatische Gemeindeordnung bewährt. Paulus bietet demnach in seinen Charismenlisten nicht nur Beispielsammlungen oder ein paränetisches Konzept, sondern plädiert eindeutig für eine charismatische Gemeindeverfassung.

d) Paulus hat bewußt weder auf das jüdisch-judenchristliche Presbyterialamt noch auf die Ordination mit quasi sakramentaler Handauflegung zurückgegriffen.

e) Paulus kennt vor allem kein rechtlich legitimiertes, institutionell ausgewiesenes, sakramental abgesichertes oder gar metaphysisch mit der ewigen Seins- oder Schöpfungsordnung begründetes Amt. Amt, Recht und Ordnung werden zu Funktionen des Geistes und nicht umgekehrt. Derlei Konzeptionen steht die paulinische Charismenlehre mit dem allgemeinen Priestertum aller Gläubigen schroff und alternativ entgegen.

f) Wenn Goppelt zu Recht fragt, wieso Paulus „immer nur aufruft, den Geist durch den Glauben wirksam werden zu lassen und sein Wirken aufzunehmen, nicht aber Ämter einzurichten und zu besetzen"[49], dann muß – auch gegen Goppelt – die richtige Antwort lauten: solange die Autorität des Amtes allein im aktuell-konkreten Dienst an der Gemeinde wie am Nächsten unter Einschluß des Feindes gründet, ist Paulus amtsbejahend; amtsverneinend ist er dort, wo das Amt verrechtlicht und institutionalisiert wird, bleibend der Gemeinde gegenübersteht und schließlich den Geist samt allen Charismen vereinnahmt.

g) U. Brockhaus hat recht: „Wenn Paulus einerseits diese Amtsansätze so positiv bewertet, die Funktionsträger so ausnahmslos unterstützt und so warm empfiehlt und die Gemeinde so eindeutig zu Anerkennung und Gehorsam auffordert, warum erwähnt er dann andererseits diese Funktionen so selten und stets nur am Rande? Ist das halbe Dutzend Stellen, das uns zur Verfügung steht – die Mehrzahl davon auch nur in Briefschlüssen oder -anfängen –, nicht eine erstaunlich karge Ausbeute? Hätte Paulus sich angesichts der verschiedenen Schwierigkeiten, denen er in den Gemeinden gegenüberstand, nicht viel häufiger und stärker auf die dort vorhandenen Funktionsträger stützen können und müssen? Hat

---

[49] Zeit (s. o. Anm. 40) 135.

Paulus vom Amt bzw. den vorhandenen deutlichen Ansätzen dazu nichts erwartet? An der Stelle jedenfalls, wo man eine grundsätzliche Stellungnahme zu diesen Funktionen erwarten würde, steht im Unterschied zu den soeben untersuchten Stellen keine pragmatische Empfehlung und keine Aufforderung zum Gehorsam, sondern ein theologischer Entwurf: die paulinische Lehre von den Charismen."[50]

Fazit: Die Charismenlehre des Paulus ist die bewußte und bleibende Alternative zum Amts-, Rechts- und Ordnungsdenken der religiösen Antike (Judentum, Judenchristentum, Heidentum und Frühkatholizismus) und als solche die direkte ekklesiologische Entsprechung zur Rechtfertigungsbotschaft. Daß die paulinische Charismenlehre nicht in der charismatischen Gemeindeverfassung aufgeht, sondern sie umgreift, wird gleich zu zeigen sein.

III. Charisma und Pneumatika

Von größter Bedeutung und Tragweite ist die Tatsache, daß Paulus offensichtlich durch die Enthusiasten in Korinth zur Ausarbeitung seiner unverwechselbaren Charismenlehre provoziert worden ist; denn ihre antienthusiastische Zielsetzung ist unverkennbar.

πνευματικά war terminus technicus der korinthischen Enthusiasten (1Kor 2,13.15; 12,1; 14,1 u.a.) und meint ebenso massiv wie demonstrativ die exklusiven Einbrüche der jenseitigen Herrlichkeitswelt in den gottlosen Kosmos, also vor allem ekstatisches Zungenreden, dramatische Kraftwirkungen und sensationelle Mirakel. Die Pneumatika als die wunderhaften, übernatürlichen und anormalen Demonstrationen, Kräfte und Wirkungen des jenseitigen Pneuma-Christus im jeweiligen Pneumatiker, die vor allem der Selbsterbauung und somit dem religiösen Individualismus dienen, sind nur verständlich im Horizont des gnostischen Wesensdualismus von weltlosem Gott einerseits und gottlosem Kosmos als Unheilsmacht, der der Mensch aus eigener Kraft nicht entrinnen kann (1Kor 15,21f.44b–49), andererseits. Der radikale gnostische Dualismus mit seiner typischen Kosmosfeindschaft bedingt nicht nur den Doketismus (Verfluchung des irdischen Jesus: 1Kor 12,3 und Ablehnung des Passionskerygmas) und die revolutionäre Verabschiedung der apokalyptisch-leiblichen Totenauferstehung (1Kor 15,12; 2Kor 5,1–10), sondern ebenso die Verwerfung des mosaischen Kultgesetzes (Röm 14,14.20;

---

[50] *U. Brockhaus,* Charisma 126f.

1Kor 10,14–22), ja des gesamten Mosegesetzes (1Kor 6,12) und damit des Alten Testaments überhaupt (2Kor 3,7–18). Im Pneuma-Kyrios dagegen, im kosmischen Leib Christi, in den der Pneumatiker durch die Taufe sakramental versetzt worden ist, hat er den Tod längst hinter sich gelassen (1Kor 10,1–6; 15,29) und gehört er aufgrund des ständigen Abendmahlsgenusses (1Kor 11,17–34) bereits als Erlöster der himmlischen Welt an.

Dieser klassische enthusiastisch-gnostische Dualismus wird konsequent in libertinistische (1Kor 5,1–13; 6,12–20) oder rigoristische „Ethik" (1Kor 7,1–8.25–28) umgesetzt. Mit dem enthusiastischen Kampfruf: „da ist weder Jude noch Grieche, weder Sklave noch Freier, weder Mann und Frau" (Gal 3,28; 1Kor 12,13) wird der ethnische Unterschied zwischen Juden und Heiden, der sozialrechtliche zwischen Sklaven und Sklavenhalter (vgl. auch 1Kor 7,17–24) und der geschlechtliche zwischen Mann und Frau (vgl. 1Kor 11,2–16) belanglos, da alle diese Unterschiede dem Bereich der zu verachtenden Sarx und damit dem gottlosen, finsteren und rebellischen Kosmos angehören. Weil die geistgewirkte Emanzipation die alleinige Losung ist, haben selbst der Staat (Röm 13,1–7) und das weltliche Recht (1Kor 6,1–11) nichts mit der oberen Lichtwelt zu tun.

Die Reaktion des Paulus auf die durch den dezidiert gnostischen Dualismus motivierten Pneumatika ist eindeutig: Paulus meidet zwar den terminus technicus πνευματικά und ersetzt ihn konsequent durch χαρίσματα, verdrängt aber keineswegs die mit den Pneumatika gemeinte Sache aus seinen Charismenlisten, auch wenn er sie unüberhörbar kritisiert. So relativiert er die Pneumatika durch die Einführung des Leib-Organismus-Gedankens (1Kor 12,12–27) und des Kriteriums des Nutzens (1Kor 12,7) und der Liebe (1Kor 13); so kritisiert er sie durch die Aufnahme der profanen Dienste (1Kor 12,5; Röm 12,7), der Hilfe- (1Kor 12,28; Röm 12,8) und Verwaltungsleistungen (1Kor 12,28), die er den Pneumatika gleichstellt; so setzt er die von den korinthischen Enthusiasten am höchsten geschätzte Glossolalie ostentativ an den Schluß (1Kor 12, 10.28–30), während er sie in der Charismenliste Röm 12,6–8 sogar ausläßt (wie denn hier die ekstatischen Pneumatika überhaupt nicht erwähnt sind!), und stellt er statt dessen die Prophetie polemisch an den Anfang (1Kor 14). Das alles beweist: Paulus verachtet keineswegs die mit den enthusiastischen Pneumatika demonstrierte Sache: Ekstase und Wunder als unübersehbare Manifestationen des Pneuma. Aber indem er konsequent den Charismabegriff einsetzt, macht er unmißverständlich klar, daß die Macht des Geistes nur christologisch verstanden werden kann; denn Charisma ist „das in Christi Dienst genommene πνευματικόν, die Konkretion und Individuation der Gnade"[51], die zeitlebens in den Dienst am Nächsten unter Einschluß des Feindes stellt. Damit aber meldet sich das letzte, aber – wirkungsgeschichtlich beurteilt – wohl auch folgenreichste Problem, das mit der paulinischen Konzeption der Charismen gestellt ist:

IV. Charisma und „Ethik"

Das schließt nach Paulus ein Dreifaches ein:

1. Alles Handeln bzw. die _nova oboedientia_ muß charismatisch verstanden werden. Grundlegend ist der Abschnitt Röm 12,6–21. Die Charismenliste leitet hier nicht nur bewußt den großen paränetischen Schlußabschnitt des Römerbriefes ein, sondern schon in der eigentlichen Charismenliste 12,6–8 geht die Anweisung für die herausgehobenen Charismatiker (V. 6–8a) mit V. 8b in allgemeine ethische Weisungen („aus seinem Besitz geben, in der Fürsorge stehen und Almosen geben") über, die dann ohne sichtbaren Unterbruch in 12,9–21 durch eine katechetisch-judenchristliche Tradition, die mit synoptischem Material und alttestamentlichen Zitaten arbeitet, vervollständigt werden. Es ist deshalb nur sachgemäß, wenn Käsemann den Charismabegriff konsequent ins „Ethische" ausgeweitet hat[52]. Dasselbe gilt für die traditionell-paränetischen Spruchreihen bzw. allgemeinen Paränesen, zB in Röm 12,1f; 13, 8–14; 1Thess 4,1–12; 5,12–28; Gal 5,13–6,10; Phil 1,27–30; 2,1 bis11.14–18; 4,4–7. Nicht mehr die Frage nach der religions- und traditionsgeschichtlichen Herkunft der paränetischen Spruchreihen (judenchristliche Traditionen mit synoptischen Jesussprüchen, AT-Zitaten, Weisheitsregeln, apokalyptischer Taufparänese sowie Laster- und Tugendkatalogen), sondern der Aufweis ihrer Funktion im Rahmen paulinischer Theologie ist die entscheidende Aufgabe der Interpretation. Denn die „Paränese" des Paulus steht nicht im Horizont einer Gesetzes- und Lohnethik, sondern ist durchgehend bestimmt von seiner Charismenlehre, von der allein sie ihre christliche Verbindlichkeit erhält. Über den Inhalt des sittlich Guten herrscht bei Christen und Nichtchristen weithin Übereinstimmung; der Unterschied allerdings liegt in der andersartigen

---

[51] _E. Käsemann_, Römer 318 (³321).

[52] Amt und Gemeinde im NT (s. o. Anm. 7) 116; _ders._, Gottesdienst im Alltag der Welt, in: EVB II (198–204) 204.

Motivierung und Realisierung. Denn christlicher Gehorsam geht keineswegs im moralischen Verhalten auf, ist vielmehr geistgewirkt[53], „Werk der Gnade"[54], geistlicher Gottesdienst im leiblichen Bereich und weltlichen Alltag (Röm 12,1f), „Wandel im Geist" (Gal 5,16), charismatische Tugend, „Frucht des Geistes" (Gal 5,22) und dh zusammengefaßt: „gelebte Eschatologie"[55] der gerechtfertigten Gottlosen, also Konsequenz der geschehenen Rechtfertigung, nicht aber gesetzlich-verdienstliche Leistung der Frommen und damit Bedingung für die künftige Rechtfertigung. Für Paulus ist der sogenannte Imperativ „in den Indikativ integriert"[56]. Dasselbe gilt von den speziellen „Paränesen" innerhalb der Paulusbriefe, zB 1Kor 5,1–13; 6,1–11.12–20; 7; 8,1–13; 12–14; 2Kor 8–9; Röm 14,1–15,13: Alles Handeln des gerechtfertigten Gottlosen als neuer Kreatur ist nach Paulus charismatischer Dienst an allen Geschöpfen, niemals aber egoistisches und verdienstliches Streben nach dem eigenen Seelenheil, das Gott entmächtigt und das Mitgeschöpf zum beliebigen Objekt meiner Tugendübungen entmenschlicht.

2. Aber auch sämtliche Verhaltensweisen der Christen sind nach Paulus charismatisch: In Ehrerbietung einander höher achten (Röm 12,10), in Hoffnung sich freuen, in Trübsal standhalten, im Gebet verharren (Röm 12,12), mit den Fröhlichen sich freuen, mit den Trauernden klagen, *einen* Sinn untereinander haben (Röm 12,15f; weiter 1Thess 5,16; Gal 5,26) und schließlich die apokalyptische Haltung des ὡς μή als der apokalyptischen Indifferenz der Welt gegenüber (1Kor 7,29–31). Freilich ist nicht schon die Haltung als solche Charisma; sie wird es nur, wenn sie in der Grundverfassung der Agape, dh als Berufung zum Dienst am Nächsten geschieht.

3. Schließlich hat Paulus die „Ethik" bzw. „Paränese" als Charismenlehre nicht nur auf Dienste und Funktionen inner- und außerhalb der Gemeinde angewandt, sondern sogar auf jeden sozialen, völkischen, geschlechtlichen und gesellschaftlichen Stand ausgeweitet. So ist der völkische Stand des Juden oder Heiden ebenso Charisma (1Kor 7,17–20) wie derjenige des Unverheiratet- oder Verheiratetseins (1Kor 7,7)[57]. Die eigentlichen Sachprobleme beginnen nun aber bei der paulinischen Gleichsetzung von sozialem (Sklave und Sklavenhalter: 1Kor 7,17–24), geschlechtlichem (Mann und Frau: 1Kor 11,2–16) und politischem

---

[53] *E. Käsemann*, Römer 203 (³205).
[54] Ebd 162 (³164).   [55] Ebd 175 (³177).   [56] Ebd 166 (³167).
[57] Hier allerdings mit dem feinen Unterschied: Das Charisma des Unverheiratetseins „hat" man (1Kor 7,7), während das Verheiratetsein als Stand ein Charisma ist.

(Staatsbürger und staatliche Gewalt: Röm 13,1–7) Stand und Charisma. Paulus nimmt bekanntlich in allen drei Fällen die Lösungen der hellenistisch-jüdisch-judenchristlichen Sozialethik auf, indem er die strikte Unterordnungsforderung an die christlichen Sklaven, Frauen und Staatsbürger mit naturrechtlichen bzw. ordnungstheologischen Argumenten mehr oder weniger stark untermauert. Es besteht allerdings ein entscheidender Unterschied: das Handeln des Christen im jeweiligen Stand dient nicht mehr wie im Judentum und Heidentum der eigenen Rechtfertigung, sondern ist einzig und allein charismatischer Dienst am Nächsten.

a) Obwohl der christliche Sklave mit dem christlichen Sklavenhalter ἐν κυρίῳ (1Kor 7,22) und dh vor Gott und in der Gemeinde gleichberechtigt ist, und obwohl Paulus in Phlm 16 ausdrücklich ein neues Sozialverhalten fordert und praktiziert (Onesimus ist „geliebter Bruder im Fleisch und im Herrn"!), erhebt er keinen Protest gegen die institutionelle Sklaverei, vertritt er rigoros das Status-quo-Konzept (1Kor 7,20: Stand/Tagma = Berufung), lehnt er sogar einen hypothetisch ins Auge gefaßten sozialen Statuswechsel ab (1Kor 7,21b – ein Novum in der gesamten Antike!) und macht er auch von der ihm bekannten alttestamentlichen Sklavengesetzgebung und den in ihrem Wirkungsbereich liegenden spätjüdischen Lösungen keinerlei Gebrauch. Vielmehr gebietet er dem christlichen Sklaven, bei seinem christlichen oder heidnischen Sklavenbesitzer zu bleiben, wird dem christlichen Sklavenbesitzer weder zur Auflage gemacht noch auch nur nahegelegt, seinen christlichen oder heidnischen Sklaven zu entlassen, und wird schließlich die christliche Gemeinde nicht aufgefordert, christliche Sklaven aus dem Besitz heidnischer Sklavenhalter loszukaufen. Das Desinteresse des Paulus an der rechtlich-politischen Freiheit bzw. Unfreiheit und an sozialethischen Reformen sowie die dezidiert theologische Begründung für die Beibehaltung der institutionellen Sklaverei liegen offen zutage[58].

---

[58] Vgl. *S. Schulz*, Gott ist kein Sklavenhalter, 1972, 167ff. – Gegen *G. Klein*, Christusglaube und Weltverantwortung als Interpretationsproblem neutestamentlicher Theologie, VF 18/2, 1973, (45–76) 51ff ist mit Nachdruck festzustellen, daß

1. Paulus mit Hilfe des κλῆσις-Motivs (= Stand/Tagma/Position = Charisma) in 1Kor 7,20 das status-quo-Prinzip entfaltet,

2. in 1Kor 7,21 das Verhältnis von geistlicher, nichtrechtlicher Freiheit zur rechtlichen Unfreiheit eindeutig negativ akzentuiert wird, woraus mit *E. Käsemann* (Grundsätzliches zur Interpretation von Römer 13, in: EVB II 216) zu Recht die Konsequenz zu ziehen ist, daß die paulinische Begründung für die Beibehaltung der institutionellen Sklaverei für uns entfallen ist, und

3. der Philemonbrief und hier besonders V. 16 strikt auf der Linie von 1Kor 7,21ff

b) Ebenso fordert Paulus die Unterordnung der christlichen Frau unter den Mann mit Hilfe einer fragwürdigen ontologischen Hierarchie
bzw. einer Emanationsreihe, des Schöpfungsberichtes und anderer na-
turrechtlicher Argumente (1Kor 11,2–16), obwohl für ihn im gleichen
Atemzuge die Frau ἐν κυρίῳ gleichberechtigter Partner des Mannes ist
und ihr sogar die Verkündigungs- und Lehrfunktion im Gottesdienst zugestanden wird[59].

c) Noch gravierender sind die Aporien von Röm 13,1–7[60]: Hier hat
Paulus bekanntlich eine judenchristlich-katechetische Tradition übernommen, ohne diese christologisch oder eschatologisch zu korrigieren. Im
Unterschied zu Weish 6,1–9 findet in Röm 13 „die Umpolung des ‚von
Gott‘ aus einer Herrscher- in eine Untergebenenparänese“[61] statt,
schweigt der Text völlig von einem in der Synagoge anerkannten und
praktizierten Widerstandsrecht und wird die Unterordnungsforderung
– wiederum ohne Analogie in den jüdischen Quellen – damit begründet, daß die Aufständischen das Gottesgericht auf sich ziehen[62].

bleiben. Zwar fordert Paulus ausdrücklich die Bruderschaft „im Fleisch und im Herrn“,
aber innerhalb der vorhandenen und anerkannten sozialen, rechtlichen und institutionellen Strukturen. Auch hier wird die rechtlich-institutionelle Seite des Sklavenpro-
blems weder reflektiert noch die Sklaverei kritisiert, sondern als Institution der Gesellschaft und des Rechts einfach vorausgesetzt.
 Sowohl die gereizt-aufgeregte Polemik als auch die unbedingte Option für die Beibehaltung des Sklavenwesens werden m. E. hinreichend durch eine auch sonst in der
exegetischen Produktion von Klein vorausgesetzte, dualistische Heilslehre motiviert:
„Auf Marcions Spuren“ (so treffend *E. Käsemann*, Römer 109. [³110]) wird faktisch
von *G. Klein* das Alte Testament verabschiedet (Römer 4 und die Idee der Heilsgeschichte, in: *ders.*, Rekonstruktion und Interpretation. Ges. Aufs., BEvTh 50, 1969,
158; *ders.*, Bibel und Heilsgeschichte, ZNW 62, 1971, 46 u. ö.), die paulinische Apokalyptik gestrichen (*ders.*, Brisanz der Rechtfertigung, EvK 7, 1974, 245; *ders.*, Apokalyptische Naherwartung bei Paulus [s. Anm. 2]) und eine sozialethische Relevanz
des Evangeliums in Abrede gestellt (*ders.*, Christusglaube 72ff; *ders.*, „Reich Gottes“
als biblischer Zentralbegriff, EvTh 30, 1970, 667ff). Wie aber will und kann man dann
noch die nicht mehr nur drohende Gefahr vermeiden, daß die Kirche zum Konventikel wird und die Theologie zur „Hüterin einer religiösen Gnosis, welche bestenfalls
Raum für die diakonische Betreuung der Gemeindeglieder von der Wiege bis zur Bahre
ausspart“? (*E. Käsemann*, Der Ruf der Freiheit, ⁵1972, 119f).
 [59] Vgl. *H. Conzelmann*, Der erste Brief an die Korinther, MeyerK V ¹1969, 212ff;
J. Jervell, Imago Dei, FRLANT 76, 1960, 215ff.220.302ff u. ö.
 [60] Vgl. *E. Käsemann*, Römer 13,1–7 in unserer Generation, ZThK 56, 1959, 316 bis
376; *ders.*, Römer 334ff (³337ff).
 [61] *U. Duchrow*, Christenheit und Weltverantwortung, FBESG 25, 1970, 155, Anm.
518.
 [62] Vgl. ebd 154f.

Warum hielt Paulus unbeirrt an der naturrechtlich bzw. ordnungs-
theologisch motivierten Unterordnung des christlichen Sklaven, der
christlichen Frauen und des christlichen Staatsbürgers fest, obwohl seine
christologischen und eschatologischen Argumente eigentlich dagegen
sprachen? Die Antwort ist so einfach wie eindeutig: Neben der apokalyptischen Naherwartung des Kyrios und der antienthusiastischen Frontstellung ist es vor allem seine Charismenlehre: dem jeweiligen Stand
des Christen eignet zwar keine Heilsmächtigkeit, er ist aber Charisma,
dh Berufung und Ermächtigung zum Dienst am Nächsten. Die konkret-
aktuelle Unterordnung des Christen im jeweiligen Stand ist charismatisches Handeln und als solches eschatologische Ermöglichung des Dienstes
in den Ordnungen dieser Welt. Beides ist durchaus richtig, wenn auch –
wie der Frühkatholizismus im Neuen Testament und die Kirchengeschichte lehren – nicht mehr ausreichend: Denn erst das Handeln des
freigelassenen christlichen Sklaven, der *gleichberechtigten* christlichen
Frau und des *mündigen* christlichen Staatsbürgers ist – und das liegt
auch im Sinne der christologischen Argumentation des Paulus selbst! –
charismatischer Dienst und eschatologische Möglichkeit christlicher Freiheit.

Zusammengefaßt heißt das: Die Charismenlehre des Paulus umgreift
und fundiert zwar seine gesamte „Ethik", geht aber keineswegs in ihr
auf. Trotz der genannten Einschränkungen ist die paulinische Charismenlehre als „Ethik" die bleibende, weil im Evangelium von der Rechtfertigung der Gottlosen begründete Alternative zur Leistungs-, Gesetzes-
und Lohnethik der religiösen Antike (Judentum, Judenchristentum, Heidentum und Frühkatholizismus).

GOTTESGERECHTIGKEIT UND LASTERKATALOGE
BEI PAULUS (INKL. KOL UND EPH)

EDUARD SCHWEIZER

Selten hat etwas mein Denken derart angeregt wie Ernst Käsemanns Aufforderung, neue Kategorien zur Bestimmung der „Gerechtigkeit Gottes" bei Paulus zu suchen, und sein Vorschlag, die Gabe der Gottesgerechtigkeit als Macht zu interpretieren[1]. Die alte konfessionelle Diskussion, in den letzten Jahrzehnten von verschiedener Seite aufgelockert, wurde auf eine neue Ebene gehoben. Rührte nicht das gegenseitige Nichtverstehen daher, daß man auf beiden Seiten in unangemessenen Kategorien von imputativer und effektiver Gerechtigkeit sprach[2]? Dabei ging es ja keinesfalls darum, den Gabecharakter zu leugnen oder auch nur in den zweiten Rang zu setzen. Aufrichtung von Macht, zB bei der Befreiung eines besetzten Gebiets, kann ganz und gar von außen kommendes Geschenk sein, wobei der Tag der Befreiung genau datierbar ist; sie wird sich aber in den darauf folgenden Tagen oder Monaten durchsetzen, bis sie eindeutig besteht und anerkannt ist. Man wird also sicher fragen, wo der Gabe-, wo der Machtcharakter im Vordergrund steht, ohne daß doch beides voneinander zu trennen wäre[3]. Die Frage, wie sich die Lasterkataloge, die das Eingehen in die Gottesherrschaft anscheinend doch wieder von moralischen Leistungen abhängig werden lassen, damit vertragen, hat mich schon lange umgetrieben. So ist es vielleicht sinnvoll, diese Stellen einmal von E. Käsemanns Ansätzen her anzugehen.

---

[1] Gottesgerechtigkeit bei Paulus, ZThK 58, 1961, 367–378, zitiert nach *ders.*, EVB II 181–193.

[2] Vgl. *E. Schweizer*, Die „Mystik" des Sterbens und Auferstehens mit Christus bei Paulus, EvTh 26, 1966, 253–257 = in: *ders.*, Beiträge zur Theologie des Neuen Testamentes, Zürich 1970, 198–203.

[3] AaO (Anm 1) 181, Anm. *; 183f, 187 u. ö.

1Thess 4,3–6

Ich setze mit der Beobachtung ein, daß sich inhaltlich zunächst eine erste Gruppe von Lastern abgrenzen läßt, die etwa durch die Trias Unzucht (oft durch Unreinheit, Zügellosigkeit usw. entfaltet) – Habgier – Götzendienst charakterisieren läßt[4]. Sie läßt sich 1Thess 4,3–6 schon deutlich erkennen, obwohl auf das letzte Glied nur in der alttestamentlichen Wendung von den „Heiden, die Gott nicht kennen" angespielt ist. Im übrigen ist die Funktion des Katalogs typisch. Nach V. 2 und 6 handelt es sich um die Erstbelehrung der Gemeinde durch den Apostel, die mit dem Hinweis auf Gottes Gericht (V. 6) verbunden war, auf die Gabe des Geistes gegründet bleibt (V. 8) und als positives Ziel die Bruderliebe wie die missionarische Wirkung auf die Umwelt einschließt (V. 9–12). Paulus rechnet also damit, daß das Fehlen von Unzucht und Habgier (und Götzendienst) die Gemeinde zeichenhaft von der Nichtgemeinde scheidet. Die genannten Laster sind für den Heiden typisch und daher in der Gemeinde unmöglich[5].

Ihre Auswahl hängt damit zusammen, daß schon das hellenistische Judentum die Unzucht als direkten Ausfluß des Götzendienstes und darum als charakteristisch heidnisches Laster ansieht (Weish 14,12; vgl. epJer 43)[6]. Sie hat daher in Israel keinen Platz, was schon dort mit dem Hinweis auf Gottes Gericht eingeschärft wird (Weish 14,30f; vgl. 1QS 4,11–14; slHen 10,6[7]). In den rein hellenistischen Parallelen fehlt natürlich der Hinweis auf Götzendienst[8], während die Habgier dort ihren Ursprung hat[9], freilich auch ins Judentum eingedrungen ist. TestDan

---

[4] Vgl. *A. Vögtle*, Die Tugend- und Lasterkataloge im NT, NTA 16,4/5, 1936, 38f; so 1Kor 5,10.11; 6,9f (durch Räuberei u. a. ergänzt); Kol 3,5 (einziges Vorkommen des Stammes πλεον- im Kol! Vgl. *W. Bujard*, Stilanalytische Untersuchungen zum Kolosserbrief, StUNT 11, 1973, 161); Eph 5,5; ohne Habgier, dafür mit anderem verbunden Gal 5,19.20a; 1Petr 4,3; Apk 21,8; 22,15.

[5] Vgl. auch Eph 4,17; 1Petr 4,3 und hier Anm. 15.

[6] Sib 3,221–245 und slHen 10,4–6 sind Götzendienst, Zauberei und ähnliches mit Vergehen deutlich sozialen Charakters verknüpft. Zur Ableitung der Unzucht aus dem Götzendienst vgl. Anm. 32.

[7] Hier auch das Stichwort „Erbe", das im Zusammenhang mit den Lasterkatalogen erscheint (1Kor 6,9f; Gal 5,21; Apk 21,7).

[8] *H. D. Betz*, Lukian von Samosata und das NT, TU 76, 1961, 194.

[9] Belege bei *M. Dibelius–H. Conzelmann*, Die Pastoralbriefe, HNT 13, ³1955, zu 1Tim 6,10; doch vgl. Sib 3,235, sachlich auch slHen 10,5. Sexualverirrungen sind im Hellenismus stärker detailliert (*H. D. Betz* aaO [Anm. 8] 199–201). Vgl. ferner *M. Hengel*, Eigentum und Reichtum in der frühen Kirche, 1973.

5,5–7 ist sie kombiniert mit den „Greueln der Heiden" und der „Unzucht", TestJud 19,1 und Philo Spec Leg I 23–25 mit dem Götzendienst; in 1QS 4,9f steht sie an erster Stelle, gefolgt von anderen Sünden, zB von Gottlosigkeit und Unzucht[10]; nach CD 4,17f sind Unzucht, Reichtum und Befleckung des Heiligtums die drei Netze Beliars. Ein ganz besonders schönes Beispiel wäre ApkBar(gr) 8,5 (vgl. 13,4), wo die Trias Unzucht und Ehebruch, Diebstahl und Raub (so 1Kor 5,10f; 6,10 mit der Habgier verknüpft), Götzendienst durch vier der 2Kor 12,20 aufgezählten und einige sonst bei Paulus genannte Laster ergänzt wird; doch bleibt sehr fraglich, ob es sich nicht an beiden Stellen um Nachklänge der paulinischen Lasterkataloge handelt[11]. Sicher ist, daß die genannte Trias gänzlich ungriechisch ist[12]. Auch daß konkrete Tat-, nicht die tieferliegenden Gesinnungssünden genannt sind, schließt den Apostel mit dem Judentum zusammen. Dorthin gehört auch der Hinweis auf das Gottesgericht, so wenig allerdings solche Lasterkataloge im Alten Testament schon zu finden sind[13].

Damit ist freilich das Wichtigste zur Funktion dieses Katalogs noch nicht gesagt. Er dient ja nicht etwa apologetisch dazu, die Vortrefflichkeit des Christentums aufzuzeigen. Das zeigt sich schon daran, daß durchaus traditionelle Paränese aufgenommen, also jedenfalls gegenüber dem hellenistischen Judentum der Unterschied und das Neue gerade

---

[10] Die entsprechenden Vokabeln für Unzucht finden sich im hebr. und griech. Text von Num 14,33; Jer 3,2.9; 13,27; Ez 23,27.29; 43,7.9; Hos 4,11; 6,11.

[11] Dafür spricht auch die Gal 5,21 entsprechende Abschlußformel καὶ τὰ τούτων ὅμοια an beiden Stellen. An nicht bei Paulus genannten Lastern finden sich nur γογγυσμοί (aber vgl. 1Kor 10,10) und μαντεῖαι, in 13,4 auch ἐπιορκίαι (vgl. 1Tim 1,10). Christliche Interpolation vermutete in 13,4 schon *H. M. Hughes* in Charles, AP II 529f. Fast sicher von Paulus und Apk 21,8; 22,15 abhängig ist der noch ausführlichere Katalog im Testament des Jakob (*E. v. Nordheim*, Das Zitat des Paulus in 1Kor 2,9 und seine Beziehung zum koptischen Testament Jakobs, ZNW 65, 1974, 114f; dazu *O. Hofius*, Das Zitat 1Kor 2,9 und das koptische Testament des Jakob, ZNW 66, 1975, 140f).

[12] *A. Vögtle* aaO (Anm. 4) 208f. Rabbinische Stellen: *E. Lohmeyer*, Der Brief an die Kolosser, MeyerK IX [9]1953, 138, Anm. 2; Bill. I 937; IV 473 (TMen 13,22; SLv 18,3f).

[13] Gottesgericht: Weish 14,30f; 1QS 4,11–14; slHen 10,1–6; vgl. Röm 1,18ff; 1Kor 5,13; 6,9f; Kol 3,6; Eph 5,6; 1Petr 4,5; auch Gal 5,23; 6,7f. Das AT kennt keine solchen Kataloge, weil dort das Gesetz das gesamte Verhalten des Menschen regelt. Der Dekalog wirkt nur Mt 15,19 deutlich nach, vielleicht auch Mk 7,21 und 1Tim 1,9f (*B. S. Easton*, New Testament Ethical Lists, JBL 51, 1932, 7), schwerlich Röm 1,29f. Ganz anderen Charakter haben die Tugend- und Lasterkataloge, die sich bei Philo zB Virt 182 finden.

nicht aufgezeigt werden. Vor allem aber zeigt der ganze Kontext, daß
die einmal gefallene Entscheidung dauernd neu vollzogen werden muß
im „Wachsen" (V. 1.10). Man hat das Neue also nie in seinen Händen;
man hat es nur, indem man es lebt und darin weiterwächst. Damit hängt
zusammen, daß es auch, wie die folgenden Beispiele zeigen werden, keine
für immer fixierten Listen von abgelegten Lastern gibt. Die Formulierungen wechseln je nach der Situation beträchtlich.

1Kor 5,9–13

Die genannte Trias findet sich hier in V. 10, nur ergänzt durch „Räuber". Wieder wird auf eine schon früher erfolgte Mahnung zurückgegriffen. Erstaunlich ist aber die Stoßrichtung des Textes. Ausdrücklich soll
es nicht darum gehen, die Draußenstehenden, die „Welt" zu richten –
das wird ruhig Gott überlassen –, sondern einzig darum, die „Welt" in
der Gemeinde selbst zu bekämpfen. Ja, dieser Kampf darf gerade nicht
zu einem Rückzug aus der Welt verleiten, sondern nur zu einer Unterscheidung der Gemeinde, die in und mit der Welt lebt, von der Welt[14].
Beachtenswert ist, daß die Liste bei der Wiederholung in V. 11, dh dort,
wo vom Eindringen solchen Weltverhaltens in die Gemeinde gesprochen
wird, durch „Lästerer und Trunkenbolde" erweitert wird, dh durch Versuchungen, die die Gemeinde eher anfechten als Götzendienst, grobe Unzucht und räuberische Habgier. Damit meldet sich aber schon das Problem an, das freilich noch nicht bewußt gemacht und entfaltet wird:
läßt sich, wenn nicht für alle, so doch für bestimmte Zeiten und Lagen
die Grenze eindeutig festlegen zwischen Sünden wie dem Götzendienst,
die einen Menschen definitiv von der Gemeinde scheiden, und Sünden
wie der Trunkenheit, die einem gerade beim Gedanken an die konkrete
Gemeinde zusätzlich in den Sinn kommen, eben weil sie bei manchen
ihrer Glieder vorkommen, ohne sie sofort und definitiv zu Nichtglaubenden zu stempeln? Zeigt nicht gerade die Zufügung dieser zwei Glieder, daß die einmal gefallene eindeutige Scheidung vom Heidentum sich
in so und so vielen, gar nicht derart eindeutigen Fragen durchsetzen will
und muß?

---

[14] *J. C. Hurd*, The Origin of I Corinthians, London 1965, 149–154 erkennt die
über 1Kor hinaus traditionelle Verbindung von Unzucht und Götzendienst nicht und
verbindet daher direkt mit dem Problem des Götzenopferfleischs in Kap. 8 und 10. Er
wird aber darin recht haben, daß sich der Text gegen einen Enthusiasmus richtet, der
die Losung „Alles ist erlaubt" auf seine Fahnen geschrieben hat.

1 Kor 6,9–11

Der Text geht wiederum von der in der Taufe erfolgten endgültigen Scheidung von gewissen heidnischen Lastern aus[15]. Er ist darum besonders interessant, weil diese als Ergebnis des „Abwaschens, Heiligens und Rechtfertigens" beschrieben wird. Gabe- und Machtcharakter sind also nicht zu trennen; von Heiligung ist nicht etwa am Schluß, sondern in der Mitte die Rede, weil sie offenbar nicht lösbar ist von der völlig als Geschenk zu empfangenden Reinheit und Gerechtigkeit[16]. Dennoch kann mit der festen Formel vom „Erben der Gottesherrschaft"[17] eine sehr konkrete Liste eingeführt werden, die mit der von 5,11 übereinstimmt; nur daß die Unzucht entfaltet und Diebstahl noch zugefügt wird. Die Liste wächst also nochmals. Wichtiger ist ein anderes. So wahr es ist, daß es Situationen gibt, in denen wie etwa bei einer neubekehrten kleinen Gruppe innerhalb einer überwältigenden Mehrheit Andersdenkender oder in eindeutigen Kampfzeiten die Grenzen der Gemeinde konkret markiert werden müssen, so sichtbar wird hier im Kontext, wie diese eindeutigen Markierungen immer wieder in sehr viel weniger eindeutigen Situationen durchgehalten werden müssen. Zwischen den beiden Listen steht ja die Mahnung, nicht gegen Gemeindeglieder vor heidnischen Gerichten zu prozessieren. Außerdem zeigt die Fortsetzung, daß der Verkehr mit der Dirne gerade auch von Gemeindegliedern mit Berufung auf Christus legitimiert wurde, nach des Apostels Meinung freilich zu Unrecht. Jedenfalls muß also in mehr oder weniger zweideutigen ethischen Lagen immer neu gefragt werden, was die konkret bezeichnete Scheidungslinie de facto bedeutet. Die geschehene Gerechtigkeit Gottes will sich darin durchsetzen. Entscheidend ist dabei aber, daß gerade so nur zurückgerufen werden kann zu der Grundentscheidung, die in der Taufe von Gott her über den Menschen schon gefallen ist und jetzt neu gelebt werden muß.

---

[15] Das Schema „einst ... / jetzt aber ..." (Kol 3,7f; Eph 5,8) tönt V. 11a an; die Einschränkung „einige" bezeichnet vielleicht die Heiden- im Unterschied zu den Judenchristen (*E. Kamlah*, Die Form der katalogischen Paränese, WUNT 7, 1964, 178).

[16] *W. Thüsing*, Rechtfertigungsgedanke und Christologie in den Korintherbriefen, in: Neues Testament und Kirche. Für R. Schnackenburg, hg. v. *J. Gnilka*, 1974, 319f spricht von der sich manifestierenden Macht Gottes. *M. Rissi*, Studien zum zweiten Korintherbrief, AThANT 56, 1969, 77, Anm. 190 weist auf die Verwandtschaft mit 1QS 3,6–9; 11,14 hin.

[17] Zweimal; ebenso Gal 5,21; Eph 5,5; vgl. Apk 21,7; slHen 10,6; auch Mt 25,34. Für die Einleitung „laßt euch nicht verführen" vgl. *J. Jeremias*, (Rezension von S. Wibbing aaO [Anm. 18]) ThLZ 86, 1961, 427.

2Kor 12,20f

Hier liegt eine völlig andere Situation vor. Paulus denkt nur an die Sünden, die er in der Gemeinde anzutreffen fürchtet. Die Liste ist daher typisch anders gebaut als die bisherigen. Sie nennt lauter Verhaltensweisen, die das brüderliche Zusammenleben gefährden, angeführt von „Streit-Eifersucht-Wut", einer Trias, die sich Gal 5,20 und ähnlich auch Röm 13,13 und Kol 3,8 wiederholen wird. Sie findet sich in Variationen auch im hellenistischen Judentum und entspricht eher qumranischen Listen[18]; dort nämlich, wo nicht jüdische Ethik von heidnischer abgegrenzt wird, sondern von dem den jüdischen Leser Bedrohenden gesprochen ist. Paulus zeigt allerdings in V. 21, daß solches Verhalten mit einem offenkundigen Versagen innerhalb der Grenzen der ersten Gruppe, nämlich der Unreinheit, Unzucht und Zügellosigkeit zusammenhängt. So wird wieder offenbar, daß grundlegende Erfahrungen sich in eher kleinkalibrigen, alltäglichen Bedrohungen des Gemeindelebens durchsetzen müssen.

Gal 5,19–22

Theologisch entfaltet wird dies im Galaterbrief. Der konkrete Anlaß sind nach V. 15 Zwistigkeiten in der Gemeinde, denen also die an der eben besprochenen Stelle gefundene Liste „Streit, Eifersucht, Wut . . ." entspräche. Sie erscheint denn auch V. 20b, erweitert nicht nur durch Ausdrücke, die Entzweiung in der brüderlichen Gemeinschaft beschreiben, sogar bis hin zu „Morden", sondern auch durch „Trunkenheit und Prasserei" am Schluß, die auch Röm 13,13 gleich und 1Petr 4,3 ähnlich erscheinen. Aber bevor Paulus dazu kommt, greift er in V. 19b.20a auf die grundlegende Paränese zurück, die Unzucht und Götzendienst, beide durch andere Begriffe ausgeweitet, zum Inhalt hat. Ausdrücklich wird V. 21b wieder auf die frühere Weisung und die warnende Formel vom Nichterben der Gottesherrschaft verwiesen[19]. Wiederum wird also deutlich, daß in den Problemen von Streit und Eifersucht unter den Gemeindegliedern die Grundfrage aufbricht, über die bei der Berufung zum Glauben entschieden worden ist, nämlich die Frage, wo der Mensch in

---

[18] Sir 40,5 (LXX: 4b); 28,10f; vgl. 30,24; Spr 27,4; 6,34. Die Übereinstimmung von qumranischen und neutestamentlichen Listen (*S. Wibbing*, Die Tugend- und Lasterkataloge im NT, BZNW 25, 1959, 91f.106) beruht darauf, daß an beiden Orten innergemeindliches Verhalten behandelt wird (1QS 4,9–11). Doch betont *F. Mussner*, Der Galaterbrief, HThK IX 1974, 392–395 auch die Unterschiede.

[19] Vgl. Anm. 17; die Wendung „Die dieses Tuenden" steht auch Röm 1,32.

Wirklichkeit lebt. Das zeigt sich daran, daß schon in V. 14 die Liebe als Erfüllung des Gesetzes proklamiert und dann alles auf den Gegensatz von Fleisch und Geist zurückgeführt wird. In V. 22f schließt sich hier auch eine Art Tugendliste an[20]. Freilich ist diese Bezeichnung irreführend, weil es Paulus gerade darauf ankommt, daß zwar vom Fleisch gesagt werden kann, es rufe „Werke" (im Plural) hervor, die erst noch „offenbar", demonstrierbar sind, während der Geist „Frucht"[21] (im Singular) schafft, die nicht mehr einfach vorzeigbar ist, so konkret und praktisch sie sich darstellen soll. Aber jedenfalls sind dem Menschen die Maßstäbe zur Bewertung genommen, weil sie ganz Schöpfung des Geistes ist[22]. Das bedeutet aber, daß auch dort, wo Paulus in der Sprache der Lasterkataloge spricht, nicht einfach nur zu noch vermehrter moralischer Anstrengung aufgerufen wird. Die Leser stehen gerade nicht mehr unter dem Gesetz (V. 18, vgl. 14.23). Es geht im Gegenteil darum, die über sie schon gefallene Entscheidung, in der „das Fleisch mit den Leidenschaften und Begierden gekreuzigt worden ist", wirklich werden zu lassen: „Wenn wir im Geiste leben, laßt uns auch wandeln im Geiste!" (V. 24f). Der Lasterkatalog, der mit den groben, heidnischen Sünden von Unzucht und Götzendienst einsetzt, die zeichenhaft in der Gemeinde verschwunden sind, dann aber ergänzt wird durch all die Dinge, die das Beieinander-sein auch in der Gemeinde gefährden, dient also gerade dazu, die Leser zurückzurufen zu der schon gefallenen Entscheidung, die jetzt in den „kleineren" Versuchungen des gemeindlichen Zusammenlebens durchgehalten werden muß. Die Gerechtigkeit Gottes, die nicht mehr die des Gesetzes ist, nicht mehr vom Fleisch, sondern vom Geist bestimmt ist, will sich also bei ihnen als Wirken in der Liebe durchsetzen (V. 5f).

---

[20] Zur Verwandtschaft mit 1QS 4,2–24 vgl. *N. Kehl,* Erniedrigung und Erhöhung in Qumran und Kolossä, ZKTh 91, 1969, 379, Anm. 56. Eindeutig ist der Einfluß der triadischen Formel Liebe–Langmut–Glaube Gal 5,22f, ohne das letzte Glied auch 2Kor 6,6f; Kol 3,12–14; Glaube–Geduld–Liebe findet sich 2Petr 1,5–7; 1Clem 62,2; erweitert durch Enthaltsamkeit Gal 5,23; 2Petr 1,7; 1Clem 62,2 (Barn 2,2f mit Erkenntnis, Geduld, Langmut zusammen); durch Erkenntnis auch 2Kor 6,6f; 2Petr 1,5–7. Hingegen fehlen die vier griechischen Kardinaltugenden (jedoch Weish 8,7; *A. Vögtle* aaO [Anm. 4] 95).

[21] Dazu *E. Kamlah* aaO (Anm. 15) 181f.

[22] Mir scheint wichtig zu sein, daß in V. 18, wie vor allem in 4,23; Röm 8,13f; Phil 3,3 der Geist oder die Gottesverheißung im instrumentalen Dativ oder mit instrumentalem διά eingeführt wird, das Fleisch aber als die Norm bezeichnet wird, „nach" der der Mensch handelt (ThW VII 131,20ff). Sind jene „Macht" im vollen Sinn des Wortes, so dieses doch nur, soweit der Mensch sie ihm verleiht, auch wo es dadurch übermächtig werden kann.

Röm 13,13

Die Parallelität in der Struktur zur eben behandelten Stelle ist auffällig. Einmal finden sich dieselben Gruppierungen, wenn auch verkürzt und so, daß „Prasserei und Trunkenheit" die Reihe beginnen, gefolgt von zwei Ausdrücken, die die Unzucht beschreiben, und den Stichworten „Streit und Eifersucht" am Schluß[23]. Die Verbindung der ursprünglich das heidnische Leben perhorreszierenden Sünden mit denen, für die auch die Gemeinde anfällig ist oder die sogar gerade im Zusammensein der Gemeinde aufbrechen, ist also noch enger geworden. Wie Gal 5,14 steht auch hier der Satz von der Liebe als der Erfüllung des Gesetzes voran und folgt die Absage an das „Fleisch" und seine „Begierden" mit dem Aufruf zum neuen „Wandel" (V. 8–10.13f). Wichtiger ist, daß hier die Dimension sichtbar wird, in der diese Mahnungen bei Paulus stehen. Sie ist bezeichnet durch die Wendung „den Herrn Jesus Christus anziehen"[24] und durch das Gegensatzpaar von „Licht" und „Finsternis"[25]. Das läßt auf alle Fälle erkennen, daß es hier um „Welten" geht[26]. Was immer die letzten, religionsgeschichtlichen Wurzeln dieser Vorstellungen sind, die Ausführungen über den Hohenpriester, der den göttlichen Logos selbst darstellt, Gott als Vater und die Sophia als Mutter hat, in Philo Fug 110 zeigen eindeutig, daß das Bild vom „Anziehen" ursprünglich kosmische Funktion hatte. Wie der Hohepriester seine Amtstracht, so „zieht der ... Logos wie ein Kleid den Kosmos an, nämlich Erde und Wasser und Luft und Feuer und das daraus (Bestehende)", womit vermutlich nach Aet Mund 102 das fünfte Element, der Aether, gemeint ist. Solch kosmisches Geschehen wiederholt sich zunächst bei der Geburt des Menschen, wenn „die Teilseele den Leib", und noch einmal bei der Wiedergeburt, wenn „die Denkkraft des Weisen die Tugenden" anzieht. Paulus denkt also an einen vom Glaubenden vollzogenen Eintritt in eine neue Welt, die sein Leib wird und die durch die Bekenntnisformel „Herr Jesus Christus" bezeichnet ist. Diese Welt ist als die des Lichtes völlig von der der Finsternis geschieden. Dabei wird freilich offenbar, daß die

---

[23] Die ersten vier Laster erscheinen 1Petr 4,3 in umgekehrter Reihenfolge sehr ähnlich, ebenfalls gefolgt von zwei weiteren Lastern (*A. Vögtle* aaO [Anm. 4] 44).

[24] Vgl. unten zu Kol 3,9f.

[25] Zum apokalyptischen Hintergrund vgl. *E. Käsemann*, An die Römer, HNT 8a, 1973, 346f (³1974, 349f); zum einzelnen *H. Conzelmann*, ThW IX 317; *A. Oepke*, ThW V 293f.

[26] Noch geeigneter (weil unklarer!) wäre die Bezeichnung „Aeonen", in der das zeitliche wie das räumliche Moment enthalten ist.

bei Philo wie in Qumran im wesentlichen räumlich gedachte Trennung der beiden Welten schon vorpaulinisch mit dem zeitlichen Nacheinander von „Nacht" und „Tag" verknüpft worden ist[27]. Um so wichtiger ist gerade auf diesem Hintergrund eine gewisse Trivialisierung und Profanisierung[28], die durch den traditionellen Lasterkatalog erreicht wird. Damit wird nämlich betont, daß das Anziehen des Herrn, die Eingliederung in ihn, der Übertritt in eine neue Welt, in der Taufe ein für allemal geschehen, doch im alltäglichen Gehorsam durchgehalten werden muß[29]. So dient traditionelle Sprache dazu, zu der Grundtatsache der geschenkten Gottesgerechtigkeit, die den Glaubenden in Christus eingliedert, zurückzurufen; aber so, daß die Leser, allen enthusiastischen Verlockungen entgegen, in den sehr gewöhnlichen und meistens relativ undramatischen Alltag eingewiesen werden und ihnen gesagt wird, daß sich jenes Urereignis gerade dort verwirklichen will.

Röm 1,29–31

Erst recht wird der Lasterkatalog in Röm 1 in einen theologisch reflektierten Zusammenhang hineingestellt. Wie immer man das Verhältnis von V. 17 und 18 versteht, ob so daß der Zorn Gottes erst dort wirklich vollzogen wird, wo die Gnadenbotschaft den Menschen trifft und ihn als den hinstellt, der er vor Gott ist[30], oder so, daß der vor und außer Christus reale Zorn erst im Evangelium sichtbar, offenkundig wird[31], jedenfalls erfolgt die Offenbarung des Zornes Gottes mit und in der Offenbarung der Gottesgerechtigkeit im Evangelium. Daß hier der Lasterkatalog wie der ganze Kontext nicht in den Dienst der Paränese gestellt wird, zeigt, daß es auch darin noch einmal um das Zentrum der Verkündigung der Gottesgerechtigkeit geht. In eigenartiger Weise wiederholt sich hier die Trias Götzendient – Unzucht – Habgier. Hat schon das hellenistische Judentum die Unzucht aus dem Götzendienst abge-

---

[27] E. Käsemann aaO (Anm. 25) 346 ([3]349): die ursprüngliche Naherwartung wird schon bei Paulus durch Taufe und Pneuma ersetzt.

[28] Ebd 348 ([3]351).

[29] Ebd 347 ([3]350f).

[30] So zB E. Gaugler, Der Brief an die Römer, Prophezei 1945, zu 1,18; dafür spricht, daß „offenbaren" nicht nur kognitiv zu verstehende Mitteilung ist, sondern das Aus-sich-heraus-treten Gottes (A. Oepke, ThW III 586,2ff).

[31] So E. Käsemann aaO (Anm. 25) 31 ([3]32); dafür spricht, daß es unter dem Gesetz „Zorn" gibt (4,15) und daß die Glaubenden vor dem „Zorn" gerettet werden (5,9; vgl. 1Thess 2,16; 5,9).

leitet[32], freilich vermutlich auf reiner Erfahrungsebene im Blick auf Kultprostitution, so wird jetzt alles, was an Lastern aufzuzählen ist, auf die eine Ursünde zurückgeführt, auf die Absetzung Gottes. Alles übrige wird damit erst zur Folge und als strafende Dahingabe Gottes verstanden. Man wird zwar keine streng logische Gliederung erwarten dürfen; dennoch ist deutlich, daß der erste „Kreis" V. 22–24[33] von der Grundsünde des Götzendienstes spricht, der zweite in V. 25–27 noch einmal damit anhebt, beidemal aber die Unzucht als sich daraus ergebende Folge visiert ist und schließlich im dritten Kreis V. 28–31 die Urschuld nur kurz erwähnt, dafür ein langer Lasterkatalog eingeführt wird, in dem die Habgier nach zwei Allgemeinbegriffen am Anfang steht, gefolgt von Eifersucht, Streit und ähnlichen Sünden[34]. Dabei ist sowohl der dreifache Verweis auf Gottes Dahingeben zu beachten wie die kunstvollen Verschränkungen von Urschuld und Folgesünden[35]. Entscheidend ist aber, daß dies alles nicht nur nicht für die Paränese verwendet wird, sondern auch nicht apologetisch für die Demonstration der Überlegenheit des Christen- oder auch des Judentums über das Heidentum[36]. Der ganze Abschnitt dient ja mit dem bis 3,20 noch Folgenden dazu, einzuschärfen, daß dies die Wirklichkeit aller Menschen ausmacht, auch wenn das Schwergewicht erst im nächsten Kapitel auf der Schilderung des jüdischen Menschen liegt. Die Tatsache, daß hier in derart ausführlicher und schockierender Weise von der Verkommenheit der Welt die Rede ist, muß als Sprache der Apokalyptik verstanden werden[37]; eben darum kann ihr nicht die moralische Perfektion des Christen entgegengestellt werden, sondern nur die in Jesus Christus eingebrochene Gottesgerechtigkeit. Damit hat aber der sonst der Paränese oder der Apologetik dienende Lasterkatalog seine Funktion völlig verändert. Daß nämlich solche Gottesgerechtigkeit nicht einfach apologetisch aufweisbares Wunder ist, sondern sich immer nur im Gehorsam der Gemeinde durchsetzt, daher also nie einfach zur Verfügung des Apologeten steht, wird die Fortsetzung des Briefes zeigen. Schon darum muß die Situation aller Welt unter dem Zorn Gottes bewußt gemacht und kann auch als in Jesus Chri-

---

[32] Weish 14,12.22–27; epJer 43f (*B. S. Easton*, aaO [Anm. 12] 1–4).

[33] *E. Käsemann* aaO (Anm. 25) 39f.

[34] Zur Betonung der sozialen Vergehen vgl. ebd 45, zum traditionellen Charakter des Schlusses 47.   [35] Ebd 40.

[36] Darum muß Paulus nicht auf die Erkenntnis Gottes aus der Schöpfung oder die noachidischen Gebote rekurrieren, sondern geht von der Tatsache aus, daß der Mensch faktisch immer als Geschöpf vor Gott lebt (ebd 47).

[37] Ebd 30.

stus überwundene Vergangenheit nicht einfach ad acta gelegt werden. Daß aber im Lasterkatalog die auch in der Gemeinde und ihrem Zusammensein auftretenden Sünden von Eifersucht, Streit und bösem Geschwätz mit den groben, heidnischen Lastern von Unzucht, Mord und ähnlichem zusammen genannt werden, zeigt zugleich, daß es sich nicht bloß um eine Paränese handelt, die gewisse Auswüchse beschneiden will, sondern darum, der Gemeinde in Erinnerung zu rufen, daß sie überall, wo sie nicht mehr in dem „wandelt", in dem sie doch „lebt", wieder in eine ihr fremdgewordene Welt zurückfällt, in die abgesehen von der Herrschaft Christi bestehende Welt von „Götzendienst, Unzucht und Habgier".

Kol 3,5–8

Der Abschnitt ist in mancherlei Hinsicht interessant. Er enthält zwei Lasterkataloge und in V. 12 noch zusätzlich einen Tugendkatalog von je fünf Gliedern, die Motive des Einst und Jetzt, des Anziehens, hier des neuen Menschen, verknüpft mit dem Ausziehen des alten und der Aufhebung aller Gegensätze, und schließlich den Hinweis auf die „Liebe als Band der Vollkommenheit". Besonders deutlich wird wiederum die kosmische Dimension, in der gedacht wird[38]. Freilich sind die religionsgeschichtlichen Probleme hier besonders schwierig zu durchschauen. Woher die Vorstellung von den zu tötenden „Gliedern auf Erden" kommt[39] und warum immer gerade fünf Glieder genannt werden, ist noch keineswegs gelöst. Die bisher angeführten manichäischen Parallelen sind der späten Bezeugung und des völlig unsystematischen Eklektizismus Manis wegen höchst zweifelhaft[40] und belegen eigentlich nicht mehr, als daß der Urmensch mit den fünf Elementen gleichgesetzt wurde oder diese angezogen hat[41]. Das führt aber kaum über die schon behandelte Stelle

---

[38] Vgl. *E. Kamlah* aaO (Anm. 15) 31–34.

[39] Der Vorschlag von *Ch. Masson*, L'épître de Saint Paul aux Colossiens, CNT (N) 10, 1950, zSt, als Vokativ zu lesen („ihr Glieder [des Leibes Christi]") ist undurchführbar, weil eben der Genetiv fehlt.

[40] *E. Kamlah* aaO (Anm. 15) 102, Anm. 2, der die Belege sammelt und bespricht, hält ebenfalls dafür, daß mindestens für die Vorstellung vom neuen Menschen in den fünf Tugenden hinsichtlich des Ursprungs nichts aus der manichäischen Lehre gewonnen werden kann. Selbst für die Zwei-Engel-Lehre in Qumran ist der iranische Einfluß nicht völlig eindeutig (*H. Conzelmann*, ThW IX 318, Anm. 107; vgl. 317, Anm. 101).

[41] Am zuverlässigsten sind die koptischen, um 400 aus dem Syrischen übersetzten Funde (*C. Colpe*, Art. Manichäismus, RGG³ IV 716). Nach Kephalaia (*H. J. Polotsky–*

Philo Fug 110 hinaus[42]. Ob man mit vier oder fünf Elementen rechnet,
hängt einfach an der Tradition, in der man steht[43]. Daß der Mensch,
bzw Adam wie der Kosmos aus den Elementen besteht, wird gerade auch
bei Philo oft wiederholt[44]. Daß der himmlische Adam, also der Ur-
Mensch mit dem Logos eins ist, ist ebenfalls bei ihm zu finden[45]. Schon
im hellenistischen Judentum sind also Schöpfung der Welt, Schöpfung
des Einzelmenschen in der Geburt und neue Schöpfung in der Wiedergeburt eng aufeinander bezogen worden; und zwar so, daß der welt-
schaffende Logos, der die vier (oder fünf) Elemente „anzieht", sein Tun
wiederholt als Einzelseele, die in den Leib, und als Verstand, der in die
Welt der Tugenden eintritt. Sollte meine Vermutung[46] richtig sein, daß

A. Böhlig–H. Ibscher, I, Manichäische Handschriften der staatlichen Museen Berlin,
1940) 127 (LI, 1–7) sind die fünf Elemente die Kleider des Urmenschen; 239 (XCIV,
4–7) spricht von den vier Elementen (vgl. die vier Söhne des Urmenschen 28,12f
[V, 12f]) im Fleisch, die geläutert sind; 49,22 (XVI, 22) werden fünf Söhne des Urmenschen erwähnt; die Entsprechung von Kosmos und Menschenleib ist 169ff (LXX)
durchgeführt. Nach Acta Archelai (Hegemonius, GCS 16, 1906), die sehr unzuverlässig berichten (ebd XV), obwohl sie aus der ersten Hälfte des 4. Jh.s stammen
(ebd XVI), ist der Urmensch von einer „Macht" (δύναμις) der „Tugend" (virtus) um-
geben, die mit den fünf Elementen gleichgesetzt wird (7,3; S. 10). Epiph Haer 66,25
scheint Urmenschen und fünf Elemente gleichzusetzen. Die Aussage Theodor bar Ko-
nais 313f (*A. Adam*, Texte zum Manichäismus, KlT 175, 1954, 16), der Urmensch
habe seine fünf Söhne angezogen, wie ein Mensch, der seine Rüstung anzieht, stammt
von ca. 790 nChr. Daß „Sohn" auch mit „Glied" wiedergegeben werden könnte (ebd
17, Anm. 16), ist vielleicht beachtenswert. Die Notiz im Fihrist al-'ulūm (*G. Flügel*,
Mani, seine Lehre und seine Schriften, 1862, 87), der Urmensch habe sich mit den fünf
Geschlechtern, die die fünf Götter seien, bewaffnet, ist erst 937/88 verfaßt (ebd 30).
Wie weit die Gleichsetzung von Elementen und Ameša Spentas zurückgeht (*G. Wi-
dengren*, Die Religionen Irans, in: Die Religionen der Menschheit 14, 1965, 11, Anmerkung 22), ist fraglich (*H. H. Schaeder*, Iranische Lehren, in: *R. Reitzenstein* und
ders., Studien zum antiken Synkretismus aus Iran und Griechenland, II, 1926, 279:
vermutlich nicht von Mani, sondern erst in den Turfanfragmenten [8. Jh.?] vollzogen).

[42] *E. Kamlah* aaO (Anm. 15) 129; vgl. Quaest in Ex 2,74; Abr 74.

[43] Philo tut in der Regel das erste (Op Mund 84.147; Spec Leg I 210; Som I 15f.
23), kennt aber auch die Fünfzahl (Op Mund 146; Som I 21); weiteres bei *E. Schweizer*, Die „Elemente der Welt", in: *ders.*, Beiträge zur Theologie des NT, Zürich 1970,
149f.

[44] Rer Div Her 152f.282; Som I 15.25.412; Decal 31; Spec Leg I 266.294; für Adam
vgl. Tg J I zu Gen 2,7 (*M. Ginsburger*, Pseudo-Jonathan, 1903, 4: Erde von den vier
Weltgegenden, Wasser aus aller Welt).

[45] Conf Ling 41.146; vgl. Agric 51; Som I 212; weiteres bei *E. Schweizer*, Die Kirche als Leib Christi in den paulinischen Homologumena, in: *ders.*, Neotestamentica,
Zürich 1963, 274f.

[46] AaO (Anm. 43) 153–163.

die in Kol 2 bekämpfte Bewegung starke pythagoreische Komponenten hätte, dann wäre mindestens daran zu erinnern, daß gerade dort die Fünfzahl eine große Rolle spielt[47]. Daß man den Elementen absterben muß und damit dann nicht mehr in der Welt lebt, ist Kol 2,20 ausdrücklich gesagt. Daß die, bei den Pythagoreern fünf, Elemente als Glieder des Kosmosleibes gedacht werden können, macht keinerlei Schwierigkeiten: schon im 1. Jh. vChr berichtet Diodor von den Ägyptern, sie sähen im Kosmos „den ganzen Leib der Natur", dessen fünf Teile (oder Glieder)[48] die Elemente seien, zu vergleichen mit Kopf, Händen, Füßen und den übrigen Gliedern des Menschen[49]. Daß man diese „Glieder auf Erden" hinter sich lassen, ihnen absterben, sie töten[50] muß, liegt nahe[51]. Der Mensch muß ja jedem Element das zurückgeben, was zu ihm gehört, damit die reingewordene Seele dann aufsteigen kann ins Heil[52]. Damit das einst geschehen kann, muß sie sich schon im irdischen Leben von den Elementen lösen, die sie nach ihrem Tod zurückhalten und an die Erde fesseln würden[53]. Das Bild vom Ausziehen des alten Menschen korrespondiert dem vom Anziehen des neuen, in dem die ursprünglich weit

---

[47] Die Zahl der Elemente oder Formen, aus denen alles geworden ist, ist fünf (*Diels* I 108,21; 412,16; 440,13). Was die „fünf Brunnquellen" in dem Fragment des Empedokles (ebd 369,14) bedeuten, bleibt unklar. Die Zahl Fünf ist aus der ersten geraden und der ersten ungeraden Zahl (2+3) zusammengesetzt und steht für „Ehe" und „Natur" (Plut, E Delph 8, II 388A–E, besonders C; zur pythagoreischen Herkunft dieser Ableitung vgl. *Th. Hopfner*, Plutarch, Über Isis und Osiris II, 1967, 237). Fünf als Zahl des sinnlich Wahrnehmbaren oder der Sinne findet sich bei Plut, Def Orac 35f, II 429B–430A; E Delph 12, II 390B, als Zahl des Alls Is et Os 56, II 374A. Weiteres bei *E. Schweizer*, Versöhnung des Alls, in: Jesus Christus in Historie und Theologie, Ntl. Festschrift für H. Conzelmann, hg. v. *G. Strecker*, 1975, Anm. 30, auch *E. Frank*, Plato und die sogenannten Pythagoreer, ²1962, 316, 318ff.

[48] Μέρη und μέλη wechseln häufig (Plato Leg 795E; Philo Spec Leg I 210; Simplicius In Epict S 80,54; vgl. die Textvarianten Corp Herm 12,21).

[49] *Diels* II 242,37ff.

[50] Vgl. Philo Ebr 69, auch 23f, vor allem die asketischen Gebote von Kol 2,16–21, die die Seele von den Elementen lösen sollen.

[51] Erleichtert wird es durch die jüdische Vorstellung, daß die Sünden in den verschiedenen Gliedern des menschlichen Körpers sitzen; die Belege habe ich zusammengestellt in: Die Sünde in den Gliedern, in: Abraham, unser Vater, hg. v. *O. Betz, M. Hengel, P. Schmidt*, AGSU 3, Leiden/Köln 1963, 437–439.

[52] Philo, Rer Div Her 282; vgl. Anm. 53.

[53] Von Empedokles (*Diels* I 358,3–6) an wird das in vielen Variationen beschrieben; vgl. zB Plut Fac Lun 28, 943C–E (und *E. Schweizer*, Erniedrigung und Erhöhung bei Jesus und seinen Nachfolgern, AThANT 28, ²1962, § 12f mit vielen Belegen). Auch Philo Rer Div Her 278 wehrt den Gedanken der Rückkehr Abrahams (in die Elemente) ab.

stärker kosmisch gedachte Vorstellung vom Eintritt in die Christuswelt individualisiert und ethisiert worden ist[54]. Die Schwierigkeit dieser Ableitung besteht freilich darin, daß das fünfte Element sonst das höchste, der Äther ist, der die Gotteswelt und das Heil symbolisiert, also nicht mehr zur „Erde" gehört. Außerdem stehen neben den fünf Lastern, die man mit den fünf Weltelementen zusammendenken könnte, ja auch die fünf Tugenden. Falls also eine, an sich naheliegende Verbindung zwischen den fünf Elementen der Welt und den irdischen Gliedern, von denen man sich trennen muß, vorliegt[55], wäre sie also jedenfalls nicht mehr bewußt reflektiert. Vermutlich wurzelt die Fünfzahl also in der nicht mehr erkannten Tradition des Pythagoreismus, könnte aber auch Zufall sein wie wohl die Fünfzahl der Laster und Tugenden in Philo Virt 180 Ende, die neben viel längeren Listen in 182 steht.

Jedoch, wie dem auch sein mag, am ursprünglich kosmischen Charakter der Mahnung ist nicht zu zweifeln. Auch wenn der neue Mensch nicht der Christus ist[56], ist doch klar, daß der Glaubende die Erde als solche, die untere Welt verlassen hat und in die neue Welt, in der alte Gegensätze aufgehoben sind, eingetreten ist, so sehr das immer neu verwirklicht werden muß. Daß das ursprünglich noch sehr viel kosmischer und mythischer gedacht war, wird ja auch 1,18 klar, wonach ursprünglich Christus als „Haupt" des Weltleibes gepriesen war; doch übernimmt auch der Verfasser in 2,10 solche Sprache, selbst wenn er „Haupt" nicht mehr im Sinne eines Gliedes des Leibes, sondern nach dem Septuagintagebrauch als „Herr" über andere interpretieren sollte. Schon 2,20 hat die kosmische Veränderung klargemacht: die Kolosser sind den Weltelementen abgestorben und leben nicht mehr in der Welt; 3,1 hat das aufgenommen: sie sind mit Christus auferweckt, daher nach 3,3 schon gestorben, auch wenn ihr Leben mit Christus noch in Gott verborgen bleibt bis

---

[54] Vgl. Gal 3,27f und 6,14f mit Kol 3,10f; ferner Röm 6,6. Die von *P. W. van der Horst,* Observations on a Pauline Expression, NTS 19, 1972/3, 181–186 nachgewiesene griechische Redensart vom „Ausziehen des Menschen" könnte die sprachliche Formulierung zwar nicht verursacht, aber erleichtert haben. Vgl. noch *E. Kamlah* aaO (Anm. 15) 187f.

[55] Hipp Ref V 7,15 erscheint Attis als der von den irdischen Teilen (oder Gliedern) der unteren Schöpfung getrennte, der jetzt ins ewige, obere Sein hinübergegangen ist, wo nicht weiblich noch männlich ist, sondern neue Schöpfung, ein neuer Mensch, mann-weiblich.

[56] Vgl. Anm. 54 und das präsentische Partizip, das ein andauerndes Sich-erneuern beschreibt (*U. Luz,* Das Gottesbild in Christus und im Menschen im NT, Concilium 10, 1969, 765f).

zur Parusie (3,4). Nun geht es also darum, daß sie diese Tatsache leben[57]. Bemerkenswerterweise greift hier der Verfasser zur Beschreibung der zu tötenden „Glieder auf Erden" zuerst auf die das Heidentum markierende Trias Unzucht-Habgier-Götzendienst zurück (V. 5). Wie meistens ist das erste Glied durch mehrere Begriffe entfaltet. Der Zwang des traditionellen Schemas zeigt sich darin, daß der Götzendienst noch erwähnt werden muß, obwohl er in der christlichen Gemeinde keine akute Gefahr mehr bildet; daher wird die Habgier noch nachträglich als Götzendienst deklariert. Ebenso fehlt die übliche Verwarnung vor dem Zorn Gottes nicht (V. 6). Charakteristisch ist, daß diese Grundsünden, wiederum der Tradition entsprechend, als die (heidnische) Vergangenheit der Gemeinde dargestellt werden („einst" V. 7). Aber noch wichtiger ist, daß einmal dazu aufgerufen wird, diese Vergangenheit, die sie in der Taufe hinter sich gelassen haben, erneut zu „töten", und daß vor allem das dem „einst" entsprechende „jetzt aber" nicht die Beschreibung des neuen, sündlosen Zustandes einleitet, sondern wiederum eine Aufforderung zum Ablegen alles dessen, was in der zweiten Liste von Lastern aufgezählt wird. Sie entspricht stärker den Sünden, die das brüderliche Zusammenleben gefährden (V. 8)[58]. Daß der neue Mensch mit Schöpfungsterminologie als „neue Schöpfung"[59] beschrieben wird (V. 10), ist ebenso typisch wie die Tatsache, daß die Grundlegung der positiven Paränese (V. 12f), die das brüderliche Zusammenleben in der Liebe ermöglichen soll (V. 14), auf die nach Gal 3,28 in Jesus Christus gekommene neue Welt ohne Gegensätze zurückgreift (V. 11). Daß trotzdem an die Stelle des Anziehens des Christus (Röm 13,14) jetzt das des neuen Menschen tritt (V. 10)[60], zeigt zwar, wie die praktisch-ethische Ausrichtung sich in den Vordergrund gedrängt hat; die Verwurzelung im apokalyptischen Denken in zwei Welten bleibt aber deutlich sichtbar. So tritt noch einmal zutage, daß der Glaubende in der Taufe in die in Christus geschaffene neue Welt eintritt, was zeichenhaft durch die Scheidung vom heidnischen Leben und dem darauf liegenden Zorn Gottes markiert ist, aber immer neu, vor allem gegenüber den Versuchungen zum Aufrichten von Gegensät-

---

[57] *E. Kamlah* aaO (Anm. 15) 35f, bes. 35, Anm. 2, zeigt auch, daß die Einleitung mit „also" zum Schema gehört.

[58] „Lüge" als Zusammenfassung (V. 9a) auch Eph 4,25; Apk 21,8; 22,15; vgl. Röm 1,25; epJer 44. Ähnliche Sünden auch 1Petr 2,1 als Realisierung des „Ablegens aller Bosheit und aller Täuschung" in der Taufe; vgl. Jak 1,21; Hebr 12,1; 1Clem 13,1.

[59] Vgl. 1QS 4,25!

[60] Dazu *P. Schwanz*, Imago Dei, 1970, 53f und oben Anm. 54.

zen in der Gemeinschaft der Glaubenden, als Leben der Liebe verwirklicht werden muß. Der ursprünglich die Trennung vom alten, heidnischen Leben beschreibende Lasterkatalog ruft also dazu auf, die die neue Schöpfung begründende, in Jesus Christus schon aufgerichtete Gottesgerechtigkeit[61] sich im Vollzug der Liebe auch durchsetzen zu lassen.

Eph 4,17–19; 5,3–5

Die verschiedenen Motive tauchen auch hier auf, sind aber schon stärker verstreut: die Abwendung vom heidnischen Leben (4,17; vgl. 5,12), der Gegensatz von Einst und Jetzt, Finsternis und Licht (5,8), das Ausziehen des alten und Anziehen des neuen Menschen (4,23f), die Warnung vor dem Zorn Gottes (5,6). Inhaltlich erscheinen aus der ersten Gruppe Zügellosigkeit und Habgier in 4,19, Unzucht, Unreinheit und Habgier als für Glaubende unmögliche Laster 5,3. Noch prägnanter wirkt die traditionelle Trias 5,5 nach (Unzüchtiger, Unreiner, Habgieriger = Götzendiener), verbunden mit der alten Warnung, daß ein solcher kein Erbe in der Herrschaft Christi und Gottes haben wird. Aus der zweiten Gruppe finden sich Bitterkeit, Wut, Zorn u. a. in 4,31. Wie schon die Aufnahme des vermutlich bei der Taufe üblichen Spruches in 5,14 zeigt, ist auch hier das Anliegen die Paränese, die zu der in der Taufe gefallenen Entscheidung zurückruft.

Daß Gerechtigkeit Gottes nicht einfach ein Abstractum bleibt, sondern sich, um mit Ernst Käsemann zu reden, in den trivialen Fragen des Alltags durchsetzen und konkret werden will, besagen die Lasterkataloge in fast schockierender Weise. Freilich gibt es keine definitiv fixierten, immer gleichen Listen, so sehr sich gewisse Gruppierungen durchhalten. Der Inhalt ist beispiel- und zeichenhaft zu verstehen und kann je nach Situation wechseln. Zeichenhaft aber wird die Gemeinde auch in einer feststellbaren Weise vom Heidentum geschieden. Entscheidend ist dabei, daß sie das selbst nie so in der Hand hält, daß sie es apologetisch aufzeigen könnte. Sie muß es ja immer wieder neu vollziehen, und zwar gerade in den Versuchungen zu weit weniger eindeutigen und in die Augen stechenden, aber das brüderliche Zusammensein ganz besonders gefährdenden Sünden. Auch diese sind letztlich ein Wiederaufleben jenes ein für

---

[61] Daß weder der Stamm δικαι- noch der Stamm καυχ- vorkommt, ist bemerkenswert; andererseits ist die Verwurzelung im kosmisch gedachten Christusereignis und die Zusammengehörigkeit von Indikativ und Imperativ (auch 2,6) noch klar gesehen.

allemal abgelegten Lebens. Darum wird nicht zum asketischen Rückzug aus der Welt geblasen, sondern zum Kampf gegen die in der Gemeinde lebende „Welt". Immer deutlicher wird bis zum Römerbrief hin die in Ansätzen schon im hellenistischen Judentum zu ortende, bei Paulus aber theologisch reflektierte Rückführung der Laster auf die eine Grundentscheidung, den Bruch mit dem ersten Gebot. Der Beginn des Römerbriefs macht klar, daß gerade das Ereignis der Gottesgerechtigkeit in Jesus Christus alle als Sünder gegen dieses Gebot und daher als unter dem Zorn Gottes stehend entlarvt. Darum kann auch nicht einfach ein moralischer Appell den Abfall heilen, sondern nur der Aufruf dazu, die schon über den Glaubenden gefallene Entscheidung, die ihn der alten Welt entnommen und in die neue Schöpfung hineingestellt hat, so zu leben, daß er die Gerechtigkeit Gottes sich durchsetzen läßt, auch in den trivialen Problemen des Alltags.

BEFREIUNG UND RECHTFERTIGUNG

Zur Stellung der Rechtfertigungslehre in der Theologie des Paulus

GEORG STRECKER

„Wenn die Eigenart der paulinischen Rechtfertigungslehre deutlich erkannt werden soll (so muß die Frage gestellt und beantwortet werden): Ist sie als Kampfeslehre derart zeitbedingt, daß sie deshalb heute überholt genannt werden muß?"

Diese Worte von Ernst Käsemann[1] machen unüberhörbar auf das Problem aufmerksam, dem sich eine Exegese konfrontiert sieht, die die Interpretationen und historischen Einordnungen der paulinischen Rechtfertigungsbotschaft, wie sie in der Geschichte der neutestamentlichen Forschung vorgetragen worden sind, nicht einfach ignorieren will. Ist es fast üblich geworden, etwa die Thesen von William Wrede und Albert Schweitzer, wonach die Rechtfertigungslehre als „Kampfeslehre"[2] oder als „Nebenkrater" der paulinischen Theologie[3] zu bezeichnen ist, als unbegründet oder gar als theologisch gefährlich abzulehnen, ohne daß man gleichzeitig den interpretierenden Kontext zur Kenntnis nahm[4], so sollen die folgenden Überlegungen anregen, die theologiegeschichtliche Stellung der paulinischen Rechtfertigungslehre erneut als Frage zu bedenken, dies in der Erwartung, daß eine klarere Erfassung ihrer historischen Voraussetzungen und theologischen Zusammenhänge auch ihre bleibende Bedeutung besser erkennen lassen wird[5].

---

[1] Paulinische Perspektiven, ²1972, 126.

[2] W. *Wrede*, Paulus, RV I 5/6, 1904, 72 (= *K. H. Rengstorf*, Hg., Das Paulusbild in der neueren deutschen Forschung, WdF 24, ²1969, [1–97] 67).

[3] *A. Schweitzer*, Die Mystik des Apostels Paulus, 1930 (= ²1954), 220.

[4] Eine Ausnahme bildet W. *Macholz*, Zum Verständnis des paulinischen Rechtfertigungsgedankens, ThStKr 88, 1915, 29–61.

[5] Vgl. aber die Kritik von *K. Kertelge*: „Gegenüber der Erklärung Wredes muß man fragen, was denn aus der ‚Kampfeslehre' wird, wenn die Kampfessituation vorüber ist, wenn also die Gesetzesfrage nicht mehr aktuell ist." (Rechtfertigung bei Paulus,

I.

Wir nehmen die echten Paulusbriefe als Grundlage und vermuten die zeitliche Reihenfolge: 1Thess, Gal, 1 und 2Kor, Röm, Phil, Phlm. Ein Vergleich dieser Briefe untereinander bestätigt, daß sie ein in sich geschlossenes System der paulinischen Theologie nicht vorführen. Darüber hinaus repräsentieren sie nur einen Ausschnitt aus dem theologischen Denken des Paulus. Wie begründet angenommen werden kann, ist vor der Abfassung des 1. Thessalonicherbriefes eine Zeitspanne von 15–17 Jahren anzusetzen, in der grundlegende Elemente der paulinischen Theologie entstehen und ausgearbeitet werden konnten[6]. Entgegen einer verbreiteten Anschauung gibt es kein Zeugnis, das die Ansicht nahelegen könnte, daß schon in dieser Zeit die Rechtfertigungslehre in ihren wesentlichen Bestandteilen durch Paulus konzipiert und entfaltet worden sei. Im Gegenteil, noch der 1. Thessalonicherbrief als der älteste überlieferte Paulusbrief – seine literarische Einheitlichkeit sollte nicht bestritten werden – bezeugt die paulinische Rechtfertigungslehre nicht. Ist der 1. Thessalonicherbrief einem früheren Stadium der Theologie des Paulus zuzurechnen, so eröffnet der Galaterbrief demgegenüber die Spätphase. Der entscheidende Wendepunkt ist durch eine unterschiedliche Beurteilung des jüdischen Gesetzes markiert. In der Frühphase scheint – wie in der Anfangszeit der Urgemeinde überhaupt – die jüdische Tora mehr im Sinn eines „Adiaphorons" von Paulus gehandhabt worden zu sein. Auch wenn in diese Zeit Zusammenstöße mit judaistischen Gegnern fallen und deren Angriffe zum „Apostelkonzil" geführt haben dürften[7] und wenn dieses auch die Anerkennung der Heidenmis-

---

NTA NF 3, 1967, 291). – Ohne Wredes Position *in toto* verteidigen zu wollen, ist zur Sache zu sagen, daß gerade die scheinbar zeitbedingte paulinische Rechtfertigungsbotschaft als eine „Kampfeslehre" – als die sie sich in der Theologie des Paulus erweist – zu auch die Folgezeit bestimmenden Erkenntnissen hinsichtlich sowohl der Fragwürdigkeit des Gesetzes im grundsätzlichen als auch der menschlich unbegründeten Zusage des Christusgeschehens geführt hat. Im übrigen: So wenig die von W. Wrede vorausgesetzte „Erlösungslehre" als „systematisierende Konstruktion" der Rechtfertigungslehre gegenübergestellt werden sollte, die Frage nach der frühpaulinischen Theologie ist durch solche Kritik nicht erledigt, selbst dann nicht, wenn sich nur Einzelelemente und bestenfalls Ansätze zu einem Ganzen erschließen lassen sollten (zu *K. Kertelge*, ebd).

[6] Vgl. Gal 1,18; 2,1. Anders zB *John Knox*, Chapters in a Life of Paul, New York/Nashville 1950, 74–88.

[7] Ca. 48 nChr; Apg 15,1f; Gal 2,1ff; vgl. dazu zuletzt *T. Holtz*, Die Bedeutung des Apostelkonzils für Paulus, NovTest 16, 1974, 110–148 (Lit.).

sion des Paulus und Barnabas brachte, so ist die Gesetzesproblematik bis in die Zeit des 1. Thessalonicherbriefes durch Paulus noch nicht voll durchdacht worden.

In dem verhältnismäßig offenen Urteil über die Geltung des jüdischen Gesetzes stimmt der frühe Paulus durchaus mit der gleichzeitigen Jerusalemer Urgemeinde überein; diese ist schwerlich so uneinheitlich gewesen, wie gelegentlich angenommen wird. Daß die sog. Stephanusrede, in der die jüdische Gesetzeshaltung verurteilt wird (Apg 7,2–53), nicht von dem Sprecher des Siebenerkreises, Stephanus, gehalten wurde, sondern ein Ergebnis späterer hellenistisch-(juden-)christlicher Theologie ist, bedarf keiner Begründung. Die vorangestellten Verse Apg 6,11.13f, die von gesetzeskritischen Diskussionen der „Hellenisten" sprechen, sind als sekundäre, lukanische Überleitung, in der synoptisches Material verarbeitet worden ist, zu verstehen. Daß also die Gruppe der judenchristlichen Hellenisten in Jerusalem ein gesetzesfreies Christentum lehrte und lebte, ist aus diesen Texten nicht zu erheben. Da der Stephanuskreis im wesentlichen aus geborenen Diasporajuden bestand, die den Weg nach Jerusalem im zustimmenden Bewußtsein der Bedeutung von Tempelkult und jüdischem Gesetz antraten, ist für ihn nicht weniger als für den hebräisch-aramäischen Teil der Urgemeinde, besonders für den Herrenbruder Jakobus, das Problem von Gesetzesfreiheit und -zwang offenbar noch nicht akut gewesen. So zeigt es auch die Tatsache, daß der hellenistische Judenchrist Barnabas dem jüdischen Gesetz sich verpflichtet fühlte (Gal 2,13)[8].

Eine Reflexion über die Bedeutung des Gesetzes und der Rechtfertigung findet sich erst im Galaterbrief, veranlaßt durch judenchristliche Gesetzeslehrer, die in den paulinischen Gemeinden die Beschneidung auch von Heidenchristen forderten. Hierdurch zieht Paulus Konsequenzen aus seinem Verständnis des christlichen Glaubens und aus seinem Sendungsauftrag, wie diese durch sein „Damaskuserlebnis" begründet, aber zum Zeitpunkt seiner Bekehrung noch nicht artikuliert worden waren. Die „Offenbarung Jesu Christi", auf die Paulus sein Christsein und

---

[8] Zu den Begriffen Ἑλληνισταί und Ἑβραῖοι (Apg 6,1) vgl. jetzt *M. Hengel,* Zwischen Jesus und Paulus. Die „Hellenisten", die „Sieben" und Stephanus (Apg 6,1–15; 7,54–8,3), ZThK 72, 1975, 151–206 (Lit.!), bes. 157ff. – Verfasser bezieht die beiden Ausdrücke überzeugend auf die sprachliche Differenz zwischen griechisch und hebräisch bzw. aramäisch sprechenden Judenchristen. Nicht folgen kann ich ihm jedoch, wenn er die „Hellenisten" als pneumatische „Enthusiasten", die eine eschatologisch begründete Kritik am jüdischen Gesetz geübt hätten, verstehen möchte (aaO 195f). Ist A. v. Harnacks These, in Apg 6,1ff sei eine antiochenische Quelle verarbeitet worden, nicht zu akzeptieren, so sind angesichts des erheblichen Ausmaßes der lukanischen Redaktionstätigkeit in diesem Abschnitt die Angaben über Geistwirken und Gesetzeskritik des Stephanus von der Redaktion des Lukas nicht zu isolieren und allein einige wenige vorlukanische Traditionsstücke (in 6,1.5.9) mit Wahrscheinlichkeit zu erschließen. Vgl. zum Problem zuletzt *O. Cullmann,* Von Jesus zum Stephanuskreis und zum Johannesevangelium, in: Jesus und Paulus. Festschr. für W. G. Kümmel zum 70. Geburtstag, hg. v. *E. E. Ellis* und *E. Gräßer,* 1975, 44–56 (Lit.).

seinen Apostolat zurückführt, ereignete sich bei Damaskus[9]. Sie bedeutete nach Paulus' eigenem Zeugnis den radikalen Bruch mit seiner jüdischen Lebenshaltung, wie sie im pharisäischen „Eifer um die väterlichen
Überlieferungen"[10] und in seiner Verfolgertätigkeit[11] zum Ausdruck

---

[9] So ist es Gal 1,17 vorausgesetzt; vgl. dazu die legendarische, aber einen historischen Kern implizierende Tradition, die von Lukas vorgefunden und verdreifacht
wurde: Apg 9,1ff; 22,3ff; 26,10ff. Die Abweichungen in der Wiedergabe gehen auf
das Konto des Lukas; siehe *E. Haenchen*, Die Apostelgeschichte, MeyerK III [15]1968,
274–277 und vgl. *Chr. Burchard*, Der dreizehnte Zeuge, FRLANT 103, 1970; *K. Lö-
ning*, Die Saulustradition in der Apostelgeschichte, NTA NF 9, 1973; *V. Stolle*, Der
Zeuge als Angeklagter, BWANT 102, 1973.

[10] Daß Paulus ein „Pharisäer" war, bezeugt er selbst (Phil 3,5); der Versuch, ihn
einer bestimmten Rabbinenschule zuzuweisen (etwa der des R. Schammai; so *H. Hüb-
ner*, Gal 3,10 und die Herkunft des Paulus, KuD 19, 1973, [215–231] 228f; *K. Haak-
ker*, Die Berufung des Verfolgers und die Rechtfertigung des Gottlosen. Erwägungen
zum Zusammenhang zwischen Biographie und Theologie des Apostels Paulus, Theologische Beiträge 6, 1975, [1–19], 10; oder der des Hillel: so *J. Jeremias*, Paulus als Hillelit,
in: Neotestamentica et Semitica, Festschr. für M. Black, hg. v. *E. E. Ellis* und *M. Wil-
cox*, Edinburgh 1969, 88–94), bleibt hypothetisch, um so mehr, als nach Gal 1 sehr
unsicher ist, ob Paulus sich vor seinem Damaskuserlebnis in Jerusalem aufgehalten hat.
Die Argumente, die für die Ansicht geltend gemacht werden, Paulus sei in Jerusalem
rabbinisch erzogen worden und habe dort auch die christliche Gemeinde verfolgt,
überzeugen nicht:
1. Daß Paulus außerhalb Jerusalems eine pharisäische Bildung nicht habe erhalten
können, ist angesichts des intensiven jüdischen Schulbetriebs in der Diaspora unwahrscheinlich. Vgl. auch Mt 23,15; JosAnt XX 38–48 und allgemein zum Problem des
Diasporapharisäertums: *H. J. Schoeps*, Paulus, 1959 (= 1972), 12ff. Allerdings hat
W. C. van Unnik nachgewiesen, daß die Folge γεγεννημένος, ἀνατεθραμμένος und
πεπαιδευμένος in Apg 22,3 einem gegebenen biographischen Schema entspricht (Tarsus or Jerusalem, in: *ders.*, Sparsa Collecta I, NT.S 29, Leiden 1973, 259–320); danach hätte Paulus Kindheit und Jugend in Jerusalem verbracht und wäre von R. Gamaliel dem Älteren unterrichtet worden. Jedoch ist nicht mehr bewiesen als die Tatsache, daß Lukas ein solches Schema auf die Lebensgeschichte des Paulus überträgt.
Die Vermutung, der Inhalt dieser biographischen Aufreihung entspreche den historischen Gegebenheiten, ist angesichts der übrigen von Lukas genutzten, sekundär-legen-
darischen Paulustradition fragwürdig. Natürlich ist hiermit nicht bestritten, daß Paulus über eine jüdische schriftgelehrte Bildung verfügte. Aber daß er diese in seiner
Heimatstadt Tarsus erworben hat, ist nicht auszuschließen.
2. Unmißverständlich ist Gal 1,22 („Ich war aber von Person den Gemeinden Judäas, die in Christus sind, unbekannt"). Da die Einwohnerschaft Jerusalems in apostolischer Zeit auf etwa 25 000 geschätzt wird (*J. Jeremias*, Jerusalem zur Zeit Jesu,
[3]1969, 97f), ist dieser Vers historisch nur dann zweifelsfrei nachzuvollziehen, wenn
Paulus vor dem „Apostelkonzil" (Gal 2,1ff) mit Ausnahme des kurzen Besuchs bei
Kephas (Gal 1,18) in der Tat nicht in Jerusalem gewesen ist. Gal 1,23 („Sie hatten
vielmehr nur gehört: Der uns einst verfolgte, verkündigt jetzt den Glauben, den er

kam. Daß die Begründung der Verfolgung der christlichen Gemeinden durch den Juden Paulus aus dem Gegensatz zwischen Torafrömmigkeit und (heiden-)christlicher Gesetzesfreiheit abzuleiten sei, ist von Paulus selbst nicht behauptet worden[12]. Wegen der nicht-einheitlichen Stellung zum jüdischen Gesetz im frühen Christentum, das in Jerusalem eine enge Bindung an den Tempel behielt und auch im hellenistisch-heidnischen Raum infolge der Anlehnung an die Diasporasynagoge zumindest in der Anfangszeit nicht pauschal gesetzesfrei lebte, würde die Durchführung einer so motivierten Nachstellung auf praktische Schwierigkeiten gestoßen sein. Hält man sich des Paulus eigene Aussagen in Gal 1,13f vor Augen, so wird deutlich, daß die Alternative (heidenchristliche) Gesetzesfreiheit oder (jüdisch-zeremonial-)gesetzliche Bindung als Umschreibung des Anlasses der antichristlichen Verfolgung zu eng ist. Der „Wandel im Judentum", dessen sich der Jude Paulus rühmen konnte, ist umfassender; er schließt die Bejahung der jüdischen Einheit von Glaube und Volkszugehörigkeit, von Tora und Toraauslegung, von Gesetz und Kult, von Theologie und Frömmigkeit ein. Dem in dieser Weise als einheitliche Größe begriffenen „Judentum" muß nach Ansicht der jüdischen Verfolger durch das werdende Christentum Gefahr gedroht haben[13]. Der entscheidende Beweggrund wird nicht allein die von der jüdischen Synagoge abweichend sich entwickelnde Organisation der christlichen Gemeinden gewesen sein – wie gesagt, zumindest teilweise blieb der Zu-

---

einst zerstörte") widerspricht dem nicht; denn hierbei handelt es sich um einen zitierenden Bericht, den die Gemeinden in Judäa zu Gehör bekommen (vgl. auch *E. Bammel*, Gal 1,23, ZNW 59, 1968, 108–112), und ὑμᾶς ist bestenfalls im allgemeinen ekklesiologischen Sinn zu interpretieren, bezieht sich also nicht speziell auf die palästinische Gemeinde. Die Vermutung, Paulus habe die Urgemeinde in Jerusalem verfolgt, ist – wenn man nicht der sekundären Überlieferung in der Apostelgeschichte (Apg 7,58ff; 22,4; 26,10) folgt – ohne Anhaltspunkt. Die Verfolgertätigkeit des Paulus richtete sich gegen die christliche Gemeinde im Gebiet der jüdischen Diaspora, wo der Apostel nach seiner Bekehrung als Missionar tätig war. (Vgl. hierzu mit Recht *F. Mußner*, Der Galaterbrief, HThK IX 1974, 99: „Aus dem νῦν εὐαγγελίζεται geht hervor, daß Paulus tatsächlich in Syrien und Kilikien Mission betrieb.")

[11] Vgl. Gal 1,13.23; 1Kor 15,9; Phil 3,6; Apg 7,58–8,3; 9,1ff; 22,4f.7f; 26,9ff; 1Tim 1,13.

[12] Vgl. anders *W. Schrage*, „Ekklesia" und „Synagoge", ZThK 60, 1963, 178–202 und die bei *F. Mußner*, aaO (s. Anm. 10) 85f, verzeichnete Literatur. S. auch oben Anm. 8.

[13] Der rechtliche Hintergrund der Verfolgertätigkeit des Paulus ist unklar. Agierte Paulus auf der Grundlage des synagogalen (Straf-)Rechts? So *W. G. Kümmel*, Röm 7 und die Bekehrung des Paulus, UNT 17, 1929, 153 (= in: *ders.*, Römer 7 und das Bild des Menschen im NT, ThB 53, 1974, [1–160] 153).

sammenhang mit der jüdischen Kultgemeinschaft erhalten und wegen der verschiedenen „Sondersynagogen" selbst innerhalb Jerusalems mußte daraus eine trennende Funktion noch nicht abgeleitet werden –, vielmehr die Verbindung einer allmählich sich verselbständigenden Gruppensituation mit dem diese eigentlich motivierenden Bekenntnis zum gekreuzigten, auferstandenen und wiedererwarteten Kyrios. Daß im Christusbekenntnis der Gemeinde der die Verfolgung veranlassende Anstoß zu suchen ist, sagt Paulus indirekt, wenn er den „Gottessohn" als den Inhalt seines Damaskuserlebnisses bezeichnet (Gal 1,16). Dies entspricht der Tatsache, daß zwar nach urchristlichem Selbstverständnis das Christusbekenntnis nicht notwendig zur Abspaltung vom Judentum führen mußte, sondern die Verwirklichung jüdischer Hoffnungen einschloß[14], daß aber jüdische Theologie mit dem Bekenntnis zu Christus als dem Herrn seiner Gemeinde die Gefahr des Abfalls vom Judentum verbunden sehen konnte[15]. Damit ist ausgesagt, was den Christen Paulus von seiner jüdischen Vergangenheit trennt. Er spricht in Gal 1,15 von seiner Bekehrung im Stil der Prophetenberufung[16] und macht klar, daß für ihn die Absage an den Ἰουδαϊσμός nicht nur die Beendigung der Tätigkeit als Verfolger, sondern zugleich die Beauftragung als Apostel bedeutet; und darüber hinaus ist es nicht zufällig, daß in anderem Zusammenhang die Damaskusüberlieferung Christusvision und Apostelberufung des Paulus verbindet[17]. Dies besagt: *Grund und Inhalt von Berufung und Beauftragung des Apostels ist das Christusgeschehen, das von Paulus im Zeitpunkt seiner Damaskuserfahrung als das eschatologische Heilsereignis erkannt worden ist.*

---

[14] Vgl. Röm 1,2; 3,21; Gal 3,19 (Apg 2,14ff.33ff; 10,45 u. ö.).

[15] Vgl. Apg 5,17ff. – Daß nicht die Gesetzesfrage, sondern der Christusglaube die Trennung vom Judentum initiierte, zeigt die judenchristliche AJ II-Quelle, die in den Pseudoklementinen überliefert und ins zweite Jahrhundert zu datieren ist: Recg I 33–71 (vgl. bes. I 50,5ff; 68,2).

[16] Vgl. dazu *J. Munck*, Paulus und die Heilsgeschichte, Acta Jutlandica, Teologisk Serie 6, Aarhus 1954, 15ff.

[17] Vgl. Apg 9,1–22 par. – Daß Paulus sein Damaskuserlebnis als Christusvision verstanden und im Sinn der Ostererfahrung der Jünger Jesu als Schau des Auferstandenen gedeutet hat (vgl. 1Kor 9,1; 15,8f), hebt zu Recht hervor: *O. Betz*, Die Vision des Paulus im Tempel von Jerusalem. Apg 22,17–21 als Beitrag zur Deutung des Damaskuserlebnisses, in: Verborum Veritas, Festschrift für G. Stählin, hg. v. *O. Böcher* u. *K. Haacker*, 1970, 113–123. Vgl. im übrigen *V. Stolle*, Der Zeuge als Angeklagter (s. o. Anm. 9), 204.

Über das Bekehrungserlebnis legt Paulus in Gal 1,12–16 und Phil 3,4b–11 in nachträglicher Rückschau Rechenschaft ab. Die Interpretation wird das verhältnismäßig späte Stadium der paulinischen Theologie, das in diesen Aussagen vorausgesetzt ist, und die Situation des Kontextes nicht außer acht lassen dürfen.

Für *Gal 1,12ff* ist folgender Darstellungsduktus festzuhalten: Die „Offenbarung Jesu Christi" (V. 12b = wegen V. 16a als gen. obiectivus zu verstehen) beinhaltet den Bruch mit einer glänzenden jüdischen Vergangenheit des Verfolgers (V. 13f); ferner: Berufung (V. 15) und Beauftragung zur apostolischen Verkündigung (V. 16); εὐδόκησεν als Ausdruck des Handelns des berufenden und sendenden Gottes verbindet die beiden „Erlebniseinheiten" in V. 15f. Sie entsprechen alttestamentlich-prophetischer Tradition: Jer 1,5; Jes 49,1.5f[18].

Umstritten ist die Beziehung von V. 16a. Zieht man den Halbvers zum Voraufgehenden, so kennzeichnet er den Berufungsakt (V. 15); verbindet man ihn mit dem folgenden, so wäre die im ἵνα-Satz ausgesagte Beauftragung zum Heidenapostel (V. 16b) vorweggenommen. Die Auslegung entscheidet sich am Verständnis des ἐν ἐμοί. Vier Übersetzungsmöglichkeiten sind zu unterscheiden: 1. „durch mich" (vgl. 1Kor 7,14; Röm 1,17); 2. „an mir" (vgl. Gal 1,24; 1Kor 9,15); 3. „in mir" (vgl. Gal 2,20; 2Kor 13,3; Röm 8,23); 4. als Dativ = „mir" (vgl. 1Kor 14,11; Röm 1,19). Ist der Sprachgebrauch auch fließend, so ist die unterschiedliche Gewichtung doch erkennbar. Während Übersetzungen 1. und (teilweise auch) 2. an den Sendungsauftrag (V. 16b) denken lassen, sind Deutungen 3. und 4. primär auf den Berufungsvorgang zu beziehen, in dem der Gottessohn dem Apostel offenbart wird. Diese (wahrscheinlich gemeinte) Aussage schließt an V. 12b an: Die Berufung des Paulus erfolgt durch eine ἀποκάλυψις Ἰησοῦ Χριστοῦ; sie ist mit der Bekehrung des Verfolgers identisch und ereignet sich als Erkennen von dem, was bis dahin verhüllt war, nämlich von der Heilsbedeutung der Person Jesu Christi[19]. Dieses Verständnis schließt nicht aus, daß die neugewonnene Christuserkenntnis im Sinn der „Christusgemeinschaft" begriffen wurde[20]. Auffallend ist aber, daß Paulus weder Bekehrung bzw. Berufung noch Beauf-

---

[18] Vgl. *T. Holtz*, Zum Selbstverständnis des Apostels Paulus, ThLZ 91, 1966, 321 bis 330; *F. Mußner*, Galaterbrief (s. o. Anm. 10), 81ff. – Zu ἀφορίσας vgl. Num 8,11: Aaron sondert die Leviten für ihren Dienst aus; eine Anspielung an die Bezeichnung „Pharisäer" = „Abgesonderter" ist in Gal 1,15 (oder Röm 1,1) nicht zu vermuten; so überzeugend *H. F. Weiß*, ThW IX 48, Anm. 211.

[19] In der exegetischen Forschung gibt man im allgemeinen der vierten Deutung den Vorzug; vgl. *W. Bauer*, WB ⁵1958 (Nachdr. 1971), 517f; *A. Oepke*, Galaterbrief, ThHK IX ²1955, 32f; *H. Lietzmann*, An die Galater, HNT 10, ⁴1971, 8; *H. Schlier*, Der Brief an die Galater, MeyerK VII ⁵1971, 54–58; *D. Lührmann*, Das Offenbarungsverständnis bei Paulus und in den paulinischen Gemeinden, WMANT 16, 1965, 79 Anm. 1; *P. Stuhlmacher*, Das paulinische Evangelium I, FRLANT 95, 1968, 82 Anm. 1; *F. Mußner*, aaO (s. Anm. 10) 86f; Bl-Debr § 220 (Neuaufl. durch *F. Rehkopf*, 1976, 128). – Künstlich die Begründung von *C. F. D. Moule*, wonach ἐν ἐμοί aufgrund eines Parallelisierungszwanges zu ἐν ἔθνεσιν als Dativ zu verstehen sei (An Idiom Book of New Testament Greek, Cambridge 1953, 76 Anm. 1); eine Analogiebildung wäre eher für ἐν ἔθνεσιν zu erwarten gewesen.

[20] Dies in dem Sinn, daß ἐν ἐμοί durch ἐγὼ ἐν Χριστῷ sachlich erläutert wurde (vgl. zB 2Kor 12,2 mit Gal 2,20); dazu unten Anm. 42.

tragung zum Apostel mit der geläufigen Rechtfertigungsterminologie umschreibt; und
dies, obwohl er sich während der Abfassungszeit des Galaterbriefes einer judaistischen
Lehre konfrontiert sieht und diese durch die Ausarbeitung seiner Rechtfertigungsbotschaft zu bekämpfen sucht – ein Hinweis, daß die Christusbegegnung bei Damaskus
und die Entstehung der Rechtfertigungslehre des Paulus zeitlich und sachlich voneinander abzuheben sind[21].

Wie Gal 1,12ff enthält der Abschnitt *Phil 3,4b–11* zunächst eine Aussage über die
jüdische Vergangenheit des Paulus einschließlich seiner Verfolgertätigkeit (V. 4b–6),
sodann über die Bekehrung bzw. Berufung, die hier vom Standpunkt des Paulus aus,
also anthropologisch erzählt ist (V. 7). Folgerichtig wendet sich das Folgende nicht der
Beschreibung des Sendungsauftrags, sondern des Christenstandes, wie Paulus ihn erlebt, zu (V. 8–11)[22].

Paulus spricht in diesem Abschnitt in Auseinandersetzung mit jüdischen oder judenchristlichen Gegnern. Ihnen gegenüber macht er geltend, daß er nicht weniger als sie
sich seiner jüdischen Herkunft und seines jüdischen Eifers rühmen konnte, aber auch,
daß er „wegen Christus" solche Vorzüge für nichtig gehalten hat (V. 7). Die Wende im
Leben des Paulus ist also, wie dies auch Gal 1,12ff aussagt, christologisch motiviert. Da
mit V. 8 der Inhalt dieses Erlebnisses auf die Gegenwart bezogen wird, können die
unmittelbar auf V. 7 folgenden Aussagen als Interpretation der Damaskuserfahrung in
Anspruch genommen werden[23]. Inhalt des Bekehrungserlebnisses ist danach die γνῶσις
Χριστοῦ Ἰησοῦ τοῦ κυρίου μου; diese Christuserkenntnis ist natürlich nicht auf
einen Akt des intellektuellen Verstehens zu begrenzen, sondern schließt den faktischen
Verzicht auf die überlieferten Wertvorstellungen ein und begründet die Freiheit zu

---

[21] Wenn auch die Damaskuserfahrung des Paulus eine grundsätzliche Abwertung
der nicht zuletzt durch den Besitz der Tora begründeten, heilsgeschichtlichen Vorzugs-
stellung des Judentums implizierte, so mußte sie also nicht zur Gesetzeskritik im Sinn
der Rechtfertigungslehre führen. Schwerlich stellt sie den Schnittpunkt zwischen jüdischem Nomismus und christlichem Antinomismus im Leben des Apostels dar. Anders
U. Wilckens, Die Bekehrung des Paulus als religionsgeschichtliches Problem, ZThK 56,
1959, 273–293 = in: *ders.,* Rechtfertigung als Freiheit. Paulusstudien, 1974, (11–32)
14. Vgl. auch *J. Dupont,* The Conversion of Paul, and its Influence on his Understanding of Salvation by Faith, in: Apostolic History and the Gospel. Biblical and
Historical Essays presented to F. F. Bruce (ed. by *W. W. Gasque* and *R. P. Martin*),
Exeter 1970, 176–194.

[22] Die Verbindung von Verfolgertätigkeit und Damaskuserlebnis, ferner die Erwäh-
nung des Sendungsauftrags sind, offenbar durch Paulus veranlaßt, in der christlichen
Tradition zu einem Schema verfestigt worden, wie ein Blick auf die Berichte in der
Apostelgeschichte zeigt: Paulus als Verfolger = Apg 9,1f; 22,4f; 26,10f; Damaskus-
erlebnis (Berufung) = Apg 9,3–9; 22,6–11; 26,12–15; Beauftragung zum Apostel-
dienst = 9,10ff: 22,12–16; 26,16ff. – Zum religionsgeschichtlichen Hintergrund der
Damaskusvision vgl. außer der Heliodorlegende (4Makk 4,10ff) auch die Parallelen in
Joseph und Aseneth bei *Chr. Burchard,* Der dreizehnte Zeuge (s. o. Anm. 9), 59ff.

[23] Vgl. auch *J. Gnilka:* „Die ‚Erkenntnis Christi' . . . erschöpft sich nicht im Damaskuserlebnis, wenn sie auch dort ihren Anfang nahm, da sie noch jetzt sein (Paulus)
ἡγεῖσθαι bestimmt und als eine das gegenwärtige Leben prägende wirksame Kraft gedacht ist (V. 10)" (Der Philipperbrief, HThK X 3, 1968, 192f).

einem neuen Leben, das die Macht des Kyrios in der eigenen Leidenssituation als „Gemeinschaft mit seinen Leiden" erfährt und darin eschatologische Zukunft in der Gegenwart vorwegnimmt.

V. 9 interpretiert diese Erfahrung in juridischer Sprache, wie sie der Rechtfertigungslehre des Paulus entspricht (vgl. Röm 3,21ff). Kein Zweifel, daß sich in dieser Phase der paulinischen Verkündigung juridische und „mystische", besser gesagt: ontologische Erlösungslehre nicht trennen lassen[24]. Jedoch ist aufschlußreich, daß V. 9 der grammatischen Struktur nach als Parenthese erscheint. Dem ursprünglichen Verständnis des Damaskusgeschehens entspricht es, wenn nach V. 8 (κερδήσω) bzw. nach V. 9a (καὶ εὑρεθῶ ἐν αὐτῷ) sich der Gedankengang mit V. 10 (τοῦ γνῶναι) fortsetzt. Hierdurch wird noch der späte Text Phil 3 ein Zeugnis für die Tatsache, daß Paulus seine Berufung nicht ursprünglich in der Sprache der Rechtfertigungslehre, sondern im christologisch-ontologischen Sinn, als Anfang seiner Erkenntnis Jesu Christi als des Herrn, interpretierte. Die Frage nach der Art dieser Auslegung soll im folgenden thetisch beantwortet werden. Deutlich ist, daß die Rechtfertigungslehre des Paulus eben diese Interpretation des Bekehrungserlebnisses zur Voraussetzung hat und ohne diese nicht wirklich zu verstehen ist.

II.

Wir gehen also davon aus, daß Paulus' Bekehrung christologisch auszulegen ist und die frühpaulinische Theologie von hier aus inhaltlich bestimmt wurde, ferner, daß der frühe Paulus eine Rechtfertigungslehre, wie sie aus den judaistischen Kämpfen erwachsen und in den Hauptbriefen entfaltet worden ist, noch nicht vorgetragen hat[25]. Zum Methodologischen ergibt sich, daß die Unterscheidung der theologischen Position, wie sie Paulus im 1. Thessalonicherbrief artikuliert, von den zeitlich folgenden Briefen ein nicht unwichtiger heuristischer Gesichtspunkt sein kann. Darüber hinaus ist zu vermuten, daß auch in den späteren Briefen sich Vorstellungen nachweisen lassen werden, die für Rekonstruktion und Verständnis der frühpaulinischen Theologie – sie ist auf dem Boden des hellenistisch-jüdischen frühen Christentums entstanden – aufschlußreich sein können.

---

[24] Mit Recht: *P. Stuhlmacher,* Gerechtigkeit Gottes bei Paulus, FRLANT 87, ²1966, 101; auch *J. Gnilka,* der statt „mystisch" lieber „pneumatisch" sagen möchte (aaO 195).

[25] Wir können daher im folgenden die Frage unberücksichtigt lassen, welche Elemente in der paulinischen Theologie die Kontinuität zwischen dem Juden und dem Christen Paulus bezeugen; zB das Problem der jüdischen Apokalyptik oder der jüdischen Schriftgelehrsamkeit. Dies gilt auch für die Frage nach den traditionsgeschichtlichen Voraussetzungen, die für die Christologie des Paulus im Judentum gegeben waren.

1. Bekenntnisformeln

Erste Hinweise auf den Hintergrund und Inhalt der frühpaulinischen Theologie gibt das christologische Formelgut, das Paulus in seinen Briefen zitiert. Um das Wichtigste zu nennen: 1Thess 1,9b–10, ein monotheistisch-christologisches Bekenntnis zum einen, wahren Gott und zu dem von den Toten auferweckten „Sohn" Jesus, der vom Himmel erwartet wird zur Errettung vor dem künftigen Zornesgericht. Hier verbindet sich das Kerygma, das die Heilsbedeutung von Tod und Auferweckung Jesu Christi aussagt (1Thess 4,14), mit der urchristlichen apokalyptischen Heilserwartung. Andere Bekenntnisformeln finden sich zB Röm 1,3f (Zweistufenchristologie), 1Kor 15,3b–5a (Tod und Auferweckung Jesu und Zeugenschaft des Kephas), Phil 2,6–11 (Christushymnus), 1Kor 11,23–25 (Einsetzungsworte). Diesen Formeln ist der christologische Bezugspunkt gemeinsam. Nach Form und Inhalt sind sie so weitgehend verschieden, daß eine ins einzelne gehende terminologische Aufgliederung keinen Erfolg verspricht[26].

2. Christustitel[27]

Daß die Würdenamen des Christus, wie Paulus sie in seinen Briefen verwendet, schon in einem verhältnismäßig frühen Stadium der paulinischen Theologie in Gebrauch waren, zeigt der 1. Thessalonicherbrief. Mit Ausnahme des Titels „Davids Sohn", der jedoch nur in Röm 1,3 im Zusammenhang einer vorpaulinischen Formel erscheint, sind sämtliche Christustitel in diesem ältesten Paulusbrief belegt.

---

[26] Vgl. die Unterscheidung zwischen *Credo* („bezeichnet das Heilswerk: Gott hat Jesus von den Toten auferweckt") und *Homologie* („Anruf an die Person des Erhöhten"), wie sie *H. Conzelmann* vorgeschlagen hat (Grundriß der Theologie des Neuen Testaments, EETh 2, ²1968, 82): Wie ist die Proklamation des Erhöhten vor der Welt (als Bestandteil der „Homologie") vom Inhalt des „Credo" zu trennen? Angesichts der Variationsbreite des Formelgutes bedeutet es eine schematische Einengung, wenn auf 1Thess 1,9f die Bezeichnung „Credo" nicht angewendet und für letzteres jeder Bezug auf die Parusie geleugnet werden soll (zu *D. A. Koch*, Zum Verhältnis von Christologie und Eschatologie im Markusevangelium, in: Jesus Christus in Historie und Theologie. Ntl. Festschr. für Hans Conzelmann, hg. v. *G. Strecker*, 1975, 395–408). Zu bestreiten ist insbesondere die von *W. Kramer* (Christos Kyrios Gottessohn, AThANT 44, Zürich 1963, passim) vorgetragene Unterscheidung von Sendungs- und Pistisformeln; dazu unten Anm. 87.

[27] Zum Problem vgl. *H. Conzelmann*, Zum Überlieferungsproblem im Neuen Testament, ThLZ 94, 1969, (881–888) 883ff (= in: *ders.*, Theologie als Schriftauslegung, BEvTh 95, 1974, [142–151] 144ff).

So bezieht sich υἱός (θεοῦ) in 1Thess 1,10 auf den erhöhten, vom Himmel erwarteten Herrn der Gemeinde; ein Titel, der sonst in den Paulusbriefen präsentischen oder auch vergangenheitlichen Charakter hat. Daher drängt sich hierzu der Gedanke an die in den Evangelien bezeugte urchristliche Menschensohnchristologie auf, ohne daß mit Sicherheit nachzuweisen ist, daß Paulus den Begriff „Menschensohn" bewußt durch den Gottessohn-Titel hat ersetzen wollen[28].

Eine breite Skala von Verwendungsmöglichkeiten zeigt der Titel κύριος. 1Thess 4,6 (Zitatanspielung an Ps 94,1) erinnert an den alttestamentlichen Gottesnamen; jedoch kann dieser Beleg auch christologisch interpretiert werden[29]. Im übrigen bezieht sich diese Hoheitsbezeichnung auf den in Vergangenheit und Gegenwart wirkenden Herrn (1,8; 3,12; 5,27), dessen Person und Wort der Gemeinde Weisung gibt (1,6; 4,15). In die Zeit vor der Abfassung des 1. Thessalonicherbriefes führt ἐν κυρίῳ als ekklesiologische formelhafte Aussage (3,8; 5,12), die von dem futurisch-apokalyptischen σὺν κυρίῳ (4,17) zu unterscheiden ist. Letzteres kennzeichnet die Tatsache, daß der apokalyptische Akzent sich mit dem κύριος-Titel besonders deutlich verbindet[30]. So ist es wohl nicht nur im Blick auf die in der Gemeinde zu Thessalonich akute Frage nach dem Schicksal der verstorbenen Mitchristen angesichts der sich verzögernden Parusie (4,13ff) motiviert, sondern zugleich als Hinweis zu verstehen, daß eine ungebrochene Parusienaherwartung schon die Frühphase der paulinischen Theologie kennzeichnet. Dies stimmt zu dem im Rahmen

---

[28] So z. B. *P.-É. Langevin,* Jesus Seigneur et l'eschatologie. Exégèse de textes Prépauliniens, Studia 21, Bruges–Paris 1967, 74; vgl. zum Problem *G. Strecker,* Das Evangelium Jesu Christi, in: Jesus Christus in Historie und Theologie (s. o. Anm. 26), 518f. – Der Bezug auf die Parusie würde für Paulus eher den Begriff κύριος nahegelegt haben (vgl. 1Kor 1,7–9 u. ö.).

[29] *E. v. Dobschütz,* Die Thessalonicherbriefe, MeyerK X ⁷1909 (= 1974), 169.

[30] 1Thess 4,15–17; 5,2; vgl. auch unten zu κύριος Ἰησοῦς; daß der Kyriostitel schon in der aramäisch sprechenden Urgemeinde in Gebrauch war, sollte angesichts von 1Kor 16,22 (Maranatha) nicht bestritten werden; die These *W. Boussets,* der Ruf stamme aus dem hellenistischen zweisprachigen Judenchristentum (Kyrios Christos, ⁵1965, 84), oder die *R. Bultmanns,* wonach es sich um einen Anruf Gottes handelt (Theologie des Neuen Testaments, ⁶1968, 55), sind Verlegenheitsauskünfte; vgl. zum palästinischen Hintergrund jetzt *J. A. Fitzmyer,* Der semitische Hintergrund des neutestamentlichen Kyriostitels, in: Jesus Christus in Historie und Theologie (s. o. Anm. 26), 266–298. – Paulus schließt sich freilich nicht nur dem Inhalt des Rufes „Maranatha" an, sondern auch der hellenistisch-kultischen Interpretation (vgl. Phil 2,11; 1Kor 12,3); die letztere ist auch im 1. Thessalonicherbrief vorausgesetzt, wie besonders der Ausdruck ἐν κυρίῳ deutlich macht.

der Theologie des Paulus frühen Abfassungsdatum des 1. Thessalonicherbriefes.

Das absolute Ἰησοῦς erscheint im 1. Thessalonicherbrief nur im Zusammenhang von christlicher Formelsprache[31]: 4,14 in bezug auf den Gekreuzigten und Auferstandenen, also auf den Irdischen, ohne daß der Terminus ausschließlich auf die „historische Tatsache" eingegrenzt ist[32]; vielmehr erhält auch der Erhöhte den Jesusnamen (1,10); so zeigt es ferner die Verbindung von κύριος und Ἰησοῦς, die einerseits im Zusammenhang der Hinrichtung Jesu (2,15), andererseits in Hinsicht auf die Parusie (2,19; 3,13) wie auch auf den gegenwärtig wirkenden Herrn der Gemeinde (3,11; 4,1f) Verwendung findet.

Vielfältig ist schließlich der Gebrauch von Χριστός. Es ist nicht auszuschließen, daß Paulus und ihm folgend seine Gemeinde das ursprüngliche jüdische, titulare Verständnis nachvollzogen[33]. Andererseits ist deutlich, daß Χριστός als Eigenname interpretiert wurde (2,7; 3,2; 4,16). Charakteristisch sind die Zusammenstellungen Χριστὸς Ἰησοῦς (2,14; 5,18) und κύριος Ἰησοῦς Χριστός (1,1.3; 5,9.23.28). Eigenname und Würdebezeichnung sind nicht klar voneinander zu trennen.

3. ἐν Χριστῷ

Von besonderer Bedeutung ist, daß schon der 1. Thessalonicherbrief die in den späteren Paulusbriefen bezeugte ἐν Χριστῷ-Vorstellung kennt (4,16). Danach kommt dem schon hier ekklesiologisch interpretierten Ausdruck ein nicht geringer Stellenwert im Zusammenhang der frühpaulinischen Theologie zu.

Das religionsgeschichtliche Problem der Formel ist bisher nicht eindeutig gelöst worden. Die von A. Deißmann repräsentierte Auslegung nimmt ein gnostisches Verständnis vorweg; ἐν ist danach räumlich auf-

[31] Jeweils ohne Artikel; sonst findet sich bei Paulus häufiger der Gebrauch mit Artikel: Gal 6,17; 2Kor 4,10; Röm 8,11; anders 1Kor 12,3; 2Kor 4,5.11.14; 11,4; ein Bedeutungswandel ergibt sich hierbei nicht; für Paulus ist die Spannung zwischen einer (Tod und Auferstehung Jesu aussagenden) Kerygma- und einer Erhöhungschristologie charakteristisch, auch wenn bei der Verwendung des Begriffes Ἰησοῦς die erstere von ausschlaggebender Bedeutung ist.

[32] Zu *L. Cerfaux*, Christus in der paulinischen Theologie, 1964, 305; vgl. *B. Rigaux*, Les Épîtres aux Thessaloniciens, ÉtB, Paris 1956, 171.

[33] Diese Möglichkeit gesteht auch *W. Kramer* zu, obwohl seine Argumentation in die entgegengesetzte Richtung weist; die Frage, ob titulares Verständnis vorliege, entscheide sich noch nicht durch das Vorhandensein des bestimmten Artikels: Christos (s. o. Anm. 26), 206ff.213. Zum Problem auch *H. Conzelmann*, Theologie (s. o. Anm. 26), 91.

zufassen[34]. In der Tat lassen sich viele Belege in einem lokalen Sinn verstehen, ohne daß auf dieser Grundlage von einer „Mystik" des Apostels zu sprechen wäre[35]; denn Paulus kennt für das Verhältnis des Glaubenden zu Christus keine Aufhebung der menschlichen Person, sondern das Christus-Mensch-Verhältnis ist im Rahmen der Ich-Du-Beziehung gesehen.

Demgegenüber suchte F. Büchsel den Ausdruck aus der alttestamentlich-jüdischen Vorstellungswelt zu erklären[36]; danach wird ἐν instrumental gebraucht („durch Christus"), ferner modal („wie Christus") oder kausal („durch" bzw. „infolge Christus") und „im übertragenen Sinn lokal"[37]. Darin bestände eine „eigentümliche Parallele" zu ἐν νόμῳ, einem Ausdruck, der ein antithetisches Verhältnis zum Judentum impliziere[38]. Insbesondere die instrumentale Deutung verweist auf den alttestamentlichen Opfergedanken, wie dieser zB in Entsprechung zum traditionsgegebenen Kontext in Röm 3,24 vorausgesetzt ist[39]. Jedoch hat ἐν Χριστῷ für Paulus die über solche Spezifizierung hinausführende stereotype Bedeutung von „Christ sein"[40], so daß der alttestamentlich-jüdische Hintergrund für die Auslegung eine nicht ausreichende Grundlage bietet.

---

[34] „Das Verhältnis des Christen zu Jesus Christus (ist) als ein lokal aufzufassendes Sichbefinden in dem pneumatischen Christus" zu verstehen; dies ist zu verdeutlichen „durch die Analogie der den Wendungen ἐν πνεύματι und ἐν θεῷ zugrunde liegenden Vorstellung des Verweilens in einem der Luft vergleichbaren Pneuma-Elemente" (*A. Deißmann*, Die neutestamentliche Formel „in Christo Jesu", 1892, 97f). Vgl. auch die paulinischen Ausdrücke ἐν σαρκί, ἐν νόμῳ, ἐν πνεύματι u. a., die von Deißmann als „Nachwirkungen" der Formel ἐν Χριστῷ Ἰησοῦ bezeichnet wurden (aaO 124ff).

[35] So *A. Schweitzer*, Mystik (s. o. Anm. 3), 122–129.

[36] Stark betont wird der mögliche alttestamentlich-jüdische Zusammenhang von *K. Berger*, Zum traditionsgeschichtlichen Hintergrund christologischer Hoheitstitel, NTS 17, 1970/71, 391–425.

[37] „In Christus" bei Paulus, ZNW 42, 1949, (141–158) 156.

[38] *F. Büchsel* aaO 158; vgl. auch *A. Schweitzer*, Mystik (s. o. Anm. 3), 124.

[39] Im übrigen ist die Verwendung von alttestamentlich-jüdischer Opferterminologie häufig bei Paulus vorausgesetzt; vgl. 1Kor 5,7; 11,25; Phil 4,18 u. ö.

[40] Richtig stellen *W. Schmauch*, In Christus. Eine Untersuchung zur Sprache und Theologie des Paulus, 1935, 18–20 und *F. Neugebauer*, Das Paulinische „in Christo", NTS 4, 1957/58, (124–138) 131f fest, daß das Verbum εἶναι im Zusammenhang der ἐν Χριστῷ-Aussagen kaum eine Rolle spielt; jedoch ist die Folgerung, „Darum sollte man sich das Reden vom ‚Sein in Christo' abgewöhnen" (*Neugebauer* ebd), nicht notwendig, da der häufige elliptische Sprachgebrauch die Ergänzung einer Seinsvorstellung nahelegt (vgl. Phil 2,5; 2Kor 5,17; Röm 16,7: γέγοναν; vielleicht auch 1Thess 4,16; vgl. ferner Röm 16,11: οἱ ὄντες ἐν κυρίῳ).

Es ist deutlich geworden, daß ἐν Χριστῷ sich nicht primär auf den irdischen Jesus bezieht – sosehr die Vorstellung von Tod und Auferweckung Jesu Christi ständig vorausgesetzt ist –, sondern auf den erhöhten, gegenwärtigen Christus. Als ekklesiologische Formel kann ἐν Χριστῷ einen räumlichen Sinn haben, ohne im ganzen hierauf beschränkt zu sein. Es bezeichnet das „Einbezogensein in die Christuswirklichkeit"; in dieser Weise versteht sich der Glaubende als Glied der Gemeinde, die der Leib des Christus ist (1Kor 12,12–31; Röm 12,3ff); dies bedeutet: „Leben in einem neuen Sein" (2Kor 5,17: καινὴ κτίσις) und „von dem Pneuma bestimmt sein" (1Thess 1,5f). Hierbei ergeben sich die Parallelen (ἐν) πνεύματι (Gal 5,25) = ἐν Χριστῷ (1Thess 4,16) = ἐν κυρίῳ[41]. Von dem pneumatischen Christus (vgl. noch 2Kor 3,17) ist der Christ mit Beschlag belegt. Daher kann Paulus neben dem häufigen „in Christus" auch die Aussage wagen: „Christus lebt in mir"; „in Christus" bezeichnet die Christusbestimmtheit des Menschen, ohne menschliche Verantwortlichkeit aufzuheben[42].

III.

Das neue, unverfügbare Sein, das der Christ ἐν Χριστῷ hat, kann Paulus mit verschiedenen Termini umschreiben: ἀπολύτρωσις[43], καταλ-

---

[41] 1Thess 5,12. – Die genannten Parallelen schließen eine Nuancierung im einzelnen selbstverständlich nicht aus; vgl. *M. Bouttier*, En Christ. Étude d'exégèse et de théologie pauliniennes, EHPhR 54, Paris 1962, 31ff. – Nach *F. Neugebauer* ist zu unterscheiden zwischen ἐν Χριστῷ als einem „charakteristische(n) Ausdruck für den Paulinischen Indikativ" und der Formel ἐν κυρίῳ, die „eine ausgesprochene Affinität zum Imperativ" besitze (aaO 132.135); „das ,in Christo' Empfangene soll ,im Herrn' geschichtliche Wirklichkeit werden" (aaO 135). Jedoch ist der Befund nicht eindeutig; vgl. zB die charakteristische Ellipse in Phil 2,5; zur Kritik auch *H. Conzelmann* aaO (s. o. Anm. 26) 235.

[42] Gal 2,20; trotz *A. Schweitzer* (aaO [s. o. Anm. 3] 126) und *A. Wikenhauser* (Die Christusmystik des Apostels Paulus, ²1956, 19–25) ist dieser Text nicht im mystischen Sinn zu verstehen. Allerdings ist die Parallele Röm 8,9 („Ihr seid nicht im Fleisch, sondern im Geist, sofern der Geist Gottes in euch wohnt") nicht zu übersehen. Ohne daß man die Unterschiede zwischen „Christus" und „Pneuma" verwischen darf (hierzu *M. Bouttier* aaO 61–69; *H. Conzelmann* aaO 233), ist festzuhalten: ἐν Χριστῷ wie auch ἐν πνεύματι bedeuten jeweils „Einbezogensein in eine bestimmte Sphäre", nämlich in die des Christus bzw. des Geistes.

[43] Freilassung, Loskauf: 1Kor 1,30; Röm 3,24; 8,23.

λαγή[44], ἐλευθερία[45]. Es zeigt sich vor allem konkret in der Freiheit von der Macht der σάρξ, der ἁμαρτία und des θάνατος.

1. Befreiung von der Macht der σάρξ

Paulus knüpft an den alttestamentlich-jüdischen Sprachgebrauch an; so in den Ausdrücken σάρξ καὶ αἷμα[46] oder πᾶσα σάρξ[47]. Demnach bezeichnet σάρξ die materielle Leiblichkeit des Menschen, soweit dieser ein irdisch-vorfindliches, an die Sphäre der irdischen Leiblichkeit gebundenes Wesen ist; daher das Wort allgemein für die Menschen angewendet wird. Die Apostrophierung der σάρξ spricht also das irdisch-vorfindliche Sein des Menschen an[48]. Über das menschliche personale Sein hinausgehend meint σάρξ die Sphäre des Irdisch-Natürlichen[49]. So wird es in Verbindung mit ἐν σαρκί ausgesagt[50]. Ähnlich neutral kann auch κατὰ σάρκα gebraucht werden, insbesondere in Verbindung mit einem Substantiv[51].

Da die Sphäre des Irdisch-Natürlichen der Macht der Vergänglichkeit unterworfen ist, also das sterbliche Sein umfaßt, kann σάρξ negativ qualifiziert werden[52].

Zur negativen Interpretation finden sich Vorbilder in der vorpaulinischen Zeit; so in Ansätzen im Alten Testament und in der Qumranliteratur und deren Umwelt[53], deut-

---

[44] Versöhnung: 2Kor 5,17ff; Röm 5,10f u. ö.

[45] Freiheit: Gal 5,1.13; Röm 8,21; vgl. Röm 6,18 u. ö.; vgl. auch *H. Schürmann*, Die Freiheitsbotschaft des Paulus – Mitte des Evangeliums? In: Taufe und neue Existenz, hg. v. *E. Schott*, 1973, 21–52.

[46] Vgl. Sir 14,18 *(bāśār wādām)*; Gal 1,16; 1Kor 15,50.

[47] Gen 6,13.17; 7,15; Ps 136,25; Sir 17,17 *(kōl-bāśār)*; Gal 2,16; 1Kor 1,29; 15,39; Röm 3,20.

[48] Vgl. Gal 4,13f; 6,12; 1Kor 1,29; 5,5; 2Kor 4,11; 7,1.5; 12,7; Röm 6,19; 11,14; 13,14.   [49] 1Kor 7,28; 15,39; Röm 2,28f.

[50] Gal 2,20; 2Kor 10,3; Phil 1,22.24; Phm 16; Ausnahme: Röm 7,5; 8,8f.

[51] 1Kor 1,26; 10,18; Röm 4,1; 9,3.5; 11,14; ähnlich in Verbindung mit einem Verb: Gal 4,23.29; Röm 1,3 (?).

[52] Gal 3,3; 5,13.16f.19.24; 6,8; Röm 7,5.18.25; 8,3.8f; 9,8; Phil 3,3f. – Vgl. auch das negative Verständnis des Adjektivs σαρκικός (= κατὰ σάρκα): 1Kor 3,3; 2Kor 1,12; 10,4. Nach allgemeiner Überzeugung der Ausleger ist zwischen σαρκικός und σαρκινός (1Kor 3,1; Röm 7,14) nicht wirklich zu unterscheiden; so zB *W. Bauer*, WB[5] s. v.; *R. Bultmann*, Theologie, 238; *E. Schweizer*, Art. σάρξ, ThW VII 145; *E. Käsemann*, An die Römer, HNT 8a, 1973, 189f (³1974, 191). – Anders *R. Jewett*, Paul's Anthropological Terms, AGSU 10, Leiden 1971, 122: „Whereas the word σαρκινός implies that they were still fleshly in composition, the word σαρκικός implies they acted as if they belonged to the fleshly sphere."

[53] Vgl. Gen 6,3; Ps 56,5; Dam 1,2; 1QM 4,3; 12,10f.

licher dagegen im griechisch-dualistischen Denken[54] und in andersartiger Weise im apokalyptischen Judentum, in dem vereinzelt die Verbindung von Fleisch und Sünde belegt ist[55]. Philo kombiniert griechisch-hellenistische und alttestamentlich-jüdische Vorstellungen, wenn er die σάρξ als Belastung für die Seele versteht[56] und als der Gotteserkenntnis entgegengesetzt stehend beschreibt[57]. Allerdings findet sich kein Text, der eine wirkliche Übereinstimmung mit der paulinischen, kosmologisch-personifizierenden Deutung der σάρξ ergeben würde. Paulus versteht σάρξ als eine Macht, die die Menschen gefangen hält (vgl. Gal 5,17; Röm 7,14; 8,12f u. ö.); sie zwingt den Menschen, sich ihr entsprechend zu verhalten (Röm 8,6f). Die Verbindung von κατὰ σάρκα mit einem Verb spricht bei Paulus in der Regel diese negativ qualifizierte menschliche Haltung aus[58]; σάρξ ist zur den Menschen bestimmenden Norm geworden, wenn dieser sich κατὰ σάρκα rühmt, also sein Vertrauen nicht auf Gott setzt[59].

Kennzeichnend für das Verhältnis der paulinischen Theologie zur religionsgeschichtlichen Umwelt ist besonders das Verhältnis von σάρξ und πνεῦμα. Ist dieses Begriffspaar im Griechentum und im Hellenismus so gut wie nicht belegt[60], so ist es auch im vor- und nebenpaulinischen Judentum nur sporadisch nachzuweisen. Das apokalyptische Judentum kennt „Fleisch und Geist" als eine anthropologische Vorstellung, die den Menschen als dichotomisches Wesen begreift[61]; sie hat in 1Kor 5,5 und 2Kor 7,1, vielleicht auch in Röm 1,3, eine paulinische Parallele, ohne daß hierdurch das für Paulus Typische erfaßt ist.

Näher beim paulinischen, eschatologischen Gegensatz von σάρξ und πνεῦμα stehen Aussagen in den Qumrantexten, wonach „Gott allen Geist des Frevels aus dem Inneren ihres Fleisches tilgt und sie reinigt durch den heiligen Geist von allen gottlosen Taten" (1QS IV 20f); dieser Beleg beschreibt den Widerstreit der „Geister der Wahrheit und des Frevels", die sich „im Herzen des Menschen" befinden (1QS IV 23). Hiernach ist „Fleisch" zwar Gefäß des „Geistes des Frevels"; jedoch korrespondiert es nicht antithetisch dem „heiligen Geist" Gottes und ist nicht als Macht des Bösen verstanden[62]. Daher dieser Beleg nicht der paulinischen Anschauung, sondern der rabbinischen Lehre vom guten und vom bösen Trieb mehr entspricht[63].

---

[54] ZB Plat Symp 211 E; Emped fr 126.

[55] Vgl. zB TestJud 19,4; TestIsaak 4,23f u. ö. (Infolge der zu vermutenden christlichen Überarbeitung sind Belege in den TestXII unsicher.)

[56] Gig 31; Rer Div Her 268.   [57] Som II 67; Deus Imm 143.

[58] κατὰ σάρκα περιπατεῖν: Röm 8,4; 2Kor 10,2; στρατεύεσθαι: 2Kor 10,3; βουλεύεσθαι: 2Kor 1,17.

[59] Vgl. 2Kor 11,18; 2Kor 5,16: κατὰ σάρκα γινώσκειν; Röm 8,5: εἶναι; 8,12: ζῆν.

[60] Ausnahme: Eur fr 971 (*E. Schweizer*, ThW VII 103,13f).

[61] ZB ApkSed 11, TestAbr A 20; *E. Schweizer* aaO 120, 20–25.

[62] Dies gilt auch für den Text 1QH 15,16f, wo „Fleisch" zwar in einem gewissen Sinn negativ qualifiziert ist (so *R. Meyer*, Art. σάρξ, ThW VII 112,16–20), jedoch nicht eine aktive Macht des Bösen darstellt, die dem Willen Gottes kämpferisch entgegensteht.

[63] Vgl. hierzu *W. Bousset – H. Greßmann*, Die Religion des Judentums im spät-hellenistischen Zeitalter, HNT 21, ³1926 (= ⁴1966), 402ff. – Zum Dualismus „Fleisch–Geist" in der Qumranliteratur: *P. v. d. Osten-Sacken*, Gott und Belial, StUNT 6, 1969, bes. 170ff.184; *W. D. Davies*, Paul and the Dead Sea Scrolls: Flesh and Spirit, in:

Für die Entstehung des paulinischen Verständnisses des Gegensatzes σάρξ – πνεῦμα ist also nicht einfach alttestamentlich-jüdische Überlieferung geltend zu machen; die nächstliegenden Paralleltexte, die sich bei Philo finden[64], sind offensichtlich nicht ohne griechisch-hellenistische Einflußnahme entstanden[65]. Ähnliches wird man für Paulus vermuten können, so daß die von R. Bultmann[66] und E. Käsemann[67] vertretene „gnostische" Ableitung auf jeden Fall ein relatives Recht behalten dürfte – ohne daß an dieser Stelle auf das „Gnosisproblem" eingegangen werden kann. Nicht zuletzt die johanneischen Texte (vgl. Joh 3,6; 6,63) zeigen, daß Paulus in einem weitgedehnten, auch frühchristlichen Begriffsfeld steht[68].

Wichtiger als die religionsgeschichtliche Frage ist in diesem Zusammenhang das Problem der Einordnung in die paulinische Theologie. Wenn Paulus bei der Ausarbeitung seiner Rechtfertigungslehre auch bevorzugt das Gegensatzpaar σάρξ – πνεῦμα verwendet, so wäre es doch kurzschlüssig, zu folgern, „that the flesh-spirit dialectic has its root in the contrast Paul wishes to portray between boasting in the cross and boasting in the circumcised flesh"[69]. Denn so wenig zu bestreiten ist, daß

The Scrolls and the New Testament, hg. v. *K. Stendahl*, New York 1957, 157–182 (= in: *ders.*, Christian Origins and Judaism, Philadelphia 1962, 145–177); *R. Meyer*, Art. σάρξ, ThW VII 111–113; nachdrücklicher betonen die Verwandtschaft des Paulus mit der Qumransekte: *D. Flusser*, The Dead Sea Sect and Pre-Pauline Christianity, in: Aspects of the Dead Sea Scrolls, ScrHie IV, Jerusalem 1958, 215–266; *O. Betz*, Offenbarung und Schriftforschung in der Qumransekte, WUNT 6, 1960, 120ff. Zur Diskussion vgl. *R. Jewett* aaO (s. o. Anm. 52) 82ff.

[64] Gig 29ff; Leg All I,31–42; vgl. *E. Brandenburger*, Fleisch und Geist. Paulus und die dualistische Weisheit, WMANT 29, 1968, 140ff.

[65] Hier ist zwar nicht eigentlich der Gegensatz σάρξ – πνεῦμα, wohl aber die Gegenüberstellung σάρξ – ψυχή belegt: Epigr Graec 90,1; Plut, de exilio 1 (II 599 C); vgl. auch *ders.*, Gen Socr 591d; siehe *H. D. Betz* (Hg.), Plutarch's Theological Writings and Early Christian Literature, SCHNT III, Leiden 1975, 277.

[66] Das Evangelium des Johannes, MeyerK II ¹⁹1968, 100 Anm. 4.

[67] Leib und Leib Christi. Eine Untersuchung zur paulinischen Begrifflichkeit, BHTh 9, 1933, 105.

[68] Vgl. 1Tim 3,16; zur vorpaulinischen Herkunft und zur paulinischen Interpretation von σάρξ – πνεῦμα auch *H. Paulsen*, Überlieferung und Auslegung in Römer 8, WMANT 43, 1974, 46f.66ff. – Die Gegenüberstellung κατὰ σάρκα – κατὰ πνεῦμα ἁγιωσύνης verstehe ich als paulinische Erläuterung des in Röm 1,3f überlieferten christologischen Traditionsstückes; vgl. *G. Strecker*, Das Evangelium Jesu Christi (s. o. Anm. 28), 521f.

[69] Zu *R. Jewett*, Paul's Anthropological Terms (s. o. Anm. 52), 99f. – Schon *H. Lüdemann* hat zu Recht gesehen, daß σάρξ nach paulinischem Verständnis nicht erst durch Gesetzesübertretung eine negative Qualifikation erhält (Die Anthropologie des Apostels Paulus, 1872, 54). Wie die Auseinandersetzung mit den korinthischen Gegnern zeigt (zB. 2Kor 10,2–4), konnte Paulus eine vorgefundene σάρξ-Begrifflichkeit selbständig erweitern; sie war auf unterschiedliche theologiegeschichtliche Situationen an-

die paulinische Rechtfertigungstheologie ohne die genannte Dialektik undenkbar ist, ja von hier ihre eigentliche, ontologische Grundstruktur erhält, so eindeutig ist festzustellen, daß der Gegensatz, dh der Kampf zwischen σάρξ und πνεῦμα auch unabhängig von der Rechtfertigungsthematik einen genuinen Platz in der theologischen Konzeption des Paulus einnimmt und darin möglicherweise frühpaulinisches Denken widerspiegelt, das auf dem Boden einer hellenistisch-frühchristlichen Theologie gewachsen ist.

Wurde nach urchristlicher Anschauung das πνεῦμα θεοῦ als Taufgabe verstanden[70], so ließ sich auf dieser Grundlage die Antithese zu Begriff und Wirklichkeit der σάρξ aussprechen: Ereignet sich in der Taufe und – nach paulinischer Vorstellung – auch in der Verkündigung des Apostels die Übertragung des Geistes Gottes, die Begründung des Seins ἐν πνεύματι[71], wie dieses sich im Sein „in Christus" konkretisiert[72], so ist durch solche Erneuerung des menschlichen Lebens die Macht der σάρξ besiegt, der Mensch nicht mehr gezwungen, sich ihr in Gehorsam unterzuordnen, sondern zum Leben „im Geist" und κατὰ πνεῦμα befreit (Gal 5,25; Röm 8,4).

2. Befreiung von der Macht der ἁμαρτία

Es ist deutlich geworden, daß nicht das Leben „im Fleisch", dh das Sein in der Sphäre des Natürlich-Leiblichen, den Menschen zum Sünder macht, sondern das κατὰ σάρκα ζῆν, das Sich-Ausrichten nach den Maßstäben, die die Macht der σάρξ setzt. Jedoch, die Sünde ist nach Paulus eine allgemeine und umfassende Gegebenheit[73], so daß sich die Bereiche von Schicksal und Schuld, von transhumaner Wirklichkeit und subjektiv-menschlicher Verantwortung überschneiden.

Dies läßt sich an der Adam-Christus-Typologie des Paulus (1Kor 15; Röm 5) verdeutlichen[74]. Man mag streiten, ob hier ein gnostischer, un-

---

zuwenden; von diesen ist die Rechtfertigungslehre ein – allerdings zentraler – Spezialfall; beispielhaft hierfür ist das nicht autobiographisch auszulegende 7. Kapitel des Römerbriefes: Paulus stellt im Zusammenhang mit der Rechtfertigungsthematik in der Perspektive des Glaubens den Menschen vor Christus dar, wie dieser sich unter dem Gesetz befindet (vgl. zur Auslegung: *R. Bultmann*, Römer 7 und die Anthropologie des Paulus, in: ders., Exegetica, 1967, 198–209; *W. G. Kümmel*, Röm 7 [s. o. Anm. 13] bes. 74ff).

[70] Vgl. 1Kor 12,13; 2Kor 1,22; Apg 2,38; 8,14ff u. ö.

[71] Vgl. Gal 3,3; Röm 8,9.　　　　　[72] Röm 6,3ff; 8,2; vgl. 2Kor 3,17.

[73] Vgl. Röm 3,23: „*Alle* Menschen haben gesündigt."

[74] Vgl. *E. Käsemann*, An die Römer, 139f (³141): „Niemand beginnt seine eigene

gebrochen-ontologischer Urmensch-Mythos vom Apostel bewußt modifiziert worden ist[75], ob primär eine palästinisch-jüdische Überlieferungsschicht im Hintergrund steht[76] oder ob eine Mischung von hellenistischen und jüdischen bzw. judenchristlichen Vorstellungen[77] die vorpaulinische Überlieferung ausmacht, auf jeden Fall ist deutlich, daß Paulus eine vorgegebene Tradition voraussetzt, und ferner, daß er das Gegenüber Adam-Christus nicht einfach in einem physisch-ontologischen Sinn begreift, sondern daß in Hinsicht auf das neue Leben, das durch Christus begründet worden ist, ein eschatologischer Vorbehalt ausgesprochen wird. Die neue Existenz ist in Christus, im Glauben, Gegenwart und zugleich Hoffnungsgut (1Kor 15,49; Röm 5,17). Das neue Sein des Christen ist demnach nicht ein „Schicksal", das man nur erleiden könnte, sondern ein geschichtliches Angebot; indem es verschiedenen Weisen menschlicher Existenzverwirklichung einen Freiraum gewährt, besteht für den Christen immer auch die Möglichkeit, nicht nur es anzunehmen, sondern auch es zu verfehlen[78].

Was für das neue Leben gilt, ist entsprechend für das Verständnis des „alten Menschen", des Menschen vor dem Glauben, dessen Prototyp Adam ist, charakteristisch. In Röm 5 wird die Wirklichkeit der ζωή dargestellt, die mit der Offenbarung der δικαιοσύνη θεοῦ im Christusgeschehen gegeben ist. Um zu zeigen, was durch Christus neu geworden ist, greift Paulus auf das Adam-Beispiel zurück. Adam ist – analog der Adam-Christus-Typologie in 1Kor 15,22 – der erste Mensch, der der Herrschaftsmacht des Todes unterworfen wurde (Röm 5,12.14); darüber

---

Geschichte, und niemand kann entlastet werden. Jeder bestätigt mit seinem eigenen Verhalten, daß er sich stets in einer von Sünde und Tod gezeichneten Welt vorfindet und ihrem lastenden Fluch unterliegt. Die Alternative zwischen Willen und Naturverhältnis [= Naturverhängnis?] ist dem Apostel fremd."

[75] Bejaht von *G. Schunack*, Das hermeneutische Problem des Todes im Horizont von Röm 5 untersucht, HUTh 7, 1967, 237f.244–247.

[76] So *R. Scroggs*, The Last Adam. A Study in Pauline Anthropology, Oxford 1966; kritisch hierzu *E. Lohse*, ThZ 24, 1968, 138–140.

[77] Vgl. etwa *E. Brandenburger*, Adam und Christus, WMANT 7, 1962; *G. Eichholz*, Die Theologie des Paulus im Umriß, 1972, 176.184; *E. Käsemann*, An die Römer, 134 bis 137 (³135–138).

[78] So entspricht es dem „eschatologischen Vorbehalt", wie dieser auf der Basis eines ontologischen Taufverständnisses in Röm 6,1ff ausgesagt ist. Zweifellos besteht ein sachlicher Zusammenhang zwischen der Adam-Christus-Typologie und der paulinischen Tauflehre, wie sie sich in Röm 6 (Mitsterben und Mitauferstehen mit Christus) andeutet. Gegenüber beiden Überlieferungsreihen bildet die paulinische Rechtfertigungslehre eine sekundäre Redaktionsstufe.

hinaus ist er – abweichend von 1Kor 15 – Urheber der Sünde: Durch Adam ist die Sünde in die Welt hineingekommen (V. 12); die adamitische Menschheitsgeschichte ist die Geschichte einer Menschheit, die – indem sie ohne Christus lebt – unter der Macht der Sünde steht (V. 21). Die Frage, wie menschliches Sein in die Sünde Adams einbezogen ist, beantwortet Paulus nicht im Sinn der gnostischen Anschauung, wonach eine physische Einheit zwischen dem gefallenen Urmenschen und dem einzelnen Menschen, über den eben damit ein Schicksal verhängt ist, besteht. Die Vorstellung, daß die Menschen von Natur durch Erbsünde bestimmt sind, daß sie – eben weil sie Menschen sind – sündig wären, ist Paulus fremd. Vers 12 sagt aus, wie die adamitische Menschheit durch Sünde bestimmt wurde: „So kam auf alle Menschen der Tod, *weil* alle gesündigt haben."[79] Mit Adam ist die Möglichkeit des Sündigens in die Welt gekommen; aber diese Möglichkeit bedeutet keinen Zwang; wird sie von jedem einzelnen Menschen wahrgenommen, so ist jeder einzelne verantwortlich.

Die Rückführung des Zusammenhangs von Sünde und Tod auf Adam und die Verflochtenheit von Verhängnis und Schuld sind traditionsgegeben; vgl. ApkBar(syr) 54,15. 19; 4Esr 7,116–119; Texte bei G. Eichholz, aaO 184; ausführlich zum Problem auch O. Kuss, Römerbrief, 1. u. 2. Lieferung, ²1963, 260ff; G. Stählin u. W. Grundmann, Art. ἁμαρτάνω C. D., ThW I 290ff.

Die Frage, ob das Verständnis der Sünde als einer personifizierten, kosmischen Macht ursprünglich dem Bereich der Adam-Christus-Typologie angehört, worauf die Texte in Röm 5,12f.20f deuten könnten, ist nicht sicher zu beantworten. Im allgemeinen finden sich entsprechende Belege im Zusammenhang der spezifisch-paulinischen Gesetzes- und Rechtfertigungslehre, zB 1Kor 15,56; Röm 3,9; 6,16ff; 7,7ff, wie auch der Singular ἁμαρτία; er ist der für den Paulus der Hauptbriefe charakteristische Sprachgebrauch.

Demgegenüber ist der Plural ἁμαρτίαι (und Parallelbegriffe) auf Zitate (1Thess 2, 16; Röm 4,7; 11,27) oder auf vorpaulinische Traditionsstücke (Gal 1,4; 1Kor 15,3.17; Röm 3,25; 4,25) zurückzuverfolgen; im christologisch-soteriologischen Bekenntnis hat er einen genuinen Platz (vgl. noch 2Kor 5,19); darüber hinaus findet er sich in der Paränese, in der von der Einzelsünde gesprochen wird (vgl. Gal 6,1; 2Kor 11,7; Röm 14,23; auch 1Kor 6,18: πᾶν ἁμάρτημα = genereller Singular). Die Belege zeigen, daß nicht immer klar unterschieden ist (vgl. auch den Wechsel vom Plural zum Singular in Röm 4,7f); das Problem des Verständnisses der Sünde als einer zu verantwortenden Tat oder eines Verhängnisses ist nicht allgemein zu lösen und zu jedem einzelnen Text erneut zu erfragen. Nicht jedoch entspricht der Begriff „Erbsünde" der paulinischen Vorstellung. Wenn auch der Gedanke des Sündenverhängnisses, das die gesamte Mensch-

---

[79] ἐφ' ᾧ = ἐπὶ τούτῳ ὅτι: „weil", „unter dem Umstand, daß". Anders die lateinische Übersetzung: *in quo omnes peccaverunt; in quo* = Adam, der stellvertretend für die Menschen gesündigt hat, so daß seine Sünde wie eine böse Erbschaft sich von Generation zu Generation fortpflanzt.

heit einbezieht, in Röm 5 nicht ausgeschlossen ist, von einer „Vererbung" der Sünde ist nichts gesagt, im Gegenteil die Verantwortung „aller" hervorgehoben (V. 12; zu R. Bultmann, Theologie 252f; O. Kuss aaO 272ff).

Es ist klar, daß die Gegenüberstellung von Adam und Christus, von Sünde/Tod und Gerechtigkeit/Leben in einem theologischen Kontext nachzuvollziehen ist, in dem die paulinische Rechtfertigungslehre unbekannt ist. Nicht zufällig wird die Alternative Glaubens- oder Werkgerechtigkeit (Röm 3,28) in Röm 5 nicht genannt. Die Gesetzesproblematik ist der Substanz des Textes aufgepfropft (V. 13.20). Künstlich ist insbesondere die Unterscheidung von zwei Epochen – einerseits der Zeit der Sünde ohne Gesetz, andererseits der Zeit der Sünde durch das Gesetz (V. 13). Dies nimmt das voraufgehende Abraham-Beispiel auf (Röm 4, 15) und macht deutlich, daß das Thema des Römerbriefes von der Offenbarung der Gottesgerechtigkeit, die den Glaubenden aus Gnade übereignet wird, sekundär durch Paulus mit der älteren Adam-Christus-Typologie verbunden worden ist. Gesicherter läßt sich nun vermuten, daß in der Adam-Christus-Typologie wie auch im Verständnis der Taufe als der Begründung des Einbezogenseins in die Wirklichkeit des gekreuzigten und auferstandenen Christus und dadurch des neuen Lebens Elemente einer frühpaulinischen Theologie zutage treten, die noch nicht von der Rechtfertigungsproblematik geprägt worden ist[80].

3. Befreiung von der Macht des θάνατος

Wie die Adam-Christus-Typologie verdeutlicht, ist die Existenz des vorchristlichen Menschen nicht nur durch σάρξ und ἁμαρτία, sondern auch durch den θάνατος bestimmt. Der Tod ist zunächst nichts anderes als eine biologische Notwendigkeit. Insofern der Mensch der σάρξ ange-

---

[80] Das Thema „Rechtfertigung" erscheint auch in 1Kor 15 als sekundär, wie die Stellung von 1Kor 15,56 verdeutlicht. – *E. Jüngel* möchte freilich dem „Gesetz" in Röm 5 eine zentrale Funktion zuerkennen, indem er meint, „daß die Einführung des Gesetzes in den Entsprechungsgedanken die Durchführung der Entsprechung Adam–Christus theologisch möglich macht" (Das Gesetz zwischen Adam und Christus, in: *ders.*, Unterwegs zur Sache, BEvTh 61, 1972, [145–172] 160); so ist es als Exegese des paulinischen Verständnisses des Textes im Zusammenhang des Römerbriefes zweifellos berechtigt; andererseits ist festzustellen, daß im Rahmen des frühpaulinischen Denkens der Begriff „Sünde" als negative Qualifikation der „Adamseite" ausreiche und die heilsgeschichtliche Interpretation entsprechend ihrer Verankerung entweder in der Typologie oder in der Rechtfertigungslehre eine je unterschiedliche Akzentsetzung erhalten mußte (zu *Jüngel* aaO 159.171).

hört, ist er Teil des Vorfindlichen, also des Irdisch-Vergänglichen. Konsequenz des Seins ἐν σαρκί ist, daß die Menschen der φθορά ausgeliefert sind (1Kor 15,50; Gal 6,8); das Sein des Menschen ist, soweit es ein vorfindliches Sein ist, ein Sein zum Tode. Die Reflexion über den Tod als schicksalhafte Bestimmung hat im Umfeld des Paulus zahlreiche Parallelen[81].

Daneben überliefert Paulus eine weitere Interpretation des θάνατος-Begriffs. Wie schon das Adam-Beispiel zeigte, stehen Tod und Sünde in einer untrennbaren Verbindung. „Der Tod ist Sold der Sünde" (Röm 6, 23), dh die Sünde bezahlt diejenigen, die ihr untertan sind, mit dem Tod (vgl. Röm 5,12). Ist θάνατος hier immer auch das physische Phänomen, so ist er doch zugleich eschatologisch gedeutet: der Tod, gegenüber dem es keine Rettung gibt. Antithetisch korrespondiert die ζωὴ αἰώνιος als Folge der Heiligung (Röm 6,21f). Die endgültige Scheidung zwischen Tod und Leben vollzieht sich im künftigen Zornesgericht, in dem strafend geahndet wird, was der Mensch schuldhaft verdient hat, den Tod (Röm 1,32; 2,5ff). Entsprechend dem apokalyptischen Vorstellungsbereich, der Paulus aufgrund seiner jüdischen Herkunft nicht fremd ist, ereignet sich also der Tod bei der Äonenwende bzw. durch das Weltgericht[82].

Als Konsequenz der Sünde ist der Tod für Paulus nicht nur Bestandteil des künftigen Zornesgerichtes Gottes, vor dem der „Retter Jesus" bewahren kann (1Thess 1,10), sondern zugleich eine Macht, die Gegenwart und Vergangenheit beherrscht. Lebt die adamitische Menschheit unter der Herrschaft der Sünde, so ist ihre Geschichte wie die Existenz des einzelnen Menschen endgültig durch den Tod bestimmt: Wenn die Sünde auflebt, so stirbt der Mensch, die Sünde betrügt ihn über sein wahres Wesen und sein wahres Ziel und tötet ihn (Röm 7,9–11). Ist der Tod in der menschlichen Geschichte eine eschatologische Tatsache, so wird der adamitische Mensch in diesem Zustand belassen, ja geradezu hineinfixiert durch die apostolische Verkündigung; sie ist den Nichtglaubenden ein „Duft vom Tod zum Tod"; bei denen, die dem Tod verfallen sind, bewirkt sie nichts anderes als Tod; dagegen ist sie den Glaubenden ein „Duft vom Leben zum Leben" (2Kor 2,16). Eschatologische Scheidung des Gerichtes erfolgt dort, wo das „Wort des Lebens" ausgerufen und angenommen oder abgelehnt wird (Phil 2,16). Die Ermöglichung des Lebens ist im Tod und in der Auferstehung Jesu Christi begründet, wie dies das Christuskerygma bezeugt (vgl 1Kor 15,55.57; Röm

---

81 Vgl. *R. Bultmann*, Art. θάνατος, ThW III 7ff; *ders.*, Art. ζάω, ThW II 856ff.
82 Vgl. 1Kor 2,6; 7,31; Apk 20,14f. – 4Esr 7,31; Tg J I (Dtn 33,6) u. ö.

5,10; 6,9). Die Antithese zur Todesherrschaft seit Adam ist von ihrer christologischen Begründung nicht ablösbar.

IV.

Eine weitere Interpretation des Christusgeschehens trägt Paulus mit der Rechtfertigungslehre vor, die er im Galater-, Römer- und teilweise auch im Philipperbrief (Phil 3) entfaltet. Sie ist in ihren Elementen nicht eine paulinische, originale Schöpfung, sondern Paulus hat Rechtfertigungsvorstellung und -terminologie in seiner Umwelt vorgefunden. Die Schriften aus Qumran zeigen dies für ein apokalyptisches, sektiererisches Judentum[83]. So geht es aus den Paulusbriefen selbst hervor: In Röm 3,25; 4,25 und 1Kor 6,11 zieht Paulus Überlieferungen des hellenistischen Judenchristentums heran, die die paulinische Rechtfertigungslehre vorgebildet haben und offensichtlich im Zusammenhang mit der Interpretation der christlichen Taufe stehen.

1. Vorpaulinische judenchristliche Rechtfertigungstradition

Röm 3,25

Kontext: Mit 3,21 beginnt der zweite Großabschnitt des Römerbriefes. Nachdem in 1,18–3,20 die Notwendigkeit der δικαιοσύνη θεοῦ für Heiden und Juden begründet wurde, will Paulus im folgenden darstellen, daß die Gottesgerechtigkeit für alle Glaubenden durch das Christusgeschehen zur Wirklichkeit geworden ist. Der in 3,21 einsetzende Unterabschnitt hat – ebenso wie die an seinem Ende stehende anthropologische Folgerung (3,28) – die Aufgabe einer Zusammenfassung, die das Römerbriefthema der „Gottesgerechtigkeit" (1,16f) aufnimmt und präzisiert. Wie oft bei Paulus, wird das Gewicht des Argumentationsganges durch die Zitierung eines Traditionsstückes, das in Entsprechung zum Kontext ausgelegt wird, unterstrichen. Die vorpaulinische Überlieferungseinheit ist in V. 25 erhalten.

Abgrenzung: V. 24 gehört noch zur paulinischen Darstellung; so zeigt es sich nicht nur die Übereinstimmung mit der spezifisch paulinischen Interpretation der Rechtfertigung, die „geschenkweise", „aus Gnade" übereignet wird, sondern auch der sprachliche Charakter: δικαιοῦν ist sehr oft in den paulinischen Briefen bezeugt; δωρεάν auch Gal 2,21; 2Kor 11,7; ἀπολύτρωσις auch 1Kor 1,30; Röm 8,23; ἐν Χριστῷ Ἰησοῦ auch Röm 6,11.23; 8,2.39 u. ö.

Nach unten ist die Formel mit dem Ende von V. 25 abzugrenzen; V. 26 stößt sich mit der grammatischen Struktur von V. 25 (der Genitiv θεοῦ schließt an δικαιοσύνης θεοῦ hart an) und ist teilweise nichts als eine Wiederholung (πρὸς τὴν ἔνδειξιν τῆς

---

[83] Vgl. *S. Schulz*, Zur Rechtfertigung aus Gnaden in Qumran und bei Paulus, ZThK 56, 1959, 155–185; *H. Braun*, Qumran und das Neue Testament II, 1966, 165 bis 172 und passim.

δικαιοσύνης αὐτοῦ); sprachlich ist der Vers paulinisch; so findet sich das Wort ἀνοχή auch Röm 2,4; es nimmt den Ausdruck διὰ τὴν πάρεσιν (= „Erlaß") auf und modifiziert ihn zugleich (s. u.).

Die *Formel* setzt liturgischem Sprachstil entsprechend mit dem Relativpronomen ὅν ein; sie ist durch διὰ πίστεως sprachlich überladen, inhaltlich mit dem Kontext (V. 22. 26–31) verklammert, so daß „durch Glauben" als paulinisches Interpretament aus dem ursprünglichen Bestand auszuscheiden ist. Sekundär ist auch ἐν τῷ αὐτοῦ αἵματι, da das Pronomen αὐτοῦ in Gegensatz zum regierenden Subjekt („Gott") sich auf das weiter zurückliegende ἐν Χριστῷ 'Ιησοῦ beziehen muß; hierbei mag offenbleiben, ob Paulus oder ein vor- oder nachpaulinischer Tradent diese Phrase einfügte. Als ursprüngliche Überlieferung ergibt sich demnach der Wortlaut:

ὅν προέθετο ὁ θεὸς ἱλαστήριον
εἰς ἔνδειξιν τῆς δικαιοσύνης αὐτοῦ
διὰ τὴν πάρεσιν τῶν προγεγονότων ἁμαρτημάτων.

Für diese Rekonstruktion spricht auch der unpaulinische Sprachschatz (zu προέθετο: das Verb findet sich im theologischen Sinn nur noch Eph 1,9, im Profangebrauch dagegen Röm 1,13; ἱλαστήριον: paulinisches Hapaxlegomenon, im Neuen Testament nur noch Hebr 9,5; πάρεσις: sonst nicht im Neuen Testament; ἔνδειξις ist dagegen der Sprache des Paulus nicht fremd: abgesehen von Röm 3,25f auch 2Kor 8,24 und Phil 1,28). Von argumentativer Bedeutung ist, daß die rekonstruierte Einheit einen klar abzugrenzenden Dreizeiler ausmacht.

Zur Interpretation: Die offenbar hellenistisch-judenchristliche Tradition interpretiert den Tod Jesu als einmalige Sühnung für die in der Vergangenheit begangenen Sünden; ob hiermit der Gedanke der Erneuerung des alttestamentlichen Gottesbundes verbunden gewesen ist, läßt sich dem Ausdruck ἱλαστήριον allein nicht entnehmen. Eine Abendmahlssituation (worauf ἐν τῷ αὐτοῦ αἵματι hindeuten würde) ist für das ursprüngliche Überlieferungsstück nicht zu erschließen. Wahrscheinlicher handelt es sich um eine Tauftradition; in ihr steht der Tod Jesu, begriffen als einmalige Sühneleistung, nicht im Widerspruch zum jüdischen Gesetz als einem Heilsweg. Die paulinische Aussage ἐν τῇ ἀνοχῇ τοῦ θεοῦ interpretiert das vorpaulinische διὰ τὴν πάρεσιν; sie bezeichnet nicht mehr „was in der Vergangenheit geschah, sondern daß die Vergangenheit zu Ende kam und eine andersgeartete Platz griff, nämlich die von der ἀνοχή heraufgeführte Gegenwart der Vergebung"[84].

Röm 4,25

Schon die zweigliedrige Formung dieses „synthetischen Parallelismus", der zudem durch seine Stellung im Kontext isoliert und durch das Relativpronomen ὅς eingeleitet ist, macht deutlich, daß es sich um ein liturgisches Traditionsstück handelt. Auf liturgischen Hintergrund weist der formelhafte Sprachgebrauch, der auch sonst bei Paulus

---

[84] E. *Käsemann*, Zum Verständnis von Röm 3,24–26, EVB I (96–100) 98. Weitere Literaturangaben bei E. *Käsemann*, An die Römer, 84f (³85f) (bes. die Aufsätze von W. *Schrage*, Ch. H. *Talbert*, D. *Zeller*); vgl. ferner K. *Kertelge*, Rechtfertigung (s. o. Anm. 5), 48–62; E. *Lohse*, Die Gerechtigkeit Gottes in der paulinischen Theologie, in: ders., Die Einheit des Neuen Testaments, 1973, (209–227) bes. 220–223; P. *Stuhlmacher*, Zur neueren Exegese von Röm 3,24–26, in: Jesus und Paulus (s. o. Anm. 8), 315–333.

wiederkehrt[85]. Beeinflußt wird die Interpretation durch das Verständnis des doppelten δıά; mag man auch für den vorliegenden Text im paulinischen Verständnis differenzieren und δıά in V. 25a kausal, in V. 25b final übersetzen (so O. Michel, Der Brief an die Römer, MeyerK IV [5]1966, 127f; E. Käsemann, An die Römer, 121 [[3]122]), für die vorpaulinische Schicht ist die analoge Deutung beider Zeilen das Wahrscheinlichere: „(Christus) wurde um unserer Übertretungen willen dahingegeben und um unserer Gerechtmachung willen auferweckt." So entspricht es der Sachparallele Röm 8,10 (zweifaches kausales δıά). Hierdurch wird klar, daß trotz der formalen Unterscheidung zwischen Tod und Auferweckung Jesu Christi das durch das Christusgeschehen Bewirkte ein und dasselbe ist: Die Vergebung der Übertretungen ist die Gerechtmachung der Sünder. Anders als in den vergleichbaren paulinischen Texten (Röm 5,21; 6,23; 8,10) ist das zugesagte Heilsgut, die δικαίωσις, nicht auf die Zukunft ausgerichtet, sondern auf das einmalige, vergangenheitliche Ereignis von Tod und Auferweckung Jesu; entsprechend dem Verständnis von δικαιοσύνη θεοῦ in Röm 3,25 ist die Gerechtmachung inhaltlich auf die Vergangenheit bezogen. Die vorliegende hellenistisch-judenchristliche Tradition sieht im Christusgeschehen die Begründung einer Sündenvergebung, die sich auf die Vergangenheit begrenzt und der Geltung des jüdischen Gesetzes auch in der Zukunft nicht grundsätzlich entgegensteht[86]. Aus der Aufnahme des urchristlichen Kerygmas und der Hervorhebung der Heilsbedeutung der Auferweckung Jesu ergeben sich Verbindungslinien zur Tauftradition (vgl. bes. Röm 6,3ff), so daß sich nahelegt, die Herkunft des Stückes in der Taufüberlieferung zu vermuten[87].

---

[85] Vgl. zu παρεδόθη Gal 2,20; Röm 8,32; 1Kor 11,23; zu παραπτώματα 2Kor 5,19 (Paulus bevorzugt den Singular; Ausnahme: Röm 5,16); auf vorpaulinische Herkunft weisen ferner die inhaltliche Beziehung auf das Kerygma von Tod und Auferweckung Jesu Christi (vgl. 1Thess 4,14; 1Kor 15,3f; Röm 14,9) und das bei Paulus abgesehen von unserer Stelle nur noch Röm 5,18 gebrauchte δικαίωσις.

[86] Die Vermutung, daß Jes 53,4.12 LXX den Entstehungsgrund des Textes darstellt, ist angesichts des Fehlens wörtlicher Übereinstimmungen (abgesehen von παρεδόθη: Jes 53,12) nicht beweisbar. Sie sollte jedenfalls nicht zur Postulierung einer Gottesknechtchristologie ausgearbeitet werden; vgl. *E. Käsemann*, An die Römer, 121 ([3]122).

[87] Vgl. zum Text noch: *W. Kramer*, Christos (s. o. Anm. 26), 26f (jedoch ist die hier vorgetragene Stellungnahme, die sich gegen den vorpaulinischen Charakter des Textes ausspricht, allzusehr durch formalistische Erwägungen begründet; m. E. ergibt sich aus der Tatsache, daß der Vers sowohl Motive der sog. Dahingabe- als auch der sog. Pistis-Formel [Sterben und Auferwecktwerden Christi] enthält, die Folgerung, daß sich die Credo-Überlieferung des Urchristentums in eine so enge Begrifflichkeit nicht einsperren läßt; vgl. auch oben Anm. 26); *W. Popkes*, Christus traditus. Eine Untersuchung zum Begriff der Dahingabe im NT, AThANT 49, Zürich 1967, 261 (wonach der Text auf Mk 9,31 zurückzuführen ist; jedoch handelt es sich dort um eine markinische Explikation, in der freilich – wie auch in Mk 10,33 – aus der Passionsüberlieferung stammendes Traditionsgut verwendet worden ist; vgl. Mk 14,10.41; 15,1. 10.15); *H. Patsch*, Zum alttestamentlichen Hintergrund von Römer 4,25 und I. Petrus 2,24, ZNW 60, 1969, 273–279.

1Kor 6,11b

Obwohl Paulus im Voraufgehenden vorgegebenes Katalogmaterial zitiert (V. 9–10), ist V. 11b (einsetzend mit ἀλλὰ ἀπελούσασθε) hiermit nicht ursprünglich verbunden gewesen, sondern eine vorpaulinische selbständige Einheit. Durch die dreifache ἀλλά-Konstruktion und durch deren Erläuterung im folgenden synthetischen Parallelismus (ἐν τῷ ὀνόματι und ἐν τῷ πνεύματι) ist sie vom Kontext abgehoben. Der teilweise unpaulinische Sprachgebrauch bestätigt, daß eine vorpaulinische Überlieferung vorliegt[88]; ebenso der Zusammenhang der Begrifflichkeit mit der frühchristlichen liturgischen Tradition[89]. Inhaltlich ist das Traditionsstück mit der Taufe verbunden[90]; diese ist als Reinigung von Sünden verstanden, nicht im Sinn des jüdischen Kultgesetzes, sondern als Initiationsakt, der den Getauften in die Gemeinde derer, die den Namen des Kyrios Jesus anrufen (1Kor 1,2; Röm 10,13), einführt. Trotz der Rechtfertigungsterminologie besteht ein nicht zu übersehender Unterschied zur paulinischen Rechtfertigungslehre. Wenn auch das Verb ἐδικαιώθητε die Taufe nicht nur „in dem gemeinchristlichen Sinne der Sündentilgung" (gegen Bultmann, Theologie 139), sondern zugleich – wie Röm 4,25 – als Gerechtmachung interpretiert, so ist damit der Gedanke der Gesetzesabrogation doch nicht ausgesprochen; anders als in der paulinischen Interpretation ist das Rechtfertigungsgeschehen auf den einmaligen Taufakt begrenzt und eine grundsätzliche Infragestellung des Gesetzes nicht behauptet[91].

Zusammenfassend: Die genannten judenchristlichen Tauftraditionen sind mit dem Milieu eines partikularistischen Judenchristentums aufs engste verbunden. Die im Christusbekenntnis implizierte, grundsätzliche Kritik des Gesetzes als eines Heilsweges ist hier nicht nachvollzogen

---

[88] Ἀπολούεσθαι findet sich bei Paulus nur in 1Kor 6,11; im Neuen Testament noch Apg 22,16; zu fragen ist, ob die ἀλλά-Konstruktion wie auch die 2. Pers Plur so weitgehend dem Sprachduktus des Kontextes (V. 11a) entspricht, daß diese Formung des Spruches als paulinisch anzusehen ist; jedoch ist ein eindeutiges Ergebnis schwerlich zu erzielen.

[89] Ἁγιάζειν zeigt noch bei Paulus den ursprünglichen liturgisch-kultischen Hintergrund: 1Thess 5,23; 1Kor 1,2; Röm 15,16. Liturgischer Sprachgebrauch ist auch für ἐν τῷ ὀνόματι τοῦ κυρίου Ἰησοῦ Χριστοῦ belegt; vgl. 1Kor 5,4; Phil 2,10; im übrigen Apg 10,43 u. ö.

[90] Hierauf sind zB sämtliche Verben zu beziehen; auch ἐν τῷ πνεύματι τοῦ θεοῦ ἡμῶν ist mit dem Taufverständnis verbunden; vgl. *H. Conzelmann*, Der erste Brief an die Korinther, MeyerK V 1969, 130 Anm. 46: „Die sakramentale Wirkung ist Wirkung des Geistes"; zum Text auch *K. Kertelge*, Rechtfertigung (s. o. Anm. 5), 242ff.

[91] Die Frage, ob weitere Texteinheiten in den paulinischen Briefen, die sich auf das Rechtfertigungsgeschehen beziehen, vorpaulinischer Herkunft sind, ist nicht mit einer ähnlichen Sicherheit zu beantworten; dieses Problem mag hier offenbleiben; vgl. etwa 1Kor 1,30; 2Kor 5,21; Röm 8,29f (zu letzterem: *U. Luz*, Das Geschichtsverständnis des Paulus, BEvTh 49, 1968, 254; *H. Balz*, Heilsvertrauen und Welterfahrung. Strukturen der paulinischen Eschatologie nach Römer 8,18–39, BEvTh 59, 1971, 113ff; *H. Paulsen*, Überlieferung [s. o. Anm. 68], 156ff; *P. v. d. Osten-Sacken*, Römer 8 als Beispiel paulinischer Soteriologie, FRLANT 112, 1975, 69ff).

worden. Vielmehr korrespondieren Tora und Rechtfertigungsgeschehen miteinander, wie dies auch für die Qumransekte bezeugt ist[92].

2. Gesetz

Anders als die ebengenannten judenchristlichen Überlieferungen hat Paulus die Rechtfertigungsvorstellung in einem gesetzeskritischen Sinn interpretiert. Dabei wurde das Gesetzesverständnis des vorchristlichen Judentums übernommen, indem der Begriff νόμος in einer differenzierten Weise erscheint:

– als die alttestamentliche Tora; dies meint den Pentateuch, im Unterschied zu den prophetischen und erzählenden Büchern des Alten Testaments[93],

– als das Einzelgebot, wie dieses sich im Alten Testament findet[94],

– als das Alte Testament insgesamt, entsprechend seinem für das Judentum wichtigsten Gegenstand, der Tora[95].

Daneben kann νόμος auch den unpräzisen Sinn von „Norm" haben (Röm 7,2f.23ff), wodurch eine Brücke zu den Ausdrücken νόμος τοῦ Χριστοῦ (Gal 6,2)[96], νόμος πίστεως (Röm 3,27) und νόμος τοῦ πνεύματος bzw. τῆς ἁμαρτίας (Röm 8,2) geschlagen ist.

---

[92] Nur noch gestellt werden kann hier die Frage, ob sich die in Röm 3,25; 4,25; 1Kor 6,11 bezeugte Rechtfertigungsvorstellung bis auf die Jerusalemer Hellenisten zurückverfolgen läßt, für die – wie oben gesagt – ein ähnlich positives Verhältnis zum jüdischen Gesetz vermutet werden kann. Die Verbindung zwischen Christuskerygma und der sühnenden Kraft der Taufe ist jedenfalls nicht nur für die hellenistisch-judenchristlichen Gemeinden vorauszusetzen, mit denen Paulus vor und nach seiner Bekehrung in Berührung kam. Anstelle der Annahme, daß die Verfolgertätigkeit des Paulus durch die in diesen Gemeinden geübte Gesetzesfreiheit motiviert worden sei, ist der Gedanke wahrscheinlicher, daß in dem Angebot einer auf den Namen Jesu Christi ausgesprochenen Sündenvergebung, wie dieses im urchristlichen Christusbekenntnis und -kerygma impliziert ist, der eigentliche Anlaß der Verfolgung zu sehen ist (vgl. auch Mk 2,1–12 par; Lk 7,36–50 u. ö.).

[93] Vgl. Gal 3,19; 1Kor 9,9: Dtn 25,4; 1Kor 14,34: Gen 3,16; Röm 7,7ff: Ex 20,17; zu Röm 4,13–16 vgl. Gen 18,18; 22,17f; rituelle und ethische Weisungen sind im νόμος zusammengefaßt: Gal 5,3. Zum ganzen: *W. Gutbrod*, Art. νόμος κτλ, ThW IV 1016–1084, bes. 1046–1050; auch *K. Berger*, Die Gesetzesauslegung Jesu I. Markus und Parallelen, WMANT 40, 1972, 32ff.

[94] Vgl. Röm 2,20; 13,8–10 (mit Beziehung auf den Dekalog).

[95] Vgl. 1Kor 14,21: Jes 28,11f.

[96] Hierzu zuletzt *V. P. Furnish*, Theology and Ethics in Paul, Nashville 1968, 59ff; *H. Schürmann*, Das Gesetz des Christus (Gal 6,2), in: Neues Testament und Kirche. (Festschr.) Für Rudolf Schnackenburg, hg. v. *J. Gnilka*, 1974, 282–300.

Als einen weiteren Begriff für das Gesetz benutzt Paulus das Wort ἐντολή, und zwar als Einzelgebot[97], aber darüber hinaus in Übereinstimmung mit νόμος[98].

Paulus schließt sich auch darin dem Judentum an, wenn er das Gesetz des Alten Testaments als das verbindliche Gebot Gottes, das im grundsätzlichen gut ist, ansieht[99]. Jedoch ist der jüdische Gesetzesbegriff extensiv ausgelegt: Auch die Heiden sind auf die Beobachtung des Gesetzes ansprechbar (Röm 2,15.26). Der Wille Gottes, wie er im alttestamentlichen Gesetz ausgesprochen ist, gilt der gesamten Menschheit! Darüber hinaus hat Paulus im Zusammenhang der Rechtfertigungslehre den alttestamentlich-jüdischen Gesetzesbegriff bis zur Selbstaufhebung verschärft. Ist die eigentliche Aufgabe des Gesetzes als der Offenbarung des Willens Gottes, dem Menschen zum Leben zu verhelfen, so stellt Paulus fest, daß diese Aufgabe durch das Gesetz nicht erfüllt wurde; es bringt den Menschen nicht zum Leben, sondern in den Tod (Röm 7,10). Denn der Gotteswille, wie er vor allem im ethisch verstandenen alttestamentlichen Gesetz niedergelegt ist, hat nicht eine entsprechende Haltung des Menschen zur Folge; vielmehr: das Gesetz reizt zur Übertretung, also zur Sünde, so daß die Menschen in die Sklaverei nicht nur des Gesetzes, sondern auch der Sünde geführt werden. Aber selbst wenn die Erfüllung des Gesetzes möglich wäre, hätte dies das καυχᾶσθαι, den Selbstruhm der Menschen, zur Folge; dies aber würde heißen, daß menschliche Leistung, nicht das Vertrauen auf Gott, menschliches Leben ermöglichen soll. Auch dieser letztere Weg führt also in die Sklaverei des Gesetzes und der Sünde (Phil 3,3ff). In beiden Funktionen übt dabei das Gesetz seine Aufgabe aus, παιδαγωγὸς εἰς Χριστόν zu sein (Gal 3,24), nicht im Sinn einer positiven Erziehung, sondern in dem negativen Sinn: Es vermag nicht zum Leben zu führen, sondern durch das Bewirken des menschlichen Scheiterns verweist es auf den, der allein retten kann. Hier gibt es nichts anderes als die Befreiung durch die Tat des Christus.

---

[97] So in der überwiegenden Mehrzahl der Belegstellen: Röm 13,9; 1Kor 7,19; als Weisung des Kyrios: 1Kor 14,37.   [98] Röm 7,8ff.

[99] Röm 7,12.16; vgl. auch *H. J. Schoeps*, Paulus (s. o. Anm. 10), 204; *W. D. Davies*, Paul and Rabbinic Judaism, London 1948 (= ³1971); *W. Grundmann*, Gesetz, Rechtfertigung und Mystik bei Paulus, ZNW 32, 1933, 52–65; *O. Kuss*, Nomos bei Paulus, MThZ 17, 1966, 173–227; *Chr. Haufe*, Die Stellung des Paulus zum Gesetz, ThLZ 91, 1966, 171–178; *A. van Dülmen*, Die Theologie des Gesetzes bei Paulus, SBM 5, 1968 (Lit.; dazu *P. Stuhlmacher*, „Das Ende des Gesetzes", ZThK 67, 1970, 36 Anm. 46); *F. Mußner*, Galaterbrief (s. o. Anm. 10) (Exk. 4: Hat Paulus das Gesetz „mißverstanden"?), 188–204.

3. Rechtfertigung

Diese Befreiungstat interpretiert Paulus nicht nur als Freiheit von den Mächten σάϱξ, ἁμαϱτία und θάνατος, sondern nicht zuletzt, wenn auch zu einem späteren Zeitpunkt, mit den Begriffen der Rechtfertigung. Ist die Rechtfertigungslehre eine „Kampfeslehre", entfaltet im Gegenüber zu judaistischen Gegnern, wie dies der Galaterbrief vor Augen führt, so stellt sie sich als grundsätzliche Kritik des Gesetzesweges dar, des menschlichen Versuches, durch eigene Leistung Leben zu schaffen[100].

Zum paulinischen Verständnis abschließend fünf Thesen:

1. Im Unterschied zu der ihm überlieferten Rede von der Rechtfertigung des Menschen bzw. von der Gerechtigkeit Gottes (Röm 3,25; 4,25; 1Kor 6,11) hat Paulus die Rechtfertigungsvorstellung universalisiert. Die im Christusgeschehen geoffenbarte, den Menschen übereignete Gottesgerechtigkeit ist nicht nur dem jüdischen Volk zugesprochen, sie beschränkt sich nicht partikularistisch auf ein Judenchristentum, das sich noch im Zusammenhang mit der Synagoge befindet, sondern sie gilt allen Menschen, Juden und Heiden.

2. Paulus hat die Rechtfertigungsvorstellung radikalisiert. Die im Christusgeschehen geoffenbarte, den Menschen übereignete Gottesgerechtigkeit gilt nicht allein den Gerechten und ist nicht nur Überwindung ihrer zu einer früheren Zeit begangenen Verfehlungen; sie wird vielmehr den Ungerechten, den Gottlosen, in Hinsicht auf Vergangenheit, Gegenwart und Zukunft zugesprochen. „Gottesgerechtigkeit" als *iustificatio impiorum* zeigt sich im Aufriß des Römerbriefes: Alle (Juden und Heiden) sind vor dem Anspruch des Gesetzes schuldig geworden (Röm 1,18ff). Ihnen als Schuldigen, als Menschen, die nicht die Ruhmestaten aufbringen können, die sie vor Gott haben sollten, wird die Gabe der Gottesgerechtigkeit geschenkt. Die ursprüngliche Intention des Ge-

---

[100] Außer der oben zitierten sei noch die folgende *Literatur* genannt: *C. Müller*, Gottes Gerechtigkeit und Gottes Volk, FRLANT 86, 1964; *E. Käsemann*, Gottesgerechtigkeit bei Paulus, ZThK 58, 1961, 367–377, = in: *ders.*, EVB II 181–193; *R. Bultmann*, ΔΙΚΑΙΟΣΥΝΗ ΘΕΟΥ, JBL 83, 1964, 12–16, = in: *ders.*, Exegetica, 1967, 470–475; *P. Stuhlmacher*, Gerechtigkeit Gottes (s. o. Anm. 24); *G. Klein*, Gottes Gerechtigkeit als Thema der neuesten Paulusforschung, VF 12, 1967, 1–11, = in: *ders.*, Rekonstruktion und Interpretation, Ges. Aufs., BEvTh 50, 1969, 225–236; *H. Conzelmann*, Die Rechtfertigungslehre des Paulus. Theologie oder Anthropologie? EvTh 28, 1968, 389–404, = in: *ders.*, Theologie als Schriftauslegung, BEvTh 65, 1974, 191 bis 206; *G. Strecker*, Perspektiven der Römerbriefauslegung, LR 24, 1974, 285–298, bes. 286f.

setzes, das Leben durch Werke menschlicher Gerechtigkeit fordert, ist grundlegend außer Kraft gesetzt.

3. Der den διχαιοσύνη-Begriff erläuternde Genitiv ϑεοῦ ist weder generell im Sinn des genetivus subiectivus noch im Sinn des genetivus obiectivus zu interpretieren, wenn auch zu Röm 3,5.25 die Interpretation im Sinn eines genetivus subiectivus nicht auszuschließen ist. Vielmehr überwiegt für Paulus weitgehend das Verständnis als das eines genetivus auctoris (Röm 1,17; 10,3; 2Kor 5,21; Phil 3,9); διχαιοσύνη ϑεοῦ bezeichnet also bei Paulus nicht eigentlich eine in sich ruhende göttliche Eigenschaft, aber auch nicht ein rein innerweltliches menschliches Verhalten; vielmehr ist διχαιοσύνη ϑεοῦ, wie sie im Christusgeschehen sich manifestiert, eine Gabe Gottes an den Menschen, die durch Verkündigung oder Sakrament übereignet wird und den Menschen zu einem Gerechten macht.

4. Damit ist auch gesagt: Die paulinische Rechtfertigungslehre ist nicht eine imputative Versöhnungslehre, in dem Sinn, daß die διχαιοσύνη ϑεοῦ dem Menschen nur „angerechnet" würde, sondern trotz ihrer juridischen Terminologie ist sie recht zu verstehen nur auf der Basis der ihr zeitlich und sachlich vorausgehenden Erlösungslehre des Paulus, der ontologischen Interpretation des Christusgeschehens als eines Aktes der Befreiung aus der Versklavung durch die Mächte σάρξ, ἁμαρτία und ϑάνατος. Eben dies ermöglicht, die Rechtfertigung als ein effektives Geschehen zu verstehen. Das Einbezogenwerden in die Christusgemeinschaft als Ereignis der καινὴ κτίσις (2Kor 5,17) wird dem Menschen durch die Gabe der Gottesgerechtigkeit aus Gnade, also nicht aufgrund von Werken zuteil.

5. Weder die ontologische Befreiungslehre noch die juridische Rechtfertigungslehre des Paulus ist als ein in sich geschlossenes System zu verstehen. Wie Ernst Käsemann gezeigt hat, ist Paulus jedenfalls auch ein urchristlicher Apokalyptiker[101]. Die paulinische christologisch-soteriologische Konzeption steht in der Spannung des „Schon jetzt" und des „Noch nicht". Das durch Christus beschaffte, dem Glauben ohne Verdienst als Geschenk übereignete Heil, die Gabe der Freiheit der Söhne Gottes, ist nicht ein für allemal gegeben, sondern sie ist offen für eine eschatologische Zukunft.

---

[101] Vgl. *E. Käsemann*, Die Anfänge christlicher Theologie, ZThK 57, 1960, 162 bis 185, = in: *ders.*, EVB II 82–104; *ders.*, Zum Thema der urchristlichen Apokalyptik, ZThK 59, 1962, 257–284, = in: *ders.*, EVB II 105–131.

ACHTZEHN THESEN ZUR PAULINISCHEN KREUZESTHEOLOGIE*

PETER STUHLMACHER

Eberhard Jüngel und Jürgen Moltmann sind gegenwärtig bemüht, die Identität der protestantischen Theologie neu zu bestimmen, und zwar von einer trinitarisch verstandenen Kreuzestheologie her. Die Exegese des Neuen Testaments kann sich über diese Bemühung nur freuen, weil sie damit herausgefordert wird, das Ihre zu dieser Selbstbesinnung beizu-

* Als ich im SS 1975 Seminar über die paulinische Kreuzestheologie hielt, hat Ernst Käsemann uns die Freude gemacht, die Ergebnisthesen dieses Seminars am 5. Juli 1975 kritisch mit uns zu diskutieren. Es liegt daher nahe, ihm gerade diese Thesenreihe in überarbeiteter Form zum 70. Geburtstag zu widmen. Um den Umfang eines Festschriftbeitrages nicht zu sprengen, habe ich auf einen Anmerkungsapparat verzichten müssen. Ich möchte aber wenigstens die Literatur nennen, die mir bei der Formulierung der folgenden Thesen besondere Hilfestellung gegeben hat.

Von *Ernst Käsemann* selbst sind vor allem drei Arbeiten zu nennen: Erwägungen zum Stichwort ‚Versöhnungslehre im Neuen Testament‘, in: Zeit und Geschichte, Dankesgabe an R. Bultmann zum 80. Geburtstag, hg. v. *E. Dinkler*, 1964, 47–59; *ders.*, Die Gegenwart des Gekreuzigten, in: Deutscher Ev. Kirchentag 1967, 1967, 424–437; *ders.*, Die Heilsbedeutung des Todes Jesu nach Paulus, in: Zur Bedeutung des Todes Jesu, hg. v. *F. Viering*, 1967, 11–34 (= *Käsemann*, Paulinische Perspektiven, ²1969, 61–107). – Neutestamentlich besonders wichtig erscheinen mir zZ: *Egon Brandenburger, Σταυρός,* Kreuzigung Jesu und Kreuzestheologie, in: Wort und Dienst, NF 10, 1969, 17–43; *Heinz-Wolfgang Kuhn,* Jesus als Gekreuzigter in der frühchristlichen Verkündigung bis zur Mitte des 2. Jahrhunderts, ZThK 72, 1975, 1–46; *Ulrich Luz,* Theologia crucis als Mitte der Theologie im Neuen Testament, EvTh 34, 1974, 116 bis 141; *Franz-Josef Ortkemper,* Das Kreuz in der Verkündigung des Apostels Paulus, SBS 24, ²1968; *Wolfgang Schrage,* Leid, Kreuz und Eschaton. Die Peristasenkataloge als Merkmale paulinischer theologia crucis und Eschatologie, EvTh 34, 1974, 141–175 und *Heinz Schürmann,* Jesu ureigener Tod, 1975. – Die Tradition vom leidenden Gerechten wird vor allem untersucht von *Dietrich Rößler,* Gesetz und Geschichte, WMANT 3, 1960, 88ff; *Lothar Ruppert,* Jesus als der leidende Gerechte? SBS 59, 1972 und *Odil Hannes Steck,* Israel und das gewaltsame Geschick der Propheten,

tragen und die Frage zu stellen, ob man in der Verkündigung des Kreuzes Jesu Christi das Zentrum der neutestamentlichen Heilsbotschaft sehen darf. Was eben diese Frage anbelangt, schulden die Exegeten vor allen anderen Ernst Käsemann Dank dafür, daß er in den vergangenen zwölf Jahren mit provokativem Elan sondergleichen die These *„crux sola nostra theologia"* verfochten und damit den Boden für die gegenwärtigen theologischen Bemühungen um die Kreuzestheologie bereitet hat. Die Exegeten sind Ernst Käsemann aber auch eine kritische Antwort auf seinen inhaltlich bemerkenswerten Versuch schuldig, die Heilsbedeutung des Kreuzes in deutlichem Anschluß an seinen Lehrer Rudolf Bultmann betont vom 1. Gebot her zu bestimmen: Christus geht für uns in den Tod als der Eine, der Gott bis zum Tode am Kreuze gehorsam bleibt; als dieser Eine und Gehorsame wird er von Gott auferweckt und zum Herrn der Welt inthronisiert; die Gemeinde gewinnt an der ein für allemal mit Gott verbindenden Kraft des Todes und der Auferweckung Jesu Teil, indem sie dem Gekreuzigten gehorsam als ihrem Herrn nachfolgt, dh indem sie eintritt in Jesu Erfüllung des 1. Gebotes, niemanden Herr sein läßt als Gott in Christus allein und dafür ihr Kreuz auf sich nimmt; solche Nachfolger dürfen sich Gottes als ihres in Christus gnädigen Vaters und der künftigen Auferweckung von den Toten getrösten. Ist dies der Kerngedanke dessen, was Käsemann, Paulus und Jesus zusammensehend, Kreuzestheologie nennt, ist nunmehr zu fragen, ob sich diese Definition tatsächlich mit den paulinischen und synoptischen Aussagen über das Kreuz deckt und dementsprechend als gültige Zusammenfassung neutestamentlicher Kreuzesbotschaft und reformatorischer theologia crucis bezeichnet werden kann.

WMANT 23, 1967, bes. 252ff. – Zur Frage des Kreuzigungsverständnisses in Qumran sind *Gert Jeremias,* Der Lehrer der Gerechtigkeit, StUNT 2, 1963, 127ff und *Yigael Yadin,* Pesher Nahum (40 pNahum) Reconsidered, IEJ 21, 1971, 1–12 zu vergleichen. – Die systematisch-theologische Gegenwartsdiskussion wird bestimmt von *Eberhard Jüngel,* Vom Tod des lebendigen Gottes, in: *ders.,* Unterwegs zur Sache, BEvTh 61, 1972, 105–125; *ders.,* Gott ist Liebe. Zur Unterscheidung von Glaube und Liebe, in: Festschrift für Ernst Fuchs, hg. v. *G. Ebeling, E. Jüngel* und *G. Schunack,* 1973, 193–202 und den drei Arbeiten von *Jürgen Moltmann,* Der gekreuzigte Gott. Das Kreuz Christi als Grund und Kritik christlicher Theologie, ²1973; *ders.,* Gesichtspunkte der Kreuzestheologie heute, EvTh 33, 1973, 346–365; *ders.,* Gedanken zur ‚trinitarischen Geschichte Gottes', EvTh 35, 1975, 208–223. – Übersichten über die (systematische) Diskussion der Gegenwart bieten *Hans-Georg Link,* Gegenwärtige Probleme einer Kreuzestheologie, EvTh 33, 1973, 337–345 und *Hans Georg Koch,* Kreuzestod und Kreuzestheologie, HerKorr 29, 1975, 147–156.

Stock-taking

Bemüht man sich zunächst um eine Bestandsaufnahme der paulinischen Gedanken zum Thema, kann man eine Reihe von Feststellungen treffen, die sich in folgenden Thesen und Erläuterungen zusammenfassen lassen.

1. Bei der Verkündigung des Kreuzes geht es um das Ganze der paulinischen Theologie, und zwar in gesetzes- und weisheitskritischer Zuspitzung.

Unmistakably

Unverkennbar prägt der Apostel die eigentlichen Spitzensätze seiner Kreuzesverkündigung in Auseinandersetzung mit den auf christliche Weisheit und pneumatische Stärke bedachten Enthusiasten von Korinth (vgl. 1Kor 1,13.17; 1,18ff.23ff.30; 2,2.8; 2Kor 4,7ff; 12,7ff; 13,4) und dem in Galatien drohenden, christlichen Nomismus (vgl. Gal 2,19f; 3,1ff.13; 5,11; 5,22ff; 6,12.14.17). Diese Frontstellung bedeutet freilich nicht, daß es bei der Verkündigung des Kreuzes um ein Thema geht, das sich dem Apostel erst aus der Polemik heraus aufdrängt und im Streit mit den Korinthern und Galatern erschöpft! Die eben genannten Passagen aus den Paulusbriefen werden ja durch pointierte Aussagen wie Phil 2,8; 3,18 oder die definitorische Rede von der Taufe als einem Mit-Christus-Gekreuzigtwerden in Röm 6,6 flankiert, und sie finden ihren liturgischen und argumentativen Nachhall in Kol 1,20 und Eph 2,16. Achtet man vollends auf die sich aus den genannten Stellen ergebende Konkordanz von Verkündigungsinhalten, erkennt man rasch, daß Paulus in seiner Kreuzestheologie nicht weniger als seine Rechtfertigungstheologie insgesamt diskutiert, und zwar mitsamt der Frage nach der Legitimität seines Apostolates. – Dementsprechend muß die zweite These lauten:

2. Der gekreuzigte Christus ist Paulus vor Damaskus als der von den Toten auferweckte Gottessohn, dh als „Ende des Gesetzes", erschienen und gilt dem Apostel von daher als die rettende Offenbarung Gottes schlechthin; von eben dieser Offenbarung ist im paulinischen Evangelium als dem „Wort vom Kreuz" die Rede.

Wenn Paulus das ihm aufgetragene Christusevangelium in 1Kor 1,17. 18ff bewußt das „Wort vom Kreuz" nennt, faßt er damit einen dreifachen Sachverhalt zusammen: Kraft seiner Christusepiphanie vor Damaskus ist er vollgültiger, zur Heidenmission berufener Apostel und steht, was sein Amt anbetrifft, Petrus und den anderen, vor ihm berufenen Aposteln in nichts nach; in seiner Berufungsepiphanie ist ihm

der als Gotteslästerer und Gesetzesbrecher zum Fluchtod am Kreuz verurteilte Jesus von Nazareth als der von Gott ins Recht gesetzte, verherr-
lichte Gottessohn erschienen, dh Christus als der Eine, in dessen Tod und
Auferweckung das mosaische Gesetz an das Ende seiner den Sünder ver-
fluchenden Macht gekommen ist (vgl. Röm 10,4); von der Begegnung
mit dem auferweckten Christus her erweist sich für Paulus speziell das
Kreuz Jesu als die Stätte, an der das mosaische Gesetz und die jüdisch
mit dem Gesetz identifizierte Weisheit als Mächte, die den Sünder zur
Selbstbehauptung vor Gott verführen, entlarvt und in dieser ihrer ver-
führerischen, todbringenden Gewalt entmächtigt worden sind. – Fragt
man genauer nach, wie Paulus den Tod Jesu Christi versteht und was er
meint, wenn er von dem „für uns" gekreuzigten Christus spricht, muß
man antworten:

3. Paulus sieht in dem gekreuzigten Christus primär den uns durch
seine stellvertretende Lebenshingabe vom Fluch des Gesetzes befreien-
den, mit Gott versöhnenden Gottessohn, der kraft der Auferweckung
zum Herrn der Welt und Fürsprecher der Gemeinde eingesetzt worden
ist.

So sehr man unter dem Einfluß Bultmanns geneigt sein mag, die Dinge
anders zu sehen, so sehr ist auf diesem Tatbestand zu insistieren. Die
Rede vom Sühntod Jesu ist bei Paulus kein traditionelles Relikt, sondern
die Bedingung der Möglichkeit seiner Rechtfertigungs- und Kreuzestheologie! Dies erhellt in unserem Zusammenhang aus 1Kor 1,13.23f.30;
2,2 ebenso wie aus Gal 2,19f; 3,1.13.

Die in 1Kor 1 und 2 entscheidenden christologischen Stichworte „für
uns gekreuzigt", „Gottes Macht und Gottes Weisheit", „Gerechtigkeit,
Heiligung und Erlösung" lassen sich innerpaulinisch gar nicht anders er-
läutern als von Röm 3,25f; 4,25; 5,8ff; 7,4; 8,3f.31ff; 1Kor 8,11;
11,23ff; 15,3–5.17; 2Kor 5,18–21 usw. her, und Kol 1,14.20; 2,14; Eph
1,7; 2,16ff bieten den deuteropaulinischen Kommentar dazu. Paulus übernimmt den schon vor ihm christlich auf Jesu Kreuzestod angewandten,
alttestamentlich-jüdischen Gedanken vom Sühn- und Sündopfer auf
breiter Basis. Er trennt im Gefolge dieser Tradition zwischen Sühne und
Stellvertretungsgedanken keineswegs so wie seine modernen, die Sühnetraditionen des Alten Testaments religionsgeschichtlich und theologisch
unterbewertenden Interpreten, sondern er erkennt in der stellvertretenden Lebenshingabe Jesu am Kreuz den Ermöglichungsgrund dafür, daß
die Glaubenden von Gott im Akt der Rechtfertigung von ihren Sünden

freigesprochen, neu angenommen und dem gekreuzigten Auferstandenen als ihrem Herrn zugeordnet werden. Der Gedanke der durch Christi Tod und Auferweckung gestifteten Versöhnung ist dem Apostel sogar so wichtig und für ihn von der Herrschaft des Auferstandenen so wenig abtrennbar, daß er – wie später dann Hebr 7,25; 9,24 und 1 Joh 2,1f – von der Fürsprache des (als Versöhner!) zur Rechten Gottes inthronisierten Christus sprechen kann, welche den auf Erden Verfolgten und Bedrängten die Rechtfertigung auch auf den jüngsten Tag hin verbürgt: Röm 8,34.

Der Sachverhalt bestätigt sich von Gal 1,4; 2,19f; 3,1.13 her. Hier wird nicht nur deutlich, daß die Proklamation des gekreuzigten Christus die Verkündigung jenes Herrn ist, der sich selbst aus Liebe, dh in vollendeter Willensgemeinschaft mit seinem Vater, für uns in den Tod gegeben hat und dessen Lebenshingabe der Preis war, der uns vom Fluch des Gesetzes über den Sünder „losgekauft" hat, sondern man kann zugleich sehen, wie Paulus speziell vom Kreuzestod Jesu her seine These von Christus als dem „Ende des Gesetzes" begründet. Die von Yigael Yadin veröffentlichten Auszüge aus der Tempelrolle von Qumran (Kolumne 64,6–13) zeigen heute aufs deutlichste, daß schon das vorchristliche Judentum die in Gal 3,13 von Paulus zitierte Anweisung aus Dtn 21,(22+) 23 auf die Hinrichtung von Gesetzesfrevlern am Kreuz bezog und den Tod dieser Menschen als Verfluchung durch Gott und Menschen verstand. Daß die Juden auch Jesu Kreuzigung so gedeutet haben, belegen nicht erst die bekannten Stellen aus Justin, Dial c Tryph 89,2 und 90,1, sondern schon Joh 19,31ff mitsamt dem altertümlich-apologetischen „Kontrastschema" aus Apg 5,30; 10,39 und 13,29. Wenn der Apostel in Gal 3,13 seinerseits auf Dtn 21,23 zu sprechen kommt, greift er also in die urchristliche Debatte um das Verständnis des Kreuzestodes Jesu ein, nun aber so, daß er das jüdische Verdikt, Jesus sei den verdienten Fluchtod als Gotteslästerer und Gesetzesbrecher gestorben, kritisch gegen das Gesetz des Mose wendet: Im Tode und der Auferweckung Jesu ist nicht Jesus, sondern das den schuldlosen Gottessohn zu Unrecht verfluchende Gesetz in seiner das Gottesverhältnis verriegelnden Macht gescheitert. Der gekreuzigte und auferweckte Christus ist deshalb das „Ende des Gesetzes zur Gerechtigkeit für jeden, der glaubt" (Röm 10,4). Hätte Paulus den Gedanken der Sühne in Gestalt der stellvertretenden Lebenshingabe Jesu verworfen, hätte er gerade seine alles entscheidende, christologische These von Christus als dem Ende des Gesetzes nur unzureichend begründen können. Am Sühnegedanken hängt darum schon für den Apostel die kerygmatische und in seiner Zeit auch apologetisch-polemische Explizierbarkeit der exklusiven Heilsbedeutung des Todes Jesu. Reformatorisch ist es übrigens genauso, wie am schlüssigsten Luthers Lied „Nun freut euch, lieben Christen g'mein ..." (EKG 239) und seine Schmalkaldischen Artikel von 1537 (vgl. Teil 2,1) dokumentieren. – Hat man dies gesehen und gewürdigt, kann man dann auch auf die andere Komponente der paulinischen Kreuzeschristologie eingehen und sagen:

4. Der gekreuzigte Christus ist als Versöhner und Herr der Gemeinde zugleich ihr Vorbild und ihre Hoffnung, weil er ihr von Paulus auch als der in urbildlichem Gehorsam leidende, gerechte Gottessohn und als von den Toten auferweckter Erstling derer, die entschlafen sind, verkündigt wird.

Vom Gehorsam Jesu Christi sprechen das bekannte Christuslied von Phil 2,6–11 ebenso wie zB Röm 5,17–19 und 8,3f. Wie stark Paulus am Gehorsam Jesu gerade im Zusammenhang seiner Kreuzesverkündigung interessiert ist, läßt Phil 2,8 erkennen. Spricht der Apostel vom Gehorsam Jesu Christi, verbinden sich für ihn damit drei Gedankengänge: Gerade in seiner Selbstentäußerung und in seinem Gehorsam ist Jesus der Schuldlose und Gerechte, der für Gottes Sache leidet und in den Tod geht (Phil 2,7ff; Röm 8,3f; 15,2f); der gehorsam in den Tod gehende Christus wird von Gott auferweckt, und zwar als „Erstling derer, die entschlafen sind" (1Kor 15,20); in beidem, in seinem Gehorsam und als Erstling der Auferweckten, ist Christus Vorbild, Herr und Hoffnung der Gemeinde, die zum Gehorsam des Glaubens und der Liebe berufen ist und sich auf ihrem Gehorsamsweg seines Leidensweges erinnern und seiner Auferweckung getrösten darf (vgl. Röm 14,15; 15,2f; Phil 1,29f; 2,3ff.12ff; 3,20f usw). Während die christologisch aufgegriffene Sühnetradition dazu verhilft, das *sola gratia* christologisch eindeutig zu explizieren, ist es das auf Christus bezogene (und mit dem Präexistenzgedanken verbundene, vgl. These 11), alttestamentlich tief verwurzelte und weit verzweigte Schema vom leidenden und geretteten Gerechten, welches es dem Apostel ermöglicht, den Weg des Gekreuzigten und Auferstandenen urbildlich zu interpretieren. Wie die synoptische Passionstradition oder die Aussagen der Apostelgeschichte vom Leiden und Tode Jesu als des Gerechten (vgl. Apg 3,14; 7,52) dokumentieren, hat Paulus aller Wahrscheinlichkeit nach auch für diesen zweiten Strang seiner Kreuzeschristologie bereits auf christliche Interpretationsschemata zurückgreifen können, ein Befund, der durch die sowohl bei Paulus als auch in alten synoptischen Texten vorkommende Rede von der „Preisgabe" Jesu an Leiden und Tod erhärtet wird (vgl. Röm 4,25; 8,32 mit Mk 9,31; 10,33; 14,41 Par). Beachtet man, daß schon alttestamentlichjüdisch die Sühnetraditionen von den Überlieferungen, die vom leidenden Gerechten sprechen, unterschieden (nicht: geschieden) werden müssen und daß auch neutestamentlich beide Überlieferungsstränge unterschieden (nicht: geschieden) bleiben, erkennt man den Grund dafür, daß Paulus in seiner Kreuzeschristologie beide Interpretationslinien verbindet: Die Sühnetradition spricht von dem einmaligen Sterben Jesu und der einzigartigen, die stellvertretende Lebenshingabe Jesu als gültiges Ereignis der Sühne „ratifizierenden" Tat Gottes in Gestalt der Auferweckung Jesu „für uns" (zB Röm 4,25); die Aussagen von Christus als dem leidenden und geretteten Gottessohn erlauben es, Christus und die Gemeinde gemeinsam als Menschen zu sehen, die Gottes gerechtem Willen zu folgen haben und als Täter dieses Willens auf Erden ins Leiden geraten. – Innerhalb des zweiten Interpretationsstranges ist es nun für Paulus charakteristisch, daß er sich selbst als Apostel in ganz besonderem Maße mit dem leidenden Christus identifiziert, so daß man formulieren kann:

5. Paulus, der Apostel des gekreuzigten und auferstandenen Christus, wird seinen Gemeinden dadurch selbst zur Kreuzesverkündigung, daß er ihnen in seiner Leidensexistenz als der primäre und lebendige Kommentar seiner Kreuzestheologie begegnet.

Der Tatbestand als solcher erhellt aus den Korintherbriefen (vgl. 1Kor 2,1ff; 4,6–13; 2Kor 4,7–15; 6,1–10; 11,21–33; 12,7ff; 13,3f), dem Philipperbrief (c. 3) und Galaterbrief (vgl. 4,12ff; 5,11f; 6,17) mit aller Deutlichkeit. Zur Erläuterung sei deshalb nur folgendes hinzugefügt. So eng Paulus sich auch (zB in 2Kor 4,10ff; 13,4) an den leidenden Christus heranrückt, so wenig spricht er in seinen genuinen Briefen von einer Sühnkraft seines apostolischen Leidens (vgl. 1Kor 1,13). Zu solcher Redeweise sieht sich erst seine Schule (unter dem Eindruck des Paulusmartyriums?) berechtigt (vgl. Kol 1,24; Eph 3,1.13). – Die Leiden, die Paulus zB in 2Kor 11,23ff aufzählt, sind primär Leiden, die ihm aus seinem apostolischen Zeugnisdienst heraus erwachsen, doch erlauben es 2Kor 12,7ff oder Gal 4,13ff nicht, die Leiden des Paulus nur auf seine apostolisch-missionarischen Peristasen zu beschränken; sie schließen physische Schwäche und Krankheit durchaus ein. – Insgesamt aber fällt auf, in wie starkem Maße Paulus seine apostolische Kreuzesexistenz von

Überlieferungen her deutet, die der alttestamentlich-jüdischen Gesamttradition vom leidenden Gerechten zugerechnet werden können. Dies gilt
sowohl für seinen Apostolat insgesamt (vgl. Gal 1,15 mit Jer 1,4f und
1QH 9,29; 1Kor 9,16 mit Jer 20,9) als auch für die spezielle Parallelisierung Christus – Apostel in 2Kor 4,10ff; 13,4 und für die sog. Peristasenkataloge (vgl. zu 2Kor 4,7ff vor allem Test Joseph 1,4–7; das Zitat
aus Ps 118,17f in 2Kor 6,9f; die Verweise auf Jer 9,22f in 1Kor 1,31
[2Kor 10,17] mit dem Katalog 1Kor 4,6–13, usw). – Es gilt sogar für den
μίμησις-Gedanken, mit dessen Hilfe Paulus sich selbst als Nachfolger
des Gekreuzigten bezeichnet, um gleichzeitig die Gemeinde zur Nachfolge seiner selbst aufzurufen (vgl. 1Kor 4,16; 11,1; Phil 3,17), denn dieser μίμησις-Gedanke ist jüdisch nicht zufällig u. a. gerade in der exemplarischen Märtyrertradition von 4Makk 9,23; 13,9 beheimatet gewesen.
Sieht man dies, wird eine weitere These möglich und zugleich eine Differenzierung nötig. Die These lautet:

*6. Der seinem Verkündigungsauftrag gehorsam folgende, leidende
Apostel kann sich selbst als Vorbild der Gemeinde verstehen, weil er
Christus, seinem gekreuzigten Versöhner und Herrn, irdisch als leidender
Gerechtfertigter nachfolgt.*

Kann an dem Aufruf des Paulus zur Nachfolge seiner selbst angesichts
der eben schon angeführten Belege kein Zweifel sein, ist nun aber doch
zu fragen, in welchem Sinne Paulus das alttestamentlich-jüdische Inter-
pretationsschema vom leidenden Gerechten übernimmt. Denn dieses
Schema beschreibt gerade in seiner klassischen, vorchristlichen Ausfor-
mung (zB von Weish 2,12–20 + 5,1–7 oder äthHen 103,9–15) wie dann
später durchweg im Rabbinat das Geschick des Gerechten als des vor-
bildlichen Gesetzesfrommen, der irdisch für seine Gesetzestreue leidet
und, durch seine Leiden geläutert, in die Gottesherrschaft und Auf-
erstehungsherrlichkeit eingeht. War der Apostel höchstens imstande, das
Geschick Jesu in diesem Sinne zu betrachten, mußte er das Schema recht-
fertigungstheologisch in dem Augenblick modifizieren, da er es für seine
eigene Person und als allgemeine, christliche Existenzdeutung übernahm.
Er hat dies in der Weise getan, daß er – wie Phil 3 klassisch zeigt – von
sich selbst als dem exemplarisch Gerechtfertigten sprach, der um der
Bezeugung der ihm und allen Glaubenden im Kreuz Christi eröffneten
Rechtfertigung *sola fide* willen ins Leiden geführt wird, aber dennoch an
dieser Bezeugung als dem eschatologischen Willen Gottes zur Liebe fest-

hält. – Von hier aus öffnet sich nunmehr auch der kreuzestheologische
Blick auf die Gemeinde insgesamt.

7. Die christliche Gemeinde und in ihr der einzelne erfahren die er-
lösende und prägende Kraft des Kreuzes Christi speziell in der Situation
des persönlichen und um des Glaubens willen erfahrenen Leidens, dh als
leidende Gerechtfertigte, die, vom Apostel zum Glauben berufen, dem
gekreuzigten und auferweckten Christus als ihrem Versöhner und Herrn
nachfolgen.

Zur Illustration dieser These können neben 1Thess 1,6f; 2,14 und Phil
1,27–30 vor allem Röm 5,3ff und 8,4–39 dienen. Hervorzuheben ist
dabei vor allem dreierlei: Die Leiden, denen die Gemeinde unterworfen
ist, erwachsen ihr sowohl aus ihrer exemplarischen, christlichen Zeugnis-
existenz als auch aus dem apokalyptischen Weltgeschick heraus, in das
die Gemeinde irdisch noch hineingebunden ist. Die Gemeinde hat in ihrer
Nachfolgeexistenz den in Christus offenbar gewordenen, eschatologischen Willen Gottes in Gestalt des geistlichen Gesetzes Christi, dh der
Liebe, zu erfüllen (vgl. Röm 8,2.4 und Gal 6,2). Schließlich darf sich die
Gemeinde in ihrer von Paulus ausdrücklich mit Hilfe von Ps 44,23 hervorgehobenen Situation des Leidens um Christi willen des Gekreuzigten
und Auferstandenen als der Verkörperung der Liebe Gottes und als des
Bürgen ihrer Endrechtfertigung getrösten (Röm 8,31–39). Der gekreuzigte Christus ist als Herr der Gemeinde zugleich auch ihr Versöhner.
Versöhnung, Leidensnachfolge und Hoffnung auf die künftige Auferweckung von den Toten gehören bei Paulus unlöslich zusammen. – Auf
eben diesen Sachverhalt ist nunmehr noch näher hinzuweisen:

8. Wie die Taufe an der Gehorsams- und Leidensexistenz des Christus
im Zeichen vollbrachter Sühne und in der Hoffnung auf Auferweckung
beteiligt, so läßt auch das Abendmahl die Getauften teilhaben an der
durch Jesu Sühnetod eröffneten Gottesgemeinschaft und stellt sie bis zur
Parusie hinein in die Nachfolge des gekreuzigten und auferstandenen
Christus.

Die These verbindet die Aussagen des Paulus über Taufe und Nachfolge aus Röm 6,1–23 mit seinem Verständnis des Abendmahls in 1Kor
11,23ff. Dabei ist für den Apostel charakteristisch, daß gerade auch die
Eucharistie nach 1Kor 11,26 als sakramentale Verkündigung des Sühnetodes Jesu in den Nachfolge- und Hoffnungszusammenhang hineinstellt.
Eine Verselbständigung des soteriologischen Elementes in der paulini-

schen Christologie gegenüber dem paränetischen läßt also die paulinische
Abendmahlstheologie ebensowenig zu wie die paulinische Taufinterpretation mit ihrem Grundsatz vom Mit-Christus-gekreuzigt-Werden (Röm
6,6). – Ein Blick auf den für Paulus so charakteristischen Begriff des
„Leibes Christi" bestätigt diese Untrennbarkeit von Soteriologie und Paränese.

*9. Die Gemeinschaft der durch Jesu Lebenshingabe mit Gott Versöhn-
ten und an seiner Gehorsams- und Leidensexistenz teilhabenden Getauften heißt bei Paulus „Leib Christi".*

Gerade wenn man nach dem Scheitern des Versuches, die Konzeption
vom „Leibe Christi" bei Paulus aus der (vorchristlichen) Gnosis heraus
zu erklären, zu dem zurückkehrt, was sich in den paulinischen Texten
wirklich sehen läßt, stößt man auf den in der These zusammengefaßten
Befund: Die Gemeinde wird nach 1Kor 10,16f und Röm 7,4 zur Gemeinschaft des Leibes Christi vereint aus der versammelnden und mit
Gott versöhnenden Kraft der Lebenshingabe Jesu heraus; sie bildet als
solchermaßen konstituierte Gemeinschaft das die Herrschaft Jesu Christi
in der Welt bezeugende, in 1Kor 12,4ff und Röm 12,3ff der detaillierten
Ermahnung des Apostels unterliegende σῶμα Χριστοῦ. Leib Christi heißt
die Gemeinde bei Paulus also deshalb, weil sie aus dem Opfer des Lebens
und des Leibes Jesu Christi erwächst, das Werk des Auferstandenen
irdisch in der Welt vorantreibt und sich in diesem Zeugniswerk des Bei-
standes des Geistes und ihrer künftigen Auferweckung erfreut. – Verfolgt man diesen Gedanken noch einen Moment weiter, ergibt sich die
nachfolgende These:

*10. Der Gottesdienst der in der Kreuzesnachfolge stehenden Gemeinde
besteht nach Paulus in der Anbetung Gottes und seines Sohnes, in der
Hingabe der Leiber an das irdische Christuszeugnis und in der befreienden Praxis der die Lasten der Schwachen tragenden, Christus allen Menschen zueignenden Liebe; gerade dieser Gottesdienst führt die Gemeinde
ins Leiden hinein, läßt sie aber auch in diesem Leiden den Beistand des
Auferstandenen erfahren.*

An keinem Textzusammenhang in den Paulusbriefen läßt sich dieser
Sachverhalt konzentrierter belegen als an Röm 12–15. Nur folgendes
ist dabei besonders hervorzuheben: Der Aufruf zur Aufopferung des
leiblichen Lebens in Röm 12,1f wäre mißverstanden und mit Röm 8,14f.
26ff; 1Kor 11,20ff; 14,26ff usw. schlechterdings nicht in Einklang zu

bringen, wollte man aus ihm den Aufruf zum „Gottesdienst im Alltag
der Welt" (E. Käsemann) derart exklusiv vernehmen, daß darüber die
Anbetung Gottes in Gebet, Lobgesang und Paraklese vernachlässigt oder
gar abrogiert würde. – Es ist überaus eindrücklich und bedenkenswert,
wie intensiv Paulus gerade in Röm 12,14ff; 13,8ff; 14,15ff; 15,1ff.7ff
die Gemeinde an die Liebe und das Versöhnungszeugnis als ihre eigentliche Lebensdimension weist. Dies steht im Einklang mit 1Kor 13; Gal
5,14f; 6,1f oder Phil 2,1–11 und unterstreicht, in wie starkem Maße die
Gemeinde nach Paulus die Liebe als die Sache Jesu zu bezeugen hat. –
In welcher Weise dieses unter Aufopferung von Leib und Leben gewagte
Versöhnungs- und Glaubenszeugnis die Gemeinde ins Leiden stellt, beweisen 1Thess 1,6; 2,14ff; Phil 1,29f oder Röm 8,35ff, wobei es gerade
nach Röm 8,4ff.15.26.34 der Geist als Kraft und Präsenz des Auferstandenen bei seiner Gemeinde ist, welcher sie auf ihrem Wege trägt und
durch das Leiden der Liebe Gottes entgegenführt.

Hängen Versöhnung, Kreuzesnachfolge und Hoffnung für die Gemeinde solchergestalt unlöslich zusammen und ist Christus ihr Versöhner
nur als ihr Herr, als ihr Herr aber eben auch der bleibende Bürge ihrer
Rechtfertigung und Versöhnung, ist in einer weiteren These auf die immer wieder vernachlässigte, christologisch-schöpfungstheologische Ge-
samtdimension der paulinischen Kreuzestheologie zu verweisen:

*11. Paulus verkündigt gerade den gekreuzigten und auferstandenen
Christus als Mittler der Schöpfung und Vollender aller Werke Gottes;
die paulinische Kreuzestheologie hat somit universalen Horizont und
eine sich von der Urzeit bis zur endzeitlichen Erlösung spannende, geschichtliche Reichweite.*

Traditionsgeschichtlich steht die paulinische Rede von Christus als der
εἰκών Gottes (2Kor 4,4f), vom Gekreuzigten und Auferstandenen als
dem Mittler von Schöpfung und Erlösung (1Kor 8,6) oder auch von
Christus als der uns von Gott gesetzten Macht und Weisheit Gottes
(1Kor 1,24.30; 2,6ff) in einem spezifischen Traditionszusammenhang,
der auch für die deuteropaulinischen Belege einer Kreuzestheologie in
Kol 1,20; 2,13–15 und Eph 2,16 konstitutiv ist. Es handelt sich um die
Verbindung von priesterlicher und weisheitlicher Tradition in den späteren Schichten des Alten Testaments. Kraft der Verknüpfung dieser beiden Traditionsstränge konnte man den kultischen Vollzug von Sühne,
vor allem am großen Versöhnungstag, als durch die Weisheit Gottes ver-
mittelts Schöpfungs- und Befriedungshandeln Gottes interpretieren, als

einen Akt, durch welchen die mit ihrem Schöpfer zerfallene Welt neu
gestaltet und befestigt wird. Solche Tradition tritt für uns bisher beispielhaft in Sir 24 und 50, in der Tempelsymbolik von Ps 46,5f; Ez 47;
in Texten wie 3Makk 2,1–20; TestL 3; 18 zutage, oder auch in dem auf
Simeon, den Gerechten, (3.Jh. vChr) zurückgeführten Spruch aus den
Pirke Abot I 2, daß die Welt auf drei Dingen aufruhe, auf der Tora, auf
dem Kultus und auf den Liebeswerken. Interpretierte man dann christlich Kreuz und Auferweckung Jesu als von Gott gestiftetes, eschatologisches Sühneereignis und stellte man dieses Ereignis in den Zusammenhang der genannten Traditionen hinein, dann durfte und mußte man
sogar den Gekreuzigten und Auferstandenen als Verkörperung der
Himmlisches und Irdisches neu verbindenden Weisheit Gottes, als Mittler der von Urzeit an von Gott gewollten neuen Schöpfung, als himmlischen Hohenpriester und als das herrliche Ebenbild des unsichtbaren
Gottes verstehen. Eben dies geschieht in den genannten Texten und in
Röm 8,34 schon bei Paulus, und zwar nicht losgelöst von seiner Kreuzesverkündigung, sondern, wie die Belege aus 1Kor 1,21ff.30f; 2,2.6ff und
Röm 8,3f.31ff zeigen, in ihrem Zentrum. Gönnt man dementsprechend
der paulinischen Kreuzesverkündigung ihr eigenes, unverstelltes Wort,
muß man mit Nachdruck von einer schöpfungstheologischen Dimension
dieser Theologie sprechen. Eine gesetzes- und weisheitstheologisch begründete natürliche Theologie wird von Paulus in 1Kor 1,18–25 nicht
nur kreuzestheologisch antithetisiert, sondern gleichzeitig christologisch-
schöpfungstheologisch überboten! Freilich geht es dabei um einen Schöp-
fungsakt aus dem Tode und dem Zerbrechen aller menschlichen καύχησις heraus, womit wir wieder bei der Frontstellung stehen, in der Paulus
seine aktuellen kreuzestheologischen Argumente formuliert:

*12. Wenn Paulus – wie in Korinth oder Galatien – bewußt und exklu-
siv den gekreuzigten Christus verkündigt, dann wendet er sich gegen ein
Christus- und Glaubensverständnis, das in angemaßter Stärke oder an-
maßender Sorge den einmaligen Sühne- und den prototypischen Leidens-
aspekt des Kreuzes Christi zu überspielen droht und deshalb darauf aufmerksam gemacht werden muß, daß Gott in Christus nur diejenigen
rettet, die als Frevler vor ihm zunichte geworden sind und auch als Glaubende irdisch bis zum jüngsten Tage schwach und angefochten bleiben.*

Nachdem die einschlägigen Belege für diese Beobachtungen schon oben
zur ersten These aufgeführt worden sind, muß hier nur noch erwähnt
werden, daß die „angemaßte Stärke" die Versuchung der Pneumatiker in

Korinth, die „anmaßende Sorge" aber der den Galatern angeratene Irrweg des Nomismus gewesen zu sein scheint. Paulus wendet sich interessanterweise beide Male gegen frühe Fehlformen christlicher Theologie, Fehlformen freilich, hinter denen für ihn sogleich der von ihm selbst als Pharisäer und Verfolger der Gemeinde beschrittene Abweg jüdischer Gesetzes- und Weisheitstheologie auftaucht. In seiner Kreuzestheologie kämpft Paulus für die existentielle Erfahrungs- und Glaubensdimension seiner zB in Röm 4 dargelegten Rechtfertigungstheologie, wonach Gott, der das Nichtseiende ins Sein ruft, der die Toten lebendig macht und der den um unserer Sünden willen dem Tode preisgegebenen Jesus um unserer Rechtfertigung willen auferweckt hat (Röm 4,17.25), ein Gott ist, der den Frevler (= τὸν ἀσεβῆ) aus dem Nichts heraus neu schafft, indem er ihn aus Gnade allein rechtfertigt. Der Glaubende wird nach Paulus diesem schöpferischen Rechtfertigungshandeln Gottes in und durch Christus nur dann gerecht, wenn er seine Nichtigkeit vor Gott bleibend erkennt, sich also seines ihm in Christus zugesprochenen Heils, seines neuen Seins in der Versöhnung, nur in seiner Schwachheit und in der Leidensnachfolge des Christus rühmt, der als Auferstandener der aus Liebe und in Liebe leidende Gottessohn bleibt. Nach 2Kor 12,7–10 ist Paulus selbst der erste Zeuge und Bürge solcher Glaubensexistenz.

Ist dann aber nicht die paulinische Kreuzestheologie ein bloßer Individualentwurf im Neuen Testament? Dieser immer wieder gestellten und (abwertend) bejahten Frage ist, ehe wir zu einem theologischen Ergebnis kommen können, noch kurz nachzugehen. Dies geschieht am besten so, daß geprüft wird, ob sich Paulus mit seiner Kreuzesverkündigung von der synoptischen Jesusüberlieferung entfernt, oder ob er sich mit ihr berührt und sie weiterführt. Die heutige Forschungssituation, in der Paulus zT extrem weit von Jesus und den Synoptikern abgerückt wird, nötigt dazu, zuerst mit einer traditionsgeschichtlichen Feststellung fortzufahren.

13. Die Parallelität von 1Kor 11,23ff und der synoptischen Abendmahlsüberlieferung; von 1Kor 15,3ff und Mk 10,45 Par, der synoptischen Grablegungstradition, Mk 16,1–8 Par, sowie Lk 24,34; von Röm 4,25; 5,8f; 8,32 und Mk 9,31; 10,33; 14,41 Par erlaubt die Annahme, daß Paulus die Grundzüge der in Jerusalem tradierten, evangelistischen Passionsgeschichte ebenso gekannt hat wie die schon in der Urgemeinde gebräuchliche Deutung des Todes und der Auferweckung Jesu als Sühneereignis.

Die Verbindung zwischen Paulus und der Jerusalemer Passionsüberlieferung wird noch dadurch verstärkt, daß der Apostel mit seiner apologetisch-gesetzeskritischen Deutung von Dtn 21,23 in Gal 3,13 in die von Jerusalem ausgehende, urchristlich-jüdische Kontroverse um das rechte Verständnis des Todes Jesu eingreift (s. oben zu These 3). Von 1 Thess 2,15 aus kann man zusätzlich zurückschließen auf eine Vertrautheit des Apostels mit der kritischen, urchristlichen Rede vom jüdischen Prophetenmord, wie sie in Apg 7,52 hervortritt. 2 Kor 4,10ff; 13,4 und Röm 15,3f zeigen schließlich, daß Paulus auch jene, den ältesten synoptischen Passionsbericht tragende Konzeption vom Sterben Jesu als des leidenden Gerechten gemäß Ps 22 und 69 bekannt gewesen sein muß. – Hat man demnach zureichenden Grund, von einer auch dem Apostel zu Gebote stehenden Kenntnis der Jerusalemer Passionstradition zu sprechen, kann man zu Jesus selbst zurückgehen:

14. Jesus selbst ist von der Deutung seines Sterbens als Sühne nicht auszunehmen; die Abendmahlstexte zeigen vielmehr übereinstimmend, daß er sich beim letzten Mahl mit den Seinen in Jerusalem stellvertretend für sie dem Tode geweiht hat.

So extrem schwierig und umstritten der Komplex von Fragen ist, die dem Ursprungscharakter der urchristlichen Abendmahlsfeier und den sog. Einsetzungsworten gelten, so wenig läßt sich die Grundaussage von Mk 14,17ff Par und 1 Kor 11,23ff einfach als historisch-legendär bezeichnen. Man hat vielmehr davon auszugehen, daß Jesus sich beim Abschiedsmahl im engsten Kreis stellvertretend für die Seinen dem Tode geweiht hat, und zwar unter Verweis auf den aus dem Opfer seiner Lebenshingabe heraus von Gott neu zu konstituierenden „Bund" von Ex 24 und Jer 31,31ff. Man kann dies deshalb sagen, weil auf Ex 24,5–8 nicht nur in Mk 14,24 Par, sondern auch in 1 Kor 11,25 und Lk 22,20 Bezug genommen wird. Die in den Abendmahlszusammenhang weisende, auf Jes 53,10ff und vor allem den hebräischen Text von Jes 43,4 rekurrierende Menschensohntradition von Mk 10,45 (vgl. mit 1 Tim 2,5–6) bestätigt diesen Zusammenhang. – Von hier aus ist ein weiterer Rückschluß möglich.

15. Nicht nur aus den Abendmahlstexten, sondern auch aus Lk 13,31 bis 33; Mk 9,31 Par und 10,38 Par läßt sich ersehen, daß Jesus im Verlauf seines Wirkens mit seinem eigenen, gewaltsamen Ende in Jerusalem gerechnet hat; er ist diesem Ende nicht ausgewichen, sondern hat es ohne Fluchtversuch, gehorsam auf sich genommen.

Fragt man, wie Jesus unter diesen Umständen seinen eigenen Weg in den Tod verstanden hat, stößt man auf einen komplexen Deutungshintergrund. Ihm, der ja bereits den Tod Johannes des Täufers vor Augen hatte, standen für die Sinndeutung seines Weges sowohl die alttestamentlich-jüdischen Traditionen vom leidenden Gerechten, die jüdischen Märtyrertexte, die Überlieferungen vom Geschick der gewaltsam umgekommenen Propheten, das Gottesknechtslied von Jes 53 und die Tradition vom Märtyrermessias aus Sach 12,10; 13,7 zur Verfügung. Ist dies richtig gesehen, kann man davon ausgehen, daß Jesus selbst in jenen beiden Traditionen stand und dachte, die für die paulinische Kreuzestheologie konstitutiv sind, in der Sühnetradition und der Überlieferung vom leidenden Gerechten.

16. Nach Mt 8,20 / Lk 9,58 und Mt 10,38.39 / Lk 14,27 (+ 17,33) hat Jesus seine Jünger in die Nachfolge seiner selbst als des heimatlosen, vom Tode bedrohten Menschensohnes berufen; dabei hat er ihnen nach Mt 5,43ff / Lk 6,27ff und Mk 10,42ff die sich selbst aufopfernde (Feindes-)Liebe zum Grundgebot gemacht.

Ist der Sachverhalt, um den es geht, nach den angegebenen Stellen deutlich, bedarf das bekannte Wort Jesu vom Kreuztragen (Mt 10,38 / Lk 14,27; Mk 8,34 Par) doch noch kurzer Erläuterung. Mk 8,34 Par verraten deutlich nachösterliche Bearbeitung. Während das für Mk 8,34 Par charakteristische αἴρειν τὸν σταυρόν durch Mk 15,20b Par direkt mit dem Passionsgeschehen verkoppelt wird, ist der in Lk 14,27 (und Joh 19,17) auftauchende Ausdruck βαστάζειν τὸν σταυρόν sogar antiker term techn für das Schleppen des Kreuzes(querbalkens) zum Richtplatz. Auch Lk 14,27 verweist also auf Jesu Kreuzigung. Will man nicht von der allzu einfachen Annahme ausgehen, Jesus habe seine Kreuzigung durch die Römer vorausgesehen und seine Jünger unter diesen Auspizien in die Kreuzesnachfolge gerufen, kann man das Wort vom Kreuztragen nur dann Jesus selbst zuweisen, wenn man für das bisher in anderen Texten nicht nachgewiesene λαμβάνειν τὸν σταυρόν von Mt 10,38 eine plausible, auf Jesus selbst zurückzuführende Sinndeutung finden kann. Ein Rückgriff Jesu auf eine zelotische Formel (M. Hengel) erscheint mir ebenso schwer denkbar wie ein hinter dem Wort sichtbar werdender Rekurs Jesu auf die kultische Signierung mit dem in althebräischer Schrift kreuzförmig geschriebenen, letzten Buchstaben des hebräischen Alphabets, dem Taw (E. Dinkler). Dann bleibt nur die von J. Jeremias zu Mk 8,34 vorgeschlagene Deutung des Wortes: „Sich darauf einzulassen,

Jesus zu folgen, bedeutet, sich an ein Leben zu wagen, das ebenso schwer
ist wie der letzte Gang eines zum Tode Verurteilten" (Nt. Theologie I,
²1973, 232), zumal man diese Deutung mit den oben (zu These 3) erwähnten Passagen aus der Tempelrolle von Qumran verbinden kann.
Nach Kolumne 64,7–10 hat der Jude den Kreuzestod (gemäß Dtn 21,
23) verdient, der Übles gegen sein Volk (Israel) getan oder ein todes-
würdiges Verbrechen begangen hat, der zu den Heiden geflohen ist, sein
Volk verflucht hat usw. Versteht man Jesu Wort vom Kreuznehmen von
hier aus, dann ruft es in die Nachfolge dessen, der sich selbst um seiner
Sendung willen in einen tödlichen Konflikt mit dem offiziellen Israel
verwickelt sah und von seinen Jüngern die Bereitschaft fordert, seinen
damit vorgezeichneten Weg wagemutig mitzugehen, also Jesu Konflikt
mit durchzustehen, und zwar in äußerster Leidensbereitschaft bis hin
zum Tode. So interpretiert, bräuchte man Mt 10,38 Par dem irdischen
Jesus nicht abzusprechen, könnte vielmehr verstehen, wie es von diesem
Wort aus angesichts des faktischen Todes Jesu am Kreuz dann zu den
anderen, direkt mit Jesu Passion verbundenen, synoptischen Versionen
desselben Wortes gekommen ist. – Aber wie dem immer sei, unser Ge-
samtdurchgang von These 13–16 erlaubt die historisch und theologisch
nicht eben unwichtige Schlußfolgerung:

17. Die Grundzüge der paulinischen Kreuzestheologie lassen sich
vom Kernbestand der synoptischen Jesusüberlieferung aus bestätigen;
Paulus verkündigt, was Jesus selbst gewollt und gelebt hat.

Kommen wir von dieser Feststellung auf die eingangs gestellten Fragen an Ernst Käsemanns Fassung der Kreuzestheologie zurück, läßt sich
sogleich folgendes sehen: Wenn Käsemann die Kreuzestheologie bewußt
im Rahmen des Jesus und die Gemeinde verbindenden 1. Gebotes ansetzt, legt er den Ton auf eine für Paulus und Jesus wirklich entscheidende theologische Komponente. Traditionsgeschichtlich gesprochen,
handelt es sich dabei um die Traditions- und Lebensdimension des leidenden Gerechten bzw. Gerechtfertigten. In dem Maße freilich, wie
Käsemann zugunsten dieser einen Komponente der biblischen Kreuzestheologie die Sühnetradition auf den Stellvertretungsgedanken reduziert,
im übrigen aber als von Paulus bereits überwundenes Traditionselement
anspricht und inhaltlich kritisiert, entfernt er sich vom Apostel ebenso
wie von der Passionstradition und m. E. auch von Jesus selbst. Es dürfte
deshalb nicht ratsam sein, solche Kritik fortzuführen, weil sonst nicht
nur eine historisch verzerrte Perspektive entsteht, sondern auch das re-

formatorische *sola fide propter Christum* nicht mehr eindeutig explizierbar ist.

Die Frontstellung, die Käsemann zu seiner Akzentsetzung veranlaßt hat, ist freilich kirchlich nach wie vor akut. Es handelt sich dabei um eine gerade mit Hilfe des christologischen Sühnegedankens kirchlich verselbständigte Soteriologie, welche den Nachfolge- und Gehorsamsgedanken zu einem christlich beliebigen Adiaphoron degradiert. Angesichts dieser Fehlentwicklung ist mit Käsemann darauf zu insistieren, daß sich neutestamentlich Christus der Versöhner von Christus dem Herrn nicht trennen läßt, und daß weder Jesus selbst, noch die Jerusalemer Passionstradition, geschweige denn Paulus von der für uns geschehenen Aufopferung (Jesu) am Kreuz sprechen, ohne die Gemeinde gleichzeitig in die Kreuzesnachfolge zu stellen. Der in der 2. Barmer These formulierte Grundsatz: „Wie Jesus Christus Gottes Zuspruch der Vergebung aller unsrer Sünden ist, so und mit gleichem Ernst ist er auch Gottes kräftiger Anspruch auf unser ganzes Leben . . .“ hat neutestamentlich in der Tat alles für sich. Unsere Abschlußthese lautet darum:

18. Kreuzestheologie nach paulinischer und reformatorischer Definition verpflichtet zur ständigen theologischen Sachkritik an allen Positionen von Glauben und Theologie, die sich dem Anspruch Jesu Christi, der als Auferstandener der für uns Gekreuzigte bleibt und als solcher in die Nachfolge ruft, zu entziehen versuchen.

„... DENN WIR LIEBEN DIE BRÜDER" (1 JOH 3,14)

HARTWIG THYEN

Zu den bedeutendsten Beiträgen der Johannesinterpretation der letzten Dezennien gehört fraglos die äußerlich schmale Schrift „Jesu letzter Wille nach Johannes 17" von Ernst Käsemann[1]. Jede künftige Auslegung des vierten Evangeliums wird dieser unerhörten Herausforderung gegenüber Farbe bekennen müssen. Mit der ihm eigenen Unerbittlichkeit und Präzision, die sich allein der Sache verpflichtet weiß und die uns schon als eben aus der Kriegsgefangenschaft heimgekehrte Studenten im bombenzerstörten Mainz der ersten Nachkriegssemester fasziniert und zeitlebens der Exegese verbunden hat, sucht Käsemann darin in dem Abschnitt über die „Christliche Einheit" (118–152) das ungemein komplexe Verhältnis von „Einheit" und „Liebe" im Johannesevangelium dem „frommen Nebel" erbaulicher Rhetorik zu entreißen, um es auf seinen (johanneischen) Begriff zu bringen.

I.

Käsemann fordert, was im vierten Evangelium „Liebe" heißt, allein aus dessen Kontext zu bestimmen und nicht aus unseren verschwommenen Voraussetzungen. Er sieht die Einheit des Sohnes mit dem Vater und der aus Gott gezeugten Gemeinde mit dem Sohn als Grund und Ursprung der Liebe, die ihm insofern als ein „problematischer Sachverhalt" erscheint, als höchste Beachtung verdient, „daß Johannes die Brüder, aber nicht die Feinde zu lieben befiehlt und entsprechend Jesus die Seinigen, aber nicht die Welt liebt" (123). Er bestreitet vehement die harmonisie-

---

[1] Zitiert wird nach der Auflage ³1971. Der Einfachheit halber gebe ich im folgenden die Seitenzahl in Klammern im Text an.

renden Auslegungsversuche, wonach die johanneische Bruderliebe exemplarisch die von Jesus geforderte Nächstenliebe umfaßt, und sieht im
Kontrast dazu von Johannes „eine unverkennbare Einschränkung vorgenommen" (124). Für solche weltlose Beschränkung auf den eigenen
esoterischen Konventikel verweist er auf die Analogie der Qumrangemeinde, deren prädestinatianischer Dualismus demjenigen der Abschiedsreden unseres Evangeliums zumindest sehr nahe steht[2]. So wehrt sich
Käsemann denn auch gegen die namentlich von Bultmann, aber auch
noch durch Luise Schottroff vorgenommene existential-ontologische Reduktion dieses Prädestinatianismus zum „Entscheidungsdualismus" und
betont, daß Glaube und Unglaube als Entscheidungen des einzelnen in
der Konfrontation mit dem Offenbarungswort die bestehende Scheidung
nur aktualisieren (vgl. 132 und 138, Anm. 18d)[3].

Trotz einer Aussage, wie Joh 3,16, wonach sich in der Gabe seines einzigen Sohnes die Liebe Gottes zum Kosmos erweist (vgl. Joh 3,17; 6,33;
12,47), die er für ein bloßes Rudiment urchristlicher Tradition hält, und
trotz Jesu wiederholter Prädikation als „Licht der Welt" (9,5 und 12,46)
sieht Käsemann im Johannesevangelium dessen tatsächlicher Intention
nach die Welt als Gottes Schöpfung letztlich dualisierend preisgegeben
und den johanneischen Jesus im Namen seines himmlischen Vaters einzig
noch damit befaßt, seine auserwählten und von Gott gezeugten Brüder
aus dem Verderben zu erretten, um sie zur himmlischen Einheit zu ver-
sammeln (vgl. 124f). Darin spiegele sich schroff das Selbstverständnis
des johanneischen Christentums, das definitorisch dekretiert: „Wenn jemand die Welt liebt, in dem ist nicht die Liebe des Vaters" (1 Joh 2,15)[4].

Zwar übersieht Käsemann nicht, daß für Johannes Liebe ohne Hingabe unvorstellbar ist (Joh 10,17f; 13,1; 15,13). Jedoch sieht er darin
lediglich das Gewicht urchristlicher Tradition und keinesfalls „die cha-

---

[2] Fast noch stärker als Käsemann stellt den eine tatsächliche Entscheidung aus-
schließenden prädestinatianischen Charakter des johanneischen Dualismus heraus *R.
Bergmeier*, Studien zum religionsgeschichtlichen Ort des prädestinatianischen Dualismus in der johanneischen Theologie, theol. Diss. Heidelberg 1974 (Masch. 393 S.). Berg-
meiers m. E. unfruchtbare Polemik hinsichtlich der „Ableitung" des Dualismus verdeckt seine Analyse eher, als daß sie sie zu erhellen vermöchte. Über dem großen
Etikettenstreit um „Gnosis" entgeht Bergmeier seine weitgehende Übereinstimmung
mit Käsemanns Interpretation.

[3] Vgl. *R. Bergmeier* 141ff und *E. Haenchen*, Das Johannesevangelium und sein
Kommentar, in: *ders.*, Die Bibel und Wir. Ges. Aufs. II, 1968, (208–234) 223ff.

[4] Vgl. S. 125. Hier wie auch sonst gelegentlich nimmt Käsemann zur Beschreibung
des Profils der johanneischen Theologie die Johannesbriefe in Anspruch.

rakteristisch johanneische Weise, von Liebe zu sprechen" (127). Die komme vielmehr erst dann zum Vorschein, wenn man auf die unlösbare Verknüpfung der Liebe mit dem Offenbarungswort achte. Darum dürfe die von Bultmann als für Johannes spezifisch herausgestellte Koinzidenz von Glaube und Liebe[5] nicht interpretiert werden als die „sachliche Einheit von Glaubensentscheidung für das gehörte Wort und Liebesentscheidung für den Anspruch des Bruders". Denn wie der Glaube so habe es auch die Liebe „primär nicht mit dem Anspruch des andern, sondern mit dem Wort zu tun, das freilich die Sendung und Hingabe einschließt" (129).

In dieser Konzeption, zumal unter der omnipräsenten Fessel des prädestinatianischen Dualismus, der alles übrige determiniere und so die „eherne Kälte des angeblichen Apostels der Liebe" erweise (131), sei deshalb für den irdischen Jesus, „der zu den Sündern und Zöllnern ging und das Gleichnis vom barmherzigen Samariter erzählte" so wenig Platz wie für die „paulinische Verkündigung von der Rechtfertigung des Gottlosen" (136). Dem „naiven Doketismus" der Christologie unseres Evangeliums[6] korrespondiere das totale Desinteresse an der irdischen Welt und ihrem Schicksal. Alle Solidarität der Glaubenden sei ihr entzogen: „Der Gedanke der befreiten Gemeinde ersetzt den der neuen Welt" (137). Gottes Gerechtigkeit setzt sich nicht weltweit durch, sein Reich mit dem eschatologischen Zion zu schaffen, sondern er wird die vom Sohn begonnene und vom Parakleten fortgeführte Sammlung der „zerstreuten Gotteskinder"[7] durch ihre Einholung in den Himmel vollenden[8].

---

[5] Vgl. *R. Bultmann*, Das Evangelium des Johannes, MeyerK II [10]1941 (= [19]1968) 421 und siehe *E. Käsemann* aaO (s. Anm. 1) 128, Anm. 12.

[6] Vgl. dazu vor allem den Abschnitt „Die Herrlichkeit Christi", S. 16–64 und siehe *H. Thyen*, Aus der Literatur zum Johannesevangelium, ThR 39, 1974, 53–69.222–252.

[7] Joh 11,52; siehe dazu *R. Bergmeier* aaO (s. Anm. 2) 25ff.

[8] Gegen die verbreitete innerweltliche Beschränkung des Heils bei Johannes und namentlich gegen seine einseitige Beschreibung als „innerweltliche Entweltlichung" durch *Luise Schottroff* (Heil als innerweltliche Entweltlichung. Der gnostische Hintergrund der johanneischen Vorstellung vom Zeitpunkt der Erlösung, NovTest 11, 1969, 65–97, und *dies.*, Der Glaubende und die feindliche Welt. Beobachtungen zum gnostischen Dualismus und seiner Bedeutung für Paulus und das Johannesevangelium, WMANT 37, 1970, 228ff) stellt *E. Käsemann* (146ff) das spezifische kosmologisch-futurische Profil der johanneischen Eschatologie heraus. Allein von daher ist auch ihre apokalyptische Reinterpretation innerhalb der johanneischen Schule (zB Joh 5,28f) begreifbar.

Wenn das hier nur grob skizzierte Bild von Käsemann zutreffend gezeichnet sein sollte, dann spielt die Frage überhaupt keine Rolle, ob es
eine vorchristliche Gnosis gab und ob Johannes gegebenenfalls von ihr
abhängig ist oder nicht. Denn selbst wenn die Gnosis, die wir ja hinreichend kennen, eine rein innerkirchliche Häresie des zweiten Jahrhunderts sein sollte – was freilich durch die fortgeschrittene Analyse der
Nag-Hammadi-Texte wie der mandäischen Schriften inzwischen ausgeschlossen werden kann –: Johannes wäre als einer ihrer wesentlichen
Väter zu ihr unterwegs. Und daß man sein Evangelium so lesen *kann,*
beweist neben Käsemanns Analyse der Umstand, daß die Gnostiker des
zweiten Jahrhunderts es begierig als ihr Evangelium reklamierten, ein
Umstand, der seiner Aufnahme in den Kanon lange hinderlich war[9].

II.

Aber nicht ob man das Evangelium und seine signifikante Forderung
der Bruderliebe in der Weise Käsemanns lesen *kann,* ist hier die Frage,
sondern ob man es so lesen darf, ob solche Interpretation tatsächlich seiner eigenen Intention entspricht. Denn obgleich Käsemann sehr scho-
nungslos unleugbar vorhandene Schwächen in das helle Licht seiner
scharfsinnigen Analyse getaucht hat, glaube ich dennoch, daß die Akzente anders gesetzt werden müssen. Gerade weil ich ihm vorbehaltlos
darin zustimme, daß das johanneische Problem „als unteilbares Ganzes
gesehen werden" muß, in dem natürlich jedes Detail sein Gewicht hat,
„das Ganze ... jedoch nicht so in Detail aufgelöst werden" darf, „daß
man den Wald vor Bäumen nicht mehr sieht" (152)[10] – zumal sich an
der Vernachlässigung dieses Grundsatzes die Masse der Johannesliteratur
disqualifiziert! –, beginne ich meine Anfrage an die von Käsemann im
Namen dieses „Ganzen" vorgenommene Akzentuierung mit der Erörterung des Problems: Was ist dieses „Ganze", für das jedes Detail sein Gewicht hat, und wie ist es zu bestimmen?

---

[9] Vgl. *W. v. Loewenich,* Das Johannesverständnis im zweiten Jahrhundert, BZNW
13, 1932.

[10] Diese methodisch unabdingbare Berücksichtigung der Dialektik zwischen dem
Ganzen und seinen Teilen hat vor allem R. Bultmann zum Grundprinzip der Johannesinterpretation erklärt. Vgl. dazu *H. Thyen,* ThR (s. Anm. 6) 48ff.

1.

Man kann als dieses „Ganze" die positive Größe des überlieferten Textes des vierten Evangeliums ansehen und von seiner Analyse ausgehen. Tendenziell neigt Käsemann fraglos zu diesem Verfahren, zumal er gelegentlich sogar das Zeugnis der Johannesbriefe – auch wenn sie der johanneischen Schule angehören mögen[11] – für die Bestimmung des Gefälles des Evangeliums in Anspruch nimmt.

Man kann freilich auch einen idealen, vermeintlich „ursprünglichen" Johannestext, den es hinter allen willkürlichen oder beabsichtigten Textverstellungen und redaktionellen Harmonisierungsversuchen im überlieferten Evangelium erst noch zu rekonstruieren gilt, als dieses „Ganze" ansehen und es dann für die Interpretation des vorliegenden Textes als Sachkriterium in Anspruch nehmen. Dies letztere ist bekanntlich das Verfahren Bultmanns, der darin bis heute sehr viele Nachfolger gefunden hat.

Grundsätzlich kann man keinem der beiden Verfahren die Berechtigung absprechen. Gemessen werden sie allein an der Konsistenz, Plausibilität und Überprüfbarkeit ihrer Resultate. Freilich ist dabei derjenige, der vom überlieferten Text ausgeht und ihn als kohärente und autonome Einheit zu begreifen versucht, die alle Details determiniert – wenn ihm das gelingt –, insofern im Vorteil, als er ohne eine Fülle zusätzlicher extratextualer Hypothesen auskommen kann. Diese Aufgabe ist jedoch ohne eine intensive Auseinandersetzung mit literaturwissenschaftlichen, kommunikations-theoretischen und textlinguistischen Methoden kaum zu leisten. Für das Johannesevangelium hat Birger Olsson mit seinem Buch „Structure and Meaning in the Fourth Gospel"[12] einen entschlossenen Vorstoß in diese Richtung unternommen, der durch vielerlei Anregungen – und freilich auch Fragen, die er aufgibt – die Fruchtbarkeit der Fragestellung demonstriert.

Einen der Hauptmängel von Olssons Buch sehe ich darin, daß er die seit den Tagen von E. Schwartz offen zutage liegenden und vielfältig diskutierten „Aporien im vierten Evangelium" einfach mit Stillschweigen übergeht, statt sie unbefangen zu prüfen, aufzunehmen und konstruktiv für seine textlinguistische Analyse fruchtbar zu machen. Denn

---

[11] Vgl. auch den einleuchtenden Umgang mit den Briefen als Zeugnissen der johanneischen Schule durch *E. Käsemann*, Ketzer und Zeuge, in: *ders.*, EVB I 168–187.

[12] Untertitel: A Text-Linguistic Analysis of John 2:1–11 and 4:1–42, CB.NT 6, (aus dem Schwedischen) translated by J. Gray, Lund 1974. Vgl. dazu meine demnächst im Svensk Exegetisk Årsbok erscheinende Besprechung.

es kann m.E. keine Frage sein, daß der überlieferte Johannestext *zugleich* als ein Spiegel der bewegten Geschichte des johanneischen Christentums und seiner aktuellen Probleme gelesen und entschlüsselt sein will. Erst solche Beachtung und Einzeichnung des Textes in einen Kommunikationsprozeß zwischen Partnern und als dessen konstitutiver Teil vermag verbindlich Auskunft darüber zu geben, was hier etwa bloß überkommene „urchristliche Tradition" ohne spezifisches Eigengewicht ist, und was hier – und sei es als zitiertes Überlieferungsstück – besondere Akzente trägt[13]. Gerade weil mir gelegentliche von Käsemann im Namen des „Ganzen" vorgenommene Wertungen noch allzu willkürlich und subjektiv erscheinen, bedarf die Analyse einer texttheoretischen Grundlegung und Kontrolle.

Andernorts habe ich Käsemanns Interpretation von Joh 1,14 kritisiert[14]. Anders als Bultmann, der in der Aussage von der Fleischwerdung des Logos den fundamentalen Akzent sieht, hält Käsemann sie für eine unbetonte Übergangswendung zu der tontragenden Klimax „Wir sahen seine Herrlichkeit". Auf diese Weise fügt sich Joh 1,14 nicht nur nahtlos seiner Anschauung vom „naiven Doketismus" der Christologie des Johannesevangeliums ein, sondern wird sogar zu einer ihrer wesentlichen Stützen. Und solcher Christologie, die von Erniedrigung nichts weiß, sondern einen Gott über die Erde schreiten und in alles überbietenden Wundern seine Doxa erweisen läßt, entspricht eine Ekklesiologie, die durch ein fast totales Defizit an Weltsolidarität gekennzeichnet ist. Ich möchte hier das Resultat meiner Kritik nur kurz rekapitulieren: Im Gegensatz zu Käsemanns Auslegung kann Joh 1,14 gar nicht anders verstanden werden als so, daß hier gerade einem Doketismus, der im Begriff ist, die Unschuld seiner Naivität zu verlieren, scharf entgegengetreten werden soll. Den Ton trägt in der Tat die die Logosprädikation des Anfangs wieder aufnehmende Aussage von der realen und totalen Fleischwerdung des ewigen Gottessohnes. Sie ist keinesfalls ein bloßes urchristliches Traditionsrudiment und als solches eine Übergangswendung für die andere vom Sehen seiner Doxa durch die „Wir". Gerade der These, als schritte da nur ein Gott über die Erde, ohne etwas von seiner himmlischen Integrität zu verlieren, wird hier aus aktuellem Anlaß höchst polemisch begegnet. Dafür stehen die „Wir" und unter ihnen der Jünger von Joh 19,25–27 und 19,34f als *Augenzeugen*. Joh 1,14–18 – vor-

---

[13] Zum Problem scheint mir fruchtbar eine gründliche Auseinandersetzung mit *S. J. Schmidt*, Texttheorie. Probleme einer Linguistik der sprachlichen Kommunikation UTB 202, 1973.   [14] Siehe oben Anm. 6.

bereitet durch den klug interpolierten Vers 2 – ist eine von der konkreten
Situation in der johanneischen Gemeinde herausgeforderte Reinterpretation des vorgegebenen Prologs, die gerade einem solchen Verständnis
der eigenen Überlieferung wehren möchte, wie es jetzt Käsemann vor-
trägt. Andererseits freilich sind die „Wir" keinesfalls nur Augenzeugen
für das „bloße Daß" der Menschlichkeit Jesu, sondern für seinen in
ihrem Evangelium bezeugten höchst besonderen und konkreten Weg. Dabei sind die Verse 14–18 im Unterschied zur Herkunft von 1–13 aus der
mystischen Weisheit deutlich von einem Sinai-Theophanie-Schema geprägt, dessen Wirksamkeit Olsson inzwischen besonders für die Erzählung von der Kanahochzeit und ihre Verklammerung mit dem Kontext
nachgewiesen hat[15].

Das aktuelle Kommunikationsinteresse, das zur Reinterpretation des
Prologs solchen gegenüber geführt hat, die leugnen, daß Jesus Christus
in der Sarx gekommen ist (1Joh 4,2)[16], macht sich auch sonst vielerorts
im Evangelium bemerkbar. Insbesondere darf man das 21. Kapitel nicht
einfach als einen irrelevanten „Nachtrag" von späterer Hand vernach-
lässigen, zumal unser Evangelium ohne diesen Epilog öffentlich nie existiert haben dürfte. M.E. beruht seine – trotz aller Spannungen im überlieferten Text – bestehende literarische Einheitlichkeit, die vor allem
E. Schweizer und E. Ruckstuhl herausgestellt haben, darauf, daß es letztlich als das kohärente Werk des Mannes begriffen werden muß, der
schon seinen Prolog reinterpretierte, ihm einen Epilog gab, für das bestehende Arrangement der Texte verantwortlich ist und vielerorts versucht, aktuelle ekklesiale Problematik und Kontroverse im irdischen
Weg Jesu mit seinen Jüngern zu reflektieren.

Vom Autor von Johannes 21 stammen sämtliche Lieblingsjüngertexte
des Evangeliums. Er hat sie geschaffen und eingefügt, damit er endlich
im Epilog seinen Lesern diesen Jünger als autorisierten Augenzeugen und
Traditionsgaranten vorstellen und zugleich dem in der johanneischen
Gemeinde allseits verehrten Mann nach dessen kürzlichem und schmerz-
lichem Tod (Joh 21,20ff) ein literarisches Denkmal setzen kann[17]. Zeigt
schon die Komposition der Lieblingsjüngertexte ein hohes literarisches

---

[15] B. *Olsson* aaO (s. Anm. 12) 18ff und siehe *H. Thyen* ThR (s. Anm. 6) 246ff.

[16] Der Ton liegt darauf, daß Jesus *Christus* in der Sarx gekommen ist, denn strittig
ist die Identität von Jesus und dem Christus (1Joh 2,22). Darum steht auch in Joh
1,17 nach der Aussage von der Fleischwerdung einzig im Evangelium: Jesus Christus.

[17] Zum Lieblingsjüngerproblem muß ich hier auf die nächste Fortsetzung meines
Literaturberichts in der ThR verweisen.

Geschick, so dürfte ihr Autor schwerlich einen (vermeintlich) ursprünglichen Evangelienschluß, nämlich Joh 20,30f, naiv stehengelassen haben,
um dann noch seinen „Nachtrag" anzuhängen, statt ihn glatt zwischen
20,29 und 20,30 einzufügen. Hier waltet weder Unvermögen noch Tabu-
ehrfurcht vor dem „heiligen Text", sondern reflektierte literarische Absicht. Die Aussage von 20,30f will in unmittelbarem Zusammenhang mit
der vorangehenden Thomasgeschichte als dem letzten „Zeichen", in dem
der Fleischgewordene seine Doxa vor seinen Jüngern offenbart (vgl.
Joh 1,14 und 2,11), gelesen werden. Die Thomasgeschichte selbst ist in
antidoketistischer Absicht vom Verfasser von Joh 21 geschrieben, der
nun in 20,30f für alle Späteren, die nicht mehr wie Thomas die Wunden
des Getöteten sehen können, aber vom Herrn selig gepriesen wurden,
noch einmal einschärft, daß es wahren, Leben verleihenden Glauben nur
gibt im Festhalten an der totalen Identität des irdischen Nazareners
Jesus mit dem Christus und Gottessohn[18].

Jetzt kann im Epilog für all das bis hin zum Ostermorgen der von seinem Herrn unter dem Kreuz in der Szene mit der Mutter Jesu zu dessen
irdischem Nachfolger eingesetzte wahrhaftige Zeuge vorgestellt werden.
Das geschieht hier wie auch sonst so, daß dafür die nach dessen Mär-
tyrertod unbestritten feststehende Autorität des Petrus geschickt benutzt
wird. Wie Petrus zum Gemeindeleiter, so ist der Lieblingsjünger zum
wahren Zeugen und autorisierten Wächter gegen alle Häresie eingesetzt.
Er, der beim letzten Mahl an der Brust Jesu lag, ist der „Exeget" seines
Herrn, wie der nach 1,18 an der Brust des Vaters ruhende Jesus dessen
Exeget ist.

In meiner Analyse von Joh 13[19] habe ich mich um den Nachweis bemüht, daß die sogenannte zweite Deutung der Fußwaschungsszene, die
durch das Liebesmotiv in Vers 1 schon vorbereitet wird und Jesu Tod als
Liebesdienst für die Seinen interpretiert und solche Liebe nun auch von
ihnen fordert (Joh 13,11–17), eine Reinterpretation der ersten Deutung
durch den Autor von Joh 21 ist. Denn literarisch setzt die zweite Deutung die erste voraus und kann darum nicht – wie Bultmann meint –
vorjohanneische Tradition sein. Das heißt aber, daß hier ein besonderer
für das gesamte Evangelium in seiner überlieferten Gestalt bedeutungs-
voller Akzent gesetzt und keinesfalls nur unreflektiert „urchristliche
Tradition" weitergegeben wird. Aus der gleichen Feder und kaum ohne

---

[18] Vgl. *H. Thyen*, ThR (s. Anm. 6) 224ff.

[19] Joh 13 und die ‚Kirchliche Redaktion' des vierten Evangeliums, in: Tradition
und Glaube. Festgabe für K. G. Kuhn, hg. v. *G. Jeremias* u. a., 1971, 243–256.

aktuellen Anlaß[20] stammt Vers 20 mitsamt der folgenden Lieblingsjünger-Szene sowie schließlich das aus den Johannesbriefen vertraute „Neue Gebot": „Ein neues Gebot gebe ich euch, daß ihr einander liebt, wie ich euch geliebt habe, damit auch ihr einander liebt. Daran wird jedermann erkennen, daß ihr meine Jünger seid, wenn ihr Liebe untereinander übt."

Eben dieser Autor hat in Kapitel 6 der Lebensbrotrede eine auf die sakramentale Mahlfeier der Gemeinde bezogene Reinterpretation in antidoketistischer Absicht gegeben (Joh 6,48–58)[21]. Dabei hat er der drohenden Spiritualisierung des „Lebens" wie des „Todes" deutlich apokalyptische Töne entgegengesetzt, indem er refrainartig mehrfach auf die ausstehende Auferstehung am jüngsten Tag hinweist. Im fünften Kapitel reinterpretiert er die dem Tode entreißende Macht des Offenbarungswortes, damit keiner sich über den Ernst der Lage und die lebenslang auferlegte Verantwortung täuscht, mit dem Motiv der endzeitlichen Totenauferstehung und dem Gericht nach den Werken (5,27–29). Schließlich hat er die Abschiedsrede Jesu (Joh 13,36 – 14,31) durch die große Komposition der Kapitel 15–17 im Licht ekklesialer Problematik seiner Gegenwart reinterpretiert.

Ich bin mir natürlich darüber im klaren, daß diese etwas gewaltsame Tour d'horizon bestenfalls eine Problemanzeige genannt zu werden verdient und noch sehr detaillierten und sorgfältigen Nachweises bedarf. Einstweilen kann ich mich dafür nur auf einige wichtige Arbeiten von G. Richter[22], auf meine eigenen Versuche in dieser Richtung sowie auf eine eben der Theologischen Fakultät in Heidelberg vorgelegte Dissertation von W. Langbrandtner[23] verweisen. Aber dennoch glaube ich aus diesem groben Überblick für die weitere Arbeit wenigstens folgendes Fazit ziehen zu können:

---

[20] Vers 20 scheint mir genau jene Kontroverse von 3 Joh zu spiegeln, die *E. Käsemann* (Ketzer und Zeuge) zur Grundlage seiner Analyse gemacht hat.

[21] Zu dieser m. E. allein richtigen Abgrenzung vgl. *G. Bornkamm*, Vorjohanneische Tradition oder nachjohanneische Bearbeitung in der eucharistischen Rede Johannes 6? In: *ders.*, Geschichte und Glaube II. Ges. Aufs. IV, BEvTh 53, 1971, 51–64. Siehe dazu noch die kommende Fortsetzung meines Berichtes in der ThR.

[22] Die Fleischwerdung des Logos im Johannesevangelium, NovTest 13, 1971, 81 bis 126 und ebd 14, 1972, 257–276; *ders.*, Blut und Wasser aus der durchbohrten Seite Jesu (Joh 19,34b), MThZ 21, 1970, 1–21; *ders.*, Die Deutung des Kreuzestodes in der Leidensgeschichte des Johannesevangeliums. Joh 13–19, BiLe 9, 1968, 21–36; vgl. für weiteres meine (s. Anm. 6) Bibliographie ThR 34 s. v. Richter.

[23] Weltferner Gott oder Gott der Liebe. Der Ketzerstreit in der johanneischen Kirche. Eine exegetisch-religionsgeschichtliche Untersuchung mit Berücksichtigung der koptisch-gnostischen Texte aus Nag-Hammadi, 1975, 404 S.

1. Ein von den mutmaßlichen Glossen einer „kirchlichen Redaktion" gereinigtes und von seinen zahlreichen „Textverstellungen" befreites *ursprüngliches* Johannesevangelium ist schlechterdings unrekonstruierbar. Wohl können und müssen wir in den überlieferten Text *hinein* nach seiner eigenen Geschichte fragen, aber wir kommen auf keine Weise hinter ihn zurück. Dabei läßt sich partiell und fragmentarisch durchaus so etwas wie eine johanneische „Grundschrift" entdecken. Aber wir können nicht wissen, wie sie verstanden werden wollte, weil uns ihr situativer Kontext verborgen bleibt. Vermutlich gilt aber im Blick auf *sie,* was Käsemann naiven Doketismus nennt. Auch scheint ihr Dualismus nicht jenen stark prädestinatianisch-ekklesiologischen Zug zu haben[24].

2. Ist eine solche „Grundschrift" als das „Ganze" und darum als Sachkriterium dem überlieferten Text gegenüber untauglich, so kann dazu sinnvoll und methodisch verantwortbar nur der überlieferte Text Joh 1,1 – 21,24 fungieren, der mit den Johannesbriefen sehr eng zusammengehört.

3. Dann ist aber „naiver Doketismus" kein adäquates Urteil über das Evangelium, das gerade in einer scharfen Auseinandersetzung mit einem Doketismus begriffen ist, der die Unschuld seiner Naivität verloren hat und explizit die Identität von Jesus mit dem Erlöserchristus leugnet.

4. Das Liebesmotiv, in dessen Licht nun auch 3,16 gelesen sein will, ist eine höchst absichtsvoll aufgesetzte besondere Akzentuierung der johanneischen Überlieferung, weil der aktuellen christologischen Häresie Schisma, fehlende Bruderliebe und ein ideologisches Erwählungsbewußtsein korrespondieren (vgl. zB 1Joh 1,5ff).

5. Auch die apokalyptisch reinterpretierte johanneische Eschatologie ist dann sehr viel komplexer, als Käsemann sie darstellt[25].

2.

In diesem Rahmen soll jetzt das Thema der Bruderliebe noch einmal erörtert werden. Das soll unter der Frage geschehen, ob diese Bruderliebe tatsächlich als eine bedenkliche *Einschränkung* der geforderten Nächstenliebe auf den eigenen esoterischen Zirkel begriffen werden muß und ob die Sache, die Paulus als die Rechtfertigung des Gottlosen behandelt, wirklich völlig aus dem Blick geraten ist.

---

[24] Gerade dazu hat Langbrandtner sorgfältige Untersuchungen vorgelegt.

[25] Siehe oben Anm. 8. In der Eliminierung der apokalyptisch-eschatologischen Aussagen folgt Käsemann noch Bultmann.

Dazu ist, wie einst M. Dibelius exemplarisch gezeigt hat[26], von einer Analyse des spezifisch johanneischen Liebesverständnisses auszugehen. Seine Konstituenten hat Käsemann präzise beschrieben: Die vom Offenbarungswort gestiftete Einheit ist der Liebe grundlegend vorgeordnet, ermöglicht sie und gibt ihr die Richtung. Tatsächlich spricht nichts dafür, „daß die Bruderliebe exemplarisch die Nächstenliebe umfaßt" (Käsemann 124). Diese verbreitete harmonisierende Behauptung bringt Johannes nur um den besondern Klang seiner Stimme im Konzert der urchristlichen Autoren. „Liebe ist von Johannes untrennbar an das Ereignis des Wortes gebunden, nämlich an das Sagen des Wortes einerseits und sein Empfangen und Bewahren andererseits" (ebd 126f).

Aber nun muß das besondere Profil dessen beachtet werden, was bei Johannes „Wort" heißt. Gerade gegen die besonderen Akzente des Textes, der von dem im irdischen Jesus inkarnierten und sich in seinem Weg der liebenden Lebenshingabe für „seine Freunde" artikulierenden „Wort" redet, neigt Käsemann zu einem rein verbalistischen Wortverständnis. Darum kann er zu der bei Johannes doch besonders betonten Sicht, daß Liebe in Hingabe ihr Wesen hat, auch nur sagen: „Jedoch ist das eben nicht die charakteristisch johanneische Weise, von Liebe zu sprechen" (127). Der Jesus des vierten Evangeliums offenbart durch sein „Werk" und sein „Wort" in ihrer unlösbaren Interrelation keineswegs nur das „bloße Daß seines Gesandtseins" als Krisis für die Welt, so daß Heil nur negativ als „Entweltlichung" beschreibbar wäre[27], sondern er offenbart – wie exemplarisch zB die Fußwaschungsszene zeigt – ein höchst konkretes „Wie" des von denen der „Welt" unterschiedenen Weges Gottes. Und das gilt auch für die durch die Begegnung und Verbindung mit ihm nun ihrerseits zu „Offenbarungsträgern"[28] gemachten „Seinen": „Daran wird jedermann erkennen, daß ihr meine Jünger seid, wenn ihr Liebe untereinander übt" (13,35). So setzt sich im konkreten *Verhalten* der Gemeinde als hörbarem und rettendem „Wort" an jedermann Gottes Liebe zum Kosmos fort.

---

[26] *M. Dibelius*, Joh 15,13. Eine Studie zum Traditionsproblem des Johannes-Evangeliums, in: Festgabe für A. Deissmann zum 60. Geburtstag, 1927, 168–186. Vgl. jetzt *M. Lattke*, Einheit im Wort. Die spezifische Bedeutung von ἀγάπη, ἀγαπᾶν und φιλεῖν im Johannesevangelium, StANT 41, 1975.

[27] Siehe oben Anm. 8. Aber das gilt nicht nur im Blick auf die postmortale Hoffnung, die Käsemann herausstellt, sondern auch im Blick auf die inhaltliche Konkretion des Heils im „Werk" Jesu.

[28] Vgl. *M. Dibelius* aaO (s. Anm. 26) 180.

Doch damit stoße ich natürlich wieder auf Käsemanns massiven Einspruch: Gottes Liebe zum Kosmos (Joh 3,16) sei ja nur ein unernst gebrauchtes Traditionsrudiment. Damit sei es nicht weit her, denn ernsthaft gäbe es bei Johannes doch nur die beschränkte Liebe zu den verstreuten Gotteskindern mit dem Ziel ihrer Sammlung in den „himmlischen Wohnungen". Ich stelle diesen aus dem prädestinatianischen Dualismus des Evangeliums resultierenden Einwand im Interesse des Gedankens der Bruderliebe aber noch einen Moment zurück.

Aus seiner Einsicht, daß die Liebe, von der Johannes spricht, ihren Grund in der durch die Offenbarung gestifteten „Wesensgemeinschaft" hat, zieht Dibelius die einleuchtende Konsequenz: „Mit dieser Erkenntnis schwindet nun auch jedes Befremden darüber, daß als Objekt der Liebe *nur die Jünger, nicht die Nächsten* genannt werden. Es handelt sich hier um eine Beziehung, die in der Selbstmitteilung Gottes durch Jesus gegründet ist; nur wer in der Liebe Jesu ‚bleibt', kann die Liebe haben, die hier gefordert[29] wird; darum kann es nur eine Liebe der Jesusjünger zueinander sein, nicht zu den ‚Nächsten' und ‚Fernsten'."[30] Davon abgesehen, daß Dibelius allzu schroff und insbesondere angesichts der Lieblingsjünger-Texte m.E. zu Unrecht diese Liebe von „Liebesgesinnung" zu trennen sucht[31], scheint mir der „Apostel der Liebe" hier adäquat verstanden zu sein. Man tut ihm Gewalt an, wenn man seine Liebe als eine Depravation des ganz anderen zu beschreiben versucht, was Jesu Wort von der Feindesliebe und das traditionelle Gebot der Nächstenliebe meinen.

Ursprünglich ist „Nächstenliebe" auch in der vorgegebenen Einheit des durch Gottes rettende Erwählungstat konstituierten Gottesvolkes begründet. Käsemann sieht richtig, „daß Liebe hier etwas anderes als ein Gefühl bezeichnet und sogar den Bereich ethischer Entscheidung transzendiert" (128). Aber das gilt nicht nur für Johannes, sondern generell von Liebe. Sie kann im Grunde weder geboten, noch auf einen beliebigen Kreis von Menschen ausgedehnt werden. Denn „in jedem Fall bedeutet das *umgangssprachliche* Wort ‚Liebe' – nicht nur im Deutschen – eine Verhaltensweise, die in vertrautem Umgang sich ausbildet und die nicht

---

[29] Im Text von Dibelius steht statt „gefordert" „geopfert", was offensichtlich ein Druckfehler ist.

[30] *M. Dibelius* aaO (s. Anm. 26) 179, Sperrungen im Original.

[31] So auch *E. Käsemann* aaO (s. Anm. 1) 128, wenn ich ihn richtig verstehe. Er scheint im übrigen die Arbeit von Dibelius nicht zu kennen; vgl. „es überrascht, daß diese ... Konsequenz nirgendwo ausgesprochen wird" (126).

gegenüber jedermann *gefordert* werden kann"[32]. Weil nun aber der Mensch im vertrauten Umgang mit dem besonderen „Nächsten" dazu neigt, die Bedürftigkeit des Fernen zu übersehen und dafür auch noch ideologische Rechtfertigungen zu konstruieren, erzählt Jesus die Parabel vom barmherzigen Samariter und erhebt der selbstzufriedenen Beschränkung auf den eigenen Klüngel gegenüber mit einer Ironie, die nicht überhört werden darf, die Forderung der „Feindesliebe".

Es ist richtig, daß Johannes das Oxymoron „Feindesliebe" nicht gebraucht. Aber kann man aus dem Fehlen einer derartigen rhetorischen Figur schließen, das johanneische Christentum habe sich deshalb von der darin intendierten Sache distanziert? Mir erscheint das als ein unerlaubter Schluß, für den ich im Evangelium keine Handhabe sehe. Wohl erzählt der johanneische Jesus nicht die Parabel vom barmherzigen Samariter. Aber er überwindet bestehende Feindschaft durch seine Zuwendung zu jener samaritanischen Frau am Jakobsbrunnen, die ihren Landsleuten gegenüber seine Zeugin wird[33]. Hier geht es darum, ein konkretes Schisma des Gottesvolkes, an dessen Kontinuität Johannes gelegen ist, zu überwinden. Dafür, daß sich die johanneischen Christen bei ihrer von Käsemann richtig pointiert hervorgehobenen missionarischen Aktivität je fremder Bedürftigkeit verschlossen haben sollten, sehe ich keine Indizien.

Gewiß heißt es: „Wenn jemand die Welt liebt, in dem ist nicht die Liebe des Vaters" (1Joh 2,15)[34]. Aber die Welt lieben heißt doch gerade Käsemanns scharfsinniger Analyse zufolge, wonach Liebe in Einheit gründet: „aus der Welt sein", an ihrem verkehrten Wesen und ihren bösen Werken teilhaben, statt den Vater, das „Eigene" zu lieben. „Welt" ist hier also ganz eindeutig als die im Widerstand gegen Gottes Offenbarung sich konstituierende „Finsternis" zu verstehen und hat im Unterschied zu dem neutralen Wortgebrauch in Joh 3,16 u.ö. nichts mit Gottes Schöpfung zu tun. Ein Defizit an „Feindesliebe" ist aus solchem Verbot der Prostitution nicht abzuleiten. Und daß Offenbarung Scheidung bewirkt bis hinein in den engen Kreis der Familie (vgl. etwa nur Mt 10,35), ist doch gemeinchristliche Überzeugung.

---

[32] W. *Kamlah*, Philosophische Anthropologie. Sprachkritische Grundlegung und Ethik, 1972, 106; Sperrungen von Kamlah; vgl. ebd 103ff.
[33] Vgl. dazu besonders B. *Olsson* aaO (s. Anm. 12) 115ff.
[34] Siehe dazu E. *Käsemann* aaO (s. Anm. 1) 125.

3.

Jetzt endlich muß aber das schärfste und bisher nicht entkräftete Argument Käsemanns zur Sprache kommen: Der allem übrigen seine Wertigkeit aufprägende, eigentümliche prädestinatianische Dualismus des Johannes. Seine Bestimmung als „Entscheidungsdualismus" hält Käsemann deswegen für ungenügend, weil der Mensch durch sein Ja oder Nein die „bestehende Scheidung" nur aktualisierend zu bestätigen vermöge (132). So pralle die Offenbarung „etwa im Judentum als Gesamtheit auf unüberwindliche Todesherrschaft" (133f), und „in Wahrheit gilt nach Johannes die christliche Sendung auch nicht der Welt als solcher, sondern jenen, die in der Welt dem Christus von seinem Vater gegeben sind, also den Erwählten und zum Glauben Berufenen. Man weiß nicht im vorhinein, wer das ist und wie viele es sind. Das wird erst in der Reaktion auf das Wort deutlich" (135).

Zunächst bedarf der Satz vom Judentum, das als Gesamtheit unüberwindlicher Todesherrschaft unterworfen sei, ganz erheblicher Differenzierung und Korrektur. Wohl sind „die Juden" – wie Bultmann betont – im Johannesevangelium oft die „Repräsentanten des gottfeindlichen Kosmos"[35]. Aber sie sind das für Johannes weder einfach als Angehörige des jüdischen Volkes noch als Glieder des Religionsverbandes der Synagoge, sondern einzig, sofern sie sich der Offenbarung verschließen und sich damit gottlos auf eine ganz bestimmte Weise des „Judeseins" festlegen, statt sich wie Nathanael als „wahrhafte Israeliten" zu erweisen. Indem sie ihren verheißenen Messias zu töten suchen, machen sie sich selbst zu Teufelssöhnen (Joh 8,37–47). Statt dem Messiaskönig zu huldigen, erklären sie dem römischen Statthalter: „Wir haben keinen König, denn den Kaiser" (Joh 19,15). Und draußen stirbt der „König der Juden" (19,21f).

Aber sind damit nicht wieder gerade die wohl massivsten prädestinatianischen Aussagen des Johannesevangeliums (8,37–47) unzulässig entschärft? *Machen* sich nach diesem Text die Juden wirklich erst durch ihr Verhalten zu Teufelssöhnen? Bestätigt nicht vielmehr ihre Mordabsicht nur, daß der Teufel immer schon ihr Vater ist, so daß sie deshalb gar nicht glauben *„können"* (8,43; vgl. 12,39)? Und wird „den Juden" im Zusammenhang der Hirtenrede nicht gesagt: „Ihr glaubt nicht, *weil* ihr nicht zu meinen Schafen gehört!" (10,26), wie umgekehrt gilt, daß zu

---

[35] Vgl. *R. Bultmann,* JohKomm 59f u. ö.

Jesus nur kommen kann, wen der Vater „zieht" (6,44), da keiner sich etwas nehmen kann, das ihm nicht vom Himmel gegeben ist (3,27)[36]?

Nun, daß bei Johannes ein handfester, prädestinatianisch akzentuierter kosmologischer Dualismus *zugrunde liegt,* ist angesichts solcher Sätze schwerlich zu leugnen. Aber die entscheidende Frage ist doch die, was für einen Gebrauch er von solcher Mythologie macht, wie er sie auslegt[37]. Das, was an der Textoberfläche grammatisch dasteht, ebenso wie das, was an Vorstellungen etwa dahintersteckt, will auf den instruktionssemantischen Code dessen bezogen werden, was mit solchen Sätzen in der aktuellen Situation kommunikativ getan werden soll. Denn sie sind keine Katechismus-Wahrheiten, sondern ihre illokutive Funktion ist zu erfragen in einem Evangelium, das geschrieben ist, „Jesu letzten Willen" vollstrecken zu helfen, „daß sie alle eins seien" (Joh 17,21).

Jesu Wille kommt zum Ziel in der Sammlung der verstreuten Gotteskinder (Joh 11,52). Das sind potentiell alle Menschen. Da die Auseinandersetzung mit der Synagoge und das Problem christlicher Juden, die jedoch das öffentliche Bekenntnis zu Jesus als dem Messias des drohenden Synagogenausschlusses wegen nicht wagen, dabei – wie J. L. Martyn wohl ganz richtig beobachtet – keine geringe Rolle spielt[38], kann schon deshalb Joh 8,37–47 nicht anders als auf das faktische Verhalten konkreter Juden Jesus gegenüber hin ausgelegt werden. Vom empirischen Judentum als *massa perditionis* kann also keine Rede sein. Zudem stehen „die Juden" in solchen Texten – wie Bultmann sagt – als „Repräsentanten des Kosmos". Das heißt aber, daß grundsätzlich *alle* Menschen der Finsternis und dem Tode angehören – paulinisch gesprochen „unentschuldbar sind" – und darum der „Geburt von oben" und der „Gotteszeugung" bedürfen. Erst durch die Offenbarung, die für Johannes neue und allein wesentliche Schöpfung ist[39], werden sie zu Gotteskin-

---

[36] Vgl. Joh 6,37.39.65; 10,29; 17,2.6f.24 u. ö.

[37] Vgl. dazu insbesondere den religionsgeschichtlichen Teil von *L. Schottroff,* Der Glaubende und die feindliche Welt. Der Intention nach ist m. E. Bultmanns existentiale Interpretation – sofern man von deren mir nicht tragbaren existential-ontologischen Prämissen absehen kann – das angemessene Verfahren im Umgang mit theologischen Texten. Deshalb kann ich für die Auslegung der fraglichen prädestinatianischen Passagen auch nur auf seinen Kommentar verweisen. In der Auseinandersetzung mit *B. Olssons* Arbeit und *S. J. Schmidts* Texttheorie (s. Anm. 13) scheint sich mir ein angemessenerer Weg der Interpretation zu öffnen.

[38] *J. L. Martyn,* History and Theology in the Fourth Gospel, New York 1968.

[39] Das wird besonders von E. Käsemann pass. herausgestellt; vgl. dazu noch *L. Schottroff,* Der Glaubende 229ff und *H. Thyen,* ThR (s. Anm. 6) 61ff.

dern. Darum wird der Glaube stets als Überschritt aus dem Tode ins Leben beschrieben (1,12f; 3,3ff; 5,24f; 11,25f; 14,23 u.ö.). Ebenso legt sich der Mensch durch die Verweigerung des Glaubens selbst auf den Tod fest und trägt dafür ausdrücklich selbst die Verantwortung (3,18; 9,39ff; 12,46ff).

Der Gedanke der endzeitlichen Sammlung der weltweiten einen Gemeinde in den vielen Wohnungen des himmlischen Vaterhauses scheint mir nur mit einer anderen Metaphorik die Hoffnung auf das Wunder der Restitution der Schöpfung auszudrücken. Deshalb ist Käsemanns Satz „Wiedergeburt ist für Menschenverständnis so unmöglich und selbst für christliche Einsicht ein so geheimnisvolles Wunder, weil der Gedanke an eine restituierte Schöpfungswelt aufgegeben worden ist" (133) eine mir unverständliche Tautologie. Und die johanneische Aussage, daß einzig das Offenbarungswort die in der Finsternis Toten dem Tod und Gericht entreißt und der Liebesgemeinschaft des Lebens einreiht, sagt wiederum anders, was Paulus als die Rechtfertigung der Gottlosen beschreibt. Die Stimmen des Johannes und des Paulus samt vielen anderen interpretieren und korrigieren sich wechselseitig. Ihre Konkurrenz erhält sie lebendig und schützt sie davor zu toten Versatzstücken einer dogmatischen Ausstellung zu werden.

GESETZESDIENST UND STOICHEIADIENST IM GALATERBRIEF

PHILIPP VIELHAUER

Unvorbereitet und unerklärt taucht Gal 4,3 der Ausdruck τὰ στοιχεῖα τοῦ κόσμου auf, der die Mächte benennt, unter die „wir", dh die Gläubigen, im vorgläubigen Sein „versklavt waren"; V. 5 heißt die Macht νόμος. Wenige Zeilen später begegnet der Terminus τὰ στοιχεῖα – ohne Genitivattribut, aber im gleichen Sinn – wieder als Bezeichnung der Mächte, unter denen die Galater als Heiden einst standen und in deren Herrschaft sie sich jetzt „wiederum, von neuem" begeben wollen – durch ihren Gesetzesdienst 4,9. Die stoicheia stehen hier parallel zu τοῖς φύσει μὴ οὖσιν θεοῖς V. 8, wie in V. 5 zum Nomos: die Übernahme des jüdischen Gesetzes durch die Christen kommt einem Rückfall ins Heidentum gleich. Judentum und Heidentum rücken denkbar nahe zusammen, sie sind als Knechtschaft unter den ,Elementen der Welt' identisch. Eine für Juden blasphemische Aussage, eine auch im Munde des Paulus befremdliche Behauptung, die den Auslegern Unbehagen bereitet. Was hat der νόμος mit den στοιχεῖα τοῦ κόσμου zu tun? Die Antwort wird dadurch erschwert, daß der Ausdruck im Corpus Paulinum nur noch zweimal vorkommt (Kol 2,8.20), zwar auch in einer antihäretischen Polemik, aber ohne Bezug zum νόμος und dh weniger allgemein, weniger prinzipiell, weniger radikal. Die Antwort setzt die Klärung zweier anderer Fragen voraus: 1. Was bedeutet der Terminus τὰ στοιχεῖα τοῦ κόσμου? 2. Wie kommt Paulus dazu, diesen Begriff hier und nur hier in der Diskussion über das Gesetz zu verwenden? Hat er ihn von sich aus eingeführt oder greift er mit ihm ein Schlagwort seiner Gegner auf, um es ins Negative zu kehren und die gegnerische Meinung zu disqualifizieren? Die Antworten gehen auseinander. Zuerst ist ein Blick auf die heutige Debatte über die Gegner des Paulus in Galatien nötig, soweit sie unsere Fragen berührt.

I.

Diese Debatte ist durch die Auseinandersetzung mit den Thesen W. Schmithals'[1] bestimmt, der die seit F. C. Baur anerkannte, in Einzelheiten modifizierte These, die Gegner seien Judaisten, also judenchristliche Nomisten gewesen, durch die andere These zu ersetzen trachtet, es handle sich in Galatien (und anderswo) um judenchristliche Gnostiker mit ausgesprochen libertinistischen Tendenzen und Judaisten habe es überhaupt nicht gegeben. Paulus *meine* zwar, er habe es mit Nomisten zu tun, aber hier irre der Apostel. Daß Paulus sich getäuscht habe, ist nicht das Ergebnis von Schmithals' Analyse des Gal, sondern, wie er in entwaffnender Ungeniertheit betont, ihre Voraussetzung (12). Unter ihr kann alles, was nicht paßt, eliminiert[2] und das Übrige gnostisch interpretiert werden, letzteres mit Hilfe der andern Paulusbriefe und, wo sie versagen, mit Hilfe der Schriften altkirchlicher Häresiologen. Auf diese Weise wird – um nur das für unsern Zusammenhang Wichtigste zu nennen – die Beschneidung als „Befreiung des Pneuma-Selbst von dem Kerker dieses Leibes" (27) enthüllt, wobei 5,3 beweisen soll, daß sie in der galatischen Häresie nichts mit dem Gesetz zu tun hatte; so werden die Aussagen über Geist und Fleisch als Zeugnisse für den gnostischen Pneumatismus verwendet; so wird der gnostische Libertinismus, wie schon von W. Lütgert, aus der Paränese erhoben, wozu 6,13 zusätzlich das Indiz für „einen grundsätzlichen Verzicht auf das Gesetz" bedeuten soll (23). Gal 4,8–11 zeigt, daß in Galatien dieselbe Irrlehre am Werk ist wie in Kolossä, eine Auffassung, die allerdings schon H. Schlier vertreten hat.

Seltsamerweise hat Schmithals' These einen gewissen Anklang gefunden. Zwar hat m. W. niemand seine Voraussetzung ganz übernommen. Denn wenn Paulus seine Gegner so total verkannt hätte, daß er in ihnen eine Richtung bekämpfte, die überhaupt nicht existiert hat, dann wäre sein Geisteszustand bedenklicher gewesen als der des Don Quixote beim Ritt gegen die Windmühlen; dies anzunehmen scheute man sich denn doch, wie man sich auch nicht ganz davon überzeugen konnte, daß Schmithals es in allen Stücken besser wisse als der Apostel. Trotzdem wurden – natürlich nicht überall – größere oder kleinere Teile seiner ‚Folgerungen' übernommen und mit der Judaistenhypothese kombi-

---

[1] Die Häretiker in Galatien, ZNW 47, 1956, 25–67; erweitert in: *ders.*, Paulus und die Gnostiker, ThF 35, 1965, 9–46 (danach wird zitiert).

[2] Vgl. die Äußerungen zu Gal 3,1–5,12 S. 29. Dazu *R. McL. Wilson*, Gnostics – in Galatia? In: StEv IV, TU 102, 1968, (358–367) 365.

niert; man spricht dann von judaistischen Gnostikern, gnostisierenden Judaisten, gnostisierenden Tendenzen und dergleichen[3].

Ich will mich mit Schmithals' These weder im ganzen noch im einzelnen auseinandersetzen[4], sondern nur einige Punkte hervorheben, die entscheidend gegen die Gnostikerhypothese sprechen.

1. Die Ausbeutung der Paränese Gal 5,13–6,10 zur Rekonstruktion der galatischen Verhältnisse ist methodisch ein Anachronismus. Nachdem die formgeschichtlichen Untersuchungen von M. Dibelius zur Paränese überhaupt und von A. Vögtle und S. Wibbing zu den Tugend- und Lasterkatalogen den nicht aktuellen, sondern traditionellen Charakter dieser Gattungen nachgewiesen haben und seit 1QS 3,25–4,14 als formale und inhaltliche Parallele zu dem Laster- und Tugendkatalog Gal 5,19(16)-23 bekannt ist, müßte man eigentlich Bescheid wissen, wie Paränesen zu interpretieren sind. Trotzdem aus ihnen Schlüsse auf konkrete Verhältnisse zu ziehen und aus Gal 5f einen Libertinismus nachweisen zu wollen, ist Willkür.

2. Die Ausbeutung von Gal 5,3; 6,13 für den nicht-nomistischen (nach Schmithals also gnostisch-libertinistischen) Charakter der Paulusgegner läßt sich exegetisch nicht halten. Aus 5,3 – „Ich bezeuge aber wiederum jedem Menschen, der sich beschneiden läßt, daß er verpflichtet ist, das *ganze* Gesetz zu tun" – kann man schlechterdings nicht schließen, Paulus teile seinen Lesern die Verbindung von Beschneidung und Gesetz als Neuigkeit mit, also hätte die häretische Beschneidungsforderung nichts mit dem Gesetz zu tun gehabt. Der Ton liegt auf dem ὅλον. Der einzig mögliche Schluß ist, daß die Gegner nicht die Erfüllung des ganzen Gesetzes, sondern nur eines Teils gefordert haben. Ist das schon Anomismus oder Libertinismus? Man darf nicht übersehen, daß auch die *jüdische* Heidenmission für die Proselyten, also Heiden, die sich beschneiden ließen, die religionsgesetzlichen Bestimmungen erleichtert, dh die Erfüllung des Gesetzes auf ein realisierbares Maß reduziert hat[5]. Erst recht konnte die *judenchristliche* Heidenmission solche Reduktionen vornehmen, ohne die Heilsbedeutung des Gesetzes in Frage zu stellen[6]. Gegen solche Er-

---

[3] Ein bequemer Überblick findet sich bei *F. Mußner*, Der Galaterbrief, HThK IX 1974, 14–24.

[4] Vgl. dazu *R. McL. Wilson*, aaO (s. Anm. 2) 358ff und *W. G. Kümmel*, Einleitung in das NT, [17]1973, 260ff.

[5] Vgl. *W. G. Braude*, Jewish Proselyting in the First Five Centuries, Providence, R. I. 1940.

[6] Vgl. *R. McL. Wilson*, aaO (s. Anm. 2) 361.

mäßigungen und gegen nichts anderes polemisiert Paulus 5,3 und nimmt dabei vermutlich seine eigene Gesetzeserfüllung als Jude (Gal 1,14; Phil 3,4ff) zum Maßstab. Nichts anderes als solche Gesetzesermäßigungen bilden auch den *realen* Hintergrund des Vorwurfs Gal 6,13. Man sollte nicht übersehen, daß der Vorwurf, die Gesetzesstrengen hielten selber das Gesetz nicht, recht häufig begegnet (Röm 2,1.21ff; Joh 7,19; Mt 23, 3ff; Mal 2,7ff; Ps 50,16–21), dh einen altbewährten Topos religiöser Polemik darstellt, der zwar immer gern geglaubt wird (s. Schmithals), aber keine sicheren Schlüsse auf die wirkliche Haltung der so Angegriffenen gestattet. Kurz: einen Libertinismus kann in Gal 5,3; 6,13 nur finden, wer ihn zuvor hineingesteckt hat.

3. Analoges ließe sich durchgängig nachweisen: keine einzige „gnostische" Interpretation einer Gal-Stelle ist die einzig mögliche und daher zwingend. Die Beschneidung und die Aussagen über Geist und Fleisch zB konnten von Gnostikern in der Tat so verstanden werden, wie Schmithals interpretiert; daß sie aber in Galatien so verstanden wurden, geht aus dem Gal nicht hervor und kann nur unter Annahme der völligen Ignoranz des Paulus angenommen werden. Das mag mögen, wer mag.

Nur Gal 4,8–11 könnte gegen die Judaistenhypothese sprechen, und zwar dann, wenn nachzuweisen wäre, daß die Paulusgegner die Beobachtung von Festen als einen Elementendienst, als kultische Verehrung der στοιχεῖα τοῦ κόσμου gefordert hätten. Damit kommen wir zu der eingangs gestellten Doppelfrage.

II.

Gelegentlich könnte es scheinen, als bestände über beide Fragen ein gewisser Consensus. „Daß es sich bei den στοιχεῖα τοῦ κόσμου um persönliche Engelmächte handelt, darf heute als bewiesen gelten" (Schmithals, 31 Anm. 91). Ihre Verbindung mit den Festzeiten charakterisiere sie als Gestirnengel, die den Lauf der Zeit regieren. Die terminologische Verwandtschaft mit Kol 2 bestätige dies und zeige, daß die Häretiker in Galatien einen Stoicheiakult propagiert hätten. Paulus hätte den Terminus στοιχεῖα (τοῦ) κόσμου von ihnen bezogen und wende ihn gegen sie. – Doch ist dieser Consensus, der im einzelnen natürlich Unterschiede aufweist, nicht unangefochten.

1. Die Bedeutung von στοιχεῖα τοῦ κόσμου wird einerseits von der Geschichte dieses Terminus und andererseits vom Gal-Kontext (insbesondere der Aufzählung von Festzeiten 4,10) her zu klären gesucht.

Die zahlreichen Arbeiten zur *Bedeutungsgeschichte* von στοιχεῖον haben noch kein allgemein anerkanntes Resultat gezeitigt. Gegen den sich unter Theologen anbahnenden, von Schmithals als perfekt erklärten Consensus, der auf Untersuchungen von M. Dibelius[7] und H. Schlier[8] beruht, haben J. Blinzler[9] und G. Delling[10] ungefähr gleichzeitig, aber unabhängig voneinander gewichtige lexikalische und chronologische Argumente vorgebracht: Zur Zeit des Paulus hat der Terminus noch nicht die Bedeutungen ‚Gestirne, Himmelskörper‘, ‚Gestirnengel, Elementargeister‘ oder ‚Dämonen, Geister überhaupt‘; diese sind erst vom 2. Jh. ab belegt. Zur Zeit des Paulus sind nur belegt: ‚Buchstaben‘, ‚Grundlagen, Prinzipien‘ und ‚Grundstoffe, physikalische Elemente‘. Für Paulus kommt nur die letztgenannte Bedeutung in Frage. Zumal in der Verbindung von στοιχεῖον mit τοῦ κόσμου ist nur diese Bedeutung möglich[11], es handelt sich dabei immer um die vier empedokleischen Elemente – Erde, Wasser, Luft, Feuer – mit oder ohne den Äther. Sonne, Mond und Sterne sind keine Elemente, werden aber je nach Substanz in die verschiedenen Elemente einbezogen. – Besonderes Interesse verdient die göttliche Verehrung der Elemente, auf die E. Schweizer[12] nachdrücklich verweist. Ebenso verbreitet war die Verehrung von Gestirnen. Beide Verehrungen waren sehr vielgestaltig. Um so wichtiger ist die Feststellung, daß auch da, wo beide kombiniert waren, zB bei den Persern und in den Mithrasmysterien, Elemente und Gestirne nie miteinander identifiziert wurden[13]. Im griechisch-hellenistischen Bereich äußert sich die Verehrung in der

---

[7] Die Geisterwelt im Glauben des Paulus, 1909, 78ff.125–155.227ff; ferner: *ders.,* Die Isisweihe bei Apuleius und verwandte Initiationsriten, SAH 1917/4 (= in: *ders.,* Botschaft und Geschichte II 1956, 30–79); *ders.,* An die Kolosser, Epheser, an Philemon, HNT 12, ³1953, 27ff.38ff.

[8] Der Brief an die Galater, MeyerK VII ¹²1962, 190ff.202ff.

[9] Lexikalisches zu dem Terminus τὰ στοιχεῖα τοῦ κόσμου bei Paulus, in: Studiorum Paulinorum Congressus Internationalis Catholicus 1961, AnBib 17–18, Romae 1963, II 429–443.

[10] ThW VII 670–686.

[11] *J. Blinzler,* 440f hat außerhalb der Paulusbriefe elf Belege für diese Verbindung gefunden, und alle beziehen sich auf die physikalischen Elemente.

[12] Die „Elemente der Welt" Gal 4,3.9; Kol 2,8.20, in: *ders.,* Beiträge zur Theologie des Neuen Testaments, Zürich 1970, (147–163) bes. 149f.

[13] Vgl. Hdt I 131 und das andere Material bei *A. Lumpe,* Art. Elementum, RAC IV (1073–1100) 1081.1083.

Weise, daß entweder die Elemente mit Götternamen benannt[14] oder aber Götter auf Elemente gedeutet werden[15], beides geschieht aufgrund verwandter Eigenschaften (zB Feuer/Hephaistos) oder/und mit Hilfe sprachlicher Spielereien (zB ῞Ηρη/ἀήρ). In dieser Verbindung von Naturwissenschaft und Götterglauben[16] werden die Elemente nicht als personhafte Wesen verstanden; es handelt sich vielmehr um *Personifikationen*[17], wenn nicht um Allegorien – was allerdings dem Ernst dieser Weltfrömmigkeit keinen Abbruch tut. Daß hier kein wirklicher Götterkult vorliegt, zeigt die Tatsache, daß das hellenistische Judentum zwischen Elementenverehrung und Götzendienst unterschied[18].

Die Aufzählung der *Festzeiten* Gal 4,10 ist nicht die des ,offiziellen' jüdischen Festkalenders; sie hat ihre nächsten Parallelen im äthiopischen und slawischen Henoch, in den Jubiläen und in Qumranschriften[19]. Das Material zeigt zwar ähnliche, aber nicht dieselben Zusammenstellungen. Diese sind orientiert am Gedanken der zyklischen Ordnung der periodisierten Zeit und an der genauen Beobachtung dieser Ordnung; sie stellen den Ausdruck einer ,Kalenderfrömmigkeit' dar. Meist wird diese Ordnung mit der Sonne in Verbindung gebracht, in den Henochbüchern auch mit andern Gestirnen. Die Vorstellung, daß die astronomische Weltordnung auch mit Engeln verbunden ist, findet sich, abgesehen von Jub 2,2 vor allem in den Henochbüchern; und zwar so, daß *ein* Engel oder auch eine Vielzahl von Engeln über die Gestirne herrschen und so den Lauf der Zeiten regulieren. An einigen Stellen könnte es scheinen, die Engel repräsentierten die Gestirne oder seien gar mit ihnen identisch – aber das ist nicht eindeutig und auf keinen Fall zwingend. Die Gestirne haben nicht per se ,Personcharakter'. Nach den Jubiläen und den Qumranschriften geht die astronomische Weltordnung nicht auf Engel, sondern auf Gott zurück; sie ist Gottes Gesetz. – Das Material gibt für das Ver-

---

[14] So schon von Empedokles; vgl. ferner Philo, Vit Cont 3.

[15] So zB in den Heramysterien von Argos: *M. P. Nilsson*, Geschichte der griechischen Religion II, HAW V,2,2, ²1961, 695.

[16] Sie begegnet schon im 6. Jh. bei Theagenes von Rhegion: *A. Lumpe*, aaO (s. Anm. 13) 1080f.

[17] Solche liegen m. E. auch bei Diod S. I, 11,5–12,9 vor; anders *E. Schweizer*, aaO (s. Anm. 12) 150, Anm. 22 und 24.

[18] Weish 7,17ff; 13,1–11; Philo Spec Leg II, 255f; Vit Cont 3–7; vgl. *E. Schweizer*, aaO (s. Anm. 12) 150f.

[19] Zusammengestellt bei *H. Schlier*, aaO (s. Anm. 8) 192f.203ff; *F. Mußner*, aaO (s. Anm. 3) 299ff; ausführlich *M. Limbeck*, Die Ordnung des Heils. Untersuchungen zum Gesetzesverständnis des Frühjudentums, 1971, 63–84.134–175.

ständnis von στοιχεῖα Gal 4,3.9f kaum etwas her. Die Vokabel ‚Elemente‘ kommt, abgesehen von einigen problematischen Stellen in slHen[20], überhaupt nicht vor. Und was gelegentlich in diesen Texten als ‚Elemente‘ angesprochen und als Beleg für ihren Zusammenhang mit Engeln bzw Geistern und den Gestirnen herangezogen wird (Flüsse, Winde, Blitze und dgl.)[21], hat mit denjenigen Vorstellungen, die im Sprachbereich des Paulus mit dem Ausdruck στοιχεῖα τοῦ κόσμου verbunden sind, nichts zu tun. Die Vorstellung, daß das Reich der Natur von Engeln verwaltet wird, darf nicht isoliert werden; sie gehört mit der Vorstellung von Offenbarungs-, Völker-, Schutz- und andern Engeln zusammen, dh sie gehört nicht in die Kosmologie, sondern in den umfassenderen Bereich der Angelologie[22]. Wie der Begriff ‚Elemente‘ in die genannten Texte eingetragen ist, so gibt es in ihnen auch keine ‚Elementargeister‘ (die man daher besser an ihren legitimeren Orten beließe, zB in E. T. A. Hoffmanns Märchen). – Schließlich besteht kein Anlaß, aus der Tatsache, daß die Aufzählung V. 10 ihre Parallelen „nicht in der jüdischen Orthodoxie"[23], sondern in apokryphen Schriften hat, den Schluß zu ziehen, die Paulusgegner seien keine Nomisten gewesen. Denn abgesehn davon, daß es eine analoge ‚orthodoxe‘ (rabbinische) Zusammenstellung nicht gibt, sollte man ‚die jüdische Orthodoxie‘ hier besser aus dem Spiele lassen, denn sie hat sich erst nach der Zerstörung Jerusalems etabliert; vorher konnte sich jede religiöse Richtung des Judentums für ‚orthodox‘, für das wahre Israel halten. Man darf auch nicht ignorieren, daß die Verfasser dieser ‚apokryphen‘ Schriften zwischen ihrem (solaren) Kalender und dem Gesetz Moses keinen Widerspruch, sondern Übereinstimmung sahen. Und Paulus spricht in V. 10 ganz „allgemein und formal" (Schlier, 207). Er tadelt die Galater nicht, weil sie falsche, ‚apokryphe‘ Feste feiern, sondern weil sie überhaupt Festzeiten beobachten.

---

[20] SlHen Rezension A: Proömium; 8,6; 12,1; 15,1; 16,7; 23,1; 27,1; vielleicht auch 28,4; 40,8. In Rezension B dagegen nur 23,1. In Rezension A hat die Vokabel zwei verschiedene Bedeutungen. Vgl. *J. Blinzler*, aaO (s. Anm. 9) 438f.439, Anm. 1, der auch die Schwierigkeit, aus dem späten slawischen Text den Wortlaut des vermuteten griechischen Originals zu erschließen, nachdrücklich hervorhebt.

[21] ZB Jub 2,2f; ferner *H. Schlier*, aaO (s. Anm. 8) 192, Anm. 2 und 3.

[22] Vgl. *W. Bousset – H. Greßmann*, Die Religion des Judentums im späthellenistischen Zeitalter, HNT 21, ³1926 = ⁴1966, 320ff; *G. F. Moore*, Judaism I, Cambridge, Mass. 1927, 403f.

[23] *W. Schmithals*, aaO (s. Anm. 1) 30 Anm. 83.

Zusammenfassend ist zu sagen: Die στοιχεῖα τοῦ κόσμου sind die Grundstoffe der Welt. Sie gelten nicht als persönliche Wesen, auch wenn sie göttlich verehrt werden. Paulus parallelisiert sie zwar den Aufsehern und Verwaltern V. 3 und den Göttern, die von Natur keine sind, V. 9, aber er nimmt keine Identifikation vor; man könnte von Personifikation sprechen. Eine unmittelbare Verbindung zu den Gestirnen oder gar zum Kalender ist mit dem Terminus στοιχεῖα nicht gegeben. Daher ist der Zusammenhang mit der Polemik gegen den Festkalender nicht recht einsichtig. Dieser gehört, *wenn* er überhaupt mythische Hintergründe hat, mit den Gestirnen und vielleicht mit Gestirnengeln zusammen. Aber diese können, wie das Material zeigt, nicht mit den Stoicheia identifiziert werden.

2. Der religionsgeschichtliche Befund entscheidet zwar die Frage noch nicht, ob Paulus das Motiv des Stoicheiadienstes von sich aus eingebracht oder von seinen Gegnern übernommen hat, aber er reduziert die Wahrscheinlichkeit, daß die Gegner einen Stoicheiakult mit einem Festkalender als besonders auffälligem Merkmal propagiert hätten, nicht unerheblich. Was sonst noch von ihren Parolen bekannt ist – Gesetzlichkeit, Beschneidung, Attacken gegen Paulus –, verstärkt die Stoicheiathese auch nicht.

Wer sie trotzdem verficht, füllt die ὑστερήματα unserer Kenntnis der galatischen Häresie mit Angaben über die kolossische aus. Ein methodisch fragwürdiges Vorgehen, das durch das Vorkommen der „Elemente der Welt" Kol 2,8.20 nicht zureichend gerechtfertigt ist. Denn die Differenzen sind zu stark: im Kol lautet der Festkalender anders (2,16), fehlt der Terminus νόμος, ist von Beschneidungsforderung nicht die Rede. Ferner ist umstritten, ob die ‚Weltelemente' zu den Schlagworten der kolossischen Häresie gehören[24]. Schließlich war der Terminus, wie E. Schweizer nachgewiesen hat, damals weit verbreitet, so daß sein Vorkommen in Gal und Kol nichts allzu Verwunderliches hat[25]. Auf eine Identität oder Verwandtschaft der hier und dort bekämpften Richtungen zu schließen, empfiehlt sich daher nicht. Man muß sich für unsere Frage an den Gal allein halten.

Betrachtet man zunächst 4,8–11 unter diesem Gesichtspunkt, so wäre zu resümieren: 1. Paulus wertet das jetzige Verhalten der Galater als Rückfall in ihr früheres Heidentum; 2. er charakterisiert dieses wie jenes

---

[24] G. *Delling*, ThW VII 684f.

[25] J. *Eckert*, Die urchristliche Verkündigung im Streit zwischen Paulus und seinen Gegnern nach dem Galaterbrief, BU 6, 1971, 128f.

als Stoicheiadienst; 3. er konkretisiert das jetzige Verhalten als Beobachten von Festen; 4. er spricht seine schwersten Befürchtungen aus. Zweierlei fällt an diesem Text auf: einmal die Behauptung V. 9 (*„wiederum zu den . . . Elementen zurückkehren"*; ihnen *„wiederum von neuem dienen wollen"*) und dann die Inkriminierung des Festkalenders.

Das „wiederum" und „wiederum von neuem" suggeriert, daß das Heidentum der Galater tatsächlich in einer Stoicheiaverehrung bestand und daß das jetzige Verhalten der Galater tatsächlich ein dieser ähnlicher Stoicheiadienst ist; trifft das zu, was V. 9 suggeriert, dann haben die Paulusgegner tatsächlich einen Stoicheiadienst propagiert, und Paulus hatte einen empirischen Grund für die Gleichsetzung von Gesetzesdienst und heidnischem Elementendienst. So H. Schlier:

> „Diese Gleichsetzung ist ihm dadurch erleichtert, daß seine Gegner in ihrem religiösen Denken Elemente aufwiesen, die ihre nächsten Parallelen in der ‚apokryphen' Literatur haben und sich mit ‚gnostischen' Vorstellungen verbinden konnten. Andrerseits waren die heidnischen Galater nicht anders wie die heidnischen Kleinasiaten überhaupt einem Gestirn- bzw. Engel- und Elementendienst verfallen . . ." (193 Anm. 4).

Aber hier sind, was die Religion der Galater betrifft, Bedenken anzumelden. Ich setze dabei, wie auch Schlier, als Adressaten die keltischen Galater voraus[26]. Die galatischen Stämme haben bei ihrem Eindringen in Kleinasien die Kulte des von ihnen besetzten Landes angenommen, den der Großen Mutter und des Attis von Pessinus, den des Zeus von Tavium und der Artemis[27]. All diese Kulte haben jedoch mit der Verehrung der Elemente nichts zu tun und sind auch keine Gestirnkulte. Und die keltische Religion[28], die die Galater vermutlich ebensowenig ganz aufgegeben haben wie ihre Sprache und Stammesorganisation, kennt ebenfalls keine Elementenverehrung und abgesehen von einer umstrittenen Ausnahme (der Göttin Siorna)[29] auch keinen Gestirnkult. In den Sprachresten der kleinasiatischen Galater findet sich, soweit das von L. Weisgerber gesammelte Material erkennen läßt, von στοιχεῖα- oder

---

[26] Ich halte die Argumente für die Landschaftshypothese für zwingend, zumal nachdem *K. Bittel* das archäologische Gegenargument aufgrund von Ausgrabungen im trokmischen Gebiet entkräftet hat: Christliche und jüdische Grabsteine, in: Boghazköy V, Funde aus den Grabungen 1970 und 1971, ADOG 18, 108–113.

[27] *F. Stähelin,* Geschichte der kleinasiatischen Galater, 1907, 46f.75; in der Kaiserzeit pflegten sie auch den Kult der Dea Roma und des vergöttlichten Augustus (*Stähelin,* aaO 101f).

[28] Vgl. *J. Moreau,* Die Welt der Kelten, 1958, 99ff; *J. de Vries,* Keltische Religion, 1961.

[29] *J. de Vries,* aaO 134f.

Astralmotiven keine Spur[30]. Dh das frühere Heidentum der Galater war kein Stoicheiakult; also konnte auch nicht die Ähnlichkeit ihres jetzigen Verhaltens mit ihrem heidnischen der Grund zu der Parallelisierung sein. Wie ist aber, wenn auch diese Stütze fällt, ihr jetziges Verhalten religionsgeschichtlich als Stoicheiadienst zu denken? Die bisherigen Auskünfte, auch die eben zitierte von Schlier, überzeugen ja nicht. Wenn die Häretiker tatsächlich Anschauungen verbreitet hätten, die religionsgeschichtlich als Verehrung der Elemente anzusprechen wären, müßte dann die Polemik des Paulus nicht anders aussehen?

Das gilt auch hinsichtlich des inkriminierten Festkalenders. Denn der Kalender hat, wie gezeigt, nichts mit den Weltelementen zu tun, sondern allenfalls mit jüdischen Spekulationen. Und wenn V. 10 von hier aus etwa auf „glückbringende bzw. unglückbringende Tage und Zeiten" (Schlier, 206) oder auf „Gefahren", die ein eventueller „abergläubischer Gestirnkult" mit sich bringt (Mußner, 302), oder auf einen schon vorhandenen Gestirn- oder Engeldienst gedeutet wird, so fragt man sich doch, warum Paulus das nicht auch deutlich sagt – falls seine Gegner derartiges mit ihren Kalenderfesten verbunden hätten. Zwar nennt Paulus die Festzeiten an pointierter Stelle, aber um so auffälliger ist es, daß er sie außer hier im ganzen Brief überhaupt nicht erwähnt, sehr im Unterschied zur Beschneidung und zur Gesetzesforderung. Das spricht dafür, daß der Festkalender nicht der signifikanteste Zug der gegnerischen Verkündigung und auch nicht mit mythologischen Spekulationen und paganen Devotionen verknüpft war; das spricht dafür, daß die Beobachtung der Festzeiten ebenso wie die Beschneidung und anderes zu der geforderten Erfüllung des Mose-Gesetzes gehörte. Nicht als Beispiel abergläubischer und magischer Praktiken, sondern als Teil des Gesetzes führt Paulus die Festzeiten an; daß er gerade diesen sozusagen harmlosen Teil wählt, bringt – wohl absichtlich – etwas Irritierendes in die Ausführungen V. 8–11; daß er ihn *pars pro toto* meint, gibt ihnen ihr theologisches Gewicht.

Gal 4,8–11 gibt also keinen Hinweis, daß die Stoicheia in der Verkündigung der Paulusgegner eine Rolle gespielt haben.

In Gal 4,3 wird man einen solchen Hinweis schon gar nicht suchen. Wenn Paulus hier – mit dem „wir" – auch die Juden einbezieht und das vorchristliche Sein sowohl der Juden als auch der Heiden als Versklavtsein unter die Elemente der Welt charakterisiert, so spricht alles dafür,

---

[30] Galatische Sprachreste, in: Natalicium Joh. Geffcken zum 70. Geburtstag, 1931, 156ff.

daß er diesen Begriff selbst eingeführt hat. Er will mit ihm Heidentum und Judentum auf den gleichen begrifflichen Nenner bringen.

III.

Die στοιχεῖα τοῦ κόσμου – also *„das, worauf die Existenz* dieser Welt *beruht und* was auch das Sein des Menschen ausmacht"[31] – sollen dieser Nenner sein. Natürlich versteht Paulus diesen physikalischen Begriff nicht in einem rein physikalischen, sondern in einem umfassenderen Sinn. Das zeigt einmal die Tatsache, daß er ihm die Religionen subsumiert. Das zeigt ferner der Machtcharakter der Stoicheia und vor allem das ihm korrespondierende δουλωθῆναι V. 3 und δουλεύειν V. 9 und ihre damit gegebene negative Wertung. Aber das Moment des Naturhaften, des ‚Kosmischen' bleibt konstitutiv. Und um seinetwillen hat Paulus offenbar diesen Terminus gewählt. Er war ja einerseits schon vom hellenistischen Judentum in Verbindung mit der heidnischen Religion verwendet worden, andererseits aber unbelastet und daher für die Absicht des Paulus, gerade das Gesetz als universal versklavende Macht herauszustellen, besser geeignet als etwa die apokalyptische Vorstellung von den „Herrschern dieses Äons", in der nach jüdischer Auffassung das Gesetz gerade ein Heilsfaktor ist. Die Elemente der Welt gehören in eine Reihe mit den andern die ‚Welt' qualifizierenden Größen: Fleisch, Sünde und Tod[32]. Aufgrund von Röm 5–7 wäre zu präzisieren: das Gesetz bildet zusammen mit Sünde und Tod gleichsam drei konzentrische Ringe, die *jede* vorgläubige Existenz einschließen.

Röm 7,6ff zeigt Paulus noch einen erheblich andern Aspekt des Gesetzes („heilig, gerecht und gut", „zum Leben gegeben"), aber auch dies, daß und warum das Gesetz zum eigenmächtigen Heilsweg, zum Leistungsprinzip immer schon pervertiert ist[33]. Von diesem Gesetz – nicht vom Gesetz, wie es ‚an sich' ist – spricht er auch im Gal und unter diesem Gesichtspunkt beurteilt er hier auch die Geschichte Israels und das Judentum. Daß der Gal nicht sein letztes Wort über das Judentum ist,

---

[31] *G. Delling,* ThW VII 685.

[32] So *J. Blinzler* mit Recht, aaO (s. Anm. 9) 442f. Warum er aber behauptet, „daß das Gesetz, obwohl es eine (freilich nicht alle Menschen!) knechtende Macht war und obwohl es mit Fleisch, Sünde und Tod in engstem Zusammenhang steht, keineswegs derselben Kategorie angehört wie die drei Größen (und somit nicht selbst zu den Weltelementen zu rechnen ist)", ist nicht einzusehen.

[33] Vgl. *E. Käsemann,* An die Römer, HNT 8a, 1973, 182ff (³1974, 184ff).

zeigt Röm 9–11[34]. So sehr man den polemisch-apologetischen Charakter des Gal in Rechnung stellen muß, so wenig darf man seine Aussagen über das jüdische Gesetz zu situationsbedingten polemischen Einseitigkeiten verharmlosen.

Denn gerade 4,3 ist die Pointe der Argumentation gegen die Übernahme des Gesetzes durch die, die schon „in Christus" sind, die schon „Christus gehören" (3,28f): auch das Judentum ist wie das Heidentum nichts anderes als Knechtschaft unter den Elementen der Welt. Die Gleichheit der beiden Menschheitsteile in ihrer verlorenen Situation vor Gott ist auch der Grundgedanke von Röm 1,18–3,20. Und daß das Gesetz ein Stück der vergänglichen Welt ist, braucht nicht ausgeführt, sondern nur angedeutet zu werden. Wie es nur ein Zwischenfaktor zwischen der Verheißung und Christus ist und mit Christi Kommen abgetan ist (Gal 3,15–29; Röm 10,4), so ist es auch nicht göttlichen Ursprungs, sondern nur durch Engel erlassen (Gal 3,19); diesen nichtgöttlichen, irdischen Charakter meint auch das Epitheton „arm" bei den Stoicheia Gal 4,9 (denn „reich", „Reichtum" ist ein Charakteristikum der göttlichen Sphäre, 2Kor 8,9). Das Gesetz ist zu „schwach", die Menschen zu retten (Röm 8,3; vgl. die „schwachen Elemente" Gal 4,9), ja es hat den Zweck, die Übertretungen zu provozieren (Gal 3,19; Röm 3,20; 5,12). „Das Gesetz wirkt Zorn" (Röm 4,15). Es ist ein Dienst des Todes und recht eigentlich die Signatur des „Alten Bundes", dieses Äons (2Kor 3,4–18)[35]. Und 1Kor 15,56 bringt den Zusammenhang von Gesetz, Sünde und Tod auf eine klare Formel. All diese Aussagen beruhen darauf, daß für Paulus Christus an die Stelle des Gesetzes getreten ist (Phil 3,4–11).

Diesen paulinischen Kontext muß man beachten, um Gal 4 sachgemäß zu verstehen. Die klassische Interpretation dieses Passus durch F. C. Baur wirkt heute noch nach; nachdem er den interimistischen Charakter des Judentums herausgestellt hat, fährt er fort:

> „Ja, der Apostel setzt das Judenthum sogar noch tiefer herab, es macht den Menschen nicht blos von dem Zwang des Gesetzes, sondern, da es, wie das Heidenthum, auch seine an bestimmte Zeiten, Tage, Monate, Jahre gebundenen religiöse Institutionen und Cultusformen hat, von denselben elementarischen und materiellen Naturmächten abhängig, deren Verehrung zum Charakter der heidnischen Naturreligion ge-

---

[34] E. *Käsemann*, aaO 241–308 (³243–311).
[35] Hierzu E. *Käsemann*, Geist und Buchstabe, in: *ders.*, Paulinische Perspektiven, ²1972, 253ff.

hört, es steht somit auch mit dieser, wenigstens nach dieser Seite hin, auf derselben Stufe der religiösen Entwicklung."[36]

Es geht aber dem Apostel nicht um eine Geschichtsspekulation über die Entwicklung von der Naturreligion zur Geistesreligion, sondern, wie das Kontrastschema Einst–Jetzt Gal 4,1–5.8f und wie der Kontext zeigen, um den kontradiktorischen Gegensatz Gesetz-Christus. Und das Gesetz ist nicht nur das Zeremonial- und Kultgesetz, das ja mit der Zeit ohnehin obsolet wird, sondern das Gesetz als Heilsweg, als Selbsterlösung und Selbstbehauptung und so in der Tat als mit „elementarischen und materiellen Naturmächten" identisch. Es geht Paulus bei jenem Gegensatz um das Entweder-Oder von Glaube oder Abfall, und dabei rücken Heidentum und Judentum so nahe zusammen, daß „das vom Apostel selber kaum hinreichend geklärte Verhältnis zwischen jüdischem Gesetz und heidnischer Frömmigkeit"[37] religionsgeschichtlich und theologisch problematisch bleibt. Wie vielschichtig und problematisch der paulinische Gesetzesbegriff überhaupt ist, hat eindrücklich Ernst Käsemann gezeigt[38], dem diese Marginalien ein Zeichen des Dankes sein sollen.

---

[36] Das Christentum und die christliche Kirche der drei ersten Jahrhunderte, ²1860, 55f (Neudruck in: *ders.*, Ausgewählte Werke, hg. v. *K. Scholder*, III 1966. – *H. Lietzmann*, An die Galater, HNT 10, ³1932, 26: „Pls will nicht differenzieren, sondern zusammenfassen: Naturreligion gegenüber dem Christentum. Und hat er etwa nicht recht?"

[37] *E. Käsemann*, Paulinische Perspektiven 260.

[38] Vor allem in „Geist und Buchstabe", Paulinische Perspektiven 237–285.

RÖM 13,11–14 UND DIE „NAH"-ERWARTUNG

ANTON VÖGTLE

Für die Frage der Naherwartung Pauli kommt dem Römerbrief als wohl letztem sicher vom Apostel selbst stammenden Brief besondere Bedeutung zu. Bezeugt Röm 13,11–14 „indirekt" das Bewußtsein der Parusieverzögerung[1], das den Apostel „zwar von einer Nähe" sprechen läßt, „aber in distanzierenden Worten"[2]? Oder bedient sich Paulus gegenüber früher doch einer vorsichtigeren Formulierung, die ihn nur mehr „eine relative Zeitansage" machen läßt? „Die komparativische Struktur solcher Bestimmung ist bezeichnend: eine Betrachtungsweise, welche die Distanz zum Ende an einem abgelaufenen Quantum Weltzeit abliest, kann die Endnähe nur noch relativierend ausmessen und unterscheidet sich darin prinzipiell von den eine ‚absolute Chronologie' so deutlich in Rechnung stellenden Aussagen des 1 Thess und 1 Kor."[3] Oder will Röm 13,11.12a – was W. Harnisch im Rahmen seiner Auslegung von 1 Thess 5,4ff freilich nur vorsichtig in Frageform anmerkt – „hintergründig ebenfalls dem *paradoxen* Sachverhalt Ausdruck geben, daß für das Selbstverständnis des Glaubenden die Zeit in der Zeit wechselte (vgl. E. Fuchs, Hermeneutik 4. Aufl. 1970, S. 269)"[4]? Will Paulus also möglicherweise hintergründig weder mit der Naherwartung noch überhaupt mit der Zukunftserwartung argumentieren? Oder hat doch E. Käsemann ins Schwarze getroffen? „Wie in 1.Th 4,13ff. wird brennende Naherwartung

[1] So *A. Strobel,* Kerygma und Apokalyptik, 1967, 88.

[2] *E. Bammel,* Judenverfolgung und Naherwartung, ZThK 56, 1959, 311.

[3] *G. Klein,* Apokalyptische Naherwartung bei Paulus, in: Neues Testament und christliche Existenz. Festschr. für Herbert Braun, hg. v. *H. D. Betz* und *L. Schottroff,* 1973, (241–262) 258.

[4] Eschatologische Existenz. Ein exegetischer Beitrag zum Sachanliegen von 1 Thessalonicher 4,13–5,11, FRLANT 110, 1973, 130.

in der Gemeinde vorausgesetzt, die sich nicht ... entmythologisieren läßt."[5]

I.

Wir versuchen zunächst, *die Gliederung unseres Abschnitts* zu skizzieren:

A) *Zusätzliche Motivierung der voraufgehenden (12,1–13,10) und abschließenden (13,11–14) Paränese:* 13,11a–12a

V. 11a: καὶ τοῦτο (ποιεῖτε): Zusammenfassende Mahnung als Überleitung zu einer zusätzlichen Motivierung;

V. 11b: εἰδότες τὸν καιρόν,: Kurzfassung der Motivierung mittels ὁ καιρός als Oberbegriff: (Und dies tut um so mehr als) ihr um den Kairos wißt;

V. 11c: ὅτι ὥρα ἤδη ὑμᾶς ἐξ ὕπνου ἐγερθῆναι,: Konkretisierung des Kairos und seiner Forderung mittels einer metaphorischen Aussage (eschatologischer Weckruf): daß die Stunde schon da ist, vom Schlaf aufzuwachen;

V. 11d: νῦν γὰρ ἐγγύτερον ἡμῶν ἡ σωτηρία ἢ ὅτε ἐπιστεύσαμεν.: Begründung des vorangehenden Themasatzes V. 11c: denn jetzt ist das Heil, „die endgültige σωτηρία"[6] für uns näher als damals, da wir gläubig wurden.

V. 12a: ἡ νὺξ προέκοψεν, ἡ δὲ ἡμέρα ἤγγικεν.: Überleitung zur parakletischen Ausführung des Themasatzes V. 11c: Die Nacht ist vorgerückt, der Tag ist nahe herangekommen.

B) *Parakletische Explikation der im Themasatz V. 11a ausgesprochenen Forderung, vom Schlaf aufzuwachen:* V. 12b–14

Der Einsatz dieser Explikation ist formal angezeigt: a) durch den Wechsel von indikativisch-assertorischen Aussagen (V. 11a–12a) zu kohortativen (ἀποθώμεθα [steht betont am Anfang des Satzes V. 12b], ἐνδυσώμεθα, περιπατήσωμεν), die im Schlußsatz V. 14 durch direkte Anreden (ἐνδύσασθε, [μὴ] ποιεῖσθε) abgelöst werden; durch ein folgerndes οὖν[7] zu Beginn von V. 12b.

---

[5] An die Römer, HNT 8a, 1973, 346 (³1974, 350).

[6] *E. Käsemann,* An die Römer 347 (³350).

[7] Vgl. *W. Nauck,* Das οὖν paraeneticum, ZNW 49, 1958, 134f.

Die Paraklese entfaltet sich in drei Antithesen, die je vom Gegensatz negativ und positiv qualifizierten Handelns bestimmt sind (V. 12b–13 bis 14):

(1) mittels des Gegensatzpaares „die Finsternis/das Licht":

V. 12b: ἀποθώμεθα οὖν τὰ ἔργα τοῦ σκότους,

V. 12c: ἐνδυσώμεθα δὲ τὰ ὅπλα τοῦ φωτός.

(2) mittels des Motivs des taggemäßen Verhaltens und seines Gegenteils:

V. 13a: ὡς ἐν ἡμέρᾳ εὐσχημόνως περιπατήσωμεν,

V. 13b: μὴ (περιπατήσωμεν) κώμοις καὶ μέθαις,

μὴ κοίταις καὶ ἀσελγείαις, μὴ ἔριδι καὶ ζήλῳ

(3) mittels der gegensätzlichen Prinzipien „Christus/σάρξ":

V. 14a: ἀλλὰ ἐνδύσασθε τὸν κύριον Ἰησοῦν Χριστόν,

V. 14b: καὶ τῆς σαρκὸς πρόνοιαν μὴ ποιεῖσθε εἰς ἐπιθυμίας.

II.

Bereits *ein* (freilich ungebührlich gedrängter) *Vergleich mit zwei anderen Texten des corpus Paulinum* kann den Blick für Röm 13,11–14 schärfen helfen.

Der nachpaulinische Abschnitt *Eph 5,8–14* steht dem unsrigen insofern am nächsten, als außer Röm 13,11 nur hier, nämlich im Taufliedfragment 5,14b, mit ἔγειρε, ὁ καθεύδων das Motiv vom *„Auf*wachen" vom Schlaf begegnet[8] – freilich in einem anderen Kontext. Eph 5,8–14 geht von der ausdrücklichen Gegenüberstellung des vorchristlichen (ποτέ) Seins als σκότος und des christlichen (νῦν) Seins als φῶς ἐν κυρίῳ (5,8a) aus. Auf dem Indikativ des schon erfolgten Wechsels aus der Finsternis zum Licht gründet die Mahnung ὡς τέκνα φωτὸς περιπατεῖτε (5,8b). Um diesen schon erfolgten Wechsel aus Finsternis zum Licht in Erinnerung zu rufen, wird der Weckruf des Tauflieds zitiert: „Wach auf, du Schläfer!" Sowohl im überlieferten Tauflied als auch im vorliegenden Kontext bezieht sich das Aufwachen vom Schlaf somit auf ein Geschehen der Vergangenheit, nämlich auf die Taufe. Obwohl die VV. Röm 13,11–14 „als typische Taufermahnung zu betrachten (sind)"[9], wird das Aufwachen vom Schlaf hier – im Unterschied zu Eph 5 –

---

[8] Das gilt auch wenn die Übersetzung „steh auf" vorzuziehen wäre, da der Schlafende ja zum Aufstehen geweckt wird.

[9] *E. Käsemann,* An die Römer 347 ([3]350).

unmittelbar nicht als Forderung des Taufempfangs, sondern als Forderung des Kairos-Charakters der Gegenwart, einer jetzt eingetretenen Zeitsituation gekennzeichnet.

Von den anerkannten Paulusbriefen kommt *1Thess mit den VV. 5,1 bis 11 bzw. 5,4–8* unserem Röm-Abschnitt am nächsten[10]. Im Unterschied zu Eph 5 steht 1Thess 5,4–8 wie Röm 13 im Zeichen der Parusieerwartung, jedoch in unterschiedlicher Ausrichtung. Ob 1Thess 5,1 bis 11 „der apologetische Einschub eines Späteren"[11] oder ursprünglicher Bestandteil des Briefes ist[12], muß hier ebenso offenbleiben wie die damit verknüpfte schwierige Frage, welche gedankliche Perspektive oder auch zu attackierende Auffassung den Einsatz mit „Ihr habt es nicht nötig, daß ich euch über die χρόνοι und die καιροί schreibe" (5,1) bedingt. Als Gegenstand des genauen Wissen der Adressaten wird jedenfalls vorausgesetzt, „der Tag des Herrn" werde kommen wie ein Dieb in der Nacht, als plötzliches, unerwartetes Verderben und unentrinnbare Qual (5,2–3). Um die Adressaten zur situationsgemäßen Einstellung gegenüber der Parusie aufzurufen, die ihnen dem im Christusgeschehen bekundeten Willen Gottes zufolge nicht den Gerichtszorn, sondern das Heil bringen soll (5,9f), greift der Autor mit einer erneuten betonten Anrede („Ihr aber Brüder . . .") speziell den Vergleich des Kommens des Tages des Herrn mit dem Kommen des nächtlichen Diebes nochmals auf (5,4). Dabei läßt er jetzt κυρίου hinter ἡ ἡμέρα weg (vgl. V. 4b mit V. 2b), um ἡμέρα wie das zusätzlich eingefügte correspondens φῶς von jetzt an als (ebenfalls eschatologisch qualifizierten) Gegenbegriff zu νύξ und σκότος verwenden zu können. Er will jetzt Kapital schlagen aus dem Motiv, daß der Dieb durch das während der Nacht = der Finsternis erfolgende Kommen ein Verhängnis wird. Dementsprechend stellt er jetzt – wie Röm 13 gehen auch hier indikativische Aussagen den kohortativen voran – die Licht- und Tagzugehörigkeit der Angeredeten fest: Ihr seid ja nicht in der Finsternis, so daß euch „der Tag" wie ein Dieb überfallen

---

[10] Zum Einzelvergleich zuletzt: *G. Friedrich*, 1. Thessalonicher 5,1–11, der apologetische Einschub eines Späteren, ZThK 70, 1973, (288–315) 305–307; *B. Rigaux*, Tradition et rédaction dans I Th. V. 1–10, NTS 21, 1974/75, (318–340) 337f; *U. B. Müller*, Prophetie und Predigt im Neuen Testament, StNT 10, 1975, 145–157.

[11] Wie jüngst nachdrücklich *G. Friedrich* aaO 288–315 vertrat.

[12] Was zuletzt besonders *B. Rigaux* aaO (s. Anm. 10) und unabhängig von diesem auch *U. B. Müller* aaO (s. Anm. 10) 152 Anm. 27 befürwortete.

Noch ohne Kenntnis des Beitrags von G. Friedrich legt auch *F. Laub* 1Thess 5,1 bis 11 als paulinisch aus: Eschatologische Verkündigung und Lebensgestaltung nach Paulus, BU 10, 1973, 157ff.183ff.

könnte, sondern ihr seid Söhne des Lichtes und Söhne des Tages (5,4f), um aus diesem Indikativ sodann den Kohortativ zu folgern, sich entsprechend zu verhalten, nämlich nicht zu schlafen (μὴ καθεύδωμεν), sondern zu wachen, wach zu bleiben (γρηγορῶμεν) und nüchtern zu sein (νήφωμεν) (5,6f). Während der Kontrastbegriff zu „Schlaf" in 1Thess 5,6 somit *„nicht* schlafen" und γρηγορεῖν (= wachen, wach sein) lautet, heißt er in Röm 13,11 hingegen ἐγερθῆναι (= *Auf*wachen, mit dem Schlaf Schluß machen), was eben dann bedeutet, die Werke der Finsternis abzulegen usw.

Diese Unterschiedlichkeit der Kontrastbegriffe entspricht offensichtlich unterschiedlichen Aspekten der Parusieerwartung. Der Autor von 1Thess 5,1–11 geht vom unberechenbaren und überraschenden Kommen der Parusie aus, ohne daß die Frage ihrer größeren oder geringeren Nähe eine Rolle spielt[13]. Ausgehend von der Vorstellung, daß der Tag des Herrn wie ein Dieb in der Nacht kommt, will er den Gläubigen zum Bewußtsein bringen, a) warum und b) unter welcher Bedingung diese allesamt den Tag des Herrn nicht als verderbenbringendes Verhängnis zu fürchten brauchen: a) weil sie (zweifellos durch die Taufe) den Wechsel von der Finsternis zum Licht, von der Nacht zum Tag ja vollzogen haben, und b) sofern sie nur diesen Wechsel existentiell festhalten, nämlich nicht schlafen, sondern wach bleiben, also bereit *bleiben*. Warum bezeichnet der Autor von Röm 13 den Wechsel von der Nacht zum Tag demgegenüber als noch bevorstehendes bzw. als erst und schon eingeleitetes Geschehen (V. 12a) und fordert er dementsprechend das Aufwachen vom Schlaf, das Sich-bereit-*Machen*? Offenbar deshalb, weil er von der Vorstellung des baldigen Kommens der Parusie, der zeitlichen Nähe des Endheils geleitet ist und aufgrund dieser Erwartung die Gegenwart als für die Heilserlangung bedeutsame Aufbruchs-Situation beansprucht[14].

---

[13] Läßt sich, insofern 1Thess 5,1–11 nicht schon als ursprünglicher Bestandteil des Briefs vorausgesetzt wird, wirklich beweisen, daß der Autor von 1Thess 5,1–11 „sich aufgrund seiner Naherwartung genötigt (sieht), die Unberechenbarkeit der Parusie einzuschärfen ...", und vor allem, daß in unserem Abschnitt „die gleiche intensive Naherwartung wie in 1Thess 4,13ff" herrscht, wie *U. B. Müller* aaO (s. Anm. 10) 152 schreibt?

[14] So berechtigt *B. Rigaux* von Röm 6,1–11 her auf 13,11–14 Licht fallen läßt, scheint er mir (aaO [s. Anm. 10] 337f) den Unterschied zwischen Röm 13 und 1Thess 5,1ff doch nicht hinreichend zu bestimmen.

III.

Muß *der Gedanke der zeitlichen Nähe des Endheils* in Röm 13,11 bis 12a aber wirklich eine wesentliche Rolle spielen? Das ist die erste grundlegende Frage. Wie schon oft aufgezeigt wurde, fanden die Kontrastbilder „Licht/Finsternis", „Nacht/Tag" in Verbindung mit der Weg-Vorstellung (vgl. zB Spr 4,18f) bzw. mit positiv und negativ qualifiziertem Handeln, auch in Verbindung mit der Gegenüberstellung von Schlafen und Wachen, Nüchtern- und Trunkensein, seit der Weisheitsliteratur im apokalyptischen und rabbinischen Judentum starke Verbreitung, vielfach sogar ohne jede eschatologische Ausrichtung. Sodann gilt heute als erwiesen, daß diese Kontrastbegriffe der urchristlichen und paulinischen Belehrung, insonderheit auch der Taufparänese geläufig waren[15]. Auf diesem Hintergrund ist zweifellos auf die literarische Funktion des Satzes V. 12a zu achten[16], der vordergründig am ausdrücklichsten die Vorstellung einer sehr zugespitzten Naherwartung aufdrängen kann. Dieser nimmt das Bildmotiv des Themasatzes V. 11c wieder auf – der Schlaf ist ja das „der Nacht" gemäße Verhalten – und zwar so, daß das Schon-da-Sein der Stunde, vom Schlaf aufzuwachen, zugleich eine Konkretisierung erfährt durch den Hinweis auf die Aufhebung der Nacht durch den Tag. Da die Nacht ihrem Wesen nach „Finsternis" bedeutet und der Tag entsprechend „Licht", wird durch die ausdrückliche Einführung des Kontrastpaares „die Nacht/der Tag" nach der Bildseite hin unbestritten der Übergang zur anschließenden parakletischen Explikation des Aufwachens vom Schlaf (V. 12b–14) sehr erleichtert: nämlich zunächst zur Verwendung des noch nachdrücklicher (als „Nacht/Tag") moralisch qualifizierten Gegensatzpaares „Finsternis/Licht" (V. 12b). Ist deshalb darauf zu verzichten, V. 12a als eigengewichtigen Beleg für die Naherwartung, gar für eine sehr zugespitzte Naherwartung zu beanspruchen[17]? Ja, erschöpfen sich Sinn und Zweck

---

[15] Belege und Literaturhinweise zu diesem ganzen Traditionsprozeß vgl. außer *E. Käsemann* (An die Römer 346–348 [³349–351]) etwa *H. R. Balz*, Art. ὕπνος κτλ ThW VIII 550,29ff; *G. Friedrich* aaO (s. Anm. 10) 294f und besonders *B. Rigaux* aaO (s. Anm. 10) 327–334.

[16] Auf diesen Gesichtspunkt wurde ich zuerst durch meinen Assistenten *Dr. P. Fiedler* aufmerksam gemacht.

[17] Diese Problematik deutet auch *G. Klein* (aaO [s. Anm. 3] 257) an, wenn er auf die Unterscheidung zwischen der „geschichtlichen" Perspektive von V. 11d und der „dualistischen" Perspektive von V. 12a mit dessen „stark traditionsbestimmter Terminologie" Wert legt.

von V. 12a nicht völlig in der rein literarischen Funktion einer erleichternden Überleitung?

Sogar diese letzte Frage könnte man eher bejahen, wenn Paulus V. 11d auslassen würde, wenn er auf V. 11c also unmittelbar V. 12a folgen ließe. Der Sache nach versteht es sich für Paulus ja von selbst, daß die existentielle Verwirklichung der bei der Taufe erfolgten Überführung aus dem Machtbereich der Finsternis in den des Lichtes eine bleibende, täglich neu zu vollziehende Aufgabe der Christen ist. Verfallen diese wieder dem der Nacht, der Finsternis gemäßen Verhalten – eine Möglichkeit, mit der Paulus offensichtlich ernstlich rechnet –, dann gilt es eben, vom Schlaf aufzuwachen. Insofern kann Paulus immer wieder Grund haben zu sagen: die Stunde ist da, vom Schlaf aufzuwachen. Also, könnte man weiter argumentieren, braucht Paulus überhaupt nicht auf die zeitliche Nähe der Parusie abzuheben. Dem könnte man eher zustimmen, wenn – um hier von der Parenthese V. 11d noch ganz abzusehen – der Themasatz V. 11c nicht durch das betont am Anfang stehende ἤδη gekennzeichnet wäre: „*schon* ist die Stunde da“, „es ist hohe Zeit“[18], vom Schlaf aufzuwachen. Bleibt man beim Wortlaut unserer Bildsprache, so ist die Stunde des Aufwachens als ein Zeitpunkt ins Auge gefaßt, der bisher noch der Zukunft angehörte, jetzt aber eingetreten ist. Das entspricht zunächst völlig der alltäglichen Erfahrung. Wer sich abends schlafen legt, rechnet gemeinhin damit, daß der Augenblick des Aufwachens bzw. Aufgewecktwerdens kommen und dasein wird. Und wer gut schläft, mag geradezu überrascht sein, daß es „schon“ Zeit ist, vom Schlaf aufzuwachen und aufzustehen. Wie könnte Paulus nach V. 11c dann also fortfahren? Er hat, wie der γάρ-Satz V. 11d belegt, jedenfalls das Bedürfnis, seine Behauptung vom Schon-da-Sein der Stunde zu begründen. Der unmittelbare Grund zum Aufwachen vom Schlaf ist normalerweise der Anbruch oder doch der bevorstehende Anbruch des Tages. Die Behauptung des V. 11c würde somit – vor allem unter Voraussetzung der antiken und auch jüdischen Vorliebe, möglichst früh, meist vor der Dämmerung aufzustehen[19] – auch eine Begründung erfahren, wenn Paulus (statt V. 11d) unmittelbar V. 12a anschließen würde: „(Denn) die Nacht ist vorgerückt, der Tag ist nahegekommen“. So verfährt er aber nicht. Zur Begründung seines Themasatzes V. 11c macht er eine Aussage geltend, die bei der Bestimmung des „Jetzt“ (d. i. der Stun-

---

[18] Wie G. *Delling* wohl treffend übersetzt: Art. ὥρα κτλ, ThW IX 678,20.

[19] Vgl. die Literaturhinweise bei E. *Lövestam*, Spiritual Wakefulness in the New Testament, LUÅ NF I 55. Nr. 3, Lund 1963, 44 Anm. 1.

de, vom Schlaf aufzuwachen) auffälligerweise auf die in V. 11c doch schon implizierte Bildthematik (Wechsel von der Nacht zum Tag) verzichtet und schon deshalb dem Apostel wichtig sein muß: „denn jetzt ist das (definitive) Heil für uns näher als damals, da wir gläubig wurden" (V. 11d).

Diese Proklamation läßt sich nicht als abgeschliffene Naherwartungsaussage jüdischer Apokalyptik abtun. Nach den am nächsten kommenden Parallelen ist das Heil Gottes „nicht (mehr) fern wie ehedem", sondern „nahe daran, herbeizukommen" (ApkBar[syr] 23,7), sogar „sehr nahe" (82,2). Paulus sagt aber noch etwas mehr: das Heil ist „näher" als „ehedem", als früher. Und er bestimmt dieses „früher" als Zeitpunkt der einstigen Bekehrung[20]. Das Besondere ist also die komparativische Formulierung, die in den Paulinen ebenso singulär ist wie das „schon ist die Stunde da . . ." und unseren V. 11d nicht nur von Parallelen jüdischer Apokalyptik, sondern etwa auch vom Summarium Mk 1,15 unterscheidet. Wie ist diese Formulierung aber genauer zu interpretieren? Für sich genommen, braucht sie nur zu besagen: jetzt ist das Endheil um die seit der Bekehrung verflossene Zeitspanne näher. Bei diesem Verständnis muß V. 11d keineswegs die andringende Nähe des Endheils behaupten. Die zeitliche Distanz vom „Jetzt" bis zum Eintreten des Endheils könnte als noch groß, sogar als beträchtlich größer denn die seit der Bekehrung bis jetzt verflossene Zeit vorgestellt sein. Diese Vorstellung ist von Paulus aber sicher nicht intendiert. Denn sie würde keineswegs eine einigermaßen überzeugende und zwingende Begründung seiner doch pointierten Behauptung liefern, schon sei es Zeit, vom Schlaf aufzuwachen.

Nun läßt sich der Begründungssatz V. 11d ungezwungen aber auch anders auflösen: das endgültige Heil war zum früheren Zeitpunkt des Zum-Glauben-Kommens „nahe", jetzt aber ist es „näher". In diesem Fall würde Paulus den in eschatologischen Aussagen singulären Komparativ ἐγγύτεϱον (vgl. Phil 4,5: ὁ κύϱιος ἐγγύς) als Steigerung eines für den Zeitpunkt der Bekehrung geltenden ἐγγύς verstehen[21]. Freilich

---

[20] „Als Termin des Gläubigwerdens ist offensichtlich die Taufe verstanden . . ." (*E. Käsemann*, An die Römer 347 [³350]). Warum verwendet Paulus dann nicht den Begriff ἐβαπτίσθημεν, durch den er die Adressaten direkt an den sakramentalen Seinsgrund, der sie zum entsprechenden Lebensvollzug verpflichtet, hätte erinnern können? Wollte er mit ἐπιστεύσαμεν die Adressaten auf die von diesen einst gefällte und fortdauernde, zur Aktivität verpflichtende Glaubensentscheidung ansprechen? Für den uns bewegenden Gesichtspunkt hat die Beantwortung dieser Frage jedenfalls keine entscheidende Bedeutung.

[21] So interpretiert auch *G. Dautzenberg* unseren Satz: „die Rettung ist nicht nur

ist es – wie übrigens auch bei der vorgenannten Auflösung des Satzes – sinnlos, die seit der Bekehrung bis „jetzt" verflossene Zeit einheitlich fixieren zu wollen. Paulus will ja nicht behaupten, er und die Christen Roms seien zum gleichen Zeitpunkt, im gleichen Jahr und Monat zum Glauben gekommen. Das Problem einer chronologischen Fixierbarkeit brauchte Paulus gerade auch dann nicht zu empfinden, wenn Gläubig-geworden-Sein für ihn zugleich die Übernahme der Naherwartung bedeutete, ob jener Zeitpunkt bei den einzelnen Römern nun schon längere Zeit – gar gute zwanzig Jahre wie bei ihm selbst – oder erst kürzere Zeit zurückliegt. Daß Paulus voraussetzen kann, wie anderswo hätten auch die Christen Roms mit dem Glauben an die künftige Heilsvollendung seit je die „Nah"-erwartung verbunden, besteht kein Grund zu bezweifeln.

Obgleich sich dem ἐπιστεύσαμεν eine konkrete Zeitangabe nicht abgewinnen läßt, bringt Paulus jedenfalls in Anschlag, daß zwischen dem Gläubig-geworden-Sein und dem „Jetzt" eine gewisse Zeit verflossen ist. Die Frage ist nur, warum er das tut. Wirklich deshalb, um sich distanzierend oder doch vorsichtiger hinsichtlich der Nähe des Endheils zu äußern? Sogar das letztere ist mir denkbar unwahrscheinlich. Auch wenn bei Paulus der Gedanke mitschwingen sollte, die Erwartung des baldigen Kommens der Parusie sei bislang nicht in Erfüllung gegangen, scheint mir die Intention seiner quantifizierenden Aussage unzweifelhaft zu sein. V. 11d erfüllt seine Funktion als Begründung des voraufgehenden Themasatzes V. 11c – daß nämlich die Stunde, vom Schlaf aufzuwachen, schon da ist – nur dann, wenn Paulus mit V. 11d die zeitliche Nähe des Endheils unabgeschwächt aufrechterhalten, diese sogar intensivieren will[22]. Dann läßt sich auch nicht bestreiten, daß V. 12a nicht nur die Bildthematik von V. 11c wieder aufgreift und weiterführt, sondern auch den im Themasatz V. 11c implizierten und im parenthetischen Begründungssatz V. 11d explizit ausgesprochenen Gedanken der zeitlichen Nähe des Endheils aufnimmt. M. a. W.: Unbeschadet seiner Funktion, den Übergang zur parakletischen Explikation V. 12b–14 zu erleichtern, will

---

absolut, chronologisch näher – das wäre eine Binsenwahrheit –, sondern tatsächlich noch ‚näher' als zu der Zeit vor zehn oder zwanzig Jahren, als Paulus und die Römer unter den Bedingungen der Naherwartung gläubig wurden": Was bleibt von der Naherwartung? Zu Röm 13,11–14, in: *H. Merklein – J. Lange*, (Hg.), Biblische Randbemerkungen. Schülerfestschr. für R. Schnackenburg, 1974, 362.

[22] Auch die Formulierung, Paulus wolle mit V. 11d „only" sagen, „that every day brings the End one day nearer" (*A. L. Moore*, The Parousia in the New Testament, NT. S. 13, Leiden, 1966, 122), erscheint mir deshalb als kontextwidrige Abschwächung.

V. 12a auch auf die zeitliche Nähe der Aufhebung der Nacht durch den Tag abheben. Dafür spricht auch die sofortige nochmalige Verwendung des ἐγγύς-Begriffs (V. 11d) in ἤγγικεν von V. 12a.

Zum besseren Verständnis unseres Textes empfiehlt es sich, an dieser Stelle noch zu erwägen, *ob Paulus für V. 11d wie für V. 12a auch andere Begrifflichkeiten hätte wählen können*. Die Prüfung dieser Möglichkeit dürfte eher für als gegen das bisherige Ergebnis sprechen.

Beginnen wir mit dem Überleitungssatz V. 12a. Würde dieser lauten: *„Dieser Äon* ist vorgeschritten, *der kommende* ist nahegekommen", wäre selbstverständlich unbezweifelt, daß es Paulus in V. 12a auch auf die zeitliche Nähe des Endheils ankommt. Diese Formulierung wäre insofern möglich, als das noch ausstehende, durch die Parusie Christi zur Realisierung kommende Heil dem entspricht, was das Judentum „den kommenden Äon" heißt. Trotzdem ist billigerweise nicht zu erwarten, daß Paulus hier oder auch schon in V. 11d ausnahmsweise vom Nahe- bzw. Näher-Sein „des kommenden Äons" spricht. So unbekümmert auch er von „diesem Äon" sprechen kann, ist für ihn „der kommende Äon" als Heilsäon im Christusgeschehen zugleich schon angebrochen und in der Taufe auf den alten Äon getroffen. Es ist also voll begreiflich, daß Paulus auf eine mit seinem soteriologischen Verständnis nicht kongruente Verwendung des Kontrastpaares „dieser Äon/der kommende Äon" verzichtet zugunsten des Gegensatzpaares „die Nacht/der Tag", das zudem den Übergang zur parakletischen Entfaltung V. 12b–14 ungleich besser ermöglichte. Dieser Verzicht schließt aber nicht aus, daß die ungebrochene jüdische Vorstellung vom noch ausstehenden Äonenwechsel im Hintergrund des Überleitungssatzes V. 12a steht, wie die meisten Ausleger mit Recht empfinden[23]. Denn obwohl für Paulus „die eigentliche Wende der Äonen nicht in der Zukunft liegt, sondern in der Vergangenheit"[24], so daß die beiden Äonen für sein Geschichtsbewußtsein „paradoxerweise zugleich da (sind)"[25], erwartet er nichtsdestoweniger die noch ausstehende Aufhebung dieses Äons durch den kommenden Äon der Heilsvollendung. Der Verzicht auf den Äon-Begriff berechtigt

---

[23] Besonders nachdrücklich *E. Lövestam* aaO (s. Anm. 19) 30–33.45. Vgl. weiter zB O. *Michel,* Der Brief an die Römer, MeyerK IV ⁴1966, 328–330; C. *K. Barrett,* A Commentary on the Epistle to the Romans, BNTC 6, London 1957, 253; *H. W. Schmidt,* Der Brief des Paulus an die Römer, ThHK 6, ²1966, 224f; O. *Merk,* „Es ist die Nacht des alten Äon, in dem die Christen noch leben (vgl. auch 12,2), der Tag aber, der hereinbrechende Äon ist nahe": Handeln aus Glauben, MThSt 5, 1968, 166.

[24] *W. G. Kümmel,* Die Eschatologie der Evangelien, in: *ders.,* Heilsgeschehen und Geschichte, MThSt 3, 1965, (48–66) 59.

deshalb keineswegs dazu, zu bezweifeln, daß es Paulus in V. 12a auch auf den Gedanken der zeitlichen Nähe des Endheils ankommt.

Nun zum Begründungssatz V. 11d. Die Intensivierung der Naherwartung wäre im gleichen Maß erreicht worden mit der Formulierung: „Denn jetzt ist *der Tag des Herrn* (Christi) näher als ..." Warum Paulus den Ausdruck „der Tag des Herrn" vermied, ist leicht zu erraten. Nicht nur deshalb, weil „der Tag des Herrn" Licht und Finsternis, Heil und Unheil bedeuten kann, als solcher somit ausschließlich nicht „die Nacht" zum Gegenbegriff hat, der Anschluß der beabsichtigten parakletischen Explikation V. 12b–14 aber nun einmal am besten durch das die Bildsprache des Themasatzes V. 11c aufnehmende Gegensatzpaar „Nacht/Tag" ermöglicht wird. In V. 12b–14 will Paulus ja nicht von dem noch ausstehenden „Tag des Herrn" als solchem sprechen, sondern von der hier und jetzt bestehenden Pflicht der Gläubigen, mit der existentiellen Verwirklichung der in der Taufe geschenkten Überführung aus dem Machtbereich „der Finsternis" in den „des Lichtes" ernst zu machen (V. 12bc), dem „Tag" gemäß zu wandeln (V. 13) und Christus anzuziehen (V. 14). Deshalb spricht Paulus von der größeren Nähe der σωτηρία; er wählt einen Begriff, den er auch sonst als zusammenfassenden Ausdruck nicht nur für die am Gerichtstag erfolgende „Rettung", sondern auch für den positiven Inhalt des Endheils verwendet[26]. Die Erwartung dieses „Heils" soll die Gläubigen ja zu neuer Aktivität anspornen.

IV.

Ehe wir zu prüfen versuchen, ob sich über den „Grad" der Naherwartung unserer Perikope etwas ausmachen läßt, sei *eine Zwischenfrage* gestellt. Nach ungezwungenem Verständnis teilt Paulus in V. 11a–b nicht sein eigenes Wissen mit, wie es jüdische Apokalyptiker tun[27], vielmehr appelliert er an ein den Adressaten zuhandenes Wissen (εἰδότες). Und zwar nennt er als Gegenstand desselben nicht einfach die Naherwartung, sondern den Kairos-Charakter der Gegenwart, den er metaphorisch als einen jetzt daseienden, schon eingetretenen Zeitpunkt des Aufbruchs

---

[25] *W. G. Kümmel*, Jesus und Paulus, in: *ders.*, Heilsgeschehen und Geschichte, MThSt 3, 1965, (81–106) 93.

[26] *W. Foerster*, Art. σωτηρία ThW VII 902,24ff.

[27] Am nächsten steht Röm 13 ApkBar(syr) 82,2f: „Wissen sollt ihr aber ... auch [dies], daß sehr nahe ist das Ende, das der Höchste herbeiführen wird, und seine Gnade, die herbeikommen soll, und daß nicht ferne ist das Ende seines Gerichts."

konkretisiert (V. 11a–12a). Durch die Berufung auf die eigene Kenntnis der Briefempfänger will Paulus offenbar auch den Anschein vermeiden, als sei das Wissen um das Schon-da-Sein der Stunde ein völliges Novum, das sie erst durch ihn erfahren. Mit welchem Recht kann er das aber tun, also ein diesbezügliches Eigenwissen der Adressaten voraussetzen?

Zunächst muß er nicht behaupten wollen, es handle sich um ein Wissen, das die römischen Christen in der von Paulus explizit gemachten Form (V. 11d–12a) bereits von sich aus im Augenblick der Abfassung bzw. des Empfangs des Römerbriefes aktualisierten. Empfindet er es doch selbst offensichtlich nicht als überflüssig, das Schon-da-Sein des Zeitpunkts zum Aufwachen ausdrücklich zu begründen (nämlich durch die Parenthese V. 11d) und damit der Aktualisierung jenes Wissens nachzuhelfen[28]. Insofern Paulus voraussetzen kann, daß das Gläubigwerden auch bei den römischen Christen die Übernahme der Naherwartung einschloß, kann er das, was der Begründungssatz V. 11d sagt, und damit das Schon-da-Sein der Stunde zugleich als ein für die Christen Roms erschwingliches Wissen betrachten. Man darf aus εἰδότες V. 11ab zudem auch eine imperativische Nuance heraushören: Und das tut um so mehr, als ihr den Kairos kennt und kennen sollt!

An ihr eigenes Wissen zu appellieren, könnte sich Paulus auch deshalb berechtigt fühlen, weil er auf ein von ihm an früherer Stelle des Briefes vermitteltes oder doch aktualisiertes Wissen Bezug nehmen bzw. dieses miteinbeziehen könnte. Dann nämlich, sofern Paulus in dem schwierigen Abschnitt Röm 8,18ff τὰ παθήματα τοῦ νῦν καιροῦ als eschatologische Wehen verstanden haben will[29], die als solche auf den – jüdisch gesprochen – bevorstehenden Äonenwechsel, auf die bevorstehende Erlösung hinweisen. Dieses Verständnis läßt sich völlig unabhängig davon vertreten, ob man Röm 8,18ff nun eine betont kosmisch-universale Auswirkung der Erlösung lehren oder einzig auf eine tröstliche Aussage zum Thema der nach wie vor den Leiden dieser Welt ausgesetzten Christen abzielen läßt[30], was mir immer noch sehr diskutabel erscheint[31].

---

[28] Wie er es übrigens schon vorher mit dem erklärenden apokalyptischen Exkurs Röm 8,19–22 im Hinblick auf das Wissen (οἴδαμεν . . .) von 8,22 tat.

[29] So ausdrücklich auch *E. Käsemann* (An die Römer 222 [³224]), der zu 13,12a schreibt: „Man steht ... auf jener Schwelle, die in 8,19ff als Stadium der messianischen Wehen charakterisiert wurde und hat daraus Folgerungen für den gegenwärtigen Augenblick zu ziehen": An die Römer 347 (³350).

[30] Vgl. meinen Band „Das Neue Testament und die Zukunft des Kosmos", 1970, 183–208. *H. Paulsen,* Überlieferung und Auslegung in Römer 8, WMANT 43, 1975,

V.

Endlich zur zweifellos schwierigsten Frage. *Erlaubt unser Text eine exaktere Bestimmung der erwarteten Nähe der Parusie?* Zunächst ist zu beachten, daß V. 12a nicht lautet und auch nicht übersetzt werden darf[32]: „Die Nacht ist vorbei, der Tag ist da." Obwohl diese Formulierung das Ablegen der Werke der Finsternis usw. unüberbietbar dringlich machen würde, ist sie keinesfalls zu erwarten. Nach dem unmittelbar voraufgehenden Begründungssatz V. 11d würde sie das Mißverständnis nahelegen, das Endheil, die Parusie sei nicht nur „näher", sondern da, was ja nicht in Betracht kommt. Die faktische Formulierung des V. 12a ist zwar gewiß mit Bedacht gewählt, trotzdem aber nicht völlig eindeutig. Will Paulus sagen, a) daß wir zwar beim Ende der Nacht angelangt sind, uns aber noch in der Nacht, vor dem ersten Morgengrauen befinden[33]? Oder b) befinden wir uns – nach der meist vertretenen Deutung – schon im Übergang von der Nacht zum Tag, im Zustand der Morgendämmerung? „Die Nacht ist vorgerückt, sofern ihr Ende begonnen hat, der volle Tag noch nicht da, obgleich sein Licht schon scheint."[34] Der Begründungssatz V. 11d kann hier kaum unmittelbar weiterhelfen. Philologisch ist eine sichere Entscheidung auch nicht zu erreichen, insofern der Aorist προέκοψεν beides andeuten kann: „die Nacht ist schon weit fortgeschritten" – die Zeit „vor dem Einbruch der Dämmerung", aber auch „das Moment des Beinahe-Abgeschlossenseins": „die Nacht ist beinahe vorüber"[35]. Sofern Paulus den Brauch voraussetzt, meist sogar vor Anbruch der Dämmerung aufzustehen, spricht

---

132: „Deshalb ist es nicht unrichtig, wenn man das Telos der Zukunftsaussagen der Verse 18ff in der Anthropologie gesehen hat."

[31] Ich bin noch nicht überzeugt, daß meine diesbezüglichen Ausführungen durch *P. von der Osten-Sacken*, Römer 8 als Beispiel paulinischer Soteriologie, FRLANT 112, 1975, 139–144.260–271 und bes. 265f.269 Anm. 29, widerlegt sind. Zur Auseinandersetzung mit den einschlägigen Hypothesen dieser Arbeit, vor allem auch im Hinblick auf den Zusammenhang der Verse 18–30 mit 31–39, kann ich auf die am 12. 7. 75 im Zug des Habil.-Verfahrens gehaltene Probevorlesung meines Schülers, des jetzigen Dozenten *P. Fiedler*, „Röm 8,31–39 als Brennpunkt paulinischer Frohbotschaft" verweisen, die im Druck erscheinen wird.

[32] Wie bes. *E. Lövestam* unterstreicht: aaO (s. Anm. 19) 29 (mit Literaturhinweisen).

[33] So zB. *C. K. Barrett:* „Paul means that his age has almost run its course, and that accordingly the Age to Come must very soon dawn": aaO (s. Anm. 23) 253.

[34] *E. Käsemann*, An die Römer 347 (³350).

[35] *G. Stählin* (Art. προκοπή ThW VI 716,20ff), für den das zweite Moment im Vordergrund steht.

dieser für die Auslegung a). Für die Auslegung b) läßt sich geltend machen, der Weckruf „schon ist es Zeit . . .“ erscheine als noch begründe-
ter, wenn Paulus an die schon angebrochene Dämmerung denkt. Angesichts der Vorliebe für möglichst frühes Aufstehen läßt sich in diesem
Fall die Annahme, Paulus habe das erste Morgengrauen als Zeitpunkt
des Aufwachens im Auge, gewiß gut verantworten. Wie lange soll sich
Paulus dann die bis zur Parusie noch verbleibende Zeit vorstellen? Rechnet man vom Beginn des Morgengrauens bis zur vollen Tageshelle, so ist
diese Zeitspanne – auch im Hochsommer – jedenfalls beträchtlich kür-
zer als die Nacht. Trotzdem verbleibt chronologischen Rechenversuchen
noch ein beträchtlicher Spielraum. Läßt man Paulus in V. 12a bei „der
Nacht“ in concreto an die seit dem Gläubig-geworden-Sein dauernde
Zeit denken, in der die Gläubigen der Versuchung erliegen, sich der
Nacht gemäß zu verhalten = zu schlafen, sich „diesem Äon“ gleichzu-
schalten (Röm 12,2), so ergäbe sich unter Zugrundelegung von rund 20
oder auch 25 Jahren bislang verflossener christlicher Zeit eine Zeitspanne
von nur ein paar Jahren – eine Kleinigkeit mehr, wenn Paulus in V. 12a
an die Zeit kurz vor dem ersten Morgengrauen dächte. Hingegen ergeben sich ungleich größere Zeitproportionen, wenn man Paulus in V. 12a
bei „der Nacht“ an „diesen Äon“ als Bezeichnung der ganzen Weltzeit
denken läßt. Trotz der bescheidenen Vorstellungen Pauli über die Länge
der bis zu seiner Gegenwart verflossenen Weltzeit, würde sich für die
verbleibende Zeit ein ungleich größeres Quantum ergeben, das eine be-
trächtliche Zahl von Generationen umfassen müßte. Abgesehen davon,
daß hier der Begriff „Äon“ nicht begegnet, hat Paulus jedenfalls die
letztgenannte Rechnung nicht aufgemacht. Denn sie ließe sich mit der
bereits durch V. 11b–d sichergestellten Vorstellung von der den gegenwärtigen Aufbruch erfordernden Nähe des Endheils unmöglich verein-
baren. Was ist dann also von der erstgenannten „Kurz“-Berechnung zu
halten?

Zuvor sei noch der Vorschlag erwähnt, die „Dämmerung“ zu einem
früheren Zeitpunkt beginnen zu lassen. A. L. Moore legt darauf Wert,
daß „the dawn“ nicht begrenzt wird: „only the present is characterised
as dawn throughout its duration“. Und er meint weiter, zur Zeit der Abfassung des Römerbriefes daure „die Dämmerung“ immerhin schon rund
25 Jahre[36]. Auch dieser Gesichtspunkt dürfte uns nicht weiterbringen.
Die Vorstellung von der längst begonnenen Dämmerung erscheint zu-

---

[36] AaO (s. Anm. 22), 122 m. Anm. 2.

nächst insofern diskutabel, als die eigentliche Wende der Äonen nach Paulus schon durch das Christusgeschehen erfolgte, die „neue Schöpfung" als Heilsgut „des kommenden Äons" seitdem in den Getauften existiert, diese in der Taufe von der Sünde frei wurden (Röm 6,1–11), aus der Machtsphäre der Finsternis in die des Lichts überführt wurden. Natürlich fordert Paulus in Röm 13, daß die immer wieder diesem Äon, der Finsternis verfallenden Getauften ihrer Licht- und Tagzugehörigkeit entsprechend leben. Aber es ist zugleich auf die spezielle Motivierung dieser Forderung zu achten. Wenn Paulus in V. 12a – zumal in Verbindung mit der expliziten Naherwartungsaussage V. 11d – von der schon bevorstehenden bzw. schon eingeleiteten Aufhebung der Nacht durch den Tag spricht, kommt hier offensichtlich der zweite Aspekt seiner Äonenvorstellung in Betracht, nämlich die bislang noch ausstehende Aufhebung dieses Äons durch den kommenden. Zugegeben: da die Parusieerwartung von Anfang an als sogar intensive Naherwartung existierte, hätte von Anfang an von Paulus und anderen proklamiert werden können: „*Schon* ist die Stunde da, vom Schlaf aufzuwachen ... die Nacht ist vorgerückt, der Tag ist nahegekommen." Daß das tatsächlich geschah, daß die Gegenwart also mit den zitierten Worten als „Dämmerung" gekennzeichnet wurde, ist mit Röm 13 oder anderen Stellen freilich nicht zu belegen, was denn auch A. L. Moore nicht versucht. Was zur Diskussion stehen muß, ist jedenfalls die vorliegende Formulierung Pauli. Und diese spricht nun einmal von der Gegenwart als dem (schon daseienden) Zeitpunkt, in dem die „Dämmerung" bevorsteht bzw. schon angebrochen ist.

Um zu einem Ende zu kommen, werden wir uns schlicht auf das Anliegen des Apostels und nicht weniger auf die Gefahr der Überinterpretation seiner Bildsprache besinnen müssen. Unter Voraussetzung und Geltendmachung der Naherwartung will Paulus mit Hilfe von besonders in der Taufparänese geläufigen Motiven zur entschiedenen existentiellen Verwirklichung des Christseins aufrufen (V. 12b–14). Aus dieser Perspektive konkretisiert er den gegenwärtigen Kairos mit dem Satz „Schon ist die Stunde da, vom Schlaf aufzuwachen". Wenn er im Überleitungssatz V. 12a diesen gegenwärtigen Zeitpunkt, der mit dem „Jetzt" des Näherseins des Endheils identisch ist, des weiteren als bevorstehende bzw. als schon begonnene Aufhebung der Nacht durch den Tag beschreibt, soll diese Aussage V. 12a, die – wie oben ausgeführt wurde – nach V. 11d sowohl das Bildmotiv des Themasatzes V. 11c wieder aufgreift und weiterführt als auch den im Themasatz V. 11c implizierten und in V. 11d begründeten Gedanken der Naherwartung aufnimmt, jedenfalls bekräftigen, daß die Stunde, vom Schlaf aufzuwachen, schon da ist, so daß sich das Ablegen der Werke der Finsternis usw. eben als der Gegenwartssituation gemäße Folgerung anschließen läßt. Belegt Röm 13 dann also die Überzeugung Pauli: das Ende „steht unmittelbar bevor"[37]? Eine derartige Formulierung klingt stark nach einer terminlichen Festlegung und dürfte sich schon deshalb nicht empfehlen, weil Paulus die Absicht und die Vorbereitung seiner Spanienmission kaum hätte für sinnvoll halten können, wenn er die Parusie mit Sicherheit sozusagen in den nächsten Wochen und Monaten erwartet hätte[38]. Versuche, den Apostel geradezu auf einen Nahtermin festlegen zu wollen, überfordern sowohl das Anliegen als auch die Bildsprache unseres Abschnitts. Die Naherwartung steht hier doch ganz und gar im Dienst der Paraklese; weder wird sie thematisch behandelt noch – und schon gar nicht – um ihrer selbst willen geltend gemacht. Bedenkt man sodann, daß Paulus im Begründungssatz V. 11d unmöglich ein fixes Datum, etwa auch nur ein bestimmtes Jahr, als Zeitpunkt des Gläubig-geworden-Seins im Auge haben konnte, dann konnte ihm auch von daher nicht der Gedanke vorschweben, die seit der Bekehrung bis jetzt verflossene Zahl der Jahre mit der nun an ihr Ende kommenden Nacht gleichzusetzen und zugrunde zu legen, um etwa so die Dauer der „Dämmerung", also die bis zur Parusie noch verbleibende Zeit, proportional nach Jahr und Monat zu errechnen. Ähnliches gilt für den Überleitungssatz V. 12a. Berücksichtigt man den Zugzwang, der durch den Einsatz mit der ganz und gar parakletisch ausgerichteten Bildthematik vom Schon-da-Sein der Stunde zum Aufwachen gegeben war, sowie die Funktion, die V. 12a zwischen V. 11cd und V. 12b–14 zukommt, dann wird man anerkennen müssen: in V. 12a mußte Paulus weder deutlicher sagen, an welchem exakten Zeitpunkt (vor der Dämmerung, im Augenblick des ersten Morgengrauens oder schon in der Mitte zwischen Nacht und Tag) wir stehen, noch mußte er darüber reflektieren, welches Quantum Zeit sich für die vom „Jetzt" bis zur Parusie verbleibende Zeitspanne ergibt. V. 12a eignet sich übrigens auch insofern nicht für eine allegorisierende Aus-

---

[37] *G. Friedrich* aaO (s. Anm. 10) 306.

[38] Andererseits läßt sich Röm 11,11–26 nicht dafür geltend machen, daß Paulus mit einer noch relativ langen Zeitperiode rechne, in der die missionarische Bekehrung Israels erfolgen würde. Vgl. jetzt zusammenfassend *U. Wilckens,* Über Abfassungszweck und Aufbau des Römerbriefes, in: *ders.,* Rechtfertigung als Freiheit, 1974 (110–170) 165f Anm. 121.

deutung, also für eine rechnerische Festlegung, weil die Parusie und die durch diese ausgelöste Äonenwende auch von Paulus als spontanes, punktuelles Geschehen vorgestellt ist. Obwohl er auch den Topos von den die Äonenwende ankündigenden Wehen verwenden kann, denkt er sich die Aufhebung dieses Äons sicher nicht als einen kontinuierlichen Prozeß, wie es das „wörtlich" genommene Bild von der Aufhebung der Nacht durch den Tag verlangen würde.

Demgegenüber dürfte es m. E. keine Überforderung unseres Textes sein, sondern als von diesem geforderte Annahme gelten müssen, daß Paulus die Naherwartung unabgeschwächt aufrechterhalten, dieselbe durch seinen ἐγγύτερον-Satz sogar intensivieren will. Es geht ihm um die Vorstellung „der andringenden Nähe" der Parusie, wie sich mit einem geläufigen Ausdruck wohl am besten formulieren läßt. Diese Vorstellung will Paulus den Adressaten insinuieren, um durch „eine zusätzliche und steigernde Motivierung"[39] sowohl die voraufgehende Paränese (12,1–13,10) bekräftigen als auch und sogar im besonderen abschließend den Aufbruch zum kompromißlosen existentiellen Vollzug des in der Taufe geschenkten neuen Seins, des Lebens im schon angebrochenen Heilsäon, als Forderung des „Jetzt" begründen zu können. Und dafür dürfte sich E. Käsemann mit Recht auch auf Röm 8,18ff berufen können[40]. Die Zeit ist für den Paulus von Röm 13,11–14 sicher nicht weniger „nur noch kurz bemessen" als zum Zeitpunkt von 1Kor (7,29)[41]. „Wie in 1.Th 4,13ff. wird brennende Naherwartung in der Gemeinde vorausgesetzt ..."[42] Ich meine, unser Jubilar hat den Kern der Sache getroffen, wenn man sich auch fragen darf, ob Paulus in der römischen Gemeinde „brennende" Naherwartung voraussetzt. Und auch das geben unsere VV. überaus deutlich zu verstehen: Paulus, der von den Römern ja keine besonders schlechte Meinung haben wird, sieht die Christen grundsätzlich noch *vor* der Vollendung der ihnen bereits zuteil gewordenen *iustificatio*. So ist ihr Stand mit einem Wort P. Stuhlmachers[43] als *„simul iusti et tentati"* zu bestimmen.

---

[39] W. *Schrage*, Die konkreten Einzelgebote in der paulinischen Paränese, 1961, 22.

[40] Vgl. das Zitat in Anm. 29.

[41] Vgl. auch P. *Stuhlmacher*, Gottes Gerechtigkeit bei Paulus, FRLANT 87, ²1966, 203 Anm. 2.

[42] E. *Käsemann*, An die Römer 346 (³350).

[43] Gottes Gerechtigkeit 224 Anm. 1.

ALTTESTAMENTLICHE PROPHETIE UND APOKALYPTIK AUF DEM WEGE ZUR „RECHTFERTIGUNG DES GOTTLOSEN"

WALTHER ZIMMERLI

I.

Die *iustificatio impii* bildet für Ernst Käsemann die Mitte seines theologischen Denkens und in seiner neutestamentlichen Arbeit den „Kanon im Kanon". Zugleich aber hat von seiner Tübinger Zeit an der Welt- und Geschichtsbezug des Evangeliums und im Zusammenhang damit das apokalyptische Denken großes Gewicht gewonnen. So mag es denn nicht abwegig sein, den Siebzigjährigen in Erinnerung an die gute Weggenossenschaft der Göttinger Jahre mit einigen Ausführungen zu der Frage zu grüßen, welche Bedeutung diese beiden Schwerpunkte im Alten Testament, diesem Zeugnis, das wissend und verheißend des Kommenden wartet, haben und in welchem Verhältnis die beiden Bereiche zueinander stehen.

Die Fragestellung ist dabei – in Anbetracht der für einen Festschriftartikel gebotenen Raumbegrenzung – in doppelter Hinsicht eingeschränkt:

Die Ausführungen beschränken sich auf die alttestamentlichen Aussagen. Sie lassen das zwischentestamentliche und das den neutestamentlichen Schriften zeitgenössische jüdische Schrifttum außer acht. So ist denn in folgenden weder von Henoch noch vom 4.Esra die Rede. Wer das Phänomen des biblischen Kanons nicht als eine für das theologische Denken ganz unerheblich gewordene Größe bewertet, wird diese Eingrenzung nicht als völlig abwegig ansehen.

Die andere Eingrenzung besteht in der Einbeziehung nur des prophetischen und apokalyptischen Schrifttums im Alten Testament. Man müßte, wollte man vollständig sein, auf jeden Fall auch die priesterschriftliche Kultgesetzgebung mit ihrem *ḥăṭṭaʾt* und *ʾašam*, die Psalmen, den Jahwisten u. a. einbeziehen[1]. In der Begrenzung auf die Prophetie inner-

---

[1] Zu diesem weiteren Umkreis ist vor allem zu vergleichen *H. Graf Reventlow*, Rechtfertigung im Horizont des Alten Testaments, BEvTh 58, 1971.

halb des nichtapokalyptischen Bereichs liegt zugleich die Vorentscheidung, daß die These von G. von Rad, wonach das apokalyptische
Schrifttum seine eigentliche Wurzel im Weisheitsbereich hätte[2], mir nicht
haltbar scheint. Das Element der geschichtlichen Krisis, das Schriftpro-
phetie (nur um diese soll es hier gehen) und Apokalyptik verbindet, ist
der Weisheit von Hause aus fremd. Es stellt für die Frage nach der
iustificatio impii ein unverzichtbares Element dar. So mag sich die Begrenzung auf den Vergleich von Prophetie und Apokalyptik sowohl traditionsgeschichtlich wie theologisch beurteilt rechtfertigen.

II.

Die Rede vom Gottlosen, dem Rechtfertigung widerfährt, hat zu ihrer
Voraussetzung das Wissen um einen fordernden Gotteswillen, der sich
bedrohlich gegen den Menschen oder die Menschengruppe, die ihm nicht
entspricht, erhebt. Nun besteht in der at. Wissenschaft ein gewisser Dissensus in der Frage der theologischen Bewertung der Gottesforderung im
ersten Kanonteil, dessen Bezeichnung Tora in der griech. Bibel mit νόμος
übertragen wird[3]. Im νόμος erkennt Paulus die sich wider den Sünder
erhebende Gegenmacht, die diesen von Gott scheidet und die Enthüllung
des „Zornes" über der aus Juden und Heiden bestehenden Menschheit
verschuldet. Die at. Diskussion über das Verständnis der Tora im Pentateuch muß hier nicht aufgenommen werden. Denn an der Feststellung,
daß diese verurteilende Macht des „Gesetzes" sich in der vorexilischen
Prophetie drohend gegen Israel erhebt, es von seinem Gott scheidet und
ins Gericht führt, kann kein Zweifel bestehen[4].

In der Verkündigung des ältesten Schriftpropheten, des Amos, treten
neben die allgemeinere Aussage, daß Israel es an der von seinem Gott
geforderten „Gerechtigkeit" im Zusammenleben seiner Glieder habe fehlen lassen, die konkreten Angriffe gegen einzelne Formen des Fehlver-
haltens (Rückbehaltung von Pfandgut, Mißachtung des Rechtes im Tor,
rücksichtslos sich auslebender Luxus). Bei Hosea sind die Angriffe auf

---

[2] *G. von Rad*, Theologie des ATs II ⁴1965, 315–337; *ders.*, Weisheit in Israel,
1970, 337–363.

[3] *M. Noth*, Die Gesetze im Pentateuch, SGK 17, 1940, 2 (= in: *ders.*, Gesammelte
Studien zum AT, ThB 6, 1957, 9–141; *G. von Rad* aaO (Anm. 2) 413–436: Das Gesetz. – Anders etwa *W. Zimmerli*, Das Gesetz im AT, ThLZ 85, 1960, 481–496 (= in:
ders., Gottes Offenbarung, ThB 19, ²1969, 249–276).

[4] So auch *G. von Rad* aaO (Anm. 2) 421ff.

konkrete soziale Fehlleistungen seltener zu hören als die Angriffe auf das Fehlverhalten im religiösen Bereich (mangelnde Gotteserkenntnis, Vergessen Gottes) und auf das fehlhafte Grundverhalten im zwischenmenschlichen Bereich[5]. Während Michas Worte als eine drastischere Variation der Amospolemik erscheinen möchten, ist bei Jesaja der Grundton des Wissens um den Heiligen vernehmbar. Jesaja tritt jeder Form von Hybris entgegen. Der „Tag Jahwes" ist bei ihm im Bild des Unwetters, das alles Hohe niederwirft, stilisiert (2,12ff). Hosea wie Jesaja können dabei in geschichtstheologischer Entfaltung zeigen, wie das gottlose „Heute" des Volkes sich von dem lichten „Einst" einer jahwegebundenen Frühzeit abhebt. Beim Nordisraeliten Hosea steht die Frühzeit der Armut in der Wüste dem satten Reichtum in dem mit dem Baalsglauben verbundenen Fruchtlande gegenüber[6], während der Jerusalemer Jesaja die lichte Vorzeit eines Jerusalems der Vorzeit der Verderbnis des zeitgenössischen Jerusalems entgegenhält[7].

Die eigentliche Ballung erfährt die Anklage gegen die gottlose Gegenwart Jerusalem/Israels aber dann bei Ezechiel, dem schon 597 mit Jojachin nach Babylonien deportierten Priester. Hier verdichtet sich die Anklage in den verschiedenen Aussageweisen zu einer Härte, die nicht mehr zu übertreffen ist. Die konkreten Einzelangriffe dieses aus der Ferne wider das sündige Jerusalem/Israel redenden Propheten betreffen, wo sie erkennbar werden, vorwiegend den religiösen Bereich[8]. Das völlige Versagen am Gesetz wird auch hier nicht an einer zusammengefaßten Größe „Gesetz" demonstriert. Es kann von der Mehrzahl von „Geboten" geredet sein (20,11.13.16 u. ö.). Im Wort gegen „die Blutstadt" (22,1ff) wird das Versagen im Gegenüber zu einer konkreten Reihe von Rechtssätzen sichtbar gemacht. Es ist dabei nicht wie in Hos 4,2 eine dem klassischen Dekalog nahestehende Rechtsreihe vorausgesetzt, sondern eine Reihe von Rechtsforderungen, die im Typus den Reihen des Heiligkeitsgesetzes nähersteht. Eine gewisse Zusammenfassung wird dadurch erreicht, daß alles dem Stichwort „Blut(schuld)" subsumiert wird.

---

[5] Etwa 4,1: Keine Treue (*ᵃᵉmaet*) und Liebe/Gemeinschaftstreue (*ḥaesaed*) im Lande.

[6] Hos 9,10; 13,4–6. – Jer 2,2f teilt diese Sicht.

[7] Jes 1,21–26. Hier könnte auch noch vorisraelitische Tradition, wie sie dann etwa in der Idealfigur des Melchisedek („König der Gerechtigkeit" oder *„ṣaedaeq*/Gerechtigkeit ist König"?) in die israelitische Jerusalemer Tradition eingegangen ist, vgl. Gen. 14,18–20 und Ps 110,4, zu finden sein.

[8] Ez 6 Höhendienst, Ez 8 Greuel beim und im Tempel in Jerusalem, Ez 14,1ff Götzendienst, Ez 16 kultische Buhlerei, Ez 17 Sakrileg des Jahweeid-Bruches des Zedekia u. a.

Besonders eindrücklich aber ist die Weiterführung der geschichtstheologischen Entwürfe über Hosea (Jeremia) und Jesaja hinaus. Die beiden
Traditionslinien des Hosea (Israel-Wüsten- und Landnahmeerinnerung)
und des Jesaja (Jerusalemerinnerung) werden beide von Ezechiel aufgenommen. Die Verschärfung der Sündaussage über die beiden Vorbilder
hinaus ist dabei gar nicht zu übersehen. Jede Erinnerung an eine lichte
Frühzeit, die der sündigen Gegenwart kontrastiert würde, ist hier verschwunden. Die beiden Teilreiche Israels werden in Ez 23 mit zwei
Frauen verglichen, die schon in Ägypten (hier ist die alte Credoerinne-
rung herangezogen) verworfen und böser Buhlerei verfallen sind. Das
von der Katastrophe des Nordreichs unbelehrte Juda aber treibt es in
der Gegenwart ganz so weiter, wie Nordisrael es zuvor betrieben hatte.
In Ez 16 ist die Stadt Jerusalem einer einzelnen buhlerischen Frau verglichen. Deren auf kanaanäische Eltern zurückzuführende Anfänge sind
fragwürdig: Als Findelkind ausgesetzt, von Jahwe aufgelesen und am
Leben erhalten, ja zur Ehe genommen, ist sie sofort auf die Abwege der
Buhlerei mit fremden Männern geraten und so gerichtsreif geworden.

Die bildlos gestaltete geschichtstheologische Rede von 20,1–31 hat
Israel als Ganzes zum Gegenstand. Sie berichtet nur den kurzen Ausschnitt der in den Credoformulierungen Israels bedeutsamen Anfangs-
phasen Ägyptzeit und Wüstenwanderung[9] – dieses aber so, daß die
Widerspenstigkeit Israels und sein beharrliches Festhalten an fremden
Gottheiten schon in Ägypten sichtbar wird und der Ungehorsam gegen
Jahwes Gebote, unter denen der Sabbat besonders herausgehoben wird[10],
das „Haus Israel" ab origine kennzeichnet. Man wird hier geradezu verführt, von einem Theologumenon des *peccatum originale* Israels zu reden.

So ist hier Israel/Jerusalem bei Ezechiel in einer Weise, die nicht auf
die tatsächliche Wahrnehmung einzelner, nebeneinander aufgezählter
Taten führt, sondern bestrebt ist, ein theologisches Gesamturteil zu fällen, als das sündige Volk, in dem kein Gutes ist, auch keine lichte An-
fangsgeschichte von einst vorhandener Güte, dargestellt. Wenn in anderer Weise die Vision Ez 8 die Wahrnehmung von 4 großen Vergehungen
beim und im Tempel von Jerusalem schildert, so will in der Vierzahl

---

[9] Die in die Nach-Landnahmezeit führenden V. 27–29 stellen eine nachträgliche
Erweiterung dar, vgl. W. *Zimmerli*, Ezechiel, BK XIII/1, 1969, 438f.450f.

[10] W. *Eichrodt*, Der Sabbat bei Hesekiel. Ein Beitrag zur Nachgeschichte des Pro-
phetentextes, in: Lex tua veritas. Festschr. H. Junker, 1961, 65–74 sieht in der Erwähnung des Sabbats in Ez 20 eine jüngere Erweiterung.

auch hier die Totalität der Vergehung ausgesagt sein, die nur mit einer Totalität der göttlichen Gerichtsschläge beantwortet werden kann[11].

Gottes Gericht wird so zur unausweichlichen Notwendigkeit. Ez 20 weiß nicht nur davon, daß es bei Jahwe schon in der Wüstenzeit beschlossene Sache ist, daß Israel unter die Völker zerstreut werden muß (V. 23). V. 25f formulieren darüber hinaus den im AT ganz unerhörten Satz, daß Jahwe Israel böse Gebote gab, durch die es nicht am Leben bleiben sollte. Es ist dabei an die Forderung der Erstgeburt gedacht, die zum Greuel des Erstgeburtsopfers führte[12].

III.

Das Jahr 587 mit seiner Vernichtung von politischer Existenz, davidischem Königtum und Tempel Jerusalems bildet eine entscheidende Zäsur in der Verkündigung Ezechiels. Von Ez 34 ab ist eine volle Heilsverkündigung zu vernehmen. Man hat Ezechiel schon alle Heilsworte seines Buches absprechen und sie dtr. Redaktoren des Buches zusprechen wollen[13]. Diese These läßt sich bei dem so ausgesprochen ezechielisch geprägten Stück 37,1–14, der Vision von der Erweckung der Totengebeine, wohl am allerwenigsten durchhalten. In diesem Stück wird die neue Zukunft Israels kategorial als „Erweckung des Toten" verstanden. Der Tote wird aus der freien Schöpfermacht Jahwes zu neuem Leben erweckt. Da sind keine Restbestände von „Gerechtigkeit" übriggeblieben, die dann virtuell Anrecht auf neues Leben gäben. Ez 36,16ff spüren dem göttlichen Motiv zu solchem Tun ausdrücklich nach. 17–21 rekapitulieren nochmals die Sündigkeit des Volkes. Mit priesterlichen Kategorien wird festgestellt, daß Israel durch seinen Wandel im Lande dieses verunreinigt und es verschuldet hat, daß Jahwes Zorn über es ausge-

---

[11] Ez 8 zeigt eine deutlich stilisierte Gestaltung. So ist denn auch zu fragen, ob die Aufzählung der vier Greuel wirklich vier zeitgenössische Vergehungen in Jerusalem aufführt und nicht mit einer gewissen „Zeitraffung" Dinge aus verschiedenen geschichtlichen Phasen der Sündgeschichte des Tempels zusammenträgt. Der Vergleich mit den Aussagen des zeitgenössischen Jer kann auf solche Erwägungen führen. – Zur Vierzahl göttlicher Gerichtsschläge vgl. Ez 14,12ff, aber auch schon Jer 15,2f.

[12] Dazu *W. Zimmerli*, Erstgeborene und Leviten. Ein Beitrag zur exilisch-nachexilischen Theologie. Festschr. W. F. Albright, 1971, 459–469 (= in: *ders.*, Studien zur at. Theologie und Prophetie, ThB 51, 1974, 235–246.

[13] *S. Herrmann*, Die prophetischen Heilserwartungen im AT, BWANT 5. Folge 5, 1965.

gossen wurde. So ist es unter die Völker verstreut worden. Dort aber haben die Völker angefangen zu spotten: „Das Volk Jahwes sind diese und aus seinem Lande haben sie herausgehen müssen." Daraufhin geschieht es, daß Jahwe sich „seines heiligen Namens, den das Haus Israel unter den Völkern gemein gemacht (profaniert) hat", erbarmt. Um seines Namens willen und um diesen neu zu heiligen, gibt er Israel einen neuen Anfang: Rückführung ins Land, Reinigung des Volkes von aller Unreinheit, Gabe eines neuen Herzens und eines neuen Geistes, die zum Halten der Gebote befähigen[14]. Die Elemente einer „Gerechtmachung des Gottlosen" durch Gott selber sind in diesen Verheißungen im at. Bezugsrahmen der Erneuerung des Volkes ganz explizit zu finden. Konditional zu verstehende Vorleistungen sind in alledem nicht angesprochen.

Auf solche möchte man sich allenfalls geführt sehen, wenn man Ez 20,32–44 heranzieht. In Beantwortung einer resignierten Aussage der fern vom Verheißungsland Lebenden, die nur mehr die Möglichkeit einer religiösen Assimilation vor Augen haben, wird hier im Schwur Jahwes ein neuer Auszug aus den Fremdländern verheißen. Mit der alten Exodusterminologie ist die Königsaussage für Jahwes Tun verbunden. Wie Jahwe einst Israel aus Ägypten in die „Wüste Ägyptens" geführt hatte, so wird nun in antitypischer Redeweise gesagt, daß er das Haus Israel aus den Völkern in die „Wüste der Völker" hinausführen und ihm dort von Angesicht zu Angesicht begegnen werde[15]. Dabei soll ein Scheidungsgericht geschehen. „Ich scheide die Empörer und die mir abtrünnig wurden, von euch aus. Aus dem Lande ihrer Fremdlingschaft führe ich sie heraus, aber ins Land Israels sollen sie nicht hineinkommen. Und ihr sollt erkennen, daß ich Jahwe bin." Die leise Spannung von indikativisch zusagender und konditionaler Rede ist hier nicht zu übersehen – eine Spannung, die allerdings bis in die paulinischen Aussagen von Phil 2,12f hinein zu finden ist. Die verheißene Rettung Gottes handelt nicht an toten Klötzen, die ins Heil hineingeschoben werden, sondern wartet auf das Echo gehorsamer Annahme. Paulus wird dann im Angesicht des Christusgeschehens von der ὑπακοὴ πίστεως reden. Man hat bei Ezechiel wohl auch Kap. 18 und 33,10–20 in diesen Kontext einzureihen, wo nicht, wie oft oberflächlich festgestellt wird, eine „Lehre von der individuellen Vergeltung" vorgetragen, sondern zur Umkehr gerufen wird –

---

[14] Jer 31,31–34 drückt die gleiche Erwartung mit der Aussage vom neuen Bund, in welchem das Gesetz Israel ins Herz geschrieben sein wird, aus.

[15] Hier ist der Antitypus zum Sinaigeschehen mit seiner Jahwebegegnung und der Proklamation des Gotteswillens zu erkennen.

einer Umkehr im Heute, die sich nicht durch den Ungehorsam der vorhergehenden Generation (5–20) und auch nicht vom eigenen gottlosen Gestern (21–32) von der Zukehr zu Gott im Heute abhalten lassen soll. Denn Jahwe hat nicht Wohlgefallen am Tode des Sünders, sondern daß er umkehre und lebe. Gewiß, die Rückwendung zu einem gesetzlichen Verständnis, in welchem der Gehorsam konditional dem Heil vorgeschaltet wird, liegt hier als Gefahr nahe. Noch steht nicht die Befreiung durch den Sohn, in dem alles neue Leben sich im glaubenden Empfangen und Weitergeben der in ihm Gestalt gewordenen Liebe Gottes vollzieht, vor Augen. Aber, wenn Ez 37,1–14 und 36,16ff sichernd danebengehalten werden, so ist die Rechtfertigung des ab origine sündigen Israel aus der freien, Totes zum Leben erweckenden Schöpfertat Jahwes, die allem vorangeht, nicht zu übersehen[16].

Neben Ezechiel muß in diesem Zusammenhang Deuterojesaja erwähnt werden. Hier geht die Verkündigung der bevorstehenden Befreiung und des neuen Exodus im Gewand des von der Psalmdichtung her genährten Jubels einher. Es wird das Tun des „Erlösers *(go'el)"* Israels angekündigt. In nicht geringerer Deutlichkeit als bei Ezechiel wird die aus freier Entscheidung geschehende Tat Gottes angekündigt, der in Israel keine Vorleistung an Gerechtigkeit gegenübersteht. Israel ist der blinde und taube Zeuge Gottes (43,8), der Jahwe mit seinen Sünden Mühe gemacht hat. „Ich, ich wische weg deine Vergehungen um meiner selbst willen und gedenke deiner Sünden nicht mehr" (43,25). Auf der Grundlage dieses vorauslaufenden Handelns wird zur Hinkehr zu Jahwe gerufen. „Ich habe deine Vergehungen wie eine Wolke weggewischt und wie ein Gewölk deine Sünden. Kehre dich her zu mir, denn ich habe dich losgekauft" (44,22). Von einer kasuistischen Entfaltung dieser Zukehr in einzelnen Akten wie bei Ez 18 ist hier nichts zu finden.

In die Verkündigung Deuterojesajas tritt dann auch jener „Knecht" geheimnisvoller Art. „Recht (Gottes)" hat er zu den Völkern hinauszutragen – den eigentümlichen Rechtsentscheid Gottes, der den zerbrochenen Stab nicht (völlig) zerbricht und den glimmenden Docht nicht (völlig) ausgelöscht. Man meint in dieser Amtsbeschreibung von 42,1–4 den Auftrag, den Deuterojesaja selber zu erfüllen hatte, beschrieben zu finden. Aber dann erfährt der Auftrag dieses Knechtes, der nach 50,4–9 in die Anfeindung und Verfolgung führt, in 52,13–53,12 eine letzte, die

---

[16] Man kann hier auch das Nebeneinander der Aufforderung, sich ein neues Herz zu machen von 18,31 und der Verheißung von 11,19;36,26, daß Jahwe ein neues Herz schenken werde, vergleichen.

biographische Wirklichkeit Deuterojesajas zweifellos übersteigende
Überhöhung. In seinem Leiden trägt der Knecht die „Sünden der Vielen". Die Eingrenzung auf Israel tritt dabei in den Hintergrund. In der
priesterlichen Terminologie des „Sünde/Schuld-Tragens", die in Lev 16,
22 vom Sündopferbock am großen Versöhnungstag verwendet wird[17],
und des „Schuldopfers" *('ašam)* wird es unternommen, das Leiden des
Knechtes als stellvertretendes „Tragen der Sünde der Vielen" zu verstehen. Die Rechtfertigung derer, die in die Irre gingen (53,5f) steht auch
in diesen Aussagen voll im Blickpunkt. Prophetie schaut aus auf die
iustificatio impiorum.

IV.

Über einige Zwischenstufen hin[18] wandelt sich Prophetie zur Apokalyptik. Diese klammert sich in der Zeit, in der die aktuelle Prophetie erloschen ist, an die verheißenden Zusagen, welche im Prophetenwort laut-
geworden waren und hält Ausschau nach deren Einlösung. In der Be-
drängniszeit der Verfolgung durch den hellenistischen Seleukidenkönig
Antiochus IV. Epiphanes tritt sie im Danielbuch, in dessen erste Hälfte
älteres, vorgeformtes Material eingegangen ist[19], voll entfaltet heraus.

Im vorliegenden Zusammenhang geht es nur um die Frage, wie weit
und in welcher Form in der Apokalyptik, deren Lebensnerv die prophetische Verheißung ist, auch die Frage nach der „Gerechtigkeit" des in die
verheißene Zukunft Hereingeholten eine zentrale Frage bleibt, so wie

---

[17] Dazu W. *Zimmerli,* Zur Vorgeschichte von Jes 53, VT.S 17, 236–244 (= in:
ders., Studien zur at. Theologie und Prophetie, 1974, 213–221).

[18] *H. Gese,* Anfang und Ende der Apokalyptik, dargestellt am Sacharjabuch, ZThK
70, 1963, 20–49 (= in: *ders.,* Vom Sinai zum Zion. At. Beiträge zur biblischen Theologie, BEvTh 64, 1974, 202–230), hat schon den Zyklus der Nachtgesichte Sacharjas
als die erste ausgebildete Apokalypse anzusprechen versucht. Nun ist nicht zu verkennen, daß die Gestaltung der Nachtgesichte mit ihrem Fernrücken Jahwes und der Ein-
schaltung des Angelus interpres, der die rätselhaften Gesichte deutet, wie auch die in
der Aufreihung der Nachtgesichte intendierte Abfolge von Ereignissen Züge aufweist,
die mit der später voll entfalteten Apokalyptik verbinden. Angesichts der sehr konkret
zeitgeschichtlich bezogenen messianischen Verkündigung (Serubbabel, Josua) wie auch
dem etwa in 1,14f zu findenden, ganz unapokalyptisch offenen Verkündigungsauftrag,
der auf der Linie von Jes 54,7f (47,6) liegt, wird man diesen Verkündiger doch richtiger auch in seinen Nachtgesichten den Propheten zurechnen. Vgl. auch noch Anm. 21.
– Weitere Zwischenglieder zwischen Prophetie und Apokalyptik sind Ez 38f; Joel;
Jes 24–27; Sach 12–14. Sie näher zu besprechen ist hier nicht Raum.

[19] Auch in Dan 7 und 8 dürfte noch vorgeprägtes Material verwendet sein.

sie für die Exilsprophetie Ezechiels und Deuterojesajas eine zentrale Frage gewesen ist.

Die voll entfaltete Apokalyptik des Danielbuches enthält drei in Bildreden verhüllte Geschichtsentwürfe (Dan 2; 7; 8). Die knappe apokalyptische Entschlüsselung der 70-Jahrweissagung von Jer 25,11 und 29, 10 in Dan 9 redet dann ganz so wie die breit angelegte Endzeitverkündigung von Dan 10–12 nur mehr unter leichter Verhüllung ohne jede Verwendung von Bildgut von den Geschichtsereignissen, welche auf das von Gott bestimmte Ende hinführen. Das Nebeneinander dieser zwei Typen von Geschichtsankündigung erinnert an das Nebeneinander der geschichtstheologischen Bildreden von Ez 16 und 23 einerseits und der bildlos gestalteten Ausführung von Ez 20,1–31 andererseits. Dabei wird gerade in diesem Vergleich der Unterschied von Prophetie und Apokalyptik sehr deutlich: Enthielten die Geschichtsrückblicke bei Ez gerafft die Anklage gegen Israel/Jerusalem und seine aus eigener Schuld verfehlte Geschichte, die nur mehr mit dem göttlichen Gerichtsvollzug beantwortet werden kann, so gestaltet der Apokalyptiker die ganze Geschichtsdarstellung als Zukunftsansage. Auch die vom Standort des Apokalyptikers aus gesehen schon abgelaufene Geschichte kleidet sich in das Gewand weissagender Zukunftsankündigung, die dann in ihrer Endaussage scheinbar schwellenlos in das göttliche Endgericht über die „Mächte" und die Ansage des einbrechenden Gottesreiches ausmündet[20].

Diese Transformierung der Geschichtsdarstellung zum Vaticinium ex eventu[21] hat nun auch ganz bezeichnende theologische Folgewirkungen. Die massive Geschichtsanklage, die etwa bei Ezechiel zur Darstellung einer ex origine sündhaften, schuldbeladenen Geschichte führte, verliert dieses ihr Gewicht und ihren spezifischen theologischen Stellenwert. Die ex eventu formulierte Geschichtsdarstellung wird zu einem Element der Beglaubigung des Vorauswissens des Apokalyptikers. Auch wo sie eine böse, sich immer weiter ins Böse verstrickende Geschichte vorweg erzählt, hat sie, da sie Kommendes als nach dem Willen Gottes Verordnetes voraussagt, ihre eigentliche Kraft der Anklage verloren. Die abnehmende Güte der Weltreiche, wie sie in Dan 2 im absteigenden Wert der Metalle der Kolossalstatue, oder in Dan 7 in der immer schrecklicheren Gestalt der vier dem Meere entsteigenden Tiere erkennbar wird, ist nicht mehr so sehr als persönlich eingeklagte Schuld der durch sie repräsentierten Weltmächte, die dann etwa gar durch die Krise hindurch eine

---

[20] Am unmerklichsten ist der Übergang in 11,40ff gestaltet.
[21] In den Nachtgesichten Sacharjas fehlt auch dieses Element völlig.

göttliche Begnadigung erfahren könnten, verstanden. Sie ist als ein dem Apokalyptiker zuvor schon enthülltes, gewiß böses und von Schuld nicht freies[22] Weltverhängnis zu werten.

In dem Gesagten ist etwas Weiteres beschlossen. Das Interesse des Apokalyptikers gilt in einer neuen Weise dem Weltreichsgeschehen, in das nun auch das Jahwevolk verflochten ist. Gewiß ist auch hier zunächst festzustellen, daß dieses Geschehen im außerisraelitischen Weltmachtbereich schon in der Verkündigung eines Jesaja und dann auch eines Deuterojesaja stark heraustrat. Aber der universale Horizont war dort doch nicht so entschieden als Gegenstand eigenen Interesses anvisiert wie nun beim Apokalyptiker. Wohl gilt auch hier das Interesse des Verkündigers im Letzten der bedrängten Gottesgemeinde der Treuen. Aber in ihrem Ergehen entscheidet sich zugleich die Geschichte der Welt und ihrer Reiche. Zwar wird es kaum angehen, mit K. Koch im Apokalyptiker einen Geschichtsschreiber zu sehen, der an den bestimmten Phasen der Geschichte interessiert ist: Israelgeschichte, die dahintenliegt, Geschichte der Weltreiche, die mit Nebukadnezar einsetzt, bevorstehende Geschichtsphase der vollen Verwirklichung von „Menschlichkeit" (im Menschensohngleichen). Seine weltweit auf die „Reiche" ausschauende Darstellung ist in ihrer eigentlichen Intention auf die Letztkrisis, die er in der Notzeit seiner Gegenwart anbrechen sieht, ausgerichtet. Die Frage, die ihn in Atem hält lautet: „Wie lange noch? Wann kommt das Verheißene?"[23] Die Betrachtung der Geschichte der „Reiche" erfährt neben der brennenden Erwartung der im Prophetenwort zugesagten vollen Erlösung im Reich, das Gott sendet, kein gleichermaßen gewichtiges Interesse[24].

V.

Im vorliegenden Zusammenhang geht es nun aber im besonderen um die Frage, welches Gewicht in diesem Zugehen auf die angekündigte Krisis, die in sich Gericht und Heil enthält, der „Gerechtigkeit" des Menschen vor Gott zukommt.

---

[22] S. u. zu Dan 9, bes. V. 24.

[23] 8,13 *'ăd mătăj haeḥazôn; 12,6 'ad mătăj qeṣ hăpp^ela'ôt.*

[24] Die spätere Apokalyptik wendet dann diesen Welt- und Geschichtsbildfragen ein ungleich volleres Interesse zu und füllt sie mit Elementen weisheitlicher Welterkundung, vgl. etwa Henoch. Die Aufnahme gerade nur des Danielbuches in den Kanon dürfte auch von dieser Wahrnehmung her zu beleuchten sein.

Es empfiehlt sich, mit dieser Frage bei Dan 9, wo die Grundlage der apokalyptischen Erwartung besonders deutlich heraustritt, einzusetzen. Nach Dan 9 bringt Daniel unter Fasten und Buße in Sack und Asche (9,3) seine Anfechtung vor Gott, daß die von Jeremia für einen Zeitraum von 70 Jahren angesagte Verwüstung Jerusalems ihr Ende noch nicht erreicht habe. Auf sein Gebet hin wird ihm durch Gabriel die göttliche Berechnung der 70 Jahre als 70 Jahrwochen mitgeteilt und sichtbar gemacht, daß er sich in der 70. Jahrwoche befindet und das Ende der Notzeit nahe bevorsteht. Auf der Basis dieser Rechnung scheinen auch die „Zeit, Zeiten und eine Halbzeit" von 7,25, die auf eine Halbwoche an Jahren gehen, ganz so wie die 2300 Abend–Morgen von 8,14 (26) und die Verlängerungen auf 1290 und 1335 Tage von 12,11f errechnet zu sein. Das ganze Fragen nach dem „Wie lange?" klammert sich danach bei aller Variation der jeweiligen Einzelberechnung an das zuvor ergangene Prophetenwort[25]. Das erlaubt, in Kap. 9 eine Grundaussage für den Visionsteil von Dan 7–12 zu sehen.

In Kap. 9 nun ist ein ausführliches Gebet eingebaut, das man vielleicht doch nicht so rasch, wie es oft geschieht[26], als sekundären Nachtrag ausscheiden sollte. In diesem Gebet ist ähnlich wie in Esr 9 und Neh 9 ein bedrängtes Bußbekenntnis ausgesprochen, das in der Rückschau auf die Volksgeschichte Israels Jahwe in seinem Gericht recht gibt. Der ausdrückliche Rückblick auf den Ungehorsam gegen die Propheten, die dem Volke ganz so wie Mose das Gebot seines Gottes vorhielten, zeigt, daß hier die prophetische Gerichtsrede (in ihrer dtr. Reproduktion) gegenwärtig und anerkannt ist. So wird denn auch in 9,18 ausdrücklich betont, daß das Gebet nicht aufgrund eigener Taten der Gerechtigkeit (*ṣidqotênû*), sondern im Appell an Jahwes Barmherzigkeit lautwerde.

---

[25] Darauf hat *R. Hanhart* als auf ein wichtiges Element zur Beurteilung des Danielbuches in seinem Artikel „Kriterien geschichtlicher Wahrheit in der Makkabäerzeit" in: *ders.,* Drei Studien zum Judentum, ThEx 140, 1967, 7–22 (hier bes. 14–17) hingewiesen.

[26] Vgl. etwa *A. Bentzen,* Daniel, HAT I 19, ²1952. Anders O. *Plöger,* Das Buch Daniel, KAT XVIII 1965; *M. Delcor,* Le livre de Daniel, SBi, Paris 1971. Weitere Angaben über die in der Literatur vertretenen Meinungen und Zusammenstellung der Argumente, die für die Ursprünglichkeit des Gebetes im heutigen Kontext sprechen, und der Erwägungen, welche die Gegenargumente entkräften, bei *B. W. Jones,* The Prayer in Daniel IX, VT 18, 1968, 488–493. Die Annahme des Vf. allerdings, daß die im Gebet erkennbare dtr. These vom langen Leiden Israels aufgrund seiner Schuld hier im weiteren als ungenügend angesehen und in den Worten Gabriels durch die These vom Determinismus des Geschehens als zeitgemäßer Erklärung ersetzt werden wolle, vermag ich, wie die folgenden Ausführungen zeigen, nicht zu teilen.

Das Selbstverständnis dieses Gebetes, nach dem Gottes Volk unter dem strafenden Zorn seines Gottes steht, kehrt möglicherweise auch in 8,19 und 11,36 wieder, wo von einer (befristeten) Zornzeit, allerdings mit der Vokabel *zăʿăm*, geredet wird. Der Ruf nach der Beendigung der Zornzeit ist danach zugleich ein Ruf nach der Zuwendung der göttlichen Gnade.

Fragt man dann weiter, was die Beendigung der Zornzeit für die Verfolgten bedeutet, so fällt auf, daß die Schuldfrage und die Gerechtsprechung des sündigen Jahwevolkes und seine Verwandlung in ein neues Wesen, das in der Prophetie (mit wechselnder Akzentuierung) so bedeutsam war, auffallend zurücktritt. Am ehesten wird man etwas davon in 9,24 finden, wo Gabriel dem Daniel die Deutung der 70 Jahre und den Inhalt der nach ihrem Ablauf geschehenden Gottestat ansagt – leider in einer stellenweise änigmatischen Knappheit, die durch Fragen, die an die Textgestalt selber gerichtet werden müssen, noch verstärkt wird: „70 (Jahr-)Wochen sind bestimmt für dein Volk und deine heilige Stadt um die Vergehung zu verschließen (oder: zu vollenden?)[27] und die Sünde zu versiegeln (oder: voll zu machen?)[28] und Schuld zu sühnen und um ewiges Heil[29] zu bringen und prophetische Schau (wörtl. Schau und Propheten) zu besiegeln und Hochheiliges zu salben (= neu zu weihen)." Man wird, zumal wenn man das vorausgehende Sündenbekenntnis nicht meint ausklammern zu können, in den drei ersten Infinitiven dieser allgemeinen Ausführung über die kommende Erlösung die Rückbeziehung auf die Strafzeit für die Sünde, die zu ihrem Ende kommen soll, nicht übersehen können. Über die Art, wie Gott in seinem Volk mit der die Strafe verursachenden Sünde fertig werden wird, ob „Sühnung" auch eine Gerechtmachung umschließen wird, ist nichts Näheres gesagt. Die weitere Ausführung in 9,25–27 läßt bei allen Einzelschwierigkeiten, welche die Textdeutung bietet, doch zweifellos erkennen, daß der Nachdruck der Ansage Gabriels auf der Beseitigung der Bedrängnis durch

---

[27] MT *lᵉkălleʾ hăppaešăʿ*. Viele Mss. lesen *lᵉkălleh*, wofür man eigentlich die Form des Inf constr. *lᵉkăllôt* erwarten möchte.

[28] MT *kᵉtīb* möchte lesen *wᵉlăhtom hăṭṭaʾôt*, das *qᵉrê* u. a. lesen *ûlᵉhatem hăṭṭaʾt*. In letzterer Lesung wird die unschöne Doppelung des *lăhtom*, das in V. b wiederkehrt, vermieden. Auf jeden Fall möchte man dem Sing *hăṭṭaʾt* den Vorzug geben.

[29] *ṣaedaeq* ist hier in diesem umfassenden Sinn und in jedem Fall vom göttlichen und nicht etwa vom menschlichen Handeln zu verstehen. Das Wegtun von menschlicher Sünde und Schuld ist in der ersten Dreiergruppe von Infinitiven beschrieben, die zweite Dreiergruppe handelt von der göttlichen Aktion der Herstellung dauerhafter göttlicher Heilsordnung.

Antiochus, die Entsühnung des entweihten Altars und die Wiederherstellung der Ordnungen des geschändeten Heiligtums gelegt ist.

Der Blick auf die Schilderungen des kommenden Heils in den apokalyptischen Entwürfen der anderen Kapitel ist nicht dazu angetan, dieses Urteil zu verändern.

Die Deutung des Traumbildes Nebukadnezars von der Kolossalstatue aus verschiedenen Metallen in Dan 2, in dem eine ältere Vorlage aus der Zeit vor Antiochus überarbeitet vorliegen dürfte, hat noch nicht die starke Durchgestaltung unter der drängenden Frage des Apokalyptikers: „Wie lange noch?" erfahren, die die unmittelbaren Offenbarungen an Daniel in Dan 7–12 kennzeichnen. Der nicht von Menschenhänden geschleuderte Stein, der die Statue zerschmettert, um dann als gewaltiger Fels die ganze Erde zu erfüllen (2,35f), wird als das vom Himmelsgott aufgerichtete Königreich gedeutet, das die in der Statue dargestellten Königreiche entmächtigt und ewige Dauer haben wird. Die Herrschaftsfrage steht hier allein vor Augen, über die Qualität des neuen Reiches wird abgesehen von seiner Herleitung vom Himmelsgott nichts weiter gesagt.

Die Schau von den 4 Tieren in Dan 7 will in ihren Grundzügen nichts anderes sagen, doch wird hier stärker ins Einzelne differenziert. Nicht nur wird mit dem 11. Horn des 4. Tieres, das freche Reden führt (7,8. 20), nun ganz bestimmt auf das Individuum Antiochus und seinen Kampf gegen die „Heiligen" (7,21) gedeutet. Es wird die Beseitigung dieser geballten Feindmacht ausdrücklich im Bilde einer himmlischen Gerichtsszene dargestellt. In dieser wird über das 4. Tier[30] Recht gesprochen, das verurteilte getötet, sein Leib vernichtet und dem Feuerbrand übergeben (7,11). Den anderen Tieren, dh den durch sie repräsentierten Reichen, wird ihre Macht genommen, ihnen aber ihre „Lebenslänge" nach Zeit und Stunde zugemessen (7,12). Der einem Menschensohn Gleiche, der in den Wolken des Himmels zum Hochbetagten kommt (7,13), der zu Gerichte sitzt (7,9), wird auf „die Heiligen des Höchsten" gedeutet, was nach der volleren Interpretation von 7,27 als „Volk der Heiligen des Höchsten" doch wohl auf das Jahwevolk und nicht auf himmlische Mächte zu beziehen ist[31]. Auch hier steht im Vor-

---

[30] Es mag auffallen, daß hier nicht mehr ausdrücklich vom 11. Horn die Rede ist. Das mag auf eine ältere Grundlage, welche die Spezialisierung der 11 Hörner noch nicht kannte, deuten.

[31] Vgl. dazu die ausgiebige Debatte der jüngeren Zeit: *M. Noth,* „Die Heiligen des Höchsten". Festschr. S. Mowinckel 1955, 146–161 (= in: *ders.,* Gesammelte Studien

dergrund die Entscheidung der Machtfrage, wobei der Gerichtsvorgang immerhin darauf deutet, daß der Machtentscheid zugleich ein Rechtsentscheid gegen den Vertreter zügelloser Weltmacht ist. Es wird darin Ungerechtigkeit beseitigt, die Herrschaft in einem freien Akt der Entscheidung so wie in 2,44 für alle Zeiten neu zugeteilt. Ungleich prunkvoller, unter Aufgreifen von Prädikationen, die in 3,33; 4,31; 6,27 auf das Reich Gottes selber bezogen sind, wird die Verleihung der Herrschaft an den Menschensohngleichen beschrieben: „Ihm wurde Herrschaft, Ehre und Königreich verliehen, und alle Völker, Nationen und Zungen sollten ihm dienen. Seine Herrschaft ist eine ewige Herrschaft, die nicht vergeht, und sein Königreich (ein Königreich), das nicht zerstört wird."

Wie bei Dan 2 wird man auch hier feststellen müssen, daß die Machtfrage und die Weltweite dieser Macht ganz im Mittelpunkt stehen. Von einer „Rechtfertigung" der gerichteten Macht ist so wenig die Rede wie von einer ausdrücklichen Gerechtsprechung eines bisher unter Sünde und Zorn stehenden Gottesvolkes. Wohl kommt im „Volk der Heiligen des Höchsten" die Beanspruchung dieses Volkes durch den Höchsten und die Tatsache, daß es als sein Eigentumsvolk von ihm ausgegrenzt und beansprucht ist, zum Ausdruck. Eine mit der Versündigung dieses Volkes im Sinne des Gebetes von Kap. 9 befaßte Rechtfertigungsaussage aber klingt nirgends an.

Was von Dan 2 und 7 zu sagen ist, gilt ähnlich von dem Gesicht von Widder und Ziegenbock in Dan 8. Noch voller als in Dan 7 wird hier von dem kleinen Horn des Ziegenbockes, das nach den 4 gegen alle 4 Seiten ausbrechenden Hörnern hervorwächst und Antiochus darstellt, ausgeführt, wie von ihm Hybris begangen wird, indem es aggressiv gegen das Himmelsheer und sogar gegen den Herrn desselben vorgeht, sein Heiligtum schändet und „die Wahrheit zur Erde wirft" (8,10–12, auch 25). Hier ist ohne Zweifel von viel Verschuldung der Feindmacht geredet. Die Beschreibung der bösen Zeit durch die Aussage: „Wenn die Frevler (den Frevel) vollständig machen" (8,23)[32] erinnert im Vokabular an die Aussagen von 9,24. Aber dabei ist nicht an die Verschuldung des Volkes, dessen Vertreter in Dan 9 das Bußgebet spricht, gedacht,

---

zum AT, ThB 6, 1957, 274–290). – *R. Hanhart*, Die Heiligen des Höchsten. Hebr. Wortforschung. Festschr. W. Baumgartner, VT.S 16, 1967, 90–101. – *Ch. W. Brekelmans*, The Saints of the Most High and their Kingdom, OTS 14, 1965, 305–329. – *L. Dequeker*, Daniel VII et les Saints du Très-Haut, EThL 36, 1960, 353–392.

[32] Der Text ist hier nicht gesichert.

sondern an das Unrecht, das sich dann in Antiochus ballt und sich nach 8,24f wider die „Heiligen" und ihren Herrn, den „Fürsten der Fürsten" richtet. Erneut ist die Aussage auf die Verheißung der Beseitigung der bedrängenden Macht gerichtet. Von den „Heiligen" ist ohne jeden Hinweis auf eine ihnen widerfahrende Gerechtmachung geredet.

Am eingehendsten redet die große Einheit Dan 10–12 vom Geschehen in und nach den Tagen der großen Bedrängnis. In der breiten Einführung von Dan 10, die den Offenbarungsempfang Daniels schildert, wird über das Bisherige hinaus vom himmlischen Hintergrund der auf Erden geschehenden Bedrängnisse geredet, wo Michael an der Seite des dem Daniel erscheinenden Engels als „Fürst", der für das Gottesvolk einsteht[33], erst gegen den „Fürsten von Persien" (10,13.20) und dann gegen den „Fürsten von Jawan" (griech. Seleukidenreich) kämpft (10, 20). Es ist ein Kampf der Mächte, der sich über, mit und in dem Kampf der irdischen Gewalten abspielt.

Von diesem Kampf der irdischen Gewalten redet Dan 11 in großer Ausführlichkeit. Wie schon die vorausgehenden Kapitel macht auch Dan 11 von V. 21 ab deutlich, daß ein „verächtlicher Mensch" (Antiochus) die ihm eigentlich nicht zugedachte Würde der Königsherrschaft erhält, in seinen politischen Unternehmungen tückisch und grausam handelt, sich dabei auch im Zorn *(zăʿăm)* gegen den „heiligen Bund" (28. 30) wendet, den „Fürsten des Bundes" *(nᵉgîd bᵉrît* 22, vgl. auch *mašîªḥ nagîd* 9,25) beseitigt, das regelmäßige Opfer abschafft und den „Greuel der Verwüstung" am heiligen Orte aufrichtet (11,13, vgl. 8,13; 9,27; 12,11).

Neu ist in dieser genauen Beschreibung der Ereignisse, daß nun neben denen, die zu Jahwe gehören und an ihm festhalten (*ʿăm jodᵉʿê ᵓᵃᵉlohâw* 32) noch die Gruppe von Treulosen im Volk (*ʿozᵉbê bᵉrît qodaeš* 30, *măršîªê bᵉrît* 32) auftritt[34]. Der Gegensatz zwischen den beiden Gruppen, deren erstere durch „Einsichtige, Lehrer" (*măskîlîm* 35, *măskîlê ʿam* 33) unterwiesen wird, tritt scharf heraus. Aber es ist nicht nur von Märtyrern, die durch „Schwert, Feuer, Verschleppung und Plünderung zu Fall gebracht werden" (33) gesagt, sondern auch von versuchlicher Hilfe, die zu unredlicher Parteinahme verführt[35], und von Bewährungsproben, die zur Läuterung und Sichtung dienen[36], die Rede (35). Der

---

[33] 10,21 *sărkaem.*
[34] Vgl. schon 11,14 *bᵉnê parîṣê ʿămmᵉka.*
[35] Man denkt hier in der Regel an die ersten Anfänge der makkabäischen Erhebung.
[36] Man kann hier schwanken, ob das ni von *kašăl* hier wie in 11,14.19.33f.41 vom

unerwartete Tod des Bedrängers eröffnet dann die Rettung aus dieser Notzeit, die ihresgleichen zuvor nicht hatte. Im „Erwachen vieler, die im Erdenstaube schliefen", geschieht daraufhin ein Ereignis von endzeitlicher Qualität (12,2). Auf dieses Ereignis hin erfolgt die Scheidung derer, die zum ewigen Leben, von denen, die zu ewigem Abscheu bestimmt sind. Die „Lehrer", die vielen zur Erkenntnis verholfen haben und dann leuchten wie das Firmament und die Sterne, werden in einer parallelen Beschreibung als die bezeichnet, welche den Vielen zur Gerechtigkeit geholfen haben *(măṣdîqê harăbbîm)*. In dieser Formulierung hört man die Aussage über den Knecht Jahwes bei Deuterojesaja anklingen, von dem Jahwe nach 53,11 sagt, daß „mein Knecht, der Gerechte, den Vielen Gerechtigkeit schafft"[37].

Die deutliche Aufnahme der Formulierung von Jes 53 stellt damit nun nochmals ganz direkt vor die Frage, um die es in diesen ganzen Ausführungen ging: Nimmt die Apokalyptik die Aussage von der Rechtfertigung der Gottlosen, die in Jes 53, wie in anderer Formulierung auch in der Exilsprophetie Ezechiels und Deuterojesajas in der Beziehung auf Israel zu hören war, vollinhaltlich auf?

Man kann die Frage schwerlich bejahen. Nicht nur ließen die vorausgehenden Aussagen der Danielapokalypse eine Hindeutung auf die Gerechterklärung des in Schuld verfallenen und unter dem Grimm Gottes lebenden Volkes, wie sie vom Gebet Daniels in Dan 9 und 9,24a her eigentlich zu erwarten gewesen wäre, an keiner Stelle klar erkennen. Auch die Aufnahme von Jes 53,11, die sich von Jes 53 her als Gefäß einer so gelagerten Aussage unmittelbar anbieten mußte, führt nicht auf diese Spur.

Von den *măskîlîm* war in 11,33 gesagt, daß die Lehrer des Volkes „den Vielen"[38] Einsicht gegeben hätten. Das Hinführen zur Einsicht ist sicher nicht voll erfaßt, wenn man darin nur einen intellektuellen Lehrvorgang sieht. „Erkenntnis", sonst als *dăʿăt* bezeichnet, meint immer auch Anerkenntnis[39]. Es ist also eine Hinführung zu der Erkenntnis, die

---

tatsächlichen physischen Untergang, dh hier vom Martyrium der „Lehrer" redet, wofür die sonstige Verwendung in Kap. 11 ein starkes Argument bildet, oder ob diese Stelle im übertragenen Sinn vom „Zu-Fall-Kommen" in der Versuchung redet, das dann anderen zur Warnung dient. Die Analogie der umgebenden Stellen scheint eher für die erste Deutung zu sprechen.

[37] Das artikellose *ṣăddîq* könnte Dittographie sein.

[38] Ist schon hier in dem *răbbîm* eine Einwirkung von Jes 53 her zu erkennen?

[39] Vgl. dazu W. *Zimmerli*, Grundriß der at. Theologie, 1972, 126 und die daselbst aufgeführten Literaturangaben.

gleichzeitig Anerkenntnis ist. Es ist, wenn man V. 33b bedenkt, ein Hinführen bis zur Bereitschaft zum Martyrium. V. 35 sagt solches Martyrium offenbar gerade von einzelnen dieser *mǎskîlîm* aus. Auf diesem Wege haben sie, wie dann 12,3 feststellt, „den Vielen" zur Gerechtigkeit verholfen. Ist das die *iustificatio impii* Gottes, die nach der prophetischen Botschaft durch einen Akt der Neuschöpfung an Israel Wirklichkeit wird? Dan 12,3 bleibt hinter dieser vollen Aussage zurück. Die *mǎskîlîm* sind Lehrer, Vorbilder, treue Zeugen vor den Augen derer, die „ihren Gott kennen" (32). Sie gehen auf dem Weg der Läuterung voran, ermutigen, reizen zur Nachfolge. Die Aussage von Jes 53, wonach Jahwes Knecht die Schuld der Vielen trägt und durch dieses stellvertretende Tragen ein Helfer zur Gerechtigkeit für „die Vielen" wird, indem Gott dieses Tun anerkennt und als stellvertretendes „Schuld-Tragen" annimmt, wird beim Apokalyptiker trotz engster Anlehnung an den Wortlaut von Jes 53 nicht erreicht. Letzten Endes rettet hier die eigene Treue gegenüber dem „Bund" den einzelnen Frommen. So sind denn nicht nur zufällig die apokalyptischen Verheißungen mit den Geschichten vom treuen Bekenntnis einzelner Zeugen in lebensbedrohenden Situationen verbunden. Von der Treue Daniels und seiner Freunde gegenüber den väterlichen Speisegeboten in Dan 1 geht es über die Erzählungen von den drei Männern im Feuerofen (Dan 3) bis zur Geschichte von Daniel in der Löwengrube (Dan 6).

Die Apokalyptik des Danielbuches mahnt zum treuen Ausharren und Erwarten der von Gott über seinem Volk und zu seinen Gunsten beschlossenen und zugesagten Erlösungszeit, in der die Zorneszeit ihr Ende erreicht. Sie überliefert implizit, indem sie an solcher Zusage einer endgültigen Erlösung und Erhöhung des Gottesvolkes aus der Bedrängnis festhält, wie sie von der Prophetie verheißen ist, auch deren Botschaft vom freien, endgültigen Eingriff Gottes in die Welt der Mächte. Sie formuliert diese Zusage in universaler Weite, indem sie mit dem Schema der Weltzeitalter die Gesamtgeschichte der Weltreiche zu umspannen sucht. Sie hat durch all dieses eine gewichtige biblische Zeugenfunktion. Man mag die Botschaft von der freien, gnädigen Aufrichtung des Sünders und des sündigen Israel im Hintergrund erahnen, wenn man die apokalyptische Erlösungszusage im Zusammenhang mit dem Gebet und Sündenbekenntnis von Dan 9 erwägt, das in anderer Weise vom prophetischen Wissen herkommt. Sie ist aber nicht mehr die offen ins Zentrum gerückte Aussage, wie sie es in der Prophetie an der geschichtlichen Wende der Israelgeschichte im Jahre 587 gewesen ist.

In dem, der sein Leben hingab „zum Lösegeld für die Vielen" (Mk 10,45), ist die prophetische Botschaft wieder voll aufgenommen und in der Folge in universalem Heilsangebot aller Welt verkündigt worden. Im Zeugnis der urchristlichen Gemeinde von Kreuz und Auferstehung Christi verbindet sich das Ausschauen auf die Entmächtigung aller Feindmächte durch das anbrechende Reich, worauf das Danielbuch wartet, dann endgültig mit der Botschaft von der *iustificatio impii* aus der alleinigen Gnade Gottes.

BIBLIOGRAPHIE ERNST KÄSEMANN

1933–1975

Nach den Angaben des Verfassers zusammengestellt von

FRIEDRICH GUSTAV LANG

1933
Leib und Leib Christi. Eine Untersuchung zur paulinischen Begrifflichkeit, BHTh 9, Tübingen 1933, IV + 188 S.

1937
Das Abendmahl im Neuen Testament, in: Abendmahlsgemeinschaft? BhEvTh 3, München 1937, 60–93.

1939
Das wandernde Gottesvolk. Eine Untersuchung zum Hebräerbrief, FRLANT 55 (NF 37), Göttingen 1939, 156 S.
  ²1957: 157 S.; ³1959; ⁴1961.
Rez.: W. Oehler, Das Wort des Johannes an die Gemeinde, Gütersloh 1938. ThLZ 64, 1939, 411f.

1940
Rez.: K. Kundzinš, Charakter und Ursprung der johanneischen Reden, Riga 1939. ThLZ 65, 1940, 22–24.
Rez.: H. Asmussen, Wahrheit und Liebe, Die urchristliche Botschaft 22, Berlin 1939. ThLZ 65, 1940, 24.

1941
Rez.: R. Asting, Die Verkündigung des Wortes im Urchristentum, Stuttgart 1939. ThLZ 66, 1941, 21–25.
Rez.: C.-M. Edsman, Le baptême de feu, Uppsala 1940. ThLZ 66, 1941, 257.

1942
Die Legitimität des Apostels. Eine Untersuchung zu II Korinther 10–13, ZNW 41, 1942, 33–71.
  Nachdruck als Einzelveröffentlichung: s. 1956.
  Nachdruck in: Das Paulusbild in der neueren deutschen Forschung, hg. v. K. H. Rengstorf, Wege der Forschung 24, Darmstadt 1964, 475–521.

Der Dienst der Frau an der Wortverkündigung nach dem NT, in: Die Frau im geistlichen Amt in der evangelischen Kirche, als Manuskript gedruckt 1942/43 (verschollen).

Vervielfältigt für die Mitarbeiterinnen der Evang. Frauenarbeit in Deutschland, o. J. (ca. 1948), 8–38.

1947

Rez.: R. Bultmann, Das Evangelium des Johannes, MeyerK II, Göttingen [10]1941. VF [3] (Theol. Jahresbericht 1942/46), 1946/47, 182–201.

1948

Anliegen und Eigenart der paulinischen Abendmahlslehre, EvTh 7, 1947/48, 263–283.

= EVB I 11–34.

»... und den Menschen ein Wohlgefallen«, Evangelisches Kirchenblatt für Rheinhessen 3, 1948, Nr. 3/4 (Weihnachtsausgabe), 11.

Med.: Judika. Hebr. 4,14–16, GPM 2, 1947/48, II 12–15.

= EVB I 303–307.

Med.: 7. Sonntag nach Trinitatis. 1.Kor. 6,19–20, GPM 2, 1947/48, III 40–43.

= EVB I 276–279.

Med.: Bußtag. Hebr. 12,12–17, GPM 2, 1947/48, IV 63–67.

= EVB I 307–312.

Rez.: M. Barth, Der Augenzeuge, Zollikon-Zürich 1946. ThLZ 73, 1948, 665 bis 670.

1949

Eine urchristliche Taufliturgie, in: Festschrift Rudolf Bultmann, Stuttgart 1949, 133–148.

= EVB I 34–51.

Med.: 2. Sonntag nach Epiphanias. 1.Kor. 2,6–16, MPTh 38 (= GPM 3), 1948/ 1949, Jan. 1949, 28–35.

= EVB I 267–276.

Med.: Karfreitag. Hebr. 9,24–28, MPTh 38, 1948/49, 150–153 = GPM 3, 1948/49, II 33–36.

Med.: Pfingstmontag. Eph. 4,11–16, MPTh 38, 1948/49, 226–230 = GPM 3, 1948/49, III 9–13.

= EVB I 288–292.

Rez.: E. Percy, Die Probleme der Kolosser- und Epheserbriefe, Lund 1946. Gnomon 21, 1949, 342–347.

1950

Kritische Analyse von Phil. 2,5–11, ZThK 47, 1950, 313–360.

= EVB I 51–95.

Englisch: A critical analysis of Philippians 2:5–11, JThCh 5, 1968, 45–88.

Med.: Judica. Joh. 8,46–59, GPM 4, 1949/50, 106–110.

= EVB I 248–253.

Med.: Pfingstsonntag. Joh. 14,23–31, GPM 4, 1949/50, 166–170.

= EVB I 257–263.

Med.: 19. Sonntag nach Trinitatis. Mt. 9,1–8, GPM 4, 1949/50, 266–269.

Med.: 2. Weihnachtstag. Tit. 3,4–7. GPM 5, 1950/51, 20–24.

= EVB I 298–302.

Sammel-Rez.: Aus der neutestamentlichen Arbeit der letzten Jahre, VF [4] (Theol. Jahresbericht 1947/48), 1949/50, 195–223.

Rez.: O. Michel, Der Brief an die Hebräer, MeyerK XIII, Göttingen [8]1949. ThLZ 75, 1950, 427–429.

1951

Zum Verständnis von Römer 3,24–26, ZNW 43, 1950/51, 150–154.

= EVB I 96–100.

Begründet der neutestamentliche Kanon die Einheit der Kirche? EvTh 11, 1951/52, 13–21.

= EVB I 214–223.

Nachdruck in: Das NT als Kanon (s. 1970), 124–133.

Dänisch: Kan den nytestamentlige kanon begrunde kirkens enhed? Tidehverv 27, 1953, 53–58.

Ketzer und Zeuge. Zum johanneischen Verfasserproblem, ZThK 48, 1951, 292 bis 311.

= EVB I 168–187.

Med.: Jubilate. 1.Petr. 2,11–20, GPM 5, 1950/51, 113–116.

Med.: 17. Sonntag nach Trinitatis. Eph. 4,1–6, GPM 5, 1950/51, 196–199.

= EVB I 284–287.

Med.: 2. Sonntag nach Epiphanias. Joh. 1,5–18, GPM 6, 1951/52, 47–50.

1952

Probleme neutestamentlicher Arbeit in Deutschland, in: Die Freiheit des Evangeliums und die Ordnung der Gesellschaft, BEvTh 15, München 1952, 133 bis 152.

Die Johannesjünger in Ephesus, ZThK 49, 1952, 144–154.

= EVB I 158–168.

Kritik eines Reformvorschlages, EvTh 12, 1952/53, 245–259.

Eine Apologie der urchristlichen Eschatologie, ZThK 49, 1952, 272–296.

= EVB I 135–157.

Französisch: Une apologie de l'eschatologie chrétienne primitive, Bulletin du centre protestant d'études 27, Genf 1975, 19–45.

Med.: Jubilate. Joh. 12,20–26, GPM 6, 1951/52, 119–121.

= EVB I 254–257.

Med.: Johannistag. Joh. 3,22–30, GPM 6, 1951/52, 159–162.

Med.: 15. Sonntag nach Trinitatis. Mt. 15,1–14, GPM 6, 1951/52, 205–208.
  = EVB I 237–241.
Med.: 2. Sonntag nach Epiphanias. Hebr. 12,18–24, GPM 7, 1952/53, 45–47.
Sammel-Rez.: Ein neutestamentlicher Überblick, VF [5] (Theol. Jahresbericht 1949/50), 1951/52, 191–218.

1953

Zum Thema der Nichtobjektivierbarkeit, EvTh 12, 1952/53, 455–466.
  = EVB I 224–236.
Med.: Lätare. Phil. 2,12–18, GPM 7, 1952/53, 79–82.
  = EVB I 293–298.
Med.: 2. Sonntag nach Trinitatis. 1.Kor. 12,4–11, GPM 7, 1952/53, 144–147.
Med.: 23. Sonntag nach Trinitatis. Hebr. 10,32–39, GPM 7, 1952/53, 248–250.
Rez.: C. L. Mitton, The epistle to the Ephesians, Oxford 1951. ThLZ 78, 1953, 152–154.

1954

Das Formular einer neutestamentlichen Ordinationsparänese, in: Neutestamentliche Studien für Rudolf Bultmann, BZNW 21, Berlin 1954, 261–268.
  = EVB I 101–108.
Das Problem des historischen Jesus, ZThK 51, 1954, 125–153.
  = EVB I 187–214.
  Nachdruck in: Glauben heute, hg. v. G. Otto, Stundenbücher 48, Hamburg 1965, 113–153.
  Nachdruck in: Wer war Jesus von Nazareth? Hg. v. G. Strube, München 1972, 261–295.
  Auszug in: Das Lukas-Evangelium, hg. v. G. Braumann, Wege der Forschung 280, Darmstadt 1974, 91–92.
  Spanisch: El Jesús histórico y el Cristo de la fe, Selecciones de teologia 11, 1972, 87–103.

1955

Sätze heiligen Rechtes im Neuen Testament, NTS 1, 1954/55, 248–260.
  = EVB II 69–82.
Med.: Okuli. Lk. 11,14–28, GPM 9, 1954/55, 83–87.
  = EVB I 242–248.
Med.: Reformationsfest. Joh. 2,13–22, GPM 9, 1954/55, 250–253.

1956

Die Legitimität des Apostels. Eine Untersuchung zu II Korinther 10–13, Libelli 33, Darmstadt 1956, 66 S. [s. 1942].
  Neudruck 1964.
Med.: 7. Sonntag nach Trinitatis. Röm. 6,19–23, GPM 10, 1955/56, 184–186.
  = EVB I 263–266.

Sammel-Rez.: Hinweise auf neuere neutestamentliche Forschung, VF [7] (Theol. Jahresbericht 1953/55), 1956, 148–168.

Christus, das All und die Kirche. Zur Theologie des Epheserbriefes, ThLZ 81, 1956, 585–590. [= Rez. des gleichnamigen Buchs von F. Mussner, Trier 1955].

Rez.: D. J. Dupont, Gnosis, Louvain/Paris 1949. ThLZ 81, 1956, 157–162.

Rez.: H. Ljungman, Das Gesetz erfüllen, Lund 1954. ThLZ 81, 1956, 547–548.

Rez.: C. H. Dodd, The interpretation of the fourth gospel, Cambridge 1953. Gnomon 28, 1956, 321–326.

= EVB II 148–155: Zur Johannes-Interpretation in England, III.

1957

Aufbau und Anliegen des johanneischen Prologs, in: Libertas Christiana. Friedrich Delekat zum 65. Geburtstag, hg. v. W. Matthias, BEvTh 26, München 1957, 75–99.

= EVB II 155–181 (erweitert).

Neutestamentliche Fragen von heute, ZThK 54, 1957, 1–21.

= EVB II 11–31.

Nachdruck in: Kirche und Verkündigung (Aufsätze zum Kerygma der Gegenwart), hg. v. H. Burgert, H. Ristow, Berlin/DDR 1960, 169–188.

Auszug in: Das Lukas-Evangelium, hg. v. G. Braumann, Wege der Forschung 280, Darmstadt 1974, 93–94.

Rez.: W. F. Howard, The fourth Gospel in recent criticism and interpretation, revised by C. K. Barrett, London 1955; C. K. Barrett, The Gospel according to St. John, New York 1955. GGA 211, 1957, 145–160.

= EVB II 131–148: Zur Johannes-Interpretation in England, I/II (leicht bearbeitet und erweitert).

Rez.: J. Kremer, Was an den Leiden Christi noch mangelt, Bonn 1956. ThLZ 82, 1957, 694–695.

1958

Art.: Epheserbrief, RGG³ II 517–520.

Art.: Formeln II. Liturgische Formeln im NT, RGG³ II 993–996.

Art.: Geist IV. Geist und Geistesgaben im NT, RGG³ II 1272–1279.

Med.: 1. Sonntag nach Trinitatis. Eph. 2,17–22, GPM 12, 1957/58, 166–169.

= EVB I 280–283.

Zu zwei Buchübersetzungen, VF [8] (Theol. Jahresbericht 1956/57), 1957/59, 161–167. [= Rez.: E. Hoskyns – N. Davey, Das Rätsel des Neuen Testaments, München 1957; J.-L. Leuba, Institution und Ereignis, Göttingen 1957].

1959

Eine paulinische Variation des „amor fati", ZThK 56, 1959, 138–154.

= EVB II 223–239.

Römer 13,1–7 in unserer Generation, ZThK 56, 1959, 316–376.

Art.: Kolosserbrief, RGG³ III 1727–1728.

1960

Exegetische Versuche und Besinnungen. Erster Band, Göttingen 1960, 316 S. [Darin erstmals: Amt und Gemeinde im Neuen Testament, 109–134].

²1962; ³1964; ⁴1965; ⁵1967 [s. auch 1964].

Englisch (Auswahl): Essays on New Testament themes, Studies in Biblical Theology 41, London und Naperville/Ill. 1964, 200 S.

Gottesdienst im Alltag der Welt (zu Rm 12), in: Judentum, Urchristentum, Kirche. Festschrift für Joachim Jeremias, hg. v. W. Eltester, BZNW 26, Berlin 1960 (²1964), 165–171.

= EVB II 198–204.

Die Anfänge christlicher Theologie, ZThK 57, 1960, 162–185.

= EVB II 82–104.

Englisch: The beginnings of Christian theology, JThCh 6, 1969, 17–46.

Französisch: Les commencements d'une théologie chrétienne, EThR 44, 1969, 265–287.

Art.: Liturgie II. Im NT, RGG³ IV 402–404.

Rez.: H. Baltensweiler, Die Verklärung Jesu, Zürich 1959. ThLZ 85, 1960, 742–744.

1961

Paulus und Israel, in: Juden – Christen – Deutsche, hg. v. H. J. Schultz, Stuttgart und Olten 1961, 307–311.

= EVB II 194–197.

Nachdruck: ZdZ 16, 1962, 256–258.

Grundsätzliches zur Interpretation von Römer 13, in: Unter der Herrschaft Christi, BEvTh 32, München 1961, 37–55.

= EVB II 204–222.

Gottesgerechtigkeit bei Paulus, ZThK 58, 1961, 367–378.

= EVB II 181–193 (erweitert).

Englisch: God's Righteousness in Paul, JThCh 1, 1964, 100–110.

Das Interpretationsproblem des Epheserbriefes, ThLZ 86, 1961, 1–8. [= Rez.: H. Schlier, Der Brief an die Epheser, Düsseldorf ²1958].

= EVB II 253–261.

Rez.: R. M. Grant, Gnosticism and early Christianity, New York 1959. ThLZ 86, 1961, 589–590.

1962

Zum gegenwärtigen Streit um die Schriftauslegung, in: Das Wort Gottes und die Kirchen, hg. v. F. Viering, Schriften des Ev. Bundes in Westfalen 4, Göttingen 1962, 7–32.

= EVB II 268–290.

Zum Thema der urchristlichen Apokalyptik, ZThK 59, 1962, 257–284.

= EVB II 105–131 (gekürzt).

Englisch: On the topic of primitive Christian apocalyptic, JThCh 6, 1969, 99–133.

[Beitrag (mit Bild)], in: Männer der Evangelischen Kirche in Deutschland. Eine Festgabe für Kurt Scharf zu seinem 60. Geburtstag, hg. v. H. Vogel, Berlin o. J. (1962), 124–125.

Sammel-Rez.: Neutestamentlicher Sammelbericht, VF [9] (Theol. Jahresbericht 1958/59), 1960/62, 97–108.

Rez.: C. Morrison, The powers that be, London 1960, ThLZ 87, 1962, 516.

1963

Paulus und der Frühkatholizismus, ZThK 60, 1963, 75–89.

= EVB II 239–253.

Englisch: Paul and nascent catholicism, JThCh 3, 1967, 14–27.

Theologen und Laien, in: 100 Jahre CVJM Tübingen, hg. v. CVJM Tübingen, als Manuskript gedruckt 1963, 12–21.

= EVB II 290–302.

Unity and diversity in New Testament ecclesiology, NovTest 6, 1963, 290 bis 297.

Deutsch: s. 1964.

Einführung, in: Ferdinand Christian Baur. Ausgewählte Werke in Einzelausgaben, hg. v. K. Scholder, Bd. I: Historisch-kritische Untersuchungen zum Neuen Testament, Stuttgart-Bad Cannstatt 1963, VIII–XXV.

Art.: Wunder IV. Im NT, RGG³ VI 1835–1837.

Sammel-Rez.: Neutestamentlicher Sammelbericht II, VF [10] (Theol. Jahresbericht 1960/62), 1963/65, 78–94.

1964

Einheit und Vielfalt in der neutestamentlichen Lehre von der Kirche, ÖR 13, 1964, 58–63.

= EVB II 262–267.

Nachdruck: ZdZ 18, 1964, 81–85.

Englisch: s. 1963.

Französisch: Unité et diversité dans l'ecclésiologie du Nouveau Testament, EThR 41, 1966, 253–258.

Einheit und Wahrheit. Bericht über die Faith-and-Order-Konferenz in Montreal 1963, MPTh 53, 1964, 65–75.

Exegetische Versuche und Besinnungen. Zweiter Band, Göttingen 1964, 304 S. [Darin erstmals: Sackgassen im Streit um den historischen Jesus, 31–68].

²1965; ³1968 [s. auch unten als EVB I/II].

Englisch (Auswahl): New Testament questions of today. London (NT Library) und Philadelphia 1969, XIII bzw. XI + 305 S.

Japanisch (Auswahl): Tokio 1973, 336 S.

Exegetische Versuche und Besinnungen. Erster und zweiter Band, Göttingen
³/¹1964, 316 + 304 S. [= EVB I + II zusammengebunden].

4/²1965; 5/³1967; 6/⁴1970.

Auswahl aus EVB I + II: Exegetische Versuche und Besinnungen, Berlin/
DDR 1968, 296 S.; ²1971.

Französisch (Auswahl aus I + II): Essais exégétiques, Neuchâtel 1972,
272 S.

Spanisch (Auswahl aus I + II): in Vorbereitung.

Italienisch (Auswahl aus I + II): in Vorbereitung.

Erwägungen zum Stichwort „Versöhnungslehre im Neuen Testament", in: Zeit
und Geschichte. Dankesgabe an R. Bultmann zum 80. Geburtstag, hg. v. E.
Dinkler, Tübingen 1964, 47–59.

Der gottesdienstliche Schrei nach der Freiheit, in: Apophoreta. Festschrift für
E. Haenchen zu seinem 70. Geburtstag, BZNW 30, Berlin 1964, 142–155.

= Paulinische Perspektiven (s. 1969), 211–236.

1965

Konsequente Traditionsgeschichte? ZThK 62, 1965, 137–152.

Theologie, in: Theologie für Nicht-Theologen. ABC des protestantischen Denkens, hg. v. H. J. Schultz, 4. Folge, Stuttgart 1965, 52–57.

Vorabdruck: Kirche in der Zeit 20, 1965, 290–291 (Titel: Wissenschaftliche
Theologie).

Nachdruck in: Theologie für Nicht-Theologen . . . [Gesamtband], Stuttgart
1966, 350–354; ²1968.

Nachdruck in: Theologie für Nicht-Theologen . . ., Gütersloher Taschenbücher 48, Gütersloh 1969.

Holländisch in: Theologie voor niettheologen, Baarn 1966.

Italienisch in: Dizionario del pensiero protestante, Rom 1970.

Japanisch: in Vorbereitung.

Rez.: E. Jüngel, Paulus und Jesus, HUTh 2, Tübingen 1962. ThLZ 90, 1965,
184–187.

Rez.: F. Amiot, Die Theologie des Heiligen Paulus, Mainz o. J. (1962). ThLZ
90, 1965, 355–356.

1966

Jesu letzter Wille nach Johannes 17, Tübingen 1966, 137 S.

²1967 [3. Aufl.: s. 1971].

Englisch: The Testament of Jesus. A study of the gospel of John in the light
of chapter 17, London (NT Library) und Philadelphia 1968, XII + 87 S.

Ephesians and Acts, in: Studies in Luke-Acts. Essays presented in honor of P.
Schubert, ed. by L. E. Keck, J. L. Martyn, Nashville/N. Y. 1966 (= London
1968), 288–297.

Rez.: Studiorum Paulinorum Congressus Internationalis Catholicus 1961,
2 Bde, AnBibl 17/18, Rom 1963. ThLZ 91, 1966, 186–187.

1967

Vom theologischen Recht historisch-kritischer Exegese, ZThK 64, 1967, 259 bis 281.

Die Heilsbedeutung des Todes Jesu nach Paulus, in: Zur Bedeutung des Todes Jesu. Exegetische Beiträge, hg. v. F. Viering, Gütersloh 1967, 11–34.

= Paulinische Perspektiven (s. 1969), 61–107 (überarbeitet; Titel: Die Heilsbedeutung des Todes Jesu bei Paulus).

Die Gegenwart des Gekreuzigten, in: Christus unter uns. Vorträge . . . des 13. Deutschen Evangelischen Kirchentags Hannover 1967, hg. v. F. Lorenz, Stuttgart 1967, 5–18.

Nachdruck samt „Aussprache und Podiumsdiskussion" in: Deutscher Evangelischer Kirchentag Hannover 1967. Dokumente, Stuttgart 1967, 424–437. 438–462.

Nachdruck (Auszüge): Lutherische Monatshefte 6, 1967, 547–549.

Nachdruck (leicht gekürzt): ZdZ 22, 1968, 7–15.

Nachdruck (gekürzt) in: Protestantische Texte aus dem Jahre 1967, hg. v. E. Stammler u. a., Stuttgart 1968, 85–97.

Schwedisch (leicht gekürzt): Korset / Det overkliga korset, Vår Kyrka 108, 1967, Nr. 30/31 (27.7./3.8.1967).

Italienisch: La presenza di Cristo: la croce, in: Cristo fra noi, Piccola collana moderna 18, Torino 1970, 5–39.

Erwiderung an Ulrich Asendorf, Lutherische Monatshefte 6, 1967, 595–597.

1968

Der Ruf der Freiheit, Tübingen 1968, 170 S.

²1968.

Der Ruf der Freiheit, 3., veränderte Aufl. Tübingen 1968, 210 S.

⁴1968 [5. Aufl.: s. 1972].

Norwegisch: Den kristne frihet, Fakkelbok 150, Oslo 1969, 172 S.

Englisch: Jesus means freedom, London 1969 und Philadelphia 1970, 158 S.

Italienisch: L'appello alla libertà, Piccola biblioteca teologica 6, Torino 1972, 198 S.

Japanisch: Tokyo 1973, 242 S.

Portugiesisch: Jesus Cristo é liberdade, Colecção Teologia e Sociedade 1, Lissabon 1973, 137 S.

Spanisch: La llamada de la libertad, Col. Estudios Sigueme 7, Salamanca 1974, 200 S.

Versäumnisse von 20 Jahren. Eine politische Stellungnahme von Professor Ernst Käsemann, in: Südwest-Presse / Schwäbisches Tagblatt, Freitag, 19. April 1968, Tübinger Chronik.

Nachdruck: Notizen (Tübinger Studentenzeitung), Nr. 82, Mai 1968, 23.

Nachdruck (gekürzt): Evangelische Kommentare 1, 1968, 241.

8 Thesen zur Bundestagsdebatte am 29. [gemeint ist 30.] 4. 1968, Flugblatt, 24. 4. 1968.

    Nachdruck: Notizen (Tübinger Studentenzeitung), Nr. 82, Mai 1968, 23.

    Nachdruck: ESG-Nachrichten Nr. 39, Stuttgart 14. 5. 1968, S. 4.

    (Referat in: Evangelische Kommentare 1, 1968, 293).

Prof. Käsemann an Helmut Schmidt [den Fraktionsvorsitzenden der SPD, nach der Bundestagsdebatte vom 30. 4. 1968], Notizen (Tübinger Studentenzeitung), Nr. 82, Mai 1968, 22.

Ein bundesdeutsches Phänomen, ESG-Nachrichten Nr. 39, Stuttgart 14. 5. 1968, 1–3.

    Nachdruck (gekürzt): Evangelische Kommentare 1, 1968, 344–345.

Geleitwort, in: Thesen – Texte – Bilder – Lieder. Für den Gottesdienst, hg. v. D. Trautwein, R. Roessler, Gelnhausen/Berlin 1968, 3–6.

Rez.: R. P. Martin, Carmen Christi (Phil 2,5–11), London 1967. ThLZ 93, 1968, 665–666.

1969

Paulinische Perspektiven, Tübingen 1969. 285 S.

    2., durchgesehene Aufl. 1972.

    Englisch: Perspectives on Paul, London (NT Library) und Philadelphia 1971, 173 S.

    Italienisch: Prospettive paoline, Brescia 1972, 234 S.

Geistesgegenwart, Evangelische Kommentare 2, 1969, 138–144.

[10 Antworten], in: Zehn Fragen an die Kirche . . . Beantwortet von 60 Persönlichkeiten . . ., hg. v. W. Erk, Hamburg 1969, 28.70.101,140.171.201.226. 255.283.317.

1970

Das Neue Testament als Kanon. Dokumentation und kritische Analyse zur gegenwärtigen Diskussion, hg. v. E. Käsemann, Göttingen 1970, 410 S. [= Nachdruck von 15 Arbeiten zum Kanonsproblem, darunter der eigene Aufsatz von 1951 (s. o.), dazu eine eingehende und zusammenfassende Stellungnahme (336 bis 410)].

    Nachdruck: Berlin/DDR 1973, 410 S.

Das Thema des Neuen Testaments, in: 1845–1970 Almanach. 125 Jahre Chr. Kaiser Verlag, München 1970, 66–83.

1971

Jesu letzter Wille nach Johannes 17, 3., veränderte Aufl. Tübingen 1971, 161 S. [s. 1966].

[Antwort], in: Warum bleibe ich in der Kirche? Zeitgenössische Antworten, hg. v. W. Dirks, E. Stammler, München 1971, 105–111.

1972

Der Ruf der Freiheit, 5., erweiterte Aufl. Endgültige Fassung, Tübingen 1972, 261 S. [s. 1968].

Auszüge aus dem neu eingefügten Kapitel „Der Dienst in Freiheit": Autorität, Gehorsam und Phantasie, in: Orientierung (Katholische Blätter für weltanschauliche Information) 36, Zürich 1972, 68–70.

Love which rejoices in truth, in: Religion and the humanizing of man, ed. by R.W. Funk, Missoula/Mont. 1972, 55–65.

Deutsch: s. 1973.

1973

An die Römer, HNT 8a, Tübingen 1973, XV + 407 S.

2., durchgesehene Aufl. 1974 [3. Aufl.: s. 1974].

The problem of a New Testament theology, NTS 19, 1972/73, 235–245.

Liebe, die sich der Wahrheit freut, EvTh 33, 1973, 447–457.

Englisch: s. 1972.

Rez.: W. Schmithals, Jesus Christus in der Verkündigung der Kirche, Neukirchen 1972. Lutherische Rundschau 23, 1973, 488–489.

Englisch: Lutheran World 23, 1973.

1974

An die Römer, HNT 8a, 3., überarbeitete Aufl. Tübingen 1974, XV + 411 S. [s. 1973].

Englisch: in Vorbereitung.

Italienisch: in Vorbereitung.

Japanisch: in Vorbereitung.

Französisch: in Planung.

In einer Zeit der Selbsttäuschung. Die Entmythologisierung des Menschen, Evangelische Kommentare 7, 1974, 470–474.

Portugiesisch: A pregação da cruz de Cristo numa época de ilusões, in: O Crucificado e a sua igreja (s. u.), 11–26.

Englisch (leicht gekürzt und überarbeitet): Proclaiming the cross of Christ, The Month, Jan. 1975, 2–8.

Spanisch in: Selecciones de teologia (erscheint 1976).

Kreuz und heilendes Handeln, in: Ärztlicher Dienst weltweit. 25 Beiträge über Heil und Heilung in unserer Zeit, hg. v. W. Erk, M. Scheel, Stuttgart 1974, 200–208.

Zur ekklesiologischen Verwendung der Stichworte „Sakrament" und „Zeichen", in: Wandernde Horizonte auf dem Weg zu kirchlicher Einheit, hg. v. R. Groscurth, Frankfurt 1974, 119–136.

Portugiesisch: Significado eclesiológico de »sacramento« e »signal«, in: O Crucificado e a sua igreja (s. u.), 27–51.

O Crucificado e a sua igreja, Lissabon o. J. (1974), 51 + 1 S. [= Portugiesische Übersetzung von zwei 1974 erschienenen Aufsätzen (s. o.)].

1975

Die neue Jesus-Frage, in: Jésus aux origines de la christologie, ed. J. Dupont, Bibliotheca Ephemeridum Theologicarum Lovaniensium 40, Louvain 1975, 47 bis 57.

„Jesus eint und befreit". Meditation zum Thema der Fünften Vollversammlung, ÖR 24, 1975, 129–142.

Das Evangelium und die Frommen, in: Sie werden lachen – die Bibel, hg. v. H. J. Schultz, Stuttgart 1975, 125–134.

Als erste zusammenfassende Arbeit über Ernst Käsemanns Theologie ist zu nennen:

Pierre Gisel, Histoire et vérité en conflit. Contribution à la question du statut épistémologique de la théologie à partir des travaux de E. Käsemann, Masch. Diss., Faculté de théologie, Université de Genève, Avril 1975, 796 S. (erscheint in den *Editions Beauchesne Paris* [collection: Théologie historique]).

REGISTER

Register moderner Autoren

Stellenregister (Auswahl)

A) Altes Testament

B) Neues Testament

C) Sonstige Schriften

NAMEN UND ANSCHRIFTEN DER MITARBEITER

Reverend Prof. Dr. Charles Kingsley Barrett
8 Princess Street, Durham, DHI 4 RP, England

Prof. Dr. Otto Betz
Rappenberghalde 11, 7400 Tübingen 1

Prof. Dr. Josef Blank
Karlstraße 179, 6601 Klarenthal

Prof. Dr. Hartmut Gese
Weiherstraße 51, 7400 Tübingen 9 (Pfrondorf)

Prof. Dr. Erich Gräßer
Akazienweg 25, 5810 Witten-Bommern

Prof. Dr. Ferdinand Hahn
Auf der Schlicht 16, 6203 Hochheim/Main

Prof. Dr. Martin Hengel
Schwabstraße 51, 7400 Tübingen 1

Prof. Dr. Jacob Jervell
Silurveien 41 F, Oslo 3, Norwegen

Prof. Dr. Leander E. Keck
Candler School of Theology, Emory University, Atlanta
Georgia, GA. 30322, USA

Dozent Dr. Walter Klaiber
Bellinostraße 35, 7410 Reutlingen

Prof. Dr. Günter Klein
Potstiege 12, 4400 Münster

Prof. Dr. Klaus Koch
Diekbarg 13a, 2000 Hamburg 66

Prof. Dr. Werner Georg Kümmel
von Harnack-Stracke 23, 3550 Marburg a. d. Lahn

Prof. Dr. Otto Kuss
Elisabethstraße 71, 8000 München 40

Prof. Dr. Friedrich Lang
Eugenstraße 9, 7400 Tübingen 1

Repetent Dr. Friedrich Gustav Lang
Engelfriedshalde 69, 7400 Tübingen 1

Landesbischof Prof. D. Eduard Lohse
Haarstraße 6, 3000 Hannover

Prof. Dr. Dieter Lührmann
An der Rehwiese 42, 4800 Bielefeld 13 (Bethel)

Prof. Dr. Ulrich Luz
Am Kirchweg 19, 3404 Adelebsen bei Göttingen

Prof. Dr. Dr. K. H. Schelkle
Österbergstraße 11, 7400 Tübingen 1

Prof. Dr. Hans Heinrich Schmid
In der Halden 11, CH-8603 Schwerzenbach, Schweiz

Prof. Dr. Wolfgang Schrage
Mersbeuel 8, 5340 Bad Honnef

Prof. Dr. Siegfried Schulz
Wampflenstraße 40, CH-8706 Meilen, Schweiz

Prof. Dr. Eduard Schweizer
Pilgerweg 8, CH-8044 Zürich, Schweiz

Prof. Dr. Georg Strecker
Wilhelm-Raabe-Straße 6, 3406 Bovenden

Prof. Dr. Peter Stuhlmacher
Untere Schillerstraße 4, 7400 Tübingen 1

Prof. Dr. Hartwig Thyen
Alemannenweg 3, 6901 Dossenheim

Prof. D. Dr. Philipp Vielhauer
Espenweg 33, 5300 Bonn-Venusberg

Prof. Dr. Anton Vögtle
Johann-von-Weerth-Straße 12, 7800 Freiburg i. Br.

Prof. Dr. Walther Zimmerli
Herzberger Landstraße 26, 3400 Göttingen